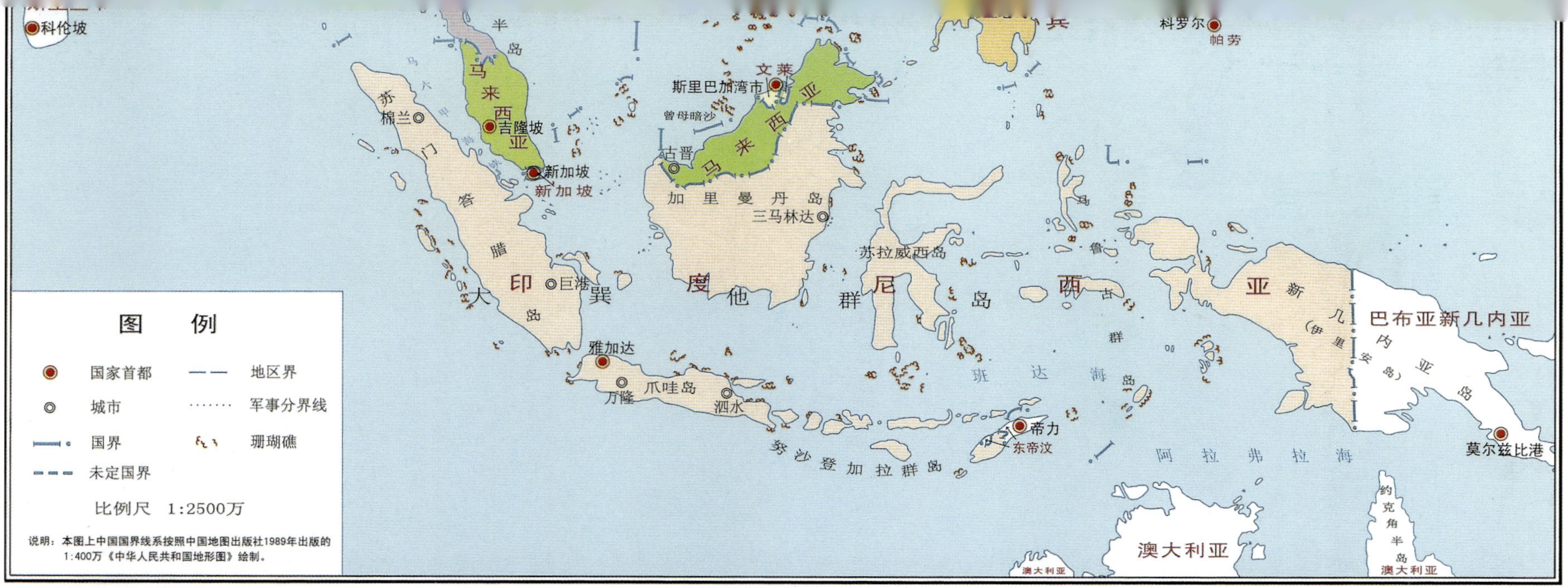

图 例

◉	国家首都	— —	地区界
◎	城市	……	军事分界线
	国界		珊瑚礁
	未定国界		

比例尺 1:2500万

说明：本图上中国国界线系按照中国地图出版社1989年出版的1:400万《中华人民共和国地形图》绘制。

广西壮族自治区测绘局

国家测绘局地图图形审核批准号：（2004）325号

2004年5月

中国和东盟各国国旗及东盟旗

中国 China	 文莱 Brunei	 柬埔寨 Cambodia	 印度尼西亚 Indonesia	 老挝 Laos	 马来西亚 Malaysia
 缅甸 Myanmar	 菲律宾 Philippines	 新加坡 Singapore	 泰国 Thailand	 越南 Viet Nam	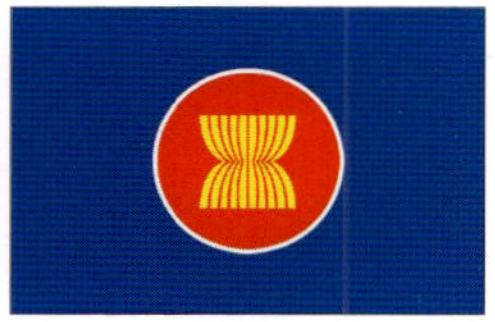 东盟 ASEAN

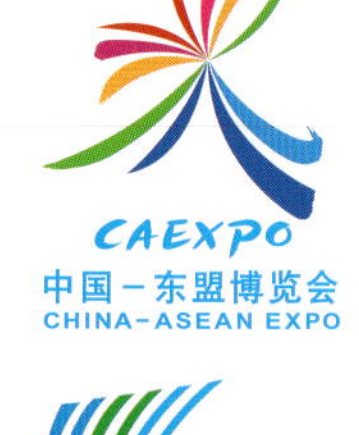

第17届中国—

第17届中国—

2020年11月27日上午，第17届中国—东盟博览会、中国—东盟商务与投资峰会在中国广西南宁国际会展中心隆重开幕。本届盛会以“共建‘一带一路’、共兴数字经济”为主题，受到中国和东盟各国以及区域外国家的高度重视和关注。

中国国家主席习近平发表视频致辞。为推动建设更为紧密的中国—东盟命运共同体，习近平提出了提升战略互信，深入对接发展规划；提升经贸合作，加快地区经济全面复苏；提升科技创新，深化数字经济合作；提升抗疫合作，强化公共卫生能力建设等四点倡议。习近平强调，中国将坚定不移扩大对外开放，增强国内国际经济联动效应，以自身复苏带动世界共同复苏，包括东盟在内的世界各国都将从中受益。放眼未来，中国同东盟合作空间将更为广阔。习近平主席的致辞为新发展阶段中国—东盟关系发展指明方向，有助于双方加速推进区域经济一体化进程，共创更加繁荣美好的未来。

中共中央政治局委员、中央外事工作委员会办公室主任杨洁篪出席开幕式，巡视博览会展馆并集体会见东盟国家和巴基斯坦驻华使节。老挝总理通伦、印尼总统佐科、缅甸总统温敏、菲律宾总统杜特尔特、柬埔寨首相洪森、泰国总理巴育、越南总理阮春福、巴基斯坦总统阿尔维以及东盟秘书长林玉辉先后通过视频方式致辞，高度评价东盟—中国战略伙伴关系发展，感谢中国为东盟和其他国家为共同抗击疫情作出的积极贡献，期待中国—东盟博览会等平台持续发挥重要作用，促进各国商业往来，增强区域互联互通，探索合作发展新机遇，确保未来的东盟-中国战略伙伴关系更加牢固、更具价值。广西壮族自治区党委书记、自治区人大常委会主任鹿心社，广西壮族自治区党委副书记、自治区代主席蓝天立，中国国家部委有关领导、各省区市有关负责同志、金

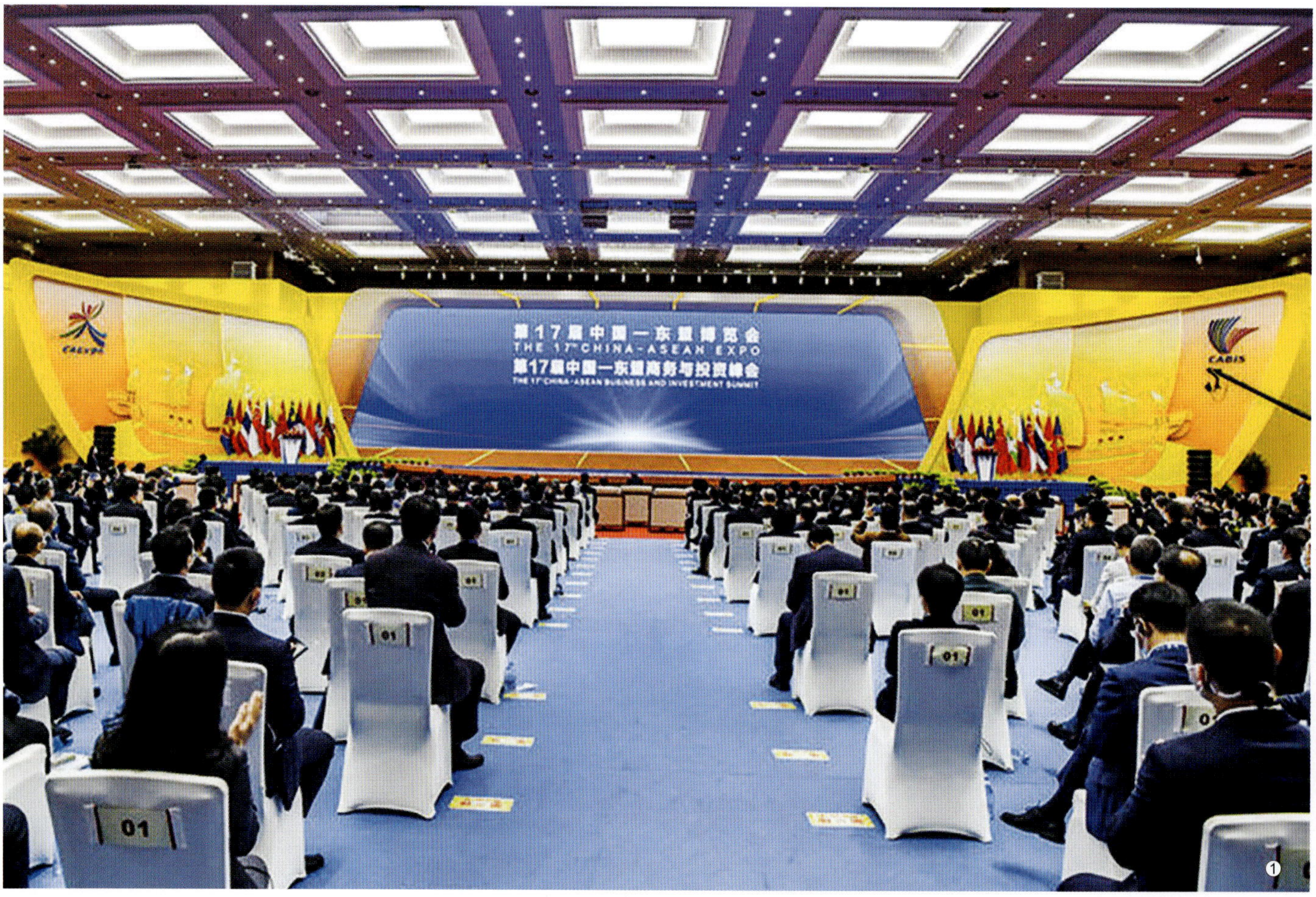

1

东盟博览会
东盟商务与投资峰会

融机构负责人、商协会会长、有关国际组织负责人、企业家、专家学者以及各界人士代表出席开幕式。

第17届中国—东盟博览会框架下举办11个高层论坛，其中会期举办8个，非会期举办3个。主要包括“健康丝绸之路”建设暨第三届中国—东盟卫生合作论坛、第4届中国—东盟信息港论坛、第8届中国—东盟技术转移与创新合作大会、第6届中国—东盟统计论坛、中国—东盟产能与投资合作论坛、中国—东盟电力合作与发展论坛、中国—东盟自由贸易区全面建成10周年专题论坛、第12届中国—东盟金融合作与发展领袖论坛等。

第17届中国—东盟商务与投资峰会举办了老挝国家领导人与中国企业CEO圆桌对话会、中国—东盟商界领袖论坛暨中国—东盟自由贸易区10周年特别会议。此外，在峰会机制下还举办了中国—东盟商事法律合作研讨会、第二届中国—东盟人工智能峰会、中国—东盟高新技术产业合作发展大会、中国—东盟青年企业家论坛、全球高精新特展览会暨2020海内外高端人才创新创业博览会等系列交流活动。

在常态化疫情防控形势下，本届博览会首创实体展与“云上东博会”结合的形式，推动经贸合作务实开展，助力区域经济加快复苏。实体展总面积达10.4万平方米，总展位数5400多个。实体展共有1668家企业参展，华为等一批世界500强和知名企业参展。东盟和区域外展览面积占比18.2%，有22个“一带一路”沿线国家108家企业参展，包括巴基斯坦、日本、韩国、澳大利亚、法国、意大利、俄罗斯等。“云上东博会”共有1956家企业参展，其中外国展商占21%，实现了参展企业上云全覆盖和全域营销推广。国内外84个采购团组线上线下参会。举办154场线上线下经贸活动，其中云上会议40场、云上对接推介活动30场，举办了一系列直播活动，部分展品成为云上热销产品。共签订国际、国内投资合作项目86个，总投资额2638.7亿元，同比增长43.6%，是2004年首届东博会以来签约项目投资总额增幅最高的一届。

① 第17届中国—东盟博览会和中国—东盟商务与投资峰会在南宁开幕（图片来源：中国—东盟博览会官网）

② 第17届中国—东盟博览会和中国—东盟商务与投资峰会外景（图片来源：中国—东盟博览会官网）

③ 老挝总理通伦发表视频致辞

④ 柬埔寨总理洪森发表视频致辞

⑤ 印尼总统佐科发表视频致辞

⑥ 缅甸总统温敏发表视频致辞

⑦ 菲律宾总统杜特尔特发表视频致辞

⑧ 泰国总理巴育发表视频致辞

⑨ 越南总理阮春福发表视频致辞

⑩ 巴基斯坦总统阿里夫·阿尔维发表视频致辞

⑪ 东盟秘书处秘书长林玉辉发表视频致辞

③ ~⑪（图片来源：中国—东盟博览会官网）

第17届中国—东盟博览会
THE 17TH CHINA-ASEAN EXPO
第17届中国—东盟商务与投资峰会
THE 17TH CHINA-ASEAN BUSINESS AND INVESTMENT SUMMIT
林玉辉
东盟秘书长
⑦
⑧
⑨
⑩
⑪

特殊合作伙伴
Special Partner Country
⑫
FOOD Philippines
品味菲律賓
dti
LAOS 老撾
MALAYSIA
D6.2
选择
马来西亚
MIDA

⑫ 巴基斯坦馆

⑬ 菲律宾馆

⑭ 老挝馆

⑮ 马来西亚馆

⑯ 缅甸馆

⑰ 泰国馆

⑱ 文莱馆

⑲ 新加坡馆

⑳ 印度尼西亚馆

㉑ 越南馆

⑫ ~㉑（图片来源：中国—东盟博览会官网）

㉒ 中国—东盟自由贸易区全面建成10周年专题论坛现场（图片来源：梁凯昌）

㉓ 老挝国家领导人与中国企业CEO圆桌对话（图片来源：黄克）

㉔ 中国共产党同东南亚国家政党首次对话会（图片来源：黄克、邓华）

㉕ 第4届中国—东盟信息港论坛（图片来源：人民网）

㉖ 中国—东盟产能与投资合作论坛（图片来源：人民网）

㉗ 第三届中国—东盟疾病防控合作论坛（图片来源：人民网）

㉘ 第17届中国—东盟博览会签约仪式（图片来源：人民网）

㉙ 第8届中国—东盟技术转移与创新合作大会新闻通气会在南宁召开（图片来源：黄勇棕）

㉚ 中国—东盟北斗应用与产业发展合作论坛（图片来源：广西新闻网）

㉛ 2020中国—东盟丝路电子商务论坛（图片来源：中央广电总台国际在线）

㉜ 2020中国—东盟信息港数字丝路产业合作论坛（图片来源：何宁）

㉝ 第二届中国—东盟人工智能峰会（图片来源：广西新闻网记者唐雨薇）

㉞ 海内外高端人才创新创业成果展现场（图片来源：李华润）

㉟ 中国—东盟医院管理合作论坛（图片来源：中国日报网）

㊱ 中国—东盟5G网络建设与应用论坛（图片来源：张云河）

㊲ 第六届中国—东盟传统医药论坛（图片来源：ZAKER南宁）

㊳ 第七届中国—东盟国际口腔医学交流与合作论坛（图片来源：中国日报网）

㊴ 第三届中国—东盟疾病防控合作论坛（图片来源：央视新闻官方账号）

㊵ 第一届中国—东盟食品安全与营养健康合作论坛（图片来源：广西新闻网记者周隆富）

32

33

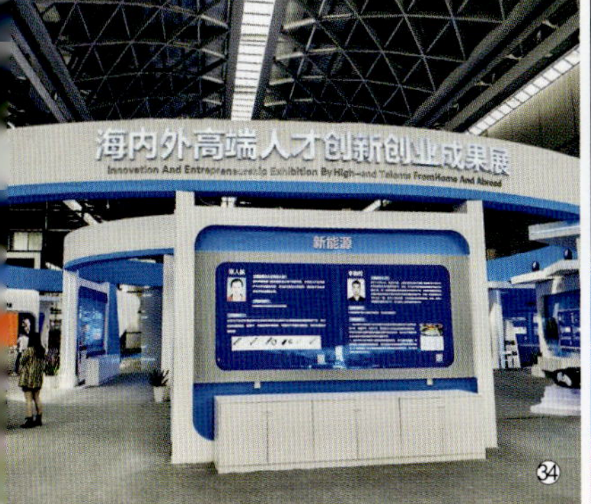

34

35

36

37

38

39

40

北部湾国际门户港
41
VR体验
HYUNDAI
COSCO
Hapag-Lloyd
北部湾国际门户港
Beibu Gulf International Gateway Port
43
广西壮族自治区
投资促进局
广西
三企入桂
45
央企入桂
湾企入桂
南宁
广西
共享农业繁荣
47
香港
亚洲国际都会
HKTDC

㊶～㊷ 北部湾国际门户港展区图片（图片来源：中国日报网）

㊸ 北部湾国际门户港展区（图片来源：南宁云）

㊹～㊻ “三企入桂”展区（图片来源：广西投资促进局）

㊼ 农业展区（图片来源：搜狐新闻）

㊽ 粤港澳大湾区合作展区（图片来源：腾讯新闻）

㊾ 国际经济与产能合作展区（图片来源：搜狐新闻）

㊿ 中国—东盟农业国际合作展区（图片来源：搜狐新闻）

51 国际陆海贸易新通道展区（图片来源：搜狐新闻）

52～53 省（区市）投资合作展区（图片来源：搜狐新闻）

54 服务贸易展区（图片来源：搜狐新闻）

55 ~ 56 公共防疫及卫生展区（图片来源：搜狐新闻）

57 中国（广西）自由贸易试验区展区（图片来源：南宁云）

58 先进技术展（图片来源：搜狐新闻）

59 广西生态农业展厅（图片来源：南宁云）

60 ~ 61 智慧能源与电力展区（图片来源：搜狐新闻）

62 工程机械及运输车辆展区（图片来源：搜狐新闻）

63 ~ 65 “一带一路”国际展区（图片来源：新华社记者张爱林）

⑬

“壮乡欢歌·圆梦小康”

⑭

⑮

“壮乡欢歌·圆梦小康”
2020年南宁国际民歌艺术节“绿城歌台”群众文化活动
老南宁·三街两巷音乐会
广西唐人文化

⑯

2020年南宁国际民歌
老南宁
主办单位
承办单位
艺术馆 南宁威
演出单

⑰

2020年南宁国际民歌艺术节“绿城歌台”群众文化活动
老南宁·三街两巷音乐会
主办单位：南宁市文化广电和旅游局
广西唐人文化

⑱

乡欢歌·圆梦小康”
2020年南宁国际民歌艺术节“绿城歌台”群众文化活动
南宁·三街两巷音乐会
位：南宁市文化广电和旅游局
广西唐人文化

⑲

“壮乡欢歌·圆梦小康”
2020年南宁国际民歌艺术节“绿城歌台”
三街两巷音乐会
广西唐人文化

⑳

㉑～㉝ 2020年中国—东盟（南宁）戏剧周演出场景

（图片来源：新湖南、中新网、新华网、中国日报、光明网）

善用自然的能量　实现高质量发展
中国核工业集团有限公司
China National Nuclear Corporation
核力无限　和你共创未来
CNNC
XGMA
巴基斯坦
PAKISTAN
D15080
60
61
62
63
64
65

第22届南宁

南宁国际民歌艺术节开幕晚会

2020年11月28日，第22届南宁国际民歌艺术节晚会陆续通过电视、广播、网络等平台精彩呈现，因受新冠肺炎疫情影响，晚会现场不组织观众，采取录制播出的方式呈现，在“云端”与广大民众、海内外朋友相约。“大地飞歌·2020”晚会以“为美好歌唱”为主题，分为“幸福小康年”“红色新乐章”“海上听潮音”三大篇章。

“幸福小康年”篇章以民歌回归本真为主旨，将来自“东南西北中”的民歌以独唱、对唱等多种演唱形式进行组歌式编排，使不同时代、不同民族风格的民歌有机统一和整合，让幸福的歌声在“云”端与观众产生强烈共鸣。

“红色新乐章”篇章唱响时代强音，通过民族精神的歌颂与传承、极富时代特征的节目编排，传承红色基因、弘扬伟大抗疫精神，深情表达对党对祖国的热爱与歌颂。

“海上听潮音”篇章融贯世界文艺的跨国合作，尽显家国情怀。节目编排以大气磅礴的全新编曲糅合世界各地的民族艺术，并在内容和形式上大胆创新，以坚定的文化自信展现中国底气，用音乐讲述“后疫情时代”关于健康、复苏、增长的丝路故事，全力推进中国与“一带一路”沿线国家的融合发展、携手前行。

晚会将人民幸福生活、南宁故事、抗疫精神、中国与东盟国家友好情谊等元素以原创、改编等多种形式进行表达，大力弘扬中华民族优秀传统文化，展现南宁蓬勃向上的城市发展前景，演绎中国与东盟国家、“一带一路”沿线国家的友好情谊。

“绿城歌台”群众文化活动

2020年12月10日，“壮乡欢歌·圆梦小康”2020年南宁国际民歌艺术节“绿城歌台”群众文化活动开幕式晚会根据疫情防控工作要求以线上展播的形式在南宁广播电视台、广西云客户端、南国早报客户端等新媒体平台播出，搭建群众文化交流的“云”上大舞台。

晚会共分为“人民至上”“家乡欢歌”“共享未来”三个篇章，表达了中国人民在中国共产党的坚强领导下，取得抗击疫情重大战略成果、梦圆小康、向世界唱响中国新时代欢歌的光辉历程。歌舞《相信中国》拉开了晚会帷幕，歌颂了中国人民万众一心，共同构筑起疫情防控坚固防线的伟大抗疫精神；歌曲《坚信爱会赢》歌颂人间大爱，激发各族人民携手共渡难关的信心和决心；一曲铿锵有力的《脱贫宣言》表达了中国共产党兑现精准脱贫奔小康“一个也不少，一个民族也不少”的庄严承诺；民谣歌曲《等你来》在唱游民谣诗人赵羽老师的倾情演绎中掀起晚会高潮；少儿歌舞《童心桥》展现少年儿童朝气蓬勃的精神风貌；歌舞《向往》用歌声承载人民对美好幸福的向往；“花山歌后”何梦苓老师携全体演员同声高歌《我的祖国》，晚会在优美的歌声中圆满落下帷幕。

风情东南亚专场晚会　2020年12月19日在南宁民歌湖舞台上演。晚会以和谐、友谊为主题，欢乐绚丽为主调，以东盟国家的经典歌舞为主体，展现出更具开放包容和原汁原味的东南亚风情，让观众置身于异国艺术文化氛围中，感受最纯粹的东南亚风情文化，是一场极具异域风情的文化盛宴。结合东南亚10国元素的舞蹈《你好》拉开了晚会帷幕；泰国舞蹈《永恒的微笑》融入泰国经典的长甲舞和蜡烛舞，别具特色；男生独唱《坚信爱会赢》

①

国际民歌艺术节

表达各国人民在疫情下携手共渡难关的信心和决心；中国壮族舞蹈《天琴》集器乐、唱词、弹唱、舞蹈于一体，展示了壮族文化的独特风情；《情牵丝路中国梦》是南宁国际民歌艺术节原创曲目，表现了在“一带一路”倡议指导下，广西北部湾欣欣向荣的景象；中国—东盟博览会主题歌《相聚到永久》将晚会推向高潮。晚会在《阿依莎娜妮娅》的歌声中圆满落幕。

三街两巷音乐会　2020年12月26日晚在南宁三街两巷历史文化街区上演。活动以古今中外经典管弦乐曲为主，穿插通俗歌曲的迎新音乐会形式在中华大戏院门前精彩呈现。音乐会以选自芭蕾舞剧《红色娘子军》组曲的《万泉河水清又清》开场，优美弦律带我们回顾战争年代的英雄事迹。《大海啊故乡》《在希望的田野上》道出了我们每个中华儿女对故乡的眷恋，对祖国繁荣昌盛的希望。乐曲《壮乡尼的呀》描绘广西独特自然风光，展现淳朴民风。歌曲《幸福永远》唱出了长相厮守的美好感情。用中音萨克斯演绎出的陕北民歌《梦中的兰花花》让人耳目一新。以高音萨克斯演绎的《你莫走》道出了情侣间质朴纯真的爱情。吉他民谣歌手阿远的两首经典老歌《朋友》《讲不出再见》让台下观众热血沸腾。用小提琴演奏的维吾尔族民歌《一杯美酒》将音乐会推向高潮。音乐会在广西抒情花腔女高音杨春梅独唱的《我的祖国》中圆满落下帷幕。

首届中国—东盟文化艺术周戏剧展演暨第八届中国—东盟（南宁）戏剧周

活动于2020年12月7—14日在南宁举行。以“凝聚东盟力量 共铸文化丝路”为定位，以“相遇海丝路 相知东盟情”为主题切入点，以文化艺术为纽带，发挥“名团、名剧、名人”效应，展现不同国家、不同区域文化艺术“各美其美，共绘大美”的动人风姿，诠释中国与东盟“守望相助，同舟共济”的深厚情谊。活动由广西南宁市人民政府、广西文化和旅游厅主办，文化和旅游部国际交流与合作局、中国—东盟中心指导，南宁市文化广电和旅游局、南宁市外事办公室、广西戏剧院承办，纳入由文化和旅游部、广西自治区人民政府主办的中国—东盟文化艺术周主要活动之一。

本届文化艺术周戏剧展演汇聚了上海、河南、浙江、云南、湖南、福建、江苏、山西、内蒙古、广东、广西等省份及菲律宾、新加坡、泰国、越南、印度尼西亚等东盟国家的24个艺术团体一起开展23场精彩演出，涵盖了越剧、昆剧、花鼓戏、滇剧、莆仙戏、婺剧、晋剧、锡剧、粤剧、漫瀚剧等戏剧种类，活动内容精彩纷呈。通过线上线下相结合的方式开展活动，国内剧团经典剧目在剧场演出，东盟国家的优秀剧目在线上展播；东盟各国粤剧爱好者线上参与中国—东盟（南宁）粤剧大赛；依托非遗传艺坊，打造一个文化尊重、互利互赢的线上线下交流平台，交流互鉴，相互学习。活动采取“演、展、赛+闭幕演出”模式，共分五大板块，包括中国—东盟（南宁）戏剧周戏剧展演、“金色殿堂”中国—东盟优秀艺术家个人艺术专场、中国—东盟艺术展览、中国—东盟（南宁）粤剧大赛、中国—东盟文化艺术周闭幕演出。闭幕演出选在南宁方特东盟神画乐园举行，通过现代科技和多种形式营造浓郁东盟文化风情，弥补东盟国家不能到现场参加活动的遗憾，集中展示中国和东盟各国文化艺术，推动中国与东盟各国之间人文交流，增进民心相通。

①～② 第22届南宁国际民歌艺术节暨第17届中国—东盟博览会和商务与投资峰会开幕晚会演出场景（图片来源：周军）

③～⑫ 第22届南宁国际民歌艺术节暨第17届中国—东盟博览会和商务与投资峰会开幕晚会演出场景（图片来源：中新网、广西新闻频道、新华网、广西日报）

⑬～⑳ 壮乡欢歌圆梦小康“绿城歌台”节目演出照片（图片来源：宋延康）

中国—东盟年鉴

ZHONGGUO – DONGMENG NIANJIAN

2021

陈立生
朱　东　主编

广西社会科学院
广西壮族自治区社会科学界联合会　编

线装书局

图书在版编目(CIP)数据

中国－东盟年鉴. 2021 / 陈立生，朱东主编 ；广西社会科学院，广西壮族自治区社会科学界联合会编. -- 北京 ：线装书局，2022.11
ISBN 978-7-5120-5289-5

Ⅰ. ①中… Ⅱ. ①陈… ②朱… ③广… ④广… Ⅲ. ①自由贸易区—东南亚、中国—2021—年鉴 Ⅳ. ①F752.733-54

中国版本图书馆 CIP 数据核字(2022)第 227619 号

中国—东盟年鉴
ZHONGGUO－DONGMENG NIANJIAN
2021

主　　编：陈立生　朱　东
编　　者：广西社会科学院　广西壮族自治区社会科学界联合会
责任编辑：程俊蓉
出版发行：线装书局
　　地　　址：北京市丰台区方庄日月天地大厦 B 座 17 层(100078)
　　电　　话：010－58077126(发行部)　58076938(总编室)
　　网　　址：www.zgxzsj.com
经　　销：新华书店
印　　制：广西民族印刷包装集团有限公司
开　　本：890mm×1240mm　1/16
印　　张：28
字　　数：718 千字
版　　次：2022 年 11 月第 1 版　2022 年 11 月第 1 次印刷
印　　数：0001—2000 册

定　　价：260.00 元

线装书局官方微信

编辑说明

一、《中国—东盟年鉴》是一部国际综合性年鉴，着重收载中国和东盟各国的基本资料及区域内各国政治、外交、经济、文化、社会等方面的重要信息，旨在为海内外各界人士了解中国和东盟各国（包括国际组织）的基本情况及中国—东盟自由贸易区的建设进程提供一个窗口，以促进中国和东盟各国的相互了解和交流合作。《中国—东盟年鉴》面向国内外广大读者，面向中国—东盟博览会，为国内外读者和中国—东盟博览会与会人士提供相关资讯。

二、《中国—东盟年鉴》的编辑，坚持实事求是的科学精神，客观地反映有关各国情况，追求年鉴的科学性、权威性和实用性。

三、本年鉴从2004年起逐年编纂出版，2021年卷为第18卷。本卷年鉴着重记述2020年发生的事情并收入相关资料，其中部分内容为保持资料的完整性适当追溯历史，并收录一些历时性资料。

四、本卷年鉴的主要栏目有：概况、动态、专题、新闻人物、大事记、文献、投资贸易指南、统计资料、附录等。专题栏目下设发展报告、东南亚国家联盟、中国—东盟自由贸易区、区域经济合作、中国和东盟及各成员国交往与合作、重要节会展会6个分目。年鉴中的概况和动态信息一般作条目化处理，专题栏目中的发展报告、中国和东盟及各成员国交往与合作以及某些附属资料则采用文章体。东盟各国资料的编排，依国际惯例按国名的英文字母顺序排列；一国之内发生的事情，在同一栏目中一般按时序编排。

五、本年鉴由广西社会科学院、广西壮族自治区社会科学界联合会主办，广西社会科学院东南亚研究所、广西东南亚经济与政治研究院承办。供稿者均为专事东南亚研究的社会科学工作者，文献资料主要来自国内权威机关、传媒或网站，具有一定的权威性和较高的参考价值。

六、作为资料性工具书，本年鉴内容资料的选题选材和编排、条目的内容要素和记述程序等，都依年鉴的体例予以规范。为方便读者阅读、检索，本年鉴配备双重检索系统：书前刊有详细目录，书后备有索引。

七、由于资料采集艰辛和成书时间仓促，本卷年鉴难免有所疏漏和不足，欢迎国内外各界读者批评指正，我们将在今后的编纂工作中努力改进。

本年鉴在策划和编纂过程中，得到有关领导机关和社会各界人士的大力支持和帮助，谨表示衷心感谢！

《中国—东盟年鉴·2021》主创单位及人员

主 办 单 位　广西社会科学院　广西壮族自治区社会科学界联合会

承 办 单 位　广西社会科学院东南亚研究所　广西壮族自治区东南亚经济与政治研究院

编委会主任　陈立生　朱　东

编委会副主任　解桂海　钟文干

编委会委员　陈立生　谢林城　黄天贵　解桂海

顾　　　问（以姓氏笔画为序）

于向东　王士录　庄国土　许宁宁　许家康　孙璟涛　李向阳

杨保筠　汪新生　张汉龙　张锡镇　高伟浓　曹云华　翟　崑

主　　　编　陈立生　朱　东

执 行 主 编　解桂海　钟文干

副　主　编　雷小华　李冬青　张　磊　蔡志郁　莫　嫦　周玉林　谢柱军

特 邀 编 审　许家康　徐远征　韦峥嵘

发 稿 编 辑　黄李莉　姚　婕　颜　洁　丁裕森　杨梦平　唐　卉

主要撰稿人（以姓氏笔画为序）

于灵芝　卫彦雄　马立潇　马宇晨　马金案　马　静（广西社会科学院）

马　静（广西大学外国语学院）　韦朝晖　云昌耀　云　倩　叶霞霞　代珊瑞

朱莹莹　李阳行　李碧华　杨晓强　杨梦平　杨　超　吴杰伟　何　战

何静波　张　磊　陈红升　陈建男　罗富文　周明均　周喜梅　郑　杏

郑颖瑜　赵　丹　祝湘辉　聂慧慧　唐　卉　黄幼霞　黄李莉　黄　婕

黄谟媛　梁　薇　游　悠　谢柱军　雷小华　颜　洁　潘艳勤（马来西亚）

目 录 翻 译　莫　嫦

工 作 人 员　朱莹莹　叶霞霞　邓　斌

目　　录

概　　况

动　态

专　题

新 闻 人 物

大　事　记

文　　献

投资贸易指南

统 计 资 料

附 录

索 引

China – ASEAN Yearbook · 2021
Contents

概　　况

中　　国

国　名

中华人民共和国(The People's Republic of China),简称中国、中或华。

国　旗

中华人民共和国国旗为五星红旗。长方形,长宽比为3∶2。旗面为红色,象征革命。旗面左上方的五颗黄色五角星,象征中国共产党领导下的革命人民大团结。五角星用黄色表示红色大地上呈现光明。四颗小五角星各有一个尖角正对大五角星的中心点,表示围绕着一个中心而团结,在形式上也显得紧凑美观。

地　理

位　置　中国位于亚洲东部。地处东经73°~135°、北纬4°~53°之间。东部和南部濒临太平洋,西靠中亚大陆,西南与中南半岛和南亚次大陆相接,北面紧邻蒙古高原和西伯利亚。疆域东起黑龙江和乌苏里江交汇处,西到帕米尔高原,北起漠河附近的黑龙江江心,南至南沙群岛的曾母暗沙。

面　积　中国陆地面积960万平方千米,约占全球陆地面积的1/15;内海和边海的水域面积约470多万平方千米。

疆界和邻国　陆上边界漫长,从东北与朝鲜交界的鸭绿江口起,经北面、西面,到西南与越南交界的北仑河口,全长2.28万千米,依次与朝鲜、俄罗斯、蒙古、哈萨克斯坦、吉尔吉斯斯坦、塔吉克斯坦、阿富汗、巴基斯坦、印度、尼泊尔、不丹、缅甸、老挝、越南等14个国家毗邻。大陆海岸线长1.8万余千米,领海宽广,东面与韩国、日本隔黄海、东海相望,东南面和南面隔南海与菲律宾、马来西亚、新加坡、文莱、印度尼西亚等国相望。

地形地貌　地形复杂多样,地球陆地上的山地、丘陵、高原、平原和盆地等5种基本类型都有分布。山地、丘陵和比较崎岖的高原约占陆地面积的2/3。地势东低西高,呈阶梯状分布:第一级是东部的平原、低山和丘陵,海拔一般在500米以下;第二级是中部、西部的高原和盆地,海拔大多在1000~2000米之间;第三级是青藏高原,平均海拔超过4000米。第一级阶梯的东面和东南面是浅海大陆架,坡度平缓。主要山脉和山系有:东西走向的南岭山脉、昆仑山脉、秦岭山脉、天山山脉和阴山山脉,东北—西南走向的台湾山脉、长白山脉、武夷山脉、大兴安岭山脉、太行山脉、巫山山脉和雪峰山脉,西南—东南走向的祁连山脉和阿尔泰山脉,南北走向的贺兰山脉和横断山脉,以及唐古拉山、图库斯山和喜马拉雅山等弧形山系。弧形山系中的喜马拉雅山脉是全球最高大、最雄伟的山脉,高峰林立,其中中国与尼泊尔边界上的珠穆朗玛峰海拔8848.86米,为世界第一高峰。丘陵主要分布于华东、华南和东北,有东南丘陵、两广丘陵、山东丘陵和辽东丘陵等。高原分布于华北、西北和西南,主要有黄土高原、内蒙古高原、云贵高原和青藏高原,其中面积最大的是青藏高原,约占全国面积的1/4。平原主要分布于东部和中部,有东北平原、华北平原、长江中下游平原三大平原以及珠江三角洲平原、成都平原、汾渭平原、台湾西部平原等,是主要农耕区。盆地主要分布于西北部和中部,主要有四川盆地、塔里木盆地、准噶尔盆地、柴达木盆地和吐鲁番盆地。其中塔里木盆地面积最大,该盆地中的塔克拉玛干沙漠是中国面积最大的沙漠；吐鲁番盆地地势最低，最低点低于海平面155米，是中国陆地上最低的地方。

江河湖泊　江河众多，其中流域面积超过1000平方千米的河流有1500多条。属太平洋水系的河流主要有黑龙江、辽河、海河、黄河、长江、钱塘江、闽江、珠江、澜沧江等，其中长江是中国第一大河、世界第三大河，干流长6363千米。属印度洋水系的河流有怒江和雅鲁藏布江。属北冰洋水系的有额尔齐斯河。此外，还有一些内流河，其中最长的是新疆南部的塔里木河，全长2421千米。湖泊有2.48万个，其中面积超过1平方千米的天然湖泊2759个。主要湖泊有青海湖、洞庭湖、鄱阳湖、太湖、洪泽湖等。青海湖是中国第一大湖和最大的咸水湖。

海岸海岛　大陆东部和南部濒临渤海、黄海、东海和南海，其中渤海是内海，黄海、东海和南海是边海。大陆海岸线长1.8万余千米。海域分布有大小岛屿7600多个，其中面积超过700平方千米的有台湾岛、海南岛和崇明岛，台湾岛和海南岛分别是中国第一、第二大岛；其他较大的岛屿有舟山岛、东山岛、海坛岛（平潭岛）、长兴岛等。较大的群岛有舟山群岛、东沙群岛、南沙群岛、西沙群岛和中沙群岛。较大的半岛有辽东半岛、山东半岛和雷州半岛。

气　候　大部分地区属东亚季风气候区。全国冬季寒冷干燥，南北温差大；夏季普遍高温，降水较多。各地年平均降水量差异较大，东南沿海可多达1600毫米以上，而西北部一些地方则少于50毫米。

风景名胜　重要的风景名胜有：长城，北京故宫、颐和园、天坛、明清皇室陵寝、周口店猿人遗址，河北北戴河、承德避暑山庄和外八庙，辽宁沈阳故宫，山东曲阜孔庙、孔府、孔林和泰山风景名胜区，陕西秦始皇陵、兵马俑，甘肃敦煌莫高窟，河南洛阳龙门石窟和白马寺、登封少林寺，江苏苏州古典园林，安徽黄山风景名胜区，江西庐山风景名胜区，广西桂林漓江风景名胜区，四川九寨沟风景名胜区和峨眉山—乐山风景名胜区，西藏布达拉宫，台湾日月潭，等等。

国　民

人　口　2020年年末中国全国人口141178万（不含香港、澳门两个特别行政区和台湾省人口）。按性别分，男性72334万人，女性68844万人；按城乡分，城镇90199万人，乡村50979万人。东部人口稠密，西部人口稀少。

民　族　有56个民族，即汉、蒙古、回、藏、维吾尔、苗、彝、壮、布依、朝鲜、满、侗、瑶、白、土家、哈尼、哈萨克、傣、黎、傈僳、佤、畲、高山、拉祜、水、东乡、纳西、景颇、柯尔克孜、土、达斡尔、仫佬、羌、布朗、撒拉、毛南、仡佬、锡伯、阿昌、普米、塔吉克、怒、乌兹别克、俄罗斯、鄂温克、德昂、保安、裕固、京、塔塔尔、独龙、鄂伦春、赫哲、门巴、珞巴、基诺等族。

语　言　汉语是主要语言，少数民族也有本民族语言。现代汉民族的共同语言是以北京语音为标准音、以北方话为基础方言、以典范的现代白话文著作为语法规范的普通话。

宗　教　宪法规定公民享有宗教信仰自由。国民信仰的宗教有佛教、道教、伊斯兰教、基督教、天主教。

资源物产

土地资源　中国耕地面积12786.19万公顷（《2017年中国土地矿产海洋资源统计公报》），区域分布不匀，人均土地资源占有量较少。

水资源　水能资源蕴藏量6.8亿千瓦，居世界首位。人均径流量约2200立方米，仅为世界人均径流量的24.7%。在各流域中，珠江流域人均水资源最丰富。水资源分布南方多北方少，水土资源配合欠佳。

生物资源　种类多、数量大。几乎拥有北半球的全部植被类型，有种子植物300科、2980属、2.4万种，其中被子植物2946属，占全球被子植物总属数的23.6%。有陆栖脊椎动物2070种，占全球陆栖脊椎动物种类的9.8%，其中兽类420种，鸟类约1170种，两栖类184种。海鱼约有1500种，淡水鱼约500种。

矿产资源　已发现矿种173种，包括能源矿产13

中国江西庐山风景名胜区两景　　（百度网）

种，金属矿产59种，非金属矿产95种，水气矿产6种，其中探明储量的162种。重要矿产资源有煤、石油、油页岩、天然气、铁、锰、钼、钒、钛、汞、磷、铜、钨、锑、锡、铬、铅锌、铝土、镍、稀土、银、金、菱镁、普通萤石、硫铁、钾、盐、芒硝、重晶石、石墨、玻璃硅原料、清石、高岭土等。其中钨、锑、稀土、钼、钒、钛的探明储量在世界各国中居首位，煤、铁、铅锌、铜、银、汞、锡、镍、磷灰石、石棉等位居前列。

物　产　有谷物（小麦、稻谷）、棉花、油料（油菜籽、花生、油茶籽、芝麻）、麻类、糖料（甘蔗、甜菜）、大豆、茶叶、烟叶、水果（苹果、柑橘、香蕉、葡萄、西瓜）、大牲畜、肉类（猪、牛、羊肉）、奶类、羊毛（绵羊毛、山羊毛）、水产品（海水产品、淡水产品）等。其中谷物、棉花、花生、油菜籽、水果、肉类产量在世界各国中居首位，大豆、甘蔗、茶叶产量位居前列。还有松脂、中药材、桐油、生丝、漆、灵香草、八角、茴油、肉桂、荔枝、龙眼等特产。

国体政体

国　体　中华人民共和国是工人阶级领导的、以工农联盟为基础的人民民主专政的社会主义国家。社会主义是国家的根本制度。国家的一切权力属于人民，实行人民代表大会制度。

全国人民代表大会　国家的最高权力机关。常设机构是全国人民代表大会常务委员会。全国人民代表大会和全国人民代表大会常务委员会行使国家立法权。

国务院　即中央人民政府，最高权力机关的执行机关，最高国家行政机关。

中央军事委员会　全国武装力量领导机关。实行主席负责制度，对全国人民代表大会及其常务委员会负责。

最高人民法院　国家的最高审判机关。

最高人民检察院　国家的最高检察机关。

中国人民政治协商会议　由各党派、各阶层组成。宪法规定，中国共产党领导的多党合作和政治协商制度将长期存在和发展。

党　派　中国内地有9个党派：中国共产党、中国国民党革命委员会、中国民主同盟、中国民主建国会、中国民主促进会、中国农工民主党、中国致公党、九三学社和台湾民主自治同盟。其中，中国共产党是执政党，其他8个民主党派是参政党。

国家领导人

国家主席　习近平，2018年3月当选连任。

全国人民代表大会常务委员会委员长　栗战书，2018年3月当选。

国务院总理　李克强，2018年3月连任。

中国人民政治协商会议全国委员会主席　汪洋，2018年3月当选。

国家中央军事委员会主席　习近平，2018年3月当选连任。

行政区划

一级行政区划　中国分为34个省、自治区、直辖市和特别行政区。即黑龙江、吉林、辽宁、河北、山西、山东、江苏、浙江、安徽、江西、福建、台湾、河南、湖北、湖南、广东、海南、云南、贵州、四川、陕西、甘肃、青海等23个省，广西、西藏、新疆、内蒙古、宁夏等5个自治区，北京、天津、上海、重庆等4个直辖市，香港、澳门2个特别行政区。

主要城市　首都北京市，位于华北平原西北端，周围被河北省和天津市所包围，是中国政治、经济、文化和国际交流中心，综合性产业城市，著名古都，重要航空港。2020年年末全市常住人口2189.3万。其他重要城市有上海、天津、重庆、哈尔滨、长春、沈阳、大连、呼和浩特、太原、石家庄、济南、青岛、南京、苏州、杭州、合肥、福州、厦门、南昌、郑州、武汉、长沙、广州、深圳、南宁、桂林、海口、昆明、贵阳、成都、拉萨、乌鲁木齐、兰州、西安、西宁、银川、香港、澳门、台北、高雄等。

经　济

国内生产总值　2020年中国国内生产总值1015986亿元人民币，比上年增长2.3%。

产　业　第一产业包括农业、林业、畜牧业和渔业。种植业是农业的支柱，主要包括粮食作物种植业和经济作物种植业。粮食种植业主要种植小麦、水稻、玉米、薯类等作物，2020年粮食产量66949万吨，比上年增加565万吨，增长0.9%。经济作物种植业主要种植棉花、油料（花生、油菜、芝麻、油茶）、麻类、糖料（甘蔗、甜菜）、豆类、茶叶、水果等作物。2020年第一产业增加值77754亿元。第二产业包括工业和建筑业。工业门类齐全，主要有矿产采选、金属冶炼及压延加工、金属制品、机械制造、化学原料及制品、医药、纺织及服装制造、家具制造、食品加工和制造等行业。第二产业在国民经济中占主导地位，2020年第二产业增加值384255亿元。第三产业包括地质勘查和水利管理、交通运输仓储邮电通信、批发和零售贸易、金融保险、房地产、社会财务、卫生体育和社会福利、教育文化艺术、广播电影电视、科学研究和综合技术服务等行业。第三产业在国民经济中地位不断上升，2020年第三产业增加值占国内生产总值的54.5%。

财　政　2020年全国一般公共预算收入182895亿元，比上年减少7495亿元人民币，下降3.9%。

金　融　主要银行有中国人民银行、中国建设银行、中国工商银行、中国农业银行、中国银行、中国农业发展银行、中国进出口银行、国家开发银行、交通银行、中国光大银行等，其中中国人民银行是国家中央银行。

主要保险公司有中国人民财产保险股份有限公司、中国人寿保险股份有限公司、中国太平洋财产保险股份有限公司、中国太平洋人寿保险股份有限公司、中国平安财产保险股份有限公司、中国平安人寿保险股份有限公司、新华人寿保险股份有限公司等。证券交易所有上海证券交易所和深圳证券交易所。货币名称为人民币，单位为元。2020 年年末国家外汇储备 32165 亿美元，比上年末增加 1086 亿美元。年末人民币汇率为 1 美元兑 6.8974 元人民币，比上年末升值 0.02%。

进出口贸易　2020 年货物进出口总额 321557 亿元人民币，比上年增长 1.9%。其中：出口 179326 亿元人民币，增长 4.0%；进口 142231 亿元人民币，下降 0.7%。货物进出口顺差 37096 亿元人民币，比上年增加 7976 亿元人民币。对“一带一路”沿线国家进出口总额 93696 亿元人民币，比上年增长 1.0%。其中，出口 54263 亿元人民币，增长 3.2%；进口 39433 亿元人民币，下降 1.8%。

交通通信

截至 2020 年年底，全国铁路运营里程 14.6 万千米，比上年增长 5.3%，其中高速铁路运营里程达 3.8 万千米；公路总里程 519.81 万千米，其中高速公路 16.1 万千米。全年货物运输总量 463 亿吨，货物运输周转量 196618 亿吨千米。旅客运输总量 97 亿人次，比上年下降 45.1%。年末全国民用汽车保有量 28087 万辆（包括三轮汽车和低速货车 748 万辆），比上年末增加 1937 万辆，其中私人汽车保有量 24393 万辆，增加 1758 万辆。民用轿车保有量 15640 万辆，增加 996 万辆，其中私人轿车 14674 万辆，增加 973 万辆。

沿海港口主要有大连港、营口港、秦皇岛港、天津新港、烟台港、威海港、连云港、上海港、宁波港、温州港、马尾港、厦门港、汕头港、黄埔港、湛江港、北海港、钦州港、防城港、海口港、香港、基隆港、高雄港等。内河港口主要有宜宾港、重庆港、万州港、宜昌港、武汉港、九江港、芜湖港、南京港、镇江港、张家港、南通港、上海港、广州港、梧州港、贵港等。

主要机场有北京首都机场、北京大兴国际机场、广州花都机场、上海浦东机场、上海虹桥机场、深圳宝安机场、昆明长水机场、成都双流机场、西安咸阳机场、厦门高崎机场、桂林两江机场、重庆江北机场、大连周水子机场、天津滨海机场、杭州萧山机场、青岛流亭机场、南京禄口机场、武汉天河机场、南宁吴圩机场、长沙黄花机场、乌鲁木齐地窝铺机场、拉萨贡嘎机场、香港机场、台北桃园机场等。

2020 年年末全国电话用户总数 177598 万户，其中移动电话用户 159407 万户。移动电话普及率上升至 113.9 部/百人。固定互联网宽带接入用户 48355 万户，比上年末增加 3427 万户。其中固定互联网光纤宽带接入用户 45414 万户，增加 3675 万户。移动互联网用户接入流量 1656 亿 G，比上年增长 35.7%。互联网上网人数 9.89 亿人。其中手机上网人数 9.86 亿人。互联网普及率达到 70.4%，其中农村地区互联网普及率 55.9%。

教　育

中国实行 9 年义务教育制度。现行学制为小学 6 年；初中 3 年，高中 3 年；高等专科教育 2 ~ 3 年，本科教育 4 ~ 6 年。

2020 年全国在校学生人数：普通小学 10725.4 万人，初中 4914.1 万人，普通高中 2494.5 万人，中等职业教育 1663.4 万人，普通高等教育专科、本科 3285.3 万人，在学研究生 314.0 万人。著名大学有北京大学、清华大学、复旦大学、上海交通大学、浙江大学、南京大学、中国人民大学、中国科技大学、华中科技大学、武汉大学、吉林大学、中山大学等。

传　媒

中国官方新闻社为新华社。主要报纸有《人民日报》《光明日报》《解放军报》《中国日报》《参考消息》《经济日报》《中国青年报》《工人日报》《中国文化报》《中国体育报》《中国妇女报》《经济参考报》《中国政协报》《科学时报》《健康报》《中国商报》等。主要电视台有中央电视台、中国教育台等。主要广播电台有中央人民广播电台、中国对外广播电台等。

文化旅游和体育

2020 年年末全国文化和旅游系统共有艺术表演团体 2027 个；有文化馆 3327 个，公共图书馆 3203 个，博物馆 3510 个，档案馆 4234 个。有线电视实际用户 2.10 亿户，其中有线数字电视实际用户 2.01 亿户。

吉林大学图书馆外景　（百度网）

年末广播节目综合人口覆盖率 99.4%，电视节目综合人口覆盖率 99.6%。出版各类报纸 277 亿份，各类期刊 20 亿册，图书 101 亿册。

2020 年全年国内游客 28.8 亿人次，比上年下降 52.1%；其中，城镇居民游客 20.7 亿人次，下降 53.8%；农村居民游客 8.1 亿人次，下降 47.0%。国内旅游收入 22286 亿元人民币，下降 61.1%。其中，城镇居民游客花费 17967 亿元人民币，下降 62.2%；农村居民游客花费 4320 亿元人民币，下降 55.7%。

2020 年全国运动员在 3 个运动大项中获得 4 个世界冠军，创造 1 项世界纪录。全国残疾人运动员在 6 项国际赛事中获得 24 个世界冠军。

医疗卫生

2020 年年末中国有医疗卫生机构 102.3 万个，其中医院 3.5 万个；基层医疗卫生机构 97.1 万个，其中乡镇卫生院 3.6 万个，社区卫生服务中心（站）3.5 万个，门诊部（所）29.0 万个，村卫生室 61.0 万个；专业公共卫生机构 1.4 万个，其中疾病预防控制中心 3384 个，卫生监督所（中心）2736 个。全国有卫生技术人员 1066 万人，其中执业医师和执业助理医师 408 万人，注册护士 471 万人。医疗卫生机构床位 911 万张，其中医院 713 万张，乡镇卫生院 139 万张。全国参加基本医疗保险人数 136101 万人，比上年增加 693 万人。其中：参加职工基本医疗保险人数 34423 万人，增加 1498 万人；参加城乡居民基本医疗保险人数 101678 万人，全年资助 8990 万人参加基本医疗保险。

科　技

中国主要科学研究机构有中国科学院和中国社会科学院。2020 年全国研究与试验发展（R&D）经费支出 24426 亿元人民币，比上年增长 10.3%，与国内生产总值之比为 2.40%，其中基础研究经费 1504 亿元人民币。国家科技重大专项共安排 198 个课题，国家自然科学基金共资助 4.57 万个项目。截至年底，正在运行的国家重点实验室 522 个，国家工程研究中心（国家工程实验室）350 个，国家企业技术中心 1636 个，大众创业万众创新示范基地 212 个，国家级科技企业孵化器 1173 个，国家备案众创空间 2386 个。全年授予专利权 363.9 万件；PCT 专利申请 7.2 万件。截至年底，有效专利 1219.3 万件，其中境内有效发明专利 221.3 万件，每万人口发明专利拥有量 15.8 件。

2020 年年末全国共有国家质检中心 852 个。有产品质量、体系认证机构 724 个，累计完成对 79 万家企业的产品认证。全年制定、修订国家标准 2252 项，其中新制定 1584 项。

历　史

中国是世界文明古国，有 5000 年文字记载的历史。

原始社会晚期，中原一带出现部落，其中黄河流域以黄帝、炎帝和蚩尤为首的 3 个部落比较强大。后来华夏民族尊黄帝和炎帝为共同祖先。

公元前 2070 年，夏王朝建立，是为中国奴隶社会的开端。

公元前 1600 年左右，商王朝取代夏王朝。商代，青铜冶炼和青铜器铸造技术水平较高，还出现甲骨文。

公元前 1046 年，周王朝取代商王朝。自此到公元前 476 年，中国经历了西周（公元前 1046 年至公元前 771 年）、春秋（公元前 770 年至公元前 476 年）两个时期。

公元前 475 年，进入战国时期，封建社会逐步确立。此时诸侯争霸，社会不安；在思想领域出现百家争鸣的繁荣局面，形成儒、法、道、墨、名、农、杂等以后长期影响中国社会的学派。

公元前 221 年，秦始皇嬴政统一中原，建立秦王朝。后又统一西南、东南地区，形成统一的多民族的中央集权国家。秦始皇实行统一文字和度量衡等措施，对后世影响极大。

公元前 206 年，刘邦建立汉王朝取代秦王朝。汉代社会经济发展较快，科学文化事业繁荣，特别是汉武帝时进入鼎盛阶段，所开辟通往西域的丝绸之路，促进了中西经济文化交流。

公元 220—589 年，历经三国、两晋和十六国、南北朝 3 个时期。这 3 个时期的特点是国家分裂和中华民族大融合。

581 年，隋王朝建立。当时，大运河凿通，促进了南北交通和经济文化交流；设立六部官制，实行科举考试制度，对此后中国政治、教育产生深远影响。

618 年，唐王朝取代隋王朝。唐代经济社会全面发展。商业繁荣，形成长安、扬州、广州等商业中心。文化发达，出现李白、杜甫等一批伟大诗人。科学进步，发明火药、雕版印刷术、天文钟等，对世界文化和科学技术的发展有卓越贡献。

907 年，唐王朝灭亡，中国出现封建割据局面，从 907 到 960 年，史称五代十国时期。

960 年，宋王朝建立。宋代（分北宋、南宋两个时期），农业和工业技术都有所发展，尤其是造船技术和指南针的发明与应用，促进了海外贸易事业的繁荣。同时，中国北方先后建立辽、金、西夏、元等政权。

1279 年，统一了北方的元消灭南宋，统一中国。元代，经济、文化继续发展。当时实行的行省制度一直沿袭至今。

1368 年，明王朝建立。明代，江南出现资本主义萌芽，朝廷派郑和率船队七下西洋，西方传教士开始进入中国传教并传播西方科学技术。

1644 年，清王朝取代明王朝。清代前期，国家强盛，经济、文化、科学技术发展；后期，朝廷腐败，国力衰弱。

1840 年,英国发动侵略中国的鸦片战争,清王朝屈服,中国开始沦为半封建半殖民地社会。

1911 年,辛亥革命爆发,清王朝被推翻。1912 年,中华民国建立。

1921 年,中国共产党在上海成立。中国共产党领导中国人民开展土地革命战争、抗日战争和解放战争,推翻压在中国人民头上的“三座大山”,取得新民主主义革命的胜利。1949 年 10 月 1 日,中华人民共和国建立。

中华人民共和国建立后,历经清匪反霸,土地改革,抗美援朝,镇压反革命,“三反”“五反”,农业、手工业和资本主义工商业的社会主义改造,“大跃进”,人民公社化,社会主义教育(“四清”),“文化大革命”等运动。1978 年中共十一届三中全会后,实行改革开放,致力于经济建设,经济快速发展,国力不断加强,社会稳定,人民生活水平不断提高。2017 年 10 月召开的中国共产党第十九次全国代表大会郑重宣示:经过长期努力,中国特色社会主义进入了新时代,这是中国发展新的历史方位。（黄婕）

文　莱

国　名

文莱达鲁萨兰国(Negara Brunei Darussalam),简称文莱。

国　旗

文莱国旗呈横长方形,长宽比为2∶1。由黄、白、黑、红四色组成。黄色的旗地上横斜着黑、白宽条。黄色是该国传统颜色,代表苏丹至高无上,黑、白斜条是纪念两位有功的亲王。国旗中央绘有国徽。国徽呈红色,一弯新月环抱着一根棕榈树干,其上为展开的双翼,双翼之上为一顶华盖和一面旗帜,象征文莱信奉伊斯兰教和苏丹至高无上。在新月中央用马来文写着“遵照真主的旨意行事”。中心图案两侧有两只手臂,表示人民向真主祈求,人民对苏丹和政府的拥护。国徽底部的饰带上写着“和平之邦——文莱”。

地　理

位　置　文莱位于亚洲东南部的加里曼丹岛(旧称婆罗洲)的西北部。地处北纬 4°2′~5°3′、东经 114°4′~115°22′之间。北面濒临南中国海和文莱湾。

面　积　陆地面积5765 平方千米。

疆界和邻国　东、南、西三面与马来西亚的沙捞越州接壤,并被沙捞越州的林梦分隔为不相连的东、西两部分。北面隔海与菲律宾、中国和越南相望。

地形地貌　陆地海拔在 300~500 米之间,地势东高西低。北部是平原,南部是丘陵,东部多为沼泽地,西部沿海为狭长平原。东南部与马来西亚沙捞越交界的阿干山海拔 1808 米,为全国最高峰。

江　河　主要河流有马来奕河、都东河、淡布隆河和文莱河。这些河流发源于南部山区,由南向北流入大海。马来奕河为全国最大河流,全长 32 千米。

海岸海岛　海岸线长约 161 千米。有 33 个岛屿,总面积 79.39 平方千米。大部分岛屿分布在文莱河下游或河口地区。靠近海边的地带是遍布红树林的淡水沼泽,约占陆地总面积的 10%。近海海底平缓,海水较浅,海面平静,素有“少女海”之称。

气　候　属热带雨林气候区。终年炎热多雨,没有明显的干旱季节。各地年平均降雨量在 2500 毫米以上。年平均气温 28℃,各月温差不大。空气湿度较大,达到 67%~91%。

风景名胜　首都斯里巴加湾市有历史悠久的水村——Kam Pong Ayer,东南亚最堂皇的清真寺——奥玛尔·阿里赛夫丁和苏丹登基银禧纪念馆、苏丹文物纪念馆、文莱博物馆、苏丹皇宫、博而基亚清真寺、淡布隆国家公园、水晶公园等,马来奕区有陆上油井石油生产纪念碑和其他与石油生产有关的景观。

国　民

人　口　据文莱政府 2020 年 11 月提供的数据,2020 年文莱人口 43.4076 万,男姓占 51.41%,女性占 48.5%。69.3%的人口居住在文莱—摩阿拉区,16.6%在马来奕区,11.7%在都东区,2.5%在淡布隆区。

民　族　主要民族有 20 个。2019 年,马来人(七大土著合称,包括文莱马来人、都东人、克达岩人、马来奕人、比沙雅人、姆鲁人和杜顺人)占总人口的 65.7%,华人约占 10.3%,其他种族约占 24%。

语　言　马来语为国语。英语使用广泛。华语主要在华人中使用(多数讲闽南话,少数讲粤语)。

宗　教　宪法规定伊斯兰教为国教。大部分居民信奉伊斯兰教,少数信奉佛教、基督教、道教等。

资源物产

文莱的矿产资源主要有石油和天然气。据文莱政府

2019 年公布的数据，石油蕴藏量 11 亿桶，天然气储量约 3900 亿立方米，是东南亚第三大产油国和世界第四大液化天然气生产国，产油量在东南亚仅次于印度尼西亚和马来西亚。除陆地油田外，还有 7 个海上油田，90% 石油和全部天然气出自海上油田。探明储量较大、具有经济价值的矿产资源还有金、煤、汞、锑、铅、矾土和硅。

耕地面积占国土面积的 5%，土壤较贫瘠。主要农产品有稻谷、咖啡、橡胶、椰子、西谷米、胡椒、甘蔗、花生、玉米、日罗东胶(口香糖的主要原料)、蔬菜、香蕉、菠萝等。森林面积 46.9 万公顷，有 11 个森林保护区，总面积 2355 平方千米，占陆地面积的 41%，多数森林保护区为原始森林。植物资源丰富，其中以木本植物居多，有 5000 多种。领海有丰富的海洋生物资源，主要河流盛产鱼、虾等水产品。陆栖野生动物有象、犀牛、野牛、猿、猴、野猪、鹿、鳄鱼、巨蟒、眼镜蛇、狐蝠、松鼠、蜥蜴、犀鸟、雨燕等。

国体政体

国　体　文莱是伊斯兰教绝对君主制国家。君主(苏丹)拥有行政、立法、司法全部权力，同时也是宗教领袖。设宗教、枢密、内阁、立法、世袭等 5 个委员会协助苏丹理政。

议　会　称立法委员会。1962 年曾举行选举。1970 年取消选举，议员改由苏丹任命。1984 年 2 月，现任苏丹宣布终止立法会，法律以苏丹圣训方式颁布。2004 年 7 月，苏丹宣布重开立法会；9 月，立法会恢复运作，由议长卡马鲁丁和 21 名议员(其中当然议员 6 人，高官议员 5 人，委任议员 10 人)组成，均由苏丹任命。2005 年 9 月，苏丹解散立法会，重新任命 30 名新议员，卡马鲁丁仍为议长。2015 年 2 月 11 日，苏丹任命拉赫曼为文莱立法会新议长。

政　府　本届政府于 2015 年 10 月和 2018 年 1 月由苏丹宣布改组。设首相署，国防部，财政部，外交与贸易部，司法部，教育部，交通部，宗教事务部，文化、青年和体育部，内政部，发展部，卫生部，首相署能源部，工业与初级资源部等机构。苏丹兼任首相、国防部部长、财政部部长及外交与贸易部部长。

司　法　司法体制以英国习惯法为基础。一般刑事案件在推事庭或中级法院审理，较严重的案件由高级法院审理，文莱民事案件最终可上诉至英国枢密院。最高法院由上诉法院和高级法院组成，中央设有司法会议，其主要职能是代表苏丹执行司法权力，各级法院的法官都由苏丹任命。审判机关实行审判独立原则，由最高法院、高等法院、上诉法院及地方法院组成。另设宗教法院，负责审理有关伊斯兰教的案件。

党　派　1985 年 5 月 30 日，文莱苏丹宣布允许政党注册，随后出现文莱国家民主党和文莱国家团结党。1988 年文莱政府取缔国家民主党，现仅存文莱国家团结党；另有国民觉醒党和国民进步党两个党派，均不参政。

国家元首和政府首脑

文莱国家元首是苏丹·哈吉·哈桑纳尔·博尔基亚·穆伊扎丁·瓦达乌拉，1967 年 10 月 5 日继位。兼任首相、国防部部长、财政部部长、外交与贸易部部长、皇家武装部队最高统帅、五星级上将和皇家警察部队总督察。

行政区划

一级行政区划　文莱行政建置分区、乡和村三级。全国划分为文莱—摩阿拉(Brunei—moara)、马来奕(Belaif)、都东(Totong)、淡布隆(Temborong)等 4 个区。区长和乡长由政府任命，村长由村民民主选举产生。

主要城市　首都斯里巴加湾市，位于文莱—摩阿拉区文莱河畔，是文莱的政治、经济、文化、交通中心，面积 100.36 平方千米，人口约 14 万(2018 年)，从 17 世纪起即为文莱首都，曾被列为亚洲十佳生活城市之一。其他重要城市有马来奕、诗里亚、都东和邦加。

经　济

国内生产总值　2020 年，文莱国内生产总值(GDP)165.8 亿文莱元(约合 138.06 亿美元)，增长率为 1.2%，人均国内生产总值 32230 文莱元，折合 31622.2 美元。

产　业　主要产业是石油和天然气开采业。2020 年，石油和天然气开采业增加值约占国内生产总值的 47.4% 和财政收入的 80% 以上，出口额占出口总额的 95%。日均原油产量 12.1 万桶，天然气日产量 3600 万立方米。文莱实行经济多元化战略，以减少对油气产业的依赖，2020 年继续重点

文莱首都斯里巴加湾市一景　　（百度网）

发展非油气产业和中小微企业，实施重工业和轻工业、制造业、科技、电子、运输通信、餐饮业、旅游业、游乐设施、社会福利等9大项目。文莱有7处产业园区，分别是Bukit Panggal产业园区、双溪领产业园区、特里塞产业园区、Rimba信息产业园区、Anggerek Desa技术园、沙兰比嘉工业园和大摩拉岛产业园区。截至2013年3月31日，全国有中小企业5486家。其中：中型企业1787家，占33%；小型企业3560家，占65%。非油气产值为87.3亿文莱元，农业基础薄弱，2020年农业产值仅占国民生产总值的0.5%，国内稻米自给率不足3%。

财　政　财政收入主要依赖石油和天然气出口及公司税与政府财政收益（即政府在国内和国外投资所获得的收益），这两项财源历年均占财政总收入的96%以上。财政支出主要有固定支出、一般性项目支出、开发基金3项。2020年，财政收入约26亿文莱元。2020/2021财年（2020年4月1日至2021年3月31日）财政预算收入58.6亿文莱元。

金　融　不设国家中央银行，在财政部设货币局和金融局负责金融管理。全国有8家银行、5家金融公司、26家保险公司和1家证券交易公司（2006年）。货币名称为文莱元，与新加坡元实行1∶1汇率挂钩。2020年12月，文莱元与美元平均汇率为1文莱元兑0.7557美元。2020年12月，外汇储备300亿美元。

进出口贸易　2020年1—5月，进出口贸易总额71.79亿文莱元。比上年同期增长15.29%，出口额49.74亿文莱元，增长24.32%，进口额22.06亿文莱元，下降0.85%。主要出口原油、石油产品和液化天然气，进口机器、运输设备、食物、药品等。主要贸易对象是日本、英国、新加坡、泰国、马来西亚和美国。

对外投资　文莱依靠出口石油和天然气积累大量外汇，逐年增加对外直接投资。截至2004年年底，文莱在海外的直接投资累计达到500亿美元，年盈利约20亿美元。2015年文莱对外直接投资0.6亿美元。截至2017年，吸引外资61.62亿美元。

交通通信

公路交通　文莱公路总长3674.2千米（2017年）。有注册车辆14.82万辆（2015年）。

水　运　水运是重要的运输方式。文莱有6个港口，分别是摩阿拉深水港、斯里巴加湾港、马来奕港、诗里亚港、丹戎沙利隆港等，主要供外运石油和液化天然气使用。各港口与新加坡、马来西亚、中国香港、泰国、菲律宾、印度尼西亚和中国台湾有定期货运航班。2015年，有各类注册船舶273艘，各港口共装卸货物101.8万吨。2017年，文莱港口集装箱吞吐量187.2万标准箱。

民用航空　首都斯里巴加湾市有国际机场。2017年，文莱皇家航空公司拥有10架客机，开辟有26条国际航线。2016年，航空客运量115万人次，货运周转量11514.7万吨千米。

电　信　邮电通信业比较发达。建有卫星地面站3个，拥有全国性的数字交换网络。2011年，固定电话用户7.98万户，2016年移动电话用户44.32万户，互联网用户30.6万户，全国设有6个邮政局和1个邮电代理处。

教　育

文莱实行免费教育，国民享有11年（小学至高中）免费教育待遇。政府还资助出国留学。大多数学校由政府设立，另有少数教会学校和私立学校。文莱实行马来文和英文双语教育政策。2015年，有各级各类学校254所，其中公立学校176所，私立学校78所，幼儿园、小学及普通中学235所，技术和职业专科学校12所，大学（含大专院校）7所。在校学生113987人。各级各类学校有教师10979人。全国9岁以上人口识字率女性为97.4%，男性为98.6%。主要大学有文莱达鲁萨兰大学、文莱大学、文莱理工大学等。

教育制度主要按英国模式建立，并使用英国的教学大纲进行教学。小学学制6年，初级中学3年，中级中学2年，高级中学或大学预科2年。只有修完13年学业的青年，才有资格进入高等学校继续深造。

传　媒

文莱新闻社是官方新闻机构，创建于1959年。主要报纸：《婆罗洲公报》，日报（英文、马来文），创办于1953年，日发行量7万份；《文莱灯塔》，周报（马来文），创办于1956年，由政府的文化、青年和体育部新闻局主办，每周三出版，期发行量4.5万份；《文莱时报》，2006年7月1日创刊；马来西亚中文日报《美里日报》《诗华日报》《国际时报》和《星洲日报》设有文莱新闻版，在文莱发行。

文莱广播电视台由政府主办，创建于1957年5月，是全国唯一的广播电视台。文莱电台拥有两个广播网，一个用马来语和方言广播，一个用英语、华语和廓尔喀语广播，每天播音超过30小时。电视台从1975年起开设彩色电视频道，播放马来语和英语节目。

医疗卫生

文莱国家财政每年拨出巨额资金用于医疗卫生事业，占国家每年预算8.32%，占GDP的2.22%，人均支出约830文莱元，公民享受免费医疗保健服务。医疗体系分为三级：卫生诊所、卫生中心和医院。全国有12所医院，46个医疗中心和诊所，共有1134张病床。医疗机构有医生393人，牙医81人，药剂师42人，护士1915人。2020年，人口平均预期寿命为76.7岁，其中，女性79.19岁，男性76.7岁。

科　技

文莱科技薄弱，约有科技人员7000名（2008年）。由于科技人才有限，国内没有独立的研究机构，主要是通过与发达国家合作研究取得科技成果。

历　史

文莱建国于公元4世纪，有着悠久的历史。

从4世纪到9世纪，为独立王国时期，历400余年。这一时期，文莱国土辽阔，国力强盛，物产丰富，民众殷实。与中国的封建王朝常有往来，中国史籍称其为“婆罗国”或“浡泥”。

从9世纪中叶到10世纪后期，为室利佛逝王朝占领时期，约150年。文莱经济和社会遭到严重破坏，对外交往受到影响。

从10世纪到14世纪30年代，为恢复时期，有300多年。当时的文莱幅员宽广，人口众多，重视商业，崇尚佛教，国际贸易和交往频繁。

从14世纪中叶到15世纪初，为麻诺巴歇（又译满者伯夷）帝国占领时期，50年左右。这一时期，文莱丧失大部分领土，成为麻诺巴歇的附属国。

15世纪初，文莱国王遐旺·阿拉克·贝塔塔尔投向马来半岛南端信奉伊斯兰教的满剌加国；1414年，他娶满剌加国苏丹的女儿为妻，被该国苏丹授予穆罕默德称号，因而皈依伊斯兰教，并将文莱改为苏丹国，从而成为文莱的第一世苏丹。以后的文莱君主都使用“苏丹”这一头衔。伊斯兰教从此传入文莱。

从15世纪末到17世纪初，即第五世苏丹博尔基亚到第九世苏丹哈桑在位的100多年，文莱国力强盛，成为当时东南亚较有影响的国家。

17世纪后半期，文莱苏丹国开始进入长期衰弱时期，相继被葡萄牙、西班牙、荷兰、英国侵占，文莱苏丹对边远地区的统治名存实亡。

1847年5月，英国迫使文莱签订不平等的《英国和文莱友好通商条约》，文莱由一个独立的主权国家沦为受英国支配的半殖民地。

1888年9月，文莱沦为英国的保护国。

1941年12月至1945年6月，文莱被日本占领。

1946年，英国恢复对文莱的控制。1959年，英国同意文莱自治。

1984年1月1日，英国放弃其掌管的文莱外交和国防权力，文莱完全独立。

1984年1月7日，文莱加入东南亚国家联盟。

1993年12月9日，文莱加入关贸总协定。

1994年4月15日，文莱成为世界贸易组织成员方。

文莱独立以后，政治社会稳定，经济持续发展，人民生活富裕。截至2019年，文莱与170个国家建交，设立对外派驻机构（使馆、高级专署和总领馆）44个。（马金案）

柬　埔　寨

国　名

柬埔寨王国（The Kingdom of Cambodia），简称柬埔寨。

国　旗

柬埔寨国旗呈长方形，长宽比为3∶2。由3个平行的横长方形相连构成，中间是红色宽面，上下均为蓝色长条。红色象征吉祥和喜庆，蓝色象征光明和自由。红色宽面中间有白底深红线条构绘的吴哥图案；吴哥是著名的婆罗门教建筑，象征柬埔寨悠久的历史和古老的文化。

地　理

位　置　柬埔寨位于中南半岛南部。地处北纬10°20′~14°32′、东经102°18′~107°37′之间。西南濒临暹罗湾。

面　积　陆地面积18.10万平方千米。

疆界和邻国　东部、东南部与越南接壤，东部和东北部与老挝相邻，西北部与泰国交界。陆地边界线长约2050千米。

地形地貌　东、北、西三面地势高，中部和南部低缓。东部、北部、西部为高原，山地环绕。中部和南部是湄公河及其支流的冲积平原。平原、高原、山地分别占陆地面积的46%、29%和25%。西南地区的豆蔻山山脉有全国最高峰奥拉山，海拔1813米。

江河湖泊　河流纵横密布。东南亚最大河流湄公河在境内流长约500千米，接纳境内绝大多数河流。连接洞里萨湖的洞里萨河是第二大河流，长155千米。洞里萨湖（又称大湖、金边湖）是中南半岛第一大湖，也是东南亚地区最大的天然淡水湖，湖面在旱季时约2500平方千米，雨季时约1万平方千米。

海岸海岛　海岸线长约460千米，岸线曲折、多岬角。沿海有不少岛屿和海港。

气　候　属热带季风气候区。各地年平均降雨量在1000～1800毫米之间，年平均气温27℃。每年5—11月是雨季，降雨量约占全年的80%以上；12月至次年4月是旱季，旱季又分凉、热两季。

名胜古迹　首都金边市有王城、塔仔山、国家博物馆等。暹粒市有列入世界文化遗产名录的吴哥古迹群。西哈努克市是著名的旅游、避暑胜地。

国　民

人　口　2019年柬埔寨人口约1652.26万。人口密度91.3人/平方千米。城市人口372.26万，农村人口1280万。

民　族　有20多个民族。高棉族人口最多，约占总人口的85%。人口较多的民族还有华族、占族、普农族、老族、泰族、马来族、斯丁族、越族等。

语　言　高棉语是柬埔寨的官方语言。

宗　教　小乘佛教是国教。高棉族人绝大部分信奉小乘佛教。占族人大多数信奉伊斯兰教。

资源物产

柬埔寨矿产资源主要有金、磷酸盐、宝石和石油。土地肥沃，盛产稻谷、橡胶、胡椒、糖棕、腰果、烟草及各种热带水果。橡胶是主要出口产品。所产林木200余种，柚木、铁木、紫檀、黑檀、白卯、观丹木等热带林木较为有名。渔业资源丰富，洞里萨湖是东南亚最大的天然淡水渔场。西南沿海渔场经济鱼类也较多。近年来，因生态环境失衡和过度捕捞，水产资源减少。

国体政体

国　体　柬埔寨是君主立宪制国家。实行民主多党制。立法、行政、司法三权分立。国王是终身国家元首、国家军队最高司令、国家统一和延续的象征，有权宣布大赦，根据首相的提议并征得国民议会主席同意后宣布解散国民议会。

议　会　由国民议会和参议院组成。国民议会是国家最高权力机关和立法机关，每届任期5年。2018年7月29日，柬埔寨举行第六届国民议会选举。8月15日，柬埔寨国家选举委员会宣布，柬埔寨第六届国会的全部125个议席由柬埔寨人民党独获。8月17日，柬埔寨国王诺罗敦·西哈莫尼签发《王令》，委任洪森为柬埔寨新一届王国政府首相。9月15日，新一届国会召开首次会议，会议由韩桑林主持，会上宣读柬埔寨第六届国会125名当选议员名单及审批新一届国会章程，至此，柬埔寨新一届国会正式成立。参议院是国家立法机关，有权审议国会通过的法案，每届任期6年。2018年2月25日，柬埔寨举行第四届参议院选举，柬埔寨人民党获得62个议席中的58席，其余4席中的2席由国王委任，2席由国会委任。4月23日，柬埔寨举行第四届参议院首次会议，赛冲蝉联参议院议长，这标志着柬埔寨新一届参议院正式成立。

政　府　设有首相府、农业部、商业部、工业部、文化部、内政部、国防部、教育部、外交部、财经部、计划部、旅游部等28个部和1个国务秘书处。本届政府于2018年9月6日成立。

司　法　法院为司法机关，分初级法院、中级法院和最高法院三级。各级法院设检察官，行使检察职能。

党　派　主要为柬埔寨人民党。2018年大选时有19个政党参选。

国家元首和政府首脑

国　王　诺罗敦·西哈莫尼，2004年10月29日登基。

首　相　洪森，2018年8月17日连任。

行政区划

一级行政区划　柬埔寨从2014年起分为24个省和1个直辖市。各省分别是：马德望省、贡布省、干丹省、磅湛省、磅清扬省、磅士卑省、磅同省、桔井省、波罗勉省、班迭棉芷省、暹粒省、上丁省、茶胶省、柴桢省、蒙多基里省、柏威夏省、国公省、奥多棉芷省、菩萨省、腊塔纳基里、西哈努克省、白马省、拜林省和特本克蒙省。直辖市为金边。

主要城市　首都金边市，位于柬埔寨南部，湄公河西岸，面积290平方千米，人口200万，是全国政治、经济、文化中心。其他重要城市有暹粒、西哈努克、白马、马德望等。

经　济

国内生产总值　2020年柬埔寨国内生产总值1027573.33亿瑞尔，约合252.91亿美元，比上年减少3.1%；人均国内生产总值1512.71美元，减少9.6%。

产　业　2019年柬埔寨农林渔牧业增长1%，主要农产品有稻米、橡胶、玉米、木薯等；工业增长11%，主要行业是出口导向的成衣服装业及建筑业；服务业增加值比上年增长6.7%，旅游相关产业为主导产业。

财　政　2020年预算执行收入303018.54亿瑞尔，约合74.58亿美元，比上年增长43.4%，占国内生产总值的29.5%；预算执行支出338163.49亿瑞尔，约合83.23亿美元，增长24.22%，占国内生产总值的32.9%；财政赤字31081.95亿瑞尔，约合7.65亿美元，占国内生产总值的3%。

金　融　柬埔寨货币名称为瑞尔。2020年瑞尔与美元的汇率继续保持稳定，年平均汇率为4063:1。年末官方外汇储备213.34亿美元，比上年增长13.7%。通货膨胀率为2.5%。

进出口贸易　2020年柬埔寨进出口贸易总额358.05亿美元，比上年减少2.5%。其中：出口172.15亿美元，增长18.48%；进口185.9亿美元，减少16.2%。主要出口产品为服装、鞋类、大米、橡胶和木薯、电器零件、脚踏车、鱼产品、胡椒等。主要进口产品为服装原材料、建材、汽车、燃油、机械、食品、饮料、药品和化妆品等。主要贸易伙伴为美国、欧盟、中国、日本、英国、韩国、泰国、越南和马来西亚等。2020年中柬双边贸易额为95.6亿美元，比上年增长1.4%。其中：柬埔寨向中国出口15亿美元，增长3.7%；自中国进口80.6亿美元，增长0.9%。

投　资　2020年，中国企业对柬埔寨全行业直接投资9.1亿美元，比上年增长31.6%。柬埔寨对华投资3761万美元，下降34.7%。

交通通信

铁路交通　柬埔寨有南北两条单线米轨铁路，总长约649千米。一条为南线，从金边市往西南，经过茶胶省、贡不省到西哈努克港，全长264千米，建于1960年。金边市—西哈努克港的铁路运输服务在停运10多年后于2016年4月30日恢复客运。另一条是北线，由金边市经磅清扬省、菩萨省、马德望省、班迭棉芷省通往西北柬泰边境的波贝，与泰国铁路连接，全长385千米，建于1931年。

公路交通　截至2016年年底，柬埔寨已建成道路56.26万千米，其中国道、省道1.5万千米，农村公路4.35万千米，无高速公路。公路网以首都金边为中心向四面辐射。通往柬越边界的国道为1号、2号、3号、8号、21号、72号、74号和78号，通往泰国的国道为5号、48号、57号、62号、67号和68号，通往老挝的国道为7号，4号公路通往西哈努克港。公路网上有14座跨河及跨海大桥。全国拥有汽车30多万辆。

水　运　以湄公河、洞里萨湖的航运为主。流经金边的湄公河，向北可通航老挝、泰国，向南经越南出海。有西哈努克港、金边港两个国际港口。西哈努克港是主要对外海港，可以停靠万吨级远洋货轮。金边港是最大的内河港口。2018年，西哈努克港货物吞吐量达520万吨，总收入6887.5万美元。金边港货物吞吐量290万吨，总收入1967万美元。

民用航空　柬埔寨有5家国内航空公司和44家国际航空公司。主要民用机场有金边国际机场（原名波成东机场）、吴哥国际机场（原名暹粒机场）和西哈努克港国际机场。此外，马德望省、腊塔那基里省、蒙多基里省、上丁省和国公省也建有简易机场。2019年头8个月航空客运量1060万人次。

电　信　通信企业共铺设37441千米陆路光缆连接越南、老挝和泰国。其中，柬埔寨通信公司铺设2410千米，柬埔寨光纤通信网络公司铺设13031千米，VIETTEL公司铺设22000千米。截至2019年年底，全国手机用户2207万人，手机通讯覆盖100%的城市，移动互联网用户1675万人。4G/LTE移动通信技术覆盖全国25个省市的60%地区。

教　育

2017年，柬埔寨有学校14000余所，其中幼儿园4632所，小学7621所，初中1303所，高中633所。另有121个高等教育机构，其中国立高等教育机构44所，私营高等教育机构73所。从幼儿园至高中的学生人数为334.63万人（女生165.20万人，占49.37%）。全国5岁儿童入学率69.7%。小学学龄儿童入学率97.8%（女童入学率98.1%）。高等院校学生20.74万人，其中女生9.42万人，占44.43%。全国有11.94万名教师，其中女教师5.43万人。

传　媒

柬埔寨约有274种报纸，27种刊物，74种杂志。发行量较大的报纸有：《柬埔寨之光报》（柬文，日报），《人民报》（人民党党报，柬文），《和平岛报》（柬文，日报），《金边邮报》（英文，双周报），《柬埔寨时报》（英文、柬文，周报）等。影响较大的中文报纸有《华商日报》《柬华日报》和《星洲日报》。

柬新社（AKP）为官方通讯社，成立于1980年。全国有10家电视台，28家电台，其中FM96台属国家广播电台，每天播音19小时。国家电视台（TVK）建于1984年，以播出柬语节目为主。

柬埔寨吴哥国际机场　（百度网）

医疗卫生

自20世纪80年代以来，柬埔寨政府采取措施逐步建立医疗体系，城镇医疗条件略有改善。各类流行疾病的防治工作，尤其是艾滋病和疟疾的防治工作均取得成效。

历　史

柬埔寨是历史悠久的文明古国。始建于公元1世纪。在古代，历经扶南、真腊两个时期，其中9世纪至15世纪初叶的吴哥王朝国力强盛，创造了举世闻名的吴哥文明。从16世纪末叶开始，真腊走向衰落。一直到18世纪末，基本处于强邻暹罗的控制之下，成为暹罗的属国。

1863年8月，法国采取炮舰政策，强迫柬埔寨签订不平等的《法柬条约》，柬埔寨沦为法国的保护国。1884年6月，法国以逼宫方式获得柬埔寨的全部政治权利，柬埔寨沦为法国的殖民地。1940—1945年，柬埔寨被日本占领。日本战败后，法国重新控制柬埔寨。

1953年11月9日，柬埔寨获得独立。独立后的柬埔寨奉行积极的中立政策，经济发展迅速，成为当时东南亚较富庶的国家。

1970年3月18日，朗诺—施里玛达集团在美国支持下发动政变，推翻西哈努克亲王领导的王国政府，建立高棉共和国。同年3月23日，西哈努克亲王在中国北京宣布成立柬埔寨民族统一阵线；5月5日，成立以宾努亲王为首相、乔森潘为副首相的柬埔寨王国民族团结政府，致力于打倒朗诺政权。1975年4月17日，红色高棉攻占金边，高棉共和国垮台。

1976年1月，柬埔寨王国民族团结政府颁布新宪法，改国名为民主柬埔寨。民主柬埔寨政府大力推行合作社，取消货币，禁止商品交换，在对外事务方面也执行一系列不适合国情的路线、政策。

1978年12月25日，越南出兵柬埔寨，扶持以韩桑林为首的金边政权。1982年7月，西哈努克亲王、乔森潘、宋双三派抵抗力量实现联合，组成民主柬埔寨联合政府。柬埔寨境内出现两个政权并立的局面。

1990年9月，柬埔寨抵抗力量三方同金边政权的代表在印度尼西亚雅加达会晤，宣布组成柬埔寨全国最高委员会。1991年10月23日，柬埔寨问题国际会议在法国巴黎举行，与会各方签署《柬埔寨冲突全面政治解决协定》。1993年5月23—28日，柬埔寨在联合国的监督下举行制宪会议大选。大选后，组成柬埔寨王国联合政府，恢复柬埔寨国名、国旗和国歌，恢复君主立宪制度，建立民主多党的政治制度和开放的市场经济制度，诺罗敦·西哈努克重新登上王位。

2004年10月29日，诺罗敦·西哈莫尼登基，接替诺罗敦·西哈努克成为柬埔寨国王。　（梁薇）

印度尼西亚

国　名

印度尼西亚共和国（The Republic of Indonesia），简称印度尼西亚或印尼。素有万岛之国、千岛之国、水中岛国、赤道翡翠、火山之国等别称。

国　旗

印度尼西亚国旗旗面由上红下白两个相等的横长方形构成，长宽比为3∶2。红色象征勇敢和正义，还象征印度尼西亚独立以后的繁荣昌盛；白色象征自由、公正、纯洁，还表达印度尼西亚人民反对侵略、爱好和平的美好愿望。

地　理

位　置　印度尼西亚位于亚洲东南部。国土横跨赤道。地处北纬6°至南纬11°、东经95°～141°之间。

面　积　陆地国土面积191.36万平方千米，居东南亚各国首位。

疆界和邻国　疆域辽阔，东西跨度5300千米，南北跨度2100千米。与其接壤的国家有巴布亚新几内亚、东帝汶、马来西亚，陆地边界线总长2830千米。隔海相望的国家有澳大利亚、新加坡、泰国、中国、菲律宾等。

地形地貌　国土由17508个岛屿组成。岛屿较为分散，主要有加里曼丹岛、苏门答腊岛、伊里安岛、苏拉威西岛和爪哇岛。各岛内多崎岖山地和丘陵，沿海有狭长的平原和沼泽，并有浅海和珊瑚礁环绕。加里曼丹岛，山地从中部向四面伸展，沿海平原广阔，南部多沼泽。苏门答腊岛，山脉自西北向东南斜贯，山脉东北侧为丘陵和较宽阔的沿海冲积平原，平原东部多沼泽。苏拉威西岛，大多为山地，沿海有狭窄平原。爪哇岛，北部是平原，南部是熔岩高原和山地，山间有宽广的盆地。伊里安岛，西部高山横亘，有全国最高峰查亚峰,海拔5030米;南部平原较宽广。由于地处亚欧大陆与太平洋板块的接触带,火山活跃,地震频繁。境内有火山400多座,其中活火山120多座,约占世界活火山总数的1/6。爪哇岛火山最多,地震最为频繁。

江河湖泊　河流众多,水量丰沛,但都比较短小。较大的河流有爪哇岛的梭罗河和加里曼丹岛的巴里托河、卡普阿斯河、马哈坎河,其中卡普阿斯河全长998千米。较大的湖泊有多巴湖、马宁焦湖、车卡拉湖、坦佩湖、托武帝湖、帕尼艾湖等,其中苏门答腊岛的多巴湖为全国第一大湖。

海岸海岛　海岸线约8.1万千米。岛屿之间构成许多海峡与内海,主要有巽他海峡、马六甲海峡、龙目海峡和爪哇海、苏拉威西海、弗洛勒斯海、阿拉弗拉海、班达海等。内海中,除爪哇海、阿拉弗拉海为浅海外,其余多为深海,其中班达海最深处达7000多米。海中珊瑚礁分布甚广,总面积约2万平方千米。主要群岛有大巽他群岛、努沙登加拉群岛(又称小巽他群岛)、马鲁古群岛和伊里安查雅群岛。

气　候　大部分地区属热带雨林气候(努沙登加拉群岛上的平原、谷地属热带草原气候),终年高温多雨,湿度大。年平均气温25℃~27℃,温差很小,无寒暑季节变化。年平均降水量在2000毫米以上。爪哇岛是世界上雷雨最多的地区,有"雷都"之称。每年分旱、雨两季,一般4—9月为旱季,10月至次年3月为雨季,但各地不完全一致。

风景名胜　首都雅加达有雅加达博物馆、印度尼西亚缩影公园、茂物大植物园、查雅安佐尔寻梦公园、拉古南动物园、波格尔植物园、独立纪念碑、独立广场等景区景点。日惹有婆罗浮屠佛塔、普兰班南寺庙群、日惹苏丹王宫、恩藏高原等景区景点。巴厘岛有古打海滩、海神庙、金巴兰海滩、努瓦角海滩、爬行动物公园等景区景点。此外,还有北苏门答腊的多巴湖及湖心岛,西伊里安的查业维查亚山、小班他群岛,爪哇的苏腊卡尔塔、喀拉喀托火山、乌绒库伦自然保护区、三宝垄、巴淡岛等景区景点。

国　民

人　口　2020年印度尼西亚人口2.71亿,较上年增长1.28%,是世界第四人口大国。人口分布极不均衡,绝大多数居住在5个主要岛屿和30个较小的群岛上。2019年印度尼西亚全国人口密度每平方千米140.08人。

民　族　有100多个民族。人口较多的民族是爪哇族、巽他族、马都拉族和马来族,其中爪哇族、巽他族分别占总人口的45%和14%,马都拉族和马来族各占7.5%,其他民族占26%。

语　言　各民族语言有200多种。官方语言为印尼语。通用英语。

宗　教　国民中,约87%信奉伊斯兰教,是世界上穆斯林人口最多的国家;6.1%信奉基督教新教;3.6%信奉天主教;2%信奉印度教;1%信奉佛教。

资源物产

印度尼西亚的石油和锡在世界上占有重要地位,是东南亚石油储量和产量最大的国家。石油储量97亿桶,天然气储量4.8万亿~5.1万亿立方米。非油气资源锡、煤、镍、金、银等矿产产量居世界各国前列。其中:煤炭资源潜在储量900亿吨,探明储量193亿吨;镍矿资源储量13亿吨,探明储量6亿吨;铜矿资源储量6600万吨,探明储量4100万吨;锡矿资源储量146万吨,探明储量46万吨。

森林面积1.2亿公顷,其中永久林区1.12亿公顷,可转换林区80万公顷。森林覆盖率67.8%。动植物种类繁多,其中包括苏门答腊虎、象、犀牛、巨蜥、黑猴、人猿、天堂鸟、袋貂、袋鼠、食火鸡、鹦鹉、鹿、倭水牛等珍稀物种。盛产各种香料、热带林木及热带经济作物。胡椒、木棉、金鸡纳霜产量居世界各国首位,天然橡胶、棕榈油产量居世界第二位,丁香、椰子、咖啡等产量居世界前列。加里曼丹和苏门答腊的铁木,努沙登加拉的檀木,爪哇和苏拉威西的乌木、柚木驰名于世。海域、江河、湖泊盛产鱼类、贝类、海参、珍珠等。

国体政体

国　体　印度尼西亚是单一共和制国家。立法、行政、司法三权分立。实行总统内阁制。总统任期5年。自2004年起,总统和副总统由人民直选产生。总统任命内阁,但需征得国会同意。

人民协商会议　国家最高权力机构。由人民代表会议和地方代表理事会共同组成。负责制定、修改和颁布宪法及国家大政方针,并对总统进行监督。本届人民协商会议于2019年10月成立,共有议员711名,包括575名国会议员和136名地方代表理事会成员。设主席1名,副主席4名。

人民代表会议　即国会。国家立法机构。行使除修宪和制定国家大政方针之外的一般立法权。人民代表会议无权解除总统职务,总统也不能宣布解散人民代表会议;但如总统违反宪法,人民代表会议有权建议人民协商会议追究总统责任。本届国会于2019年10月成立,共有议员575名,兼任人民协商会议议员,任期五年。设议长1名,副议长4名。本届国会共有9个派系,即民主斗争党派系(19.33%),大印尼运动党派系(12.57%),专业集团党派系(12.31%),民族觉醒党派系(9.69%),国民民主党派系(9.05%),繁荣公正党派系(8.21%),民主党派系(7.77%),国民使命党派系(6.84%),建设团结党派系(4.52%)。

政　府　设有政治法律安全统筹部、经济统筹部、人民福利统筹部、内政部、外交部、国防部、司法与人权部、财政部、能源和矿产资源部、工业部、贸易部、农业部、林业部、交通部、海洋和渔业部、劳工和移民部、公共工程部、卫生部、国民教育部、社会部、宗教部、文化旅游国务部、研究技术国务部、合作社与中小企业国务部、环境国务部、妇女事务国务部、提高国家机构效率国务部、落后地区发展国务部、国家建设规划国务部、国有企业国务部、通信和信息国务部、人民住房国务部、青年和体育国务部等部门。本届内阁于2019年10月组建,现任阁员34人,任期至2024年。

司　法　司法机关为最高法院和最高检察院,均独立于立法和行政机关之外。最高法院正副院长由人民代表会议提名,总统任命。最高检察长由总统任免。

党　派　党派众多,主要有民族民主党、专业集团党、民主斗争党、大印尼运动党、建设团结党、民主党、民族觉醒党、国民使命党、福利公正党等。

国家元首和政府首脑

总　统　佐科·维多多,2019年10月连任,任期至2024年。

人民协商会议主席　班邦·苏萨迪约,2019年10月就任。

人民代表会议议长　普安·马哈拉尼,2019年10月就任。

地方代表理事会主席　拉·尼亚拉·马塔利蒂,2019年10月就任。

行政区划

一级行政区　印度尼西亚划分为2个地方特区、30个省和一个首都特区,分别是雅加达首都特区和日惹、亚齐达鲁萨兰地方特区,以及北苏门答腊、西苏门答腊、廖内、占碑、南苏门答腊、朋古鲁、楠榜、西爪哇、中爪哇、东爪哇、巴厘、西努沙登加拉、东努沙登加拉、北马鲁古、南马鲁古、巴布亚、北苏拉威西、中苏拉威西、东南苏拉威西、南苏拉威西、东伊里安查亚、中伊里安查亚、西伊里安查亚、邦加—勿里洞、万丹、哥伦打洛、东加里曼丹、中加里曼丹、南加里曼丹、西加里曼丹等省。

主要城市　首都雅加达,别称"椰城",位于爪哇岛西部,面积650.4平方千米,人口958.8万,是全国政治、经济、文化中心。其他重要城市有泗水、万隆、棉兰、三宝垄、日惹等。

经　济

国内生产总值　2020年印度尼西亚国内生产总值(GDP)10588亿美元,比上年下降2.07%;人均国内生产总值3911.7美元。

产　业　农业以种植业为主,是世界主要热带经济作物生产国。印度尼西亚全国耕地面积约8000万公顷,盛产经济作物,如棕榈油、橡胶、咖啡、可可等。2019年稻谷产量5460.4万吨,棕榈油产量4586.1万吨,橡胶产量244.9万吨,咖啡产量76.1万吨,可可产量78.4万吨。

工业发展方向是强化外向型制造业。主要部门有采矿、纺织、轻工等。锡、煤、镍、金、银等矿产品产量居世界前列。采矿业为工业支柱产业,其中石油、天然气开采占主导地位。2020年印度尼西亚政府预计采矿业将吸引3175.5亿美元,创下2015—2024年新纪录。

渔业资源丰富,渔业潜在捕捞量超过800万吨/年。

旅游业是印度尼西亚非油气行业中仅次于电子产品出口的第二大创汇行业,政府长期重视开发旅游景点,兴建饭店,培训人员和简化入境手续。2020年1月至10月接待外国游客372万人次,比上年同期减少72.35%。其中,马来西亚、中国、新加坡、东帝汶和澳大利亚为前五大外国游客来源国。2018年全国有星级酒店3314家,星级酒店全年入住率达58.75%。

外国投资　2019年印度尼西亚实际利用外资423.1万亿印尼盾。主要投资来源国为中国、新加坡、日本、美国、韩国等。

财　政　2020年印度尼西亚国家财政收入1633.6万亿印尼盾(约合1167亿美元),支出2589.9万亿印尼盾(约合1850亿美元)。至2020年11月,印尼外债总额共4166亿美元,其中包括政府及央行的公家债务2065亿美元,包括私营企业和国营企业的私家债务共计2101亿美元。

金　融　货币名称为印尼盾。2020年印尼盾兑美元年均汇率为14528:1。2020年年末外汇储备1350亿美元。

进出口贸易　2020年印度尼西亚外贸进出口总额3048.8亿美元,其中出口1633.1亿美元,进口1415.7亿美元,贸易逆差217.4亿美元。主要进口贸易伙伴是日本、中国、美国、新加坡、马来西亚等,主要出口贸易伙伴是中国、日本、新加坡、美国、泰国等。

交通通信

铁路交通　2018年印度尼西亚全国铁路总长8357千米,窄轨铁路长5961千米,爪哇岛和苏门答腊岛铁路运输比较发达。2019年铁路交通运送旅客数量达4.28亿人次,运送货物5100万吨。

公路交通　2019年印度尼西亚全国公路总长54.28万千米。公路客运量和货运量分别占全国运输总量的90%和50%。公路交通网集中在爪哇岛和苏门答腊岛。

水　运　全国水运航道 21579 千米，有各类港口 670 个，其中主要港口 25 个。雅加达丹绒不碌港是全国最大的国际港，年吞吐量约 250 万标准箱，泗水的丹绒佩拉港为第二大港，年吞吐量 204 万标准箱。

民用航空　印度尼西亚有民用机场 196 个，其中国际机场 29 个。开通国际航班、国内航班、朝觐航班、先锋航班等。雅加达附近的苏加诺—哈达国际机场为国内最大机场。主要航空公司有鹰记、鸽记、狮航、曼达拉、辛巴迪等。2018 年印度尼西亚航空货运周转量 1131.91 百万吨千米，客运量 1.15 亿人次。

电　信　2018 年印度尼西亚 5 岁以上人口拥有手机的比率为 63.53%，5 岁以上人口使用电脑的比率为 14.47%，5 岁以上人口使互联网用户的比率为 47.69%。

教　育

印度尼西亚实行九年义务教育制度。学制为小学 6 年，初中、高中各 3 年，大学 3～7 年。2019 年，全国有小学 174991 所，在校学生 2899.6 万人；初中 58736 所，在校学生 1329.7 万人；普通高中及职业高中 37035 所，在校学生 1161.2 万人。各类高等院校 4049 所，在校学生 833.9 万人。经过多年的发展，印度尼西亚在大学教育方面已成为世界上最发达的伊斯兰国家之一，著名大学有雅加达的印度尼西亚大学，日惹的加查马达大学，泗水的艾尔朗大学、泗水工学院、阿伊兰卡大学，万隆的班查查兰大学等。2019 年小学入学率 97.58%，初中入学率 79.35%，高中入学率 60.70%，15 岁以上人口文盲率 4.10%。

传　媒

印度尼西亚有各类报刊 3000 多种。主要印尼文报纸有《罗盘报》《专业之声报》《印尼媒体报》《共和国日报》《革新之声报》《印尼商报》等，英文报纸有《雅加达邮报》《印尼观察家报》等，中文报纸有《星洲日报》《国际日报》《世界日报》《华文邮报》（中文和印尼文互译）、《商报》《新生日报》《千岛日报》等。

通讯社有国营的安塔拉通讯社和私营的印尼民族通讯社。有地方电视台 54 家，国家电视网络 11 个。其中影响较大的有印度尼西亚共和国电视台、教育电视台、美都电视台等。官办的印度尼西亚共和国电视台有 13 个分台，395 个转播器覆盖印尼全境。主要广播电台有印度尼西亚共和国广播电台，地方电台多达 1800 多家。

医疗卫生

2019 年印度尼西亚全国医生数量 9.67 万人，护士 34.5 万人。截至 2018 年印度尼西亚全国有综合医院 2269 所，专科医院 544 所，公共卫生中心 9993 个，医疗诊所 7917 个，卫生综合服务站 17.4 万个。

科　技

印度尼西亚从事科技活动的主要是国家各部委的直属研究机构、非部级中央直属研究机构、各大学和国有企业以及私营企业的研究开发机构等。中央直属研究机构由总统直接领导，从事战略性、交叉和多学科的研究与开发，科技活动由研究与技术国务部部长统筹与协调；非部级中央直属研究机构有印度尼西亚科学院、国家核能机构、技术评价与应用署、国家航空航天研究机构等。全国拥有科技人员约 5 万。科技经费主要来自财政拨款。

历　史

印度尼西亚历史悠久。在古代长期处于封建割据状态，先后分为印度教王国、佛教王国两个时期。公元 1 世纪，佛教传入，印度尼西亚进入印度宗教文化影响时期。5 世纪，出现最早的王国——加里曼丹东部的古戴王国和西爪哇的达鲁玛王国。7 世纪，在苏门答腊的巨港出现强大的海上王国室利佛逝。13 世纪末，拉登威查雅在爪哇建立强大的麻喏巴歇王国，统一印度尼西亚。自 13 世纪起，伊斯兰教逐步传入印度尼西亚。16 世纪，伊斯兰教王国淡目灭掉麻喏巴歇，印度尼西亚进入伊斯兰王国鼎盛时期。

1511 年，葡萄牙人为掠夺香料侵入印度尼西亚东部的马鲁古群岛。西班牙人也接踵而来。1596 年，荷兰侵入。1602 年，荷兰在印度尼西亚建立具有政府职能的东印度公司。1799 年 12 月，荷属东印度公司宣告破产。1800 年，殖民政府取而代之，通称“荷印政府”。1811 年，英国取代荷兰在印度尼西亚建立殖民政府。1816 年后，荷兰逐渐恢复对印度尼西亚的殖民统治，至 1903 年征

印度尼西亚雅加达丹绒不碌港　（百度网）

服亚齐,完全占有整个印度尼西亚。其间,印度尼西亚各地从未间断反抗荷兰的斗争,其中最著名的有1816—1818 年马鲁古反荷起义、1825—1830 年爪哇人民大起义、西苏门答腊反荷战争、1873—1903 年亚齐战争等。

20 世纪初,印度尼西亚出现民族觉醒运动。1927 年,苏加诺等组建印度尼西亚民族联盟(1928 年 3 月改名为印度尼西亚民族党),采取与荷兰不合作政策,争取民族独立。1942 年,日本侵占印度尼西亚。1945 年日本投降后,印度尼西亚爆发“八月革命”。

1945 年 8 月 17 日,印度尼西亚共和国建立。1947 年 7 月和 1948 年 12 月,荷军先后两次在印度尼西亚发动殖民战争。1949 年 11 月,印荷双方签订《圆桌会议协定》,印度尼西亚成为联邦共和国,加入荷印联邦。1950 年 8 月,统一的印度尼西亚共和国成立。1954 年 8 月,印度尼西亚宣布脱离荷印联邦。　（黄李莉）

老　挝

国　名

老挝人民民主共和国(The Lao People's Democratic Republic),简称老挝。

国　旗

老挝国旗旗面中间平行长方形为蓝色,占旗地一半,上下为红色长方形,各占旗地的 1/4。蓝色部分中间为白色圆轮,轮的直径为蓝色部分宽度的 4/5。蓝色象征老挝各族人民热爱和平、康宁和独立的精神,红色象征革命烈士的鲜血,白色圆轮代表满月,象征老挝人民纯洁的爱国之心。

地　理

位　置　老挝地处中南半岛北部,北回归线以南,北纬 13°54′~22°30′、东经 100°05′~107°38′之间。

面　积　国土面积 23.68 万平方千米。

疆界和邻国　东邻越南,南接柬埔寨,西与泰国、缅甸交界,北同中国云南省接壤。边界线长 5451 千米。

地形地貌　东南亚唯一的内陆国。疆域南北长、东西窄,南北最长处 1050 千米,东西最宽处 500 千米,最窄处 105 千米。国土面积 6000 平方千米为江河湖泊,23.08 万平方千米为陆地,其中 70% 为山地和高原。平原主要分布在万象以南的湄公河沿岸。地势北高南低,由西北向东南倾斜。北部海拔500~1500 米,局部超过 2000 米,号称“印度支那屋脊”;大多为山地且起伏大,湄公河沿岸峡谷陡峻。有会芬高原、川圹高原、查尔平原、班班平原、康开谷地等,其中川圹高原海拔2000~2800 米,为老挝最高地区。全国最高峰普比亚山,海拔 2820 米,位于川圹高原南部。最低点海拔 70 米,位于湄公河。国内平均海拔 710 米。中部、南部地区的东半部是长山山脉西坡的一系列中山和低山,地势和缓。山脉拥有一系列东西走向的山口和隘道,如骄诺山口、穆嘉关山口、老保山口等,为老挝与越南之间的交通要冲。山脉西侧南、北各有一片高原,北为甘蒙高原,海拔 1000 米,南为波罗芬高原,海拔 300~1000 米。中部、南部地区的西半部,即万象以南的湄公河沿岸,主要有万象平原、沙湾拿吉平原和巴色低地。

江　河　有流程在 100 千米以上的河流 10 多条。湄公河干流纵贯国境,在境内流长 1898 千米(其中老挝与缅甸界河段长 234 千米,老挝与泰国界河段长 919 千米),水流湍急,多险滩;除了湄公河干流,境内还有南乌江、南俄河、宾汉河、南塔河、色公河、宾非河、南宾河、色顿河、色拉龙河、南卡定河、南坎河等 11 条重要河流。全国 93% 以上的地域属湄公河流域。

气　候　属热带亚热带季风气候区。2020 年平均气温 26℃,最凉月(1 月)平均气温 15.8℃,最热月(4 月)平均气温 33.1℃。2016—2020 年,最高温为 38.7℃(阿速坡省),最低温为 8.1℃(赛宋奔省)。分旱季(11 月至次年 4 月)和雨季(5—10 月)。2016—2020 年,年平均降雨量最少年份是 2019 年的 256.1 毫米(乌多姆赛省),最多年份是 2020 年的 3391.5 毫米(波里坎塞省)。高原和高山地区降水较多,季节差别大。

风景名胜　万象市有塔銮、凯旋门、玉佛寺、西萨格寺、香昆寺,琅勃拉邦省有皇宫博物馆、香通寺、普西山、光西瀑布,占巴塞省有孔帕萍瀑布和以瓦普神庙建筑群为主体的占巴塞文化景区。琅勃拉邦古城、占巴塞文化景区和川圹石缸平原分别在 1995 年、2001 年和 2019 年被联合国教科文组织列入世界文化遗产名录。

国　民

人　口　据老挝国家统计局公布的老挝第四次人口普查结果,2015 年老挝全国总人口 6492228 人。人口平均密度 27 人/平方千米。2020 年老挝人口 723.1 万,人口平均密度 30.5 人/平方千米,人口自然增长率

1.42%。人口平均预期寿命男性65岁,女性69岁。

民　族　2000年12月18日,老挝人民革命党中央政治局批复老挝建国阵线2000年11月7日第205号申请,同意消除国内老龙族、老听族、老松族三大民族的称呼,正式统称老挝民族。实行民族平等政策,将"少数民族"等称呼改为"人口较少民族"。2008年老挝国会六届六次会议确认老挝有49个民族,分属四个语族,分别为老泰语族(8个民族)、孟—高棉语族(32个民族)、汉藏语族(7个民族)、苗瑶语族(2个民族)。2018年11月5日,老挝国会民族委员会召开研讨会确认老挝有50个民族,新增民族为"布鲁族",属孟—高棉语族。老挝有华侨华人约7万多人。

语　言　官方语言是老挝语。部分国民也使用泰语、华语。各民族均有自己的民族语言。老挝语和泰语大致可以交流。

宗　教　佛教是老挝的国教。佛教徒489.4万人,约占全国总人口的68%。寺庙5000多座,其中大乘佛教寺庙8座。信仰原始宗教的约228.3万人。基督教、天主教徒约12万人,教堂550多座。此外,还有部分穆斯林、巴莱教和其他宗教信徒。

资源物产

老挝的矿产资源主要有锡、铅、钾盐、铜、铁、金、石膏、煤、稀土等,迄今得到开采的有金、铜、煤、钾盐等。水力资源丰富,湄公河全长的44.4%流经老挝境内,该河60%以上的水力资源蕴藏在老挝,理论蕴藏总量约为3000万千瓦。老挝森林面积18.76万平方千米,森林覆盖率81.29%。根据老挝农村部2019年报告,2018—2019年度的全国耕地面积17.7万公顷。主要农产品有稻谷、玉米、薯类、咖啡、烟叶、花生、棉花等。

国体政体

国　体　老挝宪法规定:老挝人民民主共和国是人民民主国家,全部权力属于人民,各族人民在老挝人民革命党领导下行使当家做主的权力。

国　会　国家最高权力机构和立法机构,负责制定宪法和法律。本届(第8届)国会于2016年4月选举产生,国会议员149名。

政　府　国家最高行政机关。本届政府于2016年4月组成。设有18个部和3个直属机构,分别是计划投资部、外交部、公安部、国防部、教育体育部、劳动与社会福利部、公共工程与交通运输部、财政部、工业贸易部、新闻文化与旅游部、农林部、能源矿产部、卫生部、司法部、内政部、科技部、自然资源与环境部、邮电与通信部,以及央行、国家主席府、国家总理府。

司　法　最高人民法院是国家最高司法权力机关。最高人民检察院是国家最高检察机关。

党　派　老挝人民革命党是老挝人民民主共和国的执政党,也是老挝唯一的政党,成立于1955年,原名为老挝人民党,1972年在第二次代表大会上改为现名。截至2019年年底,党员人数约31万人,党组织1.9万个。本届(第十届)中央委员会于2016年1月产生,由69名中央委员和8名中央候补委员组成,其中政治局委员11名。中央委员会总书记本扬·沃拉吉。老挝建国阵线是老挝人民革命党领导下的民族统一战线组织,1956年1月成立,原名"老挝爱国战线"。现任主席赛宋蓬·丰威汉。

国家领导人

国家主席　本扬·沃拉吉。2016年4月20日当选。

国会主席　巴妮·雅陶都(女)。2016年4月20日当选连任。

政府总理　通伦·西苏里。2016年4月20日当选。

行政区划

一级行政区划　老挝划分为17个省、1个直辖市,分别是:丰沙里省、琅南塔省、波乔省、乌多姆塞省、琅勃拉邦省、华潘(桑怒)省、沙耶武里省、川圹省、万象省、波里坎赛省、甘蒙省、沙湾拿吉省、沙拉湾省、色公(公河)省、占巴塞省、阿速坡省、赛宋奔省,万象直辖市。

主要城市　首都万象市,位于中部万象平原南端、湄公河左岸,北纬17°57′、东经102°36′,面积3920平方千米。2020年总人口94.85万。是全国政治、经济、文化中心,也是历史名城和佛教圣地。其他重要城市有琅勃拉邦市、凯山·丰威汉市和巴色市。

经　济

国内生产总值　2020年老挝国内生产总值

老挝首都万象市一景　(百度网)

(GDP)约197亿美元,比上年增长3.28%。在经济结构中,农林业增长1.16%,占GDP的16.51%;工业增长9.21%,占GDP的33.26%;服务业下降1.19%,占GDP的39.56%。增长主要依靠水电、服务业和建筑业驱动。2020年老挝人均GDP为2642美元。

产　业　农作物主要有水稻、玉米、薯类、豆类、甘蔗等。2019年水稻种植面积78.03万公顷,稻谷产量353.74万吨;玉米种植面积14.82万公顷,产量61.06万吨;薯类种植面积11.60万公顷,产量565.84万吨;豆类种植面积1.70万公顷,产量0.62万吨;甘蔗种植面积2.22万公顷,产量125.24万吨。

工业主要有电力、采矿、有色金属冶炼、水泥、木材加工、服装、食品、啤酒、制药等行业。截至2020年11月,老挝共有78座水电站、1个火电站、4个生物质发电站和6个太阳能发电站,装机容量9972兆瓦,年发电量522.11亿千瓦时。供电覆盖区域包括148个县,7886个村,1254748户家庭。县覆盖率达到100%,村覆盖率93.33%,家庭覆盖率94.29%。

2020年,接待入境旅游者886447人,比上年减少77.1%。排名前三位游客来源国是泰国、越南和中国。2020年,全国有旅游景点2199处,其中自然风光景点1314处,文化旅游景点591处,历史名胜景点294处。

财　政　2020年,老挝财政收入15.76万亿基普(约13.79亿美元),财政支出10.97万亿基普(约9.6亿美金)。2020年平均通货膨胀率5.07%。

金　融　货币名称为基普。2020年基普与美元汇率为9055:1。截至2020年底,老挝共有银行44家,主要银行有老挝外贸银行、老挝发展银行、农业促进银行、老越银行等。2020年,老挝外汇储备13.19亿美元。

进出口贸易　2020年进出口总额105.87亿美元,比上年下降8.79%。其中,出口55.64亿美元,进口50.23亿美元。对外贸易顺差5.41亿美元。老挝与全球范围内50多个国家和地区有贸易往来,与约20个国家签署贸易协定。中国、日本、俄罗斯等35个国家(地区)向老挝提供优惠关税待遇。

外国投资　2019年,外国对老挝直接投资金额约7.56亿美元。中国的合作和援助项目包括湄公河桥梁、琅勃拉邦国际机场、老挝国家体育馆、国家会议中心、党中央办公楼、灌溉系统、水电站和公路、铁路、卫星等。2020年1—6月,中国对老挝非金融类直接投资80849万美元。

交通通信

公路交通　老挝交通运输以公路运输为主,承载80%的客货运量。2019年全国公路总里程12617.2千米,汽车保有量2236.7万辆,公交车700辆。2019年内,启动大湄公河次区域国际道路运输(中国南宁—老挝—越南);正式开通从泰国边境至老挝琅勃拉邦市一条长达114千米的新公路;老泰两国共同出资启建老泰第五友谊大桥。2020年12月,中老合作建设的万象—万荣高速公路建成通车,全长111千米,标志着老挝结束没有高速公路的历史。

铁路交通　老挝第一条铁路全长3.5千米,于2008年2月20日同泰国铁路接轨,同年7月开始营运。2013年开始进行老泰铁路扩建项目一段,于2015年9月竣工,2017年3月23日投入运营。该扩建项目二段7.5千米扩建工程,老泰两国已于2019年6月签署谅解备忘录。2015年12月2日,老中铁路开工奠基仪式在万象市举行。2016年12月25日,老中铁路全线开工仪式在琅勃拉邦举行。2020年9月30日,中老昆万铁路磨万段75座隧道全部贯通;11月19日,中老昆万铁路磨万段开始架设接触网导线。该铁路北起中老边境磨憨—磨丁口岸,南至万象,全长417千米,投资总额近400亿元人民币,由中老双方按70%和30%的股份合资建设,将于2021年底建成通车。

水　运　内河航道总长4600千米,其中湄公河老挝境内河段通航里程1600千米,是全国水运干道;除万象到沙湾拿吉河段可全年通航外,其余河段因水流湍急、多瀑布险滩,须分段航行,可以分段通航载重20~200吨船只。

民用航空　国际机场有4个,分别是万象市瓦岱机场、琅勃拉邦省琅勃拉邦机场、沙湾那吉省色诺机场和占巴塞省巴色机场。瓦岱国际机场和琅勃拉邦机场可起降和停靠波音747和空客320等大型飞机。截至2019年,老挝开辟的国际航线有:万象市往返中国的昆明、广州、南宁、海口、长沙,泰国的曼谷、清迈,柬埔寨的金边、暹粒,越南的河内,马来西亚的吉隆坡,新加坡,韩国的首尔;琅勃拉邦往返中国的海口、成都、昆明、常州、长沙、景洪、重庆,泰国的曼谷、清迈、乌隆,越南的河内、胡志明,柬埔寨的暹粒;巴色往返泰国的曼谷,柬埔寨的暹粒;沙湾拿吉往返泰国的曼谷等。

电　信　电信产业运营商主要有LTC电信、ETL电信、STAR电信、Milicon电信、SKY电信、Beeline。LTC电信是老挝与泰国合资企业,主要从事移动和固网宽带数据通信业务的运营;ETL有限公司前身是ETL公众公司,2016年8月31日老挝政府与中国京信集团的全资子公司香港迦福控股有限公司签署合资协议,卖出51%的股份并更名为ETL有限公司。STAR电信是老挝与越南的合资企业,从事移动通信业务;Milicon电信是私营企业,从事移动通信业务;SKY电信也是私营企业,从事移动通信和固网业务。Beeline前身是老挝Tigo公司,2011年俄罗斯Vimple Com电信公司完成对Tigo部分股权的收购。

教　育

老挝普通国民教育为12年制,其中小学5年,初中

3 年，高中 4 年。2020 年全国有幼儿园 3496 所，小学 8822 所，中学 1816 所，大学 5 所。老挝国立大学是老挝最高学府，此外还有占巴塞大学、苏发努冯大学、沙湾拿吉大学和直属卫生部的医学院，另有专科院校 159 所。

传　媒

2020 年，老挝有印刷厂 79 家，其中中央 7 家，地方 72 家。报纸杂志社 33 家，其中中央 26 家，地方 7 家。主要老挝文报纸有《人民报》（老挝人民革命党中央机关报）、《新万象报》《人民军报》《青年报》等。外文报刊有英文报《万象时报》《KPL 新闻》和法文刊物《革新周刊》。巴特寮通讯社是官方通讯社，出版老挝文《巴特寮》日报以及英、法文《KPL 新闻》。这些报纸的电子媒体发展迅速。大部分传媒由政府资金赞助。2000 年开始出现私人刊物，现有 62 家双周刊、周刊和月刊，其内容主要集中在文化和娱乐方面，如《老挝文化》《老挝探索者》《目标》等。2018 年 2 月，由老挝中华总商会会长姚宾牵头，与老挝巴特寮通讯社和中国《人民日报》等签订合作协议，创办老挝第一份真正意义上的华文报纸《中华日报》。报纸前身为 2013 年姚宾创办的《老挝中文报》，该报未在老挝新闻文化与旅游部备案，属于非正式的华文报纸。

2020 年老挝有广播电台 82 家，其中中央 3 家，地方 79 家。老挝国家广播电台对内用老挝语广播，对外用越、柬、法、英、泰等 5 种语言广播。电视台有 42 家，其中中央 6 家，地方 36 家。2008 年 4 月，老挝成立第一家私人电视台——老挝之星频道，主要介绍老挝文化和教育，属老挝民族艺术和文化促进俱乐部所有。

老挝数字电视有限公司是老挝最大，也是老挝目前唯一一家 DTMB 无线数字运营商。截至 2018 年，已在老挝建设覆盖万象以及占巴塞、琅勃拉邦、沙湾拿吉 3 个省的地面数字电视传播网络，播出包括中国中央电视台国际频道和英语新闻频道、云南广播电视台卫视频道和国际频道、三沙卫视等在内的数十套数字电视节目。2019 年，老挝主流媒体的 21 位媒体人在中国广西参加“2019 老挝媒体宣传和传媒技术的使用”培训班，学习由传统媒体向新媒体转型；云南广电传媒集团与老挝国家电视台签署《关于合作开办老挝数字电视频道（LDTV）的谅解备忘录》。越南、法国和中国在老挝设有广播电台转播站。

医疗卫生

2020 年，老挝有公立医院 160 所，其中中央公立医院 5 所，省级医院 17 所，县级医院 135 所和医疗中心 3 所。卫生所 1070 所，私人诊所 1050 所。全国有病床 9331 张。2020 年 4 月，由中国援建的老挝玛霍索综合医院项目完成第二次中期验收。截至 2020 年年底，国家健康保险基金已覆盖全国。

科　技

老挝一号通信卫星项目于 2012 年 12 月 1 日启动，由中国亚太移动通信卫星有限责任公司总承包。2017 年，利用卫星 KU 转发器引入几十套中国、欧美、日韩的体育、少儿、综艺等电视节目，同时提供卫星通信、卫星电视直播、无线宽带接入和国际通信等服务，业务范围覆盖中国香港、老挝、缅甸、印度尼西亚等国家和地区。2019 年，老挝完成地震台网系统建设；中国国家气象中心为老挝安装本地化 MICAPS4 英文版客户端，提供基于 WMC – BEIJING 开发的交互网站格点数据，培训系统管理员、预报员，并对整个系统硬件进行升级。

历　史

老挝有悠久的历史。从公元 1 世纪到 14 世纪中叶，在今老挝疆域内曾先后出现过 3 个古国，即科达蒙、文单（或称陆真腊）和澜沧（亦译南掌，意为万象之邦）。1353 年，孟骚（今琅勃拉邦，澜沧的政治中心）的统治者法昂统一今老挝全境，建立澜沧王国，形成老挝历史上第一个多民族的封建国家。

18 世纪初叶，澜沧王国解体，分裂成为琅勃拉邦、万象、川圹、占巴塞等 4 个王国。从 18 世纪末叶到 19 世纪中叶，这些王国相继为暹罗所统治。1893 年，老挝成为法国保护国，法国取代暹罗的统治。1907 年，法国、暹罗签订《法暹条约》，规定老挝边界。1940 年 9 月，老挝被日本占领。

1945 年 8 月日本投降后，老挝开展独立运动，建立以佩差拉亲王为首的政府，并于 10 月 12 日宣布独立。

1946 年，法国再次入侵。1954 年 7 月，根据关于恢复印度支那和平的日内瓦协议，法国开始从老挝撤军。不久，美国入侵。1962 年，老挝成立以富马亲王为首相、苏发努冯亲王为副首相的联合政府。1964 年，美国支持亲美势力破坏联合政府，进攻解放区。

1973 年 2 月，老挝各方签署关于在老挝恢复和平与民族和睦的协定。1974 年 4 月，成立以富马为首相的新联合政府和以苏发努冯为主席的政治联合委员会。

1975 年 12 月，老挝人民民主共和国成立，宣布废除君主制。

（杨梦平）

马 来 西 亚

国　名

马来西亚联邦（Union of Malaysia），简称马来西亚。

国　旗

马来西亚国旗呈横长方形，长宽比为2∶1。主体部分由14道红白相间、宽度相等的横条组成。左上方有一深蓝色的长方形,上有一弯黄色新月和一颗14个尖角的黄色星。14道红白横条和14角星象征马来西亚的13个州和联邦政府。蓝色象征人民的团结,黄色象征王室,新月象征马来西亚的国教伊斯兰教。

地理

位置　马来西亚位于北纬1°~7°、东经97°~120°之间。国土被南中国海分隔成东、西两部分。西马位于马来半岛南部,东临南中国海,西濒马六甲海峡;东马位于加里曼丹岛北部。

面积　陆地国土面积33.03万平方千米。

疆界和邻国　陆上疆界2669千米。西马北与泰国接壤,南与新加坡隔柔佛海峡相望。东马则与印度尼西亚、菲律宾、文莱相邻。

地形地貌　西马地势南低北高,东西两侧沿岸为冲积平原,中部为山地。大汉山海拔2185米,为西马最高峰。东马沙巴州西部为沿海平原,内部为山地,克罗克山脉纵贯南北,其主峰基纳巴卢山海拔4101米,为全国最高峰,也是东南亚地区最高峰。沙捞越州沿海为冲积平原,内地为丘陵和山地。

江河　境内河流密布,但大河很少。位于东马的拉让河是全国第一大河,卢帕河是全国最宽的河流。

海岸海岛　海岸线曲折,总长4192千米。西马西南部是著名的马六甲海峡,水道狭长,是连接太平洋与印度洋之间的重要海上通道。岛屿众多,有1007个岛屿,但大部分面积较小。著名岛屿有兰卡威岛、刁曼岛、乐浪岛、邦咯岛等。

气候　属热带海洋性气候。内地山区年均气温22℃~28℃,沿海平原25℃~30℃。马来半岛西岸每年9—12月为雨季,西马东岸、沙巴、沙捞越等地雨季为每年10月至翌年2月。

风景名胜　吉隆坡市内主要景点有世界著名的高楼——双峰塔、苏丹亚都沙末大厦、独立广场、苏丹王宫、国家清真寺、杰姆清真寺、湖滨公园、胡姬花公园、国家博物馆、国家动物馆、天后宫、黑风洞等。槟城有圣乔治教堂、康华利斯堡、大会堂、钟楼、龙山堂、极乐寺、蛇庙、郑和庙、卧佛寺、马里安曼寺、雅哲清真寺、甲必丹武吉清真寺等。马六甲有荷兰红屋、三保山、三保庙、三保井、圣保罗教堂、古城门、葡萄牙村、马六甲文化博物馆等。沙捞越姆禄国家公园、沙巴京那巴鲁国家公园被列为世界自然遗产;马六甲、乔治等马六甲海峡的历史名城,玲珑谷地的考古遗址被列为世界文化遗产。此外,还有兰卡威岛、刁曼岛、乐浪岛、邦咯岛、大汉山国家公园、京那巴鲁公园、尼亚国家公园、姆鲁国家公园、金马伦高原、云顶高原等旅游景区。

国民

人口　2020年马来西亚人口3270万,其中城市人口2403.6万。人口平均密度99人/平方千米。

民族　有30多个民族。马来人、华人、印度人人口较多,分别占总人口的69.6%、22.6%和6.8%,其他人口占1%。少数民族主要有尼格列多族(又称矮黑人)、塞诺伊族、原古马来族、海达雅克族(又称伊班族)、陆达雅克族(又称比达育族)、米兰诺族、卡达山族、穆鲁特族、巴查乌族、印度尼西亚族等。

语言　马来语为国语,通用英语,华语使用也较广泛。

宗教　国民信奉的宗教主要有伊斯兰教、佛教、印度教和基督教等。伊斯兰教为国教。

资源物产

马来西亚自然资源丰富。锡矿品位高,储藏量居世界各国第二位。沿海蕴藏着丰富的石油和天然气,石油储藏量5.45亿吨,天然气储量2.35万亿立方米(截至2012年1月探明)。铁矿品位较高,含铁量超过50%,储藏量1亿多吨。此外,还有铜、金、钨、煤、铝土、锰等矿产。

动植物种类繁多,被列为世界12个最大生物多样化国家之一。森林覆盖率在75%以上,盛产热带硬木。是橡胶、油棕、胡椒、可可、椰子等热带经济作物的重要产地,橡胶、棕油、胡椒的产量和出口量居世界前列,其中棕油产量居世界首位。

国体政体

政体　马来西亚政体为君主立宪联邦制。最高元首和州的苏丹分别是国家和州的立宪君主。宪法规定,马来西亚设最高元首作为国家权力即君主的象征。最高元首还是伊斯兰教领袖兼武装部队统帅。正、副最高元首由统治者会议从9个世袭苏丹中选举产生,任期5年,轮流执政,不能连任。

统治者会议　由柔佛、彭亨、雪兰莪、森美兰、霹雳、丁加奴、吉兰丹、吉打、玻璃市9个州的世袭苏丹和马六甲、槟州、沙捞越、沙巴4个州的州长组成,其职能是在9个世袭苏丹中轮流选举产生最高元首和副最高元首(4个州的州长没有选举权和被选举权),并对国家的政策、法律和宗教问题进行审议。

联邦议会　也称国会,是国家最高立法机构。由上议院(参议院)和下议院(众议院)组成。上议院议员任期3年,有70个议席;下议院议员任期5年,有222个议席。本届国会于2018年5月全国大选后组成。

内　阁　联邦政府采用责任内阁制,内阁是马来西亚最高行政机关,由选举中得票占半数以上的政党组成。政府首脑为总理,由最高元首任命。本届内阁产生于2020年3月,设有32个部门。

各州国家机关　各州设有州政府,享有内政独立的自主权。君主立宪制原则适用于9个有世袭苏丹的州。槟榔屿州、马六甲州、沙巴州、沙捞越州等4州州长由联邦政府任命。

司法机关　最高司法机关为联邦法院。西马、东马分别设有马来亚高级法院和婆罗洲高级法院。各州设有地方法院和推事庭。此外,还有特别军事法庭、伊斯兰教法庭和审理苏丹刑事、民事案件的特别法庭。

党　派　马来西亚注册政党有55个,多党联盟执政一直是马来西亚政党政治的特点。2020年2月24日至3月1日,马来西亚第七任总理马哈蒂尔辞任总理和土著团结党主席职务,导致希盟政府瓦解。部分人民公正党成员和土著团结党宣布退出希望联盟,并联合国阵、伊斯兰教党等组成“国民联盟”,上台执政。

国家元首和政府首脑

最高元首　阿卜杜拉·艾哈迈德·沙阿,2019年1月24日当选为第16任马来西亚国家元首,2019年1月31日宣誓就任。

政府总理　2018年5月10日,马哈蒂尔当选马来西亚第七任总理,是希望联盟成员党土著团结党名誉主席。2020年2月24日,马来西亚第七任总理马哈蒂尔辞任总理和土著团结党主席职务,3月1日,马来西亚最高元首阿卜杜拉委任前副总理穆希丁成为马来西亚第八任总理。

行政区划

一级行政区　马来西亚行政区划为13个州和3个直辖区。包括西马的柔佛州、吉打州、吉兰丹州、马六甲州、森美兰州、彭亨州、槟榔屿州、霹雳州、玻璃市州、雪兰莪州、丁加奴州、吉隆坡直辖区和布特拉加亚直辖区,东马的沙巴州、沙捞越州和纳闽联邦直辖区。

主要城市　首都吉隆坡,位于马来半岛南部,西濒马六甲海峡,面积243.65平方千米,人口158.8万,是全国政治、经济、文化、交通中心。其他重要城市有马六甲、槟城、古晋、怡保、新山、巴生、山打根等。

经　济

国内生产总值　2020年马来西亚国内生产总值(GDP)3454亿美元,比上年下降5.6%。人均国内生产总值10404美元。

产　业　农业以种植业为主,渔业有一定规模。2020年农业从业人员167.7万,产值1003.44亿林吉特。工业主要有电子、汽车、钢铁、石油化工、纺织和采矿等行业,从业人员912万,产值4542.72亿林吉特。制造业发展较快,在国民经济中占有重要地位。服务业发达,从业人员535.36万,产值7893.79亿林吉特。旅游业是国民经济的重要支柱。2020年外国入境游客433.27万人次,比上年减少83.4%。旅游业收入126.9亿林吉特。

财　政　2020年财政收入2272亿林吉特,财政支出约2267亿林吉特。

金　融　有商业银行35家,外资银行办事处36个,证券银行12家,伊斯兰银行20家,金融公司25家。中央银行是Bank Negara Malaysia。货币名称为林吉特。2020年年底,林吉特兑美元汇率为4.19:1。2020年年底国家外汇储备1052亿美元。

进出口贸易　2020年进出口总额3848.16亿美元,其中出口额2020.8亿美元,进口额1827.36亿美元。主要贸易对象是中国、新加坡、日本、美国、泰国,主要出口产品有电子电器产品、棕油、石油、橡胶及制品、液化天然气等,进口产品有机电产品、矿物燃料、机械设备、运输设备、塑料及制品等。

马来西亚首都吉隆坡　(百度网)

交通通信

铁路运输　马来西亚铁路干线纵贯马来半岛南北,主要铁路线有国际线和东海岸铁路线。铁路总长2418千米。2013年全国铁路客运量270.3万人次,货运量662.2万吨。

公路运输　拥有良好的公路网。连接马来半岛南北的高速公路(亦称南北大道)和穿越中央山脉的东西高速公路是马来半岛交通的主动脉。2012年公路总长18.3万千米。2014年,马来西亚每千人汽车拥有量395

辆,大部分为私人拥有;2013年全国注册机动车2381.9万辆。2020年汽车总销售量为52.94万辆。

水　运　有商务航运船4700艘,其中1000艘为国际贸易用途。2016年全国船只注册容积总吨位800万吨,载重吨位900万吨。有港口33个,主要有巴生港、丹绒柏勒巴斯港、槟城港、关丹港、新山港、马六甲港、古晋港、纳闽港等,巴生港和丹绒柏勒巴斯港是最繁忙的港口。内河运输主要集中在东马地区。2019年,马来西亚港口集装箱吞吐量2621万标箱。

民用航空　有机场118个,其中国际机场8个,主要有吉隆坡国际机场、槟城机场、兰卡威机场、哥打基那巴鲁机场和古晋机场。民航主要由马来西亚航空公司和亚洲航空公司经营。马来西亚航空公司有飞机89架,辟有113条国际航线。亚洲航空公司有飞机188架,辟有航线83条。2020年民航客运量2670万人次。

电　信　2017年,马来西亚固定电话用户657.82万户;移动电话用户4233.85万户,普及率133.18%;有互联网用户2200万户,普及率71%。

教　育

马来西亚教育法令规定政府中小学实行9年义务教育,不分种族,提供免费教育。小学学制6年,初中学制3年;高中学制4年,其中含2年大学预科;大学学制4~5年。全国有小学7084所,在校学生283万人,每18名小学生配备1名教师,小学适龄儿童入学率98.5%;中学1538所,在校生172万人,每16名中学生配备1名教师;公立高等院校20所,私立学院662所。著名大学有马来亚大学、马来西亚理工大学、马来西亚博特拉大学(原农业大学)、国际伊斯兰大学、马来西亚北方大学、国民大学等。

国家财政教育经费支出占国民生产总值的6.2%。15岁以上成人识字率99%。

截至2017年,马来西亚有国家图书馆1个,乡镇图书馆1107个,州级或市级公共图书馆336个,专业图书馆542个,学校图书馆10697个,学术图书馆472个。藏书总量1130万册。

传　媒

马来西亚国家新闻社(简称马新社)是半官方性质的新闻机构,成立于1968年,在亚太地区设有32家分社。

全国约有50种报纸和杂志,用8种文字出版。主要马来文报纸有《马来前锋报》《马来西亚使者报》《每日新闻》和《祖国报》,主要英文报纸有《新海峡时报》《太阳报》《星报》和《马来邮报》,主要华文报纸有《南洋商报》《星洲日报》和《中国报》。

主要广播电台有马来西亚广播电台和马来西亚之声。其中:马来西亚广播电台为官办,建于1946年,拥有6个广播网,用马来语、英语、华语和泰米尔语广播;马来西亚之声建于1963年,用马来语、阿拉伯语、英语、印尼语、缅甸语、他加禄语、泰语等8种语言对外广播。主要电视台有马来西亚电视台、第三电视台、城市电视、国民电视、第七电视台、美佳电视台、寰宇电视台,有169个电视频道可供选择。其中马来西亚电视台(包括第一电视台和第二电视台)为官办,建于1963年,播放马来语、英语、华语和泰米尔语节目。

医疗卫生

2016年,马来西亚有369所医院,其中政府医院153所,私人医院216所;共有50087名医务工作者。马来西亚实行半公费医疗制,政府自1970年起补贴公共医疗服务。2012年,每1000人拥有病床1.9张。2015年,马来西亚医疗卫生总支出占GDP的比重为4%。人口平均预期寿命男性72.7岁,女性77.3岁;婴儿死亡率3‰;人口自然增长率1.51%。

科　技

马来西亚科技体系分政府机构、高等教育研究机构和私人机构3种。内阁科学技术委员会为马来西亚科学技术政策的最高决策机构,由总理兼任主席,成员包括科学技术与环境部、国际贸易与工业部、教育部、财政部和人力资源部的部长。科学技术与环境部下属科研机构主要有环境局、化工局、气象局、野生动物和国家公园局、核技术研究所、微电子系统研究所、原子能许可委员会、马来西亚标准研究所、太空研究局和国家生物工艺学委员会。高等教育研究机构设在各大学中,博特拉大学(原农业大学)、科学大学、技术大学、马来亚大学、国民大学等高等院校均设有科研机构。马来西亚国家科学研究与开发理事会为协调机构,也是马来西亚政府科学技术方面的全国性顾问组织。2015年,研究和开发开支占国民生产总值的比重为1.3%,每百万人中有科研人员2261.4人。

历　史

距今1万年前的旧石器时代,马来半岛已有人类居住。

公元之初,马来半岛出现羯荼、狼牙修等古国。15世纪初以马六甲为中心的满剌加王国统一马来半岛的大部分,伊斯兰教也因此传播开来。

16世纪开始先后被葡萄牙、荷兰、英国占领。20世纪初完全沦为英国殖民地。沙捞越、沙巴历史上属文莱,1888年两地沦为英国保护地。第二次世界大战中,马来亚、沙捞越、沙巴被日本占领。战后英国恢复殖民统治。

1957年8月31日,马来亚联合邦宣布独立。1963

年9月16日，马来亚联合邦同新加坡、沙捞越、沙巴合并组成马来西亚联邦（新加坡于1965年8月9日退出）。（韦朝晖）

缅 甸

国 名

缅甸联邦共和国（The Republic of the Union of Myanmar），简称缅甸。

国 旗

2010年缅甸政府根据2008年通过的《缅甸联邦共和国宪法》有关国家标志的规定，修改国旗图案。2010年10月21日正式启用新国旗。国旗样式为长方形，比例为16:9。由自上而下宽度相同的黄、绿、红三色横条组成，正中是一颗白色大五角星，覆盖三色横带并指向上方。黄色代表统一、智慧、欢乐和各民族亲密团结，绿色代表土地肥沃、和谐、安宁、苍翠的国家，红色代表勇敢、果决，白色代表纯洁、正直、友善和力量。白色五角星代表联邦永久长存。

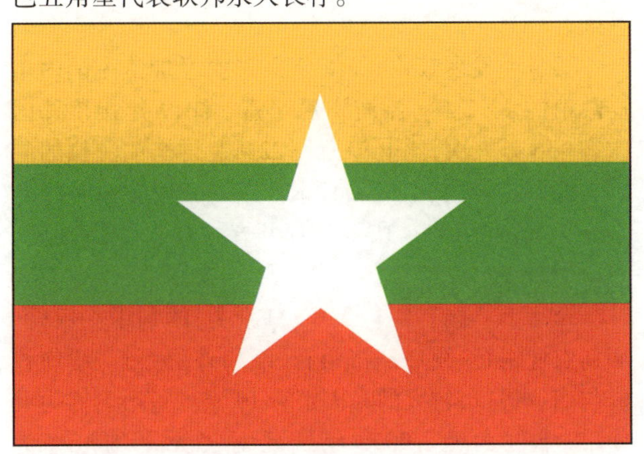

地 理

位 置 缅甸位于中南半岛西部。地处东经92°20′~101°11′、北纬9°58′~28°31′之间。西南濒临孟加拉湾和安达曼海。

面 积 陆地国土面积67.66万平方千米。

疆界和邻国 东北与中国接壤，西北与印度、孟加拉国相邻，东南与老挝、泰国接壤。陆地边界线长5876千米。有木姐（对中国瑞丽）、九谷镇（对中国畹町）、八莫（对中国章凤）等口岸与中国对接。

地形地貌 地势大体上是两边高，中间低，北边高，南边低。东面是掸邦高原，西面为西部山地，中部是伊洛瓦底江谷地。伊洛瓦底江的中下游地区为平原，称为中央大平原，是缅甸经济较发达的地区。大部分国土是山地和高原。

江 河 大多为南北走向。主要河流有伊洛瓦底江和萨尔温江。伊洛瓦底江发源于中国的青藏高原，纵贯缅甸南北，全长2200千米，注入印度洋的安达曼海，流域面积43万平方千米。东部的萨尔温江与伊洛瓦底江大致平行，发源于中国的唐古拉山脉，它的上游是中国的怒江。萨尔温江在缅甸境内流长1660千米，是缅甸第二大河，流域面积20.5万平方千米。钦敦江是缅甸第三大河。茵都基湖是最大的天然湖泊。

海岸海岛 海岸线长3200千米，均在南部。可划分为3段：北段是阿尔干海湾，中段是伊洛瓦底江三角洲，南段是丹那沙林海岸。面积最大的岛屿为兰里岛。

气 候 属热带季风气候区。分热、雨、凉三季。3—5月为热季，6—9月为雨季，10月到次年2月为凉季。年平均气温27℃，年平均降雨量3000~5000毫米。平原和丘陵地区炎热潮湿，山区比较凉爽。

风景名胜 主要有仰光大金塔、文化古都曼德勒、蒲甘佛塔群（有4000座佛塔）、波巴山、茵都基湖风景区、茵莱湖风景区、额不里海滩、昌达海滨、避暑胜地彬乌伦等。还有世界第一大石书——曼德勒碑林，世界第一大的“敏贡”大钟，古若开王朝的首都妙乌城等。2014年6月，缅甸骠国3个古遗址列入联合国世界文化遗产名录。

国 民

人 口 截至2020年4月30日，缅甸人口为5458万。劳动力约占人口总数的66%。

民 族 有135个民族。缅族是主体民族，约占全国人口的65%。人口较多的民族还有掸族、克钦族、钦族、克伦族、孟族、若开族、勃欧族、佤族、克耶族等。华侨华人约250万，占全国人口总数的3%。印度人后裔也比较多。缅族大多居住在平原，华人主要居住在仰光一带，其他民族大多居住在山区。

语 言 各民族都有自己的语言，缅甸语为国语。缅族、克钦族、克伦族、掸族、孟族等民族有自己的文字。英语在城市常用。

宗 教 85%以上的国民信仰佛教（小乘佛教）。男性青少年都要出家为僧一段时间。各地佛塔林立，号称“万塔之国”。佛教文化是缅甸文化的重要组成部分，佛教教义规范着缅甸人民的社会生活。8%的国民信奉伊斯兰教，约5%的人信奉基督教，约0.5%的人信奉印度教，1.21%的人信仰泛灵论。

资源物产

缅甸是著名的“稻米之国”和“森林之国”。稻谷盛产于伊洛瓦底江三角洲和锡唐河河谷一带。截至2018年9月，全国森林覆盖率41.3%，拥有林地3412

万公顷，出产柚木、花梨木、丁纹木、鸡翅木、黑檀木、铁木等名贵木材和竹子、藤类。矿产资源主要有石油（2019年探明储量1.6亿桶）、天然气、宝石、玉石、锡、钨、锌、铝、铜、锑、锰、金、银等，宝石和玉石享誉世界，煤炭储量2.7亿吨。最好的翡翠产于克钦邦的帕敢地区。水力资源蕴藏量1800万千瓦。截至2018年9月，缅甸水力发电装机占总装机的57.7%。近年不断发现新的石油和天然气资源，在果敢地区发现金矿，在东北部发现铅锌矿。已耕种土地只占可耕种土地的1/3。生物物种资源十分丰富。自然保护区占全国面积的7%。

国体政体

国　体　缅甸是联邦制国家。

联邦议院　分为人民院和民族院。

联邦政府　国家最高行政机关。设有国防部、内务部、外交部、商务部等部门。

司法机关　法院、检察院均分为四级，第一级是最高法院和最高检察院，第二至四级分别是省邦、县、镇法院检察院。

党　派　主要有联邦巩固与发展党、全国民主联盟、若开民族发展党、民族团结党、掸族民主党、勃欧民族组织、谬族（克密族）团结协会、拉祜族发展党、克伦族人民党、全国民主力量党、果敢民主团结党等。最大政党是联邦巩固与发展党，党员1800万。

国家元首和政府首脑

国家元首　2011年缅甸大选后实行总统制，总统为国家元首和政府首脑。现任总统温敏，2018年3月30日就职。2018年3月28日，缅甸举行总统选举，温敏赢得选举胜利。2018年3月21日，廷觉辞职，同日温敏辞去人民院议长职务。

行政区划

一级行政区划　缅甸划分为7个省、7个少数民族邦和联邦区、2个中央直辖市。7个省和7个少数民族邦分别是：德林达依省、仰光省、勃固省、曼德勒省、实皆省、马圭省、伊洛瓦底省，克伦邦、克钦邦、克耶邦、掸邦、孟邦、钦邦和若开邦；2个直辖市为内比都、仰光。

主要城市　首都内比都，面积725平方千米，人口92.36万。仰光市位于缅甸南部，面积696.71平方千米，人口600万，是全国经济、文化中心。其他重要城市有曼德勒（缅甸古都，市区人口逾百万）、毛淡棉、勃生、蒲甘等。仰光、曼德勒、蒲甘、茵莱湖是四大古城。

经　济

国内生产总值　2020年缅甸国内生产总值（GDP）为911.67亿美元，人均国内生产总值1697.02美元。

产　业　农业在国民经济中占较大比重，2019年农业增加值占国内生产总值的20%。农业劳动力1890多万人，约占全国劳动力总数的70%。以种植业为主，除水稻外，还种植小麦、甘蔗、玉米、花生、芝麻、棉花、豆类、油棕、烟草、黄麻等。2016年，耕地面积为1090.8万公顷，2018年水稻收获面积6705.64万公顷，稻谷产量2541.8万吨。渔业较发达，水产品出口数十个国家和地区，2018/2019财年，捕捞淡水鱼虾约69.3万吨，海水鱼虾88.8万吨。热带水果品种较多。畜牧业有牛、羊、猪、鸡、鸭养殖等，2016年肉类产量301.81万吨。2018/2019财年，缅甸农产品出口总额为5.34亿美元。

工业主要行业有油气开采、小型机械制造、纺织、印染、碾米、木材加工、制糖、造纸、化肥、制药等。2018年工业增加值占国内生产总值的38%，企业超过10万家，职工约500万人。全国有18个工业区，职工170多万人；仰光莱达雅工业区是最大的工业园区，也是缅外合资的工业区。国有工业企业将逐步转交给私人经营。陆地油田有18个（其中蒲甘、宫达臣、坦德宾为三大油田），海上、陆地天然气田3个。年发电量60亿千瓦时，65%为天然气发电。与中国云南电网实现互联互通。

服务业发展较快，2018年服务业增加值占国内生产总值的43.2%。旅游资源丰富，2019年接待外国旅客436万人次，比上年增长22%。排名前三位的旅游客源国是泰国、中国和日本。缅甸旅游公司是国有企业。截至2018年3月，缅甸共有旅游公司2676家，酒店1628家。

金　融　国有银行5家，分别为：缅甸中央银行、缅甸农业银行、缅甸经济银行、缅甸外贸银行、缅甸投资与商业银行；较大的私人银行19家。货币名称为缅甸币，单位为元。2020年缅元对美元平均汇率为1442.3∶1。允许私营企业和外资进入金融领域，有20余家外资银行在缅甸开设分行。2018/2019财年，外汇储备56.67亿美元，缅甸东乡等6家银行可经营外汇业务。中国工商银行、越南投资与发展银行等20多家外资银行在缅甸有代表处。2015年1月，缅甸议会通过《缅甸银行和金融机构法》，该法案规定银行存款准备金率为5%，资本金不低于200亿缅元，对银行资本金和存款准备金等提出更高要求。

进出口贸易　2019年10月至2020年4月外贸进出口总额226亿美元，比上财年同期增长11%。2017/2018财年，缅甸边境贸易总额79.42亿美元，中缅边境的木姐口岸为缅甸最大边境贸易点，2017/2018财年木姐边境贸易额54.8亿美元，比上财年增加5.74亿美元，其中进口16.11亿美元，出口38.68亿美元。主要贸易伙伴是中国、泰国、新加坡、印度、日本和马来西亚。主要出口商品有天然气、服装、水产品、橡胶、皮革、虾类、柚木、硬木、矿产品、粮食、宝石、珍珠、水果等。2015/2016 财年大米出口 150 多万吨，80% 销往中国；2016/2017 财年出口 170 万吨；2017/2018 财年头 10 个月出口 282 万吨。进口商品有燃油、工业原料、化工产品、机械及运输设备、精炼矿物油、纺织品、一般金属及金属制品、棕榈油、电子设备及电器、塑料、药品、消费品等。2019 年，中缅贸易额 187 亿美元，比上年增长 22.8%，其中缅甸出口 63.9 亿美元，进口 123.1 亿美元。2014 年 4 月起，禁止原木出口。

外国投资　2016 年 10 月，缅甸颁布新的《投资法》，并于 2017 年 4 月 1 日正式生效。2019 年，缅甸吸引外资 28 亿美元，比上年下降 22.2%。2020 年第 1 季度，缅甸实际利用外资 5 亿美元。截至 2020 年 4 月，共有 51 个国家或地区在缅甸 12 个领域投资 1999 个项目，总投资额 851.67 亿美元。

交通通信

公路交通　缅甸有公路 515 条，总里程 22.21 万千米。毛淡棉—仰光—南坎公路为主干道，路况较好。2011—2014 年进口汽车近 30 万辆（多为二手车）。仰光—内比都—曼德勒之间正在建设高速公路。主要出境公路联通中国的瑞丽、泰国的湄赛和仁廊。3.1% 的人口拥有汽车，38.7% 的人有摩托车。

铁路交通　铁路总里程 6112.94 千米，在建铁路 3000 千米，主要是窄轨铁路。拥有内燃机车 270 台。纵贯南北的仰光—密支那线是铁路主干线，但火车速度较慢；仰光至曼德勒有客运特快列车。新建的内比都火车站达现代化标准。2018 过渡财年载客量达到 2116 万人次，货运量 9.44 万吨。缅甸铁路公司年收入 600 亿缅元。缅甸铁路公司正在升级仰光—曼德勒—密支那段、仰光—毛淡棉段和仰光—卑谬段，这些路线载客量约占全国的 75%。

水　运　内河航道总里程 1.48 万千米，正常通航的 8000 千米。主要航线在伊洛瓦底江。沿江各大城市都有班轮运输。拥有各种船只 500 多艘，其中远洋货轮 25 艘。可供远洋货轮停靠的港口主要有仰光港、勃生港、实兑港、若开港、毛淡棉港等 28 个港口，其中仰光港是最大的海港。2015 年 2 月，中缅开通上海至仰光货轮直航。

2018 过渡财年，港口吞吐量为 898.3 万吨，水路旅客运输量 498.7 万人次。

民用航空　有机场 34 个，其中国际机场 3 个，国内机场 31 个。主要有仰光机场、内比都机场、曼德勒机场、黑河机场、蒲甘机场和丹兑机场。仰光机场、内比都机场和曼德勒机场为国际机场。主要航空公司有缅甸航空公司、缅甸国际航空公司、仰光航空公司、曼德勒航空公司和蒲甘航空公司（后 3 家航空公司为私营）。国际直达航线联系 20 多个国家和地区，有航班通往中国的北京、昆明、广州、南宁和香港等地。国内航线有 17 条，大城市和主要旅游景点均已通航。2018 年空运货物周转量 474 万吨千米，航空客运量 341 万人次。

管道运输　石油管道 110 多千米，天然气管道 2200 多千米。2015 年 1 月 30 日，中缅油气管道全线贯通并运营。

电　信　缅甸有 4 家电信运营商：缅甸电信公司、卡塔尔电信公司、挪威电信公司和缅甸电信国际有限公司。缅甸电信国际有限公司于 2017 年 1 月 12 日取得营业执照，是缅甸与越南合作开设，其中缅甸持股 51%。2015 年固定电话用户逾 400 万户。2008 年开通 3G 网络，国内电信网络快速发展。仰光的中央电话和电报局及邮政总局是办理国际通信的主要机构。2013 年 4 月，政府以摇号方式向民众出售 SIM 卡。2018 过渡财年，网络用户 4027.17 万，移动电话用户 3998.87 万。

教　育

缅甸教育分学前教育、基础教育和高等教育。基础教育学制为 10 年，实行小学义务教育制度。现有基础教育学校 40876 所，大学与学院 108 所，其中师范学院 20 所，科学与技术大学 63 所，部属大学和学院 22 所。2012 年以来普通高校本科由 3 年制改为 4 年制。主要大学有仰光大学、曼德勒大学和毛淡棉大学。全民识字率 94.75%。除学校教育外，还有寺庙教育，并逐步开展远程教育。仰光大学与中国多所高校建立关系，并建有中国馆。

传　媒

缅甸国家通讯社是缅甸通讯社。缅甸之声是最有影响力广播电台，建于 1937 年，用缅甸语、英语和 8 种

缅甸仰光大学一景　（百度网）

少数民族语言广播。

缅甸官方报纸有《缅甸新光报》《缅甸镜报》;私营报刊主要有《缅甸时报》《七日周刊》《声音周刊》《新闻周刊》等。《首都报》《曼德勒日报》《雅德那榜》报是地方报纸。杂志和期刊约有180种。较著名的杂志是《妙瓦底》(缅文)、《保卫》(英文)、《视野》《财富》《威达意》等。《金凤凰》是唯一的中文期刊。中国缅文杂志《吉祥》在缅甸仰光设有分社。

全国有6家电视台,109个电视转播台。境内大部分地区都能收看到电视节目,比较著名的为缅甸电视台、妙瓦底电视台。2013年,中国广西人民广播电台与缅甸国家广播电视台签署合作协议。2014年4月1日,中缅签署中国向缅甸提供电视片协议。4月3日,中缅合拍电视剧《舞乐传奇》在缅甸首播。

医疗卫生

2016/2017财年,缅甸有公立医院1115所,医生10479名,护士20881名,其中拥有300张以上病床的医院114所。最好的医院是仰光的亚洲皇家医院和仰光市总医院。此外,还有农村卫生所1468所。药品高度依赖进口。

缅甸传统的民族医药是缅医和缅药。政府提倡缅医与西医相结合。

科　技

缅甸有科研机构12个。另有科技大学3所、技术学院26所、计算机学院2所、航空工程和海事学院2所,这些高等学院也从事科学研究。2018年6月颁布《缅甸科技创新法》。

联邦政府科技部负责管理全国的科学技术工作,2019年3月成立以副总统为主席的国家科学、技术与创新委员会。

农业科学和应用科学在国家科技事业中占有重要地位,各地重视推广先进的种植技术。工业领域不断改进技术,开发新产品。

历　史

缅甸于公元1044年形成统一的多民族国家。历经蒲甘、东吁、贡榜3个封建王朝。

19世纪,英国殖民主义者以武力占领缅甸,并将缅甸划为英属印度的一个省。1937年,实行印缅分治,由英国直接统辖缅甸。缅甸人民从1920年开始争取民族解放斗争。1932年,我缅人党成立,开展大规模的反英运动。1942年5月,日军占领缅甸,缅甸人民开展抗日斗争。1945年3月举行全国总起义,缅甸光复。不久,仍被英国控制。缅甸人民继续开展民族独立运动。

1948年1月4日,缅甸脱离英联邦而独立,成立缅甸联邦,组成以吴努为首的政府,实行多党议会制。

1962年,奈温将军发动政变,推翻吴努政府,成立革命委员会执政。1974年1月,将国名改为缅甸联邦社会主义共和国,并颁布新宪法,成立人民议会,组建以奈温为主席的社会主义纲领党。1988年7月,因经济形势恶化,爆发全国性游行示威,奈温和吴山友(总统)辞职。

1988年9月18日,时任国防部部长的苏貌将军率军队接管政权,成立国家恢复法律和秩序委员会,宣布废除宪法,解散人民议会和政府机构。同年9月23日,军政府将国名改为缅甸联邦。1990年5月在全国举行大选。1993年1月,缅甸政府召开制宪国民大会。

1997年11月15日,国家恢复法律和秩序委员会改名为国家和平与发展委员会。此后10多年来,缅甸政府奉行民族和解与合作政策,实行民族自治,国内民族矛盾逐渐缓和。2008年5月,全国举行宪法公投通过新宪法。2010年举行大选。2011年3月,国家和平与发展委员会将权力移交给新的国家机构,并更改国名为缅甸联邦共和国。2012年举行议会补选,民盟成为最大反对党。此后,改革步伐加快。2015年11月8日举行新一轮全国大选,民盟获组阁权。　(张磊)

菲　律　宾

国　名

菲律宾共和国(The Republic of the Philippines),简称菲律宾。

国　旗

菲律宾国旗呈横长方形,长宽比为2:1。靠旗杆一侧为白色等边三角形,中间是放射着8束光芒的黄色太阳,3颗黄色的五角星分别在三角形的3个角上。旗面右边是红蓝两色的直角梯形,两色的上下位置可以调换。平时蓝色在上,战时红色在上。太阳和光芒图案象征自由;8道较长的光束代表最初起义争取民族解放和独立的8个省,其余光芒表示其他省。3颗五角星代表菲律宾的三大地区:吕宋、萨马和棉兰老。蓝色象征忠诚、正直,红色象征英勇、胆量,白色象征和平、纯洁。

地 理

位 置 菲律宾位于亚洲东南部。地处北纬4°35′~21°08′、东经116°55′~126°37′之间。西濒南中国海，东临太平洋。

面 积 陆地国土面积29.97万平方千米。

疆界和邻国 疆域从北到南跨度达1000千米。北面、西面与中国隔海相望，南面与印度尼西亚、马来西亚隔海相望。

地形地貌 陆地国土由7107个岛屿组成，素有“千岛之国”之称。按照地形和岛屿排列情况，菲律宾群岛通常分为吕宋岛（第一大岛，面积4.08万平方千米）、维萨亚群岛、棉兰老岛（第二大岛，面积3.69万平方千米）、巴拉湾群岛、苏禄群岛五大部分。地貌复杂多样，山地面积占陆地总面积的2/3。群岛上横亘7座山脉，其中谢拉马德雷山脉最长，从北到南纵贯吕宋岛东部。最高峰是锕阜山（休眠火山），海拔2955米，位于棉兰老岛。最有名的平原是吕宋平原，有“菲律宾粮仓”之称。海拔最高的地区是吕宋岛北部的奔贵高原。海岸线蜿蜒曲折，总长1.85万千米，颇多天然良港。马尼拉湾是世界上最好的港湾之一，水域达770平方千米。位于棉兰老岛东面海域的菲律宾海沟深达10540米，为世界最深的海沟。由于地处太平洋边缘的火山地震带，常发生地震。境内有火山50多座，其中活火山11座。吕宋岛上的活火山马荣火山在1616—1968年间共喷发30余次。

江河湖泊 群岛河流遍布，最长的河流是卡拉延河。吕宋岛的内湖是最大的淡水湖。

气 候 属热带海洋性气候区。分干、湿两季：5—10月为湿季，高温多雨；11月至次年4月为干季，炎热干燥。由于国土南北跨度大和东西有山脉分隔，南部与北部、东海岸与西海岸的气候有较大差别。全国年平均气温26.6℃。年降水量2000~3000毫米。东面海域是台风发源地，境内常受台风影响。

风景名胜 主要旅游景点有百胜滩、蓝色港湾、碧瑶市、马荣火山、伊富高省原始梯田等。

国 民

人 口 2020年菲律宾人口1.09亿，其中城市人口5103万。人口密度357.7人/平方千米。

民 族 有80多个民族。其中，马来族（包括他加禄人、伊洛戈人、邦班牙人、比萨亚人、比戈尔人等）约占全国人口的85%，华人（约150万）、印度尼西亚人、阿拉伯人、印度人、西班牙人、美国人等族群约占5%。还有为数不多的原住民。

语 言 有75种语言。通用语是以他加禄语为基础的菲律宾语。官方语言为英语。西班牙语也较流行。

宗 教 约85%的国民信奉天主教，49%的国民信奉伊斯兰教，少数人信奉独立教和基督教新教。华人多信奉佛教。原住民多信奉原始宗教。

资源物产

菲律宾探明储量的金属矿有13种，非金属矿29种。储量较大的金属矿有铜、金、银、铁、铬、镍和铝土，其中铜矿储量37.16亿吨，镍矿1.27亿吨，金矿1.36亿吨。非金属矿主要有石灰石、大理石等。地热资源丰富，估计有相当于20.9亿桶原油的热能资源。巴拉望岛西北部海域石油储量约3.5亿桶。

有可耕地1400万公顷，占土地总面积的46.9%。粮食作物主要是水稻和玉米。经济作物主要有椰子、甘蔗、蕉麻、烟草、香蕉、菠萝、橡胶、咖啡、杧果、木薯等，其中椰子产量和出口量均占世界总量的60%以上。森林面积1581万公顷，森林覆盖率41%，有红木、樟木等名贵木材。经济鱼类有2400多种，金枪鱼资源量居世界各国前列。开发的海水、淡水鱼场面积2080平方千米。

国体政体

国 体 菲律宾是共和制国家。立法、行政、司法三权分立。实行总统内阁制。总统由人民直接选举产生，任期6年。

国 会 国家最高立法机构。由参、众两院组成。参议院议员24名，由全国直接选举产生，任期6年，每3年改选1/2，可连任2届。众议院议员295名，其中238名由各省、市按人口比例分配，从全国各选区选出；其余57名个别少数民族的政党代表，按每个政党总选票的2%为一个席位选举产生，但每个政党代表最多不得超过3个席位。众议员任期3年，可连任3届；现众议员人数已超过菲律宾宪法规定的250名。本届国会于2016年7月选举产生。

政 府 由总统、副总统和内阁成员组成。设住房和城市发展协调委员会、执行部、外交部、财政部、司法部、农业部、国防部、贸易与工业部、公共工程与公路部、教育文化与体育部、劳工与就业部、社会经济计划部、卫生部、土地改革部、警察总监、内务与地方政务部、环境与自然资源部、交通与运输部、社会福利部、预算与管理部、科技部、旅游部、能源部等部门。现任总统、副总统于2016年5月当选，内阁于同月组成。

司法机构 司法权属最高法院和各级法院。最高法院拥有最高司法权，有1名首席法官和14名陪审法官，均由总统任命；下设上诉法院、地方法院和市镇法院。检察工作由司法部检察长办公室负责。

党 派 有政党100余个，大多数为地方性小党。主要政党有自由党（执政党）、基督教穆斯林民主力量党（简称拉卡斯）、民族主义人民联盟、摩洛民族解放阵线、摩洛伊斯兰解放阵线、共产党、民主行动党、地方发展优先党、改革党、民主战斗党、民族党等。

国家元首和政府首脑

菲律宾总统是国家元首、政府首脑兼武装部队总司令。现任总统罗德里戈·杜特尔特,2016 年 5 月当选。

行政区划

一级行政区划　菲律宾划分为吕宋、维萨亚、棉兰老三大部分,行政区划为首都地区、科迪勒拉行政区和棉兰老穆斯林自治区,以及伊罗戈区、卡加延谷区、中吕宋区、南塔加罗格区、比克尔区、西维萨亚区、中维萨亚区、东维萨亚区、西棉兰老区、北棉兰老区、南棉兰老区、中棉兰老区、卡拉加区等 18 个地区。下设 81 个省和 117 个市。

主要城市　首都大马尼拉市,位于吕宋岛南部,人口 1288 万(2015 年),是全国政治、经济、文化、交通中心。其他重要城市有马尼拉、奎松、达澳、宿务、卡洛奥坎、三宝颜、帕萨伊、巴戈洛德、伊洛伊洛、卡加延德奥罗等。

经　济

国内生产总值　2020 年菲律宾国内生产总值(GDP)3614.9 亿美元,比上年下降 9.6%。人均国内生产总值 3269.67 美元。

产　业　2020 年,菲律宾农业增加值占国内生产总值的 7.0%,农业以种植业为主;工业增加值占国内生产总值的 33%,工业以农、林产品加工业为主,制造业发展迅速;服务业增加值占国内生产总值的 60.0%,从业人员约 1970.3 万(2014 年),约占全国就业人数的 54.1%。

财　政　2020 年财政收入约 2.8427 万亿比索,财政支出约 4.205 万亿比索。

金　融　主要银行有首都银行、商业银行等。货币名称为比索。2020 年比索与美元平均比价约为 51.8∶1。国家外汇及黄金储备 1048.2 亿美元。

对外贸易　菲律宾与 150 个国家和地区有贸易往来。2020 年外贸进出口总额 1542.1 亿美元,其中出口额 639.1 亿美元,进口额 903.0 亿美元,贸易逆差 263.9 亿美元。出口商品主要有半导体、电子产品、运输设备、服装、椰子油、铜制品、金属配件、石油产品、水果,进口商品主要有电子产品、矿物燃料、运输设备、机械设备、化工产品、塑料制品、谷物、钢铁和纺织品。

交通通信

民用航空　菲律宾航空业比较发达。全国有机场 203 个,在用民用机场 86 个。主要机场有尼诺·阿基诺国际机场、宿务麦克坦国际机场、达澳国际机场、苏比克国际机场、克拉克国际机场和拉瓦格国际机场,其中马尼拉的尼诺·阿基诺国际机场是全国最大的航空港。国内航线通达 40 多个城市。国际航线较多,与 30 多个国家签有国际航运协定。2017 年空运货物周转量 7.57 亿吨千米,航空客运量 4408.7 万人次。

铁路交通　铁路总里程 1200 千米,集中在吕宋岛。铁路网以马尼拉为中心,北达圣费尔南多,南到黎牙实比。

公路交通　公路总里程 32.8 万千米(2016 年)。注册机动车辆 808.12 万辆(2014 年)。

水　运　航道总长 3219 千米。全国有港口数百个,商船千余艘。主要港口有马尼拉、宿务、怡朗、达沃、卡加延、三宝颜等。2014 年港口集装箱吞吐量 586.9 万标准箱。

教　育

菲律宾的学前教育可自由选择。初等教育(即小学教育)为义务教育,学制 6 年(一些私立学校为 7 年)。中等教育(即中学教育)学制 4 年,免费教育但非义务教育。学位制高等教育学制一般为 4 年(工程学、法律、医学等专业需要至少 5 年的在校教育)。鼓励私人办学。全国成人识字率 96.6%(2015 年)。

全国有中、小学 64700 所(2016—2017 学年),适龄儿童入学率 116.8%(2013 年);中学入学率 88.4%(2013 年)。高等教育主要由私人举办;有高等院校 2180 所,其中公立 537 所,私立 1523 所(2010 学年);在校生总数 243 万人,年毕业生 60 多万人。著名高等院校有菲律宾大学、阿特尼奥大学、东方大学、远东大学、圣托玛斯大学等。

菲律宾爱妮岛　（百度网）

传　媒

菲律宾通讯社为官方通讯社。新闻出版组织有菲律宾全国新闻记者俱乐部、菲律宾新闻摄影家协会、菲律宾出版者协会等。全国有出版机构 257 家。广播电台 1342 家,电视台 3010 家(2014 年)。在菲律宾广播电台、电视台中，除人民电视台为官办外，其余均为私人举办；所播节目主要是英语、他加禄语、华语节目。主要英文报纸有《马尼拉公报》《菲律宾星报》《菲律宾询问日报》《自由报》《马尼拉时报》和《马尼拉纪事报》，主要菲文（他加禄语）报纸有《消息报》和《菲律宾快报》，主要华文报纸有《世界日报》《商报》《菲华时报》《联合日报》和《环球日报》。

医疗卫生

菲律宾有医院1195所（2015年），医师3002人，牙医1788人，护士6061人，助产士3002人（2014年）。2016年人均预期寿命69.1岁。人口出生率23.2‰，死亡率6.5‰。

历　史

菲律宾历史悠久。最早生活在菲律宾群岛上的居民是尼格列多人。西班牙入侵之前，菲律宾存在许多土著部落和马来族移民建立的割据王国，其中最著名的是14世纪70年代兴起的海上强国苏禄王国。

1521年，麦哲伦率领西班牙远征队到达菲律宾群岛。1531年，西班牙远征队在比萨亚群岛（今宿务港）登陆，宣布占领该群岛。1543年，入侵的西班牙军队以其国王菲律普二世名字命名该群岛，这是“菲律宾”称呼的由来。

1565年，西班牙占领菲律宾全境，并开始对其实行长达300多年的殖民统治。

1898年6月12日，菲律宾起义者借美（国）西（班牙）战争之机，宣告独立，成立菲律宾历史上第一个共和国。同年12月，美国通过美西战争后签订的《巴黎条约》占领菲律宾，菲律宾又沦为美国的殖民地。

1935年11月，菲律宾成立自治政府。

1941年12月8日，日本入侵菲律宾。

1945年，美国恢复对菲律宾的殖民统治。

1946年7月4日，菲律宾宣告独立。菲律宾独立后，自由党和国民党轮流执政。

1965年，马科斯就任第六任总统，并3次连任。

1983年8月，反对党领导人贝尼格诺·阿基诺被谋杀，导致政局动荡。1986年2月7日，提前举行总统选举，贝尼格诺·阿基诺的夫人科拉松·阿基诺在民众、天主教会和军队的支持下出任总统。

1992年6月，拉莫斯按宪制当选为菲律宾总统。

1994年6月，埃斯特拉达当选菲律宾总统。

1996年9月2日，菲律宾政府与最大的反政府组织摩洛民族解放阵线签署和平协议，其南部长达24年的战乱局面结束。

2001年1月，埃斯特拉达因受贿丑闻被迫下台，副总统阿罗约继任总统。

2004年6月，阿罗约总统获得连任。

2010年5月，菲律宾举行大选，贝尼尼奥·阿基诺三世当选菲律宾总统。

2016年5月，罗德里戈·杜特尔特当选菲律宾第16任总统。

（陈红升）

新　加　坡

国　名

新加坡共和国（The Republic of Singapore），简称新加坡。

国　旗

新加坡国旗由上红下白两个相等的横长方形组成，长与宽之比为3∶2。左上角有一弯白色新月和五颗白色五角星。红色代表人类的平等，白色象征纯洁和美德；新月象征国家，五颗星代表国家建立民主、和平、进步、公正和平等的思想。新月和五颗星的组合紧密而有序，象征着新加坡人民的团结和互助的精神。

地　理

位　置　新加坡位于亚洲东南部的马来半岛南端。地处北纬1°09′～1°29′、东经103°36′～104°25′之间。南面为太平洋与印度洋之间的航运要道——马六甲海峡的东部出入口。

面　积　陆地国土面积724.4平方千米（2020年）。

邻　国　北隔柔佛海峡与马来西亚为邻，南隔新加坡海峡与印度尼西亚相望。

地形地貌　陆地国土由新加坡岛和63个小岛屿组成。大部分土地为低地，这些低地已开发为市区和工业区。海岸平缓，岸线大多经过人工改造。新加坡岛占全国陆地面积的88.5%。新加坡本岛以外的其他岛屿，较大的有大德光岛（24.4平方千米）、乌敏岛（10.2平方千米）和圣陶沙岛（3.5平方千米），其中圣陶沙岛和乌敏岛是新加坡著名旅游景点，大德光岛是工业基地。

气　候　属热带海洋性气候。常年高温潮湿多雨。年平均气温24℃～32℃，日平均气温26.8℃。年平均降水量2345毫米。年平均湿度84.3%。

风景名胜　主要有牛车水、小印度、鱼尾狮公园、裕廊飞禽公园、新加坡植物园、花柏山、圣淘沙岛、乌敏岛等。

国　民

人　口　总人口568.6万(2020年6月),其中公民和永久居民404.4万。人口密度7898人/平方千米。

民　族　种族多元。华人占75.9%左右,其余为马来人(15%)、印度人(7.5%)和其他种族(1.6%)。

语　言　马来语是国语。英语、华语、马来语和泰米尔语为官方语言。英语是行政语言,使用最为广泛。大多数新加坡人都会讲本民族母语、英语两种语言。

宗　教　佛教、道教、基督教、伊斯兰教在新加坡均有较大影响。各类宗教信徒约占全国10岁以上人口的86%。华人大多信奉佛教,马来人多信奉伊斯兰教,印度人多信奉印度教。

资源物产

新加坡矿产资源匮乏。除在本岛中部、北部及大、小德光岛等几个岛屿有花岗石外,至今尚未发现其他矿藏。虽然四面环海,但渔业并不发达,海产品年产量仅1万余吨。

植物资源比较丰富,植物品种有2000多种,多属热带低地常绿植物。普遍种植热带观赏花卉胡姬花(即兰花),品种繁多,娇美艳丽,四季盛放。所产胡姬花大量出口欧洲各国及美国、日本等国家和地区。

国体政体

国　体　新加坡是议会制国家。宪法规定,总统为国家元首,原经议会选举产生,1992年国会颁布民选总统法案,规定从1993年起总统由全民选举产生,任期由4年改为6年。

国　会　国家立法机构。由议会和总统组成。实行一院制,任期5年。国会可提前解散,大选须在国会解散后3个月内举行。年满21岁的新加坡公民都有投票权。国会议员分为民选议员、非选区议员和官委议员。其中民选议员从全国13个单选区和16个集选区(2015年大选)中由公民选举产生。集选区候选人以4~6人一组参选,其中至少1人是马来族、印度族或其他少数种族。同组候选人必须同属一个政党,或均为无党派人士,并作为一个整体竞选。非选区议员从得票率最高的反对党未当选候选人中任命,最多不超过6名,从而确保国会中有非执政党的代表。官委议员由总统根据国会特别遴选委员会的推荐任命,任期两年半,以反映独立和无党派人士意见。本届国会2020年7月11日选举产生,有议员93人。其中,人民行动党83人,工人党10人。

政　府　内阁是国家行政权力机关。由总理、副总理、各部部长组成。总统委任国会中多数党领袖为总理。根据总理提名,总统任命内阁部长。总理、部长都必须是国会议员。设有文化、社区与青年部、财政部、人力部、国家发展部、社会和家庭发展部、总理公署、环境与水资源部、律政部、内政部、外交部、国防部、交通部、贸工部、通讯及新闻部、教育部、卫生部等。本届内阁于2020年7月25日组成,总理为李显龙,副总理兼经济政策统筹部长和财政部长为王瑞杰。

司　法　设最高法院和总检察署。最高法院由最高法庭和上诉庭组成。最高法院大法官由总理推荐、总统委任。总检察长公署下设立法处、刑事处和民事处。总统根据总理建议任命总检察长。

党　派　注册的政党有30多个。主要有人民行动党、工人党、新加坡民主党等。人民行动党从1959年至今一直保持执政地位。李光耀长期任该党秘书长,1991年吴作栋接任;2004年12月,李显龙接替吴作栋出任该党秘书长。

国家元首和政府首脑

总　统　哈莉玛·雅各布,2017年9月14日就职。

政府总理　李显龙,2004年8月12日任职。2006年5月、2011年5月、2015年9月、2020年7月分别连任。

行政区划

新加坡是一个城市国家。在地理上分为中央区、内市区、外市区、新镇、内郊区、外郊区等6个地区。选举时分为75个选区。不设区政权机构,由中央各部直接管理各项事务。设有公民咨询委员会、民众联络所、人民协会等社区组织,担负起准地方政府的任务,作为沟通政府与居民之间的桥梁。

首　都　新加坡市,位于新加坡岛东南部,南临新加坡海峡。是东南亚最大的海港、重要商业城市和转口贸易中心、国际金融中心、航空中心。市容整洁美观,到处树木葱茏,绿草如茵,百花娇艳,被誉为“世界花园城市”。

经　济

国内生产总值　2020年新加坡国内生产总值(GDP)按当前市场价格计算为4691.0亿新元,比上年下降8.2%。人均国内生产总值82503新加坡元。

产　业　农业在经济中所占比重很小,产值不足经济总量的0.1%。主要由园艺种植、家禽饲养、水产养殖和蔬菜种植等构成。工业化程度较高,2020年工业总产值3103.4亿新加坡元,比上年下降8.1%,增加值897.8亿新加坡元,下降3.0%。主要行业是制造业和建筑业,制造业产品包括电子产品、化学与化工产品、生物医药、精密机械、交通设备、石油产品等,是世界第三大炼油中心。服务业发达。2019年服务业增加值占国内生产总值的70.4%。包括零售与批发贸易、旅游、交通与电信、金融服务、商业服务等行业。旅游业兴旺，被誉为“亚洲旅游王国”。2019 年接待外国游客 1911.1 万人次，比上年增长 3.3%；旅游业收入 204.2 亿新加坡元。

对外贸易　2020 年进出口贸易总额 9691.7 亿新加坡元，比上年下降 5.2%。其中：进口额 4534.7 亿新加坡元，下降 7.4%；出口额 5156.4 亿新加坡元，下降 3.2%。主要贸易伙伴是中国、马来西亚、欧盟、印度尼西亚和美国。主要出口商品为成品油、电子元器件、化工品和工业机器等。主要进口商品为电子真空管、原油、加工石油产品、办公及数据处理机零件等。

财　政　2020 年财政收入 646.08 亿新加坡元，支出 940.56 亿新加坡元，财政赤字 292.48 亿新加坡元。

金　融　由金融管理局负责制定和实施各项金融政策，负责监督与管理商业银行及其他金融机构的经营活动，实际上执行着中央银行的职能，但不发行货币。拥有 1600 多家金融机构。货币名称为新加坡元。2020 年新加坡元与美元平均比价为 1.3788∶1。2020 年，国家外汇储备 3623 亿美元。

外国投资　2019 年，新加坡共吸引外国直接投资 1.91 万亿新加坡元，多集中在金融服务业和制造业。美国、日本、英国、荷兰、卢森堡是新加坡投资的主要来源地。

对外投资　2019 年，新加坡对外直接投资额为 0.935 万亿新元，比上年增长 11.8%，主要投向金融服务业和制造业。主要直接投资对象国是中国、荷兰、印度尼西亚、印度、马来西亚、澳大利亚、英国、开曼群岛。

交　通

铁路交通　新加坡的铁路交通以地铁为主，轨道交通全长 228.1 千米，有地铁站 122 个。1999 年 11 月建成轻轨铁路，全长 28.8 千米，与地铁相连，设 42 个站。

公路交通　形成以 8 条快速公路为主线，众多普通道路为支线的公路网络，覆盖全岛每个角落。新加坡公路总长 3500 千米，其中高速公路 164 千米。2010 年底，车辆总数 94.6 万辆，其中私人轿车 58.4 万辆，货车 15.8 万辆。

水　运　新加坡港是世界最繁忙的港口和亚洲主要转口枢纽，也是世界最大燃油供应港口。有 250 多条航线连接世界 600 多个港口。有 4 个集装箱码头，集装箱船泊位 57 个。2020 年港口处理货运总量 5.9 亿吨，集装箱吞吐量 3690 万标准箱，同比增长 1.6%。

民用航空　新加坡是亚洲地区重要的航空运输枢纽。主要有新加坡航空公司及其子公司胜安航空公司。樟宜机场连续多年被评为世界最佳机场，已开通至 60 个国家 188 个城市的航线，各国 81 家航空公司平均每周提供 4400 班次定期飞行服务。2019 年航班起降 38.2 万架次，客运量 6830 万人次，货运量 200 万吨。

通　信

电　话　新加坡固定电话用户 190.58 万户，移动电话用户 907.67 万户。

互联网　政府高度重视网络基础设施建设，并将其纳入提升国家知识型经济层次和国际竞争力的发展战略。全国宽带用户 1230.93 万户。

邮　政　邮政网络有 66 处邮局，26 处投递站，32 处邮务代办所，分布在国内各主要区域。

教　育

新加坡教育发展经历两个阶段。第一阶段从 1959 年到 1979 年，偏重于普及性和职业教育，为工业化初级阶段的经济发展培养熟练劳动力。第二阶段从 1979 年至今，重点发展高等普通教育和高等职业技术教育，培养高层次专业技术人才。

实行精英教育。青少年一般必须接受 10 年正规教育，其中小学 6 年，中学 4 年。强调双语、体育、道德教育，创新和独立思考能力并重。双语政策要求学生除学习英文外，还要通晓母语。政府推行资讯科技教育，促使学生掌握电脑知识。全国有小学 170 所，中学 154 所，初级学院 14 所。大学主要有新加坡国立大学、南洋理工大学、新加坡管理大学和新加坡科技大学。此外，还有 4 所理工学院和 33 所技术/商业训练学院。

传　媒

新加坡主要有两大媒体集团：新加坡报业控股和新传媒。报业控股是私营上市公司，旗下有用 4 种语言出版的 15 家报纸，其中英文的《海峡时报》和中文的《联合早报》在新加坡颇具影响力。新传媒是一家官营公司，旗下有新传媒电视、新传媒电台、新传媒新闻网、新传媒报业、新传媒出版、新传媒制作、新传媒互动等 7 个集团。新加坡电视台有6 个频道，并开通有

新加坡城市风光　（百度网）

线电视网和卫星电视。

医疗卫生

新加坡政府通过财政投入建立完善的社区医疗卫生中心,社区医疗服务覆盖所有居民。医疗机构分两种:一种是个人出资兴办的营利性综合全科医院,一种是政府和慈善机构建立的非营利性医院。政府推行“三重安全保健网”(即保健储蓄计划、保健双全计划、保健基金),确保国民都有求医受诊的能力和机会。

截至2019年年底,新加坡有7所医院、6个专业中心、18个医疗中心和3个特殊医疗研究机构,每万人拥有24名医务工作者。国民平均预期寿命83.2岁。

科　技

新加坡在重要领域具备科研能力的机构有13个,由两个研究理事会直接管理,其中生物医药研究理事会管理5个从事生物和医药研究领域的研究所,科学与工程研究理事会管理其他8个研究所。科学技术研究局、经济发展局、资讯通信管理局、国际企业发展局、标准及生产力与创新局等政府机构在科研体系中发挥重要作用。科学技术研究局以科研院(中心)、大学、医院等公共科研机构为工作对象,着眼发展公共科研机构的科研人力资源,并为他们提供科研资金;经济发展局以公司为工作对象,负责支援公司的研究和创新项目,并为新的起步公司提供资金。国家财政科研经费支出约占国内生产总值的2%。

历　史

新加坡古称淡马锡,公元8世纪建国,属印度尼西亚的室利佛逝王朝。10世纪前后,成为繁荣的港口。13世纪中叶,随着室利佛逝王朝的衰落,淡马锡改称信诃补罗。14世纪中期,信诃补罗成为连接东西方的著名国际贸易港口。1350年后,屡遭爪哇的麻喏巴歇王朝和暹罗的大城王朝侵略,于14世纪末灭亡并成为暹罗的属地。18—19世纪,是马来西亚柔佛王国的一部分。

1819年,英国殖民地开拓者莱佛士登陆新加坡。1826年新加坡沦为英国殖民地。英国一直把新加坡作为远东转口贸易的重要商埠和在东南亚的主要军事基地。第二次世界大战期间,新加坡被日本占领。1945年日本投降后,英国恢复其在新加坡的殖民统治。随后,新加坡人民展开各种形式的斗争,迫使英国殖民当局改变统治方式。1954年2月,英国发表《伦德尔宪调查报告书》,提出在新加坡成立一个有32个席位的立法议会(7席由官方委任,25席由民众选举产生),并在此基础上成立民选政府。1955年,内阁式的政府成立,但重要的部长职位仍属于殖民当局。1956年3月12—18日,在要求结束殖民统治的“独立运动周”中,20多万新加坡居民在独立意见书上签字。在此形势下,英国政府3次邀请新加坡各派政治力量到伦敦谈判,讨论新加坡政治地位问题。

1958年4月18日,英国与新加坡代表签订《关于新加坡自治宪法草案》,英国同意新加坡成立自治邦,实行内部自治,但保留国防、外交、修宪和颁布紧急法令权,并驻有军队。1959年5月30日,举行新立法议会选举,人民行动党获胜。1959年6月,新加坡成立自治邦,实行内部自治,英国保留国防、外交权利。

1963年,新加坡与马来西亚、沙捞越和沙巴组成马来西亚联邦。1965年8月9日退出联邦,成立新加坡共和国。（谢柱军）

泰　　国

国　名

泰王国(The Kingdom of Thailand),简称泰国。

国　旗

泰国国旗呈长方形,长宽比为3:2,由红、白、蓝三色的五个横长方形平行排列构成,上下方为红色,蓝色居中,蓝色上下方为白色,蓝色宽度相等于两个红色或两个白色长方形的宽度,红色代表民族和象征各族人民的力量与献身精神。泰国90%以上人口信奉佛教,白色代表宗教,象征宗教的纯洁。泰国是君主立宪制国家,国王至高无上,蓝色代表王室。蓝色居中象征王室在各族人民和纯洁的宗教之中。

地　理

位　置　泰国位于中南半岛中南部。地处北纬5°37′~20°27′、东经97°22′~105°37′之间。东南濒临泰国湾,西南面向印度洋的安达曼海。

面　积　陆地国土面积51.31万平方千米。

疆界和邻国　东与柬埔寨毗连,东北与老挝交界,西面和北面与缅甸为邻,南与马来西亚联邦接壤。陆地边界线长3400千米。

地形地貌　地势北高南低，由西北向东南倾斜。地形复杂，全国大体分为5个地形区：(1)北部和西部内陆山区。北部山区山脉、河流众多，是湄南河的发源地。主要山脉有登劳山、坤丹山、匹邦南山和琅勃拉邦山，平均海拔1600米，是全国地势最高的地区。清迈的因他暖峰海拔2576米，是全国最高峰。西部山区多为山岭、峡谷。(2)东北部高原。也称柯叻高原，包括东北部17个府的广大地区。整个高原由西向东南方向倾斜，构成柯叻、沙功那空两个盆地。(3)中部流域平原。包括湄南河流域以及夜功河、他真河和挽巴功河流域的中、下游地区，是泰国最大的冲积平原和水稻主产区，素有“泰国粮仓”之称。(4)东南沿海地区。包括巴真武里、差春骚、春武里、罗勇、占他武里和达叻6个府的狭小地区。(5)南部半岛。包括马来半岛的一部分以及连接半岛和大陆的克拉地峡。

海岸海岛　海岸线长2616.4千米。东南沿海海岸线曲折，近海有阁昌、阁谷、阁锡昌等岛屿。南部半岛地区西海岸为下沉海岸，大陆架狭窄，海岸线曲折破碎且多为岩岸，主要岛屿有普吉岛(全国最大岛屿，面积500多平方千米)、象岛、苏梅岛、PP岛、沙美岛、道岛和希美兰岛等；东海岸平坦开阔，多沙滩，少海湾。

江河湖泊　境内河流纵横。主要河流有湄南河和湄公河。湄南河注入泰国湾，河谷宽阔，倾斜度很小，雨季常形成水患。湄公河在境内流长930千米，部分河段水深流急，礁石起伏，交通不便。南部半岛的宋卡湖是全国最大湖泊。其他湖泊有波拉碧湖、农汉湖、公博哇丕湖、农雅湖等。

气　候　大部分地区属于热带季风气候区，全年分为热、雨、凉三季。2月中旬到5月中旬为热季，5月到10月中旬为雨季，11月、12月和次年1月、2月中旬为凉季。凉季和热季少雨，因此也合称干季或旱季。南部半岛地区属热带雨林气候区，终年炎热多雨。全国年平均降水量约1550毫米，年平均气温24℃～30℃。由于地形不同，各地的降水、气温有较大差别。

风景名胜　主要风景名胜区有曼谷、清迈、芭堤雅、普吉岛、象岛、苏梅岛、沙美岛、道岛、希美兰岛等。

国　民

人　口　2020年泰国人口6617万，其中城市人口3578.8万。人口密度136.6人/平方千米。

民　族　有30多个民族。泰族是主体民族，占总人口的75%。人口较多的民族还有华族、马来族和高棉族，分别占总人口的14%、3.5%和2%。

语　言　泰语为国语。分为中部方言、南部方言、北部方言、东北部方言4种方言，其中中部方言为全国通用的标准泰语。

宗　教　90%以上的国民信仰佛教，少数信奉伊斯兰教(马来族)、基督教新教、天主教、印度教和锡克教。佛教为国教，对泰国的文化影响甚深。按照传统，上至国王下至百姓，男子一生中皆得出家一次，时间不等，以获得社会尊重。

资源物产

泰国主要矿产资源有钾盐、锡、褐煤、油页岩、天然气、铅锌、钨、铁、锑、铬、重晶石、宝石、石油等。其中：钾盐储量4367万吨，居世界各国首位；锡矿储量150万吨，占全世界的12%。

全国可耕地面积约占国土总面积的41%。主要农产品有稻谷、玉米、木薯、橡胶、甘蔗、绿豆、亚麻、烟叶、咖啡豆、棉花、棕榈油等，是世界大米主产国和第一出口大国。水产品产量大，虾产量居世界各国首位。盛产各类热带水果，主要有榴梿、山竹、荔枝、龙眼、椰子等。

国体政体

国　体　泰国是君主立宪制国家。宪法规定：实行以国王为元首的民主政治制度；国王为国家元首和王家武装部队最高统帅，神圣不可冒犯，任何人不得指责或控告国王。国王通过国会、内阁和法院分别行使立法、行政和司法权。

国　会　由上议院、下议院组成。具有立法、审议政府施政方针和国家预算、对政府工作进行监督等职能。议员均直接来自民选。上议院议员不得隶属任何

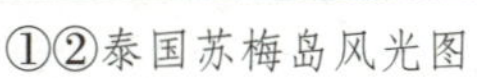
①②泰国苏梅岛风光图　　(百度网)

政党,不得担任阁员。下议院议员担任内阁职务须辞去议员职务。

内　阁　国家最高行政机关。政府总理来自下议院,由国会主席兼下议院院长提名,经下议院表决并获半数以上票数通过,由国会主席呈报国王任命。总理在解散议会前须得到内阁同意并报国王审批,在不信任案期间不得解散议会。设有总理府、国防部、财政部、外交部、旅游与体育部、社会发展和人类安全部、农业和合作社部、交通部、自然资源与环境部、信息技术和通讯部、能源部、商业部、内政部、司法部、劳工部、文化部、科技部、教育部、卫生部等部门。

司　法　司法系统由宪法法院、司法法院、行政法院和军事法院构成。检察机关实行垂直领导,分为最高检察院、区域检察院、府级检察院。

党　派　政党众多,很大一部分是为大选而临时新成立的政党或是一些规模较小的政党。参加2014年泰国大选的政党有50多个。较有影响力的有为泰党、民主党、自豪泰党、泰国发展党、为国发展党。

国家元首和政府首脑

国　王　泰国国王玛哈·哇集拉隆功。2016年10月13日即位。2016年12月1日举行登基仪式,正式成为泰国拉玛十世国王。

政府总理　巴育·占奥差。2014年5月22日,泰国皇家陆军总司令巴育·占奥差宣布发动军事政变,组建国家维持和平秩序委员会接管国家权力。泰国军方随即宣布由陆军司令巴育兼任代理总理。2014年8月21日,泰国国家立法议会召开会议选举巴育担任临时总理,8月24日,泰国国王普密蓬·阿杜德正式任命巴育为泰国第29任总理。2019年3月24日,泰国举行新一届大选,6月5日新一届国会上下两院投票选举总理,巴育高票当选连任。

行政区划

一级行政区划　泰国划分为76个府(府级直辖市是曼谷)。各府分别是:素可泰、彭世洛、甘烹碧、披集、碧差汶、那空沙旺、素攀、北榄、龙仔厝、夜功、那空那育、曼谷、暖武里、巴吞他尼、阿育陀耶、北标、华富里、红统、信武里、猜纳、乌泰他尼、佛统、清迈、清莱、夜丰颂、程逸、帕夭、喃邦、喃奔、难、帕、孔敬、那空帕农、乌汶、也梭吞、庵纳乍仑、呵叻、廊开、莫拉限、吗哈沙拉堪、沙功那空、莱、黎逸、廊磨喃普、胶拉信、四色菊、素辇、猜也奔、武里喃、乌隆、春武里、罗勇、哒叻、尖竹汶、巴真武里、北柳、沙缴、来兴、北碧、佛丕、叻丕、巴蜀、惹拉、沙敦、普吉、甲米、攀牙、拉农、董里、宋卡、陶公、素叻他尼、洛坤、春蓬、博他仑、北大年。

主要城市　首都曼谷市,位于泰国中部,是全国政治、经济、文化、交通中心,人口1370万,市区面积1568平方千米。其他重要城市有清迈、清莱、大城、普吉等。

经　济

国内生产总值　2020年泰国国内生产总值(GDP)5092亿美元,比上年下降6.1%,人均国内生产总值7190美元。

产　业　农业较发达,农产品出口是外汇收入的重要来源。制造业在国民经济中占较大比重,主要工业行业有采矿、纺织、电子、塑料、食品加工、玩具、汽车装配、建材、石油化工等。旅游业发展较快,设施完善,服务质量较高。2020年泰国接待外国游客670万人次,比上年下降83.2%,其中中国游客超124.99万人次,下降88.1%。

财政金融　货币名称为泰铢,2020年平均汇率为30.7泰铢兑1美元。主要银行有:盘谷银行、泰京银行、开泰银行、暹罗商业银行、泰华农民银行、大城银行。2020年国家外汇储备2865亿美元,全年泰铢升值0.1%。财政收入2.3万亿泰铢,公共债务8.14万亿泰铢。

进出口贸易　据泰国海关统计,2020年泰国货物进出口总额4458.6亿美元,比上年下降8.1%。其中:出口2339.5亿美元,下降5.9%;进口2119.1亿美元,下降12.4%。贸易顺差204.33亿美元,增长243.69%。

中国、日本和美国是泰国前三大贸易伙伴。2020年泰国与中、日、美3国的双边贸易额分别是797.47亿美元、505.37亿美元和490.95亿美元。泰国对中、日、美3国分别出口295.35亿美元、226.85亿美元和340.49亿美元,分别比上年增长1.77%、下降7.36%和增长8.86%。泰国自上述3国分别进口502.12亿美元、278.52亿美元和150.47亿美元,分别下降1.40%、17.14%和14.27%。中国和日本是泰国最大的贸易逆差来源国,2020年逆差额分别为206.77亿美元和51.67亿美元,分别减少5.6%和43.39%。泰国的贸易顺差主要来自美国和中国香港,2020年顺差额为190.02亿美元和91.39亿美元,分别增长38.43%和5.29%。中国为泰国第二大出口市场和第一大进口来源地。

交　通

铁路交通　泰国铁路总长4645千米,主要是窄轨铁路。2019年铁路货运周转量25.6亿吨千米,铁路客运周转量75亿人千米。

公路交通　公路总长约70万千米,其中国道及附属公路9.99万千米。公路四通八达,各府、县都有公路相连。

水　运　湄公河、湄南河为泰国两大水路运输干线。曼谷是最重要的港口,全国95%的出口和几乎全部进口商品都在此吞吐。还有廉差邦港、梭桃邑港、宋卡港和普吉港等。海运航线可达中国、日本、美国、欧洲和新加坡。2019年港口集装箱吞吐量1075.6万标准箱。

民用航空　曼谷素万那普国际机场是东南亚地区重要的航空枢纽,国际航线可通达欧洲、美洲、亚洲和大洋洲的40多个城市。其他国际机场还有清迈机场、普吉机场和合艾机场。2019年空运货物周转量22.3亿吨千米,航空客运量7822.7万人次。

教　育

泰国中小学教育学制为12年,即小学6年、初中3年、高中3年。中等专科职业学校为3年制。大学一般为4年制,医科大学为5年制。

2015年全国各级各类在校学生共1334.14万人。其中,学前教育173.88万人,小学教育486.71万人,中学教育436.11万人(初中234.44万人,高中201.67万人),高等教育237.45万人(学士及大专218.16万人,大学课程班5451人,硕士15.89万人,硕士课程班1442人,博士2.54万人)。

2015年全国各类高等院校154所,其中公立院校80所(综合性大学24所、皇家师范大学32所、理工大学7所、专业性院校7所、军事院校10所),私立院校74所(其中综合性大学41所)。著名学府有朱拉隆功大学、法政大学、农业大学、玛希顿大学、清迈大学、孔敬大学、宋卡王子大学、易三仓大学、亚洲理工学院等。

传　媒

泰国主要泰文报纸有《泰叻报》《民意报》《每日新闻》《国家报》《沙炎叻报》《经理报》等,主要华文报纸有《新中原报》《中华日报》《星暹日报》《亚洲日报》《世界日报》和《京华中原日报》等,主要英文报纸有《曼谷邮报》《民族报》等。广播电台有230多家,其中由政府民众联络厅掌管的59家。泰国国家广播电台为官方电台,设有国际部,用泰、英、法、华、马来、越、老、柬、缅、日等语言广播。电视台主要有6家,都设在曼谷。

历　史

泰国史称“暹罗”。公元1238年建立素可泰王朝,是泰国历史上第一个王朝。之后,经历泰国历史上持续时间最长的王朝——阿瑜陀耶王朝和短暂的吞武里王朝以及延续至今的曼谷王朝。

从16世纪起,泰国先后遭到葡萄牙、荷兰、英国、法国的入侵。19世纪末,曼谷王朝五世王大量吸收西方经验进行社会改革。1896年,英国、法国签订条约,规定暹罗为英属缅甸和法属印度支那之间的缓冲国,暹罗成为东南亚唯一没有沦为殖民地的国家。

1932年6月,民党发动政变,建立君主立宪政体。1938年,銮披汶执政,1939年6月改称泰国,意为“自由之地”。1941年泰国被日本占领,泰国宣布加入轴心国。

1945年,日本投降后恢复暹罗国名。1949年5月又改称泰国。　　(唐卉)

越　南

国　名

越南社会主义共和国(The Socialist Republic of Viet Nam),简称越南。

国　旗

越南国旗为长方形,长与宽之比为3∶2。国旗旗底为红色,旗中心有一枚五角金星。红色象征革命和胜利,五角金星象征越南共产党对国家的领导,五星的五个角分别代表工人、农民、士兵、知识分子和青年。

地　理

位　置　越南位于中南半岛东部。地处北纬8°30′~23°22′、东经102°~109°29′之间。东和东南濒临南中国海。

面　积　陆地国土面积32.9万平方千米。

疆界和邻国　北、东、东南与中国为邻,西与老挝交界,西南与柬埔寨接壤,南面与马来西亚隔海相望。陆地边界线长3927千米。

地形地貌　地形狭长,呈S形。南北最长处约1640千米;东西最宽处约600千米,最窄处仅48千米。地势是西北高、东南低。山地和高原占全国陆地面积的3/4。有红河三角洲、湄公河三角洲两大平原,面积分别为2万平方千米和5万平方千米,是主要农业区。

江　河　河流密布,其中长度在10千米以上的有2860条。较大的河流有红河、湄公河(九龙江)、沱江(黑水河)、泸江、太平河等。

海岸海岛　海岸线长3260千米。沿海有岛屿2000多个,其中面积在10平方千米以上的20多个。较大的岛屿有盖宝岛、吉婆岛、昆仑岛、富国岛等。

气　候　属热带季风气候区。北部四季分明,多数地区年平均气温23℃~25℃。南部分为旱季(10月至次年3月)和雨季(4—9月),多数地区年平均气温

26℃～27℃。空气湿润，雨量充沛，全国年平均降雨量1500～2000毫米。

风景名胜 在北方，首都河内有还剑湖、西湖、巴亭广场、胡志明陵、文庙、二征夫人庙、三岛山等景点，海防有涂山海滨风景区，广宁省有被称为“海上桂林”、列入世界自然遗产名录的下龙湾，老街省有避暑胜地沙巴。在中部，有被列入世界文化遗产名录的古都顺化，列入世界自然遗产名录的风雅洞，以及会安古城、美山占婆文化遗址等。在南方，胡志明市有旧总统府、古芝地道等景点。其他地区有芽庄海滩、大叻避暑风景区、滨海旅游胜地头顿、天涯海角名城河仙等。

国　民

人　口 2020年越南人口9758万，其中，城市人口3593万，占36.8%，农村人口6165万，占63.2%。人口平均预期寿命73.7岁。

民　族 有54个民族，其中人口在50万以上的有京族（也称越族）、岱依族、傣族、华族（即华人）、高棉族、芒族和侬族。主体民族京族占总人口的80%以上。

语　言 各民族的通用语言是越南语。英语和华语广泛使用。

宗　教 国民受儒家思想影响较深。部分人信奉佛教、天主教、和好教、高台教等。祖先神灵崇拜在国民生活中占有重要地位。每年中国农历三月初十是祭雄王日。民间传说，雄王是越南的国祖。许多家庭都立有祖先的牌位，每逢初一、十五进香祭拜。

资源物产

矿产资源 越南已发现矿种90多种，其中探明储量40多种。重要矿产资源有煤、石油、天然气、铁、锰、铬、钛、锆、铝、铜、镍、铅锌、锡、铍、金、稀土、磷灰石、石墨、瓷土、膨润土、重晶石、宝石等，其中煤储量65亿吨，铝土储量4.5亿吨。

生物资源 动植物种类繁多。有爬行动物约300种，禽类1000多种，鱼类1000多种。陆栖野生动物主要有象、犀牛、虎、豹、熊、鹿、猴、白眉猿、孔雀、翡翠鸟、金丝鸟等。2020年，集中造林面积26.05万公顷，分散植树9460万株，木材开采量1691万立方米。

物　产 主要粮食作物有水稻、小麦、玉米、高粱、薯类等。经济作物有茶叶、橡胶、咖啡、腰果、可可、槟榔、油桐、胡椒、八角、烟草、棉花、花生、甘蔗、麻类等。药材有党参、何首乌、通草、苍耳、砂仁、桂皮、三七、巴戟、黄连等。盛产菠萝、香蕉、椰子、杧果、菠萝蜜、柚子、荔枝等热带水果和格木、柚木、楠木等名贵木材。

国体政体

国　体 越南社会主义共和国宪法规定：越南是社会主义国家，越南共产党是领导国家和社会的力量，国家一切权力属于人民，实行人民代表大会制度。

国　会 国家最高权力机关，行使国家立法权。国会代表以普选制投票产生。

政　府 国家最高行政机关。由总理、若干名副总理和有关部门组成。设国防部、公安部、文化体育旅游部、内务部、国家银行、劳动荣军和社会部、司法部、建设部、政府办公厅、工贸部、财政部、教育培训部、外交部、农业与农村发展部、国家民族委员会、资源环境部、科学技术部、信息传媒部、交通运输部、卫生部、政府监察总署、计划投资部等机构。

最高人民法院 国家最高审判机关。

最高人民检察院 国家最高检察机关。

党　派 越南共产党是越南社会主义共和国的执政党，也是越南唯一的政党。中央委员会总书记阮富仲，2016年1月当选。越南祖国阵线由各阶层组成，参政议政。

国家领导人

国会主席 阮氏金银，2016年7月当选。

国家主席 国家元首，统帅武装力量，由国会选举产生。现任国家主席阮富仲，2018年10月当选。

政府总理 阮春福，2016年7月当选。

越南祖国阵线中央委员会主席 陈青敏，2017年6月当选。

行政区划

一级行政区划 越南设5个直辖市和58个省，并按地域划分为6个大区：(1)红河平原11省（市），分别是河内、海防、永福、北宁、广宁、海阳、兴安、河南、南定、太平和宁平，面积21260.8平方千米，人口2292.02万（2020年，下同），人口密度1078人/平方千米。(2)北部丘陵和山区14省，分别是河江、高平、老街、

越南芽庄海滩　（百度网）

北泮、谅山、宣光、安沛、太原、富寿、北江、莱州、奠边、山罗、和平，面积95221.9平方千米，人口1272.58万，人口密度134人/平方千米。(3)中部14省(市)，分别是清化、义安、河静、广平、广治、承天—顺化、岘港、广南、广义、平定、富安、庆和、宁顺和平顺，面积95875.8平方千米，人口2034.32万，人口密度212人/平方千米。(4)西原5省，分别是昆嵩、嘉莱、多乐、多农和林同，面积54508.3平方千米，人口593.21万，人口密度109人/平方千米。(5)南部东区6省(市)，分别是胡志明市、平福、西宁、平阳、同奈和巴地—头顿，面积23552.8平方千米，人口1834.29万，人口密度779人/平方千米。(6)湄公河平原13省(市)，分别是隆安、同塔、安江、前江、永隆、槟椥、坚江、芹苴、后江、茶荣、朔庄、薄寮和金瓯，面积40816.4平方千米，人口1731.86万，人口密度424人/平方千米。

主要城市　首都河内市，中央直辖市，位于红河三角洲平原中部，2020年面积3358.6平方千米，人口824.66万，是全国政治、文化中心，面积第一大城市。中央直辖市还有胡志明市、海防市、岘港市、芹苴市。其他重要城市有下龙、太原、越池、南定、顺化、头顿、大叻、芽庄、河仙等。2020年胡志明市面积2061.4平方千米，人口922.76万，是全国人口最多的城市，也是最大的工商业中心；海防市是北方重要工业、港口城市，全国第三大城市；岘港市是中部港口、工业城市；下龙市是重要煤炭基地和著名旅游胜地。

经　济

国内生产总值　2020年越南国内生产总值(GDP)6293万亿越南盾，约合2712亿美元，比上年增长2.91%，人均国内生产总值2779美元。

产　业　农业以种植业为主。2020年谷类粮食总产量4730万吨，比上年减少90.99万吨，其中稻谷产量约为4280万吨，减少73.45万吨；水产品总产量849.72万吨，增长2.7%。工业生产主要有原油及天然气开采、煤炭生产、饮品、香烟、钢铁、化工原料及肥料、发电与配送电等行业。旅游业是受新冠疫情影响最严重的行业。全年接待国际游客约383.73万人次，比上年下降78.7%。接待国内游客5600万人次，下降34.1%。旅游营业总收入312万亿越南盾，下降58.7%。

财　政　2020年国家预算总收入1507.845万亿越南盾，国家财政总支出1787.95万亿越南盾，发展投资支出550.028万亿越南盾。

金　融　货币名称为越南盾。2020年年末越南盾与美元中心比价为23141∶1。主要银行有越南国家银行(亦称中央银行)、越南工商银行、越南农业和农村发展银行、越南投资发展银行、越南外贸银行、越南国际贸易股份银行等。

进出口贸易　根据越南海关总局数据，2020年越南货物贸易进出口总额5454亿美元，比上年增长5.4%，其中出口额2827亿美元，增长7.0%，进口额2627亿美元，增长3.7%。贸易顺差200亿美元。连续第五年实现贸易顺差。外贸依存度达到201.1%。工业产品出口占比持续上升，全年出口额2408亿美元，占出口总额的85.2%；电话及零件，计算机、电子产品及零件，纺织品服装等三种商品出口额占工业产品出口总额的52.1%。燃料和矿产出口占比下降。受新冠肺炎疫情等因素影响，纺织品服装和鞋类等具备比较优势的出口商品出口额下降。进口商品中计算机、电子产品及零件，电话及零件，塑料制品等进口额大幅增长。布匹、纺织皮革原辅料、棉花、纤维和纱线等进口额大幅下降。越南的主要贸易伙伴为中国、美国、韩国、东盟、欧盟、日本。

外国投资　2020年越南新批外资项目协议金额、已投外资项目增资金额和外资收购股权协议金额合计285亿美元，比上年下降25%。截至12月20日，2020年越南新批外资项目2523个，协议金额146亿美元，下降12.5%；已投外资项目增资1140个次，补充注册资金64亿美元，增长10.6%；外资收购股权6141起，协议金额75亿美元，下降51.7%。全年外国直接投资实际到位资金199.8亿美元，下降2%。新加坡是越南最大的外国直接投资来源地，其次是韩国。外商直接投资领域主要为加工制造业、房地产业、电子生产与分配。投资覆盖越南60个省和直辖市，引资额排名前三的省市依次是胡志明市、薄辽省、河内市。

交通通信

铁路交通　2019年越南国家铁路网络有7条干线，总长3161千米。其中，正线2646千米，站线和岔线515千米。铁轨类型主要有米轨、准轨和混合轨。2020年，铁路货运量为520万吨，货物周转量38亿吨千米；铁路客运量370万人次，旅客周转量15.09亿人千米。

公路交通　2018年公路总长570448千米，其中国道24136千米，高速公路816千米，省道25741千米。2020年公路货运量13.079亿吨，货物周转量752亿吨千米；公路客运量34.369亿人次，旅客周转量1169.326亿人千米。

水　运　2019年，内河运输共有国家内河航道45条，总长7075千米。其中北部17条，总长2715.4千米；中部10条；南部18条，总长3186.3千米。有内河港口285个，其中货运港口210个，客运港口12个，专用港口63个。有18个港口获准接待境外船舶(其中货运港口15个，客运港口2个，专用港口1个)。南部平原地区的内河航运十分发达。

2020年内河航运货运量2.447亿吨，货物周转量516亿吨千米。内河客运量2.391亿人次，旅客周转量24.825亿人千米；海运货运量6960万吨，货物周转量1523亿吨千米。

民用航空　有22个航空港，其中国际航空港9个，分别为内排、吉碑、岘港、金兰、富牌、新山一、芹苴、富国、云屯；国内航空港13个。内排、岘港、金兰、新山一等4个航空港设有专用货运站。2020年航空货运量27.24万吨，货物周转量5.284亿吨千米；航空客运量3230万人次，旅客周转量341.249亿人千米。

电　信　2020年全国电话用户1.268亿户，比上年下降2.3%，其中移动电话用户1.236亿户，下降2%。互联网宽带用户1670万户，比上年增长12.8%。

教　育

越南拥有完善的教育体系。基础教育学制12年，其中小学5年，初中4年，高中3年。大学教育学制3～6年。大学后教育，分为硕士研究生、博士研究生两个阶段。2000年宣布完成扫盲和普及小学义务教育，2001年开始普及9年义务教育。

2019—2020学年，全国有幼儿园15041所，有15.20万个班，在园幼儿431.47万人，教师26.83万人，平均每个班28个学生。小学27.96万个班，在校生871.84万人，教师37.79万人。初中15.33万个班，在校生559.99万人，教师28.41万人。高中6.75万个班，在校生264.87万人，教师14.25万人。公立高等院校172所，在校生135.94万人，毕业生21.83万人，教师5.7万人；非公立高等院校65所，在校生31.35万人，毕业生4.49万人，教师1.61万人。

传　媒

越南有定期出版物563种，报社约150家。主要报刊有《人民报》（越共中央机关报）、《人民军队报》（越南人民军总政治局机关报）、《大团结报》（祖国阵线中央机关报）、《共产主义》（越共中央政治理论月刊）、《全民国防》（越南人民军理论月刊）等。2020年出版书籍3.69万种，总印数3.899亿册。

国家通讯社为越南通讯社，1945年创立，在全国各省、直辖市均设有分社，国外分社有27个。国家广播电台为越南之声广播电台，成立于1954年，对内广播用越南语及多种少数民族语言播音，对外广播用中国普通话、中国广东话、俄语、英语、法语、西班牙语、日语、泰语、老挝语、柬埔寨语、印尼语、马来语等播音。越南中央电视台成立于1970年，有6个全国频道和5个地方频道，上百个付费电视频道。

医疗卫生

2018年越南国家管理的医疗卫生机构13547家，其中医院1354家，疗养和康复医院39家，皮肤病院27家，助产院4家，区域性综合诊所308家，乡、坊、机关、企业单位医疗站11815家。病床总数34.14万张，其中医院27.98万张，疗养和康复医院6200张，皮肤病院2100张，助产院20张，区域性综合诊所4600张，乡、坊、机关、企业单位医疗站4.87万张。每1万人口医院床位数30张（乡、坊、机关、企业单位医疗站及私人医院床位不计在内）。有医师8.2万人。

科　技

越南对科技的投入占国家财政总支出2%。建设一些高新技术园区，比较有名的有河内和乐高技术园区、胡志明市光中软件园和西贡高科技园、岘港高科技园。

2017年越南有国家图书馆1家，藏书丰富；地方图书馆727家，共有藏书2730万册。

历　史

越南境内发现多处旧石器时代、新石器时代文化遗址。主体民族越族的直接祖先，是起源于古代居住在从中国南方一直到红河三角洲地区的百越族群的一个分支——雒越。雒越人在公元前3世纪之前的很长时间里，就居住在今越南北部红河流域的中下游地区。有关越南的古籍中有“文郎国”“瓯雒国”的记载，反映古代雒越人原始部落社会的一些情况。

从公元前214年至公元10世纪初，今越南北部一直在中国封建王朝的管辖之下。939年，安南人（当时中国人对越南居民的泛称）吴权赶走中国官吏，自立为王。吴权死后，安南地区出现“十二使君”（即12个封建主）割据纷争局面。968年，安南人丁部领削平“十二使君”，统一安南，建立大瞿越国，随后派遣使者向中国北宋王朝请封，宋太祖封丁部领为检校太尉、交趾郡王。学术界一般将丁部领建大瞿越国作为越南建立自主封建国家的开始。

此后，越南先后经历前黎朝（980—1009）、李朝（1010—1225）、陈朝（1225—1400）、胡朝（1400—1407）、后黎朝（1428—1784）、西山朝（1788—1802）、阮朝（1802—1945）等封建朝代。1802年，越南最后一个封建王朝的开国皇帝阮福映依惯例向中国清王朝请封。清王朝于次年封阮福映为越南国王。这是“越南”作为国名的开始。

19世纪下半叶，越南沦为法国的殖民地。

1945年，越南人民取得“八月革命”胜利，同年9月2日，越南宣告独立，越南民主共和国诞生。

越南独立不久，法国人卷土重来，重新占领越南，越南人民再次进行抗法战争。1954年5月7日，越南人民赢得奠边府战役胜利，法国军队撤离越南，越南开始南北分治。20世纪50—60年代，美国人支持南越政权，越南人民展开抗美战争。1973年美国军队撤离越南。1975年，越南南北统一。

1976年，越南民主共和国改称越南社会主义共和国。

（李碧华）

动　　态

政　　治

中国设立海南省三沙市西沙区、南沙区

2020年4月18日，中国民政部发布公告，经中国国务院批准，中国海南省三沙市设立西沙区、南沙区。三沙市西沙区管辖西沙群岛的岛礁及其海域，代管中沙群岛的岛礁及其海域，西沙区人民政府驻永兴岛。三沙市南沙区管辖南沙群岛的岛礁及其海域，南沙区人民政府驻永暑礁。

中国人大表决通过《中华人民共和国民法典》

2020年5月28日，中华人民共和国第十三届全国人大三次会议表决通过《中华人民共和国民法典》，自2021年1月1日起施行。这是中华人民共和国第一部以法典命名的法律，开启中国法典编纂立法的先河。《中华人民共和国民法典》共7编、1260条，依次为总则编、物权编、合同编、人格权编、婚姻家庭编、继承编、侵权责任编以及附则。

《中华人民共和国香港特别行政区维护国家安全法》正式生效

2020年6月30日，《中华人民共和国香港特别行政区维护国家安全法》(港区国安法)刊宪公布，正式生效。港区国安法共66条，分为6章，分别为总则，香港特区维护国家安全的职责和机构，罪行和处罚，案件管辖、法律适用和程序，中央人民政府驻香港特别行政区维护国家安全机构，以及附则。此次立法目的是防范、制止和惩治分裂国家、颠覆国家政权、组织实施恐怖活动和勾结外国或境外势力危害国家安全的犯罪行为，保持香港特别行政区的繁荣和稳定，以及保障特区居民的合法权益。

7月8日，中央人民政府驻香港特别行政区维护国家安全公署揭牌仪式在香港举行，宣告驻香港国家安全公署正式成立并运行　（百度网）

中国中央人民政府驻香港特别行政区维护国家安全公署成立

2020年7月8日，中国中央人民政府驻香港特别行政区维护国家安全公署正式成立。根据《中华人民共和国香港特别行政区维护国家安全法》第四十九条，其职责为：分析研判香港特别行政区维护国家安全形势，就维护国家安全重大战略和重要政策提出意见和建议；监督、指导、协调、支持香港特别行政区履行维护国家安全的职责；收集分析国家安全情报信息；依法办理危害国家安全犯罪案件。

中国国家主席习近平签署主席令，授予在抗击新冠肺炎疫情斗争中作出杰出贡献的人士国家勋章和国家荣誉称号

2020年8月11日，中国国家主席习近平签署主席令，根据中华人民共和国十三届全国人大常委会第二十一次会议表决通过的全国人大常委会关于授予在抗击新冠肺炎疫情斗争中作出杰出贡献的人士国家勋章

和国家荣誉称号的决定,授予钟南山“共和国勋章”,授予张伯礼、张定宇、陈薇(女)“人民英雄”国家荣誉称号。

中国举办第12届海峡论坛大会

2020年9月20日,第12届海峡论坛大会在中国福建厦门举行。论坛以“扩大民间交流、深化融合发展”为主题,聚焦基层民众和青年群体,举办论坛大会和青年交流、基层交流、文化交流、经济交流四大板块34场活动,加上有关设区市同期举办的12场活动,共计46场活动。本届论坛创新举办形式,以线上线下相结合的方式,突破疫情带来的时空限制。中共中央政治局常委、全国政协主席汪洋在大会上发表视频致辞;台湾各界人士也通过视频表达祝福,祝贺海峡论坛成功举行。

中国举行纪念中国人民志愿军抗美援朝出国作战70周年大会

2020年10月23日,纪念中国人民志愿军抗美援朝出国作战70周年大会在中国北京人民大会堂举行。中共中央总书记、国家主席、中共中央军委主席习近平在会上发表重要讲话,李克强、栗战书、汪洋、王沪宁、赵乐际、韩正、王岐山等党和国家领导人出席大会。在京中共中央政治局委员、中央书记处书记,全国人大常委会副委员长,国务委员,最高人民法院院长,最高人民检察院检察长,全国政协副主席,以及中央军委委员出席大会。志愿军老战士、老同志、烈士家属等代表,中央党政军群各部门和北京市主要负责人,各民主党派中央、全国工商联负责人和无党派人士代表,解放军和武警部队官兵代表,首都各界群众代表等参加大会。会前,习近平等国家领导人会见“中国人民志愿军抗美援朝出国作战70周年”纪念章获得者代表,并同大家合影留念。

10月23日上午,纪念中国人民志愿军抗美援朝出国作战70周年大会在北京人民大会堂举行 (新华网)

文莱苏丹发表新年讲话为2020年经济社会发展确定方向

文莱苏丹哈桑纳尔·博尔基亚在2020年元旦之际发表讲话,首先宣布成立人力规划和就业委员会(MPEC),该委员会由首相署负责管理,旨在提供一种更有效、透明的方式来处理失业问题。其次,宣布蓝色经济倡议。文莱正在开发巨大的海洋资源,以促进经济发展和创造更多的就业机会。在国际上,文莱将继续加强与东盟伙伴的关系,实现经济、社会、文化、技术、科学和行政的相互稳定与发展。

文莱实施反竞争协议法令

文莱竞争委员会从2020年1月1日起执行反竞争协议法令,目的是规范符合文莱2035宏愿所希望的实现动态和可持续经济的目标。通过与若干国家的双边讨论,文莱政府正在积极地执行一项倡议,以放宽向海外市场出口当地产品的限制,特别是向海外市场出口肉类和水产养殖等农产品。这一协议,对提高农业、畜牧业和渔业产量产生积极和重大的影响,从而能够促进文莱国内生产总值的增长。

文莱实施出入境收费令

2020年8月1日起,文莱实施出入境费用法令。这一法令赋予海关和海关人员主管权力,对任何打算通过陆路检查站离开或进入文莱的人收取费用。此项出入境收费适用于所有国籍的人,包括使用汽车或步行出入境的文莱公民,费用为每人一次3文莱元。随着此令的执行,Belait区Rasau桥的过路费将于同日豁免。由于2020年3月新冠肺炎疫情在文莱暴发,文莱关闭边境,尚未重新开放边境。在紧急情况下,从首相府获得旅行许可证的人可出入文莱。

柬埔寨国会通过《反洗钱和恐怖融资法》修正案

2020年6月4日,柬埔寨国会全体会议审议通过《反洗钱和恐怖融资法》修正案。其中加重洗钱罪的刑事处罚和罚款。柬埔寨首相府发言人表示,《反洗钱和恐怖融资法》修正案增加一些条文,包括规范技术用词、加重洗钱犯罪的刑事处罚和罚款等,修正案旨在响应亚太防洗钱组织(APG)和金融行动特别工作组(FATF)的建议,避免柬埔寨被列入洗钱黑名单。据悉,2007年,APG称柬埔寨洗钱法不符国际标准;2011年,FATF首次将柬埔寨列入洗钱“灰名单”;2013年6

月，柬埔寨首次修改《反洗黑钱和恐怖融资法》修正案；2019年，柬埔寨第二次被FATF列入“灰名单”；2019年3月，柬埔寨发布新反洗钱和打击资助恐怖分子策略，计划在五年内让柬埔寨扫除“洗钱天堂”恶名。

柬埔寨开展2020年选民名单检查和登记

2020年10月1日，柬埔寨正式开展2020年国家选民名单检查和登记工作。本次选民名单检查和选民登记工作为期19天，共有人民党、民主联盟党、高棉团结党、奉辛比克党和青年党等5个政党代表同步开展监督工作。凡是年满18岁的柬埔寨公民均可到登记点登记成为选民，只有成为选民后，才具有合法的选举权和被选举权参加乡、分区选举和全国大选。选民名单检查和登记工作首日新注册选民9845人，从名单中被删除的公民人数2211人，修改资料人数2698人。

柬埔寨国会通过《新博彩法》草案

2020年10月5日，柬埔寨第六届国会第五次会议审议通过柬埔寨《新博彩法》草案。该草案是由柬埔寨内政部和财政部共同起草，征询首相府、文化部、私人业界代表，及经济、社会、文化等方面专家意见，经55个跨部门会议审议后形成，并于7月3日获内阁全体会议审议通过。《新博彩法》主要内容有：(1)对经营和从事合法赌博与其他赌场活动的公司或个人责任进行规范，并提高监管单位的执法权限；(2)政府设立双边和多边合作机制，管理并解决赌场相关监督工作，以便严厉打击洗黑钱和为恐怖主义活动筹集资金的行为；(3)鼓励国内投资者在柬埔寨设立集赌场、酒店、餐饮、现代购物、体育中心、娱乐中心、会展中心和免税店于一体的“综合休闲娱乐中心”，为创造就业机会、促进旅游业发展、推动国家经济增长服务。柬埔寨于2020年1月1日起全面取缔网络赌博活动。

印度尼西亚总统佐科接见诸执政党领导人

2020年1月14日下午，印度尼西亚总统佐科在雅加达总统办事处接见数位政党领导人，讨论有关更新现今发展的形势及政府措施包括国家面临的问题。斗争民主党总主席梅加瓦蒂·苏加诺普特丽、专业集团党总主席艾尔朗加·哈尔达托、民族民主党总主席苏尔雅·巴洛、团结建设党总主席苏哈尔梭及民族复兴党总主席穆海敏等出席。此外，牛头党秘书长哈斯托及团结建设党秘书长阿尔苏尔也参加会议。

印度尼西亚普选委员会公布2020年地方选举预算

2020年1月22日，普选委员会主席阿里夫表示，由270个地区提出的选举预算总额为11.9万亿盾，但经过讨论之后，降为9.9万亿盾。2020年地方选举于9月23日在全国270地区(9省224县37市)同时举行。

印度尼西亚中央政府禁止地方因新冠肺炎疫情私自采取封城政策

2020年3月16日，印度尼西亚总统佐科在茂物宫举行的新闻发布会上说，在国家和地区层面上的封城政策，都是中央政府才能决定的政策。这项政策不应该由地方政府做决定。佐科表示，现在最重要的事情是如何减少人员的流动性，保持距离并减少人群聚集，以降低新冠病毒传播的风险。一种方法是所有生产性活动在家中进行。我们必须继续推行在家工作，在家学习和在家祷告的政策，在保持对社区服务的同时避免感染新冠病毒。不仅是封城，佐科还要求地区层面的重大决策都必须先与中央政府讨论。为快速咨询以便采取政策措施，佐科请地方政府与相关部门，包括与新冠病毒工作组进行讨论。

印度尼西亚总统佐科签署2020年第2号政令

2020年5月4日，印度尼西亚总统佐科签署关于推迟2020年地方首长同步选举的第2号政令。根据第2号政令，如果部分选区或整个选区发生动乱，安全受骚扰，发生自然灾害或非自然灾害，导致地方首长同步选举无法如期举行，则应根据选委会决定书延后举行。2020年地方首长同步选举被推迟到年底举行，如果直到2020年12月，新冠病毒大流行尚未结束，可以再重新安排时间。此前，由于新冠病毒疫情蔓延，政府和国会已一致同意把原定于9月23日举行的地方首长同步选举推迟到12月9日举行。

印度尼西亚民意调查显示总统公信力达66.5%

“印度尼西亚政治风向标”发布的一项民意调查结果显示，公众对总统表现的满意度从2020年2月的69.5%降至5月的66.5%。印度尼西亚总统府发言人法兹鲁尔于2020年6月8日对此做出回应称，尽管呈下降趋势，但总体上公众对佐科总统的满意度仍然很高。总统对此表示非常感谢。在新冠病毒大流行对经济和健康产生影响的情况下，公众的满意度小幅降低是合理的。这表示大多数人仍然信任中央政府。

印度尼西亚总统佐科签署2020年第11号法令

2020年11月2日，印度尼西亚总统佐科签署有关就业综合法的2020年第11号法令，有关就业综合法的规定在国务部秘书处的网站上发布，以便公众查询。该法规对2020年第11号法令第79条中列出的有关工人、雇员休假的法规进行更改。2020年第11号法令第79条第(5)款对工人休息时间和年假以外的长假进行了规定，该条文载明，某些公司可以放长假，关于放长假的安排，在工作协议、公司条例和集体劳动协议中受监管。

老挝新《土地法》生效

2020年8月27日，老挝人民民主共和国《土地法(2019年修订版)》正式生效。依据新《土地法》第131条规定，外侨、无国籍人、外国人、外籍老挝裔及其组织可以通过租赁、特许经营国家土地、购买国有规划土地有条件使用权来获得土地使用权。新《土地法》的施行，意味着非老挝籍的外国人可以以个人名义直接在老挝购买特定区域的土地、进行房产方面的投资。

老挝举行建国45周年庆祝活动

2020年12月2日，老挝人民民主共和国成立45周年庆典在老挝首都万象举行。庆典由老挝人民革命党中央书记处书记、新闻文化旅游部部长吉乔·凯坎匹吞主持，老挝党中央、国家机构主要领导和党政军群代表千余人参加。老挝人民革命党中央总书记、国家主席本扬·沃拉吉发表讲话表示，他为1975年国家解放而骄傲，老挝人民民主共和国的成立是老挝人民革命党的伟大革命成就。老挝《万象时报》3日刊文指出，45年来，老挝在保卫和建设国家方面取得巨大成就。2020年，老挝人均国内生产总值2742美元，在抗击新冠疫情取得战略性成果的背景下取得3.3%的经济增长；公路、机场、桥梁等基础设施的完善使老挝从一个陆锁国转变为陆联国。

马来西亚政权轮替

2020年2月，马来西亚执政党希望联盟发生执政危机，导致政权轮替，又称“喜来登政变”。2月24日下午，马来西亚第七任首相马哈蒂尔宣布辞职，最高元首随即委任马哈蒂尔为这段时期的过渡首相，直到选出新任首相为止。同日，土著团结党主席穆希丁宣布正式退出希望联盟；人民公正党署理主席阿兹敏宣布包括他在内的11名阿兹敏派系的人民公正党国会议员退出该党。2月25日，最高元首开始召见国会议员，逐一询问他们支持的首相人选或是希望进行闪电大选。2月28日，马来西亚统治者会议成员齐聚吉隆坡国家皇宫，商讨政治局势。2月29日，最高元首发布正式文告，宣布穆希丁获得大部分国会议员的支持任首相。3月1日，穆希丁在吉隆坡国家皇宫宣誓就任第8任马来西亚首相。

马来西亚前首相纳吉布贪腐案罪名成立

2020年7月28日，马来西亚吉隆坡高等法院对前首相纳吉布在挪用SRC国际公司4200万林吉特案的3项刑事失信、1项滥权和3项洗钱的控状进行裁决。高庭法官莫哈末纳兹兰宣布纳吉布上述7项控状全部成立；判处其12年有期徒刑，罚款2.1亿林吉特；同时批准辩方申请暂缓执行刑罚。纳吉布成为马来西亚独立以来，首位因贪腐案件被定罪的前首相。

2020年马来西亚沙巴州举办州选举

2020年9月26日，马来西亚沙巴州举行第16届州议会选举，来自20个政党的447名候选人(其中56名独立候选人)竞逐73个州议席；创下最多政党、最多候选人、最多角战及最多独立人士参选的州议会选举记录。选举最终以沙巴州在野党沙巴人民联盟以38席赢得选举，推翻只获得32席的看守政府民兴党，组成新一届沙巴州政府，由土著团结党沙巴州主席哈芝芝诺出任首席部长。相关竞选活动造成沙巴本地新冠肺炎病例数激增，另有多名议员确诊；首相穆希丁在脸书直播发表特别演讲时，坦承沙巴州选举是造成新冠肺炎确诊人数急速上升的导因之一。

马来西亚霹雳州苏丹不满两年内三度更换州务大臣

2020年12月10日，霹雳州苏丹纳兹林沙在江沙依斯干达王宫见证巫统哥打淡板州议员沙拉尼宣誓为霹雳州第14任州务大臣的仪式。他在发表御词时指出，从第14届全国大选至今的短短两年内，霹雳州已连续3次举行大臣宣誓仪式，创下了历届州议会的历史，但这不是令人引以为荣的历史；并劝诫从政者勿辜负人民所给予的委托及责任，同时也不能受报复情绪及政治歧见所影响，拖累人民。

缅甸政府多措并举抗击新冠肺炎疫情

面对突如其来的新冠肺炎疫情，缅甸民盟政府不断调整和完善抗疫措施。自2020年1月5日起，缅甸政府各部门快速建立疫情应急响应机制，包括成立各类委员会指导疫情的防控、疫苗接种和经济恢复等工作。但医疗条件的短板和人们抗疫思想的松懈依然制约着缅甸抗疫的成效，并引发8月中旬以来缅甸第二波疫情的反扑。

缅甸若开冲突加剧

2020年1—10月，缅甸国防军与若开军共发生104起冲突，造成网络交通通讯瘫痪，难民人数增加。2月，缅甸国防军与若开军在若开邦和钦邦百力瓦镇区持续发生冲突，5个镇区的通信网络和水路交通运输被切断。3月23日，缅甸反恐怖主义中央委员会将若开民族联盟/若开军定为恐怖组织。11月，缅甸国防军与若开军就停火和平与举办补选展开谈判。

缅甸民盟推动修宪未果

2019年2月民盟开始启动修宪，2020年1月修正案进入讨论表决阶段。3月10—20日，缅甸联邦议会对135项宪法修正案进行投票，其中民盟和少数民族政党提交114项，旨在减少缅甸《宪法》所赋予军队的特殊权力和特权，因赞成票未超过75%，几乎所有修改都未通过。

缅甸政府实施新一轮大赦

自2011年3月以来，缅甸政府为庆贺传统新年、基于人道主义考虑和推进和平进程及民族和解，总统府发布通令对囚犯进行大赦。2020年4月17日，总统府发布第12/2020号令赦免在押囚犯24983名，与往年相比此次大赦人数最多。第11/2020号令对在押囚犯减刑，将死刑犯改为无期徒刑。第13/2020号令赦免外国囚犯87名。

缅甸顺利举办第4届21世纪彬龙会议

2020年8月19—21日，缅甸政府在内比都举办第4届彬龙会议，政府邀请7支未签署全国范围停火协议的民地武参加（若开军除外），但7支民地武均拒绝邀请。此次会议签署《联邦协议》的第三部分，达成54点共识。

民盟在缅甸2020年大选中大获全胜

2020年11月8日，缅甸在新冠肺炎疫情背景下如期举行2020年大选。在本次大选中，缅甸联邦选举委员会因疫情或冲突等原因取消克钦邦、若开邦及掸邦等地的大部分选区。2020年11月14日，缅甸大选结果显示，在476个联邦议会议席和641个省邦议席中，民盟共获得920席，占比82.4%，获单独组阁资格。但大选结果揭晓后，相关抗议风波不断。

缅甸反腐败斗争取得成效

截至2020年11月，缅甸反腐败委员会共收到5372份投诉信，并对相关涉事人员采取行动。其中，缅甸反腐败委员会对222人进行书面警告，革职和降职46人，根据《反腐法》追究公务员29名。2020年11月24日发布的《全球腐败晴雨表》显示，有93%的缅甸公民认为政府反腐工作取得明显成效。

8月19日，缅甸举办第4届21世纪彬龙会议　（新华网）

缅甸国内武装冲突不断

2020年1—12月，缅甸境内共发生161起武装冲突，死亡348人，受伤664人。其中，11月25日至12月23日，缅甸国防军与民族地方武装发生12次冲突，民族地方武装之间发生7次冲突。

缅甸总统府进行政府机构重组与人事任免

2020年，缅甸总统府重组缅甸国家人权委员会。2—12月，缅甸总统府先后任命国务资政府部，以及劳工、移民与人口部、内政部、边境事务部、国际合作部等部门的正副部长。

缅甸政府采取措施保障民生

新冠肺炎疫情对民生造成巨大冲击，缅甸政府通过多次发放生活补贴、减免电费和网费、延期缴费还款及稳定就业等举措保障民生。此外，由于缅甸失业人数激增，政府除了提供工厂、种植业和中小企业就业机会，还计划在国际劳工组织和欧盟的帮助下启动2020—2021财年失业救济计划。

菲律宾众议院通过两项刺激经济法案

2020年6月15日，菲律宾众议院三读通过《刺激经济复苏法案》，该法案确定拨款580亿比索振兴菲旅游业。菲律宾旅游部将为受新冠肺炎严重影响的企业提供免息贷款；为企业升级现有设施以符合“新常态”卫生标准提供信贷便利；补贴企业进行市场营销、产品开发、促销；免费为旅游从业者提供“新常态”项目培训；利用信息技术改善旅游服务，开发旅游应急跟踪系统，建立数据库提高规划能力；加快旅游业基础设施建设等。该法案将惠及1570万企业员工，创造300万个短期工作岗位，在未来三年内提供150万个基础设施建设工作岗位，帮助557万个中小微企恢复活力。8月6日，菲律宾众议院二读通过《团结一致恢复法案》，投入1620亿比索刺激经济，其中100亿比索用于新冠肺炎疫情医疗保险承保，510亿比索用于政府贷款机构注资，200亿比索用于“以工代赈”项目，200亿比索用于农业部门的低息贷款，105亿比索用于增加医护人员，包括风险津贴、保险、赔偿金等。此外，还将安排30亿比索用于购买个人防护设备分配给抗疫前线人员及穷人。该法案是此前《团结一致抗疫法案》（11469号共和国法案）的后续行动，有效期至12月31日。

菲律宾总统杜特尔特签署新反恐法案

2020年7月3日，菲律宾总统杜特尔特签署一项新的反恐法案，该法案于2020年6月3日在菲律宾众议院获得通过。法案旨在修改菲律宾现行的反恐法律，提高菲律宾政府打击恐怖主义的能力。法案明确规定，恐怖主义即由菲律宾境内或境外的人做出的对任何人造成死亡、严重人身伤害或危及生命的行为，以及对政府或公共设施或私有财产造成广泛损害或破坏的行为。法案还规定，除实施恐怖主义行为属违法外，任何提议、煽动、密谋及参与恐怖主义计划、训练、准备和宣传工作，以及向恐怖分子提供物质支持或协助招募恐怖组织成员也属违法行为。法案不仅对菲律宾公民具有管辖权，也要打击将菲律宾用作恐怖活动过境点的外国恐怖分子。法案要求将某些地区审判法院指定为反恐法院，以确保案件迅速得到处理。允许警察或军方对可疑恐怖分子进行60天的监视，如果已获得上诉法院的司法授权，则可继续延长30天。

菲律宾总统杜特尔特发表任内第五次国情咨文

2020年7月27日下午4时，菲律宾总统杜特尔特在国会众议院会议厅发表时长1小时45分钟的任内第五次国情咨文（SONA），阐述菲律宾国家抗疫、复苏、发展的决心和计划。当天只安排通过快速检测的8位内阁成员和部分参众两院议员共50人，现场聆听SONA。其他内阁成员、参众两院议员、地方政府官员、海外劳工代表等则通过视频远程参会。杜特尔特开篇即告诉国民该国有能力应对新冠肺炎全球大流行带来的危机。在复苏政策方面，杜特尔特表示，已设立10亿比索的新冠肺炎复产援助基金计划，向中小微企业提供无息贷款；杜特尔特呼吁国会快速通过企业复苏法案，将企业所得税从目前的30%削减到25%。在复产复工进度方面，杜特尔特介绍，多个“大建特建”基础设施项目已复工，如北吕宋高速公路港口连接、马尼拉地铁3期、R－1桥梁项目、苏比克港高速公路项目等。展望余下的两年任期，杜特尔特新提出660亿比索的“大种特种”发展农业计划，还表示将发展电信业推动在线服务。

新加坡总理李显龙年内发表6次全国讲话

自2020年2月开始，新加坡出现首例新冠肺炎社区感染病例。也就是在全球新冠肺炎疫情发生之后，新加坡全民开始去哄抢超市，李显龙总理在2月8日发表第一次全国讲话，稳定了民心。3月，李显龙总理用中、英、马来三种语言发表讲话，提醒新加坡国民疫情期间不要听信谣言。4月，李显龙总理发表讲话，宣布新加坡封城。他强调疫情期间戴口罩和安全距离对于抗击疫情的重要性。从那时候始，戴口罩出门成为新加坡国民的常态化防护措施。4月21日，李显龙总理宣布新加坡的疫情阻断措施延长到6月1日，更多的工作场所停工，并且告知客工，新加坡会像照顾新加坡人一样照顾他们。6月，李显龙总理发表《保障新加坡未来》的演说，让民众在艰难的时刻找到方向。12月，李显龙总理宣布新加坡全民免费接种疫苗。

新加坡举行2020年大选

2020年新加坡举行大选。6月30日提名之后，历经9天竞选，新加坡人民行动党在本次大选中大获全胜，成功蝉联唯一执政党的地位。不过，该党的支持率从2015年的69.9%滑落到61.24%。李显龙再度当选为新加坡总理并成功组阁，宣誓就职。在新加坡93个国会议席中，人民行动党获得83个议席，工人党10个议席。

新加坡人民行动党再次组阁执政

2020年7月，赢得大选的新加坡人民行动党再次组阁，实现连续执政。7月25日，新加坡总理李显龙宣布新一届内阁名单。名单显示，他本人继续担任总理，王瑞杰任副总理兼经济政策统筹部部长和财政部部长。此次内阁调整，陈振声、张志贤、尚达曼、颜金勇和杨莉明5人的岗位没有变化，其他主要部门的部长均做相应调整。7月27日，新加坡新内阁宣誓就职。

8月24日，新加坡第14届国会举行首次会议，陈川仁继续出任议长。

新加坡政府保持高度清廉

根据国际反贪污组织“透明国际”公布的2020年廉洁排行榜，2020年度新加坡与瑞士和瑞典并列第3，获得85分。新加坡已连续3年保持这个分数，是唯一跻身该排行榜前10位的亚洲国家。新西兰和丹麦则并列第1，得分88分，成为全球最清廉国家。排名第2位的国家是芬兰，得分86分。数据显示，新加坡当局所接获有关贪污的通报呈下跌趋势。新加坡贪污调查局2020年在新加坡本土针对超过1000人进行调查。

泰国宪法法院裁定解散新未来党

2020年2月21日，泰国宪法法院裁定新未来党领导人塔纳通·宗龙伦吉向该党放贷的款项来源违法，宣布解散新未来党，规定该党16名执行成员在10年内不得从政。泰国宪法法院判决认为，塔纳通在2019年选举中向新未来党放贷1.91亿泰铢，其性质属于个人捐款，违反政党不得从任何个人处获得超过1000万泰铢现金捐款的法律规定，宪法法院因此决定解散新未来党。法院同时裁定，包括塔纳通在内的新未来党16名执行成员在10年内不得从政。

泰国国会否决总理不信任案

2020年2月28日，泰国国会下议院否决对总理巴育·占奥差和其他5名内阁成员的不信任动议，反对与支持票差距悬殊，这是2014年以来巴育首次遭遇不信任表决。272名议员否决这项动议，49人支持，2人弃权，泰国国会最终否决这项总理不信任案。自2020年2月24日起，以最大反对党为泰党为首的反对党阵营在国会对巴育等6人发起不信任动议辩论，指认内容包括政府"腐败"。反对党阵营发起辩论前，泰国宪法法院2月21日裁定第三大反对党新未来党解散后，国会反对党力量有所削弱，不少议员转投支持巴育的人民国家力量党。另外，就2月28日的表决，反对党阵营显现某种程度内讧。

12月20日，泰国举行除首都曼谷外的全国76府地方选举，图为泰国民众在投票站投票　　（百度网）

泰国爆发大规模抗议示威活动

自2020年2月起，由于塔纳通·宗龙伦吉领导的新未来党遭泰国宪法法院裁定解散，泰国爆发第一波的示威抗议活动。7月18日傍晚，曼谷民主纪念碑前爆发一场自2014年政变以来泰国规模最大的示威活动，由"自由青年"领导的数千名示威民众提出"解散国会、停止威胁异议人士和修改军方宪法"三大诉求，加上新冠肺炎疫情给泰国社会带来的经济问题，导致从8月10日起，以泰国法政大学学生为主体的学生团体"法政与游行联合阵线"呼吁改革君主制，要求泰王玛哈·哇集拉隆功对君主制进行改革，呼吁限制泰王的权力。随后，泰国爆发一连串前所未有的"反政府""反王权"示威集会，示威扩展至全国各地超过20个府，更有海外泰人参与，一度引发广泛关注。10月15日，泰国政府宣布进入紧急状态。

7月18日傍晚，曼谷民主纪念碑前爆发一场自2014年政变以来泰国规模最大的示威活动　　（百度网）

泰国经济内阁改组完成

2020年7月，泰国政府经济领导班子包括副首相颂吉和财政部部长乌塔玛等数名政府部长宣布辞职，泰国央行也在此时选拔新行长。这给受新冠肺炎疫情重创的泰国经济复苏之路增添不确定因素。泰国总理巴育随后表示，将尽快完成内阁改组，并向社会公布。2020年8月6日泰国政府宪报网站公布总理巴育呈报国王批准的7位新任内阁成员名单，即日生效。10月12日，泰国总理巴育在内阁会议结束后，携新的经济团队正式亮相。巴育表示，新的经济团队将会竭力解决经济问题，并照顾到各个群体的利益。

泰国空军首颗军事卫星"NAPA－1号"成功升空

2020年9月3日，泰国空军首颗卫星NAPA－1号，由法国商业航天公司阿丽亚娜航空公司（Arianespace）发射的Vega火箭携带，于泰国时间当日08:51时在位于南美洲的法属圭亚那航天发射中心发射成功。Vega火箭本次升空共携带53颗小型卫星，其中包括泰国空军NPA－1号卫星。NAPA－1为运行在近地轨道上的纳型卫星，主要负责侦测航空情况以服务于国家安全稳定工作。此次NPA－1号卫星发射成功，标志着泰国空军完成空域、网域和太空域的全方位部署，推动空军20年发展规划工作向前，提升泰国空军的战斗和防御能力，为扑灭山林大火等提供支持，并提供干旱、洪水等卫星情报以更好地进行救灾和防灾。

泰国举行全国地方选举

2020年12月20日，泰国举行除首都曼谷外的全国76府地方选举，这也是泰国自2012年以来首次举行的府行政机构主席及委员选举，共有331人报名参选府行政机构主席，8070人参选府行政机构委员会委员。为泰党在本次府级行政选举中共选派25人参选，最终赢得北部、东北部和中部10个大府的行政主席职位。而新未来党解散后重组的“前进团”所支持的42名候选人中无一人当选。12月25日，据地方选举统计情况显示，76个府中投票率最高的是博他伦府，投票率高达78.04%，其次为南奔府77.86%、那空那育府75.79%、沙敦府74.29%以及清迈府71.95%。地方政治家族赢得大多数行政机构主席职务。

越南有效应对新冠肺炎疫情

越南动员全社会力量参与防控并相对有效控制新冠肺炎疫情。在疫情暴发初期，越南及时启动响应机制，成立多部门联合的国家新冠肺炎疫情防控指导委员会，并制订国家层面的应对计划。2020年，越南的新冠肺炎疫情主要经历三个阶段两次较为严重的疫情冲击波。第一阶段始于1月23日，越南报告该国首例新冠肺炎确诊病例，截至2月中旬全国共报告16例确诊病例，3月初越南实现病例“清零”。第二阶段始于3月初，越南发现多例来自欧美的输入性病例，随之出现本土病例和聚集性感染的疫情冲击波。为此，越南政府强化入境限制和检疫政策，并于4月1日起在全国范围内实施为期15天的社会隔离措施。从4月16日6时至7月24日6时，越南连续99天未报告本土确诊病例，其间新增病例均为输入病例。第三阶段，越南疫情反弹，此次疫情冲击波以中部岘港市为中心迅速向多地扩散。7月25日，越南卫生部宣布岘港市出现一例本地确诊病例，随后包括首都河内、南部胡志明市、中部广南省等多地报告新增本土病例，多与岘港相关。截至2020年12月31日，越南累计新冠确诊病例1465例，累计死亡病例35例。

越南共产党为第十三次全国代表大会召开继续做准备

2020年，越南共产党从中央到地方为第十三次全国代表大会召开继续做准备。2020年4—10月，2020—2025年任期各级党代会相继召开，4月基层党代会召开，8月县级党代会召开。从9月中旬到10月29日，67个中央直属党委党代会召开，共选举出新一届党委成员3330人、其中1084人首次入选新一届党委。历经两年多的准备，2020年10月20日，越南共产党公布第十三次全国代表大会4份报告草案全文向全社会广泛征求意见。在2020年内和2021年年初，越南共产党中央委员会先后召开十二中至十五中全会，通过这4次密集的会议反复讨论协调，最终完成各项文件和人事安排准备事项。

越南实施户籍电子化管理改革

2020年11月13日，越南国会通过新的《居住法》，其中规定以个人识别号码代替纸质户口簿进行居住管理，即通过基于更新的国家居民数据库信息基础上的个人识别号码（即新一代公民身份证号码）进行人口管理。这也表明，越南虽取消纸质户口簿，但并没有取消居住管理制度。

越南继续大力反腐

2020年，越南继续大力推进反腐败工作，调查审理一批重大案件，诸多牵涉高级干部的腐败案件被严肃处理。其中包括：河内市人民委员会原主席阮德钟牵涉其中的日强公司案件，该案有28人被起诉；越南工贸部原部长武辉煌、原副部长胡氏金钗牵涉其中的胡志明市公共土地买卖案件，造成国家损失2.7万亿越南盾；与越南国防部原副部长阮文献有关的胡志明市国防用地违规案件，阮文献在一审中因“失责造成严重后果罪”被判有期徒刑4年，二审中因其“犯罪但不牟利”使刑期得以减少6个月；胡志明市市委原常务副书记毕成刚在南西贡发展股份公司一案被起诉调查涉嫌造成国有资产损失上千亿越南盾，胡志明市—中良高速公路欺诈案件造成国家经济损失7250亿越南盾等。

外　　交

中国国家主席习近平在北京会见世界卫生组织总干事谭德塞

2020年1月28日，中国国家主席习近平在人民大会堂会见世界卫生组织总干事谭德塞。习近平指出，疫情是魔鬼，我们不能让魔鬼藏匿。中国政府始终本着公开、透明、负责任的态度及时向国内外发布疫情信息，积极回应各方关切，加强与国际社会合作。世界卫生组织在协调全球卫生事务方面发挥着重要作用，中方高度重视同世界卫生组织的合作。中方欢迎世界卫生组织参与本次疫情防控工作，世界卫生组织专家已赴武汉进行实地考察。中方愿同世界卫生组织和国际社会一道，共同维护好地区和全球的公共卫生安全。相信世界卫生组织和国际社会能够客观公正、冷静理性地评估疫情。习近平强调，在中国共产党的坚强领导下，充分发挥中国特色社会主义制度优势，紧紧依靠人民群众，坚定信心、同舟共济、科学防治、精准施策，我们完全有信心、有能力打赢这场疫情防控阻击战。

中国国家主席习近平出席二十国集团领导人应对新冠肺炎特别峰会并发表重要讲话

2020年3月26日晚，中国国家主席习近平在北京出席二十国集团领导人应对新冠肺炎特别峰会并发表题为《携手抗疫 共克时艰》的重要讲话，倡议有效开展国际联防联控，坚决打好新冠肺炎疫情防控全球阻击战，呼吁加强宏观经济政策协调、防止世界经济陷入衰退。中共中央政治局常委、中央书记处书记王沪宁陪同出席。丁薛祥、刘鹤、杨洁篪、王毅、肖捷、何立峰等参加会议。峰会发表《二十国集团领导人应对新冠肺炎特别峰会声明》。二十国集团领导人应对新冠肺炎特别峰会由沙特主办，以视频方式举行，旨在推动全球合作应对疫情、稳定世界经济。

中国国务院总理李克强出席东盟与中日韩（10+3）抗击新冠肺炎疫情领导人特别会议

2020年4月14日，中国国务院总理李克强在北京出席东盟与中日韩10+3抗击新冠肺炎疫情领导人特别会议。此次会议以视频方式举行。东盟10国领导人、韩国总统文在寅、日本首相安倍晋三以及世界卫生组织总干事谭德塞、东盟秘书长林玉辉出席。越南总理阮春福主持会议。李克强就10+3抗击疫情合作提出以下倡议：一是全力加强防控合作，提升公共卫生水平；二是努力恢复经济发展，推进区域经济一体化；三是着力密切政策协调，抵御各类风险挑战。会后发表《东盟与中日韩抗击新冠肺炎疫情领导人特别会议联合声明》。

中国国家主席习近平同菲律宾总统杜特尔特互祝中菲建交45周年

2020年6月9日，中国国家主席习近平同菲律宾总统杜特尔特互致贺电，庆祝中菲建交45周年。习近平在贺电中指出，中国和菲律宾是友好邻邦，传统友谊源远流长。建交45年来，中菲关系取得长足发展。特别是近年来两国政治互信深化，各领域合作持续拓展，共建“一带一路”成果丰硕，给两国人民带来切实福祉，为地区稳定发展作出积极贡献。习近平强调，中菲两国都处在发展关键时期，合作前景广阔。我高度重视中菲关系发展，愿同杜特尔特总统一道努力，推动中菲全面战略合作关系不断迈上新台阶。中方对菲律宾遭受新冠肺炎疫情感同身受，愿同菲方携手努力、共克时艰。

中国国家主席习近平以视频方式会见欧洲理事会主席和欧盟委员会主席

2020年6月22日，中国国家主席习近平在北京以视频方式会见欧洲理事会主席米歇尔和欧盟委员会主席冯德莱恩。习近平强调，中欧要做维护全球和平稳定的两大力量、做推动全球发展繁荣的两大市场、做坚持多边主义、完善全球治理的两大文明。

中国国家主席习近平以视频方式同欧洲政要举行会晤

2020年9月14日，中国国家主席习近平在北京同欧盟轮值主席国德国总理默克尔、欧洲理事会主席米歇尔、欧盟委员会主席冯德莱恩共同举行会晤，会晤以视频方式举行，中欧双方宣布签署《中欧地理标志协定》，确认加快中欧投资协定谈判，实现年内完成谈判的目标。会上习近平强调，中欧要做到“4个坚持”：坚持和平共处、坚持开放合作、坚持多边主义、坚持对话协商。

中国—东盟技术转移中心曼谷创新中心、中泰东盟创新港云揭幕

2020年11月26日，中国—东盟技术转移中心曼谷创新中心（以下简称“CATTC曼谷创新中心”）、中泰东盟创新港在第8届中国—东盟技术转移与创新合作大会上进行云揭幕。CATTC曼谷创新中心由中国广西科技厅重点支持，中国—东盟技术转移中心与中国科学院曼谷创新合作中心在泰国曼谷共建，旨在通过泰国向东盟国家转移中国技术成果，同时广泛推动东盟各国的优秀科技成果到中国转移转化，打造成为中国与东盟双向互动的创新合作平台。中泰东盟创新港也是中国首个位于东盟国家的离岸创新孵化示范载体，为中国与东盟开展科创新技术合作打造新的标杆。中泰东盟创新港坐落于泰国朱拉隆功大学创新园内，集合中科院科研人才资源、国内外技术转移资源以及泰国当地科技与创新资源，同时利用中国—东盟技术转移中心与东盟9国搭建好的双边技术转移合作机制，发挥中国科学院曼谷创新合作中心立足泰国辐射东盟的积极作用，建设具有国际影响力的离岸技术转移孵化创新平台。新松机器人、中科微至、中科凯泽等8家单位意向入驻。

文莱主办第39届东盟旅游论坛

2020年1月，文莱主办第39届东盟旅游论坛。论坛以“东盟携手迈向新一代旅游”为主题，由两个部分组成：一是正式会议，即东盟旅游部长会议、东盟国家旅游组织会议和其他相关会议；二是为期3天的TRAVEX展览会。TRAVEX是每个东盟成员国销售和购买旅游产品的平台，旨在为东盟的旅游产品和服务供应商以及国际买家提供方便的商业配对机会，以促进商业关系。这是该论坛第三次在文莱举行。

文莱参加2020年东盟系列会议

2020年3月以来，文莱苏丹及涉外有关部门领导出席东盟轮值主席国越南主持的主要通过视频方式进行的系列会议。2020年2月，文莱第二国防部长丕显拿督哈尔毕出席在越南首都河内举行的东盟国防部长

会议。4 月 15 日,文莱苏丹以视频方式参加东盟及中日韩特别峰会。4 月 30 日,文莱卫生部部长拿督伊山姆以视频方式参加东盟—美国卫生部长特别会议。5 月,文莱卫生部部长拿督伊山姆以视频方式参加第 73 届世界卫生大会。9 月 9 日,文莱第二外交部长以视频方式参加第 53 届东盟外长会议及相关会议,主要讨论新冠肺炎疫情以及筹备将在 11 月举行的第 37 届东盟峰会及相关峰会。9 月 10 日,文莱立法会议长丕显拿督阿都拉曼以视频方式参加第 41 届东盟议会联盟大会并接受 2021 年东盟议会联盟轮值主席一职。9 月 15 日,文莱内政部部长阿布·巴卡尔出席关于"变化世界的人力资源"高级别部长视频会议。9 月 25 日,文莱首相府部长兼财政与经济事务主管部长拿督刘光明以视频方式参加 2020 年 APEC(东盟)财政部长会议,就疫情后重整经济的议题进行讨论。10 月 2 日,文莱首相府部长兼财政与经济事务主管部长拿督刘光明以视频方式参加东盟金融部长会议和中央银行行长会议及相关会议。11 月,文莱苏丹以视频方式出席第 37 届东盟峰会、第 8 届东盟与美国领导人会议及东盟与新西兰领导人会议、第 23 届东盟与中日韩 10+3 领导人会议、第 11 届东盟—联合国高级别峰会、亚太经合组织第 27 届领导人非正式会议等会议。

文莱与日本合作的国际氢供应链项目成为新里程碑

2020 年 5 月,文莱能源部宣布,在从文莱运出的液态有机氢载体(LOHC)中成功提取氢气之后,文莱与日本之间合作建立的全球首个国际氢供应链成为新里程碑。液化氢是由日本财团在文莱双溪岭工业园区的加氢厂生产的,第一批氢气已于 2019 年 11 月 17 日从摩拉港口出口到日本。文莱加氢站生产的氢气在集装箱罐中运输 4000 多千米,运往日本川崎市的脱氢站提取氢气。

文莱主办第 16 届东盟清真食品工作组会议

2020 年 7 月 7 日,第 16 届东盟清真食品工作组会议在文莱伊斯兰教事务部通过视频形式举行。文莱伊斯兰教事务代理主任主持会议。会议讨论执行东盟清真食品合作框架的进展情况;文莱、印度尼西亚、马来西亚和新加坡伊斯兰宗教理事会下的次区域清真合作方案,包括文莱—印尼—马来西亚—菲律宾东盟东部增长区、印尼、马来西亚、泰国增长三角《2017—2020 年东盟清真食品合作行动计划》实施进展情况,以及国际清真管理局建立的有关事项。

柬埔寨首相洪森访问中国

2020 年 2 月 5 日,柬埔寨首相洪森访问中国,成为新冠肺炎疫情暴发后首位访华的外国领导人。当天,中国国家主席习近平在北京人民大会堂会见洪森时指出,当前中国政府和人民正在全力抗击新型冠状病毒感染肺炎疫情,"患难见真情",在这个特殊时刻,柬埔寨人民同我们站在一起。西哈莫尼国王和莫尼列太后专门向我们表达慰问和支持,首相先生更是多次力挺中方,今天又特意来华访问,体现了牢不可破的中柬友谊和互信,诠释了患难与共这一中柬命运共同体的核心要义。中方对此深表赞赏。洪森表示,临时决定在此特殊时刻来华,就是为了展示柬埔寨政府和人民对中国政府和人民大力抗击疫情的大力支持,在中国困难的时候,柬埔寨人民和中国人民坚定地站在一起,患难与共,共克时艰,是真正的"铁杆朋友"。

柬埔寨与中国开展"金龙"联合军演

2020 年 3 月 15—30 日,柬中两军"金龙 2020"军事联训在柬埔寨贡布省王家军练场举行。中国人民解放军陆军 265 名官兵、250 余件(套)各型武器装备参加此次联训,两军共 800 余名官兵参训。此次联训重点内容为山地反恐实兵联合演练,两军围绕训练重点内容开展多科目联合训练。这是中国军队在疫情期间与外军联合主导唯一的实兵实弹演训。两国联训自 2016 年以来已举办 4 届,参训人员和装备规模不断扩大。

中国向柬埔寨派出抗疫专家组协助抗疫

2020 年 3 月 23 日,为缓解新冠肺炎疫情给当地政府和人民带来的压力,7 名由中国国家卫生健康委员会组建,广西选派的医疗专家和一批防疫医疗物资应邀抵达柬埔寨金边。这是中国政府首次向东盟国家派出医疗专家组。中国医疗专家组抵达后迅速开展工作,在对柬埔寨的医院、实验室、社区、机场、车站开展充分调研后,提出让医院建立发热病人预检分诊点、把等待检测的人员疏散到外面空旷的地方等建议,被柬埔寨悉数采纳。在了解到柬埔寨只有两个实验室能够

3 月 15 日,柬中两军"金龙 2020"军事联训在柬埔寨贡布省王家军练场举行

(新华网)

开展新冠肺炎的检测后，专家组决定帮助柬埔寨增强公共卫生研究所实验室的检测能力。广西在接到专家组反馈后，向该实验室捐赠全自动核酸提取仪及配套试剂，并对柬埔寨医务人员进行技术培训。此外，专家组还非常重视预防医院感染，向柬方提供中、英文版的预防医院感染防控指南等8份材料。专家组还向当地医务人员传授自身防护经验，介绍中国的网格化管理经验等，并针对不同的病人采取个性化治疗，寻找更适合柬埔寨本土治疗的有效途径，极大地提高了柬埔寨战胜疫情的信心和能力。

柬中政府间协调委员会第5次会议以视频形式举行

2020年6月16日，柬埔寨副首相贺南洪同中国国务委员兼外交部部长王毅共同主持柬中政府间协调委员会第5次会议，会议以视频方式举行。双方一致同意提升委员会统筹协调功能，确定柬中政府间协调委员会为推动落实共建中柬命运共同体的主要机制。中柬双方一致认为应反对借疫情进行政治化、污名化。双方宣布建立人员往来“快捷通道”和货物“绿色通道”，同意尽快完成中柬双边自贸协定谈判、互设领事机构、正式启动柬埔寨芒果对华出口。会后，双方签署《关于新形势下提升中柬政府间协调委员会机制统筹协调作用的谅解备忘录》，并发表联合新闻稿。

柬埔寨执法部门与中国联合侦破特大跨国制售假烟案件

2020年8月11日，中国专案组在中国驻柬埔寨使馆和中柬执法合作协调办公室的大力支持下，成功抓获吴某等19名犯罪嫌疑人，捣毁制假流水线6条，查获假冒各类知名品牌香烟100万条、制假设备36台，以及大量烟丝、过滤嘴、包装盒等半成品和原材料。中柬两国执法部门成功侦破一起特大跨国制售假烟案件。经查，自2019年起，犯罪嫌疑人吴某等人为牟取非法利益，在未经权利公司授权许可的情况下，在柬埔寨金边市设立制假工厂，从中国国内招揽员工，大量购入烟草、丝束等原材料，私自加工生产假冒多个品牌的成品香烟，经海运偷运入境后，将假烟销售给犯罪嫌疑人陈某等人。陈某等人再根据下家需求分装后，通过物流运送至上海、广东、广西、福建、浙江、安徽等地，由经销商潘某等人层层销售给下级分销商，最终销往全国各地。2020年6月，中国专案组在广东、广西、福建、浙江、安徽等地警方和烟草稽查部门的大力配合下同步开展收网行动，成功斩断境内犯罪链条，抓获陈某、潘某等24名犯罪嫌疑人，捣毁打码、仓储、分装、销售窝点22处，现场查获假冒各类品牌香烟2.5万条、打码机2台。此次收网行动后，共计查获100余万条成品假烟以及大量制假设备，涉案金额4亿余元人民币，抓获犯罪嫌疑人43名，其中在柬埔寨抓获19名。

柬埔寨与中国签署自由贸易协定

2020年10月11—12日，应柬埔寨副首相贺南洪的邀请，中国国务委员兼外交部部长王毅率团访问柬埔寨。10月11日，王毅在金边会见柬埔寨副首相、中柬政府间协调委员会柬方主席贺南洪。10月12日两国签署《中华人民共和国政府和柬埔寨王国政府自由贸易协定》(CCFTA)。《中柬自贸协定》有四个“亮点”。(1)创下多个“第一”。这是中国与最不发达国家商签的第一个自贸协定，是疫情暴发后中国商签的第一个自贸协定，是第一个将“一带一路”倡议合作独立设章的自贸协定。(2)开放水平高。《中柬自贸协定》货物贸易自由化和服务市场准入都达到双方自贸协定最高缔约水平。货物方面。中方给予柬方货物贸易零关税税目比例达97.53%，柬方给予中方90%税目零关税，这是双方迄今所有自贸协定谈判中的最高水平。服务方面。双方在各自已参加的自贸协定基础上进一步提升市场开放水平，在《中柬自贸协定》中的市场开放承诺均体现各自给予自贸伙伴的最高水平。(3)覆盖领域广，实现互利共赢。协定包含“一带一路”倡议合作、投资合作、经济技术合作、电子商务等章节，涵盖双边经贸、旅游、交通、农业等广泛合作领域。同时，鉴于中柬贸易结构具有较强的互补性，潜力很大，且中资企业在柬有广泛投资，协定将使双方均能够从对方市场中获取更多贸易投资机会。(4)达成效率高。双方2020年1月启动谈判，克服疫情带来的不利影响，密集组织1轮面对面谈判、2轮视频谈判和多次首席谈判代表层面的磋商，仅用7个月就结束谈判。无论是谈判轮次、磋商方式、推进速度，都充分反映双方高效达成协定的坚定意愿。

中国国家主席习近平为柬埔寨太后莫尼列颁发“友谊勋章”

2020年11月6日，中国国家主席习近平在北京人民大会堂为柬埔寨太后莫尼列举行中华人民共和国“友谊勋章”颁授仪式。“友谊勋章”是中国人民对莫尼列太后崇敬之情和对柬埔寨人民深厚情谊的代表，也是中柬两国亲密无间友好感情的象征。莫尼列太后是中柬友好的重要见证者和推动者。60多年来，莫尼列太后积极投身中柬友好事业，见证了新中国的发展历程，对中国人民抱有特殊感情，积极支持中柬各领域交往合作，为促进中柬关系发展、增进两国人民友谊做出杰出贡献。“友谊勋章”是中国国家对外最高荣誉勋章，此前仅俄罗斯总统普京等8位外国友人获得。

印度尼西亚外交部部长蕾特诺·马尔苏迪出席东盟和中国外交部长特别会议

2020年2月20日，印尼外交部部长蕾特诺·马尔苏迪出席在老挝万象举行的东盟和中国外交部长特别会议。蕾特诺在会上指出，面对新冠疫情的蔓延，应加强该地区的合作。首先，该地区国家之间的紧密合作是预防、控制新冠肺炎疫情并将其影响降至最低的重要一步。第二，必须加强应对诸如新冠肺炎等的地方性危机的东盟—中国机制。印度尼西亚提议成立中国—东盟卫生部长联合特别工作组。第三，加强沟通策略至关重要。

印度尼西亚政府全面暂停所有外国公民免签入境服务

2020年3月17日，印尼外交部部长蕾特诺·马尔苏迪召开新闻发布会，宣布印度尼西亚政府针对有关人员出入印度尼西亚的补充规定。为应对新冠肺炎疫情，印度尼西亚政府决定对所有其他国家的外国公民全面暂停免签、落地签服务，以及暂时取消外交或公务护照免签待遇，为期1个月。该规定是新冠肺炎疫情在印度尼西亚蔓延后，印度尼西亚政府出台的有关出入境政策调整的部分举措。

亚洲基础设施投资银行准备拨出10亿美元贷款帮助印度尼西亚应对新冠肺炎

2020年5月，由中国支持的多边开发银行亚洲基础设施投资银行准备拨出总计10亿美元的贷款，以帮助印度尼西亚应对新冠肺炎。第一批贷款2.5亿美元，作为与世界银行和伊斯兰开发银行联合融资计划的一部分，共提供7.5亿美元贷款。亚投行还计划向印度尼西亚提供另外7.5亿美元贷款，为印度尼西亚的经济救助和社会保障计划提供资金。这是亚投行与亚洲开发银行联合融资计划的一部分。印度尼西亚融资与风险管理总监卢基·阿莱曼丹表示，印度尼西亚政府希望从包括亚行、亚投行、世界银行和日本国际协力机构在内的多边组织借贷总计70亿美元。

印度尼西亚和澳大利亚同意实施《印度尼西亚—澳大利亚全面经济伙伴关系协定》(IA－CEPA)

2020年5月8日，印尼贸易部部长阿格斯·苏帕曼托在声明中表示“在与我的同行澳大利亚贸易、旅游和投资部部长西蒙·伯明翰的线上会议中，我们同意尽快实施IA－CEPA，因为这对两国帮助实现新冠肺炎后的恢复至关重要”。根据协议，印度尼西亚对澳大利亚的出口零关税。同样，澳大利亚的大部分出口产品，包括活牛、冷冻牛肉、乳制品和食糖，都可以免税进入印度尼西亚。根据BKPM的数据，2020年第一季度，来自澳大利亚的外国投资达到8600万美元，涉及321个项目。

印度尼西亚总统佐科在第75届联合国大会上致辞

2020年9月22日，印度尼西亚总统佐科在第75届联合国大会上致辞。佐科呼吁各国围绕联合国团结一致，始终以双赢的方式处理国家之间的互利关系，印度尼西亚将继续扮演桥梁建设者的角色，为全球合作和世界合作做出贡献。佐科强调，印度尼西亚将一如既往支持巴勒斯坦获得独立国家地位和权利，并与东盟国家一道将东南亚建设成和平、稳定和繁荣的地区，并将这种合作与和平精神推向印度洋—太平洋地区。在复杂的国际局势下，佐科指出：首先，联合国必须始终自我完善，进行改革，振兴和提高效率，更好地应对全球挑战。其次，必须加强全球的集体领导。再次，就健康和社会经济影响而言，各国必须加强在处理新冠肺炎方面的合作。

老挝总理访问中国

2020年1月5—9日，老挝政府总理通伦·西苏里对中国进行正式访问。5日，通伦·西苏里总理访问中国国家铁路集团有限公司，与中国国家铁路集团有限公司董事长陆东福、总经理杨宇栋就深化中老铁路建设合作举行会谈。6日上午，中国国务院总理李克强在人民大会堂举行欢迎仪式；下午，中共中央总书记、国家主席习近平会见老挝政府总理通伦·西苏里。7日，通伦·西苏里访问中国陕西省，并在此期间走访梁家河。

美国为老挝预防和打击人口贩卖提供资金支持

老挝巴特寮通讯社2020年1月15日报道，美国为老挝预防和打击人口贩卖提供230万美元资金支持，用于提高万象市、沙湾拉吉省、占巴塞省和沙拉湾省政府工作人员在预防和打击人口贩卖方面的执法能力，为受害者提供培训，帮助他们就业。

两位外国政要访问老挝

2020年2月10日，越共中央政治局委员、公安部部长苏林大将访问老挝，并前往老越战斗联盟纪念碑敬献花圈，参观甘蒙省胡志明主席遗迹区。10月14日，中国国务委员兼外交部部长王毅访问老挝，并在老挝首都万象市同老挝外长沙伦赛举行会谈，会上双方宣布启动中老人员往来“快捷通道”，同意建立两国物资运输“绿色通道”。

老挝开放外籍人员入境，入境须获特批并自费隔离14天

2020年5月7日，老挝外交部发布关于新冠肺炎疫情防控期间人员出入境要求的通告，人员入境前须通过有关部门向外交部递交入境申请，申请获批后，持有效签证、以及所在国卫生部门开具的新冠肺炎病毒检测证明才予以入境。入境老挝后，所有人员均在疫情管控特委会指定酒店或场所严格隔离14天，期间自行承担食宿等相关费用。自此，所有人员入境老挝的

基本要求确定，并将一直延续到2021年初。

老挝主办澜沧江—湄公河合作第3次领导人会议

2020年8月24日，澜沧江—湄公河合作第3次领导人会议以视频方式举行。会议由中国国务院总理李克强同澜沧江—湄公河合作共同主席国老挝政府总理通伦·西苏里共同主持，柬埔寨首相洪森、缅甸总统温敏、泰国总理巴育、越南总理阮春福出席。在会后发表的《澜沧江—湄公河合作第三次领导人会议万象宣言》中，各方宣布加强政治和安全合作伙伴关系、经济和可持续发展合作伙伴关系、社会人文交流伙伴关系、澜湄合作机制伙伴关系。会议期间，中方倡议将澜沧江—湄公河合作同“国际陆海贸易新通道”相对接。在会后发表的《澜沧江—湄公河合作第三次领导人会议关于澜湄合作与“国际陆海贸易新通道”对接合作的共同主席声明》中，各方表示支持这一倡议，并为此提供必要的政策和各类资源支持。

老挝琅勃拉邦与中国湖南建立友好省际关系

2020年11月26日，通过网签形式签署《中华人民共和国湖南省张家界市老挝人民民主共和国琅勃拉邦省琅勃拉邦市建立友好城市关系协议书》，张家界市与琅勃拉邦市同为世界遗产地，双方国际友好城市关系的正式确立，标志着两个世界遗产地友好合作进入新的阶段。12月22日，中国湖南省与老挝琅勃拉邦省通过函签方式签署建立友好省际关系协议书。

老挝总理访问越南

2020年12月4—6日，应越南政府总理阮春福的邀请，老挝政府总理通伦·西苏里率领老挝政府高级代表团对越南进行访问并共同主持召开越南与老挝政府间联合委员会第43次会议。此次会议举办的目的是再次肯定两国不断推动伟大友谊、特殊团结和全面合作向前发展、加强两国政治互信等的对外政策中的优先事项，落实两国高层领导所达成的各项协议，促进两国合作关系进一步发展。

4月8日，中国抗疫医疗专家组一行12人携医疗物资援缅　（百度网）

马来西亚与新加坡领导在长堤中央会晤

2020年7月30日，马来西亚和新加坡领导人在新柔长堤中央会面，象征同意继续落实捷运系统计划。两国领导人在会晤中，见证了马来西亚交通部部长魏家祥与新加坡交通部部长王乙康交换官方文件。马来西亚国际贸易及工业部部长阿兹敏、外交部部长希沙慕丁及柔佛州务大臣哈斯尼。新加坡外交部部长维文、交通部前部长许文远等参加会晤。捷运系统计划涵括建造4千米长的轨道，衔接新山武吉查卡及新加坡兀兰，每小时载客量达1万人。该计划的建筑工程分两个阶段进行，第一阶段从2021年年初至2024年年底，主要是土木结构的建设和发展；第二阶段则从2025年年初至2026年年底，将涉及系统构建如信号系统、电讯及测试系统。链接大马和新加坡的捷运系统计划总建设成本约100亿林吉特；其中61%由新加坡支付，其余39%由马来西亚政府承担。

缅中两国共同抗击新冠肺炎疫情

2020年2月3日，缅甸总统温敏就中国新冠肺炎疫情向中国国家主席习近平致慰问电。2月25日，缅甸空军向中国运送医疗援助物资。3月1日，缅甸向中国湖北武汉市捐赠200吨大米。同时，中国各级政府、中资企业、中国民间组织和各界人士向缅甸各领域捐赠和提供了大量防疫物资。4月8日，中国抗疫医疗专家组一行12人携医疗物资援缅。4月24日，中国军队抗疫专家组一行6人携抗疫物资援助缅甸军队。10月22日，中缅两国卫生相关部门联合举办新冠肺炎疫情专家线上交流会。12月31日，缅甸驻中国大使馆表示2021年年初缅甸将获得中国研发的新冠疫苗。

缅甸总统温敏对印度进行国事访问

2020年2月26—29日，缅甸总统温敏对印度进行国事访问，与印度签署5份谅解备忘录、4份项目协议以及1份其他协议，并发表联合声明。

缅甸参加东盟10+3抗击新冠肺炎疫情领导人特别视频会议

2020年4月14日，缅甸参加东盟10+3抗击新冠肺炎疫情领导人特别视频会议，与会各方就合作抗击疫情、维护地区经济发展深入交换意见，会议达成重要共识并通过联合声明。

日本外务大臣茂木敏充访问缅甸

2020 年 8 月 24 日,日本外务大臣茂木敏充访缅,缅甸国务资政兼外交部部长昂山素季与其就促进缅日关系与合作、日本对缅抗疫援助等进行交流。

缅甸与欧盟举行第 6 次人权事务线上会议

2020 年 10 月 14 日,缅甸与欧盟举行第 6 次人权事务线上会议,双方讨论缅甸的人权事务工作和未来的困难,分享疫情防控经验,并一致同意在 2021 年会谈前不会撤销对缅甸贸易普惠制待遇。欧盟承诺持续为缅甸社会经济发展、国内和平与民族和解进程、2020 年大选和民主转型等方面提供帮助。

美国副国务卿与缅甸国务资政昂山素季通话

2020 年 10 月 28 日,美国政治事务副国务卿戴维·黑尔与缅甸国务资政昂山素季通话,重申美国支持缅甸的民主改革和人道主义救援工作。

缅甸谴责联合国关于罗兴亚人权问题的决议草案

2020 年 11 月 18 日,联合国大会通过关于罗兴亚人人权问题的决议草案,缅甸常驻联合国代表吴觉莫吞谴责该草案,认为其具有歧视性,对缅甸主权造成侵犯,存在双重标准。

缅中签署皎漂深水港项目特许协议

2020 年 11 月 20 日,皎漂深水港项目《特许协议》签约仪式在中国驻缅甸大使馆举行。中国驻缅甸大使陈海出席签约仪式,大使馆经商参赞谭书富作为中方见证人在协议文本上签字。这是继缅中经济走廊进入实质规划建设阶段,启动实施滚弄大桥项目后,缅中两国在共建重点项目上向具体实施再迈出的重要一步。

菲律宾获加拿大 4450 万比索抗疫援助

2020 年6 月 10 日,加拿大向菲律宾提供 110 多万加元(约合 4450 万比索)的援助,以支持菲律宾抗击新冠肺炎疫情。援助包括 12 万个 N95 口罩,价值 78.2 万加元(约合 2950 万比索),以及新冠肺炎诊断设备、检测工具包、试剂和实验室消耗品等,这是加拿大通过国际原子能机构资助的 500 万加元全球项目的一部分。

菲律宾总统杜特尔特决定再度暂停终止菲美《访问部队协议》

2020 年 11 月 11 日,菲律宾外交部部长洛钦发表声明说,菲律宾总统杜特尔特已决定再度暂停终止菲律宾与美国签署的《访问部队协议》,暂停期 6 个月。

2020 年 2 月,菲律宾政府曾宣布将终止与美国签署的《访问部队协议》,但此后菲方提出"基于当前区域情势的变化",自 6 月 1 日起暂停终止该协议 6 个月,6 个月期满后,菲方有权再次选择暂停终止协议 6 个月。《访问部队协议》是菲律宾与美国在 1998 年签署的重要军事协议之一。协议规定美方军人、军事相关人员以及军事装备进入菲律宾的条件、活动范围以及可获得的便利,其中包括双方举行军事演习的相关内容。按照双方约定,如要终止协议,任何一方需以书面形式通过外交渠道通知另一方,在通知 180 天之后协议自动终止。

菲律宾总统杜特尔特参加第 37 届东盟领导人视频会议

2020 年 11 月 12 日,菲律宾统杜特尔特出席第 37 届东盟领导人视频会议,并倡议尽快落实东盟全面复苏框架,建立东盟新冠肺炎疫情应对基金、东盟区域医疗用品储备中心,以及东盟应对突发公共卫生事件和新发疾病中心,"以人为本"减轻新冠肺炎疫情带来的影响。杜特尔特倡导深化区域经济一体化,加强供应链互联互通,欢迎缔结《区域全面经济伙伴关系协定》(RCEP)。杜特尔特欢迎各国支持菲律宾担任东盟技术和职业教育培训理事会首届主席。

新加坡总理李显龙出席第 5 届新加坡—澳大利亚领导人年度会议

2020 年 3 月 23 日,第 5 届新加坡—澳大利亚领导人年度会议以视频形式举行。新加坡总理李显龙以视频方式会见澳大利亚总理莫里森。此次会议两国签署 10 项协议,推进包括数据创新和数字经济领域在内的

11 月 20 日,皎漂深水港项目《特许协议》签约仪式在中国驻缅甸大使馆举行
(新华网)

新领域双边合作发展。两国总理出席会议并见证《在澳军训与训练区发展条约》的签署。

新加坡总理李显龙以视频方式出席二十国集团领导人应对新冠肺炎疫情特别峰会

2020年3月26日，新加坡总理李显龙以视频方式出席二十国集团领导人应对新冠肺炎疫情特别峰会。会上，他建议各国从公共卫生、经济和科学研究三方面携手合作，共同应对新冠肺炎疫情给全球带来的挑战。

日本外务大臣茂木敏充访问新加坡

2020年8月12—13日，日本外相茂木敏充访问新加坡。茂木敏充同新加坡外交部部长维文举行会谈，双方同意放宽日新两国防控新冠肺炎疫情的旅行限制措施。两国从9月起恢复持有工作准证的人员往来，但仍然落实防疫措施。这是日本首次将短期滞留人员纳入到放宽限制行列，当事人如果事前提交所到目的地的“活动计划书”，在满足一定条件的情况下，免除入境后14天的隔离措施。

澳大利亚外交部部长访问新加坡

2020年10月8—10日，澳大利亚外交部部长佩恩对新加坡进行为期2天的国事访问。澳新双方领导人就区域贸易、合作抗疫、安全重开双方边境、教育等议题展开会谈。这是新冠肺炎疫情暴发以来新加坡与澳大利亚两国领导人首次面对面会晤。

新加坡与中国举行双边合作机制会议

2020年12月8日，中共中央政治局常委、国务院副总理韩正与新加坡副总理王瑞杰举行视频会见，并共同主持中新双边合作联委会第16次会议、苏州工业园区联合协调理事会第21次会议、天津生态城联合协调理事会第12次会议、中新（重庆）战略性互联互通示范项目联合协调理事会第4次会议。会后，韩正和王瑞杰共同出席中新建交30周年庆祝活动。

“金色眼镜蛇—2020”联合军演在泰国举行

2020年3月1—4日，“金色眼镜蛇—2020”联合军演人道主义救援减灾实兵演练在泰国北柳府国家减灾训练中心举行。中国、美国和泰国等7国200余名官兵和民事人员参加。“金色眼镜蛇”联合军演是东南亚地区最具影响力的联合军事演习之一。此次演练模拟的是泰国南部遭受重大台风和超强暴雨，造成严重的洪灾、泥石流和建筑物倒塌等次生灾害，导致人员伤亡和财产损失。随着灾情不断升级，受灾国政府向国际社会发出救援请求，接受外国军事资源援助。中美等国迅速向受灾地区部署军事和民事力量实施救援。多国任务部队根据受灾国意愿，组成多国协调中心，指挥控制各国救援力量的联合行动。联演官兵围绕不同的灾害类型，对空中及地面搜索、高空缓降、绳索横渡、水上打捞、现场医疗急救等救援课目进行联合编组强化训练，联合救援能力得到进一步提高，增强参演国之间重大自然灾害救援响应的良性互动和交流合作。

泰国与新加坡老挝缅甸加强打击毒品犯罪合作

2020年3月9日，泰国和新加坡向老挝和缅甸移交3艘巡逻艇，以促进合作，共同打击湄公河上的毒品犯罪。巡逻艇的移交是东盟合作框架内的活动，旨在打击泰国、老挝和缅甸之间的嵯峨山林—“金三角”地区的毒品犯罪。作为倡议方的泰国与新加坡通过向老挝和缅甸移交3艘巡逻艇，促进湄公河的安全合作。泰国还帮助老挝和缅甸进行学术交流，增强官员有关打击毒品犯罪的能力，同时遏制用于制造毒品的前体物质的运输。上述3艘巡逻艇投入使用，有助于防止毒品犯罪分子利用湄公河将毒品前体物质运往“金三角”和将毒品运到其他国家。泰国是第一个鼓励所有东盟成员国加强“金三角”地区安全的国家，“金三角”是向东南亚各国提供兴奋剂和毒品的供应地。泰国于2019年12月启动“金三角1511行动”，与湄公河5个国家合作打击毒品团伙。

2020年3月1—4日，“金色眼镜蛇—2020”联合军演人道主义救援减灾实兵演练在泰国北柳府国家减灾训练中心举行（百度网）

泰国总理巴育与马来西亚新任总理穆希丁通电话

2020年6月10日下午，泰国总理兼国防部部长巴育上将在泰国总理府与马来西亚新任总理穆希丁进行电话通话，这是自穆希丁上任马来总理以来，两国领导人首次进行通话。双方表示,两国将密切合作,以更好应对疫情。巴育盛情邀请穆希丁访问泰国,促进两国在各个方面的友好关系。

泰国总理巴育出席澜沧江—湄公河合作第3次领导人视频会议

2020年8月24日,澜沧江—湄公河合作第3次领导人会议通过线上视频会议的方式举行,泰国总理兼国防部部长巴育上将参加此次视频会议,中国、越南、老挝、柬埔寨、缅甸等国家领导人共同参会。泰国非常重视湄公河伙伴国家之间的合作,此次会议讨论澜沧江—湄公河特别基金项目以及泰国提议的多个项目。此外,会议还讨论关于公共卫生方面的合作,泰国和中国联合开发疫苗,不仅仅只是新冠疫苗,还包括普通疫苗。与会方共同发表《澜沧江—湄公河合作第3次领导人会议万象宣言》《澜沧江—湄公河合作第3次领导人会议关于澜湄合作与"国际陆海贸易新通道"对接合作的共同主席声明》。

泰国总理巴育会见中国国务委员兼外交部部长王毅

2020年10月15日,泰国总理巴育在曼谷会见对泰国进行正式访问的中国国务委员兼外交部部长王毅。巴育表示,泰中友好源远流长,很高兴中国外长成为疫情发生以来第一个到访泰国的外长。泰方感谢中方为泰方抗击疫情提供的支持和帮助,高度评价习近平主席宣布中国疫苗研发成功后将作为全球公共产品,希与中方加强疫苗合作,共建健康丝绸之路。双方要共同规划后疫情时期合作,推动泰中全面战略合作伙伴关系深入发展。泰方希同中方进一步加强贸易和科技创新合作,期待中方企业更多来泰投资,愿为中方企业提供开放、公正、透明的营商环境。泰方支持"东部经济走廊"同粤港澳大湾区深度对接,加快彼此互联互通。泰方将继续坚定支持一个中国原则,希望借鉴中国扶贫经验,愿积极参加进博会。泰方感谢中方同湄公河国家开展水资源合作,愿同中方共同推进区域合作健康发展。双方一致同意建立两国人员往来"快捷通道"和物资流通"绿色通道"。同日,王毅还同泰副总理兼外长敦举行会谈。

泰国副总理兼商业部部长朱林在第11届泛北部湾经济合作论坛暨2020北部湾国际门户港合作峰会上视频致辞

2020年10月15日,以"聚焦国际门户港,共建陆海新通道"为主题的第11届泛北部湾经济合作论坛暨2020北部湾国际门户港合作峰会在广西南宁举行。泰国副总理兼商务部部长朱林·拉萨那威西通过视频连线致辞。朱林表示,受新冠肺炎疫情影响,在全球经济萎缩情况下,东盟与中国的贸易仍取得持续增长,从中可以看到东盟与中国合作的潜力,同时也反映出双方拥有良好的经济调控力。泰国愿继续与中国及其他国家深化合作,出台战略扶持政策,以呼应中国"一带一路"倡议,同时充分利用北部湾国际门户港的优势,扩大相互间的物流运输,促进泰国产品特别是农产品进入更多的中国地区市场。

泰国总理巴育参加第11届东盟—联合国峰会

2020年11月15日,泰国总理巴育通过视频方式参加第11届东盟—联合国峰会。巴育表示,这次会议是为了确认东盟与联合国之间相关合作的进展情况并展开检讨,包括落实《5年行动计划》《东盟—联合国全面伙伴关系联合宣言行动计划(2016—2020)》,以及确认《2021—2025年新行动计划》。此外,巴育还在会议上提出继续推动可持续发展的3个指导方针,包括:(1)通过彼此之间合作单位的重新排序来调整行动方针,强调加强人类安全,使东盟能应对紧急情况和挑战;(2)在东盟社区内扩大志愿者工作的机会,通过南南合作和三方合作分享和交流经验;(3)通过建立责任共担的牢固伙伴关系,全面促进东盟经济恢复计划的执行。

第31届APEC部长会议泰国提出4点声明

2020年11月16日,受副总理兼商业部部长朱林委托,泰国商业部助理部长叁盛参加以视频方式举行的亚太经合组织(APEC)第31届部长级会议。会上泰国提出以下声明:(1)加强多边贸易体制合作,保持稳定避免贸易中断;(2)支持茂物目标的实现;(3)重视区域经济一体化;(4)支持在世贸组织规则下亚太经合组织区域内的必需品流通。APEC作为亚太地区国家合作的框架,共有21个成员国。APEC作为泰国主要的贸易伙伴,2019年经贸总值3378.89亿美元。

泰中签署澜沧江—湄公河合作专项基金年度项目合作协议

2020年,泰中两国分别签署澜沧江—湄公河合作专项基金2020年度商业项目、农业项目和卫生项目合作协议。11月17日,中国驻泰国使馆临时代办杨欣和泰国农业与合作社部次长统斌在曼谷签署中泰澜沧江—湄公河合作专项基金2020年度农业项目合作协议。根据协议,中方将资助泰方开展食品安全、病虫害防治、土壤治理、可持续发展农业系统推广等4个项目。11月23日,中国驻泰国使馆临时代办杨欣和泰国商业部次长汶亚叻在曼谷签署澜沧江—湄公河合作专项基金2020年度商业项目合作协议。中方将资助泰方开展澜沧江—湄公河国家经济特区跨境贸易研究和促进工作。12月7日,中国驻泰国大使馆临时代办杨欣和泰国卫生部次长杰迪普在曼谷签署澜沧江—湄公河合作专项基金2020年度卫生项目合作协议。根据协议,中方将资助泰方在澜沧江—湄公河次区域牵头开展艾滋病防控工作。

《欧盟—越南自由贸易协定》生效

2020年2月12日，欧洲议会通过《欧盟—越南自由贸易协定》（EVFTA）和《欧盟—越南投资保护协定》（EVIPA），3月30日欧洲理事会批准EVFTA；6月8日，越南国会通过EVFTA和EVIPA；8月1日，EVFTA生效。根据协定，双方将逐渐削减直至取消双边货物贸易近99%的关税。对越南的出口来说，EVFTA生效后，欧盟立即取消对越南约85.6%的税目进口关税，相当于越南对欧盟出口额的70.3%；该协定生效7年后，欧盟将取消99.2%的税目关税，相当于越南对欧盟出口额的99.7%。对余下的0.3%出口额，欧盟承诺给予越南配额制下的零关税政策。EVFTA是继CPTPP之后越南加入的新一代自由贸易协定，涵盖传统和非传统内容的广泛承诺。8月6日，越南政府出台实施EVFTA计划的第1201/QD－TTg号决定，其中提出要推动尽快批准国际劳工组织第87号公约（结社自由和组织权利保护公约）；继续加强措施打击非法、不报告和不管制（IUU）捕捞海产的行为以及野生动植物非法贸易等。据越南工贸部公布的数据，自2020年8月1日至12月底，越南对欧盟的出口额为156.2亿美元，比上年同期增长3.8%。越南经济专家分析，尽管越南利用EVFTA的机遇巨大，但要充分利用EVFTA也面临着诸多的困难和挑战。其中包括原产地规则、食品安全卫生和动植物检疫措施、技术壁垒和贸易防卫，以及关于知识产权、劳动和环境的法律、体制及遵守规定的问题。与此同时，越南企业仍存在诸多限制，譬如规模和潜力不大，许多商品达不到质量要求，样式种类少，价格较高，没有形成国内产业链等。

越南签署《区域全面经济伙伴关系协定》《英国与越南自由贸易协定》

2020年11月15日，第37届东盟峰会及东亚合作领导人系列会议举行，东盟首倡的《区域全面经济伙伴关系协定》（RCEP）正式签署，越南成为RCEP创始成员国之一。2020年12月29日，越南和英国正式签署《英国与越南自由贸易协定》（UKVFTA）。在英国正式退出欧盟和退出欧盟后的过渡期即将结束的背景下，签署UKVFTA将确保越南与英国的双边贸易在过渡期结束后不会被中断。

越南继续大力推动政治外交

双边外交方面。2020年，越南执行越共中央书记处颁行的《至2030年加强和提升多边外交能力的指示》（25－CT/TW号指示）及越共十二大提出“主动参与并发挥在多边机制尤其是东盟和联合国的作用”的主张，积极开展多边外交。截至2020年年底，越南与17个国家建立战略伙伴关系，与13个国家建立全面伙伴关系。2020年，越南与新西兰的双边关系提升为战略伙伴关系；在新冠肺炎疫情的背景下，越南通过线上对话的方式，开展34场双边高层通话、交流，以及多场纪念活动、政府联席会议和国际签约活动。越美关系继续升温。3月5—9日，美国“罗斯福”号航母访问越南岘港仙沙港，成为越战后美军第二艘访问越南的航母。在与邻国的关系方面，越南与柬埔寨交换两国签订认定陆地勘界立碑工作完成84%的两个法理文件的批准文件。中国和越南举行仪式纪念《中越陆地边界条约》签订20周年及3个陆地边界法律文件生效10周年。

越南担任2020年东盟轮值主席国与2020—2021年联合国安理会非常任理事国

2020年，越南完成担任2020年东盟轮值主席国与2020—2021年联合国安理会非常任理事国的职责。2020年东盟年的主题为“齐心协力和主动适应的东盟”，以在线视频（采用线上线下结合）的方式举行多场会议，分别有第36和37届东盟峰会及东亚合作领导人系列会议、第24届东盟财政部长会议、第6届东盟财政部长和中央银行行长会议、第14届东盟国防部长会议、第41届东盟议会联盟大会等。这些会议通过多项合作文件，其中第37届东盟峰会及东亚合作领导人系列会议期间通过80余份文件，创下历年新高。

作为2020—2021年联合国安理会非常任理事国，越南积极设置引导国际议题。2020年1月，倡议举行题为“促进遵守《联合国宪章》，维护国际和平与安全”部长级公开辩论会和“联合国与区域各组织合作：东盟的作用”会议；12月7日，由越南提出关于将12月27日定为防范流行病国际日的倡议获得联合国大会通过。这是首个由越南提议并在联合国大会上通过的决议。

越南开展公民领事保护工作

2020年，受新冠肺炎疫情影响，越南政府职能机关配合越南驻外代表机构、国内外航空公司组织280多趟航班接送来自59个国家和地区的近8万名越南公民回国。

经　　济

中国发布《关于海南离岛旅客免税购物政策的公告》

2020年6月29日，中国财政部、海关总署、税务总局发布《关于海南离岛旅客免税购物政策的公告》，自2020年7月1日起实施。公告明确：离岛旅客每年每人免税购物额度为10万元，不限次；扩大免税商品种类，增加电子消费产品等7类消费者青睐商品；仅限定化妆品、手机和酒类商品的单次购买数量。对注册在海南自由贸易港并实质性运营的鼓励类产业企业，减按15%的税率征收企业所得税。

中国公布2020年粮食产量数据

2020年7月15日，中国国家统计局公布：2020年全国夏粮总产量14281万吨，比上年增加120.8万吨，增长0.9%。其中小麦产量13168万吨，增加75.6万吨，增长0.6%。全国夏粮生产不仅再获丰收，而且产量创历史新高。8月19日，中国国家统计局公布全国早稻生产数据。2020年全国早稻总产量2729万吨，比上年增加102.8万吨，增长3.9%，扭转连续7年下滑的态势。

中国北京大兴国际机场旅客吞吐量首次突破千万人次大关

2020年9月22日，中国北京大兴国际机场迎来第1000万名旅客，标志着北京大兴国际机场自投运以来旅客吞吐量首次突破千万人次大关。北京大兴机场单日最高航班量突破660架次，单日最高旅客量突破9.2万人次。截至2021年9月21日，大兴机场累计完成航班起降8.4万架次，货邮吞吐量约3.9万吨。

中国公布最新水稻测产结果

2020年10月14日，由中国工程院院士袁隆平"海水稻"团队和江苏省农业技术推广总站合作试验种植的耐盐水稻在江苏如东栟茶方凌垦区进行测产。经实测，"超优千号"耐盐水稻的平均亩产量达到802.9千克，创盐碱地水稻高产新纪录。11月2日，由中国工程院袁隆平院士团队培育的第三代杂交水稻"叁优一号"测产结果公布，晚稻平均亩产达到911.7千克。加上2020年7月测得的早稻平均亩产619.06千克，意味着第三代杂交水稻早晚双季稻达到1530.76千克，平均亩产突破1500千克，再创历史新高。

中国设立10个进口贸易促进创新示范区

2020年11月4日，中国商务部、发展改革委、财政部、人民银行、海关总署、市场监管总局、外汇局、药监局、进出口银行等9部门和单位共同在全国设立10个进口贸易促进创新示范区，分别为上海市虹桥商务区、辽宁省大连金普新区、江苏省昆山市、浙江省义乌市、安徽省合肥经济技术开发区、福建省厦门湖里区、山东省青岛西海岸新区、广东省广州南沙区、四川省天府新区、陕西省西安国际港务区。示范区覆盖东中西部和东北老工业基地，囊括海陆空港。

中国三峡电站2020年生产清洁电能1031亿千瓦时

截至2020年11月15日8时20分，世界装机规模最大的水电站—中国三峡电站2020年累计生产清洁电能1031亿千瓦时，打破2016年南美洲伊泰普水电站创造的1030.98亿千瓦时的单座水电站年发电量的世界纪录。数据显示，1031亿千瓦时清洁电能相当于节约标准煤3171万吨、二氧化碳减排8671万吨，可以支撑中国约1.42万亿元GDP。

文莱财政与经济部实施3项措施帮助中小微企业发展

2020年3月，文莱财政与经济部实施3项经济措施，以帮助私营部门减轻新冠肺炎疫情的影响。3月19日和3月21日公布的两项临时措施，涉及企业所得税和公用事业税，以及推迟偿还贷款和缴纳社保。员工人数在100人以下、员工收入不足1500文莱元的中小微企业，可以申请高达25%的工资补贴和3个月的全额补贴。第3项措施的主要内容是向中小微型企业员工支付3个月25%的工资。

文莱大摩拉岛炼油厂开始供应油品

2020年5月，恒逸石化文莱项目开始供应油品，文莱壳牌营销公司(BSM)开始接收大摩拉岛炼油厂的成品油供应民众，标志着大摩拉岛炼油厂正式向国内市场供应精炼燃料产品。该炼油厂有望减少文莱对进口燃料产品的依赖，同时还生产用于出口的产品。文莱第二财政与经济部长刘光明、能源部部长马特·苏尼、发展部部长苏海米、中国驻文莱大使于红、恒逸实业首席执行官陈连才和BSM的董事总经理诺沙费伊为首辆入站油罐车剪彩并视察装车站设施。恒逸将向BSM供应总计427509桶成品油，以满足每月国内成品油需求。

文莱发布《数字经济2025年总体规划》

2020年6月，文莱数字经济委员会发布《数字经济总体规划2025》，规划的战略重点包括：工业数字化，以解决工业革命4.0带来的新挑战。规划的方向和重点是使文莱成为一个智慧国家。规划的目标是发展充满活力和可持续的经济，建立数字化、面向未来的社会和数字生态系统。这将从工业数字化、政府行政数字化、促进数码产业发展以及人力和人才开发等四方面推进目标的实现。数字经济委员会在以下9个有经济发展潜力的领域开展重点项目实施：物流和运输、能源、商业服务、旅游、金融服务、健康、农产品、教育以及清真产业。与此同时，文莱政府还通过重新培训和更新教育项目来创建一个数字化的终身学习机制以提高现有人员的能力。

文莱保持高人均收入经济地位

文莱《婆罗洲公报》2020年7月5日的报道，根据世界银行公布的最新国家收入分类，文莱保持其高收入经济地位(12536美元或以上)。文莱的人均国民总收入为32230美元，仅次于新加坡（59590美元），位居东南亚第二位。

文莱采取重要经济纾困措施减轻新冠疫情对经济的影响

为减轻新冠疫情对经济的影响，截至2020年9月，文莱先后出台总额达4.5亿文莱币（约合22.41亿元人民币）的系列经济纾困措施。（1）延付贷款本金。4月1日起，旅游、酒店、食品饮料、航空运输、食品和医疗物资进口等行业可延付贷款本金6个月。（2）减免行业税费。旅游、酒店、餐馆、咖啡店、水运和空运等行业的2020年度公司税减半征收。上述行业的中小微企业租用政府房产的租金减免30%、水电费减免15%。对商业、工业、加油站等特殊用途的商用房产以及用于家庭经营的房产税实施有条件的减税。（3）免除银行收费。4月1日起，除第三方银行收费外，免除其他所有银行收费。（4）缓缴社保费。4月1日起，员工少于100人的中小微企业延期缴纳月薪1500文币及以下的员工的社保费6个月。（5）发行伊斯兰债券。疫情期间，文莱中央银行金融管理局先后3次发行伊斯兰债券，总价值共计2.475亿文莱币（约合12.375亿元人民币）。（6）设立救助基金。3月22日，文莱政府设立新冠肺炎救助基金，接受公众捐款用于新冠肺炎防控。截至7月22日，共收到公众捐款1460万文莱元（约合7300万元人民币）。基金账户已于2020年8月1日关闭。（7）实施“购买本地产品运动。文莱财政与经济部联合内政部、文莱国有企业甘宁国际公司、达鲁萨兰企业合作开展“购买本地产品运动”，帮助农产品种植者与超市、餐厅和市场对接以减少中间环节，帮助小微企业化解疫情带来的困难。

文莱2020年全球能源转型指数排名第49位

根据世界经济论坛发布的《2020年全球能源转型报告》，文莱在115个经济体中排名第49位。在东南亚，文莱排名仅次于新加坡（第13位）和马来西亚（第38位）。文莱的平均得分为57，高于55.1分的全球平均水平。

欧盟对柬埔寨部分撤销EBA

2020年2月12日，欧盟贸易委员会决定，部分撤销柬埔寨对欧盟市场的“除武器外一切贸易优惠准入”（EBA），原因是柬埔寨严重违反《公民权利和政治权利国际公约》中的人权原则。欧盟表示，柬埔寨政府有必要重新开放该国的政治空间，为重建一个可靠的反对派创造必要的条件，并通过真诚和包容的态度启动民族和解的民主进程对话。这包括恢复反对党成员的政治权利，以及废除/修订《政党法》和《结社和非政府组织法》等法律。如果柬埔寨在公民权利和政治权利方面显示出重大进展，委员会可根据EBA安排复审其决定并恢复关税优惠。若无来自欧洲议会和理事会的反对，该决定于2020年8月12日生效。据悉，该决定涉及柬埔寨的服装和鞋类产品、旅游产品、食糖等，所涉及的出口额占柬埔寨每年对欧盟出口额的1/5或10亿欧元（约11亿美元）。

柬埔寨国家银行致力于提高本国货币地位

2020年5月28日，为鼓励和提高本国货币瑞尔的使用水平，柬埔寨国家银行出台三项措施以减少小额美钞在柬埔寨市场上的流通：（1）柬埔寨国家银行在2020年6月1日到8月31日期间，让银行和小额信贷机构收集小面额美钞，由柬埔寨国家银行统一免费运送到国外；（2）2020年8月31日后，从柬埔寨运送小面额美钞到国外的费用由银行或小额信贷机构自理，10美元面额以上的美钞不计运输费用；（3）柬埔寨国家银行继续同各家银行和小额信贷机构代表磋商，以制订适合的时间表来执行全面暂停从银行和小额信贷机构接受小面额美钞的工作。根据柬埔寨1996年1月26日制定的国家银行第64条款规定：“凡在柬埔寨境内不接受柬埔寨货币瑞尔者，将被罚以该货币面额100倍的处罚。”据悉，为回应柬埔寨国家银行的提议，柬埔寨大型购物中心永旺购物中心从8月1日起，仅接受消费者所支付的小面额美钞，停止向所有消费者以小额美钞找零，转而用本国货币瑞尔代替。

柬埔寨输华水果产业发展迅速

2020年6月9日，中国驻柬埔寨大使王文天与柬埔寨农林渔业部大臣翁萨坤交换《柬埔寨鲜食芒果输往中国植物检疫要求议定书》。芒果成为继香蕉之后

6月9日，中国驻柬埔寨大使王文天与柬埔寨农林渔业部大臣翁萨坤交换《柬埔寨鲜食芒果输往中国植物检疫要求议定书》（中新网）

第二种获直接出口中国资质的柬埔寨热带水果。自2019年5月7日柬埔寨香蕉成功出口中国后，柬埔寨香蕉产业发展迅速，出口量从2018年的1万吨增加到2020年的33万吨。这极大刺激了柬埔寨的香蕉产业发展，从而带动芒果、龙眼、火龙果、胡椒、燕窝、椰子等更多柬埔寨农产品积极筹划出口中国。

柬埔寨旅游业受挫

受新冠肺炎疫情影响，2020年柬埔寨接待国际游客131万人次，比上年减少80%；本地游客900万人次，减少20%。该领域收入损失超过30亿美元。旅游业是柬埔寨的支柱性产业，为走出困境，柬埔寨旅游部、卫生部和各省市开展合作，积极研制各类方案，考虑初步开放接待疫情低风险地区和国家已接种疫苗的国际游客，让这些国际游客缩短落地隔离时长或不需要隔离。该方案呈交柬埔寨王国政府审批，于2020年第四季度执行。

柬埔寨开采出“第一滴石油”

2020年12月29日，新加坡克里斯能源公司(Kris Energy)与柬埔寨政府组成的合资企业，在柬埔寨西港海域“A区块”中的仙女油田开采出柬埔寨的“第一滴石油”。据柬埔寨政府此前做出的预测，整个“A区块”将开采出3000万桶石油，成为柬埔寨未来经济增收的新亮点。柬埔寨政府曾于2019年宣布，来自自然资源的收入，特别是石油的收入，用于建设道路、桥梁、机场以及学校和医院等基础设施。柬埔寨已探明的油田有25块，其中陆地19块、海上6块(柬泰重叠海域4块)。根据柬埔寨2019年修订的《石油法》，柬埔寨政府拥有本国所有石油资源的所有权。

印度尼西亚中央政府转拨856.9万亿盾用于地方发展

2020年1月14日下午，印度尼西亚财政部部长丝莉·穆莉亚妮·英特拉瓦蒂在雅加达国会大厦出席地方代表理事会第四委员会的工作会议上陈述有关2020年国家收支预算案有关的数据时说：“中央今年计划转发给地方的预算开支和乡村基金总额为856.9万亿盾，某些地方的预算开支配额有所增减或保持同样数额，敬请第四委员会同仁能审核或对照各个有关地方的建设项目。”自从佐科总统执政以来，中央基于均衡发展全国经济建设，以改善、提高弱势群体，乃至普罗大众的福利生活，因此极为关注各地的经济建设和发展。纵观中央转拨给地方的预算开支配额，每年皆有一定程度的增幅，而且着重于开发或发挥每个地区的资源和建设强项给予增添。

印度尼西亚政府决定开辟非传统出口市场

2020年3月4日，印度尼西亚贸易部副部长杰里(Jerry Sambuaga)在雅加达婆罗浮屠酒店表示，在新型冠状病毒肺炎疫情越加猖獗而导致全球经济陷入低迷的情况下，为平衡印度尼西亚的贸易，政府决意要加紧推动印度尼西亚产品的出口。所有出口商除扩大市场外，也要提高产品质量，要进军那些印度尼西亚从来未开辟的新市场，如非洲和拉丁美洲等非传统出口市场。

印度尼西亚成为中等偏上收入国家

2020年7月2日，印度尼西亚财政部公关主任拉哈尤在雅加达财政部大厦通过视频方式向媒体表示，就在新冠病毒疫情仍严重时期，全球各国受到经济衰退威胁之际，印度尼西亚在7月1日获得世界银行中等偏上收入国家的评定。这是根据世界银行通过严密评估的投票结果。印度尼西亚在2019年的人均收入从之前的3840美元增至4050美元。印度尼西亚成为中等偏上收入国家将吸引更多的投资家、商业伙伴、双边合作国家，以及获得国际社会，包括合作伙伴等的信任和认可。

印度尼西亚被列为全球十大负债国

2020年10月13日，世界银行发布2021年国际债务统计报告。在这份报告中，印度尼西亚被列为全球中小等级收入十大负债国之一。印度尼西亚在全球中小等级收入十大负债国之中排名第7位。

印度尼西亚与美国签署7.5亿美元基础设施与贸易协议

2020年11月4日，印度尼西亚和美国签署一项价值7.5亿美元的协议，为两国寻求加强经济关系的贸易和基础设施项目提供资金。印度尼西亚驻美国大使穆罕默德·卢特菲和美国进出口银行总裁金伯利·里德在华盛顿特区签署该协议的谅解备忘录。该协议旨在扩大两国在政府项目以及基础设施，运输和能源等领域的业务发展方面进行合作的机会。基础设施发展是佐科总统执政的主要重点。国家发展计划局先前估计，从2020年到2024年，印度尼西亚需要4297亿美元的基础设施投资，相当于该国GDP的6.1%。

印度尼西亚与韩国签署全面经济伙伴关系协定

2020年12月18日，印度尼西亚贸易部部长阿古斯同韩国产业通商资源部长官成允模在首尔签署《韩国与印度尼西亚关于建立更紧密经贸关系的安排》(CEPA)。这是两国自2012年开启CEPA谈判以来时隔8年正式签署协议。

老挝政府提供贷款资助中小企业发展

老挝《万象时报》2020年3月25日报道，老挝政府下设的中小企业促进基金通过4家当地商业银行

（老挝发展银行、越南西贡商信银行、越南工商银行老挝分行和 Mahuhan 日资银行）提供高达1000亿老挝基普的专项长期低息贷款。本次贷款将优先用于农产品、手工业、玉米种植和动物饲养、旅游业四个行业，将有助于拓宽企业融资渠道，降低企业融资门槛，有力促进老挝中小企业发展。据世界银行统计分析，中小企业注册数量约占老挝企业总数的99%，融资困难是限制中小企业发展的首要因素。

老挝中央银行颁布新《货币兑换业务决定》

2020 年 7 月，老挝中央银行颁布新的《货币兑换业务决定》，旨在将老挝基普对主要国际货币的汇率保持在5%的浮动范围内。新的《货币兑换业务决定》规定，老挝个人和法人实体想要经营货币兑换业务，必须从中央银行获得许可证，且只有经营酒店和旅游业相关业务并符合要求的法人实体才有资格从中央银行获得货币兑换业务许可证。货币兑换点不得在其申报的营业场所之外提供服务，如若违反，每次面临 300 万基普的罚款；禁止货币兑换服务提供商与商业银行直接进行货币兑换，如若违反，每次面临 500 万基普的罚款；货币兑换服务提供商须按照规定和中央银行的汇率来设定汇率，如若违反，每次面临 500 万基普的罚款等。此外，还需每天向中央银行报告汇率，如若违反，每次面临 10 万基普的罚款。

老挝在证券交易所发行 5000 万美元外币国债

2020 年 9 月 7 日起，老挝政府向老挝证券交易所发行新一期价值 1.5 万亿基普国债。同时，首次通过老挝证券交易所发行一期价值 5000 万美元的外币国债。在新冠肺炎疫情冲击之下，老挝面临主权债务危机。根据穆迪的评级报告，老挝的政府债务 2020 年达到 12 亿美元，商业银行贷款和泰铢债券分别于 2020 年 9 月和 10 月到期。

老挝电力和矿产业蓬勃发展

截至 2020 年 11 月，老挝有 78 座水电站、1 个火电站、4 个生物质发电站和 6 个太阳能发电站，装机容量 9972 兆瓦，年发电量 522.11 亿千瓦时。全国建有高中低压输电线路 65563 千米，74 个变电站，所有省会城市和市县城区、93% 的村及 94% 的家庭实现通电。2020 年头 10 个月，老挝发电量 297.87 亿千瓦时，产值 153950 亿基普。截至 10 月底，老挝累计出口电力 6620 兆瓦，其中出口泰国 5620 兆瓦、越南 570 兆瓦、柬埔寨 320 兆瓦、缅甸 10 兆瓦。老挝是东盟首个通过邻国电网向第三国实现电力互通的国家，经泰国向马来西亚出口电力 100 兆瓦。年内，老挝正与新加坡进行电力购销谈判，预计 2021 年通过邻国向第三国出口电力 300 兆瓦。2020 年头 10 个月，老挝矿业产值 7.7 万亿基普，完成全年目标的 71%。截至 10 月底，老挝有 214 家地质调查和矿产开发公司，获批开展相关项目 319 个，作业面积 728 万公顷，占老挝国土面积的 30.75%。其中开展地质普查业务的公司 21 家、项目 28 个，开展勘探业务的公司 70 家、项目 83 个，开展项目可行性研究的公司 43 家，项目 67 个，进行矿石开采加工的公司 80 家、项目 141 个。共探明矿点 570 处，面积 16.2 万平方千米，占老挝国土面积的 68.46%。主要矿产包括金、铜、银、锡、煤炭、铝土、石膏、石灰、铁、宝石、盐矿、钾盐、锌、铅、镍、锰等。

老挝采取措施提高关税管理水平

为消除关税征收障碍，确保 2020 年国家关税收取目标的实现，老挝海关进一步提高关税管理现代化水平，在全国海关安装智能报关系统、东盟过境商品运输管理系统、旅游车辆监管系统、手续费智能收费系统等。在重点关口建立国家“一站式”报关机构，提高关税管理水平。

马来西亚多次推出经济配套方案应对疫情

2020 年 2 月 27 日，马来西亚过渡首相马哈蒂尔公布总额 200 亿林吉特的 2020 年经济振兴配套方案，以协助遭受新冠肺炎疫情冲击的相关行业及民众。配套方案涵盖 3 大策略，即解决新冠肺炎疫情的影响、催化以民为本的增长以及鼓励有素质的投资。3 月 27 日，马来西亚首相穆希丁公布“关怀人民振兴经济配套”，总额 2500 亿林吉特，其中 1280 亿林吉特用于援助人民福利、1000 亿林吉特援助企业，20 亿林吉特巩固马来西亚经济。4 月 6 日，穆希丁宣布额外增加 100 亿林吉特的经济振兴配套附加拨款，推行“中小型企业附加关怀配套”，以保住现有 2/3 中小型企业员工的工作，政府预计有 480 万名员工可以从这项计划中受惠。6 月 5 日，穆希丁再次宣布包含 40 项措施，共 350 亿林吉特的《经济复苏计划》，希望能够重新提高投资者、商人及人民的信心，以促进国家经济。《经济复苏计划》建立在三个主要核心之上，包括帮助民众增权益能、促进商业及刺激经济，其中 100 亿林吉特直接由政府注入。

马来西亚政府通过《2021 年马来西亚联邦政府财政预算案》

2020 年 11 月 6 日，马来西亚财政部部长东姑扎夫鲁在马来西亚国会下议院提呈《2021 年马来西亚联邦政府财政预算案》。预算案总预算为 3225.4 亿令吉，预计财政赤字为 6%，涵盖四大主题，即“关怀人民、推动经济、可持续生活和提升公共服务传递”，是马来西亚史上最庞大的财政预算案。11 月 26 日，预算案二读在 13 名国会议员发起记名投票的反对下，因未达到 15 名的反对门槛，成功以声浪方式通过二读；12 月 15

日，预算案三读以111票赞成108票反对的微弱优势在下议院获得通过。12月23日，财政部第二副部长莫哈末沙哈提呈《2021年马来西亚联邦政府财政预算案》并在国会上议院三读通过。

缅甸政府开通“缅甸项目库”平台

2020年2月26日，为建立和完善缅甸重大项目的透明机制，促进缅甸可持续发展，缅甸计划、财政和工业部开通缅甸项目库（The Myanmar Project Bank）网站。各国投资者通过该项目库能了解缅甸计划招商引资的新项目。

新冠肺炎疫情重创缅甸制造业

自2020年3月起，缅甸制造商接到的订单数量急剧下降，新开工数量和就业人数也因疫情急剧减少。受疫情影响中国暂停向缅甸服装厂提供原料，缅甸服装厂面临裁员、减薪和停产等困难。

缅甸启动《新冠肺炎经济救助计划》

2020年5月5日，缅甸启动《新冠肺炎经济救助计划》，内容涵盖7个目标、10项战略、36项行动计划和76项具体行动，）通过货币刺激改善微观经济环境，协助劳工及其家庭，提高投资贸易和银行业务以缓解疫情对私营经济的影响。

缅甸加快数字经济发展

受新冠肺炎疫情影响，缅甸运用数字技术的企业数量增长幅度较大，其使用率增加到20%，疫情还推动缅甸移动支付方式的发展。2020年5月18日，中国蚂蚁集团向缅甸移动金融服务公司Wave Money投资7350万美元，成为Wave Money的非控股股东。11月，缅甸中央银行通过日本的技术支持，开始使用具有国内跨行转账和缴费功能的CBM－Net－2系统。

缅币持续升值影响缅甸经济发展

2020年9月24日，缅甸中央银行发布美元兑缅币指导价为1∶1309，比上年同期下降约4%。缅甸中央银行9月和10月收购美元以稳定汇率。综合来看，新冠肺炎疫情导致市场需求减少，贸易进出口额下降，使用美元采购的行业需求停滞，致使美元汇率持续下降后，缅币升值导致出口商盈利减少。

新冠肺炎疫情冲击缅甸旅游业

疫情对缅甸酒店和旅游领域产生巨大冲击，2020年10月7日，《新光报》发布本财年外国公民入境缅甸的数据显示，赴缅旅游人数为520665人次，商务入境人数为152391人次，共计673056人，与2018—2019财年相比减少548369人，下降44.9%。由于2019年旅游业的蓬勃发展，缅甸国际航班收入9亿美元，2020年受疫情影响收入减至1.73亿美元。

缅甸政府制订经济复苏和改革计划

2020年10月26日，缅甸政府制订经济复苏和改革计划（MERPP）。该计划优先实施宏观经济调控和实现财政稳定，重点帮扶农业领域发展，支持长期在可再生能源和基础设施投资的领域，提升基础设施建设和通讯水平，推动人力资源和私营领域经济的发展。

缅甸加入《区域全面经济伙伴关系协定》

2020年11月15日，缅甸签署并加入《区域全面经济伙伴关系协定》（RECP）。根据该协定，缅甸并享有最不发达国家的特权，即缅甸只需要取消30%的货物贸易关税。该协定的签署为缅甸带来巨大的市场和优质的投资，将使缅甸享受涵盖各领域高质量经济合作协议的利益。

11月15日，缅甸签署并加入《区域全面经济伙伴关系协定》（RECP）（果敢资讯网）

缅甸的外国投资额增加

2019—2020财年缅甸投资委共批准245个外资项目，包含对原投资项目和经济特区项目追加投资额，外资引入达56.8亿美元。比上一财年增加11.6亿美元。在吸引外资领域中，电力领域排名第一，占比30.26%；其次是工业领域，占比20.42%；房地产领域占比20.19%。

缅甸进出口贸易额增长

据缅甸商务部数据，2019—2020财年缅甸进出口贸易总额367亿美元，比上财年增长4.4%。其中，出口额 177 亿美元，进口额 190 亿美元。与 2018—2019 财年相比，出口额增加 6 亿美元，进口额增加 9.5 亿美元。2019—2020 财年中国仍是缅甸最大的贸易伙伴，缅中贸易额（约 121 亿美元）约占缅甸贸易总额的 33%，泰国占 14%，新加坡占 10%，日本占 5%，印度占 4%。

缅甸继续加大电力能源领域投资

截至 2020—2021 财年的第二个月，缅甸已实现全国电力覆盖率增至 55% 的目标。缅甸计划将 2021 年的可再生能源发电比例提升至 14%。2019—2020 财年缅甸发电量 236.63 亿千瓦时，其中天然气发电量为 116.18 亿千瓦时，水力发电量 93.66 亿千瓦时。

菲律宾总统杜特尔特签署 2020 年国家预算案

2020 年 1 月 6 日，菲律宾总统杜特尔特在总统府签署 2020 年国家预算案。2020 年国家预算总额 4.1 万亿比索，较 2019 年的 3.76 万亿比索增长 9%。其中 38% 的预算将用于教育、健康保障和社会福利。

菲律宾土地改革部为棉兰老岛分配 3.24 亿比索的农业项目

2020 年 2 月 2 日，菲律宾土地改革部为棉兰老岛分配 3.24 亿比索，用于 27 个省共 46 个与农业有关的项目。这些项目在由国际协力机构资助的棉兰老岛可持续农业发展项目下实施，主要包括农场到市场的道路、桥梁、灌溉、农村供水系统、采后设施以及农产品加工机械等，以帮助改善该地区相关民众的生活。

菲律宾农业部采取措施控制棉兰老岛非洲猪瘟扩散

2020 年 2 月 20 日，随着棉兰老岛非洲猪瘟发病率的确认，农业部与当地政府部门和有关国家机构合作，严格执行针对非洲猪瘟的兽医检疫措施。菲律宾农业部动物产业局和其他有关机构将在所有入境点建立全时作业检查站并配备消毒设备和设施，还将对棉兰老岛港口停靠的船只进行强制检查。初步统计，已处置 23 万头猪，占全国 1270 万头存栏猪的 1.8%。

本田汽车菲律宾公司关闭菲律宾组装厂

2020 年 3 月 25 日，本田汽车菲律宾公司宣布关闭菲律宾组装厂。本田菲律宾公司表示在全球汽车市场增速放缓及新技术兴起的背景下，本田考虑到全球资源分配，决定关闭菲律宾工厂，但仍将为菲律宾消费者提供质优价廉的产品。受税费改革等因素影响，菲律宾汽车销售市场持续低迷。本田菲律宾公司销量从 2017 年的 31758 辆降至 2019 的 20338 辆，因此年产能 15000 辆的本田菲律宾工厂 2019 年实际产量仅为 8000 辆，无法保证工厂有利可图。

2020 年上半年菲律宾外国投资下降

根据菲律宾投资署公布的数据，2020 年 1—6 月投资署批准的外国投资承诺仅 186 亿比索，比上年同期下降 73%，前五大外国投资承诺来源国是法国、荷兰、日本、马来西亚和印度。与此相反，上半年投资署批准的国内项目承诺高达 6267 亿比索，比上年同期增长 166%。综合看来，上半年投资署批准的项目总额 6453 亿比索，比上年同期增长 112%，主要投资于建筑和基础设施领域（5308 亿比索）和交通运输业（867 亿比索），项目总数 96 个，预计创造 27082 个新工作岗位。

2020 年菲律宾旅游业收入骤减 83%

据菲律宾旅游部提供的数据，2020 年菲律宾旅游业收入 814 亿比索，比上年下降 83%。2020 年，菲律宾接待外国游客 130 万人次，下降 84%。菲律宾旅游部表示，2021 年旅游业发展的重心在国内市场。

2020 年度菲律宾财政赤字翻番

菲律宾财政部提供的数据显示，2020 年度菲律宾财政赤字 1.36 万亿比索，占 GDP 的 7.5%。2019 年菲律宾财政赤字 6600 亿比索，占 GDP 的 3.4%。2020 年菲律宾财政支出 4.205 万亿比索，比上年增长 11%；财政收入 2.842 万亿比索，下降 9.5%。尽管如此，菲律宾 2020 年赤字仍低于该国发展预算协调委员会设定的 1.38 万亿比索上限。

新加坡发布 4 次财政预算案

为帮助新加坡民众度过新冠肺炎疫情难关，新加坡政府拿出 20 年国库积蓄近 1000 亿新加坡元，用于救国助民的各类补助和津贴。为稳定就业，新加坡政府 2020 年先后 4 次发布财政预算案。为配合准备分阶段重启经济，新加坡政府 5 月 26 日推出总值 330 亿新加坡元的财政援助措施，此前已有 3 个抗疫预算案，新加坡政府推出的 4 个抗疫预算案总拨款额累计 929 亿新加坡元，约占该国国内生产总值的 20%，以有效地防控疫情，刺激就业，增加国民收入。

新加坡与智利、新西兰签署《数字经济伙伴关系协定》

2020 年 6 月，新加坡、智利、新西兰共同签署《数字经济伙伴关系协定》。该协定于 2021 年 1 月生效，包括 16 个模块：初步规定和一般定义、商业和贸易便利化、数字产品及相关问题的处理、数据问题、广泛的信任环境、商业和消费者信任、数字身份、新兴趋势和技术、创新与数字经济、中小企业合作、数字包容、联合委员会和联络点、透明度、争端解决、例外和最后条款。

新加坡与英国签署自由贸易协定

2020年12月10日，新加坡与英国签署自由贸易协定。根据该双边贸易协议，新加坡84%出口到英国的商品实现“零关税”，其余16%的商品于2024年11月实现“零关税”，免关税优惠将涵盖其余商品。该协定的实施进一步促进新加坡与英国的贸易合作，对加快恢复新加坡经济发展有积极意义。

新加坡大批企业破产倒闭或裁员

在新冠肺炎疫情冲击下，新加坡很多企业亏损甚至破产倒闭。首当其冲的是新航。疫情影响，国际旅行几乎处于停滞状态。令新加坡人引以为豪的新航，却在疫情中差点折翅。仅在2020年9月底前的上半财年共净亏34.67亿美元（约173.35亿人民币），被迫裁员近7000人。新加坡的“能源巨头”凯发集团也债台高筑；“物流巨子”太平船务陷入创立53年来的倒闭困境。有着162年历史的新加坡著名商场罗敏申也在疫情和电商的双重夹击下倒闭。根据新加坡人力部最新数据，新加坡15岁以上居民的就业率，从2019年的65.2%降至2020年的64.5%，为6年来的最低水平。

新加坡与中国启动中国—新加坡自由贸易协定升级后续谈判

2020年12月8日，新加坡与中国启动自由贸易协定升级的后续谈判。后续谈判主要聚焦服务以及投资领域，并采取负面清单模式开展双边谈判，旨在提高两国间服务和投资领域的政策透明度，进一步提升双边服务和投资自由化便利化水平，为两国企业进一步营造良好的营商环境，推动两国和共同区域内经济的复苏和发展。

泰国成为世界第三大橡胶制品出口国

2020年，泰国橡胶制品出口持续扩大。2020年1—11月，泰国出口价值逾109.38亿美元的橡胶制品，比上年增长7%，使泰国成为仅次于中国、德国的世界第三大橡胶制品出口国。出口持续扩大的泰国橡胶制品主要有橡胶手套、丁苯橡胶等，其中橡胶手套出口额超过20.18亿美元，增长83%，主要出口市场是美国、英国、日本、中国；丁苯橡胶出口额超过22.33亿美元，增长17%。泰国同包括中国在内的多个国家和地区签订自由贸易协定，促进了泰国橡胶制品的出口。另一方面，新冠疫情全球大流行后，世界市场对橡胶制品的需求增加。

泰国罗勇府成为外企投资的热土

从2020年的官方数据来看，泰国东部经济走廊（EEC）3府中罗勇成为外国投资者最理想的新公司注册地。泰国罗勇府引资额4183.40亿泰铢，春武里2880.52亿泰铢，北柳877.63亿泰铢。根据泰国商业部发展商业厅统计数据，2020年1—5月间EEC的春武里、北柳和罗勇3府累计新注册登记公司2731家，比上年减少13.35%；注册资本总额67.90亿泰铢，减少18.32%。从投资金额看，罗勇府无疑是外国人最愿意选择的投资目的地。官方数据显示，外国人投资且持股不超过49.99%的外资企业市值7881.56亿泰铢，占比40.22%。其中罗勇府投资总金额4183.20亿泰铢，春武里府2880.52亿泰铢，北柳府877.63亿泰铢。据悉，在春武里府、罗勇府和北柳府的注册企业74073家，注册资本总额19593.10亿泰铢。其中春武里府73.38%，罗勇府18.18%，北柳府7.84%。罗勇府是泰国重工业大府，炼油、轮胎制造、汽车组装等，该府的金枕榴莲亦广为食客所熟知和追捧。

泰国国际航空公司申请破产重组

2020年5月27日，泰国中央破产法院受理泰国国际航空公司申请破产重组案件，并定于8月举行第一次听证会。泰国国际航空公司（泰航）是泰国最大的航空公司。近年来，该公司经营持续亏损，而新冠肺炎疫情更令其财务状况雪上加霜。该公司的未偿债务总计2448亿泰铢（约合553亿元人民币），其中国内负债约占30%。鉴于泰航债务沉重，泰国政府希望通过破产保护，对该公司进行债务重组和内部改革，使其“轻装”前进，恢复活力。在向法院申请破产之前，泰国财政部向一家基金公司出售3.17%的泰航股份，以解决泰航流动资金问题。出售上述股份后，泰国财政部持有泰航股份减至48%，意味着泰航正式失去国营企业的身份，不过财政部仍为其最大股东。泰国总理巴育于5月26日签署命令，成立泰航问题追踪解决委员会，由副总理威萨努担任该委员会主席，督导泰航进行内部业务重组和复苏工作，制定相关复苏方案。对泰航向法院申请破产重组，威萨努表示，法院可能要花3个月时间来审理相关申请，如果同意，还需要3个月的时间审核复苏计划。预计泰航整个重组恢复过程需要5年时间。

泰国劳工部与华为签署《数字技能发展谅解备忘录》

2020年10月22日，泰国劳工部劳工技能发展厅与华为技术（泰国）有限公司在曼谷华为总部会议厅签署《数字技能发展谅解备忘录》。泰国劳工部副部长娜叻蒙、泰国劳工部劳工技能发展厅厅长塔瓦·本查提坤等泰方领导代表、华为技术（泰国）有限公司首席执行官邓丰和各部门领导代表，以及20多家泰国媒体记者出席本次签约仪式。此次合作旨在加强泰国的数字技术与技能发展。

泰国正式签署《区域全面经济伙伴关系协定》(RCEP)

2020年11月15日,第4次《区域全面经济伙伴关系协定》领导人会议以视频形式举行。泰国总理巴育与其他国家代表出席RCEP签字仪式。泰国副总理兼商务部部长朱林签署该协议。协议签署后,各国须根据既定的程序获得国内的批准方能生效。泰国方面,必须通过国会批准,预计可在2021年年中正式生效。

越南企业未能充分利用CPTPP带来的机遇

自2019年1月14日《全面与进步跨太平洋伙伴关系协定》CPTPP在越南生效两年来,越南企业利用CPTPP还面临不少障碍。根据越南工贸部公布的资料,从出口看,越南产品在其他已批准协定生效的6国(日本、新加坡、新西兰、澳大利亚、加拿大和墨西哥)市场占比很低,仅占日本进口总额的3.1%、澳大利亚的1.9%、新西兰的1.6%、墨西哥的1.3%、加拿大的1.1%、新加坡的1%。2020年,越南对该6国的货物贸易出口额为340亿美元,与上年基本持平。但越南对墨西哥、加拿大的出口额大幅增长。越南出口货物享受CPTPP关税优惠的比重还很低,主要原因是纺织服装、鞋制品等存在“原材料、生产工序未满足原产地标准”、水产品存在“药物残留、食品卫生安全、商品包装标注不符合要求”等问题。

越南出台国家数字化转型计划和第四次工业革命国家战略

2020年6月3日,越南政府总理批准《至2025年国家数字化转型计划及至2030年愿景》,正式启动全面的国家数字化转型计划。该计划的双重目标是在发展数字政府、数字经济、数字社会的同时,涌现出具有全球竞争力的数字技术企业。为促进越南数字技术企业的发展,2020年12月23日,在第2届越南数字技术企业发展论坛上,越南通信传媒部首次颁发“越南制造数字技术产品奖”(国家级)。

2020年12月31日,越南政府总理签署决定颁行《到2030年第四次工业革命国家战略》。根据该战略,到2025年,越南分别在北部、中部、南部3个重点经济区至少有3个智慧城市并在这些城市开展5G网络;提高联合国电子政务发展指数排名进入东盟4强;努力提高劳动生产率年均增长7%以上,数字经济占GDP约20%。为实现目标,该战略提出要提高体制的质量和制定政策的能力;发展互联互通基础设施,建立和开发数据库;发展人力资源;建设面向数字政府的电子政务;发展和提高国家创新能力;投资、研究、发展一些主动参与第四次工业革命的优先技术;扩大科技、尤其是优先技术的国际合作与融通。

越南完成国会提出的大部分经济社会发展指标

2020年,在受新冠肺炎疫情冲击、全球经济严重衰退的情况下,越南完成国会提出的12项主要经济、社会发展指标中的10项。国内生产总值(GDP)增长2.91%,实现2016—2020年GDP年均增长约6%的目标。宏观经济保持稳定,通货膨胀得到控制,居民消费价格指数(CPI)平均上涨3.23%。贸易顺差200亿美元。按照多方面评价标准,全国的贫困户比例降至2.75%,比2019年下降1%。

越南货物贸易进出口额继续增长

在新冠肺炎疫情导致全球供应链遭受严重冲击的背景下,越南货物贸易进出口额继续增长。根据越南海关总局公布的数据,2020年越南货物贸易进出口总额5454亿美元,比上年增长5.4%,其中出口额2827亿美元,增长7.0%,进口额2627亿美元,增长3.7%。贸易顺差200亿美元,这是越南连续第5年实现贸易顺差。但是,外贸依存度继续高企,达到201.1%,此外,国内经济领域贸易呈现逆差态势,外资投资领域贸易呈现顺差态势,贸易增长和顺差主要贡献者是外资企业。

越南公共投资资金到位大幅度增长

2020年,越南加快公共投资以稳住经济增长的势头,国有投资大幅度增长。按现行价格计算实现全社会投资额2164.5万亿越南盾,比上年增长5.7%,占GDP的34.4%。其中:国有投资729万亿越南盾,占投资总额的33.7%,增长14.5%;非国有投资972.2万亿越南盾,占投资总额的44.9%,增长3.1%;外国直接投资463.3万亿越南盾,占投资总额的21.4%,下降1.3%。在国有投资中,国家财政到位资金466.6万亿越南盾,达到年度计划的91.1%,比2019年增长34.5%,为2011年以来的最高水平。其中:中央管理的资金84万亿越南盾,达到年度计划的91.4%,增长59.7%;地方管理的资金382.6万亿越南盾,达到年度计划的91.1%,增长29.9%。

越南吸引外国直接投资及其对海外投资

2020年,越南新批外国直接投资项目注册资金、已投外资项目增资金额和外资收购股权协议金额共计285亿美元,比上年下降25%,实际到位资金200亿美元,下降2%。其中:工业制造业到位141亿美元,占70.6%;不动产业到位30亿美元,占14.8%。近几年,受中美贸易摩擦影响,一些跨国公司向越南转移产业链。2020年,新冠肺炎疫情发生后加快了这一过程,越南在海外的投资总额5.9亿美元,比2019年增长16.1%。其中:新批准投资项目119个,总注册资金3.18亿美元;已投项目增资调整33次,增资金额2.72

亿美元。投资分布在 29 个国家和地区，其中在老挝的投资最多，为 1.813 亿美元；其次依次是澳大利亚 1.018 亿美元，德国 9260 万美元，美国 6980 万美元。

越南调整财政金融发展措施应对疫情

2020 年，越南调整国家财政收支平衡方案，力求既能促进经济增长，又能帮助企业、民众应对疫情。2020 年越南国家财政总收入 1507.845 万亿越南盾，国家财政总支出 1787.950 万亿越南盾，赤字 280.1105 亿越南盾。越南在国家财政收入来源减少、支出快速增长的情况下，为实现财政收支平衡，在利用上一年度国家财政超收收入的同时，越南财政部还要求中央各部门和地方查核减少会议、出差经费，减少非必要和紧急的经常性开支等，基本能够保持财政收支平衡。此外，越南国家银行连续 3 次降息扶持经济发展，政策年利率下调 1.5% ~2.0%，存款年利率上限下调 0.6% ~1.0%，对重点领域的贷款年利率上限下调 1.5% 等。

新冠肺炎疫情对越南经济造成负面影响

受新冠肺炎疫情影响，越南企业面临巨大挑战，越南航空业和旅游业亏损严重。越南航空运输企业协会（VABA）公布的数据显示，2020 年，越南国家航空公司（简称越航）、越捷、越竹等 3 家航空公司各亏损 16 万亿越南盾，此 3 家公司确认要偿还的短期和到期债务总共 36 万亿越南盾。仅越航的短期债务就有 20 万亿越南盾。旅游业也遭受严重影响，年内接待国际游客量下降超过 80%，国内游客量下降近 50%，预计旅游业损失 530 万亿越南盾（约合 230 亿美元）。新冠肺炎疫情也使得越南企业破产数量大幅增加。

文　化

中国举行国家科学技术奖励大会

2020 年 1 月 10 日，2019 年度中国国家科学技术奖励大会在北京人民大会堂举行。习近平、李克强、王沪宁、韩正等党和国家领导人出席大会并为获奖代表颁奖。李克强代表党中央、国务院在大会上讲话。韩正主持大会。根据《国务院关于 2019 年度国家科学技术奖励的决定》（国发〔2020〕2 号）和《国家科学技术奖励条例》的规定，经国家科学技术奖励评审委员会评审、国家科学技术奖励委员会审定和科技部审核，国务院批准并报请国家主席习近平签署，授予黄旭华院士、曾庆存院士国家最高科学技术奖；国务院批准，授予“高效手性螺环催化剂的发现”科研成果国家自然科学奖一等奖，授予“电化学表面增强拉曼光谱学研究”等 45 项成果国家自然科学奖二等奖，授予“复杂机场高精度飞行校验技术及装备”等 3 项成果国家技术发明奖一等奖，授予“农产品中典型化学污染物精准识别与检测关键技术”等 62 项成果国家技术发明奖二等奖，授予“海上大型绞吸疏浚装备的自主研发与产业化”等 3 项成果国家科学技术进步奖特等奖，授予“高品质特殊钢绿色高效电渣重熔关键技术的开发和应用”等 22 项成果国家科学技术进步奖一等奖，授予“优质早熟抗寒抗赤霉病小麦新品种西农 979 的选育与应用”等 160 项成果国家科学技术进步奖二等奖，授予马丁·波利亚科夫教授等 10 名外国专家中华人民共和国国际科学技术合作奖。

浙江省建成中国首个生态省

2020 年 5 月 7 日，中国浙江省已通过生态环境部组织的国家生态省建设试点验收，建成中国首个生态省。生态省评估报告显示，浙江的生态环境治理和保护处于国际先进水平，其中绿色发展综合得分、城乡均衡发展水平均为中国第一。

中国科学家在国际上首次实现量子安全时间传递的原理性实验验证

2020 年 5 月 12 日，中国科学技术大学潘建伟及其同事彭承志、徐飞虎等利用“墨子号”量子科学实验卫星，在国际上首次实现量子安全时间传递的原理性实验验证，为未来构建安全的卫星导航系统奠定基础。该成果于 5 月 11 日在线发表在国际学术知名期刊《自然·物理》上。

中国“海斗一号”潜水器在马里亚纳海沟实现 4 次万米下潜

2020 年 6 月 8 日，由中国科学院沈阳自动化研究

1 月 10 日，2019 年度中国国家科学技术奖励大会在中国北京人民大会堂举行（新华网）

所主持研制的“海斗一号”全海深自主遥控潜水器，在马里亚纳海沟实现4次万米下潜，最大下潜深度10907米，刷新中国潜水器最大下潜深度纪录。在高精度深度探测、机械手作业、近海底工作时间、声学探测与定位、声学通信作用距离及高清视频传输等方面，创造中国潜水器领域多项第一。

中国航天科学家荣获“世界航天奖”

2020年6月11日，由中国宇航学会推荐，经过国际宇航联合会两轮投票表决，中国“嫦娥四号”任务团队优秀代表—中国探月工程总设计师、中国工程院院士吴伟仁，中国探月工程副总设计师、中国航天科技集团有限公司科学技术委员会副主任于登云，嫦娥四号任务探测器系统总设计师、中国空间技术研究院研究员孙泽洲，获国际宇航联合会2020年度最高奖“世界航天奖”。这也是该国际组织成立70年来首次把这一奖项授予中国航天科学家。

中国湖南湘西、甘肃张掖两处地质公园获世界地质公园称号

2020年7月7日，在法国巴黎举行的联合国教科文组织执行局第209次会议上，中国推荐申报的湖南湘西、甘肃张掖两处地质公园正式获得联合国教科文组织世界地质公园称号。至此，中国世界地质公园数量升至41处，占全球161处的四分之一，稳居世界首位。

中国北斗三号全球卫星导航系统建成暨开通仪式在北京举行

2020年7月31日上午，中国北斗三号全球卫星导航系统建成暨开通仪式在北京举行。中共中央总书记、国家主席、中央军委主席习近平出席仪式，宣布北斗三号全球卫星导航系统正式开通。北斗三号全球卫星导航系统正式开通，中国成为世界上第三个独立拥有全球卫星导航系统的国家。中国北斗系统自20世纪90年代启动研制，按“三步走”发展战略，先有源后无源，先区域后全球，走出一条中国特色的卫星导航系统建设道路。自2009年11月启动建设以来，北斗三号工程历经关键技术攻关、试验卫星工程、最简系统、基本系统、完整系统五个阶段，提前半年完成全球星座部署，开通全系统服务。北斗三号具备导航定位和通信数传两大功能，可提供定位导航授时、全球短报文通信、区域短报文通信、国际搜救、星基增强、地基增强、精密单点定位共7类服务，全球服务可用性优于99%。其中，短报文通信服务的区域通信能力已达每次14000比特（1000汉字），还可传输语音和图片，并支持每次560比特(40个汉字)的全球通信能力；国际搜救服务检测概率优于99%，具备返向链路确认特色能力，增强遇险人员求生信心。

中国澳门成为世界遗产城市组织的第三个中国正式会员城市

2020年8月7日，由中国澳门特别行政区政府、世界遗产城市组织（OWHC）联合主办的“澳门特别行政区加入世界遗产城市组织授牌仪式”在澳门以视频会议形式举行。这标志着澳门成为继中国苏州及都江堰后，世界遗产城市组织的第三个中国正式会员城市。世界遗产城市组织主席表示，几个世纪以来，东西方的美学、文化、建筑与技术在澳门相遇融合，使澳门历史城区成为一个东西方文明交汇的珍贵范例，热烈欢迎这座风格独特、代表团结和东西方文化交融共存的城市正式加入世界遗产城市组织。

中国科学家吴伟仁获国际天文学联合会小行星命名委员会批准小行星命名

2020年9月8日，中国国家航天局表示，为褒扬中国探月工程总设计师吴伟仁院士在月球与深空探测领域的突出贡献，国际天文学联合会（IAU）小行星命名委员会批准将编号为281880号的小行星正式命名为“吴伟仁星”。中国航天六十余年来，已有以钱学森、孙家栋、栾恩杰等老一辈科学家为代表的多位功勋航天人获小行星命名。

中国科学家获美国物理学会授予“兰道尔—本内特量子计算奖”

2020年10月8日，美国物理学会公布，授予中国科学技术大学陆朝阳教授2021年度“兰道尔—本内特量子计算奖”，表彰他“在光学量子信息科学，特别是在固态量子光源、量子隐形传态和光量子计算方面的重要贡献”。

中国科学家首次获全球乙肝研究和治疗领域最高奖——巴鲁克·布隆伯格奖

2020年11月12日，凭借在推动乙肝科研和治疗方面做出的杰出贡献，北京生命科学研究所资深研究员、清华大学生物医学交叉研究院教授、华辉安健创始人李文辉博士，获全球乙肝研究和治疗领域最高奖——巴鲁克·布隆伯格奖，这也是迄今为止中国科学家首次获此殊荣。巴鲁克·布隆伯格奖根据1976年诺贝尔医学或生理学奖得主巴鲁克·布隆伯格博士的名字命名，由位于美国宾夕法尼亚的乙肝基金会设立，旨在奖励对乙肝相关科研和治疗做出重要推动和显著贡献的个人，被誉为该领域的最高荣誉。

中国科学家成功构建76个光子的量子计算原型机“九章”

2020年12月4日，中国科学技术大学宣布，该校

潘建伟等人成功构建76个光子的量子计算原型机“九章”，求解数学算法高斯玻色取样只需200秒，而目前世界最快的超级计算机要用6亿年。这一突破使中国成为全球第二个实现“量子优越性”的国家。国际学术期刊《科学》发表该成果，审稿人评价这是“一个最先进的实验”“一个重大成就”。据悉，潘建伟团队这次突破历经20年，主要攻克高品质光子源、高精度锁相、规模化干涉三大技术难题。与通用计算机相比，“九章”还只是“单项冠军”。但其超强算力，在图论、机器学习、量子化学等领域具有潜在应用价值。

中国四项水利工程成功入选世界灌溉工程遗产名录

2020年12月8日，国际灌排委员会第71届执行理事会会议公布2020年世界灌溉工程遗产名录，中国申报的四项水利工程全部成功入选，这四项水利工程分别是福建省福清天宝陂、陕西省渭南龙首渠引洛古灌区、浙江省金华白沙溪三十六堰、广东省佛山桑园围。至此，中国世界灌溉工程遗产总数已达23项。世界灌溉工程遗产总数量为105项，遍布五大洲的16个国家。

中国两个项目被列入联合国教科文组织人类非物质文化遗产代表作名录

2020年12月19日，联合国教科文组织保护非物质文化遗产政府间委员会第15届常会在线上举行。本届常会共评审57个国家申报的50个非物质文化遗产项目。中国单独申报的“太极拳”、中国与马来西亚联合申报的“送王船—有关人与海洋可持续联系的仪式及相关实践”两个项目，经委员会评审通过，被列入联合国教科文组织人类非物质文化遗产代表作名录。至此，中国共有42个非物质文化遗产项目被列入联合国教科文组织非物质文化遗产名录（册），居世界第一。

文莱大学首次入围亚洲大学排名榜单

文莱《婆罗洲公报》2020年6月3日报道，文莱大学在第8届“泰晤士高等教育（THE）亚洲大学排名”中名列第60位。这是文莱大学首次获得参与排名资格，并入围该榜单。该排名显示，亚洲高校继续在全球高等教育中扮演重要角色。

文莱职业技术教育学院成立培训学院

文莱广播中心2020年7月7日报道，文莱职业技术教育学院IBTE正式成立职业技术教育培训学院（TVET Academy）。TVET学院向公营和私营机构开放，旨在促进培训和学术研究的协调和发展。

文莱培养创造有能力和可雇用的人力资源

2020年，文莱为了培养创造有能力和可雇用的人力资源，以急需解决高失业率的问题，文莱首相府成立人力资源规划与就业委员会。在2020—2021财年预算中重点是培养有能力和可雇用的人力资源，预算为9240万文莱元。为全国包括小学、中学、宗教学校和高等教育机构等公立学校建筑建造、翻新和扩建提供资

12月8日，中国四项水利工程成功入选世界灌溉工程遗产名录，分别是：①福建省福清天宝陂；②陕西省渭南龙首渠引洛古灌区；③浙江省金华白沙溪三十六堰；④广东省佛山桑园围（中国水利网）

金。另外，为 I – Ready 学徒计划共拨款 2610 万文莱元。

柬埔寨教育青年体育部出台措施遏制校园霸凌事件

为遏制柬埔寨多地发生的学生校园霸凌事件，柬埔寨教育青年体育部于 2020 年 1 月 20 日出台四项措施：(1) 学校管理委员会务必宣传柬埔寨教育青年体育部的通知，并严格遵照执行，尤其是加强教育机构纪律委员会的机制建设部分；(2) 各教育机构的青年理事会、儿童理事会和青年组织，包括童子军和红十字会青年要踊跃参与加强校园纪律建设；(3) 各教育机构应利用奏国歌等适合时间，指导、提醒学生遵守教育机构的纪律和内部规章制度，尤其是推动深化了解"高棉国史"、国歌的含义，提高国家自豪感、民族意识，及对国家的信任感等；(4) 班主任或学科教育应继续劝导、提醒和普及学生生理和心理教育，同时，学生家长和监护人应花费更多时间在家或其他地方继续教育、指导学生的文明和品行。

西哈努克省卫生局为中资企业开设疫情防控讲座

2020 年 2 月 8 日，柬埔寨西哈努克省卫生局在西哈努克省中柬友谊理工学院大礼堂主办新冠肺炎疫情防控专题讲座，以帮助在柬中资企业科学、有效落实严密防护新冠肺炎的措施。柬埔寨西哈努克省中国商会协助组织西哈努克省中资企业代表聆听讲座。西哈努克省卫生局卫生技术办公室副主任索比尼从新型冠状病毒的传播方式、症状、防控办法等多个方面作详细讲解，并对中资企业代表现场提出的问题进行详细解答。据悉，为避免疫情在西哈努克省中资企业内发生或扩散，柬埔寨西哈努克省中国商会在 2020 年 1 月 23 日发布《关于做好新型冠状病毒防护工作的紧急通知》，之后又于 1 月 27 日、2 月 4 日先后发布《关于加强新冠病毒疫情防控的紧急通知》《关于进一步做好新型冠状病毒疫情防控的指导意见》，提醒在西哈努克省的中资企业，做好预防工作，维护企业人员身体健康和生命安全。

柬埔寨磅湛省万吉足球俱乐部在赛季联赛中夺冠

2020 年 11 月 20 日，来自磅湛省的万吉足球俱乐部，在 2019—2020 赛季的柬埔寨足球联赛中夺冠。这是万吉足球俱乐部第 4 次获得柬埔寨足球联赛冠军。柬埔寨足球联赛每年举办一届，是该国最高级别的足球联赛。在本赛季比赛中，万吉足球俱乐部的前锋曼诺伦累计踢进 15 球，成为其所在俱乐部夺冠的关键性人物。

柬埔寨取消 2020 年高考

2020 年 12 月 16 日，经柬埔寨政府批准，柬埔寨教育、青年、体育部正式发布通告：因受新冠肺炎疫情影响，取消柬埔寨 2020 年高考，全国 12 年级的考生集体免考，直接获得高中毕业证。柬埔寨教育、青年、体育部成立工作组专门统计 12 年级学生的期考分数，以便为学生大学入学成绩提供评定参考。据悉，为防止疫情扩散，柬埔寨大部分学校在 2020 年 3—9 月间停课，令原定于 8 月举行的高考时间被两度推迟，并最终被取消。据统计，柬埔寨 2020 年有高考考生 12 万余人（其中女生 6.3 万人），比上年增加 4000 余人；原计划设高考考点 210 个。

柬埔寨柬华理事总会成立 30 周年

2020 年 12 月 25 日，柬埔寨首相洪森向柬埔寨柬华理事总会会长方侨生勋爵致贺信，恭贺柬华理事总会成立 30 周年。柬埔寨柬华理事总会是由全柬华人华侨共同组织，在柬埔寨团结保卫和建设祖国统一阵线（现为柬埔寨祖国团结发展阵线）的旗帜下，于 1990 年 12 月 26 日成立，旨在团结全柬华人积极参与建设和发展国家。柬华理事总会是五大会馆（柬埔寨潮州会馆、客属会馆、广肇会馆、福建会馆、海南会馆）、姓氏宗亲会、省市县理事会、华文学校、庙宇、商协会等社团单位的联合体，每年举办有数千华人华侨参加的团结盛宴，举办吸引上百家外资企业参加的商务与投资峰会，为柬埔寨人民和中国人民的友谊搭建桥梁，促进柬埔寨经济的繁荣发展。

印度尼西亚宗教友谊机构成立

2020 年 1 月 11 日，印度尼西亚全国 14 个宗教代表聚集在雅加达的印度尼西亚教堂联合会大厦，共同商讨有关成立印度尼西亚宗教友谊机构事宜，这次会议推选伊联中央理事会总主席赛义德兼任该机构的总主席。

印度尼西亚政府因新冠肺炎疫情决定取消 2020 年国考

2020 年 3 月 24 日，印度尼西亚教育文化与研究技术部部长纳迪姆·安瓦尔·玛卡里姆在雅加达发表视频讲话时说，2020 年取消国考的主要原因还是安全第一。毕竟 2020 年将参加国考的学生高达 800 万，而疫情下聚集众学生进行国考风险极高。为了学生们及其家人的健康和安全，2020 年包括小学、初中、高中的国考予以取消。2020 年国考预算可用于助力国家防疫措施以及网上教学项目。还有部分教育部预算用作医学院防控新冠病毒项目志愿者费用，计有 1 万人已报名参加。

印度尼西亚确保新冠病毒大流行期间学费不涨

2020 年 6 月，面对网民在社交媒体上关于"学费涨价"的各种言论，印度尼西亚教育文化与研究技术部表示在新冠病毒大流行期间学费不会提高。与此同时，高等教育总署代署长尼扎姆（Nizam）做出如下决定：(1) 教育文化与研究技术部确保在新冠病毒大流行期间不会提高学费；(2) 根据 2020 年 5 月 6 日的书面声明，国立大学校长理事会（MRPTN）同意为受疫情影响的学生提供支付学费的几种选择，即延迟付款、分期付款、申请减少学费、为符合条件的大学生提供经济援助；(3)为减轻受疫情影响的大学生的负担，政府提供诸如大学生智能卡之类的援助，该智能卡适用于国立大学和私立大学的学生；(4)教育文化与研究技术部赞赏并呼吁各方继续互相帮助，共同抗疫。

印度尼西亚副总统马鲁夫主持亚洲网络大学启用仪式

2020年9月22日，印度尼西亚副总统马鲁夫主持印度尼西亚第一所全面在线学习大学即亚洲网络大学启用仪式，鼓励扩大在线授课，以覆盖偏远地区，使更多的年轻人可以接受高等教育。马鲁夫在致辞时称，成立亚洲网络大学的目的是为社区提供最广泛和负担得起的大学教育机会。希望亚洲网络大学的存在能够对具有多种社会经济条件的群岛国家——印度尼西亚的教育发展产生积极作用。

印度尼西亚举行纪念先知穆罕默德诞生活动

2020年11月2日，在纪念先知穆罕默德诞生之际，万隆华族关怀团队和万隆警察局合作举办福利慈善活动，捐助1000份内装3千克大米、10包方便面、1包食油、1包东伽儿饼干的爱心包裹给贫困和受疫情影响的民众。这次合作活动具有特殊意义，是以大先知穆圣为榜样凝聚各方兄弟般的情谊，关怀弱势群体并维护万隆市的安宁。华族关怀团队成员之一的西爪哇省马哈瓦尔曼校园军团除了帮助分发爱心包裹，还负责在万隆及周边区域，每天最少到两个村去喷洒消毒水。

印度尼西亚孔子学院举行线上“孔子学院日”献礼中国与印尼建交70周年

2020年11月26日，位于印度尼西亚西加里曼丹省首府坤甸市的丹戎布拉大学孔子学院举办包括硬笔书法比赛、中华才艺展演和中华经典诵读等丰富多彩的“孔子学院日”系列活动，向中国与印度尼西亚建交70周年献礼。当天是由中国广西民族大学与印度尼西亚丹戎布拉国立大学合作建立的该孔子学院成立运行9周年。

老挝革命遗址一期工程建成揭牌

2020年12月7日，被视为老挝革命发源地的南顺历史遗址一期工程在老挝华潘省万赛县南顺口岸建成揭牌。该遗址坐落在华潘省万赛县南顺口岸，与越南清化省光山县那猫口岸接壤，由老挝人民革命党投资建设。老挝人民革命党成立于此，并从1955年3月22日至4月6日召开第一次大会。南顺遗址区不仅是老挝各阶层人民尤其是青少年了解老挝人民革命党的形成和发展历程的地方，还是老越两国人民参观并了解老越特殊关系的地方。该遗址的一期工程于2020年9月建设，投资总额近12亿基普。

2020中马文化旅游年在马来西亚吉隆坡开幕

2020年1月19日，2020中国—马来西亚文化旅游年在马来西亚吉隆坡开幕。同期举办中国—马来西亚文化旅游推介暨商务洽谈会。中国文化和旅游部副部长张旭在致辞中介绍中国文化旅游业的发展情况，并表示中国高度重视与东南亚、“一带一路”沿线国家的旅游合作，中国已成为马来西亚第三大入境客源市场。马来西亚旅游、艺术和文化部副秘书长扎姆里在致辞中表示，马中两国都有着丰富的文化、艺术和遗产，通过有效规划、开发和推广，两国一定能从紧密的文旅合作中获得收益最大化。开幕活动由中国文化和旅游部及马来西亚旅游、艺术和文化部主办，吉隆坡中国文化中心承办；双方相关单位200余人参加。活动现场，中方企业向马来西亚旅游业者介绍中国特色旅游产品，以“一带一路”和北京冬奥会为背景，重点推介冰雪之旅、丝路之旅、秘境之旅等产品；马方重点推介热带自然风光、历史文化古迹、现代城市景观等旅游资源。

1月19日，2020中国—马来西亚文化旅游年在马来西亚吉隆坡开幕，图为演员们在开幕式上表演中国传统戏曲 （新华网）

缅甸宗教与文化部规定禁止攀爬蒲甘佛塔

2020年2月20日，缅甸宗教事务和文化部禁止游客登上蒲甘佛塔参观，并在国内外游客来往的地方用缅英两种语言树立禁止登上佛塔的警告牌。据统计，因登上蒲甘佛塔4年内2名外国游客死亡，6名受伤。

第13届“汉语桥”世界中学生中文比赛仰光赛区比赛落幕

2020年9月7日，由中国驻缅甸大使馆文化处主办，东方语言与商业中心孔子课堂承办，缅甸金凤凰报社协办的第13届“汉语桥”世界中学生中文比赛仰光赛区比赛圆满落幕。本次比赛以“追梦中文，不负韶华”为主题，分主题演讲和才艺展示两个部分。由于新冠肺炎疫情影响，本次比赛采用在线笔试以及线上提交作品的方式举行。经过9月2—7日的网络投票以及评委评分，来自曼德勒的尚清菁同学获得本次汉语桥中学生比赛仰光赛区的冠军。

庆祝中菲建交45周年音乐会在线举办

2020年6月9日晚7时45分，庆祝中菲建交45周年音乐会在中国厦门卫视播出。活动由中国驻菲律宾大使馆与菲律宾外交部联合主办，中国驻菲律宾大使黄溪连和菲律宾外交部部长洛钦在音乐会前分别致辞。音乐会由厦门爱乐乐团演奏，著名指挥家傅人长执棒，演奏曲目既有《我和我的祖国》《小河淌水》《茉莉花》等根据中国传统民歌改编的乐曲，也有菲律宾作曲家根据当地民间音乐组配的乐章，还有贝多芬第七交响曲古典名作，体现中菲文化特色和世界性艺术欣赏价值，以期达到民心相通之目的。厦门文化和旅游局、菲华各界联合会及菲律宾文化中心作为协办方对音乐会提供大力支持，厦门卫视全程播出，中国驻菲律宾使馆、文旅中国、中国文化网、央视频、中央广播电视总台菲语广播、中新网、辣椒传媒以及菲律宾总统府办公室、菲律宾文化艺术委员会、菲律宾文化中心、菲中电视台、菲龙网等中菲机构和媒体通过网络平台进行同步播出。据不完全统计，实时在线观众与电视观众均超过15.9万人，共计31.8万人，其中通过菲律宾网络平台的观众超过3.65万人。

新加坡中国文化中心联合举办“2020年新年音乐会”

2020年1月5日，“2020年新年音乐会”在新加坡中国文化中心精彩上演。此音乐会由新加坡中国文化中心和中国工商银行新加坡分行共同主办、新加坡木棉花文化传媒有限公司承办。中国驻新加坡大使洪小勇和使馆多名领导、驻新中资机构人员、新加坡文化艺术界人士等近500人观看演出。新加坡通商中国主席、国会议员李奕贤，官委议员何伟山，中华总商会会长黄山忠，以及多位前部长应邀观看演出。

第10届新加坡国际舞蹈节举办

2020年5月，第10届新加坡国际舞蹈节以全新的“网络比赛”形式举办。新加坡国际舞蹈节由新加坡表演艺术协会主办，受新加坡政府资助，在东南亚舞蹈界具有很大的影响力，此前已连续举办9届。本次“网络比赛”共有新加坡、中国、美国、英国、澳大利亚、马来西亚等多个国家的专家、教师、舞者及学生近400人参与。

新加坡公布首届非物质文化遗产传承人奖

2020年6月4日，新加坡公布首届非物质文化遗产传承人奖。南华潮剧社、陶光龙窑、郭源发如切薄饼第三代传承人郭金地、印度舞团、马来表演艺术团，以及土生文化剧场与咚当撒央资深剧人GT Lye等6个非物质文化遗产传承团体或个人获奖。新加坡政府于2019年设立该奖，评选范围主要包括六大方面：社会风俗和礼仪及节庆、表演艺术、口头传统和表述、自然和宇宙的知识与实践、传统工艺、饮食文化等。

2020年泰国“欢乐春节”活动在曼谷举行

2020年1月25日，2020年泰国“欢乐春节”在耀华力路开幕，泰国公主诗琳通、总理巴育、国会主席川·立派、旅游体育部部长披帕、文化部部长易提蓬、曼谷市市长阿萨维和中国驻泰国使馆临时代办杨欣共同出席。杨欣代表中国文化和旅游部、驻泰国使馆致辞。2020年恰逢泰中建交45周年，两国携手举办“欢乐春节”活动进入第16个年头，为了庆祝上述盛事，同时庆祝诗琳通公主荣获中国“友谊勋章”，泰方对今年“欢乐春节”给予特别的重视，本届泰国“欢乐春节”延续历届活动大规模、高层次的特点，内容更加丰富，形式更加多样。泰国“欢乐春节”活动由中国文化和旅游部、驻泰国使馆和泰国旅游体育部、国家旅游局共同

1月25日，2020年泰国“欢乐春节”在耀华力路开幕，图为泰国诗琳通公主（前左）在唐人街出席“欢乐春节”活动开幕式时给舞狮演员发红包　（新华网）

主办,是中国在海外举办的历史最长、规模最大、规格最高、影响最大的“欢乐春节”活动。

泰国与中国合作举办泰国抖音直播文化节

2020年5月20—31日,泰国文化部、泰国国家旅游局、泰王国驻华大使馆、中国泰国商会、Mistine蜜丝婷等泰国优质品牌联手共同举办“太泰了”首届抖音泰国文化购物节直播活动。本次文化节推出以“泰好玩、泰好逛、泰好购”为主题的直播节目,每周播出3个视频,推介泰国艺术文化、旅游景区、特产及文化服务产品,例如泰国舞蹈表演、泰国影视、泰拳比赛、中国游客最青睐的热门景区,向喜欢泰国的中国朋友介绍泰国最具魅力的文化知识,慰藉疫情期间未能来泰国观光的游客。

中泰两国举行新冠肺炎疫情管控与创新视频会议

2020年6月30日,中国科技部与泰国高教科研创新部举行新冠肺炎疫情管控与创新视频会议。中国驻泰国大使馆参赞黄伟主持会议,中国科技部国际合作司一级巡视员阮湘平、泰国高教科研创新部次长索拉尼、卫生部次长素坤,以及两国科技、卫生专家出席会议。中泰两国科研人员和专家在会议上重点围绕疫苗研发、传统医药应用等进行经验交流,寻找新的契合点,为下一步合作打下良好基础。中国科学院院士仝小林、中医科学院西苑医院肺病科主任苗青,泰国玛希敦大学药物发现卓越中心主任素帕诺分别介绍两国应用传统医药抗疫成绩和经验,中国科技部生物中心副处长卢珊,泰国朱拉隆功大学疫苗研究中心主任齐亚特分别介绍各自国家疫苗研发情况。两国科学家通过此次会议进一步加强交流与合作,探索管控疫情更加有效的方法与措施。

泰国将允许怀孕不超过12周的妇女合法堕胎

2020年11月17日,泰国内阁通过《刑法典》修正案中关于妇女人工流产的提案,允许怀孕不超过12周的妇女人工流产,并对期间执行流产手术的医生除罪化。而此前的法律规定人工流产属于违法行为,实施人工流产的医生也将面临罚责。该法案将提交众议院,预计2021年2月12日前生效。

泰国发行十世王登基一周年纪念钞

2020年11月27日,泰国央行行长Sethaput透露,为庆祝泰国十世王玛哈·哇集拉隆功国王登基加冕典礼皇家驳船巡游仪式一周年,纪念泰国王室的重要时刻以及记录反映泰国独特民族文化的重大历史事件,泰国央行于12月12日发行两种拉玛十世国王加冕纪念的流通纪念钞,面额分别为1000泰铢(Baht)和100泰铢(Baht)。这是泰国央行首次以拉玛十世国王为主题发行的流通纪念钞。

泰国将2021年中国春节定为法定节假日

2020年12月29日,泰国内阁会议决定在2021年增加部分特别法定假日以促进国内旅游业发展,其中包括中国农历春节,这是泰国政府首次将中国春节列为泰国法定假日。除春节外,泰国内阁还决定将2021年4月12日定为宋干节连假第一天、7月27日定为守夏节补休假日、9月24日定为玛希敦日。包括这4个临时增加的特殊假日,2021年泰国法定假日将增至24天。伊提蓬还表示,在长假期间,民众出行频率与消费水平都会不同程度增加,有助于刺激各地区经济增长,并带动国内旅游业发展。

越南拟申请长袍为世界文化遗产

2020年,越南多地举办长袍宣传、推介和研究活动,旨在把长袍列为国家非物质文化遗产,继而向联合国教科文组织申请为世界文化遗产。2020年6月26日,越南文化体育旅游部与越南妇女联合会联合举办题为“越南长袍:认识、习惯、价值和本色”的国家级科学研讨会。研讨会收到论文44篇,内容涉及4个方面的问题:越南长袍的发展历史;关于长袍的认识、价值、本色和表象;长袍的设计样式和多样性,保护和发挥越南长袍的文化价值;提高对长袍价值的认识、有效实施保护和发挥长袍价值的建议和措施。

越南多农地质公园 (联合国教科文组织)

越南多农地质公园被联合国教科文组织列入世界地质公园名录

2020年7月7日,越南多农地质公园被联合国教科文组织列入世界地质公园名录。2015年12月31日,多农省人民委员会成立多农地质公园。多农公园占地面积4760平方千米,共有65处地质地貌遗产,其中包括火山口、瀑布,以及总长超过1万米的近50个洞穴等,保留着生物多样性的特征价值,以及许多独特的文化、自然地质和史前人类的活动遗迹。

越南实行一门课程有多部教科书的社会化编撰教科书改革

2020—2021学年,越南小学一年级首次出现多部不同的教科书,这是在统一的普通教育课程框架内,越南从小学一年级教科书开始执行社会化编撰教科书消除垄断教科书出版、发行的主张。但是,教科书价格昂贵,以及一些新书使用、选择的语料不当引发了舆论的诸多焦虑,越南教育培训部为此修改调整一些内容。

社　　会

中国湖北省武汉市应对新型冠状病毒感染肺炎疫情

2020年1月23日凌晨,中国湖北省武汉市新型冠状病毒感染肺炎疫情防控指挥部发布第1号通告,自1月23日10时起,全市城市公交、地铁、轮渡、长途客运暂停运营;无特殊原因,市民不要离开武汉,机场、火车站离汉通道暂时关闭。恢复时间另行通告。4月7日,中国湖北省新型冠状病毒感染肺炎疫情防控指挥部就解除离汉通道管控有关事项发布通告。通告称,从4月8日零时起,武汉市解除离汉通道管控措施,撤除武汉市交通管控卡口,有序恢复铁路、民航、等运行;省内大专院校、中小学、幼儿园等继续延期开学,离汉人员凭湖北健康码"绿码"安全有序流动。

中国脱贫攻坚不断取得新成果

2020年3月6日,中国国家发改委发布消息,中国"十三五"规划的易地扶贫搬迁建设任务已基本完成,有930万贫困人口乔迁新居,走出大山和自然条件恶劣的地方,有920万人通过搬迁实现脱贫,各地工作重心已从工程建设全面转向搬迁群众后续扶持。"十三五"期间,中国计划对约1000万生活在"一方水土养不起一方人"地区的贫困人口实施易地扶贫搬迁。截至3月6日,全国22个省(区、市)已建成集中安置区3.9万个,建成安置住房260多万套。截至11月21日,中国甘肃、广西、四川、宁夏、新疆、云南、安徽、江西、河北、山西、内蒙古、吉林、黑龙江、河南、湖南、海南、重庆、西藏、陕西、青海、湖北等21个省区市的贫困县,全部实现脱贫摘帽。

中国海域天然气水合物第二轮试采取得成功并超额完成目标任务

2020年3月26日,由中国自然资源部中国地质调查局组织实施的中国海域天然气水合物(又称可燃冰)第二轮试采取得成功并超额完成目标任务。在水深1225米的南海神狐海域,试采创造了"产气总量86.14万立方米,日均产气量2.87万立方米"两项新的世界纪录,攻克深海浅软地层水平井钻采核心技术,实现从"探索性试采"向"试验性试采"的重大跨越,在产业化进程中,取得重大标志性成果。

中国成为2019年提交国际专利申请最多的国家

2020年4月7日,世界知识产权组织(WIPO)发布最新报告称,2019年中国通过世界知识产权组织提交58990件专利申请,超越美国,成为提交国际专利申请最多的国家。

2020年4月23日,中国国家知识产权局相关负责人表示,截至2019年年底,中国每万人口发明专利拥有量达到13.3件,国际专利申请量跃居世界第一。

中国5G覆盖取得新突破

2020年5月1日,在珠穆朗玛峰6500米前进营地,中国移动联合华为成功完成全球海拔最高5G基站的建设及开通工作,实现珠峰峰顶5G覆盖。同时,F5G千兆光纤网络也实现6500米同步开通。8月17日,在中国深圳举办的"点亮深圳,5G智慧之城"发布会上,深圳市政府官员宣布:深圳成为全国首个5G独立组网全覆盖的城市。截至8月14日,深圳已建成46480个5G基站,提前完成深圳8月底前完成4.5万个5G基站建设的目标。深圳5G产业规模、5G基站和终端出货量全球第一。9月5日,中国工业和信息化部表示,2019年中国光纤用户渗透率居全球第一,5G用户超过6000万。

中国设立"中国人民警察节"

2020年7月21日,经中共中央批准、国务院批复,自2021年起,将每年1月10日设立为"中国人民警察节"。1986年1月10日,中国第一个110报警服务台建立,经过三十多年的实践与探索,110已经成为人民警察队伍的标志性品牌,被誉为"人民的保护神"。将1月10日这一日期确立为"中国人民警察节",体现鲜明的政治性、广泛的人民性和警察职业的标志性。

中国西藏迈入主电网覆盖全自治区的统一电网新时代

2020年12月4日,世界海拔最高输变电工程中国"阿里联网工程"正式投运。中国"阿里联网工程"是继青藏电力联网、川藏电力联网、藏中电力联网3条"电力天路"之后,国家电网公司建成的又一项突破生命禁区、挑战生存极限的世界超高海拔、超大难度的输变电工程。"阿里联网工程"的投运,标志着中国全国陆路地区最后一个地级行政区域正式接入国家大电网，西藏也由此迈入主电网覆盖全自治区7地市、74县(区)的统一电网新时代。

文莱采取各种措施加强控制新冠肺炎传播

2020年，文莱采取各种措施控制新冠肺炎传播。3月，斯里巴加湾市建立新冠病毒检验中心。从3月16日开始，文莱政府决定禁止所有文莱居民离开该国，移民和国家登记局宣布减少其4个边境检查站的营业时间。文化、青年与体育部根据卫生部的建议，采取3项措施防控新冠肺炎。一是主要通过银行支付老年养老金、其他养老金和津贴，以及每月的福利补助；二是体育设施和其他场馆，如保龄球馆和体育馆，博物馆、展览馆、青年中心和语言文学局图书馆的所有分馆关闭；三是招募关于处理新冠肺炎相关事务的志愿者。该部根据卫生部的建议，成立青年志愿服务临时委员会。文莱卫生部部长在2020年第73届世界卫生大会视频会议的主题演讲中表示，文莱政府"加强监测和检测的重要性"和"建立有效的社区参与策略"两大关键经验使文莱能够在小规模封锁的情况下控制新冠肺炎的传播。文莱分阶段实施降级措施，利用追踪接触者的技术，与世界卫生组织和全球卫生界的持续合作是保障国家应对新冠肺炎大流行的有效战略。同时，文莱政府要求80%的公众使用二维码应用程序，尤其是那些提供客户服务的机构。文莱建立新冠肺炎救助基金，截至8月1日，该基金成立4个月以来，累计收到捐款1459万文莱元。截至7月27日，文莱新冠肺炎确诊患者累计确诊病例141例留院治疗清零，文莱开始放宽应对新冠肺炎的限制，文莱政府宣布进入放宽新冠肺炎防疫限制措施的第四阶段。从7月27日起，放宽对展会和电影院的限制，电影院的观影人数限制为60%；所有的学生都可返校上课。清真寺、餐厅、健身房全面开放；除星期一、星期五和公众假期外，博物馆和展览馆获准正常营业，公共图书馆在正常工作日开放。

文莱开展人工智能、大数据等新技术应用行动

2020年5月17日，文莱交通信息通信部长强调连通性已成为文莱的关键需求。对文莱而言，互联互通已成为关键需求。这符合交通运输部和信息通信部在其《2025年战略规划》中提出的"互联智能国家"的愿景。为缓解新冠肺炎疫情，多个部门和机构在全国范围内开展人工智能、大数据等新技术应用行动。

文莱在疫情背景下庆祝开斋节

2020年5月24日，文莱开始庆祝开斋节，文莱苏丹哈桑纳尔·博尔基亚在开斋节前夕发表讲话，对文莱人民在新冠肺炎疫情中遵守规定表示高兴。苏丹桑纳尔·博尔基亚敦促所有居民遵守政府制定的健康指导方针，并称："世界各地的穆斯林都在庆祝开斋节，文莱也不例外。通常，庆祝活动从清真寺、宗教大厅的祈祷开始。2020年是第一次不遵循传统，因为我们仍然生活在新冠肺炎的威胁之下。同样，按照安全准则，开放日的传统活动不会进行。但是，这并没有完全削弱开斋节的精神和意义。祈祷不能以通常的方式在礼拜场所进行，但它仍然可以在我们的家庭范围内进行。"2020年文莱皇宫也不开放。在卫生部指令下，文莱公众仍可与近亲共同欢庆开斋佳节，但也必须避免任何的聚众情况。大家庭必须确保控制人数的指令，人数在同一时间内不超过20～30人。

文莱斯里巴加湾市生活成本在全球135个城市中排名第63位

文莱《婆罗洲公报》2020年7月20日报道，文莱斯里巴加湾市排名上升10位后在Numbeo的生活成本指数表中处于中间位置。文莱首都在全球135个城市生活成本最高的城市中排名第63位。在亚太地区和东南亚的国家中分别排名第9和第3。

文莱生育率下降，人口预期寿命上升

文莱《婆罗洲公报》2020年7月27日报道，根据最近发表在医学杂志《柳叶刀》的一项研究，文莱的总生育率将从2017年的1.88下降到2050年的1.84和2100年的1.67。该研究称，文莱的人口可能在2050年达到53万的峰值。文莱男性的预期寿命在2050年为77岁，2100年为79岁，而女性的预期寿命在2050年为80.4岁，2100年为82.5岁。

文莱儿童权利指数在东盟排名第5

据儿童权利基金会发布的《2020年国际儿童权利指数》报告，文莱儿童权利指数在东盟中位列第5，世界第70。排名在文莱前的4个东盟国家分别是泰国、马来西亚、越南和新加坡。

柬埔寨全面禁止网络博彩

自2020年1月1日起，柬埔寨依法全面禁止网络博彩，境内合法赌场内亦不得参与网络博彩，违规者将被依法处理。近年来柬埔寨博彩业发展迅猛，尤其是西哈努克省的网络博彩业。截至2019年第一季度柬埔寨财经部颁发的169张新博彩业执照中，有91张属于西哈努克省的博彩公司。由于网络博彩所带来社会治安和管理问题日益突出，对柬埔寨的国家形象带来一定负面影响，2019年8月18日，柬埔寨首相洪森颁布政令，下令停止颁发网络博彩执照，禁止在柬埔寨从事线上博彩活动。而此前各博彩公司所获得的境内网

络博彩执照均在 2019 年 12 月 31 日失效，且不再续签。2019 年 12 月 30 日，柬埔寨国家警察总署总监涅沙文在全国赌场代表、经营网络博彩代表的专题会议上，再次强调国家全面禁止网络博彩、对违规者依法处理的政令。

柬埔寨积极发展 5G 技术

2020 年 2 月 27 日，柬埔寨邮电通讯部大臣陈友德对柬埔寨瑟卡电信公司的 5G 站点和设施进行考察，并现场体验超高速 5G 宽带。据瑟卡公司首席技术官尊尊耐沃介绍，公司分 5 个阶段在全柬进行 5G 覆盖。(1)建设 700 个 5G 站点，实现覆盖金边、西哈努克和暹粒的主要商业区；(2)建设 1125 个 5G 站点，完全覆盖首都其他地区以及马德望、贡布、磅湛，波贝等地；(3)5G 信号将覆盖包括从 1 号公路到 7 号公路的主要干道；(4)建设 600 个 5G 站点，覆盖省级郊区和农村地区；(5)建设 600 个 5G 站点，为城市提供更多容量，并覆盖更多的郊区和农村地区。2019 年 7 月，柬埔寨知名电信网络运营商斯玛艾斯塔已与中国华为展开合作，在柬埔寨进行首次 5G 技术测试。柬埔寨邮电部官网也曾发布消息称，柬埔寨将成为东盟首个使用 5G 移动通信技术的国家。

柬埔寨发生大面积洪涝灾害

2020 年 9 月 1 日至 10 月 24 日，柬埔寨持续遭遇大面积洪涝灾害，导致总长 616 千米的公共道路、红土路及 1685 千米的乡村土路受损，约 41 千米的河堤大坝、237 千米水渠、144 千米灌溉渠、2195 米河岸受到严重冲击。灾情严重的有金边、暹粒、茶胶、菩萨、拜灵、柴桢等 20 个省市。据柬埔寨全国灾难管理委员会 2020 年 10 月 27 日统计，本次洪涝灾害造成 59.4 万人受灾，40 人遇难，4.7 万人被撤离；13.3 万间民房、951 所学校、305 座寺庙、27.2 万公顷稻田及 8.9 万公顷其他作物严重受损。

柬埔寨加强打击毒品犯罪活动

2020 年 11 月 17 日，柬埔寨首相洪森签发一则关于“加强打击非法毒品犯罪活动”的通告。通告称，柬埔寨国家相关部门继续通过加强区域和国际合作，彻底清除各类毒品犯罪活动，查处幕后毒枭，全力维护社会治安和国家和平。为实现加强打击非法毒品犯罪活动的目标，柬埔寨相关单位通力合作，严防毒品进口、走私、贩运、加工等环节；并敦促各相关部门展开可行性调研，切断毒贩的所有网络，彻底击毁毒品跨境走私、藏匿和加工等犯罪活动。2020 年上半年，柬埔寨查处 5000 多起毒品案，查获逾 200 千克各类毒品以及 3000 多千克制毒原料，抓获 10000 余名涉案人员，其中包括来自 15 个国家的 177 名外籍人员。

印度尼西亚启动 2020 年人口普查

2020 年 2 月 15 日，印度尼西亚 2020 年人口普查正式启动。印度尼西亚总统佐科呼吁全国人民实报个人数据和资料。十年一度的人口普查项目 2020 年 2 月 15 日至 3 月 31 日在全国举行。印度尼西亚中央统计局 2020 年首次采用网上填表方式，居民可通过 sensus.bps.go.id 网站自行填写并呈交个人资料和数据。对未通过网上提供数据的居民，由工作人员在 7 月 1—31 日期间上门进行访谈。

印度尼西亚待业卡补助优先提供给被解雇人员

2020 年 4 月 30 日，印度尼西亚总统佐科在内阁局部会议中指出，被解雇职工将优先获得待业卡补助。待业卡方案优先提供给那些无薪停职或被解雇人员。符合待业卡标准的人员获得 355 万盾的补贴。印度尼西亚在新型冠状病毒(新冠肺炎)疫情期间至少有 100 万名被无薪停职的非正式职工，以及 37.5 万名被解雇的正式职工。

印度尼西亚南加省警局遭恐怖分子袭击

2020 年 6 月 2 日，印度尼西亚南加省 Daha Selatan 警察局遭到“伊斯兰国”同情者的袭击，该事件造成一名值班警员死亡，一辆警察巡逻车被烧毁。

印度尼西亚警方销毁一批毒品

2020 年 7 月 24 日，印度尼西亚警方开展毒品销毁活动。此次销毁的毒品来自西非洲、马来西亚、亚齐和北干巴汝的毒品网，包括 175.6 千克冰毒、300 粒摇头丸和 300 粒 erimin－5 药丸等。毒品是印度尼西亚的

9 月 1 日至 10 月 24 日，柬埔寨持续遭遇大面积洪涝灾害　（新华网）

重大问题，印度尼西亚总统佐科甚至说该国处在毒品的危急时期。因为毒品已不分团体、年龄、职业、文化或贫富贵贱，侵入所有领域。

印度尼西亚肯达里发生暴力骚乱事件

2020年9月17日，印度尼西亚北苏省肯达里市MT Haryono街有百余人参加示威游行，后来演变成骚乱事件，示威者破坏交通灯及阻挠来往的车辆。当地警方出动约200名警员阻止示威群众搞破坏，结果造成双方冲突，导致2名警员受伤。

老挝佛教协会取消2020年新年公共宗教活动

受新冠肺炎疫情影响，老挝佛教协会颁布法令，所有为向寺庙中的佛像泼水而组织的宗教仪式都对公众取消，已向全国所有区、村一级组织和寺庙发出通知，停止在老挝新年假期期间佛教信徒通常聚集的寺庙举行公共宗教活动。此举符合最近的总理令要求，加强防疫措施防止新冠肺炎在老挝蔓延。虽然公众被禁止在寺庙聚集，但老挝佛教协会允许目前居住在寺庙内的僧侣代表每个人参与宗教仪式。公众也可以自愿向寺庙捐赠现金，作为功德的一种方式。

老挝继续推进脱贫攻坚工作

根据世界银行驻老挝办事处和老挝国家统计局提供的数据，2019年老挝贫困率为18.3%，比2013年的24.6%下降6.3%（1993年贫困率为46%）。贫困率下降主要得益于农产品出售和赴国外务工人员收入增长以及国内就业岗位增加。但受新冠肺炎疫情影响，2020年老挝贫困率将上升1.4%～3.1%。2020年头9个月，老挝实现1870户家庭脱贫，完成计划3234户脱贫目标的57.82%；消除贫困村17个，完成计划220个村脱贫目标的7.73%；将3个大村建成小城镇，完成计划建成18个小城镇目标的16.67%。

马来西亚吉隆坡大城堡清真寺传教活动引发聚集性疫情

2020年2月27日至3月1日，马来西亚吉隆坡市大城堡社区的占美清真寺举办伊斯兰传教士活动，引发新冠肺炎聚集性感染。该集会有约16000名参与者，包括14500名马来西亚公民，其余为来自文莱、新加坡、印度尼西亚、泰国等地的外国公民，以及罗兴亚人难民。随着马来西亚的第131个确诊病例被证实曾经参加该集会，马来西亚卫生部部长阿汉峇峇敦促所有出席者前往接受体检，同时清真寺也暂时关闭进行消毒。截至3月17日，马来西亚约有6成的确诊病例与此活动有关联，其中既有直接暴露于清真寺而发生感染的第一代病例，也有因第一代病例传播而造成感染的第二代病例。7月8日，马来西亚卫生部宣布此感染群结束。事件共造成3375人确诊。其中，2550人为马来西亚公民，另外825人来自28个国家。事件共延申出17个次感染群，共造成34人死亡。

马来西亚颁布行动管制令并多次延长

2020年3月16日，马来西亚首相穆希丁通过电视直播，宣布根据《1988年疾病控制法令》及《1967年警察法令》，马来西亚于3月18—31日施行行动管制令，以阻断新冠毒病的传染源及感染链。行动管制令内容包括：(1)国内所有行动和群聚皆禁止进行，包括宗教、体育、社交及文化活动；所有商店也必须关闭，除了超市、巴刹、杂货店和出售日常用品的便利店等；(2)禁止国民出国。刚从海外回国的公民，则需进行身体检查，并自行隔离长达14天；(3)所有外国游客和到访者都禁止入境；(4)关闭所有幼儿园、政府及私人学校，包括日间学校、寄宿学校、国际学校、宗教学校及其他中小学；(5)关闭全国所有政府办公场所、私人高等学府，包括技术培训学院；(6)关闭政府与私人界单位，除了提供各种重要服务的单位，包括水、电、能源、通讯、邮寄、交通、水域、石油、天然气、燃料、广播、金融、银行、卫生、药局、消拯局、监狱、港口、机场、安全、国防、清洁、杂货及食物供应单位。此外，马来西亚政府根据新冠病毒的传播风险程度，将全国各县区划分为绿区、黄区和红区；将一些成为新冠肺炎疫情"高发风险区"的地区划分为红区，并实施"加强行动管制令"，内容包括：居民不允许离开住处，非居民及访客不允许进入，所有商业活动必须暂停，日常饮食由社会福利局提供，只开放医疗机构等。马来西亚总检察署于3月18日颁布联邦宪报，对违法"行动管制令"人员采取的执法措施进行具体规范，阐明违反管制令者一旦被定罪，处以不超过1000林吉特的罚款或不超过6个月监禁，或两者兼施。

随着疫情的不断发展，马来西亚政府对行动管制令进行多次延长。其中，3月25日，宣布第一次延长行动管制令至2020年4月14日；4月10日，宣布第二次延长行动管制令至4月28日；4月23日，宣布第三次延长行动管制令至5月12日；5月10日，宣布第四次延长行动管制令至2020年6月9日；6月7日，宣布第五次延长行动管制令至2020年8月31日；8月28日，宣布第六次延长行动管制令至2020年12月31日结束。其中，2020年6月10日起，马来西亚全国实施"复原式行动管制令"，政府放松部分管制，不再限制民众跨州，并且允许民众国内旅游，商场、电影院、夜市与发廊服务等允许开放，只是要严格遵守卫生部拟定的防疫标准作业程序(SOP)的社交距离规定。

缅甸20天内确诊千例登革热病例

缅甸卫生和体育部发布公告显示，2020年1月至

6月6日，缅甸登革热感染病例为1700多例，其中12人死亡。但从6月7—27日，缅甸全国共新增2862例登革热病例，造成20人死亡。此外，约一半的登革热死亡病例集中在仰光地区，这一区域大量的密集人口是登革热快速传播的主要原因。

缅甸帕敢发生特大矿难

2020年7月2日上午，缅甸帕敢辖区会卡村发生塌方事故，超过200名个体玉矿拾捡者被冲走。截至7月2日19点，已经找到162具遇难者遗体，54人受伤。当地警方初步统计数据显示，帕敢地区的常驻个体玉矿拾捡者超过30万人，每年约有300多人死亡。帕敢地区的塌方事故基本上每个月都发生，尤其是雨季，塌方情况尤为严重。

洪灾导致缅甸瑞勃—密支那路线交通瘫痪

2020年8月31日，缅甸实皆省部分镇区降暴雨引发洪水导致瑞保附近公路受损，瑞勃—密支那公路交通一度中断。此外，降雨还造成当地4个小型水坝不同程度损坏，其中包括当年刚建成的德玛妙水坝，该水坝溢洪道整体崩塌。所幸水坝崩塌只造成下游农村20户人家进水，未给农村社区造成人员伤亡、家畜伤亡等灾难性后果。

菲律宾中央银行注资3000亿比索用于抗击新冠肺炎疫情

2020年3月23日，菲律宾中央银行公布一项大规模刺激计划，向财政部提供3000亿比索的借款，以帮助政府抗击新冠病毒大流行。此举是为进一步支持菲律宾民众抗击新冠肺炎疫情，货币委员会授权中央银行根据协议回购国库署3000亿比索债券，最长还款期为6个月。根据该计划，菲律宾国库署将发行债券（无论是短期还是长期），然后由央行购买或投资。国库署从此交易中获得的资金将用于资助政府的公共卫生支出。债务证券到期后，政府将向中央银行偿还其借款及利息。

菲律宾农业部“大种特种”计划将使全国农渔民和消费者受益

2020年4月，菲律宾农业部将在全国范围内实施杜特尔特政府的“大种特种”计划，使农渔民和消费者受益。“大种特种”计划资助的其他项目包括：国家粮食署大米额外采购项目，针对稻农生存和恢复的扩大援助计划，农业保险扩大项目，农民和农场工人的社会改善项目，扩大北市直销计划的规模，畜牧和玉米综合抗灾项目，小型反刍动物和家禽扩大项目，基于椰子的多样化项目，渔业复原力项目，振兴都市农业项目，食用玉米项目，战略传播项目。

菲律宾马尼拉生活成本高居东盟城市第3位

《菲律宾星报》2021年4月23日报道，据调查机构Iprice Group最新研究显示，菲律宾马尼拉生活成本高昂，仅次于新加坡和曼谷为东南亚排名第3的城市，远远高于当地平均薪资水平。据计算，马尼拉个人平均月生活费50798比索，与曼谷（换算后51517比索）接近，低于新加坡（换算后119732比索）。统计的生活费包括房租、食品、交通和公共事业等必需开支，其中马尼拉房租价格平均每人约22000比索，高于曼谷排名第2。马尼拉一居室公寓的价格比吉隆坡高56%，比雅加达高47%，比胡志明市高31%，甚至比旅游热点城市曼谷高出9%。因此在马尼拉租住床位，与他人共用同一房间相当普遍。根据测算，马尼拉平均工资仅为18900比索左右，不到平均生活成本的40%，在马尼拉约有35%的人口居住在贫民窟，甚至有11%的人口居住在铁路沿线或垃圾场附近。高昂的生活成本和低廉的工资造成大批马尼拉居民没有生活必需品外消费，也造成马尼拉世界第二差的交通通勤。

7月2日上午，缅甸帕敢辖区会卡村发生塌方事故　　（中新网）

新加坡拨巨资抗击新冠肺炎疫情

2020年年初，新冠肺炎疫情在新加坡暴发。4月，新加坡曾一度因外籍劳工宿舍发生聚集性感染而病例陡增，新加坡政府采取措施阻断疫情。新加坡政府实施一系列经济刺激和救助计划，一方面帮助国内企业纾困，另一方面向新加坡公民发放补助和消费补贴，并重点关注新加坡贫困低收入家庭和社会弱势群体，帮助他们渡过难关。新加坡政府推出的4个抗疫预算案总拨款额累计929亿新元，约占该国年度国内生产总值的20%。

新加坡庆祝第五十五个国庆节

2020 年 8 月 9 日是新加坡的第五十五个国庆节。由于受新冠肺炎疫情的影响，国庆活动主办方作出新加坡史上最特殊的安排。国庆节的主题是“心手相连，坚毅向前”。国庆节活动包括总理国庆演讲、总统阅兵仪式、武装车辆游行、环岛国旗游行、红狮自由跳伞、晚间表演、国庆烟火等。为减少人员集聚，传统现场观看国庆节活动改为全国直播庆典，同时烟花燃放点增加 10 多个邻里社区。在国庆阅兵活动上，6 架 F－15SG 战斗机编队、一架悬挂新加坡国旗的“支奴干”运输直升机与两架“阿帕奇”攻击直升机编队，飞越新加坡各地四间医院，向奋战在抗击疫情第一线的医护人员致敬。红狮跳伞队队员的降落地点不再是大草坪而是位于新加坡西部裕廊东地区的黄腾芳医院和东北部盛港地区的盛港普通医院。

新加坡骨痛热死亡人数增加

2020 年成为新加坡有史以来最严重的骨痛热高发年，累计确诊人数达到 3 万多例。仅 1—9 月，新加坡就有 29 人因感染骨痛热症而死亡。骨痛热患病死亡人数超过新冠肺炎死亡病例数。

泰国正式实施限塑令

2020 年 1 月 1 日，为保护环境，减少塑料垃圾的产生，缓解进而解决泰国的生活环境和海洋污染问题，泰国零售商组织协会大力推广“每天对塑料袋说不！”的活动，曼谷正式实施“限塑令”。参加限塑的商家包括各类商店、商场、大型超市，以及便利店，BIG C 超市，Lotus 超市，Central 商场，7－11 便利店等都参与该项活动。限塑令启动后，泰国预计可减少使用 90 亿个塑料袋，或减少 20% 的塑料袋垃圾。

泰国呵叻府发生军人枪击案

2020 年 2 月 8 日下午，泰国现役军人贾克潘·托马在呵叻府军营持枪射杀自己的长官和同事后，偷悍马车逃出军营，沿路射杀平民的同时，还使用社交软件直播，后逃进“21 号航站楼”百货公司。凶手进入商场后，将 16 名人质困在商场的四楼，与警方形成对峙。在经过长达 10 余个小时的全力围攻后，凶手于 2 月 9 日早晨被泰国特种部队击毙于商场内。整起事件造成包括凶手在内至少 30 人死亡和 58 人受伤，其中有 3 名警察牺牲。枪击案的凶手是一名军士长，事件导火索是凶手与军营里的军官上校发生个人土地纠纷。

泰国南部两府分别发生爆炸袭击事件

2020 年 2—3 月间，泰国南部的宋卡府和也拉府分别发生严重的爆炸袭击事件。2 月 24 日下午，泰国南部宋卡府发生一起爆炸袭击事件，包括当地政府官员在内的 8 人在袭击中受伤。警方初步判断爆炸袭击系泰国南部分离主义分子所为。3 月 17 日上午，位于也拉府的泰南边疆府治理行政中心前发生两起爆炸事件。不法分子将炸弹藏在一辆停在该行政中心外的白色皮卡车内并引爆，随后同一团伙又在行政中心外实施第二次汽车炸弹爆炸袭击。两次爆炸袭击造成包括行政中心工作人员、警察、军人和 5 名媒体记者在内的 25 人受伤。随后，泰南异动组织通过网络承认制造了泰南也拉府行政中心的炸弹袭击事件。

“红牛太子”撞死警察逃逸案重启调查

泰国著名饮料“红牛”创始人许书标的孙子、集团继承人—沃拉育，涉嫌于 2012 年开车撞死警察逃逸后，一直藏身于国外并过着奢华生活逍遥法外。2020 年 7 月，泰国警方表示沃拉育的罪嫌已全部撤销，却未说明任何原因，因而点燃泰国民众怒火，质疑当地司法体系偏袒有钱人，纷纷抵制红牛品牌。随后，案件被泰国当局重新调查。7 月 29 日，泰国总理巴育亲自设立调查小组，下令彻查“红牛太子”案。8 月 4 日，泰国最高检察院“红牛太子”案调查委员会举行新闻发布会，宣布案件出现 2 项新证据，检方建议警方重审。8 月 26 日，泰国警方向法院申请对“红牛太子”发出新的逮捕令，沃拉育被指控鲁莽驾驶导致他人死亡、违法吸食第 2 类毒品（可卡因），以及驾驶导致他人受到损失、不对受害人提供适当帮助和未及时告知警方的 3 项罪名。诉讼时效为 15 年，即诉讼有效期至 2027 年 9 月 3 日。9 月 21 日，泰国总理巴育表示，泰国最高检察院已正式要求警方将“红牛太子”沃拉育逮捕归案，但因沃拉育目前仍在国外，泰

2 月 24 日下午，泰国南部宋卡府发生一起爆炸袭击事件　（百度网）

国警方将与国际刑警协商向沃拉育发出红色通缉令。

泰国茉莉香米斩获2020年世界大米比赛冠军

2020年12月1—3日，在世界大米贸易会议框架内举办的2020年世界大米比赛中，泰国"茉莉香米105号"获冠军，获得"2020年世界最佳大米"称号，这也是泰国大米第6次获得该项殊荣。此次大赛一共进行12场比赛，最终入围决赛的是泰国、越南和柬埔寨。泰国总理巴育在得知比赛结果后表示十分欣慰，称比赛结果再次印证泰国大米是世界最佳，向国际市场展示泰国大米优良的品质，有利于泰国大米出口和为泰国农民增收。为保持泰国大米领先的地位，政府将继续贯彻落实国家稻米五年计划战略（2020—2024），并要求有关部门每三个月报告一次进度。

受新冠肺炎疫情影响泰国贫困人口增加约150万人

2020年年初新冠肺炎疫情暴发以来，泰国贫困人口大幅增加。按照日均收入5.5美元（折合人民币约35.59元）以下为贫困人口计算，泰国贫困人口达到520余万人，仅2020年新增贫困人口就达150万人，而在2019年泰国贫困人口只有约370万。再加上新冠肺炎疫情对泰籍劳工市场的影响，致使失业人员增加，特别是年轻人，工作时间减少导致月收入下降，正常上班时长还未恢复，很多行业人员招聘大幅减少。

越南河内美德县同心乡土地争端危机引发严重冲突并不断发酵

2017年曾一度白热化的河内美德县同心乡土地争端危机，在2020年陷入严重冲突并不断发酵。越南河内美德县同心乡民众认为该乡地界庙门区的笙田之地是祖辈留下的农业用地，但政府认定是国防用地，从而引发土地争端。2017年的事件之后，同心乡横村有村民成立"协同抗拆组"，"经常组织宣传、歪曲笙田之地来源，鼓动并拉拢其他人参加申诉、寻衅滋事、威胁地方政府以索取笙田之地"。2020年1月9日凌晨，机动警察工作组进入同心乡横村执行公务时警民发生严重冲突，造成3名警察牺牲，1名村民死亡。9月7日，河内市人民法院对同心乡案件进行初审，在29名被告中，6名被告人因"杀人罪"被判刑，其中2人死刑，1人无期徒刑，3人有期徒刑12年至16年不等；23名被告人因"违抗执行公务罪"被判刑，其中1人有期徒刑6年，8人有期徒刑3年至5年不等，14人有期徒刑15个月到36个月不等，缓期执行。因6名被告提出上诉，2021年3月9日，河内高级人民法院开庭复审，检察院建议审理委员会维持原判。

利用同心乡土地争端危机，越南国内外反动势力介入其中。据越南《人民军队报》2020年1月20日称，收集到的材料显示，"一些流亡组织、颠覆破坏分子资助金钱，指导'协同抗拆组'制作汽油弹，制造爆炸物，引导采购物资制作武器等"。同心乡事件发生后，越南调查机关建议国内外信用机构配合查封一些相关账户，作为"越新党"恐怖组织、"越南国家临时政府"加长手臂的"50K基金会"负责人在越南外贸银行的账户被查封。一些西方媒体如BBC越南语、美国之音、美国自由亚洲电台、法国国际广播电台大肆报道，西方人权组织和各种敌对势力纷纷发声。"越新党"恐怖组织呼吁国际组织进行干涉，宣称捐助支持"同心的受害者"。西方所谓"保护捍卫者"（Safeguard Defenders）的人权组织意欲引导采用美国的《马格尼茨基法案》惩罚越南违反人权。越南予以强烈谴责，认为这是假借人权粗暴干涉越南内部事务。美德县同心乡土地争端危机反映了越南在管理和使用土地中存在的突出矛盾，以及各种敌对反对势力勾结"和平演变"、暴乱颠覆的阴谋和活动。

越南公布2019年全国人口与住房普查研究结果

2019年4月1日零时点，越南进行第五次全国人口与住房普查。这是1975年越南国家统一后的第五次全国人口与住房普查（上一次在2009年进行）。2019年12月19日，人口与住房普查正式结果公布。越南2020年7月出版的《2019年越南统计年鉴》显示，2010—2019年的越南人口统计数据根据2019人口与住房普查结果做了平均调整，相应地，人均国内生产总值数据也发生改变。2020年12月18日，越南统计总局组织会议，发布根据2019年人口与住房普查数据所进行的关于越南人口的专题研究，包括：生育水平、出生性别比失衡、迁移和城市化、人口老龄化以及预测2019—2069年越南人口发展等。数据显示，越南生育水平从1989年的平均每名妇女生育3.8个孩子下降到2019年的2.09个孩子；人口出生性别比失衡严重，2019年男女出生性别比（以女性为100，男性对女性的比例）为111.5。大约从2004年起，越南的出生性别比失衡开始上升，2010年达到112并维持高位至今。

疫情下的越南居民生活和社会总体保持稳定

2020年，受新冠肺炎疫情和严重自然灾害影响，越南民众生活面临诸多困难，但总体上保持稳定。2020年越南人均月收入依照现行价格约达419万越南盾。年底最后几个月几乎没有发生农民因食物匮乏而饥饿的现象。2020年全年越南全国有1.65万户次（比上年下降75.9%）、相当于6.65万人次（下降76.1%）出现粮食短缺。为帮助贫困户渡过难关，越南从中央到地方，各级政府、各部门、各组织年初就向这些困难家庭户提供大米733.6吨。（周明钧　马金案　游悠　梁薇　黄李莉　杨梦平　赵丹　李阳行　杨超　谢柱军　唐卉　李碧华）

专　　题

发展报告

中国:2020年经济社会发展回顾

2020年,面对严峻复杂的国际形势、艰巨繁重的国内改革发展稳定任务特别是新冠肺炎疫情的严重冲击,中共中央、中国政府准确判断形势,精心谋划部署,果断采取行动,付出艰苦努力,及时做出统筹疫情防控和经济社会发展的重大决策。全国各地沉着冷静应对风险挑战,坚持高质量发展方向不动摇,统筹疫情防控和经济社会发展,扎实做好"六稳"工作,全面落实"六保"任务,全国经济运行逐季改善、逐步恢复常态,在全球主要经济体中唯一实现经济正增长,脱贫攻坚战取得全面胜利,决胜全面建成小康社会取得决定性成就。

一、经济社会发展形势及特点

(一)经济规模迈上新台阶

2020年,中国国内生产总值(GDP)为101.59万亿元,迈上百万亿元新台阶,比上年增长2.3%。全年经济走势前低后高,四个季度实际GDP增速分别为-6.8%、3.2%、4.9%和6.5%,第一季度出现40年来唯一的季度负增长,第四季度逐渐恢复到正常甚至高于正常水平。

(二)工业生产持续增长

2020年,中国规模以上工业增加值比上年增长2.8%。从经济类型看,国有控股企业增加值增长2.2%,股份制企业增长3.0%,外商及港澳台商投资企业增长2.4%,私营企业增长3.7%。从三大门类看,采矿业增加值增长0.5%,制造业增长3.4%,电力、热力、燃气及水生产和供应业增长2.0%。从产品产量看,工业机器人、新能源汽车、集成电路、微型计算机设备分别增长19.1%、17.3%、16.2%和12.7%。2020年,全国工业产能利用率为74.5%。全国规模以上工业企业实现利润总额64516亿元,比上年增长4.1%。

(三)新动能牵引能力加强

2020年,全国高技术产业投资增长10.6%,快于全部投资7.7个百分点,其中高技术制造业和高技术服务业投资分别增长11.5%和9.1%。高技术制造业中,医药制造业、计算机及办公设备制造业投资分别增长28.4%和22.4%;高技术服务业中,电子商务服务业、信息服务业投资分别增长20.2%和15.2%。以高技术制造业为代表的新产业新动能实现逆势增长。全年规模以上工业中,高技术制造业增加值比上年增长7.1%,占规模以上工业增加值的比重为15.1%;装备制造业增加值增长6.6%,占规模以上工业增加值的比重为33.7%,增速分别比规模以上工业快4.3和3.8个百分点。全年规模以上服务业中,战略性新兴服务业企业营业收入比上年增长8.3%。从产品产量看,智能化、升级型的新型产品增速明显。工业机器人、新能源汽车、集成电路、微型计算机设备分别增长19.1%、17.3%、16.2%和12.7%。

(四)市场消费持续回暖

2020年,社会消费品零售总额391981亿元,比上年下降3.9%,其中,第四季度社会消费品零售总额增长4.6%,比第三季度高3.7个百分点。全社会市场销售态势恢复较快,线上购物、直播带货、网上外卖等新消费模式强势增长,2020年实物商品网上零售额比上年增长14.8%,高于社会消费品零售总额增速18.7个百分点;线上交易的火爆拉动快递业务量大幅增长,全国快递服务企业业务量累计完成833.6亿件,比上年增长31.2%。在线办公、在线教育、远程问诊等新型消费需求持续旺盛,带动相关服务业快速增长。消费升级类商品销售快速增长,全年通信器材类、化妆品类商品分别增长12.9%和9.5%。

(五)固定资产投资继续回升

2020年,全社会固定资产投资比上年增长2.7%。

其中，固定资产投资（不含农户）增长2.9%。分领域看，基础设施投资增长0.9%，制造业投资下降2.2%，房地产开发投资增长7.0%。在固定资产投资（不含农户）中，三次产业投资增速全部转正，第一产业投资增长19.5%，第二产业投资增长0.1%，第三产业投资增长3.6%。民间固定资产投资增长1.0%，增速年内首次转正。社会领域投资增长11.9%，高于全部投资9.0个百分点，其中，卫生、教育投资分别增长29.9%和12.3%。全年房地产开发投资比上年增长7.0%。其中住宅投资增长7.6%，办公楼投资增长5.4%，商业营业用房投资下降1.1%。全年全国基本建成各类棚户区改造投资项目，全面完成建档立卡贫困户脱贫攻坚农村危房改造扫尾工程任务。

（六）就业形势总体稳定

2020年，城镇新增就业1186万人，明显高于900万人以上的预期目标，完成全年目标任务的131.8%。2020年年均城镇调查失业率为5.6%，低于6%左右的预期目标，城镇调查失业率回落至上年水平。2020年年末，城镇登记失业率为4.24%，低于5.5%左右的预期目标。全年农民工总量28560万人，比上年减少517万人，下降1.8%。其中：本地农民工11601万人，下降0.4%；外出农民工16959万人，下降2.7%。农民工月均收入水平4072元，比上年增长2.8%。

（七）居民消费价格涨幅回落

2020年，全年居民消费价格上涨2.5%，低于上年2.9%的涨幅，也低于3.5%左右的全年预期目标。其中，城市上涨2.3%，农村上涨3.0%。分类别看，食品烟酒价格上涨8.3%，衣着下降0.2%，居住下降0.4%，生活用品及服务持平，交通和通信下降3.5%，教育文化和娱乐上涨1.3%，医疗保健上涨1.8%，其他用品和服务上涨4.3%。扣除食品和能源价格核心CPI上涨0.8%。

（八）城乡居民人均收入比继续缩小

2020年，中国居民人均可支配收入32189元，比上年名义增长4.7%，扣除价格因素实际增长2.1%，与经济增长基本同步。按常住地分，城镇居民人均可支配收入43834元，比上年名义增长3.5%，扣除价格因素实际增长1.2%；农村居民人均可支配收入17131元，比上年名义增长6.9%，扣除价格因素实际增长3.8%。城乡居民人均收入比值为2.56，比上年缩小0.08。全国居民人均可支配收入中位数27540元，比上年名义增长3.8%。

二、改革开放形势及特点

（一）深化商事制度改革

2020年，中国国内申办企业全面实现全程网办的目标，平均开办时间压缩至4个工作日以内，推行企业注销在线办理，扩大简易注销改革试点范围，在国内18个自贸试验区开展“证照分离”改革事项全覆盖试点，推动试点经验复制推广。同时实施“电子营业执照+电子印章”同步发放的应用，推动营业执照电子签名功能和“电子营业执照+电子证照信息”应用，不断拓宽电子营业执照应用场景。

（二）激发市场主体活力

全面加大助企纾困力度，通过“实打实”减税降费让利等政策，帮助企业渡过难关，全年新增减税降费超过2.5万亿元，金融部门向实体经济合理让利1.5万亿元。同时，更加注重用改革开放的办法为企业解难题、添动力，随着营商环境的不断优化，市场主体活力持续增强，年内新设市场主体2500万户，实现逆势大幅增长。

（三）放宽市场准入门槛

在抗击疫情期间，牢牢把住高质量发展方向不动摇，顺势而为推动新产业新业态新模式逆势发展，引导鼓励传统产业转型升级，下放建筑用的钢筋、水泥、广播电视传播设备、人民币鉴别仪，预应力混凝土铁路桥简支梁等5类产品生产许可证审批权限，由省级市场监管部门实施审批，推进检验检测机构资质认定改革，压缩强制性认证目录。

（四）推进复工复产

针对复工复产、复商复市遇到的循环梗阻，联合出台支持复工复产十条政策和加大对个体工商户扶持力度的指导意见，畅通供需循环，推出700多项帮扶政策措施，发布健康码国家标准。加强防疫物资国内外标准比对，精简出口转内销产品强制性认证程序，为企业检定校准计量器具1854万台（件），检测防疫物资35万批次。开展涉企收费专项治理，督促退还企业多收费用52亿元。

（五）严格竞争执法

加强反垄断和反不正当竞争执法，依法对互联网平台企业涉嫌垄断行为立案调查，严厉查处原料药垄断、虚假交易等一批重大典型案件，严肃处理平台企业未依法申报集中和不正当价格行为案件，查处价格违法案件2万件。全面落实公平竞争审查制度，组织对2019年前出台的政策措施进行全面清理，共清理各类政策措施文件107万件，废止、修订近6000件。

（六）优化监管方式

联合15个部门研究制定《市场监管领域部门联合抽查事项清单》，涵盖35个抽查领域、74个抽查事项。建成并运行国家企业信用信息公示系统，对98.2万户严重违法失信企业实施联合惩戒。

（七）加大科技创新投入

2020年，研究与试验发展经费支出比上年增长10.3%，与国内生产总值之比为2.4，比上年提高0.16。世界知识产权组织报告显示，2020年中国继续位列全球创新指数排名第14位，是前30名中唯一的中等收入经济体。全年全国授予专利权363.9万件，比上年增长40.4%。年末每万人口发明专利拥有量15.8件，比2019年年末增加2.5件。

三、对外贸易形势及特点

（一）贸易规模刷新历史纪录

2020年，在新冠肺炎疫情的肆虐下，全球经济深受影响，中国对外贸易得益于对疫情大规模蔓延的控制、强有力的宏观政策措施与生产消费的快速恢复而逆势增长，不仅好于预期，而且刷新历史纪录。2020年，中国对外贸易总额46462.57亿美元，比上年增长1.5%。其中：出口25906.46亿美元，增长3.6%；进口20556.12亿美元，下降1.07%；全年贸易顺差5350.34亿美元，增长26.9%。全年对外贸易规模刷新2018年创造的对外贸易历史纪录，创造中国出口规模的新高。

（二）对外贸易实现"V"形反转

受新冠疫情影响，全国外贸业务先低后高、大幅震荡、呈"V"形增长。2020年1月份，受疫情影响，当月对外贸易比上年同期下降7.3%；2月，对外贸易比上年同期下降16.7%，比1月下降39.5%；3月降幅收窄，比上年同期下降4.3%；4月与5月，降幅进一步扩大；到6月，对外贸易结束连续5个月的下降，首次出现正增长，当月比上年同期增长1.1%。此后，中国的对外贸易逐月向好，走出一条"V"形反转路径。

（三）占国际贸易的份额进一步提升

根据世界贸易组织和各国公布的数据，2020年1—10月，中国进出口、出口、进口在国际市场的份额分别达到12.8%、14.2%和11.5%，创历史最好纪录。2019年，中国的进出口、出口与进口占国际贸易市场的份额分别为11.9%、13.1%和10.7%。

（四）对外贸易结构进一步调整

2020年，中国初级产品出口占比减少，工业制品出口份额增大。同时，中国出口依然以基础制造产品为主，装备制造设备、高新技术产品进口额度依然较高，结构失衡的情况还比较突出。2020年，工业制品出口额24751.46亿美元，比上年增长4.6%，占出口总额的95.5%。其中：机械及运输设备出口总额12583.1亿美元，增长5.3%，在出口中的占比48.6%；初级产品出口额1154.7亿美元，比上年下降13.8%，初级产品在出口中的占比仅4.5%。

（五）特殊物资进出口幅度增大

2020年，中国粮食及猪肉等副食品的进口增长幅度极大，进口增幅最大的是高粱，比上年增长501.2%；猪肉进口额120.4亿美元，增长157.6%；玉米进口增长134.5%；小麦进口增长134%。医药品方面，人用疫苗进口增长61.5%。在出口方面，新能源汽车、医药品等物资增幅明显，受到口罩等防护物资的出口带动纺纱织物的出口，2020年，纺纱织物出口额1541.86亿美元，比上年增长28.9%。其中：口罩等纺织制品出口额943.89亿美元，增长104.8%；医药材及药品出口额230.3亿美元，增长26.6%。此外，由于国内在2021年全面实行废纸进口禁令，众多商家在禁令实施前加大废纸的进口力度，使得纸浆、废纸等进口增长40%。

（六）私营企业贸易规模进一步扩大

2020年，中国私营企业进出口总额20991.7亿美元，其中，私营企业出口额14008.9亿美元，比上年增长12.8%，进口6982.8亿美元，增长9.4%，私营企业进出口占中国对外贸易总额的45.2%，比上年提升4.1个百分点，私营企业继2019年成为中国第一大外贸主体之后，继续保持第一大贸易主体的地位。而国有企业在对外贸易中的占比进一步缩小，2020年，国有企业进出口总额6657.1亿美元，比上年下降13.8%，占中国对外贸易总额的14.3%，比上年下降2.6个百分点。外商投资企业进出口总额17975.9亿美元，下降1.4%，占中国对外贸易份额的38.7%。

（七）对外贸易集中在亚洲和欧洲

2020年，亚洲仍然是中国对外贸易的主要地区，全年贸易额23865.6亿美元，占中国对外贸易总额的51.4%，比上年增长0.8%。日本与韩国继续是中国第二和第三大贸易伙伴国，2020年，中日、中韩双边贸易额分别为3175.37亿美元和2852.6亿美元，比上年分别增长0.8%和0.3%。2020年，中国对欧洲贸易总额9075.57亿美元，比上年增长3.5%。中国与美国的贸易增长较快，2020年中美双边贸易总额5867.2亿美元，比上年增长8.3%，其中中国出口4518.12亿美元，增长7.9%，进口1349.1亿美元，增长9.8%。2020年，中国对"一带一路"沿线国家进出口总额持续增长，达到9.37万亿元（人民币），比上年增长1%。

四、对外交往形势及特点

（一）中欧全面投资协定谈判完成

2020年12月30日，中国和欧盟双方最高领导人宣布双边投资协定谈判如期完成。该协定涵盖市场准入、公平竞争和可持续发展等多个重要议题领域，不仅为中欧经贸合作提供更加有力的制度化保障、助力中欧经贸关系走向高效全面的阶段，是中国联手欧洲在经贸领域为世界提供制度性公共产品的又一重大贡献，也标志着中国的对外开放取得新的重大进展。

（二）区域全面经济伙伴关系协定（RCEP）最终签署

2020年11月15日，在第4次区域全面经济伙伴关系协定领导人会议上，东盟10国、中国、日本、韩国、澳大利亚和新西兰等15个成员国正式签署协议，宣告在经历8年的艰难谈判后RCEP最终达成。对中国而言,RCEP是参与成员最多、经济规模最大、地缘政治影响最广的一个自贸区,是中国自贸区战略进程中的重要里程碑。

(三)东盟首次成为中国第一大贸易伙伴

在新冠肺炎疫情背景下,中国对外贸易伙伴格局发生重大变化。欧美等西方国家经济因受疫情冲击而需求萎缩,与中国的贸易额在不同程度下滑;东盟自2020年2月以来取代欧盟成为中国第一大贸易伙伴,且其地位持续巩固。伴随着中国—东盟贸易关系的深化,2020年中国对东南亚的经济外交取得丰硕成果:中国与柬埔寨签署自贸协定;澜沧江—湄公河合作第三次领导人会议举行,强化中国与中南半岛国家的水资源合作,加速国际陆海贸易新通道建设;基建外交成效显著:中泰签署109亿元人民币铁路合作项目,中老铁路建设进展顺利,由中国企业承建的越南首条城市轻轨全线完工,中菲签署马尼拉三座桥建设项目等。

(四)中美技术竞争态势日益严峻

2020年,美国利用其技术优势,从破坏中国通信设备制造商的供应链开始,逐步展开全方位、多层次、有步骤的遏制和打击。此外,美国利用其市场优势,联合国内商界力量共同驱逐中国通信服务商。自7月31日特朗普政府威胁封杀TikTok到8月5日宣布实施"净网"计划,中国4家在美电信运营商面临关停风险,TikTok、微信等多家中国信息服务商遭遇美国政商两界的双重围堵。

(五)中澳关系出现动荡

2020年,中国和澳大利亚双边经贸关系快速恶化。新冠疫情暴发后澳大利亚大力推动对新冠病毒源头进行所谓的"国际独立调查",成为中澳经贸关系急转直下的导火索,经贸摩擦显著增加,双边经贸关系遭遇重大挫折。2020年1—11月,澳大利亚对华出口额比上年同期下降4.9%,其中11月澳大利亚对华出口降幅高达10%。

(六)印度掀起多轮对华经济攻势

受中印边境摩擦的负面影响,印度政府先后掀起多轮对华经济攻势:印度政府先后对上百种中国商品采取"反倾销"措施;于4月发布外商直接投资新规,要求严格审查中国对印直接投资项目;在7月调整公共财政规则,通过烦琐的登记审核制度基本断绝中国企业参与印政府采购的可能;大范围禁用中国互联网服务企业所开发的应用程序,先后4次强制267个中国应用程序下架。这些旨在限制中国企业对印出口、对印投资、在当地经营的一系列经济民族主义政策,将不可避免地造成中印双输局面,严重危及两国经济关系的正常发展,致使中印经济关系明显倒退。中国海关数据显示:2020年1—11月中印贸易额比上年同期下降7.4%,全年中国对印直接投资骤降28.5%。

2020年中国主要工农业产品产量及其增长速度

产品名称	单位	产量	比上年增长(%)
一、工业产品			
纱	万吨	2618.3	-7.4
布	亿米	460.3	-17.1
化学纤维	万吨	6126.5	4.1
成品糖	万吨	1431.3	3.0
卷烟	亿支	23863.7	0.9
彩色电视机	万台	19626.2	3.3
其中:液晶电视机	万台	19247.2	3.0
家用电冰箱	万台	9014.7	14.0
房间空气调节器	万台	21035.3	-3.8
一次能源生产总量	亿吨标准煤	40.8	2.8
原煤	亿吨	39.0	1.4
原油	万吨	19476.9	1.6
天然气	亿立方米	1925.0	9.8
发电量	亿千瓦小时	77790.6	3.7
其中:火电	亿千瓦小时	53302.5	2.1
水电	亿千瓦小时	13552.1	3.9
核电	亿千瓦小时	3662.5	5.1
粗钢	万吨	106476.7	7.0
钢材	万吨	132849..2	10.0
十种有色金属	万吨	6188.4	5.5
其中:精炼铜(电解铜)	万吨	1002.5	2.5
原铝(电解铝)	万吨	3708.0	5.6
水泥	亿吨	24.0	2.5
硫酸(折100%)	万吨	9238.2	1.3
烧碱(折100%)	万吨	3673.9	6.2
乙烯	万吨	2160.0	5.2
化肥(折100%)	万吨	5496.0	-4.1
发电机组(发电设备)	万千瓦	13226.2	38.3
汽车	万辆	2532.5	-1.4
其中:基本型乘用车(轿车)	万辆	923.9	-10.2
运动型多用途乘用车(SUV)	万辆	905.0	2.6
大中型拖拉机	万台	34.6	23.0
集成电路	亿块	2614.7	29.6
程控交换机	万线	702.5	-11.1
移动通信手持机	万台	146961.8	-13.3
工业机器人	万台(套)	21.2	20.7
二、农业产品			
粮食	万吨	66949	0.9
其中:夏粮	万吨	14286	0.9
早稻	万吨	2729	3.9
秋粮	万吨	49934	0.7
谷物	万吨	61674	0.5
其中:稻谷	万吨	21186	1.1
小麦	万吨	13425	0.5
玉米	万吨	26067	—
棉花	万吨	591	0.4
油料	万吨	3585	2.6

续表

产品名称	单位	产量	比上年增长(%)
微型计算机设备	万台	37800.4	10.6
糖料	万吨	12028	-1.2
茶叶	万吨	297	7.1
肉类	万吨	7639	-0.1
其中:猪肉	万吨	4113	-3.3
牛肉	万吨	672	0.8
羊肉	万吨	492	1.0
生猪存栏	万头	40650	31.0
生猪出栏	万头	52704	-3.2
禽肉	万吨	2361	5.5
禽蛋	万吨	3468	4.8
牛奶	万吨	3440	7.5
水产品	万吨	6545	1.0
其中:养殖水产品	万吨	5215	3.0
捕捞水产品	万吨	1330	-5.0
木材	万立方米	8727	-13.1

注释:本表中数据均为初步统计数。各项统计数据均未包括香港特别行政区、澳门特别行政区和台湾地区。部分数据因四舍五入的原因,存在着与分项合计不等的情况。具体指标内容注释以《统计公报》注释为准。(周明钧)

资料来源:

1.《2021 年中国政府工作报告》

2.《关于 2020 年中国国民经济和社会发展计划执行情况与 2021 年国民经济和社会发展计划草案的报告》

3.《中华人民共和国国家统计局发布 2020 年国民经济和社会发展统计公报》

4.《2020 年国内宏观经济分析及 2021 年展望》

5.《2020 年中国经济运行情况回顾及 2021 年经济走势预测》

6.《2020 一枝独秀,2021 踵事增华——2020 年中国经济形势回顾及 2021 年展望》

7.《发改委评 2020 年中国经济成绩单:发现亮点和不足 更好地开启未来》

8.《2020 年中国经济运行情况分析:GDP 同比增长 2.3%》

9.《观察丨 2020 年中国对外贸易分析》

10.《2020 年中国经济外交十大事件》

11.《市场监管总局:2020 年五方面推动"放管服"改革 促进营商环境持续优化》

文莱:2020 年经济社会发展回顾

2020 年,尽管受到新冠肺炎疫情的影响,文莱继续保持政治稳定、社会安宁、经济增长。文莱政府积极应对疫情并在抗疫工作中取得显著成绩,显示文莱强有力的国家力量和政府治理能力。

一、政治

(一)立法会会议

2020 年 3 月 9 日,文莱举行第 16 届立法会会议,文莱苏丹哈桑纳尔·博尔基亚在立法会开幕式的讲话中指出,立法会是探索和讨论共同关心议题的平台,故立法会议员需要就民众和国家相关的切身问题进行探讨。哈桑纳尔·博尔基亚鼓励立法会议员在立法会上勇敢发言,因为立法会需要他们的声音,立法会议员应多给建议,而非不断地提问。在人力资源议题的讨论上,哈桑纳尔·博尔基亚表示,必须重新审核外国劳工的雇佣政策,包括外劳的雇用及阻碍社区商业活动的政策等。应为待业者推行培训计划,重审与培训相关的课程内容和公共领域空职替补程序等。归属于首相府的人力资源策划与聘雇理事会将制定有效措施以提升就业机会并解决失业问题。同时,苏丹指出,国家开支每年都在加大,所有政府机构必须谨慎使用政府的拨款,使用国家财政资金必须公开透明与遵守信用。

第 16 届国会通过文莱 2020—2021 年国家财政预算,预算金额为 58.6 亿文莱元。其中,首相府 43152 万文莱元,国防部 60603 万文莱元,外交部 11390 万文莱元,财政与经济部 85301 万文莱元,内政部 12773 万文莱元,教育部 75380 万文莱元,初级资源与旅游部 6166 万文莱元,宗教事务部 25573 万文莱元,发展部 22022 万文莱元,文化、青年与体育部 8701 万文莱元,卫生部 38252 万文莱元,交通与信息通讯部 93 万文莱元,能源部 1687 万文莱元。

(二)文莱国庆

2020 年 2 月 23 日,文莱迎来第 36 个国庆日。中国国家主席习近平、国务委员兼外交部部长王毅分别向文莱苏丹发贺信,中国驻文莱大使于红发表致文莱国庆 36 周年贺词,祝贺文莱国庆。马来西亚、新加坡、美国和西班牙等国的国家元首也向文莱苏丹致贺电,祝贺文莱国庆。2 月 23 日,文莱政府在首都斯里巴加湾市奥玛尔·阿里·赛福汀广场举行万人游行与大型国庆庆典表演活动。"实现国家宏愿"是文莱 2020 年的国庆主题,大约有 200 个军警队伍、私人机构和民间团体参加游行表演活动,相关表演活动展示文莱国家在培育青年面对未来挑战及实现国家宏愿目标所做出的努力。文莱华人社团成立一支超过 150 人的华人社团代表队伍参加列队游行。

(三)苏丹华诞

7 月 15 日是文莱苏丹哈桑纳尔·博尔基亚的华诞,庆祝苏丹华诞是文莱国家政治生活中重要的一部分。2020 年,为配合庆祝苏丹哈桑纳尔·博尔基亚 74 岁华诞庆典,苏丹华诞全国最高庆委会委员于 7 月 8 日在首都苏丹基金会大厦广场举行升大国旗仪式。文莱内政部部长兼苏丹 74 岁华诞最高庆委会主席丕显拿督阿布·巴卡尔等政府要员出席升大国旗仪式。文莱全国各商家及民众于7月8—22日悬挂文莱国旗或苏丹74华诞祝贺横幅，全民欢庆苏丹华诞。

7月14日，文莱苏丹哈桑纳尔·博尔基亚发表华诞致辞，并宣布以苏丹已故父皇苏丹哈吉·奥玛尔·阿里·赛福汀的名字命名连接摩拉区至淡布隆区的跨海大桥，即苏丹哈吉奥玛尔阿里赛福汀大桥。这座大桥于3月17日开始通车，是文莱国家现代化的象征。哈桑纳尔·博尔基亚在致辞中提到新冠肺炎疫情蔓延对经济产生的影响，尤其是对全球石油价格的影响。他强调，文莱政府将始终确保这一影响不会对国家的可持续发展产生负面影响，同时强调数字技术在推动国家经济发展中的潜力，并批准推动文莱《2025年数字经济总体规划》。受新冠肺炎疫情的影响，文莱停止举行2020年部分苏丹华诞庆典活动，包括阅兵仪式和苏丹与民同乐等。

二、经济

受新冠肺炎疫情的影响，2020年全球经济下滑。但文莱逆势发展，经济继续保持2017年以来稳健增长的态势。4月14日，国际货币基金组织发布《世界经济展望》，预测文莱2020年和2021年的国内生产总值增长率分别为1.3%和3.5%。2019年10月，国际货币基金组织对文莱2020年国内生产总值增长率的预测为4.7%；2020年年初，对文莱2021年国内生产总值增长率的预测为3.6%。根据“东盟+3”宏观经济研究办公室（AMRO）的预测，2020年，文莱国内生产总值预计将增长1.3%。亚洲开发银行于2020年9月发布的《亚洲发展展望》报告显示，文莱国内生产总值增速预计为1.4%，这一预测与亚洲开发银行于2020年6月的预测相似。亚洲开发银行同时预测，2021年，文莱的经济增长率为3%。按当前价格计算，2020年第一季度，文莱国内生产总值45.605亿文莱元，其中，农业、林业和渔业占1.0%，工业占62.1%，服务业占36.9%；第二季度国内生产总值39.387亿文莱元，其中，农业、林业和渔业占1.3%，工业占58.3%，服务业占40.5%；第三季度国内生产总值39.707亿文莱元，其中，农业、林业和渔业占1.3%，工业占56.3%，服务业占42.5%。按不变价格计算，2020年，文莱第一季度国内生产总值48.556亿文莱元，比上年同期增长2.4%；第二季度国内生产总值47.596亿文莱元，增长3.0%；第三季度国内生产总值46.319亿文莱元，增长0.5%。由于石油天然气开采量减少的原因，2020年，文莱石油天然气行业产值占国民生产总值的比重下降，非石油和天然气行业的占比增长。石油天然气行业在第一季度、第二季度和第三季度分别下降5.7%、1.3%和5.7%；非石油和天然气行业在第一季度、第二季度和第三季度分别增长10.9%、8.5%和8.0%。

三、外交

2020年，文莱继续推行多元外交政策，加强与东盟其他成员国之间的关系并积极参与地区和国际事务。受新冠肺炎疫情全球蔓延的影响，2020年3月以后，文莱外交事务主要通过视频方式进行。2020年1月22日，文莱与多米尼加共和国建立外交关系。2020年12月9日，文莱与卢旺达建立外交关系。

（一）积极参与地区和国际事务

2020年2月，文莱国防部第二部长丕显拿督哈尔毕出席在越南首都河内举行的东盟国防部部长会议。哈尔毕在会议期间以国家安全委员会主席的身份分别与越南公安部部长苏林及东盟秘书长拿督林玉辉举行双边会议。4月15日，文莱苏丹哈桑纳尔·博尔基亚以视频方式参加东盟与中日韩特别峰会。哈桑纳尔·博尔基亚表示，为应对全球卫生紧急状况，东盟与中日韩的密切合作非常重要。文莱内政部部长丕显拿督阿布·巴卡尔以视频方式参加东盟劳工部长特别会议，参与探讨新冠肺炎疫情对劳务与就业的冲击及相关应对措施。文莱初级资源与旅游部部长拿督阿里以视频方式参加东盟旅游部部长特别会议，他在发言中强调，面对新冠肺炎疫情带来的空前挑战，东盟国家需互相共享信息、经验和知识，以控制疫情在东南亚地区的蔓延。4月30日，文莱卫生部部长拿督伊山姆以视频方式参加东盟—美国卫生部部长特别会议。拿督伊山姆在会议上报告文莱自第一例新冠肺炎病例出现以来采取的各种措施，包括对确诊病例进行追踪、隔离和自我隔离计划、禁止公众集会活动、推迟开学和某些学习活动、禁止入境和出境等。

2020年9月9日，文莱外交事务主管部部长艾瑞万以视频方式参加第53届东盟外交部长会议及相关会议，会议主要讨论新冠肺炎疫情及筹备将于11月举行的第37届东盟峰会及相关峰会。9月10日，文莱立法会议长丕显拿督拉赫曼以视频方式参加第41届东盟议会联盟大会并接受2021年东盟议会联盟轮值主席一职。9月15日，文莱内政部部长阿布·巴卡尔出席关于“变化世界的人力资源”高级别部长视频会议。阿布·巴卡尔在发言中指出，文莱政府一直与私营部门的主要行业代表紧密合作，努力通过确保教育课程与行业需求保持一致，培养劳动力市场所需的必要的和相关的能力，鼓励继续为接受培训的人员提供机会和能力建设。9月25日，文莱首相府部长兼财政与经济事务主管部长拿督刘光明以视频方式参加2020年亚洲—太平洋经济合作组织（东盟）财政部长会议，就疫情后重振经济的议题进行讨论。10月2日，文莱首相府部长兼财政与经济事务主管部长拿督刘光明以视频方式参加东盟金融部长会议和中央银行行长会议及相关会议，刘光明在会上强调努力推进东盟金融一体化的重要性。

2020年11月，文莱苏丹哈桑纳尔·博尔基亚以视频方式出席第37届东盟领导人会议、第8次东盟与美国领导人会议及东盟与新西兰领导人会议、第23次东盟与中日韩10+3领导人会议、第11届东盟—联合国高级别峰会、亚洲—太平洋经济合作组织第27次领导人非正式会议等。哈桑纳尔·博尔基亚在第37届东盟领导人会议上发言指出，东盟需要快速地展开恢复工作，注重民生问题，包括提升区域网络安全、解决人民的失业及健康问题等；同时，东盟还需要提升能力、应对挑战，并通过可持续性发展计划应对新挑战。

（二）积极推行多元外交

2020年，文莱继续推行多元外交政策，与世界各国保持友好关系。文莱与英国继续保持密切的联系。1月31日，英国正式脱离欧盟后，英国驻文莱高级官员理查德·林赛称，英国脱欧不会影响两国的关系，英国脱欧后将继续加强与文莱的贸易关系。理查德·林赛表示，文莱与英国有着重要的贸易关系，两国经济关系将会继续，英国与文莱在经济、教育和国防等领域的关系尤为密切。2月5日，文莱苏丹哈桑纳尔·博尔基亚与英国首相约翰逊在英国伦敦举行双边会议，商讨两国共同关心的问题，包括国防、贸易、气候变化、东盟—英国关系及双边合作等。两国领导人共同签署国防领域的合作协议，旨在强化文莱皇家武装部队与英国武装部队之间的密切合作。

2020年1月，文莱苏丹哈桑纳尔·博尔基亚向俄罗斯新任总理米舒斯京致贺电。哈桑纳尔·博尔基亚在贺电中称，文莱与俄罗斯在双边和区域伙伴方面有着良好的友谊和紧密的合作关系，期待与米舒斯京总理加强合作，进一步深化彼此共同关心领域的合作。2月10日，俄罗斯驻文莱大使在接受文莱英文日报《婆罗洲公报》访谈时表示，俄罗斯将密切与文莱的多边联系。3月19日，文莱皇家武装部队司令彭吉兰拿督阿米楠接见俄罗斯驻文莱特命全权大使弗拉基米尔·鲍里索维奇·冈查连科。双方承认文莱皇家空军与俄罗斯武装部队在军事关系方面取得的积极进展，文莱皇家武装部队司令感谢俄罗斯支持文莱成为2021年东盟轮值主席国。

2020年1月，文莱苏丹哈桑纳尔·博尔基亚向韩国总统文在寅致贺电，祝贺文在寅成功连任韩国总统。哈桑纳尔·博尔基亚在贺电中表示，文莱与韩国拥有长久的友谊，他对两国在贸易与投资、能源、基建、互联互通、信息通信技术、教育和旅游等领域上的合作表示赞赏，同时期待能与韩国总统合作，加强双边及区域合作伙伴关系。

2020年2月10日，文莱苏丹哈桑纳尔·博尔基亚接见塔吉克斯坦共和国外交部部长西罗吉丁·穆赫里丁。双方讨论文莱与塔吉克斯坦共和国自2004年6月2日建立外交关系以来两国加强和增进外交关系的事项，希望通过高等教育机构的合作来扩大现有合作，并探索互利共赢的新合作。

2020年2月14日，文莱国防部第二部长丕显拿督哈尔比接见美国国防部副部长助理秘书里德·沃纳。双方确认牢固的双边防务关系，并商讨在防务和军事合作的各个领域，包括互访、双边军事演习、培训及文莱与美国在包括东盟国防部部长会议在内的各个平台上的多边接触等事宜。

2020年2月19日，文莱苏丹哈桑纳尔·博尔基亚接见澳大利亚外交部部长、妇女部部长兼参议员马里斯·佩恩。双方就加强文莱与澳大利亚的双边关系等事项进行讨论并交换意见，重点讨论了教育、贸易、国防及地区与国际事务等。马里斯·佩恩表示，澳大利亚支持文莱担任2021年东盟轮值主席国。3月初，澳大利亚柯林斯级潜艇访问文莱，这是澳大利亚潜艇首次访问文莱，显示文莱与澳大利亚之间长期密切的防御关系。

（三）保持与东盟国家的密切关系

2020年，文莱继续保持与东盟其他成员国之间的联系，加强文莱与周边国家的双边关系。受新冠肺炎疫情的影响，文莱与周边国家之间尤其是马来西亚和新加坡等国关于疫情期间双边人员往来、出入境管理等方面的沟通与协作尤为密切。

2020年3月1日，文莱苏丹哈桑纳尔·博尔基亚向马来西亚总理慕尤丁致贺电，祝贺其成为马来西亚总理。哈桑纳尔·博尔基亚在贺电中强调，文莱作为马来西亚的近邻，非常珍惜两国友好的关系；期待与慕尤丁合作，扩展两国在双边、区域及国际上的合作关系。2020年2月5日，文莱陆路交通局与马来西亚陆路交通局在文莱首都斯里巴加湾市举行双边会议，旨在加强两国间的战略伙伴关系，重点讨论有关陆路交通方面的问题。

2020年1月5日，文莱与新加坡在文莱首相府办公室举行第5届文新联合训练开营仪式，该训练营主要关注跨国犯罪问题。2020年2月，文莱—新加坡武装部队在文莱举行主题为“共同进步”的军事演习，为期一周的活动成为加强文莱与新加坡军事合作的重要平台。此次军事演习活动培训和提高了两国军事人员在规划和实施行动方面的技能。2月7—9日，第17期文莱—新加坡武装部队初级官员互动活动在文莱举行，文莱和新加坡共派出20名武装部队军官参与活动，以促进彼此的了解、沟通和建立双边关系和友谊。2020年9月1日，文莱与新加坡发出联合文告，宣布9月开放接受文新互惠绿色通道申请，以促进两国居民的基本商务和公务旅行。

2020年2月，文莱安全与执法部门和越南公安部代表团在文莱首都斯里巴加湾市举行双边会议，以加强两国在安全领域尤其是打击跨国犯罪方面的合作。

双方还特别讨论了在预防、打击犯罪及应对网络安全和恐怖主义等方面的合作。

（四）与中国的关系

1. 政治往来。2020 年 1 月 17 日，中国国家主席习近平与文莱苏丹哈桑纳尔·博尔基亚分别致贺信，祝贺“中国—文莱旅游年”在文莱首都斯里巴加湾市开幕。习近平在贺信中指出，中国与文莱是隔海相望的友好邻邦，也是相互信赖的朋友和伙伴。中文双方一致决定建立中文战略合作伙伴关系，做政治互信、经济互利、人文互通、多边互助的好伙伴。希望双方以举办旅游年为契机，扩大人员往来，加强文化交流和旅游合作，做真诚相待的好朋友、共同发展的好伙伴。文莱苏丹哈桑纳尔·博尔基亚在贺信中表示，文中两国是战略合作伙伴，不断拓展互利合作新领域。1 月 21 日，中国国务委员兼外交部部长王毅与文莱外交事务主管部长艾瑞万在中国北京共同主持中文政府间联合指导委员会首次会议。王毅指出，成立联合指导委员会是两国领导人达成的重要共识，契合双边关系提升的需要。此次双方进一步同意，在委员会框架下，就经济、商务、海上和能源等 10 个领域加强互利合作，建立若干个工作组，这对两国关系深入发展具有重要意义。艾瑞万说，文莱高度重视发展对华关系，愿与中国落实好两国领导人共识，加快共建“一带一路”。文莱重申坚持“一个中国”政策，愿与中国共同积极推进“南海行为准则”磋商，共同维护好南海地区的和平稳定。

2020 年 9 月 9 日，文莱苏丹哈桑纳尔·博尔基亚在首都斯里巴加湾市会见到访的中国国务委员兼国防部部长魏凤和。哈桑纳尔·博尔基亚表示，文中两国人民历史上联系紧密，文莱珍视两国友好关系，视中国为文莱的重要合作伙伴。文莱衷心感谢中国政府和军队在文莱疫情困难时刻给予的支持和帮助，文莱愿与中国继续开展防务、经贸、能源和人文等领域的交流合作，希望两国防务部门继续推进团组互访、联合演训等务实合作，推动文中战略合作伙伴关系不断发展。魏凤和表示，在中国国家主席习近平与文莱苏丹哈桑纳尔·博尔基亚的引领下，中文两国关系保持良好发展，为不同社会制度国家间共商共建共享树立典范。中国愿与文莱深化防务领域交流合作，推动两军关系不断取得新进展。南海稳定符合两国共同利益，双方应继续加强沟通协商，推进海上合作，共同维护南海和平安宁。

2020 年 9 月 29 日，文莱苏丹哈桑纳尔·博尔基亚就庆祝中华人民共和国成立 71 周年分别向中国国家主席习近平和国务院总理李克强致贺电。哈桑纳尔·博尔基亚在贺电中表示，面对当前挑战，文莱高度重视发展与中国的密切合作关系。2021 年是中文两国建交 30 周年，也是东盟与中国建立对话关系 30 周年。文莱期待与中国继续密切合作，进一步在多领域发展双边友好关系。2020 年 9 月 30 日，中国—文莱建交 30 周年纪念徽标设计比赛启动仪式在文莱首都斯里巴加湾市举行，中国驻文莱大使于红在启动仪式上致辞时表示，2021 年将迎来中国与文莱建交 30 周年，中国驻文莱使馆与文莱外交部，文化、青年与体育部共同主办庆祝两国建交 30 周年纪念徽标设计比赛，双方将共同评选最佳的设计作品用于 2021 年的一系列庆祝活动。于红还强调，中国与文莱一直是大小国家平等相待、互利共赢的典范，中国愿继续与文莱社会各界共同担当责任、履行使命、战胜挑战。

2. 共同抗击疫情。2021 年 1 月 20 日，中国驻文莱大使于红在出席文莱中华总商会第 42 届理事会就职仪式上发表的致辞指出，2020 年，面对突如其来的新冠肺炎疫情，中文两国守望相助、共克时艰，不仅有效地控制住疫情蔓延，同时都取得经济发展与社会进步的好成绩。在携手抗疫的过程中，中文两国间的传统友谊不断升华，战略互信不断加深，充分体现中文战略伙伴关系的高水平。2020 年 1 月，新冠肺炎疫情暴发后，中国驻文莱大使于红就疫情回答文莱当地记者提问时表示，中国政府正采取一系列措施对抗病毒。2 月 7 日，于红大使受邀参加文莱广播电视台“RAMPAI PAGI”的专访节目直播，介绍中国政府抗疫工作的情况及疫情对中国经济和中文两国交流的影响。文莱政府和民众关注、关心中国的疫情并慷慨解囊相助。文莱政府向中国湖北慈善总会捐款 50 万美元，文莱公主哈嘉玛思娜带领内阁多位部长为中国人民写下鼓舞人心的话语。2 月 4 日，文莱向中国广西捐赠的首批共 5 万只防护口罩运抵南宁，文莱总共向中国广西捐赠防护口罩 15 万只。文莱中华总商会、文莱中国

2 月 4 日，文莱向中国广西捐赠的首批共 5 万只防护口罩运抵南宁
（中新网）

"一带一路"促进会、福州十邑同乡会、腾云殿等社团组织号召会员给中国捐款捐物。其中,文莱福州十邑同乡会向中国捐赠43427文莱元,文莱腾云殿为中国捐款2万文莱元。文莱马来奕海南公会筹集善款,并通过中共海南省委统战部、海南海外联谊会等涉侨部门在中国海南采购农产品赠送给医护人员。此外,文莱旅行社协会及文莱多所华文学校为中国录制视频,为中国"加油"。

3月上旬,文莱出现首例新冠肺炎确诊病例后,中国国务委员兼外交部部长王毅应约与文莱外交事务主管部长艾瑞万通电话。王毅转达中国国家主席习近平对文莱苏丹哈桑纳尔·博尔基亚的亲切问候,同时,对文莱王室、政府和人民积极支持中国抗击新冠肺炎疫情,并向中国提供资金援助表示感谢。艾瑞万转达文莱苏丹哈桑纳尔·博尔基亚对中国国家主席习近平的诚挚问候,赞赏并祝贺中国有效控制疫情,同时,衷心感谢中国愿向文莱提供抗疫支持和帮助。

文莱新冠肺炎疫情暴发后,中国驻文莱大使馆与文莱卫生部合作应对疫情,保持密切沟通,并向文莱提供疫情诊疗和防控方案,主动与文莱分享抗疫经验。3月26日,中国驻文莱大使于红在文莱唯一的英文报纸发表题为《让"甘榜精神"飘扬,愿疫情早日远离》的署名文章,呼吁中文两国弘扬两国人民千百年来守望互助的传统,共同发挥新时代的"甘榜精神",直至赢得这场没有国界、没有硝烟的战争的最终胜利。恒逸实业(文莱)有限公司向文莱政府捐赠价值100万美金的医疗物资。1月时,中国华大基因向文莱政府供应核酸检测试剂,并在文莱发现确诊病例后积极帮助文莱建设"火眼"实验室,大幅提升其检测能力。中国深圳市猛犸公益基金会向文莱捐赠一批华大试剂盒。文莱摩拉港有限公司免除所有医疗耗材及设备进口港口费用。医渡云(北京)技术有限公司帮助文莱建设防控疫情的大数据平台。中国互联网企业百度、阿里巴巴和腾讯等发挥技术优势,搭建服务海外的远程医疗问诊平台。

四、社会与发展

(一)成功抗疫

2020年3月9日,文莱出现首例新冠肺炎确诊病例。5月6日至12月26日,除了11例境外输入病例,文莱连续234天没有本土感染病例,取得抗疫工作的成功。

文莱抗疫成功归功于文莱政府的果断决策迅速反应。为了防止疫情传播,早在2020年2月时,文莱就对中国的几个城市采取入境管制措施。在报告首例新冠肺炎确诊病例后的一周内,文莱政府发布旅行禁令,禁止所有人员离境,并要求来文人员抵达文莱后自我隔离14天。为控制疫情扩散蔓延,文莱政府要求所有居民保持社交距离及做好个人卫生;禁止人群大规模聚集、社交聚会及餐饮场所提供堂食;暂时关闭学校、娱乐中心和宗教活动场所等。

在疫情管控上,文莱采取"全国性方法",所有政府部门在卫生部的指导下携手合作。文莱政府以强大的领导力和充分的透明度证明其应急处理能力。在确诊病例不断增加的几个月里,卫生部部长与其他政府部门负责人每天共同举行新闻发布会,向公众报告疫情最新信息和政策。新闻发布会上的问答环节让部长与记者之间进行前所未有的互动对话,该问答环节也在官方媒体和各线上平台进行现场直播。文莱的企业和个人也向新冠肺炎救助基金慷慨捐款,青年志愿者积极协助隔离中心和卫生所的后勤工作。在疫情暴发之初,文莱教育部要求文莱大学等高等教育机构制订"业务持续计划"。将所有课程转移到网上,文莱大学还采取错峰上下班等措施,员工可选择居家办公。

(二)数字化进程

尽管文莱关于"工业革命4.0"的规划和讨论已经进行好几年,但新冠肺炎疫情却意外地成为文莱数字化发展的催化剂。总的来说,文莱社会对迈向数字化和数字社会发展道路的转型持积极的态度,文莱政府通过"智慧国家"倡议推进国家数字化进程。2019年7月,文莱苏丹哈桑纳尔·博尔基亚在其73岁华诞庆典发表的讲话中指出,文莱需要具有强大潜力的数字经济推进国家经济的发展,同时,建立数字经济委员会为文莱成为"智慧国家"打下基础。文莱成立数字经济委员会的目标是将文莱转变为一个"智慧国家"。"智慧国家"包含以下三个关键特征:一是充满活力和多样化的经济;二是通过发展基础设施、创新、数据能力、人力资本和其他资源来提高竞争力和经济增长;三是改善生活质量、公共服务、学校、安全和人员流动性,以及实现环境的可持续性。哈桑纳尔·博尔基亚认为,只有通过利用数字技术,为文莱社会配备必要的技能和知识以迎接变化和挑战以及加强国家框架建设才能实现"智慧国家"的目标。文莱通信部部长进一步强调物联网、数据驱动决策及服务交付是实现"文莱宏愿"的一个互联和创新社会的关键驱动力。

文莱数字化建设的目标是将政府机构和私营部门转型为一个推动实现"2035愿景"的"智慧国家"。为此,文莱分别推出电子政务网站、2020—2025年数字经济总体规划及文莱健康信息和管理系统,在国家治理、商业、金融和医疗保健等领域取得相当大的进步。文莱"2035愿景"框架内的其他目标部门同样确定在加强政府机构与私营部门之间的合作协调下执行该计划以成功建构数字社会的基石。文莱数字经济委员会2020年发布的《数字经济总体规划》全面概述文莱发展“智慧国家”的5年计划和发展战略。2020年8月12日,文莱Progresif有限公司宣布推出文莱首个数字流媒体平台——“Progresif Media”。

信息通信技术是实现文莱“2035宏愿”的关键。因此,政府需要分析提供这些新技术的可能性,并将它们作为工具来推动政府及其利益相关者之间的互动。更重要的是,政府需要通过提高信息和服务的效率、效力、质量和可及性来实现国家的可持续发展。建设数字化政府的最重要贡献之一是建立了被称为“电子—达鲁萨兰”(e-Darussalam)的官方门户网站。该网站由文莱首相府的电子政府国家中心维护,为文莱的公民、游客和商业组织提供一站式服务,包括提供政府网上服务的集中信息等。每位文莱公民可通过创建和激活自己的网站帐户来获取这些信息与服务,通过官方网站可以随时随地获得政府信息和网上服务,政府机构由此能够提高公共服务效率的同时避免信息和流程重复,从而更有效地提供服务。随着该官方网络平台的建立,文莱在193个国家或地区的电子政务发展指数中排名第59位。

文莱每百位居民的移动服务订阅率为134%,互联网使用率95%,4G网络—移动宽带的人口覆盖率95%,每百户家庭和每百家企业订购固定宽带服务率50%,拥有笔记本电脑的家庭61%,拥有智能手机的家庭88%。2020年,随着新冠肺炎疫情在文莱暴发,数字平台的使用率越来越高,以降低疫情传播的风险。文莱政府推出一站式移动应用“健康文莱”,要求用户出入营业场所和办公室时扫描二维码,以便卫生部在疫情暴发时进行接触者追踪。这一款蓝牙应用被誉为遏制新冠肺炎蔓延的完善监测机制,它向政府提供进入营业场所的个人数据及在特定时间段和特定地点出现的人数。企业需要将政府发放的二维码打印并放置在营业场所的入口,顾客和员工需要在手机上下载“健康文莱”,并在出入时扫描二维码。该应用程序会生成一个5种颜色的分类系统以显示用户在文莱国内的移动信息,持有绿色或黄色健康码的人可进入场所,持有红色、蓝色和紫色健康码的人(患有疾病的人)禁止进入公共区域。“健康文莱”还具有新冠肺炎自我评估及与新冠肺炎疫情有关的新闻和信息更新等功能,各种新功能也会不断升级,如预约就诊和线上医疗咨询等。

文莱于2020年和2021年分别推出公共交通信息系统和智能交通系统,这两个系统将通过使用全球定位系统来公布公共汽车服务的实时信息。由于文莱的私家车拥有率很高,因此,政府并未将太多的资源用在改善数字公共交通系统上。据调查,在2212位文莱居民中有80%的人回答说,他们更喜欢使用私家车出行。总之,文莱的移动服务发展相当缓慢,在物流和运输领域的数字化发展还有很长的路要走。

文莱苏丹哈桑纳尔·博尔基亚进一步鼓励开展“智慧农业”研究以提升竞争力。先进技术在农业活动中至关重要,因为气候变化、有限资源和环境退化等问题,要求必须确保作物的生产与保护。通过“智慧农业”从物联网设备收集的信息可用于检查土壤细节及进行预测,并最大限度地防盗。文莱教育部出台一项政策以提高学生、教师和教育部门官员在信息通信技术方面的能力,包括在教学活动中整合信息通信技术等。2019年,文莱教育部引入的创新实验室是其与交通和通信部合作的政府项目之一,这是一个为期16周的软件开发强化培训项目,旨在发展文莱的人力资源和专业人才,并增强其在数字化转型中的积极作用。2020年,文莱启动“智慧教室”试点,以在新冠肺炎疫情全球蔓延的情况下保持优质教育,如多人视频电话会议的数字技术在应用程序Zoom和微软团队中得到优化,以实现在线授课。其他国家已将这类系统的性能最佳化,但文莱的学校网络基础设施和国家教育管理系统预计在2023年才能完成并推出。文莱交通和通讯部正在与教育部合作推出这一系统,该系统将实现家长、教师和学童之间交流方式的创新,并利用必要的信息以提高教育质量。这种延迟必定会影响文莱社会对技术进步的适应,特别是在教育教学系统方面的进步。政府必须不断探索研究领域,以进一步加强信息通信技术在各个教育阶段的所有教学活动中的整合和管理。

商业和经济领域是实现数字化社会成功转型的支柱。根据文莱《2025年数字经济总体规划》,数字经济委员会为文莱制定“通过数字化转型为智慧国家”的愿景,此愿景旨在通过数字化转型推动和增强文莱经济社会的发展。《2025年数字经济总体规划》的战略重点包括工业数字化,以解决“工业革命4.0”带来的新挑战。政府在所有利益相关者尤其是中小企业中开展行业意识项目,通过培训帮助人们使用政府数字化项目以适应技术发展。这些均可通过实行数字身份生态系统和发展改善公众体验服务来实现。此外,政府通过实施数字数据政策,为数据保护和共享提供管理框架,从而促进数字产业的发展。与此同时,政府还通过重新培训和更新教育项目来创建一个数字化的终身学习机制以提高现有人员的能力,从而促进人力资源的开发。

2020年,文莱通过引入一种通用的计费系统来实现数字化转型,使之成为实现经济发展的举措之一。该系统允许公民通过“电子—达鲁萨兰”账户在线支付住房账单。2020年的数字支付允许用户选择多种方式进行支付,如自动取款机、电子银行和手机银行等。此外,包括电子房产税、土地支付、提供国家福利体系,以及到2022年提供国家商务服务平台等举措也正在酝酿中。（潘艳勤　云昌耀）

柬埔寨:2020年经济社会发展回顾

2020年,面对新冠肺炎疫情,柬埔寨政府制定一系列应对措施,政府治理能力获国内外一致认可。经济因受新冠肺炎疫情及欧盟部分撤销EBA("除了武器一切免税"优惠待遇)的影响,增长困难重重,但年内参与签署的CCFTA及RCEP成为柬埔寨未来经济发展的新动力。年内,柬埔寨与中国关系再上新台阶,与美欧关系处于低谷,与越南及东盟关系保持密切友好。

一、政治稳定

2020年是柬埔寨人民党单独组阁执政的第二年,年初于全球范围内暴发的新冠肺炎疫情成为柬埔寨人民党执政能力特别是应对突发事件能力的试金石。

(一)柬埔寨政府应对突发事件能力获国内外认可

新冠肺炎疫情在柬埔寨暴发后,柬埔寨政府反应迅速、应对积极。从抗击新冠肺炎疫情国家委员会的及时建立、国家抗疫行动计划的迅速制定到适时向民众宣传防护知识、减少民众恐慌,邀请此次抗疫中富有经验的中国医疗团队到柬埔寨进行指导、量身订制"柬埔寨方案",最后安抚因疫情致贫民众、持续为柬埔寨国内因受疫情影响致贫的相关产业员工发放生活补助、推进数字化发展、为传统经济发展减压等一系列措施的迅速制定并有效执行,均可反映出人民党单独组阁执政后,柬埔寨政府在政策制定及执行方面日渐娴熟。

得益于柬埔寨政府各类抗疫措施的有序施行,柬埔寨抗疫成效显著,获得国际社会的高度认可。2020年5月11日,世界卫生组织总干事谭德赛向柬埔寨首相洪森致函,高度赞扬柬埔寨有效控制新冠肺炎疫情蔓延,同时对柬埔寨首相洪森在其中发挥的作用表示支持和敬佩。9月14日,在国际知名医学杂志《柳叶刀》发表的研究报告中,以91个国家和地区每天每百万人口的新增确诊新冠肺炎病例数、死亡率、检测和病毒传染率进行排名,柬埔寨为最优国家排名中的第4位。柬埔寨在此次抗击新冠肺炎疫情的过程中,不仅在国内应对突发事件上表现可圈可点,还适时对"威士特丹号"邮轮上的国际游客施以援手,在国际抗疫舞台上表现出色,得到国际社会的广泛赞誉。

由于怀疑船上旅客携带新冠肺炎病毒,出于疫情防控方面的考虑,菲律宾、中国台湾地区、日本、美国关岛和泰国等国家和地区接连拒绝一艘乘载有1455名国际乘客和802名船员的荷美邮轮"威士特丹号"的停泊请求。2月12日,"威士特丹号"向柬埔寨发出停泊请求并最终获准,"威士特丹号"随即在一份官方声明中表达对柬埔寨的"极度感谢";2月13日,"威士特丹号"终于结束13天的海上"漂流"之旅,获准入境柬埔寨西哈努克市西哈努克港停泊;2月14日,柬埔寨首相洪森亲自带着鲜花迎接国际乘客下船,还为船上的每一位乘客送上水布作为纪念。乘客下船的当天,时任美国总统特朗普在推特上对柬埔寨此举表示感谢。

此次邮轮事件令无数国际目光聚焦柬埔寨,柬埔寨政府凭借其胆大而心细的决定,在一片反对声中"逆风翻盘",向世界充分诠释了何为"小国大爱",收获国际赞誉,赢得许多尊重。针对此次邮轮事件,柬埔寨首相洪森表示:"现在比新冠肺炎疫情更可怕的是'恐慌病'。柬埔寨允许这艘邮轮停靠是为了消除全世界正在存在的'恐慌病'。柬埔寨没有歧视任何民族,柬埔寨必须参与人道事务,毕竟他们正在需要帮助。若某个国家不认识柬埔寨,但柬埔寨希望告诉全世界,柬埔寨要同全世界所有国家合作。人道是无边境的。"世界卫生组织总干事谭德塞对柬埔寨此举表示高度赞赏,并称:"这是我们一贯呼吁的国际团结的一个实例。疾病暴发可以揭示人类最善良的一面和最丑恶的一面。对个人或整个国家予以污名化,只会损害应对行动。当我们的所有精力都用于抗击疫情时,污名化只会转移我们的注意力,使人们相互敌视。现在是团结的时候,不是污名和歧视的时候。"

(二)人民党收获更多民意支持

柬埔寨政府此番应对新冠肺炎疫情所表现出来的有条不紊、措施得当,为执政的人民党在国内获得了更多的民意支持。2020年12月7日,柬埔寨首相洪森宣布将为全民免费接种新冠肺炎疫苗。此外,柬埔寨政府在持续为因疫情致贫的相关产业员工发放最低生活补助方面也做得相当出色。据柬埔寨劳动和职业培训部国务秘书兼发言人韩苏表示,2020年5月至2021年1月5日,柬埔寨政府已向此次受新冠肺炎疫情影响的34万名制衣和旅游相关产业工人发放45次补助金,总额超过2300万美元。

如果说2018年,柬埔寨人民党在获得第6届全国大选胜利时,原救国党还是其隐存的威胁因素的话,经过此次与人民站在一起抗击新冠肺炎疫情,加之反对党各项力量的逐步瓦解,人民党已确实收获了大部分民众的信任与支持。

继2017年11月5000余名柬埔寨原救国党成员加入柬埔寨人民党,2018年12月2622名原救国党成员加入人民党,2019年10月50名原救国党成员加入人民党等一系列党员连年脱党事件后,柬埔寨原救国党在柬埔寨政坛势力衰微。原救国党领袖桑兰西近两年间曾数次声称要返回柬埔寨并带领其支持者发动街头革命的计划屡次流产,令其绝大多数支持者对其能力和执行力丧失信心。与老搭档金索卡因政见不同而分道扬镳,原救国党阵营被分化、力量被切割。凡此种种都是桑兰西号召力急剧下滑的结果。2020 年,最能体现流亡法国的桑兰西失去民意支持的事件莫过于:桑兰西曾通过脸书号召支持者在 10 月 23 日到中国、美国和法国驻柬埔寨大使馆门前参加《巴黎和平协定》签署 29 周年纪念日的抗议活动,目的为呼吁各方尊重《巴黎和平协定》,抗议中国在柬埔寨“建立军事基地”,但当天应约到中国驻柬埔寨大使馆门前集结的仅有 15 名多数年龄段在四五十岁的中年妇女,与此前原救国党高层声称的 300 人相去甚远,且该抗议活动在社交媒体上也未获广泛支持。反对党逐渐失去的民意陆续转向深耕柬埔寨的人民党。

二、经济下行

2020 年,由于受到新冠肺炎疫情及欧盟部分撤销 EBA 的影响,虽然柬埔寨继续执行宽松的货币政策,政府也出台如降低物流成本、降低电费、简化出口程序、取消原产地认证收费及税收优惠等刺激经济的相应政策,但因国际大环境影响,国内吸引到的投资额减少,订单被取消或减少后企业停产多用工少、利润空间缩减,主要产品出口增幅回落,政府缩减 4.75 亿美元财政支出以应对疫情防控需要,以及居民消费增幅下降等因素,柬埔寨年度经济下行。所幸全年税收足额完成,达 28.89 亿美元,为原计划的 101.36%。根据世界银行的预测,2020 年,柬埔寨国内生产总值(GDP)比上年减少 1%;而柬埔寨政府对年度 GDP 的预测则为 267.05 亿美元,比上年减少 1.9%。虽然 2020 年柬埔寨经济增长困难重重,但柬埔寨于年内签署的《中华人民共和国政府和柬埔寨王国政府自由贸易协定》《区域全面经济伙伴关系协定》,以及耽搁 50 年终于产出的“第一滴石油”,都给柬埔寨未来的经济发展带来新的增长动力。

(一)新冠肺炎疫情给经济带来的不良影响

此次新冠肺炎疫情暴露了柬埔寨经济结构单一、易受外部环境影响的结构性弱点。制衣业和旅游业是柬埔寨的支柱产业,突如其来的疫情令主要依靠海外订单生存的制衣业和依靠外国游客运转的旅游业受到前所未有的巨大冲击。从衣鞋制品原料的运输被阻、海外订单的临时取消或被压价,到各国因疫情防控采取航班限制、国际旅客流量暴跌,均令柬埔寨制衣业和旅游业发展雪上加霜。据柬埔寨劳动和职业培训部消息:2019 年柬埔寨约有 1080 家制衣厂、75 万名从业人员,2020 年有 129 家成衣厂倒闭,45% 的厂商表示被外国买家压价,而此轮“倒闭潮”令 7.12 万名工人受到直接影响。柬埔寨旅游部 2021 年 1 月 11 日发布的最新数据显示:自 2020 年 4 月,由于防疫需要实施入境管制,入境外国旅客骤减,2020 年 1—11 月,柬埔寨接待外国游客约 128 万人次,比上年同期下降 78%;吴哥窟门票收入由 2019 年的 9908 万美元减至 2020 年的 1865 万美元,跌幅为 81%。疫情导致柬埔寨旅游业损失 30 亿美元,全国 3000 家旅游业相关企业包括酒店、客栈和餐厅倒闭,造成 5 万人失业。

为维持社会稳定、帮扶因疫情致贫的制衣制鞋厂注册劳工,柬埔寨政府按月给暂时停产的制衣制鞋厂家的 5 万工人每人提供 70 美元的生活补助,其中政府提供 40 美元,厂方提供 30 美元。为应对旅客锐减的挑战,柬埔寨旅游部推出《暹粒省旅游发展总体规划》和《2019—2020 年短期行动计划》,重点发展洞里萨湖、荔枝山及周边地区,打造更多旅游“新名片”,延长游客停留时间,提升柬埔寨旅游业的竞争力。

(二)欧盟部分撤销 EBA 给经济带来消极影响

衣鞋制品是柬埔寨最主要的出口产品,数据显示,衣鞋类制品出口额占柬埔寨总出口额的 7 成以上。柬埔寨自发展制衣业以来,美国和欧洲一直是其衣鞋制品最主要的出口市场,美国和欧盟的订单每年大约占柬埔寨制衣出口总订单的 28% 和 46%,美欧是柬埔寨制衣业的最大客户。但柬埔寨近年来频繁遭到这两位大客户的要挟,美欧妄图“挟经济以令政治”、插手柬埔寨内政问题。针对该情况,柬埔寨政府曾多次表明其独立性,不受胁迫。为了增加砝码,2020 年 2 月 12 日,欧盟宣布撤销予以柬埔寨 EBA 部分出口免税优惠,随后,美欧频发取消柬埔寨制衣业订单事件,使得脆弱的柬埔寨经济雪上加霜。

为挽回关税优惠政策,柬埔寨政府进行各种努力,可惜未果。2020 年 6 月 30 日,柬埔寨制衣厂协会、柬埔寨鞋业商会和柬欧商会曾再次致函欧盟,希望欧盟委员会能据新冠肺炎疫情的严峻前景,延后逐步取消给予柬埔寨的 EBA 优惠政策,但欧盟未有回应。自 2019 年以来,柬埔寨政府陆续执行一系列措施以应对欧盟部分撤销 EBA 给国内经济带来的冲击,其中包括降低物流成本、减少公众假期、降低电费、简化出口程序及取消原产地认证收费等措施以降低制造业和出口成本、增强自身外部竞争力和经济独立性。

(三)新签署的两个自由贸易协定是未来经济发展的动力

2020 年,柬埔寨先后签署《中华人民共和国政府和柬埔寨王国政府自由贸易协定》(以下简称《中柬自由贸易协定》)和《区域全面经济伙伴关系协定》,这两项关于国家及区域经济合作重要文件的正式签署,尤其是《中柬自由贸易协定》的正式签署,对柬埔寨渡过现阶段来自欧盟的经济制裁至关重要,为助推未来国家经济的发展起到举足轻重的作用。

2020 年 10 月 12 日,中国商务部部长钟山和柬埔寨商业部大臣潘索萨分别在北京和金边代表中柬两国政府,通过视频正式签署《中柬自由贸易协定》,这是柬埔寨政府签署的首个双边自由贸易协定。虽然柬埔寨对华出口商品种类相对单一且在对华贸易中处于逆差地位，但在欧盟对柬埔寨部分撤销EBA的经济制裁背景下，该协定的签署对柬埔寨的出口行业而言意义重大。据《法新社》报道，2019年，中国与柬埔寨双边贸易额80亿美元，自由贸易协定将推动该数字到2023年增长至100亿美元。洪森的发言人索菲勒斯称，与中国的自由贸易协定可以弥补欧盟在8月对柬埔寨出口产品征收关税而造成的损失。

2020年11月15日，东盟10国与中国、日本、韩国、澳大利亚和新西兰正式签署RCEP。RCEP是由东盟10国发起并主导，邀请中国、日本、韩国、澳大利亚和新西兰共同参加，旨在通过削减关税及非关税壁垒，建立统一市场的自由贸易协定。该协定具有4个亮点：一是十年内区域内90%以上货物贸易最终实现零关税；二是做出高于各自10+1自由贸易协定水平的服务开放承诺；三是产品原产地价值成分可在区域内进行累积；四是采用负面清单方式对农林牧渔及制造业等5个非服务业领域投资做出较高水平开放承诺，并增加投资透明度。RCEP的顺利签署对各国后疫情时代的经济复苏及亚洲区域经济一体化进程有着重要的推动作用。柬埔寨副首相兼财经部大臣安蓬莫尼拉表示，在RCEP正式生效后，预计柬埔寨出口额年增长率将达到7.3%，投资增长23.4%，GDP增长率与现有的经济发展速度相比增长2%。RCEP将为柬埔寨扩大市场、加大其出口力度、参与区域内新价值链及加大招商引资力度等创造新机遇。

（四）“第一滴石油”成为国家增收新亮点

据悉，柬埔寨已探明的油田有25块，其中陆地19块、海上6块（柬泰重叠海域4块）。早在1970年，法国石油勘探队就开始在柬埔寨海域开展石油勘探工作，但未隔几年，该工作就因柬埔寨内乱及利益分配问题屡遭卡顿。过去的50年间，法国、美国、泰国、中国、日本、越南、新加坡和印度尼西亚的公司均参与过柬埔寨石油勘探和开采工作。2020年12月29日，一波三折的柬埔寨石油开采工作终于结出硕果，新加坡克里斯能源公司与柬埔寨政府组成的合资企业在柬埔寨西港海域“A区块”中的仙女油田开采出了“第一滴石油”。据柬埔寨政府此前做出的预测，整个“A区块”将开采出3000万桶石油，可以说这是送给2020年因疫情而经济不振的柬埔寨的最实用的“跨年礼物”。

此外，除了传统的工商业，正在起步的数字经济也是未来柬埔寨经济发展的新希望。据柬埔寨电信管理局统计，截至2019年1月底，柬埔寨移动电话用户1950万户，柬埔寨具备良好的电信和移动网络用户基础。为顺应市场经济发展的要求，2020年11月26日，柬埔寨商业部发布《电子商务策略》以鼓励和协助国内外投资者积极投资电子商务领域，确保电子商务成为柬埔寨经济发展的新动力。其策略包括：加强相关部门协调、完善电商法律法规、协助中小企业发展、完善通讯基础设施、解除物流和跨境贸易障碍及加强培训和促进市场信息公开透明等。此外，中国北斗系统在柬埔寨的应用推广将为柬埔寨的数字经济发展提供极大的技术支持。

关于柬埔寨未来的经济态势，柬埔寨政府对此表现出较为乐观的态度，洪森曾在参加11月25日举行的“洪森志愿律师团队”慰问活动中表示，虽然2020年柬埔寨经济遭受到较为严重的冲击，但到2021年，柬埔寨经济将恢复增长。

三、外交积极

2020年，柬埔寨继续奉行积极的外交路线，努力对外塑造其独立、民主、和平、向上的国家形象。与中国、美欧和越南的关系依旧是柬埔寨对外关系中的重点。

（一）与中国的关系

2020年，柬埔寨继续重点发展与中国的关系。柬中两国间高层互访、商贸合作和军事联训均未受疫情影响，有条不紊地开展。年内，中国国家主席习近平亲自为柬埔寨太后莫尼列颁授“友谊勋章”、柬埔寨首相洪森访华、中国外交部部长王毅访问柬埔寨、柬中政府间协调委员会第5次会议成功举行、柬中两军“金龙”联合演习如期举行，尤其是柬中携手抗击新冠肺炎疫情，以及《中柬自由贸易协定》的签署，无一不凸显柬中两国间日益紧密深入的全面战略合作伙伴关系。

由于柬中两国关系持续向好，且投资空间大，贸易互补性强，2020年头6个月，在全球经济低迷的情况下，中国对柬投资6.1亿美元，比2019年同期增长117.3%。

（二）与美国和欧盟的关系

2020年，柬埔寨与美国和欧盟的关系略显僵持。因人权问题引发的经济制裁是柬埔寨与美欧之间最主要的冲突。

1. 处于低谷期的柬美关系。虽然美国在2019年8月向柬埔寨派去有20多年外交经验的帕特里克·墨菲（Patrick Murphy）为新一任美国驻柬埔寨大使，希望修复已跌至谷底的柬美关系，但由于两国价值观难以磨合且互不包容，故柬美关系在2020年没有出现明显转机。此外，2020年12月31日到期的美国普惠制待遇（GSP）因受美国大选影响，美国国会延期通过对柬埔寨等119个国家和地区的GSP重新授权。若GSP不能及时开启，将会进一步加剧柬埔寨在关税方面的负担。柬埔寨自1997年起开始享有GSP，首次授权所获优待年限为10年，此后每次续授权为2年或3年，柬埔寨上一次获得授权是在2017年，由时任美国总统特朗普续签，此次2020年年底到期，未能得到及时续签，将成为未来影响柬美关系走向的重要一环。

2. 欧盟对柬埔寨进行经济制裁。2020年，因柬埔寨不妥协于美欧主张的政党及人权问题，欧盟正式开始对柬埔寨进行经济制裁。2月12日,欧盟贸易委员会决定,部分撤销柬埔寨对欧盟市场的EBA优惠准入,涉及柬埔寨出口产品包括服装、鞋类及所有旅游商品、食糖等。欧盟是柬埔寨最大的贸易伙伴,此次涉及的出口额占柬埔寨每年对欧盟出口额的1/5(约10亿欧元)。除非欧洲议会和理事会反对,否则该法案将于2020年8月12日生效。欧盟称,柬埔寨严重违反《公民权利和政治权利国际公约》内的人权原则。柬埔寨政府有必要重新开放该国的政治空间,为重建一个可靠的反对派创造必要的条件,并通过真诚和包容的态度启动民族和解的民主进程对话。这包括恢复反对党成员的政治权利,以及废除/修订《政党法》和《结社和非政府组织法》等法律。如果柬埔寨在公民权利和政治权利方面显示出重大进展,委员会可根据EBA安排复审其决定并恢复关税优惠。欧盟委员会副主席约瑟夫·博雷尔表示,柬埔寨侵犯政治参与权、言论和结社自由权的持续时间、规模和影响使欧盟无所适从,除了部分撤销贸易优惠,别无选择。他说,为了恢复贸易优惠,柬埔寨当局需要采取必要的措施。

针对欧盟此项决定,柬埔寨首相洪森表示,将不会屈从于欧盟的要求,呼吁民众保护柬埔寨的独立、主权和和平。

(三)与越南的关系

越南是柬埔寨最重要的邻国,是柬埔寨第三大贸易伙伴和第二大旅游客源国。2020年,柬越关系总体向好,两国经贸合作、勘界立碑工作和互联互通建设等重点领域合作顺利开展。

1. 适时出台应对措施,为经贸活动保驾护航。2020年,为确保柬越两国的货物进出口不受新冠肺炎疫情影响,柬越两国政府举行系列视频会,出台简化检疫手续、升级改造边境通道等应对措施,以进一步加强柬越间的贸易活动。2020年12月22日,在柬埔寨副首相兼外交与国际合作部大臣布拉索昆与越南副总理兼外交部部长范平明共同主持的视频会议中,柬越双方一致同意为经贸和投资合作创造便利条件,有效开展关于经贸合作的协议,尽早签署《边境贸易协定》和配合制定边境集市管理规制。此外,为营造更加透明和稳定的法律环境促进柬越经贸与投资合作,2020年1月1日起,柬越两国正式实施《越南与柬埔寨政府间关于避免双重征税与防止偷漏税协定》。按照《东盟货物贸易协定》的减税路线图,越南与柬埔寨之间绝大多数进出口商品都享受零关税至5%关税的待遇。越南在柬埔寨开展的投资项目有190个,主要集中在农业、银行、电信、信息技术、工业生产和加工制造等领域。柬埔寨在越南的投资项目有19个。

2. 勘界立碑工作取得实质性进展。柬越两国陆地边界全长1245千米。近50年来,柬越双方围绕边界问题进行多次谈判和磋商,柬埔寨人民党也曾因处理柬越边境划界问题的方式方法为前反对党所诟病。经过柬越两国政府多年的努力,大部分工作在2020年尘埃落定。2020年12月22日,柬埔寨首相洪森与越南总理阮春福共同签署《〈1985年国家边界划分条约〉和〈2005年补充条约〉的补充条约》,并出席见证《柬越陆地边界勘界议定书》的签署及地图附件签署交接仪式。这标志着两国边境勘界工作已完成84%。

3. 柬越两国经贸往来逐年密切,互联互通方面压力增大。为缓解此问题,柬埔寨与越南同意成立陆路运输、海路运输及铁路运输工作组,该工作组将定期举行工作会议,工作情况直接向两国首相、总理汇报,目的为改善柬越边境交通拥堵问题,提高跨境货物运输效率。

(四)与东盟其他国家的关系

2020年,柬埔寨与东盟其他国家关系良好,但受新冠肺炎疫情影响,与其他东盟国家的双边贸易额都出现不同程度下滑。以柬泰双边贸易额为例。2020年,由于受新冠肺炎疫情影响,柬泰双边过境受限,导致两国人流和货物流受阻,两国间进出口贸易额严重减少。据泰国商务部数据,2020年1—11月,柬泰双边贸易额66.51亿美元,比上年同期下降22%,与2019年设定的2020年实现柬泰双边贸易额150亿美元的目标相去甚远。其中:柬埔寨向泰国出口额10.71亿美元,下降51%;进口额55.8亿美元,下降12%。柬埔寨主要出口泰国的商品是蔬菜、珠宝和成衣等;泰国出口柬埔寨的主要商品是油气、珠宝、金银手饰、饮料、摩托车、塑胶和化妆品等。 (梁薇)

印度尼西亚:2020年经济社会发展回顾

2020年,在新冠肺炎疫情防控背景下,印度尼西亚政治与社会形势总体稳定。下半年,总统佐科改组内阁,并经受"伊斯兰捍卫者阵线"对政府权威的挑战。印度尼西亚经济经历1998年以来的最大幅度下滑,但随着"国家经济复苏计划"的实施走出低谷,以"V字形"走势反转。外交上,印度尼西亚重视卫生合作和经济外交,并在地区及国际事务中发挥积极作用。

一、政治与社会

2020年,印度尼西亚全年形势稳定,上半年相对平静,以《潘查希拉意识形态指导法案》争议为开端,时有波动。

(一)佐科内阁改组

被寄予厚望的"印度尼西亚前进内阁"履职一年多来亮点不多。由于新冠肺炎疫情持续恶化,确诊病例和死亡人数连创新高,内阁被舆论批评行动迟缓、应对失策。经济重启脚步迟缓,关系弱势群体切身利益的社会救助资金拨付过程中出现一系列问题。反腐方面,55%的民众认为腐败问题较往年加剧。印度尼西亚社会部部长、海洋渔业部部长等数位高级官员先后涉贪被捕。佐科不仅承受着来自公众和反对党的压力,执政同盟内部亦有微词。12月22日,印度尼西亚社会部、卫生部、海洋渔业部、宗教部、旅游与创意经济部和贸易部等6个部门一把手易人,另有5位新的副部长上任。

印度尼西亚民众对佐科的信任度维持在高位,但对其政绩满意度有所反复,10月时曾低于50%。内阁重组有望改善政府在抗击疫情和推动经济复苏这两大任务中的表现,恢复民众信心。由国有企业部副部长升任卫生部部长的布迪·古纳通萨迪金最受关注,他没有医学背景但从事管理的经验丰富,被认为领导力强,较有可能扭转疫情困局。从新入阁成员的身份和履历看,佐科坚持兼顾党派利益和相关人选的专业能力。此外,2019年,在大选中普拉博沃的搭档桑迪亚加出任旅游与创意经济部部长,这是佐科与竞争对手和解的又一个标志性行动,有利于政局稳定。著名智库赛弗·穆贾尼研究与咨询所于年末所做的调查结果显示,大部分印度尼西亚民众认为,本国政治与安全状况"中等"或"好",其比例与疫情暴发前基本相同。无论普拉博沃、桑迪亚加还是新任社会部部长德莉·莉斯玛哈丽妮都有可能参加下届总统选举,他们齐聚本届内阁,还为佐科卸任后一些重要施政举措的延续创造条件。

(二)《创造就业综合法案》引发争议

印度尼西亚国会拟讨论出台的《潘查希拉意识形态指导法案》因民众示威抗议而被撤回,随后《创造就业综合法案》引发更为激烈的争议和冲突。

出台《创造就业综合法案》是印度尼西亚推动经济结构性改革的重要举措和本届政府的优先议程。这部近千页的法案合并和更新了与投资审批、土地使用和财税政策等10个类别的79部相关法律。佐科政府试图以此破除积弊,为企业解禁松绑,实现营商便利度质的飞跃。这对吸引外国投资继而创造更多就业机会意义重大,也是印度尼西亚实现2045年长期发展目标不可或缺的一步。该法案的制订固然显示政府锐意改革的决心,但是,新冠肺炎疫情严重阻碍社会公众在法案酝酿和出台过程中的参与。印度尼西亚国会中的民主党、公正繁荣党派系以及一些宗教团体和工会组织认定法案偏向资方而漠视劳工利益和环保等问题。因此,以工人和学生为主体的反法案示威不时出现,高潮则在10月国会审议批准法案之后。印度尼西亚执政精英与草根的政策偏好差异大,该法案具体操作层面的规章颁布及执行仍面临波折。

(三)地方选举

原定于9月举行的印度尼西亚地方选举推迟到12月9日,参选的有包括9个省、224个县和37个市在内的270个地区。各地候选人线下的宣传造势活动规模压缩,竞选较往年低调。选举投票过程平顺,民众参与热情度高。尽管有的地区选民投票率创历史低点,但全国范围内总体投票率仍然接近选举委员会所确定的77%的目标。

各政党都把地方政坛作为培养干部和巩固选票基本盘的平台进行深耕,加上印度尼西亚地区数量众多,地方选举中政党的竞合模式与大选相比更为复杂。老牌政党专业集团党支持的候选人获选数量最多,民主斗争党则侧重在关键地区发力,其支持的候选人在6个省的省长和副省长选举中胜出。选举中诞生了一批新生代市长和县长,有的甚至不满30岁。这预示着印度尼西亚政治精英的更新换代及政坛可能出现的新风气,前提是上述青年精英能够经受复杂的地方政治考验。佐科长子、女儿及其他多位党政高层的后辈虽无政绩支撑,却能力压党内竞争者继而在选举中轻松击败对手,这推高了印度尼西亚公众关于裙带之风和家族政治的质疑声。

(四)伊斯兰强硬派别挑战政府权威

印度尼西亚伊斯兰强硬势力的思想基础是倾向于从基本教义理解宗教且对异质文化持排斥态度的保守主义,"伊斯兰捍卫者阵线""212兄弟会"和"印度尼西亚护卫教法运动"等团体是这股势力的典型代表。上述组织主张和行动均激进,能与温和的主流穆斯林团体争夺话语空间,也有向执政当局施压的动员能力。"伊斯兰捍卫者阵线"与政府关系尤为紧张。该组织领导人里齐耶克曾滞留沙特阿拉伯王国3年,2020年11月回国时上万支持者涌向机场迎接,可见号召力并未减弱。里齐耶克有恃无恐地相继举办数场大规模聚集活动,对社会秩序和公共卫生安全形成严重冲击。他还拒绝警方传唤,其追随者公然袭警。一连串藐视法律和挑战当权者底线的事件促使政府采取果决行动。该组织一些成员由激进滑向极端,加入恐怖团伙,印度尼西亚政府改变容忍态度,最终里齐耶克被捕,"伊斯兰捍卫者阵线"被强制取缔。

作为佐科政府最主要的反对力量,伊斯兰强硬势力长于操弄社会公正和宗教议题,挑拨民粹情绪。"伊斯兰捍卫者阵线"被取缔不过是双方新一轮较量的开始。佐科任命伊斯兰教士联合会领导人为宗教部部长,意在对激进组织"越线"行为强力打击的同时借重传统宗教组织力量平衡其影响力。

二、经济发展

新冠肺炎疫情是一场全球性的卫生危机,更是影响深远的经济危机。印度尼西亚置身其中,遭遇1998年以来的第一次经济大衰退。

(一)疫情对印度尼西亚经济的冲击

产业发展和民生受到全方位打击。由于大量国内外航班停航及大规模社交限制令的实施，服务业特别是作为国家外汇收入主要来源的印度尼西亚旅游业严重受挫。以巴厘岛为例，5 月到访游客仅有 36 人，比上年同期下降 99.99%，该岛每个月的旅游业损失估计达 9.7 万亿印尼盾（约合 7 亿美元）。交通、宾馆和餐饮等依靠人员流动支撑的旅游相关产业无一幸免。封锁和隔离还造成供应链中断，制造业原料成本上升而产品销售不畅，导致制造业的绝大多数子行业都增长缓慢甚至出现负增长。相对而言，农业、卫生服务、教育、通讯和信息产业对疫情的抗御能力较强。由于劳动力市场受到抑制，截至 2020 年 8 月，印度尼西亚失业人口达 977 万人，失业率从 2019 年同期的 5.23% 上升到 7.07%。弱势群体因缺乏稳定收入而致贫或返贫，已于 2018 年降至个位数的印度尼西亚贫困率在疫情之下重回至两位数，给佐科政府的贫困治理带来严峻挑战。

拉动经济成长的“三驾马车”动力减弱。消费作为长期以来印度尼西亚经济增长的最大贡献来源经历了少见的萎缩，根源是中低阶层购买力下降而富有阶层增加消费的意愿不强。另外，出行限制在重大节庆时加码，导致开斋节、圣诞节和新年等传统假日的消费刺激效应难以再现。数据表明，全年服装和信息通讯工具的销售额比上年下跌幅度最大，分别下降 60.9% 和 38.4%。萧条之中也有亮点，危机之下，企业纷纷开拓线上业务，电商新业态发展迅猛，为后疫情时期的消费恢复拓宽渠道。出口方面，1—11 月，出口总额 1467.8 亿美元，其中，油气产品出口暴跌 30%。非油气产品出口较为抗跌，因此，商品出口总额比上年同期下降比例不算大，显示印度尼西亚外贸的韧性。加上出口额占印度尼西亚国民生产总值的比重较低且近几年还在不断下降，出口额减少给经济带来的压力相对有限。投资方面，印度尼西亚投资协调署以《2020—2024 年国家中期发展规划》为据，最初把 2020 年的实际投资额目标确定为 866.1 万亿印尼盾（约合 618.6 亿美元）。基于疫情中投资环境的不确定性和投资者的避险心态，该目标被调低至 817.2 万亿印尼盾（约合 583.7 亿美元），全年落实情况与目标进度大致相符且内资呈现的活跃度大于外资。资本对不同领域的兴趣差距大，例如，对电力基础设施的投资就远低于预期。由于“三驾马车”不同程度疲软，全年印度尼西亚经济增速比上年下降 2.2%。当然，与新加坡、马来西亚、泰国和菲律宾等对外贸依赖较重的东南亚国家相比，印度尼西亚经济下探幅度还不算太大。

财政赤字和债务增加。印度尼西亚在首例新冠肺炎病例发现 1 个月后即 2020 年 4 月时便首次调整财政收支结构。由于经济下行，6 月，印度尼西亚政府再次降低财政收入目标，暂停新首都建设以集中财政能力用于抗击疫情、社会保障及恢复经济。2020 年实现税收和非税收入等共 1633.6 万亿印尼盾（约合 1167 亿美元），支出 2589.9 万亿印度盾（约合 1850 亿美元）。赤字为国民生产总值的 6.09%，远高于 2019 年的 2.2%。为弥补财政不足，印度尼西亚中央政府增加举债，其债务总额为国民生产总值的 38%。债务以国债债券为主，外国贷款占比不高，但增长较快。

（二）印度尼西亚政府的应对举措

印度尼西亚政府推出预算额度 695.2 万亿印尼盾（约合 496 亿美元）的“国家经济复苏计划”，旨在综合运用财政金融工具应对疫情冲击。该计划资金主要投向卫生、社会保障、中央部门和地方政府专项、中小微企业扶助、大企业融资及税收补贴等 6 个方面。其中，社会保障和中小微企业扶助对维持民众购买力及激发经济活力、促进就业等意义重大，在“国家经济复苏计划”中占据最重要位置。

印度尼西亚在原有社会保障体系基础上扩大救济覆盖面，增加扶助力度。主要方式：一是增加参与“希望家庭项目”的贫困家庭的孕、幼、残、老和入学适龄人员补助，并向该项目的 1000 万参与家庭每月发放 15 千克大米；二是通过印度尼西亚邮政公司为“非现金粮食资助项目”家庭增发现金补助，共有 900 万低收入家庭受益；三是为疫情中的失业人员免费提供就业培训和生活补助；四是 9—12 月向工资收入低于 500 万印尼盾（约合 360 美元）的群体发放每月 60 万印尼盾（约合 43 美元）的补贴。在救济过程中，印度尼西亚政府依据疫情发展调整补助标准和目标人群，充分发挥财政补助对弱势群体生活的托底作用。上述多数救济措施延续至 2021 年，随着经济复苏预期向好，财政补助资金有所减少。

缓解国有企业和中小微企业困难成为经济复苏的关键。印度尼西亚政府向国有企业注资，改善其资本结构，并将部分特殊资金存放于国有银行、地方银行和沙里亚银行，以增强这些金融机构的资源配置能力。雅加达工商会馆称，印度尼西亚中小微企业发生倒闭潮，预计有 85.42% 的企业在疫情中最多只能支撑一年。印度尼西亚政府的扶助措施有允许贷款延期支付、财政贴息、免除所得税和返税等。为降低企业融资成本、避免企业因资金周转不畅而倒闭，小微企业可通过指定银行获得最高额度为 100 亿印尼盾（约合 694400 美元）的低息贷款。从 7 月开始，没有接受金融机构贷款的小微企业获得 240 万印尼盾（约合 170 美元）的运营资本支持。印度尼西亚还降低化肥、石化、钢铁、陶瓷、玻璃和橡胶手套制造等工业企业所需天然气燃料的费用标准。

宽松的金融和货币政策持续至年底。与经济运行总体基调相适应，印度尼西亚中央银行强化逆周期调节，利用政策工具维持宏观经济和金融系统的稳定。经过 5 次降息后，基准利率已达历史最低水平。印度尼西亚通过多种量化宽松政策为市场注入的流动性高达682万亿印尼盾(约合487.1亿美元),约占国民生产总值的4.4%,其中,在二级市场购买的国债共计369.5万亿印尼盾(约合263.5亿美元)。这种经济刺激力度在新兴市场国家中是最大的。至于商业银行的存款准备金,印度尼西亚中央银行已调低至3.5%,意在鼓励金融机构同步以优惠利率放款。问题在于各商业银行的企业贷款利率下调并不明显,拖延了货币政策的传导效率。年内,除个别月份外,印尼盾利率基本稳定在14000~14500盾兑1美元的区间内。

(三)下半年经济回暖

2020年,印度尼西亚经济发展呈"V字形"走势。第一季度经济增长2.97%,尽管与上一季度相比下挫不少,但却是2020年唯一正增长的时段。3—5月,印度尼西亚经济社会进入"至暗时刻",制造业指数和消费者信心指数等都极度低迷。至第四季度时,一系列经济刺激措施开始发挥作用,疫苗的出现也使疫情走势更具确定性,各项经济指标反转。印度尼西亚中央银行数据显示,制造业指数继续好转,从第三季度的44.91%恢复到47.29%。外贸恢复到疫情前水平,年末,得益于棕榈油和镍矿等多种商品价格回升,出口额创下两年来的新高,全年出口额1633.1亿美元。外资净流入速度加快,10月至12月中旬达25.4亿美元。

资本市场与经济的起伏紧密联动,下半年同步回暖。年初,对疫情的恐慌情绪和印度尼西亚人寿保险公司贪污丑闻案的发酵使印度尼西亚资本市场承受极大抛压。印度尼西亚证券交易的主要指标——雅加达综合指数(JCI)在3月时滑到谷底。印度尼西亚证券交易所和金融服务管理局采取暂停交易和允许上市企业不召开股东大会即可回购20%实缴资本等措施。印度尼西亚证券交易所还把股票最大跌幅限定为7%,规定大盘下跌达到5%则中断交易30分钟。虽然直到9月10日,印度尼西亚股市还因雅加达恢复实施严格的社交限制令而触发全年第7次"熔断"机制,但股市回暖实际上从5月份就已开始。12月末,雅加达综合指数接近6000点,较本年度最低点上升约50%,仅比2019年同期下跌5%。在10个股票行业分类中,种植园业和商贸及服务业为正增长。本年度,印度尼西亚证券市场的发展呈现出两个特点:一是散户投资者热情高涨,散户开户数比上年增加56%,其中约半数投资股票市场,其余的则选择共同基金和债券;二是国内投资者占比增加,年末,国内投资者占投资者总数的68%,2019年同期则为56%。

因新冠肺炎疫情反复,印度尼西亚财政部几次调低对2020年第四季度经济增长的预期。总体而言,在抗疫与经济建设共进的新常态下,印度尼西亚经济发展稳健,其恢复速度在东南亚地区内领先于多数国家。

三、外交

新冠肺炎疫情背景下,地缘政治格局加速改变,国际政治和国家间关系更为复杂。在跌宕起伏的世界局势中,印度尼西亚坚持独立自主的外交方向,努力维护其现实利益,同时积极参与地区和全球治理。

(一)力推卫生领域国际合作

印度尼西亚外交重心随着新冠肺炎疫情蔓延而向国际卫生合作转移。其主要目标:一是保护印度尼西亚海外公民权益,全年协助上万名侨民归国避险;二是通过双边和多边合作获取资源,弥补因医疗系统薄弱而出现的诊治器具和药物缺口;三是致力于获得足量、安全、价格适中的新冠肺炎疫苗。就中长期而言,印度尼西亚希望提升自主防疫能力并发展成为地区甚至全球相关医用防护产品、药材和药品生产中心。

印度尼西亚与日本、英国和中国的双边医疗卫生合作进展较快。印度尼西亚与英国和日本分别于2020年6月和10月签订卫生领域谅解备忘录和合作备忘录,内容涉及人员培训、卫生服务、卫生信息技术和疾病防控等方面。与英国的合作较侧重于远程医疗技术,与日本的合作则涉及医疗器具和制药、老年人护理、环境卫生等领域。印度尼西亚与中国卫生合作成效显著,中国国家主席习近平与印度尼西亚总统佐科3次通电话,引领合作方向。中印(尼)卫生合作联委会机制启动,首次会议于10月27日举行。随后在11月举行的"健康丝绸之路"建设暨第3届中国—东盟卫生合作论坛上,两国以2017年卫生合作谅解备忘录为基础签署《2020—2022年卫生合作行动计划》。中国的医疗援助对缓解印度尼西亚抗疫物资困境发挥重

11月24日,"健康丝绸之路"建设暨第3届中国—东盟卫生合作论坛在广西南宁召开
(中新网)

要作用。疫苗合作是两国抗疫合作的亮点，两国疫苗研发合作进度和成果远超预期。中国科兴公司的克尔来福疫苗开始在印度尼西亚大规模接种，中国还向印度尼西亚转移疫苗研发生产等上游技术。

印度尼西亚政府坚持多边主义合作方向。作为2020—2021年东盟卫生部部长会议主席国，印度尼西亚主导东盟发表联合抗疫声明，称将在疫情信息和数据互通、病患和密切接触者追踪、防疫物资流动等方面加强双边和地区合作。在新冠肺炎病毒国际协调小组部长级会议、亚洲—太平洋经济合作组织、环印度洋区域合作联盟、东亚峰会及二十国集团等国际平台上，印度尼西亚倡导各国开展更紧密的卫生基础设施、经济复苏和互联互通合作，并表示继续支持联合国和世界卫生组织等多边机构行使职能。

（二）开展经济外交

经济外交是佐科政府务实外交的主要着力点。2020年，印度尼西亚外交部成立“加速经济复苏工作组”，并在经济外交领域采取11个方面的措施：与中国、阿拉伯联合酋长国、韩国和新加坡等国先后达成旅游走廊协议，便利以商贸、外交和公务为目的的旅行；在联合国世界旅游组织的支持下，为重新开放国外游客入境做准备；推动区域经济一体化以扩大印度尼西亚出口市场，包括与澳大利亚、欧洲自由贸易联盟和韩国达成全面经济伙伴关系协定，签署《区域全面经济伙伴关系协定》（RCEP）等；为国际企业将投资转移至印度尼西亚提供条件；举办以“印度尼西亚国家战略对话”为主题的世界经济论坛，重点向全球制造业、健康产业、制药业、数字经济和可再生能源领域资本推介投资环境；“深耕”传统市场，促使美国延长对印度尼西亚的普惠制待遇；举办第2届印度尼西亚—拉丁美洲及加勒比海商业论坛，开拓相关地区非传统市场；参与制定亚洲—太平洋经济合作组织的“2040布特拉查雅愿景”；以《创造就业综合法案》吸引外资；推动成立东盟—欧盟植物油工作组，并与马来西亚联合反击对棕榈油的不公正待遇；利用卫星确保疫情下的通信服务的连续性，强化数字技术等。

在中国与印度尼西亚建交的第70个年头里，两国关系呈积极态势，经济领域的互利合作成就可圈可点。中国继续保持印度尼西亚最大贸易伙伴地位。疫情之下，印度尼西亚对华出口不降反升，2020年出口额331亿美元，比上年增长10%，两国贸易不平衡问题得到极大改善。中国已率先走出疫情，印度尼西亚的鱼类、热带水果、燕窝和棕榈油等优势产品在中国市场的空间巨大。投资方面，中国是仅次于新加坡的印度尼西亚第二大投资来源国，两国合作的重点工程项目如雅加达—万隆高铁项目等均取得突破性进展。印度尼西亚政府认为，中国投资符合环保、转移技术、创造就业、创造附加值及以B2B方式开展等“经验法则”的要求，希望中国进一步加大投资力度，包括参与雅加达—泗水高铁建设。2021年年初，中国与印度尼西亚签署“两国双园”项目合作备忘录，开启商贸投资合作的新模式。

（三）为地区和国际和平稳定做贡献

印度尼西亚致力于维护东盟的团结及在地区合作中的中心地位。在印度尼西亚的倡议下，东盟各国外交部长于东盟成立53周年之际就维护东盟地区和平、安全、中立和稳定发表联合声明，并强调《东南亚友好合作条约》的价值与目标。印度尼西亚还通过“东盟身份叙事”强化成员国政府和民间的身份认同。印度尼西亚外交部部长蕾特诺表示，共同的身份意识有助于东盟这个大家庭团结一致，共迎发展机遇及应对地区挑战因素，她建议将“东盟身份”构建纳入东盟政治安全、经济和社会文化共同体建设的工作规划之中。2020年，印度尼西亚与东盟其他成员国的关系稳定发展，经贸、人文友好合作及与越南和马来西亚的海洋划界分歧谈判持续推进。

印度尼西亚以联合国安理会非常任理事国的身份在国际事务中发挥影响力，重点关注阿富汗冲突、人道主义和妇女权益等问题。其一，敦促阿富汗各方停止冲突，与挪威、德国、卡塔尔国和乌兹别克斯坦共和国共同发表支持阿富汗停火的联合声明，与德国共同推动联合国安理会通过驻阿富汗援助团的两项决议，为阿富汗和平进程做出贡献；其二，呼吁缅甸改善若开邦治理，为从根本上解决罗兴亚人问题创造条件，基于人道主义原则，印度尼西亚共两批次临时收容罗兴亚难民近400人；其三，提出“投资女性即是投资和平”，主张发挥妇女的维和作用，保护妇女权益。印度尼西亚的有关倡议得到联合国97个成员国的支持，联合国安理会历史上首次专门讨论女子维和部队事宜。在联合国人权委员会上，印度尼西亚与澳大利亚发表关于反对家庭暴力的联合声明。（杨晓强　于灵芝）

老挝：2020年经济社会发展回顾

2020年，新冠肺炎疫情全球肆虐，老挝的医疗卫生经历了前所未有的考验，政治、经济、文化及外交都遭受不同程度的影响。疫情得到控制后，开始复工复产，地方换届也很快举行。与越南、中国及东盟各国的交流与合作取得积极进展。

一、政治

（一）新冠肺炎疫情防控取得阶段性胜利

2020年年初，老挝政府就发布新冠肺炎预警并采取有力措施防控疫情蔓延。1月和2月，周边国家疫情暴发时，老挝对全国26个国际口岸进行出入境限制。1月27日，老挝政府举行总理、副总理及各部部长特别会议。会议结束后，总理府办公厅立即发布2020年第一份关于防控和应对新冠肺炎疫情蔓延的通知。通知内容主要有：第一，政府任命老挝卫生部部长本贡·西塔冯为国家防控疾病传播委员会主任，继续密切关注防控和应对新冠肺炎疫情蔓延，每天向政府汇报疫情情况。同时，各部门及各地方政府相应地成立防控疾病传播小组，负责将相关情况向中央汇报，并请求社会和相关部门的帮助和协助。老挝政府成立新冠肺炎防控专门委员会，由副总理兼财政部部长宋迪·隆迪担任专门委员会主任，负责老挝全国新冠肺炎传播的预防和控制，协调中央和地方的各个部门和机构。并授权老挝外交部与世界卫生组织及各友好国家密切联系，以便及时地交换信息，了解新冠肺炎疫情发展趋势，争取国际援助，尤其是在疫情发生大规模传播时，世界卫生组织及友好国家能向老挝派遣专家和赠送医疗物资及疫苗。3月15日，老挝出现疑似病例。3月24日，老挝卫生部举行新冠肺炎新闻发布会，正式通报老挝有2例新冠肺炎确诊病例。老挝是东南亚国家中最后一个出现新冠肺炎感染病例的国家。此时的老挝进入全国备战状态，除了万象瓦岱国际机场还允许国际航班有限制地往返老挝及货物运输车辆进出老挝之外，陆路口岸和其他机场的国际航线全部关闭。老挝国内航班全部停飞，省与省之间、县与县之间的往来必须持有中央或省级新冠肺炎防控专门委员会出具相关证明才能通行。由于措施得当，截至2020年12月31日，老挝累计确诊新冠肺炎病例41例，几乎是全世界新冠肺炎感染病例最少的国家。这为老挝国内的复工复产和经济复苏创造有利条件，也为2020年地方党代会和换届做出贡献。

（二）各地方和部委召开党代表大会并进行换届选举

2021年，老挝人民革命党第11次全国代表大会将举行，届时将选举产生新一届的老挝人民革命党中央委员会总书记及新一届国家领导集体。为了配合老挝人民革命党第11次全国代表大会的举行，从2020年年初起，老挝各地就部署举行地方党代表大会，由下而上地举行党代表大会，完成地方党组织换届。县级党代表大会和领导干部的换届在5—6月基本完成，省级党代表大会和领导干部换届安排在9—10月，最迟不能超过12月，各部委的党代表大会和换届也在11—12月完成。截至2020年12月，除老挝工业贸易部、能源与矿产部、科技部、自然资源与环境部和邮政通讯部因需要整合，没有举行党代表大会和换届选举外，老挝全国148个县、17个省和万象直辖市及其他部委都已经举行党代表大会并完成换届选举。

（三）完善相关法律法规，提高检察院对各种政令法规执行情况的有效监察

2016年，老挝新一届政府上台，强调依法治国，国会也审议通过并颁布实施多部法律法规，在实施和执法过程中，突出强调检察院对各种政令和法律法规执行情况的监督。2020年，老挝最高人民检察院的监察工作高效突出，重视对司法机关侦讯和执法情况进行监督，尤其是侦讯方法及各种预防措施和协调机制的运用。通过监测案件档案并参与案件的侦办，以及相关机构对《刑事诉讼法》和其他法律法规的执行情况，2020年头9个月，老挝最高人民检察院共调阅和监察1.7万起案件。此外，在2020年的头9个月中，老挝各级地方人民检察院非常关注依法起诉被告和向法院提起诉讼的权利，督办494件遗留未侦办的刑事案件，受理8440件刑事案件，共计8934件。其中，办结7915件，起诉和移送法院4902件，法院宣判4221件，法院驳回19件，移交相关部门侦查2652件，终止侦办9件，清理288件，通过行政手段解决64件，法院退回67件，正在调查719件。在民事案件督查中，办结案遗留案件31件，结案747件。已解决的案件733件，已在法院宣判的案件522件。其中：按照法院裁定执行514件；由法院裁决后，没有按照法院裁决的8件。

二、经济

（一）2020财年预算调整

2020年是老挝第八个社会经济发展五年计划的收官之年，因此，老挝政府对2020年的财政年度预算执行有着很高的期望。但是，在执行2020年财政预算计划时，因受国内外不确定因素的影响，尤其是遭受新冠肺炎疫情蔓延的影响，为帮助企业渡过难关和鼓励企业尽快复工复产、实现经济复苏，老挝政府免除企业3个月（即4月、5月和6月）的税收，政府没有办法按照计划实施2020年年度的财政预算，因此，2020年6月，政府向国会申请修订财政预算中的财政赤字占国民生产总值的比例，从3.77%提高到5.8%。尽管遇到不确定的因素，老挝财政部积极研究部署，出台相关措施以提高财政收入，严格控制财政支出，以确保财政预算执行情况与国会所修订的财政预算相一致。

2020年，老挝国内生产总值的增长率为3.3%（2020年6月提请国会修订的国内生产总值增长率为3.3%~3.6%），国内生产总值为1731380亿基普。在报请国会修订的财年预算中，第一产业增长2.3%，占老挝国内生产总值的16.6%；第二产业产值增长9.8%，占老挝国内生产总值的33%（修订后的财政预算为6.8%）；第三产业产值负增长1.6%，占老挝国内生产总值的39.5%（修订后的财政预算为1.7%）。在老挝第八个社会经济发展五年计划的执行过程中，2018年、2019年和2020年都发生自然灾害，尤其是2020年，年初起遭受新冠肺炎疫情的影响，下半年南

部各省又遭受水灾，严重影响老挝的社会生产和经济发展。多方面的原因导致老挝在落实社会经济发展计划时不能达到预期目标。

（二）进出口贸易和货物运输

2020 年，老挝商品进出口总额 75267 万亿基普，占国会修订后财政预算的 67.79%，比 2019 年下降 5.6%。其中，商品出口总额 42.78 亿美元，占修订后财政预算（60.39 亿美元）的 70.84%；进口总额 38.24 亿美元，占修订后财政预算（59.12 亿美元）的 64.68%，实现贸易顺差 4.54 亿美元（计划实现贸易顺差 1.27 亿美元）。老挝国内货物运输总产值 45.967 万亿基普，占修订后财政预算的 70.34%，比上年增长 6.73%，政府将着力解决很多因“闭关锁国”而产生的问题，让货物运输能够逐步恢复正常。此外，疫情期间，老挝政府重视与民生相关的必需消费品如大米、肉类、鱼、蛋、奶、蔬菜、水果、食物、口罩、洗手液和消毒液等价格的跟踪和管控，防止疫情期间商家恶意哄抬物价，保障居民日常生活的稳定。

（三）电力和矿业

2020 年，老挝生产电力 297.87 亿千瓦时，总产值 15.395 万亿基普，占修订后财政预算的 71.85%，比上年增长 34%。全年实际生产电量 406.21 亿千瓦时，总产值 20.964 万亿基普。矿产资源行业的总产值 7.704 万亿基普，占修订计划的 71%，2020 年全年实际矿产生产总值 10.851 万亿基普。

（四）第八个社会经济发展五年计划完成情况

老挝第八个社会经济发展五年计划（2016—2020 年）确定经济发展、社会发展和环境保护三大目标。在执行过程中，计划得到老挝人民革命党中央的密切指导及各部门、地方政府和社会的全力配合，同时还得到友好国家和战略合作伙伴的支持和帮助。尽管遇到各种困难，但在老挝人民革命党的领导下，成功地渡过各种难关，避免危机发生，社会经济发展五年计划得到稳步执行，人民的生活得到显著改善，各领域的大型投资项目都取得可喜进展。

1. 经济发展目标。在过去的 5 年里，每年经济平均增长 5.8%，低于提请国会通过的 7.2% 的预期目标。从 2016 年开始，每年经济增长呈现下降趋势，但是与东盟其他国家相比，老挝经济增长速度还更高。2020 年，老挝人均国内生产总值 2664 美元，相当于国会预期目标的 89.45%（国会预期目标为 2978 美元）。其中：第一产业增长 1.9%，占国内生产总值的 15.9%（国会预期目标为增长 3.4%，占国内生产总值的 16.8%）；第二产业增长 8.7%，占国内生产总值的 31.7%（国会预期目标为增长 9.03%，占国内生产总值的 39%）；第三产业增长 4.2%，占国内生产总值的 41.2%（国会预期目标为增长 8.01%，占国内生产总值的 35.4%）。商品进口关税增长 5.1%，占国内生产总值的 11.1%（国会预期目标为增长 5%，占国内生产总值的 8.8%）。

2. 宏观经济目标。社会融资额超过 169.74 万亿基普，完成国会制定预期目标（173.33 万亿基普）的 97.9%，占国内生产总值的 26.9%。其中：政府直接投资 17.1 万亿基普，占总投资额的 10.1%（国会预期目标为 12% ~15%）；官方发展援助（OAD）金额 29.67 万亿基普，占总投资额的 17.5%（国会预期目标为 15% ~24%）；老挝国内外私人投资额 86.13 万亿基普，占总投资额的 50.7%（国会预期目标为 40% ~49%）；金融和货币投资总额 3.68 万亿基普，占总投资额的 21.7%（国会预期目标为 21% ~23%）。

3. 债务问题。过去 5 年，在解决债务问题上，老挝政府重点解决长期和积累多年的债务 11.89 万亿基普。包括：2017 年安排偿还债务 1.29 万亿基普，其中正常债务 5898.8 亿基普，现金债务为 4000 亿基普，公债券为 3000 亿基普；2018 年安排偿还债务 3.78 万亿基普，其中正常债务 5280.2 亿基普，三角债务 32.5 亿基普；2019 年安排偿还债务 4000 亿基普；2020 年安排偿还债务 5.54 万亿基普，其中正常债务 5407.9 亿基普，三角债务和公债券 50 亿基普。过去 5 年的财政收入 1204.22 亿基普，为社会经济发展五年计划的 98.4%，平均值相当于国内生产总值的 15.9%，与第七个社会经济发展五年计划相比增长 20%；财政支出 1563.51 亿基普，完成计划的 95.9%，平均值相当于国内生产总值的 20.6%。过去 5 年，财政赤字占国内生产总值的 4.73%。2016 年至 2020 年 9 月，平均每年的通货膨胀率约为 2.7%，财政赤字和通货膨胀率都在预计和可控范围内。货币兑换方面，基普兑美元汇率贬值 2.56%，基普兑泰铢汇率贬值 4.69%（国会预期目标为 5%）；外汇储备可以支撑进口时间平均 4.3 个月（国会预期是超过 5 个月）；货币供应量（M2）随着经济的增长而增长，平均增长率 14.01%（国会预期是不超过 24%）。

4. 生产与贸易服务。加工业和手工业生产的发展势头基本能满足社会需求，加工业和手工业创造 5.47 万亿基普产值，年平均增长率 14.73%（国会预期平均每年增长超过 15%）；商品流通创造 2844.01 亿基普，年平均增长率 10.5%（国会预期平均每年增长超过 12%）。在第八个社会经济发展五年计划期间，老挝政府继续进行电力、矿产和经济特区各个项目建设。在过去的 5 年里，老挝的电力生产能力大大增强，向国外输送电力的强度比第七个社会经济发展五年计划提高 164%，输出电量的总产值 66.6 亿美元。矿产生产总值 15.2 亿美元。

5. 加强互联互通的基础设施建设和重视技术型人才的培养。从 2016 年开始，老挝积极加入“一带一路”建设，建设连接周边国家的国际基础设施，如中老铁路和万象—万荣高速公路等。老挝政府重视职业教育，与国外院校合作，大力发展技术型人才。在过去5年里，通过学校、职业培训中心和相关培训机构培养技术型人才共409107人，其中女性179793人。政府还建立国家技术型劳动人才标准，举办国家技术型劳动人才技能竞赛。

三、教育和卫生事业

老挝政府继续实施已经确定的优先计划，主要是实施为教学和健康提供基本设施保障的基础设施建设，以确保实现教育和卫生领域所制定的目标。在过去的5年中，教育部门从国家预算中获得拨款6030亿基普，卫生部门获得政府拨款2640亿基普。政府还动员来自发展伙伴的援助及鼓励个体私营、民间团体和社会组织参与这两个领域的发展，投入更多的资金发展幼儿教育和职业教育，帮助解决普通教育中的辍学问题。卫生部门着重培养专科医生，在偏远山区建立卫生所，改善和提高服务质量。

2020年，老挝教育与体育部计划开展15个项目，其中已经完成的项目6个：5岁儿童入学率达82.7%，全国有142个县的5岁儿童入学率达60%，小学的净入学率达99%，小学一年级学生的留级率6.3%，小学的留级率是3.1%，健身与运动的人口数量占全国总人口的比重约30%。取得进步的项目有3个：读完小学5年级的百分率达到82.1%，小学和初中的入学率达到83.3%，初中毕业后进入职业教育的比例达到3.8%，这些数据与2019年相比有所增长。未达标的项目有6个：小学一年级的辍学率为6.4%，整个小学教育的辍学率4.3%，高中整体入学率54.8%，全国有112个县的小学辍学率低于6%，初中辍学率10.3%，高中毕业后进入各级学校继续深造的数据不详。老挝教育与体育部鼓励发展学前教育，优先发展学前教育，让儿童在接受小学教育前得到发展和准备。

四、外交

2020年，新冠肺炎疫情的暴发使世界各国的官方和民间往来都受到影响。老挝在积极抗击疫情的同时，也展开与中国、越南及东盟内部双边或多边的外交事务。

（一）与中国的关系

2020年，老中两国高层往来密切。新冠肺炎疫情暴发后，中共中央总书记、国家主席习近平代表中国共产党、中国政府和中国人民向老挝人民革命党、老挝政府和老挝人民抗击新冠肺炎疫情表示诚挚慰问和坚定支持。在中国抗击疫情的关键时刻，老挝人民革命党中央总书记本扬第一时间向中国致函慰问，老挝社会各界积极筹集物资，给予中国真诚帮助，生动地诠释了老中两国守望相助、同舟共济的老中命运共同体精神。在老挝国内疫情防控面临困难时，中国在最短时间内组派医疗专家组赴老挝开展工作并提供医疗物资援助。

老挝政府支持并积极响应、参与“一带一路”合作，老挝国家主席本扬连续出席两届“一带一路”国际合作高峰论坛。老挝还是57个亚洲基础设施投资银行的创始成员国之一，同时，老挝得到亚洲基础设施投资银行的资金支持，用于建设老挝13号公路项目，该项目是老挝连接区域和世界的重要项目。老中高铁项目是“一带一路”建设中的一个标志性项目，是传统老中友谊在新时代的一个重要标志。结合本国“把陆锁国变陆联国”战略，老挝将老中高速铁路、万象—万荣高速公路、万荣—琅勃拉邦高速公路、琅勃拉邦—乌多姆赛直到老中边境磨丁—磨憨高速公路建设项目作为国家联通的重要项目。老中高速铁路建设工程已经完成超过90.7%，即将在2021年年底建成通车，万象—万荣高速公路建设项目于2020年12月2日老挝国庆时正式通车。新冠肺炎疫情检测中心建设项目已经通过验收正式投入使用。

12月2日，中老高速公路万象—万荣段正式通车　　（新华网）

老中两国贸易额和投资额不断增长，主要表现为：中国是老挝第一大投资来源国，共有785个项目，投资总额120亿美元；中国也是老挝的第二大贸易伙伴，2019年老中进出口贸易额突破35.4亿美元，比上年增长17%；老挝从中国的商品进口额16亿美元，增长29.6%；老挝向中国出口额19.4亿美元，增长8.9%。

（二）与越南的关系

在世界和地区形势复杂多变的背景下，老挝与越南两国同样面临许多困难和挑战，同时也是两国的发展机遇。据老越合作委员会的统计数据显示,2011—2020 年,两国贸易总额超过 100 亿美元。越南对老挝的投资额超过 40 亿美元,共有 414 个项目,注册资金 42.2 亿美元。在老挝投资的 53 个国家和地区中排在中国、泰国之后,位列第 3。因受新冠肺炎疫情的影响,越南企业对老挝投资面临许多困难。截至 2020 年 10 月,老越两国双边贸易额达 8.155 亿美元,比上年同期下降 12.2%。其中:越南对老挝出口额 4.648 亿美元,下降 17.8%;越南从老挝进口额 3.508 亿美元,下降 3.5%。

2020 年,老越双方开展各层级互访交流,保持双边合作机制。在疫情复杂严峻的背景下,双方以视频方式举行多项对外交往活动,有效地开展两国所达成的各项合作项目。2020 年 1 月 4 日,老挝政府总理通伦·西苏里率团访问越南;2 月 10 日,越南公安部部长苏林率团访问老挝;4 月 4 日,越南政府向老挝派遣抗击新冠肺炎疫情医疗专家小组并向老挝政府赠送用于抗击疫情的医疗器械。老越关系继续呈现持续发展的良好势头。12 月 4—6 日,应越南政府总理阮春福的邀请,老挝政府总理通伦·西苏里率领老挝政府高级代表团对越南进行访问并共同主持第 43 次老越联合委员会会议。此次在疫情期间举办的会议,主要目的是进一步肯定两国不断深化的传统友谊、特殊的国与国之间的关系,全面合作共同向前发展,同时加强两国政治互信和对外政策中的互为优先,以便落实两国高层领导所达成的各项协议,促进两国合作关系进一步发展。

国防安全合作是老越两国的重要合作领域。老越双方都积极主动地切实落实国防、安全年度合作计划和五年合作规划,共同为维护两国政治稳定和社会安宁做出贡献。双方还贯彻落实好关于两国边界管理制度的协定,密切配合有效开展两国政府关于解决边境地区非法移民和非法婚姻问题,还就在老挝牺牲的越南志愿军和专家遗骸搜寻工作进行合作,共找到 181 具遗骸。

越南政府一直以来都为老挝提供政府和地方的奖学金,为老挝培养人才。2011—2020 年,在越南就读的老挝大学生超过 3 万名。老越双方注重推进教育培训合作,越南也积极帮助老挝进行干部培训。老越两国教育部共同起草 2021—2030 年老越教育合作提案。2020 年,越南为老挝学生和干部提供 1000 个奖学金名额,老挝为越南提供 60 个奖学金名额。目前,在越南学习的老挝留学生有 16664 名。2020 年下半年,在新冠肺炎疫情有所缓解后,越南各地方已接受约 4000 名老挝留学生返回越南高校继续就读。

在新冠肺炎疫情防控工作中,越南政府面临严峻的抗疫形势,但仍主动向老挝提供物资援助和派遣医疗专家组,对此老挝政府表示感激并给予高度评价。2020 年 11 月,越南政府向遭受严重洪涝灾害的老挝南部沙湾拿吉省政府和人民致以亲切慰问并提供 1000 吨大米援助。同样,在越南中部遭受洪涝灾害时,老挝高层领导向越南高层领导和中部各省人民表示慰问。

老挝与越南从中央到地方都有着紧密的合作,老挝与越南边境各省、县已经形成合作机制,尤其是在基础设施建设、医疗保健、人力资源开发和边境安全保障等领域。越南边境各省主动向老挝各地方提供防疫物资,接受老挝病人前往本地治疗等。

在两国党和政府的领导下及两国各部委各省委和两国人民的共同努力下,老越两党、两国政府和两国人民的特殊关系日益牢固,为世界和地区和平、稳定、安全与发展做出贡献。

(三)参加“东盟+3”峰会

2020 年 4 月 14 日,老挝政府总理通伦·西苏里和老挝政府代表团参加因新冠肺炎疫情蔓延而举行的“东盟+3”领导人特别会议的视频会议。会上,东盟各国领导人相互交换信息,共同应对疫情蔓延。6 月 26 日,老挝政府总理通伦·西苏里参加第 36 届东盟峰会。会上,东盟各国领导人共同协商如何在东盟框架下把东盟建设得更加强大,以及与外部对话伙伴之间在新冠肺炎疫情蔓延背景下的合作。会上,各国领导人对正在实施的 2025 年东盟三大支柱(即政治—安全、经济和社会—文化)愿景目标的执行情况给予高度评价,还参加关于“数字时代把妇女变得更坚强”的特别会议及东盟议会联盟大会、东盟商务理事会和东盟青年论坛等,与会领导人高度评价这 3 个组织对建设东盟共同体所做出的重要贡献,并希望这 3 个组织继续发挥作用。11 月 12 日,老挝参加第 37 届东盟峰会。(卫彦雄)

马来西亚:2020 年经济社会发展回顾

2020 年,马来西亚发展形势受到两大因素影响。一是新冠疫情影响。肆虐全球的新冠疫情重创马来西亚,截至 2020 年 12 月 31 日,马来西亚新冠肺炎确诊病例累计 11.3 万例,死亡 471 例,在东南亚国家中确诊人数排第 3,在印度尼西亚、菲律宾之后。持续蔓延的新冠疫情对马来西亚的政治、经济和社会发展都产生重大影响。二是政权更迭影响。2020 年,东盟多国出现政权变动,马来西亚也是其中之一。希盟政府积累的危机在 2020 年年初暴发,2020 年 2 月 24 日,马来西亚第七任总理马哈蒂尔突然辞任总理和土著团结党主席职务,导致执政仅 1 年零 9 个月的希盟政府正式瓦解。3 月 1 日,马来西亚最高元首阿卜杜拉委任前副总理穆希丁成为马来西亚第八任总理,马来西亚“二月政变”结束。虽然“二月政变”以非常规、非暴力的形式实现政权的和平更替落幕，没有引发更大的社会危机，但对马来西亚的政治格局造成重大影响。经过“二月政变”，由国阵、伊斯兰党、土团党组成国民联盟成为执政党联盟，3月9日任命新内阁。但是马来西亚政局仍然存在许多不稳定因素。首先将面对沦为在野党的希盟的挑战，对穆希丁的就任，希盟和马哈蒂尔质疑其合法性，称将在国会呈不信任动议。此外，马来西亚民众对民选政府以如此方式被替换表达不满，发起“这个总理不是我选的”抗议活动。其次，国民联盟内部也存在矛盾，一方面，对新内阁的部长名单，巫统多名领袖公开表达不满。另一方面，土著团结党是从巫统分裂出来的，两派领导人关系如何协调平衡也是问题。同时政局变动也将在社会和经济方面产生一定影响。马来西亚的政局变动能够在2020年平稳渡过，主要原因有两个：一方面为了有效应对疫情，需要稳定的政府来施政，这是“二月政变”得以迅速和平解决的原因之一；另一方面，受疫情影响，大规模的集会受到限制，进一步降低了因政局变动而产生的政党间、种族间争斗的烈度。

一、政治：虽然政局出现动荡，但没有引发社会动荡

在“二月政变”之后，马来西亚政治格局再次洗牌，党派林立，各州政权争夺激烈，频频“变天”，形成以总理穆希丁为首的新执政联盟——国民联盟，以安瓦尔为首的反对党联盟——希望联盟，以马哈蒂尔为首的第三势力三足鼎立的格局。

（一）执政联盟——国民联盟掌握微弱多数席位

穆希丁勉励维持弱势政府，在饱受程序合法性的质疑中执政，同时不断整合力量，巩固总理权力。首先，穆希丁获得国家元首的承认和支持。马来西亚最高元首阿卜杜拉多次在重要时刻表示对穆希丁的支持，如在2020年5月18日主持议会开幕时强调穆希丁拥有超过半数议员支持，敦促全体议员维护国家政局稳定。9月23日安瓦尔声称获得多数议员支持组建新政府后延迟会见等。其次，穆希丁在5月底以马哈蒂尔及其他四位支持者违反党章为由，将他们开除出党，实际掌控土著团结党，获得党内权力斗争的胜利。最后，7月28日，马来西亚前总理纳吉布被控挪用一马发展公司前子公司SRC国际资金的案件审讯完毕，法官判决，纳吉布7项控状全部罪成，被判坐牢12年和罚款2.1亿林吉特。这意味着巫统的两大巨头纳吉布和阿末扎希已经不可能成为总理竞选人选，穆希丁暂时得到巫统、伊斯兰教党等的政党支持，两党都承诺支持其为下一届大选的总理候选人。“国民联盟”政府在222个议会议席中，掌握113个微弱多数议席。

（二）反对党联盟—希望联盟“二月政变”后分崩离析

下议院第一大党人民公正党内斗不停；土著团结党更分裂为现任总理穆希丁派和前任总理马哈蒂尔派。人民公正党阿兹敏派系和土著团结党出走。希望联盟关于安瓦尔与马哈蒂尔之间总理一职权力交接的争论，转变为是否推举安瓦尔作为未来希望联盟总理候选人的争执。民主行动党和国家诚信党两个希望联盟成员党，在推举安瓦尔还是马哈蒂尔的问题上摇摆不定。希望联盟一度寻求与马哈蒂尔以及沙巴民兴党联合组建“希望联盟＋”，以推翻国民联盟政府，这一努力由于无法确定总理人选，最终宣告失败。6月23日，“反政变计划”失败以后，人民公正党宣布不再支持马哈蒂尔作为总理候选人。马哈蒂尔和支持他的沙巴民兴党也不再寻求与公正党合作。

（三）马哈蒂尔创立新党——祖国斗士党，与民兴党成为“第三方势力”

2020年8月7日，马哈蒂尔宣布将创立新政党继续对抗贪腐与盗贼统治。他表示，新党的名称为“国家斗士党”（Parti Pejuang Tanah Air），依然以马来人与土著为党员，并不会依附希望联盟、国民联盟或任何政党联盟。8日，民兴党主席沙菲益马上表示，只要符合民兴党斗争基础，愿意和马哈蒂尔的新党合作。

二、经济：受疫情影响，国内生产总值下降

作为典型的出口导向型国家，新冠疫情之下的马来西亚，经济受创严重。一方面，疫情的全球扩散造成国际市场需求下降与金融市场波动，马来西亚对外贸易与股市受到负面影响；另一方面，行动限制令的颁布及多次延期导致大部分的经济活动被迫停止，国家经济进入半瘫痪状态，国内服务业进入寒冬，私人消费缩减，国内消费对经济的拉动力减弱。受此影响，2020年马来西亚名义GDP为1.415万亿林吉特，比上年下降5.6%，这是自1998年亚洲金融风暴后，马来西亚国内生产总值下跌幅度最大的一次。其中第二季度经济下滑幅度最大，下降17.1个百分点。马来西亚全国各州和直辖区经济都出现不同程度的下降，其中，登嘉楼、彭亨和马六甲主要受到服务业和制造业的影响，玻璃市受农业影响，而服务业则影响吉隆坡，沙捞越和沙巴则因农业、采矿和采石业的产量下滑而影响经济增长；上述州属和直辖区的经济下降均超过5.7%。全年对外贸易总额1.6万亿林吉特，比上年下降15.6%；其中出口总额8420亿林吉特，下降14.5%，进口总额7614亿林吉特，下降12.8%，贸易盈余为806亿林吉特。

（一）从各产业来看，传统优势产业服务业受影响最大

为防止疫情蔓延，马来西亚自2020年3月18日开始实行行动限制令，四度延期的行动限制令严重打击马来西亚国内的服务业，航空、旅游、餐饮业等，相关产业陷入低迷。以旅游业为例，根据马来西亚观光局

统计,2020年马来西亚接待国际游客433.27万人次,相比2019年的2610.08万人次,减少83.4%;旅游收入从2019年的861.4亿林吉特降至2020年的126.9亿林吉特,下降85.3%。酒店入住率从2019年的64.49%降至2020年的27.51%,酒店营运亏损额65.37亿林吉特。虽然疫情对零售业造成剧烈冲击,但是电子商务发展迅速,如马来西亚著名的网络购物平台Lazadad 2020年上半年的新卖家数量增加200%以上,给低迷的零售业发展带来一抹亮色。

(二)采矿和建筑业也受创严重

2020年第二季度建筑业跌幅最大,达到44.5%,采矿业也下降20%。在实施行动管制令期间,马来西亚所有州属和联邦直辖区的建筑业领域都呈萎缩趋势,如雪兰莪萎缩9.7%、吉隆坡萎缩26.7%、柔佛州萎缩37.7%、沙捞越萎缩8.8%、槟城萎缩15.5%、沙巴萎缩29.1%。其中,柔佛、吉隆坡和雪兰莪在政府部门工程、住宅和非住宅建筑工程所受到的影响最严重。2020年,马来西亚建筑业产值下降18%,采矿业下降7.8%。

(三)制造业表现较为坚挺

2020年下半年,马来西亚制造业逐渐得到恢复,在第4季度增长3%,主要得益于食品、运输设备、电气和电子产品的恢复增长。在全球疫情肆虐的情况下,马来西亚电子与电气领域的对外贸易表现仍然亮眼。2020年马来西亚的电子与电气产品总贸易额6389亿林吉特,其中出口额3861亿林吉特,比上年增长3.5%,进口额2528亿林吉特,增长2.9%。电子与电气领域贡献马来西亚制造业出口总额的38%,从业人员57.5万人。电子、电气业仍是外资重点投资领域,2020年马来西亚批准的电子与电气领域总投资额156亿林吉特,涉及148个项目,其中外资135亿林吉特,占86.5%;本地投资21亿林吉特,占13.5%。马来西亚电子与电气产品的主要贸易伙伴是中国、新加坡、美国、中国香港和中国台湾。汽车制造业在2020年上半年受疫情影响,销售量大幅下降,截至2020年10月,国内新车销售量仅为39.82万辆,比上年同期下降19.9%。为鼓励汽车工业发展,马来西亚政府批准在2020年6月15日至12月31日期间,对国内组装车辆免缴100%的销售税,进口车辆免缴50%销售税。下半年,汽车产业逐渐好转,销量回升,连续多月出现正增长。马来西亚第一国产汽车宝腾2020年销售10.9万辆,比上年增长8.8%,连续2年销量突破10万辆。第二国产车Perodua2020年销售22.16万辆,超过预定21万辆的销售目标。马来西亚2020年汽车销量为52.94万辆,比上年下降12.4%;全年汽车产量48.52万辆,下降15.1%。

(四)农业受疫情影响较小

马来西亚农业的支柱产业油棕业、橡胶业等热带作物种植业严重依赖印度尼西亚和孟加拉等国外劳,如棕榈油相关工作外籍工人占整个行业劳动力的84%。如今,为遏制疫情蔓延,各国实施封锁措施,成千上万的工人留在各自的国家中无法外出,导致劳动力短缺问题严重,影响棕榈果采摘、橡胶收割等工作,从而影响棕榈油和橡胶的产量。2020年马来西亚棕榈油产量1910万吨,比上年下降4.3%;出口量1650万吨,下降10.6%;橡胶产量56万吨,下降4%~5%。虽然疫情导致马来西亚农产品产量下降,但是疫情也使世界农产品价格飙升以及对生物柴油的需求不断增长,棕榈原油价格大幅上涨,2020年的棕榈油和橡胶出口特别强劲。2020年,马来西亚农产品贸易额1917亿林吉特,比上年增长14.1%,出口1505亿林吉特,进口412亿林吉特。其中,棕榈油出口额733亿林吉特,比上年增长15%。马来西亚是全球最大橡胶手套生产国,这一防疫物资在新冠疫情期间需求暴涨。2020年1—7月马来西亚橡胶手套出口额从上年同期的100.3亿林吉特增长至150.6亿林吉特,增长50.1%。2020年橡胶手套产量2200亿只,占全球需求市场的67%。橡胶手套出口额353亿林吉特。2020年政府实施行动管制令期间,马来西亚所有州属和联邦直辖区的经济表现多为负增长,但有数州的农业领域呈增长趋势,包括马六甲增长3.7%、柔佛州增长3.1%、彭亨州增长1.6%、霹雳州增长1.4%、雪兰莪增长0.3%、吉兰丹州增长0.2%。棕油和蔬菜种植是农业增长的主要动力。农业成为受疫情影响较小的领域,只下降1.2%。

(五)实施扩张性财政政策促进经济发展

为应对新冠疫情下的经济压力,马来西亚政府采取扩张性财政政策,增加财政支出并实施减税在内的经济刺激方案。在2020年,政府先后宣布数项总额达3050亿林吉特的经济振兴计划,以协助人民和企业渡过难关。如疫情初期,2月27日马哈蒂尔宣布出台200亿林吉特的《2020年经济振兴配套方案》,该计划以应对疫情影响、促进以人为本的增长以及鼓励高质量的投资为主要策略,实施诸如对企业和从业者提供补贴,以减税、提供优惠券等推动旅游业复苏等举措。3月27日,马来西亚国民联盟新政府再次出台一项2500亿林吉特的加强版经济刺激计划,其中包括之前的200亿林吉特。其中,1000亿林吉特为企业刺激资金,1280亿林吉特用于民生福利,20亿林吉特用于巩固国家经济。此次经济刺激方案惠及全体民众,特别是弱势人群。同时,政府以阻止疫情蔓延作为首要目标,增加卫生部的拨款,在购买医疗用品和设备的同时为参与疫情防控的医护人员、警察、军方等发放津贴。这是马来西亚有史以来最大规模的经济刺激计划,总计约占GDP的18%。4月6日,马来西亚总理穆希丁宣布额外增加100亿林吉特的经济振兴配套附加拨款，推行中小型企业关怀配套政策，希望这项拨款能够保住现有2/3中小型企业员工的工作。6月8日，马来西亚总理穆希丁宣布，政府推出总额高达350亿林吉特的重振国家计划，以应对疫情对马来西亚经济的冲击。这项短期经济复苏计划注重3项主要目标，即强化人民、促进商业活动及刺激经济。此外，政府将向该计划直接注入100亿林吉特的资金。马来西亚央行也相继实行宽松的货币政策，降低利率，不断增强流动性。3月3日央行下调贷款利率25个基点，从2.75%降至2.5%；5月5日再次大幅降低50基点，指标利率降至2%，为2009年2月以来最大降幅，这意味着企业能够以较低的利率获得融资。马来西亚央行表示，此次下调隔夜政策利率旨在提供更为宽松的货币环境，以支持经济增长，并保持物价稳定，其将密切关注和评估国内经济和通胀前景的风险平衡。马来西亚在刺激消费的同时，保障企业的生存，通过增加公共和私人消费来扩大总需求、振兴经济，避免失业率的大幅上升与经济急剧下跌。政府的策略是有效的，马来西亚2020年下半年的经济下滑速度放缓，制造业得到一定回升，但是要取得根本性复苏，仍任重道远。

三、外交：在抗疫和恢复经济上加强对外合作

新冠疫情的全球蔓延，给对外交往与合作造成很大影响，对外人员交流受到限制，合作项目建设被迫延期。但是，新的交流交往方式（如网络视频会议），新的合作领域（如防疫抗疫、电商合作等），也在出现。

（一）寻求国家抗疫合作与支持

马来西亚国民联盟新政府执政后，就面临新冠疫情和经济受疫情影响大幅度下滑的挑战，需要寻求国际社会的合作和支持。2020年，马来西亚参加东盟主办的所有关于新冠疫情防控的会议，并与新加坡、文莱、泰国、印度尼西亚等周边国家就边境和劳工管控，防止疫情蔓延进行合作。疫情暴发后，新马两国多次通过部长级协商通行限制与疫情防控问题，特别是柔新边境地区“跨堤族”的出入境问题。“行动管制令”实施期间，与泰国、印度尼西亚等边境地区政府与相关部门，进行边境管控与防疫措施的具体磋商与合作。在疫情有所缓解后，马来西亚又与周边国家就互惠绿色通道开放进行磋商与合作，以保证双方必要的贸易和人员交流。2020年8月，马来西亚亚洲航空公司启动为进行医疗和保健服务的印度尼西亚患者和医疗游客提供前往马来西亚更方便的包机服务，帮助疫情期间需要特殊医疗的患者。

马来西亚还参与“新冠肺炎临床研究联盟”和“疫苗公平分配计划”，并与美国、德国、中国、日本等国家的疫苗公司签订疫苗订购协议，以保证本国的疫苗供应。2020年4月3日，马来西亚卫生总监拿督诺希山发表声明，宣布马来西亚加入由包括英国、法国、瑞士、美国、阿根廷、澳大利亚、泰国、孟加拉、坦桑尼亚等30多个国家、70多个机构的科学家、医生、资助者和政策制定者在内的国际联盟——“新冠肺炎临床研究联盟”，以便在一些资源匮乏的环境下，加强新冠病毒研究国际合作，共同应对新冠疫情。9月19日，马来西亚科学、工艺及创新部宣布，马来西亚政府将参与“疫苗公平分配计划”，为马来西亚获取部分的新冠肺炎疫苗。

（二）加强国际经济合作

为促进本国和地区安全与经济恢复，马来西亚加强与周边东盟国家以及区域的合作。在与周边国家关系方面，2020年7月30日，马来西亚与新加坡政府在新柔长堤举行柔新地铁项目重启签约仪式。马来西亚总理穆希丁、新加坡总理李显龙出席并见证签约。新加坡交通部部长王乙康和马来西亚交通部部长魏家祥签署新柔地铁项目协定。柔新地铁项目自2019年4月1日暂停以来，双方针对马来西亚提出的改变意见进行多次讨论，其过程受到马来西亚政权交替和冠病疫情影响。此次签署的柔新地铁项目工程预计在2021年1月展开，项目建设将分两个阶段：第一阶段2021年至2024年实施基础建设，第二阶段2024年至2026年完成构建系统建设，包括信号、车厢、电信和系统测试。新柔地铁预计在2026年年底启用，项目建设成本约为7.72亿美元。项目建成后将由新加坡SMRT企业与马来西亚国家基础建设公司成立的合资公司运营。2020年11月，马泰边境先后发生4起因毒品和走私引发的枪击案，马来西亚积极与泰国警方协调配合，共同加强边境巡逻和打击贩毒和走私。2020年6月16日，马来西亚国防部部长伊斯梅尔·萨布里·雅各布和印度尼西亚国防部部长普拉博沃·苏比安托举行视频会议，两国政府决定加强国防联系，并在双边安全和共同利益基础上加强合作。在区域合作方面，2020年5月28日，马来西亚以APEC东道主的名义举办非官方高级官员新冠病毒虚拟会议，并成功召集APEC经济体成员、APEC工商咨询理事会以及国际和区域组织的观察员。会上达成5份对抗疫情建议书，其中有3份由马来西亚提出，内容包括建议建立资讯交流平台以分享成员们对抗疫情危机的政策、建议APEC草拟促进关键货品流通声明以及希望成员们能提供关税减让自主清单。11月15日，马来西亚签署《区域全面经济伙伴关系协定》（RCEP），并于11月16日和11月20日以东道主身份组织举办亚太经合组织（APEC）第31次部长级和第27次领导人线上会议，这是APEC历史上的第一次线上会议。会议顺利通过《APEC部长会议声明》和《APEC经济领导人会议声明》，本次会议在应对疫情及恢复经济、进一步推动APEC的贸易投资自由化工作、促进创新与数字化、制定茂物目标后的合作议程方面取得成果，制定APEC2040愿景（布特

拉加亚愿景)。

(三)积极加强与大国的合作

中国作为最早有效控制疫情,恢复经济增长的国家,马来西亚与中国的合作在防疫抗疫、贸易与投资等方面全面开展,体现两国患难与共、守望相助的真情,两国关系受政权更迭的影响很小。在防疫抗疫合作方面,在中国疫情严重时,马来西亚政府和社会各界纷纷向中国伸出援手,提供医疗设备和物资援助,并以各种形式表达对中国人民的坚定支持和必胜信念。马来西亚驻华大使努西尔万在视频中表示,马来西亚人民将与中国政府和人民同在。他赞赏中国政府和人民为抗击疫情所作出的不懈努力。马来西亚酒店业和旅游业代表也在视频中表达对中国抗击疫情的支持与关心。马来西亚中资企业总商会陆续协助马来西亚中华总商会、马来西亚广东会馆等十余家本地商团,或购买医疗物资捐赠疫区医院,或通过现金募捐驰援中国人民。马来西亚霹雳州“霹雳支援中国抗击新冠病毒工委会”组织捐款,通过中国广州侨联组织代为转交湖北武汉等地区,支援中国抗击新冠肺炎疫情。马来西亚中国文化艺术协会和马来西亚中国企业家联合会共同在吉隆坡举办“2020 马中抗疫正能量短文竞赛”,表达与传递马中抗疫正能量。马来西亚 3 月疫情形势趋于严峻后,中方也尽己所能为马方提供物资和技术支援。3 月 28 日,中国政府援助马来西亚的第一批抗疫物资抵达吉隆坡国际机场。据不完全统计,在 3—4 月两个月中,中国政府、驻马使馆、企业、民间团体和个人共向马方捐赠普通医用口罩 494 万只,N95 口罩 42 万只,检测试剂 12.5 万人份,防护服 7 万多件,手套 55000 只,护目镜 13000 多副,呼吸机 200 台。4 月 18 日,8 名来自中国广东的医学专家抵达马来西亚,同马方同仁们分享中国防控和诊疗的有效做法,协助马来西亚卫生部抗击新冠肺炎疫情。医学专家访马期间马来西亚卫生部得知中国正在进行新冠肺炎疫苗第二阶段的临床试验,便自荐参与第三阶段的临床试验。5 月 15 日,为进一步支持马来西亚抗疫,中国政府决定向马来西亚政府捐赠第二批物资,包括 15 万人份检测试剂,7 万件防护服,7 万只 N95 医用口罩,130 万只医用外科口罩。马来西亚的中资企业也纷纷捐资捐款支持抗疫,马来西亚中国银行向马来西亚卫生部捐赠 30 万林吉特(约合 6.9 万美元),以支持马来西亚抗击新冠肺炎疫情。马来西亚中资企业总商会向在马中资企业发布募捐倡议,短时间内迅速筹集 19.05 万林吉特(约合逾 30 万元人民币),捐赠给马来西亚卫生部。马来西亚中医药界成立“马来西亚中医药界抗疫小组”和“马来西亚中医药抗疫学会”,邀请中国中医专家教授担任医药顾问,组织马来西亚中医药界向马来西亚出院新冠患者免费提供中药服务,共同推动中医药抗疫。同时发布《马来西亚新型冠状病毒肺炎中医药防治方案》,使中医药在马来西亚抗疫中发挥作用。中马两国的高层交流没有被疫情阻挡,两国外长多次通话沟通抗疫和两国合作事宜,中国国务委员兼外交部部长王毅于 10 月 12—13 日访问马来西亚,与马来西亚总理穆希丁视频通话,并与马来西亚外交部部长希山慕丁进行会谈磋商。双方将继续深化抗疫合作,中方将积极考虑马方疫苗需求,同马方携手支持世卫组织,反对把疫情政治化、把病毒标签化,共同推动构建人类卫生健康共同体。双方宣布成立由两国外长牵头的中马合作高级别委员会,规划推进后疫情时期中马全方位合作。同意探讨建立人员往来“快捷通道”、物资流通“绿色通道”和粮食运输“生命通道”,推动经济社会加快恢复发展。双方要积极推进后疫情时期合作,以高质量共建“一带一路”为引领,抓紧编制中马产能合作重点项目清单和《经贸合作五年规划》,完善机制平台建设,做大合作增量,实现互利共赢。中方鼓励本国企业按市场需求进口马优质棕榈油,扩大对马投资,积极参与马重大项目建设。双方的贸易与投资继续增长。2020 年,中马贸易额为 1311.6 亿美元,比上年增长 5.7%。其中:中国出口 564.3 亿美元,增长 8.2%;进口 747.3 亿美元,增长 3.9%。中国连续第 12 年成为马来西亚最大贸易伙伴,中国同时是马来西亚最大出口目的地和进口来源地。马来西亚对中国出口的产品主要有钢铁产品、电机电子产品、金属制品、棕榈油及相关制品、橡胶制品、纸和纸制品等;从中国进口的产品主要有电机电子产品、设备和零件、化学和化工产品等。2020 年,中国企业对马全行业直接投资 10 亿美元,比上年增长 22.6%;马来西亚对华投资 7810 万美元,增长

3 月 28 日,中国政府援助马来西亚的第一批抗疫物资抵达吉隆坡国际机场
(新华网)

11.4%。中马"两国双园"建设继续推进。2020年，中马钦州产业园区共签订投资、意向或框架合作协议61个，签订投资协议59个，招商引资合同投资额517.8亿元，新签工业项目合同投资额54.03亿元。园区发挥中马两国产业合作平台优势，强力推进燕窝产业发展壮大，已有12家中外燕窝企业入驻燕窝加工贸易基地，全年进口毛燕2400千克、净燕1633千克，并成功举办2020年中国马来西亚（广西）线上榴莲节，中马免税商城建成开业，中马两国产业合作范围不断拓展。马中关丹产业园区共有12项投资，投资额达70亿林吉特。

马来西亚也积极寻求与日本、美国等国的抗疫与经济合作，抗疫合作主要是寻求疫苗供应的合作。年内，马来西亚参加"日本—东盟网络安全政策网络会议"，并准备接收有意从中国转移业务的日本公司到马来西亚投资。（韦朝晖）

资料来源：

1. 中国驻马来西亚大使馆经济商务参赞处网站
2. 中国商务部网站
3. 中国贸易促进会网站
4. 新华网相关资料
5. 中国新闻网相关资料
6. 中国—东盟博览资料
7. 马来西亚统计局资料
8. 大马经济网
9. 马来西亚东方网
10. 马来西亚诗华资讯
11. 马来西亚《光华日报》
12. 马来西亚《中国日报》
13. 马来西亚星洲网
14. 马来西亚南洋网
15. 马来西亚统计网
16. 新加坡《联合早报》

10月5日，2020中国马来西亚（广西）线上榴莲节启动仪式在中国（广西）自由贸易试验区钦州港片区中马免税商城举行（百度网）

缅甸：2020年经济社会发展回顾

2020年新冠肺炎疫情席卷缅甸，民盟政府积极抗疫，竭力推动经济复苏，并成功于11月8日举行2020年大选，再次蝉联执政。经济方面，出台政策吸引外资，积极扩大海外出口市场，竭力减少疫情对缅甸经济的巨大冲击，刺激经济复苏和推动数字经济发展。由于若开邦冲突加剧，和平进程艰难推进。新冠肺炎疫情促进缅甸与世界各国在抗击疫情和恢复经济等多方面的交流与合作，国际社会向缅甸提供大量的物资援助。保持与中国、日本、印度、东盟和各个国际组织的密切交流。在罗兴亚人问题上，西方国家持续向缅甸施压。

一、政治

（一）政府和执政党的治理措施

1. 政府人事任免。2020年，缅甸总统府先后发布多道人事任免通告。1月14日，重组缅甸国家人权委员会，由东盟政府间人权委员会缅甸代表拉敏担任主席。2月4日，任命敏伦为国务资政办公府副部长，敏坚为劳工、移民与人口部副部长。2月10日，任命缅甸军事安全部梭图中将担任内政部部长，内政部原部长觉瑞中将调任至国防部。2月27日，批准内政部副部长昂都少将卸任行政职务，返回军队任职。3月25日，任命国防军梭丁乃少将为内政部副部长。7月27日，批准边境事务部副部长丹突少将卸任行政职务，返回军队任职。任命国防军彭妙少将为边境事务部副部长。12月1日，任命浩都双为国际合作部副部长，允许反腐委员会主席昂基辞职。

2. 民盟推动修宪的努力。2019年2月，民盟开始启动修宪；2020年1月，修正案进入讨论表决阶段。3月10—20日，缅甸联邦议会对135项宪法修正案进行投票，其中民盟和少数民族政党提交114项，旨在减少宪法所赋予军队的特殊权力。因赞成票未超过75%，几乎所有修改都未通过。由于修宪未取得突出成效，仅有3项微小的修改需要批准，但举办全民公投的费用昂贵，预计耗资约150亿缅元（约合1044万美元）。5月21日，缅甸联邦议会投票决定就宪法修正案暂缓举办全民公投。

3. 反腐败工作取得成效。2020年1—11月，缅甸反腐败委员会共收到5372份投诉信。反腐败委员会对222人进行书面警告，革职和降职46

人,根据《反腐法》追究29名公务员,不包括目前任职的官员及高级官员。2020年1月23日,根据国际反腐败非政府组织透明国际发布的2019年年度《全球清廉指数》,在全球180个国家和地区中,缅甸的排名已上升至第130位。据11月24日发布的《全球腐败晴雨表》显示,缅甸民众对政府的反腐败行动非常有信心,有93%的缅甸公民认为政府的反腐败工作取得明显成效。

4. 政府保障民生和加大兜底力度。新冠肺炎疫情对缅甸民生造成巨大冲击,缅甸政府通过多次发放生活补贴、减免电费和网费、延期缴费还款及稳定就业等举措保障民生。2020年3月20日,劳工、移民与人口部为在社会福利局缴付福利保证金且受疫情影响而失业的劳工发放福利,并将其卫生护理、医药费及旅行费期限都延长1年。4月6日,政府宣布免除4月150度的家庭电费,后续也多次减免家庭电费。4月10日,政府向低收入家庭免费发放食品物资。5—11月,政府针对低收入家庭发放4次补助,前3次每户2万缅元,第4次补助增加至4万缅元。缅甸建设与房屋发展银行宣布3月和4月因新冠肺炎疫情,房屋贷款者可延期还款15天,并免除滞纳金。此外,由于缅甸失业人数激增,政府除了提供工厂、种植业和中小企业就业机会外,还计划在国际劳工组织和欧盟的帮助下启动2020—2021财年失业救济制度。

5. 政府实施新一轮大赦。自2011年3月起,缅甸政府为庆贺传统新年、基于人道主义、推进和平进程及民族和解,总统府发布通令对囚犯进行大赦。截至2020年4月17日,共赦免在押的24983名囚犯,与往年相比,此次大赦人数最多。第11/2020号令对在押囚犯减刑,将死刑犯改为无期徒刑;第12/2020号令赦免24896名囚犯;第13/2020号令赦免87名外国囚犯。

(二)政府积极抗击新冠肺炎疫情

缅甸疫情初步分为两波,第一波疫情阶段为2020年3月23日至8月16日;第二波疫情则从8月16日开始。在第一波疫情阶段,首先由卫生和体育部牵头带领各部门快速建立疫情应急响应机制,包括加强对入境人员的监测、暂停发放签证、暂停和延期举办大型活动和集会、实施宵禁及停学停工等举措严防境外输入和国内聚集传染。其次,迅速成立各类委员会指导新冠肺炎疫情防控。2020年1—11月,缅甸陆续成立新冠肺炎疫情防控国家级中央委员会、新冠肺炎疫情防控与紧急应对委员会、经济影响补救委员会、国家级志愿者指导组和疫苗全国协调委员会等委员会及分委会,指导新冠肺炎疫情防控和制订疫苗接种计划。再次,构建宣传阵地,扩大疫情防控宣传。缅甸政府通过缅甸广播电视台、卫生与体育部官方网站、缅甸疾病控制与预防中心的脸书(Facebook)、报纸等宣传媒介,宣传新冠肺炎疫情的最新信息和防控要点。国务资政昂山素季为了与人民快速高效地交流疫情信息,及时回应民众关切,首次开通脸书帐号,并多次就疫情公开发表电视讲话,呼吁全国人民携手抗疫、共克时艰。

由于第一波疫情防控形势好转,缅甸国内疫情防控逐渐放松,而邻国印度和孟加拉国疫情形势严峻,尤其是在孟加拉国和缅甸若开邦有大量难民,缅孟边境管控力度薄弱,境外输入和国内社区感染等因素导致第二波疫情暴发。面对第二波疫情,政府仍继续执行此前的防疫政策并加大对疫情暴发地的封锁力度。8月26日,封锁若开邦。9月22日,封锁仰光省所有镇区(除了哥哥岛)。封锁区均实行居家政策,违者将追究法律责任。

(三)国内和平进程

1. 第4届"21世纪彬龙和平大会"顺利举办。2020年1月8日,缅甸顺利举办第8次全国范围停火协议协商执行会议,并达成8点协议。5月9日,为防控疫情和实现永久和平,国防军宣布停火,并多次延长停火期限(停火范围不包括缅甸认定为恐怖组织所在地区)。8月19—21日,在内比都举办第4届"21世纪彬龙和平大会",政府邀请7支未签署全国范围停火协议的少数民族地方武装(简称"民地武")参加(除了若开军),但7支民地武均拒绝此次邀请。此次会议签署《联邦协议》的第3部分,达成54点共识。11月9日,为推进国内和平进程,国防军总司令部成立国防军和平讨论委员会。

2. 和平进程艰难推进,若开冲突加剧。2020年,缅甸境内发生161起武装冲突,死亡348人,受伤664人。其中1—10月,国防军与若开军发生104起冲突,造成网络、交通、通讯瘫痪,难民人数激增。11月以来,国防军与若开军就停火和平与举办补选展开谈判,努力建立互信。2020年11月25日至12月23日,国防军与民地武发生12次冲突,民地武之间发生7次冲突。冲突地区的政府工作人员安全受到威胁。2020年1月21日,若开军释放被绑架约两个月的钦邦民族院民盟议员。2月19日,社会福利和救济安置部部长温妙埃和若开邦行政长官吴尼布乘坐的直升飞机被轻武器袭击但无伤亡。10月19日,若开军以审查为由抓捕民盟3名候选人,并要求政府尽快释放政治犯、示威学生和无辜的若开邦居民。2021年1月1日,若开军释放3名候选人并要求政府释放若开军成员。4月20日,在若开邦敏比亚镇,世界卫生组织运送新冠肺炎病毒检测样本的车辆遭遇袭击,车上2人遭枪击受伤,缅籍司机伤重不治。缅军指责若开军发动这起袭击。3月23日,缅甸反恐怖主义中央委员会发布第1/2020号令将若开民族联盟/若开军定性为恐怖组织。截至2020年12月3日,"若开族代表大会"数据显示,若开邦难民共计194094人,其中居住在难民营的难民

79002 人,居住在难民营外的难民 115092 人。由于冲突加剧,政府关闭冲突地区网络,疫情防控困难。虽然自 1 月起,对关闭网络的地区,政府采取发送手机短信的方式传播防控疫情知识,为若开邦实兑镇区和附近流离失所者接收中心等地方提供正常的网络服务,但自 2 月起,由于国防军与若开军在若开邦和钦邦百力瓦镇区持续发生冲突,5 个镇区的通信网络和水路交通运输也被迫切断,导致当地物资短缺、物价高涨。

(四)2020 年大选

1. 政府坚持如期举行大选。虽然多方提议推迟大选,但民盟政府仍坚持在疫情期间举行大选。6 月 30 日,选举委员会宣布 2020 年全国大选选区数量共计 1117 个,人民院选区数量 315 个,民族院选区数量 161 个,省邦议会选区数量 641 个(含 29 个少数民族选区)。因部分选区无法举行公正自由选举而取消克钦邦、若开邦及掸邦等地的大部分选区。7 月 1 日,选举委员会宣布 11 月 8 日举行缅甸 2020 年大选。疫情之下,候选人竞选活动挑战重重。受疫情影响,各政党候选人不能开展"线下"竞选活动,只能选择"线上"竞选活动,使没有财力和媒体资源的政党处于劣势地位。虽然政府已发布竞选活动须遵守防疫规定,但仍出现大规模聚集游行拉票活动,造成多人感染,引发其他政党及人民的指责。部分政党和民众不断呼吁延期举行大选,但民盟政府仍然坚持按期举行大选。

2. 民盟大选大获全胜,获单独组阁权。2020 年 11 月 10 日,缅甸《新光报》公布此次大选实际参选政党 87 个,候选人总数 5639 人,选民总数 37268876 人,投票站数量 39962 个。11 月 14 日,联邦选举委员会公示大选结果。在 476 个联邦议会议席和 641 个省邦议席中,民盟获得 920 席,占比 82.4%;巩发党获得 71 席,占比 6.4%;掸族民主联盟获得 42 席,占比 3.8%;其他少数民族政党共获得 84 席,占比 7.5%。根据 2008 年宪法,议会应在大选开始后 90 天内开始新任期。本届议会任期于 2021 年 1 月 31 日结束,新一届联邦会议将于 2021 年 2 月 1 日举行,选举总统、副总统和两院议长,任命新一届内阁成员。

3. 大选结束后抗议风波不断。大选导致新冠肺炎感染人数增加。大选整个过程基本遵守防疫规定,但部分参与选举的工作人员和投票者仍被确诊感染新冠肺炎甚至死亡。虽然国际和国内选举观察员均报告此次大选没有重大违规行为,但来自巩发党等政党的质疑声不绝于耳,甚至引发极端报复行为。11 月 11 日,一些人发起示威游行,抗议此次大选不公,16 个政党要求成立独立的大选调查委员会调查此次大选的公正性。11 月 21 日,掸邦皎脉镇第一民族议院选区的民盟党员兼民族议院当选议员遭遇枪击身亡。以巩发党为首的政党在大选后以证件身份核对混乱、重复投票和替人投票等为由质疑大选结果,多次发起投诉,并向联邦最高法院提起诉讼。

二、经济

2020 年,缅甸经济受疫情和美元汇率下行的影响,经济增长速度下滑,政府通过财政政策加大对经济发展的扶持力度,在国际合作援助下,继续完善基础设施建设。同时,疫情也催化缅甸数字经济的发展。

(一)宏观经济形势

1. 疫情对经济造成巨大冲击。根据亚洲开发银行发布的预估数据,由于疫情对缅甸经济的冲击,缅甸国内生产总值增长率从 6.8% 下降至 1.8%,通货膨胀率达 6%。世界银行预计,2020—2021 财年,缅甸贫困率将从 2018—2019 财年的 22% 增加至 27%,失业人数达 700 万。缅甸 2019—2020 财年税收收入 72960 亿缅币,税收收入在缅甸国民生产总值中占 6.61%,与上一财年相比减少 4950 亿缅币。本财年财政赤字率达 5.46%,占比增大。2020—2021 财年,政府将采取扩张性财政政策,依法管控货币供应增加和通货膨胀上升,继续加强对经济行业的支撑力度,计划将财政赤字率保持在 5.41% 左右。

缅币持续升值影响缅甸经济发展。9 月 24 日,缅甸中央银行发布的美元兑缅币指导价为 1: 1309,比上年同期下降约 4%。为了稳定汇率,缅甸中央银行 9 月收购 4420 万美元,10 月收购 2660 万美元。综合来看,疫情导致市场需求减少、贸易进出口额下降,使用美元采购的行业需求停滞,致使美元汇率持续下降后,缅币升值导致出口商盈利减少。

2. 加快推进基础设施建设。截至 2020—2021 财年的第 2 个月,缅甸已实现全国电力覆盖率上升至 55% 的目标,并争取在 2025 年实现 75% 的全国电力覆盖率,2030 年达到 100%。缅甸已加大对交通基础设施的投资力度,提高交通基础设施在国内生产总值中的比重,目前已上升至 3%。为促进湄公河流域沿线经济生态发展,缅甸向亚洲开发银行和日本国际协力机构分别贷款 4.838 亿美元和 2.5 亿美元用于道路和桥梁建设。此外,缅甸政府为 13 个省邦启动社区驱动发展项目,旨在实施道路和供水设施建设。

3. 加快发展数字经济。年内,缅甸加快数字经济的发展,鼓励各行业在线上开展工作。缅甸运用数字技术的企业数量增长幅度较大,其使用率增加到 20%,预计在 2025 年,缅甸数字技术的使用率将达到 50%。疫情推动缅甸移动支付方式发展,疫情期间开设银行账户和使用数字支付的用户迅速增长。目前缅甸人口数量约为 5430 万,注册银行账户的人口占比为 25%,智能手机使用人口占比为 80%,仅有 8% 的用户购买网络金融产品。2020 年,缅甸中央银行借助日本的技术支持,开始使用具有国内跨行转账和缴费功能的 CBM - Net - 2 系统。越来越多的银行开始提供线上缴纳生活费用服务，推动网购、外卖和线上教育的发展。

（二）经济政策

为了加快经济复苏，缅甸政府启动短期和长期经济纾困计划，出台经济发展政策，鼓励投资者赴缅甸投资，并划拨救济资金以刺激经济复苏与发展，提高缅甸对外资的吸引力。

1. 启动疫情经济纾困计划。2020 年 5 月 5 日，缅甸启动《新冠肺炎经济救助计划》（CERP），内容涵盖 7 个目标、10 项战略、36 项行动计划和 76 项具体行动，通过货币刺激改善微观经济环境，协助劳工及其家庭，提高投资贸易和银行业务以缓解疫情对私营经济的影响。此外，还加强建设卫生保健系统，促进发展创新产品和平台，增加新冠肺炎疫情应对资金（包括应急资金）的拨款。10 月 26 日，缅甸政府制订缅甸经济复苏和改革计划（MERPP），该计划优先实施宏观经济调控和实现财政稳定，重点帮扶农业领域发展，支持长期在可再生能源和基础设施投资的领域，提升基础设施建设和通讯水平，推动人力资源和私营领域经济发展。11 月 15 日，缅甸正式签署并加入《区域全面经济伙伴关系协定》，并享有最不发达国家的特权。该协定的签署将为缅甸带来巨大的市场和优质的投资，将使缅甸享受涵盖各领域高质量经济合作协议的利益。

2. 持续完善经济法律法规。2020 年 5 月 26 日，缅甸颁布《工业区法》，规定有关部门有权对污染制造者和土地投机者予以惩处。5 月 29 日颁布《2019—2020 财年联邦追加预算拨款法》，8 月 26 日颁布《2020—2021 财年国家计划法》和《关于 2020—2021 财年联邦预算拨款法》。7 月 9 日，缅甸中央银行发布非银行金融机构基本管理规则，有利于规范市场秩序和解决纠纷，更加系统化、安全化和便捷化地办理业务。8 月 17 日，缅甸商务部依法发布新一批禁止出口的物品清单。9 月 2 日，缅甸颁布《2020 联邦税法》，规定不明来源收入税率并提高特殊商品税。10 月 14 日，公私合营中心宣布针对超过 20 亿缅币的国家重点项目采用瑞士挑战竞标制竞标，适用于新颁布的《非政府招标项目实施办法》。12 月 9 日，林业局发布民营木材征税标准，区别各类木材的纳税标准及国内外木材品种的纳税标志。

3. 健全相关体制机制助力经济复苏与发展。2020 年 2 月 26 日，为建立和完善缅甸重大项目的透明机制，促进缅甸可持续发展，实现《缅甸可持续发展规划（2018—2030）》，缅甸计划、财政和工业部开通缅甸项目库网站。各国投资者可通过该项目库了解缅甸计划招商引资的新项目。截至 2020 年 12 月 20 日，该项目库共发布 129 个项目，涉及能源、铁路和机场等基础设施。3 月 23 日，为帮扶在缅甸企业尽快复工复产、快速获取原材料及解决劳工纠纷等问题，缅甸商务部在仰光国际贸易中心设立与各部门协调的服务台。年内，缅甸将建成政府完全控股的贷款保险公司，并在 2021 年投入运营。自 7 月 8 日起，中缅边境木姐口岸建成运行自动货物清关系统，加快双边贸易流程。从 11 月开始，缅甸商务部开发的 Myanmar Tradenet 2.0 系统投入使用，进出口商可在此系统上完成进出口许可申请和费用支付等相关业务，促进缅甸贸易向国际化方向发展。

4. 筹措资金应对疫情冲击和促进地区发展。2020 年 3 月 18 日，缅甸政府启动 1000 亿缅币（约合 7000 万美元）的新冠肺炎疫情应对基金，优先帮扶受新冠肺炎疫情影响较大的制造业、旅游业和中小企业，为其提供期限为 1 年、利率仅为 1% 的贷款。5 月 21 日，缅甸计划、财政和工业部向缅甸中央银行贷款 13116.4 亿缅币以弥补 2019—2020 财年政府赤字。5 月 18 日，亚洲开发银行根据《关于缅甸合作发展战略（2017—2021）》，在 2020—2022 年将提供 18 亿美元优惠贷款和援助款以推进缅甸基础设施、教育、卫生和城乡方面的发展。农业发展银行在疫情时期增加救助贷款，每英亩稻田在 10 万 ~ 15 万缅币的基础上增加 5 万缅币，年利率为 5%，共计划为 1200 万英亩农田安排 6000 亿缅币贷款。此外，缅甸免除疫情期间出口贸易 2% 的预付税，允许延期缴纳贸易税及营业税。截至 2020 年 7 月，缅甸共获得 12.5 亿美元的资金支持，分别来自国际货币基金组织（7 亿美元）、日本（2.7 亿美元）、世界银行（2.5 亿美元）和亚洲开发银行（3000 万美元）。

（三）对外经济

受新冠肺炎疫情影响，缅甸国内经济下行压力增大。缅甸投资委员会加快对投资项目的审批，力争为缅甸各领域引入更多的外资。此外，为保障市场稳定发展，缅甸政府还拓宽出口市场，增加农产品销售渠道和出口贸易额。

1. 外国投资增加。2019—2020 财年，缅甸投资委员会批准 245 个外资项目，包含对原投资项目和经济特区项目追加投资额，外资额引入 56.8 亿美元。与 2018—2019 财年相比，增加 11.6 亿美元。在吸引外资领域中，电力领域排名第一，占比 30.26%；其次是工业领域，占比 20.42%；房地产领域占比 20.19%。在缅甸投资最多的国家和地区分别是新加坡、中国和泰国，三国对缅甸投资额分别约为 240 亿美元、215 亿美元和 114 亿美元。缅甸计划在 2020—2021 财年吸引外资 58 亿美元。

2. 进出口贸易额增长。据缅甸商务部数据，2019—2020 财年，缅甸进出口贸易总额约为 367 亿美元，比上年增长 4.4%。其中，出口贸易额约 177 亿美元，进口贸易额约 190 亿美元，贸易逆差 13 亿美元。与 2018—2019 财年相比，出口贸易额增加约 6 亿美元，进口贸易额增加约9.5亿美元。2019—2020财年，缅甸18个边境贸易口岸的贸易总额约为106亿美元。其中，中缅边境的木姐口岸贸易额排名第一（约为49亿美元），其次是缅泰边境的提基口岸（约为21亿美元）和妙瓦底口岸（约为12亿美元）。中缅边境木姐、雷基、清水河和甘拜地口岸的贸易总额58.3亿美元，比上年同期减少0.7亿美元。2019—2020财年，中国仍是缅甸最大的贸易伙伴，中缅贸易额（约为121亿美元）约占缅甸贸易总额的33%，泰国占比14%，新加坡占比10%，日本占比5%，印度占比4%。

（四）产业经济形势

1. 农业。在缅甸国内生产总值中，农业占比约为22.5%。因国内消费、出口贸易和农业技术的不断提高，2019—2020财年，农业领域占比预计提高2.5%。由于缅甸政府积极为农产品开拓出口新市场和国际上增加储备粮的购买，本财年缅甸农产品出口额大幅增长，增加至35亿美元，与2018—2019财年相比增加4.985亿美元。本财年缅甸全国稻谷产量为2600万吨，除充分满足缅甸全年1500万吨的消费量外，还出口价值7.94亿美元的大米和碎米，比上年增加2.24亿美元，出口量超过258万吨，完成大米出口量240万吨的目标。橡胶在本财年出口量超过21.34万吨，比上年增加1.3万吨，创汇2.644亿美元。

2. 电力能源。缅甸继续实行全国通电计划，重视新能源发电技术，计划将2021年的可再生能源发电比例提升至14%，从而提高全国整体通电率。2019—2020财年，缅甸发电量236.63亿千瓦时，其中天然气发电量116.18亿千瓦时，水力发电量93.66亿千瓦时。受新冠肺炎疫情影响，国际原油价格下浮，本财年头6个月油气税收仅为1970亿缅币，距既定税收目标还差370亿缅币。缅甸中央统计局数据显示，2020年头6个月，缅甸出口天然气62616.65立方米，创汇17.31亿美元。

3. 旅游业。疫情对酒店和旅游领域产生巨大冲击，10月7日，缅甸《新光报》发布本财年外国公民入境缅甸的数据显示，赴缅甸旅游人数520665人次，商务人数152391人次，共计673056人次，与2018—2019财年相比共减少548369人次，下降44.9%。2019年，缅甸旅游业发展势头良好，缅甸国际航班收入达9亿美元；2020年受疫情影响，收入减少至1.73亿美元。

4. 制造业。疫情暴发后，缅甸制造业遭遇重创，结束2019年迅速发展的趋势。缅甸制造商从3月起接到的订单数量急剧下降，新开工数量和就业人数也因疫情急剧减少。受疫情影响，中国暂停向缅甸服装厂提供原料，缅甸服装厂面临裁员、减薪和停产等困难。2020年5月19日，欧盟国家开始沟通新的服装订单。欧盟市场在缅甸服装来料加工领域占比65%，欧盟订单在本财年头6个月出口额23亿美元，比上年同期增加2亿多美元。

5. 金融业。自2020年3月20日起，缅甸证券交易委员会批准外国公民投资缅甸的股票市场。4月9日，缅甸中央银行宣布批准包括中国银行（香港）有限公司等在内的7家外资银行初步营运筹备，获得缅甸营业许可的外资银行已有20家。疫情推动银行在线金融服务发展。牛津商业集团（OBG）调查结果显示，2020年缅甸数字支付业务和网络金融用户数量都有大幅度增长，比上年分别增长7.1%和20%。5月21日，缅甸政府向亚洲开发银行申请6000万美元贷款用于建立贷款信用保险公司以促进中小企业发展。5月18日，中国蚂蚁科技集团股份有限公司向缅甸移动金融服务公司Wave Money投资7350万美元，成为Wave Money的非控股股东，共同打造“缅甸版支付宝”。

三、外交

2020年是中缅建交70周年，中国国家主席习近平新年首访缅甸，为中缅关系发展注入新活力。各国认可缅甸2020年大选结果，并祝贺民盟蝉联执政。受疫情影响，缅甸积极通过线上方式参与外交活动，巩固与传统外交伙伴的关系，世界各国也积极为缅甸抗击新冠肺炎疫情提供帮助。由于疫情期间若开邦冲突加剧，引发国际社会对人权的关注，持续向缅甸施压。

（一）与中国的关系

1. 高层交往密切。2020年1月17—18日，中国国家主席习近平访问缅甸。习近平与缅甸国务资政昂山素季、总统温敏和国防军总司令敏昂莱等缅甸主要政要举行会谈，并出席12场活动和33项合作文件的签署仪式，中缅双方还发表联合声明。5月20日，中国国家主席习近平致电缅甸总统温敏时表示，希望两国积极协作，在保证疫情防控要求下，进一步推进双边合作项目。5月28日，中国驻缅甸大使陈海与缅甸国际合作部部长觉丁通电话，觉丁表示缅甸支持中国香港特别行政区维护国家安全立法。6月8日，在中缅两国建交70周年之际，中国国家主席习近平和中国国务院总理李克强分别与缅甸总统温敏和缅甸国务资政昂山素季相互致电。8月24日，中国国务院总理李克强主持澜沧江—湄公河合作第3次领导人视频会议，缅甸总统温敏出席，并与相关国家领导人就未来合作发展交换意见。9月1日，中共中央政治局委员、中央外事工作委员会办公室主任杨洁篪访问缅甸，分别会见缅甸总统温敏、国务资政昂山素季和国防军总司令敏昂莱。杨洁篪表示，中缅两国应进一步推动两国领导人的合作共识，并愿与缅甸分享新冠肺炎疫苗。9月23日，中共中央政治局委员、中宣部部长黄坤明与缅甸宣传部部长培敏举行线上会谈，双方就加强文化宣传领域合作、夯实双边关系政治基础和民意基础等议题进行交流。11月16日，习近平致信缅甸民盟主席昂山素季，祝贺民盟在 2020 年缅甸大选中连获执政。11 月 26 日，缅甸人民院议长迪昆妙在中国共产党—东南亚政党对话会上发表视频致辞。

2. 深化各专业领域合作。政府援助方面。2020 年 3 月 23 日，缅甸签署 2020 年澜沧江—湄公河合作专项基金缅甸项目合作协议。中国将资助缅甸实施基础设施建设、农业、社区建设、文化交流和投资研讨等项目。6 月 20 日，中国援建的缅甸滚弄大桥项目开工，项目建成后将改善缅甸掸邦与中国云南边境区域的交通条件。7 月 30 日，中缅双方签署中国援助缅甸体育器材项目协议。8 月 5 日，两国代表在缅甸内比都举行中国政府援助克钦邦难民安置项目签字仪式。

经贸合作方面。2020 年 6 月 12 日，缅中两国建立"快捷通道"，实现必要人员往来以推进复工复产。7 月 22 日，中国云南省德宏州与缅甸商务部举行促进边境贸易畅通专题视频论坛。11 月 5 日，缅甸商务部部长丹敏出席第 3 届中国国际进口博览会暨虹桥国际经济论坛线上开幕式。11 月 27 日，缅甸总统温敏在第 17 届中国—东盟博览会、中国—东盟商务与投资峰会开幕式上发表视频讲话。11 月 20 日，中缅举行皎漂深水港项目特许协议签约仪式。12 月 11 日，中国（浙江）—缅甸投资合作线上对接会举行。12 月 14 日，第 19 届中国—缅甸边境经济贸易交易会在线上开幕。

民间交往方面。2020 年 1 月 15 日，在缅甸仰光举行缅语版纪录片《我们走在大路上》开播仪式。1 月 15 日，中缅"一带一路"合作媒体圆桌会在仰光举行，两国媒体代表交流在推进中缅关系和"一带一路"合作中，媒体应当发挥的作用。1 月 17 日，在内比都举办中缅联合摄制纪录片《睦邻·缅甸》缅语版播出仪式。7 月 30 日，由中国石油天然气集团有限公司捐建的曼德勒省羌妙达悉第 25 中学教学楼投入使用。12 月 3 日，中国银行（香港）有限公司与中国扶贫基金会举行向缅甸仰光大学提供奖助学金捐赠仪式。

科技教育交流方面。2020 年 2 月 13 日，中国"向阳红 06"科考船抵达仰光，与缅方共同举行中缅联合海洋科学考察启动仪式。8 月 26 日，中国驻缅甸大使馆和缅甸教育部启动首批中缅政府间联合发展科学技术研究合作项目。12 月 21 日，"中缅青年创新创业云论坛"在中国云南省青年联合会和缅甸仰光省教育局的共同努力下举行。

3. 守望相助抗击疫情，共同展现胞波情谊。2020 年 2 月 3 日，缅甸总统温敏就中国暴发新冠肺炎疫情向中国国家主席习近平致慰问电。2 月 4 日，缅甸驻华大使苗丹佩发布祝福视频支持中国抗击疫情。2 月 25 日，缅甸空军向中国运送医疗援助物资。3 月 1 日，缅甸向中国湖北武汉市捐赠 200 吨大米。同时，中国各级政府、中资企业、中国民间组织和各界人士向缅甸社会各界捐赠和提供大量防疫物资，助力缅甸抗击疫情。4 月 8 日，中国抗疫医疗专家组一行 12 人携带医疗物资援助缅甸。4 月 24 日，中国军队抗疫专家组一行 6 人携抗疫物资援助缅甸军队。10 月 22 日，中缅两国卫生相关部门联合举办新冠肺炎疫情专家线上交流会。12 月 31 日，缅甸驻中国大使馆表示 2021 年年初缅甸将获得中国研发的新冠肺炎疫苗。

4. 中国坚定维护在缅甸合法利益。2020 年 7 月 18 日，中方批驳美国驻缅甸大使馆临时代办对中国恶意抹黑、企图破坏中缅合作和两国友好关系的错误言论。中国驻缅甸大使馆发言人从美国的对华战略、对缅甸制裁、无视国际行为准则、援助缅甸承诺口惠而实不至和挑拨中缅两国正常合作等方面予以批驳。中国支持缅甸依法处理"亚太新城"项目。8 月 25 日，中国驻缅甸大使馆表示，缅甸克伦邦妙瓦底水沟谷"亚太新城"项目与"一带一路"倡议无关，系他国企业投资。中国一贯坚持打击跨境赌博活动，主动与缅甸加强相关执法安全协作，中国支持缅甸依法处理该项目。

（二）与美欧及日本等国家的关系

与美国的关系。2020 年 1 月 31 日，美国将缅甸列入旅行禁令名单。2 月 21 日，缅甸卫生和体育部与美国疾控中心在缅甸内比都讨论防控新冠肺炎疫情事宜。3 月 6 日，美国国际开发署向缅甸捐赠新冠肺炎疫情医疗防护用品。3 月 1—13 日，美国在联合国禁止化学武器组织（OPCW）第 93 届执行理事会上指责缅甸拥有化学武器，违反《化学武器公约》。4 月 1 日，美国等 17 个西方国家驻缅甸大使联合发布公告，敦促缅甸停止在若开邦的战争，恢复断网地区的网络及接受国际社会对难民的援助项目和防疫援助。4 月 28 日，美国宣布支援缅甸 730 万美元。5 月 6 日，美国追加对缅甸 200 万美元的资助。6 月 17 日，美国再向缅甸提供 400 万美元。7 月 27 日，缅甸工商联合会主席

12 月 14 日，第 19 届中国—缅甸边境经济贸易交易会在线上开幕（中新网）

佐敏温与美国—东盟商务理事会代表举行线上会议，讨论缅甸经济以及缅美合作问题。10月27日，缅甸国务资政昂山素季会见美国国际开发金融公司（DFC）首席执行官亚当·博勒，双方就电力、小型工业和农业等各领域合作进行交流。10月28日，美国政治事务副国务卿戴维·黑尔与缅甸国务资政昂山素季通电话，重申美国支持缅甸的民主改革和人道主义救援工作。12月18日，缅甸国际合作部部长觉丁与美国副国务卿斯蒂芬·拜根举行电话会谈，斯蒂芬承诺继续支持缅甸的民主转型，双方就促进若开邦发展方面的合作及罗兴亚人安全返回等议题进行交流。

与欧盟的关系。2020年4月12日，欧盟向缅甸因疫情而濒临失业的制衣工人每人捐助8万～12.5万缅币的生活补助。5月5日，欧盟委员会将缅甸列入洗钱黑名单。5月10日，由欧盟和瑞士提供基金资助、联合国安排的人道主义援助航班搭载物资抵达仰光机场。10月14日，缅甸与欧盟举行第6次人权事务线上会议，双方讨论缅甸的人权事务和面临的困难，分享疫情防控经验，并一致同意在2021年会谈前不会撤销对缅甸贸易普惠制待遇。欧盟承诺持续为缅甸社会经济发展、国内和平与民族和解进程及2020年大选和民主转型等方面提供帮助。

与日本的关系。2020年4月4日，日本与缅甸就仰曼铁路和迪拉瓦项目签署4.45亿美元的贷款协议。4月22日，日本国际协力机构向缅甸提供医疗抗疫物资。5月31日，日本国际协力机构向缅甸中小企业提供50亿日元贷款。7月9日，缅甸国际合作部部长觉丁参加第13届湄公河—日本外交部部长视频会议，会议共享防治疫情信息、加强流行病学研究和建立卫生保健体系达成共识。8月24日，日本外务大臣茂木敏充访问缅甸，缅甸国务资政兼外交部部长昂山素季与其就促进缅日关系与合作、日本对缅甸抗疫援助等进行交流。11月10日，缅甸国务资政昂山素季与日本缅甸民族和解事务特使笹川阳平讨论缅甸大选及和平进程相关事宜。11月28日，在若开邦考察的日本特使笹川阳平表示，若开邦举行补选非常重要。12月2日，缅甸联邦选举委员会主席与日本特使笹川阳平就无法举行选举的选区进行讨论。

与其他西方国家的关系。2020年5月3日，德国表示将停止资助缅甸发展的工作，其他重要的协助则会通过欧盟来进行。5月14日，部分欧盟成员国及英国在联合国安理会上谴责缅甸若开邦的暴力冲突，呼吁缅甸立即停火。5月24日，英国国际发展基金捐款3600万美元帮助缅甸防控疫情。6月3日，丹麦驻缅甸大使馆向克钦邦红十字会捐赠价值330万缅币的防疫物资。7月7日，英国宣布就罗兴亚事件对缅甸国防军总司令敏昂莱实施制裁。12月4日，英国主办《联合国气候变化框架公约》第26届会议，缅甸参加其下设的亚洲清洁能源部长级圆桌在线会议。12月11日，缅甸国际合作部部长觉丁与英国驻缅甸大使就和平进程、若开邦问题以及加强两国关系进行线上交流。12月14日，法国驻缅甸大使转达法国总统对昂山素季的祝贺并表示将继续支持下一届缅甸政府。

（三）与东盟及其成员国的关系

2020年4月14日，缅甸参加东盟与中日韩10+3抗击新冠肺炎疫情领导人特别视频会议，与会各方就合作抗击疫情、维护地区经济发展深入交换意见，会议达成重要共识并通过联合声明。4月23日，缅甸国际合作部部长觉丁参加东盟—美国外交部部长新冠肺炎疫情特别视频会议，会议旨在加强东盟—美国在防治新冠肺炎疫情方面的合作。5月30日，缅甸与新加坡签署为缅甸项目库中重点基础设施项目寻找合适投资者的协议。8月24日，缅甸电力和能源部常务秘书丹佐参加第38届东盟高级官员能源会议及相关视频会议，会议讨论强化能源领域的合作事宜。11月12—20日，缅甸各部门高级官员在线出席第37届东盟峰会和第38届东盟能源部长会议等区域合作机制框架内会议。

（四）与印度及其他南亚国家的关系

2020年2月26～29日，缅甸总统温敏对印度进行国事访问，与印度签署5份谅解备忘录、4份项目协议及1份其他协议，并发表联合声明。4月30日，印度总理莫迪与昂山素季进行电话会谈，呼吁共同克服新冠肺炎疫情带来的不利影响。10月15日，印度海军“新都维尔”号基洛级潜艇交付缅甸，双方还举行联合演习，这也是缅甸海军的首艘现役潜艇。11月25日，缅甸与孟加拉国边防部队在缅甸若开邦孟都镇就联合打击恐怖组织举行会谈。12月24日，缅甸政府宣布向印度采购1500万剂新冠肺炎疫苗。

缅孟边境安全问题持续不断。2020年1月2日，孟加拉国边防卫队官员表示将在靠近缅甸的圣马丁岛上部署14套反坦克导弹系统并在附近海域增加巡逻艇。1月5日，缅孟第7次边境会议举行，会议讨论非法入境、毒品走私、恐怖主义和边境犯罪等事宜。9月13日，孟加拉国外交部抗议缅军在两国海上边界附近有明显军事行动并就此向联合国致信。9月25日，孟加拉国军队向边境地区增兵，对此，缅甸军方发言人佐敏吞少将表示，缅甸武装部队将在不影响双边军事关系的情况下维护边境安全。

（五）与联合国及其他国际组织的关系

2020年1月23日，联合国国际法院颁布临时措施，要求缅甸政府停止“种族清洗”行为。联合国秘书长古特雷斯发表声明支持国际法院针对缅甸颁布的临时措施。3月25日，缅甸投资与对外经济关系部部长当吞分别与世界银行和亚洲开发银行驻缅甸负责人就应对新冠肺炎疫情影响的合作举行会谈。3月30日，联合国为支持缅甸新冠肺炎疫情的检测工作捐赠5万份检测试纸。5月11日，国际发展组织向缅甸提供约20亿美元的资金以实施新冠肺炎疫情经济救济计划。11月18日，联合国大会通过关于罗兴亚人人权问题的决议草案，缅甸强烈谴责该草案，认为其具有歧视性，对缅甸主权造成侵犯，存在双重标准。11月30日，世界银行国际开发基金向缅甸提供6000万美元贷款用于购买新冠肺炎疫苗。12月12日，缅甸国务资政昂山素季在气候雄心峰会上发表视频讲话，承诺为应对气候变化做出“缅甸贡献”。

（代珊瑞　李阳行　祝湘辉）

菲律宾：2020年经济社会发展回顾

2020年，回应新冠肺炎疫情对国家治理、经济发展和对外交往提出的挑战成为菲律宾杜特尔特政府的重点工作。国家治理层面，菲律宾政府在短时间内建立起有效的疫情防控机制，但自5月中旬为维持社会经济正常运转逐渐下调防控级别，导致疫情在7—9月暴发。对贪污和内部安全问题的治理稳步推进。经济受全球疫情和隔离政策冲击，国内生产总值及失业率等多项宏观指标恶化，旅游业及海外劳务输出受到严重影响；政府推出多项纾困法案，使赤字和债务规模持续扩大；“大建特建”项目在诸多不利因素下持续推进，被视为经济复苏主要动力；杜特尔特政府在水利和通信等基础行业对垄断企业及寡头家族展开打击，取得初步成效。对外交往层面，西方社会继续围绕人权等问题对杜特尔特进行抨击；《菲美军队访问协议》一度面临被废除的可能，但菲美两国关系随后因抗疫和军事援助回暖。菲中两国关系继续深化，在抗疫、南海问题管控和国际事务合作等方面成果斐然，但涉华议题仍面临菲律宾国内少数政客的批评，构成菲中两国关系中的不确定因素。

一、国家治理

（一）应对新冠肺炎疫情

新冠肺炎疫情出现后，菲律宾政府快速建立应对机制，构建完善的防疫体系和规划，试图平衡疫情防控与经济增长。整体防疫措施先紧后松，疫情发展先慢后快，在7—9月进入高峰期，一度成为东南亚累计确诊人数最多的国家。截至2020年12月31日，菲律宾累计确诊病例达474064例，居东南亚国家第2位。

菲律宾防疫体系由新发传染病管理机构间特别工作组（以下简称“特别工作组”）领导，下辖国家工作队、国家突发事件指挥中心及联合抗疫工作队分别负责指挥、执行和保障工作。特别工作组于2014年由菲律宾总统阿基诺三世组建，由总统任总负责人，卫生部部长任主席，包含各有关政府部门，负责制定防疫策略。新冠肺炎疫情暴发后，菲律宾总统杜特尔特于2020年1月28日举行特别工作组第1次会议，并随疫情深入于3月24日建立国家工作队，由国防部部长洛伦扎纳任主席，内政部部长阿尼奥和总统和平进程顾问加尔维兹任联席主席，分别负责监督社区隔离的执行状况和领导国家突发事件指挥中心执行日常工作。此外，特别工作组还组建由国家警察局、军队和海岸警卫队等单位组成的联合抗疫工作队，由国家警察局副局长以利亚撒领导，负责保障隔离政策的执行。

2020年1月末至3月初，菲律宾的疫情防控以防止境外输入为主。这一阶段，菲律宾对境外输入的管控较为成功，截至3月5日，仅出现3例输入型病例。3月初以来，菲律宾防疫工作重点转向控制本地传播。3月6日，卫生部确认出现首例本土传播病例。3月8日，确诊病例继续增多，杜特尔特宣布全国进入公共卫生紧急状态，并再次举行特别工作组会议，对疫情防控进行总体规划。3月17日，政府宣布进入为期6个月的灾难状态。3月25日，《全国互助抗疫法》生效，授予杜特尔特30项特殊权力，同日，特别工作组发布《国家行动计划》。根据《国家行动计划》，2020年年底之前的防疫工作共分为3个阶段：第一阶段为3—6月，主要目标是控制病毒传播，对人员流动和经济活动实施较为严格的限制；第二阶段为7—9月，主要目标是寻求防疫与经济发展的平衡，同时构建检测、追踪、隔离和治疗能力；第三阶段从10月初开始，主要目标是在保持防疫要求的前提下重启经济，允许更多人员流动和经济活动。

（二）政府内部反贪污治理

为解决困扰历届政府的贪污问题，杜特尔特于2017年建立总统反贪污委员会（以下简称“反贪委员会”）。2020年，反贪委员会相继调查并披露菲律宾健康保险公司（以下简称“菲健保”）、移民局及公造部的贪污现象，逮捕并惩治相关涉案官员，对肃清菲律宾政坛腐败起到积极作用。为了进一步加强对贪污问题的治理，杜特尔特命令司法部成立调查组，承诺要在其剩余任期内实施严厉的反贪污措施。

菲健保成立于1995年，是隶属于卫生部的国有企业，负责为菲律宾公民提供医疗保险等业务。2020年8月2日，反贪委员会专员贝尔吉卡指出菲健保存在系统性缺陷，导致贪污现象频发，涉案金额高达150亿比索。8月7日，杜特尔特成立多部门联合调查组，着手调查菲健保贪污案。8月底，杜特尔特指定国家调查局（以下简称“国调局”）前局长吉兰出任菲健保总裁兼首席执行官，接替辞职的莫拉莱斯。9月14日，杜特尔特根据调查组递交的报告批准以违反《反贪污法》为由对包括莫拉莱斯在内的多名菲健保官员进行起诉。

菲律宾移民局深陷“奶糖”贪污丑闻，导致多位移民局官员被停职并起诉。“奶糖”丑闻指菲律宾移民局管理及工作人员收受贿赂帮助游客非法入境，因赃款通常被包在奶糖糖纸里递给受贿人员而得名。2月17日，该案件在参议院听证会上首次曝光，随后杜特尔特下令将相关嫌疑人员调离岗位，由司法部对“奶糖”丑闻展开调查。9月2日，国调局对首批19位移民局工作人员提出指控。国调局的指控促使伊格纳西奥成为污点证人，曝光更多贪污细节。最终，国调局分两次对83人进行停职处理，并起诉86位移民局工作人员。

菲律宾公造部是实施“大建特建”项目的主要部门之一，曾被反贪委员会批评为“最腐败”的政府部门。2020年10月13日，众议院开始审议2021年国家预算后，杜特尔特发言称公造部的项目中存在普遍的贪污现象，希望众议院能够严加审议。作为回应，公造部部长维拉迅速组建反贪调查组，并表示已经将涉嫌贪污的近30个承包商列入黑名单。11月26日，反贪委员会专员贝尔吉卡表示，约有12名议员参与到公造部的贪污案件中，通过指定承包商等方式贪污工程款，委员会已经向杜特尔特递交具体名单，将由总统向检察长转交并提起诉讼。

（三）反恐怖主义与反分裂

菲律宾南部地区受恐怖主义、分离主义以及“新人民军”的威胁，安全局势常年处于不稳定状态。2017年5月，反政府武装穆特对南部城市马拉维发动袭击后，杜特尔特政府在棉兰老岛实施军事管制并两次延期，以此控制南部安全局势。2020年1月1日，军管法正式解除，这标志着菲律宾南部安全局势回归稳定。7月3日，杜特尔特签署《2020年新反恐怖主义法》以代替《人身安全法令》，加强政府打击恐怖主义及分离主义的能力。新法令允许政府将嫌疑人拘留长达24天而无须起诉，并授权反恐委员会对有恐怖主义嫌疑的个人或团体进行逮捕和监视。新法令的实施将为建立稳定与和平的环境打下坚实的基础，对维护菲律宾国家安全和稳定具有重要意义。

尽管如此，菲律宾南部地区的安全局势仍显脆弱，恐怖袭击偶有发生。2020年8月24日，和乐市连续发生两起爆炸案，造成14人死亡、75人受伤，恐怖组织阿布沙耶夫宣布对事件负责。12月4日，“邦萨摩洛伊斯兰自由战士组织”的成员袭击驻扎于马京达瑙省的菲律宾政府军，烧毁巡逻车后撤退。除了恐怖组织，杜特尔特政府与“新人民军”的和谈进程仍不顺利，“新人民军”仍被列为菲律宾安全与发展的最大威胁。3月18日，菲律宾进入全国灾难状态后，杜特尔特政府第一时间宣布与“新人民军”实施为期一个月的停火。然而，“新人民军”多次违反停火协议。作为回应，杜特尔特于4月30日终止停火协议，并称在其任期内不会再与“新人民军”进行和谈。

二、经济发展

（一）宏观经济衰退与支柱产业受到冲击

2020年，菲律宾经济受疫情影响全面衰退，3月开始的严格隔离政策使多项宏观经济指标恶化，但随着政府放宽隔离措施并实施经济刺激政策，经济呈现恢复趋势。同时，全球疫情蔓延对菲律宾旅游业及海外劳务输出造成冲击，两个领域的收入均有所减少。

疫情初期严格的隔离政策对经济造成较大冲击，根据菲律宾国家经济发展署的估算，在大马尼拉地区实施一天“改良版”加强型社区隔离政策的成本约为0.28%的国内生产总值。随着隔离政策的放松，菲律宾经济逐渐恢复。2020年，菲律宾国内生产总值比上年下降9.5%，4个季度分别比上年同期下降0.7%、16.9%、11.4%和8.3%。严格的隔离政策造成失业率激增，约有26%的企业停业，使失业率由2019年12月的4.5%激增至17.6%，最终于10月收窄至8.7%。外贸方面，2020年菲律宾外贸总额比上年下降18.16%，进口总额下降23.3%，出口总额下降10.1%，其中4月的贸易总额比上年同期下降59.5%。股市走势与宏观经济相似，股票指数在3月19日受疫情影响相比年初下跌41%，随后跌幅逐渐收窄，最终于12月29日收盘于7139.71点，相比年初下跌7.79%。

旅游业是菲律宾的支柱产业之一，并提供全国13.5%的就业岗位。2020年，全球旅游业受疫情影响总体下滑约70%。菲律宾作为热门旅游目的地，1～11月收入下滑81.5%，接待外国游客人数从2019年的740万人次减至130万人次。除此之外，全球疫情蔓延对菲律宾海外劳务输出也产生重大影响。海外劳工汇款是菲律宾重要的外汇收入，2019年海外劳工汇款301亿美元，占国民总收入的7.24%。根据政府统计，菲律宾约有240万名登记在册的海外劳工，其中有37.6%在餐饮和酒店等服务行业从业。受疫情冲击严重，全球疫情蔓延迫使各主要雇主国采取边境管控措施，超过23万名海外劳工在2020年上半年被迫归国。根据世界银行的预估，2020年的疫情将导致超过30万名菲律宾海外劳工返乡，汇款额比上年下降5%。

（二）经济刺激政策与政府债务

为应对经济衰退，菲律宾政府通过货币和财政政策刺激经济恢复。货币政策方面，为释放流动性，菲律宾中央银行在2020年5次实施降息，基准利率由4%下降至2%，并在疫情暴发后回购3000亿比索的政府债券。在流动性释放的同时，物价保持平稳，全年通货膨胀率仅为2.6%，处于政府预期目标的2.5%～3.3%之内，与2019年2.5%的通货膨胀率基本持平。财政政策方面，菲律宾政府推出多项纾困法案，为易受疫情影响的个人和群体提供5956亿比索的财政补助(约占2019年国内生产总值的3.1%),包括向1800万个低收入家庭提供紧急现金补助及为小型企业提供1200亿比索的信贷担保等。此外,参议院通过《金融机构战略转让法》及《企业恢复和企业税收激励法》,帮助银行增加向小型企业贷款的资金,并施行更优惠的税收政策,将年收入在500万比索以下企业的所得税率从30%降至20%~25%。

大量的财政支出使菲律宾政府赤字和债务持续扩大。在疫情期间,菲律宾通过亚洲开发银行、世界银行、国际协力机构及亚洲基础设施投资银行等机构共获得133.6亿美元的贷款或援助,使政府2020年赤字升至1.38万亿比索,占国内生产总值的7.5%。赤字上升导致政府债务规模进一步扩大,在10月达到10.16万亿比索,约合2019年国内生产总值的53.9%,相比2019年年底增长29.7%。尽管如此,多家信用评级机构对菲律宾仍然保持乐观。2020年5月,惠誉、标普以及穆迪均对菲律宾的债券信用评级再次进行确认,分别维持在"BBB""BBB+"及"Baa2"等级;日本格付研究所则于6月将菲律宾的评级由"BBB+"调高至"A-"等级。

(三)"大建特建"进度

在疫情的不利影响下,杜特尔特政府仍然致力于推进基础设施建设。疫情首先影响工程建设进度,自3月初开始的社区隔离使得大部分在建工程停工,直至5月中旬,特别工作组才宣布放开对所有"大建特建"旗舰项目的施工限制。同时,部分用于项目建设的预算被挪用为疫情响应资金,其中公造部的预算由5809亿比索减至4589亿比索,交通部的预算由1470亿比索减至1382亿比索。此外,杜特尔特政府还于8月根据新的预算情况对旗舰项目列表进行优化,去除8个尚未进行可行性研究的项目,增加13个有助于菲律宾经济从疫情中恢复的项目,旨在加强网络连接、供水、交通运输及病毒研究所等相关基础设施。在修改后的104个旗舰项目中,有12个属于全国项目,价值1193亿比索;53个位于吕宋岛,价值3.17万亿比索;16个位于比萨杨群岛,价值3389亿比索;23个位于棉兰老岛,价值4989亿比索。

尽管面临疫情带来的诸多不利因素,杜特尔特政府仍然给予"大建特建"项目足够的重视,视其为菲律宾经济复苏的"燃料"。在支柱产业受冲击、失业率持续增高的背景下,政府对基础设施的投资有助于经济复苏和创造就业。根据公造部的估计,"大建特建"计划在2020年创造超过150万个工作岗位。同时,持续推进"大建特建"项目能够更有效地撬动外国贷款和私人资本。修改后的104个旗舰项目预计支出4.13万亿比索,其中,有2.26万亿比索由其他国家的贷款和赠款提供支持,29个总价值为1.69万亿比索的项目采用公共私营合作制,仅有价值为1833亿比索的项目由菲律宾政府独立出资。截至2020年8月19日,104个旗舰项目中的2个已经完工,有44个正在建设中,有34个处于准备阶段,有24个仍待审批。据估计,有半数旗舰项目能够在杜特尔特任期结束前完工,剩余的则需要在下一任总统任上方可建成。

(四)基础行业反垄断与反寡头

菲律宾的寡头家族长期主导国家政治,并对基础经济行业形成垄断。2016年上任伊始,杜特尔特便宣布要与寡头家族进行斗争,打破其垄断地位。2020年,杜特尔特在水务、电信及媒体等行业对阿亚拉、邦伊里南及洛佩兹这3个寡头家族进行打击,取得初步成效。

大马尼拉地区的供水与污水处理由阿亚拉家族的马尼拉水务和邦伊里南家族的梅尼拉德水务两家公司承包。双寡头格局导致马尼拉地区自来水供应价高质低,旱季时常发生大规模停水及涨价。菲律宾政府曾多次制止两家公司涨价,两家公司由此在新加坡亚洲常设仲裁法院提出仲裁请求,要求菲律宾政府赔付共计108亿比索的损失。2019年年末,新加坡亚洲常设仲裁法院裁定马尼拉水务公司赢得仲裁,要求菲律宾政府对其进行赔偿。作为回应,杜特尔特首先指示马尼拉水务管理局取消对两家公司特许经营权的延期许可,随后敦促两家公司与司法部重新草拟并签订新的承包合同,否则将在2022年经营许可证到期后把水务经营权收归国有。

阿亚拉和邦伊里南家族还分别掌控环球电信和菲律宾长途电话,长期垄断菲律宾电信行业,造成菲律宾通信费用高昂,网速常年排名全世界100名之外。在2020年的国情咨文中,杜特尔特要求两家电信公司在2020年12月前改进服务,否则就收回其经营牌照。根据信息和通信技术部12月的报告,两家电信公司的移动和宽带网速相比7月约有10%~15%的提升,相比2016年7月分别提升148%和262%。为打破垄断,杜特尔特还于2019年年中为迪托通讯颁发第三张通信牌照。截至12月1日,该公司已建造1900个信号基站,将于2021年3月如期启动商业运营。

此外,洛佩兹家族掌控的阿尔托广播系统——纪事广播网(以下简称ABS-CBN)也遭遇杜特尔特政府的严厉打击。ABS-CBN是垄断菲律宾电视广播行业的双寡头之一,在2016年选举期间曾经停播杜特尔特、众议长卡亚塔诺等人的竞选广告,导致双方此后冲突不断。2020年年初,多个试图延长ABS-CBN经营权的提案均在众议院受阻。5月5日,信息和通讯技术部发出通知,要求ABS-CBN立刻停止其电视与广播业务。随后两个月,众议院举行12场听证会讨论ABS-CBN经营许可证续期问题,并最终以70:11的票数驳回了ABS-CBN的申请。

三、对外关系

（一）国际主流媒体和非政府组织对杜特尔特的抨击

自2016年上任以来，杜特尔特的施政方针遭到西方社会的广泛批评，西方媒体和非政府组织围绕人权和新闻自由等议题对杜特尔特进行抨击。对此，杜特尔特也进行反击，如在国际刑事法庭准备对其进行反人类罪调查时宣布退出该国际机构。2020年，杜特尔特依然受到西方社会的持续攻击。5月，ABS－CBN的许可证到期停播后，《华盛顿邮报》《卫报》《纽约时报》《海峡时报》及路透社等多家西方媒体对事件进行报道，立场一致地抨击杜特尔特干涉新闻自由。6月4日，联合国人权高级专员办事处发布报告，称菲律宾的“禁毒战争”中存在严重的侵犯人权行为。此外，“人权观察”和“大赦国际”等非政府组织还对菲律宾《2020年新反恐怖主义法》进行抨击，称菲律宾人权状况继续恶化。面对批评，杜特尔特在若干重要场合进行强硬回应。2020年7月27日，杜特尔特在国情咨文中对联合国人权报告作出回应，称保护人民免受非法毒品、恐怖主义、腐败和犯罪的侵害本身就是一项人权。9月22日，杜特尔特在联合国大会致辞中再次提及该报告，并谴责一些利益集团将人权问题“武器化”，以人权斗争为掩护对其政府进行攻击。

（二）与美国的外交关系

杜特尔特就任后致力于实施独立自主的外交政策，与美国的外交关系逐渐降温。2020年，奠定两国军事关系基础的菲美《访问部队协议》一度面临被废除的可能，但疫情暴发后，两国关系随着抗疫援助和军事设备捐赠回暖。

菲美《访问部队协议》签订于1998年，与《菲美共同防御条约》《美菲加强防务合作协议》一同构成两国军事同盟关系的基础。杜特尔特上任后，调整其前任阿基诺三世的“亲美”倾向，实施独立自主的外交政策，曾经多次对《访问部队协议》表达不满。同时，美国国内政客以“侵犯人权”为由不断对杜特尔特进行批评，并在2019年9月由参议院通过法案授权国务卿阻止菲律宾相关官员入境。2020年1月，美国大使馆撤销菲律宾国家警察局前局长、现任参议员德拉罗萨的签证，菲律宾总统发言人洛克将美国这一行为称为美国对菲律宾一系列不敬行为上的“最后一根稻草”，菲律宾政府将着手终止《访问部队协议》。2月11日，菲律宾政府正式通知美国驻菲律宾大使馆，将于180天后终止该协议。菲律宾这一举动引起美国政府和军方的强烈反应，美国助理国务卿库珀表示，废除协议将影响约300项军事合作。

新冠肺炎疫情暴发后，美菲两国关系因抗疫援助及军事设备援助回暖。4月，美国总统特朗普与杜特尔特就新冠肺炎疫情通电话，讨论两国抗疫合作，并随后通过国际开发署、国防部和国务院向菲律宾捐赠价值超过2260万美元的抗疫物资及资金。此后，杜特尔特两次以新冠肺炎疫情及地区安全局势变化为由推迟废除菲美《访问部队协议》。年末，两国军事关系因多笔军事援助回暖。11月22日至12月9日，美国国家安全顾问奥布莱恩、空军部部长巴雷特和代理国防部部长米勒相继访问菲律宾，先后捐赠“扫描鹰”无人机系统、狙击枪及反爆炸装置等。尽管经历协议废除风波，菲美两国的军事关系仍然坚固。新任菲律宾武装部队参谋长加佩也曾表示，虽然菲律宾与中国的外交关系回暖，但菲律宾在武器装备等方面仍然严重依赖美国。

（三）与中国的关系

2020年，菲中两国关系持续发展，在联合抗疫、南海问题管控及国际事务合作等方面成果斐然。10月，中国国务委员兼外交部部长王毅与菲律宾外交部部长洛钦举行会谈，双方就抗疫合作、基建项目对接及南海问题管控交换意见，标志着两国友谊不断升华。同时，菲律宾少数政客持续炒作离岸博彩和基础设施建设项目等涉华议题，这些都成为两国关系中的不确定因素。

2月8日，菲律宾政府在克拉克举行向中国政府提供抗疫物资移交仪式

（中新网）

1. 抗疫合作成果。菲中两国抗疫合作成果丰硕，两国政府及人民互施援手、守望相助。中国国内的疫情暴发后，菲律宾总统杜特尔特第一时间对一些针对中国的错误观点进行驳斥并呼吁民众停止“仇外心理”。达沃市市长萨拉·杜特尔特会见中国驻菲律宾大使黄溪连，表达对中国抗疫工作的支持和关注。2020年2月8日，菲律宾政府捐赠的抗疫物资由菲律宾外交部副部长杜莱在克拉克机场转交，并于当晚由包机运往中国武汉。

此外，陈永栽等菲律宾华商及菲华各界联合会、吕宋菲华商会等各界组织纷纷组织募捐，菲律宾华人积极捐款，为中国抗疫提供帮助。

自3月中旬起，菲律宾疫情逐渐严重，中国政府、企业和人民在物资捐赠、经验分享及疫苗销售方面向菲律宾提供帮助。3月15日和6月12日，中国国家主席习近平和中国国务委员兼外交部部长王毅分别与菲律宾总统杜特尔特和外交部部长洛钦通电话，表达中国向菲律宾抗疫工作提供帮助的愿望。3—10月，中国政府向菲律宾政府无偿援助多批抗疫物资，共计25万份检测试剂、180余万件个人防护装备、130台呼吸机和150台氧疗仪。除了物资捐赠，中国还派出医疗专家组，与菲律宾卫生部和菲律宾热带医学研究所等单位进行交流，分享抗疫经验和临床治疗方法，并面向菲律宾社会各界举办疫情防控和个人防护知识讲座。此外，在杜特尔特表达希望优先获得中国研制的新冠肺炎疫苗后，中国外交部发言人汪文斌回应称中国愿优先考虑菲律宾的需求。

除了政府间合作，中资企业也在抗疫合作中扮演重要角色。菲律宾疫情暴发后，中资企业捐款捐物，包括中国国家电网有限公司和中国银行在内的多家企业捐赠抗疫医疗物资近300万件及各类生活物资折款近千万比索；中国阿里巴巴集团和字节跳动有限公司等企业也向菲律宾各界捐赠物资。此外，中资企业还在做好防护的基础上保障基础业务运营，保住就业岗位，例如，中国国家电网有限公司、中国银行和华为技术有限公司等企业为菲律宾的电力、银行及通信行业的正常运营做出贡献，并坚持为菲律宾籍员工发放基本工资、疫情补贴及生活物资，保障4万名菲律宾籍员工渡过难关。

2. 南海问题管控。南海问题是菲中关系的重要议题，杜特尔特就任菲律宾总统后一直秉持独立自主外交政策，与中国采取双边协商机制，促进南海和平与稳定。2020年，少数国家在南海频频挑起渔业冲突和进行单边油气开发，美国则频繁在南海地区进行军事行动，出动3000架次飞机和60艘次军舰。面对愈发紧张的南海局势，杜特尔特在6月26日举行的东盟领导人会议及11月15日举行的东盟—澳大利亚双年领导人会议上两次发言，呼吁南海各声索国要避免加剧紧张局势，维护南海和平与稳定。8月3日，菲律宾国防部部长洛伦扎纳透露，杜特尔特已下令菲律宾不再参与任何国家在南海的演习。此外，杜特尔特还取消南海争议海域的石油勘探禁令，使包括菲中合作项目在内的3个能源项目得以继续进行。与此同时，菲中两国海上友好合作持续推进。1月14日，中国海警5204号舰访问菲律宾，与菲律宾海岸警卫队开展联合搜救和灭火演习。随后，中国驻菲律宾大使黄溪连也与菲律宾海岸警卫队司令加西亚会面，双方一致同意在跨国犯罪和海上搜救等多个领域深化合作。9月11日，中国国防部部长魏凤和访问菲律宾，拜会杜特尔特和洛伦扎纳，双方就避免误判、管控分歧及维护南海和平稳定进行探讨。

3. 国际事务合作。2020年，菲中两国进一步深化在重大国际事务上的合作。7月上旬，美国特朗普政府以用户信息安全为由，威胁要将短视频应用软件TikTok逐出美国市场，印度、澳大利亚和韩国等多国也相继采取封禁、审查或罚款措施。面对这一事件，菲律宾政府选择支持TikTok，总统发言人称“没有理由在菲律宾禁止TikTok”。8月底，美国商务部以帮助南海岛礁建设为由，宣布将24家中资企业列入“实体清单”，位列清单的中国交通建设集团有限公司和中国港湾工程有限责任公司均参与了菲律宾“大建特建”计划。9月1日，杜特尔特表示菲律宾不会制裁这两家公司，将继续支持其在菲律宾的建设工作。此外，国际法院法官换届选举于11月11日在联合国总部举行，中国籍候选人薛捍勤参选。选举进行前，菲律宾外交部部长洛钦明确指示菲律宾驻联合国代表支持薛捍勤，并在其胜选后通过推特平台对其专业素养进行肯定。中国驻菲律宾大使馆在其推特平台对菲律宾的支持表示感谢。

4. 反对派对涉华议题的批评。尽管菲中两国关系持续向好，但仍有部分菲律宾政客对两国关系中的特定议题进行炒作，攻击中菲关系。有一些中国公民在菲律宾从事离岸博彩行业和跨国电信网络诈骗犯罪活动，对菲律宾社会造成不良影响。尽管中国大使馆发布公告提醒公民切勿前往菲律宾从事网络博彩工作，中国公安部于2020年2月吊销若干嫌疑犯的护照，但离岸博彩行业仍然成为菲律宾反对派政客对杜特尔特政府及中国进行攻击的最佳目标。包括洪蒂佛罗斯、维拉纽瓦和戈登在内的多名菲律宾参议员相继通过参议院发起调查，配合媒体炒作离岸博彩业从业者的行贿、洗钱、逃税、嫖娼及非法入境等违法行为。隶属反对派自由党的菲律宾副总统罗布雷多也声称，大量通过退休签证赴菲律宾工作的中国人“会对菲律宾国家安全造成威胁”。

此外，中国承建和援建的基建项目也成为菲律宾反对派政客攻击的对象。位于马尼拉北部的卡利瓦大坝项目由中国港湾工程有限责任公司承建，是解决马尼拉地区供水困难的重要工程。2020年1月，菲律宾众议员扎拉特称大坝建设合同中存在对菲律宾不利的条款，要求政府重新审查，并称大坝的建设“将使当地居民失去谋生方式”。遭遇类似质疑的还有由华为技术有限公司提供设备的“安全菲律宾”项目、由中国电信集团有限公司参股的迪托通信及中国政府捐赠的王城大桥等项目。

（四）与其他国家的外交关系

2020年，菲律宾与日本两国高层之间继续保持密切交往，安倍晋三的卸任并未影响两国关系平稳发展，双方仍然继续稳步推进安倍晋三于2017年访问菲律宾时签署的《关于未来五年双边合作的联合声明》。2020年1月9日，杜特尔特接见到访的日本外务大臣茂木敏充，表达对日本支持菲律宾发展的感谢。5月，菲日两国外交部长进行电话会谈，双方表达进一步加强双边关系的愿望，茂木敏充还介绍日本对菲律宾的新冠肺炎疫情援助计划，并指出将加快双方在基础设施建设、棉兰老岛和平进程及南海问题等事务上的对话与协调。12月14日，日本新任首相菅义伟与杜特尔特进行电话会谈，确认日本将在疫情防控方面继续与菲律宾紧密合作，坚定支持"大建特建"的推进，并将于2021年1月两国纪念邦交正常化65周年时设立日本驻宿务总领馆，以进一步发展双边战略伙伴关系。此外，负责落实对菲律宾援助的菲日基础设施发展与经济合作联合委员会于2020年10月28日以电话会议形式举行第10次会议，讨论双边合作模式及如何解决菲律宾政府在建设"大建特建"旗舰项目、推进棉兰老和平进程及应对新冠肺炎疫情中遇到的问题。

2020年，菲律宾与马来西亚因沙巴州主权问题再起争执。7月27日，菲律宾外交部长洛钦针对美国大使馆在推特中将沙巴州划归马来西亚的行为进行抨击。作为回应，马来西亚外交部长希沙慕丁批评洛钦的言论"不负责任"。随后，两国互相召见对方大使以进行抗议。关于沙巴的争论还延伸至两国关系的其他领域，洛钦之后的若干条推特中还暗指马来西亚试图使菲律宾的"南海仲裁案脱轨"及马来西亚暗中资助菲律宾南部的分离势力等。洛钦在9月的预算听证会上还表示，菲律宾外交部将重启"北婆罗洲署"，并积极争取对沙巴州的主权。

（马宇晨　吴杰伟）

新加坡：2020年经济社会发展回顾

2020年，在全球抗击新冠肺炎疫情的背景下，新加坡顺利完成新一轮国会选举，人民行动党再次组阁执政；经济深受疫情冲击，多个指标创历史新低，多措并举力促经济恢复发展；积极开展线上外交活动，形成线上线下有机结合的外交新局面；就业人数大幅减少，成立国家就业理事会以稳定就业；着力文化保护与传承，颁发首届非物质文化遗产传承人奖。

一、顺利完成新一轮国会选举，人民行动党再次组阁执政

（一）顺利完成新一轮国会选举

新加坡国会实行一院制，任期5年。2020年为新加坡的"大选年"，受新冠肺炎疫情影响，何时举行大选成为焦点。2020年年初，疫情在新加坡暴发，4月一度因外籍劳工宿舍发生聚集性感染而病例陡增，这使得新加坡政府采取阻断措施。在此背景下，新加坡政府实施一系列经济救助计划，一方面帮助企业纾困，另一方面向新加坡公民个人发放补助和消费补贴，并重点关注贫困低收入家庭和社会弱势群体。在抗疫政策发挥效应及疫情使得反对党不能举行大规模竞选活动的双重优势下，执政党人民行动党宣布举行新一轮大选。

2020年6月23日，新加坡总统哈莉玛宣布解散国会，正式启动大选，其中6月30日为选举提名日、7月10日为投票日。7月11日，新加坡第13届国会选举结果揭晓，人民行动党以61.24%的总得票率蝉联执政。但这也是该政党自新加坡独立以来最低的全国得票率之一，低于2015年选举时的69.86%，也只比2011年大选时的60.14%略高。具体而言，人民行动党赢得国会93个议席中的83席，工人党获得10席。

7月27日，新加坡新内阁宣誓就职。新加坡总理李显龙（左）在新加坡总统哈莉玛·雅各布（中）和大法官梅达顺的见证下，率领部分阁员在新加坡总统府宣誓就职　（百度网）

（二）人民行动党再次组阁执政

2020年7月25日，新加坡总理李显龙宣布新一届内阁名单，他本人继续担任总理，王瑞杰任副总理兼经济政策统筹部部长和财政部部长。此次内阁调整较大，除了陈振声、张志贤、尚达曼、颜金勇和杨莉明5人的岗位没有调整，其他主要部门的部长均作了相应调整。7月27日，新加坡新内阁宣誓就职。8月24日，新加坡第14届国会举行首次会议，陈川仁继续出任议长。本届国会有议员95人（人民行动党83人、工人党10人），其中民选议员93人，非选区议员2人。

虽然民主党、革新党、新加坡前进党、新加坡国人为先党、人民之声及新加坡人民党等都发文指出政府不应该在疫情期间举行大选,但至此,新加坡顺利地完成了新一轮选举和政权交接。自新加坡独立以来,人民行动党长期执政并在此次选举中再一次赢得压倒性胜利。此次选举结果表明,新加坡公民希望国会实现多元化组成的愿望日趋强烈。年内,新加坡国内的政党形势也出现一些新变化,如新加坡国人为先党、人民力量党、革新党和民主进步党曾在2020年年初欲组成联盟参加本届选举,但于2020年4月放弃联盟计划,后希望加入新加坡民主联盟;6月,新加坡"小红点同心党"成立,并积极与反对党联系。因此,未来新加坡人民行动党执政也将面临更多的挑战。

二、经济深受疫情冲击,多措并举促进经济恢复发展

新冠肺炎疫情的暴发及蔓延使新加坡经济深受打击。2020年,新加坡经济增速创历史新低,其中对外贸易、旅游和零售等领域受疫情影响显著,下降幅度较大;制造业的强劲发展成为新加坡经济的重要支撑。

(一)经济发展受疫情影响严重,多个指标创历史新低

1. 经济增速创历史新低,但制造业发展势头强劲。2020年,按照当前市场价格,新加坡国内生产总值(GDP)为4691亿美元,比上年下降5.4%,为独立以来最低增速。

从具体领域看,制造业的快速恢复是新加坡经济发展的重要支撑。2020年,新加坡制造业产值比上年增长7.3%,为近3年来的最高增速(详见下表)。其中,2020年12月,新加坡制造业产值比上年同期增长14.3%,连续2个月取得双位数增长。生物医药制造产业、电子和精密工程产业的稳定发展支撑制造业的快速增长。2020年,新加坡生物医药制造业、电子制造业和精密工程业产值比上年分别增长23.7%、11.9%和10.6%。

与制造业的快速增长相反,服务业和建筑业产值均呈下降态势。2020年,新加坡服务业产值比上年下降6.9%,其中只有金融保险业和信息通信业产值保持正增长,分别增长5%和2.1%,但均低于2019年7.8%和12%的增速。建筑业产值降幅更大,2020年比上年下降36%。

2018~2020年新加坡主要产业产值增速统计表

指标 \ 年份	2018年比2017年增减(%)	2019年比2018年增减(%)	2020年比2019年增减(%)
制造业产值	7	-1.5	7.3
服务业产值	2.9	1.1	-6.9
建筑业产值	-3.7	2.5	-36

数据来源:新加坡经济发展局

2. 对外贸易大幅下滑,服务贸易降幅大于货物贸易。货物贸易方面。2020年,新加坡货物对外贸易总额9691.1亿美元,比上年下降5.2%。其中,货物出口下降3.2%,进口下降7.4%。由于油价下跌,石油贸易额下降31%,非石油贸易则小幅增长0.7%。5月贸易额仅为679.4亿美元,为年度最低值;12月贸易额最高,达864亿美元。与2019年各月度相比较,2020年除了2月和3月保持增长,其他月份均为负增长,其中5月降幅最大,达23.9%。2020年,新加坡的主要出口市场为美国、韩国、日本、中国台湾、欧盟、泰国、马来西亚、中国、中国香港和印度尼西亚,贸易额分别比上年增长38.3%、27.2%、26.1%、15.5%、8.8%、6.8%、-0.7%、-8%、-15.1%和-16.4%。服务贸易方面。根据新加坡贸易与工业部公布的数据,2020年新加坡服务贸易总额由2019年的5800亿美元减至4970亿美元,降幅为14.3%。其中,服务贸易出口额和进口额分别下降12.7%和16.1%。

3. 旅游业发展基本停滞,入境游客数量创新低。受疫情影响,2020年新加坡旅游业发展基本停滞,全年接待入境游客274万人次,比上年减少85.7%,入境游客数量创历史新低。入境游客主要集中在疫情暴发初期的2020年第一季度,达266.12万人次,占全年入境游客数量的97.12%,其中2020年1月为168.81万人次,占全年入境游客数量的61.61%。在新加坡疫情集中暴发及政府采取禁止入境措施后,旅游业发展基本停滞。在入境游客大幅度减少的同时,新加坡的旅游收入也大幅下降。根据新加坡旅游局公布的数据,2020年头三季度,新加坡旅游收入44亿新元,比上年同期下降78.4%。其中第一季度旅游收入40亿新元,占头三季度总收入的90.91%;酒店住宿收入是旅游收入的重要组成部分,平均房价由第一季度的215新元减至第三季度的145新元。

4. 零售额持续下跌,为历史最差表现。根据新加坡统计局发布的数据,2020年新加坡零售额比上年下降15.3%,是自1985年有记录以来的最低年度增速,其跌幅是2009年金融危机和1998年亚洲金融危机的两倍。其中,2020年12月,零售额比上年同期下降3.6%,连续23个月下跌。主要原因是受新加坡为防疫实施的阻断措施、入境游客数量减少及更多人居家时间增加等因素影响,非必需品的消费大幅减少。如食品和酒精的销售额减少39%;化妆品、洗漱用品和医疗用品的销售额减少30%;百货商品的销售额减少26%。因居家办公趋势日益显著,计算机与电信设备及家具与家庭用品的销售额分别增长20.8%和25.3%。

(二)多措并举,保障经济稳定发展

1. 多次追加预算保障经济发展。2020年2月以来,新加坡政府相继出台实施4个财政预算案以支撑经济发展,缓解疫情的影响。4个预算案金额929亿

新元,约占国内生产总值的20%。2020年,新加坡整体财政赤字进一步扩大至743亿新元,占国内生产总值的15.4%。4个财政预算案分别以团结、韧性、同舟共济和坚毅向前为主题,旨在保障企业正常运营和国民就业及稳定经济发展,如重点支持受疫情影响较大的航空业和旅游业等产业发展、给予企业薪金补贴等。

2. 积极实施自由贸易中心战略。新加坡致力于将本国打造成全球自由贸易中心,积极签署多双边自由贸易协定,抢占自由贸易制高点。新加坡签署并已经生效的自由贸易协定25个。

2020年,新加坡继续实施自由贸易战略。在多个国际场合呼吁维持开放的多边贸易体制。如2020年9月,新加坡外交部部长维文在联合国大会发表国家声明时指出:维持一个开放、以规则为基础的多边合作与贸易机制是非常关键的,坚持保护主义和单边行动“最终只会适得其反”。

3. 签署多个自由贸易协定。一是签署《区域全面经济伙伴关系协定》(RCEP)。2020年11月15日,新加坡签署RCEP。新加坡总理李显龙表示:“RCEP以东盟为主轴,集合一些秉承多元化主义的国家,促成全球最大规模的自贸区。标志我们维持开放和互联互通供应链,以及促进更自由且更密切的相互依存关系的集体承诺,尤其是在一些国家面对新冠肺炎疫情之际向内转,并受到保护主义压力时具有特殊意义。它让所有参与国在彼此的成果和繁荣中有更大的相关利益,同时有助于强化区域和平及安全。”RCEP的签署将对新加坡在服务贸易和港口服务领域产生积极影响,该协议生效后将有利于促进其出口贸易的恢复发展。二是与英国签署自由贸易协定。2020年12月10日,新加坡与英国签署自由贸易协定。根据该协议,新加坡84%出口到英国的商品实现零关税,剩余16%的商品于2024年11月实现零关税,免关税优惠将涵盖其余商品。这将进一步促进新加坡与英国的贸易合作,加快新加坡经济的恢复发展。此外,2020年8月,新加坡还参加《跨太平洋伙伴全面进展协定》(TPP)委员会第三次会议;12月,新加坡启动与中国双边自由贸易协定升级的后续谈判。

4. 全面促进旅游业恢复发展。一是发放旅游消费券推动国内旅游复苏。2020年8月17日,新加坡实施名为“重新探索新加坡”的消费券计划,新加坡政府拨出3.2亿新元作为新加坡公民可使用的旅游消费券以在疫情期间推动国内旅游。新加坡公民可利用“旅游抵用金”支付在国内旅游的消费。二是积极探索恢复入境旅游。随着疫情防控取得显著成效,新加坡逐步放开入境限制,着力促进入境旅游业的恢复和发展。如2020年11月6日起,新加坡单方面解除对中国和澳大利亚维多利亚州的入境限制,中国旅客可到新加坡正常旅游,核酸检测呈阴性的游客抵境后无须隔离,但须遵守防疫措施。2020年6月,中国与新加坡启动“快捷通道”安排,有限度地恢复必要的公务和商务旅游,允许两国人民往返新加坡及中国上海、天津、重庆、江苏、浙江和广东等6个省市。此外,新加坡还单方面放宽对越南、文莱和新西兰等国的入境旅游限制。

三、线上线下有机结合,积极开展全方位外交

新加坡一直以来都奉行务实的外交政策,主要特征是立足东盟,积极加强与东盟及其成员国的对话与合作;奉行“大国平衡”战略,积极开展全方位外交。2020年,在坚持务实外交政策的同时,受新冠肺炎疫情影响,新加坡也积极开展线上外交活动,形成线上线下有机结合的外交新局面。

(一)立足东盟,全面加强与东盟及其成员国的对话与合作

1. 全面加强与东盟及其成员国的抗疫合作。积极加强与东盟的抗疫合作。2020年,新加坡积极参与东盟举行的关于合作抗疫的相关会议,全面加强与东盟的抗疫合作。4月14日,新加坡总理李显龙以视频形式参加东盟抗击新冠肺炎疫情领导人特别会议,呼吁东盟各成员国加强合作,并希望东盟加强各国疫情最新情况的信息共享,合作保持贸易航线和供应链畅通,尤其是医疗用品和食品等必要物资的流通并合作共同应对未来的经济冲击。6月4日,新加坡贸易与工业部部长陈振声参加东盟各国经贸部部长针对新冠肺炎疫情举行的特别视频会议。9月8日,新加坡国会议长陈川仁率团通过视频方式参加第41届东盟议会大会,并呼吁东盟国家加强各领域合作,共同应对疫情。作为东盟—欧盟对话关系协调国,新加坡参加东盟—欧盟部长级视频会议,新加坡外交部部长维文主持会议。东盟与欧盟同意在东盟主导的现有机制内,携手外部伙伴,并将区域内不同卫生系统发展水平差异也纳入考虑,全面有效地共同应对新冠肺炎疫情。

积极加强与东盟成员国的抗疫合作。新加坡陆上毗邻马来西亚,加强与马来西亚的抗疫合作成为新加坡2020年外交的重点内容。2020年2月11日,新加坡与马来西亚成立联合工作组以加强疫情防控的跨境合作;2月25日,联合工作组在马来西亚柔佛新山举行第一次会议;3月26日,联合工作小组举行第二次视频会议,两国同意继续在陆地口岸进行入境检测,分享海陆口岸现有的体温测量程序,并讨论如何移交出现症状的旅客。2020年3月17日,新加坡总理李显龙与马来西亚总理穆希丁在电话会议中同意建立新加坡—马来西亚特别工作委员会以合作抗击疫情;3月19日,两国举行新冠肺炎特别工作委员会视频会议,同意在特别委员会下设立3个工作组,由两国的高级部长统筹,以协调人员、货物流动及新加坡边境站的日常运营问题。此外,新加坡还加强与缅甸、越南和印度尼西亚等东盟成员国的抗疫合作。2020年3月4日,

应缅甸卫生和体育部要求，新加坡政府向缅甸捐赠3000套检测试剂盒和2台聚合酶链式反应检测仪器；3月11日，新加坡总理李显龙与印度尼西亚总统佐科通电话，承诺向印度尼西亚提供医疗设备等以支持印度尼西亚应对疫情；5月29日，新加坡总理李显龙与越南政府总理阮春福通电话，对越南果断处理疫情表示肯定，并对越南向新加坡捐赠口罩和试剂盒表示感谢。

2. 全面加强与东盟成员国的经济合作。新加坡成为多个东盟成员国的主要投资来源国。截至2019年年底，新加坡对东盟各成员国的投资存量差异较大，其中对文莱的投资存量最多，达9130.92亿美元，其次为柬埔寨的4968.14亿美元；印度尼西亚、马来西亚和泰国位于第二梯队，投资存量在300亿～600亿美元之间；缅甸、菲律宾和越南为第三梯队，投资存量在80亿～150亿美元之间；老挝最少，仅为1.84亿美元。2020年，新加坡成为越南、缅甸和印度尼西亚等多个东盟成员国的最大投资来源国。根据越南计划投资部公布的数据，2020年新加坡对越南投资总额90亿美元，占越南外商协议投资总额的31.5%，为越南最大的外资来源地。据《缅甸时报》的报道，2019/2020财年，新加坡是缅甸最大的投资来源国，占缅甸外国投资总额的45.85%。根据印度尼西亚投资统筹机构的数据，2020年，新加坡为印度尼西亚的最大投资来源国，投资额98亿美元。此外，新加坡还成为马来西亚等东盟成员国的重要投资来源国。根据马来西亚投资发展局的数据，2020年1—9月，马来西亚共吸引外国直接投资额102.4亿美元，其中新加坡投资额19.23亿美元，排名第2。

贸易合作有所放缓。2020年，新加坡与多个东盟国家的贸易合作呈下降态势，但与泰国的贸易合作保持稳定增长，与印度尼西亚的园区合作成为年度亮点。2020年新加坡与泰国货物贸易总额169.88亿美元，比上年增长3.04%。其中：新加坡自泰国进口93.88亿美元，增长7.18%；向泰国出口76亿美元，下降1.65%。2020年10月，新加坡与印度尼西亚在第10届“六个双边经济工作小组”部长会议上将位于印度尼西亚中爪哇省的肯德尔工业园确定为经济特区。2020年1—11月，新加坡与印度尼西亚货物贸易总额210.27亿美元，比上年同期下降23.59%。其中：新加坡进自印度尼西亚进口98.82亿美元，下降17.30%；向印度尼西亚出口111.45亿美元，下降28.42%。年内，新加坡与其他东盟成员国的贸易额基本呈下降态势。如2020年1—5月，新加坡与越南贸易额仅为17.7亿美元，比上年同期下降22.53%。2020年1—11月，新加坡与菲律宾货物贸易总额86.08亿美元，比上年同期下降11.37%，其中菲律宾对新加坡出口34.7892亿美元，下降0.27%。

3. 全面加强与东盟成员国的军事合作。2020年，新加坡全面加强与东盟成员国的军事合作。一是与越南军事合作日益机制化。新加坡—越南防务合作联合工作组和新加坡—越南国防政策对话会是两国军事合作的重要机制，2020年两个机制均举行会议，以更好地促进两国军事对话合作。8月，新加坡—越南防务合作联合工作组以视频形式举行第8次会议，两国将重点推进军事代表团互访、培训、青年军官交流、搜救及军事医学等领域的合作。11月，第11届新加坡—越南国防政策对话会议举行。二是开展军事演习。2020年11月21—22日，作为主持国，新加坡组织与印度海军和泰国皇家海军的第2次三方海上军事演习。三是加强与文莱以国防科技为主的防务合作。2020年9月15日，新加坡与文莱以视频形式举行第8届国防政策对话，两国重申将致力于加强双边防务合作，包括国防科技领域的合作。在此次对话中，两国就2007年设立的“国防学者发展计划”的完善达成一致，该计划一直是两国防务联系的重要载体。

4. 全面加强与东盟成员国的人文交流合作。2020年，新加坡与东盟成员国的人文交流合作也取得积极进展。一是将新加坡—缅甸职业培训学院移交给缅甸。2001年以来，新加坡一直通过《新加坡合作计划》和《东盟一体化倡议》支持缅甸的人力资源开发。通过《新加坡—缅甸技术合作计划》，新加坡还与缅甸在经济发展、人力资源开发和公共管理等领域开展合作。2016年，新加坡总理李显龙在访问缅甸期间正式提出建设新加坡—缅甸职业培训学院，全面推动两国职业教育合作。2020年2月，新加坡正式将新加坡—缅甸职业培训学院移交给缅甸。二是以全球青年科学家峰会为平台，促进与东盟成员国的交流合作。如2020年1月，泰国公主诗琳通访问新加坡并出席2020年全球青年科学家峰会开幕式。

（二）积极发展与世界主要大国的外交关系

1. 以建交30周年为契机，全面深化与中国的与时俱进全方位合作伙伴关系。2020年是新加坡与中国建交30周年，以此为契机，新加坡全面深化与中国的外交关系，两国与时俱进全方位合作伙伴关系得到有效推进。

高层对话交流频繁。2020年年初，中国国家主席习近平与新加坡总统哈莉玛、总理李显龙互致信函。7月14日，习近平与李显龙通电话。中国国务院副总理韩正分别于2月和7月两次与新加坡副总理王瑞杰通电话。8月，中共中央政治局委员、中央外事工作委员会办公室主任杨洁篪访问新加坡，这是新冠肺炎疫情全球暴发以来，中国首次派高层官员出访东南亚国家。中国国务委员兼外交部部长王毅分别于2月、3月和4月3次与新加坡外交部部长维文通电话，并于10月过境访问新加坡。

贸易投资合作保持稳定发展。2013年以来，中国一直是新加坡最大的贸易伙伴，新加坡一直是中国最大的外国投资来源国。2020年，在新冠肺炎疫情的影响下,中新贸易与投资合作仍保持稳定发展。贸易合作方面,2020 年 1—10 月,新加坡与中国贸易总额 716 亿美元,比上年同期增长 0.3%。其中:新加坡自中国进口 455 亿美元,增长 6.3%;向中国出口 261 亿美元,下降 8.8%。机电产品是新加坡与中国贸易的最主要产品,其中自中国进口 195 亿美元,占新加坡进口总额的 42.87%,向中国出口 113 亿美元,占新加坡出口总额的 43.42%。投资方面,2020 年 1—10 月,中国对新加坡直接投资额增长近 1.3 倍,新加坡对华直接投资额增长 7%;双方新签订承包工程合同额 37.5 亿美元,增长 10.6%。

与中国地方合作持续推进。新加坡与中国已经建立中新苏州工业园区、中新天津生态城和中国—新加坡(重庆)战略性互联互通示范项目 3 个政府间合作项目,以及中新广州知识城国家级双边合作项目,中新吉林食品区和新加坡—四川高科技创新园等合作项目。此外,新加坡还与中国四川、山东、辽宁、浙江、天津、广东、江苏和上海 8 个省市建立省级经贸合作机制。2020 年,新加坡与中国地方的合作持续推进。2020 年 6 月,中国与新加坡建立"快捷通道",允许两国公民往返新加坡及中国上海、天津、重庆、江苏、浙江和广东等 6 个省市。2020 年 5 月 12 日,中国—新加坡(重庆)战略性互联互通示范项目联合实施委员会第 5 次会议以视频方式举行,双方签订涉及高性能计算、人才合作和农产品贸易等多个领域的合作协议。6 月 18 日,新加坡副总理兼经济政策统筹部部长及财政部部长王瑞杰在陆家嘴论坛上发表视频致辞。8 月 31 日,新粤合作委员会会议以视频形式举行,这是在疫情期间新加坡与中国举行的首次省级商务委员会会议,新加坡公司及其合作伙伴在此次会议上签署 15 项合作协议。9 月 22 日,新加坡外交部兼交通部高级政务部长、新加坡—山东经贸理事会新方联合主席徐芳达以视频形式参加"山东与世界 500 强连线"东盟专场会议,并表示 2020 年 1—7 月,新加坡与中国山东的贸易额 26.4 亿美元,比上年同期增长 104.8%。9 月 29 日,新加坡—四川贸易与投资委员会第 21 次会议以视频方式举行,会议发布《新加坡—四川贸易与投资委员会关于深化新川合作的联合宣言》。2020 年 1—8 月,新加坡与中国四川贸易额 12.5 亿美元,比上年同期增长 21.4%。截至 2020 年 8 月,新加坡在四川累计设立 665 家企业,实际到位资金额 75.5 亿美元,其中,2020 年 1—8 月新增企业 21 家,比上年同期增长 16.67%,实际到位外资额 1.88 亿美元。

2. 持续推进与美国和日本等国的外交关系。新美关系不断深化。两国贸易基本保持稳定,新加坡对美国出口额实现较快增长。2020 年 1—6 月,新加坡与美国双边货物额 383.76 亿美元,比上年同期下降 2.59%。其中:新加坡对美国出口 199.67 亿美元,增长 14.09%;新加坡自美国进口 184.09 亿美元,下降 15.93%。新加坡与美国的贸易顺差 15.58 亿美元,下降 135.44%。两国军事关系不断深化。2020 年 9 月,新美举行第 11 届战略安全政策对话,就加强双边防务合作达成共识;10 月,美国新任海军部部长访问新加坡,提出加强两国海军合作。

与日本保持良好的外交关系。2020 年 8 月,日本外务大臣茂木敏充访问新加坡。他是因疫情实行入境管制后,首位到新加坡进行官方访问的外国部长。茂木敏充会见新加坡总理李显龙,并与新加坡外交部部长维文进行会谈,两国就放宽入境限制、设立"短期商务"和"常驻人员"绿色通道等事宜达成共识。

3. 全面深化与澳大利亚和新西兰的外交关系。新加坡与澳大利亚的合作日益深化。新澳高层交流频繁。2020 年 3 月,新加坡总理李显龙与澳大利亚总理莫里森以视频形式参加第 5 次新澳领导人会议并见证两国间 7 项合作谅解备忘录的签署。7 月 16 日,澳大利亚总理莫里森与新加坡总理李显龙通电话,祝贺李显龙获得 2020 年大选胜利并就开展抗疫合作和实现经济复苏交换意见。2020 年 10 月,澳大利亚外交部部长访问新加坡。新澳军事合作日益深化。新加坡与澳大利亚一直保持着较为密切的军事合作,并在《五国联防协议》和东盟国防部部长扩大会议等多边合作机制中保持密切合作。2020 年 3 月,新加坡与澳大利亚签署《军事训练与军事训练区域发展协定》,根据该协议,新加坡将与澳大利亚共同开发建设军事训练区域并允许新加坡武装部队进入澳大利亚新建和扩建的军事训练区域开展联合训练。2020 年 9 月,新加坡与澳大利亚皇家海军举行双边海上演习,凸显两国间长期和密切的军事合作关系。经济合作日益深化。澳大利亚是新加坡的重要经济伙伴。2020 年,两国货物贸易额 136.54 亿美元,比上年下降 13.05%。其中:新加坡进口额 83.75 亿美元,增长 1.23%;出口额 52.79 亿美元,下降 28.94%。2020 年 8 月,新加坡与澳大利亚签署《数字经济协定》以促进双边贸易便利化及数字经济领域的合作。

不断加强与新西兰的合作。2020 年 1 月,新加坡与新西兰等国签署《数字经济伙伴关系协议》,这是新加坡签署的首份数字经济合作协议。4 月和 5 月,两国总理举行两次电话会议;两国外交部部长也举行两次电话会谈。5 月,两国开通人员流通绿色通道。

不断推进与澳大利亚和新西兰的抗疫合作。2020 年 3 月 20 日,新加坡与新西兰达成相关协议,共同发表部长联合声明,重申在各自遭受新冠肺炎疫情冲击的情况下,承诺维护双边贸易和供应链互联互通。4 月 15 日,两国发表《对抗冠病疫情必要物资贸易声明》,同意加快必要物资在相互海空港口的通关和转运。3 月 25 日,新加坡与包括澳大利亚和新西兰在内的 7 个国家发表部长联合声明,承诺维护供应链的开放互通,确保医疗用品等必需品的继续流通以共同抗击疫情。5月1日,新加坡与澳大利亚和新西兰等国发布关于货物和服务贸易与基本人员流动的部长级联合声明,同意逐步恢复国家间跨境人员的流动。

四、就业人数大幅减少,成立国家就业理事会以稳定就业

在新冠肺炎疫情全球蔓延的背景下,2020年新加坡就业总人数比上年减少18.66万人。其中,新加坡本地就业人数增加0.93万人,但外国就业人数大幅下降,减少19.59万人。制造业、服务业和建筑业的总就业人数都有所减少。服务业就业人数减幅最为显著,主要原因是疫情对餐饮服务业、零售业及旅游相关的住宿服务冲击最大。与2019年相比,2020年新加坡失业率有所上升。2020年6月,新加坡整体失业率攀升至2.9%,其中新加坡公民失业率上升至4%,为十余年来的新高。2020年12月,新加坡总体失业率上升至3.2%,其中新加坡公民失业率上升至4.5%。

在就业人数减少、失业率升高的同时,新加坡受雇居民(公民与永久居民)的家庭实际每月工作收入中位数11年来首次下滑,跌幅2.4%。在收入最低的10%居民家庭中,人均收入年比下跌6.1%;在收入最低的11%~20%受雇居民家庭中,人均收入则下跌3.2%。收入最高的10%居民家庭及排在81%~90%的高收入群的人均收入分别下跌2.3%和1.8%。这显示,低收入人群受到疫情的冲击最大。

为稳定就业局面,新加坡成立国家就业理事会。2020年6月3日,新加坡国家就业理事会举行第一次会议,明确理事会职责,即创造就业机会和提升职业技能。 (张磊)

资料来源:

1. 中国人民网、中国外交部网站、中华人民共和国驻新加坡共和国大使馆经济商务处网站、中国—东盟自由贸易区商务门户网站、全球贸易监测数据库等

2. 新加坡统计局、贸易与工业部、经济发展局、外交部网站,及新加坡《联合早报》网

泰国:2020年经济社会发展回顾

“抗疫”与“抗议”成为泰国在2020年里最重要的两个关键词。受新冠肺炎疫情影响,泰国经济比上年萎缩6.1%,旅游、航空及住宿餐饮等服务行业受损严重。同时,泰国掀起抗议示威潮,导致政治动荡。

一、政治:“抗疫”与“抗议”之下完成内阁改组和地方选举

(一)多措并举抗击新冠肺炎疫情

2020年,新冠肺炎疫情在全球蔓延。截至12月31日,泰国累计确诊新冠肺炎病例6884例,治愈4240例,死亡61例,在院治疗2583例。泰国政府多措并举、携手抗疫。

1. 泰国政府决策有力,防疫不放松。泰国总理巴育于3月26日宣布实施《紧急状态法》后,国际航班入境被严格限制,4月初又实行全国宵禁和封城等措施。随着疫情形势趋于稳定,自5月初起,泰国分阶段逐步解封,但针对外国游客入境仍保持谨慎态度。

2. 泰国医疗水平较高,助力快速控制疫情。泰国拥有世界顶尖的医疗水平和较为完善的公共卫生医疗体系,政府部门的决策高度依赖医学界专业人士的意见,乡村医疗志愿者也在疾控工作中发挥了关键作用,泰国也从中国、日本和美国等国家进口相关药品和防疫物资。

3. 泰国民众积极配合,遵从政府及卫生部门的防疫指导。泰国疫情防控常态化后,在公共场所佩戴口罩、配合测量体温已经成为人们的习惯。据了解,疫情期间,95%的泰国民众在公共场合佩戴口罩,这一比例在东南亚国家中居于首位。此外,泰国政府还出台相关救助计划,通过向弱势群体发放补助金、为民众提供无条件定额贷款及减免水电费等多项惠民措施,缓解民众疫情防控期间的生活压力。泰国国内疫情在一系列举措下得到有效控制,确诊病例数在全球200多个国家和地区中位列110名开外,被誉为全球抗疫成功的典范。这一成绩也得到了国际社会的认可。

(二)爆发大规模抗议示威活动

2020年,泰国持续爆发多起大规模的抗议示威活动,从最初的学生抗议扩大到涉及泰国社会和经济不平等甚至王室改革等一系列根深蒂固的重大问题。示威者除了诉求总理下台、改革宪法和君主制,经济问题也是导致他们走上街头的因素,一度引发广泛关注。2月,因塔纳通·宗龙伦吉领导的新未来党遭泰国宪法法院裁决解散,学生们开始组织第一波抗议示威活动,但因新冠肺炎疫情暴发而被迫中断。随着抗疫工作取得阶段性成功,6月,流亡柬埔寨的泰国民主运动人士万查勒·沙沙西失踪案成为新一轮抗议运动的导火索。7月18日,曼谷民主纪念碑爆发一场自2014年政变以来规模最大的示威,约有2500名示威者在广场聚集,以青年倡议组织“自由青年”为首的示威者提出“解散国会、停止威胁异议人士和修改军方制定的宪法”三大诉求。加上新冠肺炎疫情给泰国社会带来的经济萧条、就业压力、社会不公正等现象及反国王势力对泰国国王拉玛十世的负面渲染等多重因素相互交织,从8月10日起,以泰国法政大学学生为主体的学生团体“法政与游行联合阵线”呼吁改革君主制,要求泰国国王玛哈·哇集拉隆功(拉玛十世)对君主制进行改革,呼吁限制泰国国王的权力。随后,泰国爆发一连串前所未有的“反政府”“反王权”示威集会,扩展至

全国各地20多个府，更有海外泰裔参与其中。10月15日，泰国政府宣布进入紧急状态。泰国政坛在“红黄对立”和“代际分化”的双重裂痕影响下，“保守派”与“革新派”之间的分歧急剧加大，形成“挺巴育”与“反巴育”两大阵营对峙、中小政党居中制衡的复杂格局。这股反军人干政与反王权政治合流的浪潮持续不断。

（三）泰国经济内阁改组完成

2020年7月，泰国政府经济领导班子包括副首相颂吉和财政部部长乌塔玛等数名政府部长宣布辞职，泰国中央银行也在此时选拔新行长，这给受新冠肺炎疫情重创的泰国经济复苏之路增添了不确定因素。经济内阁改组能否尽快完成，以及由谁来带领国家经济走出困境成为巴育政府面临的最关键问题。泰国总理巴育随后表示，将尽快完成内阁改组并向社会公布。泰国政府宪报网站于2020年8月6日正式公布巴育呈报国王批准的7位新任内阁成员名单，即日生效。10月12日，总理巴育在内阁会议结束后，携新的经济团队正式亮相。巴育表示，新的经济团队将会竭力解决经济问题，并照顾到各个群体的利益。

（四）启动8年来首次府级地方选举

2020年12月20日，泰国举行除首都曼谷以外的全国76个府的地方选举，这也是自2012年以来首次举行的府级行政机构主席及委员选举，共有331人报名参选府级行政机构主席、8070人参选府级行政机构委员会委员。尽管发生龙仔厝府海鲜批发市场新冠肺炎疫情及南部多地遭遇洪灾等困难，但在本次地方选举中，泰国政府对投票站采取严格的防疫措施，全国没有任何一个选区被取消投票。根据泰国中央选举委员会公布的非正式计票结果显示，地方政治家族赢得大多数行政机构的主席职务。为泰党在本次府级行政选举中一共选派25人参选，最终赢得北部、东北部和中部10个大府的行政主席职位。新未来党解散后重组的“前进团”所支持的42名候选人中无一人当选，这显示出该团体领导人塔纳通宣扬的“新地方政治”及倾向“反王室”的政治理念未获得认同。12月25日，地方选举统计情况显示，76个府中投票率最高的是博他伦府，投票率高达78.04%；其次为南奔府77.86%、那空那育府75.79%、沙敦府74.29%、清迈府71.95%。泰国选举委员会指出，本次地方选举十分顺利，迄今尚无严重投诉或贿选证据。

二、经济：遭受沉重打击，各行各业受到影响

（一）经济创亚洲金融危机以来最大降幅

2020年，泰国国内生产总值（GDP）比上年萎缩6.1%，是自1997年亚洲金融危机以来遭遇的最严重的经济下滑，但泰国作为东南亚第二大经济体，其GDP在东南亚国家中一直处于中上水平，经济实力不容小觑。泰国经济高度依赖国际贸易和旅游业，在经历全球金融危机后的2009年经济萎缩0.7%；在经历亚洲金融危机后的1998年经济萎缩7.6%。受新冠肺炎疫情冲击，从2020年第一季度开始，泰国经济萎缩2.1%。特别是泰国针对入境人员采取防控措施，国际游客到访量几近为零，旅游业和航空业损失惨重；政府实施的商业封锁也对经济造成压力，加上全球经济放缓甚至停滞、贸易壁垒等影响，泰国的外资吸引力和出口额进一步萎缩，导致第二季度泰国经济下滑12.2%。截至2020年6月，泰国经济萎缩6.9%。从第三季度开始，泰国经济在国内疫情得到一定控制后缓慢恢复，第四季度经济萎缩4.2%，降幅较第三季度有所收窄。但自12月中旬以来，泰国疫情反扑，迫使某些地区再次停业防控。显然，疫情的后遗症仍然存在，2020年宏观经济指标普遍下滑，其中出口增长率和通货膨胀率均出现负增长（见下表）。为应对新冠肺炎疫情、恢复经济发展，泰国政府调整经济结构以减

2019年新加坡领导人开展首脑外交情况

项目	2020年					2019年
	全年	第四季度	第三季度	第二季度	第一季度	全年
GDP增长率（%）	-6.1	-4.2	-6.4	-12.2	-2.1	2.4
人均收入（泰铢/人）	225914	—	—	—	—	248257.4
出口总额（百万美元）	226716	58095	57990	49820	60811	242981
出口增长率（%）	-6.6	-1.5	-8.2	-17.7	1.3	-3.2
贸易顺/逆差（百万美元）	39820	8231	13570	8918	9101	26630
经常账占GDP（%）	3.3	-0.8	5.3	1.2	7.3	6.8
通货膨胀率（%）	-0.8	-0.4	-0.7	-2.7	0.4	0.7
利率（%）	0.50	0.50	0.50	0.50	0.75	1.25
汇率（1美元兑换泰铢）	31.3	30.6	31.3	31.9	31.3	32.1
泰国股票指数	1449.4	1449.4	1237.0	1339.0	1125.8	1579.8
公共债务（十亿泰铢）	8136.1	8136.1	7848.2	7433.1	7018.7	6953.9
公共债务占GDP比重（%）	52.1	52.1	49.3	45.8	41.7	41.2

数据来源：泰国经济与社会发展委员会

少对出口和旅游业的过度依赖，通过抓紧推进东部经济走廊等项目建设，加大对国内投资力度，并推出 1.9 万亿泰铢的一系列经济刺激计划、现金补助和税收优惠等措施。但总体收效并不明显，国内需求不足仍将经济推向负增长。

（二）对外贸易萎缩幅度增大

2020 年，泰国货物进出口总额4380.03 亿美元，比上年下降9.66%。其中：出口额2292.18 亿美元，下降6.59%；进口额 2087.85 亿美元，下降 12.81%。据泰国国际贸易厅透露，2020 年泰国边境及跨境贸易总额13193.25 亿泰铢，比上年下降 1.7%。其中：出口额7663.14 亿泰铢，下降 2.16%；进口额 5530.11 亿泰铢，下降1.05%；贸易顺差2133.03 亿泰铢。边境及跨境贸易减少主要是受全球经济增长放缓、泰铢汇率升值、新冠肺炎疫情暴发等因素影响。泰国前五大贸易伙伴为中国、日本、美国、马来西亚和新加坡。2020 年，泰国对以上 5 国进出口额分别为：中国 797.47 亿美元，下降 0.25%；日本 505.37 亿美元，下降 13.02%；美国 490.95 亿美元，增长 0.55%；马来西亚 190.09 亿美元，下降 18.83%；新加坡 169.88 亿美元，增长 3.04%。泰国前三大出口目的国为美国、中国和日本。2020 年，泰国对以上 3 国出口额分别为：美国 340.49 亿美元，增长 8.86%；中国 295.35 亿美元，增长 1.77%；日本 226.85 亿美元，下降 7.36%。泰国前三大进口来源国为中国、日本和美国，泰国自以上 3 国进口额分别为中国 502.12 亿美元，下降 1.40%；日本 278.52 亿美元，下降 17.14%；美国 150.47 亿美元，下降 14.27%。贸易顺差 204.33 亿美元，增长 243.69%。贸易顺差主要来自美国、中国香港和澳大利亚；贸易逆差主要来自中国、日本和中国台湾。虽然受新冠肺炎疫情的影响，中国仍为泰国第一大贸易伙伴和第一大进口来源国。

中国是泰国水果最大的出口市场，2020 年，在新冠肺炎疫情背景下，泰国对华水果出口量不减反增，水果出口额 29 亿美元，比上年增长 39.43%。

（三）投资趋向放缓，未来潜力犹存

2020 年，泰国收到本土和外商投资促进申请共1717 项，比上年增加 194 项，投资总额 4811 亿泰铢（约合 160 亿美元），下降 7%。其中，外商直接投资 907 个项目，投资总额 2132 亿泰铢（约合 71 亿美元），下降57.4%。日本公司申请 211 个项目，投资总额（759 亿泰铢）位居第一，中国的投资总额（315 亿泰铢）位居第二，美国的投资总额（246 亿泰铢）排在第三。

泰国东部经济走廊地区成为国内外投资的热土，春武里府、罗勇府和北柳府在 2020 年吸引本土及外商投资共计 453 项申请，总投资额 2087 亿泰铢。为应对新冠肺炎疫情，来自医疗行业的投资申请额达到 223 亿泰铢，比上年增长 165%。尽管疫情造成全球经济低迷，但仍有多达 96% 的在泰国外商对泰国的投资潜力充满信心。泰国投资委员会的年度外国投资者信心调查显示，在接受调查的 600 家公司中，有 19.33% 的公司表示计划增加对泰国的投资，另有 76.67% 的公司表示希望保持目前的投资水平。

（四）旅游和航空等服务行业受损严重

旅游业作为泰国经济的支柱产业之一，在面对新冠肺炎疫情的挑战中首当其冲，尤其是泰国多地宣布取消 2020 年 4 月中旬的泰历新年宋干节各类庆祝活动后，往年依靠宋干节吸引众多境外游客的泰国旅游业遭受较大打击。2020 年，泰国入境游客仅有 670 万人次左右，比上年减少 83%。泰国实施紧急状态令并禁飞国际航班后，由于入境游客接待量几乎为零，泰国航空、住宿、餐饮和娱乐等相关服务行业直接受挫。泰国航空业遭受沉重打击，各大航空公司在困境中运营举步维艰。2020 年只有 464944 次航班，比上年减少55%。泰国国际航空公司与皇雀航空向法院提出破产复苏申请，酷鸟航空也宣布清盘并停飞。泰航是泰国最大的航空公司，2012 年以来因管理不善，经营业绩持续亏损，新冠肺炎疫情的冲击更令其财务状况雪上加霜，使其负债总额超过 3300 亿泰铢。鉴于泰航债务沉重，泰国政府希望通过破产保护对该公司进行债务重组和内部改革，使其恢复活力。2020 年 5 月 27 日，泰国中央破产法院正式受理泰航申请破产重组案件，并于 8 月举行第一次听证会。泰航在 2020 年第四季度向法院提交重组计划以开启重组进程，预计整个重组恢复过程将需要 5 年时间。

（五）发展5G 数字技术助力经济复苏

泰国龙头企业与华为技术有限公司、阿里巴巴集团和京东集团等技术领先、实力雄厚的中国企业合作，推动人工智能（AI）、现代物流和 5G 通讯等未来产业的发展。特别是新冠肺炎疫情催生“宅经济”，刺激泰国数字经济相关产业崛起。泰国作为东盟最早开通5G 商用服务的国家之一，将率先在泰国东部经济走廊地区启用以发展未来产业，吸引外商投资。曼谷和周边地区、清迈、呵叻、孔敬、宋卡、普吉及部分获准覆盖5G 的机场也将率先通过启用5G 技术迈入智慧城市发展道路。数字技术在抗击新冠肺炎疫情及助力疫后经济复苏的过程中发挥着至关重要的作用。泰国玛希敦大学医学院附属诗里拉医院与华为技术（泰国）有限公司签署《“5G + 华为云 + AI”智慧医疗发展合作备忘录》，成为中国以外第一家与华为技术有限公司达成合作伙伴的 5G 智慧医院。泰国商业部国际贸易促进司新经济学院与华为技术（泰国）有限公司签署合作备忘录，共同开发数字课程，促进商业发展。泰国劳工部与华为技术（泰国）有限公司签署《数字技能发展谅解备忘录》，将持续稳定地支持华为在泰国关于 5G 及各类无线通信的合作项目，继续带动泰国当地数字领域的就业发展。泰国最大的移动运营商 AIS 和第二大电信运营商 True 分别与华为技术有限公司和中兴通讯股份有限公司通信建立合作伙伴关系，并优先考虑采用两者的 5G 全系列产品和服务。AIS 公司还宣布在 77 个府建立 5G 基础设施的计划，助力泰国应对新冠肺炎疫情，以促进疫情后经济和社会的可持续发展。

三、外交：维持大国平衡，重视区域合作

泰国一贯奉行独立自主的外交政策，维持大国平衡战略。2020 年，在面对全球新冠肺炎疫情危机的情况下，泰国不受美国等西方大国的政治干扰，与中国携手抗疫、共克时艰，在全面加强与中国多领域、多渠道深入合作的同时，继续保持与美国的盟友关系，同时注重与日本、韩国和印度发展区域合作。

（一）奉行大国平衡战略，加强与中美两国的合作

1. 加强泰中多领域深入合作。2020 年正值中泰建交 45 周年，双边各领域交流与合作不断加强，两国全面战略合作伙伴关系呈现全方位、宽领域、深层次、立体化的蓬勃发展格局，尤其在共同经历抗击新冠肺炎疫情后，“中泰一家亲”的传统友谊更加历久弥新。

政治上，两国高层继续保持密切交往。2020 年 2 月 19 日，正值中国抗击疫情的关键时刻，中国国务委员兼外交部部长王毅在老挝万象会见泰国外交部部长敦。7 月 14 日，中国国家主席习近平与泰国总理巴育通电话。在中华人民共和国成立 71 周年之际，泰国总理巴育、副总理兼外交部部长敦分别向中国国务院总理李克强、国务委员兼外交部部长王毅致贺电。10 月 15 日，泰国总理巴育在曼谷会见到访的中国国务委员兼外交部部长王毅。两国领导人对双方在抗击新冠肺炎疫情过程中始终相互给予坚定支持表示赞赏，充分体现“中泰一家亲”的深厚情谊，并表示将共同规划后疫情时期的合作，推动中泰全面战略合作伙伴关系深入发展。

经济上，双边经贸合作交流不为疫情所困。2020 年 8 月 11 日，中国海南省举办海南自由贸易港泰国专场线上推介会，旨在推动中国海南与泰国在免税商品、旅游业、航空业、农业和金融业等领域扩大贸易合作，以谋求共同发展。9 月 25 日，中国（云南）—泰国商品贸易云上洽谈会吸引 80 余家企业参加，涉及工业制造、农副产品、生物医药和手工艺品等多个领域，部分企业签署合作协议。10 月 15 日，泰国副总理兼商业部部长朱林通过视频连线参加在中国广西南宁举行的第 11 届泛北部湾经济合作论坛暨 2020 北部湾国际门户港合作峰会。朱林在会上表示，泰国愿与各方加强合作，积极推动与中国及东盟其他国家的合作更加紧密，实现可持续发展。11 月 27～30 日，泰国商业部国际贸易促进厅携 42 名企业家参加在中国广西南宁举办的第 17 届中国—东盟博览会，展示包括食物和饮品、珠宝及配饰等泰国产品。同时举办的还有第 17 届中国—东盟博览会系列重要活动之一——中泰建交 45 周年纪念暨 2020 中泰经贸合作论坛，该活动以“互惠互利，共享数字经济”为主题，通过线上与线下结合的方式进行。中国—东盟签署自由贸易协定 15 年以来，双边贸易额增长 345%，泰国与中国贸易增长 420%，经贸合作可谓硕果累累。

军事上，两国军队加强互助与交流。为支持和帮助泰国人民和军队抗击新冠肺炎疫情，应泰国军队请求，中国人民解放军于 2020 年 5 月 12 日向泰国军队紧急援助疫情防控物资，这体现中泰两国人民和军队始终守望相助、命运与共，携手应对困难和挑战。在中国人民解放军建军 93 周年之际，泰国总理兼国防部部长巴育、泰军最高司令蓬披帕上将分别致函祝贺。9 月 17 日，泰中两军举行扶贫工作视频研讨会，此次研讨会以“合作 · 友谊 · 发展”为主题，双方介绍各自国家扶贫减贫战略和政策，深入交流两军参与扶贫的经验做法，通过研讨促进泰中两国发展，并进一步深化两军合作。

社会文化上，泰中抗疫合作增进民心相通。2020 年 5 月 23—26 日，泰国文化部与中国泰国商会合作举办“泰国抖音直播文化节”，利用中国抖音短视频平台促进中泰两国文化交流。中泰联合制作的抗疫科教专题片《一个医院的战疫》于 7 月 28 日在泰国首播。12 月 29 日，泰国内阁批准将 2021 年中国农历春节定为法定节假日，这是泰国政府首次将中国农历春节作为全国性法定假日。中国外交部表示，这一举措必将进一步深化中泰传统友谊，促进民心相通，使两国关系好

5 月 12 日，中国人民解放军向泰国军队紧急援助疫情防控物资　（百度网）

上加好、亲上加亲。

2. 保持泰美军事警务合作。泰国与美国长期在军事警务领域有大量合作。2020 年,由于新冠肺炎疫情在全球蔓延,双方的务实合作受到一定影响,但仍保持着较为紧密的联系。4 月 8 日,泰国总理巴育接见美国新任驻泰国大使迈克尔·乔治·德·桑博时强调,希望持续推进泰美两国长达 200 年的友好外交关系。

由泰美两国合作共建的“泰国—美国室内战术训练中心”于 2020 年 2 月 20 日正式启动,旨在承接在职警察和执法人员的军事训练任务。美国政府对此项目提供资金支持,反恐援助计划和西部联合特遣队也对项目提供支持,为执法工作人员构建更加高效的学习和分享经验的平台,并提供技能培训基地。2 月 25 日至 3 月 6 日,一年一度的泰美“金色眼镜蛇”联合军事演习在泰国北部的彭世洛府举行。为保障军事演习所有参与者的安全,泰国采取严格的预防新冠肺炎疫情措施。此次军事演习以泰国湾上端为主要演习场地,内容包括联合实兵演习、人道主义民事行动及高级论坛等,共有 29 个国家的 9000 余名官兵参与或以观察员身份观摩演习。6 月 18 日,美国驻泰国大使携美国缉毒局等相关人员会见泰国肃毒局官员,并向泰国肃毒局捐赠交通工具和缉毒设备等。

(二)全面加强区域合作,积极参与国际事务

1. 重视与东盟国家开展区域合作。尽管受新冠肺炎疫情的影响,泰国在开展区域合作上仍通过多边和双边合作的形式继续推进。在区域多边合作上,2020 年 3 月 9 日,泰国和新加坡向老挝和缅甸移交 3 艘巡逻艇以促进共同打击湄公河上的毒品犯罪,同时还帮助老挝和缅甸进行学术交流,增强其官员打击毒品犯罪的能力。泰国全力支持东盟轮值主席国越南于 2020 年 4 月举行的东盟抗击新冠肺炎疫情特别会议、东盟与中日韩抗击新冠肺炎疫情领导人特别会议,并倡议设立新冠肺炎疫情东盟应对基金。8 月 24 日,泰国总理巴育出席由老挝和中国联合主办的澜沧江—湄公河合作第 3 次领导人视频会议,提出包括水资源管理、公共卫生安全、互联互通及后疫情时期经济复苏和可持续发展四大合作领域,并高度评价澜沧江—湄公河合作机制的进展和日益密切的合作关系。9 月 9—12 日,第 53 届东盟外交部部长会议和相关会议以视频形式举行,泰国副总理兼外交部部长敦宣布泰国疫情后复苏计划将把重点放在多边合作,并向东盟应对新冠肺炎疫情基金会捐款 10 万美元。11 月 15 日,包括泰国在内的 15 个《区域全面经济伙伴关系协定》(RCEP)成员国正式签署该协定,泰国副总理兼商务部部长朱林表示,泰国多个产业将从贸易扩大中受益。协议签署后,泰国必须先通过国会批准,预计可在 2021 年年中生效。11 月 16 日,泰国商业部副部长参加第 31 届亚洲—太平洋经济合作组织(APEC)部长级会议,会上就如何共同应对疫情、疫后经济复苏、区域经济一体化和多边贸易机制及 2020 年之后合作愿景等议题进行讨论,并在会后发表联合声明。12 月 9 日,第 14 届东盟国防部部长会议及系列会议以在线视频形式在越南举行,泰国参加并签署《有关加强地区合作以改善各成员国之间的互联互通并满足共同需求的联合声明》。

在区域双边合作上,2020 年 1 月 16 日,第 7 届泰国—马来西亚畜牧发展委员会会议在泰国巴蜀府举行,会议旨在加强两国在畜牧业和贸易发展方面的合作,增加经济价值,共同检测以防止两国间动物疫病的传播等。泰国副总理兼卫生部部长阿努汀与交通部部长萨沙炎于 2 月中旬赴新加坡参加“2020 年新加坡航空展”,展会期间会见新加坡副总理兼财政部部长王瑞杰,共同交流防控新冠肺炎疫情的意见及解决办法,并在泰国与新加坡的亚洲交通运输基础建设合作框架下商议加强陆路和空中交通合作,交流道路安全合作议题。6 月 10 日,泰国总理巴育与马来西亚新任总理穆希丁进行首次通话,巴育在向穆希丁表达祝贺的同时称赞穆希丁发布的“行动管制令”使新冠肺炎疫情防控取得显著效果,并感谢马来西亚政府为在马来西亚泰籍劳工提供的便利。双方表示将加强两国的密切合作,预防新冠肺炎疫情在边境传播。

此外,泰国同样注重加强同日本、韩国和印度的区域合作。2020 年 2 月 14 日,泰国副总理颂奇与访问泰国的日本首相特别顾问等人一起商讨关于双方未来经济合作等问题。4 月底,泰国国会主席川·立派会见新任韩国驻泰国大使,双方交换防疫信息。泰国劳工部就业司司长苏尔查于 6 月 18 日表示,新冠肺炎疫情已经影响到包括泰国在内的多个国家的就业形势,泰国劳工部与韩国就业部签署一份泰国劳工赴韩国务工谅解备忘录以扩大劳动力市场。在第 17 次东盟与印度领导人会议和第 23 次东盟与日本领导人会议上,泰国总理巴育分别表示,泰国希望促进东盟与印度和日本的战略伙伴关系,致力于地区的和平稳定、繁荣与可持续发展。

2. 积极参与国际协调合作。为了防控新冠肺炎疫情,2020 年,各大国际会议均以网络视频形式进行,会议讨论及合作的重点方向是应对新冠肺炎疫情全球蔓延和疫后经济复苏等相关问题。泰国在国际上发挥其积极参与协调的作用,为应对全球性危机提出相应解决方案和措施。

参加第 36 次和第 37 次东盟领导人会议及系列会议。2020 年 6 月 26 日,泰国总理巴育在第 36 次东盟领导人会议上提出疫情期间推动东盟发展的三大措施,同时建议东盟通过“适足经济哲学”来增强免疫

力，同时促进2030年可持续发展议程。除了东盟领导人会议全体会议外，巴育还出席东盟领导人关于数字时代的妇女赋权特别会议、东盟与东盟议会联盟理事会领导对话会及东盟青年与东盟工商咨询理事会对话等。11月12日，第37次东盟领导人会议及东亚合作领导人系列会议在越南河内举行。巴育在参会时强调，东盟的团结将带领各国战胜新冠肺炎疫情，泰国已做好参与研发疫苗的准备，并支持建设东盟紧急公共卫生事件医疗资源储备库。

参加联合国相关会议。2020年，泰国总理巴育共参加3次联合国举办的相关会议，并代表泰国发表演说。9月26日，巴育在第75届联合国一般性辩论大会上表示，泰国支持国际多边合作共同抗击新冠肺炎疫情，支持研发疫苗，以及同意联合国关于新冠肺炎疫苗应成为国际化公共产品的倡议。11月15日，巴育在第11届东盟—联合国峰会上表示，此次会议对包括《5年行动计划》《东盟—联合国全面伙伴关系联合宣言行动计划（2016—2020年）》及《2021—2025年新行动计划》在内的东盟与联合国之间相关合作的进展情况进行审视，此外，巴育还提出继续推动实施可持续发展的3项指导方针。12月4日，在第75届联合国大会新冠肺炎疫情特别会议上，巴育向与会各国分享泰国应对疫情的经验，并表示泰国将向世界卫生组织捐款以助力研制药物和疫苗，并提供包括远程医疗服务在内的科技创新相关信息，共同应对疫情带来的挑战。

（唐　卉）

资料来源：

泰国头条新闻网、中国新闻周刊、泰国经济与社会发展委员会网站、瀚闻资讯—全球贸易监测网、中国驻泰国大使馆经济商务处网站

越南：2020年经济社会发展回顾

2020年，越南政治工作围绕着筹备越南共产党第十三次全国代表大会（以下简称“越共十三大”）展开，并针对新冠肺炎疫情所带来的种种变化，实现既基本管控疫情又保证经济复苏的“双重目标”，同时凭借担任东盟轮值主席国和联合国安理会非常任理事国的“双重身份”，提升自身在国际上的话语权。

一、政治

2020年，越南在严格防控新冠肺炎疫情的同时，全力筹备于2021年1月底召开的越南共产党第十三次全国代表大会。两项工作都取得较好效果。

在新冠肺炎疫情暴发之初，越南采取紧急防范措施，主要手段包括第一时间开展边界关闭工作和封锁措施，严格执行佩戴口罩的规定，积极追踪病毒感染源和加大媒体宣传力度；越南政府在2020年1月30日成立国家新冠肺炎疫情防控指导委员会，由政府副总理武德儋牵头，统筹卫生部、通信传媒部、外交部、公安部和国防部等20余个部门制订国家层面的应对计划。3月初，越南发现多例来自欧美的输入型病例，随之出现本土病例和聚集性感染。越南政府强化入境限制和检疫政策，提出“防疫如防敌”口号，并于4月1日起在全国范围内实施为期15天的社会隔离措施，部分严重地区延长至3周，实现连续100天未报告本土确诊病例。7月底，越南中部直辖市岘港再次出现本土确诊病例，短时间内向多地扩散，越南迅速展开针对从岘港市返回人员的追踪调查、对岘港采取半封闭管理、封锁各地出现确诊病例居住街道的高风险地区、要求酒吧等非必要服务场所暂停营业、禁止聚集性活动及处罚公共场所不佩戴口罩者等措施，疫情较快得到控制。此后，越南出现的小规模疫情暴发均采取此类措施以实现既基本管控疫情又保证经济复苏的“双重目标”。截至2020年12月31日，越南累计新冠肺炎确诊病例1465例，其中本土病例693例、死亡35例。越南抗疫成果获得国内外好评，并提升民众对越南党和政府的认可度。2020年6月，德国发布的《2020年民主认知指数报告》指出，越南民众对政府抗疫政策满意度达95%，与中国并列第一。2020年10月，《亚洲时报》发表评论称，人民对越南共产党的高度信任是越南抗疫成功的重要根基。

越南共产党早在2018年就正式启动越共十三大的筹备工作，并设置文件起草、经济社会、党章、人事和后勤等5个小组。历次会议最重要的内容是文件起草和人事安排。2020年，越共十三大的筹备工作也围绕着这两方面展开。

在文件起草方面，越共十三大将讨论并通过系列文件，包括《越共十三大政治报告草案》《2011—2020年经济社会发展战略实施总结和2021—2030年经济社会发展战略草案》《2016—2020年经济社会发展评价及2021—2025年经济社会发展任务草案》《越共十二届中央委员会的党建工作及党章施行工作报告草案》等。文件把越共十三大的方针定为“团结、民主、纪律、创造、发展”，提出力争至21世纪中期，把越南建成社会主义定向的发达国家。具体目标包括至2025年南方解放50周年之际，建成有现代工业、超越中等偏下收入的发展中国家；至2030年建党100周年之际，建成具有现代工业、中等偏上收入的发展中国家；至2045年建国100周年之际，建成高收入的发达国家。越共中央总书记、国家主席、文件起草小组组长阮富仲评价此次会议文件贯彻理论与实践、坚持与革新相结合，体现继承性和发展性。

人事安排被视为“党代会各项决议能否顺利开展和决定会议成败的关键因素”，越南共产党也在这个

问题上花费很多精力。2020 年，县级和省级代表大会分别在第二季度和第三季度内如期召开。中央层面，5 月 11—14 日召开的十二中全会讨论越共第十三届中央委员会人事工作方向，就中央委员的标准如条件、结构、名额、候选人推荐流程及选择方式等问题展开讨论。5 月 27 日，越共中央宣教部副部长阮鸿延表示，十三届中央委员会计划选出 180 名中央委员和 20 名候补委员，选出政治局委员 17 ~ 19 人和书记处 12 ~ 13 人。7—9 月间，第十二届政治局由越共中央总书记、国家主席阮富仲，政府总理阮春福，国会主席阮氏金银和越共中央书记处常务书记陈国旺带队，分批与越南共产党 67 位中央级委员进行座谈，就越共十三大人事布局和未来工作进行调研指导。10 月 5—9 日召开的十三中全会就越共第十三届中央委员会正式、候补委员和中央检查委员会委员候选人名单进行投票，中央委员会对新一届中央政治局、中央书记处候选人人选达成高度共识。12 月 14—18 日召开的十四中全会对越共十三届政治局、书记处候选人推荐投票工作进行讨论且决定按照第十三届中央委员会人事工作方案继续审议、完善人事方案和流程，并在 2021 年 1 月举行的十五中全会上审批决定。

从 2020 年已经完成的省级、县级、乡级选举看，此次人事筹备工作呈现出以下特点：一是规范化。针对此前人事筹备工作中“跑官”“要官”、修改年龄等弊端，越共中央出台系列文件，包括 2016 年 8 月书记处颁布的《关于明确党员年龄的书记处结论》通报，明确党员年龄以入党时提交的材料为准；2019 年 9 月，政治局颁布的《关于干部工作中的权力监督和防止“跑官”“要官”的规定》首次以党规的形式明确干部工作的权限范围；2020 年 1 月颁布的《中央委员会、政治局、书记处管理的干部任职标准和评价指标体系》对 2018 年颁布的同名文件进行补充和细化。

二是民主性。此前干部规划分“三步走”，此次由政治局牵头，对干部工作提出具体、严密的“五步走”方针，增加专门讨论人事工作的党委会并在党委会内就候选干部进行投票，把人事决定工作从各级党委常委会下放至各级党委会，体现出更强的民主性。

三是年轻化。这次换届是“在战火中成长、受苏联等社会主义国家培养起来的干部向在和平年代成长起来的干部‘交权’”。在此次选出的省委书记和直辖市市委书记中，有一半以上的人是不满 50 岁的“70 后”，干部队伍更加年轻。阮鸿延披露，计划选出的第十三届中央委员会委员分为 3 个年龄结构，力争让 50 岁以下的干部占 15% ~20%，50 ~ 60 岁的干部占 70% 左右，61 岁以上的干部不超过 10%。

四是异地任职比例大幅提升。此次新任的省委书记和直辖市市委书记中，有 27 名为异地任职，占总人数的 41%，较上届 23% 的比例大幅提高。县委书记中，异地任职的比例高达 40%，其中，多乐省、多农省和胡志明市的干部异地任职比例高达 70%。

在筹备越共十三大的同时，越南继续推进反腐工作。2020 年，越南共产党对 4 名高级干部作出开除党籍处分，分别是胡志明市人民委员会原副主席阮友信、国防部原副部长阮文献、工贸部原副部长胡氏金钗及河内市市委原副书记、人民委员会主席阮德钟；对政治局委员、国家银行行长阮文平，政治局委员、时任河内市市委书记黄忠海，中央委员、广义省省委书记黎曰字，胡志明市人民委员会原主席黎黄军，广义省省委副书记陈玉更作出警告处分；对胡志明市市委原书记黎青海进行罢免 2010—2015 年任期职务的纪律处分。自 2013 年越南共产党成立中央反腐败指导委员会后，至 2020 年共调查 2.4 万名干部，并对其中 2.26 万人作出处理，其中包括 27 名中央委员或退休中央委员，4 名政治局委员或政治局原委员。越共中央总书记、国家主席阮富仲评价近年来反腐工作取得显著成绩，赢得社会的广泛支持，提升了党员和人民对党和国家的信心。

二、经济

（一）经济增速放缓

2020 年，越南经济增速较往年放缓，国内生产总值（GDP）增长 2.91%，是革新开放以来的最低增速。新冠肺炎疫情导致的全球封锁和经济萎靡是越南经济增速放缓的主要原因，其中旅游业、运输业、矿产业、纺织业和鞋业受损最为严重。旅游业历来对越南国内生产总值的贡献率约为 10%，但从 3 月起越南停止接待外国游客，全年国际游客到访量仅为 380 万人次，比上年下降 78.7%，造成旅游业损失 230 亿美元，旅游业服务人员中有 40% ~60% 失业或被迫缩短工作时长。航空业也损失惨重，越南国家航空公司亏损超过 15 万亿越南盾，越捷、越竹和太平洋等航空公司也报告亏损数十万亿越南盾，直接导致运输仓储业下降 1.88%。在全球油价下跌的情况下，越南原油开采产量下降 12.6%、天然气开采产量下降 11.5%，导致采矿业产值下降 5.62%。受终端需求萎缩影响，越南纺织业和鞋业 25 年来首次出现负增长，全国有 94.2% 的鞋厂和 87.1% 的纺织厂订单减少，74.8% 的鞋厂和 22.9% 的纺织厂产品无法出口。2020 年头 11 个月，纺织业出口额 340 亿美元，比上年同期减少 14% ~15%；鞋业出口额 149.3 亿美元，下降 9.8%。历年占越南 GDP6% ~7% 的侨汇收入也减少 10 亿美元，仅有 157 亿美元，占 GDP 的 5.8%。在疫情影响下，全年新成立企业比上年减少 2.3%，停业企业增长 13.9%。城镇失业率 3.61%，处于十年来最高水平，全国有 3210 万劳动者的收入受疫情影响而减少。此外，2020 年下半年，越南中部地区还遭遇 20 年来最强台风和 40 年来最严重的水灾，经济损失

32.3万亿越南盾(约合13.98亿美元),占全年自然灾害造成经济损失的82.8%。

（二）多措并举提振经济

1. 政府提出“防疫情、促发展”的“双重目标”。在有效管控疫情、未造成全国大范围传播的情况下,提供大量公共投资资金作为促进经济增长的主要资源和应对外国直接投资下降的重要补充。全年政府投资额比上年增长36.1%,投资资金到位达计划的91.1%,创2011—2020年最高水平。越南国家银行投放250万亿越南盾(约合108.29亿美元)的优惠信贷,首次全年3次降息,有效地帮助信贷组织提高资金流动性,减少企业融资成本。越南税务总局给予困难企业延长纳税期限、免除滞纳金等扶持措施;劳动部门允许困难企业暂缓缴纳养老金;工会组织同意企业推迟缴纳工会会费,共同帮助企业渡过难关。

2020年,越南经济增速虽大幅下跌、不少行业受损,但若横向对比,在全球经济萎缩、东盟整体经济约4.4%负增长的背景下,越南经济不但实现正增长,还维持宏观经济稳定。人均GDP略有提升,达3521美元。居民消费价格指数(CPI)为3.23%,通货膨胀率是2.31%,虽为5年来最高,但完成国会制定的不超过4%的目标。公债占GDP的56.8%,低于国会设定的65%的警戒线。货物进出口额均有所增加,全年贸易顺差191亿美元,创历史新高。在投资者对越南经济看好的背景下,越南股市债市双复苏,截至2020年11月30日,股市总市值超过6110万亿越南盾(约合2657亿美元),创历史新高,占GDP的101.22%,超过《2020年股市发展战略》中提出总市值占GDP70%的目标;公司债券发行成功量比上年同期增长25%。在此基础上,越南被《经济学人》评为2020年最成功的16个新兴经济体之一。企业也对越南整体评价向好,2021年第一季度,对未来经营持乐观态度的企业数较2020年第二季度增长81%。渣打银行预计2021年越南经济增速为7.8%;标准普尔甚至预计越南经济增速可达11.2%。

2. 继续大力吸引外资,发展外向型经济。一是改善营商环境,为吸引外资做准备。2020年6月,越南国会通过《投资法》和《企业法》修订案,提出进一步简化投资程序,减少投资限制,完善关于行业和投资优惠的规定,协助企业进入市场,保护少数股东权利等引资措施。二是继续加入各类自由贸易协定。2020年6月,越南国会批准《越南—欧盟自由贸易协定》和《越南—欧盟投资保护协定》,8月1日,《越南—欧盟自由贸易协定》生效。越南工贸部称,《越南—欧盟自由贸易协定》将推动越南GDP至2025年增长2.18%～3.25%,对欧洲出口额增长42.7%,该协议被视为连接越南与欧盟的“高速公路”。11月15日,《区域全面经济伙伴关系协定》(RCEP)签署,越南企业将其视为参加全球供应链、建立稳定长期的出口市场的重要机会。《越南与英国自由贸易协定》于12月29日正式签署并于12月31日生效,该协议旨在确保越南与英国的双边自由贸易不会因英国退出欧盟而中断。

3. 进行经济结构调整以保证经济实现可持续发展。大力发展辅助工业,建立完整产业链。越南进口的中间产品和资本品中来自中国的比例超过30%,受疫情影响,2020年年初,有47%的实体企业因中国供货商无法出货导致原材料短缺,这加强了越南建设独立辅助工业的决心。越南提出促进工业领域结构调整、提升国内原材料和零部件自主性及以服务国内生产为核心等发展目标。8月,越南政府《关于推动辅助工业发展措施的决议》提出,发展辅助工业是越南提高经济质量、保持可持续发展和避免中等收入陷阱的最重要手段,要求未来要把辅助工业作为优先发展行业和享有投资优惠的行业之一。决议要求重点发展电子、机电、汽车装配、纺织品、鞋业、高科技工业和国防工业的配套辅助工业,力争至2025年,辅助工业能满足45%的本土生产,占工业总产值的11%,全国有1000家能为跨国公司提供零配件的企业,其中国内企业占30%;至2030年,辅助工业能满足70%的本地生产,占工业总产值的14%,全国有2000家能为跨国公司提供零配件的企业。12月,越南首次举办辅助工业和加工制造业国际博览会,提出“以对接共谋发展”。

鼓励国内企业发展。越南创汇主要靠外资企业完成,外资企业的贸易量占全国对外贸易总额的七成。越南鼓励本土企业扩大生产规模,要求外资企业向国内企业转移技术,通过与世界银行、联合国工业发展组织、日本国际协力机构和韩国三星集团、日本丰田汽车公司等在越南投资的大型外资企业合作,扶持国内企业与跨国公司合作参加全球供应链。

大力发展数字经济。随着疫情对远程办公需求提升,越南继续推动“越南制造”战略,2020年6月,越南政府出台《国家数字化转型计划2025年愿景和2030年展望》。决议提出要在发展数字政府、数字经济和数字社会的同时,建设具有全球竞争力的数字企业。力争到2025年,数字经济占GDP的20%,跻身竞争力指数前50名;力争到2030年,越南成为稳定、繁荣发展和率先开展新技术的数字国家。此外,2020年,越南政府还出台1号指示,旨在推动越南数字企业发展,提出至2030年,越南要建成10万家数字企业。12月,越南政府出台的《2021—2025年协助企业数字化转型计划》提出,至2025年,100%的企业将获得数字化转型培训,其中至少对10万家企业进行技术和数字化转型支持,至少有100家企业成功实施数字化转型,设立包括100个咨询组织和个人的专家网络,为企业提供数字化转型措施和数字发展平台。12月,越南通信传媒部部长阮孟雄表示,经过努力,越南已建成数字企业

1.3万家,比上年增长28%,全国现有数字企业5.8万家,或将于2025年提前实现建成10万家数字企业的目标。

三、外交

2020年,越南首次同时担任东盟轮值主席国和联合国安理会非常任理事国,该年成为越南外交的“大年”。但受疫情影响,东亚峰会等系列会议均无法线下举行,也没能邀请各国领导人访越,这在一定程度上影响越南东道国的优势。越南针对疫情给全球带来的非传统安全和经济冲击,有针对性地化挑战为机遇,完成多边外交任务,并取得一定成就。

(一)举行东盟系列会议

在发现新冠肺炎疫情出现全球蔓延趋势、短期内无法举行线下会议后,越南及时举行视频会议,确保预定的各场会议顺利举行,会议数量多达550个,第37届东盟峰会及相关会议期间通过80余份文件,创历史新高。越南还根据国际形势变化调整议题设置。2019年11月,越南提出2020年东盟主题为“齐心协力与主动适应”,本意是推动东盟携手应对大国战略竞争、气候变化、网络安全和恐怖主义等全球性挑战。当新冠肺炎疫情在全球蔓延后,越南把东盟会议重心向“携手抗疫和恢复东盟经济发展”转变,为建立东盟应对新冠肺炎疫情基金会、东盟应急医疗物资储备库、《东盟全面复苏框架》及东盟卫生应急中心网络等地区合作倡议做出贡献。此外,在越南的推动下,湄公河次区域更加受到域外国家关注。2020年9月,美国把《湄公河下游倡议》升级为湄公河—美国伙伴关系;12月,韩国与湄公河国家建立战略伙伴关系。

(二)推动签署RCEP

2020年11月15日,东盟10国和中国、日本、韩国、澳大利亚、新西兰共15国领导人达成协议,正式签署RCEP。RCEP是目前世界上人口数量最多、成员结构最多元、发展潜力最大的自由贸易区。RCEP的签署成为区域经济一体化的重要里程碑,将有力地促进地区经济复苏、拉动全球经济增长,并展现参与方坚持团结合作、应对挑战、坚定维护多边主义和自由贸易的决心。

(三)尝试引导国际议题

越南当选2020—2021年联合国安理会非常任理事国后,提出“致力于可持续和平的伙伴”的主题。围绕这一主题,2020年1月,越南举行题为“纪念联合国成立75周年:恪守《联合国宪章》,维护国际和平与安全”高级别公开辩论会和“联合国与区域和次区域组织在维护国际和平与安全的合作:东盟的作用”会议,特别是后者首次为安理会与东盟提供交流合作的平台;越南还充当中间调节的角色,试图缩小各国在缅甸若开邦、南苏丹、委内瑞拉、叙利亚、巴以冲突、埃塞俄比亚复兴大坝争端和抗击新冠肺炎疫情等问题中的分歧。2020年,越南担任联合国安理会非常任理事国最大的成就是在越南的提议下,把每年12月27日定为“世界流行病日”,这是联合国大会在这一领域的第一项决议,也是由越南主持提出、进行协商并促进通过的第一项决议。

(四)进一步巩固越中友好关系

2020年1月18日,中共中央总书记、国家主席习近平与越共中央总书记、国家主席阮富仲就中越建交70周年互致贺电。中国国务院总理李克强也与越南政府总理阮春福互致贺电,为双方定下“推动新时期中越全面战略合作伙伴关系不断迈上新台阶”的基调。4月,越中两国总理通电话,就合作抗疫开展交流。8月,越中两国外交部部长共同出席中越陆地边界划界二十周年暨勘界立碑十周年纪念活动。9月,习近平与阮富仲通电话,两国领导人表示2020年两党两国迈向历史新起点,希望未来进一步加强政治互信,发挥好两党对两国关系的政治引领作用,推动经贸合作取得新进展,在多边框架下加强协调配合,共同维护和平稳定的发展环境,妥善处理解决存在的问题,推动两党两国关系取得新的历史性发展。在两国高层的引领下,越中经贸关系不断发展,中国继续是越南最大的进口来源国,2020年进口总额839亿美元,比上年增长11.2%;是越南第二大出口市场,出口总额485亿美元,增长17.1%。12月,两国海军、海警分别在北部湾开展第29次联合巡逻和第20次联合巡航,这两次联巡是在中越《北部湾渔业合作协定》于2020年6月30日到期的背景下进行的,两国海军和海警通过加强协调和对渔民的宣传管控,

12月10日,中越北部湾第29次联合巡逻圆满结束　　（百度网）

在双方渔业合作协定尚未续签的情况下，避免双方发生不必要的龃龉。

（五）越美关系升温

2020年，美国加大拉拢越南的力度，并将其作为遏制打压中国的重要手段。2020年10月，美国不顾国内疫情肆虐，先后派出军控问题特别代表马歇尔·比林斯和国务卿蓬佩奥访问越南；11月，美国国家安全顾问奥布莱恩访问越南，强调美国对越南的高度重视，支持越南在南海和湄公河问题上的立场。越南对此也积极回应，越南政府副总理兼外交部部长范平明表示，越美关系“正处于历史最好时期”。在此背景下，两国合作短板——安全领域有较大进展。3月，美国“罗斯福”号航母访问岘港，成为第二艘访越的美国航母；7月，两国就美国派遣和平队赴越南开展英语培训签署协议；8月，越南海岸警卫队派代表团赴美国培训并接收美国转交的第二艘汉密尔顿级巡逻艇，同时披露美国还将再向越南转交一艘汉密尔顿级巡逻艇；10月，美国为越南公安部开展15周的视频英语培训。越美经贸合作更加密切。2020年越南对美国出口额猛增，达764亿美元，比上年增长24.5%，越南成为美国第二大进口来源国。但越南从美国的进口额略有减少，仅为137亿美元，下跌4.9%。越南为平衡越美贸易，全年先后与美国多家公司签署天然气购买合同，但仍未能阻挡对美贸易顺差急速攀升的势头。年内，越南多次遭受美国贸易制裁威胁：6月，美国对从越南进口的轮胎开展反倾销调查并于11月开始征收反补贴税；10月，对越南木材和汇率相关政策启动301调查；12月，对越南纺织品和鞋业启动301调查，并把越南列为汇率操纵国。12月22日深夜，越南政府总理阮春福致电美国总统特朗普，向其解释越南货币政策，并承诺继续与美国合作，发展平衡贸易。随着中美贸易“脱钩”，越南部分填补中国向美国出口的市场份额，未来，越南对美国的贸易顺差将难以缩小，拜登上台后是否继续用贸易作为威胁越南的“大棒”仍有待观察。

（六）越南与日本、韩国和印度等传统友好国家的关系也取得一定进展

1. 越日开展全方位合作。政治上，2020年10月18—20日，日本首相菅义伟访问越南，这是他担任日本首相一个月后的首次出访，也是日本新任首相第二次选择越南作为首访国。访问期间，越日多次强调两国关系正处于“历史最好阶段”。经济上，菅义伟访越期间两国签署总价值近40亿美元的合作文件，包括日本在越南投资工业区、贸易中心、热电站和天然气电厂等；越南还积极吸引日本资金，谋求加入日本、印度和澳大利亚主导的《供应链弹性倡议》，与日本探讨供应链合作，“以加强经济的韧性”。安全上，7月，越南从日本国际协力机构借款3.48亿美元以建造6艘巡逻艇，这是日本首次向越南提供巡逻艇；9月，专为日本海军和海警造船的三井造船株式会社与马来西亚T7全球公司签署为越南海军和海警造船的合作协议；10月，日本海上自卫队访问越南金兰湾；菅义伟访越期间，两国就签署《防卫装备品技术转移协定》达成一致意见，菅义伟会后披露，日本将向越南出售巡逻机和雷达，帮助越南提升监视能力。此外，日本多次在国际场合支持越南的南海立场，菅义伟访越期间，越共中央总书记、国家主席阮富仲“高度评价日本在南海问题的立场”。

2. 经贸合作推动越韩关系发展。韩国是越南最大外商直接投资来源地、第二大官方发展援助来源地和第三大贸易伙伴。韩国三星集团是越南第一大外商直接投资商，营业额占越南GDP的26%。两国经贸合作正逐步从单纯的投资生产向产业链深入合作推进：9月，韩国永丰集团投资2.7亿美元兴建电子零件厂；10月，三星集团与越南工贸部和北宁省签署企业扶助合作备忘录，承诺优先从越南本土企业进口商品，扩大辅助工业发展规模；11月，LG集团在越南成立第2个汽车零部件研发中心。在经贸关系的推动下，近年来，越韩两国高层互访频繁。2020年，尽管受疫情影响，两国仍保持密切的高层沟通。9月，韩国外交部部长康京和访问越南，成为新冠肺炎疫情暴发后首位正式访问越南的外国政要；10月31日至11月5日，韩国国会议长朴炳锡访问越南，共商两国在后疫情时代的经贸合作与人员交流方案，两国就加强韩国企业赴越投资并扩大投资规模、提高韩国对越南的无偿援助达成一致意见。此外，9月，韩国向越南移交Hannara号训练舰，这是越南首艘符合国际海事组织规定的军官训练舰，被视为2020年越韩合作的一大亮点。

3. 越印战略合作取得突破。2020年，越印两国视频沟通不断。4月，越南政府总理阮春福与印度总理莫迪通电话，提出两国要灵活运用合作机制，避免合作态势被疫情中断；8月，两国外交部部长共同主持越印联合委员会经济贸易科技小组视频会议，会上呼吁各方尊重《联合国海洋法公约》争端解决机制的最终裁决，并签署印度国家海事组织与越南海洋岛屿研究院的合作备忘录；11月，越南国防部部长吴春历与印度国防部部长拉吉纳特·辛格视频通话，印度承诺帮助越南实现军事现代化；12月，两国总理主持举行高级别视频会谈，会谈通过《致力于和平、繁荣和人民的越印联合声明》，声明强调国际法在南海的作用，主张东盟与印度开展海上合作，加强两国在多边机制上的配合，强调在联合国、东盟主导机制和湄公河次区域开展合作，共建值得信任、繁荣有效、以人民为中心、推动全球化的供应链等。12月24日，印度海军抵达越南，为越南中部洪灾地区提供15吨救灾物资，并于26—27日与越南开展海上联合演习。越印合作从国防、油气和科技领域向国际合作迈进。（聂慧慧）

东南亚国家联盟

东南亚国家联盟概况

东南亚国家联盟(简称东盟)是亚太地区重要的地区组织,包括文莱、柬埔寨、印度尼西亚、老挝、马来西亚、缅甸、菲律宾、新加坡、泰国、越南10个国家,总面积约449万平方千米,人口6.6亿(2019年)。东帝汶和巴布亚新几内亚为观察员国。东盟峰会是东盟最高决策机构,由各成员国国家元首或政府首脑组成,东盟各国轮流担任主席国,2021年主席国是文莱。东盟秘书长是东盟首席行政官,向东盟峰会负责,由东盟各国轮流推荐资深人士担任,任期5年。现任秘书长林玉辉(LimJockHoi,文莱前外交与贸易部常秘),2018年1月就任,任期至2022年年底。

东盟的成立以"本着平等与合作精神,共同努力促进本地区的经济增长、社会进步和文化发展,为建立一个繁荣、和平的东南亚国家共同体奠定基础,以促进本地区的和平与稳定"为宗旨和目标。在1997年签署的《东盟2020年远景》中提出:东盟要建设成为一个充满关爱的社会,一个不分性别、种族、宗教、语言及社会和文化背景,所有人都享有平等发展权的社会;成为亚太地区乃至世界上一个有效维护和平与公正的现代化组织。

东盟的前身是马来西亚、泰国和菲律宾于1961年7月31日成立的东南亚联盟。1967年8月6—8日,印度尼西亚、马来西亚、新加坡、菲律宾和泰国共同发表《东南亚联盟成立宣言》即《曼谷宣言》,宣告东盟成立。1976年,上述5国在巴厘岛举行第1届东盟峰会,签署《东南亚友好合作条约》和《东南亚联盟协调一致宣言》(合称《巴厘第一协约》),确定东盟的宗旨和原则。1984年文莱加入东盟,联盟成员国增至6个(这6个国家也被称为原东盟成员国或东盟老成员国)。之后,越南于1995年7月、缅甸和老挝于1997年7月、柬埔寨于1999年4月加入东盟,东盟在组织上实现1994年5月提出建立"东南亚10国共同体"的目标。2006年东帝汶申请加入,但至今仍仅作为观察员参与东盟相关会议。2003年10月,第9届东盟峰会通过标志东盟在政治、经济、安全、社会与文化全面合作进入历史新阶段的《巴厘第二协约》,提出在2020年建立类似于欧盟的、包括政治安全共同体、经济共同体和社会文化共同体的"东盟共同体"。2004年11月,第10届东盟峰会通过《万象行动纲领》等一系列文件,提出进一步缩小成员国间的发展差距,于2020年把东盟建成一个对外开放、充满活力与关爱的共同体的目标。2005年12月,第11届东盟峰会通过《吉隆坡宣言》,决定制定《东盟宪章》,用法律的形式确定东盟所有准则、规定和价值观,搭建一个法律和机构框架,以加快实现东盟共同体的目标。2007年1月,第12届东盟峰会通过《到2015年建成东盟共同体宣言》,将建设进程缩短5年。第12届东盟峰会还通过《东盟宪章蓝图宿务宣言》,为东盟解决内部分歧提供法律依据,同时为东盟共同体建设指明方向。2008年12月15日,《东盟宪章》正式生效,东盟各国的合作更加制度化。2009年2—3月和10月分别举行第14届和第15届东盟峰会,签订《东盟共同体2009—2015年路线图宣言》等系列协定,强调东盟将于2015年如期建成"人民的共同体"。2010年4月和10月分别举行第16届和第17届东盟峰会,明确在一年内举行两次东盟峰会。其中:一届是成员国领导人会议,讨论东盟共同体建设事务;另一届是东盟与对话伙伴领导人会议,讨论与对话伙伴以及区域合作问题。2011年5月和11月分别举行第18届和第19届东盟峰会,签署《巴厘第三协约宣言》等一系列协定,强调以"全球共同体中的东盟共同体"为纲领,在推动2015年建成东盟共同体的进程中,带领东盟进一步放眼全球。2012年4月和11月分别举行第20届和第21届东盟峰会。其中:第20届峰会通过《金边宣言》《金边议程》《2015年建立东盟无毒品区宣言》《"全球温和派行动组织"概念文件》等一系列重要文件,还就继续推动东盟一体化和东盟发展中遇到的问题等达成共识;第21届峰会签署《东盟人权宣言》,建立"和平与和解机构"并决定在柬埔寨建立东盟地区排雷行动中心,同时将2015年12月31日定为建成东盟共同体的最后期限。2013年4月和10月分别举行第22届和第23届东盟峰会。其中:第22届峰会发表的《主席声明》,强调加强东盟共同体建设,扩展东盟次区域合作,呼吁有关各国遵守《南海各方行为宣言》以及南海问题六条原则,要求各方保持克制,避免使用武力或武力威胁,和平解决有关争议;第23届峰会再次确认2015年建成东盟共同体的目标。2014年5月和11月分别举行第24届和第25届东盟峰会。其中:第24届峰会发表的《内比都宣言》,表示进一步加强成员国间以及其他各方的协调合作,努力于2015年年底建成东盟共同体;第25届峰会重点讨论东盟共同体建设的进展和建成后的发展愿景以及如何加强东盟自身机构及能力建设。2015年4月和11月分别举行第26届和第27届东盟峰会。其中:第26届峰会以"我们的人民,我们的共同体,我们的愿景"为主题,决定如期在2015年年底建成东盟共同体;第27届峰会讨论东盟共同体2015年年底建成和未来10年的发展方向以及其他共同关切的地区和国际问题,各国领导人还共同签署《关于建立东盟共同体的2015吉隆坡宣言》和《东盟2025吉隆坡宣言:携手前行》。2016年9月6—8日,第28届和第29届东盟峰会在老挝万象举行。其中：第 28 届峰会主要讨论东盟共同体的建设情况，回顾“东盟共同体 2025 蓝图”的实施情况，并对在实施过程中遇到的问题提出指导性意见，会议还通过《东盟宣言：一个东盟，一种反应机制》《东盟一体化工作计划Ⅲ》《东盟互联互通总体规划 2025》等文件，以确保有效执行“东盟共同体 2025 蓝图”；第 29 届峰会着重讨论东盟与外部的关系以及发展方向，就共同关注的国际和地区间问题交换意见。东盟国家领导人还签署以东盟身份应对区域内外灾害的宣言。2017 年 4 月和 11 月，在菲律宾马尼拉举行第 30 届和第 31 届东盟峰会。其中：第 30 届峰会以“携手促进变革，共同拥抱世界”为主题，重点围绕东盟共同体建设及共同关心的国际地区问题进行讨论；第 31 届峰会就建设更加稳定和更具韧性的东盟共同体（即建设以人为本的东盟、维护地区和平与稳定、加强海上安全与合作、促进包容性与创新驱动型增长、加强东盟韧性、推动东盟成为区域主义样板和全球事务参与者）进行讨论，并签署《东盟关于保护和提高移民劳工的共识》，通过《东盟关于预防和打击网络犯罪的宣言》《东盟创新宣言》等多份重要文件。东盟及其对话或域外伙伴领导人共同出席东盟成立 50 周年纪念活动。2018 年 4 月和 11 月，在新加坡举行第 32 届和第 33 届东盟峰会。其中：第 32 届峰会围绕 2018 年东盟主题“韧性与创新”，重点就东盟共同体建设和国际地区问题进行讨论，会后发表《主席声明》《关于建设韧性和创新的东盟愿景文件》《关于网络安全合作的声明》和《东盟智慧城市网络概念文件》；第 33 届峰会回顾东盟共同体建设进展，重申加强非传统安全、环境挑战、可持续发展等领域合作，会议通过《东盟智慧城市网络框架》《关于增加绿色就业以促进东盟共同体平等与包容性增长的宣言》等文件，并签署东盟电子商务协议，旨在促进区域内跨境电商贸易便利化。2019 年 6 月和 11 月，在泰国曼谷举行第 34 届和第 35 届东盟峰会。其中：第 34 届峰会围绕“加强伙伴关系，促进可持续发展”主题，重点讨论东盟共同体建设和国际地区问题，发表《东盟印太展望》《东盟领导人关于可持续伙伴关系的愿景声明》《应对亚洲地区海洋垃圾的曼谷宣言》及其行动框架等文件；第 35 次会议，会议回顾东盟共同体建设，就东盟未来发展方向、加强东南亚地区各领域可持续发展交换意见。会议发表《主席声明》《东盟关于向第四次工业革命转型的宣言》和《东盟关于气候变化的联合声明》等文件。2020 年 4 月，东盟关于新冠肺炎疫情特别峰会以视频会议方式举行。会议重点就东盟国家合作抗击疫情、恢复社会经济发展等交换意见，发表《特别峰会宣言》。6 月，第 36 届东盟峰会以视频方式举行，发表《东盟领导人关于团结协作主动应对的愿景声明》等文件。11 月，第 37 届东盟峰会以视频方式举行，通过《东盟全面复苏框架》及其实施计划。

东盟建立一系列组织机构、机制来加强内部成员之间以及与世界各国的合作，主要有：东盟领导人会议，东盟外长会议和东盟地区论坛，以及农业和林业、经济、能源、环境、财政、通信与信息、投资、劳工、健康、法律、农村发展和减少贫困、科学与技术、社会福利与发展、打击跨境犯罪、肃毒、交通、旅游、青年、妇女工作、国防、教育、文化艺术、跨境烟雾、东盟投资区理事会、东盟自由贸易区理事会、东盟外长扩大会议、东盟经济共同体理事会议等部长级会议，部长会议下还设有高官委员会、理事会和技术工作小组。为有效处理对外关系，东盟在布鲁塞尔、伦敦、巴黎、柏林、华盛顿、东京、首尔、堪培拉、渥太华、威灵顿、日内瓦、新德里、纽约、北京、莫斯科、伊斯兰堡等地设有外交机构。2008 年《东盟宪章》生效后，东盟 10 国均向东盟秘书处派驻大使，东盟对话伙伴国也陆续向东盟秘书处派驻大使。

2015 年年底，东盟经济共同体宣告建成，成为东盟历史上又一重要的里程碑，标志着亚洲历史上第一次建成次区域共同体，对于东盟一体化进一步发展具有重要战略意义。在东盟共同体框架下，东盟国家在政治安全、经济和社会文化领域一体化水平不断提升，东盟作为一个整体在区域合作舞台上的声音将更加响亮。

东盟共同体建成并不意味着东盟一体化进程的终结，东盟共同体未来还面临着各成员国经济发展水平参差不齐、政治体制不同、宗教文化多样、区域法律法规不健全、非关税贸易壁垒等问题和挑战，一体化建设仍然需要深化。现实情况表明，东盟国家很难像欧盟一样在国际舞台上用同一个声音说话，东盟成员国之间没有形成共同的外交和安全政策，也尚未形成货币统一的经济货币联盟，财政政策也不统一，协调规章制度缺乏，与区域外国家或集团的竞争力较弱。

东盟政治安全共同体建设

2020 年，东盟政治安全共同体建设面临新冠肺炎疫情等的影响，但总体发展较为务实。11 月 10 日，在第 12 届东盟政治安全共同体理事会会议上，东盟政治安全共同体努力完善计划中余下的行动计划，同时改善活动方式，更加灵活主动开展工作。各国外长重申启动《东盟行为准则》谈判进程，强调愿与中国重新启动谈判。同时，会议还强调东盟关于《印度洋—太平洋展望》的观点。

各国政局总体相对稳定。2020 年东盟国家受到疫情影响较为严重，部分国家政治发展态势的不稳定因素有所增加，街头政治、身份政治和民粹主义有所抬头。如 2020 年东南亚政治中最大的“黑天鹅”事件——马来西亚政局变化：马哈蒂尔辞职，希望联盟解体，以穆尤丁为首的土著团结党与马来民族统一联盟（巫统）联手组成国民联盟，成立新的联合政府。此外，泰国针对王室的游行示威也持续发酵，印度尼西亚的劳工和就业抗议也受到反政府势力和宗教极端势力的影响。

安全防务合作层面,东盟各成员国不断加快安全防务合作。美国“脱钩论”对东南亚的供应链、产业链产生负面冲击,使经济问题不断被政治化。南海局势受大国因素影响明显,美国2020年在南海地区举行5次联合军演,在一定程度上阻碍“南海行为准则”的谈判进程,给南海局势增添不确定性因素。非传统安全方面总体趋稳,反恐态势大体保持平衡。

2020年12月10日召开第7届东盟国防部部长扩大会视频会议,一致同意强化以东盟为核心的区域框架内防务合作,树立互信,提升地区安全风险应对能力,为维护地区和平、安全与发展以及实现东盟共同体建设目标,发挥东盟在地区和世界上的核心作用做出贡献并通过《东盟防长扩大会各国国防部长关于战略安全愿景的联合宣言》。

东盟经济共同体建设

2020年,东盟国内生产总值(GDP)估计约为3.08万亿美元,比上年下降3.3%。受新冠肺炎疫情影响,年内东盟国家经济下滑严重,第一季度和第二季度经济受到的冲击较为严重,第三季度开始逐步复苏。其中,缅甸和越南经济增速较快,文莱和老挝基本保持稳定,其余国家均为负增长。

2020年,东盟继续加快东盟经济共同体(ASEANEconomicCommunity,简称AEC)建设,扩大内部贸易合作,以抵挡经济逆全球化动荡的负面影响。

加快应对新冠肺炎疫情大流行,力图减少对经济的影响。2020年,东盟密集召开经济、旅游、农业等部门的会议以商讨应对新冠肺炎疫情的内部区域信息共享和协调合作。同时,东盟在与中国、美国、俄罗斯、日本、韩国等域外国家的各类会议中,也多次重点讨论在突发公共卫生事件方面的合作以及经济层面的协同支持,以帮助减轻新冠肺炎疫情带来的负面影响。东盟的这一系列行动也推动一系列相关合作宣言和计划的出现,如《东盟与中日韩10+3经贸部长关于缓解新冠肺炎疫情对经济影响的联合声明》《关于加强东盟经济合作和供应链连通性以应对新冠肺炎疫情大流行的河内行动计划》等。

进行《东盟经济共同体建设蓝图》中期审查。在2020年1月11日东盟经济共同体全体委员会第10次会议上,东盟启动《东盟经济共同体2025年蓝图》中期工作,即蓝图实施的第一阶段(2015—2020)的审查准备工作,审查报告将在2021年公布。

持续推进多边经贸合作,共同应对全球性危机。2020年,随着东盟与美、日、印、韩等多个国家以及国际组织合作伙伴关系的行动计划纷纷到期,东盟与多个国家以及国际组织召开总结性会议并签订新的行动计划(2021—2025),进一步加强外交合作关系,以减轻新冠疫情带来的经济挑战,维护东盟的开放、稳定和繁荣。除伙伴关系的延续以外,东盟在经济、旅游、卫生、劳工等领域也和中国、美国、日本、印度等国家敲定专项合作,如《区域全面经济伙伴关系协定》《东盟—日本经济韧性行动计划》等。

东盟社会文化共同体建设

2009年第15届东盟峰会通过的《东盟社会文化共同体蓝图》目标是促进“建设以人为中心、对社会负有责任的东盟共同体,通过建设一个具有共同身份、共享、关爱、开放的社会,一个人民幸福、生活水平、福祉不断提高的社会,构建东盟各国和人民之间长久的团结和统一。”该共同体的合作领域包括文化、艺术和资讯、灾害管理、教育、环境、卫生、劳动、农村发展与消除贫困、社会福利与发展、青年和行政部门合作。主要涉及6方面:人的发展、社会福利和保障、社会公正和权益、确保环境的可持续性、建立东盟身份认同、缩小发展差距。2020年,东盟社会文化共同体建设启动对过去5年各项活动计划落实工作的核查。在轮值主席国越南的引导下,2020年东盟优先关注劳动和人力资源发展、社会福利与发展、医疗卫生、通信传媒、东盟文化、青年、环境和气候变化这些领域。

劳动和人力资源方面。在第36届东盟峰会通过的《不断变化的劳动世界中发展人力资源的宣言》中,东盟各国承诺为东盟人力资源提供各种技能服务,为未来做好准备,让他们能够为东盟可持续发展、竞争能力及韧性作出积极贡献,保护他们免受技术能力缺失带来的负面影响,帮助他们具备职业转换能力,确保不让任何人在不断变化的劳动世界中掉队。

环境保护和气候变化方面。湄公河次区域跨界雾

12月10日,第7届东盟国防部部长扩大会视频会议召开　(中新网)

霾污染次区域部长级指导委员会第 9 次会议于 2020 年 8 月 14 日以视频会议方式举行。会议重申致力于按照《东盟跨界霾污染协定》的原则,按照《东盟跨界霾污染控制合作路线图及实施手段》的规定,到 2020 年实现东盟无霾愿景。各国部长同意进一步加强合作,以有效实现本协议的全部目标,并确保全面实施东盟监测、评估和联合应急响应标准操作程序(SOP)。2020 年 11 月 30 日,东盟与欧盟举行第 2 次环境与气候变化高级别对话,讨论关于保护环境和应对气候变化有关地区和全球共同挑战方面的合作。欧盟确定支持东盟循环经济平台建设,促进整个东盟共享良好循环实践,吸引主要利益相关者参与,并帮助设计可以加速东盟成员国循环经济转型的政策。

灾害管理方面。2020 年 8 月 13 日,东盟灾害管理委员会举行第 36 届东盟灾害管理会议,确定改进区域灾害管理政策和战略优先事项,讨论新的灾害管理工作计划(2021—2025 年)和东盟关于加强适应干旱宣言的起草工作。在与美国、俄罗斯、韩国等国的合作会议上,东盟和相关各国都表示要进一步加强在灾害管理和全球灾害协同应对等工作方面的合作。

东盟对外关系

2020 年,东盟与美、日、印、韩等多个国家及国际组织分别举行合作会议,总结前 5 年的合作进展并签订新的行动计划(2021—2025 年)。由于新冠肺炎疫情的全球流行,东盟也加强在全球卫生问题领域的对外合作。

东盟与中国关系　2020 年是中国—东盟数字经济合作年。合作年以"集智聚力共战疫 互利共赢同发展"为主题,是中国和东盟继中国—东盟创新年、中国—东盟媒体交流年等活动之后的又一重要活动。在本次合作年期间,中国和东盟在智慧城市、大数据、人工智能等领域共同举办一系列活动,分享在数字化防疫抗疫、数字基础设施建设和数字化转型等方面的经验,持续完善沟通机制、丰富交流平台、挖掘合作潜力,共享数字经济发展红利。

政治安全领域。双方进一步加强多领域合作。由于疫情原因,中国与东盟在年内共同举行和参与多领域的多次合作会议,以卫生安全合作为主题共同推进双方的政治合作。2020 年 8 月 24 日,中国国务院总理李克强出席澜沧江—湄公河合作第 3 次领导人会议,就加强澜湄合作提出"将水资源合作推向新高度""拓展贸易和互联互通合作""深化可持续发展合作""提升公共卫生合作""加强民生领域合作""践行开放包容理念"六点倡议。11 月 12 日,李克强出席第 23 次中国—东盟领导人会议,会议发表《落实中国—东盟面向和平与繁荣的战略伙伴关系联合宣言的行动计划(2021—2025 年)》和《中国—东盟关于建立数字经济合作伙伴关系的倡议》。中国各部委也分别与东盟举行相关会议,商议应对新冠肺炎疫情的合作事项,通过《中国—东盟关于新冠肺炎问题特别外长会联合声明》《东盟与中日韩抗击新冠肺炎疫情领导人特别会议联合声明》《中国—东盟经贸部长关于抗击新冠肺炎疫情加强自贸合作的联合声明》《应对新冠疫情确保物流链畅通助力复工复产——中国—东盟交通部长联合声明》等多项合作联合声明。

经济合作领域。中国—东盟贸易迈向新阶段。2020 年,东盟历史性地成为中国第一大贸易伙伴,这是东盟继 2019 年超过美国成为中国第二大贸易伙伴后实现的又一突破。根据中国驻东盟使团经济商务处消息,2020 年中国与东盟贸易额 6846.0 亿美元,比上年增长 6.7%。其中:中国对东盟出口 3837.2 亿美元,增长 6.7%;自东盟进口 3008.8 亿美元,增长 6.6%。中国已连续 12 年保持东盟第一大贸易伙伴地位。这体现中国—东盟经贸关系的强大韧性。2020 年,中国和东盟及日本、韩国、澳大利亚、新西兰共 15 个亚太国家正式签署《区域全面经济伙伴关系协定》(RCEP),这也是中国与东盟在区域经济合作迈向新阶段的一个重要标志。

人文交流领域。中国—东盟人文交流合作势头不减。受新冠肺炎疫情影响,中国与东盟间的人文交流被阻隔,但双方人文交流的热情不减,许多活动通过云上合作的形式,创新人文交流方式,利用数字技术赋能的交流方式,进一步夯实双边关系发展的社会基础,开展如"我们的视界"首届中国—东盟友好合作主题短视频大赛、2020 年中国—东盟(南宁)戏剧周、2020 年中国—东盟大学(国别与区域研究)智库联盟论坛等人文交流活动,彰显中国—东盟人文交流合作的韧性。

东盟与美国关系　自 1977 年美国成为东盟的对

11 月 26 日,2020 年中国—东盟大学(国别与区域研究)智库联盟论坛视频会议在广西南宁举行　(中新网)

话伙伴以来，双方关系稳步发展。特朗普任期推行的一系列贸易保护主义政策在一定程度上损害了双边的关系。美国《印太战略》出台后，又重新开始重视东南亚地区的“战略作用”，虽然东盟并未对此完全认同，但也为双方进一步加强联系打下基础。

美国与东盟继续重申加强伙伴关系承诺。2020 年 2 月 14 日，在东盟与美国联合合作委员会第 11 次会议上，东盟和美国官员指出，长期的伙伴关系已扩大到涵盖东盟共同体三大支柱下的广泛领域。东盟也期待美国继续支持东盟的发展，包括东盟通过创新、贸易和电子商务实现包容性增长和政治安全区域优化伙伴关系等发展合作计划及社会文化社区建设等。2020 年 8 月 5 日，东盟和美国在通过视频会议举行的第 33 届东盟—美国对话上重申双边关系，并探讨深化战略伙伴关系的途径。在东盟—美国特别峰会上，东盟和美国还发布《东盟—美国战略伙伴关系的行动计划（2021—2025 年）》，表示要延续和加强未来 5 年的双边合作。

东盟与日本关系　日本是东盟最大的外资来源国和第二大贸易伙伴。近年来双方关系不断升温。2020 年 3 月 11 日，东盟和日本举行第 14 届东盟—日本联合合作委员会会议，强调双方进一步推进伙伴关系的承诺并决定在 2020 年优先支持海上合作、互联互通、联合国可持续发展目标、经济和数字经济、中小微企业及灾害管理等领域的计划和项目。2020 年 7 月 29 日，在东盟—日本经济部部长视频会议上，双方通过《东盟—日本经济韧性行动计划》，旨在加强合作，以减轻新冠肺炎疫情蔓延带来的经济挑战，并确保东盟和日本经济在疫情之后长期具备复苏的弹性。

东盟—东亚合作

东盟与中日韩 10 + 3 合作框架在维护、加强东亚和平、安全、稳定和发展方面具有重要作用。2020 年期间，由于新冠肺炎疫情的影响和 RCEP 的成功签署，10 + 3 合作更加密切。4 月 7 日，东盟成员国及中国、日本和韩国通过特别视频会议讨论并商定加强防范新冠肺炎疫情的方法，预防、检测和应对 2019 年疫情蔓延。6 月 4 日，东盟与中日韩抗击新冠肺炎疫情经贸部部长特别会议发表《东盟与中日韩 10 + 3 经贸部部长关于缓解新冠肺炎疫情对经济影响的联合声明》，表示要共同做好领导人特别会议后续落实工作，齐心协力、团结应对疫情挑战；稳定地区产业链供应链；维护自由、稳定、公平的贸易投资环境，保持市场开放，维护多边贸易体制，加强贸易投资和区域经济一体化合作。9 月 18 日，在第 23 届东盟与中日韩 10 + 3 财政部部长和中央银行行长视频会议上，各方表示将对下行风险保持警惕，继续采取必要的宏观经济政策支持经济复苏，同时重申将坚定不移地维护一个开放的、基于规则的多边贸易投资体系，并继续加强区域经济合作和一体化。

东盟与欧盟关系

2020 年，东盟与欧盟继续保持友好的外交政策，在政治、经济和文化等多个领域展开交流合作。2 月 10 日，在第 2 次东盟—欧盟可持续发展对话上，双方重申通过落实联合国《2030 年可持续发展议程》和可持续发展目标促进可持续发展是两个地区的优先事项，以及将可持续发展伙伴关系提升到更高水平。3 月 19 日，在第 27 届东盟—欧盟联合合作委员会会议上，东盟与欧盟官员回顾自 1972 年以来双方伙伴关系发展的深度，发布联合声明和《欧盟—东盟蓝皮书》。12 月 1 日，在第 23 届东盟—欧盟部长级会议上，双方同意将双边对话伙伴关系提升为战略伙伴关系，并将在疫苗的开发、制造和供应等疫情应对方面开展更大力度的合作。双方将为《欧盟—东盟自由贸易协定》建立一个切实可行的框架，还将在世界贸易组织改革等方面加强协调合作。同时，双方还将在联合国《2030 年可持续发展议程》、巴黎协定、生物多样性保护和管理、绿色金融及可持续的互联互通等方面加强合作。

东盟与其他国家的合作

2020 年，东盟还与印度、加拿大、韩国、新西兰、挪威等在政治安全、经济贸易和文化交流等领域深化伙伴关系合作。在第 53 届东南亚国家联盟（东盟）外交部部长会议期间，东盟与加拿大、韩国等分别举行外交部部长会议，发布《关于东盟—加拿大增强伙伴关系的联合宣言》的行动计划（2021—2025 年）、东盟与新西兰战略伙伴关系的行动计划（2021—2025 年）、《东盟—大韩民国实施和平、繁荣和伙伴关系联合愿景声明》的行动计划（2021—2025 年）等新的合作行动计划，推动伙伴关系合作发展。

东盟经济共同体全体委员会第 10 次会议

2020 年 1 月 11 日，东盟经济共同体成员国的高级经济官员在越南河内举行东盟经济共同体全体委员会第 10 次会议，评估共同体实施进度，分享 2020 年的优先事项，并协调跨领域问题。会议以“凝聚力和响应性”为主题，讨论越南担任 2020 年东盟轮值主席国的优先经济成果。这些可交付成果属于促进东盟内部经济一体化和互联互通、深化东盟与国际社会促进和平与可持续发展及增强东盟的反应能力和机构能力的 3 个战略主题的重要内容。此外，会议还讨论东盟第四次工业革命综合战略的制定进展，以及东盟经济共同体 2025 年蓝图的中期审查等。

第 23 届东盟旅游部部长会议

2020 年 1 月 15 日，第 23 届东盟旅游部部长会议与2020年东盟旅游论坛一起在文莱达鲁萨兰国斯里巴加湾市举行。会议由文莱达鲁萨兰国初级资源和旅游部长阿里和柬埔寨王国旅游部部长唐坤共同主持。会前还举行第51届东盟国家旅游组织会议及第19次东盟+3(东盟和中国、日本、韩国)旅游部部长会议。

2019年10+3地区国际游客达到2.446亿人次,比2018年增长5.8%。随着10+3国家间互利项目和活动的加强,东南亚旅游业将可以继续保持可喜的成绩。

东盟智利发展伙伴关系委员会首次会议

2020年1月31日,东盟和智利在东盟秘书处举行首次发展伙伴关系委员会会议,这标志着双边伙伴关系的开始,以加强双边关系。东盟—智利发展伙伴关系委员会是在2019年6月东盟外交部部长确认智利的发展伙伴地位后成立的。它是探索东盟与智利务实合作的平台,有望支持东盟共同体建设工作。

会议期间,双方官员就东盟和智利的近期事态发展交换意见。双方商议加强在跨国犯罪、海上合作、贸易投资、科技创新、减灾、可持续发展、教育及奖学金等重点领域合作。会议还通过ACDPC职权范围。

第2次东盟—欧盟可持续发展对话

2020年2月10日,第2次东盟—欧盟可持续发展对话在布鲁塞尔举行。欧盟和东盟重申,通过落实联合国《2030年可持续发展议程》和可持续发展目标促进可持续发展是两个地区的优先事项。双方将探索合作的可能性,以推动可持续经济发展。对话还讨论区域一体化和人力资源开发在缩小发展差距方面的重要性。欧盟和东盟还表示,将可持续发展伙伴关系提升到更高水平,包括将东盟—欧盟可持续发展对话作为常规机制举办下去。

东盟—美国联合合作委员会第11次会议

2020年2月14日,东盟与美国联合合作委员会第11次会议在东盟秘书处举行。会上,双方重申致力于加强互利战略伙伴关系。东盟和美国官员指出,双方长期的伙伴关系已扩大到涵盖东盟共同体三大支柱下的广泛领域。在讨论优先合作领域时,东盟与美国同意进一步深化海上安全领域;跨国犯罪,包括贩卖人口、毒品和野生动物;网络安全;和平与安全;妇女;贸易和投资;数字经济;活力;连通性;灾害管理和人道主义援助;人力资源开发;青年参与;以及教育交流等领域合作。

东盟官员期待美国继续支持东盟的社区建设,包括东盟通过创新、贸易和电子商务实现包容性增长和政治安全区域优化伙伴关系等发展合作计划和社会文化社区。东盟和美国官员表示将努力达成区域发展合作协议,进一步深化双边合作。

东盟政府间人权委员会第30次会议

2020年2月18—21日,东盟政府间人权委员会在越南河内举行第30次会议。会议重点讨论制订东盟政府间人权委员会2021—2025年五年工作计划草案,进一步落实东盟政府间人权委员会在促进和保护人权方面的任务授权。会议还讨论确定东盟政府间人权委员会2021优先计划和活动。

会议更新人权委员会在2019年和2020年开展活动的实施进展。活动涵盖的主题问题包括商业和人权,环境权,发展权,受教育权,儿童、妇女和残疾人权利,见解和言论自由,宗教和信仰自由,以及人权和可持续发展目标会议。会议还讨论机构问题,以进一步加强人权委员会的知名度、响应能力及与东盟部门机构、外部合作伙伴和其他利益相关者(包括民间社会组织)的合作。

第27届东盟—新西兰对话会

2020年2月21日,第27届东盟—新西兰对话会在柬埔寨暹粒举行。东盟和新西兰政府高级官员重申致力于在对话关系的第45年加强长期伙伴关系。在对话中,双方就地区和国际问题及在共同感兴趣的领域加强合作进行讨论。如加强在打击跨国犯罪,包括打击恐怖主义和暴力极端主义,防务,海上安全,打击捕鱼,善治,通过东盟—澳大利亚—新西兰自由贸易区升级贸易和投资,可持续发展,气候变化,灾害风险管理,连通性和对东盟一体化倡议的支持等领域的合作。

东盟—加拿大联合合作委员会第8次会议

2020年2月25日,东盟—加拿大联合合作委员会第8次会议在东盟秘书处举行,双方重申深化加强伙伴关系的承诺。会议上,双方官员指出,长期的伙伴关系已扩大到涵盖东盟共同体三大支柱下的广泛领域。双方官员同意将重点放在网络安全和跨国犯罪;通过基础设施发展创新融资实现互联互通;贸易和投资,包括签订《东盟—加拿大自由贸易协定》的可能性;社会性别主流化;妇女、和平与安全议程等问题;农民工;中小微企业;减轻生物威胁,包括努力应对新出现的威胁等领域的合作。

东盟经济部长第26届务虚会

2020年3月10日,东盟经济部长第26届务虚会在越南岘港举行。与会各方一致同意对于跨界流动的限制应以公共卫生考虑为基础,不应非必要地限制区域内的贸易,同意采取集体行动,减轻新冠肺炎疫情对经济的影响,并决定采取措施保持东盟市场的开放,加强区域信息共享和协调协作;加强东盟与外部和发展伙伴的经济合作,包括旨在加强区域供应链的倡议,提高其抵御内外冲击的能力;继续消除非关税壁垒,特别是阻碍商品和服务供应链畅通的非关税壁垒,避免实施不必要的新的非关税措施等。

第14届东盟—日本联合合作委员会会议

2020年3月11日,第14届东盟—日本联合合作委员会会议在东盟秘书处举行,会议强调双方要进一步推进伙伴关系。东盟赞赏日本对东盟发展的持续支持,包括对日本—东盟一体化基金的贡献。2020年,双方将优先支持海上合作、互联互通、联合国可持续发展目标、数字经济、中小微企业、灾害管理等领域的计划和项目。双方对落实2019年5月签署的《东盟—日本技术合作协定》取得的进展表示认可。

第18届东盟—俄罗斯联合合作委员会会议

2020年3月13日,东盟—俄罗斯联合合作委员会第18次会议在东盟秘书处举行。会议关注双方在人际交往、防控传染病等领域取得的进展。委员会对2019年10月在俄罗斯莫斯科举办第1届东盟—俄罗斯教育论坛表示认可,并支持在俄罗斯举办下一届东盟—俄罗斯青年峰会的倡议。双方期待在今年签署东盟与俄罗斯联邦灾害管理合作谅解备忘录。会议特别关注信息通信技术安全、金融、智慧城市和安全问题非正式磋商等新的合作领域。与会者强调东盟与俄罗斯商界之间的联系日益密切,包括东盟—欧亚经济联盟等形式的商界合作,并呼吁通过进一步举办相关商业活动来加强这种合作。

第27届东盟—欧盟联合合作委员会会议

2020年3月19日,东盟—欧盟联合合作委员会第27次会议在印度尼西亚雅加达举行。会上,东盟与欧盟官员回顾自1972年以来双方伙伴关系的发展情况,欧盟是东盟第一大外资来源地、第二大贸易伙伴和东盟第一大发展合作伙伴。会议发布联合声明和《欧盟—东盟蓝皮书》。

东盟中日韩10+3卫生部部长加强合作应对2019新冠肺炎疫情特别视频会议

2020年4月7日,东盟成员国及中国、日本、韩国的卫生部部长通过特别视频会议讨论并商定加强防范的方法,预防、检测和应对2019年新冠肺炎疫情(COVID-19)蔓延。会议重申继续努力实施《国际卫生条例》(2005年)和《亚太应对新发疾病和突发公共卫生事件战略》,以加强东盟成员国和中日韩3国的预防能力。东盟与中日韩卫生部部长同意通过一系列措施进一步加强共同应对新冠肺炎疫情的能力,如继续加强免费、公开、透明和及时分享新冠肺炎疫情预防、检测、控制和应对措施,以及流行病学监测更新、风险评估结果、病毒和缓解的流行病学和临床研究、治疗经验等方面的信息、数据和专业知识等。

第21届中国—东盟联合委员会会议

2020年4月23日,第21届中国—东盟联合委员会会议通过视频方式举行。中国和东盟重申致力于加强合作,进一步加强战略伙伴关系。东盟与中国同意继续加强贸易和投资关系,通过实施议定书推动中国—东盟自由贸易区升级建设,加强区域互联互通。通过在旅游和教育等领域的合作,包括通过实施东盟—中国青年领导人奖学金计划等旗舰项目推动人文交流。

会议还讨论2020年东盟—中国数字经济年活动,认为这将有助于加强电子商务等领域的合作。此外,双方还就地区发展交换意见。会议肯定东盟和中国为应对新冠肺炎疫情蔓延所做的努力,包括2月举行的关于新冠肺炎疫情的东盟—中国外交部部长特别会议。

双方进一步强调,有必要通过现有框架加强东盟与中国的合作,以减轻疫情及其影响。与会者还强调要确保区域供应链,尤其是食品、商品、药品和医疗用品等必需品的供应链。

第32届东盟—澳大利亚论坛

2020年5月18日,第32届东盟—澳大利亚论坛通过视频方式举行。论坛讨论2019年新冠肺炎疫情蔓延及对推进东盟—澳大利亚战略伙伴关系的共同承诺。在全球不确定因素增加的情况下,东盟与澳大利亚之间继续合作以促进一个开放、稳定和繁荣的地区发展仍然至关重要。

东盟与中日韩10+3经贸部长关于缓解新冠肺炎疫情对经济影响的联合声明

2020年6月4日,东盟与中日韩抗击新冠肺炎疫情经贸部部长特别会议以视频方式举行。会议认为,继续加强地区防疫和经贸合作、拉紧贸易投资合作纽带、稳步提升地区产业链供应链对持续推进区域经济一体化具有重要意义。各方将共同做好领导人特别会议后续落实工作,齐心协力、团结应对疫情挑战;稳定地区产业链供应链;维护自由、稳定、公平的贸易投资环境,保持市场开放,维护多边贸易体制,加强贸易投资和区域经济一体化合作。会后发表《东盟与中日韩10+3经贸部长关于缓解新冠肺炎疫情对经济影响的联合声明》。

关于加强东盟经济合作和供应链连通性以应对新冠肺炎疫情蔓延的河内行动计划

2020年6月4日,东盟经济部部长会议通过《关于加强东盟经济合作和供应链连通性以应对新冠肺炎疫情蔓延的河内行动计划》。该计划旨在新冠肺炎疫情蔓延造成的破坏中促进该地区的经济发展和保障供应链的稳定。与会者同意实施行动计划,以通过确保基本商品市场保持开放和集团国家之间的经济合作来应对新冠肺炎疫情蔓延的不利影响。

东盟—挪威联合部门合作委员会第5次会议

2020年6月4日,东盟和挪威通过视频方式举行东盟—挪威联合部门合作委员会第5次会议。会议探讨共同应对新冠肺炎疫情蔓延及其影响。会议还讨论自2017年以来实施的东盟—挪威部门对话伙伴关系优先计划下联合项目的进展情况,其中包括和平与人权、海洋合作、能源、贸易和连通性等。会议还就潜在合作领域交换意见,包括在教育中使用数字平台和其他可持续发展目标问题。双方同意制订后续文件,即《东盟—挪威部门对话伙伴关系:2021—2025年务实合作领域》,旨在指导和进一步加强东盟—挪威未来的合作。

第20届东盟—印度联合合作委员会会议

2020年6月11日,东盟和印度通过视频方式举行第20届东盟—印度联合合作委员会会议。会议重申进一步加强和深化合作的承诺。会上,双方共同承诺完成制订新的《2021—2025年行动计划》,进一步加强未来5年战略伙伴关系。

东盟和印度就进一步提高东盟—印度基金和东盟—印度绿色基金利用率的方式方法交换意见,包括可能改进基金的使用程序,为联合项目和活动提供资金等。会议还审议卫生应急和医学、跨国犯罪、贸易和投资、环境、教育、可持续发展、能源、智慧城市、互联互通、民间交往、缩小东盟发展差距等议题。双方还讨论利用印度政府提供的10亿美元信贷额度支持东盟与印度之间的基础设施和数字连接项目。

东盟社会文化共同体第15届协调会议

2020年6月17日,东盟社会文化共同体(ASCC)第15届协调会议举行,东盟社会文化共同体高级官员委员会的100多名代表、东盟社会文化共同体部门机构的代表及常设委员会代表参会。

会议听取中期审查的进展情况和ASCC部门机构工作计划的实施情况及未来5年新出现的优先事项。会议还讨论东盟防控新冠肺炎疫情的集体努力。会议赞扬东盟卫生高级官员会议与其他部门机构和实体为减轻新冠肺炎疫情的影响和可能制订的疫情之后恢复计划而进行的积极联合努力。

第10届《区域全面经济伙伴关系协定》部长级会间会

2020年6月23日,东盟成员国与澳大利亚、中国、日本、韩国、新西兰的国务部长/政府部长举行第10届《区域全面经济伙伴关系协定》部长级会间会。会议发布联合声明,重申年内将签署《区域全面经济伙伴关系协定》。在当前新冠肺炎疫情蔓延背景下,会议一致认为签署该协定明确表明坚定支持多边贸易体制,区域一体化及整个区域的经济发展。会议强调《区域全面经济伙伴关系协定》仍然对印度开放。

东盟社会文化共同体理事会第23次会议

2020年6月23日,东盟社会文化共同体理事会第23次会议以视频方式在越南河内举行,越南劳动荣军与社会部部长、2020年东盟国家委员会副主席、2020年东盟社会文化共同体主席陶玉容主持会议。会议发布的联合声明表明,要支持劳动和人力资源开发、社会福利与发展、通信传媒、东盟文化、意识和本色、环境与气候变化这些重点领域的发展。联合声明还提出5个关键优先事项:加强东盟团结、统一;推动地区合作与对接,提高适应能力并利用第四次工业革命的机会;推动东盟意识和特色;加强与世界各国发展和平与可持续发展伙伴关系;提高适应能力和东盟体制活动效果。

第36届东盟峰会

2020年6月26日,第36届东盟峰会以视频方式举行,东盟10国领导人、东盟秘书长等出席。与会领导人就防控新冠肺炎疫情、“后疫情时代”经济复苏、力争年内签署《区域全面经济伙伴关系协定》(RCEP)

6月26日,第36届东盟峰会以视频方式举行 (新华网)

等议题进行讨论。

东盟轮值主席国越南政府总理阮春福在峰会开幕时表示，这是东盟成立半个多世纪以来，首次以视频方式举行东盟峰会。新冠肺炎疫情发生后，东盟及时采取行动，立即启动东盟卫生应急系统，并与对话伙伴展开防疫合作。阮春福建议，东盟应继续做好疫情防控，早日克服疫情影响、促进经济恢复增长，努力完成2020年东盟合作的各项任务。

本次会议上，东盟领导人还就“后疫情时代”经济复苏总体计划交换意见，促进东盟应对新冠肺炎疫情基金、东盟紧急医疗物资储备库等倡议早日落地。并对2025东盟共同体愿景总体规划中期执行情况、《东盟宪章》实施情况进行评估，就制订2025年后东盟未来发展指引交换意见。

第8届东盟—新西兰联合合作委员会会议

2020年6月25日，东盟和新西兰通过视频会议举行第8届东盟—新西兰联合合作委员会会议。会议重申继续深化战略伙伴关系的承诺。东盟赞赏新西兰对东盟“中心地位”及东盟共同体建设努力的承诺和支持。会议讨论东盟—新西兰对话关系的未来方向，并强调在网络安全、反恐和打击暴力极端主义、人权、善治、贸易便利化、供应链互联互通、旅游等共同感兴趣的领域加强合作的重要性。

会议还认识到需要促进基于规则的多边贸易体系，并通过《区域全面伙伴关系协定》和AMS与新西兰政府之间的区域航空服务协定的结论及升级来提高经济弹性和竞争力。

东盟—澳大利亚特别外交部部长会议

2020年6月30日，东盟—澳大利亚新冠肺炎疫情特别外交部部长会议通过视频方式举行，讨论东盟—澳大利亚在突发公共卫生事件方面的合作，特别是应对新冠肺炎疫情蔓延，并确定恢复路线迈向可持续发展、和平和繁荣的合作地区。

第26届中国—东盟高官磋商会

2020年7月1日，第26届中国—东盟高官磋商会在线举行。双方重申战略伙伴关系的重要性，并同意进一步加强双边关系。

双方积极评价2019年中国—东盟领导人会议成果落实，就2019年领导人会议成果及下一阶段工作重点交换意见。东盟方高度评价中国疫情防控取得巨大成果，感谢中国对东盟国家防疫的支持和帮助，愿与中国共同努力，统筹防疫合作与经济社会发展，推进东盟—中国各领域合作议程，积极推进“南海行为准则”磋商，推动双方关系在2021年建立对话关系30周年之际再上新台阶。

东盟地区论坛国防官员对话会

2020年7月1日，越南国防部以视频形式举行东盟地区论坛国防官员对话会。此次对话会旨在促进区域防务合作，讨论疫情防控措施。与会代表讨论疫情背景下的军医合作、人道主义援助和灾难救援等问题及越南所提出的促进区域国防安全的意见与建议。

第17届东盟地区论坛安全政策会议

2020年7月8日，第17届东盟地区论坛安全政策会议以视频形式举行。与会代表高度评价包括东盟地区论坛安全政策会议（ASPC）在内的东盟地区论坛等多边机制在促进各国之间树立互信的作用，并肯定东盟在地区的中心作用。与会代表一致认为，国际合作是解决包括新冠肺炎疫情蔓延在内的共同安全挑战的钥匙。

会议上，各方代表强调，虽然病毒很小，但其不分国界和贫富，因此新冠肺炎疫情蔓延不是一个国家可以单独解决的挑战。与此同时，代表们认为，不能因为新冠肺炎疫情蔓延而忽视其他安全挑战，例如恐怖主义、海上安全、网络安全及核问题等。

首届东盟网上销售日

2020年8月8日，东盟启动首届东盟网上销售日。这是第一个在区域范围内集体举办的网上购物活动，也是一年一度的东盟范围内的电子商务活动。该活动涉及电子商务企业和平台，在东盟日提供折扣和开展促销活动。越南作为2020年东盟轮值主席国提议设立东盟网上销售日。东盟电子商务协调委员会担任活动的协调人。

东盟与日本经济复苏行动计划

2020年7月29日，东盟—日本经济部部长视频会议举行。会议双方通过《东盟—日本经济韧性行动计划》。该行动计划将2020年4月22日发布的《东盟—日本经济部部长关于采取经济弹性应对新型冠状疫情暴发的联合声明》转化为具体行动。该行动计划旨在加强合作，以减轻新冠肺炎疫情蔓延带来的经济挑战，并确保东盟和日本在新冠肺炎疫情蔓延后复苏具有长期的经济弹性。

该行动计划由52项战略措施组成，确定为实现以下目标而要实施的具体行动：维持东盟与日本密切发展经济联系；减轻新冠肺炎疫情对经济的不利影响；加强经济韧性，以应对新冠肺炎疫情蔓延带来的经济挑战。

第33届东盟—美国对话会

2020年8月5日，东盟与美国通过视频方式举行第 33 届东盟—美国对话会,会上重申双边关系,并探讨深化战略伙伴关系的途径。会议强调双方通过包括部长级在内的一系列高层接触加强美国—东盟健康未来合作去共同开发疫苗和抗病毒药物。会议还同意深化在智慧城市、基础设施、妇女和青年及数字经济等领域的合作。

东盟与美国还谈到共同关心的地区问题,包括朝鲜半岛和海上安全问题。双方官员重申《东盟印太展望》的重要性,并同意在《东盟印太展望》确定的关键领域探索可能开展的合作领域。

第 36 届东盟灾害管理会议

2020 年 8 月 13 日,东盟灾害管理委员会举行第 36 届东盟灾害管理会议,讨论东盟灾害管委员会 2016—2020 年工作计划的实施,并确定改进区域灾害管理政策和战略的优先事项。会上,与会人员讨论新的灾害管理工作计划(2021—2025 年)和东盟关于加强适应干旱宣言的起草工作。

同时,来自东盟国防部部长会议、东盟卫生发展高级官员会议和东盟社会福利与发展会议的代表参加第 13 届 HADR 联合特遣部队会议,讨论灾害的多方面影响。

第 17 届东盟—加拿大对话

2020 年 8 月 11 日,东盟与加拿大通过视频方式举行第 17 届东盟—加拿大对话会。会议重申双方继续致力于进一步深化在共同利益领域的合作。会议注意到加拿大继续希望将与东盟的对话关系提升到战略层面,赞赏加拿大积极参与东盟地区论坛、东盟跨国犯罪问题高官会议及加拿大—东盟奖学金和教育交流促进发展等倡议。

会议同意深化在贸易和投资领域的合作,通过探索《东盟—加拿大自由贸易协定》的可能性,加强在微型、中小企业发展,公共卫生,跨国犯罪,网络安全,智慧城市,信息、通信技术及教育和妇女赋权等领域的合作。

东盟海关总干事第 29 次会议

2020 年 8 月 18—19 日,东盟海关总干事第 29 次会议通过视频方式举行。东盟海关总署表示要进一步与私营部门即东盟工商咨询理事会、欧盟—东盟工商理事会和美国—东盟工商理事会进行接触,以加强海关与企业在区域内的伙伴关系。

东盟农村发展与消除贫困部长级会议

2020 年 8 月 19 日,东盟各国负责农村发展和消除贫困的部长们举行关于减少贫困和建设复原力:迈向新冠肺炎疫情恢复的虚拟特别会议。会议声明要保持团结,共同努力,加强区域合作,支持东盟内各级行动,将贫困和弱势群体置于所有新冠肺炎疫情应对和恢复措施的中心。期待与东盟其他部长级机构密切合作,通过减贫举措全面应对 2019 新冠肺炎疫情蔓延的影响,确保制订一个强劲、全面和包容的复苏框架和行动计划。

第 24 次东盟—韩国对话会

2020 年 8 月 26 日,东盟和韩国高官通过视频举行第 24 次东盟—韩国对话会。对话重申双方进一步加强东盟—韩国关系的承诺,并讨论如何在未来几年使双方的伙伴关系更加强大。双方同意密切合作,落实领导人在 2019 年 11 月东盟—韩国纪念峰会上做出的决定和倡议。东盟赞赏韩国在减轻新冠肺炎疫情影响方面的积极支持,包括通过实施“增强东盟成员国新冠肺炎疫情检测能力”项目及韩国对东盟应对新冠肺炎疫情基金的贡献。

考虑到新冠肺炎疫情的影响,双方强调有必要加强在疫情蔓延后恢复方面的合作,特别是在数字技术、数字经济和网络安全等新领域。双方还同意在贸易投资、中小微企业发展、气候变化、灾害管理、互联互通、智慧城市和基础设施等共同感兴趣的领域进一步加强合作。

第 8 届《区域全面经济伙伴关系协定》(RCEP)部长级会议

2020 年 8 月 27 日,东盟成员国、澳大利亚、中国、日本、韩国和新西兰的经济部部长举行第 8 届《区域全面经济伙伴关系协定》(RCEP)部长级会议。部长们认为,新冠肺炎疫情全球蔓延这一前所未有的挑战已经影响到 RCEP 成员国间的贸易和投资。他们同意这个挑战迫切需要 RCEP 谈判参与方在内的区域各国确保市场开放,特别是对关键货物和服务保持开放,还需要各国加强合作与协调,共同应对新冠肺炎疫情全球蔓延。

部长们认识到在当前不确定性背景下,RCEP 具有突出重要性。他们一致认为,RCEP 的签署将提振商业信心,促进区域经济一体化,维持区域和全球产业链、供应链稳定,展现本区域对外开放、包容、基于规则的多边贸易体制的支持。部长们也强调,RCEP 将对推动疫后复苏、维持区域和全球经济发展稳定发挥重要作用。

部长们对推动 RCEP 在 2020 年 11 月第 4 次 RCEP 领导人会议上签署所取得的重大进展感到满意。他们也重申 RCEP 将对印度保持开放。这不仅因为印度自 2012 年 RCEP 谈判启动便一直参与谈判,也因为印度有潜力对地区繁荣做出贡献。

第 53 届东盟外交部部长会议

2020 年 9 月 9 日,第 53 届东南亚国家联盟(东盟)外交部部长会议及相关会议开幕,会议通过视频方式举行。会议发表联合公报称,东盟各国一致同意加快2025年政治安全共同体总体计划实施,将在打击恐怖主义和暴力极端主义、非法药物和人口走私,以及边境管理、网络安全等非传统安全领域继续加强合作。

关于与外部伙伴的合作问题,东盟各国强调通过由东盟引领的机制,加强东盟团结及在与域外伙伴合作关系中发挥"中心作用"的重要性。关于南海问题,东盟强调要维护和推动南海和平、安全、稳定、航行安全与自由。各国还强调全面落实《南海各方行为宣言》,继续推动谈判以尽早达成质量高、具有总体性,符合包括1982年《联合国海洋法公约》在内的国际法的"南海行为准则"。

《东盟与美利坚合众国的区域发展合作协议》签署

2020年9月10日,东盟秘书长拿督林玉海和美国国际开发署东盟首席官员瑞恩沃什伯恩签署《东盟与美利坚合众国之间的区域发展合作协议》。协议将有助于加强东盟与美国之间的联系和维持良好的友谊关系,促进可持续和包容性的增长和发展。它将鼓励基于规则的体系,以支持一个和平、安全和繁荣的东盟,符合东盟共同体2025年愿景、东盟—美国行动计划(2021—2025年)和东盟—美国特别峰会的联合声明。协议将作为所有正在进行和未来的东盟—美国合作计划的总括框架以应对区域和全球挑战,例如新冠肺炎疫情蔓延、人口贩运和强迫劳动及协调应对自然灾害等挑战。

第23届东盟与中日韩10+3财政部部长和中央银行行长视频会

2020年9月18日,第23届东盟与中日韩10+3财政部部长和中央银行行长视频会议举行。会议主要讨论全球和区域宏观经济形势、10+3区域财金合作等议题,并发表联合声明。会议认为,10+3成员在此次疫情中应对及时得力,经济保持总体稳定,域内经贸投资合作进一步深化,是全球经济中的亮点。各方将对下行风险保持警惕,继续采取必要的宏观经济政策支持经济复苏,同时重申将坚定不移地维护一个开放的、基于规则的多边贸易投资体系,并继续加强区域经济合作和一体化。

第6届东盟财政部部长和中央银行行长会议

2020年10月2日,第6届东盟财政部部长和中央银行行长会议以视频方式举行。东盟各国财政部部长和中央银行行长与国际金融机构代表就该地区乃至全球宏观经济情况、应对新冠肺炎疫情的政策及疫情过后经济复苏计划等问题进行对话。与会代表还讨论东盟金融银行合作进程框架下各项合作倡议的开展落实情况。

与会代表一致认为,新冠肺炎疫情对东盟各经济体及其金融稳定造成负面影响,经济活动大幅萎缩,使2020年东盟地区增长减缓。促进金融合作是各国加强其对经济动荡应付能力的关键,同时有助于实现包容和可持续的复苏。

《2021—2025东盟—联合国行动计划》通过

2020年10月22日,联合国秘书长和东盟外交部部长通过第二份《行动计划》,即《2021—2025年东盟—联合国行动计划》。未来五年(2021—2025年),东盟将在全面伙伴关系框架内,在实施第一份东盟—联合国行动计划(2016年)取得的成就基础上,继续实现宣言中提出的目标。该计划涵盖多个全新的交叉领域,包括气候行动、性别平等主流化和网络安全等。

第37届东盟峰会及东亚合作领导人系列会议

2020年11月12日,第37届东盟峰会及东亚合作领导人系列会议在越南河内开幕。会议期间,东盟各国及其对话伙伴就应对疫情、疫情后恢复、《区域全面经济伙伴关系协定》(RCEP)签署等议题进行讨论并达成重要成果。闭幕式上还举行东盟轮值主席国移交仪式。2021年东盟轮值主席国文莱苏丹哈桑纳尔通过视频致辞说,文莱将在越南工作成果的基础上继续推动东盟共同体建设。首届东盟女领导人会议、东盟投资与商务峰会和东亚商务会议等会议将在本次系列会议期间举行。

11月12日,第37届东盟峰会及东亚合作领导人系列会议在越南河内开幕

(新华网)

东盟全面复苏框架

2020年11月12日,在越南河内举行的第37届东盟峰会通过《东盟

全面复苏框架》(简称《框架》)及其实施计划,作为东盟应对新冠肺炎疫情并实现社会经济稳步复苏的指导性文件。鉴于疫情蔓延的规模和影响,东盟认识到应对危机不仅需要在区域内采取协调行动,还需要与合作伙伴开展合作。虽然该地区的当务之急是疫情防控,但东盟必须同时考虑其集体和长期的社会经济复苏战略。

框架通过关注受疫情影响最严重的关键部门和社会阶层,制定广泛的战略,并根据部门和区域优先事项确定恢复措施,阐明东盟在复苏不同阶段的应对措施。由于疫情仍在蔓延,恢复方法应该是积极主动的、包罗万象、灵活和敏捷的,以便该地区可以轻松地根据不断变化的条件采取其战略。

河内宣言:《东盟一体化倡议第四期工作计划(2021—2025)》

2020年11月12日在越南河内举行的第37届东盟峰会通过《东盟一体化倡议第四期工作计划(2021—2025)》。东盟各国领导人发表《河内宣言》,欢迎工作计划的通过并鼓励各方支持计划实施。

第四期工作计划设定粮食和农业、贸易便利化、中小微企业、教育、健康和民生五大战略领域,各战略领域下设定4~5项具体行动。计划还包含4项辅助行动:(1)提升可持续发展的意识和行动,特别是在城镇化、循环经济和能源体系方面;(2)加强政府官员能力建设,促进行政管理、公共政策、治理和规则制定等方面经验交流;(3)提高数据收集和分析能力,促进更有效决策;(4)强化社会工作作用,实现以人为本和包容的东盟共同体。此外,考虑到第四次工业革命、性别和社会包容性及环境可持续性在未来5~10年对各国经济社会发展的重要性,上述3个方面被纳入工作计划相关内容。为确保高效实施,第四期工作计划还设定落实进程中必须重视的4个方面的工作:一是明确的治理和自主性,即强化IAI在东盟区域和国家层面的管理实施主体责任;二是有效的项目实施,即完善项目的规划、设计、实施和结项等环节,加强跨部门沟通,抓紧督促落实,确保效果;三是利益攸关方积极参与,即保持与东盟外部伙伴密切沟通,加强各国内相关部门间的协调并与私营部门加大联系;四是强大的绩效管理,即从输入、输出及成果指标等3个层面对IAI工作计划实施进行定期评估和总结。

第4届东盟媒体论坛

2020年11月24日,第4届东盟媒体论坛通过视频方式举行。论坛主题聚焦新冠肺炎疫情蔓延和东盟复苏框架等。一年一度的论坛为东盟的高级编辑和领导人提供一个讨论影响该地区重要问题的平台,并鼓励参与和讨论东盟的愿景。

第26届东盟交通部部长会议

2020年11月24日,第26届东盟交通部部长会议通过视频方式举行。会议批准第一套全东盟范围内的新冠肺炎疫情行动准则,旨在保护乘客和飞行机组人员的安全,以及飞机的清洁和消毒。会议还通过《航班机组人员执照互认安排实施协议-2》,发布《东盟陆运网络地图》及多项文件。

第23届东盟—欧盟部长级会议

2020年12月1日,欧盟与东盟以视频方式举行第23届欧盟—东盟部长级会议。欧盟外交与安全政策高级代表博雷利与东盟国家的对话协调员、新加坡外交部部长维文共同主持会议。来自欧盟成员国和东盟成员国的外交部部长或代表,以及东盟秘书处和欧盟委员会代表出席会议。

双方在会上同意将双边对话伙伴关系提升为战略伙伴关系,并将在疫苗开发、制造和供应等疫情应对方面开展更大力度的合作。双方将为欧盟—东盟自由贸易协定建立一个切实可行的框架,还将在世界贸易组织改革等方面加强协调合作。同时,双方还将在联合国《2030年可持续发展议程》、《巴黎协定》、生物多样性保护和管理、绿色金融、可持续的互联互通等方面加强合作。双方还对2020年11月30日启动的东盟海关过境系统、植物油生产联合工作组及2021年第一次会议、《全面航空运输协定》进展等表示欢迎。东盟对欧盟在贸易治理、森林执法和东盟绿色智慧城市等项目上提供资金援助表示感谢。双方还宣布2021年将在泰国举行第3届欧盟—东盟可持续发展对话。此外,双方还就南海局势等热点问题进行讨论。

第7届东盟国防部部长扩大会视频会议

2020年12与10日,第7届东盟国防部部长扩大会视频会议在越南举行。与会代表听取东盟合作情况报告,东盟国防高级官员扩大会议结果报告,就地区与国际形势深入交换意见和看法。与会代表一致认为,目前地区正面临多种挑战,要支持维护南海和平、安全、稳定及航行安全和自由,在尊重包括1982年《联合国海洋法公约》在内的国际法前提下采取和平方式妥善解决各种争端。

与会各方还一致同意强化以东盟为核心的区域框架内防务合作,增强互信,提升地区安全风险应对能力,为维护地区和平、安全与发展及实现东盟共同体建设目标,发挥东盟在地区和世界上的核心作用做出贡献。会议讨论通过《东盟国防部部长扩大会各国国防部部长关于战略安全愿景的联合宣言》。

(黄谟媛　罗富文　郑杏)

中国—东盟自由贸易区

中国—东盟自由贸易区的历史沿革

1991年,中国与东盟正式建立官方对话关系。同年7月,中国正式成为东盟磋商伙伴。1996年7月,中国被东盟接纳为全面对话伙伴国并出席东盟与对话伙伴国会议。1997年12月,中国与东盟首次举行东盟—中国领导人会议。会议期间,双方领导人发表联合宣言,确定东盟与中国面向21世纪的睦邻互信伙伴关系。

2002年11月,第6次中国—东盟领导人会议签署《中国与东盟全面经济合作框架协议》,确定2010年建成中国—东盟自由贸易区的目标。2003年10月,第7次中国—东盟领导人会议期间,中国正式加入《东南亚友好合作条约》,双方领导人发表《中国与东盟面向和平与繁荣的战略伙伴关系联合宣言》。2004年,在第8次中国—东盟领导人会议上,双方签署《中国与东盟全面经济合作框架协议货物贸易协议》和《中国与东盟争端解决机制协议》,中国—东盟自由贸易区进入实质性建设阶段。2005年7月,中国—东盟自由贸易区《货物贸易协议》开始实施,双方7000余种商品开始全面降税,双边贸易额持续增长。2007年1月14日,中国与东盟国家在菲律宾宿务签署中国—东盟自由贸易区《服务贸易协议》。2009年8月,中国与东盟国家共同签署中国—东盟自由贸易区《投资协议》。2003—2009年,中国—东盟关系发展全面提速,双方在包括货物、服务和投资在内的经贸潜能得到释放。

2010年1月1日,中国—东盟自由贸易区如期建成,90%的商品实现零关税。中国对东盟平均关税从9.8%降至0.1%,东盟6个老成员国对中国的平均关税从12.8%降至0.6%。中国—东盟自由贸易区成为中国对外建立的第一个自由贸易区,也是由发展中国家建立的世界上最大的自由贸易区。同年,中国—东盟自由贸易区《投资协议》开始实施。2010年10月29日,在第13次中国—东盟领导人会议上,双方领导人签署《落实中国—东盟面向和平与繁荣的战略伙伴关系联合宣言的第二个五年行动计划(2011—2015)》和《〈中国—东盟全面经济合作框架协议货物贸易协议〉第二议定书》。2011年1月1日,《〈中国—东盟全面经济合作框架协议货物贸易协定〉第二议定书》开始生效,11月21日,中国与东盟签署《关于实施中国—东盟自由贸易区〈服务协议〉第二批具体承诺的议定书》,中国—东盟自由贸易区得到进一步发展。

2012年是《中国—东盟全面经济合作框架协议》签署10周年,也是中国—东盟自由贸易区建设10周年。2012年1月1日,《关于实施中国—东盟自由贸易区〈服务贸易协议〉第二批具体承诺的议定书》正式生效。11月19日,在第15届东盟—中国领导人会议上,双方领导人签署《关于修订〈中国—东盟全面经济合作框架协议〉的第三议定书》和《关于在〈中国—东盟全面经济合作框架协议〉下〈货物贸易协议〉中纳入技术性贸易壁垒和卫生与植物卫生措施章节的议定书》,并建立一些机构专门负责双边经贸合作事宜。会议还发表纪念《南海各方行为宣言》签署10周年联合声明。

2013年是中国与东盟签署《中国与东盟面向和平与繁荣的战略伙伴关系联合宣言》10周年,也是中国—东盟博览会举办第10年。8月29日,纪念中国—东盟建立战略伙伴关系10周年特别外长会在北京举行。9月3—6日,中国—东盟建立战略伙伴关系10周年暨中国—东盟博览会10周年成就展在广西南宁举办。10月9—15日,第16次中国—东盟领导人会议、第16次东盟与中日韩10+3领导人会议和第8届东亚峰会在文莱斯里巴加湾举办,中国与东盟国家领导人进行会晤与对话。双方领导人将建立战略伙伴关系10年来的中国—东盟合作方式提炼为"亚洲方式",并一致同意打造中国—东盟自由贸易区升级版,携手共创"钻石10年"。

2014年是中国—东盟携手共创合作"钻石10年"的开局之年,也是中国—东盟自由贸易区升级版建设取得重要进展的一年。8月26日,第13次中国—东盟经贸部长会议通过中国—东盟自由贸易区升级版要素文件,并于9月进行首轮谈判。9月16—19日,第11届中国—东盟博览会在广西南宁举办。11月13日,第17次中国—东盟领导人会议在缅甸内比都举行,会议发表《主席声明》,积极评价中国—东盟关系取得的进展,并对进一步推进各领域务实合作做出规划。年内,中国与东盟领导人还通过第17次东盟与中日韩领导人会议、2014年东盟地区论坛高官会、东盟地区论坛海上航道安全研讨会等平台进行会晤与对话。

2015年是中国—东盟自由贸易区升级版建设的重要时间节点。11月22日,经过4轮谈判后,中国与东盟签署《中华人民共和国与东南亚国家联盟关于修订〈中国—东盟全面经济合作框架协议〉及项下部分协议的议定书》。升级版议定书的达成和签署,体现双方深化和拓展经贸合作的共同愿望和现实需求,将为双方经济发展提供新动力,有利于加快建设更为紧密的中国—东盟命运共同体,实现2020年双边贸易额达到1万亿美元的目标,并将促进《区域全面经济伙伴关系协定》(RCEP)谈判和亚太自由贸易区建设进程。年内,中国与东盟领导人还通过第12届中国—东盟博览会、中国—东盟商务与投资峰会,第18次中国—东盟、东盟与中日韩领导人会议,东盟地区论坛等平台进行沟通交流,为促进双边合作达成多项共识。

2016年是东盟共同体宣布建成后的第一年,也是中国—东盟对话关系建立25周年。当年9月,第19次中国—东盟领导人会议暨中国—东盟建立对话关系25周年纪念峰会在老挝首都万象举行,会上发表《第19次中国—东盟领导人会议暨中国—东盟建立对话关系25周年纪念峰会联合声明》。双方领导人回顾过去25年来中国—东盟对话关系取得的进展及各领域合作成果,同意继续加强对话和合作,加强相互理解和友谊,共同维护地区和平与稳定。年内,中国与东盟还通过第13届中国—东盟博览会、中国—东盟商务与投资峰会,第9届泛北部湾经济合作论坛,东盟与中日韩领导人会议,亚洲合作对话第14次外长会,2016年东盟地区论坛外长会,澜湄合作首次领导人会议,大湄公河次区域经济走廊2016年省长论坛,中国—东盟省市长对话等平台进行交流、开展合作。

2017年是东盟成立50周年和中国—东盟旅游合作年,中国—东盟关系也面临着提质升级的新机遇。年内,中国与东盟相互支持各自的主场外交,体现对双边关系的高度重视和中国对东盟在区域合作中的中心地位的坚定支持。中国与东盟进一步加强政策沟通、战略对接和务实合作,深化经贸、互联互通、产能等全方位合作,落实第三份五年行动计划,推动中国—东盟自由贸易区升级成果落地。中国与东盟合作办好旅游合作年,打造社会人文合作新支柱,为中国—东盟合作注入新动力。2017年中国与东盟双边贸易额5148亿美元,比上年增长13.8%,增速超过中国对欧盟、中国对美国的贸易增长速度。中国向东盟出口额2791亿美元,比上年增长9%;进口额2357亿美元,增长20%。

2018年是中国—东盟建立战略伙伴关系15周年。15年来,双方关系从快速发展的成长期迈入提质升级的成熟期,进入全方位发展的新阶段。2018年,中国—东盟经贸合作再创佳绩。一是双边贸易额再创新高。根据中国海关统计数据,2018年中国与东盟贸易额5878.7亿美元,比上年增长14.1%,增速超过中国对外贸易平均增速。自2009年以来,中国已连续10年成为东盟第一大贸易伙伴,东盟连续8年成为继欧盟、美国之后的中国第三大贸易伙伴。在中国的前七大贸易伙伴中,东盟与中国的贸易增长速度最快。二是双向投资实现双增长。根据中国海关统计数据,2018年中国对东盟非金融类直接投资流量为99.5亿美元,比上年增长5.1%,显著高于2017年1.7%的增幅;东盟对中国投资流量为57.2亿美元,增长12.5%。截至2018年年底,中国对东盟累计投资额890.1亿美元,东盟对中国累计投资额1167亿美元,双向投资存量15年间增长22倍。东盟首次超过英属维尔京群岛,跻身继中国香港之后的中国第二大对外投资目的地。同时,东盟也仅次于中国香港和欧盟,位列中国第三大投资来源地。

2018年11月14日,在新加坡举行的中国—东盟领导人10+1会议上,中国国务院总理李克强宣布,中国与东盟各国最终完成自由贸易协定"升级版"的所有国内程序,中国—东盟自由贸易区"升级版"正式全面生效。这必将进一步密切中国与东盟的经贸关系,向国际社会释放中国和东盟国家坚定维护多边主义和自由贸易的积极信号。多位东盟国家领导人对《中国—东盟自由贸易协定》"升级版"正式全面生效给予高度评价。菲律宾总统杜特尔特表示,相信东盟与中国将继续促进贸易投资合作,维护多边主义和多边体系,这符合中国和东盟国家的共同利益。印度尼西亚总统佐科表示,面对国际经济中的诸多不确定因素以及保护主义、零和博弈势头上升的挑战,东盟和中国别无选择,只能加强合作,让东盟和中国成为和平与安全、稳定与繁荣的重要支柱。东盟轮值主席国新加坡总理李显龙表示,东盟和中国都支持以规则为基础的、开放的多边主义,支持扩大开放、互联互通。《中国—东盟自由贸易协定升级议定书》的全面执行将发出支持多边经济和贸易合作的强有力信号。中国外交部发言人华春莹在11月16日举行的例行记者会上表示,中国也将继续把东盟作为周边外交优先方向,以《中国—东盟自由贸易协定》"升级版"全面生效为契机,与包括东盟成员国在内的地区国家一道,进一步推动区域内贸易投资自由化、便利化,推动东亚地区经济一体化进程,与东盟携手打造更高水平的战略合作关系,构建更为紧密的中国—东盟命运共同体,使中国—东盟合作继续成为促进地区和平与繁荣的重要支柱。

12月19日,中国国际贸易促进委员会在中国广西南宁举行"全面签发《中国—东盟自由贸易协定》项下原产地证书工作会议",对外发布称将从2019年1月16日起,授权中国贸促系统优惠原产地签证机构全面开展中国—东盟自由贸易区优惠原产地证书签发业务。当日会上,中国国际贸易促进委员会还与南京大学共同发布《中国—东盟自由贸易协定实施效果评估研究报告》。

2019年,中国—东盟自由贸易区进一步增强双边经贸关系。据中国海关统计,2019年,中国—东盟贸易额达到6415亿美元,增长9.29%,高于中国对外贸易平均增速,在中国前三大贸易伙伴(欧盟、东盟、美国)中增速最快,在中国对外贸易中占比上升,中国与东盟贸易额超过中国与美国贸易额千亿美元,东盟历史性成为中国的第二大贸易伙伴,形成中国和东盟互为第一大贸易伙伴的良好局面。

2019年8月22日,所有东盟国家均完成国内核准程序,10月22日,中国—东盟自由贸易区升级《议定书》对所有协定成员全面生效。升级《议定书》的全面生效将进一步释放中国—东盟自由贸易区实施的红利,让自由贸易协定的优惠政策真正惠及所有协定成员国的企业和人民,也必将有力地推动双方经贸合作再上新台阶,为双方经济发展提供新的助力,为实现《中国—东盟战略伙伴关系2030年愿景》做出积极贡献。

2020年是中国—东盟自由贸易区全面建成10周年。在新冠肺炎疫情全球蔓延背景下,中国与东盟经贸合作逆势上扬,彰显双方经贸关系的强大韧性和活力。疫情暴发后,为坚定支持自由贸易、继续保持市场开放,双方发表《中国—东盟经贸部部长关于抗击新冠肺炎疫情加强自贸合作的联合声明》。8月底,双方举行第19次中国—东盟经贸部部长会议并共同出席东亚合作经贸部部长系列会议。在第23次中国—东盟领导人会议上,双方共同发表《中国—东盟自由贸易区全面建成10周年实施报告》,就自由贸易区下一步合作达成共识。双方展开多方面交流与合作,以人员往来的“快捷通道”、货物往来的“绿色通道”等多种形式共同维护地区产业链、供应链稳定,积极推动经济复苏,经贸合作实现稳定增长。2020年,东盟历史性地成为中国最大贸易伙伴。中国与东盟贸易额6846亿美元,比上年增长6.7%。其中:中国对东盟出口额3837.2亿美元,增长6.7%;自东盟进口额3008.8亿美元,增长6.6%。中国对东盟全行业投资额143.6亿美元,增长52.1%;东盟对华实际投资额79.5亿美元,增长1.0%。中国企业在东盟新签工程承包合同额611.0亿美元,完成营业额340.0亿美元。

中国—东盟迎新春增合作系列活动

2020年1月14日在中国北京举行。由中国外交部中国国际问题研究基金会特别支持,中国—东盟商务理事会和东盟北京委员会共同主办系列活动。包括商务厅局长与东盟经贸合作对话会、中国(衢州)—东盟商机对接会、2020中国—东盟商机对话会暨中国—东盟基础设施及建筑业合作会议、中国烟台市对接东盟合作会议,以及2019年度“中国企业走进东盟”“东盟企业走进中国”成功企业奖和2019年度中国行业企业对接东盟合作奖等。在2020中国—东盟迎新春联谊会上,中国和东盟10国代表共同上台用本国语言献上新年祝福。柬埔寨驻华大使凯西索达、菲律宾驻华大使罗马纳、文莱驻华大使拉赫玛尼、老挝驻华大使坎葆·恩塔万、泰国驻华大使阿塔育·习萨目、越南驻华大使范星海,以及中国国际贸易促进委员会前副会长于平和王锦珍,中国国际问题研究基金会副理事长兼亚太中心主任、前中国驻老挝大使关华兵等近300人出席会议。

中国—东盟环保合作示范平台载体企业授牌仪式

2020年2月18日在中国广西南宁举行,标志着该示范平台建设各项工作全面启动。广西壮族自治区人民政府副秘书长周光华,自治区生态环境厅厅长檀庆瑞、副厅长黎敏分别为获得授权参与示范平台建设的3家载体企业授牌。中国—东盟环保合作示范平台是自治区级环保产业全方位开放合作平台,其建设由两部分组成:第一部分依托科研院所、技术单位建设,主要包括广西壮族自治区环境保护科学研究院等科研院所以及有关技术单位;第二部分依托企业进行建设,按照“政府指导支持、企业市场化运作”原则,由符合条件要求的国有企业和私营企业承担相应任务。广西博世科环保科技股份有限公司为“中国—东盟国际先进环保产业合作中心”建设的载体企业;广西益江环保科技股份有限公司为“中国—东盟国际先进环保技术转移示范基地”建设的载体企业;广西环保产业投资集团有限公司为“中国—东盟国际先进环保技术推广应用示范基地”建设的载体企业。

中国—东盟关系雅加达论坛2020年第1场活动

2020年5月29日以视频形式在东盟秘书处所在地印度尼西亚雅加达举行。由中国驻东盟使团和中国—东盟关系协调国菲律宾驻东盟使团共同举办,印度尼西亚外交政策协会承办,主题为“中国—东盟抗疫合作和共同构建人类命运共同体”。中国驻东盟大使邓锡军、东盟副秘书长康富,菲律宾常驻东盟代表诺埃尔,印度尼西亚东盟事务主管何塞,印度尼西亚外交部前副部长、印度尼西亚外交政策协会创始人迪诺出席活动并致辞,东盟国家常驻代表及中国和东盟国家智库学者近30人视频连线参与讨论互动。与会专家学者重点围绕中国—东盟疫情防控、东亚经济复苏和疫情对地区政治经济社会影响等议题进行深入讨论。他们普遍认为,中国与东盟开展的抗疫合作堪称典范,并将在“后疫情时代”扮演引领地区经济复苏的关键角色。中国与东盟应携手维护多边主义,共同支持世界卫生组织在国际疫情防控合作中发挥领导作用。

中国(青岛)—东盟经贸对接会

2020年5月29日通过视频连线方式举行。由中国青岛市商务局、中国(山东)自由贸易试验区青岛片区管委会和中国—东盟商务理事会共同主办。中国—东盟商务理事会执行理事长许宁宁在会上致辞,中国国际贸易促进委员会前副会长于平、青岛市人大常委会副主任邹川宁、菲律宾驻华大使馆商务参赞格伦、老挝驻华大使馆商务参赞波沙万、印度尼西亚驻华大使馆商务参赞玛丽娜、菲律宾丝绸之路国际商会会长蔡聪妙、新加坡制造商总会会长符标雄和缅甸中华总商会会长林文猛等分别发言。与会嘉宾一致认为中国—东盟经贸合作潜力大,在防疫期间双方开展合作具有积极意义,中国(山东)自由贸易试验区青岛片区的建设体现中国扩大开放正在加快步伐,此次会议的举行有益于推动中国与东盟双边合作。近年来,中国青岛市与东盟经贸往来增长态势强劲,2019年,青岛市与东盟进出口总额739.13亿元人民币,比上年增长

32.4%,其中很大部分是在山东自由贸易区青岛片区内完成的。2020年第一季度,双方进出口总额200.39亿元人民币,比上年同期增长32.7%。其中,青岛市向东盟出口额108.54亿元人民币,增长25.4%;进口额91.85亿元人民币,增长42.5%。

2020中国—东盟数字经济合作年开幕式

2020年6月12日通过网络视频形式举行。合作年主题为"集智聚力共战疫 互利共赢同发展"。中国国务院总理李克强和东盟轮值主席国越南政府总理阮春福向开幕式致贺信。中国工业和信息化部部长苗圩宣读李克强贺信并作主旨发言,越南工贸部副部长高国兴宣读阮春福贺信,东盟数字部长会议主席、老挝邮电部部长坦沙迈·贡玛西和东盟秘书长林玉辉致辞。文莱交通和信息通信部部长穆塔里布、柬埔寨邮电部部长谢万迪、印度尼西亚通信和信息技术部部长乔尼·杰勒德·普拉特、马来西亚通信和多媒体部副部长扎西迪·扎因·阿比丁、缅甸交通和通信部部长丹辛貌、菲律宾信息和通信技术部副部长伊曼纽尔·雷伊·凯因蒂克、新加坡通讯和新闻部部长易华仁、泰国数字经济社会部部长普缇蓬和越南信息通信部副部长潘丹等东盟国家数字经济或信息通信主管部门部长围绕数字经济应对新冠肺炎疫情、数字经济发展与创新合作发言。2019年,第22次中国—东盟领导人会议将2020年确定为中国—东盟数字经济合作年。在合作年期间,双方在智慧城市、大数据和人工智能等领域共同举办一系列活动,分享在数字化防疫抗疫、数字基础设施建设和数字化转型等方面的经验,持续完善沟通机制、丰富交流平台、挖掘合作潜力,共享数字经济发展红利。中共中央网络安全和信息化委员会办公室及中国外交部、国家发展和改革委员会、商务部、国家卫生健康委员会、中国—东盟中心、工业和信息化部有关司局,以及国家工业信息安全发展研究中心的代表参加会议。

中国(福建)—东盟经贸合作网络推介会

2020年6月30日以网络视频与直播相结合的方式举行。由中国福建省商务厅、中国—东盟商务理事会共同主办,厦门市商务局、南平市商务局和三明市商务局协办,在中国福州和北京分设会场,并同时连线东盟10国15地,中国及东盟各国嘉宾通过网络方式参加会议,共同促进中国福建省与东盟国家经贸合作新发展。会上,中国福建省商务厅以及厦门市、南平市先后作经贸推介,新加坡、印度尼西亚、缅甸和越南4国驻华大使馆商务参赞及老挝国家工商会、菲律宾工商会、泰—中商务理事会会长等重要嘉宾也连线参会并推介本国市场及合作商机。双方嘉宾交流互动,积极表达合作愿望,在线参会人数高峰时近4200人。

第26次中国—东盟高官磋商

2020年7月1日以视频方式举行。由中国外交部部长助理陈晓东和菲律宾外交部部长助理朱妮沃共同主持,东盟其他各国东盟事务高官和东盟副秘书长出席。双方积极评价2019年中国—东盟领导人会议成果落实,就当年领导人会议成果及下一阶段工作重点交换意见。陈晓东表示,新冠肺炎疫情暴发以来,中国与东盟国家秉承命运共同体意识,密切合作、携手抗疫,再次以实际行动诠释中国—东盟关系的战略意涵。中国愿与东盟共同努力,继续加强抗疫合作,探讨建立东亚"快捷通道"网络,助力各国复工复产,同时深入对接"一带一路"倡议与东盟发展规划,更多造福双方人民。2021年是中国与东盟建立对话关系30周年,中国期待与东盟一道,积极筹备2021年领导人会议和重大活动,推动双方关系提质升级。东盟高度评价中国抗击疫情取得的巨大成果,感谢中国对东盟国家抗疫的支持和帮助,愿与中国共同努力,统筹抗疫合作与经济社会发展,推进东盟—中国各领域合作议程,积极推进"南海行为准则"磋商,推动双方关系在2021年建立对话关系30周年之际再上新台阶。

首届中国—东盟友好合作主题短视频大赛启动仪式

2020年7月3日在线上举行。中国驻东盟大使邓锡军、东盟副秘书长德尼、中国—东盟关系协调国菲律宾常驻东盟代表诺埃尔和中国公共外交协会会长吴海龙等出席仪式并致辞。本届大赛由中国驻东盟使团、中国外文出版发行事业局、东盟秘书处、中国—东盟关系

6月12日,2020中国—东盟数字经济合作年开幕式通过网络视频形式举行
(百度网)

协调国菲律宾常驻东盟使团、中国公共外交协会和江苏省苏州市人民政府联合主办，中国报道杂志社承办，中国传媒大学及有关新媒体平台协办。双方期待以此次活动为契机，架设更多中国与东盟民众相知相交的"云渠道"，为中国—东盟友好合作留声存影，为进入而立之年的中国—东盟关系提质升级不断夯实民意基础。

中国—东盟自由贸易区第13次联委会

2020年7月13—14日以远程视频方式举行。中国商务部、外交部、国家发展和改革委员会、工业和信息化部、财政部、农业农村部、海关总署、市场监管总局和国际贸易促进委员会等部门组成中国代表团，与东盟秘书处和东盟10国组成的东盟代表团共同参会。会上，双方高度评价《中国—东盟自由贸易协定》对双边经贸发展的积极促进作用，对《中华人民共和国与东南亚国家联盟关于修订〈中国—东盟全面经济合作框架协议〉及项下部分协议的议定书》（又称中国—东盟自由贸易区升级《议定书》）全面实施以来取得的进展表示赞赏，就实施中存在的问题及未来的工作计划进行充分讨论，同时就各国应对新冠肺炎疫情采取的支持性经贸措施进行交流。双方一致表示，进一步加强在中国—东盟自由贸易区框架下的合作，落实《中国—东盟经贸部部长关于抗击新冠肺炎疫情加强自贸合作的联合声明》，用好、用足自由贸易区优惠政策，推动双方经贸合作迈上新台阶。

中国—东盟交通部部长应对新冠肺炎疫情特别会议

2020年7月16日通过线上视频方式举行。中国交通运输部部长李小鹏与东盟交通部部长会议机制轮值主席、文莱交通和通讯部部长穆塔里布共同担任特别会议联合主席并致开幕辞。柬埔寨国务大臣兼公共工程与运输部大臣孙占托、印度尼西亚交通部部长布迪·苏马迪、老挝公共工程与运输部副部长翁萨瓦·辛攀东、马来西亚交通部部长魏家祥、缅甸联邦交通和通讯部部长丹欣貌、菲律宾交通部部长亚瑟·杜伽德、新加坡基础设施统筹部部长兼交通部部长许文远、泰国交通部部长萨沙扬和越南交通运输部部长阮文体出席会议。与会各方就交通运输领域抗击新冠肺炎疫情的举措深入交换意见，共享经验和做法，一致同意加强合作，共同努力保障中国与东盟之间运输和物流体系畅通，维护全球产业链、供应链稳定。会议审议通过《应对新冠疫情 确保物流链畅通 助力复工复产——中国—东盟交通部部长联合声明》，提出主要合作措施如下：(1)加强运输与物流领域的抗疫合作，以畅通粮食、必需药品和医疗物资、关键农产品等重要货物和其他物资服务跨境流动的便利通道；(2)承诺积极采取措施确保关键物资运输，为上述物资入境、离境和过境提供必要的便利，以避免中断；(3)加强与世界卫生组织、国际海事组织和国际民航组织等联合国框架内多边组织的合作协调，强调遵循货物放行和便利化运输有关国际标准，避免采取不必要的交通限制措施，特别是保障港口开放，以确保国际物流顺畅运转；(4)鼓励相关主管机关在牢记航行安全对确保供应链畅通高效的重要性的前提下，继续做好船舶、船员证书的有效期展期和信息共享工作；(5)进一步交流共享信息、知识和最佳实践，以共同提升陆路口岸、海港和机场的疫情防控能力，加强交通运输系统一线工作人员的个人防护培训和保障，防止病毒跨境传播，减少疾病入侵危险；(6)期望通过交通领域既有机制和平台继续开展中国与东盟间合作，探讨随着旅行限制逐渐放宽，如何在遵守防疫规定的前提下根据各国实际情况便利旅行安排，同时尽可能寻求政策协同，以更好地服务和支持交通互联互通和物流体系建设，维护全球供应链、产业链和价值链稳定；(7)视情况推动将此议题纳入到领导人会议议程中。

7月16日，中国—东盟交通部部长应对新冠肺炎疫情特别会议通过线上视频方式举行 （中新网）

中国—东盟关系雅加达论坛2020年第2场活动

2020年7月16日通过视频形式举行。由中国驻东盟使团和中国—东盟关系协调国菲律宾常驻东盟使团共同主办，中国外交学院协办，印度尼西亚哈比比中心承办，聚焦探讨建立中国—东盟蓝色经济伙伴关系。中国外交部部长助理陈晓东、菲律宾外交部部长助理兼东盟事务代理高官朱尼沃、东盟副秘书长阿拉丁、中国驻东盟大使邓锡军、菲律宾常驻东盟代表诺埃尔出席活动并致辞。中国和东盟国家蓝色经济主管部门官员、专家及智库学者等近100人参加会议讨论。与会者重点围绕中国—东盟蓝色经济伙伴关系的概念、原则、目标、主要合作领域及未来合作路径等进行深入讨论。与会者普遍认为,建立中国—东盟蓝色经济伙伴关系具有重要意义。双方应坚持相互尊重、平等协商、开放包容、合作共赢等原则,推动中国与东盟海上合作走向深入。建议通过定期开展技术交流,共同提升海洋空间规划专业能力;合作保护海洋生态系统,实现社会经济与海洋资源平衡发展;加强海洋产业合作,围绕产业政策、生产技术、投融资和产品推广应用等加强信息分享、技术交流和项目合作,协同促进海洋产业可持续发展;加强海洋科技创新成果合作研发和共享,提高海洋科技创新公共服务能力,为沿海地区民众提供更有效的公共服务;完善海洋金融体制,保障海上开发,支持海洋经济健康发展。

中国(烟台)—东盟进出口商品云洽会

2020 年 7 月 17 日以视频方式举行。由中国—东盟商务理事会和中国烟台市政府共同主办,中国—东盟商务理事会执行理事长许宁宁、烟台市政府副市长李朝晖及烟台市和东盟国家的企业家代表共 200 多人出席。会议开设食品行业、医药及防疫用品、机械及电子电器、电商及物流等 4 个分会场供双方对口企业家洽谈。会上,缅甸中华总商会会长林文猛、印度尼西亚工商会中国委员会副主席张锦泉、马来西亚中小企业工会会长江华强,以及烟台市明远家用纺织品有限公司董事长陈义忠、朗源股份有限公司副总经理田虞欣、红壹佰照明有限公司亚非营销部区域总监董彬彬分别发言。近年来,中国烟台市与东盟国家经济联系日益密切,发展需求相互依托。2020 年 1—5 月,烟台市与东盟贸易额为 145.2 亿元人民币,比上年同期增长 50.5%,占烟台市贸易总额的近 1/6。烟台市的苹果、葡萄、电脑和手机等产品在东盟国家广受好评;东盟国家的石油原油、天然橡胶、黄金矿砂及水果等也被越来越多的烟台市企业和消费者认可。截至 2020 年,烟台市累计吸引东盟国家投资项目 529 个,合同外资额 32.6 亿美元,实际使用外资 25 亿美元;烟台市在东盟投资企业有 70 个,中方协议投资额 16.2 亿美元,东盟已成为烟台市重要的合作伙伴。

中国(湖北)自由贸易试验区—东盟投资贸易合作交流会

2020 年 7 月 22 日以线上视频方式举行。由中国湖北省商务厅、中国—东盟商务理事会和中国(湖北)自由贸易试验区工作办公室共同主办,中国(湖北)自由贸易试验区武汉片区、襄阳片区和宜昌片区管委会共同协办。会议在湖北省商务厅和中国—东盟商务理事会分别设置主会场,在武汉片区、襄阳片区和宜昌片区分别设置分会场,中国(湖北)自由贸易试验区 80 余家企业代表及东盟部分国家驻华使节、东盟 9 个国家 20 多家商会组织和企业代表参加会议。会上,中国(湖北)自由贸易试验区工作办公室与中国—东盟商务理事会,武汉片区、襄阳片区和宜昌片区管委会与新加坡、菲律宾、泰国有关商会分别签署合作备忘录。武汉片区、襄阳片区和宜昌片区参会企业就赴东盟开展投资、出口等事宜与东盟代表进行在线交流。

2020 数字经济国际合作云论坛

2020 年 7 月 29 日以线上视频方式举行。由中国—东盟商务理事会和中国—东盟科技产业合作委员会共同主办,中国广西启迪科技城集团承办。邀请东盟国家驻华大使馆官员、东盟驻南宁总领事馆官员、中国—东盟科技产业合作委员会成员、中国和东盟工商界领袖、专家学者和知名企业家出席,就"推动数字产业互助合作、互联互通,助力新时期数字经济合作发展新动能""围绕数字基础设施、数字消费者、数字产业生态、数字公共服务、数字科研五大维度,共同探讨合作新模式新商机"等相关议题进行"云对话"。中国—东盟商务理事会执行理事长许宁宁、菲律宾驻华大使何塞·圣地亚哥·圣罗马纳、老挝驻华大使坎葆·恩塔万、缅甸驻华大使苗丹培和中国—东盟科技产业合作委员会中方主席王济武等出席论坛并致辞,菲律宾丝绸之路国际商会创会主席蔡聪妙、中国国家发展和改革委员会数字经济新型基础设施研究课题组组长赵国栋和清华大学"一带一路"战略研究院执行院长史志钦等 20 多位嘉宾先后发言,分析数字经济合作形势,推介合作商机,提出合作建议。出席论坛的中国和东盟 10 国代表纷纷在发言交流中表达积极合作的愿望。

7 月 22 日,中国(湖北)自由贸易试验区—东盟投资贸易合作交流会以线上视频方式举行
(搜狐网)

中国（陕西）—东盟投资合作洽谈会

2020 年 8 月 5 日以线上线下相结合的方式举行。由中国—东盟商务理事会和中国陕西省商务厅、中国国际贸易促进委员会陕西省分会共同主办。中国—东盟商务理事会执行理事长许宁宁、陕西省副省长徐大彤和老挝工贸部副部长、菲律宾贸工部副部长等东盟有关国际经济部门负责人、驻华大使等在线上致辞，东盟 139 家商协会、企业和中国陕西省部分企业代表参加会议，双方就推动中国陕西省与东盟各国开展经贸合作、实现互利共赢、共同发展进行热烈讨论。近年来，中国陕西省充分发挥新欧亚大陆桥重要节点的区位优势，持续深化与东盟国家的经贸关系。2020 年上半年，面对疫情的不利影响，陕西省对东盟进口额增长 2.4 倍，出口额增长 41.4%，进出口总值达到 193.3 亿元，同比增长 66.3%。

北部湾大数据交易中心揭牌

2020 年 8 月 11 日在中国广西南宁揭牌。该中心是面向中国与东盟汇聚、处理、使用和交易各类数据产品的枢纽，也是建设中国—东盟信息港和实施“数字广西”战略的基础设施平台之一，是由经中国国务院批复成立的国有控股的平台型信息科技公司——中国—东盟信息港股份有限公司作为主发起人，数字广西集团、上海数据交易中心、贵州数据宝网络科技有限公司作为联合发起人，共同组建的国际化数据资源交易服务机构和数据服务全生态交易平台。该交易中心以“政府指导，自主经营，市场化运作”为原则，可以为平台上下游合作伙伴提供数据采集、存储、计算、清洗、分析、咨询、展示和应用等全链条、全方位、一站式的生态服务，以交易佣金、授权使用费、资源使用费、定制产品开发费和数据深度加工服务费等为盈利模式，为金融、交通、农业、工业和贸易等各行业提供覆盖信息核验、营销获客、精准服务、金融服务和智能制造等关键环节的深度撮合服务。该中心的成立将不断夯实数据作为生产要素参与价值创造和分配的基础，提升数字政府治理能力，降低数据获取及应用门槛，完善数据创新链、产业链，助推区域数据要素自主有序流动，充分发挥数据作为驱动经济发展“新能源”的作用，促进中国—东盟数据交易生态繁荣。

8 月 11 日，北部湾大数据交易中心在中国广西南宁揭牌　（百度网）

中国—东盟科技战疫专题推介会

2020 年 8 月 23 日在中国广西南宁以线上线下相结合的方式举行。以“科技战疫”为主题，在中国广西设立主会场，在中国湖南、泰国曼谷和新加坡 3 地设立分会场。在广西南宁主会场，在桂东盟杰出青年科学家、各市科技局代表及广西壮族自治区内生物医药知名企业代表等 80 多人参加本次推介会。推介会邀请在抗击全球新冠肺炎疫情中贡献科技力量的中国及东盟国家科研院所、高校和企业进行战疫科技成果及技术推介。其中：泰国曼谷医院在线上分享疫情期间其旗下芭提雅分院合理调动有限医疗资源的案例；广西中医药大学推介中国—东盟传统药物研究及在抗击新冠肺炎疫情中的应用；新加坡国立大学针对新冠肺炎抗病毒治疗策略，在线上推介中国与新加坡在本次疫情中合作开展的广西特色中药壮瑶药抗新型冠状病毒活性评价及应用研究项目；广西医科大学通过大数据分析新型冠状病毒感染的肺炎重症患者的危险因素及预后因素，探讨体外膜肺氧合（ECMO）用于新型冠状病毒感染的肺炎重症患者救治时机及效果评价，形成重症新型冠状病毒感染的肺炎病例诊疗“广西方案”；湖南京昌生物科技有限公司推介基于现场制取次氯酸钠的智能水处理消毒设备；桂林电子科技大学推介其成功研发的新型冠状病毒 IgM/IgG 抗体联合检测试纸。与会专家还现场举行圆桌会议，就相关议题进行交流探讨。

第 19 次中国—东盟 10 +1 经贸部部长会议

2020 年 8 月 27 日以视频方式举行。与会经贸部长表示将携手促进贸易投资以实现经济复苏。会后发表的联合声明说，部长们对中国与东盟之间的贸易投资在新冠肺炎疫情期间仍保持强劲增长表示欢迎，认为这充分体现双边经贸合作的韧性与巨大潜力。部长们重申，面对新冠肺炎疫情的影响，中国与东盟携手加强合作以促进贸易投资、实现经济复苏十分重要。部长们认为，本次会议的联合声明释放了利用自由贸易协定促进贸易与投资、维护区域和全球供应链、减轻疫情对经济影响、建立更强大经济区的积极信号。部长们认为，基于规则的多边贸易体系对于推动“后疫情时代”经济复苏具有重要作用，并重贯彻现有国际规则，支持世界贸易组织改革，以捍卫自由、开放、非歧视、透明且可预测的贸易投资环境。部长们认为，2020 年是中国—东盟自由贸易区全面建成 10 周年，也是中国—东盟经济关系中具有里程碑意义的一年，希望双方进一步深化贸易关系。

中国—东盟金融开放合作研讨会暨《2020 年人民币东盟国家使用报告》发布会

2020 年 9 月 11 日在中国广西南宁举行。由广西金融学会、广西金融与经济研究院共同举办。中国人民银行、国家外汇管理局、中国金融学会、跨境银行间支付清算有限责任公司、中国社会科学院、北京大学、外交学院、北京工商大学、广西财经学院及广西金融管理部门、金融机构、企业等多位嘉宾、专家学者齐聚一堂，围绕中国—东盟金融开放合作进行深入研讨。广西金融学会会长、人民银行南宁中心支行行长宋军在会上发布《2020 年人民币东盟国家使用报告》。该报告由广西金融学会编制，是中国首个在省级层面公开发布的人民币区域性使用报告。报告内容涵盖中国—东盟人民币跨境收付的总体情况、中国—东盟货币合作取得的最新进展、新加坡离岸人民币市场的发展情况、人民币在东盟使用的基础设施建设情况、人民币在东盟使用的最新政策、中国—东盟的经济金融合作形势、人民币在东盟国家的使用前景，以及人民币东盟国家使用大事记等。宋军表示，东盟是跨境人民币结算试点的先行区域，对人民币国际化具有重要的示范引领和带动作用。当前，人民币面向东盟国际化使用潜力巨大、前景广阔。中国广西编制的《2020 年人民币东盟国家使用报告》，从 2020 年开始每年定期发布，为社会各界提供参考，为促进人民币区域化国际化提供有益探索。与会专家表示，“一带一路”背景下，中国与东盟区域金融合作面临新机遇，中国—东盟金融合作契合彼此发展需要，双方具有加强合作的意愿。应坚持市场化原则，关注市场主体的需求，进一步深化双边金融沟通机制，加快双边金融合作创新，强化金融基础设施建设，完善金融区域安全网，稳步推进人民币区域化、国际化，服务国内国际双循环相互促进的发展新格局。

中国—东盟数字经济抗疫政企合作论坛

2020 年 10 月 22 日在中国北京以线上线下相结合的方式举行。由中国工业和信息化部国际经济技术合作中心主办，以“集智聚力共战疫，互利共赢同发展”为主题。本次论坛是 2020 年中国—东盟数字经济合作年的系列活动之一，中国和东盟国家政府、企业、媒体代表约 150 人参加。老挝邮电部副司长法瓦尼亚·多昂布帕、中国工业和信息化部信息技术发展司副司长杨宇燕等出席开幕式并致辞。印度尼西亚通信与信息技术部信息通信技术应用司司长萨谬尔·阿布里贾尼、中国工业和信息化部国际经济技术合作中心副主任李毅锴介绍数字经济在抗疫中的作用及数字经济国际合作有关情况。华为技术有限公司、深圳市腾讯计算机系统有限公司、科大讯飞股份有限公司和中国移动通信集团有限公司等中国企业代表向与会嘉宾分享利用数字技术抗疫的案例。

中国—东盟关系雅加达论坛 2020 年第 3 场活动

2020 年 11 月 2 日，中国—东盟关系雅加达论坛 2020 年第 3 场活动，即“加强疫情之下经济复苏合作”视频研讨会在印度尼西亚雅加达举行。由中国驻东盟使团和中国—东盟关系协调国菲律宾常驻东盟使团共同主办，印度尼西亚外交政策协会承办。中国驻东盟大使邓锡军、印度尼西亚前贸易部部长瓦加万、菲律宾常驻东盟代表诺埃尔和印度尼西亚外交政策协会创始人迪诺出席并致辞，中国和东盟国家的与会专家学者围绕双方如何加强合作共促经济复苏、地区经济复苏面临的机遇和挑战、“后疫情时代”如何实现地区经济可持续、创新和有韧性的增长目标等进行深入讨论。

中国—东盟（柳州）旅游装备制造产业园揭牌

2020 年 11 月 4 日在中国广西柳州揭牌。产业园规划以柳州市柳北工业园区为基础，项目一期规划面积 730.47 公顷，项目二期、三期总规划面积约 566.67 公顷。以“一园四区两中心”的规划理念，建设高端旅游交通设施设备区、装配式旅游设施区、旅游防护用品区和旅游装备交易区四大功能区，配套建设旅游装备研发中心和金融服务中心。其中，高端旅游交通设施设备区规

11 月 4 日，中国—东盟（柳州）旅游装备制造产业园在中国广西柳州揭牌
（广西新闻网）

划面积约166.67公顷,围绕国内外旅游景区、房车营地和露营基地等房车需求,建设以房车为主,景区用车及其零部件、内饰件等相关产业为辅的旅游交通设施设备制造基地,将覆盖中国全国、辐射东南亚市场。

第2届中国—东盟经贸合作与税收协调论坛

2020年11月7日在中国广西南宁举行。由广西财经学院和中国税务杂志社共同主办。主题为“构建新发展格局·筑牢中国—东盟命运共同体”。中国国家税务总局税收科学研究所、中国社会科学院、上海财经大学、四川大学、中南财经政法大学、首都经贸大学、国家税务总局干部学院、国家税务总局海南省税务局和中共广西壮族自治区委员会政策研究室等单位和部门的专家学者代表参加。论坛分为主旨演讲和专题研讨两个部分。中国社会科学院财经战略研究院、中共广西壮族自治区委员会政策研究室、云南财经大学、国家税务总局税收科学研究所、四川大学、泰国正大管理学院和北京市哲学社会科学国家税收法律研究基地等7家单位的专家学者分别围绕论坛主题发表《双循环、数字经济与国际税收协调》《育先机,成节点,打造高质量发展的广西边境经济带》《中国东盟数字商务税收协调的技术机制》《创新涉税争议解决机制,畅通中国—东盟经贸合作》《协同发展打造泛东南亚经贸合作圈》《双循环新发展格局下中国与东盟的增值税协调问题研究》等主题演讲。在论坛研讨期间,与会专家学者围绕自由贸易区区域税收竞争协作、“双循环”与税收协调、数字经济与税收协调、减税降费及“一带一路”与中国—东盟经贸合作等多项议题开展深入研讨,为进一步深化中国—东盟经贸合作、完善税收协调机制提出创新性的策略参考。

2020中国—东盟数字经济论坛

2020年11月9日在中国四川成都举办。由中国—东盟中心和成都市人民政府主办,以“共商共建数字经济,共推共享发展新动能”为主题。中共成都市委员会副书记、成都市市长王凤朝,中国—东盟中心秘书长陈德海,印度尼西亚驻华大使周浩黎,中国商务部、工业和信息化部相关部门代表出席论坛并致辞。东盟秘书处信息局局长黎光兰通过视频连线参会并致辞。成都市人民政府相关部门、东盟国家驻华使领馆、中国和东盟商协会、数字经济领域企业以及媒体代表约300人出席线下活动。论坛同步开通线上会议系统,东盟国家和中国其他省区市企业、商协会注册参会人数约300人。论坛上,成都市经济和信息化局、成都高新区管委会介绍成都市数字经济发展情况。老挝驻华大使馆商务参赞波沙万·坤占塔,缅甸驻华大使馆商务参赞杜雪欣吴,菲律宾驻华大使馆商务参赞格伦·佩尼亚兰达,越南驻华大使馆商务参赞陶越英,新加坡资讯通信媒体发展局中国司司长、新加坡驻华大使馆一等秘书庄庆维,泰国投资促进委员会驻华代表、泰国驻上海总领事馆投资处主任钟宝芬等东盟国家驻华使领馆官员有针对性地推介各自国家在数字经济产业发展方面的优惠政策和投资前景,表达以数字经济合作引领双方全方位创新合作、提质升级中国—东盟经贸合作新动能的良好愿望。科大讯飞股份有限公司、京东集团、中电科技国际贸易有限公司和集商网等中国数字经济领域代表企业围绕人工智能产业应用与国际合作、数据驱动智慧城市建设、共建东盟产业园区数字共享平台、数字供应链出海等主题发表演讲,分享各自开拓东盟市场的经验与收获。

2020中国—东盟汇商聚智高峰论坛

2020年11月13日在中国广西南宁开幕,通过线上线下相结合的方式进行。由中国科学技术协会和广西壮族自治区人民政府共同主办,中国国际贸易促进委员会广西分会、广西壮族自治区科学技术协会及广西人力资源社会保障厅、投资促进局、大数据发展局等单位协办。论坛以“聚才聚智聚成果,创新创业创未来”为主题,聚焦重点产业、新兴产业和高新技术发展需求,共同探索人才、科技、创新和创业的规划与实践,旨在通过“科创中国”有效链接整合“政用产学研”各类创新要素,为中国与东盟的人才交流、创新创业和经济发展做出新的贡献。日本前首相鸠山由纪夫,巴基斯坦前总理肖卡特·阿齐兹,2010诺贝尔物理学奖获得者康斯坦丁·诺沃肖洛夫,菲律宾总统北吕宋地区特别顾问、卡加延经济免税特区管理局首席执行官劳尔·兰比诺,菲

11月7日,第2届中国—东盟经贸合作与税收协调论坛在中国广西南宁举行

(百度网)

律宾前通信部部长里奥，以及联合国教科文组织驻华首席代表欧敏行等在开幕式致辞。美国工程院院士、美国科学与艺术院院士、美国第三脑研究院院长陈世卿，中国—东盟信息港股份有限公司董事长兼总裁鲁东亮，华为技术有限公司中国区副总裁曹泽军，平安科技（深圳）有限公司总经理黄宇翔，阿里云智能副总裁赵正纲，以及西门子工业软件有限公司大中华区副总裁兼首席技术官方志刚在开幕式上做主旨演讲。广西壮族自治区相关厅局、高校、企事业单位负责人及参与对接洽谈投资合作的重点园区或企业、行业商协会、科研项目业主代表，国内外知名专家、学者，中国和东盟国家和地区知名企业负责人，全球高精新特产业展参展项目所在企业和专家团队代表，国际组织、国际行业协会、贸易促进机构代表等400多人参加论坛相关活动。

第3届中国—东盟工业设计与创新论坛

2020年11月18日在中国广西柳州举行，以“智绘工业蓝景、振兴现代制造”为主题。中国及东盟各国的政府官员、工业设计企业有关负责人、工业设计师和新闻媒体代表通过线上线下融合的方式参加。论坛紧紧围绕现代制造业的发展，以设计与创新为指引，探索中国和东盟的工业未来，推动中国与东盟工业设计与创新交流的机制化建设，构建学术交流对话和商业项目合作的平台。活动当天，还举行中国—东盟（柳州）工业设计协同创新中心项目签约仪式，柳州市9家倡议发起单位及发起人签署《柳州市工业设计协会发起成立倡议书》，这两个项目文件的签署将为中国—东盟工业设计交流合作以及柳州工业设计产业发展注入强劲动力。在大师演讲环节，各国著名设计大师共同探讨中国—东盟国家工业设计、智能制造和产业发展的现状及可期待的发展方向，交流分享国际前沿设计理念。会议现场还为第1届“金紫荆杯”中国—东盟工业设计大赛获奖者颁奖。

第19次中国—东盟交通部部长会议

2020年11月24日以视频方式举行。中国交通运输部部长李小鹏与文莱交通和通讯部部长穆塔里布共同主持会议。会议审议并通过第19次中国—东盟交通高官会议纪要和《第19次中国—东盟交通部部长会议联合声明》。声明重申在2020年7月16日线上举行的中国—东盟交通部部长应对新冠肺炎疫情特别会议上所作的关于持续加强团结合作、共同应对新冠肺炎疫情的承诺。部长们责成高官继续开展协作，以确保运输物流系统畅通，从疫情中复苏。柬埔寨国务大臣兼公共工程与运输部大臣孙占托、印度尼西亚交通部部长布迪·苏马迪、老挝公共工程与运输部副部长翁萨瓦·辛攀东、马来西亚交通部副部长哈斯毕、缅甸联邦交通和通讯部部长丹欣貌、菲律宾交通部部长亚瑟·杜伽德、新加坡交通部部长王乙康、泰国交通部部长萨沙扬、越南交通运输部部长阮文体及东盟秘书处秘书长林玉辉出席会议。东盟各国交通部长一致对中国政府支持本地区抗击疫情、深化交通运输领域互联互通各项举措表示赞赏。各方一致同意继续推进铁路、公路桥梁、内河航道、民航和港口等领域相关合作，共同应对新冠肺炎疫情，确保运输物流系统畅通，助力区域经济复苏，为本区域人民带来更多福祉。

第4届中国—东盟信息港论坛

2020年11月26日在中国广西南宁以线上线下相结合的方式举行。由中国国家互联网信息办公室、国家发展和改革委员会、工业和信息化部和广西壮族自治区人民政府联合主办。以“数联东盟 智创未来”为主题，包括1个主论坛和7个分论坛，立足数字经济发展新趋势和信息技术发展最前沿，邀请中国和东盟国家数字经济领域政府要员、企业精英、商界领袖和专家学者代表围绕数字经济发展和智能互联、数据互通、合作互利开展交流研讨、建言献策，旨在展现中国—东盟数字经济合作创新发展和“数字中国”建设成就，促进中国与东盟国家在数字经济领域政策沟通、设施联通、贸易畅通、资金融通、民心相通，进一步推动“数字广西”建设，促进广西产业转型升级，助力中国—东盟数字经济合作创新发展开启新篇章。论坛发布《中国—东盟信息港 数字广西建设白皮书》，系统阐述中国—东盟信息港和“数字广西”建设成效，展现两者相互支撑、相互融合的紧密关系，体现“立足广西、面向东盟、服务中国—东盟合作”的构想。来自中国、老挝、越南和马来西亚等东盟国家的政府官员、企业精英、商界领

11月24日，第19次中国—东盟交通部部长会议以视频方式举行（百度网）

袖和专家学者180余人出席主论坛活动。

中国—东盟自由贸易区全面建成十周年专题论坛

2020年11月28日在中国广西南宁通过线上线下相结合的方式举行。以“携手共建深度开放与融合的中国—东盟大市场”为主题。东盟十国经贸部部长通过视频致辞,中国和东盟各国经贸主管部门及东盟秘书处官员、国际机构代表、知名专家学者和商界领袖等约300人出席论坛并开展对话和深入交流。在本次专题论坛上,与会嘉宾从部门行动、专家视角和企业声音等3个层面,共同探讨《中华人民共和国与东南亚国家联盟关于修订〈中国—东盟全面经济合作框架协议〉及项下部分协议的议定书》(又称中国—东盟自由贸易区升级《议定书》)全面生效后对世界经济发展的积极影响,并聚焦中国—东盟区域大市场融合过程中所涉及的基础设施互联互通、通关便利化、优势产能合作、融资支持和市场开放等关键性问题进行充分交流。与会嘉宾纷纷表示,当前,中国与东盟经贸合作进入新的黄金周期,且《区域全面经济伙伴关系协定》(RCEP)刚刚签署,论坛在这一特殊时期举办具有重要意义。

《中国—东盟自由贸易区全面建成10周年实施报告》发表

2020年11月12日,第23次中国—东盟(10+1)领导人会议通过视频方式举行。作为会议成果之一,双方共同发表《中国—东盟自由贸易区全面建成10周年实施报告》。报告聚焦中国—东盟自由贸易区全面建成10周年来取得的成绩,特别是在促进双方贸易投资增长、联合抗击新冠肺炎疫情和维护区域产业链供应链稳定等方面发挥的重要作用,就未来进一步实施好《中国—东盟自由贸易协定》及《中华人民共和国与东南亚国家联盟关于修订〈中国—东盟全面经济合作框架协议〉及项下部分协议的议定书》(又称中国—东盟自由贸易区升级《议定书》)做出安排。

11月28日,中国—东盟自由贸易区全面建成十周年专题论坛在中国广西南宁通过线上线下相结合的方式举行 (百度网)

中国—东盟信息通信创新论坛

2020年12月17日在中国云南昆明市举行,由中国工业和信息化部指导,云南省工业和信息化厅、云南省通信管理局、中国信息通信研究院共同主办。论坛以“推动信息通信应用创新,加速社会数字化转型”为主题,旨在进一步加强中国与东盟信息通信领域发展政策和创新经验交流,分享数字技术用于社会服务和社会治理的创新应用,探索信息通信应用需求、业务形态和商业模式创新。中国工业和信息化部、东盟数字高管会和云南省相关部门负责人出席论坛。中国高级智库专家、东盟主管部门代表、电信运营企业集团公司专家及中国知名互联网公司代表等通过线上或线下方式发表主旨演讲。

第2届中国—东盟法学院院长论坛

2020年12月19日在中国重庆通过线上线下相结合的方式举行,由中国西南政法大学主办,中国法学会中国—东盟法律研究中心和西南政法大学国际法学院共同承办,以“数字经济合作下的法治现代化与中国东盟法学教育的未来”为主题。中国法学会副会长兼秘书长、中国法学会中国—东盟法律研究中心理事长张鸣起,中国教育部中外人文交流中心主任杜柯伟,重庆市人民政府外事办公室二级巡视员鲁进,西南政法大学校长付子堂,副校长唐力、岳彩申,以及中国和东盟国家30余所高校的代表出席。缅甸联邦最高检察院、印度尼西亚最高法院、越南法学会、老挝司法部、柬埔寨司法部、泰国中央知识产权与国际贸易法院、文莱仲裁协会等东盟法律法学组织为论坛发来贺信。论坛期间,举行由中国法律出版社出版的首部中缅法律法学界合作编写的《缅甸外商投资法律实务指南》一书的发布仪式。该书由中国法学会中国—东盟法律研究中心秘书长、西南政法大学国际法学院院长张晓君教授和缅甸联邦最高检察院副总检察长吴温敏共同主编,在内容上涵盖与缅甸外商投资相关的投资准入、土地、税收、海关、外汇管制、劳动用工及投资争端解决机制等法律制度。论坛闭幕式上发布《中国—东盟法治人才培养共同体行动纲要》,根据《行动纲要》,中国与东盟高校法学院将秉承“共商、共建、共享”的基本理念,从协同深化区域法治研究的合作与交流、探索创新法治人才的协同培养机制、探索协同建设法律数据库和服务平台及探索构建“法学院院长论坛”长效机制等4个方面深入开展法治教育和人才培养共同体方面的合作。 (颜洁)

区 域 合 作

"一带一路"建设合作

"一带一路"建设合作发展概况

"一带一路"是丝绸之路经济带和21世纪海上丝绸之路的简称。

丝绸之路经济带，是在中国古丝绸之路概念基础上形成的一个新的经济发展区域。新丝绸之路经济带，东边牵着亚太经济圈，西边系着发达的欧洲经济圈，被认为是"世界上最长、最具有发展潜力的经济大走廊"。共建丝绸之路经济带，是中国国家主席习近平在2013年9月访问哈萨克斯坦时提出的倡议。古老的海上丝绸之路自中国秦汉时期开通以来，一直是沟通东西方经济文化交流的重要桥梁，而东南亚地区自古就是海上丝绸之路的重要枢纽和组成部分。建设21世纪海上丝绸之路，是2013年10月中国国家主席习近平访问印度尼西亚时提出来的。这是习近平为进一步深化中国与东盟的合作，构建更加紧密的命运共同体，为双方乃至本地区人民的福祉而提出的合作倡议。2014年3月5日，中国国务院总理李克强在《政府工作报告》中提出："抓紧规划建设丝绸之路经济带和21世纪海上丝绸之路"。

"一带一路"倡议这一跨越时空的宏伟构想，融通古今、连接中外，顺应和平、发展、合作、共赢的时代潮流，承载着丝绸之路沿线各国发展繁荣的梦想，赋予古老丝绸之路以崭新的时代内涵。"一带一路"沿线大多是新兴经济体和发展中国家，总人口约44亿，经济总量约21万亿美元，分别约占全球的63%和29%。这些国家普遍处于经济发展的上升期，开展互利合作的前景广阔。2013年中国与"一带一路"沿线国家的贸易额超过1万亿美元，占中国外贸总额的1/4。"一带一路"建设必将提升新兴经济体和发展中国家在中国对外开放格局中的地位，促进中国中西部地区和沿边地区对外开放，推动东部沿海地区开放型经济率先转型升级，进而形成海陆统筹、东西互济、面向全球的开放新格局。

2015年，"一带一路"建设合作热点纷呈。3月28日，中国国家发展改革委、外交部、商务部联合发布《推动共建丝绸之路经济带和21世纪海上丝绸之路的愿景与行动》。重点服务于"一带一路"建设的亚洲基础设施投资银行于12月25日正式成立。年内，还举办"一带一路"建设的一系列国际研讨会、高峰论坛等，就中国与各国携手共建"一带一路"达成共识。

2016年，"一带一路"建设合作取得多项进展，中国与有关国家和国际组织签署40多份共建"一带一路"合作协议，同20多个国家建立国际产能合作工作机制，在沿线国家设立56个境外合作区，并建立134所孔子学院和130个孔子课堂。

2017年5月14—15日，中国在北京主办"一带一路"国际合作高峰论坛。这是各方共商、共建"一带一路"，共享互利合作成果的国际盛会，也是加强国际合作、对接彼此发展战略的重要合作平台。论坛期间及前夕，各国政府、地方、企业等达成一系列合作共识、重要举措及务实成果，主要涵盖政策沟通、设施联通、贸易畅通、资金融通、民心相通5大类，共76大项、270多项具体成果。

2018年8月27日，推进"一带一路"建设工作5周年座谈会在北京召开，中共中央总书记、国家主席习近平出席座谈会并发表重要讲话，提出"一带一路"建设要从谋篇布局的"大写意"转入精耕细作的"工笔画"，向高质量发展转变，造福沿线国家人民。年内，中国与奥地利、巴布亚新几内亚、塞内加尔签署"一带一路"合作文件。

2019年4月25—27日，以"共建'一带一路'、开创美好未来"为主题的第2届"一带一路"国际合作高峰论坛在北京举行，37个国家的元首、政府首脑等领导人出席圆桌峰会，来自150多个国家和90多个国际组织的近5000位外宾出席论坛。会议形成6大类283项成果，会议通过《第二届"一带一路"国际合作高峰论坛圆桌峰会联合公报》。

截至2020年12月底，中国已经与171个国家和国际组织签署205份共建"一带一路"合作文件。2020年中国与"一带一路"沿线国家货物贸易额1.35万亿美元，比上年增长0.7%。2020年中欧班列开行超过1.2万列，增长50%，通达境外21个国家的92个城市，比2019年底增加37个。2020年对"一带一路"沿线国家非金融类直接投资177.9亿美元，增长18.3%。"六廊六路多国多港"的互联互通架构基本形成。中国同"一带一路"国家共建82个境外合作园区，上缴东道国税费20多亿美元，带动当地就业近30万人。2020年，中国成功举办进博会、服贸会、广交会、中国—东盟博览会等重要展会，有力地促进了与相关国家和地区的经贸往来。

"一带一路"政策沟通

中国和缅甸发表联合声明 2020年1月17—18日，中共中央总书记、国家主席习近平对缅甸联邦共和国进行国事访问。此次访问恰逢中缅建交70周年。访问期间，双方就巩固中缅传统友谊，推进全面战略合作，秉持平等、互利、共赢精神，构建中缅命运共同体深入交换意见，达成广泛共识，两国于18日发布《中华人民共和国和缅甸联邦共和国联合声明》。

中国和越南领导人为中越建交70周年互致贺电 2020年1月18日，中共中央总书记、国家主席习近平同越共中央总书记、国家主席阮富仲就中越建交70周年互致贺电。同日，国务院总理李克强同越南政府总理阮春福也互致贺电。

中国和巴基斯坦发表关于深化中巴全天候战略合作伙伴关系的联合声明 2020年3月16—17日，巴基斯坦总统阿里夫·阿尔维对中国进行访问。中共中央总书记、国家主席习近平主席同阿尔维总统举行会谈，国务院总理李克强、全国人大常委会委员长栗战书分别会见阿尔维。访问期间，在习近平主席和阿尔维总统共同见证下，双方签署多项合作协议和谅解备忘录，并发表《中华人民共和国和巴基斯坦伊斯兰共和国关于深化中巴全天候战略合作伙伴关系的联合声明》。

中国和新加坡领导人为中新建交30周年互致贺电 2020年10月3日，中共中央总书记、国家主席习近平同新加坡总统哈莉玛·雅各布就中新建交30周年互致贺电。同日，国务院总理李克强同新加坡总理李显龙也互致贺电。

区域全面经济伙伴关系协定（RCEP）正式签署 2020年11月15日，第四次区域全面经济伙伴关系协定（RCEP）领导人会议以视频方式举行，会后东盟10国和中国、日本、韩国、澳大利亚、新西兰共15个亚太国家正式签署《区域全面经济伙伴关系协定》（RCEP）。签署RCEP协定的15个成员国总人口、经济体量、贸易总额约占全球总量的30%。RCEP协定的签署，标志着当前世界上人口最多、经贸规模最大、最具发展潜力的自由贸易区正式启航，全球约1/3的经济体量将形成一体化大市场。

中国俄罗斯总理第25次定期会晤举行 2020年12月2日下午，中国国务院总理李克强在北京人民大会堂同俄罗斯总理米哈伊尔·米舒斯京共同主持中俄总理第25次定期会晤，会晤以视频方式举行。中国国务院副总理、中俄投资合作委员会、能源合作委员会中方主席韩正出席。两国总理共同宣布通过《中俄总理第25次定期会晤联合公报》及双方金融、海关、知识产权等领域合作文件。

“一带一路”设施联通

中国电子承建的巴西南极科考站落成 2020年1月15日，由中国电子旗下中电进出口承建的巴西费拉兹司令南极科学考察站在南极乔治王岛举行落成典礼。

广州开发区打造“一带一路”建设示范区 2020年1月17日，广州开发区作为发起方的沙特吉赞经济城投资服务公司—沙特丝路产业服务公司与买化塑电商平台、深工新能源、天津德华石油装备等10家中资企业签署合作备忘录，项目意向投资总额45亿美元。

中欧班列“长安号”（西安—波兹南）首发 2020年1月21日，首列中欧班列“长安号”（西安—波兹南）“冠捷光电产品专列”从西安港西安铁路集装箱中心站始发。

中企承建特拉维夫轻轨红线隧道全线贯通 2020年2月23日，随着“复兴号”盾构机破土而出和“正义号”盾构机顺利到达终点，由中国中铁隧道局作为施工设计总承包方承建的以色列特拉维夫轻轨红线9条盾构隧道全线贯通。

中企承建柬埔寨58号公路通车 2020年2月26日，由中国企业上海建工集团承建的连接柬埔寨班迭棉吉、奥多棉吉两省的58号公路正式通车。柬埔寨首相洪森、中国驻柬埔寨大使王文天，以及柬埔寨多位副首相和政府高官、民众共1万余人出席当天举行的通车仪式。

“一带一路”南线走廊格茫公路改建工程开工 2020年2月28日，“一带一路”南线走廊，疆、青、川公路运输大通道重要组成部分——青海省格尔木至老茫崖公路改建项目正式开工建设。

中老铁路跨湄公河特大桥全部合龙 2020年4月1日，由中国中铁八局承建的中老铁路全线墩身最高、跨度最大桥梁——班纳汉湄公河特大桥实现大桥连续梁全桥成功合龙。至此，与2019年7月成功合龙的琅勃拉邦湄公河特大桥一起，中老铁路两座跨湄公河大桥全部合龙。

THE联盟在中国北方港口开通首条中东直达航线 2020年4月7日，山东省港口集团青岛港前湾集装箱码头81泊位伴随着巨轮鸣笛启航，THE联盟在中国北方港口开通的首条中东直达航线正式首航。

4月1日，中老铁路班纳汉湄公河特大桥合龙 （新华网）

THE 联盟是全球第三大集装箱班轮联盟，成员包括赫伯罗特、海洋网联、阳明海运和现代商船四家全球前十大集装箱班轮航运公司，该联盟占据 26% 的亚欧航线市场份额和 29% 的跨太平洋航线市场份额。2020年，THE 联盟共投入 280 艘集装箱船，航线覆盖全球 78 个港口。

首趟西安至巴塞罗那中欧班列开行　2020 年 4 月 8 日下午，75019 次列车从西安新筑车站驶出，满载 50 车太阳能板一路向西驶往西班牙巴塞罗那，这是首次开行西安至巴塞罗那中欧班列，全程约 12000 千米。

中国在几内亚投资最大铝土矿项目投运　2020 年 4 月 6 日，中铝几内亚博法铝土矿项目 23 千米皮带输送系统带料重载联调一次成功，标志着中国在几内亚投资最大铝土矿项目全线贯通投运。该项目保有可开发资源量约 17.5 亿吨，可持续开采 60 年，一期工程总投资约 5.85 亿美元，设计规模为年产优质铝土矿 1200 万吨。

中国 11 米级大盾构机在俄罗斯完成组装并如期始发　2020 年 5 月 5 日，直径达 10.88 米的“胜利号”大盾构机在莫斯科市始发。这台大直径盾构机由中国铁建股份有限公司自主研发生产，此次始发不仅是这台“大国重器”在俄罗斯首次亮相，也标志着中国企业生产并出口欧洲的最大盾构机开始投入使用。

中国企业承建的病毒检测实验室在菲律宾落成　2020 年 5 月 9 日，采用中国技术并由中国企业承建的“火眼”病毒检测实验室在菲律宾北部邦板牙省圣费尔南多市落成。该实验室的落成将大幅提高菲律宾新冠病毒检测能力。

“中国造”中东首个清洁燃煤电站一次并网发电成功　2020 年 5 月 18 日，中国哈尔滨电气集团有限公司总承包的“一带一路”重大项目阿拉伯联合酋长国迪拜哈斯彦 4×600MW 清洁燃煤电站项目 1 号机组一次并网发电成功，机组各系统参数正常，设备运行平稳，运行质量优良。

匈牙利国会通过匈塞铁路升级改造工程法案　2020 年 5 月 19 日，匈牙利国民议会以 133 票赞成、58 票反对和 3 票弃权的结果通过匈塞铁路升级改造工程法案。国会同时对中匈两国政府签署的《关于匈塞铁路项目匈牙利段开发、建设和融资合作的协议》表示支持。

西部陆海新通道铁海联运班列累计开行 1862 班　截至 2020 年 5 月 22 日，西部陆海新通道铁海联运班列累计开行 1862 班，目的地辐射 92 个国家和地区的 227 个港口。中国重庆经贵阳、南宁至北部湾出海口成为西部陆海新通道铁海联运班列的主通道之一。

长三角正式开行至东盟中欧班列　2020 年 5 月 26 日，满载 70 个标准集装箱货物的上铁局宁东段 0190 号货运中欧班列拉响汽笛，从中国上海铁路局集团公司海安物流基地缓缓驶出，预计 5 天后抵达目的地越南河内。

厦航直飞巴伦西亚航班开通　2020 年 6 月初，厦航 MF8767 航班运载包括口罩、手套等防疫物资在内的 8.54 吨货物，从厦门起飞前往西班牙巴伦西亚，实现厦航直飞西班牙和中国民航直飞巴伦西亚航线零的突破。

中欧班列长安号“德国快线”打造“时效最快”运输班列　2020 年 6 月 4 日，一列满载着太阳能光伏组件的中欧班列长安号“德国快线”从中国西安陆港出发，前往德国诺伊斯。这条由西安国际陆港集团多式联运公司运营的“德国快线”，每周定期从西安发车，仅用 10 天至 12 天即可抵达约 9400 千米外的德国诺伊斯，是目前全球最快的中德货运国际铁路运输通道。

中欧班列“中吉乌”公铁联运国际货运班列在兰州首发　2020 年 6 月 5 日，满载家用电器、灯具的中欧班列“中吉乌”公铁联运国际货运班列在中国甘肃（兰州）国际陆港首发。

首列“穗新乌”中欧班列从霍尔果斯出境　2020 年 6 月 13 日，一列满载国际通信设备的“穗新乌”中欧班列从中国新疆霍尔果斯铁路口岸出境。该趟“穗新乌”中欧班列是首列从中国广州发运，经霍尔果斯出境，途经哈萨克斯坦，目的地为乌兹别克斯坦的中欧班列。至此从霍尔果斯铁路口岸进出境的中欧班列开行线路增至 18 条。

中欧班列（武汉）辐射亚欧大陆 34 个国家近 80 个城市　截至 2020 年 6 月 14 日，中欧班列（中国武汉）累计发运 93 列，辐射亚欧大陆 34 个国家近 80 个城市。目前通过汉欧班列直达的武汉友城有杜伊斯堡、布列斯特、基辅等 3 个城市。武汉已与 4 个国家首都结为友好城市：乌克兰基辅市、苏丹喀土穆市、吉尔吉斯斯坦比什凯克市、泰国曼谷市。基辅是中欧班列（武汉）直达的友城中的唯一首都。

中国出口海外首台超大直径盾构机贯通首条隧道　2020 年 8 月 2 日，中国自主研制出口海外的首台超大直径泥水平衡盾构机，打通孟加拉国第一条水下隧道——卡纳普里河河底左线隧道。隧道完工后，吉大港机场至工业园的车程从 4 小时缩短到 20 分钟。

匈塞铁路塞尔维亚泽—巴段左线建成通车运营　2020 年 11 月 25 日，由中国铁路国际公司和中交建集团联合体承建的匈塞铁路塞尔维亚泽蒙至巴塔吉尼卡段（简称泽—巴段）左线克服新冠肺炎疫情影响顺利建成通车运营。泽—巴段全长 10.6 千米，是贝尔格莱德—旧帕佐瓦的一部分，于 2018 年 6 月开工建设。至此匈塞铁路已有 17.5 千米建成开通。

中国（西安）—越南（河内）国际班列签约　2020 年 11 月 28 日，在第 17 届中国—东盟博览会上，中国陕西省代表团主要活动之一的中国(西安)—越南(河内)国际班列战略合作协议签约仪式在广西南宁举行。陕西省商务厅、陕西省发展改革委、中国交通运输协会“一带一路”分会、陕投集团等80多家单位100多人参会。

《“一带一路”国家基础设施发展指数(2020)》发布　2020年12月2日,《“一带一路”国家基础设施发展指数(2020)》在中国澳门特别行政区召开的第11届国际基础设施投资与建设高峰论坛上发布。

中俄东线天然气管道中段投产运营　2020年12月3日,中俄东线天然气管道中段(吉林长岭—河北永清)正式投产运营,意味着京津冀地区可以直接使用俄罗斯的天然气。中俄东线天然气管道是中国首条建设的1422毫米超大口径、12兆帕高压力等级的天然气管道,从建设期到运营期采用数字化、网络化、智能化管理,是中国智能管道的试点工程。

中欧班列开行达10180列　截至2020年11月5日,年内中欧班列开行达10180列,已超过2019年全年开行量;运送货物92.7万标箱,比上年同期增长54%;往返综合重箱率达到98.3%,再次创造新纪录。中欧班列是运行于中国与欧洲以及“一带一路”沿线国家间的集装箱等铁路国际联运列车,是深化中国与沿线国家经贸合作的重要载体和推进“一带一路”建设的重要抓手。

第6届中国与拉美加勒比国家基础设施合作论坛在澳门举行　2020年12月2—3日,第6届中国与拉美加勒比国家基础设施合作论坛在中国澳门特区举办。基础设施是中拉互利合作的重点和亮点,拉美加勒比地区是中国第二大海外投资目的地和第三大承包工程市场。中国企业在拉美累计签署承包工程合同额突破2100亿美元,完成营业额超过1400亿美元。2020年1—10月,中国企业努力克服疫情影响,在拉美新签合同额比上年同期增长22%。

阿根廷与中国企业签署四项铁路合作协议　2020年12月11日,在阿根廷总统阿尔韦托·费尔南德斯的见证下,阿交通部和铁路运营公司在总统府玫瑰宫同3家中国企业签署4项铁路合作协议,协议总金额46.95亿美元。3家中国企业是中国机械设备工程股份有限公司、中国铁建股份有限公司和中国中车国际有限公司。阿中两国签署的合作文件包括阿根廷贝尔格拉诺货运铁路改造项目补充协议、圣马丁货运铁路改造项目商务合同、北巴塔哥尼亚走廊铁路改造项目合作谅解备忘录和关于采购客运铁路车厢获得中国贷款的合作谅解备忘录。

“一带一路”贸易畅通

广西发出《外商投资法》实施后首张外资企业营业执照　2020年1月7日,中国广西市场监管部门向广西自贸区西澳达商务服务有限公司发放营业执照。这是《外商投资法》正式实施后,广西发出的首张外资企业营业执照。

中国连续第四年成为德国最重要贸易伙伴　2019年中国连续第四年成为德国最重要贸易伙伴,两国双边贸易额2057亿欧元。荷兰和美国分列第二、第三名,同德国贸易额分别为1904亿欧元和1901亿欧元。2019年,德国自中国进口额1097亿欧元,较2018年增长3.4%。

中国首班进境水果专列从凭祥铁路口岸通过　2020年2月25日,从越南入境的24502次货物列车在中国广西凭祥铁路口岸海关监管现场通过,这是凭祥铁路口岸经海关总署正式验收通过、获得进境水果指定监管场地资质后,越南水果首次通过该口岸入境。凭祥(铁路)口岸是连接中国铁路与越南铁路的国家一类国际口岸(铁路),也是国际陆海贸易新通道南部铁路进出口的一个重要节点。

中欧班列(郑州)首趟进口运邮班列抵达郑州　2020年2月28日,一列从德国汉堡发出,搭载6896件进口邮件的中欧班列列车顺利抵达中国郑州铁路口岸。这标志着中欧班列唯一进口邮件试点线路全线贯通,中欧班列(郑州)成为第一条国际邮件陆路双向运输通道。

中国国内首单保税混调原油输送炼厂　2020年3月3日,从中国山东港口青岛港摩科瑞仓储1号原油泵启动,摩科瑞库区M23罐中2万吨混兑调和原油将通过董潍长输管道输送到东营炼厂。这是中国国内首票保税原油混兑调和业务,也是山东自贸区政策实施后首个油品政策落地成果。

德国凯傲集团宣布与潍柴动力合资建新厂　2020年3月3日,德国知名叉车制造及供应链解决方案供应商凯傲集团宣布,将与中国潍柴动力合资成立新公司并在济南建设新厂,进一步挖掘中国市场潜力。

天津首辆“卡车航班”启程打通对欧“第四物流通道”　2020年3月5日,中国天津开通直达欧洲的“卡车航班”。卡车从天津出发一路向西,跋涉1万多千米抵达德国,行程约14天。这标志着卡车陆运成为继航空、船舶、铁路之后天津与欧洲之间的“第四物流通道”。

西部陆海新通道开行青海铁路箱专列　2020年3月10日,西部陆海新通道青海铁路箱下海出境专列从团结村车站开出,这是疫情期间,重庆在该通道上开行的首列市外复工复产专列。本趟班列共有50个铁路专用集装箱,满载1350吨优质纯碱,从重庆出发后,直达广西钦州港,再通过海运运往泰国曼谷。本次运输,将采用此前成功试用的“铁路集装箱海运出境”的模式,全程运输都使用铁路集装箱,无需在港口换用海运集装箱,实现全程“一次委托、一运到底”。

41个国家和地区245名外商乘包机赴义乌“淘货” 2020年3月16日，有来自41个国家和地区的245名外商包机飞抵中国浙江义乌，前往国际商贸城开启“淘货”之旅。

辽港集团开通至摩尔曼斯克中欧班列 2020年3月17日，中国辽宁港口集团开通的“通辽—摩尔曼斯克”中欧班列顺利完成首次运输任务，所载1450吨货物在完成卸车作业后，将分拨至摩尔曼斯克、莫斯科等地区，成为辽港集团开通的首条直达俄罗斯摩尔曼斯克地区的中欧班列。

中国首趟搭载防疫物资的中欧班列从浙江义乌发出 2020年3月21日，全国首趟搭载出口欧洲防疫物资的X8020次中欧班列从中国浙江义乌西站鸣笛启程，驶向13052千米外的马德里，驰援西班牙疫情防控，预计17天后抵达目的地

沃尔沃汽车搭乘中欧班列“长安号”出口欧洲 2020年3月27日，装载着690辆中国产沃尔沃汽车的中欧班列“长安号”从中国西安陆港始发，标志着沃尔沃汽车对欧洲的出口全面恢复。

“中车造”车轴首次出口欧洲 2020年3月29日，“中车造”首批出口欧洲的车轴在中国湖南株洲北站搭乘中欧班列发运德国。

中国首趟中欧班列邮包专列开行 2020年4月3日，中欧班列(渝新欧)“中国邮政号”在重庆首发，这是全国开行的首趟邮包专列，为疏运新冠肺炎疫情期间积压的国际邮件开辟出一条新通道。本次专列共发运集装箱44个，包括来自中国北京、广东、湖南及重庆本地的国际邮件42箱和应立陶宛政府请求发运的救援物资2箱，10天后抵达立陶宛，再分拨至西班牙、丹麦、瑞士、法国、塞浦路斯等36个欧洲国家。

12个国家数字服务出口基地获认定 2020年4月6日，中国商务部会同中央网信办、工业和信息化部联合认定首批12个国家数字服务出口基地：中关村软件园、天津经济技术开发区、大连高新技术产业园区、上海浦东软件园、中国(南京)软件谷、杭州高新技术产业开发区(滨江)物联网产业园、合肥高新技术产业开发区、厦门软件园、齐鲁软件园、广州市天河中央商务区、海南生态软件园、成都天府软件园。

武汉首开中亚国际联运汽车班列 2020年4月8日，216辆由中国武汉本地企业生产的小汽车在武汉大花岭火车站陆续装车启运，从中国新疆霍尔果斯车站出境发往乌兹别克斯坦。这是武汉首次开行中亚国际联运汽车班列，也是铁路部门助力武汉汽车生产企业整车出口，服务“一带一路”建设开辟的国际物流新通道。

2020年首票铁路信用证进口平行进口车抵达中国重庆 2020年4月22日下午，重庆铁路口岸平行进口车试点平台2020年首票批量使用铁路信用证结算的平行进口车成功抵港，主力车型为德国奔驰主机厂授权改装品牌ART·迈巴赫和ART·S，货值逾1200万元。

郑州航空港区GDP逼近千亿 2020年4月24日，中国河南郑州航空港实验区2020年度工作会议召开。会议全面总结2019年工作，全实验区地区生产总值980.8亿元，比上年增长10.2%；外贸进出口总额3663.5亿元，跨境电商产业连续第四年翻番式增长，累计完成7290.1万单、货值70.6亿元，分别增长244.8%和196.8%。

中国—拉美(墨西哥)国际贸易数字展览会贸易成交额逾800万美元 2020年4月28日，由中国贸促会举办的中国—拉美(墨西哥)国际贸易数字展览会闭幕，共达成贸易成交额802万美元，意向成交额4824万美元。此次展会在线上举行，历时15天。

中国首个服务贸易云展会开幕 2020年4月29日，中国浙江省首场服务贸易云展会开幕，这也是中国第一个以服务贸易为主题的云展会。浙江省商务厅与芬兰、意大利、英国、西班牙、德国、荷兰、法国、阿联酋8个国家的政府部门和有关商协会云端连线，聚焦数字城市服务和中医药两大领域，共话服务贸易国际合作。

中老磨憨—磨丁口岸实行“点对点”跨境运输 自2020年5月2日起，中老磨憨—磨丁口岸实行跨境货物点对点运输，积极推动国际货物正常运输。中老磨憨—磨丁口岸是中国与老挝之间最为重要的陆路口岸，作为联通中国、老挝、泰国的跨境货运枢纽，即使受疫情影响，中老磨憨—磨丁口岸的跨境货运需求仍然旺盛。

河南首条美线跨境电商货运航线开通 2020年5月6日晚，中国郑州飞往美国纽约的全货机包机首飞，这标志河南首条美线跨境电商出口货运航线开通。

河北开通首条至欧洲全货机航线 2020年5月8日，一架波音767—300ER全货机从中国河北石家庄正定国际机场起飞，前往德国法兰克福国际机场，标志着石家庄—法兰克福定期国际货运航线正式开通。

第3届进博会境外招商意大利线上推介会成功召开 2020年5月15日，在中国国际进口博览局的大力支持下，中国工商银行携手意大利意中基金会、意中商会以及意大利对外贸易委员会，首次运用“非接触”“云招商”创新方式，成功举办第3届进博会境外招商意大利线上推介会。近150家来自意大利各行业客户参加活动。

中国·廊坊国际经贸洽谈会举行 2020年5月18日，由中国商务部和河北省人民政府主办的2020年中国·廊坊国际经济贸易洽谈会(网上)在河北廊坊市开幕，来自33个国家和地区的350余家知名商协

会及企业负责人通过视频连线参加开幕式。本次洽谈会以"新动能、新机遇"为主题,聚焦抢抓京津冀协同发展、雄安新区规划建设、2022年冬奥会筹办等重大历史机遇。

"海上丝路"铁海国际联运班列(新乡号)首发 2020年5月20日,编组35车的集装箱列车从中国河南新乡经济技术开发区国际陆港货运场站开出,经海运出口最终到达美洲等国际市场。这次新线路的首发,标志着新乡已初步形成铁海联运物流双向通道,在"一带一路"倡议的推进落实上又迈出坚实的一步。

湖南首条对俄罗斯跨境电商定期货运航线开通 2020年5月28日,一架搭载重达20吨近4万个跨境电商包裹的飞机从中国湖南长沙黄花国际机场飞往俄罗斯莫斯科。这是湖南对俄跨境电商定期货运航线的首航,标志着湖南首条对俄跨境电商定期货运航线开通。

中国(青岛)—东盟经贸对接会召开 2020年5月29日,中国(青岛)—东盟经贸对接会以视频方式举行,由中国—东盟商务理事会和中国(山东)自贸试验区青岛片区管理委员会、青岛市商务局共同主办。

广西举办银企对接会启动"贸促贷" 2020年5月29日,中国广西外贸企业银企对接会在广西南宁举行,共有20个项目签约,总授信金额128.5亿元,其中专项授信广西国际商会会员企业100亿元。"贸促贷"金融服务项目在会上正式启动。

第127届广交会在网上举办 2020年6月15—24日,第127届中国进出口商品交易会(简称广交会)在网上举办,为期10天。此举积极应对新冠肺炎疫情影响,努力稳住外贸外资基本盘的创新举措,有利于帮助外贸企业拿订单、保市场,更好地发挥广交会全方位对外开放平台的作用。

首届意中云端商务对接活动开幕 2020年6月16日,由意大利商会国际化推广署和米兰、蒙扎、布里安扎和洛迪商会共同主办的首届意中云端商务对接活动开幕。

B2B出口试点全面启动 自2020年7月1日起,中国北京、天津、南京、杭州等10个直属海关启动跨境电商B2B出口试点,这是继年初跨境电商出口退货监管制度出台后,中国海关总署针对跨境电商新业态推出的又一项重要改革举措。

中哈经贸合作推广论坛在线上举行 2020年7月16日,由中国建设银行阿斯塔纳分行主办的中哈经贸合作推广论坛在哈首都努尔苏丹举行。两国政府、金融机构和实业界代表共100余人,以视频连线方式出席本次活动。

广西开行首趟俄罗斯煤炭铁海联运集装箱班列 2020年7月15日,搭载着3200吨俄罗斯煤炭的34524次列车,由中国广西防城港站发往贵州小雨谷站,这是西部陆海新通道发出的首趟中俄国际铁海联运集装箱煤炭班列。

"青岛造"电动车组出口欧洲 2020年7月25日,在中国山东港口青岛港前湾码头,首批时速200千米电动车组开始装船,起运欧洲。这是中国动车组制造业拿到的为数不多的欧洲订单之一,属于中国首批出口北欧发达国家瑞典的电动车组,共计45列。

义乌机场口岸获准设立出境免税店 2020年8月2日,中国财政部印发《财政部关于增设口岸出境免税店等问题的通知》(财关税〔2020〕8号),正式批复同意包括中国浙江义乌在内的全国27个口岸增设和继续设立出境免税店。

大连自贸片区启动平行进口车跨关区保税展示业务 2020年8月17日,中国辽宁自贸试验区大连片区在全国率先启动平行进口车跨关区保税展示业务。

第19次中国—东盟10+1经贸部长会议召开 2020年8月27日,第19次中国—东盟10+1经贸部长会议以视频方式举行,双方表示将携手促进贸易投资以实现经济复苏。

5月29日,中国(青岛)—东盟经贸对接会以视频方式举行 (人民网)

中俄蒙及"一带一路"沿线国家开启经贸洽谈云端"盛宴" 2020年9月4日,海拉尔第16届中俄蒙经贸洽谈暨商品展销会在中国内蒙古自治区呼伦贝尔市启幕,中俄蒙及"一带一路"沿线12个国家开启经贸洽谈云端"盛宴"。

中国与格鲁吉亚"一带一路"项目交流会在北京举行 2020年10月29日,丝路产业与金融国际联盟和中国智慧能源产业联盟暨格鲁吉亚驻华大使馆项目交流会在中国北京举行。格鲁吉亚驻华大使Archil Kalandia,丝路产业与金融国际联盟执行副理事长韩勇，中国智慧能源产业联盟副秘书长赫然以及20多家联盟会员单位企业代表参加交流会。

中国服务进口连续7年稳居全球第二 中国商务部发布的《中国服务进口报告2020》显示，2013年以来，中国服务进口连续7年稳居全球第二，对全球服务进口增长的贡献居世界首位。

2020年中亚天然气管道向国内输气超390亿立方米 中国国家管网集团西部管道公司统计数据显示，2020年中亚天然气管道累计向中国国内输送天然气超390亿立方米。中国—中亚天然气管道是中国首条从陆路引进的天然气跨国能源通道，该管道起于土库曼斯坦和乌兹别克斯坦，经哈萨克斯坦南部从新疆霍尔果斯进入中国，全长约1万千米，是世界上最长的天然气管道。

"一带一路"资金融通

中资银行在"一带一路"沿线国家设立79家一级分支机构 截至2019年末，共有11家中资银行在"一带一路"沿线的29个国家设立79家一级分支机构（包括19家子行，47家分行和13家代表处）。中资保险机构也已在中国香港、澳门特别行政区，以及新加坡、印尼等国设立营业性机构。截至2019年末，已有来自"一带一路"沿线23个国家的48家银行在华设立机构（包括7家法人银行、17家外国银行分行和34家代表处）。

中国与老挝两国央行签署双边本币合作协议 2020年1月6日，中国人民银行与老挝国家中央银行签署双边本币合作协议，允许在两国已经放开的所有经常和资本项下交易中直接使用双方本币结算，有利于进一步深化中老货币金融合作，提升双边本币使用水平，促进贸易投资便利化。

中国与乌兹别克斯坦人民币境外项目贷款实现零突破 2020年1月19日，中国、乌兹别克斯坦首笔人民币境外项目贷款业务成功落地，5亿元人民币优先支持双边贸易往来及"一带一路"项目建设。

上金所"沪澳黄金之路"项目开启"一带一路"沿线市场合作新模式 2020年1月20日，由上海黄金交易所和中国银行联合举办的"沪澳黄金之路"启动仪式在中国上海举行。"沪澳黄金之路"项目的成功落地，是上金所在满足风险监管原则下，实现国际板账户开立便利化、资金划转高效化，推进金融业扩大开放的新突破；是依托中国澳门特别行政区联通葡语国家市场，推动中国黄金价格体系和黄金产能输出，打造"一带一路"黄金之路葡语市场辐射圈的新起点；是以黄金市场的国际化拓展促进澳门与内地市场协同发展的新路径。

亚投行向孟加拉国提供4.04亿美元交通基建贷款 2020年4月6日，亚洲基础设施投资银行向孟加拉国提供4.04亿美元贷款以支持该国改善交通基础设施。这是亚投行首次独立向孟加拉国提供交通领域贷款。

沙特阿拉伯内阁核准"一带一路"融资指导原则 2020年4月7日，在沙特内阁举行的视频会议上同意核准"一带一路"融资指导原则。该原则是2017年首届"一带一路"国际合作高峰论坛的重要成果之一，由包括中国在内的27国财政部门共同核准，旨在深化"一带一路"融资合作，推动建设长期、稳定、可持续、风险可控的多元化融资体系。

亚投行向中国提供约3.55亿美元贷款应对疫情 2020年4月7日，亚洲基础设施投资银行向中国提供约3.55亿美元的主权担保贷款，以应对新冠肺炎疫情，用于支持中国加强可持续公共卫生基础设施建设，采购应急医疗设备和物资。这是亚投行首笔紧急援助贷款。

光大"一带一路"绿色投资基金落地 2020年4月21日，在第2届"一带一路"国际合作高峰论坛召开一周年之际，作为唯一由商业性金融机构主导的投资类官方成果，中国光大集团牵头的"一带一路"绿色投资基金正式落地。首支推出的光大"一带一路"绿色股权投资基金是近年来中国国内唯一获准使用"一带一路"字样的新设主体，由光大集团旗下跨境资产管理平台光大控股发起并管理。

云南自由贸易试验区红河片区开启边民互市跨境结算全流程电子化进程 2020年4月29日刚挂牌成立的中国（云南）自贸试验区红河片区边境贸易服务中心，在大数据服务平台的支持下，成立当天就为银行提供边民交易信息查询。开启云南河口县边民互市跨境结算全流程电子化进程，象征着边民互市从"通道经济"向"口岸经济"转型发展，有力推动区县经济健康有序、长远长足、一体化融合发展。

中国取消境外机构投资者额度限制 2020年5月7日，中国人民银行、国家外汇管理局发布新规，明确并简化境外机构投资者境内证券期货投资资金管理要求，进一步便利境外投资者参与中国金融市场。人民银行、国家外汇管理局当日发布的《境外机构投资者境内证券期货投资资金管理规定》明确，落实取消合格境外机构投资者和人民币合格境外机构投资者境内证券投资额度管理要求，对合格投资者跨境资金汇出入和兑换实行登记管理。实施本外币一体化管理，允许合格投资者自主选择汇入资金币种和时机。

中国国家外汇管理局印发《关于支持贸易新业态发展的通知》 2020年5月20日，在总结部分地区试点经验的基础上，中国国家外汇管理局印发《关于支持贸易新业态发展的通知》。通知涉及9项重磅政策，一方面放宽贸易新业态外汇政策，另一方面也优化外汇服务，便利相关外汇业务办理。

人民币兑瑞尔直接报价及交易在柬埔寨落地 2020年6月8日，中国人民币兑柬埔寨瑞尔直接报价及交易在柬埔寨落地，中国银行香港金边分行分别获得中国人民银行和中国外汇交易中心批准，成为人民币兑柬埔寨瑞尔银行间市场区域交易首家境外报价行和中国银行间外汇市场会员，可直接入市从事人民币兑柬埔寨瑞尔的区域交易业务。

中国首家沪港伦三地上市保险企业诞生 2020年6月17日，中国太保沪伦通全球存托凭证（GDR）于伦敦证券交易所沪伦通板块正式挂牌交易，发行定价为17.60美元，中国太保由此成为第一家在上海、香港、伦敦三地上市的中国保险企业。

2020年上半年中国对"一带一路"沿线国家投资增长 中国商务部数据显示，2020年上半年，中国企业在"一带一路"沿线对54个国家非金融类直接投资571亿元人民币，比上年同期增长23.8%（折合81.2亿美元，增长19.4%），占同期总额的15.8%，较上年同期提升3.2个百分点。主要投向新加坡、印尼、老挝、柬埔寨、越南、马来西亚、泰国、哈萨克斯坦和阿联酋等国家。

2020在德投资合作——法律、税务、投资要点线上研讨会 2020年7月13日举行。由中国商务部投资促进事务局·中国国际投资促进中心（德国）、中国全国工商联联络部、德国联邦外贸与投资署联合主办，中国上海市外商投资促进中心、中国重庆市招商投资促进局、中国雷达行业协会等单位协办，约120余位中国企业代表参会并在线上交流。

巴西参议院批准该国加入亚投行 2020年8月5日，巴西参议院投票通过2015年6月由时任政府代表签署的《亚洲基础设施投资银行协定》文本，从而批准巴西成为亚洲基础设施投资银行（亚投行）的创始成员。除巴西外，已有56个国家与亚投行签署《亚洲基础设施投资银行协定》，成为意向创始成员。按照亚投行的规定，各国需要在签署协定、由各自的立法机构批准协定并认缴相应股本后，才能正式成为其成员。

中国（陕西）—东盟投资合作洽谈会举行 2020年8月5日，由中国陕西省商务厅、中国—东盟商务理事会共同主办的线上线下中国（陕西）—东盟投资合作洽谈会在西安举行。

中国进出口银行与多哈银行签署2亿美元贷款协议 2020年8月6日，中国进出口银行与卡塔尔多哈银行签署2亿美元流动资金贷款协议并实现放款。本笔贷款将优先支持中卡贸易、投资、基础设施等领域的相关合作，特别是为双方开展疫情防控合作提供资金支持。

中国广州国际投资年会签约6000亿元 2020年8月28日，2020年中国广州国际投资年会开幕，会间举行重大项目集中签约活动。现场签约重大项目超过250个，协议投资总额超6000亿元人民币。签约项目主要集中在人工智能、数字经济、金融服务、总部经济、冷链物流及文化旅游等领域。集中动工的重大项目超200个，投资总额超5000亿元人民币。

中国境内首只人民币债券在新加坡交易所挂牌 2020年12月3日，中国国家开发银行发行的425亿元人民币金融债券在新加坡交易所挂牌交易。此次挂牌，是中国境内人民币债券在新加坡交易所（以下简称新交所）首次挂牌，全球投资者可以通过新交所平台了解国开债发行信息，挂牌债券期限覆盖1、3、5、7、10、20年期，发行利率分别为2.78%、3.19%、3.38%、3.44%、3.69%和3.98%。

中国和白俄罗斯宣布启动服务贸易与投资协定谈判 2020年12月14日，中国和白俄罗斯政府间合作委员会第四次会议期间，在中共中央政治局委员、中央政法委书记郭声琨和白俄罗斯第一副总理斯诺普科夫见证下，中国商务部副部长、国际贸易谈判副代表俞建华与白俄罗斯经济部长切尔维亚科夫通过视频方式正式签署《中华人民共和国商务部和白俄罗斯共和国经济部关于启动〈中国与白俄罗斯服务贸易与投资协定〉谈判的联合声明》。

"一带一路"民心相通

中缅"一带一路"合作媒体圆桌会在仰光举行 2020年1月15日，在中共中央总书记、国家主席习近平即将对缅甸进行国事访问之际，由中央广播电视总台主办的中缅"一带一路"合作媒体圆桌会在缅甸仰光举行。圆桌会上还举行缅文图书《习近平和"一带一路"》的首发式，该书着重介绍"一带一路"建设在缅

8月5日，中国（陕西）—东盟投资合作洽谈会在西安举行　（百度网）

甸取得的成果,以事实展现"一带一路"倡议的合作理念和共商共建共享原则。

"中国—文莱旅游年"开幕　2020年1月17日,中国文化和旅游部与文莱初级资源和旅游部、中国驻文莱使馆共同在文莱首都斯里巴加湾举行开幕式系列活动。

"中国—马来西亚文化旅游年"开幕　2020年1月19日,中国文化和旅游部与马来西亚旅游、艺术和文化部在马来西亚首都吉隆坡国家大剧院举行开幕式系列活动。

纪录片《携手丝路》首映式在北马其顿首都举行　2020年1月29日,由北马其顿国家电视台与中国驻北马其顿大使馆合作摄制的系列电视纪录片《携手丝路》首映式在北马其顿首都斯科普里举行。

中国在尼泊尔援建中学竣工　2020年2月19日,由中国援助重建的尼泊尔拜拉夫中学举行仪式,庆祝新校竣工并投入使用。

黑河开通绿色通道启动对俄罗斯医疗物资援助　2020年4月2日,一箱箱印有"守望相助　友城情深"字样的医疗援助物资通过中国黑河货检口岸的"绿色通道",完成全部验放流程,运往俄罗斯阿穆尔州政府、布拉戈维申斯克行政公署。这批物资的起运,标志着黑河对俄人道主义援助医疗物资"绿色通道"正式启用。

中韩宣布建立重要和急需人员往来"快捷通道"　2020年4月9日,中韩两国举行联防联控合作机制第2次视频会议,最重要的成果是宣布建立中韩重要商务、物流、生产和技术服务急需人员往来"快捷通道"。

特拉维夫中国文化中心推出"云·游中国"线上主题活动　2020年4月9日,以色列特拉维夫中国文化中心推出"云·游中国"线上主题活动。围绕这个主题活动,该中心从7日起在线展出"古韵龟兹·丝路库车——大美新疆摄影展",随后上线由贾樟柯导演的《山河故人》电影赏析。

"中非连线、携手抗疫"系列视频技术交流会　2020年4月27日举行,由中国外交部会同中国国家卫健委组织并同非洲国家举办。为进一步加大对非洲国家抗疫工作的技术支持,中国抗疫专家同非洲国家政府官员和专家围绕疫情防控策略、临床救治、检测方法、边境检疫、风险评估等主题进行专题交流。

中国—东盟民间友好组织领导人特别会晤　2020年5月19日,中国人民对外友好协会以视频会议形式举办"中国—东盟民间友好组织领导人特别会晤"。与会代表就中国—东盟携手抗疫、推进民间友好等议题坦诚友好交流,并达成积极共识。

中国与世卫组织联合启动公益筹款项目共抗疫情　2020年5月20日,中国人口福利基金会与世界卫生组织联合发起的"世界卫生组织新型冠状病毒肺炎(COVID—19)团结应对基金·中国行动"大型公益筹款项目在中国北京启动,通过近20家全国互联网公益平台,面向公众开放筹款。

中国—东盟关系雅加达论坛2020年首场活动　2020年5月29日,由中国驻东盟使团和菲律宾(中国—东盟关系协调国)驻东盟使团共同主办,印尼外交政策协会承办的中国—东盟关系雅加达论坛举行2020年首场活动。本次活动通过视频方式举行,主题为"中国—东盟抗疫合作和共同构建人类命运共同体"。

"一带一路"故事丛书《共同梦想》新书首发　2020年6月18日,"一带一路"故事丛书《共同梦想》第二辑在中国北京首发。该丛书由中国商务部组织编撰,通过深入调研、组织中外专家共同创作,讲述共建"一带一路"的真实故事,展现"一带一路"合作项目带来的巨大变化。"一带一路"故事丛书《共同梦想》第一辑于2019年12月出版,在海内外发行中、英、俄、阿、西、法6种语言版本。

世卫组织再次举办新冠全球科研论坛　2020年7月2日,世界卫生组织主办的第二次新冠全球科研论坛闭幕。为期两天的论坛通过网上讨论的方式,汇集来自93个国家和地区的近1300名新冠研究人员和专家,免费分享研究方法和原始数据,显示全球科学界团结抗疫的努力。

"我们的视界"首届中国—东盟友好合作主题短视频大赛启动　2020年7月3日,随着中国和东盟10国青年代表共同点亮屏幕,"我们的视界"首届中国—东盟友好合作主题短视频大赛正式启动。本次大赛既是2019年"中国—东盟媒体交流年"相知相交、民心相通精神的延伸,也是2020年"中国—东盟数字经济合作年"数字赋能合作交流的新探索。

中蒙启动边境口岸"绿色通道"　2020年7月3日,中国和蒙古两国举行应对新冠肺炎疫情联防联控合作机制第2次视频会议。双方宣布正式建立并启动运行中蒙边境口岸"绿色通道",适用对象为两国从事陆路跨境货运的司机,从事商务、物流、生产和技术服务等领域以及参与重大合作项目的急需必要工作人员及其家属,外交机构工作人员及其家属。

"一带一路"国际美术工程作品展在中国美术馆开展　2020年7月25日,由中国文化和旅游部主办、中国国家画院承办的"一带一路"国际美术工程作品展在中国美术馆开展,本次展览持续到8月4日,同时还推出《"一带一路"国际美术工程作品集》。

首尔中国文化中心举行线下双展开幕式活动　2020年7月30日,"守望相助、共克时艰——中韩合作抗疫展""中国新疆人权事业发展进步图片展"开幕式活动在韩国首尔中国文化中心举行,这是首尔中国文化中心因疫情暂停对外开放后恢复举办的首次线下活动。展览中,“中韩携手抗击疫情照片回顾”“中韩及世界各国携手抗疫视频放映”“中韩抗疫援助物资与款项捐赠牌陈列”等板块通过丰富的照片、视频及物品展示体现出中韩两国政府及社会各界互帮互助、同舟共济的友好情谊。

“一带一路”国际商事调解中心推动建立国际法治平台　截至2020年7月31日,北京融商一带一路法律与商事服务中心暨一带一路国际商事调解中心推动建立以调解为手段解决“一带一路”建设中的商事纠纷的国际法治平台,共接收包含涉外案件5949件,受理2337件,调解成功1149件,调解结案成功率58%,调解未果827件,正在调解361件。

巴西举行中国—里约友好日线上庆祝活动　2020年8月7日,“中国—里约热内卢友好日”庆祝活动以线上方式举行,中巴各界人士回顾历史,畅谈友谊,表示将进一步推动中巴友好往来,深化两国在各领域的全方位合作。

国际援助黎巴嫩视频会议　2020年8月9日召开。会议由联合国和法国共同倡议,近30个国家和地区以及欧盟、阿盟等国际组织的代表出席。中国政府中东问题特使翟隽在会上宣布,中国政府将为黎巴嫩提供100万美元现汇援助,用于支持黎方救治贝鲁特港爆炸事件中的受伤民众,并向蒙受巨大损失或流离失所的家庭提供援助。

中国南宁与东盟七国城市建立友城关系　截至2020年8月26日,中国广西南宁与东盟七国城市建立正式友好城市关系。这七国城市分别为泰国孔敬市、越南海防市、菲律宾达沃市、柬埔寨西哈努克省、印度尼西亚茂物县、缅甸仰光市、老挝占巴塞省。南宁是中国距离东盟最近的省会城市,是中国—东盟博览会长期举办地,也是“一带一路”有机衔接的重要门户城市。近年来,南宁市与东盟国家友城在经贸、产业、教育、医疗卫生、艺术等诸多领域开展务实合作。

中国同马来西亚签署疫苗合作协定　2020年11月18日,中国科技部部长王志刚与马来西亚科技创新部部长凯里·贾马鲁丁分别代表两国政府,以视频形式签署《中华人民共和国政府与马来西亚政府关于疫苗开发和可及性的合作协定》。该协定是新冠疫情暴发以来,中国政府与外国政府签订的第一个政府间疫苗合作协定。根据协定,中马双方支持和鼓励在疫苗尤其是新冠疫苗领域开展科研等合作。

中葡专家线上探讨植物药领域合作　2020年11月27日,2020年中葡植物药企业线上交流会举行。此次线上交流会由葡萄牙科英布拉大学和中国浙江中医药大学主办,科英布拉大学孔子学院、药学院和医学院承办,来自中葡两国的专家学者就双方在植物药领域的合作进行探讨,近50名中国、葡萄牙、法国、巴西等国学者、研究人员、企业管理人员参与线上交流。

援埃塞俄比亚卫星交付仪式在北京举行　2020年12月2日,中国气候变化南南合作项目——援埃塞俄比亚卫星交付仪式在北京举行,中国生态环境部副部长刘华和埃塞俄比亚驻华大使特硕姆·托加出席仪式并致辞。

首批120万剂中国疫苗抵达印尼　2020年12月6日,印度尼西亚总统佐科·维多多表示,已经收到首批来自中国的120万剂新冠病毒疫苗,并对此表示“十分感激”。另据中国驻印尼大使馆消息,8月26日,印尼疫苗生产商Bio Farma与北京科兴生物签署首批新冠疫苗交付协议,这是印尼首次接收新冠疫苗。

首届中国—东盟文化艺术周举办　2020年12月7日,首届中国—东盟文化艺术周戏剧展演暨第8届中国—东盟(南宁)戏剧周活动在广西南宁启幕。本次展演活动从7日持续至14日,采取国外院团演出线上展播与国内院团线下展演相结合的方式。中国上海、河南、浙江、广西等多个省区市以及菲律宾、新加坡、泰国、越南、印度尼西亚等多个东盟国家的艺术团体参加展演。活动期间开展23场演出,涵盖越剧、昆剧、花鼓戏、滇剧、莆仙戏等戏剧种类。东盟国家的优秀剧目则通过“云”上展播。

12月7日,首届中国—东盟文化艺术周戏剧展演暨第8届中国—东盟(南宁)戏剧周活动在广西南宁开幕　(中国日报网)

智利边境大学孔子学院揭牌仪式线上举行　2020年12月10日,在中国和智利庆祝建交50周年之际,智利第三所孔子学院——智利边境大学孔子学院揭牌仪式在线上举行。该孔子学院由智利边境大学和中国传媒大学合作建设。

(叶霞霞　雷小华)

大湄公河次区域经济合作

大湄公河次区域合作发展历程

湄公河(中国境内称澜沧江)是亚洲一条重要的国际河流,发源于中国青藏高原唐古拉山,自北向南流经中国青海、西藏、云南3省(自治区)和缅甸、老挝、泰国、柬埔寨、越南5国,于越南胡志明市附近注入南中国海,全长4880千米。大湄公河次区域(GMS)位于东南亚、南亚和中国大西南的结合部,涉及中国云南、广西两省(自治区)以及缅甸、老挝、泰国、柬埔寨和越南5个国家,面积256.86万平方千米,总人口3.29亿。大湄公河次区域经济合作始于1992年,当年10月,首届GMS合作会议在菲律宾马尼拉亚洲开发银行总部举行,会议确立GMS合作的总体框架。会议文件将大湄公河次区域界定为柬埔寨、老挝、缅甸、泰国、越南和中国云南省(2005年确定广西为中国参与GMS合作的第二个省份)。会议决定每年召开一次6国部长级会议,并确定8个主要合作领域,即交通、能源、环境和自然资源管理、人力资源开发、贸易和投资、旅游、通信、禁毒等。

1992—2020年,大湄公河次区域合作经历3个发展阶段:第一阶段(1992—1996年)为建立互信和构建合作框架阶段。主要就GMS合作的基本问题进行可行性研究及广泛磋商,建立合作框架,形成合作机制。1994年,第3次GMS部长级会议确立后来成为GMS合作蓝图的项目计划,形成《大湄公河次区域经济合作——由倡议走向实施》的会议文件。1995年11月举行的第5次GMS部长级会议进一步扩充合作领域,筛选出103个优选合作项目。1995年4月,湄公河下游泰国、老挝、柬埔寨和越南4国在泰国清莱签署《湄公河可持续发展合作协定》。4国决定在湄公河流域开发和管理的一切领域,包括河流资源、河上航运、洪水控制、渔业、农业、发电及环境保护等所有可能产生跨越国界影响的领域进行合作。依照协定建立的新湄公河委员会取代原来的湄公河临时委员会,新湄公河委员会自成立之日起就邀请上游的两个国家——中国和缅甸加入该组织,并于1996年开始与两国定期举行对话。

第二阶段(1997—2001年)为建立战略框架和优选项目阶段。确定GMS合作优先领域,批准一批重点项目,全面展开项目可行性研究,实施优先项目。2010年11月举行的第10次GMS经济合作部长级会议确定今后10年GMS合作的5个战略重点,即加强基础设施联网、便利跨境贸易与投资、扩大私营部门的参与和竞争、开发人力资源和提高技能水平、加强环境保护和促进自然资源的可持续利用。会议确定的11个旗舰项目包括南部经济走廊、东西经济走廊、南北经济走廊、电信骨干网、电力网、便利跨境贸易与投资、私营参与和增强竞争力、人力资源开发、环保战略框架、洪水控制和水资源管理、旅游等。

第三阶段(2002—2020年)为提升和全面发展阶段。在建立首脑会议机制和召开部长级会议方面取得新进展。大湄公河次区域6国分别于2002年11月(柬埔寨金边)、2005年7月(中国昆明)、2008年3月(老挝万象)、2011年12月(缅甸内比都)、2014年12月(泰国曼谷)和2018年3月(越南河内)举行6次领导人会议,分别通过《次区域发展未来10年战略框架》《大湄公河次区域经济合作新10年战略框架》《河内行动计划》等重要文件,为次区域合作指明方向。2002—2016年先后举行21届部长级会议,审议通过多项开发规划和贸易协定,推动GMS合作向深度和广度发展。2017年9月20日,GMS第22届部长级会议在越南河内举行,与会各国制订并完善《河内行动计划》框架,讨论并通过2018—2022年区域投资框架(RIF)和GMS旅游战略(2016—2025年)。2019年11月18日,第23届部长级会议在柬埔寨金边举行。本次会议主题为"建设更加融合、包容、可持续发展的GMS"。会议通报GMS在交通、贸易便利化、能源、农业、环境、卫生等领域合作的进展情况,肯定经济走廊论坛和省长论坛在促进知识共享、经验传播等方面的重要作用,审议《GMS长期发展战略2030(草案)》,审议并通过《GMS区域投资框架2022(更新版)》,会议发布《大湄公河次区域经济合作第23届部长级会议联合声明》。2020年11月4日,第24届部长级会议以视频方式举行,中国是东道国,会议审议《GMS长期战略2030(草案)》《GMS应对疫情和恢复经济计划2021—2023(草案)》,审议通过《GMS区域投资框架2022(更新版)》等文本,会议发布《联合声明》。

经过20多年的发展,GMS合作在以项目为主导的合作方式下不断推进,在一些重点领域取得诸多新进展。

在交通与环境领域,GMS各国合作稳步推进。中国云南蒙自至河口铁路2014年竣工。2015年11月13日,中老铁路项目在中国北京签约。12月19日,中泰铁路合作项目在泰国大城府举行启动仪式。2016年6月29日,大湄公河次区域交通论坛第2次会议在中国广西南宁举行,会议听取各国关于次区域投资框架2014—2018年行动计划下41个交通基础设施投资项目和15个技术援助项目进展情况介绍,审议次区域交通走廊和经济走廊布局调整相关方案,讨论制定新的次区域交通行业战略的有关内容,研究次区域铁路联盟建设等相关问题。2017年5月24—25日,大湄公河次区域(GMS)国家便利运输委员会联合委员会特别会议暨高官会在越南河内举行，会议期间，与会各国就加快签署和启动实施《关于实施（大湄公河次区域便利货物及人员跨境运输协定）“早期收获”的谅解备忘录》（简称《早收备忘录》）达成新的时间路线图和工作计划，并围绕《大湄公河次区域便利货物及人员跨境运输协定》的修订工作，重点就开通新的 GMS 跨境道路运输线路和出入境站点等问题进行深入讨论。2018 年 3 月，GMS6 国政府共同签署《早收备忘录》，规定 GMS 国家车辆持 GMS 行车许可证和暂准入境单证（TAD），一年内进入柬埔寨、老挝、泰国和越南的次数不限。备忘录于 2018 年 6 月 1 日起正式实施（缅甸将于 2020 年 6 月启动）。《早收备忘录》的实施和 GMS 国际道路运输线路的正式启动有助于进一步畅通中国——中南半岛运输走廊，促进区域货物和人员往来。

在农业和旅游领域，GMS 各国相互交流加深。2014 年 3 月 27 日，中国与柬埔寨合作建设的中柬优质蔬菜水果示范基地揭牌。2015 年 5 月 21 日，越南农业与农村发展部与中国农业部在越南河内签署农业合作备忘录。2016 年 12 月，第 38 次大湄公河次区域旅游工作组会议在中国云南昆明举行，各国与会代表先期赴昆明古滇国旅游项目实地调研，对昆明超大型文化旅游城市综合体建设规划进行考察，并围绕古滇国项目对旅游带动失地农民就业、旅游促进产业转型和生态文明建设进行重点调研。2017 年 6 月，大湄公河次区域农业科技交流合作组第 8 届理事会在中国云南昆明举行，借助合作组等平台，中国云南省农科院与南亚东南亚国家陆稻、大豆、稻飞虱等合作研究进展顺利，成效明显。在 2018 年 6 月举行的大湄公河次区域（GMS）经济走廊 2018 年省长论坛上，各方就今后的合作达成多项共识，其中包括继续推进农业、渔业和旅游领域的合作。

在贸易与投资领域，GMS 成员国之间贸易与投资额持续增长。2014 年中国与 GMS 各国间贸易总额 1721 亿美元，2015 年 1610 亿美元，2016 年 1750 亿美元，2017 年 1872 亿美元，2018 年 2133 亿美元，2019 年 2858 亿美元，2020 年 3229.1 亿美元。在中国对 GMS 各国的投资方面，2015 年中国是柬埔寨、老挝和泰国的第一大外资来源国。2016—2018 年，中国是柬埔寨、老挝和缅甸的第一大外资来源国。中国对 GMS 各国的投资额总体上持续增长。

在非传统安全领域，GMS 各国持续开展合作。2013 年 5 月，中国和 GMS 各国在缅甸首都内比都发表禁毒合作《内比都宣言》。10 月，中缅禁毒合作第 11 次会议在中国山西举行，中缅两国代表表示继续巩固和加强两国在禁毒领域的全面合作，共同推进解决“金三角”毒品问题，联手打击跨国毒品犯罪活动。近年来，GMS 各国持续加强湄公河流域联合执法，截至 2020 年，中老缅泰四国累计开展 100 次湄公河联合巡逻执法，派出执法船艇 654 艘次、执法队员 12297 人次，总航程 4 万余千米，为数千艘中外船舶护航，有力维护“黄金水道”的安全稳定。

中缅开展电力互联互通项目可行性研究

2020 年 1 月 18 日，在中缅两国领导人共同见证下，中国南方电网公司代表中缅联网项目中方工作组与缅甸电力与能源部交换《关于开展中缅联网项目可行性研究的备忘录》合作文件，明确中方工作组负责中缅电力互联互通项目可行性研究。中缅联网项目是响应“一带一路”倡议，推进中缅基础设施互联互通的关键项目，进一步贯彻落实两国领导人在“一带一路”倡议下共建中缅经济走廊达成的重要共识，将进一步推动大湄公河次区域互联互通建设合作。

2020 年大湄公河次区域经济合作第 1 次高官会

2020 年 3 月 30 日以视频方式举行。主要讨论 GMS2030 战略（草案），审议 GMS 知识合作研究项目、中缅经济走廊试点研究成果报告，交流 GMS 第 24 届部长会和 GMS 第 7 次领导人会议准备情况。亚行 GMS 秘书处官员主持会议，GMS 成员国各有关单位代表参加会议。

2020 年第一季度云南电力出口大湄公河次区域国家同比增长 13.1%

2020 年第一季度，中国南方电网云南国际公司积极保障云南省周边大湄公河次区域（GMS）国家抗击疫情期间的用电需求，累计完成进出口电量 10.24 亿千瓦时。其中：出口电量 9.04 亿千瓦时，比上年同期增长 13.1%；对缅甸出口电量 1.81 亿千瓦时，增长 428.5%。截至 4 月 12 日，南方电网云南国际公司通过 10 回 110 千伏及以上与越南、老挝、缅甸局部互联的跨境输电线路进行跨境电力贸易。

湄公河次区域跨界雾霾污染次区域部长级指导委员会第 9 次会议

2020 年 8 月 14 日以视频方式举行。会议重申致力于按照《东盟跨界雾霾污染协定》的原则，按照《东盟跨界雾霾污染控制合作路线图及实施手段》的规定，实现到 2020 年实现东盟无霾愿景。与会各国部长同意进一步加强合作，以有效实现本协议的全部目标，并确保全面实施东盟监测、评估和联合应急响应标准操作程序（SOP）。

大湄公河次区域经济合作第 24 届部长级会议

2020 年 11 月 4 日以视频方式召开。会议主题是“继往开来，建设更加融合、包容、可持续、繁荣的

GMS”。中国是东道国，会议由中国财政部主办，柬埔寨、老挝、缅甸、泰国和越南等GMS成员国的部长级政府官员、亚洲开发银行副行长艾哈迈德·萨伊德、亚洲基础设施投资银行等国际组织以及私营部门代表出席。中国财政部部长刘昆在开幕式上致辞。会议审议《GMS长期发展战略2030（草案）》《GMS应对疫情和恢复经济计划2021—2023（草案）》，审议通过《GMS区域投资框架2022（更新版）》等文本，并发布《联合声明》。本次会议是2021年GMS第7次领导人会议前的最后一届部长会。（叶霞霞　雷小华）

中越“两廊一圈”区域合作

中越“两廊一圈”区域合作概况

“两廊一圈”是中国和越南两国领导人作出的在中越两国之间合作建设“两条经济走廊”和“一个经济圈”的重大决策。“两廊”是指南宁—谅山—河内—海防—广宁经济走廊和昆明—老街—河内—海防经济走廊，“一圈”指环北部湾经济圈。“两廊一圈”涵盖环北部湾和越南北部多个省市，越南方面有老街、安沛、富寿、谅山、北江、北宁、河内、兴安、海阳、海防、广宁等省市；中国方面有云南、广西、广东和海南4省、自治区。

“两廊一圈”的提出及其启动实施是中国—东盟自由贸易区合作框架下次区域合作的具体举措，推动“两廊一圈”建设是基于中越两国关系不断全面深入发展在经贸合作方面的具体成果，它标志着中越经济在迈向一体化方面步入实际操作层面。从中越关系、区域战略和广西、云南发展的角度来看，“两廊一圈”的提出和启动都具有积极意义。因此得到中国广西、云南和越南北部地区的积极响应，成为广西与越南、云南与越南合作的热点和主题。

中越“两廊一圈”区域合作发展历程

2005年3月25日，中越两国“两廊一圈”专家组第1次会议在越南河内举行，会议讨论“两廊一圈”合作的可行性和具体实施方案，同意共同编制关于“两廊一圈”合作研究报告。此次会议标志着中越两国合作建设“两廊一圈”开始从设想走向实际操作。

2006年7月5日，中越经贸合作专家组第2次会议在中国越南蒙自举行。双方就《中国—越南经贸合作专家组关于“两廊一圈”合作的研究报告》内容深入细致地交换意见，对报告内容和双方下一步工作原则达成一致。通过此次会议，中越双方进一步明确“两廊一圈”合作的方向和领域。

2006年11月16日，中越两国领导人在河内签署《中华人民共和国政府和越南社会主义共和国政府关于开展“两廊一圈”合作的谅解备忘录》，双方同意在“两廊一圈”范围内重点合作领域包括基础设施、货物和旅客运输、资源开发与加工、农业、旅游业等9个方面。两国同意首先开展在“两廊一圈”范围内的交通运输、资源开发与加工、口岸建设和贸易投资便利化等领域的合作，实施条件成熟的项目，逐步带动其他领域共同发展，以实现在两国边境省份间构筑一个平台，为双方企业及第三国企业开展经贸合作创造便利条件，使“两廊一圈”成为两国经济新增长点的目标。备忘录的签署为全面开展“两廊一圈”合作奠定基本框架。

2010年5月22日，经济日报专访中国驻越南大使孙国祥。孙国祥表示，两国经贸主管部门已建立“两廊一圈”合作机制并纳入《中越经贸合作五年发展规划》。

2011年10月11—15日，越南共产党中央委员会总书记阮富仲对中国进行正式访问。在此期间，双方领导人共同签署《中越2012—2016年经贸合作五年发展规划》等一系列协议，两国政府共同发表《中越联合声明》。声明强调：鼓励并为双方企业扩大长期互利合作、建设跨境合作区和“两廊一圈”合作创造有利条件。

2012年3月31日，时任中国国务院副总理李克强在海南博鳌会见出席博鳌亚洲论坛2012年年会的越南副总理黄中海，双方表示要落实好经贸合作五年发展规划，进一步加强经贸、人文等领域合作。3月26日，中越两国政府签署《中国越南两国政府关于共同建设北仑河二桥协定》及其《议定书》，双方还就尽快签署两国部门间《关于建立行车许可证制度协议》

11月4日，大湄公河次区域经济合作第24届部长级会议以视频方式召开（百度网）

及在北仑河口地区划定自由航行区达成共识。

2013 年 10 月 13—15 日，中国国务院总理李克强访问越南，访问期间中越两国发表《新时期深化中越全面战略合作的联合声明》，签署一系列合作文件与协议。

2015 年 4 月 7—10 日，越共中央总书记阮富仲对中国进行正式访问。7 日，中共中央总书记、国家主席习近平在北京人民大会堂同阮富仲总书记举行会谈。双方就两党两国关系、国际和地区形势等共同关心的问题深入交换看法，达成重要共识，强调要珍惜和维护中越传统友谊，秉承长期稳定、面向未来睦邻友好、全面合作方针和好邻居、好朋友、好同志、好伙伴精神，推动中越全面战略合作伙伴关系持续发展，更好造福两国人民。会谈后，习近平和阮富仲共同见证《中国共产党和越南共产党合作计划（2016—2020 年）》以及金融、基础设施、文化、司法、税务、维和等领域合作文件的签署。8 日，中越双方发表《联合公报》。11 月 5—6 日，应越共中央总书记阮富仲、越南国家主席张晋创邀请，中共中央总书记、国家主席习近平对越南进行国事访问。访问期间，习近平分别同阮富仲、张晋创举行会谈，并会见越南政府总理阮晋勇、国会主席阮生雄。习近平指出，中越同为共产党领导的社会主义国家，是具有战略意义的命运共同体，中越传统友谊应该倍加珍惜和维护。着眼未来，无论国际风云如何变幻，两党两国都需要守望相助、携手前行。要把握好政治方向，做互助互信的好同志、合作共赢的好伙伴、相亲相望的好邻居、常来常往的好朋友，确保中越关系始终沿着正确轨道前进。6 日，中越双方发表《联合声明》。

2016 年 9 月 10—15 日，越南政府总理阮春福对中国进行正式访问。访问期间，中共中央总书记、国家主席习近平，全国人大常委会委员长张德江、全国政协主席俞正声分别会见阮春福。中国国务院总理李克强同阮春福举行会谈，双方就新形势下进一步深化中越全面战略合作伙伴关系及共同关心的国际地区问题深入交换意见，达成广泛共识。会谈后，两国总理共同见证双方签署经贸、产能、基础设施、教育、旅游等领域的合作文件。11 月 8—11 日，中共中央政治局常委、全国人大常委会委员长张德江率中国党政代表团对越南进行正式友好访问，分别会见越共中央总书记阮富仲、国家主席陈大光、总理阮春福，与国会主席阮氏金银举行会谈，还会见祖国阵线主席阮善仁。访问期间，张德江出席中越人民友好交流活动和第三届中越青年大联欢并致辞，张德江还考察中越友谊宫项目建设情况，并访问岘港市、广南省。

2017 年 1 月 12—15 日，应中共中央总书记、国家主席习近平的邀请，越共中央总书记阮富仲对中国进行正式访问。中越双方共同发表《中越联合公报》，对尽早签署《中越跨境经济合作区建设共同总体方案》达成高度一致。此外，还签署《中国共产党和越南共产党高级干部培训合作协议（2017—2020 年）》《中国国防部和越南国防部关于 2025 年前国防合作共同愿景声明》《中国红十字会与越南红十字会合作备忘录》《中国海关总署和越南国防部关于中越陆地边境口岸合作的框架协定》《中国政府与越南政府关于实施老街—河内—海防标准轨铁路线路规划项目换文》等合作文件。5 月 11—15 日，应中共中央总书记、国家主席习近平的邀请，越南社会主义共和国主席陈大光对中国进行国事访问。国家主席习近平同陈大光举行会谈，国务院总理李克强，全国人大常委会委员长张德江，全国政协主席俞正声，中共中央政治局常委、书记处书记刘云山分别会见陈大光。11 月 10—13 日，应越共中央总书记阮富仲、国家主席陈大光邀请，中共中央总书记、国家主席习近平对越南进行国事访问并出席亚太经合组织第 25 次领导人非正式会议。访问期间，习近平分别同阮富仲、陈大光举行会谈，并会见越南政府总理阮春福、国会主席阮氏金银。两党两国领导人相互通报各自党和国家情况，就双边关系及共同关心的国际地区问题深入交换意见，并就新形势下进一步深化中越全面战略合作伙伴关系达成重要共识。双方高度评价中国全国人大同越南国会的友好交往。11 月 11 日，中共中央总书记、国家主席习近平在岘港行政中心会见越南总理阮春福。习近平强调国际和地区格局正在发生深刻复杂变化，中越两国改革发展也正处于关键时期，要拓展中越全面战略合作的广度和深度，实现中越两个共产党领导的社会主义国家长治久安。中越双方要保持高层接触，加强战略沟通，深化治党理政经验交流。要加快“一带一路”和“两廊一圈”建设对接，深化经贸、金融、产能、基础设施建设等领域务实合作，推进重点项目建设，实现互利共赢，活跃人文交流，促进民心相通，使中越友谊更加深入人心。11 月 12 日，中共中央总书记、国家主席习近平抵达河内，开始对越南进行国事访问，习近平分别在河内越共中央驻地同越共中央总书记阮富仲举行会谈和会见越南国会主席阮氏金银，并向阮氏金银介绍中国全面推进依法治国有关经验。11 月 13 日，习近平在河内越共中央驻地再次会见阮富仲。双方本着同志加兄弟的精神，继续就两党两国关系深入交换意见。会见后，习近平和阮富仲前往胡志明故居继续交流。习近平强调，随着新时期国际地区形势的深刻变化，中越关系特殊重要意义更加突显。为了引领好双边关系发展，双方要坚定信念，把握住中越关系大方向，密切人文交流，夯实中越关系民意基础，坚定维护中越友好合作，确保两党两国关系始终朝着正确方向前进。会上两党两国最高领导人就当前国际与地区形势、中越关系的重大和战略性问题等广泛而深入地交换意见，达成重要共识，访问取得圆满成功。中越双方发表《中越联合声明》，并签署《中越国防部边防合作协议》《共建"一带一路"和"两廊一圈"合作备忘录》《电力与可再生能源合作谅解备忘录》《2017年中越产能合作项目清单的谅解备忘录》《核安全合作谅解备忘录》《加快推进中越跨境经济合作区建设框架协议谈判进程的谅解备忘录》等合作协议。

2018年2月5—6日，中国外交部副部长孔铉佑同越南外交部副部长黎怀忠举行磋商。双方积极评价多年来中越关系取得的进展，中共中央总书记、国家主席习近平与越共中央总书记阮富仲、国家主席陈大光实现互访，就新形势下推进中越全面战略合作达成重要共识，为双边关系发展进一步指明方向。双方表示，2018年是中越关系承前启后的一年。双方将以落实中共中央总书记、国家主席习近平访越重要成果为主线，保持高层交往势头，密切治党理政经验交流，积极推进"一带一路"同"两廊一圈"对接、基础设施、产能、跨境经济合作区等重点领域合作，拓展人文交流的广度和深度，推动中越全面战略合作伙伴关系持续稳定发展。

4月1—2日，越共中央总书记阮富仲、国家主席陈大光、政府总理阮春福在越南河内分别会见中国国务委员兼外交部部长王毅。阮富仲表示当前越中关系保持积极发展势头，越方愿加紧"一带一路"与"两廊一圈"对接，推进双边务实合作。陈大光表示，2017年中共中央总书记、国家主席习近平成功访越，有力促进了两国政治互信和互利合作，越中关系已成为当前动荡复杂国际形势中的亮点，越方愿同中方落实两党高层共识，使越中传统友谊更多开花结果。阮春福表示，越方将越中关系置于越南外交政策的头等优先位置，希望越中传统友谊不断加强。王毅表示，2017年中共中央总书记、国家主席习近平对越南进行历史性访问，推动中越关系呈现积极发展势头。中国新一届政府成立伊始即派访越，表明中方将继续把中越关系放在中国外交全局中的重要位置。双方应进一步落实中共中央总书记、国家主席习近平访越重要成果，将两党两国高层重要政治共识转化为加强两国全面战略合作的行动，抓住机遇，推进"一带一路"与"两廊一圈"对接，力争实现务实合作规模和质量双提升。

8月20日，中共中央总书记、国家主席习近平在北京会见越共中央政治局委员、中央书记处常务书记陈国旺。习近平表示，当前，国际和地区形势正在发生深刻复杂变化，中越关系和两国社会主义事业步入新的发展阶段，面临新的机遇和挑战。中越关系总体向好发展势头更加巩固，中越友好合作潜力不断得到释放，我们愿同越方一道，就一些全局性、战略性重大问题深入沟通，加强对中越关系发展的政治引领，推动中越关系进一步发展。习近平指出，2018年是中越全面战略合作伙伴关系建立10周年。10年来，中越关系得到长足发展，有力促进了两国各自发展，增进了人民福祉，也为推进世界社会主义事业、维护地区和平稳定做出了积极贡献。中方始终坚持从战略高度和长远角度看待两党两国关系，愿同越方一道，在"十六字"方针和"四好"精神指引下，使中越关系沿着正确轨道不断向前迈进。双方要通过多种形式保持高层交往，加强对双边关系的政治引领；要加大两国发展战略对接和政策沟通，不断深化务实合作；要坚持对话协商，有效管控分歧，推动两国海上共同开发早日取得实质进展；要进一步夯实双边关系的民意基础，培养两国民众相亲相近的友好感情。

11月4日，中共中央总书记、国家主席习近平在上海会见越南总理阮春福。习近平强调，中越要保持两党两国高层密切交往传统，加快推进"一带一路"和"两廊一圈"对接并及早确定优先合作领域。中方愿鼓励更多中国企业赴越南参与大项目合作，加强互联互通。双方要共同努力，维护海上和平稳定，稳步推进海上合作。阮春福表示，当前形势下，越南党和政府愿在"十六字"方针和"四好"精神指引下，同中方密切高层交往，加强团结互信，推动务实合作，特别是将"两廊一圈"和"一带一路"倡议对接，促进区域互联互通和可持续发展。

11月27日，中国全国政协主席汪洋、全国人大常委会委员长栗战书在北京会见越南祖国阵线中央委员会主席陈青敏。汪洋表示，中方愿同越方一道，巩固传统友谊，推进"一带一路"和"两廊一圈"等发展战略对接，拓展互利合作，妥善处理分歧，推动新时期中越全面战略合作伙伴关系进一步向前发展。中国全国政协高度重视与越南祖国阵线的友好合作关系，愿持续深化交流合作，进一步夯实两国关系的民意基础，为两国关系发展不断注入新的活力。栗战书表示，中方将秉持共商共建共享原则，与越方一道，持续推进全方位互利合作，特别是"一带一路"同"两廊一圈"对接，共同建设具有战略意义的命运共同体。中国全国人大愿同越南祖国阵线加强交流，为中越关系持续发展做出新贡献。陈青敏表示，希望进一步提升越中各领域务实合作水平和质量，积极推动两国全面战略合作伙伴关系持续向好发展。

2020年8月23日，中国国务委员兼外交部部长王毅在广西东兴两国边界跨界处同越南副总理兼外交部部长范平明共同出席中越陆地边界划界二十周年暨勘界立碑十周年纪念活动。王毅表示，中越关系正常化以来，双方坚持通过对话协商解决陆地边界问题，中越陆地边界已成为促进两国共同发展的重要纽带和合作桥梁。双方应铭记两党两国最高领导人重要政治共识，以建交70周年为新起点，推动中越关系不断取得新发展。要让中越边界更好地服务于两国发展和人民福祉，加强边界治理体系和治理能力建设，通过中越边界促进区域合作发展，借鉴陆地边界成功实践早日解决海上问题。中方愿同越方密切合作，使中越陆地边界不仅是一条和平的边界，也成为友好、合作、共同发展繁荣的边界。范平明表示，越南党、政府和人民始终如一维护越中全面战略合作伙伴关系，愿同中方一道推动越中关系持续深入发展。相信越中边界必将成为和平、友好、合作、发展的边界。两国外交部部长共同现场查看中越界碑并分别为各自第一块界碑描红。

中越“两廊一圈”区域合作新进展

2020年，中越关系依然保持稳步发展趋势，中越“两廊一圈”区域合作在经贸、交通、农业合作以及能源合作领域取得新进展。

经贸合作　2020年中越贸易持续增长，中国继续是越南最大贸易伙伴，也是越南最大进口市场和第二大出口市场。2020年中越贸易额1922.8亿美元，比上年增长18.7%。其中，中国对越南出口额1138.1亿美元，自越南进口额784.7亿美元，分别增长16.3%和22.4%。2020年中国企业对越南直接投资额13.8亿美元，增长5.9%；越南对中国直接投资额275万美元，下降84.0%。投资合作方面，2020年中国企业在越南新签工程承包合同额49.5亿美元，增长12.7%；完成营业额29.3亿美元，下降25.6%。越南继续保持中国前十大贸易伙伴和在东盟最大贸易伙伴地位。另据中国海关统计，2020年越南是中国第6大贸易伙伴，比上年升2个位次。越南是中国第8大进口市场和第5大出口市场。

交通合作　2020年，实现中越跨境公路运输常态化，开行广西南宁至越南海防货运直通车；开行南宁至香港直达动车、桂林经南宁至丽江动车，开通南宁至越南铁路冷链运输线、南宁至东盟国家全货机航班。南宁—凭祥—河内、南宁—东兴/芒街—海防跨境公路运输线路一站直达。截至2020年8月，中越跨境直通车自开行以来共开行183趟次。新开通定点、定线、定车次、定时、定价的跨境电商货运班车，跨境运输能力和效率提高。铁路运输方面，常态化运行中越跨境班列，2020年1—8月，累计开通102列，共2800TEU。航空运输方面，开通南宁—胡志明、南宁—芽庄、南宁—马尼拉、南宁—金边的货运航班。

能源合作　2020年11月11日，中国能建葛洲坝国际公司与越南建设贸易股份公司签署越南金瓯1号350兆瓦海上风电项目EPC合同。该项目是中国能建葛洲坝集团在东南亚签约的第一个大型潮间带风电项目，为进一步拓展全球新能源市场打下坚实基础。项目合同范围主要包括潮间带风电场、集电海缆、控制中心、变电站、送出线路，以及业主办公大楼和运维码头等工程项目的设计、设备供应、土建施工和安装调试。金瓯1号风电项目是目前越南最大的潮间带风电项目，同时也是越南最大的风电项目。项目建成后每年将新增发电量约11亿千瓦时，节约标准煤约45万吨，减少二氧化碳排放约88万吨，显著改善当地乃至整个越南南部地区电力短缺现状，缓和经济社会发展与环境保护之间的矛盾，为越南可持续发展作出重要贡献。项目建设和运营期间，将会有效带动相关产业发展，增加地方财政收入，同时为当地创造大量就业机会，培养一大批有经验的技术工人，促进当地经济社会发展，为越南经济注入强大活力。12月27日，中国能建山西院总承包、安徽电建二公司承建的越南宁顺HANBARAM117兆瓦风电项目开工。此项目位于越南宁顺省潘朗市，项目装机容量117兆瓦，安装29台风机，是越南政府鼓励新能源建设的代表项目之一。项目建成后，将有力增加越南新能源供应，促进越南能源结构转型和经济社会发展。

技术合作　2013—2020年，中国—东盟技术转移与创新合作大会（以下简称“东创会”）已成功举办8届。东创会服务中国与东盟国家间政府部门、企业和机构的交流对接。据统计，8届东创会共签署80多个中国—东盟重点创新合作项目；举办14场论坛及研讨会、29场专业领域技术对接会，展示推介项目累计3200多项，促成中国与东盟国家间在电子信息、农业、生物医药等领域项目签约及意向签约200多项，有效推动区域技术转移创新与合作，促进中国先进技术落地东盟，助力国际区域互利共赢。

农业合作　2020年，中越边境地区农业科技走廊科技项目成绩亮眼，广西杂交水稻品种“特优136”在

11月11日，中国能建葛洲坝国际公司与越南建设贸易股份公司签署越南金瓯1号350兆瓦海上风电项目EPC合同　（百度网）

越南成功种植;广西甜瓜品种"桂蜜12号"在越南连续5年荣登甜瓜评比排行榜榜首;广西在越南建成5个蔬菜示范基地。广西农业科学院在越南广宁省、河江省、谅山省、北江省牵头建设农业科技走廊,以技术互通为重点,针对越南粮食、水果、蔬菜产业发展中的技术瓶颈,从基地建设、技术双向转移、人才培养等多方面开展交流合作,建立联合实验室、技术开发、应用示范、对接培训及科研人员往来。中越边境地区农业科技走廊科技项目则是该院积极参与中国—东盟技术转移的成果。当前,广西与越南在农业技术交流与合作方面发展迅速,合作方式日趋多样化。据统计,该院在越南建立农业示范基地7个、示范点50多个,示范推广品种200多个。

中越"两廊一圈"区域合作机制

中国广西与越南四省建立跨境疫情防控沟通协调机制　2020年4月22—23日,为有效防范境外新冠肺炎疫情从广西陆地边境输入,经广西壮族自治区新冠肺炎疫情防控工作领导小组指挥部批准,广西以线上通讯联系方式分别与越南广宁、谅山、高平、河江边境四省建立跨境疫情防控沟通协调机制。磋商期间,广西向越方通报近期广西疫情防控工作取得的成果,建议双方相互及时通报疫情信息和防控措施,就开展边境地区疫情联防联控、严厉打击非法出入境、限制非必要人员往来、加强口岸通关便利化、保持货物正常通关等方面提出具体措施。越南广宁省和谅山省通报越南国内防疫情况,积极评价广西疫情防控取得的重要成果和成功经验,赞同广西提出的具体合作建议,希望与广西携手努力,加强边境地区联防联控,推动边境地区经济社会发展。该机制由双方外事部门牵头,公安、商务、卫生、边防部队、海关、边防检查及边境市、县等单位组成,定期开展工作,切实落实"外防输入、内防反弹"各项防控措施,最大程度降低疫情跨境传播风险,巩固疫情防控成果。

6月2日,中国(广西)—越南商品网上交易会正式启动　(百度网)

第2期中国(广西)—越南商品网上交易会　6月2—4日,广西壮族自治区商务厅与越南工贸部贸促局共同举办第2期中国(广西)—越南商品网上交易会,在"云端"为广西企业拓展越南市场开辟新通道。此次交易会通过一台电脑、一个ID号码,广西与越南客商即可进入平台开始贸易对接与洽谈。这是继4月21—23日首期中国(广西)—越南商品网上交易会后,双方再次为企业搭建"云展销"平台,促进两国企业在建材、家居产品领域的贸易交流与合作。此次交易会主要交易产品包括建筑和装饰材料、陶瓷、厨房卫浴、五金工具、家具、家居用品等。交易会还举行5场家居产品、五金产品、建材产品等专场推介会,组织双方170多家企业通过网络视频以"一对一"的方式,进行150余场次线上洽谈活动。

中越"两廊一圈"公路建设

崇左—爱店高速公路建设征地拆迁签约　2020年8月19日,广西宁明县举行崇左—爱店高速公路建设征地拆迁签约仪式。崇左—爱店高速公路位于广西崇左市境内,路线起于宁明县亭亮乡天西附近,设置天西枢纽互通与南宁至友谊关高速公路相接,路线自北向南经亭亮乡、明江镇、峙浪乡,止于爱店镇那洞附近,与爱店连接线起点相接。初步设计推荐主线路线长55.250千米。崇左—爱店高速公路建设项目是广西壮族自治区和崇左市重大交通建设项目,项目建设有利于宁明县东盟开放合作的桥头堡和区域性国际商贸物流中心建设,同时也加强崇左市中心城市对宁明县沿线城镇的辐射带动作用。

越南广宁省云屯芒街高速公路加快施工　2020年9月,越南广宁省云屯—芒街高速公路设计行车时速从100千米提升到120千米。此条公路贯穿云屯经济特区与芒街,有利于中国广西融入"两廊一圈"经济区。公路途径越南河内市—海防市—下龙市—云屯特区—芒街市,之后通向中国广西南宁。项目将于2021年年底建成通车。

中越"两廊一圈"铁路合作与建设

防城—东兴铁路　2020年9月25日,广西东兴市境内防城—东兴铁路隧道全部贯通,截至10月中旬,防城—东兴铁路路基完成工程量的55%,桥梁下部工程完成工程量的61%,隧道工程完成65%。站前工程完成投资17.5亿元,完成总投资的54%。防城—东兴铁路是广西沿海高铁的延伸线,是内陆通往边境重镇东兴市的第一条铁路,同时又是中越互联互通国际通道的重要组成部分。铁路全长46.9千米,包含隧道8座、桥梁32座,桥隧比为67.9%。全线设防城港北站、东兴市站,预留江山半岛站,设计行车时速200千米,基础设施预留250千米。

中越边境广西崇左至凭祥铁路获准开建 7月16日,新建崇左至凭祥铁路项目获广西壮族自治区发展和改革委员会核准批复同意建设。位于中越边境的崇左—凭祥铁路是在建南宁至崇左铁路的延伸,项目线路途经崇左市宁明县北部、龙州县、凭祥市,全长81.12千米,设计行车时速250千米,新设宁明东、龙州、凭祥东3个车站,项目总投资149亿元。2020年年底开建,工期42个月。崇左—凭祥铁路途经的宁明县、龙州县、凭祥市均与越南接壤,项目建成后将实现南宁至凭祥高铁全线通达,形成中国—东盟之间的重要国际运输通道,对于构建中国与东盟国家的重要经济走廊具有重大意义。

中越"两廊一圈"沿海港口和口岸建设

越南发展口岸经济区将加强中越联系 2020年年底,越南政府总理同意并从2021—2025年阶段国家财政预算中拨款集中投资发展8个重点口岸经济区。获选的8个重点口岸经济区为广宁省芒街口岸经济区、谅山省同登—谅山口岸经济区、老街省老街口岸经济区、高平省口岸经济区、河静省吊桥国际口岸经济区、广治省劳保特别经济贸易区、西宁省牧排口岸经济区和安江省口岸经济区。可以看到,8个经济贸易区中广宁省芒街口岸经济区、谅山省同登—谅山口岸经济区、老街省老街口岸经济区、高平省口岸经济区均与中国口岸接壤,将大大加强中越双方联系,未来五年中越贸易往来将更加密切。

越中合作升级越南茶陵—中国龙邦口岸建设 2020年8月26日,在越南茶陵—中国龙邦口岸零千米处,由越南高平省人民委员会代表团与由中国广西百色市代表团举行会晤,就口岸开放合作问题展开讨论。为落实中国广西壮族自治区人民政府与越南高平省人民委员会于2019年3月22日签署关于将越南茶陵—中国龙邦口岸升级为国际口岸和开通那弄—那西通道的会谈纪要,本着互惠互利、共同发展的原则,双方已进行会谈,就双方口岸合作内容进行讨论。双方一致同意中方向上级报告,尽早完善相关手续,并向越南外交部和高平省提交有关升级越南茶陵—中国龙邦口岸建设的书面回复意见。双方汇报上级暂时允许越南那弄—中国那西通道开通,促进经济发展。关于越南廷峰—中国新兴通道的开放,双方一致同意加快相关手续办理进度,要求县级政府汇报,并申请上级允许开放边界通道,让两国边民进行商品交换,制订口岸经营环境优化方案,同时为通关手续的办理创造便利条件。

广西硕龙口岸开放(升格)工作稳步推进 自2013年6月国家海关总署将硕龙口岸列入年度国家口岸开放审理计划,2015年4月广西壮族自治区人民政府向国务院申报硕龙口岸升格,8月广西口岸办经与国家口岸办协商,将硕龙口岸开放到岩应通道上报国家口岸办,9月国家口岸办向外交部边海司致函,请求就硕龙口岸针对开放升格问题照会越南,请越南方予以研究并尽快复照中方。同时广西向国家海关总署申请将硕龙口岸升格为国际性口岸并开放德天通道纳入国家"十三五"发展规划。2017年,国务院就硕龙公路口岸对外开放作出批复,同意位于中国和越南边境的广西硕龙公路口岸对外开放,口岸性质为双边性常年开放公路客货运输口岸。2019年3月28日签署的《中越陆地边界联委会第9次会议纪要》明确,双方同意推动硕龙—里板口岸升格为国际性口岸并扩大开放至岩应—板空通道。2019年8月22日,中国国务院将广西壮族自治区人民政府《关于硕龙公路口岸升格为国际性口岸并扩大开放至岩应通道的请示》(桂政报〔2019〕22号)转海关总署商有关部门研究办理;2020年2月13日,广西壮族自治区口岸办向国家口岸办请求再次通过外交渠道向越方照会硕龙—里板口岸升格为国际性口岸,并扩大开放至岩应—板空通道事项。

中越"两廊一圈"运输便利化合作

越南直达凭祥进境水果班列实现常态化开行 2020年3月19日,由越南同登发出的搭载14个冷藏集装箱、346吨火龙果的进境水果班列24512次抵达中国广西凭祥,在国铁凭祥口岸物流中心接受海关检验检疫后,迅速转运至中国北京、郑州、重庆、西安等地。2月,凭祥(铁路)口岸正式列入进境水果指定监管场地名单;2月24日,凭祥(铁路)口岸进境水果指定监管场地通过中国海关总署验收,可正式办理进境水果直通运输业务。自2月25日首趟跨境水果班列经国铁凭祥口岸抵达凭祥站至今,中越跨境水果班列实现每周2—3趟的常态化开行。国铁凭祥口岸物流中心通过实施进出口业务一站式办理、过境集装箱货物减少换装环节等措施,大大缩短过境时间,进一步密切了中国与东盟国家的水果贸易合作。至此,该口岸集海关、边检、铁路货运功能于一体,可实现进出口业务一站式办理,过境集装箱货物无需换车换装。

中越班列开行量涨幅超8成 2020年10月16日,随着满载氧化锌、电子原件的24510次列车从越南同登站驶入国铁凭祥口岸物流中心,2020年中越班列累计开行112列,突破2019全年开行总数,增长83.6%。自2017年首趟中越班列开行以来,中越班列运载货物日益丰富,运量不断增加,畅通了中国与东盟的经贸往来。来自中国中西部城市的玻璃、棉纱、电子元件、柴油机等,经中越班列运往越南等东盟国家;东

盟国家的特色水果、电子产品、日用品等运抵凭祥后，通过铁路运输发往重庆、成都后接续中欧班列，运至欧洲各国。中越班列的开行，打通亚欧大陆桥南向通道，让凭祥及沿途节点城市开启面向东盟的共商、共建、共享国际物流经贸大通道，成为中国与东盟国家经贸往来的强劲助推器。

中国（西安）—越南（河内）国际班列签约　11月28日，在第17届中国—东盟博览会上，举行中国（西安）—越南（河内）国际班列战略合作协议签约仪式。陕西投资集团华山创业有限公司与珉丰（越南）集装箱股份公司签订《西安—越南线路国际物流货运战略合作框架协议》，陕西投资集团国际贸易有限公司与广西华泰国际货运代理有限公司签订《口岸国境代理合作协议》，陕西重型汽车进出口有限公司与菲律宾 NZH 公司签订《战略合作框架协议》，西安百跃羊乳（南宁）有限公司与广州怡康健康产业有限公司、广西源康科技发展有限公司、贵州仁和传承生物科技有限公司签约合作项目。中国（西安）—越南（河内）国际班列战略合作协议的签署，是陕西省建设中欧班列（西安）集结中心，打造面向中亚、西亚、南亚，效率高、成本低、服务优的国际贸易通道的一项具体举措。

中越“两廊一圈”园区建设

广西打造中越“两国双园”项目，深化跨境产业合作　2020年8月18日，据中国（广西）自由贸易试验区崇左片区管理委员会提供的信息，崇左片区正在打造中越“两国双园”项目，目前项目进展顺利，作为“双园”之一的越南谅山北投产业园力争在2020年底前试运营。崇左片区于2019年8月挂牌设立，是广西3个自贸片区之一。崇左片区所在地凭祥市（崇左下辖县级市），与越南一市三县接壤，是中国面向东盟前沿和便捷陆路通道。中越“两国双园”项目将集聚发展跨境加工业，在“两国双园”合作模式下，中越双方产业园区共享生产环节、税收、就业岗位及出口市场，推动中越产业合作实现互利共赢。其中，越南谅山北投产业园由广西北部湾投资集团有限公司联合崇左市、凭祥市政府共同投资开发，由广西凭祥综合保税区开发投资有限公司建设运营。产业园位于越南谅山省谅山—同登口岸经济区内，距离中国友谊关—越南友谊国际口岸10.5千米，规划面积约177公顷，估算总投资25亿元人民币。越南谅山北投产业园围绕构建跨境产业链的发展理念，重点打造“加工制造、现代物流、国际金融”三大产业体系。至2020年8月，已完成项目在越南的立项手续、规划设计和合资公司组建等前期工作，取得越南谅山省人民委员会颁发的项目投资许可证，有多家企业等待入园。中方园区凭祥市边境出口加工产业园位于凭祥市万通物流园东面，一期工程厂区占地面积6.56公顷，项目总投资约4.98亿元人民币；二期工程占地面积约9.04公顷，项目总投资约6.36亿元人民币。一期工程已完成50%的建设任务，二期工程完成立项可研、地质勘查等前期工作。6月，中国（广西）自由贸易试验区崇左片区新增企业1060家。

东兴—芒街跨境经济合作区　2020年10月16日，广西东兴市举行罗浮大道项目开工及东兴北投口岸投资有限公司、东兴北投环保水务有限公司揭牌仪式。这是广西北部湾投资集团有限公司与东兴市深化合作，助推中国东兴—越南芒街跨境经济合作区建设的重要行动。罗浮大道项目及两个新揭牌投资运营企业均位于中国东兴—越南芒街跨境经济合作区中方园区。作为这个跨境经济合作区（中方区域）的重点建设项目，罗浮大道建成后将连接跨境合作区内多条交通干道。罗浮大道工程是中国东兴—越南芒街跨境经济合作区的重点建设项目，它的开工建设标志着项目进入全线施工阶段。北投集团将以罗浮大道项目动工及两个投资运营企业揭牌为契机，进一步发挥国有企业主力军作用，全力做好东兴跨境经济合作区口岸物流产业园和东兴市水务一体化项目建设，打造全国边境口岸国家物流枢纽建设运营典范。

龙江工业园　越南龙江工业园于2007年11月中标成为中国商务部第二批境外经济贸易合作区，中国国家发展和改革委员会于2009年2月开始批准项目投资，2011年9月正式通过中国商务部、财政部考核。截至2020年7月底，龙江工业园共吸收47家企业入园，其中36家企业已经投产，总投资15.7亿美元，2019年实现工业产值超过10亿美元，创造就业岗位超过2万人，园区内普通工人工资1500～2000元人民币，工资水平对周边普通老百姓富有吸引力。园区和入驻企业在发展的同时，也积极让当地群众享受到发展的成果。为方便当地民众出行，园区修建多条乡间道路和步行桥梁。为贫困民众修建房屋，帮助解决住房问题。此外还在当地中小学设立龙江工业园奖学金，鼓励学子好好学习。对好学上进的员工给予奖励。节假日时，为孤寡老人送上米油等生活必需品。园区捐助各项公益事业约100万美元，得到当地政府的充分肯定。自2008年以来，园区先后获得越南前江省政府主席颁发的“出色完成经济任务优胜奖”“社会慈善事业突出贡献奖”，以及越南政府颁发的“九龙江平原最佳品牌”等荣誉称号。

中越“两廊一圈”贸易和投资合作

中越荔枝跨境在线促销推荐会　2020年6月6日，中越荔枝跨境促销推荐会在线上举行，此次推介活动在越南北江省设主会场，在中国云南昆明和河口、广西南宁和凭祥设置4个分会场，在越南14省设置61个分会场，中越双方政府有关部门和企业2000多人在线参加推介活动。

中越双边合作指导委员会举行第12次会议　2020年7月21日，中国—越南双边合作指导委员会第12次会议在中国北京举行，中国国务委员兼外交部部长王毅和越南副总理兼外交部部长范平明共同主持。双方梳理总结上次指导委员会会议以来开展的各项工作，一致同意以庆祝中越建交70周年为契机，继续加强战略沟通，推进抗疫等各领域合作。

2020年中越（河口）边境贸易交易会在两地会场举行　12月12日，2020年第20届中越（河口）边境贸易交易会在越南老街省金城会展中心和中国云南省河口国际会展中心两个分会场开幕。该年度交易会首次采取线上方式举行。本届交易会主题为"开启新征程·共创新未来"，旨在促进老街省与中国云南省之间的经济社会交流，加强越南各地与云南省的贸易交往和市场对接，从而促进通过老街口岸进行的各种进出口活动。会上，双方企业签订涉及有色金属、化肥、化工、农水产品等产品进出口的价值7.589亿美元的18份经济合同。

中越"两廊一圈"旅游合作

"云"游广西让越南朋友感受别样魅力　2020年3月，河内中国文化中心通过新媒体平台推出"云·游中国"活动，以网上图片展览和线上视频播放等多种形式，让越南朋友以特别的方式"云"游包括广西在内的中国各地美丽的风景。河内中国文化中心由中国文化和旅游部与广西壮族自治区政府共建，通过国情宣介、文化交流、思想对话、教学培训、信息服务、产业推广、旅游推介等形式，促进中越文化交流与旅游合作。河内中国文化中心将资源汇聚"云端"，整理编辑中国已有的55项世界文化和自然遗产的材料，制作成中越文的《中国世界文化和自然遗产》展览，集中介绍中国文旅资源。该中心充分利用中国文化和旅游部文旅传播云平台信息资源，网上推出中英文展览《美丽中国》《古韵龟兹　丝路库车——中国新疆库车魅力摄影展》等，播放中英文视频《美丽中国　魅力北京》《壮美广西》等。在"云·游中国"活动中，中心特别从风景（自然美景）、风俗（民族习俗）、风味（美食）、风华（历史名胜）、风物（非物质文化遗产、文创产品）等方面，以既专业又通俗的方式介绍壮乡广西的人文历史、自然地理、特有动植物、古生物以及岩溶地貌等广西特色旅游资源，向越南朋友展现一幅独具特色的广西文旅地图。

中越德天—板约瀑布跨境旅游合作区静待开放　2020年7月，中越德天—板约瀑布跨境旅游合作区基本达到开放条件，有望开放试运营。德天瀑布位于广西大新县硕龙镇德天村，中国与越南边境处的归春河上游，与紧邻的越南板约瀑布相连，是亚洲第一、世界第四大跨国瀑布。2015年，中越两国政府签署合作保护和开发德天—板约旅游资源的相关协定。中越双方积极推进旅游合作区建设，抓好合作区试运行前期各项准备工作。据介绍称，受疫情影响短暂关闭后，德天跨国瀑布景区已于3月8日恢复开放，客流量逐步回升，周末日均游客接待量突破1000人次。合作区加快推进保障正式运行所必须具备的基础项目建设，往来通道查验点项目内部装修已经完成，游客出入境证件管理服务中心项目主体工程已封顶。景区登高观景项目完成滑道全线贯通，中越购物免税街项目完成收边收口。合作区建成开放后，游客只需完成简易通关手续，便能到达越南一侧观看瀑布，畅游中越各2平方千米范围内的景区景点，实现一日游两国，领略中国和越南不同的民俗风情。

2020年广西凭祥中越边关旅游节　2020年12月18日，以"聚焦自贸试验区，共谋产业新发展"为主题的2020年广西凭祥中越边关旅游节开幕式在凭祥市红木文博城举行。一年一度的广西凭祥中越边关旅游节暨中越（凭祥）商品交易会，已经连续举办28届，规模、档次和影响力都在不断提升，成为中越文化交流和文化旅游产业合作的良好平台。开幕式上，举行《中国东盟跨境物流》战略合作框架协议、《全国农产品冷链流通监控平台项目》战略合作框架协议、《共建汽车销售检测维修项目》战略合作协议等多项合作协议签约仪式。本届旅游节主要活动内容有6项，分别为开幕式、2020年中国—东盟（凭祥）果品展销会、中国（广西）自由贸易试验区崇左片区政策解读及招商推介活动、2020年凭祥红木嘉年华活动、2020中越（凭祥）商品交易及扶贫商品展销会、中国东盟（凭祥）风情文艺晚会。

12月18日，2020年广西凭祥中越边关旅游节开幕　（新浪网）

中越"两廊一圈"能源合作

中国能源建设集团有限公司签订越南公清燃煤电厂EPC项目　2020年初,中国能建中南院和广东火电组成的联营体,与越南公清集团签订越南公清燃煤电厂项目EPC合同。该项目位于越南清化省静嘉县,计划建设1台600兆瓦超临界燃煤发电机组,包括提供设计服务、制造、监造、测试、设备供应、全厂建筑、安装、调试、培训、质保期内的备品备件、消耗品及服务等,项目合同金额7.47亿美元,合同工期42个月。

中国—东盟电力合作与发展论坛在南宁举办　2020年11月27日,中国电力企业联合会表示,中国—东盟应着力加强电力标准互认互通,推动各方能源电力深度融合发展。由中国电力企业联合会、中国—东盟博览会秘书处共同主办的中国—东盟电力合作与发展论坛在广西南宁举办。作为第17届中国—东盟博览会的重要活动之一,论坛聚焦疫情下中国—东盟电力行业国际合作的机遇和挑战,为中国与东盟国家在电力领域的合作和信息往来搭建互动平台。

中越"两廊一圈"人文交流合作

越南孔子学院举办中国文化体验活动　2020年1月3日,中国美术学院美美讲堂活动走进越南河内大学孔子学院。活动中,中越师生面对面交流,一起写书法、剪纸花,体验多姿多彩的中国传统文化。在本次活动中,中越青年以文化艺术为媒介,共同参与、共同体验,拉近两国年轻人的心灵距离。

中国广西与越南边境四省党委书记新春会晤联谊活动　2020年1月6日,2020年中国广西与越南边境四省党委书记新春会晤联谊活动在广西柳州举行。此次活动以"增进传统友谊、深化务实合作"为主题,在友好、坦诚、务实的气氛中,各方共同回顾并高度评价5年来特别是2019年在越南谅山会晤联谊以来取得的丰硕成果。各方一致认为,当前和今后一个时期是中越全面战略合作伙伴关系重要发展期,应深入贯彻落实两党两国最高领导人重要共识,以本次新春会晤为契机,加强战略沟通,深化务实合作,共同研究未来合作方向和重点,为从地方层面更好服务中越全面战略合作伙伴关系持续健康稳定发展提供新动力。经过深入交换意见,各方就2020年友好交流合作达成多项共识。在联谊活动上,中越文艺工作者表演了精彩节目,为大家送上新年祝福,两国嘉宾齐声高唱《越南·中国》友谊之歌。在与会领导共同见证下,广西防城港市、百色市、崇左市与越方有关省市和企业签署多项合作协议。1月7日,中国广西与越南边境四省联合工作委员会在广西柳州举行第11次会晤。各方一致表示,以本次党委书记新春会晤成果为指导,共同促进友好互访,加强互联互通、经贸投资、跨境经济合作区建设,以及口岸开放升格、旅游、通关便利化、水上管理、跨境劳务、农林业和科教文卫体、金融、边境管理等各领域务实合作,就共同落实好会晤成果做好沟通对接。各方共同签署会晤备忘录。

2020越南下龙国际音乐节　1月10—11日,2020越南下龙国际音乐节在下龙市举行。音乐节由越南国家音乐家协会及越南广宁省人民委员会联合主办,广西艺术学院受邀派出师生团队参加,最终夺得团体银奖。据悉,该音乐节吸引中国、越南、哈萨克斯坦、日本、乌克兰、泰国、老挝等国的150多名艺术家参加。

中越联合开展"移民—边防"联合法制宣传活动　2020年9月2日,友谊关出入境边防检查站与越南友谊国际口岸边防屯开展中越"移民—边防"联合法制宣传活动。此次活动以"把好疫情防输入的第一道关口"为切入点,以现场宣传和自媒体平台等渠道为传播手段,广泛宣传出入境管理法、传染病防治法、野生动物保护法等法律法规和该站开展疫情防控以来助力口岸通道复工复产、服务出入境人员和车辆顺畅通关等工作开展情况,充分彰显边检机关在战"疫"期间忠诚履职、为国把关的良好形象。

首届广西高校大学生越南语演讲总决赛　2020年11月14日,由越南驻南宁总领事馆主办、广西民族大学承办的以"山水相连中越情"为主题的第一届广西高校大学生越南语演讲大赛总决赛在广西民族大学举行。本次比赛分为本科组和专科组,其中本科组有广西民族大学、广西大学等9所院校的18名选手参赛,专科组有广西外国语学院、广西国际商务职业技

1月10—11日,2020越南下龙国际音乐节在下龙市举行　(中国日报网)

术学院等6所院校的12名选手参赛。比赛分设一等奖1名、二等奖2名、三等奖若干名。 （朱莹莹）

澜沧江—湄公河区域合作

澜沧江—湄公河区域合作概况

澜沧江发源于中国青海省，由雪山融水的细流汇聚而成，穿过崇山峻岭，经过云南省西双版纳出境。出境后被称为湄公河，流经缅甸、老挝、泰国、柬埔寨和越南5国，是亚洲流经国家最多的国际河流。澜沧江—湄公河养育流域3.26亿人口。2014年，湄公河下游国家生产超过1亿吨大米，约占世界总量的15%。湄公河还拥有世界最大的内陆渔业，占全球淡水捕捞量的1/4。“湄公”一词的来源有高棉语和泰语两种说法，但意思都是“母亲河”。尽管湄公河次区域已经存在多个合作机制，但是澜沧江—湄公河合作（简称澜湄合作）是首个由湄公河上下游6国共同主导、共同协调的机制，没有区域外国家或机构参与。

2014年11月，中国国务院总理李克强在中国—东盟领导人会议上提出，中方愿积极响应泰方倡议，探讨建立澜沧江—湄公河对话合作机制。澜湄合作机制由此进入实质性构建阶段。2015年11月12日，澜沧江—湄公河合作首次外长会议在中国云南景洪举行，中国、泰国、柬埔寨、老挝、缅甸、越南6国外长出席。会议围绕“同饮一江水，命运紧相连”的主题并就进一步加强澜沧江—湄公河国家合作进行深入探讨，在政治安全、经济和可持续发展、社会人文3个重点领域开展务实合作，达成广泛共识。会议审议通过澜湄合作概念文件，宣布澜湄合作机制正式建立，6国外长一致同意研究并尽早实施一批早期收获项目。会议发表联合新闻公报。2015年，6国召开两次高官会议和一次工作组会议，在以下方面达成初步共识：一是在政治上，致力于加强互信和相互理解，维护和平与稳定；二是在经济上，实现可持续发展，促进投资和贸易，减少贫困，缩小发展差距；三是在社会文化上，加强人文交流，促进人员往来、民心相通。未来还将建立包括领导人会议、外长会议、高官会议及其他工作层面在内的多层次合作机制。目标是将澜沧江—湄公河流域6国建成一个平等互利、团结合作、发展共赢的命运共同体。

2016年3月23日，澜湄6国领导人齐聚中国海南三亚，共同出席澜湄合作首次领导人会议。会议以“同饮一江水 命运紧相连”为主题，发表《澜湄合作首次领导人会议三亚宣言》和《澜沧江—湄公河国家产能合作联合声明》，全面启动澜湄合作进程。12月23日，澜沧江—湄公河合作第2次外交部部长会议在柬埔寨暹粒举行，会议就6国加快筹建优先领域联合工作组、设立澜沧江—湄公河合作协调机构、全面实施早期收获项目、推动形成第2批合作倡议、制订澜沧江—湄公河合作五年行动计划、用好中方设立的澜沧江—湄公河合作专项基金和有关贷款等达成共识。会议审议通过《澜沧江—湄公河合作第二次外长会联合新闻公报》《首次领导人会议成果落实进展表》《优先领域联合工作组筹建原则》3份重要成果文件。

2017年，澜沧江—湄公河合作取得多方面实质性进展。老挝、中国、泰国、缅甸、越南和柬埔相继成立本国的临时或正式的澜沧江—湄公河合作国家秘书处或澜沧江—湄公河合作协调机构。10月28日，澜沧江—湄公河合作第5次高官会在中国云南昆明举行，会议就澜沧江—湄公河合作进展、未来发展规划和下阶段系列重要会议筹备工作等交换意见。12月14—16日，澜沧江—湄公河合作第3次外交部部长会议在中国云南大理举行。会议回顾澜沧江—湄公河合作进展，对下一步工作做出规划，并为第2次领导人会议做准备。会议发表《澜沧江—湄公河合作第3次外长会联合新闻公报》，公布《澜沧江—湄公河合作专项基金首批支持项目清单》，宣布建立澜沧江—湄公河合作热线信息平台，公示《首次领导人会议和第2次外长会成果落实清单》。

2018年，澜沧江—湄公河合作继续向前推进。1月10日，澜沧江—湄公河合作第2次领导人会议在柬埔寨首都金边举行。与会6国领导人围绕“我们的和平与可持续发展之河”这一主题，为进入成长期的澜沧江—湄公河合作机制的发展规划蓝图。会议发表《澜沧江—湄公河合作五年行动计划（2018—2022年）》和《澜沧江—湄公河合作第2次领导人会议金边宣言》。12月17日，澜沧江—湄公河合作第4次外交部部长会议在老挝琅勃拉邦举行，会议旨在落实第2次领导人会议成果，规划澜沧江—湄公河合作下步发展，并为第3次领导人会议做准备。会议通过《联合新闻公报》，公示《〈澜沧江—湄公河合作五年行动计划〉2018年度进展报告》《2018年度澜沧江—湄公河合作专项基金支持项目清单》和六国智库共同撰写的《澜沧江—湄公河流域经济发展带研究报告》，发布澜沧江—湄公河合作会歌。

2018年，中国同湄公河五国的贸易额达2615亿美元，比三年前增长1/3以上；中国对湄公河国家直接投资存量达322亿美元，比三年前增长近60%；中国同湄公河五国人员往来超过4500万人次，每周往来航班达2614个，约为3年前的3倍。

2019年，澜湄合作在环境、水资源、农业、产能、旅游合作等方面取得进展。3月，《澜沧江—湄公河环境合作战略(2018—2022)》获得通过,为澜湄环境合作确定方向。4月2—3日,澜湄水资源合作联合工作组第3次会议在越南芹苴举行,6月5日、8月10日、10月29—30日,澜湄合作联合工作组2019年第1—3次特别会议分别在中国昆明、泰国廊开、中国佛山举行,就在澜湄水资源合作机制下中方向柬、老、缅、泰、越五方提供澜沧江汛期水文资料签署备忘录。12月17日,澜湄水资源合作部长级会议在中国北京召开,会议发布《澜湄水资源合作项目建议清单》,见证签署《澜湄水资源合作中心与湄公河委员会秘书处合作谅解备忘录》。6月12—13日,澜湄合作农业联合工作组第2次会议在柬埔寨暹粒举行,审议《澜湄农业合作三年行动计划(2020—2022)》初稿。9月22日,澜湄产能合作联合工作组第4次会议在中国南宁举行,会议讨论进一步深化澜湄国家产能与投资合作有关举措。11月15日,2019澜沧江—湄公河区域旅游工作会议在中国昆明举行,会议发布《昆明共识》。

2020年8月24日,澜沧江—湄公河合作第3次领导人会议通过视频方式召开。会议发表《澜沧江—湄公河合作第3次领导人会议万象宣言》和《澜沧江—湄公河合作第3次领导人会议关于澜湄合作与“国际陆海贸易新通道”对接合作的共同主席声明》。

澜沧江—湄公河合作第5次外长会在万象举行

2020年2月20日,澜沧江—湄公河合作第5次外长会在老挝首都万象举行,老挝外交部部长沙伦赛·贡玛西、中国国务委员兼外交部部长王毅、柬埔寨王国副首相兼外交国际合作部大臣布拉索昆、缅甸联邦共和国国际合作部部长觉丁、泰国外交部部长敦·帕马威奈、越南副总理兼外交部部长范平明出席。老挝和中国外长共同主持会议。外长们回顾澜湄合作第2次领导人会议和第4次外长会成果落实情况,积极评价《<澜湄合作五年行动计划>2019年度进展报告》,一致认为澜湄合作保持快速发展势头,各领域务实合作深入推进,6国政治互信不断提升,共同利益持续扩大,睦邻友好更加巩固。

中国提供澜湄合作专项基金助力缅甸发展惠民项目

2020年3月23日,2020年澜湄合作专项基金缅甸项目合作协议签约仪式在缅甸首都内比都举行。根据协议,中国向缅甸提供670余万美元澜湄合作专项基金,助力缅甸发展农业、教育、信息技术等多个领域共22个惠民项目。

《澜湄合作蓝皮书:澜沧江—湄公河合作发展报告(2019)》出版

2020年4月1日,中国云南大学澜沧江—湄公河次区域研究中心撰写的《澜沧江—湄公河合作发展报告(2019)》由中国社会科学文献出版社正式出版发行。第一部分“总报告”对2018年以来澜沧江—湄公河合作的进展、面临问题和发展趋势进行全面分析、总结和展望。第二部分“专题篇”围绕中日在湄公河地区开展第三方市场合作、中国与湄公河国家跨境经济合作区建设、中缅经济走廊建设和云南的参与、环境政治对中国参与澜湄合作的影响等热点问题进行专题研究和深入分析,并对新形势下中国推进澜沧江—湄公河合作的策略、重点和路径提出相关对策建议。第三部分“区域篇”则从参与澜沧江—湄公河合作的相关国家入手,着重分析2018年各成员国的政治、经济、外交形势及对澜沧江—湄公河合作产生的影响,并介绍相关成员参与次区域合作的具体进展和政策措施。

中柬签署澜湄合作专项基金柬方新项目合作协议

2020年6月23日,澜湄合作专项基金柬埔寨新一批项目签约仪式在柬埔寨外交部举行,中国驻柬埔寨大使王文天和柬埔寨副首相兼外交大臣布拉索昆出席仪式并代表双方签字。此次签约的20个项目共获得722万美元资金支持,涵盖教育、农业、文化遗产等多个领域。

澜沧江—湄公河合作第3次领导人会议

2020年8月24日通过视频方式举行。中国国务院总理李克强就加强澜湄合作提出“将水资源合作推向新高度”“拓展贸易和互联互通合作”“深化可持续发展合作”“提升公共卫生合作”“加强民生领域合作”

6月23日,澜湄合作专项基金2020年柬埔寨项目签约仪式在柬埔寨外交部举行

(中新网)

“践行开放包容理念”6点倡议。会议发表《澜沧江—湄公河合作第3次领导人会议万象宣言》和《澜沧江—湄公河合作第3次领导人会议关于澜湄合作与“国际陆海贸易新通道”对接合作的共同主席声明》。澜湄合作同“国际陆海贸易新通道”对接,将进一步畅通贸易通道,节约时间和成本,优化资源配置,维护产业链供应链稳定,为澜湄流域人民带来更多切实的利益。

中国开始向湄公河国家提供澜沧江全年水文信息

澜湄合作因水而生,因水而兴,水资源合作直接关系到流域各国国计民生,也是澜湄合作优先领域。中国国务院总理李克强在第3次领导人会议表示,中方愿在力所能及的范围内,帮助各国更好地利用水资源,将澜湄水资源合作推向新高度。为提升流域各国应对洪旱灾害能力,2020年9月和10月,中国水利部分别与湄公河5国和湄公河委员会签署相关备忘录与协议,并从11月1日起开始提供澜沧江允景洪和曼安水文站的全年水文信息,助力下游国家水情预报和减灾行动。湄公河国家高度赞赏中方举措,同意进一步密切上下游合作,携手应对流域洪旱灾害和极端气候挑战。

开通澜湄水资源合作信息共享平台网站

2020年,澜湄6国在水资源领域加强数据、信息、知识、经验和技术共享,建设澜湄水资源合作信息共享平台。11月30日,中国水利部部长鄂竟平、外交部副部长罗照辉和湄公河5国驻华使节在北京共同开通澜湄水资源合作信息共享平台网站。中国率先开通平台网站,全面系统展示澜湄水资源务实合作成果,客观准确分享跨界河流知识,既是落实6国领导人共识的重要举措,也彰显中方推进澜湄合作,提升水伙伴关系的坚定决心。

12月28日,澜湄“多国多园”合作交流对接会暨境内外园区互动发展推介会举行 （中国网）

澜湄合作框架下重大基础设施建设有序推进

澜湄合作启动伊始,就把产能和互联互通作为优先领域,致力推进重点基础设施项目建设,打造澜湄地区公路、铁路、水路、港口、航空互联互通网络。中方通过国际产能和装备制造合作专项贷款,以及援外优惠贷款、优惠出口买方信贷等,支持湄公河国家开展40多个重大基建项目。2020年,澜湄合作框架下重大基建项目有序推进。柬埔寨金边至西哈努克港高速公路、老挝万象至万荣高速公路项目复工复产,助力地区国家经济复苏。柬埔寨政府批准暹粒新国际机场最终版总规划,一座现代化的新机场将为柬带来更多发展机会。中越合作建设的越南永新燃煤电厂稳定运行,为缓解越南南部紧缺的供电局面作出重要贡献。

绿色澜湄计划:应对气候变化南南合作柬埔寨低碳示范区建设项目稳步推进

澜湄6国大力推进生态环境领域合作,建立澜湄环境合作中心,制订《澜湄环境战略》,深化区域绿色与可持续发展。柬埔寨低碳示范区是第一个落地的与中方合作建设的低碳示范区,也是“绿色澜湄计划”旗舰项目之一。2020年12月21日,示范区建设项目首批物资交付仪式在柬埔寨举行,中方向柬方提供太阳能路灯、光伏发电系统和电动摩托车等设备。根据中柬双方环境部门签订的谅解备忘录,中方还为柬提供能力建设培训,与柬共同编制低碳示范区建设方案,帮助柬提高应对气候变化能力,保护澜湄流域的绿水青山。

绿色澜湄计划:中老大气环境自动监测示范项目进展顺利

2020年,澜湄环境合作中心积极实施“绿色澜湄计划”旗舰项目,通过区域应对气候变化、清洁空气、清洁水等重点项目,努力提升澜湄国家环境治理能力,共同推动区域绿色可持续发展。作为“绿色澜湄计划”活动之一,澜湄环境合作中心在澜湄合作专项基金支持下,在老挝实施中老大气环境自动监测示范项目,向老挝方提供设备并开展人员业务培训,提高老挝大气监测能力和管理水平,改善城市大气环境质量。2020年12月,示范项目监测设备抵达老挝万象,安放在老挝国家会议中心。

澜湄“多国多园”合作扎实推进

中国和湄公河国家都处在工业化和城镇化的关键阶段,具有先天的合作优势、牢固的合作基础、强烈的合作愿望和巨大的合作潜力。中国国务院总理李克强在澜湄合作第3次领导人会议上提出，要扩大产业联通，加强“多国多园”合作。2020年12月28日，中国国家发展改革委举办澜湄“多国多园”合作交流对接会暨境内外园区互动发展推介会，澜湄6国有关政府部门、产能合作各国执行机构、重点园区、金融机构和企业代表以线上线下结合的方式与会。各方代表以优化产能合作布局、推动产业链供应链价值链融合发展为重点，分享发展经验，对接合作需求，探讨澜湄“多国多园”合作模式和路径，研拟相关政策支持、金融支撑与保障措施，一致同意努力扩大澜湄国家产业联通，把“多国多园”合作打造成澜湄产能合作亮点。

2020澜湄合作媒体云峰会

2020年11月24日举行。由人民日报社主办。中共中央政治局委员、中宣部部长黄坤明在北京出席并以视频致辞，强调面对突如其来的新冠肺炎疫情，澜湄国家媒体要团结合作、共克时艰，为共同抗疫注入勇气信心，向各国人民传递温暖希望。中国外交部副部长罗照辉表示，希望6国媒体以此次峰会为契机，讲好“澜湄故事”，传递澜湄友情，弘扬澜湄文化，推进澜湄事业，共同奏响澜湄合作交响乐，为次区域人民开创更加美好的未来。澜湄6国有关部门、主流媒体及经济、卫生健康领域代表围绕“合作抗疫，振兴经济”主题研讨交流、共叙情谊，为共同抗击疫情、促进经济复苏注入信心、汇聚力量。

澜湄旅游城市合作联盟扬帆启航

中国国务院总理李克强在澜湄合作第3次领导人会议上指出，要加强澜湄国家间旅游合作，支持建立澜湄旅游城市合作联盟，探讨制定澜湄国家中长期旅游发展愿景的可能性，构建更强大、更可持续、更具韧性的旅游经济。2020年12月29日，澜湄旅游城市合作联盟交流活动在江苏南京举办。参加活动的中方13个城市代表结合联盟工作方案和五年行动计划展开研讨并表示，建设联盟符合澜湄国家间文化和旅游合作需要，在疫情防控常态化条件下助力构建国内国际双循环新发展格局，为旅游产业链稳定及市场恢复奠定基础。湄公河国家驻华使领馆代表赞赏中方引领作用，赞同联盟相关工作方案和五年行动计划，表示尽快报国内推选相关城市加入联盟，为深化疫后旅游合作做好准备。

（叶霞霞　雷小华）

泛北部湾区域经济合作

泛北部湾区域经济合作概况

泛北部湾区域合作范围　泛北部湾区域是指北部湾以及南海周边国家和地区所共同构成的空间区域，涉及越南、柬埔寨、泰国、马来西亚、新加坡、印度尼西亚、菲律宾、文莱等8个东南亚国家以及中国的海南省、广东省、广西壮族自治区、香港特别行政区和澳门特别行政区。

2006年7月20日举行的首届环北部湾经济合作论坛提出构建泛北部湾经济合作区的构想，将中国与越南的环北部湾经济合作延伸到隔海相邻的马来西亚、新加坡、印尼、菲律宾和文莱等东盟中临近北部湾的国家，通过积极推动泛北部湾经济合作，逐步提升为中国与东盟之间一个新的次区域合作项目，再加上已经形成的大湄公河次区域合作以及以交通干线为依托的南宁—新加坡经济走廊，构建中国—东盟“一轴两翼”区域经济合作新格局。论坛发表的《环北部湾经济合作论坛主席声明》提出：“要围绕拓展和深化中国—东盟战略伙伴关系，站在面向东亚合作的高度上，构建泛北部湾经济合作区，将环北部湾经济合作延伸到隔海相望的马来西亚、新加坡、印度尼西亚、菲律宾、文莱等海上东盟国家。密切物流、产业、贸易与投资合作，共同促进本地区加快发展。”

2007年7月出版的《泛北部湾合作发展报告》将泛北部湾区域经济合作的国家增加至9个，即中国、越南、柬埔寨、泰国、马来西亚、新加坡、印度尼西亚、菲律宾和文莱，明确中国的海南省、广东省、广西壮族自治区、香港特别行政区、澳门特别行政区属于泛

11月24日，2020澜湄合作媒体云峰会举行　（中国网）

北部湾区域。

泛北部湾区域经济合作战略目标　推动泛北部区域经济合作，旨在通过重点加强港口物流合作，实现产业对接与分工，促进相互贸易与投资，大力发展临海工业，联合开发海上资源，加快临海城市发展，形成一批互补互利、相互促进、各具特色的港口群、产业群和城市群，形成中国—东盟经济合作框架下的次区域经济合作。

泛北部湾区域经济合作主要领域　经济领域主要加强交通、港口、海运、航空、环保、信息等基础设施建设，加强物流、金融、旅游、渔业、农业、资源开发与保护、投资与贸易、环境保护等各方面的合作，促进临海工业和海洋产业发展。社会发展领域主要加强人力资源开发与培训、科技、教育、文化、医疗卫生、防灾减灾等方面的合作。

泛北部湾经济合作机制　主要有泛北部湾区域经济合作论坛（简称泛北论坛）、泛北部湾区域经济合作市长论坛（简称泛北市长论坛）、泛北部湾区域经济合作联合专家组（简称泛北合作联合专家组）等。

泛北部湾区域经济合作论坛　首届泛北部湾区域经济合作论坛于2006年举行，至2020年共举办11届（2013年以前，每年举办一次；2013年起，由每年举办一次改为每两年举办一次），成为推动泛北部湾区域经济合作的重要平台和机制。参加论坛的主体，从以政府官员为主，逐步扩展到学术界、工商界等人士广泛参与。先后有20多位中国国家领导人、200多位中国和泛北部湾国家部长级官员出席。论坛取得丰硕成果，共签署20多份协议和备忘录。

首届泛北论坛于2006年7月20日在广西南宁举行，时称“环北部湾经济合作论坛”。本次论坛提出泛北部湾经济合作构想，主要成果是《环北部湾经济合作论坛主席声明》。

第2届泛北论坛于2007年7月26—27日在广西南宁举行，主要成果有《论坛主席声明》《中国—东盟港口与发展合作联合声明》《中国—东盟海运协定》和《中国—东盟航空合作框架》。

第3届泛北论坛于2008年7月30—31日在广西北海举行，主要亮点是推动成立泛北部湾经济合作联合专家组。

第4届泛北论坛于2009年8月6—7日在广西南宁举行，主要成果是对以南宁—新加坡经济走廊为重点务实推进泛北合作认识的进一步深化。

第5届泛北论坛于2010年8月12—13日在广西南宁举行，重点分析中国—东盟自由贸易区建成为泛北合作带来的历史性机遇，对以南宁—新加坡经济通道建设为重点，推进泛北合作和如何通过加快产业发展及航运、港口、物流合作来深化泛北合作达成共识。

第6届泛北论坛于2011年8月18—19日在广西南宁举行，就加强泛北各国区域联通与跨境合作、扩大跨境贸易和投资以及深化金融、旅游合作取得一系列共识。论坛发布《泛北部湾经济合作可行性研究报告》，形成《泛北部湾智库峰会宣言》，还签署一批合作协议。

第7届泛北论坛于2012年7月12—13日在广西南宁举行，就推进泛北部湾区域城市发展合作、电子信息产业合作、产业园区合作等达成一系列共识，并签署一批合作协议。

第8届泛北部湾经济合作论坛于2014年5月15日在广西南宁举行，就携手共建21世纪海上丝绸之路重点领域、金融创新、港口合作和物流网络建设、贸易投资合作、文化传播合作等达成诸多共识。

第9届泛北部湾经济合作论坛暨中国—中南半岛经济走廊发展论坛于2016年5月26日在广西南宁举行。本届论坛以“携手泛北合作，共建‘一带一路’”为主题，旨在推动泛北合作升级发展，从以海上合作为主向陆海并举延伸拓展，构建陆海联动的合作新格局。论坛发布《共建中国—中南半岛经济走廊倡议书》。

第10届泛北部湾经济合作论坛暨第2届中国—中南半岛经济走廊发展论坛于2018年5月24日在广西南宁举行。本届论坛围绕“打造国际陆海贸易新通道，共建中国—东盟命运共同体”的主题，回顾前9届泛北论坛历程，积极评价泛北论坛取得的成果。论坛取得一系列成果，主要包括：形成并发布《十届泛北论坛总结与展望—优化中国—东盟陆海统筹发展新模式》报告、智库峰会专家共识；中国与东盟有关机构、企业签订合作协议等。

第11届泛北部湾经济合作论坛暨2020北部湾国际门户港合作峰会于2020年10月15日在广西南宁举行。以“聚焦国际门户港，共建陆海新通道：泛北合作的新时代”为主题，围绕合作共建北部湾国际门户港，高质量建设陆海新通道等议题深入探讨。会议取得一批成果：启动钦州国际集装箱码头统一运营；中谷钦州集装箱多式联运物流基地开工；北部湾国际门户港港航互联服务平台上线；开通东盟（柬埔寨）至北部湾港水果快线，宣布成立广西水运港口发展基金；钦州—北海—防城港口型国家物流枢纽共建共治联盟等6个合作项目签约。

泛北部湾经济合作市长论坛　泛北部湾经济合作市长论坛是泛北部湾经济合作的又一个重要机制，2007—2011年先后在广西北海举行4届。其主要特点是：（1）参加国家和地区的代表、专家人数较多，层次较高。第1—3届有6个国家17个城市的代表及专家学者参加，第4届有7个国家的29位市长或市长代表参加。（2）发表泛北市长论坛宣言或备忘录。

(3)达成诸多共识。拓展了港口物流、旅游文化方面的合作,并期望在具体产业、具体项目上加强合作,用好相关合作基金和贷款。

泛北合作联合专家组　2008年1月4日,泛北部湾经济合作中方专家组成立暨工作会议在北京举行。此后,又分别召开4次泛北部湾经济合作联合专家组会议。2008年7月30日,泛北合作联合专家组首次会议在广西北海举行。2008年10月24日,泛北合作联合专家组第2次会议在广西南宁召开,会议取得以下成果:一是东盟各方就泛北部湾经济合作如何开展进一步达成共识,二是确定联合专家组成员,三是通过《泛北部湾经济合作联合专家组行动计划》。2009年8月6日,泛北合作联合专家组第3次会议在广西南宁举行,会议讨论修改《泛北部湾经济合作可行性研究报告》,通过《关于加快泛北部湾经济合作的行动建议》。2011年6月2日,泛北合作联合专家组第4次会议在广西北海举行,会议通过《泛北部湾经济合作可行性研究报告》,完成泛北部湾经济合作前期研究工作,相关各方一致同意将该报告提交中国—东盟经济高官会讨论通过。2012年7月12—13日,泛北合作联合专家组第5次会议在广西南宁举行,会议讨论形成《泛北部湾港口物流合作专项规划》《南宁—新加坡经济走廊陆上交通基础设施专项规划》《泛北部湾农业合作专项规划》《泛北部湾投资便利化合作专项规划》《私营企业参与泛北部湾经济合作专项规划》和《泛北部湾地区经贸合作平台建设专项规划》等7个专项规划,并通过《泛北部湾经济合作联合专家组第5次会议纪要》。

《中国(广西)自由贸易试验区建设实施方案》出台

2020年1月22日,广西壮族自治区人民政府印发《中国(广西)自由贸易试验区建设实施方案》,突出中国—东盟开放合作先行先试,突出沿边特色,突出陆海联动,着力打造面向东盟的国际投资贸易先导区、金融开放门户核心区、沿边开放引领区、向海经济集聚区、现代服务业开放创新区和西部陆海新通道门户港,推动广西自贸试验区建设成为引领泛北部湾经济区合作与中国—东盟开放合作的高标准高质量自由贸易试验园区。

《关于推动进一步降低广西北部湾港口中介服务收费专项行动方案(2020—2021年)》出台

2020年5月26日,广西壮族自治区人民政府办公厅印发《关于推动进一步降低广西北部湾港口中介服务收费专项行动方案(2020—2021年)》,推动进一步降低广西北部湾港口中介服务收费,提升港口综合服务水平和竞争力,全力打造广西北部湾国际门户港,全面推动泛北部湾区域经济建设和西部陆海新通道建设。

《加快建设面向东盟的金融开放门户若干措施》出台

2020年6月8日,广西壮族自治区人民政府出台《加快建设面向东盟的金融开放门户若干措施》,在更深层次、更宽领域,以更大力度推进广西金融供给侧结构性改革和对外开放合作,加快建设面向东盟的金融开放门户,助推"一带一路"高质量建设。

中国—东盟数字经济合作年系列活动在线上举行

2020年6月12日,2020年中国—东盟数字经济合作年开幕式通过网络视频方式举行。本次合作年以"集智聚力共战疫　互利共赢同发展"为主题,是中国和东盟继中国—东盟创新年、中国—东盟媒体交流年等活动之后的又一重要活动。在本次合作年期间,中国—东盟在智慧城市、大数据、人工智能等领域共同举办一系列活动,分享在数字化防疫抗疫、数字基础设施建设和数字化转型等方面的经验,持续完善沟通机制、丰富交流平台、挖掘合作潜力,共享数字经济发展红利。

《关于促进中国(广西)自由贸易试验区跨境贸易便利化若干政策措施》出台

2020年7月4日,广西壮族自治区人民政府办公厅出台《关于促进中国(广西)自由贸易试验区跨境贸易便利化若干政策措施》。这些政策措施的出台,着力提升广西面向国际化水平,积极对接国际经贸规则,在推进投资、贸易、通关、跨境投融资便利化等领域加大制度创新力度,构建符合国际惯例、适应高水平开放的规则和制度框架,打造更有活力、更富效率、更加开放、更为便利的跨境贸易营商环境,全面提升中国(广西)自由贸易试验区跨境贸易便利化水平,进一步深化中国—东盟合作与广西参与"一带一路"合作。

广西加强与东盟国家海洋经济合作

广西是中国西部地区唯一的沿海省份,是中国距离东盟最近的出海口。据初步估算,2020年广西向海经济生产总值3300亿元人民币,比上年增长3.0%。其中:海洋生产总值1727亿元人民币;北部湾港海铁联运班列开行4607列,增长105%;集装箱吞吐量505万标箱,增幅排中国沿海主要港口前列。下一步,广西将加快向海开放国际合作,重点推进境外合作园区提质升级,建设中国(广西)—文莱渔业合作示范区、泰国正大—广西建工科技产业园、菲律宾亚联(A—link)钢铁厂等一批"走出去"项目。

(叶霞霞)

交往与合作

中国和东盟交往与合作

2020年是极不平凡的一年，面对突如其来的新冠肺炎疫情，中国与东盟国家在疫情期间同舟共济，守望相助，合力抗击疫情，相互给予有力支持。在抗击新冠肺炎疫情中，中国与东盟国家在第一时间加强政策协调，针对卫生及其他相关领域在国家和地区层面携手合作，共同应对，同时在不断变化的形势下寻求新的发展，在贸易、数字经济、教育、减贫等可持续发展方面保持合作势头，双边关系进一步紧密和深化，公共卫生合作交流成为双边合作新亮点。

一、政治交流

（一）领导人会议引领合作发展，政治互信不断加深

2020年4月14日，东盟与中日韩10+3抗击新冠肺炎疫情领导人特别会议以视频方式举行。与会各方在遏制疫情扩散蔓延、提高公共卫生治理水平、推动东亚尽快恢复经济发展三方面达成共识，会议通过《东盟与中日韩抗击新冠肺炎疫情领导人特别会议联合声明》。8月24日，澜沧江—湄公河合作第3次领导人会议通过视频方式举行，共谋澜湄合作未来发展，澜湄国家元首或政府首脑均出席会议。会议发表《澜沧江—湄公河合作第三次领导人会议关于澜湄合作与“国际陆海新通道”对接合作的共同主席声明》，会后发表《澜沧江—湄公河合作第三次领导人会议万象宣言》。11月12日，中国—东盟领导人会议发表《落实中国—东盟面向和平与繁荣的战略伙伴关系联合宣言的行动计划（2021—2025）》和《中国—东盟关于建立数字经济合作伙伴关系的倡议》，宣布2021年为中国—东盟可持续发展合作年。11月15日，在越南首都河内举行的第37届东盟峰会及东亚合作领导人系列会议闭幕。会议期间，东盟各国及其对话伙伴就应对疫情、疫情后恢复、区域全面经济伙伴关系协定（RCEP）签署等议题进行讨论并取得重要成果。11月15日，第4次区域全面经济伙伴关系协定（RCEP）领导人会议以视频形式举行，会后，东盟10国以及中国、日本、韩国、澳大利亚、新西兰15个国家，正式签署区域全面经济伙伴关系协定（RCEP），标志着全球规模最大的自由贸易协定正式达成。签署RCEP，是地区国家以实际行动维护多边贸易体制、建设开放型世界经济的重要一步，对深化区域经济一体化、稳定全球经济具有标志性意义。11月27日，第17届中国—东盟博览会和中国—东盟商务与投资峰会开幕式在广西南宁举行。中国国家主席习近平发表视频致辞。习近平强调，当今世界正在经历百年未有之大变局，各国人民的命运从未像今天这样紧密相连。中方视东盟为周边外交优先方向和高质量共建“一带一路”重点地区，愿同东盟推进各领域合作，维护本地区繁荣发展良好势头，建设更为紧密的中国—东盟命运共同体。第一，提升战略互信，深入对接发展规划。依托陆海新通道建设，加强基础设施互联互通合作，加快推进现有经济走廊和重点项目建设，积极构建中国—东盟多式联运联盟。明年是中国—东盟建立对话关系30周年，中方愿同东盟一道，打造更高水平的战略伙伴关系。第二，提升经贸合作，加快地区经济全面复苏。进一步实施好中国—东盟自由贸易协定。中方希望《区域全面经济伙伴关系协定》尽早生效，畅通贸易、促进投资，相互开放市场，推动产业链、供应链、价值链深度融合。在确保疫情防控前提下，采取措施便利人员往来和货物流通。推动澜湄合作、中国—东盟东部增长区合作。第三，提升科技创新，深化数字经济合作。在智慧城市、5G、人工智能、电子商务、大数据、区块链、远程医疗等领域打造更多新的合作亮点，加强数据安全保护和政策沟通协调。建设中国—东盟信息港，打造“数字丝绸之路”。第四，提升抗疫合作，强化公共卫生能力建设。加强政策对话、信息分享和疫苗合作。中国将在疫苗投入使用后积极考虑东盟国家需求，为东盟抗疫基金提供资金支持，为东盟培养1000名卫生行政人员和专业技术人员，共同建设应急医疗物资储备库和公共卫生应急联络机制。

（二）部长级会议交流频繁，促进多领域深入合作

2020年2月19—21日，中国—东盟关于新冠肺炎问题特别外长会在老挝万象举行。与会各国外长就携手应对疫情深入交换意见，推动各国加强联防联控，保持正常社会经济交往，探讨建立公共卫生合作长效机制，维护地区国家人民的健康和安全，为世界公共卫生事业作出贡献。会议发表《中国—东盟关于新冠肺炎问题特别外长会联声明》。7月1日，第26次中国—东盟高官磋商以视频方式举行。会议积极评价2019年中国—东盟领导人会议成果落实，就2020年领导人会议成果及下阶段工作重点交换意见。7月20日，东盟与中日韩10+3高官会以视频方式举行。会议各方积极评价10+3合作机制有效应对疫情，呼吁各国继续加强合作，尽快控制疫情，推动经济复苏发展。各方赞赏中国与东盟国家为维护南海和平稳定所作努力，并就10+3未来合作重点，以及共同关心的国际地区问题交换意见。8月27—28日，第19次中国—东盟10+1经贸部长会议、第23次东盟—中日韩10+3经贸部长会议和第8次东亚峰会（EAS）国家经贸部长会议等东亚合作经贸部长系列会议以视频形式举行，各

方就共建“一带一路”、中国与东盟及区域国家抗疫和经贸合作、稳定提升地区和全球供应链产业链、推动东亚及世界经济一体化、维护多边贸易体制等地区和国际重要经贸问题深入交换意见。9月9日，中国—东盟10+1外长会，第21届东盟与中日韩10+3外长会以视频方式举行，东盟高度评价并感谢中国为东盟一体化发展、地区互联互通提供的有力支持和帮助。中国是第一个同东盟商谈抗疫合作的伙伴，东盟赞赏中方在共同应对疫情方面发挥的领导力和建设性作用。东盟愿加强东盟发展战略同“一带一路”倡议对接和政策协调，继续深化自贸、可持续发展、数字经济和创新等合作，推动东盟—中国关系更上一层楼。东盟欢迎“南海行为准则”磋商取得积极进展，赞同加快磋商进程，形成有实质意义的有效规则。愿同中方一道，共同维护南海和平稳定安全，促进地区发展繁荣。

11月24日，第19次中国—东盟交通部长会议通过线上方式举行。会议审议并通过第19次中国—东盟交通高官会议纪要和《第19次中国—东盟交通部长会议联合声明》。

二、经济交往

（一）双边贸易规模持续扩大，经贸合作关系持续深化

2020年，中国与东盟贸易保持增长。全年贸易额6845.99亿美元，比上年增长6.7%，东盟为中国第一大贸易伙伴。2020年，中国前三大贸易伙伴分别是东盟、欧盟、美国。中国与东盟贸易额比中国与第二大贸易伙伴欧盟多350.7亿美元。2020年，在中国与东盟贸易中，中国向东盟出口3837.2亿美元，增长6.7%；中国从东盟进口3008.8亿美元，增长6.6%；中方顺差828.4亿美元，增长6.6%。2020年，在中国与东盟10国贸易中，中国与越南顺差最大，为353.4亿美元，占中国与东盟总顺差的42.7%；中国与马来西亚的逆差最大，为183亿美元。中国与东盟10国贸易中，中方为贸易顺差的有7个国家，中方为贸易逆差的有3个国家。2020年，在中国与东盟10国贸易中，就贸易额来看，排前三位的是：越南、马来西亚、泰国。其中，增长速度排名前三的是：文莱（72.5%）、越南（18.7%）、泰国（7.5%）。中国与东盟10国贸易增长的有7个国家，贸易下降的有3个国家。2020年，中国从东盟进口贸易额排前三位的是：越南、马来西亚、泰国。其中，增长速度排名前三位的是：文莱（217.1%）、越南（22.4%）、印尼（9.5%）。中国从东盟10国进口增长的有6个国家，下降的有4个国家。2020年，中国向东盟出口贸易额排前三位的是：越南、新加坡、马来西亚。其中，增长速度排名前三位的是：越南（16.3%）、泰国（10.8%）、马来西亚（8.2%）。中国向东盟10国出口增长的有7个国家，下降的有3个国家。

2020年，中国对东盟全行业直接投资143.6亿美元，比上年增长52.1%，东盟对中国实际投资金额79.5亿美元，增长1.0%。东盟成为中国企业对外投资的重点地区，为促进区域内经济恢复增长、带动就业，发挥积极作用。

2020年，中国企业在东盟新签工程承包合同额611.0亿美元，完成营业额340.0亿美元。按新签合同额计，印尼、泰国、菲律宾为中国在东盟前三大工程承包市场。

（二）基础设施建设持续优化，推动互联互通提质升级

2020年，中国与东盟国家推进公路、铁路、电力等基础设施建设，推动互联互通提质升级。

1. 铁路运输开通国际班列。2020年2月25日，中国首趟进境水果班列24502次从越南同登直达广西凭祥。班列的开行，将使东盟国家的水果更加便捷地进入中国市场。该班列搭载的6个冷藏集装箱、156吨火龙果在国铁凭祥口岸物流中心接受海关总署检验检疫后，迅速转运至北京、郑州、重庆、西安等地。

2. 在疫情防控常态化背景下开通商务和公务人员往来的快捷通道。6月8日，中国与新加坡启动便利两国必要商务和公务人员往来的快捷通道。随后，中国与印尼、老挝等东盟国家的快捷通道也先后开通，成为在疫情防控常态化背景下，中国与东盟各国恢复交往合作，支持复工复产的重要举措。6月10日，中国云南自由贸易试验区红河片区管委会与泰通国际运输有限公司签订“中国—东盟多式联运国际班列”合作框架协议，构建雄安（保安）—昆明—河口—河内—海防内联外运国际物流大通道。双方利用各自优势实现资源互补，打通对外贸易铁路物流通道，共同服务京津冀经济圈、长江经济带及中越创新经济走廊的企业。11月28日，中国（西安）—越南（河内）国际班列战略合作协议签约仪式在广西南宁举行。12月12日上午，首列正式开行的“中国—东盟多式联运国际班列”从中国河北保定发车，一路向南经云南昆明到河口（越南老街）口岸出境，最终把货物分拨运输到东盟收货地。“中国—东盟多式联运国际班列”总体线路为：货物短途集结到始发站保定（京津保国际智慧港）—昆明—河口（越南老街）口岸—货物分拨运输到东盟收货地，线路全长约5000多千米。先期已规划雄安（保定）—昆明—河口—老街—河内—海防线路。后续将增加雄安（保定）—昆明—磨憨（老挝、泰国）线路；雄安（保定）—昆明—瑞丽（缅甸）线路。货物主要来源为京津冀腹地周边地区，主要有服装箱包、鞋帽、棉纱、家具、五金、电子产品、型钢、汽车零部件、丝网、日用百货、设备及配件等。

电力合作搭建互动平台。11月27日，由中国电力企业联合会、中国—东盟博览会秘书处共同主办的

中国—东盟电力合作与发展论坛在广西南宁召开，聚焦疫情下中国—东盟电力行业国际合作发展机遇和挑战，为中国与东盟国家在电力领域的合作和信息往来搭建高效的互动平台。

3. 铁路公路互联互通建设提速。2020 年 4 月 1 日，中老铁路全线墩身最高、跨度最大的桥梁——班纳汉湄公河大桥实现大桥连续梁全桥成功合龙。至此，中老铁路两座跨湄公河大桥全部合龙。12 月 16 日，估算总投资约 137.5 亿元的广西桂林龙胜（湘桂界）至峒中公路（上思至峒中段）开工建设。该项目通往广西重要的对外开放口岸——峒中口岸，建成后将形成中国—东盟之间的重要国际运输通道。12 月 17 日，在中越边城广西百色市那坡县，百色—那坡—平孟口岸公路（那坡至平孟口岸段）开工建设。该条高速公路主线长约 51 千米，投资总额约 86 亿元，主线设计时速 100 千米。项目路线起于靖西至那坡高速公路那坡枢纽互通立交（规划），由北向南，终于平孟镇孟达村附近，与越南对接，建成后将成为中国面向东盟国际大通道的重要组成部分。

（三）深化产业务实合作，共谋高水平共赢发展

1. 深化高新技术产业合作。11 月 13 日，2020 中国—东盟高新技术产业合作发展大会在广西南宁举办。大会以“携手布局新基建，协同创新进东盟”为主题，聚焦 5G、物联网、工业互联网、人工智能等新型基础设施建设，通过交流研讨、共建园区、企业入驻、人才助力、项目合作，促进广西与中关村、粤港澳大湾区等国内科技创新“洼地”协同发展，推动中国与东盟国家在高新技术产业领域的合作，加快实现以国内大循环为主体、国内国际双循环相互促进的新发展格局。大会取得三项主要成果。一是一批院士专家、世界 500 强制造业企业、“独角兽”企业分享前沿技术的研发和应用，促进广西“新基建”与国际先进制造业接轨。二是促成一批产业、园区、项目、企业的引进及落地，推动中关村信息谷科技园落户，打造中关村落户南宁的永久性地标和京桂两地持续深化合作的典范；引进落地南宁·中关村重点项目 8 个，签约意向入驻中关村信息谷科技园企业 8 个，领域涵盖智慧交通、智慧物流、智慧家居、工业互联、工业自动化、地理信息、金属新材料、智能机器人等。三是落实第 16 届中国—东盟商务与投资峰会成果，经过一年筹备建设的南宁高新区双创服务云平台正式上线，预计将服务京桂两地上万家高新技术企业开拓东盟市场。

2. 推动石化产业合作。11 月 28 日，以“共建‘一带一路’ 共创石化未来”为主题的 2020 中国—东盟石油和化工国际合作论坛在广西南宁举行。与会各方围绕“十四五”期间化工产业升级、后疫情时代中国—东盟化工区域化产业链发展、石油和化工企业数字化发展、石油和化工产业链转型升级等热点问题进行深入交流。

3. 增进物流产业合作。12 月 28 日，由中国—东盟商务理事会主办的中国—东盟物流行业合作对接会以视频形式召开。中国和菲律宾、越南、缅甸、柬埔寨、泰国、马来西亚等工商界、物流业的企业和相关负责人参会。

（四）共建“一带一路”，深化金融领域国际合作

1. 允许交易双方使用本币结算，促进投资贸易便利化。2020 年 1 月 6 日，经中国国务院批准，中国人民银行与老挝银行（老挝中央银行）签署双边本币合作协议，允许在两国已经放开的所有经常和资本项下交易中直接使用双方本币结算。中老两国央行签署双边本币合作协议有利于进一步深化中老货币金融合作，提升双边本币使用水平，促进贸易投资便利化。9 月 30 日，中国人民银行行长易纲和印度尼西亚银行行长佩里·瓦吉约签署《关于建立促进经常账户交易和直接投资本币结算合作框架的谅解备忘录》。本次合作是两国加强双边金融合作的里程碑事件，两国央行相信此次合作将积极促进本币在双边贸易和直接投资中的使用，双方将通过信息共享和定期讨论，加强合作。与此同时，印度尼西亚银行表示，该协议有望扩大印尼央行与泰国银行、马来西亚国家银行和日本财务省之间本币使用的现有合作框架。

2. 扩大金融开放，创新金融服务。11 月 15 日，《区域全面经济伙伴关系协定》（RCEP）正式签署，标志着世界上人口数量最多、成员结构最多元、发展潜力最大的东亚自贸区建设成功启动。其中金融服务附件首次引入新金融服务、自律组织、金融信息转移和处理等规则，就金融监管透明度作出高水平承诺，代表中国金融领域开放的最高承诺水平。这些规则在预留监管空间维护金融体系稳定、防范金融风险的前提下，为各方金融服务提供者创造更加公平、开放、稳定和透明的竞争环境。11 月 28 日，第 12 届中国—东盟金融合作与发展领袖论坛在广西南宁举办。本届论坛以“跨境金融创新，开放合作共赢”为主题，谋划中国—东盟金融开放合作和面向东盟的金融开放门户建设。论坛达成多项务实合作：广西壮族自治区人民政府与中保投资有限责任公司、阳光保险集团、国泰君安证券股份有限公司、郑州商品交易所、大连商品交易所签署共同建设面向东盟的金融开放门户战略合作协议；交通银行与马来西亚联昌银行签署《中马跨境人民币金融创新试点合作意向书》；广西北部湾银行与开泰银行（中国）有限公司签署《合作备忘录》；广西北部湾银行、兰州银行、四川银行、乌鲁木齐银行、重庆银行、贵州银行、新疆银行、青海银行、富滇银行共同签署城商行金融支持西部陆海新通道建设倡议书等。中国钱币学会东南亚货币研究中心项目、中国银行面向东盟跨境金融创新中心项目、中国—东盟金融服务平台（英文版）

上线项目在论坛上正式启动。

3. 中国和东盟国家的金融合作进一步拓展。9月21日，新加坡交易所迎来全球规模最大的中国纯国债交易所交易基金（ETF）——工银南方东英富时中国国债指数ETF上市交易。该ETF由南方东英资产管理有限公司（CSOP AM）管理，由工银理财与工银资管（全球）担任投资顾问。作为首只直接投资中国境内债券市场的新交所上市ETF，初始规模达6.76亿美元，成为新交所规模最大的ETF之一。目前，中国在岸债券市场是仅次于美国的世界第二大债券市场。11月23—24日，中新金融峰会在中国重庆举行，东盟10国央行、国际金融机构和国内西部省区市、金融机构和科技头部企业200余位代表以线上加线下的形式参会，聚焦人民币国际化、金融科技、绿色金融、供应链金融等领域，交流思想、分享智慧、共话发展。本届峰会46个云签约项目均围绕西部地区与东盟合作，涉及支持陆海新通道建设、赴新加坡发债、国际商业贷款、绿色债券、金融科技投资基金、中新数字证券创新服务平台等内容。

4. 为抗疫提供金融助力。11月10日，中国—东盟银联体理事会第10次会议暨东盟与中日韩10+3银联体理事会第一次会议以视频方式举行。本次会议有关方共同签署《关于抗击新冠肺炎疫情10+1银联体联合声明》和《关于抗击新冠肺炎疫情10+3银联体联合声明》两份文件，助力各国应对新冠肺炎疫情。

（五）中国东盟数字经济合作方兴未艾

1. 中国和东盟国家银行支付系统合作。2020年，银联虚拟卡在境外新发行超过600万张，其中约350万张落地东南亚。在菲律宾，有超7成商户、超9成自动取款机可使用银联卡。此前，银联国际与菲律宾Cebuana Lhuillier银行达成协议，从2020年12月起的两年内发行600万张银联卡，这是菲律宾首次大规模发行银联卡。新卡将开通在线支付和“拍”卡闪付功能。新加坡、泰国、马来西亚、柬埔寨、越南已落地18个银联标准的电子钱包，覆盖餐饮、交通、购物等支付场景。中国银联支持菲律宾、泰国建成本地银行卡转接网络，银联芯片卡标准成为泰国、缅甸的行业推荐标准。中国企业还参与新加坡全国通用付款二维码SGQR系统工作组的工作。中国企业还与老挝央行等机构成立合资公司，共同运营老挝国家银行卡支付系统，为开通跨行转账、网上交易、移动支付等功能提供技术支持。

2. 加强数字经济领域合作。6月12日，2020中国—东盟数字经济合作年举行开幕式。合作年以“集智聚力共战疫 互利共赢同发展”为主题，围绕智慧城市、大数据、人工智能等领域举办一系列活动，进一步加强数字经济领域合作，分享数字化防疫抗疫、数字基础设施建设和数字化转型等方面的经验，持续完善沟通机制，共享数字经济发展红利。11月9日，以“共商共建数字经济，共推共享发展新动能”为主题的2020中国—东盟数字经济合作论坛在四川成都举行。此次论坛以数字经济合作年为契机，围绕中国—东盟数字经济发展现状与合作前景分享观点、交流经验，力争在智慧城市、人工智能、大数据等产业合作领域促成更多新的增长点。11月12日，中国—东盟领导人会议发表《中国—东盟关于建立数字经济合作伙伴关系的倡议》，倡议内容包含深化数字技术在疫情防控中的应用，加强数字基础设施合作，支持数字素养、创业创新和产业数字化转型，推动智慧城市创新发展，深化网络空间合作，推进网络安全务实合作六部分。11月25日，中国—东盟信息港数字丝路产业合作论坛在广西南宁举行。论坛搭建互利共赢合作平台，发布数字丝路及数字广西建设成果，打造中国与东盟数字经济发展的新引擎。论坛以“数聚丝路，智联未来”为主题，以“培育数字经济新产业、新业态和新模式”为研讨内容，集众智、汇众力，共话数字经济新合作、新发展、新趋势，发挥纽带作用，促进中国与东盟国家在数字经济领域深度合作，助力中国—东盟数字经济产业合作高质量发展。中国—东盟信息港大数据交易产业联盟当天宣告成立。

3. 推进跨境电子商务合作。9月22日下午，第四届全球跨境电子商务大会“中国跨境电商50人论坛”在中国河南郑州国际会展中心举行，来自海内外的嘉宾、客商以“新形势、新规则、新举措”为主题展开热烈而深入的解读和对话。11月28日，2020中国—东盟丝路电子商务论坛在中国广西南宁举办，会议议题为“电商新机遇 赋能双循环”。会议旨在促进中国—东盟经贸合作互利共赢，进一步打造中国—东盟跨境电子商务生态体系。活动现场搭建跨境电商直播间，东盟国家主播现场带货，电商网红分享带货经验。会上，广西商务部门与广西邮政部门战略合作，南宁市和菜鸟国际跨境物流项目等在论坛期间签约落地。

4. 中国—东盟拓展信息领域合作。11月24日，第4届中国—东盟信息港论坛在广西南宁举行，主题为“数联东盟 智创未来”。论坛采取线上线下相结合的方式举办，涵盖5G、人工智能、北斗应用和数字丝路建设等领域。线上同步举办中国—东盟数字技术展览，开设有新一代信息技术、5G通信、人工智能、智能制造与电子商务、智慧城市与社会治理等领域的线上展厅。12月17日，中国—东盟信息通信创新论坛在昆明举办。论坛以“推动信息通信应用创新，加速社会数字化转型”为主题。交流中国与东盟信息通信领域发展政策和创新经验，分享数字技术用于社会服务和社会治理的创新应用，探索信息通信应用需求、业务形态和商业模式创新。

三、人文交流

（一）推动教育共同发展

2020年，中国—东盟教育合作务实开展。11月29日，以“推动务实合作、深化双边关系”为主题的2020年中国—东盟大学（国别与区域研究）智库联盟论坛视频会议在广西南宁举办。本次论坛就澜湄国家教育减贫合作展开交流。12月13日，第2届中国—东盟农业职业教育交流会暨中国—东盟农业职业教育学术论坛在广西南宁开幕。本届论坛旨在响应国家“一带一路”倡议，促进中国与东盟涉农院校、科研机构、企业间的合作与交流。通过专家报告、主题发言与交流及现场参观的形式，共同探讨中国—东盟农业职业教育发展的现状与方向。

12月19日，以“数字经济合作下的法治现代化与中国东盟法学教育的未来”为主题的第2届中国—东盟法学院院长论坛在重庆举办，与会的中国和东盟国家专家学者就数字经济时代法治现代化发展中的问题、法治现代化与法学教育合作、为未来学习与中国—东盟法学教育现代化等议题展开讨论。本次论坛期间，举行由法律出版社出版的首部中缅法律法学界合作编写的《缅甸外商投资法律实务指南》一书的发布仪式，会上发布《中国—东盟法治人才培养共同体行动纲要》。

（二）加强环境保护与可持续发展合作

1. 深化中国—东盟环境保护与灾害管理合作。2020年2月26日，由中国—东盟合作基金支持的东盟灾害管理高级别研讨会在位于印度尼西亚首都雅加达的东盟秘书处举行。东盟秘书处官员、中国驻东盟大使、东盟各国常驻代表、东盟各国灾害管理部门官员以及相关国际和地区组织代表出席会议。中国驻东盟大使邓锡军就深化中国—东盟灾害管理合作提出具体建议：一是强化政策协调、实现信息共享；二是强化重特大自然灾害紧急救灾合作，实现同舟共济；三是强化人员交流、互访和培训，有效提升能力；四是推动建议“一带一路”自然灾害防治和应急管理国际合作机制，以提高灾害应对能力和管理水平。11月27日，2020年中国—东盟国际环保展在广西南宁国际会展中心开幕，展会以“推动低碳环保技术引领绿色增长”为主题，展示范围涵盖中国—东盟环保合作示范平台建设成果展区、国内外环境治理领域新产品新技术展区、广西生态建设和环境保护成果展区、推介交流和项目洽谈签约区，共吸引国内外41家知名企业和机构参展。

2. 开展中国—东盟可持续发展和创新合作。11月28日，2020中国—东盟可持续发展创新合作国际论坛在广西桂林开幕。本届论坛以创新合作、产业融合、绿色发展为主题，探讨可持续发展新路径，推进绿色发展的国际合作，谋化搭建可持续发展创新合作的国际平台。论坛举办期间，共签订13项创新合作项目协议，涵盖技术攻关、平台建设、成果转化等领域，投资总额超200亿元。2020年12月31日，中国—东盟可持续发展合作研讨会在贵州省贵阳市南明区举行，与会嘉宾、专家、学者、企业代表通过线上网络及线下活动，围绕创新合作建言献策。

（三）推进科技创新合作

1. 大力推介战疫科技成果和技术。2020年8月23日，2020广西科技“两周一展”中国—东盟科技战疫专题推介会在广西南宁国际会展中心举行。本次活动围绕“科技战疫”主题，在全球新冠肺炎疫情尚未结束的背景下，采用线上线下相结合的新模式，在广西设立主会场，在中国湖南、泰国曼谷、新加坡三地设立分会场，邀请在本次抗击全球新冠疫情中贡献科技力量的中国及东盟国家科研院所、高校和企业进行战疫科技成果及技术推介。广西中医药大学、广西医科大学、桂林电子科技大学、泰国曼谷医院、新加坡国立大学等科技实力雄厚的机构和大学，充分利用“两周一展”的优质创新平台，挖掘中国—东盟科技合作潜力，促进重大科技成果项目对接合作。

2. 加强高新技术产业合作。11月13日，2020中国—东盟高新技术产业合作发展大会在广西南宁举行。大会以“携手布局新基建，协同创新进东盟”为主题。聚集5G、物联网、工业互联网、人工智能等新型基础设施建设，通过交流研讨、共建园区、企业入驻、人才助力、项目合作，促进各地协同发展，推动中国—东盟国际在高新技术产业领域的合作。现场举行中关村信息谷科技园项目、南宁·中关村重点引进项目、中关村

11月28日，2020中国—东盟可持续发展创新合作国际论坛在广西桂林开幕（中新网）

信息谷科技园意向入驻企业签约仪式，以及南宁高新区双创服务云平台上线仪式。11月13日，2020中国—东盟汇商聚智高峰论坛在广西南宁开幕。本次论坛通过线上和线下结合的方式进行，以“聚才聚智聚成果，创新创业创未来”为主题，旨在通过“科创中国”有效链接整合“政用产学研”各类创新要素，为中国与东盟的人才交流、创新创业和经济发展做出新贡献。本次论坛聚焦重点产业、新兴产业、高新技术发展需求，共同探索人才、科技、创新、创业的规划与实践，通过“科创中国”有效链接整合“政用产学研”各类创新要素，推动科技、产业与经济深度融合，共赢发展。同日，第2届中国—东盟人工智能峰会在广西南宁举行。峰会以线上线下相结合的方式进行。其中数字技术展会主要通过线上方式展示，重点呈现物联网、5G、人工智能、大数据、区块链、智能制造、电子商务的技术应用以及虚拟现实视觉技术设备等产品。11月18日，第3届中国—东盟工业设计与创新论坛在广西柳州开幕，主题为“智绘工业蓝景，振兴现代制造”。马来西亚、泰国、老挝等东盟国家嘉宾通过线上线下相结合的方式，进行主旨演讲和交流研讨，为柳州发展现代“智造”以及中国—东盟工业设计与创新建言献策。现场为第一届“金紫荆杯”中国—东盟工业设计大赛获奖者颁奖，国内外著名设计大师与参会嘉宾共同探讨中国—东盟国家工业设计、智能制造和产业发展的现状以及可期待的发展方向，交流分享国际前沿设计理念。

3. 促进技术转移与创新合作。11月26日，第8届中国—东盟技术转移与创新合作大会在广西南宁召开。大会以“开放创新 赋能未来”为主题，包括举办开幕式及全体大会、第2届10+3青年科学家论坛、第17届中国—东盟博览会先进技术展、先进技术专题对接会等活动。本次大会还促成一批重点创新合作成果。中国—东盟技术转移中心曼谷创新中心和中泰东盟创新港、中国—东盟地球大数据区域创新中心在大会上正式揭牌。此外还有一系列中国—东盟重要科技合作成果在会上云签约，其中包括中国（广西）—东盟国际动物疫病防控技术研究联合实验室建设（二期）、中国（广西）—东盟新发传染病联合实验室、泰国创新区域发展战略合作谅解备忘录、中国—柬埔寨智能制造技术联合实验室、中国科学院成都生物研究所与泰国正大农产品有限公司开展水稻品种技术创新转移合作的等5个项目协议。

（四）文化艺术、媒体交流合作

2020年，中国—东盟文化艺术、媒体交流合作深入开展，通过联欢会、文化论坛、文化艺术周活动、礼仪大赛、短视频大赛、电视周等展示和传承各国的文化经典。

1. 文化艺术交流合作。2月14日晚，广西日报传媒集团携手东盟10国的艺术家、民众及留学生，与县级融媒力量，合力打造山水相连、血脉相亲2021中国—东盟“丝路情·诗之韵”网络春节联欢会，为观众献上一场异域风情、民族融合的歌舞、诗歌盛宴。本次网络春节联欢会以诗歌吟诵为主，伴以美妙歌舞，为观众呈现一场文化交流盛宴。人民日报客户端、头条号、腾讯视频等同步播出，柬埔寨柬单网、泰国华人头条、欧洲之声、俄中传媒资讯网、美国新闻网、西非在线等10余家海外传播平台关注转发推送。12月8日，第15届中国—东盟文化论坛在广西桂林举办。中国和东盟各国文化部门、中国—东盟中心及东盟各国驻华使领馆的嘉宾通过线上线下相结合的形式出席。本次论坛以“文化遗产的保护、传承与旅游开发”为主题，旨在推广中国与东盟各国文化遗产保护与传承的实践经验，探讨文化遗产与旅游业之间的关系以及融合发展的形式及路径，展望中国与东盟开展文化遗产交流与合作的愿景，助推中国与东盟各国文化共同繁荣，助力构建更为紧密的中国—东盟命运共同体。12月14日晚，首届中国—东盟文化艺术周闭幕演出在广西南宁方特东盟神画千岛之歌剧场举行。演出分为“相遇”“相交”“相知”“相助”四个篇章。国内外艺术团队及艺术家跨越山海云端相会，展示中国和东盟各国斑斓多彩的文化艺术，表达“凝聚东盟力量，共筑文化丝路”的美好愿望。为夯实提升中国—东盟文化艺术交流合作平台，推动文化艺术交流与合作、共谋合作发展，中华人民共和国文化和旅游部、广西壮族自治区人民政府在桂林、南宁和柳州等地举办为期一周的首届中国—东盟文化艺术周活动。此次活动坚持以“文化艺术的盛会，人民大众的节日”为宗旨，集合舞台演出、非遗展演、艺术普及、艺术教育等板块。12月30日晚，以“传承礼智信，弘扬真善美，演绎东方韵”为主题的“礼仪贵阳”第16届中国—东盟礼仪大赛中国总决赛暨颁奖典礼在贵州贵阳举行。大赛由中国—东盟博览会秘书处、中国—东盟商务理事会作为支持单位，广西中华文化促进会、中国—东盟礼仪大赛组委会和贵阳市南明区文体广电旅游局联合主办。来自广西贵港的刘家宏和来自广西桂林的何佳蕊分获男女冠军。

2. 媒体交流合作。7月4日，首届中国—东盟友好合作主题短视频大赛受到中国和东盟国家民众热烈欢迎。大赛收到来自中国和东盟10国的参赛作品3.6万余件。经中国和东盟传媒领域专家组成的评委会认真评选，共选出金奖1名、银奖2名、铜奖2名、优秀奖20名和入围奖50名。部分优秀获奖作品在7月12—15日举行的2020年东亚合作领导人系列会议期间展播。11月23—29日，由国家广播电视总局和广西壮族自治区人民政府共同主办的第2届中国—东盟电视周在广西桂林举行。本届电视周以“合作、创新、互通、共融”为主题，聚焦后疫情时代的媒体发展新趋势，举办中国—东盟优秀视听节目展播推优、视听传播峰会及产品展示交易会、中国—东盟优秀传播案例发布典礼发布《中国—东盟电视周视听传播智库报告》等活动。

发布20个中国—东盟优秀传播案例和5个最佳传播案例。广西广播电视台译制的"电视剧《红楼梦》(1987版)缅甸语版"、中国广西与越南联合制作的"'同唱友谊歌'中越歌曲演唱大赛"入选最佳传播案例。

四、公共卫生合作

1. 召开高官会应对新冠肺炎疫情。2020年2月3日下午,东盟—中日韩应对新冠肺炎疫情特别电视电话卫生发展高官会议召开。东盟及中国、日本、韩国13国卫生部门的高级别官员及专家,世界卫生组织及东盟秘书处代表70余人出席。会议由主席国柬埔寨卫生部代表主持。中国代表介绍疫情总体情况、防控措施、国际合作举措及下一步合作倡议,分享中方出台的相关技术指南。2月20日,中国—东盟关于新冠肺炎问题特别会议在老挝万象举行,中国和东盟成员国外长参加会议。会后发表《中国—东盟特别外长会发布关于新冠肺炎问题联合声明》。3月31日,中国—东盟再次举行新冠肺炎疫情防控视频会议,中国和东盟10国外交、卫生部门官员、医疗专家及东盟秘书处80余人与会。中科院院士、中国疾控中心主任高福,中国疾控中心全球公共卫生中心主任董小平和北京大学第一医院感染科主任王贵强出席视频会议,同东盟方围绕检测手段、病例追踪、防控措施、临床治疗、无症状感染者等问题进行深入交流。4月14日,东盟与中日韩10+3举行抗击新冠肺炎疫情领导人特别会议。会议由东盟轮值主席国越南政府总理阮春福主持,通过视频方式召开。会后发表《东盟与中日韩抗击新冠肺炎疫情领导人特别会议联合声明》。5月29日,中国与东盟发表《中国—东盟经贸部长关于抗击新冠肺炎疫情加强自贸合作的联合声明》,声明强调双方加强合作、坚定信心、消除疫情对全球和区域贸易投资的影响。承诺携手应对疫情,开展各层次和各领域的抗疫合作。充分肯定中国—东盟自贸协定对促进双方贸易投资发展的重要作用,承诺保持市场开放,消除不必要的贸易限制措施,营造良好的贸易投资环境。6月4日,东盟与中日韩10+3抗击新冠肺炎疫情经贸部长特别会议召开,会议以视频方式举行。会议认为,继续加强地区抗疫和经贸合作,拉紧贸易投资合作纽带,稳步提升地区产业链、供应链,对持续推进区域经济一体化具有重要意义。7月16日,中国—东盟交通部长应对新冠肺炎疫情特别会议通过线上视频方式举行。会上,部长们一致同意加强合作,共同努力保障中国与东盟之间运输和物流体系畅通,维护全球产业链供应链稳定。会议审议通过《应对新冠疫情 确保物流链畅通　助力复工复产——中国—东盟交通部长联合声明》。

2. 中国和东盟各国相互支持抗击疫情。2020年,面对严峻的新冠肺炎疫情,中国和东盟各国守望相助,密切合作,携手抗疫。在中国暴发新冠疫情之际,2月5日,柬埔寨首相洪森"逆行"访问中国,表达对中国人民抗击疫情的支持。文莱、老挝、缅甸、泰国、越南等国家领导人先后分别至电、至函中国领导人,表达对中国人民抗疫斗争的支持。文莱、柬埔寨、印度尼西亚、老挝、马来西亚、缅甸、菲律宾、新加坡、泰国、越南等国家的政府、友好组织、企业等纷纷向中国捐赠口罩、防护服、手套、大米等抗疫物资及捐款,有力地支援中国抗击新冠肺炎疫情。

在东盟国家发生新冠肺炎疫情之际,中国也伸出援手,助力各国抗击疫情。中国政府向柬埔寨、老挝、马来西亚、缅甸、菲律宾等国家派出抗疫医疗专家组,中国与泰国、马来西亚通过专家视频会议交流抗疫经验和治疗方案。中国政府、企业和友好组织分别向文莱、柬埔寨、印度尼西亚、老挝、缅甸、菲律宾、新加坡、泰国、越南等国家捐助新冠疫苗、新冠病毒核酸检测试剂、口罩、医用手套、防护服、护目镜、呼吸机、消毒液等抗疫物资和生活物资。中国和东盟国家在抗击新冠肺炎疫情斗争中和衷共济、休戚与共,彰显中国—东盟命运共同体的坚不可摧。

3. 举办战疫研讨会、论坛,交流抗疫经验。5月20日,中国与东盟国家合作战疫研讨会以视频方式召开,会议由中国—东盟商务理事会主办。中国驻东盟国家大使和前任大使、中国研究东盟问题知名学者、东盟有关国家中资企业协会负责人共同在线交流。会议认为,合作是抗疫的必然选择,密切经济合作是战疫的重要举措之一,加强远程医疗服务、电子商务、线上交易等合作正当时。5月26日,中国—东盟新冠肺炎防控专题国际视频会议在广西南宁举行。会议由广西医科大学第一附属医院主办,旨在加强新冠肺炎防疫合作及疫情应对。会议首次采用视频直播形式进行。中国、老挝、越南、新加坡、缅甸、菲律宾等多个国家的医疗机构专家参加会议,分别介绍各国新冠肺炎疫情防控情况并分享防控措施及经验,并围绕新冠肺炎患者出院后复阳、现有新冠肺炎筛查方式的利弊进行讨论。10月22日,中国—东盟数字经济抗疫政企合作论坛在中国北京召开。论坛以"集智聚力共战疫,互利共赢同发展"为主题,中国和东盟国家政府和企业代表,通过线上线下相结合的方式交流数字经济在助力抗疫和经济复苏方面的经验。会议认为:数字基础设施和技术服务为医疗机构、医疗服务提供基础和支撑;数字经济企业为医疗科研攻关和病患诊疗提供技术支持和辅助;数字技术创新为疫情监测和防控提供帮助;利用数字技术创新产品和服务,助力企业实现数字化转型。11月24日,作为第三届中国—东盟卫生合作论坛主题论坛之一——第3届中国—东盟疾病防控合作论坛在广西南宁以实体和云上论坛的形式同步举行。本届论坛主题为"携手应对新冠危机,共建共享区域健康"。论坛上,中国疾病预防控制中心副主任冯子健与柬埔寨、印度尼西亚、老挝、马来西亚、泰国等5个东盟国家卫生部官员围绕如何防控新冠疫情及加强区域防控合作发表主旨演讲，各自介绍本国应对新冠疫情的措施和经验。会上，各国卫生官员还就新冠疫情防控策略及中国与东盟各国联络员机制等议题进行专题研讨，推进中国—东盟新冠肺炎防控合作长效机制，达成深化区域传染病监测合作、加强公共卫生人才交流与培养共识。东盟秘书处、中国与东盟5国卫生部官员、疾病防控部门领导及传染病防控权威专家等参加本次论坛。

4. 开展传统医药领域合作。11月23—26日，第6届中国—东盟传统医药论坛在广西桂林举办。本届论坛由中国国家卫生健康委员会、国家中医药管理局、国家民族事务委员会、广西壮族自治区人民政府共同主办。该论坛是“健康丝绸之路”建设暨第3届中国—东盟卫生合作论坛六个分论坛之一，以“传统医药发展与人类命运共同体构建”为主题，内容包括开幕式及领导致辞，传统医药与新冠肺炎疫情防控、传统医药与健康产业等几个高层主题论坛，以及考察桂林中医药产业示范单位等。采取线上线下相结合方式举办，来自中国和东盟国家官员、国内外传统医药领域专家学者出席本次论坛活动。

5. 注重食品安全与营养健康领域合作。2020年11月25—26日，第一届中国—东盟食品安全与营养健康合作论坛在广西防城港举行，来自中国及东盟各国的专家和学者，就食品安全与营养健康问题展开深度交流和研讨。论坛以“搭建合作交流平台，共建食品安全与营养健康共同体”为主题，采取线下+线上视频连线互动的形式举办，包括主旨演讲、圆桌讨论等环节。旨在搭建中国与东盟国家在食品安全与营养健康领域的合作平台，形成长效沟通机制，使之成为中国政府、专业技术机构、学术界、相关行业在食品安全与营养健康领域与东盟国家交流的窗口。

（马立潇　陈建男　周喜梅）

11月23—26日，第6届中国—东盟传统医药论坛在广西桂林举办

（中国日报网）

中国和文莱交往与合作

2020年，面对新冠肺炎疫情全球蔓延，中国与文莱交往与合作良好。两国领导人继续保持密切联系，深化战略合作伙伴关系；携手共同应对新冠肺炎疫情；继续加强经济贸易合作；“一带一路”合作初见成效；文化、体育和民间交往稳定。

一、两国领导人继续保持密切联系

（一）两国最高领导人互致贺信深化战略合作伙伴关系

2019年4月，中国国家主席习近平在北京与到访的文莱苏丹哈桑纳尔·博尔基亚（以下简称苏丹）共同宣布2020年为“中国文莱旅游年”。中文双方将举办贯穿全年的展会、论坛、培训、世界文化遗产展示等活动。2020年1月17日，中国国家主席习近平同文莱苏丹分别致贺信祝贺2020“中国文莱旅游年”在文莱首都斯里巴加湾市开幕。习近平指出，中国和文莱是隔海相望的友好邻邦，也是相互信赖的朋友和伙伴。过去两年我和哈桑纳尔苏丹实现历史性互访，一致决定建立中文战略合作伙伴关系，做政治互信、经济互利、人文互通、多边互助的好伙伴。希望双方以举办旅游年为契机，扩大人员往来，加强文化交流和旅游合作，做真诚相待的好朋友、共同发展的好伙伴。文莱苏丹在贺信中表示，文中两国是战略合作伙伴，应不断拓展互利合作新领域。中国是文莱宝贵的旅游市场。我相信两国旅游部门将精心准备，确保旅游年取得圆满成功。

2020年9月29日，文莱苏丹分别向中国国家主席习近平和国务院总理李克强致国庆71周年贺电。文莱苏丹在贺电中表示，面对当前挑战，文方高度重视与中方的密切合作关系。2021年是两国建交30周年，也是东盟与中国建立对话关系30周年。文方期待与中方继续密切合作。

（二）两国外交和防务部门领导互访加强战略沟通

2020年1月21日，中国国务委员兼外交部部长王毅在北京与文莱外交事务主管部长艾瑞万共同主持中文政府间联合指导委员会首次会议。双方表示，落实好两国元首共识，加快共建“一带一路”，拓展各领域互利合作和交流，推动双方战略合作伙伴关系取得更大发展。文方重申坚持一个中国政策，文方愿与中方一道积极推进“南海行为准则”磋商，共同维护好南海地区的和平稳定。双方还就东亚区域合作、中国—东盟东部增长区等议题深入交换意见。

9月9日，中国国务委员兼国防部部长魏凤和访问文莱，文莱苏丹在斯里巴加湾会见魏凤和。苏丹说，文中两国人民历史上联系紧密，文方珍视两国友好关系，视中国为文莱重要合作伙伴。文方衷心感谢中国政府和军队在文莱疫情困难时刻给予的支持帮助，愿与中方继续开展防务、经贸、能源、人文等领域交流合作，希望两国防务部门继续推进团组互访、联合演训等务实合作，推动文中战略合作伙伴关系不断发展。当日上午，魏凤和与文国防部第二部长哈尔比举行正式会谈，双方就保持战略沟通、深化军事交流合作等达成重要共识。魏凤和说，在习近平主席与苏丹陛下引领下，中文两国关系保持良好发展，为不同社会制度国家间共商共建共享树立了典范。中方愿同文方深化防务领域交流合作，推动两军关系不断取得新进展。南海稳定符合两国共同利益，双方应继续加强沟通协商，推进海上合作，共同维护南海和平安宁。新冠肺炎疫情当前，中国与文莱军队携手对抗疫情。中国人民解放军向文莱皇家武装部队捐赠抗疫物资，这些抗疫物资包括：医用口罩、护目镜、防护面屏、防护服、防水隔离服、额温枪、丁腈手套、医用靴套等。这批物资由中国空军运输机于5月12日晚运抵文莱。中国与文莱两军加强疫情防控合作，不断推动两国关系向好发展。

二、两国携手抗击新冠肺炎疫情

2020年，面对新冠肺炎疫情全球蔓延，中文两国开展更为密切的合作，互信在携手抗击疫情中得到提升。新冠肺炎疫情在中国暴发之后，中国驻文莱大使于红及时与文方进行沟通，先后在文莱主要媒体《婆罗洲公报》发表文章，接受文莱国家电视台采访，让文莱民办了解中国的疫情情况。在中方抗击疫情的关键时期，文莱苏丹专门向习近平主席和李克强总理致函慰问，代表文莱政府和人民支持中国政府的抗疫措施，支持中国人民的抗疫斗争。文莱不仅对中国整体抗击疫情表示支持，对地方政府也提供援助。文莱社会各界纷纷向中国捐款捐物，小学生演唱自创歌曲声援中方抗疫斗争，大学生、旅游业者也通过小视频表达支持。当文莱已经出现疫情时，文莱政府依然慷慨解囊，向湖北慈善总会捐赠50万美元。2月5日，文莱捐赠给广西的首批5万只防护口罩运抵南宁吴圩国际机场。文莱首相署部长兼财政与经济部第二部长表示，文莱政府一直关注疫情和中国的应对，经综合考虑物资储备、运输效能等因素，决定以定向捐赠方式，向广西捐赠至少15万只防护口罩，支援广西防控新冠病毒肺炎疫情工作。年内，广西也向文莱提供抗疫援助。

2020年3—4月，中国的疫情得到控制，文莱疫情却暴发了。据统计，2020年文莱累计新冠肺炎确诊病例157例，其中境外输入16例；治愈149例，死亡3例。在文方抗击疫情的关键时期，中国国务委员兼外交部部长王毅应约同文莱外交事务主管部长艾瑞万通电话。双方就两国互相支持对方抗击新冠肺炎疫情并提供援助表示感谢，希望东盟与中国的交流在疫情结束后尽快恢复正常。中方第一时间全方位提供支援。双方通过东盟—中日韩领导人特别会议、中国—东盟外长特别会议等展现携手抗疫决心，两国卫生专家多次参加视频会议，就疫情防控展开交流。中国驻文莱使馆向文新冠肺炎救助基金捐资支持。文莱首都斯里巴加湾市唯一的友好城市南京市政府、广西—文莱经济走廊中方伙伴广西壮族自治区政府向文莱捐赠医疗物资。中方企业向文莱捐赠的物资和款项超过130万美元。中国猛犸基金会捐赠核酸检测试剂。中国企业向文莱政府供应核酸检测试剂，帮助文莱建设东南亚首个“火眼”实验室。中国企业赴文莱紧急搭建疫情防控大数据平台。两国合作在共同抗疫中拓展了新空间。4月4日，中国银行（文莱）捐赠的首批2.2万件紧缺医疗物资抵达文莱，并转交给文莱卫生部。4月5日，南京市人民政府、南京南化建设有限公司向文莱内政部、卫生部捐赠防控新冠肺炎疫情物资，共计51000只一次性医用口罩、10000双一次性检查手套和1000件医用防护服。4月22日，中国政府捐赠的医疗物资运抵文莱，该批物资包括10万只N95口罩和1000套防护服。同机抵达的还有在文莱中资企业的近百名中方员工，他们是疫情下继续推进“一带一路”建设的可敬的“逆行者”。5月31日，中国—东盟技术转移中心向文莱捐赠500只口罩，由文莱全国工商协会主席移交给文莱卫生部。在文莱的中资企业也为文莱的抗疫做出贡献。恒逸实业（文莱）有限公司向文莱政府捐赠价值100万美元的医疗物资。华大基因不仅在1月疫情暴发初期就向文政府供应核酸检测试剂，而且在文莱发现确诊病例后，积极帮助文莱建设本地版“火眼”实验室，大幅提升检测能力。深圳市猛犸基金向文方捐赠一批华大试剂盒。文莱摩拉港有限公司免除所有进口医疗耗材及设备的港口费用，并捐赠5万文莱元。医渡云帮助文莱建设防控疫情的大数据平台。中国互联网企业百度、阿里巴巴、腾讯发挥技术优势，帮助文莱搭建远程医疗问诊平台。

在新冠肺炎疫情暴发的艰难时刻，中国与文莱携手对抗疫情并取得良好效果。根据文莱提供的情况，截至2020年7月27日，文莱应对新冠肺炎疫情成果显著，新冠肺炎确诊病例141例，留院治疗清零。

三、两国继续加强经济贸易合作

（一）双边贸易

据中国海关统计，2020年1—12月，文莱与中国贸易额达131.8亿元人民币，比上年增长72.97%（2019年为76.2亿元人民币）。其中：中国对文莱出口32.3亿元人民币；自文莱进口99.5亿元人民币，比上年增长216.79%。中国向文莱出口的主要商品是矿物燃料、矿物油及其蒸馏产品；沥青物质；矿物蜡，核反应堆、锅炉、机器、机械器具及零件，以及家具；寝具、褥垫、弹簧床垫、软坐垫及类似的填充制品；未列名灯具及照明装置；发光标志、发光铭牌及类似品；活动房屋。中国从文莱进口的主要商品是有机化学品以及矿物燃料、矿物油及其蒸馏产品。虽然新冠肺炎疫情在全球蔓延，但中文双边贸易逆势上涨，中国成为文莱最大的贸易伙伴之一。

（二）相互投资

1. 中国企业在文莱投资及工程承包。2020年，两国经贸合作乘势而上，中国是文莱最大进口来源国，越来越多的中资企业到文莱投资兴业。据中国驻文莱使馆的数据，在文莱大约有30家中资企业入驻，包括华为、中国银行、浙江恒逸石油炼化、辽宁葫芦岛钢管厂等中国优质企业。根据中国商务部的数据，2020年1—6月，中国企业对文莱投资947万美元，比上年同期增长896.8%。中国企业在文莱新签工程承包合同额1520万美元，比上年下降85.6%；完成营业额5425万美元，下降92.4%。中国建筑工程公司参建的奥马尔·赛福鼎苏丹大桥2020年建成通车，成为文莱现代化的新标志。

2. 广西—文莱经济走廊建设取得新突破。2014年，文莱政府与中国广西壮族自治区政府签署《广西—文莱经济走廊经贸合作备忘录》，双方在农业、工业、物流、清真食品加工、医疗保健、生物医药、旅游等领域展开全面合作。经过多年发展，"广西—文莱经济走廊"已从概念走向实践。在"广西—文莱经济走廊"框架下，2017年，广西北部湾港务集团与文莱合资设立摩拉港有限公司，负责摩拉港集装箱码头及散货码头的运营管理，码头作业效率及服务水平显著提高，物流成本逐步降低，摩拉港的区域竞争力显著提升。2020年1—11月，摩拉港完成集装箱吞吐量9.56万标箱，散货吞吐量38.78万吨，经营情况持续改善。2020年年初，摩拉港公司与文莱政府签约文莱摩拉渔港项目，获得摩拉渔港项目40年的开发与运营权。这也是北部湾港务集团与文莱政府在摩拉港项目合作基础上，又一个里程碑项目。项目积极探索"港口+产业+园区"发展模式，改善现有码头的靠泊条件，提升制冰、冷库、供油、供水等配套基础设施，并以培养本地专业人才为目标，拓展可持续、出口导向型的发展道路，带动文莱渔业增长，提升文莱渔业产品在全球供应链中的地位。该项目投入1400万文莱元用于重建摩拉港综合设施项目，不仅提高文莱渔业产业的发展潜力，也为文莱人创造多个就业岗位。广西与文莱合作的几个重大项目也逐步落地，投资领域涉及港口、香料、水产养殖等多个行业。其中港口合作方面，广西北部湾国际港务集团与文莱达鲁萨兰资产管理公司合资设立的文莱摩拉港有限公司，已经正式开始经营文莱摩拉港集装箱码头。后期，文莱摩拉港有限公司将逐步开始运营散货杂码头、拖轮服务和引航服务等，并计划兴建临港产业园，总投资额预计18.5亿元人民币。文莱国会议员王长荷接受记者采访时说："几十亿美元的项目对于文莱来说是个天文数字，很多年没有听说过了，只有中国做得到。文莱和其他东盟国家一样，十分看好中国经济以及来自中国的投资机会。"

3. 中国与文莱油气下游工业的合作成果显著。根据文莱财政与经济部经济规划与统计局的数据，截至2020年第三季度，文莱的非石油和天然气部门，特别是油气下游工业活动，取得显著增长。非石油和天然气行业在2020年第一季度继续增长10.9%。油气下游活动包括石油和化工产品的新生产，按固定价格计算，总增加值为2.949亿文莱元，带来非石油和天然气部门的扩张。

文莱油气下游产业最大的单一外商投资项目——浙江恒逸石化文莱大摩拉岛综合炼化项目建设取得良好效益。该项目一期工程于2018年进入全面施工阶段，2018年年底完成，2019年一季度正式投产。恒逸石化文莱炼化项目位于文莱大摩拉岛，占地面积260公顷，由中国浙江恒逸石化与文莱政府合作，浙江恒逸石化占70%股份，文莱政府占30%股份。恒逸实业（文莱）有限公司首席执行官陈连财介绍称，恒逸文莱大摩拉岛项目总投资150亿美元，分两期实施。一期投资34.5亿美元，原油加工能力800万吨，生产150万吨对二甲苯和50万吨苯。项目一期共与109家文莱本地供应商建立合同关系，累计在工程服务、物资采购、进出口物流等方面完成本地支付5.15亿文莱元（1元人民币约合0.2文莱元），占总支付金额的15%。一期全面投产以来，项目生产运营平稳有序，给文莱带来持续经济社会效益。2020年实现产值55亿美元，并向文莱社会提供近千个工作岗位。文莱经济规划局2020年上半年的统计数据显示，大摩拉岛项目一期对文莱国内生产总值的贡献率超过5%。如今大摩拉岛正发展成一座现代化石油炼化基地。2020年年初，尽管受到新冠疫情便席卷全球的影响，但该项目的二期仍然继续推进。二期原预计投资额120亿美元，新增原油加工能力1400万吨，生产200万吨对二甲苯和150万吨乙烯。而恒逸实业（文莱）有限公司于2020年准备新增投资136.54亿美元，建设文莱大摩拉岛综合炼化项目二期工程。二期项目进入产品方案论证阶段，2020年1月底完成可行性研究和环保评估，2022年投产。项目建成投产后，恒逸将在文莱大摩拉岛形成2200万吨炼油化工一体化基地。该项目得到文莱政府的支持，2020年12月14日，文莱苏丹与王储分别会见浙江恒逸集团、恒逸实业（文莱）有限公司董事长邱建林，表示很高兴看到大摩拉岛项目一期安全平稳运营，感谢中国企业对当地防控疫情作出重要贡献，“希望项目继续做好安全生产和本地化发展，加大油气下游产业投资力度，进一步促进文莱经济发展”。

4. 文莱对中国投资快速增长。根据中国商务部的数据，2020 年 1—6 月，文莱对华投资 652 万美元，比上年同期增长 56.7%。

四、保持文化交流与民间交往

（一）“中国文莱旅游年”开幕

2020 年 1 月 17 日，“中国文莱旅游年”启动仪式在文莱斯里巴加湾举行。中国国家主席习近平同文莱苏丹哈桑纳尔分别向 2020“中国文莱旅游年”开幕式致贺信。中国文化旅游部副部长张旭和文莱初级资源与旅游部长拿督阿里、文莱外交部无任所大使玛斯娜公主、文莱文化青年与体育部部长阿米努丁及文莱各界人士和在文中资企业代表 300 余人出席开幕式。“中国文莱旅游年”原计划举办贯穿全年的展会、论坛、培训、世界文化遗产展示等活动，因为突如其来的新冠肺炎疫情而受到影响。随着疫情在中国与文莱得到控制，部分活动陆续进行。11 月 3 日，由中国文化和旅游部、文莱初级资源与旅游部联合举办的“中国文莱旅游年”汉语导游培训班在斯里巴加湾举行开班式。中国驻文莱大使于红、文莱初级资源与旅游部常秘杜迪雅缇出席仪式并致辞，两国政府商定“中文旅游年”部分活动延期举行。

（二）首届“中国日文化嘉年华”如期举办

文莱于 12 月 26 日启动为期两天的首届“中国日文化嘉年华”。活动由中国驻文莱大使馆主办，文莱初级资源和旅游部、文化青年和体育部支持，文莱—中国友好协会承办。活动包括中国武术和传统歌舞的现场表演，以及茶道、象棋、书法、乒乓球等中国传统文化的现场互动和实践体验，以及中国美食品尝。主办方同时策划一场千人太极运动。

（三）继续推进教育合作

2020 年，中国与文莱在教育方面的合作继续保持并不断深化。首先是恒逸集团的联合培养人才计划。8 月 18—19 日，“恒逸—浙大—文大”及“恒逸—兰州石化学院—文莱技术学院”联合培养人才奖学金项目签约仪式先后在文莱斯里巴加湾举行。中资企业恒逸实业（文莱）有限公司高度重视员工本地化和人才培养。近年来，联合文莱大学与浙江大学、兰州石化技术学院与文莱技术教育学院、文莱理工学院培养一批文莱石化工程师、炼厂操作工及实验室技术人员。自项目启动以来，已有近 150 名学生接受资助，68 名工程师走上恒逸公司工作岗位。文莱技术教育学院和兰州石化职业技术学院联合培养项目累计招生 200 多人。从 2019 年起，恒逸集团还进一步与文莱本地大专院校加强合作，全面推动本地联合办学项目，开设 8 个专业，由公司提供实习和就业机会。由于过去经济结构单一，文莱化工专业人才资源不足。大摩拉岛项目实施以来，不仅积极雇用本地劳动力，还为当地培养人才。2020 年年底，项目实现 40% 本土化招聘目标，吸纳本地员工 666 人。中国大学为文莱培养人才受到文莱政府和社会各界的肯定。其次是华为“未来种子计划”。9 月 21 日，华为 2020 年“未来种子计划”文莱开幕式在文莱大学举行。在新冠肺炎疫情全球蔓延的情况下，华为 2020 年“未来种子计划”在文莱以现场形式举办开幕式，体现华为坚持推进人才本地化战略的决心。因疫情防控原因，本次“种子计划”改为为期 5 天的线上教学交流，文莱共 35 名学生参加。青年学员们加强学习交流，不仅成为推动科技发展的“未来种子”，更成为推动中文友好合作的种子。“未来种子计划”为文莱提供一批可持续的信息通讯技术人才，从 2015 年启动以来，已累计培养 32 名学员。

（四）人文教育交流与合作富有成效

中国驻文莱大使于红代表中国驻文莱大使馆向文莱各高校以及中小学捐赠图书。2020 年 11 月 30 日，中国驻文莱大使馆向马来奕中华中学和诗里亚中正中学捐赠图书。驻文莱大使于红、两校董事会成员、校长及老师、学生等出席。12 月 7 日，中国驻文莱使馆向文莱大学捐赠图书。捐赠仪式在文莱大学举行，驻文莱大使于红、文莱大学常务副校长阿妮塔等出席。于红大使在捐赠仪式上表示，此次捐赠的 307 册介绍中国的图书和影视资料涉及中国经济、科技、文学、艺术、旅游等方方面面。相信通过阅读这些书籍和观看视频，师生们会更加全面深入地了解中国、认识中国。文莱大学常务副校长阿妮塔对中国驻文莱使馆向学校捐

1 月 17 日，“中国文莱旅游年”启动仪式在文莱斯里巴加湾举行（中新网）

赠图书表示感谢,希望与中国加强联系。文莱大学常务副校长助理乔伊斯,介绍该校与浙江大学合作联合培养化学和工艺工程师。在东盟—中国学术网络支持下,该校与复旦大学进行学术交流。文大还与北大、清华、厦大、北京化工大学及南方科技大学等13所中国高校进行研究合作。中国捐赠图书既表现出中国的文化自信,又让文莱青少年了解中国,增加对中国的兴趣。

除了向文莱各大学校捐赠图书之外,中国驻文莱大使馆还与文莱教育部联合举办"你我携手抗击疫情"文莱小学生主题绘画比赛。比赛共吸引文全国53所小学的1022名学生参加,同学们用画笔展现中国与文莱携手抗疫的生动画面。2020年5月14日,中资企业恒逸有限公司向22名贫穷家庭孩子与孤儿捐献物资。

2020年9月30日,为庆祝2021年中国与文莱建交30周年,中国驻文莱大使馆同文莱外交部,文化、青年与体育部联合举办中文建交30周年徽标设计比赛启动仪式。通过比赛为2021年双方建交30周年以及相关活动进行宣传,加强合作,升华友谊。

(马金案　马静　游悠)

中国和柬埔寨交往与合作

2020年是动荡的一年,新冠肺炎疫情肆虐全球。国际货币基金组织预计全球经济将萎缩3%,全球失业人数高达1.9亿。在此萧条的大背景下,中柬两国各项既定合作未有卡顿,均得到有条不紊地推进,并取得显著效果。

一、富有成效的高层互访

2020年,中柬两国高层交流主要有:中国国家主席习近平亲自为柬埔寨太后莫尼列颁授"友谊勋章"、柬埔寨首相洪森访华、中国国务委员兼外交部部长王毅访柬,这几次高层交流凸显中柬两国间深厚的友谊,诠释"命运共同体"的深刻内涵,体现日益紧密深入的全面战略合作伙伴关系。

2月5日,在中国新冠肺炎疫情最为严重之际,柬埔寨首相洪森"逆行"访问中国,这是中国疫情暴发后首位主动访华的外国领导人,此举与一些国家针对中国疫情采取旅行、贸易限制等举措形成鲜明对比。

11月6日,中国国家主席习近平在北京人民大会堂为柬埔寨太后莫尼列举行中华人民共和国"友谊勋章"颁授仪式。"友谊勋章"是中国人民对莫尼列太后崇敬之情和对柬埔寨人民深厚情谊的代表,也是中柬两国亲密无间友好感情的象征。莫尼列太后是中柬友好的重要见证者和推动者。60多年来,莫尼列太后积极投身中柬友好事业,见证新中国的发展历程,对中国人民抱有特殊感情,积极支持中柬各领域交往合作,为促进中柬关系发展、增进两国人民友谊作出杰出贡献。

10月11日,应柬埔寨副首相贺南洪的邀请,中国国务委员兼外交部部长王毅率团访问柬埔寨。中柬两国签署《中国和柬埔寨自由贸易协定》《西哈努克省医院扩建项目可行性研究换文》《西哈努克省污水处理系统发展项目可行性研究换文》、中国向柬埔寨提供9.5亿元人民币援助等一系列协定。这是一次富有成效的访问,这些协定的签署,有助于进一步加强两国间的经贸合作关系,巩固双方传统友谊。

二、后劲十足的商贸合作

2020年,中国蝉联柬埔寨最大的外资来源国、最大的贸易伙伴、最大的客源国,中柬两国政治互信度高,民间交往频繁,柬埔寨国内投资空间大,与中国互补性强,中柬双边合作刚需性较强。

(一)双边经贸情况

根据中国商务部亚洲司的数据:2020年1—12月,中柬贸易额95.6亿美元,比上年增长1.4%。其中:中国对柬埔寨出口80.6亿美元,增长0.9%;中国自柬埔寨进口15亿美元,增长3.7%。中国企业对柬埔寨全行业直接投资9.1亿美元,增长31.6%;柬埔寨对华投资3761万美元,下降34.7%。中国企业在柬埔寨新签工程承包合同额66.2亿美元,增长18.8%;完成营业额34.9亿美元,增长25.7%。在全球经济衰退的情况下,中柬双边经贸额不降反升,尤其是中国企业对柬埔寨全行业投资,比上年激增31.6%,这充分反应出中国企业对柬埔寨政治环境、经济情况、中柬合作势头等方面的信心。

农产品是柬埔寨输华的重点产品,大米和鲜果是其中增幅较大的品种。2020年柬埔寨向中国出口大米28.94万吨,比上年增长16.6%,占柬埔寨大米出口总量的41.9%,中国继续稳居柬埔寨大米出口市场之首。柬埔寨香蕉自2019年5月成功出口中国后,其国内香蕉产业发展迅速,出口量从2018年的1万吨增加到2020年的33万吨。柬埔寨输华鲜果除香蕉外,芒果也列入优先计划,预计2021年实现对华出口。

(二)《中柬自由贸易协定》顺利签署

2020年10月12日,《中华人民共和国政府和柬埔寨王国政府自由贸易协定》签署,这不仅标志着双方全面战略合作伙伴关系、共建中柬命运共同体和"一带一路"合作进入新时期,还对增进两国企业和人民福祉、稳定区域产业链、供应链和推动区域经济复苏有重要意义。

《中柬自由贸易协定》有四个"亮点"。(1)创下多个"第一"。这是中国与最不发达国家商签的第一个自贸协定,是疫情暴发后中国商签的第一个自贸协定,是第一个将"一带一路"倡议合作独立设章的自贸协定。(2)开放水平高。《中柬自由贸易协定》货物贸易自由化和服务市场准入都达到自贸协定最高缔约水平。货物方面。中方给予柬方货物贸易零关税税目比例达97.53%,柬方给予中方90%税目零关税,这是双方迄今所有自贸协定谈判中的最高水平。服务方面。双方在各自已参加的自贸协定基础上进一步提升市场开放水平,在《中柬自贸协定》中的市场开放承诺均体现各自给予自贸伙伴的最高水平。(3)覆盖领域广,实现互利共赢。协定包含"一带一路"倡议合作、投资合作、经济技术合作、电子商务等章节,涵盖双边经贸、旅游、交通、农业等广泛合作领域。同时,鉴于中柬贸易结构具有较强的互补性,潜力很大,且中资企业在柬有广泛投资,协定使双方均能够从对方市场中获取更多贸易投资机会。(4)达成效率高。双方2020年1月启动谈判,克服疫情带来的不利影响,密集组织1轮面对面谈判、2轮视频谈判和多次首席谈判代表层面的磋商,仅用7个月就结束谈判。无论是谈判轮次、磋商方式、推进速度,都充分反映了双方高效达成协定的坚定意愿。

三、建立双边主要合作机制

2020年6月16日,中国国务委员兼外交部部长王毅同柬埔寨副首相贺南洪共同主持中柬政府间协调委员会第5次会议,会议以视频方式举行。双方一致同意提升委员会统筹协调功能,确定中柬政府间协调委员会为推动落实共建中柬命运共同体的主要机制。

王毅表示,在两国领导人战略引领下,中柬政府间协调委员会将全面落实中柬命运共同体行动计划。中方愿继续同柬方共同争取疫情防控和经济社会发展的双胜利,加强区域框架下沟通协调,推动年内签署区域全面经济伙伴关系协定,同柬埔寨及其他东盟国家一道,全面有效落实《南海各方行为宣言》,早日完成"南海行为准则"磋商。贺南洪说,柬方支持中方通过香港国家安全立法,支持多边主义和中国—东盟合作。中柬双方一致认为应反对借疫情进行政治化、污名化。双方宣布建立人员往来"快捷通道"和货物"绿色通道",同意尽快完成中柬双边自贸协定谈判,互设领事机构,正式启动柬埔寨芒果对华出口。

会后,双方签署《关于新形势下提升中柬政府间协调委员会机制统筹协调作用的谅解备忘录》,并发表联合新闻稿。

四、军事联训如期举行

2020年3月15日,虽然全世界范围内的新冠肺炎疫情都呈现出日趋严重的态势,但中柬两军的"金龙"军事联训仍然如期在柬埔寨贡布省王家军练场举行。此次"金龙-2020"中柬两军联训共有两国800余名官兵参加,重点内容为山地反恐实兵联合演练,两军围绕训练重点内容开展多科目联合训练。

中国驻柬埔寨大使王文天在开训仪式致辞中说,尽管我们仍然面对新冠疫情的威胁,但中柬两军联演联训仍然如期举行,这是中国人民解放军在疫情期间截至目前与外军联合主导的唯一实兵实弹联合训练,充分体现中柬两军高度的战略互信和牢不可破的兄弟情谊。柬埔寨王家军总司令旺比盛上将在致辞中表示,两军"金龙"系列联合训练展示出两军的友好合作和深厚友谊,不断推动两军友好关系高水平发展、加强两国友谊团结,创造互相学习知识、经验交流和培养人才的平台,特别是逐步锻炼两军官兵在参加多边合作联合行动中使他们学会适应、学会生活、学会与多种民族一起工作等能力,同时也为应对面临各种挑战和非传统问题做出应有贡献。

中柬两军通过年度固定联合军演项目,推动双方军事交流合作,共同携手应对未知挑战、维护区域和平与稳定。

五、齐心合作抗疫

2020年2月5日,正值中国武汉疫情压力最大之时,柬埔寨王宫事务部大臣贡桑奥亲王向中国驻柬埔寨大使王文天转交柬埔寨国王西哈莫尼和太后莫尼列针对武汉疫情致习近平主席的慰问信和个人捐款;同一日,柬埔寨首相洪森不惧疫情威胁,"逆行"访问中国,是中国疫情暴发后首位主动访问中国的外国领导人,此举温暖了正在与新冠肺炎疫情搏斗的中国人民。此外,柬埔寨许多网友录制"中国加油"的抗疫小视频给中国加油鼓劲,在柬埔寨街头也亮起"中国红",支持中国抗疫;一笔笔捐款和防疫物

3月15日,柬中两军"金龙2020"军事联训在柬埔寨贡布省王家军练场举行
(中新网)

资也不断从柬埔寨寄出，邮往中国。以上种种，充分展示柬埔寨政府和人民对中国政府和人民抗击疫情的大力支持。在疫情面前，柬埔寨和中国坚定站在一起，互相支持。

3 月 17 日，在原有新冠确诊病例的基础上，柬埔寨确诊人数突增 12 例，消息一出，当地民众担忧不已。为缓解疫情给当地政府和人民带来的压力，3 月 23 日，由中国国家卫生健康委员会组建，广西选派 7 名专家组成的医疗专家组和一批防疫医疗物资抵达柬埔寨金边。这是中国政府首次向东盟国家派出医疗专家组，凸显两国的铁杆朋友关系，贴着“守望相助，中柬同心”的抗疫物资成为最暖心的礼物。

中国医疗专家组抵达后迅速开展工作，在对柬埔寨的医院、实验室、社区、机场、车站开展充分调研后，提出让医院建立发热病人预检分诊点、把等待检测的人员疏散到外面空旷的地方等建议，被柬埔寨悉数采纳。在了解到柬埔寨只有两个实验室能够开展新冠肺炎的检测后，专家组决定帮助柬埔寨增强公共卫生研究所实验室的检测能力。广西在接到专家组反馈后，向该实验室捐赠全自动核酸提取仪及配套试剂，并对柬埔寨医务人员进行技术培训。此外，专家组还非常重视预防医院感染，向柬方提供中、英文版的预防医院感染防控指南等 8 份材料。专家组还向当地医务人员传授自身防护经验，介绍中国的网格化管理经验等，并针对不同的病人采取个性化治疗，寻找更适合柬埔寨本土治疗的有效途径，极大地提高了柬埔寨战胜疫情的信心和能力。

事实证明，中国医生向柬埔寨分享的，由无数中国医生冒着生命危险救治患者所换来的宝贵经验，是行而有效的。得益于中柬一系列的医疗合作，柬埔寨疫情防控工作有序，成效显著，获国际方面认可。中国和柬埔寨在此次抗击新冠疫情的合作中，充分体现人类互助互爱、同舟共济的命运共同体精神，以实际行动向全球展示合作成效，亦树立起国际合作的标杆。　（梁薇）

中国和印度尼西亚交往与合作

2020 年中国与印度尼西亚关系走过不平凡的一年，在两国元首亲自关心和推动下，两国政府和人民守望相助、共克时艰，中国印尼全面战略伙伴关系逆势发展。中国与印尼在政治、经贸、卫生、文化教育等各领域合作不断拓展。

一、政治合作

（一）中国国家主席习近平同印尼总统佐科就中国印尼建交 70 周年互致贺电

2020 年，中国印尼两国高层交往密切，两国共同庆祝建交 70 周年，两国元首先后 3 次通电话并在建交日互致贺电，就团结抗疫和发展合作达成重要共识，政治互信不断加深。

习近平在贺电中指出，中国和印尼友好交往源远流长。建交 70 年来，双边关系取得长足发展。特别是近年来，两国关系定位不断提升，合作领域不断拓展，共建“一带一路”成果丰硕，在国际和地区事务中密切配合，给两国人民带来福祉，为地区和全球的繁荣稳定作出重要贡献。习近平强调，“中国和印尼在双边、地区和多边层面拥有广泛共同利益，合作潜力巨大。中国将继续同印尼同舟共济，战胜新冠肺炎疫情。我高度重视中印尼关系发展，愿同佐科总统一道努力，为中印尼全面战略伙伴关系注入新内涵，为地区发展增添新助力。”

佐科在贺电中表示，印尼与中国拥有悠久的历史和文化纽带，两国领导人和社会各界交往密切，铸就牢固的友谊。两国关系历经 70 年，已日臻成熟，这是印尼和中国取得的显著战略性成果。两国在各领域不断创造合作机遇，造福了两国人民，值得双方引以为傲。在全面战略伙伴关系框架下，双方秉持合作精神，必将推动两国不断发展和繁荣，为地区和世界和平、稳定与繁荣作出贡献。

（二）中国外长王毅同印尼外长蕾特诺举行会谈

2020 年 8 月 20 日，中国国务委员兼外交部部长王毅在海南保亭同印尼外交部部长蕾特诺举行会谈，印尼国企部部长艾瑞克参加会谈。王毅指出，当今世界面临新的挑战，百年变局和全球疫情相互叠加，单边主义和强权政治不断抬头。中印尼关系作为本地区最富战略性的伙伴关系之一，经受住了疫情考验，展现出强劲韧性。王毅表示，2020 年是中印尼建交 70 周年，中国愿同印尼再接再厉，既聚焦当下，又着眼长远，扩大合作清单，增加合作共识，推动双边关系在这一重要年份实现更大作为。王毅指出，中国同东盟已互为最大贸易伙伴，疫情期间贸易和投资双双逆势增长，展现双方合作的巨大优势和广阔空间。王毅强调，“南海行为准则”磋商遵循平等协商原则，体现中国和东盟国家 11 方共识，其结果必然符合地区国家利益，也必然符合国际法。中方愿同包括印尼在内的东盟国家共同努力，早日达成“准则”，共同维护南海的长治久安。

（三）中国国务委员兼国防部部长魏凤和同印尼国防部部长举行会谈

2020 年 9 月 8 日，中国国务委员兼国防部部长魏凤和在雅加达同印尼国防部部长普拉博沃举行会谈。魏凤和指出，2020 年是两国建交 70 周年，双方应携手前行，深化拓展各领域合作，推动两国关系发展行稳致远。中国军队愿同印尼方落实好两国领导人重要共识，加强战略沟通，提升防务安全合作水平，助力两国关系深入发展。作为域内国家和搬不走的邻居，中方愿同印尼方加强对话协商，共同维护好南海的和平稳定。普拉博沃高度评价中国政府和军队抗击新冠肺炎疫情取得的重要成果，衷心感谢中国军队提供防疫援助。

（四）中国全国人大常委会委员长栗战书同印尼国会议长普安举行会谈

2020 年 12 月 10 日，中国全国人大常委会委员长栗战书在北京以视频方式同印尼国会议长普安举行会谈。栗战书指出，2020 年以来，面对新冠肺炎疫情，中国和印尼守望相助、共克时艰，传统友谊进一步巩固和深化。习近平主席 3 次同佐科总统通话，就抗疫合作和恢复经济达成重要共识。中方愿与印尼方一道，以两国建交 70 周年为契机，围绕抗疫和发展两大主线，深化各领域务实合作，推动两国全面战略伙伴关系不断取得更大发展。

二、经贸合作

（一）双方贸易总量再创历史记录

2020 年，中国与印尼双边贸易额 783.7 亿美元，比上年下降 1.7%，中国继续稳居印尼最大贸易伙伴地位。其中，中国对印尼出口 410 亿美元，下降 10.2%；自印尼进口 373.7 亿美元，增长 9.5%。印尼煤矿企业协会与中国煤炭运输和配送公司双方以谅解备忘录的方式签署了有关印尼向中国出口煤炭的合作协议，同意从 2021 年开始启动煤炭采购合同，合同期限 3 年，中方采购金额为 20.6 万亿印尼盾（合计 14.6 亿美元）。

（二）双方投资迈上新台阶

2020 年，中国企业对印尼全行业直接投资 19.8 亿美元，比上年增长 86.5%。印尼对华投资 1334 万美元，增长 7.4%。中国对印尼投资项目成果显著，国华电力在印尼爪哇 7 号 2×1050MW 发电项目 2 号机组正式投产，这标志着中国企业在海外投资建设的单机容量最大、参数最高、技术最先进、指标最优的拥有自主知识产权的高效环保型电站全面竣工。印尼雅万高铁 7 号隧道顺利贯通，也是全线贯通的首座千米以上隧道，是雅万高铁建设取得的又一重要阶段性进展。

（三）受疫情影响中国在印尼的工程承包业务有所下降

受新冠疫情影响，导致大批回国休假的工程承包项目人员无法按期返回印尼，造成项目人力资源短缺，对项目管理和项目进度产生负面影响。同时，为遏制新冠疫情传播而出台的各种限制政策，影响项目关键设备的正常生产和发运，很多处于建设期的项目因人员和物资短缺而面临停工。2020 年，中国企业在印尼新签工程承包合同额 119.2 亿美元，比上年下降 15.3%；完成营业额 71.2 亿美元，下降 18.2%。

（四）中国和印尼两国央行签署促进本币使用合作谅解备忘录

2020 年 9 月 30 日，中国人民银行行长易纲和印度尼西亚银行行长佩里·瓦吉约签署《关于建立促进经常账户交易和直接投资本币结算合作框架的谅解备忘录》，中国人民银行和印度尼西亚银行一致同意积极推动使用本币进行双边贸易和直接投资结算，包括推动人民币和印尼卢比之间的直接兑换报价和银行间交易。

三、卫生合作

2020 年，面对突如其来的新冠肺炎疫情，中国与印尼两国政府和人民和衷共济、互施援手，充分彰显“命运相连、休戚与共”的传统友谊，谱写守望相助新篇章。两国企业成功开展新冠疫苗三期临床试验，积极推进疫苗采购、研发和联合生产合作，中国印尼抗疫合作进入新阶段。

（一）印尼和中国签署新冠疫苗合作备忘录

2020 年 8 月 20 日，印尼外交部部长勒特诺·马尔苏迪与国企部长艾力克·多希尔在中国三亚进行访问期间，见证印尼国营企业生物制药公司（Bio Farma）与中国科兴控股生物技术有限公司（Sinovac）之间供应新冠病毒疫苗的合作备忘录的签署。Sinovac 保证在 2020 年 11 月至 2021 年 3 月期间提供 4000 万剂疫苗的原料。此外，Bio Farma 还分别与中国国药集团（Sinopharm）和康希诺（CanSino）等中国制药公司探索新冠疫苗合作。

（二）两批共计 300 万剂中国疫苗运抵印尼

2020 年 12 月，两批共计 300 万剂中国疫苗运抵印尼，有效配合了印尼政府大规模接种计划。2020 年 12 月 6 日，印尼收到首批来自中国科兴生物公司的新冠疫苗 120 万剂。印尼外交部部长勒特诺·马尔苏迪对中国政府向印尼提供新冠疫苗表示谢意。12 月 31 日，印尼收到第二批中国科兴生物公司的新冠疫苗 180 万剂。

四、人文教育交流

（一）清华大学举办中印尼繁荣 70 周年云论坛，印尼总统佐科致贺信

2020 年 9 月 23 日，“中印尼繁荣 70 周年：清华大学东南亚中心云论坛”开幕。论坛开幕式由清华大学副校长、教务长杨斌主持。清华大学校长邱勇首先致欢迎辞。国家发展和改革委员会副主任宁吉喆受全国政协副主席、国家发展和改革委员会主任何立峰的委托，对云论坛的召开表示祝贺。印尼总统佐科·维多多向论坛发来贺信，并赞扬清华大学东南亚中心在人力开发、教育交流、跨行业对话等方面取得的卓越成就。他相信，清华大学东南亚中心将继续在连接中国与印尼、东南亚地区及世界发挥积极的促进作用。

（二）第7届中国—印尼关系研讨会线上会议举行

2020年11月24日，中国人民外交学会和印尼战略与国际问题研究中心共同主办第7届中国—印尼关系研讨会线上会议。外交学会会长王超与印尼战略与国际问题研究中心共同创始人优素福·瓦南迪分别率双方代表共20人参加。此次研讨会主题为“庆祝中印尼建交70周年”，双方代表就“中印尼双边关系：70年回顾与展望”和“坚持多边主义：携手推进东亚区域合作”两个议题进行交流。

（三）印尼高校线上“孔子学院日”献礼中国印尼建交70周年

2020年11月26日，位于印尼西加里曼丹省首府坤甸市的丹戎布拉大学孔子学院举办包括硬笔书法比赛、中华才艺展演和中华经典诵读等丰富多彩的“孔子学院日”系列活动，向中国印尼建交70周年献礼。当天也是该孔子学院成立运行9周年。　（云倩）

中国和老挝交往与合作

2020年，新冠肺炎疫情在全球暴发，中国和老挝都受到不同程度的影响。在这样的背景下，中老两国领导人共克时艰，保持步调一致，积极落实中国共产党和老挝人民革命党于2019年4月30日签署的《中国共产党和老挝人民革命党关于构建中老命运共同体行动计划》。政治上继续保持中央领导人以及地方之间的互访，经济上两国贸易额不断增长，在两党两国领导人的带领下，合作抗击疫情，加强双边交往，推动双边经济务实深入合作，携手共建中老命运共同体，弘扬两国的传统友谊。

一、政治交往高度互信

2020年，中老两国政府高层保持互访，地方之间继续交往合作。1月5—9日，老挝政府总理通伦·西苏里对中国进行正式访问。6日上午，中国国务院总理李克强在北京人民大会堂举行欢迎仪式；下午，中共中央总书记、国家主席习近平会见通伦总理。2月20日，中国国务委员兼外长王毅在老挝首都万象同老挝外长沙伦赛·贡马西会谈，中老双方一致表示要携手合作，以落实两党两国最高领导人重要共识为主线，扩大各领域务实合作。4月3日，中共中央总书记、国家主席习近平应约同老挝人民革命党中央总书记、国家主席本扬·沃拉吉通电话。习近平表示，中方愿同老方保持高层交往势头，以落实《构建中老命运共同体行动计划》为引领，深化治党治国经验交流，稳步推进中老铁路、经济走廊等重大项目建设，促进人文合作，加强在国际和地区事务中的协调，推动中老命运共同体建设不断走深走实，更好造福两国人民。本扬表示，老方愿同中方加强政治互信，抓紧落实老中命运共同体行动计划，促进各领域务实合作，推动两国社会主义事业建设取得新的更大成就。10月14日，中国国务委员兼外长王毅在老挝首都万象同老挝外长沙伦赛举行会谈。王毅表示，中方愿同老方落实好澜湄合作领导人会议共识，推动澜湄合作与“陆海新通道”对接，促进六国发展繁荣；沙伦赛表示，老方愿同中方共同推动中国—东盟关系提质升级，促进澜湄合作健康发展。老方支持中方提出的《全球数据安全倡议》。会上，双方宣布启动中老人员往来“快捷通道”，同意建立两国物资运输“绿色通道”。会谈后，双方共同出席有关合作文件签字仪式并见证中国驻老使馆新馆舍地契交接。12月22日，中共中央总书记、国家主席习近平应约同本扬·沃拉吉通电话。习近平表示，双方要深化发展战略对接，以中国加快构建新发展格局和《区域全面经济伙伴关系协定》（RCEP）正式签署为契机，稳步推进中老经济走廊和中老铁路建设，拓展文教、青年、旅游等领域合作，并加强在国际和地区事务中的协调，推动中老命运共同体建设走深走实，更好造福两国人民。本扬表示，2021年是老中建交60周年，老方愿同中方继续落实好两党最高领导人签署的老中命运共同体行动计划，加强治党治国理政经验互学互鉴，保持各层级交流往来，加快推进“一带一路”框架下各领域务实合作，共同维护国际和地区和平发展，促进老中关系取得新的更大发展。

新冠肺炎疫情之前，中老两党经常进行理论学习交流，并相互借鉴经验。疫情之后，中老两党也一直保持线上密切沟通。9月16日，疫情防控常态化下，中共中央对外联络部部长

11月24日，第七届中国—印尼关系研讨会线上会议成功举行　（百度网）

宋涛同老挝人革党中联部部长顺通·赛雅佳女士在中国云南昆明会晤。这是疫情发生以来两党对外联络部门负责人首次面对面会晤,这也是中老党际交往线下活动正式恢复的重要标志。此次会晤中重点交流两国脱贫工作经验,针对老方非常关注的中国脱贫事业,宋涛重点宣介《习近平谈治国理政》第三卷的主要内容以及中国决战脱贫攻坚等方面取得的重要成果。与此同时,顺通·赛雅佳女士表示,老方高度重视并全力推进老中命运共同体行动计划的落实工作,愿同中国共产党加强治党治国经验交流,特别是学习借鉴《习近平谈治国理政》第三卷的思想理念,推动两国深化各领域务实合作,加快老中铁路建设,并借鉴中国脱贫攻坚的成功做法,促进老挝经济发展和人民生活水平提高。老方在重大国际问题上的看法同中方高度一致,愿同中方加强协调,共同维护国际公平正义。

二、两党两国携手抗击疫情

2020年,新冠肺炎疫情在中国暴发之后,本扬总书记以及通伦总理以老挝党、政府和人民的名义在第一时间分别向习近平总书记以及李克强总理致信慰问,随后通伦总理指示扩大口罩存储并在有条件的情况下尽力将口罩支援中国。从2月开始,老挝官方和民间的企业、协会纷纷捐资捐物;受老挝人民革命党中央和老挝政府的委托,老中友好协会募捐50余万美元;老挝国防部组织捐款仪式,移交30万美元的捐款给中国国防部;老挝波乔省政府和乌多姆塞省政府分别捐款助力中国抗击疫情;老挝多位明星还演唱了首个外语版本的中国抗击疫情公益歌曲《坚信爱会赢》,为中国加油。老挝人均GDP只有2585美元,在疫情中却慷慨向中国捐款并捐赠医疗物资。

为帮助老挝有效防控疫情,中老两国共树未雨绸缪意识。3月18日开始,中国政府免费提供的检测试剂抵达老挝,口罩、防护服也已经在运输途中;3月20日,中国云南省第一人民医院和老挝琅勃拉邦省医院通过远程视频会议的方式举行新冠肺炎疫情防控会议,就防控工作进行学术交流。而老挝是在3月24日首次确诊新冠肺炎病例,前期医疗物资的及时到位和抗疫经验的无私分享为老挝疫情防控争取时间并提供经验。6月15日,习近平总书记就中老抗疫合作向本扬总书记致口信。在8月24日举行的澜沧江—湄公河合作第3次领导人会议上,中方宣布,将在澜湄合作专项基金框架下设立公共卫生专项资金,继续在力所能及的范围内向湄公河国家提供抗疫物资和技术支持。中方新冠疫苗研制完成并投入使用后,将优先向湄公河国家提供。在中国共产党领导和指挥下,中国官方和民间全力帮助老挝抗疫。云南省、湖南省政府,中国企业和社会团体纷纷捐资捐物;马云基金会提供2万份检测试剂以及其他医疗物资;华为公司向老挝卫生部门和150医院捐赠包括设备和高性能网络联结在内的远程视频会议解决方案;云南省卫生健康委组织昆明医科大学等单位编撰并出版老挝文版本的《新型冠状病毒肺炎防护手册》,供所有人免费阅读以助老挝度过难关。

中老抗疫合作期间,两国始终守望相助,同舟共济,加强新时代中老关系,促进中老交流与合作。2020年3月29日上午,中国应老挝请求派出的抗疫医疗专家组抵达老挝首都万象支援老挝防控疫情。随专家组一同抵达的还有价值417万元人民币的医疗物资,包括实验室核酸检测设备、试剂和耗材,口罩,防护服和中西药品等。此次赴老专家组由国家卫健委指导,云南省卫健委负责指派,专家组一行12人分别来自云南省疾控中心、云南省第一人民医院以及云南省中医医院。不到5天时间云南省就完成专家选派、物资筹集并及时赶赴老挝,这样的"中国速度"令人惊叹,也得益于此前云南省与老挝的多项医疗合作。其中云南省第一人民医院与老挝琅勃拉邦省医院早前就已经是合作伙伴,2017年两家医院开展中国与老挝医疗卫生服务合作体建设项目。另外,云南省分别于2015年和2017年启动中国—老挝北部5省医疗卫生服务合作体建设项目和中老越缅边境地区传染病联防联控项目。这些合作项目无一例外都是云南省在极短时间组建专家组的基础保障,尤其是2019年6月16日,老挝医疗代表团到云南省进行调研,并与云南省内医院开展首次卫生应急联合演练,更是为此次联合抗疫打下坚实的基础。截止2020年12月28日,老挝累计确诊病例41例,治愈37例,仍在住院治疗的感染者4例。

3月29日,中国抗疫医疗专家组抵达老挝首都万象支援老挝防控新冠肺炎疫情 (新华网)

三、两国中央和地方保持交往

2020年，受疫情影响，中老两国中央和地方之间的交往较往年相比大幅减少。线下交往主要还是集中在疫情暴发前的1月份。1月5—9日，通伦总理在访华期间走访陕西梁家河，进一步了解中国领导人当年艰苦奋斗的宝贵经历，感受中国人民改革创新的饱满干劲，体会中国特色社会主义制度的深厚基础；到中国国家铁路集团有限公司访问，就深化中老铁路建设合作举行会谈；到云南建投集团访问，就推进合作项目举行会谈。1月4—7日，云南师范大学代表团到老挝进行访问，商讨留学生招生、华文教师培训和华裔青少年夏令营等合作事宜，并举行云南师范大学校友会老挝分会成立大会。13日，老挝财政部副部长本松·乌苯巴瑟一行访问中国海航投资企业中海航（北京）信息技术有限公司，双方就老挝电子政务、数字经济领域进行友好沟通交流，初步达成合作意向。

四、中国继续援助老挝多个项目

2020年11月25日，由中国驻老挝使馆经商处、老中合作委员会办公厅联合主办的援助老挝万象市皮瓦中学项目启动会在老挝首都万象举行。该项目位于老挝首都万象市西沙达纳县，工程总建筑面积7866平方米，为1栋5层教学楼，包括50间普通教室、2间图书阅览室、2间微机教室、1间汉语教室，以及化学、物理、生物和自然科学实验室等教学场所和设施。11月27日，中国政府援助老挝首都万象市中心城区点亮工程项目启动仪式在万象举行。该项目内容包括对凯旋门广场喷泉、灯光、音响、浇灌系统的升级改造和万象市中心城区7条道路照明改造及新建控制中心和视频监控系统。项目的建设是为老挝建国45周年献礼，点亮凯旋门广场区域及万象市中心城区7条道路，为万象市民和游客夜间出行提供便利，整个项目于2021年2月底竣工并交付使用。

11月27日，由中国政府援助老挝的新冠病毒核酸检测实验室交接启用仪式在老挝首都万象举行。中国云南省承担援建实验室任务，专门组派医疗工作组到老挝进行设备安装和技术人员培训。实验室建成交接标志着老挝国内技术最新、设施最全的核酸检测中心正式投入使用，将全面提升老挝新冠病毒检测能力，有效满足疫情防控需要。

12月28日，中国政府援助老挝人民革命青年团中央活动中心项目奠基仪式在老挝首都万象举行。该项目总建筑面积7000余平方米，项目工期20个月，主要建设内容包括活动中心主体建筑、水泵房、低压配电所、喷泉、广场、道路、停车场等附属设施。其中，活动中心主体建筑包括禁毒展示室、阅览室、多功能厅、各类培训教室、乒乓球活动室、会客室、办公室及会议室等。

五、经济合作项目成效可喜

（一）基建项目合作初见成效

2020年，虽受新冠肺炎疫情影响，但中老铁路克服重重困难继续紧锣密鼓全线动工。2月底，中老铁路玉磨段370个施工点全面复工，返岗人员2.3万人。3月27日，中老铁路首根500米长的钢轨在老挝首都万象成功铺设。4月7日，中国云南玉溪近郊的路基上成功铺设一节25米长的轨排，标志着中老铁路国内玉溪至磨憨段铺轨全面启动。7月25日，万象站至塔拉棱站段开工，工程建设正在紧张推进中。截止11月，磨丁到万象站段75座隧道全部贯通，164座桥梁主体工程全部完成，180段路基基本成型，铺轨已完成182千米，占正线总长度的43.1%，四电工程全面展开，项目建设已经完成工程量的90.7%，即将在2021年年底建成通车。中老铁路建设自开工以来至2020年8月初累计招聘老挝籍工人57453人次，举办培训班606期。为帮助老挝培养一支符合老挝铁路发展需求的现代化专业队伍，同步进行运营期老挝籍员工招聘培训工作，开展中文强化培训和铁路专业知识理论培训，后续到中国昆明铁路局接受现场实操培训，并在中老铁路施工现场进行岗前技能培训。

12月20日，由中国云南省建设投资控股集团有限公司和老挝计划投资部共同投资建设的中老高速公路——万象至万荣段，提前13个月建成通车，通车仪式在老挝首都万象和中国云南昆明以视频连线的方式同时举行。中老高速公路是老挝第一条高速公路，起于中老边境磨憨—磨丁口

12月20日，中老高速公路——万象至万荣段建成通车，通车仪式在老挝首都万象和中国云南昆明以视频连线的方式同时举行　（百度网）

岸，止于老挝首都万象，全长440千米。其中万象至万荣段项目于2018年12月30日开工，万象至万荣的车程从3.5小时缩短至1小时。

（二）商贸往来有增有降，总体趋势向好

2020年1—12月，中老双边贸易额35.5亿美元，比上年下降9.2%。其中：中国对老挝出口14.9亿美元，下降15.2%；自老挝进口20.6亿美元，下降4.3%。

2020年1—12月，中国企业对老挝全行业直接投资12.4亿美元，比上年增长8.9%。据中国商务部统计，其中1—6月中国对老挝非金融类直接投资达80849万美元，位居东盟国家第三，全球第五。据老挝《人民报》10月19日报道，有1562家国内外公司投资老挝农林领域，投资总金额42亿美元（注册资金26亿美元），特许经营土地面积20.8万公顷。其中外国公司515家，投资总金额22亿美元（注册资金8.8亿美元）。在投资国家中，中国位列第一，共有239家公司，投资总金额5.9亿美元。老挝的农产品出口位列第一的是甘蔗，出口至中国30万吨，其次为木薯、玉米、香蕉、西瓜等。另外，老挝将向中国出口5万吨大米。

2020年1—12月，中国企业在老新签工程承包合同额26.3亿美元，比上年增长22.2%；完成营业额38.3亿美元，下降26.5%。据中国商务部统计，2020年1—6月中国对老工程承包新签合同额16.9亿美元，增长7.2%，增幅位居东盟国家第五。

2020年11月19日，中国商务部部长助理李成钢与老挝工贸部长兼老中合作委员会主席开玛妮·奔舍那以视频方式共同主持召开中老经济、贸易和技术合作委员会第10次会议。双方就发展战略对接、双边贸易、投资、经济技术、重大项目等领域共同关心的议题深入交换意见，达成广泛共识。

除以上商贸往来之外，自2020年12月1日起，中国给予老挝97%税目产品零关税优惠待遇。据悉，老挝享有中国免税待遇的税目产品共计8256个，其中包括特惠税率栏中标示为“受惠国LD”的5161个税目，“受惠国1LD1”的2911个税目，以及“受惠国2LD2”的184个税目。

（三）邮政、电力合作项目顺利推进

受疫情影响，多个国际航班停运，老挝至中国原有国际邮路全部中断。经多方沟通协调，云南省邮政分公司利用东方航空公司昆明至万象航班开辟中国—老挝国际邮件新渠道，把昆明调整为老挝邮件第一出境口岸，确保疫情防控期间，中老两国间国际邮路畅通。2月14日，首批以昆明为第一进境口岸的老挝—中国总包邮件共计24袋290千克，顺利抵达昆明；2月19日，云南省邮政分公司顺利接收首批中国—老挝国际出口邮件，并于2月20日发往老挝万象。截至3月24日，昆明至万象共实现出口邮件168袋，1111.6千克；实现万象至昆明进口邮件77袋，476件，527.9千克。

2020年9月1日，中国南方电网公司与老挝国家电力公司在老挝首都万象签署股东协议，由中国南方电网公司和老挝国家电力公司共同出资组建老挝国家输电网公司（EDL－T），标志着中老两国在输电网领域开展互利共赢合作迈出实质性步伐。老挝国家输电网公司的组建是推进构建中老命运共同体的重要举措，进一步落实2017年11月在中老两国领导人见证下，两国能源部门签署的电力合作备忘录的具体要求，也是落实“澜湄合作”第3次领导人会议《万象宣言》的最新成果。老挝国家输电网公司未来负责投资建设老挝230千伏及以上等级电网，这是老挝工业化进程中的重大项目，对老挝实现自身稳定的电力供给和与周边国家互联互通具有重要作用。项目进一步加强老挝与周边国家的电网互联互通，促进老挝水能资源优势转化为经济优势，助力老挝打造“东南亚清洁能源蓄电池”。

六、联合执法守卫边境和国家安全

边境安全一直是国家安全的重中之重，中老两国都非常重视两国安全合作。自2011年开启中老缅泰湄公河联合巡逻执法以来，截至2020年12月底，共开展100次。为庆祝第100次中老缅泰湄公河联合巡逻执法，四国先后召开2020年度联巡工作总结会，举办“守望—2020”中老缅泰四国水陆视频拉动演练和100巡新闻发布会，老挝分别在琅南塔省、波乔省举办警务实战汇报演练和警务合作成果展，向社会各界展示联巡执法以来四国执法合作的丰硕成果。（杨梦平）

中国和马来西亚交往与合作

2020年，在新冠肺炎疫情大流行的背景下，通过合作抗疫，中马关系在官方往来、经贸合作、社会文化交流等方面均得到进一步发展。

一、马来西亚在中国抗疫初期提供大量援助

2020年初，新冠肺炎疫情在中国大陆暴发，在中国抗击疫情的最困难时刻，许多友好国家纷纷伸出援手，通过各种形式表达对中国的支持；而马来西亚是最早向中国援助抗疫物资的国家之一。1月下旬，在马来西亚政府的倡议下，马来西亚橡胶出口促进委员会与马来西亚手套制造商会旗下的10个会员企业积极响应，共向中国捐助1800万只医用手套；1月31日，马来西亚产业部原部长郭素沁与中国驻马来西亚大使白天共同出席“1800万只医药手套送中国：武汉，马来西亚关怀你”的捐赠仪式。2月1日，马来西亚沙捞越州地方政府兼房屋部长、沙捞越人联党主席沈桂贤带领州政府官员、人联党代表与华社领袖到中国驻古晋总领馆，移交沙捞越州募集到的2万林吉特捐款以及医用手套等防疫物资，以支持中国的抗疫事业。随后，马来西亚的多家企业、社团、民间组织都积极募款，并收购口罩、医用手套、医用防护服等大量抗疫物资援助中国。其中，2月7日，马来西亚—中国丝路商会将筹募到的375.3万只医用橡胶手套及2万套医用防护服捐赠并运往湖北、湖南、海南、山东及广东等地。而从2月5日开始，马来西亚雪兰莪州潮州会馆号召董事及理事捐款，筹资购买21000只口罩赠予中国潮州市和汕头市，用于支援当地的新冠肺炎疫情防控工作。马来西亚友好人士，特别是华人社团的积极采购、捐赠活动甚至一度造成相关物品在马来西亚市场的供给紧张。

二、中国为马来西亚疫情防控提供全方位支持

2020年1月25日，马来西亚出现首宗新冠肺炎确诊病例，并因2月27日至3月1日由于吉隆坡大城堡清真寺传教活动而迎来首轮疫情高峰。在马来西亚新冠肺炎疫情日益严重之际，曾经在抗击疫情的关键时刻得到马来西亚帮助的中国，在国内疫情趋于缓和之际对马来西亚疫情防控给予全方位支持。

3月16日，中国驻马来西亚大使白天拜会马来西亚外交部长希山慕丁，双方就两国合作抗击新冠肺炎疫情以及下一步中马关系发展等议题交换意见。3月18日，白天大使拜会马来西亚首相穆希丁，并表示在马来西亚当前疫情迅速发展的情况下，中方愿竭尽所能在疫情防控方面同马方开展合作，安排中方医学专家向马方分享疫情诊疗方案和防控经验，在力所能及的范围内提供一切可能的技术和物资支持，并为马方从中国进口急需的防护用品和医疗设备提供便利。3月19日，仅仅在向中国寻求医疗物资协助的3天后，中国驰援马来西亚抗击新冠肺炎疫情的第一批医疗物资，即1.5万只口罩便抵达马来西亚抗击新冠肺炎疫情的最前线——双溪毛糯医院，以至于马来西亚外交部长希山慕丁在致电白天大使表达谢意时，对中国援助的“神速”大加赞叹。在中国驻马来西亚大使馆的倡议与协调下，中资爱心企业纷纷加入援助行列。其中，3月24日，中国大使馆和中交建（马东铁）项目公司紧急筹措5000只N95口罩、20000只普通医用口罩及1200个护目镜捐赠给马来西亚卫生部；3月25日，由中国大使馆、马来西亚中资企业总商会、中交建（马东铁）项目公司、中国深圳市猛犸公益基金会、中国华大基因集团共同筹集捐赠的5500支新型冠状病毒核酸检测试剂正式移交给马来西亚卫生部；3月27日，白天大使赴马来西亚国防部，出席中国大使馆及北部湾控股有限公司、建辉纸业关丹有限公司、马中关丹产业园、腾讯集团、复星基金会联合向马来西亚政府捐赠医疗物资仪式，向马来西亚政府捐赠55万只医用口罩和5万只N95口罩；4月2日，白天大使前往马来西亚卫生部，代表中国使馆，连同国强公益基金和碧桂园森林城市，向马卫生部捐赠4万只N95口罩和35万只医用口罩。

与此同时，中国驻马来西亚各地总领事馆也积极联合中资爱心企业援助所在区域马来西亚地方政府的抗疫事业。其中，中国驻槟城总领事馆联合马来西亚中车公司向霹雳州政府捐赠2万只医用口罩及消毒液，并联合新胜大公司向槟州捐赠15000只医用外科口罩及50000只民用口罩。中国驻古晋总领馆制定并宣布包括捐助36万只口罩（含2万只N95口罩）、3000多套防护服、240个核酸试剂盒和21万林吉特的捐款、分享中国诊疗技术和防控经验、提供远程医疗协助等中方协助马来西亚沙捞越抗击新冠肺炎疫情的援助方案，并积极落实，陆续向沙捞越州政府、州灾难管理委员会及沙捞越华人社团联合总会移交相应援助物资。中国驻哥打基纳巴卢总领馆联合中建、中铁、中水电和广垦橡胶等在沙中资企业向沙巴州政府捐赠口罩、防护服、护目镜等防疫物资。

除了物资援助，中方也积极提供专家经验交流、资讯共享及远程会诊等必要协助。3月26日，中国驻马来西亚大使馆积极协调中马两国卫生专家举行视频会议，就新冠肺炎疫情进行交流。在长达90分钟的线上交流中，中方专家就疫情防治、新冠肺炎支持疗法等问题分享中方经验，并重点就新冠肺炎特效药、诊断方案等问题解答马方专家的疑问。3月25日，中国驻古晋总领馆、福建省新冠肺炎防治远程指导中心与马来西亚沙捞越州政府三地连线，举办双方携手抗击新冠肺炎疫情远程医疗合作启动仪式及首场视频会诊。4月18日，应马来西亚政府邀请，中国政府派出赴马来西

4月18日中午，中国政府派出的赴马来西亚抗疫医疗专家组抵达吉隆坡国际机场

（中新网）

亚抗疫医疗专家组同马来西亚卫生部、医疗机构及来自全国的公共卫生专家、医护人员交流抗疫经验。专家组系中国国家卫生健康委员会组建,由广东省卫健委选派,包括广东省的8名专家,覆盖院感管理科、呼吸科、重症医学科、精神科、感染科、数据分析、病毒学和中医学等领域。专家组在马行程为期两周,其间还赴东马交流经验。

三、中马高层保持密切互访

(一)中国国务委员兼外长王毅同马来西亚外长希沙慕丁通电话

2020年8月5日,中国国务委员兼外长王毅同马来西亚外长希沙慕丁通电话。王毅表示,中马两国率先走出新冠肺炎疫情阴霾,率先推动经济社会复苏,这是双方同舟共济、相互支持的结果,也为双方今后合作创造必要条件,开辟新的前景。今年上半年,中国对马投资、马对华出口均逆势增长,彰显两国合作的强大互补性和旺盛生命力。双方应探讨有序恢复各层级交往,建立双边和区域"快捷通道",推进"绿色通道"合作,助力双方复工复产,保障产业链供应链稳定运行。王毅指出,世界是个地球村,各方要团结合作构筑全球公共卫生的坚强堡垒,共同反对把病毒污名化,将疫情政治化。中方愿同马方继续推进疫苗研发、使用和生产合作,并在东亚合作、亚太经合组织(APEC)、世界卫生组织等多边舞台加强抗疫合作,推动构建人类卫生健康共同体。王毅表示,中方坚定支持马方举办今年APEC会议,推动会议坚持APEC宗旨和原则,构建开放型亚太经济,秉持亚太命运共同体和伙伴精神,制定好2020年后愿景。

希沙慕丁表示,马方高度重视马中强有力的双边关系,两国合作超越地缘政治。马方完全赞同双方积极开展疫苗合作,尽快建立"快捷通道"和"绿色通道",探讨共同确保供应链安全,对外释放两国团结合作的积极信号。

(二)中国国务委员兼外长王毅访问马来西亚

2020年10月12—13日,应马来西亚外交部部长希沙慕丁邀请,中国国务委员兼外交部部长王毅访问马来西亚。访问期间,王毅国务委员兼外长同希沙慕丁外长举行会谈,并同马来西亚总理穆希丁视频通话。

王毅这次到访马来西亚是新冠肺炎疫情发生后中国外长首次访马,也是马来西亚正式接待的首位外长,充分体现中马全面战略伙伴关系的高水平,充分展示中马双方相互信任、相互支持的良好传统。面对前所未有的挑战,中马两国团结协作,共克时艰,取得合作抗疫的重大成果,深化兄弟邻邦的友好情谊。双方贸易、投资逆势增长,各领域合作持续推进。两国关系展现出强大的韧性,中马合作必将迎来更为广阔的前景。

10月13日,双方发表《中华人民共和国国务委员兼外长王毅同马来西亚外交部长希沙慕丁发表的联合新闻声明》。

(三)马来西亚总理穆希丁会见中国国务委员兼国防部部长魏凤和

2020年9月7日,马来西亚总理穆希丁在吉隆坡会见到访的中国国务委员兼国防部部长魏凤和。穆希丁对中国成功控制新冠肺炎疫情表示祝贺。他说,在中方大力帮助下,马方成为最先控制住疫情的国家之一,对此表示衷心感谢,希望马中两国继续开展抗疫合作。马方愿与中方一道,推动两国在防务、经贸、教育等各领域合作取得更大发展。魏凤和说,中马友谊源远流长,两国关系始终健康稳定发展。此次新冠肺炎疫情暴发后,两国相互给予支持帮助,率先推进经济社会复苏,推进各领域务实合作。中方致力于加强两国防务领域合作,推动两军关系发展不断取得新成效。维护南海稳定是中马双方共同责任,在当前南海形势总体稳定的背景下,中方愿与包括马方在内的东盟国家共同努力、相向而行,保持南海和平安宁。

当日下午,魏凤和与马来西亚国防部部长沙必里举行正式会谈,双方就国际和地区形势、两军关系、南海问题等交换意见。会谈前,沙必里为魏凤和举行欢迎仪式,魏凤和检阅马军仪仗队。

四、中马双边贸易额逆势而上

2020年,虽然受新冠肺炎疫情的巨大挑战,中马双边贸易额仍然保持逆势而上。马来西亚统计局公布的贸易数据显示,马来西亚2020年全年外贸总额为1.777万亿林吉特,比上年下降3.6%;出口总额9809亿林吉特,下降1.4%;进口总额7961亿林吉特,下降6.3%;贸易顺差1848亿林吉特,增长26.9%。中国连续第12年成为马来西亚最大贸易伙伴,同时是马来西亚最大出口目的地和进口来源地。2020年马来西亚对中国贸易总额达到3297亿林吉特,比上年增长4.2%。其中:对中国出口1586亿林吉特,增长12.5%,创历史新高,占出口总额近1/6;从中国进口1711亿林吉特,下降2.6%,占马来西亚进口总额逾1/5。

马来西亚对中国出口的产品主要有钢铁产品、电机电子产品、金属制品、棕榈油及相关制品、橡胶制品、纸和纸制品等;从中国进口的产品主要有电机电子产品、设备和零件、化学和化工产品等。

五、2020中马文化旅游年开幕

2020年1月19日,2020中国马来西亚文化旅游年在马来西亚首都吉隆坡开幕。开幕仪式上,举办中国马来西亚文化旅游推介暨商务洽谈会。开幕活动由中国文化和旅游部及马来西亚旅游、艺术和文化部主办,吉隆坡中国文化中心承办,双方相关单位200余人参加。活动现场，中方企业向马来西亚旅游业者介绍中国特色旅游产品，以“一带一路”和北京冬奥会为背景，重点推介冰雪之旅、丝路之旅、秘境之旅等产品；马方重点推介热带自然风光、历史文化古迹、现代城市景观等旅游资源。

同日，吉隆坡中国文化中心正式揭牌。中心位于吉隆坡市中心曼谷银行大厦，总面积约1200平方米，于2019年9月开始试运营。（赵丹）

中国和缅甸交往与合作

2020年是中缅建交70周年，中缅双方在政治交往、经济合作和文化交流方面都更加密切。政治方面，中国国家主席习近平访问缅甸，成为中缅关系史上的里程碑。经贸方面，中国仍是缅甸最大的边境贸易伙伴，对缅投资位居第二。文化交流方面，中缅双方在媒体、疫情、军事和教育等领域展开深入的交流与合作。中缅关系在遭遇缅甸克伦邦妙瓦底水沟谷“亚太新城”项目和美国驻缅甸大使馆临时代办恶意抹黑的情况下，但仍保持着友好发展的基调。2020年缅甸致力于大选、抗击疫情和复苏经济，民盟政府成功举办2020年大选并胜选，多举措并举抗击疫情，签订《区域全面经济伙伴关系协定》(RCEP)以加快复苏疫后经济。

一、双边政治关系

两国领导人密切交往，双边关系开启新时代。2020年1月17—18日，中国国家主席习近平访问缅甸。习近平同缅甸国务资政昂山素季、总统温敏和国防军总司令敏昂莱等主要政要进行会谈，并出席12场活动和33项合作文件的签署仪式，中缅发表联合声明。昂山素季表示，缅方同意与中方共同推动中缅经济走廊建设和构建命运共同体，感谢中方在国际舞台上支持缅甸，期望中方为缅甸实现民族和解继续发挥积极作用。

5月20日，中国国家主席习近平致电缅甸总统温敏时表示，希望两国积极协作，在保证疫情防控的前提下，进一步推进双边合作项目。5月28日，中国驻缅甸大使陈海与缅甸国际合作部部长觉丁通电话，觉丁表示缅方支持中国香港特别行政区维护国家安全立法。6月8日，在中缅两国建交70周年之际，中国国家主席习近平、国务院总理李克强分别同缅甸总统温敏、缅甸国务资政昂山素季相互致电。6月8日，在中缅建交70周年之际，陈海大使在内比都分别同缅甸国务资政府部部长觉丁瑞、商务部部长丹敏，电力与能源部部长温楷和计划、财政与工业部负责人会晤。双方一致表示共同落实好习近平主席年初访缅历史性成果，加强抗疫合作，扎实推进“一带一路”和中缅经济走廊建设，在缅甸国内和平进程及若开邦问题上加强协调，共同致力于传承中缅胞波情谊，构建中缅命运共同体。

7月9日，陈海大使出席中共中央对外联络部举办的“中缅政党+：云南省与曼德勒省视频交流对接会”并致辞。缅甸国务资政昂山素季向会议发来书面致辞，中共中央对外联络部部长宋涛，中共云南省委书记陈豪，缅甸全国民主联盟第二副主席、曼德勒省首席部长佐敏貌，缅甸商务部部长丹敏等与会并致辞。2020年7月16日，中国驻缅甸大使陈海在内比都同缅甸国防军总司令敏昂莱就中缅关系发展交换意见。8月4日，陈海大使在内比都会见缅甸计划、财政与工业部部长梭温，双方就中缅经济合作和中缅经济走廊项目等事宜进行沟通，表示将进一步落实习近平主席访缅成果，克服疫情影响，推动工业园区、基础设施、互联互通、电力能源等重要领域合作项目，促进中缅关系发展，更好造福两国人民。8月5日，陈海大使在内比都会见缅内政部部长梭突中将，双方就中缅执法安全合作深入交换意见。

8月24日，中国国务院总理李克强主持澜沧江—湄公河合作第三次领导人视频会议，缅甸总统温敏出席，相关国家领导人就未来合作发展交换意见。9月1日，中共中央政治局委员、中央外事工作委员会办公室主任杨洁篪访缅，分别会见缅甸总统温敏、国务资政昂山素季和国防军总司令敏昂莱。杨洁篪表示，中缅两国应进一步推动两国领导人的合作共识，并愿同缅方分享疫苗。9月23日，中共中央政治局委员、中宣部部长黄坤明与缅甸宣传部部长培敏举行线上会谈，双方就加强文化宣传领域合作，夯实双边关系政治基础和民意基础等议题进行交流。

11月16日，中国国家主席习近平致信缅甸民盟主席昂山素季，祝贺民盟在2020年缅甸大选中连获执政。11月26日，缅甸人民院议长迪昆妙在中国共产党—东南亚政党对话会上发表视频致辞。12月29日，陈海大使同缅甸内政部部长梭突举行视频会议，就中缅执法安全合作交换意见。同日，陈海大使分别以视频等方式同缅甸内政部部长梭突和国际合作部部长觉丁会晤，协调推进中缅边境新冠肺炎疫情联防联控。

二、双边经济关系

（一）双边贸易与投资

2020年，虽然受新冠肺炎疫情影响，中缅双边经济贸易投资向好趋势未变。中国仍是缅甸最大的边境贸易伙伴。2019—2020财年，缅甸18个边境贸易口岸的贸易总额106亿美元。其中，中缅木姐边贸口岸的贸易额排名第一(49亿美元)，其次是缅泰边境的提基口岸(21 亿美元)和妙瓦底口岸(12 亿美元)。中缅边境木姐、雷基、清水河和甘拜地口岸的贸易总额 58.3 亿美元,比上年同期减少 0.7 亿美元。2019—2020 财年中国仍是缅甸最大的贸易伙伴,中缅贸易额(121 亿美元)占缅甸贸易总额的 33%。

2019—2020 财年缅甸投资委共批准 245 个外资项目,包含对原投资项目和经济特区项目追加投资额,外资引入达 56.8 亿美元。比 2018—2019 财年增加 11.6 亿美元。在吸引外资领域中,电力领域排名第一,占比 30.26%。其次是工业领域,占比 20.42%,房地产领域占比 20.19%。中国在缅投资最多的国家中排名第二,对缅投资额 215 亿美元。缅甸计划在 2020—2021 财年吸引外资 58 亿美元。

(二)经济合作

2020 年 1 月 18 日,中国能源建设集团云南省电力设计院有限公司与缅甸大勐宜昌达集团公司在昆明签署共同开发缅甸电力工程及其他基础设施项目框架合作协议,双方就共同开发缅甸大勐宜地区家用光伏项目达成合作意向。6 月 12 日,两国建立"快捷通道",实现必要人员往来以推进复工复产。8 月 18 日,缅甸 2020 年澜湄合作专项基金项目"澜湄地区水果深加工促进经济发展"和"利用创新技术促进澜湄国家农产品价值和生产能力交流"启动仪式在仰光举行。这两个项目是缅甸 2020 年申请的 22 个澜湄合作项目中首批启动的项目,由缅甸教育部研究创新司实施。

11 月 15 日,缅甸正式签署并加入《区域全面经济伙伴关系协定》(RCEP),并享有最不发达国家的特权。11 月 20 日,中国驻缅大使陈海出席皎漂深水港项目特许协议签约。中国驻缅使馆商参赞谭书富作为中方见证人在协议文本上签字,项目公司中方董事代表出席仪式。中缅双方积极落实年初习近平主席访缅成果,克服疫情不利影响,于 8 月在缅完成皎漂深水港项目合资公司注册,此次以合资公司为履约实施主体,以传签形式完成特许协议签署。12 月 22 日,总投资 19.83 亿元的中缅(国际)现代农商产业交易中心项目在中国瑞丽正式签约。签约仪式上,双方就全面开启战略合作,优惠政策、污水处理、工程建设和验收等方面深入交流。

(三)经贸交流

2020 年 5 月 21 日,中国驻缅大使陈海与缅商务部部长丹敏就推动双方经贸合作进行视频交流。双方就中缅边境贸易、边境经济合作区、皎漂深水港、缅输华农水产品检验检疫等具体合作事宜交换意见,表示积极推进有关工作。

5 月 29 日,陈海同仰光省首席部长漂民登就统筹推进抗疫及务实合作进行工作对接。双方将积极落实习近平主席年初访缅成果及两国元首日前通话重要精神,在做好疫情防控合作的同时,有序推进仰光产业新城等中缅在仰光省重点合作项目,营造更安全的投资环境,推进中缅经济走廊建设。双方结合两国企业制订的推进方案现场办公、深入探讨,就有关项目下一步工作方向达成共识。

6 月 12 日,中缅瑞丽—木姐边境经济合作区双边地方工作组克服疫情不利影响,以视频会议形式,成功启动第一次对接会。双方组长通报各自工作进展、对表下一步路线图和时间表,指定各层级联络人,并就开展机制性对接达成共识,为后续联合考察、规划商讨、政策对接奠定坚实基础。10 月 27 日,中缅瑞丽—木姐边境经济合作区双边地方工作组成功召开第二次对接会。

7 月 9 日,缅甸商务部部长丹敏博士出席中缅数字合作会议。7 月 22 日,云南省德宏州与缅甸商务部就促进边境贸易畅通举行专题视频座谈会,德宏州副州长王宇、缅甸商务部贸易司副司长郭郭勒共同主持会议,中国驻缅使馆经商参赞谭书富出席并讲话。8 月 25 日,中缅贸易畅通工作组克服疫情不利影响,以视频会议形式成功举行首次会议。

1 月 14 日,当代中国与世界——中缅智库对话会在缅甸仰光举办(中国网)

11 月 5 日,缅甸商务部部长丹敏出席第 3 届中国国际进口博览会暨虹桥国际经济论坛线上开幕式。11 月 27 日,缅甸总统温敏在第 17 届中国—东盟博览会、中国—东盟商务与投资峰会开幕式上发表视频讲话。12 月 1 日,中缅经济走廊联委会交通合作工作组第二次会议线上举行。12 月 11 日,中国(浙江)—缅甸投资合作线上对接会举行。12 月 14 日,第 19 届中国—缅甸边境经济贸易交易会在线上开幕。12 月 21 日,中缅青年创新创业云论坛在中国云南省青年联合会和缅甸仰光省教育局的共同努力下顺利举行。

三、双边文化及其他交流活动

(一)文化交流形式多样

1月14日,“当代中国与世界——中缅智库”对话会闭幕式在仰光举行。对话会围绕“赋能新时代中缅关系”,就增进中缅政治互信,深化战略合作;交流减贫经验,共促繁荣发展;共建“一带一路”,推动互利共赢;深化人文交流,传承胞波情谊等进行广泛交流和深入探讨,并就如何深化中缅两国友好合作提出意见和建议。

1月15日,“中缅之美 胞波之情”图片展开幕式暨同名画册首发式在仰光举行。图片展分“美丽中国、美丽缅甸”“同饮一江水、胞波情谊深”“一带一路、共建美好生活”三个主题,生动展示中缅两国自然风光、社会生活、传统友谊和共同致力幸福生活的美好愿景。同日,在仰光举行缅语版纪录片《我们走在大路上》开播仪式。纪录片《我们走在大路上》缅语版是为庆祝中华人民共和国成立70周年,由中国中央广播电视总台等单位联合制作的大型文献专题片,共24集。该片采用大量历史文献影视资料,呈现中华人民共和国过去70年走过的不平凡历程,展现中华民族从站起来、富起来到强起来的伟大飞跃。缅语配音版于2020年1月15日在缅甸瑞丹伦集团天网电视台首播。此外,在仰光还举办中缅“一带一路”合作媒体圆桌会,两国媒体代表交流在推进中缅关系和“一带一路”合作中,媒体应发挥的作用。1月17日,在内比都举办中缅联合摄制纪录片《睦邻·缅甸》缅语版播出仪式。

2月26日,中国驻缅甸使馆公参李小艳参加缅甸外交部主办的澜湄合作“同饮一江水 命运紧相连”电视访谈节目,同缅甸外交部澜湄合作国家协调机构副主席温泽雅吞,缅甸湄公河研究中心协调人杜丹丹泰,缅甸仰光大学国际关系系教授钦玛玛妙,缅甸发展伙伴联合创始人、声音日报社出版人兼首席执行官吴泽雅都等一道畅谈澜湄合作。

6月2日,中国驻缅甸使馆同在缅侨界代表举办主题为“传承中缅胞波情谊,构建中缅命运共同体”的视频座谈会。中国驻缅大使陈海、公参李小艳、参赞于边疆以及来自仰光、曼德勒、腊戌等地的10位新老侨胞代表参加。会上,在缅侨胞表示坚持“一个中国”原则,支持维护香港繁荣稳定,反对“台独”分裂图谋,愿共担民族大义。

6月8日,中国驻缅甸大使陈海在《人民日报》和缅甸官方报纸《环球新光报》(英文)分别发表题为《让中缅命运共同体意识深入人心》的署名文章。缅甸主流媒体《缅甸时报》(英文)、《声音日报》(缅文)刊登庆祝中缅建交70周年专刊,全面介绍两国在政治、经济、人文等领域的合作成果。缅甸官方报纸《缅甸之光》(缅文)发表评论文章,回顾中缅两国友好交往历史,高度评价两国关系发展成果,表示中国国家主席习近平年初访缅,在两国关系史上树立新的里程碑,两国延续千年的胞波情谊绽放出新的生机活力。中国驻缅甸大使陈海在缅甸杂志《胞波月刊》6月刊发表题为《风雨兼程七十载,胞波情谊谱新篇》的署名文章。7月28日,陈海在《环球时报》英文版“一带一路”专刊发表题为《打造日益紧密的中缅命运共同体》的署名文章。11月27日,陈海在缅甸主流媒体《环球新光报》(英文)、《镜报》(缅文)同时发表题为《中国新发展和中缅关系新时代》的署名文章,宣介中共十九届五中全会精神,并就新时代中缅关系进行展望。12月22日,陈海在《中国投资》杂志发表署名文章《共建中缅命运共同体 历史新征程愿景可期》。

10月10日,中国驻缅甸使馆主办的首届缅甸青年中文教师成长论坛开幕,文化参赞潘峰出席线上开幕式并致辞。论坛旨在疫情下为缅甸青年中文教师提供专业培训与业务交流平台,助力缅甸本土汉语教师成长与发展。

(二)军事交流

2020年7月29日,驻缅甸使馆同缅甸国防军总司令部举行视频活动,热烈庆祝中国人民解放军建军93周年。中国驻缅甸大使陈海、缅甸国防军总参谋长妙通乌上将、第二特别作战局局长莫敏通中将等出席活动。双方表示,愿加强中缅两军合作,共同落实习近平主席访缅成果,推动“一带一路”合作,为构建缅中命运共同体做出努力,推动两国两军关系持续向前发展。

(三)抗击新冠肺炎疫情经验交流

5月7日,中国军队援缅抗疫专家组一行6人在仰光缅国防军第一总医院同即将前往一线医院参与救治新冠肺炎患者的40名缅军医护人员见面,就新冠肺炎感染控制和医护人员自我防护进行交流。参与此次交流的缅军医护人士对中方专家组的详细讲解和悉心指导表示感谢,认为有关经验传授对缅军医护人员参与一线疫情防治多有帮助,他们将把所学到的经验用到实际工作中。10月22日,中缅两国卫生部门举行新冠肺炎疫情专家视频交流。中国国家卫生健康委、中国疾控中心、云南省卫生健康委同缅甸卫生体育部就新冠肺炎防控交流经验,答疑解惑,促进合作。中国驻缅甸使馆公参李小艳参加。12月2日,举办中缅旅游视频研讨会。中缅双方就旅游领域防疫工作与行业复苏的有效政策措施交流经验,并提出进一步推进合作的具体建议,两国旅游领域专家就中缅两国旅游合作方案进行深入交流。

(四)科技交流

2月13日,中国“向阳红06”科考船抵达仰光,与缅方一同举行中缅联合海洋科学考察启动仪式。中国驻缅甸使馆政务参赞杨守征、缅甸外交部领事司处长佐民昂和中国“向阳红06”科考队成员,以及缅国防部、教育部、农业、畜牧与灌溉部、交通通讯部、自然资源与环保部代表60余人出席。向阳红06”科学考察船此次停靠仰光港并联合缅甸科学家共同对缅甸专属经济区进行科学考察,得到缅甸政府和社会各界大力支持,再次体现两国“胞波”情谊,期待通过此次联合科考续写两国海洋科技合作新篇章。8月26日,中国驻缅甸使馆和缅甸教育部启动首批中缅政府间联合发展科技技术研究合作项目。中国驻缅甸大使陈海、缅甸教育部部长苗登基共同出席启动仪式并致辞。中缅双方愿在科技园区建设、农作物育种、医疗卫生、海洋科学等领域拓展合作,推动两国科技合作再上新台阶。

四、两国相互援助

项目援助方面。2020年3月23日,缅甸签署2020年澜沧江—湄公河合作专项基金缅甸项目合作协议。中国资助缅甸实施基建、农业、社区建设、文化交流和投资研讨等项目。6月20日,中国援缅的滚弄大桥项目开工,项目建成后将改善缅甸掸邦与云南边境区域的交通条件。7月30日,中缅签署中国援缅体育器材项目协议。8月5日,两国代表在内比都举行中国政府援助克钦邦难民安置项目签字仪式。

抗疫援助方面。缅甸支持和援助中国抗击新冠疫情。2020年2月3日,缅甸总统温敏就中国新冠疫情向中国国家主席习近平致慰问电。2月4日,缅甸驻华大使苗丹佩发布祝福视频支持中国抗击疫情。2月25日,缅甸空军向中国运送医疗援助物资。3月1日,缅甸向中国湖北省武汉市捐赠200吨大米。

中国支持和援助缅甸抗击新冠肺炎疫情。4月8日,中国抗疫医疗专家组一行12人携医疗物资援缅。4月24日,中国军队抗疫专家组一行6人携抗疫物资援助缅甸军队。10月28日,中国外交部向缅甸政府部门捐赠防疫物资仪式在缅甸外交部(仰光)举行。中国驻缅甸大使陈海向缅甸外交部常秘梭汉转交4.5万只防护口罩。10月29日,中国驻缅甸使馆向缅甸卫生体育部捐赠核酸检测物资仪式在缅甸卫生体育部医学研究司举行。中国驻缅甸使馆公参李小艳向缅甸卫生体育部医学研究司司长佐丹吞转交1万套核酸提取试剂和1万套病毒运输介质。11月6日,中国驻缅甸使馆向缅甸政府捐赠24万套医疗防护物资仪式在缅甸卫生与体育部仰光大楼举行。中国驻缅甸大使陈海出席并同在首都内比都的缅甸卫生与体育部部长敏推视频致辞。11月16日,中国云南省政府向缅甸仰光省政府捐赠抗疫物资移交仪式在仰光举行。中国驻缅甸大使陈海代表云南省政府向仰光省首席部长漂民登移交呼吸机、防护服、口罩等价值400万元人民币的抗疫物资。12月11日,湖北省人民政府向缅甸捐赠价值200万元人民币的防护服、隔离衣、口罩等防控物资,支持缅甸政府和人民抗击疫情。12月31日,缅甸驻中国大使馆表示,2021年年初缅甸将获得中国研发的新冠疫苗。此外,中国各级政府、中资企业、中国民间组织和各界人士向缅甸各领域捐赠和提供了大量防疫物资,助力缅甸抗击疫情。

教育援助方面。7月30日,由中石油捐建的曼德勒省羌妙达悉第25中学教学楼投入使用。12月3日,中国银行(香港)同中国扶贫基金会举行向仰光大学提供奖助学金捐赠仪式。（代珊瑞）

中国和菲律宾交往与合作

2020年是中菲建交45周年,双方政治互信不断加强,各领域交流合作日益密切,面对突如其来的新冠肺炎疫情,中菲两国同舟共济,守望相助;在国际和地区事务中保持良好配合,两国全面战略合作关系得到进一步发展。

一、高层交往推动中菲全面战略合作关系迈上新台阶

2020年6月9日,中国国家主席习近平同菲律宾总统杜特尔特互致贺电,庆祝中菲建交45周年。习近平在贺电中指出,中国和菲律宾是友好邻邦,传统友谊源远流长。建交45年来,中菲关系取得长足发展。特别是近年来两国政治互信深化,各领域合作持续拓展,共建“一带一路”成果丰硕,给两国人民带来切实福祉,为地区稳定发展作出积极贡献。习近平强调,中菲两国都处在发展关键时期,合作前景广阔。我高度重视中菲关系发展,愿同杜特尔特总统一道努力,推动中菲全面战略合作关系不断迈上新台阶。中方对菲律宾遭受新冠肺炎疫情感同身受,愿同菲方携手努力、共克时艰。杜特尔特在贺电中表示,菲中两国人民的友谊和亲情绵延千年。当前世界安全和稳定持续面临挑战,新冠肺炎疫情等非传统安全威胁日益凸显,进一步强化菲中伙伴关系至关重要。菲方视中方为亲密邻邦和重要伙伴,愿继续秉持和平共处、互利合作原则,不断深化两国全面战略合作,促进两国的和平、发展和繁荣。

6月9日,中国国务委员兼外交部部长王毅同菲律宾外交部部长洛钦互致贺电,庆祝中菲建交45周年。王毅在贺电中表示,建交45年来,中菲关系健康稳定发展,双方政治互信不断增强,各领域交流合作日益密切,在国际和地区事务中保持良好协调配合。我愿同洛钦外长一道,以建交45周年为契机,落实好两国元首重要共识,共同应对新冠肺炎疫情挑战,持续深化“一带一路”及各领域务实合作,推动中菲全面战略合作关系取得更大发展。洛钦在贺电中表示,菲中两国人民友好交往源远流长,建交以来两国关系蓬勃发展,双方在政治、经贸以及地区等层面合作日臻成熟。

相信在双方共同努力下，菲中友谊将更加牢固，双方互信将不断加深，互利合作将结出更多硕果，两国全面战略合作关系必将取得更大发展。

10月10日，中国国务委员兼外长王毅在云南腾冲同菲律宾外长洛钦举行会谈。王毅说，中方将继续坚定支持菲方抗击疫情直至最终胜利，愿根据菲方需要提供必要抗疫物资，分享抗疫经验和诊疗方案，积极开展疫苗合作，携手推进国际抗疫合作。王毅强调，中菲两国元首建立牢固互信和友谊，为两国关系改善发展提供重要战略指引。王毅感谢菲方作为中国一东盟关系协调国为推进中国与东盟合作作出的贡献。洛钦表示，在习近平主席的有力领导下，中国成功控制住疫情并实现经济快速复苏，继续成为世界经济增长的主要引擎。菲方感谢中方慷慨提供抗疫物资援助并分享防控和诊疗经验，期待与中方开展疫苗合作。菲方充分理解支持中国在涉港、涉疆问题上采取的正当举措，外界不应干涉中国内部事务。菲方愿同中方共同维护南海和平稳定，积极发挥协调作用，推进“南海行为准则”磋商进程，支持两国企业按照菲中油气合作谅解备忘录有序推进共同开发。中菲两国外长宣布就疫情防控条件下建立便利必要人员往来的“快捷通道”达成一致，决定尽快付诸实施。

二、海警交流促进中菲海上合作

2020年1月14日上午，中国海警5204舰首次访问菲律宾。菲方举行隆重的舰艇欢迎仪式。菲海岸警卫队主要领导登上5204舰参观，双方进行友好融洽的座谈交流。针对近期塔阿尔火山喷发，为表达对菲人民的友好情谊，5204舰将所能拿出的大米、面粉、食用油、自热食品等储备粮捐给受灾民众，并举行捐赠仪式。随后，中菲海警人员互登舰艇参观交流。14日下午，中菲海警联委会第3次会议开幕，双方就海上执法合作以及共同关心的问题深入交换意见。双方总结中菲海警联委会成立以来的成果和经验，共同商讨如何继续加强在打击海上跨国犯罪和海上缉毒、海上搜救、人道主义救援等重点领域的合作。此外，双方还开展海上联合搜救及灭火演练并举行舰艇开放日、体育友谊赛、甲板招待会等一系列活动。

1月15日，菲律宾国防部部长洛伦扎纳应邀参观对菲律宾进行友好访问的中国海警5204舰，中国驻菲律宾大使黄溪连、中国海警局局长王仲才少将、菲律宾海警司令加西亚等人陪同。洛伦扎纳对中国海警代表团和海警舰访菲表示欢迎，对中国海警、中国大使馆向受到塔尔火山喷发影响的菲灾民捐赠物资表示赞赏和感谢，对两国海警加强友好交流合作表示支持。黄溪连表示，加强海警交流合作有利于进一步促进中菲友好关系，有利于进一步维护地区和平与稳定。中国驻菲律宾大使馆将与菲方共同推动两国海警进一步巩固友好关系、加深专业合作。王仲才向洛伦扎纳防长介绍中菲海警联委会第3次会议及两国海警交流合作有关情况。

1月14日，中国海警5204舰首次访问菲律宾　（新华网）

三、克服疫情影响深化双边经贸合作

在中菲元首见证签署的《关于共同推进“一带一路”建设的谅解备忘录》指引下，中国加强“一带一路”倡议同菲“大建特建”计划的协调对接，统筹推进疫情防控和复工复产，有序推动在菲重点合作项目建设，助力菲律宾稳经济、保就业、保民生。中菲经贸合作保持良好势头。

（一）双边贸易

根据中方统计，2020年中菲双边货物贸易额（中国仅包括大陆地区，下同）达到611.5亿美元，比上年增长0.3%。其中：中国对菲出口418.4亿美元，增长2.6%；中国自菲进口193.1亿美元，下降4.4%。根据菲方统计，2020年菲中双边货物贸易额达到294.5亿美元，比上年下降16.6%，占菲贸易总额的19.7%，比2019年占比提升0.4个百分点。其中：菲自华进口198.5亿美元，下降22.1%，占菲进口总额的23.2%，比2019年占比提升0.4个百分点；菲对华出口95.9亿美元，下降2.3%，占菲出口总额的15.0%，比2019年占比提升1.2个百分点。中国是菲第一大贸易伙伴，第一大进口来源地，第三大出口目的地。

（二）投资

根据中方统计，2020年中国对菲非金融类直接投资1.4亿美元，比上年增长136.7%。多个大型投资项目取得突破性进展，预计总投资70亿美元的中国电信参股的电信三牌项目持续推进，并已于日前启动商业运营；重庆攀华公司一期投资35亿美元的综合钢厂项目顺利开工。

（三）承包工程

根据中方统计，2020年中国在菲承包工程新签合同额96.0亿美元，比上年增长53.8%；完成营业额28.3亿美元，增长2.4%。中国在菲承包工程总体呈现政府间项目和商业性项目齐头并进、互相促进的良好态势。中菲政府间合作项目硕果累累，杜特尔特总统执政以来启动的项目中，有12项已全面完成；援马尼拉帕西格河两座桥、援菲农技中心等项目顺利推进，部分项目有望于2021年年底前完成；马尼拉三座桥项目、达沃—萨玛尔岛大桥项目、棉兰老防洪项目、苏克铁路等重大基建项目相继签署商务合同。

四、联手抗疫合作加深中菲友谊

2020年初，在中国抗疫最困难时刻，菲律宾政府和社会各界民众积极向中国伸出援手，以多种形式表示声援和提供宝贵帮助。在年初两个多月时间内，向中国赠送将近400万件防护、医用物资，捐款超过7000万元人民币。捐赠活动持续时间之长、规模之大、范围之广都是空前的。

在菲律宾疫情严峻时刻，中国“投桃报李”尽力解菲律宾燃眉之急。3月21日起，中方以包机形式向菲方提供多批抗疫物资，截至7月20日，累计向菲律宾援助29.2万份检测试剂，130台呼吸机，187万件医用口罩、防护服、护目镜等医疗防疫物资。为菲通过政府渠道采购和运输21.5万片法匹拉韦以及呼吸机、医疗设备等近万立方米的抗疫物资和药品提供便利，支持在菲建设使用中国检测设备和试剂的火眼实验室，协助两国私营领域深化药物准入领域合作。中国还派出12人组成的医疗专家组，在菲日夜工作14天，传递中国抗击疫情的经验，有力支援菲律宾抗疫工作，极大增强菲方战胜疫情的信心。中国人民解放军也向菲律宾武装部队提供8万件防疫装备。中国驻菲大使馆积极协助菲方在华采购大量供应紧缺的抗疫物资，并租用“友谊航班”包机运送至马尼拉。中国驻拉瓦格领事馆向菲律宾10省（市）捐赠一批友谊大米包，惠及领区约2万个困难家庭。杜特尔特总统4月13日在全国电视讲话中称赞中国是说话算数的朋友，菲律宾总是可以依靠中国的支持。洛钦外长代表菲政府感谢中国政府向菲方提供紧急抗疫物资，感谢中方为协助菲方战胜疫情所提供的各项物资援助和技术支持，包括协助菲方赴华采购及进口检测实验室等。

中国企业也全力支持菲律宾抗击疫情。中国地方政府、企业和个人也纷纷向菲政府和人民伸出援助之手，捐赠近千万件抗疫物资。大批在菲中资企业在疫情期间维持基本民生业务，保留就业岗位，积极履行企业社会责任，同时在力所能及的范围内捐款捐物。截至5月8日，国家电网、中国银行、攀华集团、中国信科、中国电建、中国路桥、中国铁设、中国地质、中国建筑、中国能建、青建公司等在菲中资企业已向菲方捐助医疗物资近300万件（各类口罩265万只，防护服、手套、护目镜等25万件），捐赠各类生活物资和捐款总值近千万比索。此外，国家电网参股的菲律宾NGCP公司向菲律宾政府捐款10亿比索，中国电信参股的菲律宾DITO公司向地方政府捐赠37.5万千克大米，浙江大华公司向菲方捐赠摄像测温系统，华为公司向碧瑶市医院提供远程CT诊疗系统技术支持等。阿里巴巴马云基金会首批向菲律宾政府捐赠5.7万份试剂和50万只医用口罩，抖音（TikTok）公司向菲律宾总医院医学基金会捐赠100万美元，51talk公司捐赠525万比索抗疫物资等。圣湘生物、华大基因等中国医疗物资生产企业积极保障菲律宾采购需求，专门派出技术团队提供人员培训、设备调试和技术支持，有力支援菲律宾抗疫工作。

五、经贸洽谈与人文交流活跃

2020年7月27日，中国驻菲律宾大使黄溪连出席菲律宾中华研究学会和暨南大学菲律宾研究中心联合主办的“新冠疫情与中菲关系”在线上研讨会并发表主旨演讲。菲驻华大使芝道·仙沓罗马纳、菲中华研究学会主席班劳伊等出席会议。黄溪连大使表示，面对新冠肺炎疫情挑战，中菲两国守望相助、相互支持，共同谱写中菲新时期伙伴关系。后疫情时代中菲关系发展要重点做好以下两方面努力：一是排除干扰因素，深耕中菲友好；二是深化务实合作，共拓发展新机。仙沓罗马纳大使表示，菲中交往历史悠久，贸易和人员往来密切。在此次抗击疫情的过程中，菲中彼此帮助、互相支援，体现两国政府和人民之间的深厚友谊。面对疫情带来的困难和挑战，双方继续开展建设性合作，争取早日实现经济复苏，造福两国人民。

9月3日，中国驻拉瓦格领事馆馆长领事周游斌、菲律宾马科斯国立大学校长雪莉·阿格鲁比丝、北伊罗戈省议员索罗·拉左，在巴狆市共同为马科斯国立大学图书馆汉语角揭幕。这是北吕宋第一个大学汉语角。周游斌表示，很高兴在新学年开学之际见证马大图书馆汉语角的启动。语言是沟通的桥梁，汉语角不仅是学生学习汉语的平台，也是了解现代中国和中菲友好历史的平台。青年是中菲友谊的未来，期待越来越多的年轻人通过学习中文了解中国，成为中菲友谊的使者。阿格鲁比丝表示，汉语角的启动是马大发展的又一个里程碑。拉左议员代表北伊罗戈省长蒙诺托克祝贺汉语角的成立。

9月16日，福建—东盟友城大会通过网络视频多点连线的方式在福州和东盟各地举行。大会促成10余项经贸、产能、旅游和文教等领域合作协议在线签署。本次大会包括携手合作抗疫论坛、深化经贸产能合作论坛、扩大文化旅游合作论坛3场专题论坛和省市长论坛暨在线签约仪式等活动,旨在与东盟携手应对疫情,共享发展机遇,深化互利合作。

9月25日,黄溪连大使出席菲中了解协会举办的“中国发展与中菲关系”在线论坛并发表主旨演讲。菲律宾前总统阿罗约、工商部长罗帛斯出席并致辞,菲中了解协会主席兰比诺等240多人出席论坛。黄溪连大使表示,中菲双方要不折不扣落实好两国元首共识,始终把握双边关系发展的主流和正确方向,维护两国来之不易的友好局面和合作成果,推动中菲关系不断取得新发展。阿罗约表示,对未来菲中关系发展很乐观,既因为两国历任领导人为双边关系发展奠定良好基础,也因为菲华社团可以发挥桥梁作用,增进两国人文交流以及信任和理解。后疫情时代,菲中关系必将更加紧密,未来必会更加光明。

11月27日,2020菲中经贸合作论坛暨菲中建交45周年纪念活动在中国南宁国际会展中心举行。菲工商部长拉蒙·罗帛斯、中国商务部长助理李成钢、广西壮族自治区副主席周红波、菲驻华大使仙沓罗马纳、菲驻广州总领事陆毅等出席纪念活动。论坛围绕“互通互促互动,共享合作商机”的主题,回顾中国与菲律宾经贸合作45周年的重大成果及项目,宣传推介菲中贸易便利政策及投资环境、商机和重点投资合作项目,促进双边贸易和投资自由化、便利化,推动菲中在经贸、投资等多领域互通互促互动。 (杨超)

中国和新加坡交往与合作

2020年,中国与新加坡高层互动频繁,共同应对新冠肺炎疫情,共克时艰,共同构建人类命运共同体。在经济合作方面取得丰硕成果。

一、中新两国高层频繁互动

(一)新加坡总统哈莉玛和总理李显龙分别代表新加坡人民和政府就新冠肺炎疫情致函中国国家主席习近平

中国武汉发生新冠肺炎疫情后,新加坡总统哈莉玛和总理李显龙在2020年2月24日分别代表新加坡人民和政府致函中国国家主席习近平,对在新冠疫情中痛失亲人的中国家庭致以最深切的哀悼,并祝愿其他病患早日康复,尽快恢复正常生活。总统哈莉玛致函赞扬习近平迅速且果断地推出全面的措施遏制疫情蔓延,并指这些措施已初见成效,令人鼓舞。总理李显龙在信中表示,在习近平的领导下,在中国人民和国际社会的支持下,中国必然能成功控制疫情蔓延。他说,2003年对抗沙斯疫情的共同经验显示,各国必须合作应对全球公共卫生危机,因此新中两国在多个层面进行合作。

新加坡已在民间、政府和区域等多个层面,与中国合作应对新冠疫情。李显龙总理指出,两国将于下一次的新中双边合作联合委员会会议进一步探讨公共卫生危机管理的合作。他呼吁新中着眼长远,研究如何逐步恢复经济活动及国际贸易和旅游。

除了协助对方国民回国,新加坡也应中方要求提供个人防护装备、医疗用品以及诊断试剂盒,政府为新加坡红十字会提供资金,协助后者为中国受影响的社区提供人道援助。

李显龙表示,新加坡的国立研究基金会、大学和企业都已准备好和中国分享经验,合作研发疫苗及治疗方式。新加坡副总理王瑞杰和中国副总理韩正也已同意在新中双边合作联合委员会的会议上讨论双方在公共卫生危机管理上的合作。

(二)中国国家主席习近平同新加坡总理李显龙通电话

2020年7月14日,国家主席习近平同新加坡总理李显龙通电话,祝贺李显龙带领人民行动党在全国大选中获胜。习近平指出,我很高兴看到新方抗击新冠肺炎疫情取得积极成效,相信在你的领导下,新加坡人民一定能早日战胜疫情,恢复经济社会活力。中方将继续给予新方坚定支持。在抗击新冠肺炎疫情中,中方秉持人类命运共同体理念,毫无保留同各国分享经验,尽己所能向国际社会提供物资和技术支持。中方愿同新方一道,支持国际社会团结抗疫,支持世卫组织更好发挥作用,共同构建人类卫生健康共同体。习近平强调,疫情发生以来,中新两国政府和各界互施援手,守望相助。两国率先建立必要人员往来“快捷通道”,合力推动地区供应链产业链畅通。抗疫合作成为中新关系新亮点,再次体现两国关系的前瞻性、战略性、示范性,也为中新全方位合作伙伴关系增添重要内涵。今年是中新建交30周年,两国关系站在新的历史起点上。双方要以灵活多样的形式开展庆祝活动,使两国友好深入民心。要加强抗疫合作,确保在本国的对方国家公民生命安全和身体健康。用好用足“快捷通道”,为两国复工复产提速,助力两国经济发展。双方要深化共建“一带一路”合作,把“陆海新通道”和第三方合作做得更好。中方将继续深化改革开放,改善营商环境,希望新方为中国企业在新经济活动提供良好条件。中方愿同新方一道努力,排除干扰,共同维护好地区和平稳定。李显龙表示,新冠肺炎疫情给世界带来深远影响。在你坚强领导下,中国已经成功控制疫情。新中两国在抗疫过程中相互支持、相互帮助,为新方克服疫情发挥了积极作用。新方愿同中方密切高层交往,加强各领域、双多边交流合作。新方期待同中方加强疫苗研发和药物等方面合作,继续用好“快捷通道”，建设好“陆海新通道”，稳步推进复工复产，促进经济恢复发展。新方愿同中方共同维护自由开放贸易，确保地区供应链产业链畅通，欢迎中国企业积极参与新加坡经济建设。李显龙对近日中国江淮流域发生洪涝灾害表示慰问。习近平对此表示感谢。

（三）李克强致电祝贺李显龙连任新加坡共和国总理

2020 年 7 月 27 日，中国国务院总理李克强致电李显龙，祝贺他连任新加坡共和国总理。李克强在贺电中表示，在李显龙总理领导下，新加坡经济长期保持良好发展势头。面对新冠肺炎疫情，新加坡政府果断施策，防控工作取得积极成效，经济社会逐步复苏。中国和新加坡是友好邻邦，中方高度重视中新关系。我愿同李显龙总理一道，统筹推进抗疫和发展合作，持续深化高质量共建“一带一路”，推动中新关系在今年建交 30 周年之际再上新台阶。

二、中新两国联手抗疫

（一）中国政府向新加坡捐赠抗疫口罩

2020 年 5 月 5 日，中国政府援助新加坡抗疫物资交接仪式在新加坡卫生部举行。中国驻新加坡大使洪小勇和新加坡交通部兼卫生部高级政务部长蓝彬明出席交接仪式。洪小勇表示，疫情发生之初，新加坡政府、红十字会、商团组织和各界人士踊跃行动，给予中方宝贵支持和帮助。新加坡发生疫情后，我们感同身受，尽己所能为新加坡提供支援。此次捐赠既是中国在物质上对新加坡抗疫的支持，也代表了中国对新加坡早日战胜疫情的良好祝愿。中方愿同新方继续携手合作，共同应对疫情。蓝彬明代表新加坡政府感谢中国政府的援助。他表示，新中两国围绕卫生、经济、人员和重要物资往来等密切开展抗疫合作，积极分享有益经验，探讨药物研发合作，造福两国乃至全球。在抗疫的危难时刻，强有力的合作证明两国牢固的友谊。今年是新中建交 30 周年。新方期待与中方共同努力，进一步提升两国关系。这批抗疫物资包括中国政府和中国红十字会向新方捐赠的一次性医用口罩、KN95 口罩和 N95 口罩。此前，中国重庆市向新加坡援助的一次性医用口罩已于近日运抵新加坡。同日，中国驻新加坡大使馆还向新加坡外籍劳工中心捐赠价值 50 万元人民币的生活物资，用于帮助解决疫情隔离期间外籍劳工的生活需求。

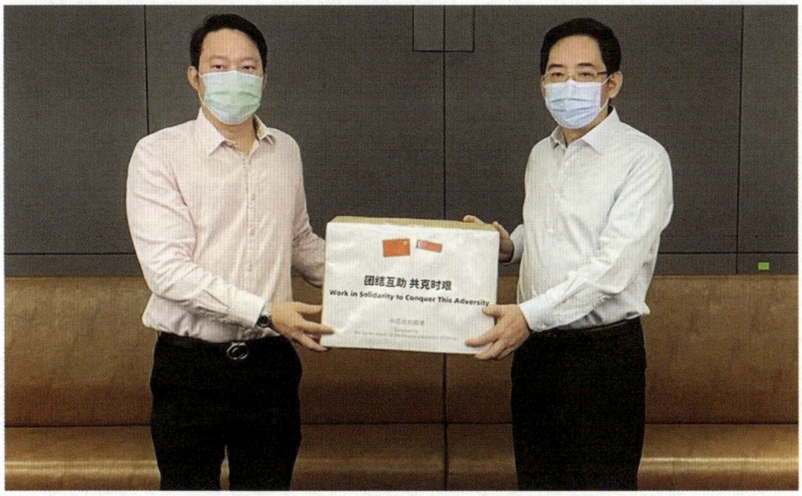

（二）中国与新加坡同意建立“快捷通道”推动复工复产

2020 年 5 月 28 日，中国外交部副部长罗照辉同新加坡外交部常秘池伟强共同主持中新应对新冠肺炎疫情第二次视频联席会议。两国教育、商务、海关、移民、交通和卫生等部门代表参加。双方积极评价中新关系进展，对两国防疫合作表示满意，重点就疫情常态化背景下开展复工复产合作，保持产业链供应链稳定交换意见。双方同意启动便利两国人员往来的“快捷通道”，打造便利两国货物贸易的“绿色通道”，发挥好“陆海新通道”作用，继续推进高质量共建“一带一路”合作。双方同意进一步加强国际地区领域的协调配合。会后，双方发表联合新闻声明。

（三）中国国务院副总理韩正同新加坡副总理王瑞杰通电话

2020 年 2 月 7 日，中共中央政治局常委、国务院副总理韩正应约同新加坡副总理王瑞杰通电话。韩正表示，公共卫生事件是世界面临的共同挑战，中国将继续大力开展国际合作。新方将向中方提供资金以及检测试剂盒等药物和医疗物资帮助，中方对此表示感谢，愿与新方加强交流合作，共同提高抗击疫情能力。王瑞杰对中方采取坚决果断措施表示支持和赞赏，对中方战胜疫情充满信心。新方愿同中方同舟共济，提供急需的医疗物资援助。双方商定，将联合应对突发公共卫生事件列入新一轮双边合作机制会议议程。

2020 年 7 月 31 日，韩正在北京同王瑞杰通电话。韩正表示，习近平主席近日同李显龙总理通电话，就双边关系、抗疫合作以及共同关心的重要问题达成新的共识。今年是中新建交 30 周年，抗疫合作成为中新关系新亮点，在地区和国际层面发挥了很好示范作用。双方互施援手，共克时艰，确保两国及区域供应链稳定。中方愿同新方一道，落实好两国领导人共识，加强互学互鉴，用好合作机制平台。欢迎新方继续积极参与中国区域发展战略，更好地实现共同发展。王瑞杰表示，患难见真

5 月 5 日，中国政府援助新加坡抗疫物资交接仪式在新加坡卫生部举行，中国驻新加坡大使洪小勇和新加坡交通部兼卫生部高级政务部长蓝彬明出席交接仪式　（百度网）

情,新中建交30周年迎来新的契机。新方愿与中方密切配合,发挥好双边合作机制作用,加速经济转型,共同应对疫情等挑战。

(四)中国商务部部长钟山同新加坡贸工部部长陈振声通电话

2020年4月2日,商务部部长钟山应约同新加坡贸工部部长陈振声通电话,就共同应对新冠肺炎疫情、深化中新经贸关系交换意见。钟山表示,在习近平主席亲自部署、亲自指挥下,中国疫情防控形势持续向好,复工复产加快推进。在中国疫情最困难的时候,新加坡政府和社会各界提供了宝贵支持,中方对此深表感谢。当前,全球疫情正在加速扩散蔓延,世界经济也面临下行压力,这是全球性的挑战,各国应团结合作、共同应对,保持市场开放,维护多边贸易体制,反对保护主义。中方愿秉持人类命运共同体理念,为新加坡和周边国家开展疫情防控提供力所能及的帮助。双方应加强沟通协调,推动各方落实G20领导人特别峰会和贸易部长特别会议成果,维护全球产业链供应链稳定,为全球抗击疫情、稳定经济注入新动力。陈振声表示,对中国防控疫情取得的成就感到鼓舞,愿与中方加强疫情防控合作,发挥新加坡与中国大城市的双枢纽作用,维护两国及区域人员往来与贸易畅通,积极为区域内相关国家提供金融支持,帮助区域国家尽快恢复生产和经济活力。今年是中新建交30周年,希望双方在共同克服疫情影响的同时,推动"一带一路"建设和"陆海新通道"国际合作,共同努力推动年内签署区域全面经济伙伴关系协定(RCEP),为两国下一个30年更高水平合作奠定良好基础。钟山表示,中新是紧密的合作伙伴。中方愿同新方共同努力,在确保防疫安全的前提下,促进双方人员往来,维护贸易畅通,深入推进"一带一路"合作,推动陆海新通道建设,深化两国重点领域经贸合作,推动双边经贸合作再上新台阶。双方还要按照去年区域全面经济伙伴关系协定(RCEP)领导人会议共识,携手推动各方年内如期签署区域全面经济伙伴关系协定(RCEP)。

三、中新两国加强政治互信

(一)新加坡总理李显龙会见到访的中共中央政治局委员、中央外事工作委员会办公室主任杨洁篪

2020年8月20日,新加坡总理李显龙在总统府会见中共中央政治局委员、中央外事工作委员会办公室主任杨洁篪。杨洁篪表示,习近平主席和新方领导人2015年确立的与时俱进的全方位合作伙伴关系,为中新关系发展指明方向。面对新冠肺炎疫情,双方守望相助,保障产业链和供应链稳定畅通,抗疫合作亮点纷呈。今年是中新建交30周年,两国关系站在新的历史起点。中方愿与新方一道,巩固抗疫成果,深化高质量共建"一带一路",打造"陆海新通道",拓展创新领域合作,让中新合作之树更加枝繁叶茂。杨洁篪指出,当前国际形势中不稳定不确定因素不断集聚,疫情蔓延更加说明人类命运休戚与共。中方愿与新方和东盟各国携手,深化战略互信和务实合作,共同维护经济全球化,捍卫国际公平正义,为促进地区和世界和平、稳定、发展和繁荣作出新贡献。李显龙表示,新中历经世界风云变幻,两国关系取得巨大成就,发展水平远超建交时所能想象。面对疫情挑战,各国更需理性沟通,携手合作。新方愿同中方密切高层交往,用好双边合作机制,推动东盟—中国关系发展,共同促进地区和世界经济复苏。

访问期间,杨洁篪还同新加坡副总理兼经济政策统筹部部长及财政部部长王瑞杰、国务资政兼国家安全统筹部长张志贤、外长维文就双边关系和共同关心的问题深入交换意见。

(二)中新两国外长就疫情电话交流:中新应维护彼此政治互信

2020年4月28日,新加坡外交部部长维文与中国国务委员兼外长王毅通电话,就应对新冠肺炎疫情进行交流。王毅说,今年是中新建交30周年,两国应维护彼此政治互信,推动两国关系更好向前发展。王毅指出,在中国抗击新冠肺炎疫情的困难时刻,新加坡给予了支持和帮助;当前新加坡疫情形势出现新挑战,中国愿继续向新加坡提供医疗物资,并在检验检疫和通关方面提供便利。王毅提到,中国愿意和新加坡加强协商,探讨建立必要人员往来的"快捷通道"以及运输急需医疗物资的"绿色通道"。谈及区域经济时王毅说,在疫情常态化背景下,既坚决防止疫情反弹和维护抗疫成果,又实现东亚经济循环,确保供应链产业链稳定,符合包括中新两国在内东亚各国的共同利益。王毅表示,新加坡最近采取果断措施,有效控制疫情新一波蔓延,稳定了人心,相信在李显龙总理的领导下,新加坡将最终完全战胜疫情。相信新加坡一定会对众多中国在新留学生和务工人员进行及时检测治疗,保障其正当合法权益。维文表示,新加坡愿意积极推进与中国建立"快捷通道"和"绿色通道",双方也应致力于协调检测试剂标准,保障供应链产业链畅通,为东盟国家、东盟和中日韩10+3乃至世界提供范例。新加坡愿与中国携手捍卫多边主义,消除非关税壁垒,维护以世界贸易组织为核心的全球自由贸易体系。中国成功应对疫情挑战,有序推动复工复产,给各国战胜疫情带来了希望,令人敬佩。维文承诺,应对新一波疫情冲击,新加坡高度重视在新中国公民的健康和安全,采取有效措施确保其合法权益。新加坡将坚定奉行一个中国政策,在这个原则问题上不会有任何变化。

除上述交流互动外,中国国务委员兼外交部部长王毅于2020年2月在老挝万象出席中国—东盟关于新冠肺炎疫情问题特别外长会议并会见新加坡外长维

文。王毅分别于1月和3月同新加坡外长维文就合作应对新冠肺炎疫情通电话。

四、中新双边贸易及双边投资有升有降

据中国商务部公布的统计数据,2020年1—12月,中新贸易额890.9亿美元,比上年下降1.0%。其中:中国对新出口575.4亿美元,增长5.0%;自新进口315.5亿美元,下降10.5%。

2020年1—12月,中国企业对新加坡全行业直接投资66.3亿美元,比上年增长104.7%。同期,新加坡对华投资76.9亿美元,增长1.2%。中国企业在新加坡新签工程承包合同额47.8亿美元,下降5.6%;完成营业额23.6亿美元,下降33.6%。

五、务实推进中新互联互通项目

(一)中新双方举行中新互联互通项目视频工作对接会议

2020年3月5日,中国重庆市副市长李波与新加坡贸工部副常秘吴鹏毅举行中新互联互通项目视频工作对接会议,就双方共同抗击新冠肺炎疫情,推动中新互联互通项目实施5周年重点工作交换意见。李波代表重庆市人民政府感谢新方政府和社会各界对重庆抗疫工作的大力支持,表示重庆疫情防控形势持续向好,生产生活秩序正加快恢复,希望双方提前谋划,做好相关准备工作,确保疫情结束后尽快按计划推进项目合作,将疫情对项目实施的负面影响降到最低。吴鹏毅赞赏中方疫情防控措施有力有效,感谢重庆及时向在渝新加坡企业和侨民分享信息、提供帮助,对重庆战胜疫情充满信心,愿同重庆保持密切沟通,探索疫情联防联控领域合作,继续加快推进项目实施。2020年是中新互联互通项目实施5周年,双方就相关重点工作充分交换了意见,一致同意积极推动各项重点工作,继续深化各领域项目合作,争取取得更多实效。会后,双方共同在线见证签署重庆市政府与新加坡贸工部共同主办中国国际智能产业博览会意向书,将共同推动智博会成为具有国际影响力、行业引领性、品牌美誉度的重要平台。

(二)中新(重庆)战略性互联互通示范项目联合实施委员会第5次会议

2020年5月12日,在中新(重庆)战略性互联互通示范项目联合实施委员会第5次会议召开之际,中共中央政治局委员、重庆市委书记陈敏尔,重庆市委副书记、重庆市长唐良智与新加坡贸工部部长陈振声、人力部部长兼内政部第二部长杨莉明举行视频会谈,并见证双方系列合作项目签约。

陈敏尔、唐良智代表重庆市委、市政府和全市人民,感谢新加坡对重庆抗击新冠肺炎疫情给予的关心支持,向新加坡人民全力抗击新冠肺炎疫情表示慰问。陈敏尔表示,今年是中新建交30周年,是中新互联互通项目落地实施5周年。近年来,按照两国领导人达成的共识,重庆与新加坡加强沟通协调,拓展合作领域,中新互联互通项目有力有序推进,取得积极成效。疫情发生后,重庆坚决贯彻习近平主席重要指示精神,坚持两手抓、两手硬,经过艰苦努力,疫情防控进入常态化阶段,经济社会秩序加快恢复。新加坡采取有力措施阻断疫情、重启经济,我们坚信新加坡人民一定能够最终完全战胜疫情。在"战疫"的关键时期举行这次视频会议,体现我们抗击疫情的共同情谊、深化合作的共同愿望、推动发展的共同决心。陈敏尔指出,疫情虽然对经济产生不利影响,但催生新的发展机遇。重庆与新加坡的合作已经站在新的起点上,希望双方继续加强战略对接和沟通协调,抢抓机遇加快推动经济恢复提振,携手共进全面提升渝新合作水平。持续深化交通物流领域合作,共同建好国际陆海贸易新通道,提升互联互通水平,更好地把中国西部地区和东盟国家连接起来,保障国际物流畅通。持续深化信息通信领域合作,用好中国国际智能产业博览会平台,深化中新(重庆)国际互联网数据专用通道建设,积极推动重点项目落地落实,协同推动大数据智能化创新发展。持续深化金融服务领域合作,继续办好中新金融峰会,建好中新金融科技合作示范区,携手推动内陆国际金融中心建设。持续深化航空领域合作,保障正常人员经贸往来,促进旅游人文交流。相信通过双方共同努力,一定能够克服疫情影响,取得疫情防控和经济社会发展的双胜利。陈振声、杨莉明表示,患难见真情,感谢中国及重庆为新加坡抗击新冠肺炎疫情提供的有力支持,对中国抗击疫情取得的成绩深受鼓舞。面对疫情带来的严峻挑战,新加坡采取坚决果断措施,有效控制疫情蔓延势头,正加快重启经济、重振贸易、推动国际经贸交流合作。新方高度重视中新互联互通项目,愿与重庆携手推动有关协议落地落实,推动新渝合作再上新台阶、结出新硕果。携手加强互联互通,促进人流、物流、资金流、信息流畅通。携手维护产业链供应链稳定,增强供应链韧性,提升价值链水平。携手推动金融领域合作,用好中新金融峰会平台,促进金融市场繁荣稳定。携手推动国际陆海贸易新通道建设,增强双枢纽功能,提升通道运行效率。携手参与成渝地区双城经济圈建设,发挥中新互联互通项目带动作用,更好地造福两地人民。

会议听取联合实施委员会第4次会议以来中新互联互通项目总体工作推进情况和金融服务、航空产业、交通物流、信息通信等领域重点合作项目推进情况汇报,研究讨论下一步重点工作。

杨莉明表示,今年是中新互联互通项目实施五周年。回首这五年,中新互联互通项目在各个合作领域取得丰硕成果。项目以重庆为运营中心,辐射带动中

国西部地区发展，得益于这样的顶层设计，项目增强双方的互信，对推动新中两国与时俱进的全方位合作伙伴关系产生深远影响。在抗击新冠肺炎疫情的特殊时期，我们更要加强合作，推动互联互通和现代服务经济，加快经济恢复性增长。要坚持把项目建设成为开放包容的平台，吸引中国西部省区市和东盟地区更多合作伙伴积极参与，为项目不断提供动力、释放潜力。要坚持把项目建设成为政策创新的载体，将创新贯穿到项目的方方面面，形成更多可视性成果。要坚持增强项目的商业吸引力，让更多企业参与项目，从项目带来的更高效的人流、物流、资金流、信息流和更优良的营商环境中受益，促进项目可持续发展。唐良智说，近年来，重庆和新加坡双方坚持高起点、高水平、创新型方向，推动中新互联互通项目形成重庆和新加坡“点对点”对接带动中国西部与东盟“面对面”合作的新格局。双方累计签署合作协议 62 个，签约合作项目 211 个，总金额 318 亿美元，金融服务、航空产业、交通物流、信息通信等领域合作取得积极进展。面向未来，重庆将进一步履行好中新互联互通项目运营中心职责，深化与新方交流合作，努力推动中新互联互通项目高质量发展。一是在携手抗击疫情中深化合作共识，完善联防联控机制，积极应对疫情对产业链供应链和科技创新带来的影响。二是在成渝地区双城经济圈建设中共享发展机遇，推动新加坡政商各界参与双城经济圈建设，促进中国西部省区市联动发展、共享发展。三是在通道合作共建中提升互联互通水平，联动中欧班列开拓东南亚、中亚和欧洲市场。四是在重点项目建设中增强辐射带动能力，加快推进陆海新通道、国际互联网专用数据通道、金融科技合作示范区、航空产业园、中新金融峰会等标志性项目建设。五是在创新合作机制中优化项目发展环境，积极探索常态化疫情防控下的交流合作方式，加强线上交流，便利政务、商务人员往来，在增进互信、加强互动中推动双方合作结出更多成果。彭刚说，商务部将与新方各界一道，继续依托项目三级合作机制推动全面合作，协调赋予中新互联互通项目更多政策支持，加强对四个重点领域及其他合作领域的服务，推动中新互联互通项目取得更多实效，实现更大发展。

会谈结束后，重庆与新加坡以云签约方式共同签署系列合作协议，涉及高性能计算、青年人才交流合作、农产品贸易等领域。

（三）中新两国副总理共同主持中新双边合作机制会议

2020 年 12 月 8 日，中共中央政治局常委、国务院副总理韩正在北京同新加坡副总理王瑞杰通过视频会见，并共同主持中新双边合作联委会第 16 次会议、苏州工业园区联合协调理事会第 21 次会议、天津生态城联合协调理事会第 12 次会议、中新（重庆）战略性互联互通示范项目联合协调理事会第 4 次会议。会见时，韩正表示，今年是中新建交 30 周年，两国关系保持强劲发展势头。两国领导人保持密切沟通，为双边关系发展提供了战略指引。双方抗疫和发展合作呈现许多新亮点，为地区国家间合作树立标杆。中方愿同新方一道，结合两国发展新形势新要求，共同规划好下一阶段合作方向和重点，继续高质量共建“一带一路”，深化区域发展合作，提升中新创新合作水平，携手维护多边主义和自由贸易，开创互利共赢合作新局面。王瑞杰表示，新方高度重视同中方的战略沟通，愿同中方保持密切协作，深化发展战略对接，完善合作机制，有序恢复人员正常交往。愿同中方加强疫苗合作，提升应对公共卫生突发事件的能力。随后，韩正和王瑞杰共同主持上述四个双边合作机制会议。双方全面梳理高层共识落实情况和务实合作进展，重点围绕“一带一路”合作、经贸合作与创新发展、金融合作、公共卫生合作、人文交流与可持续发展、国家级双边合作项目等充分交换意见，共同探讨合作新思路、新举措。双方一致同意在“一带一路”合作框架下，重点推动互联互通、金融支撑、三方合作及法律司法合作，深挖“陆海新通道”潜力，高质量推进重点项目合作，打造科技创新合作旗舰项目。启动中新双边自贸协定升级版后续谈判，推动区域全面经济伙伴关系协定尽快生效实施，为两国和地区经济复苏发展贡献力量。会后，韩正和王瑞杰共同出席中新建交 30 周年庆祝活动。

（谢柱军）

中国和泰国交往与合作

2020 年是中泰建交 45 周年。面对新冠肺炎疫情全球肆虐，中泰两国始终同舟共济、守望相助。政治互信不断增强，经贸合作日益拓展，人文交流更加密切，全方位合作取得丰硕成果。

一、政治外交合作更加深化

（一）两国高层互访和交流不断深化

2020 年 1 月 23 日，中国国务委员兼外交部部长王毅在北京会见泰国外交部部长敦，双方就南海问题展开讨论。敦表示，希望“南海行为准则”磋商加快推进，相信地区国家有能力管控好南海局势。双方还就湄公河流域旱情的紧急情况交换意见。2 月 11 日，中国国务委员兼外交部部长王毅就泰国呵叻府发生的暴力枪击案向泰国外长敦致慰问电。王毅国务委员代表中方向遇难者表示深切哀悼，对伤者和遇难者家属表示诚挚慰问，特别感谢泰执法部门积极回应中国驻泰使领馆请求，协助被困中国公民安全撤离现场。7 月 1 日，中国国务院总理李克强和国务委员兼外长王毅分别同泰国总理巴育和副总理兼外长敦互致电函，庆祝中泰建交45周年。中国驻泰国大使馆临时代办杨欣在泰国主流媒体发表题为《长风破浪 开拓进取 携手共建中泰关系更加辉煌的明天》的署名文章，指出中泰双方要做将心比心的好亲戚、相知相亲的好朋友、守望相助的好邻居、荣辱与共的好伙伴。7月14日，中国国家主席习近平同泰国总理巴育通电话，双方就进一步加强团结合作达成重要共识，为双边关系提供战略指引，注入强劲动力。会谈后，双方共同签署有关合作文件。

9月30日，泰国总理巴育和副总理兼外长敦分别向中国国务院总理李克强和国务委员会兼外长王毅致贺电，祝贺中华人民共和国成立71周年。巴育总理和敦副总理在贺电中表示，泰中全面战略合作伙伴关系保持密切发展，充满生机活力。深化双方在地区和国际层面互利合作，共同为后疫情时期社会经济复苏和公共卫生安全作出贡献。10月15日，泰国总理巴育在曼谷会见对泰国进行正式访问的中国国务委员兼外长王毅。王毅表示，中方坚定支持泰方走符合自身国情的发展道路，支持泰方维护社会稳定、实现发展繁荣。巴育高度评价习近平主席宣布中国疫苗研发成功后将作为全球公共产品，希望与中方加强疫苗合作，共建健康丝绸之路。双方一致同意建立两国人员往来"快捷通道"和物资流通"绿色通道"。同日，中国国务委员兼外长王毅与泰国副总理兼外长敦举行会谈。王毅表示，面对疫情影响，中泰关系展示出充分韧性和巨大潜力。

（二）澜湄合作机制持续取得良性发展

1. 澜湄水资源共享。2020年1月23日，应泰国政府紧急请求，中方克服自身困难，采取特殊措施进一步加大澜沧江水电站下泄流量，将下泄流量从850立方米每秒提升至1000立方米每秒，以缓解泰方及湄公河流域其他国家旱情的紧迫需求。2月13日，应泰国国会上议院邀请，中国驻泰国大使馆政务参赞杨扬赴泰东北部黎府，实地考察湄公河旱情，并分别在该府府署和清坎县向议会、地方机构、民众介绍中泰共同应对旱情及澜湄合作等情况。泰国会上议院社会公益活动委员会主席披拉萨，上议员甘诺、格迪萨，黎府府尹猜瓦等泰上议院及黎府地方官员50余人出席。泰国PBS电视台、民族电视台、国会电视台、黎府公共宣传局等均予以报道。9月24日，澜湄六国水利部门代表签署分享澜沧江全年水文信息备忘录，11月30日，中国水利部和湄公河五国驻华使节在北京共同通过澜湄水资源合作信息共享平台网站，中国向湄公河国家提供澜沧江全年水文信息。

2. 澜湄合作领导人会议召开。2月20日，澜沧江—湄公河合作第5次外长会在老挝万象举行。会议通过《第五次外长会联合新闻公报》。8月24日，澜湄合作第3次领导人会议以视频会议方式举行，会议主题为"加强伙伴关系，实现共同繁荣"，由中国国务院总理李克强、澜湄合作共同主席国老挝总理通伦共同主持，柬埔寨首相洪森、缅甸总统温敏、泰国总理巴育、越南总理阮春福出席。会后发表《澜沧江—湄公河合作第3次领导人会议万象宣言》。

3. 澜湄合作专项基金资助项目签约。2020年11月17日，中国驻泰国使馆临时代办杨欣和泰国农业与合作社部次长统斌在曼谷签署中泰澜湄合作专项基金2020年度农业项目合作协议。根据协议，中方将资助泰方开展食品安全、病虫害防治、土壤治理、可持续发展农业系统推广等4个项目。11月23日，中国驻泰国使馆临时代办杨欣和泰国商业部次长汶亚叻在曼谷签署澜湄合作专项基金2020年度商业项目合作协议。中方将资助泰方开展澜湄国家经济特区跨境贸易研究和促进工作。12月7日，中国驻泰国使馆临时代办杨欣和泰国卫生部次长杰迪普在曼谷签署澜湄合作专项基金2020年度卫生项目合作协议。根据协议，中方将资助泰方在澜湄次区域牵头开展艾滋病防控工作。12月8日，中国驻泰国使馆临时代办杨欣和泰国高等教育与科研创新部次长诗立叻在曼谷签署澜湄合作专项基金2020年度合作协议。根据协议，中方将资助泰国高校和科研机构实施泰国雾霾治理、湄公河生态保护、木薯产业转型升级等项目。

（三）抗疫合作覆盖面广，公共卫生领域合作成为亮点

1. 泰国支援中国抗疫。2020年1月30日，中国驻泰国使馆杨欣临时代办在使馆应约会见泰国会副主席兼上议长蓬佩代表、上议院社会公益活动委员会主席披拉萨一行。披拉萨代表蓬佩上议长就新冠肺炎疫情向中方表达慰问，泰方对中国有力抗击疫情表示钦佩，高度赞赏防控防疫工作取得积极成效。泰国最大慈善社团泰国华侨报德善堂通过中国红十字会捐赠500万泰铢善款，泰中友好协会捐赠10000只防疫口罩，用于中方抗击疫情。

1月31日，泰国哇集拉隆功国王就新型肺炎疫情向中国国家主席习近平致慰问电。哇集拉隆功国王表示，国际社会对中国政府应对疫情的努力、决心和采取的诸多措施印象深刻。同日，泰国总理巴育也就新冠状肺炎疫情向中国国务院总理李克强致慰问信，表示泰方高度赞赏中方对居住在武汉及其他受疫情影响地区的泰国公民的照顾，愿为中方抗击疫情尽全力提供支持。泰国会主席兼下议长川·立派向中国全国人大常委会委员长栗战书致慰问电，表示十分关心武汉等地新型冠状病毒疫情。

2月4日，中国国务委员兼外长王毅应约同泰国外长敦通电话。敦代表泰方向中方抗击新型冠肺炎疫情表达支持，强调泰方将同中国人民站在一起，愿向中

方提供一切可能的帮助。

2月12日，中国驻泰国使馆临时代办杨欣应邀出席泰国国会下议院防灾减灾委员会会议，介绍新冠肺炎疫情、中方采取的防控措施及中泰开展防控合作有关情况。同日，中国驻泰使馆代表在泰国卫生部“应对新型冠状病毒国际合作”吹风会上介绍中国抗击新冠肺炎疫情与国际合作情况。各国驻泰国外交官、世界卫生组织等国际机构驻泰代表等百余人参加。中方感谢泰国及国际社会提供的鼓励与支持，反对各种过度限制措施，愿与世界各国一道共同努力战胜疫情，维护全人类的健康和安全。

2月19日，中国国务委员兼外长王毅在老挝万象会见泰国外长敦。王毅外长介绍中国抗击疫情取得的积极成效，表示中方赞赏泰方尊重世卫组织建议，采取适度合理应对措施。

2. 中国支援泰国抗疫。3月24日，中国驻泰国使馆临时代办杨欣同泰国副总理兼卫生部长阿努廷共同出席中国政府援泰抗疫物资交接仪式，代表中方正式向泰方转交有关抗疫医疗物资。为支持泰国应对新冠肺炎疫情，在中国驻泰国大使馆协调下，3月30日，中国深圳市猛犸公益基金会向泰国卫生部捐赠由中国华大基因研制的新冠病毒检测试剂盒。4月23日，中泰医学界首次以视频会议方式就防治新冠肺炎进行交流。中日友好医院援鄂医疗队专家通过中央广播电视总台CGTN《全球疫情会诊室》向泰国医疗团队分享中国抗击新冠肺炎成功经验。中泰医学专家持续两个小时视频连线对话，就新冠肺炎治疗中呼吸支持技术、抗病毒药物使用等方面的临床应用经验进行深入研讨。泰国国会主席兼下议院议长川·立派通过视频，对中方给予泰国的抗疫援助表示感谢。6月23日，中国驻泰国使馆举行“血脉相连、同心抗疫—中华海外联谊会和中国驻泰国大使馆助侨防疫物资发放仪式”，通过泰国侨团为在泰华人华侨发放30万个医用口罩、1万个医用手套。中国驻泰国使馆临时代办杨欣在仪式上致辞。泰国中华总商会林楚钦主席、泰国潮州会馆主席黄迨光等泰国20余家侨团负责人出席仪式。同日，中国驻泰国大使馆临时代办杨欣在泰国警察总署会见威萨努助理总警监，转交中国公安部援泰抗疫物资。中国大使馆警务联络官陈军参赞，泰警察总署帕蓬助理总警监、外事局局长瓦拉乌等参加会见。6月29日，中国政府第二批援泰抗疫物资交接仪式在泰国总理府举行。中国驻泰国大使馆临时代办杨欣、经商公参张佩东、政务参赞杨扬，泰国总理巴育、副总理阿努廷等出席。杨欣临时代办代表中国政府将第二批援泰抗疫物资正式转交泰方，巴育总理代表泰方接收。中国政府第二批援泰抗疫物资包括130万只医用外科口罩、15万个检测试剂盒、7万只医用N95口罩和7万套防护服。12月22日，中国驻泰国大使馆再次向在泰中国公民免费发放口罩，每人发放40个。为简化手续、方便领取，采取网上登记、现场领取的方式进行发放。6月30日，中国科技部与泰国高教科研创新部举行新冠肺炎疫情管控与创新视频会议。中国驻泰国大使馆黄伟参赞主持会议，中国科技部国际合作司一级巡视员阮湘平、泰国高教科研创新部次长索拉尼、卫生部次长素坤，以及两国科技、卫生专家出席会议。

3. 中国出台便利中泰人员往来的疫情防控措施。在新冠肺炎疫情防控常态化背景下，为进一步便利中泰双方人员往来，中方决定自2020年8月22日0时起，持中方相关有效居留许可（工作类、私人事务类、团聚类居留许可）的泰国公民，可向中国驻泰国使领馆免费申办来华签证。相关人员入境后严格遵照属地防疫规定进行管理。9月2日，根据中国国内最新要求，中国驻泰国使馆发布通知，自2020年9月10日起，自泰国搭乘航班赴华以及经泰国中转乘机赴华的中、外籍乘客须于登机前3天内，在中国驻泰国使领馆认可的检测机构完成新冠病毒核酸检测（非血清抗体检测），并凭核酸检测阴性证明申领带“HS”标识的绿色健康码或健康状况声明书。航空公司在乘客登机前予以查验。

二、经济贸易合作持续推进

2020年中泰边跨境贸易受疫情暴发影响严重，中国仍是泰国最大的跨境贸易市场。1—8月中泰贸易额517.23亿美元，比上年同期增长0.26%，泰国出口中国196.25亿美元，自中国进口320.95亿美元。1—4月，泰国榴莲对中国出口额高达5.67亿美元，增长78%。

（一）中国市场的强劲需求帮助泰国果农渡过疫情难关

2020年年初，突如其来的新冠肺炎疫情造成中泰往返的航班数量锐减，且广西多处中越边境检查站因疫情原因被封锁，致使泰国高品质水果市场面临出口危机。2020年2月，广西凭祥（铁路）口岸正式获批进境水果指定监管场地，进口水果冷链班列达300标箱，总量达4800多吨，货值约3000万元。4月，中国海关总署与泰方达成新的协议，增开广西东兴口岸和凭祥铁路口岸2个陆路口岸作为泰国水果进入中国的专用通道口岸。5月15日，泰国水果首次通过铁路运输方式实现对华出口，4个包括榴莲山竹等在内的水果集装箱运至凭祥铁路关口。另外，根据中国海关总署发布的2020年度泰国输华水果注册果园及包装厂名单信息，品种数量已增至22种，新增的品种包括香水椰、香蕉、菠萝及菠萝蜜。5月21日，广西凭祥市跨境冷链班列（凭祥—同登）泰国水果进口启动仪式在凭祥举行。这是凭祥火车站口岸继开行中越冷链水果班列后，又启动的一个国际冷链集装箱班列。通过该班列进口的泰国榴梿、山竹过境越南同登（火车）站可“公转铁”直达凭祥(铁路)口岸进境水果指定监管场地验放后,直达中国国内市场。

新冠疫情暴发改变消费者购物方式的同时也刺激泰国农产品线上销售的兴起。泰国官方统计数据显示,2020年3月农产品通过平台的销售金额4599万泰铢。第一季度泰国榴梿出口中国订单大涨,主要得益于中国商家抢购助推,加之300多家中国新采购商纷纷利用在线平台助销,促使尖竹汶和哒叻府的果园批发价涨至105~110铢/千克,零售价涨至150~170铢/千克,而之前滞销的榴梿价格也跟着上涨。

(二)投资合作重大项目进展顺利

2020年10月28日,中泰铁路合作项目一期(曼谷—呵叻段)线上工程2.3合同签约仪式在泰国总理府举行。泰国总理巴育、副总理阿努廷、财政部长阿空等出席仪式,中国驻泰国使馆临时代办杨欣受国家发展改革委委托,同泰国交通部长萨撒扬共同见证合同签署。中泰铁路是两国互利共赢的重大合作项目。自2017年项目一期开工以来,在双方的共同努力下,线下土建工程建设进展顺利。中国铁路国际有限公司与中国铁路设计集团有限公司联合体同泰国国家铁路局签署的线上工程2.3合同,是继项目开工后,中泰铁路合作取得的又一重要进展。2.3合同项目主要包括曼谷—呵叻段轨道,四电系统,机车车辆的采购、安装和调试以及相关培训工作。

(三)高科技电商投资合作不断拓展

2020年1月8日,淘宝全球购负责人和泰国国际贸易促进厅长共同启动“麦哲伦计划”,计划在2020年内淘宝网平台上架25%的泰国品牌产品,特别是特色中小型企业加工生产的产品,以符合中国消费市场需求,同时推动泰国品牌出海,促进当地市场数字化转型。6月9日,泰国副总理兼商业部长朱林通过天猫平台直播,向中国观众推销榴梿、山竹等泰国水果。朱林表示,希望中国顾客能够通过本次直播,了解泰国特色水果产品,提升泰国产品在中国的知名度。6月24日,银联国际宣布与华为和工银泰国合作,在泰国开通“华为支付”,为泰国消费者提供移动支付服务,助力泰国电商行业与数字经济发展。

11月28日,首个中泰合作“中文+职业技能”项目“1+X”电子商务数据分析职业技能等级证书师资培训班顺利开班。泰国教育部职教委孟佟·帕素万副秘书长、全国电子商务职业教育教学指导委员会(中国)副主任陆春阳、泰国大使馆教育组一等秘书宋若云处长、清迈大学龙姆副校长、清迈大学孔子学院中泰方院长、泰国50多所职业院校领导、80名参训教师及中国20多所职业院校、企业代表共200多人参加线上开班仪式。

(四)其他领域交流与合作不断扩大

2020年6月23日,泰国和中国贸易投资促进机构就新冠疫情背景下泰国投资机遇和前景举办线上研讨会。与会专家表示,中泰经贸合作基本面和长期向好趋势不变,疫情为双方合作创造新商机。此次研讨会由泰国投资促进委员会、泰国中国企业总商会和中国贸促会驻泰国代表处联合举办。

7月10日,泰中记者协会会长普瓦纳、原会长猜瓦等,访问泰国华人青年商会,双方就深化泰中媒体合作,共讲泰中友谊故事、共推泰中友好合作、共助“一带一路”建设等进行探讨,并举行交流座谈会。

9月14日,泰国中小企业促进局与中银泰国在曼谷签订合作备忘录,旨在共同推进中泰两国中小企业贸易与投资合作,探索新形势下双方合作机制,助力泰国中小企业拓展中国市场。中国银行是首家与泰国中小企业促进局签订合作备忘录的中资金融机构。

三、人文交流与合作日益密切,形式多样

(一)文化艺术交流形式多样

1. 举办春节联欢活动。2020年1月17日,清迈总领事馆在清迈帝国酒店举办招待会和泰北大联欢活动,庆祝2020年春节和中泰建交45周年。新春招待会上,来自云南的艺术家和泰北的学生们表演琵琶、古筝、笛子及歌舞、舞狮等文艺节目。驻清迈总领馆联合清迈大学孔子学院和清迈中华商会举办新春游园、中华美食、“中国品牌泰国行”科技展、中国教育文化展及中国文艺汇演,还组织泰国学校举行中文短剧比赛等联欢活动。1月25日,2020年泰国“欢乐春节”在耀华力路开幕,泰国公主诗琳通、总理巴育、国会主席川·立派、旅游体育部长披帕、文化部长易提蓬、曼谷市长阿萨维和中国驻泰国使馆临时代办杨欣共同出席。泰国“欢乐春节”活动由中国文化和旅游部、驻泰国使馆和泰国旅游体育部、国家旅游局共同主办,是中国在海外举办的历史最长、规模最大、规格最高、影响最大的“欢乐春节”活动。1月20日至2月9日,“泰国欢乐春节——韩美林生肖艺术展”在曼谷中国文化中心及百丽宫商场同期举办,1月26日,诗琳通公主参观此次展览,并专门用毛笔题写“欢乐春节”四字。中国驻泰国使馆临时代办杨欣、韩美林老师夫妇、泰国旅游和体育部长披帕及泰国国家旅游局局长育塔萨等中泰嘉宾陪同参观。此次展览由曼谷中国文化中心、泰国国家旅游局共同主办,中国对外文化集团有限公司、韩美林艺术基金会承办,中国文化和旅游部、中国驻泰国大使馆给予大力支持。

12月29日,泰国内阁决定将2021年2月12日,即中国春节的农历大年初一列为特别假期。这是泰国首次将春节纳入全国公共假期。泰国文化部部长伊提蓬表示,增加假日有利于促进国内旅游业发展,带动各地经济增长。中国外交部发言人汪文斌在记者会上表示,中方欢迎泰国政府将2021年中国春节作为法定节

假日。相信这一举措必将进一步深化中泰传统友谊，促进民心相通，使两国关系好上加好、亲上加亲。

2. 庆祝中泰建交45周年文化活动。7月24日，由泰国文化部主办的2020年度“国家泰语日”活动在泰国文化中心举行，中国驻泰国大使馆临时代办杨欣代表使馆领取“泰语使用贡献奖”，这是“国家泰语日”自1999年设立以来首次向外国机构颁发奖项，为中泰建交45周年再添光彩。8月28日，“守望相助——庆祝中泰建交45周年图片展”在曼谷中国文化中心开幕。该图片展由曼谷中国文化中心、泰中文化促进委员会等单位共同举办，旨在以图片形式，真实、客观、立体展现中泰两国建交以来在政治、经济、文化、旅游、科教、健康（卫生）等各领域交流合作情况，展示两国人民守望相助、心手相连的情谊。开幕式上，还举行获奖作品颁奖仪式。10月25日，由中国驻泰国使馆、泰国文化部支持，曼谷中国文化中心主办的“第15届中国电影节暨2020中泰电影交流周”在曼谷中国文化中心开幕。此次活动是庆祝中泰建交45周年文化活动之一。12月9日，由中国驻泰国使馆和泰国甘拉雅尼音乐学院主办，泰国文化部、中国南京艺术学院等单位共同支持的庆祝中泰建交45周年音乐会“春晓”在泰国国家大剧院举行。甘拉雅尼音乐学院和南京艺术学院分别在中泰两国举办音乐会，展示中泰两校联合创作成果。此外，驻泰国使馆还支持甘拉雅尼音乐学院制作讲述中泰人文交流的纪录片，在泰国主流电视台MCOT及新媒体平台播出。甘拉雅尼音乐学院和南京艺术学院于2019年在泰国签署中泰两国高等艺术院校之间的首份合作文件，此次在曼谷举办的“春晓”音乐会，以及12月8日在中国南京举办的“异域同天”音乐会，既是对双方近年文化艺术合作成果的回顾，也是对庆祝中泰建交45周年的献礼。2020年底，中国驻宋卡总领馆同泰国第六区公共关系局合作，在泰国国家广播电视台宋卡站的支持下，拍摄泰南各界庆祝中泰建交45周年系列宣传片，中泰文两版于12月28日同时上线发布，共话中泰情谊，畅想美好未来。宣传片表达了泰南人民盼望早日战胜疫情、热情欢迎中国游客到来的美好心愿。

3. 其他文化交流活动。2020年2月20日，泰国旅游体育部在国家体育场举行“泰国体育人士凝心聚力为中国加油”公益足球赛，体育、旅游、华侨、文艺界等爱心人士参加活动并募捐。5月29日，中国和泰国媒体联合举办“解读中国两会”网络视频研讨会，两国专家学者和媒体界代表讨论2020年两会的重点内容，为泰国媒体和受众深入了解两会搭建平台。本次网络视频研讨会由中央广播电视总台亚太总站与泰国全国记者协会联合举办，中泰两国20多家媒体参加会议。10月26日，由清迈大学孔子学院主办的2020年中清杯第一届“互联网＋”泰国大学生中文创新创业大赛决赛在清迈大学举行。本次大赛旨在通过集中文学习、电脑培训、就业实习、创业孵化“四位一体”的新形式，提升泰国大学生中文实际应用能力，学习掌握最新电子商务以及网络营销知识，积极拓展“中文＋职业技能”培训。进入决赛的8支泰国大学生代表队展示各自的创新设计，经过激烈角逐，来自清迈大学、诗纳卡琳威洛大学和格乐大学的三支代表队获得本次大赛的前三名。

（二）教育合作线上线下并进

1. 举办“汉语桥”中文比赛。2020年6月28日，第19届“汉语桥”世界大学生中文比赛泰国赛区预选赛在线决赛成功举办。本届“汉语桥”世界大学生中文比赛泰国赛区决赛首次采用线上比赛的方式，并通过在线脸书直播和参赛选手网络人气投票等方式吸引超过5.2万人参与，直播观看量高达2.2万。来自泰国19所高校的105名选手报名参赛。8月30日，由中外语言交流合作中心主办，中国驻泰国使馆教育组、泰国教育部基教委、民教委、职教委和中外语言交流合作中心——曼谷中心联合承办的第13届“汉语桥”世界中学生中文比赛泰国赛区决赛在曼谷Yothinburana学校举办。此次决赛在经过泰国教育部基教委、民教委和职教委的层层选拔决出的15名优胜者中进行。本次比赛受到海内外的广泛关注，通过脸书、公众号和微信视频号等平台发布的比赛相关内容被各界人士分享转发，赛前“选手风采”展示和线上“最佳人气”奖评选等比赛相关动态累计浏览量高达65万次，点赞量超过5万余次。

2. 举办中文教育教学研修班和研讨会。2020年10月10—11日、17—18日，中国驻泰大使馆与中国教育部中外语言交流与合作中心、北京语言大学、留学中国校友总会和泰国高等教育科技创新部等中泰相关机构合作，举办首届泰国高校教师中文国际教育线上高级研修班。研修班邀请中国中文国际教育界的领军人物和教学名师为泰国大学教师云端开讲。泰国57所高校的179名本土教师报名参加。11月23日，中国驻泰国大使馆、泰国高等教育科研创新部、中国教育部中外语言交流合作中心联合主办纪念诗琳通公主学习中文40年暨泰国中文教学未来发展在线研讨会。研讨会依托华为云会议系统连线曼谷和北京，邀请中泰两国嘉宾在云端欢聚，共同致敬诗琳通公主勤勉研习中国语言文化的精神，探讨泰国中文教学未来发展。12月19日，第2期泰中新时代青年领导精英研修班举行开班仪式，参加本期研修班的学员80人。泰中新时代青年领导精英研修班由泰中文化经济学院发起举办，目的在加深对中国发展理念、政策和现状的学习了解，学员主要是泰国政经商界的优秀华裔青年代表。

3. 教育合作签约。2020年12月18日，中国教育部中外语言交流合作中心与泰国教育部职业教育委员会在线签署《关于开展“中文+职业技能”合作的谅解备忘录》。双方共同启动建设全球第一所语言与职业教育学院，宣告中泰语言与职业教育学院正式成立，标志中泰双方深度合作，开启汉语教学与职业技能教育相互融合的人才培养方式，着力培养“语言通、专业精、能力强”的复合型人才，为中泰开展多层次、宽领域经贸合作提供强有力支撑。

四、军事和安全领域务实合作正常开展

1. 泰国领导人祝贺八一建军节。八一建军节前夕，泰国总理兼国防部长巴育专门致函国务委员兼国防部长魏凤和上将，泰军最高司令蓬披帕上将专门致函中央军委委员、军委联合参谋部参谋长李作成上将，向中国人民解放军建军93周年表示祝贺。

2. 军事合作。2020年2月25日至3月6日，由美泰主导的“金色眼镜蛇-2020”军事演习在泰国多个府域举行，共有29个国家参加演习。中国陆军派出20余人分别参加桌面推演、实兵演练、工程援建和高级论坛等活动。此次联演充分体现中国积极开展同泰国以及其他东南亚国家深化军事安全合作，共同维护地区和平稳定的意愿。3月8日，中国海军第三十三批护航编队抵达泰国梭桃邑港，开始对泰国进行为期3天的友好访问。8月21日，泰国国会通过泰国海军向中方购买2艘潜艇的决议，但该决议受到泰国国会反对派及民众的强烈反对，认为在疫情严重影响经济的情况下，国家预算应该向扶助民生、恢复经济倾斜，而不是急于用于购买军备。8月31日，泰国总理府发言人透露，总理巴育下令推迟购买潜艇，同时指示海军向中方说明原因。但巴育仍强调购买潜艇保持军力的重要性。9月17日，中泰两军举行扶贫工作视频研讨会。中泰两军在会上介绍各自国家扶贫减贫战略和政策，深入交流两军参与扶贫的经验做法。泰国军队参谋长差霖蓬在致辞中高度评价双方务实合作。他希望通过研讨促进中泰两国发展，进一步深化两国两军合作。

3. 湄公河联合巡逻执法。2020年9月21日，在中老缅泰湄公河联合巡逻执法四国联合指挥部的视频会议中，老挝、缅甸、泰国三国执法部门负责人相继表态，中老缅泰四方一致同意并正式启动打击湄公河偷渡犯罪百日攻坚行动。12月5日，2020年度中老缅泰湄公河联合巡逻执法总结会和“守望2020”中老缅泰四国水陆视频拉动演练通过视频方式举行，对2020联合巡逻执法进行总结，并通过警务实战演练等活动强化多边交流，加强联系、强化合作。12月11日，历经4天3夜航行，云南省公安厅水上巡逻总队4艘执法艇顺利靠泊西双版纳景哈码头，标志着自2011年12月10日启动至今，中老缅泰四国已圆满完成100次湄公河联合巡逻执法。从2011年到2020年，9年时间，3000多个日夜，中老缅泰四国始终秉持共同、综合、合作、可持续的亚洲安全观，发扬“同舟共济、守望相助、包容并蓄、平等互利”的湄公河精神，风雨携手护航航道平安，齐心共筑澜湄国家命运共同体。

（黄幼霞　陈红升）

3月8日，中国海军第三十三批护航编队抵达泰国梭桃邑港，开始对泰国进行为期3天的友好访问（中国青年网）

中国和越南交往与合作

2020年是中国与越南建交70周年。尽管新冠肺炎暴发对两国人员和物资往来造成不利影响，在两党两国最高领导人战略引领下，两国通过边境会晤、线上会议等方式不断推动双边关系向前发展。两国及地方政府相互提供防疫援助物资，交流疫情防控经验，携手取得疫情防控重大成果。同时，中越经贸务实合作展现出强劲韧性和巨大潜力。

一、两国高层互动频繁

2020年，中越两国高层以视频、电话、贺电等方式，结合线上和直接会面保持互动。

2020年1月3日，中国外交部副部长罗照辉会见越南新任驻华大使范星梅，欢迎范星梅来华履新。1月13—15日，中共中央对外联络部部长宋涛率中共代表团赴越南访问，会见越共中央政治局委员、中央书记处常务书记陈国旺，同越共中央对外部部长黄平君举行部长机制会晤。1月16日，中共中央总书记、国家主席习近平应约同越共中央总书记、国家主席阮富仲通电话。习近平和阮富仲互致春节问候，共祝两国人民新春快乐。双方就新形势下共同引领两党两国关系发展达成重要共识，双方一致同意加

强战略沟通，不断巩固双方政治互信，弘扬中越传统友谊，夯实两国关系的根基，同时着眼大局和长远妥善处理和化解分歧，维护好两国发展的外部环境，推动两党两国关系取得更大发展。1月18日，值中国与越南建立外交关系70周年之际，中共中央总书记、国家主席习近平与越共中央总书记、国家主席阮富仲，国务院总理李克强与越南政府总理阮春福，中国全国人民代表大会常务委员会委员长栗战书与越南国会主席阮氏金银，互致贺电，庆祝中越建交70周年。1月27日，越南政府总理阮春福就中国发生新冠肺炎疫情向中国国务院总理李克强致慰问电。2月3日，中国共产党中央委员会致电越南共产党中央委员会，祝贺越南共产党成立90周年。2月19日，中国国务委员兼外长王毅在老挝万象会见越南副总理兼外长范平明。

4月2日，中国国务院总理李克强应约同越南政府总理阮春福通电话。中方感谢在中国发生新冠肺炎疫情之初，越方向中方致以慰问并提供物资支持，愿在力所能及的范围内为越方防控疫情提供必要的帮助和支持。越方高度评价中方抗击疫情取得的重要成效，感谢中方向越方提供支持和帮助，愿同中方相互借鉴防控经验，逐步恢复各领域交流与合作，将采取措施保障在越中国公民的健康安全。4月16日，中国驻越南大使熊波应约会见越南农业与农村发展部部长阮春强。5月29日，中国外交部副部长、中越双边合作指导委员会中方秘书长罗照辉同越南副外长、指导委员会越方秘书长黎怀忠举行视频会议，就中越关系和两国抗击新冠肺炎疫情合作深入交换意见。

7月16日，中国外交部副部长罗照辉同越南副外长黎怀忠举行中越双边合作指导委员会秘书长视频会晤。同日，中国海关总署进出口食品安全局与越南农业与农村发展部国家农林水产品质量管理局举行视频会议，双方一致同意进一步加强新冠肺炎疫情信息通报机制。7月21日，中国—越南双边合作指导委员会第12次会议在北京举行，中国国务委员兼外长王毅和越南副总理兼外长范平明共同主持。7月29日，中共中央对外联络部部长宋涛同越共中央对外部部长黄平君举行两党中央对外部门部长视频会议。7月30日，中国外交部领事司司长崔爱民与越南外交部领事局局长武越英以视频方式举行中越第12轮领事磋商，就疫情常态化背景下加强双边人员往来、助力复工复产等问题交换看法和意见。

8月8日，中共中央总书记、国家主席习近平向越共中央总书记、国家主席阮富仲致唁电，对原越共中央总书记黎可漂逝世表示沉痛哀悼。8月14日，越南驻华大使馆在北京为原越共中央总书记黎可漂同志逝世举行吊唁仪式，中共中央政治局委员、中央外事工作委员会办公室主任杨洁篪前往越南驻华使馆吊唁。8月23日，中国国务委员兼外长王毅同越南副总理兼外长范平明在广西东兴出席中国—越南陆地边界划界20周年和勘界立碑10周年纪念活动。两国外长共同现场查看边界界碑，并为各自的第一块界碑描红，观看两国划界勘界和边界合作图片展。8月31日，中国国务委员兼国防部长魏凤和在北京会见越南驻华大使范星梅。

9月29日，中共中央总书记、国家主席习近平同越共中央总书记、国家主席阮富仲通电话。值中华人民共和国成立71周年之际，越共中央总书记、国家主席阮富仲，政府总理阮春福，国会主席阮氏金银向中共中央总书记、中国国家主席习近平，中国国务院总理李克强，中国全国人大常委会委员长栗战书等致贺电。强调越南党、国家和人民一直重视促进越中关系稳健发展，愿同中方一道加强平等互利的合作，妥善解决存在问题，推进两国全面战略合作伙伴关系稳步发展，进而为地区乃至世界和平、稳定与发展做出贡献。越南政府副总理兼外长范平明也向中国国务委员兼外长王毅致贺电。

10月22日，中国国务院总理李克强向越南政府总理阮春福、中国国务委员兼外长王毅向越南政府副总理兼外长范平明就越南中部部分省份遭受严重洪涝灾害袭击，造成重大人员伤亡和财产损失致慰问电。10月27日，中国外交部副部长、中方东亚合作事务高官罗照辉同越南副外长、东盟事务高官阮国勇举行视频会晤，就东亚合作领导人系列会议筹备工作交换意见。

11月10日，越共中央委员、国防部副部长黄春战在河内会见中国驻越南大使熊波。11月12日，第23次东盟—中国领导人会议以视频形式举行，东盟各国领导、中国国务院总理李克强和东盟秘书长出席会议。11月27日，第17届中国—东盟博览会在中国广西南宁国际会展中心开幕。应中国政府邀请，越南政府总理阮春福以视频方式出席第17届中国—东盟博览会暨中国—东盟商务与投资峰会。11月30日，中共中央对外联络部部长宋涛受中共中央指派，以视频会议方式向越南共产党通报中共十九届五中全会精神。越共中央对外部部长黄平君，越南驻华大使范星梅等越方党政干部以及中共中央对外联络部副部长王亚军、中国驻越南大使熊波等出席通报会。黄平君通报越南共产党十三大的筹备情况。12月10日，中国外交部副部长罗照辉与越南副外长阮国勇以视频方式共同主持第18届东亚论坛并致辞。

二、两军交往与执法安全合作持续推进

（一）两军交往合作

2020年，中越两国军队在高层互访、防控疫情、边海防等方面开展合作。

2020年2月22日，越南国防部向中国国防部捐赠一批防控新冠肺炎疫情医疗物资，交接仪式在谅山省

友谊国际口岸举行。4 月 28 日,应越南军队请求,经中央军委批准,中国人民解放军在中越边境友谊关口岸向越军捐赠核酸检测试剂盒、体温检测设备等抗疫物资。4 月 29 日,中国国务委员兼国防部部长魏凤和同越南国防部部长吴春历通电话。双方表示将统筹推进疫情防控和深化两军务实合作。5 月 20 日,中国中央军委后勤保障部卫生局履约事务局局长李瑞大校与越南人民军总后勤局军医局副局长阮云江大校共同主持中越两国军医新冠肺炎疫情防控工作视频会议。双方就军队组织参加疫情防控工作开展经验交流,介绍新冠病毒快速检测试剂盒和疫苗研发过程,同时就今后的合作方向展开讨论。12 月 9 日,中国国务委员兼国防部部长魏凤和同东盟轮值主席国越南国防部部长吴春历共同主持第 11 次中国—东盟国防部长非正式会晤视频会议。

中越边境防务合作切实维护中越边境安全稳定。2020 年 2 月 27—28 日,中国云南省河口出入境边防检查站红河边境管理支队与越南老街省边防部队指挥部开展边境联合巡逻和新冠肺炎疫情防控活动。9 月 3 日,中国崇左边境管理支队与越南驮隆国际口岸边防屯开展第一次联合整治界河专项行动,共同维护边境地区安全稳定。9 月 29 日,广西崇左边境管理支队联合越南平宜边防屯,共同对中越平而界河开展巡航执法活动。12 月 8 日,广西崇左边境管理支队、爱店出入境边防检查站联合越南峙马口岸边防屯在广西宁明县爱店镇边境开展联合巡逻执法行动。

2020 年,两国海警、海军克服疫情影响,坚持海上合作机制。两国海警于 4 月 21—23 日和 12 月 22—23 日进行第 19 次、第 20 次北部湾共同渔区联合检查行动。两国海军于 6 月 25—26 日和 11 月 20—22 日在北部湾海域开展第 28 次、第 29 次联合巡逻。

(二)执法安全合作

2020 年 11 月 24 日,中国国家安全部与越南公安部第五次副部长级战略安全对话在河内举行,两部对各项协议开展情况共同进行评估,就未来合作内容和方向进行讨论并达成一致。11 月 25 日,越南公安部部长苏林在河内会见正在对越南进行工作访问的中国国家安全部副部长王裕文。双方认为战略安全对话已成为十分重要且有效的对话渠道,有助于新形势下双方合作打击犯罪工作任务的开展,以保障国家和人民的安全。

三、双边经贸逆势增长

2020 年,中越双边贸易克服新冠肺炎疫情带来的严重冲击,实现逆势增长。中国连续 16 年成为越南第一大贸易伙伴。中国海关统计数据显示,2020 年,越南跃升成为中国第 6 大贸易伙伴,其中是中国第 8 大进口市场和第 5 大出口市场,保持成为中国在东盟的最大贸易伙伴。

据中国海关总署统计,2020 年中越贸易额为 1922.888 亿美元,比上年增长 18.7%。其中,中国对越南出口 1138.141 亿美元,自越南进口 784.747 亿美元,分别增长 16.3% 和 22.4%。据越南统计总局公布的数据,2020 年中越双边贸易额为 1330.92 亿美元,比上年增长 13.8%。其中:越南对中国出口 489.052 亿美元,增长 17.9%;自中国进口 841.869 亿美元,增长 11.5%。越南对中国贸易逆差 352.817 亿美元,增长 3.74%。中国继续是越南的最大贸易伙伴,也是越南最大进口市场和第二大出口市场(仅次于美国)。中越贸易主要增长动力来自加工制造业(370.7 亿美元,增长 20.06%)和建材(31.2 亿美元,增长 104.09%)等。但是越南若干商品对华出口面临困难,其中包括农水产品(68 亿美元,减少 3.3%)。12 月 8 日,中国海关总署与越南农业与农村发展部就越南凉粉草输华植物检疫签订议定书。12 月 28 日,中国海关总署发布关于《进口越南凉粉草植物检疫要求》的公告,宣布允许符合相关要求的越南凉粉草出口到中国。

2020 年,中国对越南的投资也在稳步增长。中国企业对越南全行业直接投资 13.8 亿美元,比上年增长 5.9%。据越方统计,2020 年全年中国对越南投资位列越南吸引外资第三位。越南对华投资 275 万美元,比上年下降 84.0%。年内中国企业在越南新签工程承包合同额 49.5 亿美元,增长 12.7%;完成营业额 29.3 亿美元,下降 25.6%。

四、两国交通运输网络不断发展

海路运输方面,中国天津和海南开通连接越南的新航线。2020 年 3 月 19 日,"天津—胡志明市"集装箱班轮新航线开通。这是天津港集团 2020 年开辟的首条"21 世纪海上丝绸之路"新航线。6 月 12 日,一艘满载货物的集装箱班轮从天津港集装箱公司开航,目的地为越南胡志明市和归仁市、马来西亚民都鲁市,标志着天津—越南东马直航快线成功开通,这也是天津港集团 2020 年开通的第二条"一带一路"集装箱班轮航线。10 月 29 日,中越 SHX(海南洋浦—越南海防)国际集装箱班轮航线开通,这是海南自由贸易港开通的首条由本地航运企业联合运营的外贸航线。该航线投入两艘 1200TEU(国际标准箱)集装箱船周班运营。旨在实现海南与越南之间货物的直接运输。

铁路运输方面。2020 年 5 月 26 日,一列满载着 70 标箱纺织品、机电产品等货物的中欧班列(海安—东盟)从中国江苏海安火车站出发,开往越南河内。此趟中欧班列经由广西凭祥站出境,这是长三角地区开往东盟的首趟中欧班列,全程 2300 千米,用时 5 到 7 天,比海运减少 2/3 时间。10 月 10 日,中国浙江义乌至越南河内的中欧班列从义乌始发,从广西凭祥口岸出境，开往越南首都河内的安员车站，全程2168千米。这是浙江省首次开通至东南亚国家铁路国际物流通道，该趟班列计划每周常态化开行1列。

五、党建理论、文化学术等交流继续加强

2020年，中越两党两国继续密切治国理政经验交流，推进中越文化和学术交流。

2020年12月30日，中国驻胡志明市总领馆举办中共十九届五中全会精神线上宣介会。越南计划投资部南方投资促进中心、胡志明市政治学院二分院、越南工商会胡志明市分会、胡志明市人文与社科大学、胡志明市师范大学、雒鸿大学、文郎大学、鸿庞大学等高校师生出席。

在中越建交70周年之际，中国驻越南使馆援助越南公安部外事局建立阅览室和中国图书角并赠送中文图书。11月3日，越南公安部外事局举行阅览室暨中国图书角剪彩仪式，中国大使馆尹海虹公参应邀出席，与越南外事局局长阮清山中将共同剪彩。尹海虹公参还代表使馆向越方赠送《习近平谈治国理政》等中文图书。11月14日，由越南驻南宁总领事馆主办、广西民族大学承办的以“山水相连中越情”为主题的第一届广西高校大学生越南语演讲大赛总决赛在广西民族大学举行。12月9日，越南文化体育旅游部在胡志明博物馆举办主题为“越南美好—中国美好”展览，以纪念中越建交70周年。12月19—22日，中国驻岘港总领馆与岘港市友好组织联合会、越中友好协会联合在岘港市美术博物馆举办“中越建交70周年图片展”。8月28日，中国驻越南大使馆、中国人民大学重阳金融研究院、越南外交学院战略研究院联合举办“中越建交70周年”视频研讨会。与会两国领导人回顾中越建交70年来两国关系发展历程，两国专家学者就中越关系和共同关心的国际地区问题坦诚深入交换意见。

六、海上合作继续推进

2020年，中越继续开展北部湾共同渔区渔业联合检查，继续推进北部湾湾口外海域和海上共同开发磋商，继续推动海上低敏感领域合作磋商。

在北部湾共同渔区和海域巡航合作方面。4月21—23日和12月21—23日，中国海警与越南海警进行《中越北部湾渔业合作协定》签署以来第19次、第20次北部湾共同渔区联合检查行动。行动内容主要包括对途经该海域的两国渔船进行观察记录，对渔船民开展宣传教育，维护海上生产作业秩序。《中越北部湾渔业合作协定》有效期截至2020年6月30日。第20次北部湾共同渔区联合检查行动是上述协定到期之后首次进行。12月8日，中国海警局与越南海警司令部以视频会议的形式召开中越海警第4次高层工作会晤。会议积极评价近年来双方的工作成果，就下一步合作方向达成广泛共识。双方还就渔业和当前南海局势等共同关心的问题深入交换意见。

在北部湾湾口外海域和海上共同开发磋商方面。9月9日，中越北部湾湾口外海域工作组第十三轮磋商和海上共同开发磋商工作组第十轮磋商以视频会议形式举行。双方就中越海上划界与共同开发等问题坦诚、务实地交换意见。双方一致强调要继续认真落实中越两党两国领导人就海上问题达成的重要共识和《关于指导解决中越海上问题基本原则协议》，同步推进北部湾湾口外海域划界与南海共同开发；同意加快达成共同开发指导原则，尽快完成北部湾湾口外海域共同考察成果报告。双方还就当前南海形势及中越海上问题交换意见，一致同意继续按照两党两国高层共识，妥善处理海上矛盾和分歧，管控海上局势，积极推进互利合作，共同维护南海和平稳定和两国关系良好发展势头。

在推动海上低敏感领域合作方面。6月30日，中越海上低敏感领域合作专家工作组非正式磋商以视频会议方式举行。双方总结中越海上低敏感领域合作专家工作组第十三轮磋商以来已签署的海上低敏感领域合作项目的落实情况，积极评价各项目取得的成果，赞赏有关合作为进一步深化中越全面战略合作伙伴关系，维护海上和平稳定作出的积极贡献。双方讨论中越海上低敏感领域未来合作的方向，强调应继续认真落实两党两国领导人重要共识及《关于指导解决中越海上问题基本原则协议》的精神，在各自能力和需求的基础上，继续推动在海洋科研、渔业、搜救、海上执法等领域开展新合作项目。双方还就商签海洋环保、搜救以及渔业相关合作协议深入交换意见，并达成广泛共识。

七、中国各省份与越南不断加强对接合作

2020年6月16—17日，中国国际贸促委员会山东省委员会与越南工贸部贸易促进局联合主办“中国(山东)—越南农产食品线上展览洽谈会”，此次活动得到中国驻越南大使馆经济商务参赞处的指导和支持。中越60多家企业在农副食品、水果、海产品、物流服务等领域开展实时线上展示洽谈，寻找意向合作伙伴。

10月9日，上海市市长龚正会见越南驻华大使范星梅一行。越方表示，愿上海与越南各地积极推进互利合作，建议上海市政府继续为越南公民和企业在沪活动提供便利条件；希望上海各协会和企业扩大进口越南优势产品，加大对越南的投资尤其是对高技术含量、环境友好型的项目。

10月12日，中国江苏省长吴政隆在南京会见越南驻华大使范星梅一行。双方就江苏省同越南各地方交流与合作措施交换意见，一致认为继续扩大江苏省与越南各地方之间的合作交流机制，充分发挥双方互

补优势,加强互惠互利合作。越南是江苏在东盟国家中最大的贸易伙伴。

11 月 24 日,四川省委书记彭清华、重庆市委书记陈敏尔、市长唐良智分别会见访问川渝的越南驻华大使范星梅一行。范星梅大使高度评价重庆市和四川省在“陆海新通道”“长江经济带”“双城经济圈”(重庆—成都)、中欧铁路等中国区域互联互通发展战略规划中的地位。各方均表示同意加强重庆和四川与越南各地的经贸人文及交通物流等方面的合作,推动双边关系发展。

2020 年,中国海南对越南进出口贸易总额 69.64 亿元人民币(10.14 亿美元),与上年基本持平。其中:出口 40.5 亿元人民币,比上年增长 2.2%;进口 29.1 万元人民币,下降 2.8%。年内开通中越 SHX(海南洋浦—越南海防)国际集装箱班轮航线。

八、中越边境合作不断发展

2020 年,中国广西、云南两省(自治区)与越南边境经贸、互联互通继续发展。

(一)广西与越南的经贸合作

越南继续保持为中国广西的最大贸易伙伴。2020 年,广西对越南进出口贸易总额 1762.39 亿元人民币,比上年增长 0.48%。其中:广西出口 1343.92 亿元人民币,增长 11.57%;自越南进口 418.47 亿元人民币,下降 23.82%。广西边境贸易(边境小额贸易加边民互市贸易)位列全国第一,进出口 1408.6 亿元人民币,下降 5.2%。其中:边境小额贸易进出口 1125.6 亿元人民币,增长 3.2%,占同期广西外贸总值 23.2%;受中越边境疫情防控要求影响,全年边民互市贸易进出口 283 亿元人民币,下降 28.4%,占 5.8%。2020 年,广西实施互市贸易“集中申报、整车通关”模式,在全国率先启动海运方式进口互市商品试点,互市进口商品范围扩大到东盟 10 国。

1 月 6—7 日,2020 年中国广西与越南边境四省党委书记新春会晤联谊活动在柳州市举行。中共广西壮族自治区委员会书记鹿心社与越共谅山省委书记林氏芳清、高平省委书记赖春门、河江省委书记邓国庆、广宁省委常务副书记吴皇银进行工作会谈,各方就 2020 年友好交流合作达成多项共识并共同签署会谈纪要。会晤期间,防城港市、百色市、崇左市以及广西万生隆投资有限公司等与越方有关省市和企业签署 8 项合作协议。7 日,中国广西与越南边境四省联合工作委员会在柳州举行第 11 次会晤,各方共同签署会晤备忘录。

2020 年 2 月 24 日,广西凭祥(铁路)口岸进境水果指定监管场地通过中国海关总署验收,可正式办理进境水果直通运输业务。至此,该口岸集海关、边检、铁路货运功能于一体,可实现进出口业务一站式办理,过境集装箱货物无须换车换装。2 月 25 日,中国首趟进境水果班列从越南同登直达广西凭祥。3 月 13 日,中共广西壮族自治区委员会书记、自治区人大常委会主任鹿心社应约同越南工贸部部长陈俊英通电话,就共同抗击疫情、促进经贸合作深入交换意见。4 月 21—23 日,由广西商务厅与越南贸易促进局共同举办的首期中国(广西)—越南商品网上交易会(农副产品、食品专场)正式启动。全程采用网络视频的方式进行,共有 129 家中越企业参加。6 月 2—4 日,广西商务厅与越南工贸部贸促局共同举办第二期中国(广西)—越南商品网上交易会(建材及家居产品专场),双方再次为企业搭建“云展销”平台,促进桂越企业在建材、家居产品领域的贸易交流与合作。

2020 年 8 月 26 日,中国广西百色市人民政府代表团与越南高平省人民委员会代表团在中国龙邦—越南茶岭口岸零千米处举行口岸开放合作会晤。9 月 21 日,广西壮族自治区主席陈武应约同越南谅山省人民委员会主席胡进绍通电话,双方就相互通报并就疫情形势、疫情对货物进出口活动造成的影响、边境管理和保护、打击跨境犯罪等问题交换意见。12 月 23 日,中国东兴与越南芒街举行工作会晤。双方就中越北仑河二桥货物通关、浮桥升级为双边口岸、确保防疫工作的同时尽早恢复互市边贸口岸活动等相关事宜进行磋商,并达成一些共识。

(二)云南与越南的经贸合作

2020 年,中国云南与越南进出口总额 352.06 元亿人民币,比上年增长 14%。其中:出口 265.23 亿元人民币,增长 37.5%;进口 86.83 亿元人民币,下降 25.1%。

2020 年 5 月 22 日,云南省红河州人民政府与越南老街省人民委员会联合举行视频会议,就双方新冠肺炎疫情和促进贸易和进出口活动交换意见。5 月 26—27 日,由越南工贸部贸易促进局、越南驻昆明商务处与中国国际贸易促进委员会云南省分会联合通过在线会议平台举办“2020 年越南—中国(云南)农业 & 食品企业线上对接会”,12 月 12—18 日,由中国—南亚博览会秘书处主办的“永不落幕的南博会”与第 20 届中越(河口)边境经济贸易交易会同期以线上方式举办,成为中越双方企业搭建贸易与投资、交流与合作的平台。

九、两国加强疫情防控与公共卫生合作

2020 年,面对严峻复杂的新冠肺炎疫情,中越两国在疫情防控方面相互帮助,援助医疗设备物资,交流防控经验,协调解决采购医疗防疫物资通关受阻问题。中越边境省市加强边境管理,建立联防联控机制,着力防范疫情跨境传播。

2020 年 2 月 8 日,越南工贸部向中方捐赠新冠肺炎疫情防控物资交接仪式在中国驻越南大使馆举行,越南工贸部向中方捐赠价值 6 亿越南盾的防疫物资。

2月9日，越南政府向中国赠予抗疫医疗物资交接仪式在河内内排机场举行。该批物资包括19台呼吸机、1000套防护服、20万只医用口罩和30万双手套。越南红十字会也发动各界捐助4万只N95口罩、10万只医用口罩等医疗物资。10日，这批防疫医疗物资运抵中国湖北武汉。

在中国新冠肺炎疫情严峻、医疗物资紧缺时，越南各地特别是边境各地积极协助中国边境各地防控疫情。2020年1月29日，越南安沛省、老街省分别向中国云南省赠送2万只普通医用防护口罩，共计4万只。1月30日，越南芒街市向广西东兴市赠送2万只普通医用口罩。2月3日，越南谅山省在广西友谊关口岸零千米处向中国广西壮族自治区捐赠一批防疫防护物资。2月6日，越南谅山省在友谊关口岸零千米处继续向中国广西壮族自治区政府赠送35万只医用口罩。2月7日，越南莱州省封土县马鹿塘口岸边防部队和口岸经济管理委员会向中国云南省金水河口岸捐赠1万只医用口罩、近1000瓶消毒酒精和医用洗手液。2月8日，越南广宁省平辽县政府向中国广西防城港市防城区政府捐赠2万只医用口罩和250千克化学消毒剂等医疗物资。2月10日，越南谅山省谅山市向中国广西崇左市捐赠一批包括1万只医用口罩、1万双手套、500瓶500毫升酒精、400瓶消毒液等医疗物资，总值近1.7亿越南盾（约合5万元人民币），助力该市加强新型冠状病毒感染的肺炎疫情防控工作。2月12日，越南高平省年轻企业家协会在高平省茶岭口岸向中国广西百色市捐赠一批防疫医疗物资。2月12日，越南广宁省芒街市援助中国东兴市包括3万只口罩、5000双手套和500千克消毒剂等防疫医疗物资交接仪式在东兴口岸管理委员会办公楼举行。2月20日，越南广宁省也向中国广西壮族自治区捐赠一批防疫物资。

在中国抗击疫情工作取得重大成果后，中国援助包括越南在内的国际社会共同抗击新冠肺炎疫情。2020年3月10日，中国驻胡志明市总领事吴骏访问胡志明市大水镬医院，对医院收治两名感染新冠肺炎的中国公民表示感谢，并就进一步加强双方卫生医疗合作进行座谈交流。吴骏总领事代表总领事馆和越南中国商会胡志明市分会向大水镬医院赠送一批医用物资和捐款。4月7日，中国广西防城港市在东兴口岸北仑河一桥向越南下龙市捐赠一批防疫物资。此次捐赠的物资包括2万只普通医用口罩、500套防护服、500副护目镜、500双手套。5月20日，中国禁毒基金会向越南公安部禁毒局捐赠防疫物资交接仪式在广西友谊关口岸举行，双方代表签署交接文书。9月14日，中国公安部国际合作局向越南公安部外事局援助一次性医用口罩、护目镜、防护服等一批防疫物资。9月29日，中国政府向越南政府捐赠医疗物资交接仪式在河内举行。此批医疗物资包括30万只医用口罩和2万只防护口罩等。仪式结束后，双方举行会谈，就加强中越卫生领域合作交换意见。11月4日，中国国家移民管理局向越南国防部边防部队捐赠防疫物资仪式在友谊关口岸举行。

中国边境省份云南和广西与越南边境省份加强疫情联防联控工作。2020年1月30日，中国广西东兴与越南芒街举行疫情防控工作会晤，双方决定开展联防联控工作，共同打赢疫情防控阻击战，保障两地人民群众身体健康和生命安全。4月1日，中国麻栗坡边境经济合作区管委会与越南河江省经济区管委会在天保口岸国门交界处正式签署《中国天保口岸—越南清水口岸新型冠状病毒肺炎疫情联合防控机制》。4月22日，中国广西与越南广宁、谅山、高平、河江边境四省跨境疫情防控沟通协调机制举行首次会议。会议在广西外事办同广宁省外事厅之间以通电话方式举行。该机制由双方外事部门牵头，公安、商务、卫生、边防部队、海关、边防检查及边境市、县等单位组成，原则上每半个月通过边境会晤或远程电话方式开展工作。8月26日，中国勐康出入境边防检查站龙富分站与越南奠边省边防部队阿巴寨边防哨所联合举行边界会晤，旨在加强双方边防交流合作，做好边界管制工作以及防控新冠肺炎疫情。9月20日，中国云南出入境边防检查总站江城边境管理大队与越南奠边省边防部队莲上边防哨所在中越边界第12号主碑举行现场会谈，旨在推动并有效保持双方在实现管理边界、防控新冠肺炎疫情双重目标中的合作机制。（何静波　李碧华）

2月9日，越南政府向中国赠予抗疫医疗物资交接仪式在河内内排机场举行（搜狐网）

重要节会展会

第17届中国—东盟博览会

中国—东盟博览会概况

中国—东盟博览会(CHINA - ASEAN Exposition 简称CAEXPO),2003年由中国国务院总理温家宝在第7次中国与东盟(10+1)领导人会议上倡议,并于2004年开始每年在中国广西南宁举办的国家级、国际性经贸交流盛会。中国—东盟博览会由中国和东盟10国经贸主管部门及东盟秘书处共同主办,广西壮族自治区人民政府承办。中国—东盟博览会以"促进中国—东盟自由贸易区建设、共享合作与发展机遇"为宗旨,搭建融政治外交、经贸合作、人文交流于一体与东盟全方位合作的新平台。

中国—东盟博览会是目前中国境内唯一由多国政府共办且长期在一地举办的展会。自2004年以来,中国—东盟博览会已成功举办15届,同期成功举办15届中国—东盟商务与投资峰会,在服务国家周边外交、促进中国—东盟自由贸易区建设、推动共建21世纪海上丝绸之路等方面取得显著成效,成为合作共赢的典范。2014年2月,中共中央办公厅、国务院办公厅行文将中国—东盟博览会与博鳌亚洲论坛、夏季达沃斯论坛并列为"国家层面举办的重点涉外论坛和展会","具有特殊的国际影响力",每年举办一次,中国领导人每年保持现有规格出席。2015年3月,中国—东盟博览会作为重要合作机制被写入《推动共建丝绸之路经济带和21世纪海上丝绸之路的愿景与行动》,以其平台的建设性作用服务"一带一路"建设。

中国—东盟博览会具有进口与出口相结合、投资与引资相结合、商品贸易与服务贸易相结合、展会结合,相得益彰,既是经贸盛会,也是外交舞台、经贸活动与文化交流相结合等六大特色。常设商品贸易、投资合作、先进技术、服务贸易、"魅力之城"等5个专题。

从2007年第4届中国—东盟博览会起,每届确定一个东盟国家为主题国。主题国一般按东盟国家国名英文首字母顺序依次出任。第4~15届中国—东盟博览会主题国分别为:文莱、柬埔寨、老挝、印度尼西亚、马来西亚、缅甸、菲律宾、新加坡、泰国、越南、文莱、柬埔寨。从2014年第11届中国—东盟博览会起,设特邀合作伙伴。即根据有关国家的申请和筹备情况,由中国—东盟博览会秘书处代表中国—东盟博览会各共办方邀请中国和东盟以外的RCEP成员国和"一带一路"沿线国家担任特邀合作伙伴,中国—东盟博览会从服务"10+1"向服务RCEP及"一带一路"拓展,推动中国和东盟作为一个整体与区域外国家的交流,创造更多商机。第11~15届中国—东盟博览会特邀合作伙伴分别为:澳大利亚、韩国、斯里兰卡、哈萨克斯坦、坦桑尼亚。

中国—东盟博览会举办以来,获得多个会展业奖项。2005年,中国—东盟博览会被评为中国十大知名品牌展会,博览会常设机构——中国—东盟博览会秘书处获中国会展业特别贡献奖。2006年,中国—东盟博览会获"2006年中国十大最具影响力的政府主导型展会"称号。2007年,中国—东盟博览会获得"2007年中国十大最具影响力的国家级品牌展会"称号。2008年,中国—东盟博览会在第6届中国会展节事财富论坛上入选"2008年度十大会展"。2009年,中国—东盟博览会在第7届中国会展业高峰论坛上入选"2009年中国十大国家级品牌展会"。2010年,中国—东盟博览会获"中国会展产业金手指奖·十大影响力展览会""新世纪十年·中国会展杰出典范奖""新世纪十年·中国十大品牌展会""十大经贸博览类节庆最具魅力品牌奖""2010年中国十佳展览会""2010中国十大最具国际影响力展会""2010年'中国会展之星'品牌展会,中国十大政府主导型展会""2010中国十大影响力展会"等称号。2011年,中国—东盟博览会在广州会展经济论坛、中国会展经济年度研讨会上获"2011年中国十佳品牌展会"称号。2012年,中国—东盟博览会在中国会展产业论坛获"2011—2012年度中国十大品牌展览会"称号,在中国会展业年度研讨会上获"2012中国会展业年度十佳品牌展会项目"奖,在中国会展行业年会上获"2012年度中国十大影响力展览会"称号。2013年,中国—东盟博览会在南京中国会展产业论坛获2012年度"十大影响力会展"称号;在中国会展业年度研讨会上获"2013年度中国十佳品牌展会项目"奖。2014年,中国—东盟博览会在中国会展业年度研讨会上获"2014年度中国十佳品牌会展项目"奖。中国—东盟博览会林木展获国家林业局、中国农林水利工会全国委员会颁发的"2014年中国林业产业突出贡献奖"。2015年,中国—东盟博览会获中国会展经济研究会颁发的"2015中国会展业年度十佳品牌展会项目"奖。

2018年9月12~15日,第15届中国—东盟博览会在中国广西南宁举办。本届博览会展区面积1.24万平方米,设展位6600个,其中东盟国家展位1446个,柬埔寨、印度尼西亚、老挝、马来西亚、缅甸、菲律宾、泰国、越南8个东盟国家包馆。11位中外领导人和前政要、259位部长级贵宾出席本届博览会,其中东盟及区域外部长级贵宾122位。本届中国—东盟博览会参展企业2780家,比上年增长2.6%;采购商团组112个,增长15%;有组织的专业观众超过1.1万人,增长10%；举办高层论坛35个、贸易投资促进活动91场；签订经济合作项目530个，其中国际项目76个，国内项目454个。

第16届中国—东盟博览会于2019年9月21日至24日在广西南宁举行，主题为“共建‘一带一路’、共绘合作愿景”，主题国是印度尼西亚。本届展览会总面积为13.4万平方米，比上届增加1万平方米，总展位数7000个。柬埔寨、印尼、老挝、马来西亚、缅甸、泰国、越南7个东盟国家包馆。本届博览会有来自30多个国家的2848家企业参展，比上届增长2.4%；采购商团组122个，比上届增加8.9%；有组织的专业观众超过12000人，比上届增长10%；举办贸易投资促进活动90场，高层论坛33个。

第17届中国—东盟博览会于2020年11月27日至11月30日在广西南宁举行，主题为共建“一带一路”、共兴数字经济，同步举办实体展和云上东博会，主题国为老挝，特邀合作伙伴为巴基斯坦。中国国家主席习近平在开幕大会上致辞。本届东博会实体展规划总面积10.4万平方米，总展位数5400个。实体展共有1668家企业参展，华为等一批世界500强和知名企业参展。东盟和区域外展览面积占比18.2%，有22个“一带一路”沿线国家108家企业参展，促成86个国际、国内投资合作项目签约，总投资额2638.7亿元，同比增长43.6%，是东博会举办以来签约项目投资总额增幅最高的一届，其中高新产业及金融领域项目占比85.3%，总投资比上届增长67.8%。“云上东博会”共有1956家企业参展，其中外国展商占21%，实现了参展企业上云全覆盖和全域营销推广。国内外84个采购团组线上线下参会。会议期间共举办154场线上线下经贸活动，其中云上会议40场、云上对接推介活动30场；系列高层论坛共有11个，其中会期举办8个，首次采取“线上＋线下”的形式举办，围绕自由贸易、卫生、信息港、技术转移、产能合作、统计、金融、电力等领域的热点问题开展深入、广泛的交流，推动各领域合作机制和项目落地。

第17届中国—东盟博览会招商招展

2020年，受到新冠肺炎疫情影响，第17届中国—东盟博览会举办时间延迟。中国国务院新闻办公室于9月27日举行新闻发布会，中国贸促会副会长张少刚宣布第17届中国—东盟博览会于2020年11月27—30日在广西南宁举办，在举办实体展的同时推出“云上东博会”。在常态化疫情防控形势下举办中国—东盟博览会，既是应对疫情影响、稳住外贸外资基本盘的创新举措，也是推动经贸合作务实开展、助力区域经济加快复苏、支持全球经济的实际行动。

11月20日，中国—东盟博览会秘书处在官方网站发布参展参会公告。

11月26日，第17届中国—东盟博览会、中国—东盟商务与投资峰会新闻吹风会在南宁举行，向与会中外媒体记者通报本届展会的筹备情况。围绕“共建‘一带一路’，共兴数字经济”主题，通过展览、论坛、活动，深化经贸、数字经济、科技、卫生等多领域合作，推动中国—东盟命运共同体建设提升到新水平。本届博览会、峰会规格更高，形式创新。中国国家主席习近平发表视频致辞。中共中央政治局委员、中央外事工作委员会办公室主任杨洁篪出席开幕式，老挝总理通伦、柬埔寨首相洪森、印尼总统佐科、缅甸总统吴温敏、菲律宾总统杜特尔特、泰国总理巴育、越南总理阮春福、巴基斯坦总统阿里夫·阿尔维以及东盟秘书长林玉辉也发表视频致辞。中国有关部委负责人和各省区市代表、东盟10国和巴基斯坦驻华大使及上述11国和历届博览会特邀合作伙伴、“一带一路”沿线有关国家驻华使馆、驻穗驻邕总领事、商务参赞和领事，知名企业家、社会各界知名人士等参加本次盛会。首次采取线上线下相结合的办展方式，举办实体展，同步上线云上博览会。线下实体展以境内参展参会客商和外国企业驻华机构为主，境外客商以云上参展参会为主。

实体展规划总面积10.4万平方米，总展位数5400多个。其中，中国企业使用展位数4600个，东盟国家展位数574个，“一带一路”国际展区展位数229个；云上参展企业1581家，其中国内企业1251家，国外企业330家。邀请84个国内外采购和投引资团组参会，国内23个省区市商务主管部门组织近3万名专业观众参会洽谈。首次设置粤港澳大湾区合作展区、国际门户港展区、公共防疫和卫生展区，首次整体展示中国（广西）自由贸易试验区。扩大陆海新通道展区规模，继续设置金融展区。计划举办超过160场经贸促进活动，系列高层论坛共有11个，其中会期内举办8个。计划围绕中国—东盟自由贸易区全面建成10周年、数字经济、技术创新等内容，举办系列交流活动，采取线上线下相结合的方式举办，在南宁设主会场。其中，会期内举办老挝国家领导人与中国企业CEO圆桌对话会、中国—东盟商界领袖论坛；会期外举办“六会一展”，即中国—东盟商事法律合作研讨会、中国—东盟汇商聚智高峰论坛、第2届中国—东盟人工智能峰会、世界500强企业首席科学家大会、中国—东盟高新技术产业合作发展大会、中国—东盟青年企业家论坛、全球高精新特展览会暨2020海内外高端人才创新创业博览会。

本届博览会主题国为老挝，通过线上线下相结合的方式举办老挝国家推介会。巴基斯坦出任特邀合作伙伴。

第17届中国—东盟博览会、中国—东盟商务与投资峰会开幕式

2020年11月27日在中国广西南宁举行。以“共建‘一带一路’、共兴数字经济”为主题。中国国家主

席习近平发表视频致辞。为推动建设更为紧密的中国—东盟命运共同体，习近平提出提升战略互信，深入对接发展规划；提升经贸合作，加快地区经济全面复苏；提升科技创新，深化数字经济合作；提升抗疫合作，强化公共卫生能力建设等四点倡议。

习近平强调，中国将坚定不移扩大对外开放，增强国内国际经济联动效应，以自身复苏带动世界共同复苏，包括东盟在内的世界各国都将从中受益。放眼未来，中国同东盟合作空间将更为广阔。习近平主席的致辞为新发展阶段中国—东盟关系发展指明方向，有助于双方加速推进区域经济一体化进程，共创更加繁荣美好的未来。

中共中央政治局委员、中央外事工作委员会办公室主任杨洁篪出席开幕式，巡视博览会展馆并集体会见东盟国家和巴基斯坦驻华使节。老挝总理通伦、印尼总统佐科、缅甸总统吴温敏、菲律宾总统杜特尔特、柬埔寨首相洪森、泰国总理巴育、越南总理阮春福、巴基斯坦总统阿尔维以及东盟秘书长林玉辉先后通过视频方式致辞，高度评价东盟—中国战略伙伴关系发展，感谢中国为东盟和其他国家抗击疫情作出的积极贡献，期待中国—东盟博览会等平台持续发挥重要作用，促进各国商业往来，增强区域互联互通，探索合作发展新机遇，确保未来的东盟—中国战略伙伴关系更加牢固、更具价值。中共广西壮族自治区委员会书记、自治区人大常委会主任鹿心社，广西壮族自治区党委副书记、自治区代主席蓝天立，中国国家部委有关领导、各省区市有关负责人、金融机构负责人、商协会会长、有关国际组织负责人、企业家、专家学者以及各界人士代表出席开幕式。

第 17 届中国—东盟博览会经贸成效

本届博览会紧扣中国—东盟自贸区全面建成 10 周年展示新商机，切实推动“一带一路”经贸合作。

线上线下参展参会踊跃。实体展共有 1668 家企业参展，中国华为等一批世界 500 强和知名企业参展。东盟和区域外展览面积占比 18.2%，有 22 个“一带一路”沿线国家 108 家企业参展，包括巴基斯坦、日本、韩国、澳大利亚、法国、意大利、俄罗斯等。“云上博览会”共有 1956 家企业参展，其中外国展商占 21%，实现参展企业上云全覆盖和全域营销推广。国内外 84 个采购团组线上线下参会。

线上线下经贸相互促进。举办 154 场线上线下经贸活动，其中云上会议 40 场、云上对接推介活动 30 场，举办一系列直播活动，部分展品成为云上热销产品。云上博览会针对境内外不同语言、不同运营模式的展商，支持多声道输出，为双边和多边合作交流提供“一站式”服务。各场对接会为国内外客商促成 3000 对精确配对。会后，云上东博会继续常年运行，中外参展商可全年在线进行展示洽谈、直播营销。

项目签约规模和质量创新高。签订国际、国内投资合作项目 86 个，投资总额 2638.7 亿元，比上届增长 43.6%，是 2004 年首届博览会以来签约项目投资总额增幅最高的一届。高新产业集聚再添新动能，“三大三新”及金融领域项目占比 85.3%，投资总额比上届增长 67.8%。重大项目在体量和质量上均比往届提升。

大力推进重点领域合作。一是助推陆海新通道建设。扩大陆海新通道展区规模，中国沿线省份从物流、金融、大数据等方面展示商机，举办西部陆海新通道媒体推介会、豫桂东盟西部陆海贸易新通道合作洽谈会、“西部陆海新通道·国际贸易新机遇”主题推介会等活动，沿线多家物流企业签订《战略合作框架协议》，沿线省市 9 家城市商业银行签署金融支持西部陆海新通道建设倡议书。二是助推中国(广西)自由贸易试验区建设。首次整体展示广西自贸试验区，举办试验区推介会，宣介试验区建设成果以及制度创新、产业发展等商机，南宁片区、钦州港片区和崇左片区进行招商

11 月 27 日，第 17 届中国—东盟博览会、中国—东盟商务与投资峰会在中国广西南宁举行　（人民网）

推介。三是助推东盟市场对接粤港澳大湾区。首次设置粤港澳大湾区合作展区，在香港贸发局、澳门贸促局的组织和参与下，展示大湾区高端装备制造、现代服务业等优势产业，推动大湾区与东盟企业的经贸和产业合作。四是助推面向东盟的金融开放门户建设。金融展区展示各类金融机构面向东盟市场的金融创新产品和服务；中国—东盟金融合作与发展领袖论坛围绕跨境金融创新与合作深入交流；投融资项目对接会安排高质量的银企对接活动；广西与多家金融机构签署共同建设面向东盟的金融开放门户战略合作协议。五是助推中国—东盟信息港建设。结合中国—东盟数字经济合作年，举办中国—东盟信息港论坛，围绕5G、人工智能、电商等7个主题开展交流合作，线上举办中国—东盟数字技术展览，签订一批数字经济合作项目，助力“数字丝路”建设。六是推进中国—东盟卫生防疫合作。首次设置公共防疫和卫生展区，展示防疫物资和卫生相关企业和产品，服务中国—东盟携手抗击疫情和卫生健康合作。

第17届中国—东盟博览会展区设置

第17届中国—东盟博览会围绕会议主题，设置商品贸易、投资合作、先进技术、服务贸易四大专题，在广西南宁国际会展中心设展。

国际陆海贸易新通道展区：展示沿线各省区市共建新通道成果以及物流、金融、大数据等相关业务。

省（区市）投资合作展区：展示各省市基础设施建设、高新技术等优势产业成果。

服务贸易展区：展示中国和东盟金融服务，法律咨询和物流服务等。

公共防疫及卫生展区：为本届博览会首设，展示防护用品及装备、防护材料与生产设备、防疫消毒及清洁等。

北部湾国际门户港展区：为本届博览会首设，集中展示北部湾国际门户港成果及规划港口建设、开放合作、绿色安全发展等内容。

粤港澳大湾区合作展区、“三企入桂”展区：为本届博览会首设，展示港澳地区高端装备制造及现代服务业等优势产业和优质产品以及相关产业向周边省市辐射、转移和带动的成果。

中国（广西）自由贸易试验区：首次整体展示中国（广西）自贸试验区。

国际经济与产能合作展区：国际工程承包、劳务合作、基础设施建设、资源开发、信息科技、能源开发、金融合作等。

先进技术展区：围绕国家发展战略展示中国一流高校和科技企业的先进制造、人工智能、电子信息等成果。

“一带一路”国际展区：展示“一带一路”重点国家特色产品，包括韩国、澳大利亚、日本、印度等国家的特色手工艺品、特色食品、酒水饮料、跨境电商等。

巴基斯坦展区：展示第17届中国—东盟博览会特邀合作伙伴巴基斯坦以及捷克、伊朗等“一带一路”沿线国家特色产品，包括特色手工艺品、特色食品、酒水饮料等。

商品贸易展区：设为东盟国家展馆，展示内容包括东盟国家食品与饮料、生活消费品、大宗原材料、服务业产品等。

农业合作展区：展示中国与东盟农业投资合作项目、农业合作园区数字农业等。

农业展区、赞助合作伙伴展区农业展区：展示绿色农产品及食品、渔牧产品、茶叶、东盟农产品及食品、农业电子商务平台等。

中国天然氧吧及生态气象监测技术服务展区：集中展示中国天然氧吧及生态气象监测技术和服务，包括气象装备、中国天然氧吧产品及项目。

智慧能源与电力展区：展示发电设备电线电缆、新能源发电技术及项目等。

国际环保展区：展示中国—东盟生态环境合作历程，广西生态建设和环境保护成果及国内环境治理领域新产品新技术。

工程机械及运输车辆展区：展示工程机械、建筑机械、矿山机械、农用机械、港口物流机械、运输车辆、新能源客车等。

建筑材料展区：展示铺装材料、门窗幕墙、涂料等。

食品加工及包装机械展区：展示食品加工、包装及通用机械、大型商用厨房设备、农产品新型包装材料。

电子电器展区：集中展示中国与东盟各国差异性大互补性强的“中国智能制造”前沿产品和技术，包括通信设备、智能系统、智能家电、环保技术、服务系统等。

“健康丝绸之路”建设暨第3届中国—东盟卫生合作论坛

2020年11月24—25日以线上线下相结合的方式在中国广西南宁举行。由中国国家卫生健康委员会、国家中医药管理局和广西壮族自治区人民政府共同主办。以“团结合作，共建中国—东盟卫生健康共同体”为主题。论坛倡议继续支持世界卫生组织在全球卫生治理中发挥领导作用，完善和深化中国—东盟疾病防控长效合作新机制，强化中国与东盟各国联合应对新冠肺炎疫情等突发公共卫生事件的合作。

开幕式上，泰王国副总理兼公共卫生部部长阿努廷·参威拉军、印度尼西亚卫生部部长德拉万·阿古斯·普特兰托、文莱卫生部部长伊山姆、柬埔寨卫生部部长曼·本亨、老挝卫生部部长本贡·西哈冯、马来西亚卫生部部长拿督斯里·阿汉·峇峇、缅甸卫生和体育部常务秘书长岱楷温、菲律宾卫生部部长弗朗西斯科·杜克、新加坡卫生部部长颜金勇、中国国家卫生健康委员会副主任于学军、东盟秘书处秘书长林玉辉、世卫组织西太区主任葛西健分别发表主旨演讲。中国国家卫生健康委员会主任马晓伟通过视频致辞。广西壮族自治区副主席黄俊华现场致辞。

本届论坛分别举办疾病防控合作论坛、国际口腔医学交流与合作论坛、传统医药论坛、医院管理合作论坛、卫生应急合作论坛、食品安全与营养健康合作论坛等6个分论坛。同期举办中国—东盟卫生合作论坛成果展。

论坛发布《第3届中国—东盟卫生合作论坛倡议》,倡议各国在中国—东盟卫生合作框架下,加强对传统医药的保护开发利用,促进疾病防控领域的交流,推动中国与东盟国家食品安全标准的协调与衔接等。

第2届10+3青年科学家论坛

2020年11月26日在中国广西南宁举办。由中国科技部与广西壮族自治区人民政府共同主办,广西科技厅和中国—东盟技术转移中心联合承办。以“联合实验室创新合作”为主题。论坛由中国—东盟技术转移中心主任、广西科技厅厅长曹坤华主持。中国科技部国际合作司一级巡视员阮湘平出席论坛并致辞。中国科学院院士郭华东、日本科学振兴机构首席研究员冲村宪树、长安大学校长沙爱民作为大会特邀嘉宾发表演讲。中日韩和东盟10国的科技创新领域青年科学家代表通过线上线下方式参会,分享联合实验室建设经验,探寻国际科技合作新途径,推动东盟及中日韩青年科学家建立互利互信的实质交流。10+3青年科学家代表还共同发表《科技创新合作倡议》,表达在10+3合作指引下,推动青年创新合作,弘扬科学家精神,积极应对困难与挑战,勇攀科学高峰,创造美好未来的共同愿望。

第4届中国—东盟信息港论坛

2020年11月26日在中国广西南宁举办。以“数联东盟　智创未来”为主题。由中国国家互联网信息办公室、国家发展和改革委员会、工业和信息化部、广西壮族自治区人民政府联合主办。

为应对全球疫情,论坛采取线上线下相结合的方式举办。包括1个主论坛、7个分论坛。来自中国、老挝、越南、马来西亚东盟国家的政府官员、企业精英、商界领袖、专家学者180余人线下出席主论坛。此次论坛立足数字经济发展新趋势和信息技术发展最前沿,邀请中国和东盟国家数字经济领域政府要员、企业精英、商界领袖、专家学者代表围绕数字经济发展和智能互联、数据互通、合作互利开展交流研讨、建言献策。论坛发布《中国—东盟信息港建设数字广西建设白皮书》,签订一批项目合作协议,发布项目建设系列成果。

第8届中国—东盟技术转移与创新合作大会

2020年11月26日在中国广西南宁举办。由中国科技部和广西壮族自治区人民政府共同主办。以“开放创新　赋能未来”为主题。中国科技部部长王志刚发表线上演讲。柬埔寨、印度尼西亚、马来西亚、缅甸、菲律宾、泰国等6个东盟国家的科技主管部门部级领导在线上发表主旨演讲。来自中国及东盟各国的嘉宾共同交流探讨中国—东盟科技创新合作发展。大会促成一批重点创新合作成果,中国—东盟技术转移中心曼谷创新中心和中泰东盟创新港、中国—东盟地球大数据区域创新中心在大会上正式揭牌。此外,还有一系列中国—东盟重要科技合作成果在会上云签约。

中国共产党同东南亚国家政党对话会

2020年11月26日在中国广西南宁举行。由中共中央对外联络部和中共广西壮族自治区委员会共同举办。以“促进新时代中国—东盟合作:政党的责任和担当”为主题。此次对话会是中国共产党跟东南亚政党开展的首次多边对话会。东南亚国家近40个执政党,包括20多位党首、5位议长以及中国驻东盟国家大使等通过视频连线参会,东盟国家驻华大使出席会议。中共中央对外联络部部长宋涛、中共广西壮族自治区委员会书记鹿心社参会并讲话。中联部部长宋涛在会上重点宣介中共十九届五中全会精神,并表示在习近平总书记和东盟国家领导人共同引领下,中国与东盟率先开展区域抗疫合作,本地区疫情防控和经济

11月26日,第4届中国—东盟信息港论坛在中国广西南宁举办

(当代广西网)

社会恢复发展均走在世界前列。本次对话会是双方政治互信进一步提升的重要标志。中国愿同东南亚国家政党一道,凝聚政治共识,促进务实合作,推动中国—东盟关系更上新台阶,为世界和平发展贡献力量。东南亚与会政党领导人表示,中共十九届五中全会不仅将为中国未来发展带来更为光明的前景,也将为世界各国提供更多的发展机遇。东南亚国家政党愿以本次对话会为新起点,同中国共产党一道,坚定支持各国奉行睦邻友好政策,促进互利合作,为打造更加紧密的中国—东盟战略伙伴关系贡献更多政党力量。会议通过《中国共产党和东南亚国家政党关于促进中国—东盟合作的共同倡议》。

中缅建交70周年纪念活动暨中缅经贸合作论坛

2020年11月27日,以线上线下相结合的方式在中国广西南宁举行,同期举办中缅建交70周年纪念仪式。由中国商务部、缅甸商务部、缅甸投资与对外经济关系部、广西壮族自治区人民政府、缅甸驻华大使馆主办。缅甸商务部部长丹敏为活动发表视频致辞,缅甸驻华大使苗丹佩、缅甸驻南宁总领事馆参赞温美图等出席现场活动。活动围绕共创共享中缅经贸合作“金色商机”的主题,根据双方现有的合作框架,探讨如何进一步促进中缅贸易渠道畅通,拓展经贸投资合作领域等。在投资合作推介现场,缅甸商务部驻南宁代表推介缅甸的投资环境,广西企业代表分享投资缅甸的经验。中国商务部代表、缅甸驻华使领馆代表以及中缅两国商协会、企业和项目代表等出席论坛活动。

中菲建交45周年纪念活动暨中菲经贸合作论坛

2020年11月27日,以线上线下相结合的方式在中国广西南宁举行,同期举行中菲建交45周年纪念仪式。由中国商务部、菲律宾贸工部、广西壮族自治区人民政府、菲律宾驻华大使馆共同主办。菲律宾贸工部部长拉蒙·洛佩斯发表视频致辞,菲律宾驻华大使罗马纳、菲律宾驻广州总领事馆总领事陆毅等出席现场活动。纪念活动回顾中国与菲律宾经贸合作45年来取得的重大成果,就如何促进双边贸易和投资自由化、便利化,推动中菲在经贸、投资新领域的互通互促互动进行交流探讨。菲律宾驻华大使馆商务参赞在活动现场推介菲律宾的投资政策与环境,重点介绍基础设施、数字经济、清洁能源等领域的合作商机。太平洋建设集团、国家电投集团广西电力有限公司等中国企业代表分享与菲方合作的经验与愿景。中国商务部代表、菲律宾驻华使领馆官员、广西相关单位代表,以及中菲两国商协会、企业和项目在华代表参加活动。

中泰建交45周年纪念活动暨中泰经贸合作论坛

2020年11月27日,以线上线下相结合的方式在中国广西南宁举行。由中国商务部、泰国商业部、泰国投资促进委员会、广西壮族自治区人民政府联合主办。以“互惠互利,共享数字经济”为主题。泰国副总理兼商业部部长朱林,中国商务部部长助理李成钢,泰国驻华大使阿塔育·习萨目,以及自治区政府、泰国驻华使领馆有关负责人参加活动。中泰建交45年,双方友好关系不断迈上新台阶,各领域合作务实开展。中泰双边贸易额连年增长,2019年达到917亿美元,是建交初期的近3700倍,中国已连续8年成为泰国的第一大贸易伙伴。会上,中泰两国商协会、企业和项目代表就中泰两国经贸合作现状和前景、泰国东部经济走廊与中国(广西)自由贸易试验区、北部湾经济区合作等进行友好交流。

第6届中国—东盟统计论坛

2020年11月27—28日在中国广西南宁举行。由中国国家统计局、广西壮族自治区人民政府主办。本届论坛围绕“深化中国—东盟统计合作交流”主题,就“人口普查和人口统计调查实践”展开议题讨论,采取线上线下相结合的方式进行。来自东盟成员国、东盟秘书处统计处、中国政府统计机构的高级别统计官员和专家以及广西相关部门代表共110余人出席。中国国家统计局局长宁吉喆的主旨发言《中国第七次全国人口普查实践》介绍第七次全国人口普查组织实施做法和经验,东盟各国代表在线分享本国人口普查概况和人口统计调查的创新举措和经验。中国国家统计局副局长盛来运主持论坛开幕式并作论坛总结。中国与东盟各国合作编印出版中英文版《2020中国—东盟统计年鉴》。论坛期间,中国统计资料馆广西分馆(广西统计资料中心博物馆)揭牌开馆。

中国—东盟自由贸易区全面建成10周年专题论坛

2020年11月28日在中国广西南宁举行。以“携手共建深度开放与融合的中国—东盟大市场”为主题。广西壮族自治区代主席蓝天立,中国商务部部长助理李成钢在开幕式上致辞。泰国副总理兼商业部部长朱林,越南工业贸易部长陈俊英,文莱首相府部长、财政与经济事务主管部长刘光明,柬埔寨商业大臣潘索萨,印尼贸易部部长阿古斯,老挝工业与贸易部部长开玛妮,马来西亚高级部长、国际贸易与工业部部长拿督斯里莫哈末,缅甸商务部部长丹敏,菲律宾贸易和工业部部长拉蒙,新加坡贸易及工业部部长陈振声以及东盟秘书长林玉辉在视频致辞中高度评价东盟—中国战略伙伴关系发展,探讨依托中国—东盟自由贸易区加强经济合作的措施,一致表示期待以真诚友好、建设性和互惠互利的方式密切合作,为东盟和中国带来经济机遇和繁荣。中国—东盟自由贸易区全面建成10年来,双边贸易额由2010年的2928亿美元增至2019年的

6415 亿美元，中国连续 11 年稳居东盟第一大贸易伙伴，东盟也于 2020 年首次成为中国第一大贸易伙伴。与会中外嘉宾通过线上线下相结合的方式开展高端对话和深入交流。东盟 10 国驻华使节，广西壮族自治区副主席周红波，广西壮族自治区政府秘书长黄洲，相关金融机构、企业负责人以及国内外专家参加论坛活动。

第 17 届中国—东盟博览会广西农业展、第 5 届中国—东盟农业国际合作展

2020 年 11 月 27—30 日在中国广西南宁国际会展中心举办。本届中国—东盟博览会广西农业展以“展销广西好嘢、提升品牌效益，促进农民增收、助推脱贫攻坚”为主题，分为种植业和养殖业两大板块，集中展现广西发展现代特色农业取得的阶段性成效和品牌创建成效。

第 5 届中国—东盟农业国际合作展主题是“共建数字农业赋能乡村振兴”，以数字农业、特色农产品、品牌农业、“两区”（境外农业合作示范区、农业对外开放合作试验区）建设为展示重点，中国 25 个省区百余家企业上千人参会参展。其中，广西展区面积 144 平方米，分设广西农业对外投资和利用外资成果展示区、广西供粤港澳大湾区及出口农产品基地建设成果展示区、广西农业科技对外合作成果展示区、东盟特色农产品展示区 4 个展区。

2020 中国—东盟博览会旅游展

2020 年 12 月 8—10 日在中国桂林国际会展中心举行。由中国国家文化和旅游部、广西壮族自治区人民政府共同主办，广西壮族自治区文化和旅游厅、中国—东盟博览会秘书处、桂林市人民政府承办。以“共建‘一带一路’ 共享数字旅游”为主题，旨在推动中国和东盟各国之间电子商务旅游、科技旅游、5G 网络旅游、智慧城市旅游等领域的旅游展示、交流与合作。

本届旅游展有 49 个国家和地区驻华机构、国内 20 个省（自治区、直辖市）、广西 14 个市组团参展参会。12 月 8 日举办专业洽谈会，吸引近 320 家企业代表参加买卖双方一对一贸易洽谈，实现贸易洽谈超过 3000 场次。设置“一带一路”主题馆、境外旅游专业展馆、国际旅游商品展馆、旅游消费展馆、广西旅游形象展馆、国内旅游专业展馆六类展区，首次采取“实体展 + 云上旅游展”的办展形式，总展位 300 个。东盟 10 国全部参展，参展企业约 700 家，特邀买家 300 名，注册买家 500 名，专业观众约 2000 人。会间举办系列专场旅游推介，加强旅游交流。主宾国菲律宾、主题省云南省在会间举办文化旅游推介活动。此外，澳大利亚、波兰、克罗地亚、毛里求斯、斐济、南太平洋岛国等国家和地区，中国宁夏、贵州、宁波等 3 个省市在会间也举办专场推介会。桂林市举办旅游项目投资洽谈会。通过对当地特色文化和旅游资源、重点项目进行展示和推介，深化政府与旅游企业间的交流合作，进一步加强旅游优势互补。同期举办中国—东盟数字文化旅游专业合作论坛，邀请境内外文化旅游企业高层、业界专家、主流媒体，聚焦新时代文化旅游发展趋势，共同探讨数字、科技文化旅游融合发展，进一步促进文化旅游发展。

第 5 届中国—东盟糖业博览会、中国—东盟农业机械暨甘蔗机械化博览会

12 月 19—21 日在中国广西南宁国际会展中心举行。由中国—东盟博览会秘书处、中国糖业协会、中国农业机械化协会等共同举办。以“共享数字经济发展新机遇，共创高质量新糖业新农机”为主题。旨在为糖业和农机产业发展搭建“农工贸一体化、产销服一条龙”的综合服务平台，集中展示中国与东盟国家糖业、农业机械暨甘蔗机械化发展成就，加强中国与东盟国家糖业、农业机械暨甘蔗机械化全方位合作交流，共同推动糖业转型升级，加快农业机械暨甘蔗机械化进程。广西壮族自治区人大常委会副主任张秀隆出席并宣布开幕，广西壮族自治区人民政府副秘书长梁磊主持开幕式，泰王国驻南宁总领事馆总领事彬嘉玛·塔她雅浓、缅甸联邦共和国驻南宁总领事馆商务参赞水清歌、柬埔寨大使馆派驻南宁联络处商务主任陈利成、老挝人民民主共和国驻南宁总领事馆副领事万赛、中国工程院院士罗锡文、朱蓓薇，中国轻工业联合会副会长贾志忍，中国糖业协会理事长闫卫民、中国农业机械化协会会长刘宪、中国农业机械工业协会监事长李有吉、中国农业机

12 月 19—21 日，第 5 届中国—东盟糖业博览会、中国—东盟农业机械暨甘蔗机械化博览会在中国广西南宁举行 （中国日报网）

械流通协会副会长游凌等出席开幕式。展览面积达49000平方米，设置食糖展区、食糖配套服务展区、涉糖食品展区、糖业合作展区、农业机械展区等多个主题馆，吸引中国15个省(区、市)300余家参展商参展。展期内参展参会3万人次。欧、美、日10多个农机品牌，中国重庆、山东、浙江等10多个省(区、市)共186家农机企业展示农业机具1350多台套。展会期间同步举办中国糖业高峰论坛、中国—东盟现代农业装备合作与发展论坛、智慧糖业发展论坛、中国糖业技术创新发展论坛、中国—东盟农业机械化产业发展研讨会等一系列活动，为糖业和农机产业打造行业交流合作平台，促进糖业和农机产业高质量发展。（郑颖瑜）

第17届中国—东盟商务与投资峰会

中国—东盟商务与投资峰会概况

2003年10月，中国国务院总理温家宝在印度尼西亚巴厘岛举行的第7次中国与东盟10+1领导人会议上提出，每年举办中国—东盟商务与投资峰会和中国—东盟博览会，作为推动中国—东盟自由贸易区建设的一项实际行动。这一战略性建议得到东盟各国领导人的积极响应，并写入主席声明。2004年11月，第1届中国—东盟商务与投资峰会和第1届中国—东盟博览会在中国广西南宁举行。

中国—东盟商务与投资峰会由中华人民共和国商务部、中国国际贸易促进委员会、中国广西壮族自治区人民政府共同主办，东盟工商会、中国—东盟商务理事会、文莱国家工商会、柬埔寨总商会、印度尼西亚工商会馆、老挝国家工商会、马来西亚全国工商总会、缅甸工商会联合会、菲律宾工商会、新加坡工商联合总会、泰国工业联盟、越南工商会协办，中国—东盟商务与投资峰会秘书处承办。宗旨为推动中国与东盟的全面经济合作，推动中国—东盟自由贸易区的建设，搭建中国与东盟各国政府宣传经贸政策的平台，促进中国与东盟工商界的了解与合作，促进政府、学术界和企业界之间更广泛的互动和对话，表达工商界对政府的意愿。自2014年起，中国—东盟商务与投资峰会和中国—东盟博览会合并举办。至2020年，已举办17届中国—东盟商务与投资峰会和中国—东盟博览会。

2020年11月27—28日，第17届中国—东盟商务与投资峰会在中国广西南宁国际会展中心举行。本届峰会以“共建‘一带一路’　共兴数字经济”为主题。11月27日，第17届中国—东盟商务与投资峰会和中国—东盟博览会合并开幕，中国国家主席习近平发表视频致辞。本届峰会在巩固原有品牌活动的基础上，创新活动形式及活动内容，搭建政企云对接平台，拓展新能源、新基建、数字经济、智能制造、生命健康等新兴领域合作，激发双方新的经济增长点。会间举办老挝国家领导人与中国企业CEO圆桌对话会、中国—东盟商界领袖论坛暨中国—东盟自由贸易区10周年特别会议。此外，在峰会机制下还举办中国—东盟商事法律合作研讨会、第2届中国—东盟人工智能峰会、中国—东盟高新技术产业合作发展大会、中国—东盟青年企业家论坛、全球高精新特展览会暨2020海内外高端人才创新创业博览会等系列交流活动。

中国—东盟商事法律合作研讨会

2020年10月29日在中国广西南宁举办。以“中国—东盟自贸区多元化纠纷解决机制研究与实务”为主题。由中国贸促会、广西壮族自治区人民政府和东盟10国国家工商会主办。中国和东盟国家工商界代表、法律专家和学者、新闻媒体代表等300余人参加。会议就中国和东盟商事法律领域的合作进行全面深入探讨，务实解读法律法规，阐述各国多元化纠纷解决机制，“走出去”企业用典型案例现身说法，提出纠纷解决有效途径。

第2届中国—东盟人工智能峰会

2020年11月13～15日在中国广西南宁举办。以“数字智能，畅想无限”为主题。由中国科学技术协会和广西壮族自治区人民政府主办，广西壮族自治区大数据发展局等单位承办。

本届峰会通过线上线下相结合的方式进行。广西壮族自治区人民政府副秘书长、广西壮族自治区大数据发展局党组书记、局长席扬主持峰会。广西壮族自治区副主席周红波，中国科学技术协会副主席、书记处

11月13～15日，第2届中国—东盟人工智能峰会在中国广西南宁举办
（百度网）

书记孟庆海，日本前首相鸠山由纪夫，巴基斯坦前总理肖卡特·阿齐兹，2010诺贝尔物理学奖获得者康斯坦丁·诺沃肖洛夫，菲律宾总统北吕宋地区特别顾问、卡加延经济免税特区管理局首席执行官劳尔·兰比诺，菲律宾前通信部部长里奥，联合国教科文组织驻华首席代表欧敏行等嘉宾在开幕式上致辞。峰会设立两个分论坛，即中国—东盟人工智能文化教育发展论坛、中国—东盟信息港鲲鹏数字新生态产业论坛。同时，举办中国—东盟数字技术展。世界500强企业和中国高科技领军企业的嘉宾及海内外专家在论坛研讨交流。

中国—东盟高新技术产业合作发展大会

2020年11月13日在中国广西南宁中关村创新示范基地举行。以“携手布局新基建，协同创新进东盟”为主题。由中国国际贸易促进委员会、广西壮族自治区人民政府主办。会上进行中关村信息谷科技园项目、南宁·中关村重点引进项目和中关村信息谷科技园意向入驻企业签约。举行南宁高新区双创服务云平台上线仪式，将服务京桂两地上万家高新技术企业开拓东盟市场。一批院士专家、世界500强制造业企业、“独角兽”企业分享前沿技术的研发和应用经验，促进广西“新基建”与国际先进制造业接轨。

中国—东盟青年企业家论坛

2020年11月14日在中国广西南宁举办。以“新一代　新经济　新未来”为主题。由中国贸促会、广西壮族自治区人民政府主办，中国—东盟商务与投资峰会秘书处承办。广西壮族自治区副主席周红波出席论坛开幕式并致辞，泰国前副总理、泰中友好协会会长功·塔帕朗西在论坛开幕式视频致辞。自治区内外知名青年企业家、民营企业传承人和各行业青年领军人物约150余人出席。论坛立足广西，辐射全国，面向东盟，打造中国—东盟青年企业家重要的思想交流与合作平台、成长平台、经济发展和产业升级的要素集聚平台。

全球高精新特展览会暨2020海内外高端人才创新创业博览会

2020年11月13—15日在中国广西南宁国际会展中心举办。以“聚才聚智聚成果，创新创业创未来”为主题。由广西壮族自治区人民政府、中国科学技术协会主办。展览面积2万平方米，设科技成果、数字技术、高端装备制造、新能源新材料、创新环境、综合等六大展区，集中展示国内外高精新特科技前沿领域的关键技术、核心技术、尖端技术在经济社会各领域的广泛应用。来自德国、法国、英国、加拿大、美国等10多个国家210多家展商参展，世界500强企业踊跃参展。

老挝国家领导人与中国企业CEO圆桌对话会

2020年11月27日在中国广西南宁举行。由中国国际贸易促进委员会、广西壮族自治区人民政府、老挝计划投资部共同主办。以“中老经贸合作　实现共同发展”为主题。旨在积极落实中老两党两国最高领导人——中国共产党中央总书记、国家主席习近平同老挝人民革命党中央总书记、国家主席本扬达成的《构建中老命运共同体行动计划》重要共识，深入贯彻中国国务院总理李克强关于“继续推进中老经济走廊和重大项目建设合作”的重要讲话精神，进一步提升以产能与投资合作为重点的中老双边经贸合作水平。中国—东盟商务与投资峰会组委会主任、中国国际贸易促进委员会会长高燕，中共广西壮族自治区委员会书记、自治区人大常委会主任鹿心社出席论坛并致辞。老挝人民革命党中央政治局委员、政府副总理兼计划投资部部长宋赛·西潘敦线上参会并致辞。老挝驻华大使坎葆·恩塔万主持对话会。会议采用线上线下相结合的形式，南宁主会场与老挝万象分会场进行视频连线、实时互动对话。老挝计划投资部副部长康占与中国电力建设集团有限公司、北方国际合作股份有限公司、华为技术有限公司、广西北部湾投资集团有限公司、湖南炫烨生态农业有限公司5位中国企业CEO分别开展对话，推动中老在电力、农业、贸易、交通基础设施等领域的务实合作，助推中老双边重大合作项目金额约110亿美元。中老两国的政府官员、工商界代表约100人参加会议。本次对话有效促进中国与老挝政府和企业间的沟通，为双边经贸合作关系，尤其是重大项目的实施奠定良好基础，帮助中国企业深入了解老挝的投资政策和营商环境。

11月27日，老挝国家领导人与中国企业CEO圆桌对话会在中国广西南宁举行　（百度网）

中国—东盟商界领袖论坛暨中国—东盟自贸区10周年特别会议

2020年11月27日在中国广西南宁举行。以“十年携手奋进　合作引领发展”为主题。广西壮族自治区代主席蓝天立，中国国际贸易促进会会长高燕在开幕式上致辞。泰国工业联合会会长素潘发表视频致辞。中国国际贸易促进会副会长张少刚，广西壮族自治区政府秘书长黄洲等参加会议。中国、菲律宾、新加坡、马来西亚、印尼等国家政商领袖，通过线上线下相结合的方式，进行特别对话和专题研讨。

中国—东盟产能与投资合作论坛

2020年11月27日在中国广西南宁举行。由中国国家发展改革委、广西壮族自治区人民政府共同主办。论坛以“深化产能合作，应对共同挑战”为主题，聚焦产业链供应链合作、数字经济合作、环保合作、抗疫合作等领域开展交流，对接合作需求，分享经验观点。中国有关政府部门、重点省市、金融机构、代表性园区、企业和东盟国家驻华使节、在华企业和投资促进机构代表近150人参加。中国国家发展改革委副主任、国家统计局局长宁吉喆，广西壮族自治区人民政府常务副主席秦如培、印度尼西亚驻华大使周浩黎、柬埔寨驻华大使凯西索达、马来西亚驻华大使努西尔万和老挝驻南宁总领事维拉萨·宋蓬出席并发表演讲。

中国—东盟电力合作与发展论坛

2020年11月27日在中国广西南宁举行。以“同舟共济　促进区域新能源发展”为主题。由中国电力企业联合会、中国—东盟博览会秘书处共同主办。中国电力企业联合会党委书记、常务副理事长杨昆，广西壮族自治区副主席费志荣出席并致辞。论坛邀请国内外同行业专家学者、东盟地区使领馆代表近200人参会。论坛聚焦疫情下中国—东盟电力行业国际合作发展机遇和挑战，为中国与东盟国家在电力领域的合作和信息往来搭建高效互动平台。

第12届中国—东盟金融合作与发展领袖论坛

2020年11月28日在中国广西南宁举办。以“跨境金融创新，开放合作共赢”为主题。由广西壮族自治区人民政府、中国金融学会、中国银行业协会、中国证券业协会、中国保险行业协会等共同主办。论坛采用线上线下相结合的方式，境内嘉宾邀请现场出席，境外嘉宾通过视频形式线上参加。国内金融主管部门领导、金融机构、大型企业高管、著名专家学者约300人出席论坛活动。论坛共同回顾中国—东盟自贸区全面建成10年来的经贸合作成果，研究如何进一步深化数字经济、电子商务合作，助推中国—东盟自贸区建设不断提质升级。中国进出口银行、中国农业发展银行、新华社等14家企业相关负责人作主题演讲。在论坛上，北部湾银行与泰国开泰银行（中国）有限公司签署《战略合作框架协议》，北部湾银行携手重庆银行、四川银行、贵州银行、富滇银行、兰州银行、青海银行、新疆银行、乌鲁木齐银行共同签署《城商行金融支持西部陆海新通道建设倡议书》。

东盟产业园区招商大会

2020年11月28日在中国广西南宁国际会展中心举行。以“共享新机遇　共谋新发展”为主题。由中国商务部投资促进事务局和中国建设银行主办，中国—东盟博览会秘书处承办。采取线上线下相结合的方式举办。大会围绕东盟产业园区招商引资和中国企业投资需求，聚焦优质项目进行线上路演，同时介绍金融支持、法律风险防范经验、投资机遇、园区运营与企业投资成功经验等方面的内容，促进中国企业高质量“走出去”，推动中国企业与东盟园区互利共赢、共同发展。有120多个东盟国家产业园区在招商大会中进行集中展示和推介。

老挝—中国投资推介会

2020年11月29日在线上举行。以“老中高铁沿线的投资机遇”为主题。由老挝计划投资部、老挝工贸部主办。老挝副总理兼计划投资部部长宋赛·西潘敦致开幕辞。推介会上，老挝计划投资部促进司司长、中国驻老挝大使馆经济商务参赞、老挝万象赛色塔综合开发区相关负责人先后发言，重点宣传老挝最新的

11月27日，中国—东盟商界领袖论坛暨中国—东盟自贸区10周年特别会议在中国广西南宁举行　（百度网）

投资环境、政策法规架构和贸易投资机遇,特别是即将开通的老中高铁所带来的巨大投资机遇,并回答参会企业代表的提问。 (郑颖瑜)

第22届南宁国际民歌艺术节

第22届南宁国际民歌艺术节“大地飞歌・2020”晚会

受新冠肺炎疫情影响,晚会现场不组织观众,采取录制播出的方式呈现。2020年11月28日,晚会陆续通过电视、广播、网络等平台呈现,在“云端”与广大民众、海内外朋友相约。“大地飞歌・2020”晚会以“为美好歌唱”为主题,分为“幸福小康年”“红色新乐章”“海上听潮音”三大篇章。

“幸福小康年”篇章以民歌回归本真为主旨,将来自“东南西北中”的民歌以独唱、对唱等多种演唱形式进行组歌式编排,使不同时代、不同民族风格的民歌有机统一和整合,让幸福的歌声在“云端”与观众产生强烈共鸣。

“红色新乐章”篇章唱响时代强音,通过民族精神的歌颂与传承、极富时代特征的节目编排,传承红色基因、弘扬伟大抗疫精神,深情表达对党对祖国的热爱与歌颂。

“海上听潮音”篇章融贯世界文艺的跨国合作,尽显家国情怀。节目编排以大气磅礴的全新编曲糅合世界各地的民族艺术,并在内容和形式上大胆创新,以坚定的文化自信展现中国底气,用音乐讲述“后疫情时代”关于健康、复苏、增长的丝路故事,全力推进中国与“一带一路”沿线国家的融合发展、携手前行。

晚会将人民幸福生活、南宁故事、抗疫精神、中国与东盟国家友好情谊等元素以原创、改编等多种形式进行表达,大力弘扬中华民族优秀传统文化,展现南宁蓬勃向上的城市发展前景,演绎中国与东盟国家、“一带一路”沿线国家的友好情谊。

11月28日,第22届南宁国际民歌艺术节“大地飞歌・2020”晚会通过电视、广播、网络等平台精彩呈现,图为晚会演出场景 (百度网)

“绿城歌台”群众文化活动

根据疫情防控工作要求,主要开展线上活动展播,通过广播电视、网络及新媒体平台,搭建群众文化交流的“云”上大舞台。开幕式“壮乡欢歌・圆梦小康”2020年南宁国际民歌艺术节“绿城歌台”群众文化活动开幕式晚会于12月10日以线上展播形式在南宁广播电视台、广西云客户端、南国早报客户端等新媒体平台进行展播。开幕式晚会分为“人民至上”“家乡欢歌”“共享未来”三个篇章,表达中国人民在中国共产党的坚强领导下,取得抗击疫情重大战略成果、梦圆小康、向世界唱响中国新时代欢歌的光辉历程。

风情东南亚专场晚会 2020年12月19日在广西南宁民歌湖舞台上演。晚会以和谐、友谊为主题,欢乐绚丽为主调,以东盟国家的经典歌舞为主体,展现出更具开放包容和原汁原味的东南亚风情,让观众置身于异国艺术文化氛围中,感受最纯粹的东南亚风情文化,是一场极具异域风情的文化盛宴。

三街两巷音乐会 2020年12月26日晚在广西南宁三街两巷历史文化街区上演。活动以古今中外经典管弦乐曲为主,穿插通俗歌曲的迎新音乐会形式在中华大戏院门前精彩呈现。

首届中国—东盟文化艺术周戏剧展演暨第8届中国—东盟(南宁)戏剧周

活动于2020年12月7—14日在广西南宁举行。以“凝聚东盟力量 共铸文化丝路”为定位,以“相遇海丝路 相知东盟情”为主题切入点,以文化艺术为纽带,发挥“名团、名剧、名人”效应,展现不同国家、不同区域文化艺术“各美其美,共绘大美”的动人风姿,诠释中国与东盟“守望相助,同舟共济”的深厚情谊。活动由广西南宁市人民政府、广西文化和旅游厅主办,文化和旅游部国际交流与合作局、中国—东盟中心指导,南宁市文化广电和旅游局、南宁市外事办公室、广西戏剧院承办,纳入由中国文化和旅游部、广西壮族自治区人民政府主办的中国—东盟文化艺术周主要活动之一。汇聚中国上海、河南、浙江、云南、湖南、福建、江苏、山西、内蒙古、广东、广西等省份及菲律宾、新加坡、泰国、越南、印度尼西亚等东盟国家的24个艺术团体一起开展23场精彩演出,涵盖越剧、昆剧、花鼓戏、滇剧、莆仙戏、婺剧、晋剧、锡剧、粤剧、漫瀚剧等戏剧种类,内容精彩纷呈。通过线上线下相结合的方式开展活动,国内剧团经典剧目在剧场演出，东盟国家的优秀剧目在线上展播。活动安排采取“演、展、赛＋闭幕演出”模式，共分五大板块，包括中国—东盟（南宁）戏剧周戏剧展演、“金色殿堂”中国—东盟优秀艺术家个人艺术专场、中国—东盟艺术展览、中国—东盟（南宁）粤剧大赛、中国—东盟文化艺术周闭幕演出。值得一提的是，闭幕演出选在南宁方特东盟神画乐园举行，通过现代科技和多种形式营造浓郁东盟文化风情，弥补东盟国家不能到现场参加活动的遗憾，集中展示中国和东盟各国文化艺术，推动中国与东盟各国之间人文交流，增进民心相通。

12月7—14日，首届中国—东盟文化艺术周戏剧展演暨第八届中国—东盟（南宁）戏剧周活动在中国广西南宁开幕，图为戏剧周开幕演出场景　（百度网）

东盟国家重要展会

2020年新加坡航展

2020年2月11—16日在新加坡樟宜展览中心举行。由Experia Events公司主办。新加坡基础设施统筹部长兼交通部长许文远和新加坡国防部长黄永宏为本次航展揭幕。新加坡航展每两年举办一次。本次航展有45个国家的930家公司参展，吸引40000多名专业人士和观众。多家国际航空公司在此次航展上展示各自的代表性飞机。中国空军八一飞行表演队首次亮相新加坡航展。在2月11日的开幕航展飞行表演中，八一飞行表演队先后进行单机和六机飞行表演，向世界展现中国精神和中国力量。尽管发生新冠肺炎疫情，但全球企业仍较为积极地参展，航展的贸易情况较为乐观。

2020年亚洲水展—马来西亚线上展

2020年11月30日至12月2日在线上举办。由UBM公司主办。展会聚焦于水处理行业新的技术、问题和挑战，积极倡导新技术、新理念，打造以科技、绿色、环保、节能为主的核心竞争力产品。线上展为展商提供展示最新产品及服务的平台，通过线上聊天窗口做到实时沟通无障碍。同期举行线上会议、专题技术发布会、线上交流大厅、B2B对接会议等活动，提供各种形式的交流渠道。

2020年浙江国际贸易（越南）展览会暨第9届浙江出口商品（越南）交易会

2020年12月3—5日在越南胡志明市西贡会展中心举办。由越南工贸部贸易广告博览公司和中国浙江省商务厅联合主办。主题为“战胜挑战　为企业提供贸易交往机会”。在全球经济面临许多困难的背景下，此展吸引浙江省众多企业参加，共设100多个展位。展出内容包括机械电子、五金及装饰材料、纺织面料及日用消费品三大类。

第4届浙江国际贸易（缅甸）展览会

2020年12月19—21日在缅甸仰光MTEC展馆举办。由中国浙江省商务厅主办。展会精选96家浙江优质企业参展，共计100个展位，展出商品以纺织面料辅料为主。展会结合“浙货云展”线上平台，将线上线下全面打通，采购商不仅能从现场了解产品，也能即时与企业连线进行视频沟通，还能通过工作人员的平板电脑登录平台上企业店铺查看更多产品信息。现场邀请缅甸众多知名主播直播帮助企业宣传产品，企业也在平台上进行直播推广产品。展会期间还安排采购商和企业一对一视频配对活动。

（郑颖瑜）

2月11—16日，新加坡航展在新加坡樟宜展览中心举行　（百度网）

新 闻 人 物

曾庆存

2020年1月10日获中国国家最高科学技术奖。中国科学院大气物理研究所研究员，中国科学院院士，气象学和地球流体力学家，国际著名大气科学家。广东阳江人。1935年5月4日生。1956年毕业于北京大学物理系，同年11月被选派留学苏联，进入苏联科学院应用地球物理研究所学习，1961年3月在苏联科学院应用地球物理研究所获副博士学位。回国后，先后在中国科学院地球物理研究所和大气物理研究所工作，先后担任助理研究员、研究员，曾任大气物理研究所所长和中国气象学会理事长、中国工业与应用数学学会理事长。为现代大气科学和气象事业的两大领域——数值天气预报和气象卫星遥感做出开创性和基础性的贡献，为国际上推进大气科学和地球流体力学发展成为现代先进学科做出关键性贡献，并密切结合国家需要，为解决军用和民用相关气象业务的重大关键问题做出卓著功绩。1979年获全国劳动模范称号，1980年当选中国科学院学部委员（院士），1994年当选俄罗斯科学院外籍院士，同年当选第三世界科学院院士。2014年当选美国气象学会荣誉会员（该学会最高荣誉），2016年获得第61届国际气象组织奖。

钟南山

2020年8月11日获授共和国勋章；9月3日，入选世界卫生组织新冠肺炎疫情应对评估专家组名单；11月3日，获2020年度何梁何利基金“科学与技术成就奖”；12月15日，获颁中国香港理工大学荣誉博士学位；12月19日，获中国澳门特别行政区政府颁发的大莲花荣誉勋章。广州医科大学附属第一医院国家呼吸系统疾病临床医学研究中心主任，呼吸内科学家，中国工程院院士，中国医学科学院学部委员，中国抗击重症急性呼吸综合症（SARS）、新冠肺炎疫情的领军人物。1936年10月20日生于江苏南京，祖籍福建厦门。1960年毕业于北京医学院（今北京大学医学部）并留校任教。1960年7月至1971年8月，担任北京医学院放射医学教研组助教。1971年9月至1982年12月，先后担任广州医学院（今广州医科大学）第一附属医院内科住院医师、主治医师、副主任医师、讲师。1979年至1981年，赴英国爱丁堡大学医学院及伦敦大学呼吸系进修。1986年12月至1995年，担任广州医学院呼吸内科教授、硕士生导师。1995年8月，担任北京大学医学部呼吸内科教授、博士生导师。1995年10月至1996年10月，公派到加拿大蒙特利尔市麦吉尔大学做访问学者。1996年5月，当选为中国工程院院士。曾任广州医学院党委书记、院长及第一附属医院院长，中华医学会会长，呼吸疾病国家重点实验室主任、国家卫健委高级别专家组组长、国家健康科普专家。

张桂梅

2020年6月29日被中共云南省委宣传部授予“云岭楷模”称号；12月3日，被中共中央授予“全国优秀共产党员”称号；12月10日，被中共中央宣传部授予“时代楷模”称号。曾入选全国先进工作者、全国十佳师德标兵、中国十大女杰、全国精神文明十佳人物、全国十佳知识女性、中国十大教育年度人物、全国百名优秀母亲、全国最美乡村教师、全国优秀教师、全国三八红旗手、全国教书育人楷模等，获颁全国五一劳动奖章。2021年2月17日，被评为“感动中国2020年度人物”；2月25日，获全国脱贫攻坚楷模称号。云南丽江华坪女子高级中学书记、校长，华坪县儿童福利院院长（义务兼任），丽江华坪桂梅助学会会长。1957年6月生于黑龙江牡丹江，祖籍辽宁岫岩。1974年10月，从家乡黑龙江来到云南省中甸县（今香格里拉市），支援边疆建设，先后在林场、党校任团支部书记、政治教员，又到局机关当文书、团支书、妇女主任。1975年12月，在当地参加工作，成为中甸林业局办公室工作人员。1983年，调到子弟学校任中学教师。1988年，以优异成绩考入丽江教育学院中文系，1990年毕业后，任大理白族自治州喜洲一中教师。1996年8月，自愿要求调到地处边远的丽江市华坪县中心学校。1997年，因教学工作出色，被调到华坪县民族中学，担任初三毕业班的班主任。2001年，兼任新建的华坪县儿童福利院（华坪儿童之家）院长，收养36个孤儿。2008年8月，任云南丽江华坪女子高级中学校长。该中学是全国第一所全免费的女子高级中学，连续10年高考综合上线率100%，1645名贫困女孩从这里走进大学。

张伯礼

2020年8月11日获“人民英雄”国家荣誉称号。同年11月获第13届光华工程科技奖。中医内科专家，中国工程院院士、医药卫生学部主任，中国医学科学院学部委员，天津中医药大学名誉校长，中国中医科学院名誉院长，“重大新药创制”科技重大专项技术副总师，国家重点学科中医内科学科带头人，第一批国家级非物质文化遗产项目中医传统制剂方法代表性传承人。1948年2月26日出生于天津，祖籍河北宁晋。1982年7月，毕业于天津中医学院，获得中医内科学硕士学位。1982年9月至1992年7月，任天津中医学院中医研究所办公室主任。1992年7月至1999年12月，任天津中医学院中医工程研究所所长。1999年12月至2002年8月，任天津中医学院第一附属医院副院长。2002年8月至2006年10月，任天津中医学院院长。

2003年中国抗击重症急性呼吸综合症（SARS）期间，组建中医医疗队，担任中医治疗SARS总指挥，应用中西医结合方法救治患者。2005年当选中国工程院院士。2006年任天津中医药大学校长。2007年6月，被文化部确定为第一批国家级非物质文化遗产项目中医传统制剂方法代表性传承人。2010年12月至2018年12月，任中国中医科学院院长。2011年被授予全国优秀共产党员称号。2014年获国家科学技术进步奖一等奖。2016年获吴阶平医学奖。2017年被授予全国名中医称号。2019年获得全国中医药杰出贡献奖，并被聘为中国医学科学院学部委员。2020年2月，为应对新冠肺炎疫情，率领由来自天津、江苏和湖南等地中医医疗团队组成的“中医国家队”，进驻武汉市江夏方舱中医院。

张定宇

2020年2月4日获湖北省人力资源和社会保障厅、湖北省卫生健康委员会记大功奖励。2月26日，被评为2020年全国劳动模范和全国先进工作者候选人。3月5日，获全国卫生健康系统新冠肺炎疫情防控工作先进个人称号。8月11日，被授予“人民英雄”国家荣誉称号。8月19日，获得中国医师奖。9月8日，获全国优秀共产党员称号。9月17日，中共中央精神文明建设指导委员会办公室发布“中国好人榜”，被评为“敬业奉献好人”。10月24日，2020年中国罕见病大会上，获颁“非凡医者”荣誉称号奖杯。2021年2月17日，被评为“感动中国2020年度人物”。湖北省卫生健康委员会副主任、党组成员。1963年12月生于湖北武汉，祖籍河南确山。1981年9月至1986年7月，在同济医科大学医学专业学习。1986年7月至2001年8月，任武汉市第四医院麻醉科住院医师、主治医师、副主任医师。1997年11月至1999年11月，任中国援助阿尔及利亚医疗队麻醉医师。2001年8月至2003年7月，任武汉市第四医院医务处副主任、副主任医师。2003年7月至2007年8月，任武汉市普爱医院院长助理，并于2006年11月任主任医师（其间2002年9月至2005年12月在华中科技大学同济医学院麻醉学专业在职博士研究生学习，获医学博士学位）。2007年8月至2012年9月，任武汉市普爱医院副院

长、党委委员。2013 年 12 月至 2016 年 12 月，任武汉市金银潭医院（市医疗救治中心）院长、党委副书记。2016 年 12 月至 2020 年 4 月，任武汉市金银潭医院（市传染病医院）党委副书记、院长。2020 年 1 月 23 日，成为湖北省新型肺炎应急科研攻关研究专家组成员。

谢军

2020 年 12 月，被国务院国有资产监督管理委员会党委授予第 5 届“央企楷模”称号。2021 年 2 月 11 日，成为 2021 年中央广播电视总台春节联欢晚会特别节目《向祖国报告》的嘉宾。2021 年 2 月 17 日，被评为“感动中国 2020 年度人物”。北斗三号工程副总设计师、北斗三号导航卫星首席总设计师，北斗卫星导航系统工程副总设计师、研究员。1959 年生，山西临汾人，中共党员。历任航天科技集团五院 504 所副所长、所长，北斗二号导航卫星总设计师。曾获 2010 年度航天功勋奖，2012 年十佳全国优秀科技工作者提名奖，入选 2019 年度中国经济新闻人物。

1982 年毕业于国防科技大学电子工程系雷达专业，获学士学位。同年到中国航天科技集团下属中国空间技术研究院航天五院 504 所工作。参与东方红二号通信卫星、风云二号气象卫星、海洋二号卫星等国家重大航天工程，并用 3 年多的时间，让北斗卫星用上自主研制的精准的原子钟。1987 年毕业于中国空间技术研究院通信与电子系统专业，获硕士学位。先后担任 504 所测试中心副主任、规划投资处处长、副所长、所长等职务。2004 年 1 月至 2013 年 2 月，任五院北斗二号导航卫星系统技术负责人、总设计师。2013 年 3 月以来，任五院总体部北斗二号导航卫星全球系统首席总设计师。在北斗三号卫星研制过程中，其团队创造性地实现卫星批量化生产，仅用 1 年零 14 天的时间，就将 19 颗导航卫星送入太空，创造航天发射史新纪录。2020 年 6 月，北斗三号全球卫星导航系统的最后一颗卫星发射成功，这代表着北斗全球卫星导航系统星座部署全面完成。

陈薇

2020 年 9 月 11 日获“人民英雄”国家荣誉称号。生物安全专家，中国工程院院士，中国人民解放军军事科学院军事医学研究院生物工程研究所所长、研究员，少将军衔。中国科学技术协会第十届全国委员会副主席。1966 年 2 月 26 日生，浙江兰溪人，中共党员。1988 年毕业于浙江大学化学工程系获学士学位。同年，被免试推荐到清华大学化学工程系生物化工专业攻读硕士学位。1991 年，获得清华大学工学硕士学位。同年 4 月入伍，在军事医学科学院微生物流行病研究所工作。1995 年，考取军事医学科学院微生物学博士研究生，攻读基因工程专业。1998 年 6 月，获得军事医学科学院医学博士学位，并入选军事医学 A 类人才库。2002 年，被破格晋升为研究员，并享受首批军队特殊人才津贴。2003 年 3 月，成为微生物学专业博士生导师。2006 年，担任军事医学科学院微生物流行病研究所副所长。2011 年，获得中国青年女科学家奖。2012 年，担任军事医学科学院生物工程研究所所长。2014 年，入选“国家百千万人才工程”。2017 年，获得何梁何利基金科学与技术进步奖。2019 年 11 月，当选中国工程院院士。2020 年 1 月，为应对新冠肺炎疫情，带领专家组进驻武汉。2020 年 3 月，其领衔的军事科学院军事医学研究院科研团队研制的重组新冠疫苗开始人体注射试验。

长期从事生物防御新型疫苗和生物新药研究，主持建成创新体系和转化基地，成功研发中国军队首个病毒防治生物新药、中国首个国家战略储备重组疫苗和全球首个新基因型埃博拉疫苗。2014—2015 年西非埃博拉疫情暴发后，率队赴非洲疫区完成埃博拉疫苗临床试验，这是第一个在境外开展临床研究的中国疫苗。历经狙击重症急性呼吸综合症（SARS）、汶川救灾、奥运安保、援非抗埃等重大任务砺炼，带出一支学科交叉、拼搏奉献的生物防御队伍，2018 年获军队科技创新群体奖。

吴伟仁

2020 年 6 月经国际天文学联合会批准，将国际编号 281880 号小行星命名为“吴伟仁星”。中国国家航天局探月与航天工程中心研究员，航天测控通信与深空探测工程总体技术专家，中国探月工程总设计师，中国工程院院士，国际宇航科学院院士，中国人民政治协商会议全国委员会常务委员会委员，中国科学技术协会全国委员会常务委员会委员。1953 年 10 月生，四川平川人。中共党员。

1975 年 9 月至 1978 年 11 月，在中国科学技术大学无线电系遥测遥控专业学习，获工学学士学位。1978 年 11 月至 1991 年 10 月，先后任航天工业部北京遥测技术研究所工程组长、工程师，研究室副主任、高级工程师。1991 年 10 月至 1994 年 12 月，任航天工业总公司北京遥测技术研究所研究室主任、高级工程师。1994 年 12 月至 1997 年 8 月，任航天工业总公司北京遥测技术研究所副所长、研究员。1998 年 7 月至 2008 年 8 月，任国防科学技术工业委员会科技司副司长、司长，兼国防科技工业中长期科技规划办公室主任（先后在华中科技大学获电子工程专业工学博士学位，西北工业大学管理科学与工程专业博士学位）。2008 年 8 月起，在国防科技工业局探月与航天工程中心，任中国探月工程总设计师；2011 年起，兼任探月工程二期总设计师；2015 年起，兼任嫦娥四号工程总设计师。

先后获国家科技进步特等奖 3 项，一等奖 2 项，二、三等奖各 1 项；曾被评为全国先进科技工作者，获得国防科技工业杰出人才奖、首届全国创新争先奖章，何梁何利科学与技术成就奖、钱学森杰出贡献奖、国际宇航联合会世界航天最高奖等。发表论文 80 余篇，出版专著 10 余部，主要代表作品有《深空测控通信系统工程与技术、奔向月球》。

毛相林

10 月 16 日获 2020 年全国脱贫攻坚奖奋进奖。2020 年 11 月 18 日，其先进事迹“时代楷模”在中央电视台综合频道（CCTV－1）播发。2021年2月17日，被评为“感动中国 2020 年度人物”。同年 2 月 25 日，被授予“全国脱贫攻坚楷模”称号。重庆市巫山县竹贤乡下庄村党支部书记、村委会主任。1959 年 1 月生。1997 年担任老下庄村党支书，坚持带领村民向绝壁挑战，历经 7 年时间，在悬崖绝壁上凿出一条“天路”。2005 年，又带领村民脱贫攻坚，历经 13 年时间，探索培育出“三色”经济：蓝色（劳务输出）、绿色（西瓜）、橙色（纽荷尔）。2016 年，下庄村在全县率先实现整村脱贫。2019 年，下庄村农村居民人均可支配收入达到 12670 元，村庄贫穷落后的面貌大大改观。2020 年，村民人均纯收入达到 13785 元，是修路前的 43 倍。

洪马内

2020 年 6 月任柬埔寨人民党中央青年工作组组长；同年 12 月，任柬埔寨人民党群众运动委员会副主席。1977 年 10 月 21 日生，柬埔寨首相洪森与夫人文拉妮长子。1993年高中毕业后就读于美国阿德尔菲大学经济学专业；1994 年转入西点军校；1999 年 5 月，从西点军校毕业，获少尉军衔；随后赴纽约大学攻读经济学硕士学位。1994 年入职柬埔寨军队，2009 年升任准将，2011 年 1 月，晋升为中将，并被柬埔寨国防部任命为柬埔寨陆军步兵部队副司令，同时继续兼任柬埔寨国家反恐委员会常务副秘书长、反恐协调中心主任和特别行动局局长、柬埔寨首相卫队副司令等职务。2018 年 6 月，任柬埔寨王家军代总参谋长兼王家军副总司令、王家军陆军代司令。2018 年 12 月，任柬埔寨人民党中央常务委员。

德莉·丽斯玛哈丽妮

2020 年 12 月获印度尼西亚总统佐科任命为社会部部长，取代此前因贪腐被肃贪委员会逮捕的前社会部长尤利亚里。此前曾任泗水市市长。12 月 29 日，上任社会部部长后的第一天即到雅京社会事务部 Pegangsaan 村办公室周围地区了解居民情况。30 日到雅京北区珊瑚村的 Gedong Pangang 收费公路了解民情，承诺向该地的拾荒者提供奖学金，向一些无家可归者提供住所。此后还前往东爪哇的波诺罗戈和惹班了解社会问题。丽斯玛表示，目前社会部的重要任务就是向弱势群体伸出援手。

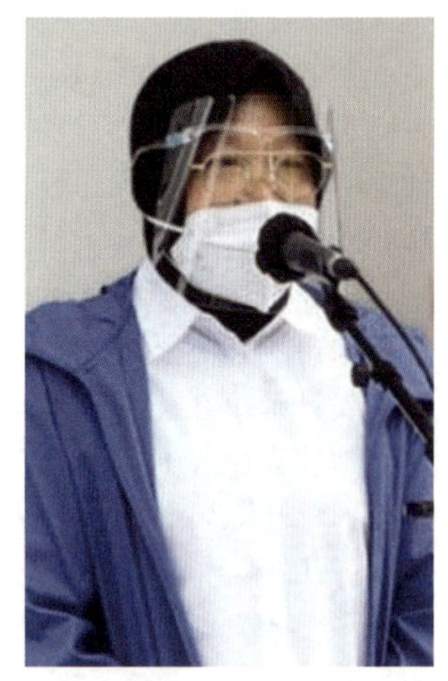

布迪·古纳迪·萨迪金

2020 年 12 月获印度尼西亚总统佐科任命为卫生

部部长，以接替因防疫不力而被指责的前任特拉万。

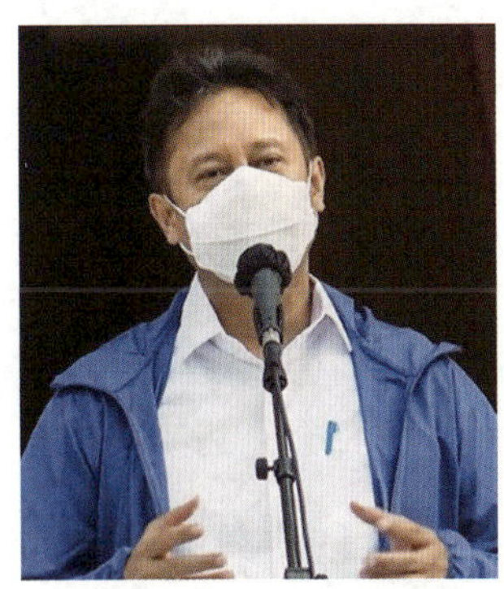

毕业于万隆理工核物理专业，曾担任国有企业部副部长。此前卫生部被认为在遏制疫情扩散的过程中使用抗疫预算支出拖沓，导致前线防疫医护人员不堪重负。布迪表示，佐科总统已下达指令，要求尽快控制和稳定新冠肺炎疫情形势。

派万·马拉翁

2020 年获颁 2019 年度东南亚文学奖，获奖作品是诗歌《珍爱老挝这片土地》，是老挝获该奖最年轻的作家。2020 年 6 月 24 日，在东南亚文学奖评委会全体委员会议上，由派万·马拉翁（笔名为“卢朵嘎登”，撰写的《珍爱老挝这片土地》最终以最高分 311 分在 9 篇参评的诗歌中脱颖而出而获奖。诗歌《珍爱老挝这片土地》于 2019 年首次出版于诗歌集《生命时节》。派万·马拉翁在老挝首都万象市西阔达崩县农布同村顿搭古溪松森寺庙修行，是思想家、作家，老挝国立大学文学院和教育学院特邀授课老师，教授硕士研究生。1990 年出生于老挝占巴塞省孔县朵嘎登村。自幼生活在物产丰饶的占巴塞省，对老挝的自然和文化有很深的感情，从小就热爱学习及阅读，12—13 岁左右开始发表诗作、短篇和文学评论等。2006 年成为老挝作家协会成员。2012 年毕业于宋翁德学院文学专业，2014 年在老挝国立大学获得学士学位，2016 年在老挝国立大学获得硕士学位，2020 年在泰国朱拉隆功大学佛学院获得博士学位。出版作品集 20 多册，比较重要的奖项包括 2015 年以诗歌《湄公河流域文明》获湄公河文学奖，2017 年获信赛奖（老挝）。

诺希山

2020 年 8 月 17 日因防控新冠肺炎疫情有功，获得马来西亚国家元首苏丹阿卜杜拉册封丹斯里勋衔，12 月 11 日再获册封拿督斯里勋衔。马来西亚卫生部卫生总监。1963 年 4 月 21 日生于雪兰莪州雪邦县，曾就读于吉隆坡美以美男子学校，后获得马来西亚国立大学医科学士学位。自 1988 年起在吉隆坡大学附设医学担任住院实习医生，1989 年起在急诊部门工作。1994 年获得外科硕士学位后，成为登嘉楼医院的普通外科医生；在担任3年的普通外科医生后，获得澳大利亚内分泌学进修奖学金，在当地各个机构接受培训。完成培训后，于 1998 年被任命为吉隆坡医院乳腺与内分泌外科部门主管；2002 年，担任布城医院的乳腺与内分泌外科主任兼高级顾问；2008 年，被任命为卫生部卫生（医药）副总监；2013 年升任总监。2017 年 8 月，被任命为国际外科医生国际委员会（ISS）成员。

2020 年，新冠肺炎疫情暴发，和卫生部部长阿汉峇峇（及其前任祖基菲里）负责处理、应对；6 月中下旬成功压平第二波疫情曲线，将单日新增确诊病例控制在个位数。其防疫事迹获得国际媒体高度赞誉。2020 年 4 月 14 日，与美国高级卫生官员安东尼福奇、新西兰卫生部执行长布鲁斐德被中国环球电视网（CGTN）评选为“世界三大顶尖抗疫医生”；2020 年 10 月 25 日，新加坡网络媒体“独立新加坡”的一篇标题为《诺希山、布鲁斐德、福西——冠病三大英雄》的专栏文章中提到这 3 名医生在疫情防控中的卓越表现。

穆希丁

2020 年 3 月 1 日在吉隆坡国家皇宫宣誓就任第 8 任马来西亚总理。1947 年 5 月 15 日生于柔佛州麻坡县。1971 年获马来亚大学经济及马来人研究学士学位。1971年加入巫统，成为巴莪区部党员，开始政治生涯。1978 年当选巴莪国会议员，并先后被委任联邦直辖区副部长及贸工部副部长。1986—1995 年以巫统柔佛主席身份担任柔佛州务大臣。1995 年回掌联邦事务，被委任青年及体育部部长，1999 年大选后担任国内贸易及消费者事务部部长，2000 年成为巫统副主席，2004—2008 年任农业部部长，2008—2009 年任国际贸易及工业部部长。2008 年参加巫统署理主席竞选并获胜，2009 年受委任为副首相兼教育部长。

2015年7月，因批评一个马来西亚发展有限公司（1MDB）丑闻而在时任总理纳吉布进行内阁改组过程中被除名，并于2016年6月被巫统开除党籍。随后与马哈蒂尔成立土著团结党，加入希望联盟。2020年年初，前总理马哈蒂尔辞职后引发一连串政治危机，期间带领土著团结党退出希望联盟使希望联盟政府倒台，后与其他党派组成国民联盟上台执政。

马哈蒂尔

2020年2月24日向马来西亚最高元首苏丹阿卜杜拉递交总理辞呈，阿卜杜拉随即委任其为过渡总理，直到选出新任总理为止。

马来西亚第4任（1981—2003年）及第7任（2018—2020年）总理。1925年7月10日生于英属马来属邦吉打首府亚罗士打。1953年毕业于新加坡爱德华七世医药学院，毕业后在公立医院担任医师，后自设诊所行医。早在日占马来亚时期结束后开始活跃于政坛，1946年巫统成立之初成为首批党员，但在1969年“五一三事件”中因公开批评时任总理东姑·阿卜杜勒·拉赫曼被巫统最高理事会开除成员资格及党籍。1970年拉赫曼辞职后，继任者拉扎克劝请回归巫统，并于1973年被委任为国会上议院议员。此后，迅速成为一颗政治新星，在拉扎克政府职务快速晋升，1973年回到巫统最高理事会，1974—1978年任教育部部长，1976—1981年任副总理。并兼任贸易及工业部部长（1978—1981年）。1981年7月16日宣誓就任总理，在执政22年间进行一系列大刀阔斧的改革，如出台重工业政策、私营化政策、鼓励国产车制造等重大项目。2003年10月31日卸任总理职务。后因一个马来西亚发展有限公司（1MDB）丑闻与时任总理纳吉布交恶，2016年2月退出巫统并与被纳吉布开除的前副总理穆希丁等人共同创立土著团结党，任党主席。2017年宣布土著团结党加入希望联盟，被推选为希望联盟主席。2018年5月9日，带领希望联盟在马来西亚第十四届全国大选中获胜，并在次日宣誓就任马来西亚第7任总理。

吴拉登

2020年1月21日，出席缅甸联邦选举委员会与美国和平研究所在内比都举行的关于“在大选前提高人们对仇恨言论及虚假信息认识”的研讨会，在会上表示，“仇恨言论、虚假新闻、造谣等会严重影响2020年全国大选”。2月19日，在内比都会见英国国际发展部对外选举专家小组领导Mr. Holly Ruthrauff一行，双方就2020年缅甸大选事宜进行讨论。10月13日，陪同缅甸国务资政昂山素季前往内比都一大选投票点，视察该投票点举行的第二次投票演练和投票点落实防疫政策情况。

缅甸联邦选举委员会主席。1948年生于缅甸曼德勒。1980年获曼德勒大学地质学硕士学位，并担任曼德勒大学讲师。曾在马圭大学任职，获得荷兰国际培训中心的地质调查文凭。2008年以缅甸密铁拉大学校长身份退休。2016年3月，被选为新任缅甸联邦选举委员会主席。2019年12月2—6日，赴华进行为期5日的友好访问。

吴敏推

2020年4月8日赴机场迎接中国援缅抗疫医疗专家组一行。4月10日，代表缅甸防控新冠肺炎疫情国家级中央委员会接收来自中国国家电投伊江公司捐赠的防疫物资并颁发捐赠证书。6月12日，出席缅甸酒店与旅游部会议，表示缅甸将发布《国家旅游局疫情期间安全指南》，指导缅甸酒店和餐厅的防疫工作。7月16日，针对缅甸国内确诊病人有60%是无症状感染者，要求加强对本地感染的预防。10月7日，缅甸新冠肺炎疫情防控国家级中央委员会接受来自缅甸国内1.025亿缅币的捐款，表示会善用好捐款。

缅甸卫生与体育部部长。1948年9月24日生于缅甸实兑省。1966—1973年在仰光第一医科大学学习，获医学学士学位，1979年获热带医学文凭。获得菲律宾系统大学公共卫生研究所奖学金，1982年毕业，获公共卫生硕士学位。1992年获得美国霍普金斯大学彭博公共卫生学院的公共卫生博士学位。2016年3月24日，出任缅甸卫生与体育部部长。

许寰戈

2020年6月16日因病去世。菲律宾食品饮料巨头生力集团(San Miguel)董事长,菲律宾商人、政治家。生力集团是菲律宾大型财团之一,业务包括食品、饮料、能源、电力、炼油和基础设施。1935年6月10日生,祖籍福建泉州。其堂姐为亚洲第一位女性总统——阿基诺夫人。菲律宾最富有的人之一,在政界也颇具影响力。曾担任菲律宾驻美国大使和打拉省省长。1992年成立菲律宾民族主义人民联盟,曾任主席,同年在总统竞选中与菲德尔·拉莫斯竞争但落败。2003年宣布参加2004年菲律宾总统大选,2003年3月出席旅菲许氏宗亲年度恳亲活动,以便争取华人的支持,但最终在总统大选中落选。落选后继续搭建他的商业帝国,最终成为菲律宾乃至东南亚有名的食品及饮料生产商。2016年个人财富估计为11亿美元,其商业帝国曾一度占菲律宾国民生产总值的25%。2017年7月,个人财富估计为11.6亿美元。曾相继在中国香港和大陆投资几亿美元建设企业,为中菲商贸合作作出贡献。2019年,被福布斯列为菲律宾第16大富豪,净资产14亿美元。

被誉为"菲律宾篮球教父",为菲律宾篮球事业发展作出巨大贡献。早在1981年就组建一支由已故罗恩·雅各布斯执教的杰出业余归化球员组成的国家队,被称为"北方水泥篮球队",在亚洲篮坛开创使用归化篮球运动员的先例。球队在1981年和1985年东南亚运动会、1982年和1985年亚洲篮球联合会青少年冠军杯、1981年和1985年威廉琼斯杯等赛事中均获得金牌。除了对国家队的贡献,还推动菲律宾业余篮球运动发展。

雷蒙德·弗朗西斯·萨缅托

2020年在新冠疫肺炎情蔓延期间,利用菲律宾远程医疗中心系统在视频会议平台上为许多菲律宾病患提供远程医疗问诊服务,并按照当地食品药品监督管理局的规定为患者开具电子处方。菲律宾马尼拉大学国立卫生研究院国家远程医疗中心主任兼助理教授,菲律宾医学信息学协会主席。2003年毕业于菲律宾国立大学心理学专业,获学士学位;2008年获菲律宾国立大学医学博士学位。2011年在美国马萨诸塞州伍兹霍尔海洋生物实验室进修生物医学信息学课程,2014—2016年在美国完成医学信息学博士后研究。因在医学信息学领域杰出的研究和公共服务获菲律宾国立大学颁发的优秀教师奖。2019年,被菲律宾国家科学院评为公共卫生信息学杰出青年科学家。

李显龙

2020年7月11日所领导的人民行动党在大选中取得83个议席,总得票率61.24%,再次当选新加坡总理。7月25日,宣布新任政府内阁成员名单。1952年2月10日生于新加坡,祖籍广东梅州大埔。曾就读于英国剑桥大学和美国哈佛大学,获公共行政学硕士学位。1971—1984年在新加坡武装部队服役,获准将军衔。1984年12月当选国会议员,之后历任新加坡国防部政务部部长、全国经济委员会主席、贸工部代部长和贸工部部长。先后兼任新加坡贸工部政务部部长、国防部第二部长、金融管理局主席和财政部部长。1990年11月担任新加坡副总理。2004年8月出任新加坡总理,2006年、2011年和2015年连任新加坡总理。曾于2005年、2008年、2012年、2013年、2014年、2017年访问中国。

林志蔚

2020年代表新加坡工人党参加首场《新加坡大选2020——政党论政》英文电视辩论赛,表现出众。表示参选不为打倒谁,只为建设更好的新加坡。1976年生。毕业于莱佛士学院,获得澳洲南昆士兰大学经济学学士、英国伦敦经济学院经济学硕士、美国哈佛大学历史学硕士、美国加利福尼亚州大学圣克鲁兹分校政治学硕士及国际经济学、哲学博士学位。曾在新加坡国立大学从事政策课题研究,在世界银行、阿布扎比投资

局从事研究工作。

黄循财

2020 年 7 月任新加坡教育部部长。是新加坡人民行动党政府第四代核心领导团队成员。1972年12月 18 日生于新加坡，祖籍中国海南。曾就读于黑格男子小学、丹戎加东中学和维多利亚初级学院。此后，获得公共服务委员会奖学金，前往美国威斯康星大学麦迪逊分校学习，并于 1993 年获得经济学学士学位；随后在美国继续研究生阶段学习，获得密歇根大学安娜堡分校经济学硕士学位和哈佛大学肯尼迪政府学院公共管理硕士学位。

2005—2008 年任李显龙总理私人秘书。2011 年之前曾担任高级公务员多年。2011 年参加新加坡国会选举，所在的人民行动党集选区五人团队拿下西海岸集选区，获得 66.6% 的选票支持。同年任国防部和教育部部长，是新加坡金融管理局董事会成员。2012 年 8 月任新加坡信息和通信部、艺术和教育部高级政务部长，同年 11 月任新加坡文化、社区和青年部代理部长兼通信和信息部高级政务部长。自 2014 年 5 月 1 日起，任新加坡文化、社区及青年部部长兼通讯及新闻部第二部长。2015 年任新加坡国家发展部长。2016 年任新加坡第二财政部长。

帕努莎雅·西提集拉瓦达那恭

2020 年 6 月，参加泰国全国大学生联合会抗议社运人士万查勒姆·沙特沙卡提被失踪的示威，因违反 2019 新冠肺炎疫情期间的防疫规定被逮捕。8月10日，高举“法政大学不能忍了”标语率领数千名学生示威，要求皇室进行大改革，并发表《10 点宣言》演说（又称《法政大学宣言》）。其言论激起泰国政界强烈反对，当局警告示威活动严重诽谤国王。9 月 20 日，与其他示威者在曼谷大皇宫附近嵌入一块“人民的牌匾”，示威者成功向当局提交皇室改革意见。

泰国学生运动领袖，泰国全国大学生联合学生会发言人，就读于泰国法政大学社会学与人类学学院。1998 年 9 月 25 日生于泰国暖武里府，小时候性格内向、害羞，对政治冷淡。之后父母替她报名参加赴美国交流学习 5 个月的项目，自此开始变得自信，敢于表达，热衷于公开演讲。2014 年泰国政变后，在父亲的鼓励下开始涉猎政治议题。入读法政大学后，更加活跃于政治活动，大三时便投身于政治运动，2018 年加入学生联盟政党圆顶革命。2020 年 2 月，参加反政府抗议活动，反对宪法法院取缔深受年轻人喜欢的改革派政党未来前进党（新未来党）。

潘芭帕

2020 年 5 月 23 日被泰国卫生部任命为疫情管理中心发言人助理，主要负责周末的疫情情况陈述；2020 年 7 月 30 日泰国卫生部下发命令正式任命潘芭帕女士担任卫生部发言人。1988 年 7 月 12 日出生于曼谷，毕业于泰国朱拉隆功大学医学院。18 岁时获得 2006 年 Miss Teen Thailand 比赛亚军；20 岁时获得 2008 年“泰国小姐”比赛冠军以及“Miss Healthy”奖和“最美肌肤”奖。毕业后创办 Panprapa Clinic 美容诊所，也曾是泰国国家电视台（MCOT）的新闻播报员。

黎氏琼梅

2020 年 2 月 7 日带领研究团队成功分离出 SARS - CoV - 2 新型冠状病毒毒株。越南中央卫生与流行病学研究院副教授、博士。1967 年 8 月 10 日生。2020 年 2 月 7 日，所带领的研究团队成功分离出 SARS - CoV - 2 新型冠状病毒毒株，为越南检测新冠肺炎病毒及研发新冠疫苗奠定基础条件。凭借该成果，2021 年 4 月，在新加坡《亚洲科学家》杂志公布的亚洲 100 名杰出科学家名单中，黎氏琼梅名列其中，成为越南跻身该名单的 5 位科学家之一。

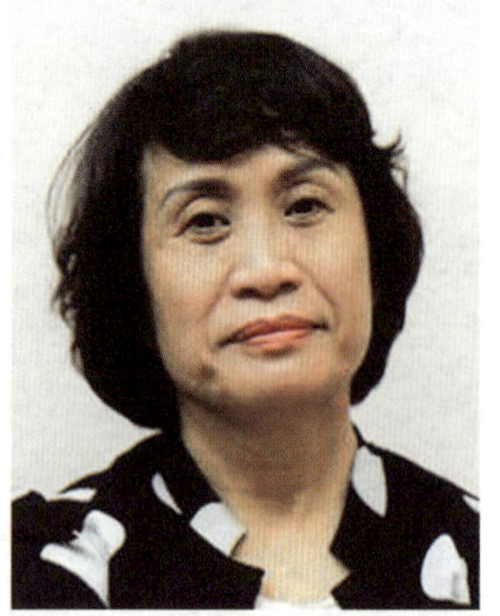

（周明钧　梁薇　云倩　杨梦平　赵丹　李阳行　杨超　谢柱军　唐卉　李碧华）

大 事 记

2020 年

1 月

1 日 越南开始担任东盟轮值主席国。

5—9 日 老挝政府总理通伦·西苏里对中国进行正式访问。中国国家主席习近平 6 日在北京人民大会堂会见通伦。中国国务院总理李克强当天上午在北京人民大会堂北大厅举行仪式，欢迎通伦来华进行正式访问。两国领导人共同出席两国间合作文件签字仪式。全国人大常委会委员长栗战书也于当日会见通伦。

10 日 东盟国防高级官员工作组扩大会议(ADSOM + WG)在越南岘港开幕，东盟 10 国和澳大利亚、中国、印度、日本、新西兰、韩国、美国和俄罗斯等 8 个对话伙伴国的 120 名代表与会。ADSOM + WG 举办的目的在于准备和完善第 7 次东盟防长扩大会议相关内容和文件并上报将于 2020 年 8 月在河内举行的东盟国防高官会。

12 日 在越南工贸部主持下，第 18 次柬埔寨、老挝、缅甸、越南经济高官会议在河内召开。

15 日 第 23 届东盟旅游部长会议与 2020 年东盟旅游论坛一起在文莱斯里巴加湾市举行。

16 日 在对缅甸联邦共和国进行国事访问前夕，中国国家主席习近平在缅甸《缅甸之光》《镜报》《缅甸环球新光报》同时发表题为《续写千年胞波情谊的崭新篇章》的署名文章。

△中共中央总书记、国家主席习近平应约同越共中央总书记、国家主席阮富仲通电话。习近平表示，今年是中越建交 70 周年，也是中越两国社会主义事业伟大征程中具有重要意义的一年。

17 日 中国国家主席习近平同文莱苏丹哈桑纳尔分别致贺信祝贺 2020“中国文莱旅游年”在文莱斯里巴加湾开幕。习近平指出，中国和文莱是隔海相望的友好邻邦，也是相互信赖的朋友和伙伴。

20 日 新任驻东盟使团团长邓锡军大使在雅加达东盟秘书处向东盟秘书长林玉辉递交任命书。

21 日 中国国务委员兼外交部部长王毅和文莱达鲁萨兰国外交事务主管部部长艾瑞万在北京共同主持召开中国文莱政府间联合指导委员会首次会议。双方赞赏中文关系在提升为战略合作伙伴关系后取得的积极发展。

△东盟和平与和解研究院执委会在印度尼西亚首都雅加达召开第 18 届会议，也是 2020 年首次会议。越南驻东盟代表团团长、东盟和平与和解研究院执委会主席陈德平主持会议。

△欧洲议会的国际贸易委员会在布鲁塞尔通过关于批准《越南—欧盟自由贸易协定》和《越南—欧盟投资保护协定》的建议。

2 月

1 日 东南亚国家联盟副秘书长康富在会见中国驻东盟大使邓锡军时说：东盟对中国政府应对新型冠状病毒感染肺炎疫情展现的决心和能力感到钦佩；东盟与中国在公共卫生领域一贯保持良好合作；疫情发生后中方及时向东盟秘书处通报相关信息，彰显中国开放和负责任的良好形象，东盟对此高度赞赏；公共卫生事件需要各方携手应对；东盟作为中国近邻，将加强与中方在疫情应对方面的多双边合作，共同战胜疫情。

3 日 中国共产党中央委员会致电越南共产党中央委员会，祝贺越南共产党成立 90 周年。

△老挝人民革命党中央总书记、国家主席本扬·沃拉吉致电中共中央对外联络部表示，自疫情暴发以来，习近平总书记亲自领导、加强指挥，成立中央应对新型冠状病毒感染肺炎疫情工作领导小组，全面、及时地防控和应对疫情，这不仅保护了中国人民的生命安全，也保护了世界人民的生命安全。

5 日 柬埔寨首相洪森来华访问。洪森抵达北京首都国际机场时，中国国务委员兼外交部部长王毅前往迎接。中国国家主席习近平和国务院总理李克强在北京人民大会堂分别会见柬埔寨首相洪森。

12—13 日 东盟经济一体化高级别工作组第 37 次会议在越南河内召开，讨论东盟经济一体化愿景及相关战略措施。东盟各国经济副部长和东盟副秘书长出席会议。

13 日 中国国家主席习近平应约同马来西亚总理马哈蒂尔通电话。习近平指出，总理先生是中国人民的老朋友，在当前中国人民奋力抗击新冠肺炎疫情的关键时刻，总理先生提出同我通电话，体现了马方对中方的情谊和支持。

14 日 东盟—美国联合合作委员会第 11 次会议在印度尼西亚首都雅加达东盟秘书处总部举行，旨在评估在美国—东盟战略伙伴关系框架下各项合作项目与计划执行情况。

16 日 近日，一些国家政党政要致函中共中央对外联络部，积极评价中方抗击新冠肺炎疫情工作取得的积极成效。其中包括老挝人民革命党中央政治局委员、中央书记处常务书记、国家副主席潘坎·维帕万，缅甸联邦改善党主席瑞曼，印度共产党总书记拉贾等都在来电来函中表示愿与中国共产党加强合作，携手抗击疫情。

18—21 日 第 30 次东盟政府间人权委员会在越南河内召开。2020 年东盟政府间人权委员会主席、越南东盟政府间人权委员会代表阮太安香大使主持会议。东盟各国和东盟秘书处代表出席。

19 日 2020 年东盟国防部长非正式会议在越南首都河内召开，这是越南担任东盟轮值主席国之年举行的重要军事活动之一。会议发表《东盟国防部长关于抗击新冠肺炎疫情中防务合作的联合声明》。

20 日 中国国务委员兼外交部部长王毅赴老挝万象，与中国—东盟关系协调国菲律宾外长洛钦共同主持中国—东盟关于新冠肺炎问题特别外长会。东盟 10 国外长出席。王毅还与老挝外长沙伦塞·贡玛西共同主持澜湄合作第 5 次外长会。

24 日 马来西亚总理马哈蒂尔向马来西亚国家元首提出辞职，随后被国家元首委任为代理总理。依据马来西亚宪法，国家元首撤销了所有内阁部长的委任。

24—25 日 越南劳动荣军与社会部主持召开东盟各国社会文化高官会议。会议旨在对东盟社会文化共同体的总体计划实施方案进行中期评估，东盟 10 国社会文化事务负责官员、东盟秘书处、各国相关部门专家等与会。

25 日 “金色眼镜蛇—2020”联合军演在泰国举行，包括联合实兵演习和人道主义民事活动两大部分，主要有高级论坛、两栖登陆作战演习，以及人道主义工程援建和救援减灾实兵演练等内容。共有 29 个国家 8900 余名官兵参与或以观察员身份观摩演习。中国第 75 集团军派出 25 人的实兵分队参加联演。演习至 3 月 6 日结束。

27 日 东盟秘书处在雅加达东盟秘书处总部举行仪式，正式开通东盟文化遗产网站 https://heritage.asean.org(ACHDA)。东盟主管社会文化共同体事务副秘书长康富在仪式上发表讲话时强调，东盟文化遗产网站项目是东盟迈出的重要一步，旨在深化对本地区丰富文化遗产的了解。

28 日 东盟一体化倡议工作组第 60 次会议在印度尼西亚首都雅加达东盟秘书处召开。在缅甸的主持下，会议就 2019 年 10 月 4 日东盟一体化倡议工作组第 59 次会议召开之后一体化倡议第三阶段工作计划进行核查并部署 2020 工作。

3 月

1 日 马来西亚土著团结党主席慕希丁在吉隆坡国家皇宫宣誓就任第 8 任马来西亚总理。

2 日 根据中柬双方的共识，两国军队于 3 月 2 日至 4 月 10 日在柬埔寨举行“金龙－2020”联合训练。此次联训以“联合打击恐怖主义势力”为课题，中方以南部战区陆军为主派出 265 人参训。“金龙”系列联合训练是中柬两军务实合作的一个重要项目，此次举行的是第四次联训。

4 日　东盟高官会在越南岘港举行，东盟 10 个成员国高官及东盟副秘书长出席。这是 2020 年召开的第 2 次东盟高官会。与会代表就 2020 年 1 月召开的东盟外长非正式会议结果落实情况交换意见及为于 2020 年 4 月 8—9 日在岘港举行的第 36 次东盟高官会及相关会议作出初步准备工作。

6 日　东盟联合磋商会在越南岘港举行。东盟各国高官代表团团长及东盟秘书处代表出席。

10—11 日　第 26 届东盟经济部长非正式会议在越南岘港举行，会议通过东盟轮值主席国越南提出的 12 项关于本年度东盟经济合作优先事项的倡议。根据会议发布的新闻公报，这 12 项倡议聚焦电子商务、货物贸易、能源、信息技术、农业、可持续发展、金融、统计和创新等领域，旨在推动东盟内部互联互通，促进和平与可持续发展的伙伴关系，增强东盟的灵活性和运行效率。

23 日　中国向柬埔寨派遣医疗专家组包机抵达金边国际机场。这是新冠肺炎疫情暴发以来，中国向周边和东盟国家派遣的第一支抗疫医疗队，柬埔寨也成为获中国医疗专家支援的首个东南亚国家。

30 日　中国向老挝派遣医疗队，并援助试剂盒等医疗用品，协助抗击新冠肺炎病毒。

31 日　东盟协调理事会工作小组召开关于应急突发公共卫生事件视频会议。该小组是按照 2020 年东盟轮值主席国越南倡议而成立的，旨在促进东盟共同采取配套的跨部门合作措施，以有效应对复杂难料的新冠肺炎疫情。

4 月

2 日　中国国家主席习近平同印度尼西亚总统佐科通电话。习近平指出，当前，新冠肺炎疫情在包括印尼在内的多国多点暴发，我代表中国政府和中国人民向印尼政府和印尼人民表示诚挚慰问。

△中国国务院总理李克强应约同越南政府总理阮春福通电话。李克强表示，中越互为重要近邻。当前新冠肺炎疫情在包括东南亚在内的全球多地蔓延，中越双方应与地区国家一道努力，密切协调配合，加强防疫合作和经验交流，共同遏制疫情在本地区蔓延，稳定产业链供应链，维护地区经济发展。

3 日　中共中央总书记、国家主席习近平应约同老挝人民革命党中央总书记、国家主席本扬·沃拉吉通电话。习近平代表中国共产党、中国政府、中国人民向老挝人革党、老挝政府、老挝人民抗击新冠肺炎疫情表示诚挚慰问和坚定支持。

4 日　为表达全国各族人民对抗击新冠肺炎疫情斗争牺牲烈士和逝世同胞的深切哀悼，国务院决定于 2020 年 4 月 4 日举行全国性哀悼活动。这次是中国首次因重大突发公共卫生事件依法启动全国性哀悼活动。

5 日　应菲律宾政府邀请，中国政府赴菲律宾抗疫医疗专家组包机抵达菲律宾首都马尼拉。专家组共 12 人，由国家卫健委组建、选派，分别为福建省立医院、福建省疾病预防控制中心、福建医科大学附属第一医院、福建中医药大学附属人民医院专家及侨务干部，大部分成员都有一线抗疫经验。

7 日　东盟及中、日、韩卫生部部长特别会议以视频方式举行。

13 日　中国国家主席习近平同印度尼西亚总统佐科互致贺电，庆祝中国印尼建交 70 周年。习近平在贺电中指出，中国和印尼友好交往源远流长。建交 70 年来，双边关系取得长足发展。

14 日　中国国务院总理李克强在北京出席东盟与中日韩 10 + 3 抗击新冠肺炎疫情领导人特别会议。东盟 10 国领导人、韩国总统文在寅、日本首相安倍晋三以及世界卫生组织总干事谭德塞、东盟秘书长林玉辉出席。越南政府总理阮春福主持会议。会议结束时，各国领导通过《东盟与中日韩抗击新冠肺炎疫情领导人特别会议联合声明》。

17 日　越南工商部部长陈俊英与中国海关总署署长倪岳峰及商务部长钟山通电话，旨在寻求解决越南货物在越中边界地区滞留状况的措施。

18 日　为帮助马来西亚应对新冠肺炎疫情，中国政府决定向马来西亚派遣抗疫医疗专家组。专家组由国家卫生健康委员会组建，广东省卫生健康委员会选派。

23 日　第 21 届中国—东盟联合委员会会议通过视频方式举行。

24 日　应巴基斯坦、缅甸、老挝等国军队请求，中国人民解放军派出医疗专家组分别搭乘空军运 - 20、运 - 9 和伊尔 - 76 运输机，奔赴巴缅老 3 国协助抗疫。

29 日 东盟10国旅游部长以视频方式举行会议，讨论恢复东盟旅游业的合作。东盟10国一致同意执行一项预防计划。其中，东盟各国将通过东盟旅游危机联络小组分享信息。同时，寻求与国际组织合作的机遇，致力于新冠肺炎疫情结束后恢复东盟旅游业。

5 月

7 日 东盟军医中心理事会在河内举行视频会议，就新冠肺炎疫情防控工作机制演练方案展开讨论。

12 日 应泰国军队请求，经中央军委批准，中国人民解放军派空军运20运输机向泰国军队紧急运送援助的呼吸机、心电监护仪、测温仪、测温头盔、核酸检测试剂盒、医用口罩、防护面罩、护目镜、医务防护服、医用手套、医用鞋套等疫情防控物资。

14 日 文莱国防事务主管部部长丕显哈尔比、中国驻文莱大使于红共同出席在文莱国防部举行的中国人民解放军向文莱皇家武装部队捐赠抗疫物资交接仪式，出席捐赠仪式的还有中国驻文莱使馆武官李建中、文莱皇家武装部队司令彭吉兰拿督阿米楠、文莱国防部常秘沙里尔、联合部队司令谢里夫等。

△东盟各国劳工部长召开应对新型冠状病毒肺炎疫情对劳动者和就业机会产生影响的特别视频会议。东盟10国、东盟秘书处、国际劳工组织代表一同出席。会议通过《东盟劳工部长关于应对新型冠状病毒肺炎疫情对劳动者和就业机会产生影响的联合声明》。

15 日 东盟国防高级官员视频会议在越南河内召开。东盟各国国防高官代表团团长以及东盟副秘书长黄英俊与会。

△2020年东盟国家委员会在越南政府总部召开委员会第1次会议。会议的核心内容是继续落实有关预防和抗击Covid－19疫情的东盟领导人会议及东盟加3领导人会议的成果及倡议；核查、评价2020年东盟主席年期间倡议开展过程中存在的困难及障碍并提出解决措施，旨在保障倡议如期开展。

18 日 第32次东盟—澳大利亚论坛以视频方式召开。这是东盟—澳大利亚关系框架内外交部副部长级年度会议，首次以视频会议方式举行。会议集中核查并为即将举行的第36次东盟峰会筹备工作提出指导意见。

19 日 东盟与中国民间友好组织领导人特别视频会议召开。东盟10国和中国民间友好组织领导人就抗击新冠肺炎疫情和在新形势下促进民间友好交流交换意见。

20 日 中国国家主席习近平同缅甸总统温敏通电话。习近平指出，中国发生新冠肺炎疫情后，缅甸政府和社会各界向中方伸出援手。缅甸疫情牵动着我们的心。中方已向缅方捐赠多批抗疫物资，并派出两批医疗专家组同缅甸医护人员并肩战斗。

29 日 越共中央委员、外交部副部长、越中双边合作指导委员会越方秘书长黎怀忠同中国外交部副部长、中越双边合作指导委员会中方秘书长罗照辉举行视频会议，就越中关系和两国抗击新冠肺炎疫情合作深入交换意见。

6 月

2 日 中共中央政治局常委、全国政协主席汪洋应约同老挝人民革命党中央政治局委员、建国阵线中央主席赛宋蓬·丰威汉通电话。

△2020年越南—中国（广西）商品网上交易会（建材及家居产品专场）启动仪式在河内举行。

4 日 东盟与中日韩10＋3经济部长会议以视频方式召开，旨在推动落实各国领导人于2020年4月14日在抗击新冠肺炎疫情领导人特别会议上所提出的内容。会议的突出成果是部长们通过关于在新冠肺炎疫情背景下减少对经济影响的联合宣言。

5 日 东盟妇女和平小组在东盟和平与和解机构活动框架内在河内举行视频会议。会议的目的是讨论落实东盟领导2017年关于妇女、和平、安全的联合声明的措施，交换有关妇女、和平、安全的活动和倡议的信息，确定今后在地区及国际形势快速且复杂演变背影下推动妇女—和平—安全议程的方向。

8 日 中国国家主席习近平同缅甸总统温敏就中缅建交70周年互致贺电。习近平在贺电中指出，双方近期在抗击新冠肺炎疫情斗争中相互支持、守望相助，生动诠释了患难与共、同舟共济的中缅命运共同体精神。

△越南国会表决通过越南与欧盟自由贸易协定（EVFTA）决议。

10 日 东盟社会福利与发展部长特别会议以视频方式举行，探讨合作减轻新冠肺炎疫情对弱势群体的影响。东盟各成员国社会福利与发展部长和东盟秘书长出席会议。

11 日　中国国家主席习近平同菲律宾总统杜特尔特通电话。习近平强调，新冠肺炎疫情发生以来，中菲两国政府和人民互施援手、共同抗疫，诠释守望相助的兄弟情谊。杜特尔特表示，菲方将永远做中国人民的朋友，不会允许任何人利用菲律宾从事反华活动。

12 日　中国国务院总理李克强向“2020 中国 - 东盟数字经济合作年”开幕式致贺信。李克强在贺信中表示，中国和东盟是友好近邻，互为重要合作伙伴。当前数字经济发展日新月异，正在深刻重塑世界经济和人类社会面貌。

15 日　中共中央总书记、国家主席习近平就中老抗疫合作向老挝人民革命党中央总书记、国家主席本扬·沃拉吉致口信。此前，本扬就中国支持老挝抗击新冠肺炎疫情向习近平总书记致感谢信。

17 日　东盟社会文化共同体第 15 次协调会议以视频方式在河内举行。会议由东盟秘书处和越南劳动荣军与社会部联合召开。东盟社会文化共同体高级官员、东盟社会文化共同体 15 个专职机构主席和副主席、东盟高级经济官员会议主席和副主席、东盟高级官员、东盟政府间人权委员会主席等与会。

23 日　东盟社会文化共同体理事会第 23 次会议以视频方式在河内举行。

26 日　第 36 届东盟峰会以视频方式举行，东盟 10 国领导人、东盟秘书长等出席。与会各国领导人就防控新冠肺炎疫情、“后疫情时代”经济复苏、力争年内签署《区域全面经济伙伴关系协定》(RCEP)等议题进行讨论。

7 月

1 日　中国国务院总理李克强同泰国总理巴育互致电函，庆祝中泰建交 45 周年。李克强在贺电中指出，今年以来，双方在抗击新冠肺炎斗争中守望相助，“中泰一家亲”的传统友谊进一步得到升华。中方高度重视发展对泰关系，愿同泰方一道，加强抗疫合作，高质量共建“一带一路”，为中泰、中国—东盟经济复苏与可持续发展作出贡献。

△第 26 次东盟与中国高官磋商会议以视频方式举行。中国外交部部长助理陈晓东和菲律宾外交部部长助理佚垅沃共同主持，东盟其他各国东盟事务高官和东盟副秘书长出席。

△越南国防部在河内以视频方式召开东盟地区论坛国防官员对话会。此次对话会旨在促进区域防务合作，讨论疫情防控措施，为计划于 7 月 8 日举行的第 17 届东盟地区论坛安全政策会议做好准备。

2 日　以视频方式召开的第 36 届东盟峰会闭幕。东盟各国和政府领导人发表《东盟关于在不断变化的劳动世界中推动人力资源发展的声明》。

3 日　中共中央总书记、国家主席习近平向柬埔寨人民党主席、政府首相洪森致口信。不久前，在中国共产党成立 99 周年之际，洪森专门致函，表达本人和柬埔寨人民党对深化中柬两党两国关系的愿望和看法。

△中老铁路万象站开工建设。该站是中老铁路全线新建 20 座客货运站房中面积最大的站房，建筑面积 14543 平方米。

8 日　第 17 届东盟地区论坛安全政策会议以视频方式举行。

9 日　第 13 届湄公河—日本外长会议以视频方式举行。日本外务大臣茂木敏充和越南政府副总理、外交部部长范平明共同主持会议。与会各位部长对日本与湄公河次区域的 5 个国家在包括传染病在内的医疗领域的合作，以及新冠肺炎疫情得以控制后的经济关系进行讨论。

13 日　在东盟与韩国对话伙伴关系 30 周年纪念活动框架内，东盟基金会与东盟—韩国合作基金会和东盟秘书处配合举行“东盟互联互通”文化艺术活动。东盟“互联互通”文化艺术活动吸引东盟各国艺术家参加，旨在深化东盟各国之间的文化理解。

14 日　中国国家主席习近平同新加坡总理李显龙通电话。习近平祝贺李显龙带领人民行动党在近日全国大选中获胜。

△中国国家主席习近平同泰国总理巴育通电话。习近平指出，新冠肺炎疫情发生以来，中泰两国相互支持、共克时艰，用实际行动诠释了“一家亲”的深厚情谊。习近平强调，中泰关系基础深厚、潜力很大。

20 日　越南外交部副部长、越南东盟高官会代表团团长阮国勇以东盟轮值主席国和东盟与中日韩合作机制主席的资格主持召开东盟与中国、日本和韩国视频高官会。东盟各国和中日韩 3 国高官、外交部副部长，东盟秘书处副秘书长出席会议。东盟各国与中日韩一致同意继续加强合作，强化应对疫情的能力，减轻疫情带来的影响，促进经济复苏和可持续发展。

△在东盟与各伙伴国高官会框架内，越南外交部副部长阮国勇主持开召开东亚峰会高官会视频会议。东盟各国以及澳大利亚、中国、印度、日本、新西兰、韩国、俄罗斯、美国等东亚峰会伙伴国的高级官员、外交部副部长出席会议。

21日 中国国务院总理李克强在北京人民大会堂应约同老挝政府总理通伦·西苏理举行视频会晤。李克强表示，中老山水相连，两国关系历久弥坚。中方愿同包括老方在内的有关国家共同努力，开好今年东亚合作领导人系列会议，特别是争取年内签署“区域全面经济伙伴关系协定”，共同办好中国—东盟数字经济合作年，促进中国—东盟关系持续发展，推动本地区和平稳定与发展繁荣。

△东盟地区论坛高官会以视频方式举行。越南外交部副部长、越南东盟高官会代表团团长阮国勇主持会议。东盟地区论坛的27个国家和组织以及东盟秘书处等的代表出席。

27日 中国国务院总理李克强致电李显龙，祝贺他连任新加坡共和国总理。李克强在贺电中表示，在李显龙总理领导下，新加坡经济长期保持良好发展势头。面对新冠肺炎疫情，新加坡政府果断施策，防控工作取得积极成效，经济社会逐步复苏。中国和新加坡是友好邻邦，中方高度重视中新关系。

30日 东盟秘书处东盟公共卫生协调委员会紧急情况工作组召开“疫情后恢复：面向更强大的东盟共同体”视频高级对话会。

△中国外交部领事司司长崔爱民与越南外交部领事局局长武越英以视频方式举行中越第12轮领事磋商，就疫情常态化背景下加强双边人员往来、助力复工复产等问题友好、坦诚、务实地交换看法和意见。

8月

1日 《东盟—日本全面经济伙伴关系协定》的第一份议定书在日本和老挝、缅甸、新加坡、泰国、越南等东盟5国正式生效。这6国已完成批准该文件的国内相关法律手续。

8日 中共中央总书记、国家主席习近平向越共中央总书记、国家主席阮富仲致唁电，对越共中央原总书记黎可漂逝世表示沉痛哀悼。

△东盟首届网上销售日启动。

14日 湄公河次区域跨界雾霾污染次区域部长级指导委员会第9次会议通过视频方式举行。

19日 东盟农村发展与消除贫困部长级会议以视频方式举行。

23日 中国国务委员兼外交部部长王毅在广西东兴中越两国边界跨界处同越南政府副总理兼外交部部长范平明共同出席中越陆地边界划界20周年暨勘界立碑10周年纪念活动。

24日 中国国务院总理李克强出席澜沧江——湄公河合作第3次领导人会议。李克强总理同澜湄合作共同主席国老挝政府总理通伦·西苏里共同主持会议，柬埔寨首相洪森、缅甸总统温敏、泰国总理巴育、越南政府总理阮春福出席。

28日 在第52届东盟经济部长会议及相关会议框架下，东盟各国经济部长与中日韩3个伙伴国经贸部长举行在线磋商会。越南工贸部部长陈俊英、中国商务部部长钟山、日本经济产业大臣梶山弘志、韩国贸易部部长柳明熙通过视频方式出席磋商会。

29日 在第52届东盟经济部长视频会议及系列相关会议期间，东盟各国经济部长与东亚地区8个伙伴及加拿大、澳大利亚、新西兰、印度、韩国等外部伙伴举行视频磋商会。越南工贸部部长陈俊英代表东盟方面主持会议。

31日 中国国家主席习近平同印度尼西亚总统佐科通电话。习近平强调，印度尼西亚是中国的友好邻邦和重要伙伴，中方高度重视印度尼西亚在疫苗合作方面的关切和需求。

9月

8日 主题为“致力于齐心协力与主动适应的东盟共同体的议会外交”的2020年东盟议会联盟大会在越南河内开幕。会议以视频方式举行，主会场在河内，分会场在东盟各成员国和观察员国议会。

9日 第53届东盟外长会议及相关会议以视频方式在越南河内召开。12日，会议闭幕。合作抗击疫情是会议重点。

△东盟与中国外长会议、第21届东盟与中日韩外长会议和东盟与日本外长会议、东盟与韩国外长会议举行。东盟各国外长在东盟与中国外长会议上重申，东盟与中国战略伙伴关系给双方带来了切实利益。双方一致同意继续加强数字经济、网络安全、海事、自然灾害应对、民间交流等优先领域的合作。同时早日完成制订2021—2025年东盟与中国行动计划。

△东盟各国外长在第 27 届东盟协调委员会会议上赞同东盟秘书长林玉辉提名并选举行东盟常驻代表委员会越方常驻代表陈德平大使为负责东盟秘书处共同体事务和内部事务的东盟副秘书长,其任期是 2021 年 2 月至 2024 年 2 月。

△第 41 届东盟议会联盟大会以“致力于东盟可持续和平与安全的议会外交”为主题的政治委员会会议以视频方式在越南河内召开。

12 日　越南政府副总理兼外交部部长范平明以视频方式主持召开第 27 届东盟地区论坛外长会议,吸引 27 个国家外交部长及东盟秘书长一同出席。

16 日　越南国防部举行题为“促进军事合作,致力于一个齐心协力与主动适应的东盟”的第 10 届东盟军队作战局长视频会议。东盟各国军队作战局代表出席各国分会场的视频会议。

18 日　第 23 届东盟与中日韩财长和央行行长会议在河内以视频方式召开。这是由越南和日本 2020 年共同主持的东盟与中日韩金融合作活动中的最重要会议。会上,东盟各国与中国、韩国、日本财长和央行行长就全球和地区宏观经济情况及新冠肺炎疫情应对措施展开讨论。会议通过联合声明。

21 日　主题为“增强大家庭的恢复能力与团结一致,携手走出逆境、适应新常态”的第 15 届东盟政府—非政府组织社会福利与发展论坛在越南河内以视频方式举行。论坛吸引东盟 10 国各非政府组织,东盟秘书处,地区乃至国际组织,越南外交部、文化体育与旅游部、国防部、公安部、国会办公厅和越南妇女联合会委员会等代表出席。

29 日　中共中央总书记、国家主席习近平同越共中央总书记、国家主席阮富仲通电话。习近平表示,在抗击新冠肺炎疫情过程中,中越两党两国相互支持、共克时艰,携手取得疫情防控的重大成果,用实际行动诠释“同志加兄弟”的深厚情谊,充分体现共产党领导和社会主义制度的独特优势。

10 月

2 日　第 24 届东盟财政部长会议以视频方式召开。东盟各国财政部长、东盟秘书长、世界银行集团领导、亚行行长等一同出席。同日下午,第 6 届东盟财政部长和央行行长会议也以视频方式举行。

6 日　作为 2020 年东盟社会文化共同体主席的越南劳动荣军与社会部以视频方式主持召开东盟社会文化共同体总体规划中期审查会议。该报告草案较为全面、细致地介绍东盟各国在履行《2025 年东盟社会文化共同体总体规划》中所取得的主要成就及所面临的挑战。

8 日　越南外交部副部长、东盟高官会越方代表团团长阮国勇主持召开东盟联合磋商会。政治安全、经济和文化社会等东盟三大支柱的高级官员、各国驻东盟使节团团长和东盟副秘书长与会。

12 日　柬埔寨首相洪森会见正在访柬的中国国务委员兼外交部部长王毅,双方共同出席中柬自贸协定签字仪式。中国商务部部长钟山和柬埔寨商业大臣潘索萨以视频方式签署协定。

13 日　在东南亚访问的中国国务委员兼外交部部长王毅过境访问新加坡并同新加坡外长维文举行会谈。

12—13 日　应马来西亚外交部部长希沙慕丁邀请,中国国务委员兼外交部部长王毅访问马来西亚。访问期间,王毅同希沙慕丁举行会谈,并同马来西亚总理穆希丁视频通话。

14 日　老挝人民革命党中央总书记、国家主席本扬·沃拉吉在万象会见对老进行正式访问的中国国务委员兼外交部部长王毅。王毅向本扬转达习近平总书记、国家主席的亲切问候。同日,老挝政府总理通伦·西苏里在万象会见王毅。王毅向通伦转达李克强总理的亲切问候。

△越南外交部副部长、越南东盟高官会代表团团长阮国勇与日本外务省副大臣森健良共同主持召开第 35 届东盟—日本论坛,东盟各成员国高级官员与东盟秘书处副秘书长一同出席。

△越南外交部副部长、越南东盟高官会代表团团长阮国勇以视频方式主持召开东盟公共卫生协调委员会紧急情况工作组第 4 次会议。论坛对东盟—日本近期合作情况,其中包括东盟—日本外长会议达成的共识落实情况进行评估,为第 23 届东盟—日本领导人会议作准备,并就共同关注的地区及国际问题交换意见。

15 日　中国国务委员兼外交部部长王毅访问泰国,泰国总理巴育在曼谷会见王毅。王毅请巴育转达习近平主席对哇集拉隆功国王的亲切问候,并向巴育转达中国领导人的良好祝愿。

19 日　东盟—韩国联合合作委员会第 7 次会议以视

频方式召开。会议对近期双边合作情况进行评价，讨论未来加强合作关系的措施。会上，双方高度评价东盟与韩国近期在各领域上取得的合作成果，高度评价2016—2020年阶段东盟与韩国行动计划执行结果。

20日 东盟秘书处举行第4次东盟实体论坛，为东盟相关实体与东盟秘书处、东盟机构及组织加强合作提供平台。论坛以视频方式召开，吸引司法机构、商业与社会组织的150名代表出席。

22日 以"东盟各国空军齐心协力和主动适应"为主题的第17届东盟国家空军司令会议以视频方式召开。越南防空空军军种代司令武文柯少将主持会议。东盟各国空军司令出席会议。东盟9个国家驻越南武官和空军武官在河内会场出席会议。

△东盟包容性创业专家网络第4次会议以视频方式召开。

27日 2020年，东盟国家委员会第6次会议在越南政府总部召开。此次会议把重点放在对各项工作任务、特别是2020东盟轮值主席年各项内容与倡议落实情况开展全面核查工作，就未来重点工作任务、特别是于2020年11月召开的第37届东盟峰会及有关会议的筹备工作进行深入讨论。

28日 第26届东盟劳工部长会议和第11届东盟与中日韩劳工部长会议在印度尼西亚以视频方式召开。第26届东盟劳工部长会议的主题为："促进未来东盟劳动者的竞争力、主动性和灵活性"。会议对近两年来在劳工领域所开展的活动进行核查。

29日 越南外交部副部长阮国勇和老挝外交部副部长通沙万·丰威汉共同主持越南与老挝外交部第5次政治磋商。两国此次政治磋商以视频方式举行。

11月

4日 由越南司法部与东盟各国和东盟秘书处联合举行主题为"东盟就提高执法效率与法院民事判决书执行力方面进行经验分享"的2020年东盟法律论坛以在线会议方式举行。

5日 由越南劳动荣军与社会部主持的第29次东盟社会文化共同体高级官员视频会议举行。

6日 中国国家主席习近平在北京人民大会堂为柬埔寨太后莫尼列举行中华人民共和国"友谊勋章"颁授仪式。习近平发表讲话表示，莫尼列太后是中柬友好的重要见证者和推动者。

8日 中国国务委员兼外交部部长王毅在北京会见东盟10国驻华使节。王毅表示，中国外长同东盟10国驻华大使每年开展交流是双方坚持多年的好传统。今年以来，尽管受到新冠肺炎疫情影响，中国和东盟国家仍保持密切交往合作。

10日 东盟政治安全共同体理事会第22次会议举行。

13日 在第37届东盟峰会及系列相关会议期间，越南政府总理阮春福与日本首相菅义伟以视频方式共同主持召开第12届湄公河流域国家与日本峰会。柬埔寨、老挝、缅甸和泰国等国高层领导与会。各国领导对日本与湄公河流域国家在新冠肺炎疫情防控阻击战中的合作以及10年来的合作成果给予高度评价。

13—15日 2020中国—东盟汇商聚智高峰论坛在广西南宁举办。论坛以"聚才聚智聚成果，创新创业创未来"为主题，安排展览、论坛、路演、考察等内容。展览面积2万平方米，有200多家企业参展。有20个国家的客商、投资商、观众到会，线上观众超过50万人次，各项活动超过30场。

14日 中国国务院总理李克强在以视频方式召开的第23次东盟与中日韩领导人会议上呼吁地区各国加强团结和合作，有效抗击新冠肺炎疫情，维护和平和稳定。

△越南政府总理阮春福主持以视频方式召开的东亚峰会。东盟各国领导人、东亚峰会伙伴国和东盟秘书长林玉辉出席会议。联合国秘书长安东尼奥·古特雷斯和世界银行行长戴维·马尔帕斯受邀就有关应对新冠肺炎疫情和促进全球经济可持续复苏的努力发表讲话。

15日 第37届东盟峰会和系列相关会议闭幕式在河内国际会议中心举行。在本届峰会上，各国领导通过多项重要决策，其中包括：关于实施《2025年东盟共同体愿景总体计划》的中期审查报告；就审查《东盟宪章》的执行情况的必要性达成一致，强调将继续发挥东盟在促进次区域合作与东盟发展进程相结合的努力，使人民能为共同体建设贡献力量。会议还通过《关于2025年后东盟共同体愿景的河内宣言》，为东盟共同体的发展奠定基础。

△《区域全面经济伙伴关系协定》签署仪式以视

频方式进行,15 个成员国经贸部长正式签署该协定。该协定的签署标志着世界上人口数量最多、成员结构最多元、发展潜力最大的东亚自贸区建设成功启动。

△在越南政府总理阮春福的主持下,第 11 次东盟与联合国高级领导人会议召开,东盟 10 国领导、联合国秘书长安东尼奥·古特雷斯、东盟秘书长林玉辉一同出席。

17 日 在以视频方式召开的东盟与中日韩 10 + 3 领导人会议上,日本国际协力银行、中国开发银行和韩国开发银行与东南亚国家联盟的主要金融机构达成一致,将加强银行间合作,以支持遭受新冠病毒重创的东南亚经济。这是东盟与中日韩银行联合体达成的首个银行间合作协议,旨在满足地区内基础设施项目对资金日益增长的需求。

△东盟国防高级官员会议以视频方式召开。

△越南劳动荣军与社会部同东盟秘书处和联合国难民事务高级专员办事处在河内联合举行“通过确保东盟妇女和儿童法律地位促进东盟共同体可持续融入”地区报告发布仪式。

18 日 第 5 次东盟与中日韩公共事务领导人会议以视频方式召开。这是东盟关于公共事务合作框架内的活动。东盟秘书处代表以及东盟 10 国、中国、日本与韩国公共事务部门领导与会。

24 日 第 4 次东盟媒体论坛举行 2020 年东盟主席对话会。德国驻越大使、东盟秘书处代表以及地区和世界部分媒体代表以视频方式出席。

△第 26 届东盟交通部长会议以视频方式举行。

26 日 中共中央对外联络部和中共广西壮族自治区委员会以“促进新时代中国—东盟合作:政党的责任和担当”为主题在广西南宁共同举办中国共产党同东南亚国家政党首次对话会。

△以“东盟齐心协力与主动适应防范打击跨国犯罪”为主题的第 14 届东盟打击跨国犯罪部长级会议以视频方式举行。会议由越南公安部主持,东盟各国、东盟秘书处代表和东盟各国驻越大使以及各有关部门、单位代表一同出席。

27 日 第 17 届中国—东盟博览会和中国—东盟商务与投资峰会在中国广西南宁开幕,习近平主席发表视频致辞。本届盛会共举办 150 多场线上线下经贸促进活动,并于框架下举办多个高层论坛,涵盖自由贸易区、卫生、信息港、金融等领域。本次盛会签约仪式共组织签订国际、国内投资合作项目 86 个,投资总额 2638.7 亿元,比上届增长 43.6%,是 2004 年首届博览会举办以来签约项目投资总额增幅最高的一届。博览会展览面积 10.4 万平方米,展位数 5000 多个,线下参展企业 1600 多家,线上参展企业 1900 多家。

12 月

1 日 第 23 届东盟—欧盟外长会议以视频会议方式召开。会议由新加坡外长维文和欧盟外交和安全政策高级代表何塞普·博雷利共同主持。会上,东盟与欧盟宣布将东盟—欧盟对话伙伴关系提升为战略伙伴关系。

9 日 第 11 次中国—东盟国防部长非正式会晤视频会议举行。会议由中国国务委员兼国防部长魏凤和东盟轮值主席国越南国防部长吴春历共同主持。魏凤和说,面对疫情冲击,中国与东盟国家相互支持帮助,体现了双方的深厚友谊。中国愿与东盟国家携手构建更为紧密的中国—东盟命运共同体。东盟防务部门领导人对中国成功控制疫情、恢复经济增长表示祝贺,对中方积极开展与东盟防务合作表示赞赏,表示愿与中方共同维护南海局势稳定,共同维护地区和平发展。

9—10 日 第 14 次东盟国防部长会议以及第 7 次东盟国防部长扩大会议在越南举行。

10 日 中国全国人大常委会委员长栗战书在北京人民大会堂以视频方式同印度尼西亚国会议长普安举行会谈。栗战书就落实两国元首共识、加强立法机构合作提出四点建议:加强抗疫合作;密切友好交往;深化经贸合作;促进和平发展。

15 日 第 8 届东盟海洋扩大论坛以线上和线下结合方式举行。东盟各国和 8 个伙伴国、各国驻河内大使馆、国内外海洋资深专家以及越南有关部门代表出席会议。

17 日 越南劳动荣军与社会部同东盟国家服务业工会以视频方式联合举行题为“新冠肺炎疫情后重建齐心协力与主动适应的东盟”的第 11 届东盟地区三方劳资社会对话会议。

29 日 在 2020 东盟主席年框架内,越南公安部同国内外组织联合举行“提高东盟 +3 各国网络安全合作效果与预防网络犯罪”的国际会议。这是提高东盟各国与各伙伴国在网络安全合作和网络犯罪预防等工作效果的活动之一。

(马金案　游悠)

文　献

重要文件

中华人民共和国和缅甸联邦共和国联合声明

（2020 年 1 月 18 日，内比都）

一、应缅甸总统温敏邀请，中华人民共和国主席习近平于 2020 年 1 月 17 日至 18 日对缅甸联邦共和国进行国事访问。

访问期间，习近平主席同温敏总统和昂山素季国务资政分别举行会谈，并出席温敏总统举行的欢迎宴会。双方就巩固中缅传统友谊，推进全面战略合作，秉持平等、互利、共赢精神，构建中缅命运共同体深入交换意见，达成广泛共识。

二、双方对彼此经济社会发展取得的成就感到高兴。中方衷心祝愿缅甸人民在维护政治稳定、促进经济发展、改善人民生活、提升国际地位等方面取得更加显著的成就。缅方衷心祝愿中国在改革开放进程中不断发展，相信中国人民将全面建成小康社会，实现“两个一百年”奋斗目标和中华民族伟大复兴的中国梦。

三、双方高度评价中缅关系，对建交 70 年来，两国共同倡导并践行和平共处五项原则感到满意。

四、双方一致同意以建交 70 周年为契机，弘扬中缅传统“胞波”情谊，深化两国全面战略合作伙伴关系，打造中缅命运共同体，推动中缅关系进入新时代。双方对两国下一阶段各领域交往合作进行了系统规划和部署。

五、双方同意，继续保持高层密切交往，巩固政治互信，加强战略沟通，深化治国理政经验交流，进一步推动两国立法机构、政党、地方之间开展友好往来。

六、双方同意，加强共建“一带一路”合作，推动中缅经济走廊从概念规划转入实质建设阶段，着力推进皎漂经济特区、中缅边境经济合作区、仰光新城三端支撑和公路铁路、电力能源等互联互通骨架建设。

七、双方同意，继续发挥好中缅经贸和技术联委会、农业合作委员会等政府间务实合作机制作用，继续深化经贸、农林、产能、投资、金融等领域务实合作，以加强优势互补，促进共同发展，惠及两国民众。

八、双方同意，将 2020 年确定为“中缅文化旅游年”，共同办好两国建交 70 周年系列庆祝活动，加强教育、文化、旅游、宗教、媒体等社会人文领域交流合作，增进两国人民相互了解与友谊。

九、中方坚定支持缅甸走符合自身国情的发展道路，坚定支持缅甸在国际舞台维护正当权益和国家尊严，坚定支持缅甸维护发展稳定大局的努力。缅方重申坚定奉行一个中国政策，认为台湾、西藏、新疆是中华人民共和国不可分割的部分，支持中方处理台湾、涉藏、涉疆问题的举措。

十、中方支持缅方秉持“彬龙精神”，通过政治对话推进国内和平和解进程的努力。缅方感谢中方为此发挥积极建设性作用。双方同意继续用好中缅外交国防 2 +2 高级别磋商机制，共同维护两国边境地区和平稳定，促进边境地区发展繁荣。

十一、双方同意，继续加强在联合国、中国—东盟、澜沧江—湄公河合作等多边机制框架内的协调配合，在涉及彼此核心利益和重大关切问题上相互支持，在涉及发展中国家挑战的全球性议题上密切协作，共同维护本地区与世界的和平、稳定与发展。

十二、中方支持缅甸在应对人道主义状况、推进若开邦和平、稳定和发展上的努力。缅方重申将根据缅甸和孟加拉国达成的双边协定接收通过验证的避乱民众。中方重申愿为缅甸持续改善若开邦避乱民众遣返安置条件进一步提供力所能及的帮助。缅方感谢中方理解若开邦问题的复杂性和向缅方提供的支持。

十三、双方欢迎 2020 年 1 月 17 日在内比都举行的中缅建交 70 周年系列庆祝活动暨中缅文化旅游年启动仪式，认为习近平主席在中华人民共和国和缅甸联邦共和国建交 70 周年之际对缅甸进行国事访问，开启了两国世代友好往来的新篇章，是中缅关系史上新的里程碑。中方对缅甸政府及社会各界给予的热情友好接待表示诚挚感谢。

习近平主席邀请温敏总统在双方方便的时候访问中国。双方将通过外交渠道保持沟通。（文件来源：中国外交部网站）

中华人民共和国和文莱达鲁萨兰国政府间联合指导委员会首次会议联合新闻稿

（2020 年 1 月 22 日，北京）

一、2020 年 1 月 21 日，中华人民共和国国务院国务委员兼外交部长王毅和文莱达鲁萨兰国外交事务主管部长艾瑞万共同主持召开中国文莱政府间联合指导委员会（以下简称“委员会”）首次会议。文莱首相府部长兼财政与经济事务主管部长刘光明出席会议。

二、双方赞赏中文关系在提升为战略合作伙伴关系后取得的积极发展。一致认为应以两国元首达成的重要战略共识为指引,进一步增进政治互信,深化经济互利,扩大人文互通,加强多边互助。

三、双方重申将着眼2021年中文建交30周年、中国—东盟建立对话关系30周年、中国共产党成立100周年、文莱担任东盟轮值主席国重要节点,进一步加强双边关系。

四、双方将委员会视作为两国合作提供战略指导的重要统筹机制,欢迎启动委员会,进一步加强双边关系及各领域合作。根据《中华人民共和国政府与文莱达鲁萨兰国政府关于建立政府间联合指导委员会的谅解备忘录》,双方同意致力于在备忘录确定的经济、商务和科技,贸易和投资,法律司法,能源,信息和通信技术,交通,海上,建筑,工业,科学技术和创新等10个合作领域成立若干工作组。

五、双方同意加紧落实两国政府关于共建"一带一路"合作的谅解备忘录和双边合作规划,推进高质量共建"一带一路"。双方一致同意继续深化"广西—文莱经济走廊"合作,积极参与"陆海新通道"建设。双方同意深化贸易投资、基础设施、中小企业、电子商务、人力资源、农渔业、旅游业和数字技术等领域合作。

六、文莱政府及浙江恒逸石化集团建立的合资企业运营良好,双方对此感到满意。由该企业建设的文莱大摩拉岛石化项目已于2019年11月正式投产。双方认为该项目是两国企业合作的重要里程碑。双方期待在该项目成功运营基础上探讨更多合作机会。

七、中方赞赏文方促进两国互联互通的努力,特别是近期开通的两国首都间直航航线。双方赞赏"中国文莱旅游年"于2020年1月17日在文莱成功开幕,将抓住机遇,密切文化、旅游、卫生、体育、青年、地方等领域交流合作,促进民间交往,拉紧文化纽带,更好增进两国人民的相互了解和友谊。

八、双方欢迎中国—东盟东部增长区合作取得的进展。中方支持文方以摩拉港建设为重点打造东增区枢纽。

九、文方赞赏中方坚定支持东盟在区域架构中的中心地位,积极参与中国—东盟、东盟与中日韩、东亚峰会和东盟地区论坛等机制并做出积极贡献。双方期待进一步探讨东亚经济共同体建设,争取年内签署《区域全面经济伙伴关系协定》。

十、双方重申致力于维护南海的和平、稳定和安全,强调应由直接有关的主权国家根据包括1982年《联合国海洋法公约》在内的公认的国际法原则,通过和平对话和协商解决领土和管辖权争议。全面有效落实《南海各方行为宣言》,尽早达成实质有效的"南海行为准则"。

十一、在当前国际形势发生复杂深刻变化的背景下,双方一致同意将共同维护多边主义和多边贸易体制,促进和平、稳定与繁荣。

十二、双方商定,将在双方合适的时间举行中文政府间联合指导委员会第二次会议。(文件来源:中国外交部网站)

澜沧江—湄公河合作第五次外长会联合新闻公报

(2020年2月20日,老挝万象)

一、2020年2月20日,澜沧江—湄公河合作(以下简称"澜湄合作")第五次外长会在老挝人民民主共和国万象市举行。老挝人民民主共和国外交部长沙伦赛·贡玛西、中华人民共和国国务委员兼外交部长王毅、柬埔寨王国副首相兼外交国际合作部大臣布拉索昆、缅甸联邦共和国国际合作部部长觉丁、泰王国外交部长敦·帕马威奈、越南社会主义共和国副总理兼外交部长范平明出席。老挝和中国外长共同主持了会议。

二、外长们回顾了澜湄合作第二次领导人会议和第四次外长会成果落实情况,积极评价《〈澜湄合作五年行动计划〉2019年度进展报告》,一致认为澜湄合作保持快速发展势头,各领域务实合作深入推进,六国政治互信不断提升,共同利益持续扩大,睦邻友好更加巩固。

三、湄公河国家外长们赞赏中国在新型冠状病毒肺炎疫情发生以来,本着公开透明和负责任的态度,及时通报疫情信息,分享防控、诊疗等技术指南,高度赞赏中方采取的有力举措,对中方战胜疫情充满信心。外长们评价湄公河国家相关部门为抗击疫情所作积极努力。外长们同意根据各国具体情况,积极考虑世界卫生组织相关建议,加强信息分享、经验交流和科研合作,本着团结合作的精神,共同应对疫情,防止发生其它新疫情。

四、外长们赞赏2019年度澜湄合作专项基金项目取得积极进展,欢迎中方继续通过基金支持2020年度项目,赞赏上述项目为促进澜湄各国经济社会发展发挥的重要作用,希望基金支持更多务实管用、惠及民生的项目。各方将努力提升项目质量和实施效率,加强项目管理,增强基金有效性,更好地服务各国民众。

五、外长们满意地注意到,"3+5+X合作框架"进一步完善,澜湄农业合作中心和青年交流合作中心正式成立,水资源合作中心、环境合作中心、澜湄职业教育培训中心和全球湄公河研究中心运行良好。外长们欢迎水资源、农业和环境合作规划,希望加快制订产能、互联互通、跨境经济合作规划。

六、外长们同意促进政党对话和治国理政交流,加强灾害管理、传染病防控、打击非法贩毒、恐怖主义、网络犯罪、贩卖人口、走私贩运枪枝弹药等非传统安全事务合作。外长们同意秉持澜湄合作精神,根据各国法律法规,增进六国边境地区地方政府和边境管理部门交流对话。

七、外长们重申应加强澜湄国家互联互通,注意到中国和东盟致力于对接"一带一路"倡议、《东盟互联互通总体规划2025》和《伊洛瓦底江—湄南河—湄公河流域经济合作战略(三河流域机制)总体规划(2019—2023)》。

八、外长们欢迎全球湄公河研究中心撰写的《关于共建澜湄流域经济发展带的建议》,同意鼓励六国相关部门进一步研究,制订具体方案。外长们鼓励"陆海新通道"建设与澜湄流域经济发展带对接,连接中国中西部大市场与充满生机的东盟市场,增强经济韧性,促进产业融合,确保供应链效率,推动澜湄地区高质量和可持续发展。

九、外长们支持根据《澜湄国家产能合作联合声明》,优化地区产能分布,实现产能优势互补,提升各国在全球产业链和价值链中的地位。外长们注意到在成立产能与投资合作促进联盟、启动"多国多园"合作方面取得的进展,六国商协会举办首次纺织业峰会,发表《纺织服装产业产能合作联合声明》。

十、外长们赞赏澜湄水资源合作提质升级。首届澜湄水资源合作部长级会议成功举行,通过《澜湄水资源合作部长级会议联合声明》和《澜湄水资源合作项目建议清单》。水资源联合工作组召开特别会议,共同应对湄公河流域旱情。湄公河国家外长赞赏中方在澜湄合作框架下向湄公河五国直接报汛，以及为应对澜湄流域严重旱情所作积极贡献。外长们一致同意促进绿色和可持续发展，继续深化水资源合作，扩大分享水文信息，加强洪旱等灾害应急管理合作，提升水资源管理能力，确保水资源可持续利用，尽可能减少对澜湄流域民生和环境的负面影响。外长们欢迎湄公河委员会秘书处成为澜湄水资源合作联合工作组观察员并与澜湄水资源合作中心签署合作谅解备忘录。

十一、外长们赞赏中方为扩大湄公河国家农产品输华采取的积极举措，鼓励加强农业合作，加快落实《澜湄农业合作三年计划（2020—2022）》，充分发挥澜湄农业合作中心和农技推广平台作用，开展农技推广项目，提升六国农产品竞争力，探讨开展食品和粮食安全合作的可能性及共建农业产业合作园区。

十二、外长们赞赏澜湄合作在教育、卫生、减贫、红十字会、妇女和青年事业等方面取得的显著进展，同意支持在相关领域开展更多项目和培训，鼓励提供更多奖学金，增进各国民众福祉。

十三、外长们赞赏各国共同庆祝澜湄合作启动三周年暨2019年"澜湄周"，鼓励六国开展更多民间和文化交流活动，提升民众澜湄意识。

十四、外长们高度肯定澜湄合作优先领域联合工作组取得的丰硕成果，认为这对于推动澜湄合作发挥了重要作用。

十五、外长们积极评价六国国家秘书处（协调机构）所作贡献，欢迎中方举办六国秘书处（协调机构）第二次培训和首次联席会议，希望各方进一步完善六国国家秘书处（协调机构）联络机制，加强沟通，更好地统筹推进各领域务实合作。

十六、外长们同意秉持开放、包容和互补精神，继续推动澜湄合作同东盟、大湄公河次区域经济合作、湄公河委员会、三河流域机制等区域、次区域合作机制协调发展。湄公河国家外长们欢迎中方成为三河流域机制发展伙伴。

十七、外长们一致重申继续支持多边主义，维护以国际法为基础的国际秩序、以联合国为核心的国际体系、以世界贸易组织为基石并以规则为基础的多边贸易体制。外长们重申澜湄合作将在协商一致、平等相待、相互协商和协调、自愿参与、共建、共享的基础上，尊重《联合国宪章》和国际法，建设面向和平与繁荣的澜湄国家命运共同体，树立新型国际关系典范。

十八、外长们祝贺澜湄合作外交联合工作组秉持友好、开放和包容精神，不懈努力，推动第五次外长会成功举行。

十九、外长们同意共同努力，推动2020年在老挝举行的第三次领导人会议取得圆满成功。

二十、外长们感谢老方为此次外长会所做的周到安排。

二十一、澜湄合作第六次外长会将在缅甸举行，由中缅共同主持，日期和地点将由双主席共同决定。

（文件来源：中国外交部网站）

中国—东盟关于新冠肺炎问题特别外长会联合声明

（2020年2月21日，老挝万象）

我们，中华人民共和国和东南亚国家联盟成员国外长，于2020年2月20日在老挝万象举行中国—东盟关于新冠肺炎问题特别会议；

注意到2020年2月14日发表的《关于共同应对新冠肺炎疫情的东盟主席声明》，关注新冠肺炎导致的呼吸系统疾病；

认识到中国和东盟一直共同应对突发和重大挑战，形成守望相助、患难与共的传统；

注意到《落实中国—东盟面向和平与繁荣的战略伙伴关系联合宣言的行动计划（2016—2020）》鼓励中国和东盟在防控新发和再发传染病等领域深化合作；

认识到新冠肺炎疫情带来的跨境挑战，加强中国—东盟合作以及国际合作，共同应对疫情，有利于维护各国人民健康、生命安全和经济社会发展，也是对全球公共卫生作出的重要贡献；

强调世界卫生组织在全球疫情防控中发挥的重要作用，认识到《国际卫生条例》（2005）中规定的卫生措施的重要性；

强调中国与东盟国家往来密切，互为主要旅游目的地，每年人员往来超过6500万人次，中国是东盟第一大贸易伙伴，东盟是中国第二大贸易伙伴，疫情监测与防控合作紧迫性和必要性愈益突出；

注意到中国和东盟及时分享信息并采取果断防控疫情措施，维护全球公共卫生安全；

东盟国家坚信中方有能力彻底战胜疫情，中方赞赏东盟国家对中国抗击疫情的慰问、支持和帮助；

对因新冠肺炎感染病逝者表示深切哀悼，对患病和受疾病威胁民众致以诚挚慰问，对战斗在防控疫情第一线的医护、科研、检疫等人员深表赞赏；

鉴此，我们一致同意：

一、强化地区应对疫情合作，及时通报疫情信息和最佳实践，交流已有的流行病学信息，分享防控、诊断、治疗和监测技术指南和解决方案，增强应急准备和响应能力；

二、充分考虑地区各国卫生系统的不同发展水平，加强与东盟主导的机制及与外部伙伴的合作，全面有效应对疫情；

三、加强风险沟通和社区应急响应合作，确保人们正确、充分了解疫情信息，避免被错误信息和虚假新闻误导；

四、通过中国—东盟卫生部长会议、中国—东盟卫生发展高官会等现有机制，加强疫情防控、治疗、研究的政策对话与交流，全面落实《中国—东盟关于卫生合作的谅解备忘录》，支持开展更多共同商定的合作项目；

五、合作增强新冠肺炎等新发、再发传染病防控能力，开展数据、技术、经验和能力建设交流，开展卫生医疗人员培训，组织医学专家和其他卫生领域从业人员互访，探讨举办中国—东盟卫生应急人才研讨班，加强双方疾控中心与有关机构合作，在第三届中国—东盟卫生合作论坛期间设立分论坛，就此次疫情防控进行深入研讨。

六、减轻急需医疗物资供应压力，推动研发治疗药物和疫苗。

七、支持受疫情影响的企业、特别是中小微企业发展，以中国—东盟数字经济合作年为契机，推动数字经济发展，促进疫情期间经济活动。

八、支持利用信息通信技术促进公共卫生事业持续发展。

九、致力于减轻疫情对各国经济社会发展的影响，共同维护本地区人员往来及贸易投资活动。根据疫情防控进展，恢复并加强交往与合作。

我们决心继续努力，共同应对新冠肺炎疫情及其负面影响。一致同意向领导人报告会议成果，包括适时举行领导人

会议的建议。我们鼓励中国—东盟有关机制落实本声明中的具体举措。（文件来源：中国外交部网站）

东盟与中日韩抗击新冠肺炎疫情领导人特别会议联合声明

（2020年4月14日）

我们，东南亚国家联盟（东盟）成员国以及中华人民共和国、日本国和大韩民国国家元首/政府首脑，于2020年4月14日通过视频方式召开东盟与中日韩（10+3）抗击新冠肺炎疫情领导人特别会议。会议由东盟轮值主席国越南总理阮春福主持；

对疫情给10+3各国人民福祉、生活和安全带来的前所未有严峻挑战，对10+3国家和全球经济社会发展造成的负面影响深表关切；

对因疫情病逝者深表哀悼，对患病民众致以深切慰问；

认识到疫情传播迅速，形势严峻，世界卫生组织2020年3月11日宣布此次疫情构成大流行；

向所有奋战在抗疫一线、全心全意拯救生命的医护工作者和其他人员表示感谢和支持；

认识到民众参与疫情防控的重要性；

欢迎国际金融机构采取措施，利用并强化政策工具，支持有需要的国家；

支持联合国秘书长倡议世界各国以创新方式共同果断应对，遏制病毒传播，消除疫情造成的社会经济影响；

注意到二十国集团领导人在2020年3月26日应对新冠肺炎特别峰会声明中所作承诺，建立统一战线，应对共同威胁；

强调世界卫生组织在全球抗疫斗争中发挥的重要作用，认识到落实《国际卫生条例（2005年）》中有关卫生措施的重要性，强调全民健康覆盖（UHC）对于应对新冠肺炎疫情等公共卫生挑战的必要性；

认识到10+3合作为东亚和平、安全与繁荣发挥的重要作用；强调卫生合作及现有机制对应对公共卫生挑战十分重要，包括2003年成功合作应对非典疫情；

赞赏10+3和中日韩卫生合作平台自疫情暴发之初即采取积极措施共同应对；

满意地注意到，10+3卫生发展高官特别视频会议、中日韩新冠肺炎问题特别外长视频会议和10+3新冠肺炎问题卫生部长视频会议于2020年2月3日、3月20日、4月7日先后举行，取得令人鼓舞的成果；

认可另行组织包括奥运会和残奥会等大型活动的决定；

欢迎2020年2月14日发表的《关于共同应对新冠肺炎疫情的东盟主席声明》和2020年4月14日发表的《东盟关于新冠肺炎疫情特别峰会宣言》，两个文件展现了东盟秉持“团结协作、主动应对”精神，共同抗击疫情的最高承诺。支持东盟通过多领域、各方动员和全社会参与的方式应对疫情带来的多重挑战；

重申10+3国家将加强团结、促进合作、相互支持，共同防控疫情，应对其对经济社会的负面影响；

为此，我们决心：

一、加强本地区针对大流行病及其他传染病的早期预警机制建设，就疫情形势和各国应对举措定期、及时、透明地分享实时信息，交流经验和最佳实践，在疫情防控、临床治疗方面相互提供技术支持。根据各国风险评估、东盟地区新冠肺炎国际传播风险定期评估报告、10+3卫生发展高官会关于政策和战略事项的共识，以及东盟卫生应急中心网络的技术指导，支持采取与各国及地区疫情严重性及其进一步发展相适应的联合、协调、强有力的应对措施。

二、强化国家和地区能力建设，提高应对流行病的水平，包括保护医护人员和其他一线工作者，按照有效、安全、可及性的目标，确保药品和医疗物资特别是诊断工具、个人防护设备和医疗设备供应充足。

三、考虑建立10+3重要医疗物资储备，确保快速满足紧急需求。鼓励利用包括东盟人道主义救援协调中心（AHA）管理的仓库在内的现有区域应急储备设施，进一步考虑动用10+3大米紧急储备机制（APTERR）。

四、支持10+3卫生部门和东盟的共同努力，落实《国际卫生条例（2005年）》，发挥东盟公共卫生应急行动中心网络（ASEAN EOC Network）和东盟生物离散虚拟中心（ABVC）等机制作用，提升区域预防、监测和应对公共卫生威胁的能力。

五、加强流行病学科研合作，包括发挥10+3现场流行病学培训网络作用。遵循有效、安全、公平、可及和可负担目标，加强包括私营部门在内的协调力度，快速研发、生产和分配诊断工具、抗疫药物和疫苗。积极分享并利用数字技术和创新，推动科学抗疫。

六、鼓励10+3各方相互支持公共卫生人力资源开发和能力建设，包括支持升级传染病防治的卫生设施，培训公共卫生人员，为东盟国家学生赴中日韩相关学科的教育培训机构学习提供奖学金，加强国家卫生系统建设。

七、确保有足够资金支持防控疫情和保护民众，探讨从现有10+1合作基金和10+3合作基金中划拨一定额度，包括东盟外部伙伴提供可能额外资金支持，设立应对公共卫生突发事件的特别基金。

八、加强合作，为在彼此国家生活、工作和学习的10+3各国公民，特别是弱势群体，提供必要支持和帮助，致力于保护受疫情影响人员的尊严、健康、福祉和安全，确保他们得到公平对待和有效救治，必要时为人员流动提供便利。

九、通过多种媒体形式促进有效公共沟通，包括及时通报政府有关政策、公共卫生和安全信息，澄清不实信息和虚假新闻，消除污名化和歧视。

十、重申致力于保持贸易投资市场开放，加强10+3国家合作，发挥10+3大米紧急储备机制作用，确保粮食安全，保持物流网络顺畅和持续运作，增强地区供应链韧性和可持续性，特别是保证食品、商品、药品和医疗等必要物资供应，确保必要公共卫生应急措施是有针对性、适当、透明和临时的，不应造成不必要的贸易壁垒或干扰地区供应链，并应符合世界贸易组织规则。

十一、在优先保障公众健康，着力抗击疫情并尽量减少其对经济社会影响的同时，鼓励维持区域必要联通，尽可能为商务旅行等必要人员往来提供便利。

十二、重申共同致力于推动疫后复苏，促进经济发展，增强金融韧性，恢复增长，互联互通和旅游业，维护市场稳定，防止经济衰退的潜在风险。

十三、以前瞻性和协调一致的方式，采取包括刺激经济在内的适当和必要措施，提振市场信心，增强区域经济稳定性和韧性，救助受疫情影响的个人和企业，特别是中小微企业和弱势群体。充分利用技术和数字贸易，使企业尤其是中小微企业保持运营。

十四、稳定关键产品和服务的生产供应，包括重要医疗物资和农产品。维持必要货物和服务贸易往来，打造更具韧性、更可持续、更不易受冲击的供应链，保持区域内外供应链畅通，支持经济发展。重申2019年《区域全面经济伙伴关系协定》(RCEP)领导人会议联合声明中做出的承诺。

十五、警惕可能影响地区金融稳定的潜在风险，密切区域金融合作，加强政策协调，支持10+3宏观经济研究办公室(AMRO)监测本地区经济金融情况，及时进行风险评估，并提出政策建议。重申致力于加强清迈倡议多边化(CMIM)的可用性，用好区域金融安排(RFA)，使之成为全球金融安全网中的可靠组成部分。

十六、致力于与世界卫生组织、相关组织和国际社会在全球抗疫斗争中密切合作，鼓励政府和社会资本合作(PPP)及全社会参与，应对疫情对经济社会带来的深远影响，维护人民福祉和可持续增长。

十七、保持团结，高度警惕，做好根据需要采取进一步行动的准备。

十八、责成10+3国家外长作为主要协调人，与10+3框架下相关领域机制密切协作，监督落实本《联合声明》中做出的承诺和达成的共识。

本《联合声明》于2020年4月14日通过。

(文件来源：中国外交部网站)

澜沧江—湄公河合作第三次领导人会议万象宣言

——“加强伙伴关系，实现共同繁荣”

(2020年8月24日)

我们，柬埔寨王国、中华人民共和国、老挝人民民主共和国、缅甸联邦共和国、泰王国、越南社会主义共和国的国家元首或政府首脑，于2020年8月24日通过视频举行澜沧江—湄公河合作(简称“澜湄合作”)第三次领导人会议，会议主题为“加强伙伴关系，实现共同繁荣”。

当今世界正发生快速而深刻的变化，世界经济机遇和挑战并存。重申加强多边主义，支持合作共赢，对各成员国应对挑战、确保受益至关重要。澜湄合作致力于促进区域国家经济社会发展，增进人民福祉，缩小国家间发展差距，推动东盟共同体建设，推进南南合作，以进一步落实联合国2030年可持续发展议程。

忆及我们在《澜湄合作首次领导人会议三亚宣言》中的坚定承诺，即建设面向和平与繁荣的澜湄国家命运共同体，以及《澜湄合作第二次领导人会议金边宣言》提出的愿景，即以“我们的和平与可持续发展之河”为基础推进澜湄合作。

表达我们通过营造持久和平、稳定、团结与和谐的有利环境，推进澜湄合作的共同愿望和意愿，这将有利于实现澜湄区域的可持续发展与共同繁荣，共同应对本地区所面临的经济、社会和环境挑战，实现本地区蕴藏的巨大发展潜力。

重申协商一致、平等相待、自愿参与、协商协调和共建共享的原则，尊重《联合国宪章》《东盟宪章》和国际法，以及各成员国的法律、法规和程序。

重申澜湄合作自2016年启动以来在各领域取得的显著发展，以及在落实《东盟互联互通总体规划2025》、“一带一路”倡议和其他湄公河次区域合作愿景，推动繁荣和可持续发展、促进南南合作以及落实联合国2030年可持续发展议程等方面所发挥的重要作用。

欢迎于2018年12月17日在老挝琅勃拉邦省成功举行的澜湄合作第四次外长会以及于2020年2月20日在老挝万象举行的澜湄合作第五次外长会。会议通过了《第四次外长会联合新闻公报》和《第五次外长会联合新闻公报》等一系列战略性政策文件，散发了《澜湄合作五年行动计划(2018—2022)进展报告》。

欢迎澜湄水资源合作提质升级，赞赏中方分享澜沧江全年水文信息，以及于2019年12月在中国北京成功举行的首次澜湄水资源合作部长级会议，会议核可了《澜湄水资源合作部长级会议联合声明》和《澜湄水资源合作项目建议清单》，以确保水资源的可持续利用。赞赏澜湄合作和湄公河委员会采取积极步骤建立伙伴关系，澜湄水资源合作中心和湄公河委员会秘书处签署谅解备忘录，加强沿岸国家间合作，在本区域水资源合作中形成合力，为区域长远可持续发展和共同利益作出努力。

高度赞赏中国通过澜湄合作专项基金，持续支持实施一系列区域性项目，加强第四次工业革命背景下的能力建设，增进人员交往，进一步促进本地区经济社会发展。赞赏上述项目的重要作用，希望基金支持更多务实管用、惠及民生的项目。

赞赏各国秉持团结合作精神，相互支持帮助，共同应对新冠肺炎疫情，及时通报疫情信息，分享防控、诊疗等技术指南，为抗击疫情作出积极努力。欢迎中方在澜湄合作专项基金框架下设立“澜湄公共卫生专项资金”，支持未来六国的公共卫生合作项目。

赞赏各优先领域联合工作组取得的丰硕成果，澜湄水资源合作中心、环境合作中心、农业合作中心、青年交流合作中心、职业教育培训中心以及全球湄公河研究中心高效运行，认为上述联合工作组和合作中心为深入推进各领域务实合作发挥了积极作用。

致力于秉持开放包容的澜湄合作精神，考虑和尊重各国国家战略、发展愿景、部门和总体规划，推动澜湄合作与东盟共同体建设和中国—东盟合作优先领域相互补充，对接东盟、“一带一路”倡议、三河流域机制、湄公河委员会和大湄公河次区域经济合作等现有合作机制。

面向未来，我们强调进一步加强和深化三大支柱、五个优先领域合作，根据澜湄国家日益增长的发展需求，探讨新的合作领域。

我们特此宣布：

一、加强政治和安全合作伙伴关系

政治和安全支柱对澜湄合作至关重要。我们已经见证多层次合作机制是促进沟通、加强政策协调和深化政治互信的有效方式。鉴此，我们将进一步支持采取如下措施：

(一)秉持澜湄合作精神和原则，加强各国政党、议会和政府官员之间的高层往来与对话。根据各国法律法规，增进六国边境地区地方政府和边境管理部门交流对话。

(二)坚持平等互利、互相尊重主权和领土完整、互不干涉内政原则，遵守国际法和国际关系准则，加强伙伴关系，确保持久和平、稳定、团结与和谐，创造有利于可持续发展和共同繁荣的有利条件。

(三)加强在应对气候变化、防灾减灾、大流行病等传染性疾病、非法贩毒、洗钱、网络犯罪、贩卖人口、走私贩运枪支弹药，洪旱、山体滑坡等人道主义紧急状况，跨境雾霾，确保粮食、水和能源安全等非传统安全问题方面的合作与信息交流以及能力建设。

（四）加强公共卫生合作，应对新冠肺炎疫情挑战和确保经济社会复苏，促进信息分享、经验交流和科研合作，开展社区公共卫生干预及联合研究，推动疫情防控政策对话与交流，确保公平获得疫苗和药物，加强对未来突发公共卫生事件的集体响应和应变能力。支持世界卫生组织在全球抗疫斗争中发挥重要作用，反对任何形式的歧视、污名化、种族主义和排外主义。密切成员国疾控中心及地区相关机构之间的交流合作，加强同东盟和世界卫生组织在公共卫生领域的联系，指定新的联络方式，共同维护成员国人民健康、生命安全和经济社会发展，共建人类卫生健康共同体。

（五）促进专家、企业管理者、高技能劳动力交流，通过加强互联互通、贸易和投资便利化，保持产业链供应链稳定，推动数字技术创新，促进电子商务和数字经济，推动讨论建设澜湄“快捷通道”和“绿色通道”网络，减少新冠肺炎疫情对澜湄国家经济社会发展的影响。

二、加强经济和可持续发展合作伙伴关系

经济与可持续发展支柱是澜湄合作实现地区发展和经济增长的关键要素和主要推动力。为维持增长态势，造福各国民众，实现普遍繁荣，应加强软、硬件基础设施互联互通，深化产业结构调整，保障贸易通畅，推动金融一体化，加强信息和通信技术，科技创新、环保、可持续能源生产和利用、农业竞争力和减贫、农村协调发展等合作，加强政府与私营部门合作。鉴此，我们将支持采取如下措施：

（一）加强澜湄国家之间以及与其他地区的互联互通，制定澜湄国家互联互通合作规划，与《东盟互联互通总体规划2025》互为补充，促进贸易、投资、电力互联互通、工业、科技、创新、基础设施、交通设施、民航、公路和铁路连接、旅游和人文交流。通过澜湄国家互联互通金融机构合作机制等途径，加强对澜湄地区互联互通的金融支持。

（二）鼓励“国际陆海贸易新通道”建设与澜湄流域经济发展带协调对接，充分考虑澜湄各国经济发展战略以及比较优势，加强贸易联通，增强经济韧性，促进产业融合，加速各国在第四次工业革命时代的工业化、现代化和创新。

（三）遵循联合国2030年可持续发展议程和“东亚减贫合作倡议”，通过高效实施澜湄合作专项基金项目、“东亚减贫合作倡议”示范工程以及其他减贫合作项目，加强澜湄区域农村发展和减贫合作。

（四）抓紧完成《澜湄跨境经济合作五年发展计划》，以促进贸易、投资、区域电力贸易、电子商务、经济技术合作、产业园区、跨境经济合作区、制造业和贸易便利化等领域的跨境经济合作。各国可根据国内法律法规，选取至少一个跨境经济合作区作为最佳实践典范。

（五）根据《澜湄国家产能合作联合声明》，完成《澜湄国家产能合作三年行动计划》，开展“多国多园”合作，促进投资、就业、能力建设、减贫以及技术和创新合作；秉承互利共赢原则，遵循适当的商业规则和国际惯例，认识到地方、国家及区域发展战略相互补充，推动澜湄各国工业转型，提升在区域和全球价值链中的地位，优化区域生产力布局。

（六）进一步加强水资源可持续管理和利用，定期举办澜湄水资源合作部长级会议，充分发挥澜湄水资源合作联合工作组作为本领域决策协调机制和澜湄水资源合作中心作为支持平台的作用。加快落实《澜湄水资源合作五年行动计划（2018—2022）》。通过开展政策对话，共享数据信息和跨境水资源管理经验，加强技术合作交流，开展澜湄水资源联合研究和分析，鼓励公众参与意见交流，加强水资源管理能力建设，促进在适应气候变化、大坝安全、饮水安全、洪旱灾害管理等方面的务实合作。支持建设澜湄水资源合作信息共享平台。

（七）鼓励深化区域绿色与可持续发展，实施《澜湄环境合作战略》和“绿色澜湄计划”，促进落实联合国2030年可持续发展议程。通过圆桌对话等加强环境部门之间及跨部门的环境政策交流合作；在气候变化、改善空气质量、生态系统管理、生物多样性保护、城市环境治理等领域建立能力建设伙伴关系，加强务实合作；在澜湄环境合作中心支持下，在澜湄国家开展相关活动。

（八）加快落实《澜湄农业合作三年计划（2020—2022）》，密切各国农业交流与合作，促进区域绿色、可持续及创新型农业发展。继续发挥在中国建立的澜湄农业合作中心的平台作用，加强澜湄国家在农业科技合作和技术转移、能力建设、知识共享、联合研究、投资贸易等方面合作，推动农业可持续发展，支持提升澜湄区域绿色农产品产能。

（九）继续加强公共与私营部门联系，吸引中小微企业、青年和女性企业家运用数字技术，帮助其获得金融支持，释放澜湄国家投资和商业潜能。探讨成立澜湄投资促进论坛，发挥澜湄商务理事会作用，举办更多国际经贸投资交易会、路演、展览会和企业对接等贸易投资促进活动，以加强澜湄各国商务人员间互动与联系。

（十）加强成员国间智力合作，通过开展联合研发项目、筹划技术合作、举办研讨会等形式，探讨澜湄国家经济合作具体行动计划中应对环境风险的最优方案，推动环境友好型经济增长。

（十一）鼓励深化金融合作，分享在区域贸易投资中使用本币的经验，促进区域经济健康发展，探索构建新的投融资方式，支持澜湄国家基础设施建设，同时用好包括亚洲开发银行、亚洲基础设施投资银行和世界银行等国际金融机构和机制提供的现有金融工具。

（十二）加强数字经济、人工智能等新增长点合作，促进澜湄国家经济社会复苏，克服新冠肺炎疫情负面影响，推动长期可持续经济增长。

三、加强社会人文交流伙伴关系

澜湄国家山水相连，传统、文化和价值观多元而独特，世代和睦相处，友谊深厚。鉴此，我们支持采取如下措施：

（一）进一步促进各国民心相通，加强教育、智力、旅游、信息广播合作和文化交流，提升对澜湄各国历史遗产价值的认识。

（二）加强澜湄六国教育合作与交流，促进澜湄地区高校合作，鼓励联合培训、研究项目和学术交流，探讨建立学分互认机制，鼓励高等院校间学分交换合作，增加在高质量人力资源开发、教育和终身学习等方面的交流，缩小本地区在人力资源开发方面的差距，培养具有竞争力的新一代劳动力，满足第四次工业革命时代的市场和社会发展需求。

（三）进一步探讨建立智力合作交流模式，政府、企业、学界、研究所、智库、媒体、女性和青年共同参与，创新思路，支持澜湄合作的长远发展。

（四）加强澜湄国家间旅游合作，发展绿色可持续旅游、生态旅游、农业旅游、体育旅游、文化遗产旅游、美食旅游、社区旅游，支持建立澜湄旅游城市合作联盟，探讨制定澜湄国家中长期旅游发展愿景的可能性，构建更强大、更可持续、更具韧性的旅游经济。鼓励青年参与旅游产品开发和推广活动。

（五）促进文化与艺术合作，加强文化机构、艺术家和文化游客沟通，继续探讨建立澜湄文化交流平台的可能性。

（六）用好澜湄国家现有的旅游安排，包括自驾游、增加区域内旅游目的地之间的航空公司和直航航线、旅游设施等，提升历史旅游线路/廊道的互联互通，促进历史古城和文化遗址发展。

四、加强澜湄合作机制伙伴关系

（一）继续完善既有的多层次合作框架，包括领导人会议、外长会、高官会、外交及各领域联合工作组会，加强政策规划与有效协调，制定澜湄合作发展长期战略规划。

（二）加强六国国家秘书处或协调机构间的沟通协调，提升其工作人员能力，以确保《澜湄合作五年行动计划》和澜湄合作项目的有效执行。

（三）完成各优先领域行动计划。这些计划将作为指导性文件更好地推进相关合作、项目执行和《澜湄合作五年行动计划》的有效实施，以支持区域经济社会发展，造福各国民众。

（四）高效利用澜湄合作专项基金，实施好第三次领导人会议确定的合作项目。提升项目质量和实施效率，鼓励基金支持更多务实管用、惠及民生的项目。调动来自政府、商业部门和国际金融机构等的其他金融资源，落实领导人愿景和外长指示，支持优先领域项目和倡议。

（五）提升民众对澜湄合作的认知度，举办各种活动和年度“澜湄周”，以纪念2016年3月23日在中国举行的澜湄合作首次领导人会议。 （文件来源：中国外交部网站）

中华人民共和国国务委员兼外长王毅同马来西亚外交部长希沙慕丁发表的联合新闻声明

（2020年10月13日，吉隆坡）

一、应马来西亚外交部长希沙慕丁邀请，中华人民共和国国务委员兼外交部长王毅于2020年10月12日至13日访问马来西亚。访问期间，王毅国务委员兼外长同希沙慕丁外长举行会谈，并同穆希丁总理视频通话。双方就共同关心的双边、地区和国际问题坦诚、友好、深入交换意见，体现了中马两国全面、紧密的良好关系。

二、双方积极评价两国悠久的交往历史和建交46年双边关系的良好发展，重申致力于在平等、相互尊重、合作共赢基础上继续推动中马关系向前发展。双方就一系列战略性议题达成广泛共识。

三、全球正面临新冠肺炎疫情带来的前所未有挑战，这正成为世界各国都面临的全球公共卫生危机。双方强调团结合作、共克时艰的重要性，呼吁国际社会在世界卫生组织领导下，齐心协力抗击新冠肺炎疫情。

四、双方对中马携手抗击新冠肺炎疫情表示满意和赞赏。为加强双方在疫情期间和后疫情时期合作，双方同意尽早签署谅解备忘录，成立由两国外长牵头的中马合作高级别委员会，促进两国社会、经济和科技等各领域务实合作。

五、考虑到研发和采购新冠肺炎疫苗的重要性，马方欢迎中方承诺在疫苗研发成功后将其作为可及、可负担的全球公共产品向周边国家提供。中方表示愿在疫苗研制成功并在华注册后优先向马方提供。中方将支持和鼓励中国企业与马方在疫苗研发和使用方面开展全方位合作。两国外长期待两国政府签署《关于疫苗开发和可及性的合作协议》。

六、双方一致认为，恢复疫情期间的双边交往，对两国复苏发展具有重要意义。双方同意在采取有效防控措施前提下，继续积极探讨建立两国必要商务和公务人员往来“快捷通道”。双方一致认为，“快捷通道”将恢复贸易和投资，加快两国和地区经济增长。双方同意进一步探讨建立“绿色通道”，在维护产业链、供应链安全稳定方面加强合作。

七、双方认为新冠肺炎疫情不仅是一场健康危机，也引发了经济危机，并由此对粮食安全造成严重威胁。各国政府有责任确保本国和全球民众的粮食安全。双方同意与其他志同道合的国家一道，推动建立粮食运输“生命通道”，支持联合国粮农组织及其他相关机构的工作，加强战略协调，应对粮食安全脆弱性，提升集体抗风险能力。

八、双方同意进一步加强高质量共建“一带一路”互利合作，将加快落实《关于通过中方“丝绸之路经济带”和“21世纪海上丝绸之路”倡议推动双方经济发展的谅解备忘录》，加快探讨制定合作规划框架并推进落实。双方将鼓励在“一带一路”倡议下开展更多项目合作，展现两国互信及亲密友好的伙伴关系。

九、双方对当前两国经贸关系感到满意，将积极探讨制定《中马经贸合作五年规划（2021—2025）》。双方欢迎本着平等、相互尊重、互利共赢原则在对方国家投资，鼓励在高附加值投资领域开展更广泛合作和技术转移，包括化工、电气电子、机械设备、航空航天、医疗（包括医疗设备和远程医疗）、信息通信技术、数据分析、设计开发、机器人技术、物联网、云计算、人工智能，以及支持工业发展的其他相关领域。

十、双方对“两国双园”（中马钦州产业园和马中关丹产业园）建设进展感到鼓舞，正通过“两国双园”联合合作理事会开展密切合作，为园区吸引更多投资。

十一、双方同意加强农、牧、渔业以及电子商务、互联网经济、科技和创新等新兴领域合作。中马将努力通过双边和区域合作扩大贸易规模，促进金融稳定，改善营商环境，支持中小企业和服务机构合作。马方欢迎中方加快构建以国内大循环为主体、国内国际双循环相互促进的新发展格局，愿同中方就此加强合作。

十二、双方认可商品贸易特别是棕榈油贸易的意义和重要性，同意在符合马来西亚可持续棕榈油认证和中国绿色食品认证标准下，不断推进棕榈油产业可持续发展合作。中方同意鼓励企业按市场规则扩大进口马方棕榈油和其他产品。双方同意探讨开展马棕榈油和棕榈油产品三方合作。

十三、双方认为旅游业对促进两国人员交往、经济社会可持续发展以及增进两国相互了解具有重要意义，同意加强、深化和拓展该领域合作。考虑到疫情对“2020中马文化旅游年”的影响，双方同意在条件成熟时采取措施促进双方旅游合作和人员往来。

十四、双方忆及1991年中国—东盟建立对话关系，期待2021年双方迎来建立对话关系30周年。双方高度评价中国—东盟关系发展并承诺共同进一步加强双方伙伴关系。

双方同意按照《中国—东盟战略伙伴关系 2030 年愿景》打造更加紧密的关系，加强既定领域合作，期待在拟议的《落实中国—东盟战略伙伴关系联合宣言行动计划（2021—2025）》框架下继续深化合作。双方对完成《区域全面经济伙伴关系协定》（RCEP）谈判表示欢迎，将共同推动其于年内签署。

十五、双方期待共同推进落实《中国—东盟东部增长区合作行动计划（2020—2025）》，加强九大优先领域合作，为两国人民带来实实在在的利益。

十六、双方强调维护南海和平、安全与稳定以及航行自由的重要性。双方强调，各直接有关主权国家都应遵循包括 1982 年《联合国海洋法公约》在内的国际法原则，通过友好磋商和谈判以和平方式解决争议。双方强调，各方应保持自我克制，不在南海采取使争议复杂化、扩大化的行动。双方同意加强海上事务对话，推进海上务实合作。双方将同其他东盟国家一道，全面有效落实《南海各方行为宣言》（DOC），推进海上合作，争取早日达成实质、有效的"南海行为准则"（COC）。

十七、2020 年是联合国成立 75 周年，双方重申坚定支持多边主义，一致认为多边合作是两国全面战略伙伴关系重要组成部分。双方同意加强在联合国等多边场合的合作，加强南南合作，维护发展中国家利益，推动构建相互尊重、公平正义、合作共赢的新型国际关系。中方坚定支持马方办好 2020 年亚太经合组织领导人非正式会议，在抗击新冠肺炎疫情和经济复苏方面凝聚共识。中方介绍了《全球数据安全倡议》。双方一致认为，应对数字安全挑战最有效的方式是通过基于各国均可参与的多边平台开展合作。双方愿携手促进数字经济发展，推进全球数字治理。双方将共同维护多边主义，反对保护主义和单边主义，维护《联合国宪章》宗旨和原则和以世界贸易组织为核心、以规则为基础的多边贸易体制，推动开放、包容、普惠、平衡、共赢的经济全球化进程。

十八、双方对访问成果表示满意，一致认为这是在后疫情时期恢复面对面交流、加强合作的重要举措。王毅国务委员兼外长感谢马来西亚政府和人民对他本人和中方代表团的热情接待，邀请希沙慕丁外长在双方方便时访华。希沙慕丁外长愉快接受了邀请。（文件来源：中国外交部网站）

落实中国—东盟面向和平与繁荣的战略伙伴关系

联合宣言的行动计划（2021—2025）

（2020 年 11 月 12 日）

本《行动计划》旨在落实于 2003 年 10 月 8 日在印度尼西亚巴厘岛签署的《中国—东盟面向和平与繁荣的战略伙伴关系联合宣言》和第 24 次中国—东盟领导人会议暨中国—东盟建立对话关系 30 周年纪念峰会成果，以加强和提升 2021 年至 2025 年间中国和东盟战略伙伴关系、睦邻友好和互利合作。本《行动计划》的制订基于中国—东盟关系取得的重要成就、《行动计划（2016—2020）》的成功落实、过去五年中国和东盟领导人通过的联合声明和《中国—东盟战略伙伴关系 2030 年愿景》。本《行动计划》赞赏中方为促进中国—东盟更紧密合作、推动构建中国—东盟命运共同体愿景所作努力，也将为实现《东盟愿景 2025：团结奋进》、加强中国—东盟战略伙伴关系、促进双方合作作出贡献。

本《行动计划》将指导中国和东盟在共同感兴趣的领域进一步加强合作，为我们的人民带来切实利益，为促进地区和平、稳定、繁荣和可持续发展作出贡献。

本《行动计划》确认中国支持东盟在不断演变的地区架构和所有东盟主导的机制和论坛中的中心地位。

中国和东盟将根据各自承担的国际法义务、各国国内法律、法规和政策，努力开展合作。

一、政治与安全合作

（一）深化政治安全对话和合作

1. 举行年度中国—东盟领导人会议、中国—东盟外长会议、中国—东盟高官磋商和中国—东盟联合合作委员会以及其他东盟主导的平台活动；

2. 加强高层交流、接触、政策沟通，扩大各层级互访，促进治理经验分享；

3. 加强东盟主导的机制，包括东盟与中日韩、东亚峰会、东盟地区论坛和东盟防长扩大会等；

（二）《东南亚友好合作条约》

坚持《东南亚友好合作条约》的宗旨和原则，促进地区和平、安全和繁荣，增进相互信任和信心。

（三）继续就《东南亚无核武器区条约》议定书进行磋商

1. 通过落实《加强东南亚无核武器区条约的行动计划（2018—2022）》等，支持东盟根据《东南亚无核武器区条约》和《东盟宪章》保持东南亚无核武器和其他大规模杀伤性武器区的努力；

2. 推动《东南亚无核武器区条约》各缔约国和拥核国根据《条约》目标和原则努力解决关于签署和核准条约议定书的未决问题。

（四）全面有效完整落实《南海各方行为宣言》（《宣言》），达成"南海行为准则"

1. 继续促进海上安全，维护南海和平稳定，维护《宣言》所有原则，特别是航行与飞越自由；保持自我克制，不采取使争议复杂化、扩大化和影响和平稳定的行动；促使有关方承诺根据公认的国际法原则，包括 1982 年《联合国海洋法公约》、国际海事组织相关文书和公约、国际民航组织相关标准和操作建议，由直接有关的主权国家通过友好协商和谈判，以和平方式解决领土和管辖权争议，不诉诸武力或以武力相威胁；

2. 遵守公认的国际法原则，包括 1982 年《公约》和国际海事组织其他相关文书；

3. 继续增进信任，建立信心，鼓励各方依据《南海各方行为宣言》原则预防海上意外事件；

4. 定期举办落实《宣言》高官会和工作组会；

5. 根据落实《宣言》工作计划和落实《宣言》指导方针，组织有益于在南海增进互信和信心的海上务实合作项目；

6. 就海洋环保、海洋科研、海上航行和交通安全、搜寻与救助、向遇险人员提供人道主义待遇，以及打击毒品走私、海盗和海上武装抢劫、军火走私等跨国犯罪等领域探讨和或开展合作，在各国国防和军队官员间开展适当对话和交流；

7. 推动"准则"磋商取得实质进展，致力于在协商一致基础上和共同认可的时间框架内，早日达成有效、富有实质内容、符合国际法的"准则"，并继续为磋商营造有利环境。

（五）加强人权合作

1. 支持东盟落实《东盟人权宣言》《关于通过东盟人权宣言的金边声明》以及其他东盟各成员国均加入的相关人权宣言和文件；

2. 实施能力建设倡议，支持东盟政府间人权委员会、东盟妇女儿童权益促进与保护委员会、东盟妇女委员会和东盟移民劳工权益保护与促进委员会的工作，进一步促进和保护人权与基本自由。

（六）打击跨国犯罪和应对其他非传统安全问题

1. 开展执法安全对话与合作，继续举行10+1、10+3打击跨国犯罪部长会和高官会、10+1禁毒合作协调会议以及其他东盟主导的机制会议；

2. 有效落实《中国—东盟非传统安全领域合作工作计划（2019—2023）》及其后续文件，加强合作应对非传统安全问题；

3. 通过互访、培训、研修班、研讨会、视频会等，促进中国与东盟有关部门在应对恐怖主义、毒品走私、人口贩运、洗钱、海盗、非法贩运武器、国际经济犯罪和网络犯罪等非传统安全领域共享信息，交流经验、分享最佳实践和能力建设措施；

4. 探讨通过互访、培训、研修班、研讨会、视频会等，加强中国与东盟有关部门间的信息共享、交流经验和最佳实践，应对受《濒危野生动植物种国际贸易公约》保护的野生动植物走私和非法木材贸易问题；

5. 根据各自在犯罪调查和起诉方面的法律、政策法规和适用条约，在取证、调查犯罪所得去向、资产追缴、缉捕调查逃犯等领域推进合作，鼓励相互间达成双边法律安排；

6. 通过适当利用现有地区和国际设施和机制等途径，加强中国和东盟执法部门之间的合作和协调，包括海上执法机构根据各自法律法规在打击海上跨国犯罪方面的合作；

7. 通过中国—东盟总检察长会议，在包括相关司法和检察机构在内的部门间适当加强法律事务合作。

（七）加强反腐合作

有效落实《中国—东盟全面加强反腐败有效合作联合声明》。

（八）加强防务合作

1. 在东盟防长扩大会框架下，在人道主义援助与救灾、海上安全、反恐、维和、军事医学、人道主义扫雷及网络安全等领域加强对话和务实合作，增进东盟防长扩大会成员国之间的互信、信心、能力建设和协同一致，共同应对安全挑战，维护地区和平、安全与稳定；

2. 经由东盟防长会批准并基于双方共识，继续通过举行中国—东盟防长非正式会晤加强对话，通过联演联训、学术研讨、军官交流、防务智库合作等进一步加强务实合作和对话。

二、经济合作

（一）促进贸易投资

1. 强化落实中国—东盟自贸区有关协议，特别是《关于修订〈中国—东盟全面经济合作框架协议〉及项下部分协议的议定书》（中国—东盟自贸区升级《议定书》）；

2. 进一步讨论中国—东盟自贸区升级《议定书》未来工作计划中关于货物贸易和投资的未决内容，探讨电子商务和非关税壁垒等其他可能的合作领域；

3. 协助双方企业用好中国—东盟自贸区各项协议红利，促进双方贸易、投资和旅游；

4. 支持和推动企业参与中国和东盟贸易投资促进活动，包括且不限于中国国际进口博览会、中国—东盟博览会和中国—东盟商务与投资峰会；

5. 通过中国—东盟合作基金和中方其他无偿援助，进一步落实经济技术合作项目；

6. 根据第三次《区域全面经济伙伴关系协定》（RCEP）领导人会议的指示，加大努力推动在2020年签署RCEP，共同争取早日实施该协定。

（二）深化金融合作

1. 落实《10+3财金合作机制战略方向》愿景文件，深化和拓展地区财金合作，在10+3宏观经济研究办公室的支持下，为清迈倡议多边化成为区域金融安全网做好准备，探讨以下领域新倡议：(1)促进贸易投资本币结算，(2)就基础设施融资提出全面倡议，(3)设计更多支持工具，协助东盟与中日韩国家更好应对可能对金融稳定和经济增长产生重要影响的关键性宏观结构性问题，(4)探讨在减缓和适应气候变化领域开展合作，(5)加强政策协调，对技术进步善加利用同时减少对就业市场和金融系统带来的风险；

2. 开展演练，完善操作指引，优化经济评估与政策对话进程，进一步增强清迈倡议多边化的操作性和有效性，进一步讨论本币出资等清迈倡议多边化未来发展方向；

3. 支持10+3宏观经济研究办公室发展，提升其监测活动、经济评估、政策建议以及地区宏观经济和金融形势分析水平，加强机构能力建设，有效支持清迈倡议多边化机制决策和运行；

4. 推动亚洲基础设施投资银行、亚洲开发银行和世界银行等国际金融机构积极参与合作，进一步动员公共部门资源和私人资本，加强能力建设，通过地区多样化和可持续融资支持基础设施建设；

5. 支持亚洲债券市场倡议促进地区本币债券市场发展，允许域内大量储蓄用于满足地区投资需求，促进本币债券发行，扩大本币债券需求，改善地区债券市场监管框架和相关基础设施，为东盟国家提供技术支持，支持区域信用担保与投资基金，为在10+3地区发行本币债券的公司提供担保；

6. 促进银行和金融领域人力资源开发和能力建设，包括适当发挥中国—东盟银行联合体、10+3银行联合体等应有作用；

7. 支持进一步提升金融包容性，实现可持续发展。主要通过为个人和中小企业获取金融服务和产品提供便利，包括提供金融知识能力建设和技术支持，提高中介和分销渠道有效性，丰富金融工具，保护消费者权益，加强国家及其他现有信用担保机制，促进监管机构和利益相关者对话等。

（三）加强粮食和农业合作

1. 在共同感兴趣的重点领域开展对话和信息交流，加强能力建设，分享最佳实践，推动中国与东盟农业合作；

2. 落实《中国—东盟关于食品和农业合作的谅解备忘录》；

3. 继续实施《10+3大米紧急储备协议》，加强粮食安全合作，提升地区粮食安全；

4. 视情推动更多农业出口和投资；

5. 开展农作物、畜牧业、林业和渔业合作，交流先进应用技术，加强能力建设；

6. 通过开展联合研究、培训、研发等活动，加强农业科技创新和食品安全合作；

7. 推动负责任渔业行为，打击非法、未报告和不受管制的捕捞；

8. 分享跨境动植物疫病防控经验。

（四）加强卫生与植物卫生和技术性贸易壁垒合作

1. 落实中国—东盟《关于加强卫生与植物卫生合作的谅解备忘录》和《中国—东盟自由贸易协定》中关于标准、技术法规与合格评定程序的章节；

2. 定期举行中国—东盟动植物检疫和食品安全合作部长级会议，加强卫生与植物卫生措施应用合作，加强各级相关部门信息交流；

3. 定期举行关于标准、技术法规与合格评定分委会和卫生与植物卫生分委会会议，根据《关于在〈中国—东盟全面经济合作框架协议〉下〈货物贸易协议〉中纳入技术性贸易壁垒和卫生与植物卫生措施章节的议定书》，促进双方货物贸易。

（五）加强海上合作

1. 探讨在海洋金融、海上互联互通、海洋科技推广应用和海洋环保等海洋经济领域开展项目合作；

2. 鼓励建立中国—东盟蓝色经济伙伴关系；

3. 促进海洋生物多样性保护和海洋及海洋资源可持续利用合作。

（六）加强信息通信技术合作

1. 继续通过中国—东盟数字部长会议及其他中国—东盟机制开展数字合作等领域政策对话与交流；

2. 开展对话交流，进一步深化网络安全政策交流；

3. 落实中国—东盟数字经济合作年达成的成果；

4. 在信息通信技术发展和监管政策、应急通信技术和防灾减灾应用、网络安全产业发展、网络安全应急响应能力建设以及人工智能等新兴信息通信技术和应用等领域开展信息交流与合作；

5. 继续合作完善中国—东盟信息通信基础设施互联互通；

6. 在数字经济和技术创新领域分享信息，联合开展能力建设。

（七）推进更紧密的科技创新合作

1. 有效落实《中国—东盟科技创新合作联合声明》；

2. 建立充满活力的科技创新生态系统，促进在共同商定的重要领域开展研发、应用、商业化和技术转移；

3. 进一步加强科技创新政策框架，支持在联合协作和技术转移创新管理等共同商定的领域开展研究和能力建设；

4. 鼓励妇女和青年参与科技创新并为之做出贡献，扩大人员交流；

5. 建立机制支持和培育科技创新初创企业，增强其竞争力；

6. 探讨多种商业开发和研究伙伴关系模式。

（八）加强交通合作

1. 通过中国—东盟交通部长会议和其他相关机制进行政策对话和交流；

2. 开展联合项目或活动，落实《中国—东盟交通合作战略规划》（修订版）、《中国—东盟交通合作谅解备忘录》、《中国—东盟海运协定》和《中国—东盟海事教育与培训发展战略》；

3. 加强海上交通和港口发展合作，推动港口城市合作，增强中国和东盟国家间的互联互通；

4. 加强航空和海上搜救合作；

5. 进一步扩大实施《中国—东盟航空运输协定》及其议定书，全面加强航空合作，最终建立中国与东盟及更广范围内完全自由和互利的航空服务框架；

6. 在交通领域开展人力资源开发合作。

（九）加强旅游合作

1. 促进中国和东盟旅游交流与合作，加快建立中国—东盟旅游部长会和相关机制，欢迎中方提出的亚洲旅游促进计划；

2. 通过 10 +3 旅游部长会议加强政策对话与合作；

3. 有效落实《中国—东盟旅游合作联合声明》；

4. 在危机应对、通讯保障、联通协调、国家救援行动和措施等领域加强信息共享和最佳实践交流合作，支持旅游部门更好应对未来大流行病危机；

5. 为旅游和游客往来提供便利，分享旅游业信息和数据；

6. 通过中国—东盟中心等共同举办旅游推介活动，鼓励进一步扩大中国和东盟游客往来；

7. 适当促进旅游投资，为旅游业可持续发展制订标准和规划，支持发展高质量、包容性和无障碍旅游；

8. 支持企业和其他旅游机构参与年度东盟旅游论坛、中国国际旅游交易会等旅游交易会、展会和旅游节活动；

9. 在旅游业信息交流、人力资源开发等领域加强教育和培训机构之间的联系；

10. 发展邮轮和游艇旅游，推动无缝联通，扩大中国和东盟间游客规模；

11. 加强危机沟通合作，同相关旅游组织准确、及时分享信息；

12. 举办研讨会、研修班和能力建设项目，交流分享数字旅游发展最佳实践。

（十）强化能源、矿产领域合作

1. 通过地区论坛和研讨会等途径，开展关于能源、矿产和地质科学方面的政策交流与对话，共享清洁能源开发信息、最佳实践和经验，了解不同观点；

2. 鼓励对有潜力的能源基础设施建设领域加强投资，包括发电，地区电力贸易一体化，清洁、可再生和替代能源及和平利用民用核能；

3. 在生物能、水电、风能、太阳能、海洋能、清洁煤技术、天然气发电、氢和燃料电池等新能源和可再生能源资源的开发和技术方面加强信息共享、联合研发和技术交流；

4. 提高能效，节约能源，努力深化各国对上述领域的了解和信息交流，探索节能政策联合研究；

5. 在确保环境保护和可持续发展的同时，鼓励积极参与矿产资源勘探开发并加强投资，实现互利共赢；

6. 加强地质和矿业合作，在绿色矿业技术及最佳实践、矿业管理和规划、可持续矿业实践等方面实施能力建设项目；

7. 在提升矿产附加价值领域进行研发，分享经验，开展能力建设。

（十一）继续通过中国—东盟海关署长磋商和相关领域部门进行包括单一窗口在内的海关领域交流，推动贸易便利化。

（十二）落实《中国—东盟知识产权合作谅解备忘录》，加强知识产权领域合作。

（十三）推进中小微企业及初创企业合作

1. 支持落实《东盟中小企业发展战略行动计划（2016—2025）》，举办研讨会、研修班、专题报告会，在市场准入、融资、新技术及参与数字经济等中小企业发展关键领域分享最佳实践和经验、开展能力建设；

2. 加强中小微企业主管部门以及利益相关方之间的政策磋商和专业交流，务实推进中小微企业合作；

3. 推动中国和东盟成员国中小微企业支持机构加强联系，开展中小微企业贸易投资、人员培训合作，用好现有工业园区；

4. 鼓励东盟成员国积极参与中国国际中小企业博览会，鼓励双方参与其他相关贸易展会和活动，为双方中小微企业拓展市场提供更多支持和便利。

（十四）提升产能合作

1. 有效落实《中国—东盟产能合作联合声明》；

2. 通过产业升级满足彼此生产和消费需求，推动经济发展；

3. 交流相关政策信息，为产能合作创造有利商业和投资环境；

4. 推动生产设备升级合作，特别是先进技术、绿色和创意产业及初创企业等适用领域合作；

5. 加强双方互利产业部门供应链联系；

6. 鼓励交流关键技术及其商业创新应用，推进创新合作。

三、社会人文合作

（一）加强公共卫生合作

1. 通过中国—东盟卫生部长会议、中国—东盟卫生发展高官会及其他相关机制开展政策对话与交流；

2. 在防控传染病以及防范应对流感大流行、新发和再发传染病方面开展合作；

3. 开展关于慢性病防控以及心理健康等非传染性疾病信息和专业知识交流；

4. 开展职业健康领域交流，包括职业病诊断、治疗和预防；

5. 根据各国优先领域和国内规定，重点在保护、发展传统医学和补充疗法以及将其纳入医疗保健系统方面开展合作；

6. 在利用信息通信技术促进公共卫生持续发展方面开展合作，提高健康城市和可持续卫生管理水平；

7. 在培训卫生行政和专业人员方面开展合作；

8. 参考世卫组织关于以人为本的卫生服务和质量提升的建议，支持通过创新提高卫生服务质量，推广全民健康覆盖（UHC），确保在没有财政风险的情况下获得优质和性价比高的卫生服务；

9. 在健康与积极老龄化方面开展合作，包括与东盟积极老龄化和创新中心等相关机构进行合作；

10. 探讨适时支持落实《东盟关于建设和平、包容、韧性、健康与和谐社会的预防文化宣言》。

（二）加强教育系统合作，提升教育普及率

1. 充分利用中国—东盟教育交流周和中国—东盟中心开展全方位、多层次、宽领域交流与合作，推动双方人文交流；

2. 促进双方学生交流，通过中国—东盟菁英奖学金等渠道对东盟国家提供更多中国政府奖学金；

3. 开展高等教育机构间务实合作，在确保质量、学生交流、联合研究、语言教学等方面视情加强合作；

4. 推进技术和职业教育培训等教育机构的交流；

5. 促进语言、文化、艺术和文化遗产领域青年交流，增进了解，加深友谊；

6. 为各学科领域各层次专业人才举办培训课程；

7. 通过中国—东盟思想库网络等渠道共办学术会议；

8. 探讨开展科学技术、工程、艺术和数学（STEAM）教育和培训合作。

（三）加强文化和体育交流合作

1. 落实《中国—东盟文化合作行动计划（2019—2021）》及后续工作计划；

2. 通过中国—东盟文化部长会议等平台加强文化艺术主管部门对话与沟通；

3. 通过演出、展览、文化艺术节等形式共同实施文化项目，在民间文艺、视觉艺术、音乐和表演等艺术领域开展人文交流；

4. 举办中国—东盟文化论坛，探讨相关文化和艺术主题；

5. 促进中小型文化企业发展；

6. 共享物质和非物质文化遗产管理知识，开展文化遗产保护专门知识交流；

7. 面向博物馆、档案馆、图书馆、文化中心、考古与遗产保护部门以及研究机构等，开展文化机构专业人才与管理人员交流和人力资源开发；

8. 鼓励中国和东盟国家出版机构加强交流合作，欢迎东盟国家出版机构参加北京国际图书博览会，合作推动“亚洲经典著作互译计划”；

9. 实施运动科学和医学能力建设倡议项目，开展运动员、教练、主管官员和体育教师间交流。

（四）促进人力资源和公务员事务合作

1. 通过东盟与中日韩（10＋3）劳工部长会议或南南三方合作，在社会对话、人力资源开发、职业安全与健康、社会保障、包容性增长和可持续发展等涉及共同利益领域开展合作，推进东盟经济一体化；

2. 在职业安全与健康法律法规、技术标准、安全监督和执法方面开展经验交流与合作，推进安全管理、培训和互访；

3. 加强10＋3公务员事务合作，就电子政务、人力资源管理和开发、公共部门生产力、良政、公共部门改革、地方行政管理能力建设与合作以及研究与创新等开展短期培训、考察访问、会议和其他活动，在东盟建设灵敏、高效和以人为本的公务员制度。

（五）加强社会保障和减贫合作

1. 通过10＋3社会福利和发展部长级会议以及10＋3农村发展与减贫高官会开展政策交流、对话和经验分享；

2. 开展老年人、残疾人、妇女儿童社会福利合作，支持就适应性社会保障等社会福利和保障政策分享经验和研究；

3. 在面向居民福祉的社区服务领域开展合作，分享基层行政能力建设的有关经验；

4. 推动有关部门之间的交流与合作，落实中国—东盟社会发展与减贫论坛等相关减贫倡议；

5. 通过10＋3村官交流项目和其他平台加强村官能力建设，进一步促进农村社区发展；

6. 为东盟国家举办一系列减贫政策与实践研讨会，开展减贫和乡村发展能力建设项目，加强减贫领域人力资源开发合作；

7. 根据东盟国家需求，提供减贫政策咨询和技术支持，参与减贫项目设计和国家减贫战略制定。

（六）保护环境，促进自然资源的可持续利用

1. 通过中国—东盟环境合作论坛、东盟与中日韩环境部长会议等环境问题高层政策对话加强合作；

2. 落实《中国—东盟环境合作战略及行动计划框架(2021—2025)》;

3. 在城乡环保管理方面开展对话和经验交流,实施城乡环境生态友好示范项目,改善地区生活环境质量;

4. 落实旨在提升各国能力和地区合作的倡议和行动,为保护和可持续管理土地和森林提供支持,包括落实《东盟防止跨国界烟雾污染协议》;

5. 合作推动使用和分享环境数据信息,提升各国环境数据管理能力;

6. 加强海洋生态系统保护和海洋及海洋资源可持续利用,包括在海洋科技、海洋观测和减灾领域开展合作;

7. 在综合水资源和旱情管理、海岸和海洋环境等环境管理关键领域开展能力建设和教育项目、联合培训课程、联合研究和人员交流,在自然资源管理科技创新和增强地区公众环保意识方面开展合作;

8. 落实绿色丝路使者计划,共同提升中国和东盟国家环境管理能力,欢迎项目进行升级;

9. 加强合作,使民众享有清洁水、清洁空气、基本医疗和其他社会服务;

10. 就中国和东盟间贸易和商业活动中的社会保障和环境保护问题开展对话,交流经验和最佳实践;

11. 合作减缓和适应气候变化,交流经验和知识,开展能力建设及包括加强应对气候变化和改善空气质量协同效应在内的示范项目;

12. 在中国—东盟生态友好城市发展伙伴关系等框架下,加强海洋减塑政策交流与合作,提升地区海岸城市环境管理和海洋环境治理能力;

13. 落实地区生物多样性保护和管理合作倡议,特别是同东盟生物多样性中心、中国—东盟环境合作中心合作,探讨同东盟可持续发展研究和对话中心开展合作,推动生物多样性成为主流,提升对生物多样性保护政策的重视和能力建设,推动生物资源的保护和可持续利用,在 2020 年后全球生物多样性框架通过后,支持其落实;

14. 加强环境友好型技术和产业合作,分享最佳实践,支持中国和东盟绿色发展;

15. 基于共识探讨在海岸综合管理领域能力建设及其他相关项目合作。

(七)加强媒体交流合作

1. 有效落实《深化中国—东盟媒体交流合作的联合声明》;

2. 通过中国—东盟新闻部长会议等进一步加强双方政府间媒体政策和相关事务沟通;

3. 加强中国和东盟成员国主流媒体间交流讨论,开展记者交流互访和新闻报道合作,欢迎东盟国家媒体在自愿基础上探讨加入"一带一路"新闻合作联盟;

4. 加强媒体内容合作,在电影、电视剧、纪录片和新媒体联合制作方面开展合作;

5. 通过各自平台播放对方高质量电影和电视节目;

6. 根据各国法律法规播放对方纪录片;

7. 鼓励媒体机构参与中国和东盟国家举办的电影和电视节;

8. 合作开展媒体技术研发和设备生产,开展数字化、数据分析和网络联通等产业合作;

9. 通过交流和研修班等形式,开展中国和东盟国家媒体专业人员教育和培训;

10. 加强新闻报道和内容合作,坚持可信、客观报道,鼓励新闻传播积极促进中国和东盟相互理解和经济社会协调发展,推动形成更大合力;

11. 在相互同意的基础上举办媒体事务高级别论坛或研讨会,以加强媒体合作。

(八)加强灾害管理和应急响应合作

1. 加紧推动建立中国—东盟灾害管理部长级会议机制,加强信息分享和政策交流,赞赏地注意到中方倡议建立"一带一路"自然灾害防治和应急管理国际合作机制;

2. 进行灾害管理科技合作和经验交流,以社区为基础开展灾害风险监测和预警、防灾减灾、备灾和应急响应,以及灾后恢复重建;

3. 支持落实《东盟灾害管理和应急响应协定工作计划 2021—2025》和《东盟灾害管理人道主义救援协调中心工作计划(2021—2025)》,通过中国和东盟国家间能力建设、共享信息、实践和经验,进一步提升东盟成员国灾害管理能力;

4. 根据中国和东盟项目合作安排,为东盟灾害管理和能力建设提供技术支持。

(九)加强民间交往

1. 开展地方政府包括省市长之间对话、互访和经验交流;

2. 通过东盟与中日韩青年事务部长会议、中国—东盟青年营、澜沧江—湄公河青年友好交流项目等加强民间交往,鼓励双方用好中国—东盟青年企业家协会、中国—东盟青年联谊会和中国—东盟妇女中心等其他平台和项目;

3. 推动中国和东盟地方政府在改善欠发达地区人民生活和生计方面开展合作;

4. 建立中国和东盟国家友好省市网络;

5. 通过东亚论坛、东亚思想库网络、中国—东盟思想库网络、东盟东亚经济研究中心及其他机制促进东亚共同利益,应对共同挑战。

四、互联互通

(一)开展能力建设,充分利用资源,打造旗舰项目,落实《东盟互联互通总体规划 2025》;

(二)注意到东盟开放、透明、包容、以东盟为中心的原则,和"一带一路"倡议和平合作、开放包容、互学互鉴、互利共赢的精神,共商共建共享的原则和开放、绿色、廉洁的理念,有效落实《中国—东盟关于"一带一路"倡议同〈东盟互联互通总体规划 2025〉对接合作的联合声明》,推动根据"一带一路"倡议和《东盟互联互通总体规划 2025》开展互利和高质量合作,实现高标准、惠民生、可持续的目标;

(三)支持东盟基础设施项目建设,推动铁路、公路、港口、机场、电力和通讯等领域互联互通合作;

(四)充分利用私人资本,加强与国际金融机构合作,鼓励东盟创新性基础设施融资,促进多样化和可持续的融资,支持基础设施发展;

(五)通过东盟互联互通协调委员会同中国—东盟互联互通合作委员会中方工作委员会的会议,以及其他相关双边和多边平台促进合作和定期对话,密切互联互通协作。

五、智慧城市合作

(一)有效落实《中国—东盟智慧城市合作倡议领导人声明》;

（二）鼓励智慧城市主管部门、地方政府和研究机构在智慧城市政策制定和规划方面加强合作，交流最佳实践；

（三）探讨智慧城市标准合作，在智慧城市技术产业、重点应用领域、整体解决方案等领域就国际标准交流、互认、制定和应用及相关政策和合规评估机制开展合作；

（四）促进技术创新，加强信息交流，共享技术成果，开展联合研究，分享创新机遇，共同提升创新能力，积极推动智慧城市建设各领域合作；

（五）探讨地理空间信息科技运用和研究方面的合作与经验分享，以支持智慧城市解决方案的制定和实施；

（六）支持私营部门合作，扩大资金、技术、项目等方面信息交流，积极推动初创公司等企业间合作；

（七）依托东盟智慧城市网络和东盟可持续城市化战略等东盟平台与倡议加强合作平台。

六、可持续发展合作

（一）促进《东盟共同体愿景2025》与联合国2030年可持续发展议程间互补合作，加快落实可持续发展议程；

（二）支持东盟可持续发展研究和对话中心等东盟机构和机制，促进地区可持续发展合作。

七、东盟一体化倡议与缩小发展差距

通过加强基础设施建设、人力资源开发、信息与通信技术运用及区域与次区域发展，落实《东盟一体化倡议第四份工作计划》，为东盟缩小成员国发展差距、推进一体化提供更多资金、技术支持与援助。

八、东亚合作

（一）进一步加强以东盟为主导的东亚峰会作为领导人引领的论坛的定位，就共同关注和关切的战略、政治和经济事务开展对话与合作，促进东亚和平、稳定与经济繁荣；

（二）东亚峰会成员国驻东盟使节进行定期接触，落实领导人决定，就地区发展合作倡议、安全政策和倡议交流信息；

（三）继续支持以东盟为主导的10+3机制作为主渠道，通过有效落实《10+3工作计划（2018—2022）》及其后续文件，实现建立东亚共同体这一远期目标；

（四）进一步加强东盟常驻代表委员会同中国、日本和韩国驻东盟大使之间的接触，讨论落实领导人决定，就地区国际问题交流看法和信息。

九、次区域合作

继续在澜沧江—湄公河合作、中国—东盟东部增长区合作及其他相关次区域框架和机制下加强合作，支持缩小地区发展差距的努力。

十、跨区域及联合国事务合作

（一）继续就联合国改革、影响国际和平与安全的事务、反恐、气候变化和发展议程等共同关注和关心的问题在联合国加强合作；

（二）加强中国和东盟各国常驻联合国代表之间的密切沟通和协调；

（三）继续在亚太经合组织及亚欧会议框架下开展合作；

（四）在其他国际地区组织中就共同关注的问题加强协调与合作。

十一、落实安排与监督

（一）利用中国—东盟合作基金等中国和东盟成员国资金支持落实本《行动计划》项目和活动；

（二）中国和东盟有关部门和机构将共同拟定具体工作方案和项目，以落实本《行动计划》提出的各项行动和措施；

（三）通过以下方式评估本《行动计划》：

1. 中国—东盟外长会、中国—东盟高官磋商、中国—东盟联合合作委员会；

2. 中国—东盟外长会每年向中国—东盟领导人会议提交本《行动计划》落实进展报告。（张磊）

（文件来源：中国外交部网站）

论文摘要

《中缅经济走廊建设是“债务陷阱”吗？——基于缅甸外债真相的分析》 邹春萌、王好苑（云南大学）撰，载《南洋问题研究》2020年第4期。指出随着“一带一路”建设的不断推进，西方掀起炒作中国“债务陷阱论”的热潮，东南亚、南亚及非洲等地区的“一带一路”项目成为被炒作的焦点，中缅经济走廊建设受到“债务陷阱”言论较大的负面冲击。未来“债务陷阱论”继续在缅甸哄炒的可能性仍然存在，中缅经济走廊建设乃至中缅关系仍面临较大挑战。西方有关中缅经济走廊“债务陷阱”的言论既无科学论证也无事实依据，其意欲混淆视听，误导民众，掩盖经济走廊的真实益处，干扰中缅正常合作。文章通过国际货币基金组织和世界银行债务分析框架的实证分析表明，中缅经济走廊建设是建立在缅甸外债可持续的基础之上，缅甸外债不仅规模偏小，结构合理，且具有可持续性；外债可持续性需以发展可持续性为前提，缅甸经济发展并未充分发挥外债的促进作用，政府应通过合理借贷以实现经济可持续发展，以“共商共建共享”为合作原则的中缅经济走廊建设高度契合缅甸经济发展的内在需求，是缅甸的“惠民走廊”。

《21世纪海上丝绸之路与缅甸的角色（英文）》 TUN Khin Kyi、向在胜（中南财经政法大学）撰，载《华东师范大学学报（自然科学版）》2020年第S1期。指出中国倡导的21世纪海上丝绸之路涉及亚洲、欧洲、非洲、中东和美洲的138个国家和30个国际组织对基础设施的开发和投资。“一带一路”倡议包含着两个部分：陆上经济带与海上丝绸之路。“一带一路”倡议项目侧重于基础设施、投资、教育、建筑材料、铁路和公路、汽车、房地产、电网以及钢铁。缅甸作为股东参与着孟—中—印—缅经济走廊和“一带一路”倡议的中缅经济走廊。孟—中—印—缅经济走廊希望创建“自由贸易区”。大多数情况下，缅甸等发展中国家希望从“一带一路”获得投资、基础设施与发展。虽然缅甸可以从项目中受益，但缅甸更关心该项目如何保护环境以及对东道国的环境有多大程度影响。

《缅北局势负向效应外溢下中缅边境治理研究》 戴永红、周禹朋（四川大学）撰，载《民族学刊》2020年第6期。指出中国西南边境和缅北山水相连，缅北是缅甸少数民族地方武装比较活跃、复杂的地区，其缅北长期冲突局势不仅阻滞本国民主和平进程，其负面效应也给邻国边境地区带来严重影响，危及到边境地区的政治、安全、经济发展和社会稳定以及严重威胁人民群众生命财产安全，并且不断向外扩展的负面效应影响地区安全局势。因此中国中缅边境治理需要跳出传统边境治理垂直思维，采用跨境合作、鼓励多元主体共同参与的治理思维应对各种挑战，提升边境治理能力和治理成效。

《族际政治视域下的缅北问题研究》 梅英（滇西科技师范学院）撰，载《学术探索》2020 年第 8 期。指出现阶段缅北问题以族际冲突为主要表现，是族际间基于民族利益并诉诸政治权力的互动。该问题源发与其逃避统治的族群史、族群分化的殖民统治、强权镇压的民族政策，以及地缘政治下的民族国家构建等原因密切相关。其发生的机理链路为：族际社会敏感事件刺激、族际生物敌意产生反应、族际群体反击出现、社会外部力量强化、族际政治冲突发生。其解决可遵循马克思唯物主义原理，沿循如下路径：协商，调整族际利益结束对峙；协作，推进现代化构建族际经济共同体；协和，整合族际政治推进民主化进程；协同，统一发展目标构建民族国家。

《滇越贸易跨境人民币结算实践与发展研究》 杨珂（红河学院）撰，载《学术探索》2020 年第 8 期。指出云南省跨境贸易人民币结算业务不断向纵深拓展，且随着滇越贸易快速发展，双方使用人民币结算的业务量在增加，规模在迅速扩大。滇越间的跨境人民币结算业务也在 NRA 账户开立、现钞跨境调运、人民币汇率定价机制等方面取得重大突破。文章对滇越贸易跨境人民币结算的发展历程进行回顾，分析实践中存在的问题和障碍，并结合滇越边境地区的现状特点提出推动人民币跨境结算业务持续发展的对策。

《"一带一路"背景下中国与东盟货币合作的可行性研究》 李俊久、蔡琬琳（吉林大学）撰，载《亚太经济》2020 年第 4 期。指出对中国与东盟开展货币合作的现有基础进行分析，发现在"一带一路"背景下，中国与东盟经贸合作的飞速发展、人民币区域影响力的快速提升、人民币"走出去"的积极探索以及开发性金融合作的稳步推进，都为中国与东盟开展区域货币合作带来了机遇。进一步根据最优货币区理论，采用 OCA 指数法，对中国与东盟区域货币合作的可行性进行实证分析。结果表明：中国及东盟各国开展区域货币合作的可行性逐渐提升，且中国具有主导区域货币合作的潜力。目前，最适合与中国开展区域货币合作的国家为新加坡和马来西亚，而缅甸和文莱是潜力最小的国家。有鉴于此，中国应遵循"有序开展、创新延展"的原则，有次序、分层次地推动区域货币合作。

《"一带一路"倡议下中国—东盟贸易和投资依赖敏感性与脆弱性研究》 陈秀莲、陈兰舟、于吉梅（广西大学）撰，载《亚太经济》2020 年第 2 期。文章运用变系数面板数据模型和构建脆弱性指数对中国与东盟贸易和投资敏感性与脆弱性水平进行测度，发现中国与东盟的贸易与投资都是正向敏感，且多为高敏感；大部分东盟国家对中国的投资敏感度低于贸易敏感度，投资脆弱度高于贸易脆弱度。在上述分析的基础上，提出推动 CAFTA 升级版协调合作机制，促进相互依赖；加大双向投资，提高投资敏感度和降低脆弱度；重视东盟的高脆弱性国家，大力发展和"一带一路"沿线国家的贸易与投资；树立海陆合作并举的观念，破解陆域合作思维带来的脆弱性影响等对策建议。

《东盟国家实施"工业4.0"战略的动因和前景》 王勤、温师燕（厦门大学南洋研究院）撰，载《亚太经济》2020 年第 2 期。指出在全球"工业4.0"的浪潮下，东盟国家相继推出"工业4.0"战略，各国的工业转型升级规划相继出台。东盟国家之所以推出"工业4.0"战略，旨在新的国际经济形势下应对全球价值链的重构、推进国内经济转型、摆脱"中等收入陷阱"、扭转或延缓"去工业化"进程以及重塑国际竞争力。东盟国家实施"工业4.0"战略，将迎来新工业革命所带来的机遇，但也将面临一系列严峻的挑战。由于东盟国家发展水平不同，数字基础设施相对落后，技术条件较为欠缺，各国劳动市场也面对"工业4.0"智能制造的巨大冲击，新工业技术和全球价值链重构将引发跨国公司调整现有的投资布局，"工业4.0"可能加大区域内的"数字鸿沟"和发展差距。

《中国与东南亚国家外交关系 70 年：经验、反思及展望》 周士新（上海国际问题研究院外交政策研究所）撰，载《南洋问题研究》2020 年第 1 期。指出中越于 1950 年 1 月 28 日建立正式外交关系，标志着新中国和东南亚国家外交关系的真正开始。70 年来，中国与东南亚国家关系既经历过敌对和挫折、冷漠与警惕，也呈现出缓和与改善、睦邻和友好，当前进入了密切沟通合作的新时代。从历史上看，中国和东南亚国家在互动过程中积累了丰富的外交战略经验，例如，要坚持走自己的发展道路，不盲目追随或模仿其他国家；不干涉其他国家内政，也坚决不让其他国家干涉本国内政；在促进地区一体化过程中增进地区和平与繁荣；尽量避免域外因素无谓干扰，协商一致自主解决相互间的问题。同时，双方也汲取了一些本来可以避免的挫折和教训，如双方都要认识到自己和其他国家实力和能力的限度，尽量采取避免伤害对方的行为，不要对其他国家期待太高，也不要做出无法兑现的承诺；不能现实主义地考虑地区热点难点问题，更不能陷入安全困境而无法自拔，而是要建设性找到符合共同利益的解决方案，以合作促进可持续安全和繁荣。展望未来，中国和东南亚国家都要站高位，塑造命运共同体理念；望长远，巩固和增进致力于和平与繁荣的战略伙伴关系；稳住心，维持地区合作机制稳健运行；亮实处，让双方合作项目工程成为增强相互认同的粘合剂，让地区各国和各国人民体验到平等互惠、合作共赢产生的获得感。

《中国与印度尼西亚关系 70 年：互动与变迁》 薛松（复旦大学）撰，载《南洋问题研究》2020 年第 1 期。文章回顾中印尼 70 年关系史的发展和关键事件，提出应从国家间关系、华人问题和意识形态的不可分割性来看待两国关系，进而提出理解两国关系的分析框架：两国关系的主题和重心由中国对印尼的政策和印尼对华政策的交集确定；中国对印尼政策目标需要放在中国外交整体思路下理解，印尼对华政策目标主要是其对国外压力和体系压力的反应，但两国交往的具体措施和时间节点更多地受到变动中的印尼国内政治的影响。据此框架，文章将中印尼 70 年关系史分为 3 个时期及 6 个阶段。文章得出结论认为，复交以来两国关系不断向好，双方持续摸索相处之道、双方政策和利益的交汇增多、中国周边外交方针的稳定性和延续性，这 3 个因素发挥了重要作用。

《动力、阻力与路径：一体化背景下东盟职业教育的改革发展》 张菊霞（宁波职业技术学院）撰，载《中国职业技术教育》2020 年第 36 期。指出东盟经济社会的开放与繁荣及职业教育一体化探索为东盟区域及各国职业教育改革发展提供积极动力。但是,东盟职业教育仍面临社会认可度低、市场相关性不足、校企合作严重缺乏、政府统筹管理不足、资金和基础设施不足等阻力与挑战,不利于促进东盟经济社会与一体化的进一步发展。通过制定《东盟职业教育未来发展议程》,在重塑职业教育形象、加强人才培养市场相关性、鼓励企业参与校企合作、加强统筹政策管理等方面提出面向劳动力市场的职业教育改革发展路径。

《俄罗斯在东南亚的软实力提升路径探析》 刘燕(暨南大学)、朱陆民(湘潭大学)撰,载《当代世界与社会主义》2020年第6期。指出近年来,俄罗斯在东南亚的软实力提升可圈可点,其提升路径主要包括文化外交、制度外交以及科技外交。利用文化外交,俄罗斯通过吸引东南亚留学生,建立与东南亚各国及东盟的各项文卫交流机制,设立俄罗斯科学与文化中心,强化与东南亚国家在信息媒体领域的合作等方式提高其文化吸引力;凭借制度外交,俄罗斯通过提升对东南亚国家地区合作理念的认同,积极参与东盟主导的地区合作制度,强化大欧亚伙伴关系框架与东盟对接的方式提升其在东南亚的制度竞争力;通过实行军事科技和能源科技外交,俄罗斯提升了在东南亚的科技影响力。尽管俄罗斯在东南亚的软实力提升已取得一定成效,但仍有较大上升空间。

《地区视野下"印太"的内涵及其价值评析》 葛红亮(广西民族大学)撰,载《印度洋经济体研究》2020年第6期。指出"印太"是一个流行却极富争议的词汇。然而,"印太"地区实际上作为一个整体崛起于亚洲边缘却已成为一个客观事实,在经济、政治与安全领域具有显著的客观地缘属性,因而其超越了美国、印度等国的"印太战略构想"。作为一个战略影响力覆盖西太平洋与印度洋地区的国家,中国是一个典型的"印太"地区国家;中国是"印太"地区客观上形成崛起态势的重要因素,因此不应也难以被排除"印太"地区多边框架之外。不仅如此,中国还可在"印太"地区一体化发展进程中扮演关键推动者的角色。

《东南亚华人基督宗教社团的特性及其对民心相通的贡献》 张鹏(中央财经大学)、杨林坡(北京语言大学)撰,载《世界宗教文化》2020年第6期。指出伴随着"一带一路"倡议在沿线国家和区域的推广,侨务和宗教领域的公共外交与中国国家形象、经济发展及海外利益之间的关联日益密切,具备跨区域、跨族群、跨文化属性的东南亚华人基督宗教社团也尝试依托中国—东盟公共外交网络积极促进民心相通。中国不仅应该将此类社团视为周边命运共同体构建进程当中的特殊资源,而且需要将政府主导的传统公共外交与民间机构开展的非传统公共外交结合起来,以期更加积极有效地为中国外交服务。

《大国海外基建与地区秩序变动——以中国—东南亚基建合作为案例》 毛维准(南京大学)撰,载《世界经济与政治》2020年第12期。指出随着大国纷纷参与全球基础设施建设,基础设施建设成为当今国际政治中的一个重要议题。由大国发起的针对特定地区的海外基建展现出越来越明显的地区秩序塑造功能,这种功能清晰地反映在该地区国家间关系状态和行为模式变迁上。从理论上来说,大国基础设施建设能够通过信号、分化、杠杆和黏性等机制影响地区秩序,发挥引入地区动力、厘清安全敌友、制造溢出效果以及巩固秩序架构等功能。自"一带一路"倡议实施以来,中国在东南亚地区开展大规模基础设施建设。这些海外基建倡议和项目实施对东南亚地区的国家间合作力度、地区安全架构参与、主体行为互动、地区影响力施展和大国竞争烈度等都造成一定影响。当然,相关案例在展现中国通过基础设施建设外交推动东南亚地区秩序结构与互动过程发生显著变迁的同时,也显示中国对东南亚的基建外交并不必然会实现塑造秩序并促进中国与受援国良性互动的预期目标。海外基建的秩序影响机制受制于基建项目自身和施建过程中所内嵌的不确定性、特殊性、敏感性、冲突性和系统性要求等变量,这些变量最终可能扭曲或消减中国基建对东南亚地区秩序的影响。

《区域主义视角下RCEP对亚洲各国经贸相互依存的促进作用、挑战及其对策建议》 李浩东(中国国际经济交流中心)、林江(京东大数据研究院)撰,载《经济研究参考》2020年第23期。指出国家间的相互依存是统一的区域经贸一体化体系能够成立的重要前提和基础,《区域全面经济伙伴关系协定》(RCEP)的签署过程表现出东亚国家间特殊的相互依赖关系,在开放的区域主义理论指导下,为全球治理赤字、贸易保护主义抬头的当下提供合作共赢的中国方案。RCEP以其广覆盖和包容性的特点,有利于促进东亚各国主动优化产业布局,重塑东亚生产网络。在目前的国际形势下,后RCEP时代亚洲经贸合作还面临保护主义抬头、封闭的区域主义、日韩贸易摩擦等因素的阻碍。为了更好地利用RCEP签署的契机发展亚洲经贸合作,中国应该支持开放的诸边主义,加速中日韩自由贸易(FTA)谈判进程,加快推动亚太自由贸易区(FTAAP)建设及中国加入《全面与进步跨太平洋伙伴关系协定》(CPTPP)进程。

《中国—东盟合作防治海洋塑料垃圾污染的策略建议》 李道季、朱礼鑫、常思远(华东师范大学)撰,载《环境保护》2020年第23期。指出塑料垃圾遍布全球海洋,严重威胁海洋生态系统健康与环境安全,受到全球广泛关注。中国与东南亚国家联盟(以下简称"东盟")成员国是世界上最主要的塑料生产和消费国,被认为是全球海洋塑料污染的热点地区。中国和东盟在海洋塑料垃圾的应对上具有同样的紧迫性,受到国际社会的高度关注。当前,中国与东盟在海洋塑料垃圾污染治理方面加强合作将对全球的海洋塑料垃圾污染治理做出重要贡献。文章系统梳理东盟海洋塑料垃圾污染防治的现状和趋势以及面临的挑战,就中国—东盟在海洋塑料垃圾污染治理的经验分享、合作研究、能力建设和合作示范等方面提出进一步合作的对策和建议。

《"一带一路"倡议下中新教育交流合作回顾与前瞻》 丁瑞常、徐如霖(北京师范大学)撰,载《比较教育研究》2020年第12期。指出中国与新加坡自1990年建立正式外交关系以来,双方政府签署制度化的教育交流合作框架,多主体搭建丰富的教育交流合作平台,师生互访已形成规模,两国合作办学日益深化。中新教育交流合作发挥语言文化近缘优势,重视战略规划和高层引领,且立足实用主义外交关系。"一带一路"倡议为双方在教育领域的交流合作打开机遇与挑战并存的新局面。两国未来应搭建若干高层次双边教育交流合作平台，实现学分学位互认互联，拓宽奖学金来源，进一步加强合作办学，并充分发挥多边机制作用。

《东南亚华人网络及其贸易创造效应》 梁双陆、王壬玚（云南大学）、顾北辰（卡耐基梅隆大学）撰，载《云南社会科学》2020年第6期。指出海外华侨华人在中国对外经贸合作中发挥着桥梁和纽带作用，东南亚华商因勤奋和良好的经商能力在东南亚经济发展中具有重要作用，在长期的商贸活动中逐步形成华人经济圈。对东南亚主要国家的华人存量数据以及福布斯富豪榜生成的华商资产数据的研究表明，华人网络对中国与东南亚国家的进出口贸易具有显著影响。其中，华人存量对中国进口贸易的影响更为显著，而华商资产则对中国出口贸易的影响更为显著；"一带一路"倡议的推进一定程度上削弱了华人网络对中国与东南亚国家贸易的贸易创造效应。东南亚华人网络是促进中国与东南亚国家双边贸易的重要资源，应更好地发挥其贸易创造效应。

《中国—东盟自由贸易区全面建成十周年回顾与展望》 范祚军（广西大学）撰，载《人民论坛》2020年第34期。指出2020年是中国—东盟自贸区全面建成10周年，10年来有效推动了区域内的贸易和投资自由化、便利化，中国与东盟进入经贸合作的黄金时期。未来，中国—东盟经贸合作方兴未艾，域内贸易投资往来日益密切，域外合作前景广阔、蓬勃发展，区域供应链、价值链构建更加完善。

《"一带一路"背景下中国—东盟职业教育校企共同体建构》 王忠昌、杨晓娟（南宁师范大学）撰，载《职业技术教育》2020年第34期。指出中国—东盟职业教育校企共同体是"一带一路"背景下职业院校及企业响应人类命运共同体理念、促进国际职业教育创新发展和满足国际化企业对技术技能人才急切需求的必然选择。根据中国—东盟职业教育校企共同体在地位、责任和愿景三方面的意蕴，在真实界、想象界和象征界三层次的境界，在主导方、关联方与受益方三元化的主体，在共商、共建、共治、共享四层面的特征，可以通过构建中国—东盟职业教育校企共同体的顶层机制、多样化人才培养模式、特色项目、多种信息共享渠道、合作共享平台等路径，进一步加强中国—东盟职业教育校企共同体建构。

《"一带一路"视域下中国—东盟职业教育合作的现实透视与策略构建》 张成涛、张秋凤（南宁师范大学）撰，载《教育与职业》2020年第23期。指出《中国—东盟战略伙伴关系2030年愿景》将中国—东盟合作推向了新的高度，中国与东盟的密切关系为职业教育合作带来持续向好的机会，双方的强互补关系是推动职业教育深入合作的内在动力；同时，双方职业教育合作仍存在职业教育标准难以衔接等弱势，也面临职业教育国际市场的激烈竞争。为有效推进中国—东盟职业教育合作，应从制定合作规划、建立合作机制、建设合作网络、对接职业教育标准、探索合作新模式等维度进行系统性的架构。

《云南、广西面向东盟的旅游经济联系及社会网络演化——基于"一带一路"建设前后的比较》 田卫民、孟帅康、王桀（云南大学）撰，载《世界地理研究》2020年第6期。指出云南、广西两省区是我国通往东盟各国的主要陆路通道，在"一带一路"建设中有着较为突出的地缘优势。以"一带一路"建设前（2013年）和建设期间（2017年）的数据作为时间截面，采用旅游开放度、旅游经济联系量和社会网络联系等指标，分别对云南、广西两省区与东盟的旅游经济联系和社会网络关系进行测算。结果表明："一带一路"建设以来，云南、广西两省区与东盟各国的旅游开放度、旅游经济联系量均有很大提升，但与排名靠前的马来西亚、新加坡和泰国相比，仍有较大差距；云南与东盟的社会网络联系高于广西，并向较高的网络中心度和网络结构方向演化；云南、广西两省区欲发展成为"面向东盟的辐射中心"或"面向东盟的国际通道"，还需继续加大力度发展与东盟各国的跨境旅游合作。

《"一带一路"背景下中国对老挝援助及投资减贫效应》 彭牧青（玉溪师范学院）撰，载《山西财经大学学报》2020年第S2期。指出20世纪80年代以来，中国减贫取得的成效显著，对全球减贫贡献率超过70%。反贫困是发展中国家的重要任务，"一带一路"有利于带动周边国家和地区发展。老挝是中国的友好邻邦，中国对老挝的援助及投资有效降低老挝贫困率，老挝的经济得到发展，人民的生活水平得到提高。总结"一带一路"背景下中国对老挝援助及投资状况，分析老挝减贫依托基础建设援助与投资、开辟资金融通渠道以发展贸易、有效利用减贫新模式的途径与渠道，体现中国对老挝援助及投资减贫效应。

《区域合作发展与国家营商环境——基于中国—东盟"一带一路"共建的研究》 李一平、罗晶晶（厦门大学）、张海峰（南京财经大学）撰，载《厦门大学学报（哲学社会科学版）》2020年第6期。指出作为国际合作2.0升级版的"一带一路"倡议，对沿线国家经济发展产生何种影响是非常值得研究的前沿话题。从国家营商环境改善角度，以世界银行公布的数据为基础对东盟十国营商环境进行分析，首次利用双重差分法研究共建"一带一路"对沿线东盟十国营商环境的影响可以发现，共建"一带一路"对改善沿线国家营商环境具有显著促进作用，且共建力度越强、对华经贸合作规模越大的国家，其营商环境提升越明显。研究结论有助于国家和企业明晰投资区位，增加企业和市场主体对"一带一路"沿线国家的投资意愿和动力，也为实现沿线国家间投资贸易便利化，实现"一带一路"利益共同体的战略目标提供理论支持。

《"一带一路"背景下中国对东盟各国跨境电商发展潜力测度——基于二阶段贸易引力模型的实证》 陈婷婷（广西外国语学院）撰，载《商业经济研究》2020年第22期。指出"一带一路"协同发展为我国对东盟各国跨境贸易发展带来了重要的契机，跨境电商也为中国与东盟各国开展全方位贸易交流提供了新的方式。本文以东盟十国为研究对象，基于拓展的二阶段贸易引力模型，实证检验了我国对东盟各国跨境电商发展潜力。研究结果表明，得益于信息技术与交通物流的成熟，我国对新加坡、马来西亚、泰国、印度尼西亚以及缅甸的跨境电商有较强的发展潜力，而对文莱、柬埔寨、越南、菲律宾以及老挝之间的跨境电商发展潜力仍需进一步挖掘。基于此，我国应该借助"一带一路"发展契机，进一步参与东盟各国信息技术与交通物流的建设工作中，并充分利用线上资源开展跨境电商贸易。

《技术层次视角下中国制造业对东盟贸易质量与改善路径》 张彬(青岛科技大学)撰,载《亚太经济》2020 年第 6 期。指出 2008 年金融危机以来,发达经济体积极推进新一轮全球经贸规则构建,引发亚太及全球价值链重构,对中国外贸形成新挑战。围绕外贸高质量发展内涵与目标,分析中国不同技术层次制造业对东盟国家出口密集度、互补关系和背后分工状况,指出该演变下中国制造业对东盟贸易质量与问题。研究发现:中国中等技术制造业对东盟出口密集度和互补性更强,低技术制造业次之,高技术制造业最不显著;中国对东盟贸易商品结构有一定优化,但仍存在较大改善空间。纳入美日韩对比分析中国对东盟贸易背后分工状况,发现中国低技术和中等技术制造业、中间品对东盟出口比例较大,高技术制造业则消费品比重较大。由此得出中国中等技术制造业对东盟贸易质量改善更显著;对东盟发展水平越高国家,中国中间品出口面临发达经济体的竞争越大,对该国贸易质量越发不显著。

《面向东盟的云南与广西自由贸易试验区地缘关系分析》 熊琛然(贵州大学)、王礼茂、向宁、王博(中国科学院大学)、屈秋实(河北地质大学)撰,载《地理与地理信息科学》2020 年第 6 期。指出判别云南自由贸易试验区与广西自由贸易试验区面向东盟的开放过程中形成的地缘关系是竞争还是互利共生,对云桂两地自贸试验区建设及其协同发展意义重大。该文援引和改进种群生态学中的二维 Lotka - Volterra 模型,借助贸易数据并加入外部影响因素 GDP,测度和判别面向东盟的云南与广西自贸试验区之间的地缘关系是竞争还是共生。结果表明:云南和广西自贸试验区与东盟的贸易增长动力强劲,与东盟的经贸合作发展潜力和空间巨大;面向东盟的云南与广西自贸试验区之间的地缘关系是互利共生关系,云南与广西之间长期存在的谁是面向东盟的龙头和门户的地位之争是个伪命题;GDP 对面向东盟的云南与广西自贸试验区之间形成的互利共生型地缘关系具有重要的促进作用。云桂自贸试验区建设需要国家更加健全的政策支持,需要学习、借鉴和复制其他自贸试验区经验,积极探索具有自身特色的制度创新和经营模式。

《"一带一路"倡议背景下中国与东盟国家互相投资法律问题研究》 孟雁(中共广西区委党校)撰,指出伴随着改革开放的脚步,中国的建设迅猛发展,对外往来也日益密切,习近平总书记在 2013 年就提出"一带一路"倡议,这个倡议是根据中国古代的丝绸之路而提出的,"一带一路"可以让各个地区、各个国家之间发展经济往来,不仅可以带动中国东部、西部地区的商业往来,也能促进中国与"一带一路"沿线国家的贸易往来,实现互利共赢,能够有效地带动地区经济的发展,从而缩小贫富差距。同时,也给企业带来更大的机遇和挑战。但是,在发展的同时,有关法律问题也需要高度关注。文章主要从中国与东盟国家的相互投资着手,对"一带一路"倡议背景下中国与东盟国家互相投资法律问题研究进行相关的分析。

《澜湄合作与"国际陆海贸易新通道"对接:基础、挑战与路径》 王睿(重庆大学)撰,载《国际问题研究》2020 年第 6 期。指出"国际陆海贸易新通道"作为实现"一带一路"在澜湄地区有效衔接的战略通道,与澜湄合作对接具有广阔的空间与基础,但也面临战略诉求差异、域外大国干扰、通关便利化不足、基础设施互联互通水平限制、产业协同问题等诸多挑战。为此,应在凝聚各国合作共识、促进跨境设施联通、提升通关便利化水平、完善制度性国际机制等方面提高对接的有效性与精准度,促进澜湄地区高质量和可持续发展,共同打造澜湄国家命运共同体。

《区域贸易协定对出口边际影响研究——以中国—东盟自贸区为例》 杨莉(浙江树人大学)撰,载《价格理论与实践》2020 年第 7 期。指出稳步推进区域贸易协定建设,有利于促进中国出口贸易的发展。文章利用 1998—2017 年中国出口东盟的 HS6 分位贸易数据,分别基于 HK(2005)和 Kehoe(2013)的贸易边际分解方法计算中国出口东盟各成员国的贸易三元边际和新产品增长边际,并用扩展引力模型进行实证分析。研究发现:中国出口东盟各成员国的集约边际增长都超过扩展边际增长,数量边际的增长远超过价格边际。中国出口的新产品种类增长较快;对于中国出口东盟最少的贸易商品部门,其贸易份额在 FTA 实施后得到提升;最后,实证研究亦显示:FTA 变量对出口边际的影响均显著为正,但具体影响存在差异,对集约边际的影响大于扩展边际,对数量边际的影响大于价格边际。

《构建南海非传统安全多边合作整体架构研究》 祁怀高(复旦大学国际问题研究院)撰,载《国际安全研究》2020 年第 6 期。指出近年来,南海非传统安全多边合作机制呈现"碎片化"特征,数量众多、不成体系、互不连属,造成机制拥堵和功能重叠。南海多边合作机制"碎片化"和未形成多边合作整体架构的重要原因在于,中国、东盟声索国和域外大国这三类行为体各自牵头的机制多元共存,并对"谁的多边安全""什么样的多边安全""如何建立多边安全"这三个问题作出各自的回答。构建南海非传统安全多边合作的整体架构,可将正在谈判中的"南海行为准则"作为"机制融合"的核心;同时,将《联合国海洋法公约》中的一些原则、"南海沿岸国合作机制"倡议融合到"南海行为准则"制定中;需要从高度紧迫且三类行为体尤其是中美都愿意合作的非传统安全威胁领域着手,并从已有的南海及其毗连海域非传统安全多边合作案例中获取经验。构建南海非传统安全多边合作的整体架构,相关国家应坚持四条基本原则:南海沿岸国寻求与域外大国的良性互动;打击跨国海盗和恐怖主义须作为优先选项;将提升海上能力建设作为重点;推进海洋环保和渔业资源管理的多边合作。

《论东盟地区论坛的实践功用和理论意义》 李晨阳、赵丽、杨飞(云南大学)撰,载《国际观察》2020 年第 6 期。指出东盟地区论坛作为亚太地区第一个政府间安全对话平台和区域性安全机制,自其于 1994 年正式建立以来,至今已经走过 26 年的历程,在维护亚太地区安全方面发挥了建设性作用。本文基于东盟地区论坛在信任措施建设、非传统安全问题治理和预防性外交等领域的安全实践,应用分析折中主义方法,以问题为导向,从制衡效力、制度效力和规范效力三个维度出发,就东盟地区论坛在地区安全维护实践中的效力进行综合评估,认为该论坛在维护亚太地区安全方面所发挥的作用非常独特且不可或缺,但同时也存在着明显的制度缺陷。中国则可以通过发挥自身作用来推动东盟地区论坛不断趋于完善,同时还可以将其作为发展自身地区安全事务治理能力的依托平台,进而提升中国和东盟地区论坛在亚太地区安全维护中的地位与作用,实现双赢的目的。

《东盟重点研究学科、产业政策分析及对中国国际科技合作的启示》　王雯婧、曾静婷(西北政法大学)撰,载《科学管理研究》2020 年第 5 期。指出加强与东盟各国的科技合作,不仅能优势互补、推动各方科技创新,更是中国与东盟战略伙伴关系深化升级的要求。依据东盟各国科技部报告,基于 Web of Science 数据库和 Incites 数据库获取的 2007—2018 年科技论文数据,采用文献计量和社会网络图谱法,分析东盟十国的重点研究学科和优先发展产业,以及“一带一路”战略前后的国际科技合作变化。研究发现东盟各国学科领域发展各有侧重,与中国的科技合作有较大的可开辟空间。中国与东盟应加大在临床医学、工程和环境生态学等重点研究学科的科技合作,推动双方的共同发展;加强在生物技术、信息技术等部分东盟国家非重点研究学科但优先发展产业领域的合作,抓住东盟国家产业调整的机遇;加强与东盟各国重点研究学科与优先发展产业一致的领域合作,以提高科技合作效率。

《新形势下的亚太区域经济合作》　张蕴岭(山东大学)撰,载《当代世界》2020 年第 11 期。指出亚太区域经济合作的基础是东亚与北美在经济上建立基于市场开放规则的链接。东亚地区的经济重心和增长活力主要依靠中国,而北美的经济中心在美国。因此,中美之间的经济链接与开放合作是亚太区域经济合作的基础。当前,亚太区域经济合作进入新的发展阶段,出现一些新变化,其中最为突出的是美国亚太区域合作政策的转向。受美国相关政策变化和新冠肺炎疫情等影响,以亚太经合组织(APEC)为框架的亚太地区整体经济合作的动力减弱。为应对百年未有之大变局,APEC 领导人需要就新形势下 APEC 的发展进行深入讨论,在发展方向、推进方式、发展目标等方面达成重要共识。这样不仅可以为在新形势下推动 APEC 发展提振信心,而且可以在全球保护主义盛行、经济发展面临诸多不确定性的情况下,为推动世界各国开放合作发展释放积极的信号。

《超越区域生产网络:论东亚区域分工体系的第三次重构》刘洪钟(上海对外经贸大学)撰,载《当代亚太》2020 年第 5 期。文章基于长期的历史视角,从分析东亚区域分工体系的变迁出发,结合当前的域内外环境变化,讨论东亚经济再平衡和区域分工体系的历史决定、发展方向及中国角色的变化。文章认为,受“特朗普冲击”、全球价值链增速放缓以及中国经济转型等因素的影响,东亚区域分工体系正在继雁阵模式、东亚生产网络之后,走上第三次的重构之路。基于此,东亚区域分工体系将会逐步摆脱对美欧发达国家出口的过度依赖,最终实现向以域内需求为主、区域内外均衡发展的结构性转变。在此过程中,东盟会逐渐取代中国成为新的世界组装工厂,中国则将通过在全球价值链上的地位攀升,逐渐变成一个全套型全球制造中心。与此同时,依靠国内需求市场的强劲增长,中国有可能赶超美国和日本,成为东亚地区新的消费中心。

《中国—东盟数字“一带一路”合作的进展及挑战》　姜志达(中国国际问题研究院)、王睿(重庆大学)撰,载《太平洋学报》2020 年第 9 期。指出数字“一带一路”合作是中国与东盟国家共同应对世界科技革命与产业变革,实现各自发展战略目标的创新实践,也是双方扩大合作领域,提升合作水平,推动“一带一路”建设在东盟走深走实的重要途径。当前,中国—东盟数字“一带一路”合作既具有广阔的合作空间,又面临相关合作的顶层设计不完善、数字治理滞后于合作需要、存在巨大“数字鸿沟”和其他国家激烈竞争等挑战。为此,中国与东盟应以“2020 中国—东盟数字经济合作年”为契机,加快各方政策深度对接,共商数字经济合作规划,创新数字人才培养模式,推进区域数字治理,防范和对冲其他国家干扰,提升双方数字“一带一路”合作水平。

《缅甸中资企业投资争端解决法律问题研究》　马忠法(复旦大学)、熊殷泉(云南师范大学)撰,载《安徽师范大学学报(人文社会科学版)》2020 年第 5 期。指出构建中缅命运共同体的声明使两国关系迈向新篇章。除了高层间的密切交流,两国民间也因地理位置、历史传统等一直交往甚密。中国是缅甸第二大投资来源国,在缅累计投资额已近 300 亿美元,但中资企业在缅投资也遇到很大阻碍,这与中缅投资争端的特殊性有关。外交手段等传统方式的局限性导致部分投资项目搁置多年。中国与缅甸加入的东盟之间有自贸区协定及投资协议,中缅之间也有双边投资协定,但它们并不能有效解决两国之间的投资争端。缅甸国内的法治状况令中资企业的本地救济不乐观;中国对境外投资以事前监管为主,但对解决已发生的中缅投资争端尚无法律规范。为此,可在中国—东盟自贸区投资争端解决机制的基础上,以替代性争端解决措施为主要手段,结合双边投资协定中的相关约定,完善两国国内法以助于问题的解决。

《论中国—东盟自贸区与共建“一带一路”》　王勤、赵雪霏(厦门大学南)撰,载《厦门大学学报(哲学社会科学版)》2020 年第 5 期。指出 2010 年 1 月至今,中国—东盟自由贸易区(CAFTA)已运行十年。中国—东盟自贸区是中国对外建立的第一个自贸区,也是世界上最大的发展中国家自由贸易区。近十年,随着中国—东盟自贸区的进程,区域内贸易和投资规模迅速扩大,区域一体化的贸易与投资效应日益显现。在全球价值链下,中国—东盟自贸区区内企业加快融入全球价值链,带动以中间产品为特征的价值链贸易,吸引区域生产网络型投资,由此成为“南南合作型”区域一体化形式的成功典范。中国—东盟自贸区在“一带一路”建设中具有举足轻重的地位与作用,它创造了区域互联互通、引领基建、产能合作和人文交流的综合效应,并为进一步推进高质量共建“一带一路”提供了可资借鉴的国际经验。

《东盟贸易位次提升:原因分析与前景展望》　冯晓玲、赵鹏鹏(大连海事大学)、王玉荣(清华大学)撰,载《国际贸易》2020 年第 9 期。指出 2020 年前 4 个月,中国—东盟双边贸易额逆势增长,东盟超过欧盟成为中国第一大贸易伙伴,为推动市场多元化,稳定外贸基本盘起到了有力的支撑作用,这预示着未来中国的贸易伙伴关系可能出现新的定位。分析近 20 年来中国—东盟贸易关系的变化情况,指出中国与东盟地缘毗邻、经济互补性强、双边贸易关系密切且持续向好是东盟贸易位次提升的内生动力。而中美贸易摩擦加剧、英国脱欧、中国与东盟在新冠疫情期间积极合作等综合影响是东盟在中国贸易伙伴中位次提升的助推因素。基于双方要素禀赋各异,贸易基础雄厚,以及总体向好的国内经济和多个共同参与的区域合作框架等积极因素的作用下,疫情后中国—东盟的贸易伙伴关系有望得到进一步的巩固与发展。

《中国—东盟旅游流空间分异与优化策略》 程成、周泽奇、鲁建琪(广西大学)撰,载《经济地理》2020 年第 9 期。文章以中国—东盟旅游流为对象,基于核密度分析、重心模型以及标准差椭圆分析等方法,揭示中国—东盟旅游流的空间分布格局、空间密度特征与空间迁移规律。研究表明:(1)中国—东盟旅游流逆差呈现急剧扩大态势。(2)以"胡焕庸线"为界,东盟入境中国旅游流呈现"东南强、西北弱"省域分布格局,中国出境东盟旅游流主要集中于泰国湾沿岸国家,呈现北多南少的"C"型国别分布格局。(3)东盟入境中国旅游流高密度区域逐渐从"长三角""京津冀"向"粤滇桂"转移,中国出境东盟旅游流高密度区域以泰国为核心,集聚于湄公河五国。(4)东盟入境中国旅游流重心呈现"鄂赣交界处集聚"和"东北→西南"迁移轨迹,中国出境东盟旅游流重心呈现"西北→东南"和"东南→西北"两个迁移轨迹,东盟入境中国旅游流主体区域逐渐趋南,呈"华东—西南"两极化,中国出境东盟旅游流主体区域逐渐趋北,呈"泰国—马来西亚"两极化。

《东盟东部增长区:缘起、成就与挑战》 李佳凝、王光厚(东北师范大学)撰,载《区域与全球发展》2020 年第 5 期。指出东盟东部增长区是东盟框架下展开的最大的次区域经济合作机制。东盟东部增长区的建立主要源于东盟次区域经济合作发展大潮、各成员国经济发展需要以及增长区覆盖区域内各成员国相近文化传统。自东盟东部增长区成立 26 年来,各成员国积极致力于推进全方位、多领域的合作,取得较好的经济发展成就,形成立体化的合作机制,与外部合作伙伴之间建立稳定的合作关系,为未来发展规划宏伟蓝图。虽然东盟东部增长区发展前景向好,但增长区的发展仍面临资金短缺、成员国内部分离运动、成员国之间的领土争端以及各类非传统安全问题的困扰。

《以文明交流互鉴开创中国—东盟合作新格局》 黄朝阳(广西财经学院)撰,载《人民论坛·学术前沿》2020 年第 17 期。指出东盟是我国对外经贸合作的重点区域与优先方向,推动中国—东盟文明交流互鉴对于构建周边命运共同体,夯实双边经贸合作基础以及实现民心相通意义重大。近年来,中国—东盟的人文交流合作取得丰硕成果,但也面临文化意识形态阻隔、人文交流"近而不亲"、交流合作机制不健全、交流合作空间失衡等诸多困境,亟需从"拓展"和"深耕"人文交流范式、推进区域公共文化外交新理念和新举措、多方位营造人文交流合作的有利条件等入手,破解中国—东盟文明交流互鉴困局,开创中国—东盟合作新格局。

《RCEP 区域价值链重构与中国的政策选择——以"一带一路"建设为基础》 张彦(广东技术师范大学)撰,载《亚太经济》2020 年第 5 期。指出在全球价值链中遭遇"反攀升压制"的现实背景下,《区域全面经济伙伴关系协定》(RCEP)区域价值链合作既为中国制造找到"替代方案",又有利于发挥示范效应,探索高质量共建"一带一路"的新路径。作为"一带一路"高质量共建路径的"区域范本",RCEP 区域价值链的重构具有增强共识、有利于内外环境、价值链内向化发展、高度的经济相互依赖关系等四大合作基础,但同时也在产业结构竞争、依赖方向调整、外部化特征、区外不确定性因素等四个方面面临困境。中国应在"战略、技术、市场、规则"四位一体的重构战略指引下,以 RCEP 合作为契机,推动和引导制造业区域价值链实现重构,为探索"一带一路"高质量共建新路径奠定基础。

《中国与东盟数字经济合作的动力与前景》 许利平、吴汪世琦(中国社会科学院)撰,载《现代国际关系》2020 年第 9 期。指出在第四次工业革命的浪潮下,中国与东盟开展数字经济合作正当其时。近年来,在双方的共同努力下,中国与东盟在数字基础设施、电子商务、数字技术研发等重点领域的合作取得丰厚成果。中国与东盟合作机制的活力,东盟自身发展需求的拉力以及东盟市场对中国的吸引力成为双方数字经济合作的重要动力。当前,双方的数字经济合作还面临着地区企业数字化水平不足、地区数据本地化不够、跨境物流与支付体系不健全、域外大国恶性竞争以及新冠疫情持续蔓延等因素的挑战,需统筹应对。未来,在中国—东盟数字经济合作年的推动下,双方在数据安全保护与政策沟通协调、数字抗疫以及智慧城市等领域的合作将具有广阔前景。

《第三个奇迹:中国—东盟命运共同体建设进程及展望》 翟崑、陈旖琦(北京大学)撰,载《云南师范大学学报(哲学社会科学版)》2020 年第 5 期。指出 2021 年是中国与东盟建立对话关系 30 周年。近 30 年来,中国与东盟关系实现从建立对话关系到战略伙伴关系,再到共建命运共同体的共同演化。中国与东盟国家在双边层面、东盟组织层面以及在东亚合作框架内,形成多元复合的合作局面。虽然南海问题长期难解,但基本保持在可控范围。中国与东盟面向和平与繁荣的制度性合作升级,逆转冷战期间中国与该地区的对抗、冲突,甚至战争局面,堪称奇迹。中国与东盟在后冷战时代所创造的总体上"和平繁荣"局面,根源于各自的正向发展与良性互动,也就是"东盟奇迹"和"中国奇迹"的融合共进。"东盟奇迹"是指东盟成立 50 多年来所创建的"地区和平生态系统","中国奇迹"是指中国 40 多年来的改革开放与和平发展。因此,以中国—东盟命运共同体为标志的双方关系的良性发展,就是本文所提的"第三个奇迹"。本文的立意是探究第三个奇迹何以形成,受何制约,以及如何维护其良性发展。主要结论如下:第一,中国—东盟命运共同体是双方关系在后冷战时代的提质升级,是中国人类命运共同体建设与东盟共同体建设这两个战略体系的对接。第二,中国—东盟命运共同体建设本质上是双方制度化合作的延续和升级,从区域内外比较来看,取得不错的成效。第三,中国和东盟之所以能克服障碍并保持升级合作,是因为双方借势后冷战时代国际战略格局演变,创造性地克服内外合作困境,促进地区系统的优化。第四,中国—东盟命运共同体的发展也面临体系性、结构性和策略性挑战,面临天花板效应,但仍有发展空间,其共建方向应该是"通而不统",以"通"(互联互通)而不是以"统"(一体化或结盟)为目标,追求多元复合、四通八达、多方舒适的制度化合作。

《关系性安全与东盟的实践》 季玲(外交学院亚洲研究所)撰,载《世界经济与政治》2020年第9期。指出东盟成立50多年来成功维护东南亚乃至东亚地区的长期和平、构建有弹性的地区安全生态,但现有研究均无法充分解释东盟成功的原因及其安全实践背后的行为逻辑。传统国际关系理论在安全问题认识上的局限性源于其实体主义思维和个体主义方法论与安全关系性之间的张力。要理解和解释东盟安全实践,需要运用关系主义思维、破解安全认识上的个体主义方法论。基于世界政治关系理论关于共在存在、关系性身份和关系理性的基本假设,关系性安全认为,以维系共在关系和追求共享利益为导向的关系性身份确认过程,是实现本体安全与物理安全相统一的可持续安全目标的路径,行为体遵循关系理性的能动和创造性实践是关系性安全目标得以实现的保证。关系性安全从理论上克服传统安全观对安全利益的孤立界定、对心理安全的忽视以及个体理性导致非理性安全结果等难题,也为理解东盟长期和平的安全生态建构以及多元灵活的安全行为提供理论工具。

《后疫情时代中国—东盟区域价值链的构建研究》 崔日明、李丹(辽宁大学)撰,载《广西大学学报(哲学社会科学版)》2020年第5期。指出新冠肺炎疫情的全球蔓延,给全球价值链带来严重的冲击,疫情过后,全球价值链将呈现以数字技术为核心的区域化、本地化、多元化趋势。受疫情影响,全球经济低迷不振,中国与东盟的经贸合作却逆势增长,在此背景下构建中国—东盟区域价值链,符合中国与东盟的共同战略诉求。中国与东盟应以开放包容、协同发展、互利共赢为原则,充分发挥"一带一路"及《区域全面经济伙伴关系协定》(RCEP)等重要载体作用,构建多层次的产业合作模式,加强科技创新能力,构建区域内现代化、智能化、数字化的产业体系,实现区域内更加紧密的生产与市场网络,形成价值链垂直分工,并最终实现以区域价值链为支撑向全球价值链的高端攀升。

《人类命运共同体背景下中国—东盟公共卫生安全合作建设刍探》 李英利、王玉主(广西大学)撰,载《广西大学学报(哲学社会科学版)》2020年第5期。指出当前,强化公共卫生安全合作、共同应对突发公共卫生事件所引起的区域性风险是中国—东盟命运共同体建设的核心内容之一。从2003年至今,中国与东盟公共卫生合作稳步发展,签署一系列的协议文件,实施一系列具体合作措施,取得较好成效,但中国—东盟公共卫生安全合作仍面临如下问题:一是东盟各国对区域公共卫生安全合作中涉及主权问题上谨小慎微;二是公共卫生安全合作机制建设尚未规范化、法制化;三是东盟各国经济水平参差不齐,部分国家对公共卫生的投入有限;四是公共卫生安全合作缺乏有效的融资平台以及筹资机制。中国—东盟公共卫生安全合作的对策选择:遵循平等协调与互信互利原则开展公共卫生安全合作;构建中国—东盟公共卫生安全合作体制,建立合作法律框架;中国应该积极承担责任,为东盟国家提供卫生应急支持和医疗援助;拓宽中国—东盟公共卫生安全合作基金融资途径。

《新型基础设施建设:中国与东盟数字合作的新支撑》 华欣、汪文杰(天津科技大学)撰,载《对外经贸实务》2020年第9期。指出新型基础设施建设是发展数字经济的重要基石,也是中国和东盟在实现各自经济平稳发展和数字经济合作的共同需求。随着"数字丝绸之路"的提出,中国与东盟经贸合作不断向好。2019年7月中国与东盟外长会将2020年确定为"中国与东盟数字经济合作年",这为双方数字经济合作提供新机遇。展望未来,中国与东盟不仅需在资金保障、制度供给方面做出努力,还需在新型基础设施潜能开发和人才培养方面相互协作,提高新型基础设施的支撑作用,扩大数字经济合作规模。

《美国印太战略的东南亚化及对东盟的影响》 范斯聪(武汉大学)撰,载《亚太安全与海洋研究》2020年第5期。指出美国自提出印太战略以来,日本、印度和澳大利亚这三个印太战略支柱型国家积极响应,各自出台本国的印太战略,形成所谓四国机制。地处美国印太战略核心区域的东盟一直没有受到美国应有的重视,东盟对于印太战略也表现出迟疑态度。东盟认为,美国印太战略阻碍东盟的发展和安全。美国出于无法单独应对中国的认知,推行印太战略的东南亚化而非东盟化,目的在于安全上侵蚀东盟的作为空间,实质上却消弭了东盟的内部团结,动摇其在该地区的中心地位,最终给东盟造成经济地区主义与安全地区主义、传统安全的方式与东盟方式之间的矛盾和维护东盟外部中心与内部团结冲突三大困境。东盟虽会采取相应的应对方式,但却面临对其国际地位的考验。

《试论韩国文在寅政府的东南亚外交》 吕春燕(战略支援部队信息工程大学)撰,载《和平与发展》2020年第4期。指出韩国文在寅政府的东南亚外交,是在韩国与东盟各国的经贸合作迅猛发展、周边大国之间的战略竞争凸显、朝鲜半岛局势转圜后陷于停滞、韩日两国纷争不断加剧等国际背景下展开的。为提升韩国—东盟合作关系水平、规避特定依赖风险以及促进半岛局势缓和,文在寅政府采取强化首脑外交、对接发展战略、参与多边机制、拓展安保合作的政策路径。这在一定程度上提升韩国与东盟各国间的关系水平,特别是扩大双方的经贸合作与人员往来,但对朝鲜半岛局势的影响有限。对文在寅政府而言,如何推动"新南方政策"与中国"一带一路"倡议及美国"印太战略"进行对接,即如何保持中韩战略伙伴关系与韩美同盟的平衡,将是其面临的一大挑战。

《共建中老命运共同体路径探析》 任珂瑶、钮菊生(苏州大学)、艾伦(老挝国家工贸部)撰,载《和平与发展》2020年第4期。指出"中老命运共同体"是中国以"命运共同体"理念审视与老挝关系历史与未来的结果。中老两国间不仅存在大量的共有历史记忆和宗教文化习俗,且经济相互依赖,安全合作领域广泛,具有共建周边命运共同体的基础。中老应兼顾两国利益诉求和主要关切,遵循由易到难、循序渐进的原则,共担责任,共同努力,通过共建中老经济、政治、以卫生健康和水资源为重点的安全、社会文化共同体,最终实现中老命运共同体的构建,并推动其可持续发展,把中老命运共同体建设成为周边命运共同体的典范。

《基于文献计量视角的中国与东盟科技合作状况研究》 赵帆、刘娅(中国科学技术信息研究所)撰,载《世界科技研究与发展》2020年第4期。指出"一带一路"是科技合作之路,东盟是中国"一带一路"建设的核心和优先领域，科技合作已经成为中国与东盟关系的新亮点。为了解"十二五"时期以来我国与东盟的科技合作状况，以2011—2019年间SCIE收录的中国与东盟国家科技合著论文为研究对象，开展定量、定性分析，揭示中国与东盟之间开展科技合作的特点，分析其科技合作模式，认识其科技合作现状，以便为今后科技合作的进一步开展提供借鉴。研究发现，我国与东盟科技合著论文的总规模和质量逐步提升，在重点合作领域存在国别差异，两国合作是中国与东盟之间的主流合作模式，中国—东盟地区合作呈现国际化趋势。

《中美战略竞争与东南亚地区秩序转型》 刘若楠（对外经贸大学）撰，载《世界经济与政治》2020年第8期。指出东南亚地区秩序是由大国力量对比、战略互动以及地区中小国家的战略选择共同塑造的，相对温和的大国竞争为东南亚国家通过东盟这一地区制度安排主导地区合作提供了基本条件。在中美战略竞争强化的背景下，特朗普政府对华施压着力点的变化弱化了东南亚国家根据地理位置、领土争议或美国盟友身份做出战略选择的必要性，促使它们在众多不同议题上采取灵活的差异性政策。大国地区战略的调整引发了地区制度间竞争的压力，而特朗普政府对多边主义的轻视导致东盟主导的地区制度安排边缘化加速，地区经济和安全合作制度的碎片化更加明显。此外，大国战略竞争所引起的政治经济博弈还向东南亚国家的国内政治议程传导，导致中小国家在做出战略选择时需要平衡国内政治合法性与外部压力。中美在东南亚地区具有各自的比较优势，无法单独主导次地区体系或者对单个国家发挥决定性影响，这也使得东南亚国家在趋于紧张的地区环境中继续倾向于维持对冲战略，实现地区安全、经济发展与国内稳定等目标之间的平衡。

《东盟国际旅游发展研究——基于近十年的东盟国际旅游数据分析》 陈丙先（广西民族大学）撰，载《社会科学家》2020年第8期。指出近十年来东盟国际旅游发展取得了突出成就，并具有明显的结构性特征。东盟所推动的东盟内国际旅游合作以及对话伙伴关系框架下的东盟外国际旅游合作对东盟国际旅游发展至关重要。随着东盟旅游业发展和旅游竞争力提升，东盟国际旅游的竞争优势在强化，竞争劣势在消减，大体上几个积极因素的合力使东盟国际旅游的未来发展前景比较乐观。

《本土实践与地区秩序：东盟、中国与印太构建》 魏玲（外交学院周恩来外交研究中心）撰，载《南洋问题研究》2020年第2期。文章对构建中的印太秩序进行分析，提出本土实践是塑造地区秩序的重要变量。本土实践是指基于实践共同体地方背景知识，在国际互动进程中发挥主导作用，界定互动基本规则和基础架构的实践。当前，印太地区的重要本土实践包括以东盟为中心的地区制度秩序进程，和以经济发展为主要内容的发展地区主义进程，其中中国发挥着越来越重要的推动和引领作用。"东盟中心"、发展地区主义和共建"一带一路"国际合作将对印太秩序产生重要塑造作用。

《东盟对美国印太战略的认知与反应》 刘阿明（上海社会科学院国际问题研究所）撰，载《南洋问题研究》2020年第2期。指出自美国印太战略出台以来，东南亚的重要性被不断提及。虽然东南亚地区国家并不排斥大国的战略重视，但对美国印太战略的目标、手段、政策重心等普遍感到不安。出于对被边缘化和被分裂的深刻担忧，东盟选择以地区共识的方式发布《东盟印太展望》。这既是对大国战略举措的积极回应及对东盟中心性的主动捍卫，也清晰地表达这一中小国家联合体对世界事务的共性认知，凸显东盟与美国在印太地区愿景规划方面的内在差异。东盟的认知与反应，预示着美国印太战略在东南亚的推行将囿于种种局限而难以收到预期效果。

《致力于对冲：东南亚与美国的自由开放印太战略》 陈思诚（南洋理工大学）撰，载《南洋问题研究》2020年第2期。指出在美国和其他相关域外大国推出"自由开放的印太"概念之后，东盟及其成员国相继做出回应。文章认为，迄今为止东盟国家所表现出来的微妙反应意味着它们会遵循对战略不结盟与对冲的一贯承诺。东盟国家的模糊回应也反映出"四方安全对话"成员国缺乏对印太的共同愿景和战略。而美国对中国采取的强硬立场削弱了东南亚国家的对冲能力，加重了它们选边站的压力；压力之下的东盟各国可能会有选择地与中美进行合作，而不是完全站在某一边。因此，东盟的区域中心地位问题愈益显得重要。

《印太战略框架下美国与东南亚国家的安全合作》 刘若楠（对外经济贸易大学）撰，载《南洋问题研究》2020年第2期。指出印太战略出台后，美国越来越多地在中美全面持续竞争的背景下衡量东南亚国家的价值，试图拉拢东南亚国家加入遏制中国的阵营。在安全合作方面，与奥巴马政府相比，特朗普政府重视与关键国家的双边安全关系，轻视地区多边主义。在双边层面，美泰安全合作在泰国大选前后逐步恢复。美菲安全关系也以反恐和南海为支点进入发展轨道，但菲方终止《访问部队协定》的决定显著增加了两国未来安全合作的不确定性。新加坡、越南、印尼和马来西亚是美国重视的伙伴国。其中，美越安全合作的突破性进展尤其值得关注。此外，以美国—东盟举行首次联合军演为代表，双方多边安全合作持续扩大。美国安全援助和军售受多方面因素的影响，呈现出总额减少与向重点国家倾斜两大趋势。最后，国内政治自主性、发展对华关系的需要和地区秩序观的差异，是美国与东南亚国家发展安全关系的主要限制性因素。

《印尼的"印太转向"：认知、构想与战略逻辑》 包广将（厦门大学）撰，载《南洋问题研究》2020年第2期。指出近年来，"印太"成为频繁使用的地缘政治概念，背后反映了印太地缘政治的变迁。地处两大洋与两大洲交汇处的印度尼西亚对这种变迁极为敏感，不仅对国家发展方向进行"印太转向"的战略调整，而且在区域层面提出"印太合作构想"并推动东盟通过了《东盟印太展望》。印尼对"印太"的反应如此积极，与其"印太"认知密不可分。文章在梳理印尼"印太转向"进程的基础上，从新古典现实主义视角重点分析印尼对"印太"的威胁认知和利益认知。文章认为，印尼决策层通过国内因素这一干预变量对其面临的区域性国际体系压力的认知是其"印太转向"战略逻辑的基础。印尼推进印太战略转向并实现其印太构想仍面临来自国际体系和国内层面的诸多制约，其对中国印尼关系及印太区域关系的影响值得关注。

《马来西亚对美国印太战略的应对策略:以维护东盟中心性为核心》 苏莹莹(北京外国语大学)撰,载《南洋问题研究》2020年第2期。指出特朗普政府的"印太战略"至2018年逐渐走实。地处印度洋和太平洋连接点的东南亚是实现"印太战略"的关键地区,作为"一带一路"沿线的东盟成员及南海声索国之一,马来西亚更是美国关注和拉拢的对象。美国"印太战略"提出至今,马来西亚正处于从国民阵线到希望联盟再到国民联盟的前后3届政府的政坛变局当中。这期间,马哈蒂尔领导下的希盟政府立足于《东盟印太展望》,实施以维护东盟中心性为核心的应对策略,同时加强与日、韩等中等大国的合作以对冲中美博弈,并通过《新马来西亚外交框架》和《国防白皮书》的正式发布,谨慎应对"印太战略",体现了马来西亚保持自身在大国竞争中的独立性的外交传统。

《泰国对印太战略的认知与反应:"中等国家"的地缘引力平衡策略》 周方治(中国社会科学院亚太与全球战略研究院)撰,载《南洋问题研究》2020年第2期。指出近年来,针对美日印澳等国推动印太战略引发的地缘政治压力,泰国形成"中等国家"及对印太战略"必要但非关键的次区域支点"的自我定位。泰国认为,印太战略的根源在于地区秩序重塑,将会增加地区安全风险,但也会为跨区域联通与发展提供动力,并将推进国际规则的制度化建构。于是,泰国采取了"以中美为主轴,保持地缘平衡;以日印为两翼,分散大国引力;以东盟为根基,提升抗风险能力"的积极地缘策略,试图通过保持地缘引力结构的动态平衡,从而趋利避害,甚至化危为机。对此,中国有必要重视泰国的次区域支点作用,防范政治风险,补齐安全短板,巩固经济优势,拓展文化纽带,稳步推进中泰战略合作的可持续发展。

《越南对美国印太战略的认知与应对:以"融入国际"战略为中心》 宋晓森(厦门大学)、于向东(郑州大学)撰,载《南洋问题研究》2020年第2期。指出美国推出印太战略以来,越南在认知、战略调适和外交实践3个层面上作出反应。自越共十二大以来,越南党和国家进一步强调"融入国际"战略,以深度参与国际政治经济的方式,探索自主的对外开放道路。与此同时,越南对"融入国际"战略不断进行调适,在多边自由贸易和多边外交的基础上,强调政治、经济和文化外交三支柱,以更加开放、包容和自信的姿态走向国际舞台,与美国"印太战略"在战略互需基础上初步对接。近几年来,美国印太战略与越南"融入国际"战略在互动中推进美越双边合作升温,推动越南与美日印澳互动频繁和关系升级。但越南"融入国际"战略的全面性和内在平衡性,尤其越南长远和根本国家利益、东盟中心性、中国因素以及越美诸多分歧,决定了越南对接美国印太战略的力度和限度。

《"一带一路"倡议下中国对东盟直接投资贸易效应与潜力分析》 林海华(内蒙古广播电视大学)、林海英、张丽艳、鑫颖(内蒙古财经大学)、包家辰(山东大学)撰,载《商业经济研究》2020年第12期。指出"一带一路"倡议是新时代全球化的共同构想,东盟作为"一带一路"沿线国家,连续12年成为中国第三大贸易合作伙伴,中国对东盟直接投资的贸易效应如何,是持续推进中国—东盟经贸高质量融合发展的关键。基于2009—2018年中国对东盟及各国的直接投资和贸易往来数据,借助引力模型,构建中国对东盟直接投资的进口和出口贸易效应回归模型,研究中国对东盟直接投资的贸易效应和贸易潜力。研究结果显示:中国对东盟的直接投资对贸易具有显著的创造性互补效应,双方的国内生产总值和年末人口数对贸易也具有显著影响。中国对东盟各成员国间的直接投资以及各成员国进出口贸易间的直接投资均存在不均衡现象,文莱、缅甸、老挝等小成员国贸易潜力值较小,越南是所有成员国中贸易潜力类型跨度最大的国家。为此提出推进中国对东盟贸易发展"提质升级"的政策启示,以期为中国与东盟的经贸融合式发展提供理论指导,为"一带一路"沿线国家未来投资方向提供经验借鉴。

《中国与东盟跨境电商贸易提质增效研究》 谢敏、熊国祥(河北东方学院)撰,载《商业经济研究》2020年第12期。指出中国与东盟各国存在天然的区位贸易优势,但因为各种因素的制约,中国与东盟各国之间的贸易水平和贸易量发展极不均衡,随着信息技术的发展和电商的普及,区域一体化的趋势也得到明显加强。在传统外贸萎缩的情况下,跨境电商开辟一条全新的贸易通路,充分发挥各国的资源优势,达到资源整合的目的。文章拟从中国与东盟各国跨境电商贸易现状入手,比较分析影响跨境电商提质增效的因素。通过多元线性回归模型,验证网络的普及度和交通设施的完善程度对跨境电商有正向的推动作用,而两国之间的地理距离对贸易呈负相关效应,跨境电商的发展形成聚集效应,减弱距离的影响,从而促进两国之间的贸易增长。(马静,广西社会科学院)

重要研究成果题录

东盟国家形势回顾与展望

"东南亚地区形势2019—2020年回顾与展望——专家访谈录",东南亚纵横编辑部撰,载《东南亚纵横》2020年第1期。

"东盟:2019年回顾与2020年展望",罗圣荣、马晚晨撰,载《东南亚纵横》2020年第1期。

"2019—2020年东盟经济形势:回顾与展望",王勤撰,载《东南亚纵横》2020年第2期。

"柬埔寨:2019年回顾与2020年展望",梁薇撰,载《东南亚纵横》2020年第1期。

"印度尼西亚:2019年回顾与2020年展望",杨晓强、黎华撰,载《东南亚纵横》2020年第1期。

"老挝:2019年回顾与2020年展望",卫彦雄撰,载《东南亚纵横》2020年第1期。

"缅甸:2019年回顾与2020年展望",张泽亮、代珊瑞、祝湘辉撰,载《东南亚纵横》2020年第1期。

"菲律宾:2019年回顾与2020年展望",马宇晨、吴杰伟撰,载《东南亚纵横》2020年第1期。

"新加坡:2019年回顾与2020年展望",张磊撰,载《东南亚纵横》2020年第1期。

"文莱:2019年回顾与2020年展望",潘艳勤、云昌耀，载《东南亚纵横》2020 年第 2 期。

“泰国：2019 年回顾与 2020 年展望”，唐卉、陈红升撰，载《东南亚纵横》2020 年第 2 期。

“越南：2019 年回顾与 2020 年展望”，聂慧慧撰，载《东南亚纵横》2020 年第 2 期。

东盟国家政治

“泰国政治权力结构比较研究”，张锡镇撰，载《东南亚纵横》2020 年第 6 期。

“合法性、改革与争议：印度尼西亚佐科时期的政治经济发展之困”，潘玥撰，载《东南亚纵横》2020 年第 6 期。

“印度尼西亚海洋管理与执法问题初探”，白俊丰撰，载《东南亚纵横》2020 年第 6 期。

“从美国立场看菲律宾南沙诉求的不合理性”，栗广撰，载《东南亚纵横》2020 年第 6 期。

“东盟对中美博弈的认知及其在区域合作中的角色”，曹云华撰，载《当代世界》2020 年第 12 期。

“地区间互动视角下的南太平洋地区与东南亚”，沈予加、陈晓晨撰，载《东南亚研究》2020 年第 6 期。

“特朗普政府东南亚政策的调整”，武香君、方长平撰，载《国际论坛》2020 年第 2 期。

“规范争论与东盟对‘保护的责任’的不同应对”，宋婉贞撰，载《东南亚研究》2020 年第 6 期。

“新冠疫情与东南亚经济的 U 形复苏：一种国际政治经济学的分析”，钟飞腾撰，载《东南亚研究》2020 年第 5 期。

“新媒体与马来西亚净选盟运动”，范若兰、饶丹扬撰，载《东南亚研究》2020 年第 5 期。

“论分离主义冲突的持续路径差异——基于印尼、泰国和菲律宾的比较研究”，宋菁菁撰，载《东南亚研究》2020 年第 5 期。

“从‘抗争’到‘党争’：后军治时代缅甸乡村的日常政治转型”，钟小鑫，载《东南亚研究》2020 年第 4 期。

“东盟海洋合作的‘安全化’与‘去安全化’”，贺嘉洁撰，载《东南亚研究》2020 年第 4 期。

“东盟安全共同体建构：外部推力与内在进程”，潘启亮、蒋琛娴撰，载《东南亚研究》2020 年第 3 期。

“柬埔寨政党政治演进与洪森政权长期执政”，顾佳赟撰，载《东南亚研究》2020 年第 3 期。

“后军人时代缅甸的‘双头政治’及其外交影响”，张添撰，载《东南亚研究》2020 年第 1 期。

“美国对缅甸战略传播行动的演进与特点”，汤伟、施磊撰，载《南亚东南亚研究》2020 年第 6 期。

“马来亚共产党在新加坡的地下活动”，王元撰，载《南亚东南亚研究》2020 年第 3 期。

“越南 2018 年《竞争法》对反垄断规制部分的修改”，阮莉云、覃福晓撰，载《南亚东南亚研究》载 2020 年第 2 期。

“印度尼西亚‘沉船’政策分析”，白俊丰撰，载《南亚东南亚研究》2020 年第 1 期。

“泰国军队与政治的关系及其发展趋势分析”，宋清润撰，载《东南亚研究》2020 年第 5 期。

“北极问题与东南亚地区：联系、影响及趋势”，李振福撰，载《东南亚纵横》2020 年第 6 期。

“缅甸和平进程视域下的‘佤邦地方民族主义’初探”，谢静撰，载《东南亚纵横》2020 年第 3 期。

“欧盟与东盟当前制度化发展差异的原因分析：基于交易成本视角”，韩彩珍、肖一芳撰，载《东南亚纵横》2020 年第 2 期。

“印度尼西亚亚齐问题与俄罗斯车臣问题当代演进过程中的相似性研究”，赵雪峰撰，载《东南亚纵横》2020 年第 2 期。

“越南民主政治建设中的社会组织角色分析”，郭权锋撰，载《东南亚纵横》2020 年第 1 期。

“东南亚经济发展的地缘政治影响”，曹云华、孙锦撰，载《东南亚纵横》2020 年第 1 期。

“政治多元化与利益整合：基于印尼疫情防控政策的分析”，孙云霄撰，载《南洋问题研究》2020 年第 4 期。

“冷战后印尼迈向中等强国的路径选择——以海上反恐为视角”，周修玉撰，载《海南热带海洋学院学报》2020 年第 6 期。

“东盟国家应对气候变化政策机制分析及合作建议”，奚旺、袁钰撰，载《环境保护》2020 年第 5 期。

“缅甸 2020 年大选：一党独大还是联合执政?”，赵瑾撰，载《印度洋经济体研究》2020 年第 5 期。

“理想与现实：泰国的亚洲地区主义”，张荣美、马银福撰，载《印度洋经济体研究》2020 年第 4 期。

“印度尼西亚伊斯兰女性的政治参与——以印尼两大伊斯兰妇女组织为例”，潘玥、李福玉撰，载《南亚东南亚研究》2020 年第 5 期。

东盟国家外交

“新加坡水务外交及其对中国水务外交的启示”，王琛撰，载《东南亚纵横》2020 年第 5 期。

“冷战后德国对东南亚地区的公共外交探析”，唐小松、周歆可撰，载《东南亚研究》2020 年第 2 期。

“印度尼西亚实用主义外交与中国—印度尼西亚关系 70 年”，韦红撰，载《东南亚纵横》2020 年第 5 期。

“70 年来印度尼西亚对华认知的复杂演变”，潘玥撰，载《东南亚纵横》2020 年第 3 期。

“‘印太’视阈下印度尼西亚外交内在逻辑探析——基于‘中等强国’行为模式的视角”，毕世鸿、屈婕撰，载《印度洋经济体研究》2020 年第 6 期。

“新加坡国防战略与防务外交”，周士新撰，载《印度洋经济体研究》2020 年第 2 期。

“缅甸民主转型期的日缅经济关系”，刘金卫撰，载《国际研究参考》2020 年第 7 期。

“印度—印度尼西亚海洋安全合作：新特征、逻辑动因与未来动向”，李次园撰，载《太平阳学报》2020 年第 8 期。

东盟国家经济

“泰国政府扶贫减贫战略解析”，李仁良撰，载《东南亚纵横》2020 年第 6 期。

“对外开放抑或保护主义：印尼经济民族主义适度性思考”，邢瑞利撰，载《东南亚研究》2020 年第 6 期。

“马来西亚海洋经济发展：国家策略与制度建构”，邹新梅撰，载《东南亚研究》2020 年第 3 期。

“全球价值链调整下的东盟制造业发展”，张彦撰，载《东南亚研究》2020 年第 3 期。

“越南与欧盟缔结自贸协议的考量和影响”，杨耀源、翟崑撰，载《东南亚研究》2020 年第 1 期。

“泰国的监管沙盒：框架、机制、评估与启示”，尹振涛、卜一凡撰，载《南亚东南亚研究》2020 年第 3 期。

“东盟十国证券市场共性和异质性研究”，申韬、张一弛撰，载《东南亚纵横》2020 年第 5 期。

“印度尼西亚油气工业状况与投资环境分析”，卫培撰，载《国际石油经济》2020 年第 10 期。

东盟国家社会

“泰国王室对泰国社会发展和扶贫事业的贡献”，曾安安撰，载《东南亚纵横》2020 年第 6 期。

“‘后伊斯兰国’时代东南亚的恐怖主义与反恐合作”，靳晓哲撰，载《东南亚研究》2020 年第 2 期。

“国家能动性与公共卫生治理规范的本土化——以泰国参与东南亚公共卫生治理为例”，张蕾撰，载《东南亚研究》2020 年第 2 期。

“老挝革新开放以来社会主义建设的成就与经验”，海贤、罗琴撰，载《东南亚纵横》2020 年第 3 期。

“东盟智慧城市建设的实践与探索”，陈祝康撰，载《国际研究参考》2020 年第 10 期。

“印度尼西亚社会工作教育的发展与挑战”，吴迪、吴世友、邵俊彬、何一明撰，载《社会与公益》2020 年第 12 期。

“民族主义政权与伊斯兰政党的盛衰：以印度尼西亚为例”，陈琪、夏方波撰，载《当代世界与社会主义》2020 年第 5 期。

“印尼地方自治制度与族群政治：基于印尼乡村普查数据的实证研究”，夏方波撰，载《南洋问题研究》2020 年第 3 期。

“缅北难民救助现状及问题研究”，周灿、苏晓波撰，载《学术探索》2020 年第 9 期。

“缅人的族群文野观及其政治影响——以一个缅甸村落中的仪式生活为中心”，钟小鑫、蔡芳乐撰，载《世界民族》2020 年第 5 期。

“泰国对缅甸移民劳工社区治理机制的分析”，祝湘辉撰，载《世界民族》2020 年第 4 期。

东盟国家文化、教育

“民族主义与现代化的变奏：菲律宾国语形成中的民族身份建构”，许瀚艺撰，载《东南亚研究》2020 年第 6 期。

“当代越南文化身份建构探析”，徐方宇撰，载《东南亚研究》2020 年第 5 期。

“‘曼陀罗思想’对印尼外交政策的影响：战略文化的视角”，王琛撰，载《东南亚研究》2020 年第 1 期。

“同化主义与多元文化主义：印度尼西亚文化政策的演变”，张燕撰，载《南亚东南亚研究》2020 年第 3 期。

“古代越南以儒学为主体的社会主流意识形态的构建”，张潇潇撰，载《南亚东南亚研究》2020 年第 3 期。

“基督新教在英属马来亚的传播及特点”，范若兰撰，载《东南亚纵横》2020 年第 4 期。

“老挝铜鼓文化调查与研究”，卫彦雄、李富强、欧江玲撰，载《东南亚纵横》2020 年第 4 期。

“城乡二元文化的对抗与交融：历史视野下的泰国‘田园民谣’”，金勇撰，载《东南亚纵横》2020 年第 3 期。

“‘一带一路’建设和构建人类命运共同体视域下泰国的汉语国际教育发展策略”，鲁芳、赵惠霞撰，载《东南亚纵横》2020 年第 3 期。

“越南李陈两朝帝王文学的儒释道特征”，刘亚琼、梁茂华撰，载《东南亚纵横》2020 年第 3 期。

“印度尼西亚华文媒体的‘一带一路’报道研究——以《国际日报》为例”，刘晋、蔡昌卓，载《传媒》2020 年第 22 期。

“印度尼西亚职业教育系统的治理结构与实践样态”，刘亚西撰，载《职业技术教育》2020 年第 27 期。

“现代印度尼西亚铜鼓文化礼俗与功能”，李富强、卫彦雄、吕洁、唐根基撰，载《广西民族研究》2020 年第 4 期。

“‘流动性’视角下缅甸城市街道美学探究——以《旭日冉冉》为例”，罗燕撰，载《学术探索》2020 年第 11 期。

东盟国家历史

“美国对印度尼西亚反共隐蔽行动研究（1958—1968）”，张猷撰，载《东南亚研究》2020 年第 3 期。

“越南后黎朝史臣吴士连史学思想探析”，叶少飞撰，载《南亚东南亚研究》2020 年第 4 期。

“印尼独立战争时期的‘外交’手段（1945—1949 年）”，赵长峰撰，载《云梦学刊》2020 年第 6 期。

东南亚华人华侨

“东南亚华人政治参与的现状、特点与趋势”，曹云华、冯悦撰，载《东南亚研究》2020 年第 6 期。

“神起域外：琼越兄弟公信仰缘起新探”，平兆龙、王元林撰，载《东南亚研究》2020 年第 6 期。

“从‘再中国化’到‘再华化’——百年间东南亚华人的身份重构及其对华文教育的影响”，韩晓明撰，载《东南亚研究》2020 年第 3 期。

“土地神的‘二元结构’及其再创作——印尼棉兰

华人地主公和拿督公信仰的比较分析”，周开媛撰，载《华侨华人历史研究》2020 年第 4 期。

“印尼归侨身份‘边界’流变初探”，徐敏撰，载《华侨华人历史研究》2020 年第 2 期。

“‘少子化’与‘老龄化’：马来西亚华人人口发展特点与趋势预测”，邵岑、洪姗姗撰，载《华侨华人历史研究》2020 年第 2 期。

“菲律宾华商网络中‘头家制度’的经济学探析(1834—1942)”，龚宁、邢菁华、龙登高撰，载《华侨华人历史研究》2020 年第 1 期。

“晚清时期南洋地区中华商会的角色定位及其实践”，张亚光、沈博撰，载《华侨华人历史研究》2020 年第 1 期。

“印度尼西亚邦加岛华人文化认同的历史与现状探析”，张小倩撰，载《世界民族》2020 年第 2 期。

“缅甸华人的水神崇拜”，杜温撰，载《八桂侨刊》2020 年第 4 期。

“代际传递视阈下马来西亚华商群体的多元文化认同”，朱锦程撰，载《八桂侨刊》2020 年第 4 期。

中国与东盟关系

“后疫情时代中国与东盟合作的前景与挑战”，卢光盛、王子奇撰，载《当代世界》2020 年第 8 期。

“泰国政治分歧及对中泰关系影响”，周方冶撰，载《当代世界》2020 年第 7 期。

“中缅命运共同体及其示范意义”，张颖撰，载《当代世界》2020 年第 5 期。

“中央—地方关系视角下中国印尼经贸合作的风险因素分析”，梁孙逸、李源正撰，载《国际论坛》2020 年第 3 期。

“中菲南海争议区域共同开发：曲折过程与基本难题”，余文全撰，载《国际论坛》2020 年第 2 期。

“人文交流对越南青年对华认知的作用与影响——基于越南大学生对中国好感度问卷调查的分析”，刘稚、王煜景撰，载《东南亚研究》2020 年第 5 期。

“万安滩事件与越南的南海策略走向”，王道征、曹亚雄撰，载《东南亚研究》2020 年第 4 期。

“中国对马来西亚投资的政治经济学分析”，赵洪、王昭晖撰，载《东南亚研究》2020 年第 4 期。

“希望联盟执政时期的马中关系”，潘永强撰，载《东南亚研究》2020 年第 4 期。

“治国理政经验交流与新加坡对华关系发展——以中新领导力论坛为例”，陈世凤撰，载《东南亚研究》2020 年第 2 期。

“新形势下的中国—东盟关系及其发展”，杨保筠撰，载《东南亚纵横》2020 年第 5 期。

“中国与东南亚的互动：长时段的历史考察”，吴少安撰，载《东南亚纵横》2020 年第 4 期。

“藩篱、隐忍与团结：中缅边境缅甸劳工生存机制研究”，周鑫撰，载《东南亚纵横》2020 年第 3 期。

“中国与印尼全面战略伙伴关系”，骆永昆撰，载《国际研究参考》2020 年第 9 期。

“安全化与跨国劳工问题——以印尼的中国劳工问题为例”，潘玥撰，载《南洋问题研究》2020 年第 4 期。

“‘一带一路’视阈下的中泰关系回顾”，李春迎撰，载《国际公关》2020 年第 10 期。

中国与东盟经济合作

“‘一带一路’倡议下中国—东盟科技合作对策研究”，廖文龙、翁鸣、陈晓毅撰，载《广西社会科学》2020 年第 9 期。

“中国对东盟出口贸易动态波动影响因素研究——基于产能合作重点行业数据”，申韬、曹梦真撰，载《广西社会科学》2020 年第 1 期。

“交流互鉴：促进中国与泰国在扶贫减贫领域中的合作——对中国广西和泰国沙缴府边境地区案例的观察与思考”，杨保筠、潘艳贤撰，载《东南亚纵横》2020 年第 6 期。

“‘一带一路’背景下中国与东盟货币合作的可行性研究”，李俊久、蔡琬琳撰，载《亚太经济》2020 年第 4 期。

“中国经略周边的机制化路径探析——以中缅经济走廊为例”，高程、王震撰，载《东南亚研究》2020 年第 1 期。

“中国与柬埔寨农业合作的现状与问题”，张党琼撰，载《南亚东南亚研究》2020 年第 3 期。

“中国印尼货物贸易互补性分析”，袁群华、李楠撰，载《南亚东南亚研究》2020 年第 1 期。

“中国中央企业印度尼西亚投资风险管控：基于印度尼西亚巨港轻轨与沙特阿拉伯麦加轻轨的双案例比较研究”，李晗、贺淑娟、朱金琪撰，载《东南亚纵横》2020 年第 3 期。

“中国与印尼煤炭贸易市场风险的识别与化解研究”，刘志雄、刘馨彤撰，载《煤炭经济研究》2020 年第 12 期。

“‘一带一路’建设背景下重庆与东盟国家贸易格局演变和影响因素分析”，杜瑜、宗会明撰，载《世界地理研究》2020 年第 4 期。

“中国与东盟友好港口建设探析”，陈祝康撰，载《国际研究参考》2020 年第 2 期。

“近代云南与缅甸蚕桑业的互补研究”，苏月秋(上海海事大学海洋文化研究所)撰，载《学术探索》2020 年第 5 期。

“中国与东盟水产品资源贸易价格波动——以冻鲭鱼出口价格为例”，张瑛、杜文婷撰，载《自然资源学报》2020 年第 9 期。

中国与东盟政治、外交合作

“中新合作中城市次国家行为体的地位与作用——以中新广州‘知识城’为例”，黄海涛撰，载《东南亚研究》2020 年第 3 期。

“试论如何在对外合作中‘讲好中国故事’——以中老铁路建设为例”，杨梦平撰，载《东南亚纵横》2020年第5期。

“印太秩序背景下中国—东盟战略伙伴关系的再发展”，翟崑、王丽娜撰，载《东南亚纵横》2020年第4期。

“站在历史的新起点上：新时代中国对东南亚外交的机遇与挑战”，赵卫华撰，载《东南亚纵横》2020年第4期。

“非传统安全视域下在华印度尼西亚女佣及其治理”，潘玥、罗津撰，载《东南亚纵横》2020年第2期。

“跨境铁路通道建设对冲突性地缘政治观的超越——以中国—东盟铁路通道建设为例”，魏天一撰，载《东南亚纵横》2020年第2期。

“云南参与推动中缅经济走廊民心相通的路径研究”，孙喜勤撰，载《学术探索》2020年第9期。

中国与东盟文化、教育交流合作

“晚清政府的南洋‘劝学’与华侨兴学——槟榔屿、马来联邦、荷属东印度和新加坡的案例阐析”，高伟浓撰，载《东南亚纵横》2020年第5期。

“中柬教育合作的现状与挑战”，周月、罗安迪撰，载《南亚东南亚研究》2020年第4期。

“越南李朝兵制与唐宋兵制关系探析”，陈竹、李娜撰，载《南亚东南亚研究》2020年第2期。

“中、印、尼佛教文化交流的特点及影响——来自三国学者的观点”，李涛、项晓莹、罗魁撰，载《南亚东南亚研究》2020年第2期。

“新形势下深化中国与缅甸文化交流的思考”，马明、杨儒艳撰，载《东南亚纵横》2020年第6期。

“‘一带一路’建设背景下提升跨国合拍纪录片国际传播有效性的路径探索——以中越合拍纪录片《南溪河畔》为例”，丁裕森、庄严撰，载《东南亚纵横》2020年第4期。

“现实利益与身份认同：缅甸对南海争端的态度和反应”，邵建平、马晓东撰，载《印度洋经济体研究》2020年第2期。

“‘梁祝’传说在印尼的传播及本土化”，匡秋爽撰，载《中国文学研究》2020年第1期。

“马来西亚华文教育简况及其发展趋势”，王瑞萍、郭怡撰，载《世界民族》2020年第4期。

“中西文化交汇与新加坡儒教复兴运动的兴起”，张晨怡撰，载《世界民族》2020年第2期。

“中国—东盟高等教育合作政策的创新扩散——基于45份政策文本的量化分析”，李飞、雷幸娟、吴舢妤撰，载《教育文化论坛》2020年第6期。

“中国—东盟职业教育合作：实践样态与优化策略”，王琪、张菊霞撰，载《职业技术教育》2020年第27期。

中国与东盟区域、次区域合作

“从‘普遍竞争’到‘第三方市场合作’：中日湄公河次区域合作新动向”，赵天鹏撰，载《国际论坛》2020年第1期。

“中国与东南亚的公共卫生治理合作——以新冠疫情治理为例”，张洁撰，载《东南亚研究》2020年第5期。

“澜沧江—湄公河合作机制下的澜沧江—湄公河次区域毒品治理问题探析”，罗圣荣、兰丽撰，载《东南亚纵横》2020年第3期。

“澜沧江—湄公河国家医疗健康防疫合作的背景、现状及挑战”，马燕坤、段学品撰，载《东南亚纵横》2020年第3期。

“中国—东盟环境合作新方向：共同解决海洋塑料垃圾”，梁莎莎、陈英豪、施川撰，载《环境与可持续发展》2020年第5期。

中国与东盟国家比较研究

“缅甸与中国及东盟其他国家玉米产品标准比对研究”，唐继微、韦艳菊、谢坤峻、冯怀宇撰，载《标准科学》2020年第11期。

“中国与越南普通胶合板标准比对研究”，马庭瑞、覃鹭涓、李文妍、冯怀宇撰，载《标准科学》2020年第12期。

“中国与泰国、越南、印度尼西亚生丝产品标准比对研究”，罗超雁、黄琨、蔡旭平、欧燕芳撰，载《标准科学》2020年第8期。

“中国与印度尼西亚纺织服装业现状的比较分析”，郭文璇、罗文旭撰，载《中国市场》2020年第6期。

“中国内地、中国香港和新加坡建筑工程质量评价体系比较研究”，李德智、丁佳义、徐萍撰，载《建筑经济》2020年第4期。

“中新股东诉讼制度比较研究”，虞李辉撰，载《法律适用》2020年第2期。

“中国与东盟国家高等教育合作比较研究”，蔡梅、宋海静、牟波撰，载《绵阳师范学院报》2020年第9期。

相关研究综述及评论

“东盟地区论坛：止步不前还是负重前行?”，赵丽撰，载《印度洋经济体研究》2020年第5期。

“中国—东盟网络安全合作治理研究综述：进展、局限与展望”，王晓璐撰，载《印度洋经济体研究》2020年第5期。

“局外人还是当事者？——从东盟防长会议及扩大会议审视东盟南海政策”，曹云华、陈子恒撰，载《印度洋经济体研究》2020年第3期。

“菲律宾国家质量基础设施法律制度介评”，黄怡播撰，载《标准科学》2020年第9期。

“印度尼西亚食品安全监管体系分析”，边红彪撰，载《标准科学》2020年第9期。

“中国在东盟农业投资的研究综述”，杨东群、安昭丽撰，载《农业经济与管理》2020年第4期。

（马静，广西社会科学院）

投资贸易指南

中国投资贸易指南

商务部海关总署公布《出口许可证管理货物目录（2020年）》

2019年第66号

依据《中华人民共和国对外贸易法》《中华人民共和国货物进出口管理条例》《消耗臭氧层物质管理条例》《货物出口许可证管理办法》等法律、行政法规和规章，现公布《出口许可证管理货物目录（2020年）》（以下简称为目录）和有关事项。

一、许可证的申领

（一）2020年实行许可证管理的出口货物为43种，详见目录。对外贸易经营者出口目录内所列货物的，应向商务部或者商务部委托的地方商务主管部门申请取得《中华人民共和国出口许可证》（以下简称出口许可证），凭出口许可证向海关办理通关验放手续。

（二）出口活牛（对港澳）、活猪（对港澳）、活鸡（对香港）、小麦、玉米、大米、小麦粉、玉米粉、大米粉、药料用麻黄草（人工种植）、煤炭、原油、成品油（不含润滑油、润滑脂、润滑油基础油）、锯材、棉花的，凭配额证明文件申领出口许可证；出口甘草及甘草制品、蔺草及蔺草制品的，凭配额招标中标证明文件申领出口许可证。

（三）以加工贸易方式出口第二款所列货物的，凭配额证明文件、货物出口合同申领出口许可证。其中，出口甘草及甘草制品、蔺草及蔺草制品的，凭配额招标中标证明文件、海关加工贸易进口报关单申领出口许可证。

（四）以边境小额贸易方式出口第二款所列货物的，由省级地方商务主管部门根据商务部下达的边境小额贸易配额和要求签发出口许可证。以边境小额贸易方式出口甘草及甘草制品、蔺草及蔺草制品、消耗臭氧层物质、摩托车（含全地形车）及其发动机和车架、汽车（包括成套散件）及其底盘等货物的，需按规定申领出口许可证。以边境小额贸易方式出口本款上述情形以外的货物的，免于申领出口许可证。

（五）出口活牛（对港澳以外市场）、活猪（对港澳以外市场）、活鸡（对香港以外市场）、牛肉、猪肉、鸡肉、天然砂（含标准砂）、矾土、磷矿石、镁砂、滑石块（粉）、萤石（氟石）、稀土、锡及锡制品、钨及钨制品、钼及钼制品、锑及锑制品、焦炭、成品油（润滑油、润滑脂、润滑油基础油）、石蜡、部分金属及制品、硫酸二钠、碳化硅、消耗臭氧层物质、柠檬酸、白银、铂金（以加工贸易方式出口）、铟及铟制品、摩托车（含全地形车）及其发动机和车架、汽车（包括成套散件）及其底盘的，需按规定申领出口许可证。其中，消耗臭氧层物质货样广告品需凭出口许可证出口；以一般贸易、加工贸易、边境贸易和捐赠贸易方式出口汽车、摩托车产品的，需按规定的条件申领出口许可证；以工程承包方式出口汽车、摩托车产品的，凭中标文件等材料申领出口许可证；以上述贸易方式出口非原产于中国的汽车、摩托车产品的，凭进口海关单据和货物出口合同申领出口许可证。

（六）以加工贸易方式出口第五款所列货物的，除另有规定以外，凭有关批准文件、海关加工贸易进口报关单和货物出口合同申领出口许可证。其中，出口润滑油、润滑脂、润滑油基础油等成品油的，需提交省级商务主管部门的转报函件；出口润滑油、润滑脂、润滑油基础油以外的成品油的，免于申领出口许可证。

（七）出口铈及铈合金（颗粒＜500微米）、钨及钨合金（颗粒＜500微米）、锆、铍的可免于申领出口许可证，但需按规定申领《中华人民共和国两用物项和技术出口许可证》。

（八）我国政府对外援助项下提供的货物免于申领出口许可证。

（九）继续暂停对一般贸易项下润滑油（海关商品编号27101991）、润滑脂（海关商品编号27101992）、润滑油基础油（海关商品编号27101993）出口的国营贸易管理。以一般贸易方式出口上述货物的，凭有效的货物出口合同申领出口许可证。以其他贸易方式出口上述货物的，按照商务部、发展改革委、海关总署公告2008年第30号的规定执行。

二、“非一批一证”制和“一批一证”制

（一）对下列货物实行“非一批一证”制管理：即小麦、玉米、大米、小麦粉、玉米粉、大米粉、活牛、活猪、活鸡、牛肉、猪肉、鸡肉、原油、成品油、煤炭、摩托车（含全地形车）及其发动机和车架、汽车（包括成套散件）及其底盘、加工贸易项下出口货物、补偿贸易项下出口货物等。出口上述货物的，可在出口许可证有效期内多次通关使用出口许可证，但通关使用次数不得超过12次。

（二）对消耗臭氧层物质出口实行“一批一证”制管理，出口许可证在有效期内一次报关使用。

三、货物通关口岸

（一）为维护货物出口经营秩序，对甘草、甘草制品和天然砂（对台港澳地区）实行指定口岸管理。其中，甘草的出口通关口岸为天津海关、上海海关、大连海关；甘草制品的出口通关口岸为天津海关、上海海关；天然砂（对台港澳地区）的出口通关口岸限定于企业所在省（自治区、直辖市）的海关。

（二）继续暂停对镁砂、稀土、锑及锑制品等出口货物的指定口岸管理。

四、出口许可机构

商务部和受商务部委托的省级地方商务主管部门及沈阳市、长春市、哈尔滨市、南京市、武汉市、广州市、成都市、西安市商务主管部门按照分工受理申请人的申请并实施出口许可,向符合条件的申请人签发出口许可证。

本公告所称省级地方商务主管部门,是指各省、自治区、直辖市、计划单列市及新疆生产建设兵团商务主管部门。

五、其他事项

(一)取消铁合金出口企业许可条件。出口铁合金凭有效的货物出口合同申领出口许可证。

(二)取消对维生素C、青霉素工业盐等出口货物实施的许可证管理措施。

(三)商务部、海关总署公告2004年第70号(关于加强轻、重烧镁出口管理的有关规定)停止执行。

六、实施时间

本公告自2020年1月1日起执行。商务部、海关总署公告2018第108号同时废止。

商务部

海关总署

2019年12月31日

附件1 出口许可证管理货物目录(2020年),详情请见http://images.mofcom.gov.cn/wms/202001/20200102232037935.pdf

2020年进出口许可证件发证机构名录

商务部公告2019年第71号

依据《中华人民共和国对外贸易法》《中华人民共和国行政许可法》《货物进口许可证管理办法》《机电产品进口管理办法》《重点旧机电产品进口管理办法》《货物出口许可证管理办法》,现公布《2020年进出口许可证件发证机构名录》和有关事项。

一、2020年属于许可证管理的进口货物为消耗臭氧层物质和重点旧机电产品,详见进口许可证管理货物目录(2020年)。商务部或者受商务部委托的省级地方商务主管部门负责对上述货物的进口实施许可,并向符合条件的申请人签发《中华人民共和国进口许可证》(以下简称为进口许可证)。

(一)重点旧机电产品进口单位申领的进口许可证和在京的属于国务院国资委管理企业申领的进口许可证,由商务部配额许可证事务局(以下简称许可证局)签发。

(二)消耗臭氧层物质进口单位申领的进口许可证,由省级地方商务主管部门签发。对消耗臭氧层物质进口实行"一批一证"制管理,即进口许可证在有效期内一次报关使用。

二、2020年属于许可证管理的出口货物为43种,详见出口许可证管理货物目录(2020年)。商务部或者受商务部委托的省级地方商务主管部门及副省级市商务主管部门负责对上述货物的出口实施许可,并向符合条件的申请人签发《中华人民共和国出口许可证》(以下简称为出口许可证)。

(一)小麦、玉米、煤炭、原油、成品油(不含一般贸易方式出口润滑油、润滑脂及润滑油基础油)、棉花等货物的出口单位申领的出口许可证和在京的属于国务院国资委管理企业申领的出口许可证,由许可证局签发。

(二)活牛、活猪、活鸡、大米、小麦粉、玉米粉、大米粉、药料用人工种植麻黄草、甘草及甘草制品、蔺草及蔺草制品、天然砂、磷矿石、镁砂、滑石块(粉)、锡及锡制品、钨及钨制品、锑及锑制品、锯材、白银、铂金(铂或白金)、铟及铟制品等货物的出口单位申领的出口许可证,由商务部驻有关地方特派员办事处签发。

(三)牛肉、猪肉、鸡肉、矾土、萤石(氟石)、稀土、钼及钼制品、焦炭、成品油(仅限一般贸易方式出口润滑油、润滑脂及润滑油基础油)、石蜡、部分金属及制品、硫酸二钠、碳化硅、消耗臭氧层物质、柠檬酸、摩托车(含全地形车)及其发动机和车架、汽车(包括成套散件)及其底盘等货物的出口单位申领的出口许可证,由省级地方商务主管部门或副省级市商务主管部门签发。其中,以一般贸易方式出口润滑油、润滑脂及润滑油基础油的,由省级地方商务主管部门凭货物出口合同签发出口许可证;以承包工程、境外投资、加工贸易、外资企业出口及边境贸易等方式出口的,仍按照商务部、发展改革委、海关总署2008年第30号公告相关规定执行。

三、为维护对外贸易秩序,对以下出口货物实行指定机构发证。出口此类货物需向指定机构申领出口许可证。

(一)以陆运方式出口活牛(对港澳)、活猪(对港澳)、活鸡(对香港)的出口单位申领的出口许可证,由商务部驻广州特派员办事处和驻深圳特派员办事处签发。

(二)药料用人工种植麻黄草出口单位申领的出口许可证,由商务部驻天津特派员办事处签发。

(三)福建省和海南省行政区域以外天然砂(对台港澳)出口单位申领的出口许可证,由商务部驻广州特派员办事处签发。标准砂出口单位申领的出口许可证和福建省行政区域内天然砂(对台湾)出口单位申领的出口许可证,由商务部驻福州特派员办事处签发。海南省行政区域内天然砂(对台港澳)出口单位申领的出口许可证,由商务部驻海南特派员办事处签发。

四、进出口许可证件的签发,应严格按照《进口许可证签发工作规范》(商配发〔2007〕360号)、《出口许可证签发工作规范》(商配发〔2008〕398号)、《货物进出口许可证电子证书申请签发使用规范(试行)》(商办配函〔2015〕494号)等有关规定执行。许可证局负责对进出口许可证件签发工作进行监督检查和指导。

五、本公告所称省级地方商务主管部门,是指各省、自治区、直辖市、计划单列市及新疆生产建设兵团商务主管部门。本公告所称副省级市商务主管部门,是指沈阳市、长春市、哈尔滨市、南京市、武汉市、广州市、成都市、西安市商务主管部门。

六、本公告自2020年1月1日起执行。商务部公告2018年第110号和第111号同时废止。

商务部

2019年12月31日

2020年进出口许可证件发证机构名录

一、《中华人民共和国进口许可证》发证机构(38个)

北京市商务局

天津市商务局

河北省商务厅

山西省商务厅

内蒙古自治区商务厅

辽宁省商务厅

吉林省商务厅

黑龙江省商务厅
上海市商务委员会
江苏省商务厅
浙江省商务厅
安徽省商务厅
福建省商务厅
江西省商务厅
山东省商务厅
河南省商务厅
湖北省商务厅
湖南省商务厅
广东省商务厅
广西壮族自治区商务厅
海南省商务厅
重庆市商务委员会
四川省商务厅
贵州省商务厅
云南省商务厅
西藏自治区商务厅
陕西省商务厅
甘肃省商务厅
青海省商务厅
宁夏回族自治区商务厅
新疆维吾尔自治区商务厅
大连市商务局
青岛市商务局
宁波市商务局
厦门市商务局
深圳市商务局
新疆生产建设兵团商务局
商务部配额许可证事务局
二、《中华人民共和国出口许可证》发证机构(62 个)
北京市商务局
天津市商务局
河北省商务厅
山西省商务厅
内蒙古自治区商务厅
辽宁省商务厅
吉林省商务厅
黑龙江省商务厅
上海市商务委员会
江苏省商务厅
浙江省商务厅
安徽省商务厅
福建省商务厅
江西省商务厅
山东省商务厅
河南省商务厅
湖北省商务厅
湖南省商务厅
广东省商务厅
广西壮族自治区商务厅
海南省商务厅
重庆市商务委员会
四川省商务厅
贵州省商务厅
云南省商务厅
西藏自治区商务厅
陕西省商务厅
甘肃省商务厅
青海省商务厅
宁夏回族自治区商务厅
新疆维吾尔自治区商务厅
大连市商务局
青岛市商务局
宁波市商务局
厦门市商务局
深圳市商务局
新疆生产建设兵团商务局
沈阳市商务局
长春市商务局
哈尔滨市商务局
南京市商务局
武汉市商务局
广州市商务局
成都市商务局
西安市商务局
商务部驻大连特派员办事处
商务部驻天津特派员办事处
商务部驻上海特派员办事处
商务部驻广州特派员办事处
商务部驻深圳特派员办事处
商务部驻海南特派员办事处
商务部驻南宁特派员办事处
商务部驻南京特派员办事处
商务部驻武汉特派员办事处
商务部驻青岛特派员办事处
商务部驻郑州特派员办事处
商务部驻福州特派员办事处
商务部驻西安特派员办事处
商务部驻成都特派员办事处
商务部驻杭州特派员办事处
商务部驻昆明特派员办事处
商务部配额许可证事务局

关于修改《外商投资企业设立及变更备案管理暂行办法》的决定

(商务部令 2018 年第 6 号)

《关于修改〈外商投资企业设立及变更备案管理暂行办法〉的决定》已经商务部第 4 次部务会议审议通过,现予公布,自 2018 年 6 月 30 日起施行。

中国商务部部长　钟山
2018 年 6 月 29 日

关于修改《外商投资企业设立及变更备案管理暂行办法》的决定

为贯彻落实党中央、国务院决策部署,在全国推开外资企业设立商务备案与工商登记"一套表格、一口办理",优化外商投资企业设立备案程序，进一步提升外商投资便利化水平，商务部决定，对《外商投资企业设立及变更备案管理暂行办法》（商务部令 2017 年第 2 号）作如下修改：

一、将第五条第一款、第二款修改为：设立外商投资企业，属于本办法规定的备案范围的，全体投资者（或外商投资股份有限公司董事会）指定的代表或共同委托的代理人在向工商和市场监督管理部门办理设立登记时，应一并在线报送外商投资企业设立备案信息。

由于并购、吸收合并等方式，非外商投资企业转变为外商投资企业，属于本办法规定的备案范围的，在向工商和市场监督管理部门办理变更登记时，应一并在线报送外商投资企业设立备案信息。

增加一款，作为第五条第三款："备案机构自取得工商和市场监督管理部门推送的备案信息时，开始办理备案手续，并应同时告知投资者。"

二、删除第七条第一款、第三款，删除第二款中的"登记前或"。

三、删除第八条第一款中的"通过综合管理系统"，并将该款第（三）项中的"或全体发起人"修改为"或外商投资股份有限公司董事会"。

四、删除第九条。

五、将第十二条第一款中的"外商投资企业或其投资者在线提交《设立申报表》或《变更申报表》及相关文件后，备案机构对填报信息形式上的完整性和准确性进行核对"修改为"备案机构取得外商投资企业设立或变更备案信息后，对填报信息形式上的完整性和准确性进行核对"；将第二款最后一句修改为"外商投资企业或其投资者应于 5 个工作日内就同一设立或变更事项向备案机构另行申请补充备案信息。"

六、删除第十三条中的"外商投资企业名称预核准材料（复印件）或"。

此外，对相关条款的顺序和附件相关内容作相应调整。

外商投资企业设立及变更备案管理暂行办法

第一章　总则

第一条　为进一步扩大对外开放，推进外商投资管理体制改革，完善法治化、国际化、便利化的营商环境，根据《中华人民共和国中外合资经营企业法》、《中华人民共和国中外合作经营企业法》、《中华人民共和国外资企业法》、《中华人民共和国公司法》及相关法律、行政法规及国务院决定，制定本办法。

第二条　外商投资企业的设立及变更，不涉及国家规定实施准入特别管理措施的，适用本办法。

第三条　国务院商务主管部门负责统筹和指导全国范围内外商投资企业设立及变更的备案管理工作。

各省、自治区、直辖市、计划单列市、新疆生产建设兵团、副省级城市的商务主管部门，以及自由贸易试验区、国家级经济技术开发区的相关机构是外商投资企业设立及变更的备案机构，负责本区域内外商投资企业设立及变更的备案管理工作。

备案机构通过外商投资综合管理信息系统（以下简称综合管理系统）开展备案工作。

第四条　外商投资企业或其投资者应当依照本办法真实、准确、完整地提供备案信息，填写备案申报承诺书，不得有虚假记载、误导性陈述或重大遗漏。外商投资企业或其投资者应妥善保存与已提交备案信息相关的证明材料。

第二章　备案程序

第五条　设立外商投资企业，属于本办法规定的备案范围的，全体投资者（或外商投资股份有限公司董事会）指定的代表或共同委托的代理人在向工商和市场监督管理部门办理设立登记时，应一并在线报送外商投资企业设立备案信息。

由于并购、吸收合并等方式，非外商投资企业转变为外商投资企业，属于本办法规定的备案范围的，在向工商和市场监督管理部门办理变更登记时，应一并在线报送外商投资企业设立备案信息。

备案机构自取得工商和市场监督管理部门推送的备案信息时，开始办理备案手续，并应同时告知投资者。

第六条　属于本办法规定的备案范围的外商投资企业，发生以下变更事项的，应由外商投资企业指定的代表或委托的代理人在变更事项发生后 30 日内通过综合管理系统在线填报和提交《外商投资企业变更备案申报表》（以下简称《变更申报表》）及相关文件，办理变更备案手续：

（一）外商投资企业基本信息变更，包括名称、注册地址、企业类型、经营期限、投资行业、业务类型、经营范围、是否属于国家规定的进口设备减免税范围、注册资本、投资总额、组织机构构成、法定代表人、外商投资企业最终实际控制人信息、联系人及联系方式变更；

（二）外商投资企业投资者基本信息变更，包括姓名（名称）、国籍/地区或地址（注册地或注册地址）、证照类型及号码、认缴出资额、出资方式、出资期限、资金来源地、投资者类型变更；

（三）并购设立外商投资企业交易基本信息变更；

（四）股权（股份）、合作权益变更；

（五）合并、分立、终止；

（六）外资企业财产权益对外抵押转让；

（七）中外合作企业外国合作者先行回收投资；

（八）中外合作企业委托经营管理。

其中，合并、分立、减资等事项依照相关法律法规规定应当公告的，应当在办理变更备案时说明依法办理公告手续情况。

前述变更事项涉及最高权力机构作出决议的，以外商投资企业最高权力机构作出决议的时间为变更事项的发生时间；法律法规对外商投资企业变更事项的生效条件另有要求的，以满足相应要求的时间为变更事项的发生时间。

外商投资的上市公司及在全国中小企业股份转让系统挂牌的公司，可仅在外国投资者持股比例变化累计超过 5% 以及控股或相对控股地位发生变化时，就投资者基本信息或股份变更事项办理备案手续。

第七条　外商投资的上市公司引入新的外国投资者战略投资，属于备案范围的，应于证券登记结算机构证券登记后 30 日内办理变更备案手续，填报《变更申报表》。

第八条　外商投资企业或其投资者办理外商投资企业设立或变更备案手续，需上传提交以下文件：

（一）外商投资企业名称预先核准材料或外商投资企业营业执照；

（二）外商投资企业全体投资者（或全体发起人）或其授权代表签署的《外商投资企业设立备案申报承诺书》，或外商投资企业法定代表人或其授权代表签署的《外商投资企业变更备案申报承诺书》；

（三）全体投资者（或外商投资股份有限公司董事会）或外商投资企业指定代表或者共同委托代理人的证明，包括授权委托书及被委托人的身份证明；

（四）外商投资企业投资者或法定代表人委托他人签署相关文件的证明，包括授权委托书及被委托人的身份证明（未委托他人签署相关文件的，无须提供）；

（五）投资者主体资格证明或自然人身份证明（变更事项不涉及投资者基本信息变更的，无需提供）；

（六）法定代表人自然人身份证明（变更事项不涉及法定代表人变更的，无须提供）；

（七）外商投资企业最终实际控制人股权架构图（变更事项不涉及外商投资企业最终实际控制人变更的，无需提供）；

（八）涉及外国投资者以符合规定的境外公司股权作为支付手段的，需提供获得境外公司股权的境内企业《企业境外投资证书》。

前述文件原件为外文的，应同时上传提交中文翻译件，外商投资企业或其投资者应确保中文翻译件内容与外文原件内容保持一致。

第九条　经审批设立的外商投资企业发生变更，且变更后的外商投资企业不涉及国家规定实施准入特别管理措施的，应办理备案手续；完成备案的，其《外商投资企业批准证书》同时失效。

第十条　备案管理的外商投资企业发生的变更事项涉及国家规定实施准入特别管理措施的，应按照外商投资相关法律法规办理审批手续。

第十一条　备案机构取得外商投资企业设立或变更备案信息后，对填报信息形式上的完整性和准确性进行核对，并对申报事项是否属于备案范围进行甄别。属于本办法规定的备案范围的，备案机构应在3个工作日内完成备案。不属于备案范围的，备案机构应在3个工作日内在线通知外商投资企业或其投资者按有关规定办理，并通知相关部门依法处理。

备案机构发现外商投资企业或其投资者填报的信息形式上不完整、不准确，或需要其对经营范围作出进一步说明的，应一次性在线告知其在15个工作日内在线补充提交相关信息。提交补充信息的时间不计入备案机构的备案时限。如外商投资企业或其投资者未能在15个工作日内补齐相关信息，备案机构将在线告知外商投资企业或其投资者未完成备案。外商投资企业或其投资者应于5个工作日内就同一设立或变更事项向备案机构另行申请补充备案信息。

备案机构应通过综合管理系统发布备案结果，外商投资企业或其投资者可在综合管理系统中查询备案结果信息。

第十二条　备案完成后，外商投资企业或其投资者可凭外商投资企业营业执照（复印件）向备案机构领取《外商投资企业设立备案回执》或《外商投资企业变更备案回执》（以下简称《备案回执》）。

第十三条　备案机构出具的《备案回执》载明如下内容：

（一）外商投资企业或其投资者已提交设立或变更备案申报材料，且符合形式要求；

（二）备案的外商投资企业设立或变更事项；

（三）该外商投资企业设立或变更事项属于备案范围；

（四）是否属于国家规定的进口设备减免税范围。

第三章　监督管理

第十四条　商务主管部门对外商投资企业及其投资者遵守本办法情况实施监督检查。

商务主管部门可采取抽查、根据举报进行检查、根据有关部门或司法机关的建议和反映的情况进行检查，以及依职权启动检查等方式开展监督检查。

商务主管部门与公安、国有资产、海关、税务、工商、证券、外汇等有关行政管理部门应密切协同配合，加强信息共享。商务主管部门在监督检查的过程中发现外商投资企业或其投资者有不属于本部门管理职责的违法违规行为，应及时通报有关部门。

第十五条　商务主管部门应当按照公平规范的要求，根据外商投资企业的备案编号等随机抽取确定检查对象，随机选派检查人员，对外商投资企业及其投资者进行监督检查。抽查结果由商务主管部门通过商务部外商投资信息公示平台予以公示。

第十六条　公民、法人或其他组织发现外商投资企业或其投资者存在违反本办法的行为的，可以向商务主管部门举报。举报采取书面形式，有明确的被举报人，并提供相关事实和证据的，商务主管部门接到举报后应当进行必要的检查。

第十七条　其他有关部门或司法机关在履行其职责的过程中，发现外商投资企业或其投资者有违反本办法的行为的，可以向商务主管部门提出监督检查的建议，商务主管部门接到相关建议后应当及时进行检查。

第十八条　对于未按本办法的规定进行备案，或曾有备案不实、对监督检查不予配合、拒不履行商务主管部门作出的行政处罚决定记录的外商投资企业或其投资者，商务主管部门可依职权对其启动检查。

第十九条　商务主管部门对外商投资企业及其投资者进行监督检查的内容包括：

（一）是否按照本办法规定履行备案手续；

（二）外商投资企业或其投资者所填报的备案信息是否真实、准确、完整；

（三）是否在国家规定实施准入特别管理措施中所列的禁止投资领域开展投资经营活动；

（四）是否未经审批在国家规定实施准入特别管理措施中所列的限制投资领域开展投资经营活动；

（五）是否存在触发国家安全审查的情形；

（六）是否伪造、变造、出租、出借、转让《备案回执》；

（七）是否履行商务主管部门作出的行政处罚决定。

第二十条　检查时，商务主管部门可以依法查阅或者要求被检查人提供有关材料，被检查人应当如实提供。

第二十一条　商务主管部门实施检查不得妨碍被检查人正常的生产经营活动，不得接受被检查人提供的财物或者服务，不得谋取其他非法利益。

第二十二条　商务主管部门和其他主管部门在监督检查中掌握的反映外商投资企业或其投资者诚信状况的信息，应记入商务部外商投资诚信档案系统。其中，对于未按本办法规定进行备案，备案不实，伪造、变造、出租、出借、转让《备案回执》，对监督检查不予配合或拒不履行商务主管部门作出的行政处罚决定的，商务主管部门应将相关诚信信息通过商务部外商投资信息公示平台予以公示。

商务部与相关部门共享外商投资企业及其投资者的诚

信信息。

商务主管部门依据前二款公示或者共享的诚信信息不得含有外商投资企业或其投资者的个人隐私、商业秘密，或国家秘密。

第二十三条　外商投资企业及其投资者可以查询商务部外商投资诚信档案系统中的自身诚信信息，如认为有关信息记录不完整或者有错误的，可以提供相关证明材料并向商务主管部门申请修正。经核查属实的，予以修正。

对于违反本办法而产生的不诚信记录，在外商投资企业或其投资者改正违法行为、履行相关义务后3年内未再发生违反本办法行为的，商务主管部门应移除该不诚信记录。

第四章　法律责任

第二十四条　外商投资企业或其投资者违反本办法的规定，未能按期履行备案义务，或在进行备案时存在重大遗漏的，商务主管部门应责令限期改正；逾期不改正，或情节严重的，处3万元以下罚款。

外商投资企业或其投资者违反本办法的规定，逃避履行备案义务，在进行备案时隐瞒真实情况、提供误导性或虚假信息，或伪造、变造、出租、出借、转让《备案回执》的，商务主管部门应责令限期改正，并处3万元以下罚款。违反其他法律法规的，由有关部门追究相应法律责任。

第二十五条　外商投资企业或其投资者未经审批在国家规定实施准入特别管理措施所列的限制投资领域开展投资经营活动的，商务主管部门应责令限期改正，并处3万元以下罚款。违反其他法律法规的，由有关部门追究相应法律责任。

第二十六条　外商投资企业或其投资者在国家规定实施准入特别管理措施所列的禁止投资领域开展投资经营活动的，商务主管部门应责令限期改正，并处3万元以下罚款。违反其他法律法规的，由有关部门追究相应法律责任。

第二十七条　外商投资企业或其投资者逃避、拒绝或以其他方式阻挠商务主管部门监督检查的，由商务主管部门责令改正，可处1万元以下的罚款。

第二十八条　有关工作人员在备案或监督管理的过程中滥用职权、玩忽职守、徇私舞弊、索贿受贿的，依法给予行政处分；构成犯罪的，依法追究刑事责任。

第五章　附则

第二十九条　本办法实施前商务主管部门已受理的外商投资企业设立及变更事项，未完成审批且属于备案范围的，审批程序终止，外商投资企业或其投资者应按照本办法办理备案手续。

第三十条　外商投资事项涉及反垄断审查的，按相关规定办理。

第三十一条　外商投资事项涉及国家安全审查的，按相关规定办理。备案机构在办理备案手续或监督检查时认为该外商投资事项可能属于国家安全审查范围，而外商投资企业的投资者未向商务部提出国家安全审查申请的，备案机构应及时告知投资者向商务部提出安全审查申请，并暂停办理相关手续，同时将有关情况报商务部。

第三十二条　投资类外商投资企业（包括投资性公司、创业投资企业）视同外国投资者，适用本办法。

第三十三条　香港特别行政区、澳门特别行政区、台湾地区投资者投资不涉及国家规定实施准入特别管理措施的，参照本办法办理。

第三十四条　香港服务提供者在内地仅投资《〈内地与香港关于建立更紧密经贸关系的安排〉服务贸易协议》对香港开放的服务贸易领域，澳门服务提供者在内地仅投资《〈内地与澳门关于建立更紧密经贸关系的安排〉服务贸易协议》对澳门开放的服务贸易领域，其公司设立及变更的备案按照《港澳服务提供者在内地投资备案管理办法（试行）》办理。

第三十五条　商务部于本办法生效前发布的部门规章及相关文件与本办法不一致的，适用本办法。

第三十六条　自由贸易试验区、国家级经济技术开发区的相关机构依据本办法第三章和第四章，对本区域内的外商投资企业及其投资者遵守本办法情况实施监督检查。

第三十七条　本办法自公布之日起施行。《自由贸易试验区外商投资备案管理办法（试行）》（商务部公告2015年第12号）同时废止。

外商投资企业设立及变更备案监督检查指引

一、为加强对不涉及国家规定实施准入特别管理措施的外商投资企业设立及变更事中事后监管，规范对外商投资企业及其投资者的监督检查工作，依据《外商投资企业设立及变更备案管理暂行办法》（以下简称《备案办法》）及相关法律、行政法规及国务院文件，制定本指引。

二、本指引所称外商投资企业设立及变更备案监督检查（以下简称监督检查），是指商务主管部门和依据《备案办法》第三十六条行使监督检查职能的自由贸易试验区、国家级经济技术开发区的相关机构（以下统称检查机构）对本区域内外商投资企业及其投资者（以下简称检查对象）遵守《备案办法》的情况进行检查，并对违反《备案办法》的行为实施行政处罚的活动。其中，商务部负责指导全国范围内监督检查工作，其他检查机构负责在本区域内组织、开展监督检查工作。

检查机构进行监督检查应以随机抽查为主。此外，可应举报、根据有关部门或司法机关建议和反映情况，或依职权启动检查。

三、监督检查应坚持以下原则：

依法监管原则。严格执行有关法律法规，规范监管行为，落实监管责任，确保事中事后监管依法有序进行。

公正透明原则。坚持检查事项公开、程序公开、结果公开，保障检查对象权利平等和机会平等。

协同高效原则。建立健全协同监管与信息共享机制，形成监管合力，提高监管效率。

谁检查谁反馈原则。检查机构负责向被检查对象反馈各自实施的检查结果。

四、检查机构应在外商投资综合管理信息系统（以下简称综合管理系统）中建立监督检查人员名录库，监督检查人员应具有行政执法资格。

采取随机抽查方式进行监督检查的，检查机构应根据本区域外商投资企业设立及变更备案的具体情况制定年度抽查计划，确定抽查频率和抽查比例。原则上抽查频率应不少于每年度两次。检查机构应通过综合管理系统随机抽取监督检查人员和检查对象。执行每次检查任务的工作人员应不少于2人。随机抽取的检查人员中，与检查对象有利害关系的，应依法回避。检查人员现场监督检查应佩戴执法标识，出示“行政执法证”。

抽查分为不定向抽查和定向抽查。不定向抽查指检查机构按照公平、规范的要求，根据外商投资企业的备案编号，按照不少于3%的比例随机抽取本区域内的企业，生成抽查名单，对名单内检查对象遵守《备案办法》的情况进行检查。定向抽查指检查机构按照外商投资企业投资规模、所属行业、地理区域等特征，以适当比例随机抽取本区域内企业，生成抽查名单，对名单内检查对象遵守《备案办法》的情况进行检查。

随机抽取的检查对象中，在最近一次检查中未发现违法违规及违反《备案办法》行为，且两次检查期间内未发生需办理备案手续的变更事项的，可不列入本次抽查名单。对于投诉举报多、列入经营异常名录或有严重违法记录等情况的检查对象，以及涉及群众生命财产安全的特殊行业、重点区域的检查对象，不受限制。

五、公民、法人或其他组织发现外商投资企业或其投资者存在违反《备案办法》行为的，可以向检查机构举报。检查机构应公布举报受理方式（电话号码、电子邮件及邮寄地址等）。采取书面形式并实名举报，并提供相关事实和证据的，检查机构接到举报后应及时进行必要的检查，并将检查结果书面反馈举报人。

六、有关部门或司法机关在履行其职责的过程中，发现外商投资企业或其投资者有违反《备案办法》行为的，可以向检查机构提出监督检查建议。检查机构接到相关建议后应当及时进行检查，并将检查结果反馈有关部门或司法机关。

七、对于未按《备案办法》规定进行备案，或曾有备案不实、对监督检查不予配合、拒不履行检查机构作出的行政处罚决定记录的外商投资企业或其投资者，检查机构可依职权对其启动检查。

其中应备案而未按《备案办法》规定进行备案的，检查机构应通过信息共享机制定期比对工商市场主体登记注册信息与外商投资企业备案信息，发现问题后可对相关企业启动检查。

八、检查机构依照《备案办法》第十九条规定的监督检查内容进行现场查验或书面检查，应至少提前3个工作日向检查对象下达《外商投资企业设立及变更备案检查通知》，并告知检查时需查阅或要求提交的文件材料。

九、检查机构应在现场查验或收到检查对象提交的全部备查材料后20个工作日内将检查结果书面告知检查对象。

十、检查机构应制作检查工作记录表，如实记载检查情况，并将有关内容记入商务部外商投资诚信档案系统。

十一、检查对象存在《备案办法》第四章第二十四条、二十五条、二十六条、二十七条中所列行为的，检查机构应根据具体情况责令其在1～30个工作日内予以改正；符合罚款条件的，可依据相关规定对其作出罚款处罚。实施罚款应符合《行政处罚法》的有关规定。相关处罚情况将通过商务部外商投资信息公示平台予以公示。

十二、检查机构应发挥协同监管作用，对于监督检查过程中发现的检查对象可能存在不属于本部门管理职责的违法违规行为和监督检查结果，应及时通报公安、国有资产、海关、税务、工商、证券、外汇等相关监管部门，并按照国家社会信用信息平台建设的总体要求，通过商务部外商投资诚信档案系统与相关监管部门共享相关信息。

十三、对于因违反《备案办法》而公示的不诚信记录，检查对象改正违法违规行为，且在履行相关义务后3年内未再发生违反《备案办法》行为的，检查机构应在公示平台中移除该不诚信记录。

十四、各省、自治区、直辖市、计划单列市、新疆生产建设兵团、副省级城市的商务主管部门，以及各自由贸易试验区、国家级经济技术开发区的相关机构可依据本指引制定本区域监督检查实施细则，并抄报国务院商务主管部门。

十五、《外商投资企业设立及变更备案检查通知》样式由国务院商务主管部门统一制定。

十六、《港澳服务提供者在内地投资备案管理办法（试行）的监督检查工作参照本指引执行。

文莱投资贸易指南

一、对外贸易的法规和政策规定

（一）贸易主管部门

文莱财政与经济部是文莱对外贸易归口管理部门，牵头参与对外贸易谈判、商签自由贸易区协定、负责对外贸易促进等工作。

（二）贸易法规体系

文莱与贸易相关的主要法律包括海关法、消费法以及一系列涉及食品安全和清真要求的法规。2001年和2006年分别颁布证券法和银行法，2010年出台全球首个清真药品、保健品生产认证标准，2015年颁布《竞争法》，2016年颁布《破产法》和《公司法修正案》。具体如下：

文莱与贸易相关的主要法规

法规名称	主要内容
海关法及相关规定（2006年）	有关海关规定。包括特别关税、关税返还、对违反规定的处罚等
进口商品估价规定（2001年）	根据世贸规则明确海关估价
①东盟通用特别关税条例（2005年）；②中国—东盟全面经济合作框架协议下东盟—中国早期收获计划商品关税条例（2005年）；③中国—东盟全面经济合作框架协议下海关货物贸易协议（2006年）	实施有关东盟贸易协议
公司法（1957年）	公司注册法规等
破产法（2016年）	企业破产保护及相关处理规定
竞争法（2015年））	企业市场竞争相关规定
证券法（2001年）	政府间金融往来、为经营商及有关个人在管理和交易证券方面提供建议
银行法（2006年）	指定主管部门、执照颁发、经营管理、监控等
投资促进法（2001年）	促进投资相关规定
清真肉类法	规范清真肉类产品的进口和市场供应
清真医药制品、传统药品及保健品生产与处理指引（2010年）	清真药品和保健品的生产、认证标准
商标法（2000年）	商标注册、保护等
公共卫生（食品）条例（2001年）及公共卫生（食品）法（2002年）	食品安全
反恐怖主义融资规定（2013年）	反恐融资，包括冻结与恐怖主义活动有关的资产，要求金融机构或非金融机构的相关部门向文莱金管局报告可疑资产

续表

法规名称	主要内容
海关法及相关规定(2006 年)	有关海关规定。包括特别关税、关税返还、对违反规定的处罚等
汇票法(1999,2015)	票据种类、主管部门、持票人义务、出票、背书、承兑、遗失等
捕捞限制法(1983,2012)	捕捞限制区域
营业执照规定(1984,2015)	营业执照申请等事务,主管部门、执照格式等

资料来源:文莱总检察署

(三)贸易管理的相关规定

文莱实行自由贸易政策,除少数商品受许可证、配额等限制外,其余商品均放开经营。

1. 进口管理。出于环境、健康、安全和宗教方面的考虑,文莱海关对少数商品实行进口许可管理,详见下表:

进口许可商品	许可证发证单位	联系电话、电邮
出版物、印刷品、电影、音像制品、宗教书籍、护身符商品及带有可疑图像或照片的商品	皇家警察局	00673 – 2459500 info@ police. gov. bn
	伊斯兰宣教中心	00673 – 2382525 info@ pusat – dakwah. gov. bn
	内安局	00673 – 2223225 info@ internal – security. gov. bn
清真食品以及新鲜、冷藏、冷冻的肉类	清真进口许可证理事会	00673 – 2382525 info@ religious – affairs. gov. bn
	卫生部	00673 – 2381640 info@ moh. gov. bn
	农业局	00673 – 2380144 info@ agriculture. gov. bn
	皇家海关	00673 – 2382333 info@ customs. gov. bn
军火、爆炸物、鞭炮、危险武器、废金属	皇家警察局	00673 – 2459500 info@ police. gov. bn
植物、农作物活牲畜、蔬菜、水果、蛋	农业局	00673 – 2380144 info@ agriculture. gov. bn
鱼、虾、贝类、水生物及捕鱼设备	渔业局	00673 – 2382068 info@ fisheries. gov. bn
有毒物品、化学品及放射性物品	卫生部	00673 – 2381640 info@ moh. gov. bn
无线电发射与接收装置、通讯设备(如电话机、传真机、步话机等)资讯通讯技术	管理局	00673 – 2333780 aiti@ brunet. bn
药品,草本及保健食品、软饮料、点心	卫生部	00673 – 2381640 info@ moh. gov. bn
二手车及非机动车	陆路交通局	00673 – 2451979 info@ land – transport. gov. bn
	皇家海关	00673 – 2382333 info@ customs. gov. bn
带有国旗、国徽或皇家标记的徽章、旗帜和纪念品	风俗管理局	00673 – 2243971 info@ adat – istiadat. gov. bn
文莱制造或发掘的历史文物	博物馆局	00673 – 2244545 info@ museums. gov. bn
米、糖、盐	信息技术及国家储备局	00673 – 2423151 info@ itss. gov. bn
广播设备	首相府	00673 – 2242780 info@ jpm. gov. bn

资料来源:文莱国家单一窗口

没有商业价值的样品可免税进口;对于有商业价值的样品进口,需交抵押金,如果样品在 3 个月内出境,可退还抵押金。

禁止进口商品包括:鸦片、海洛因、吗啡、淫秽品、印有钞票式样的印刷品等;酒精饮料进口受到严格限制。

文莱政府此前宣布从 2017 年 1 月 1 日起,废除执行多年的水泥进口配额制度,不再对进口水泥实行总量控制。文莱政府宣布废除水泥进口配额有利于提高国内市场活跃度,促使水泥价格下降,降低基础设施建设成本。

2. 出口限制。除了对石油天然气出口控制外,对动物、植物、木材、大米、食糖、食盐、文物、军火等少数物品实行出口许可证管理,其他商品出口管制很少。

(四)进出口商品检验检疫

文莱公共卫生(食品)条例规定所有食品,无论是进口产品还是本地产品,都要安全可靠,具有良好品质,符合伊斯兰教清真食品的要求,尤其对肉类的进口实行严格的清真检验。对于某些动植物产品,如牛肉、家禽,需提交卫生检疫证书。进口食用油不能有异味、不含任何矿物油,动物脂肪须来自在屠宰时身体健康的牲畜并适合人类食用,动物脂肪和食用油须是单一形式,不能将两种或多种脂肪和食用油混合。脂肪和食用油的包装标签上不得有“多不饱和的”字眼或相似字眼。非食用的动物脂肪须出具消毒证明。进口活动物必须有兽医证明。

大豆奶应是从优质大豆中提取的液体食品,可包括糖、无害的植物物质,除了允许的稳定剂、氧化剂和化学防腐剂外,不得含有其他的物质,并且其蛋白质含量不少于 2% 等。

此外,该条例对食品添加剂、包装以及肉类产品、渔类产品、调味品、动物脂肪和油、奶产品、冰淇淋、糖与干果、水果、茶、咖啡、无酒饮料、香料、粮食等,都规定了相应的技术标准。对食品的生产日期、保质期、食品容器及农药最大残留量、稳定剂、氧化剂、防腐剂等都有明确的规定。

(五)海关管理规章制度

1. 管理制度。2006 年新《海关条例》对特别关税、关税返还、处罚方式等做了规定,2017 年 3 月 16 日,文莱财政部正式发布《2012 年海关进口税和消费税法令》修正法案。该法案旨在通过对部分日常消费品的进口关税和消费税的调整,改变民众的消费习惯,提高民众的安全、健康、幸福指数。其中包括大幅降低汽车零配件、新轮胎进口关税,以减轻民众养车成本并提高汽车安全性;对含高量糖份、味精的食品饮料新征收消费税,同时调高塑料商品的消费税,引导民众选择更加健康的生活方式。该修正案已于 2017 年 4 月 1 日正式实施。《2012 年海关进口税和消费税法令》查阅网址为:bn. mofcom. gov. cn/article/jmxw/201703/20170302540406. shtml。

2. 关税税率。文莱总体关税税率很低。2010 年 1 月,中国—东盟自贸区正式建成,文莱作为东盟六个老成员国之一,2012 年 1 月 1 日完成所有正常产品的降税(到零),2015 年完成所有高度敏感产品的降税(到 50%),2018 年完成所有一般敏感产品的降税(到 5%)。

二、对外国投资的市场准入

(一)投资主管部门

2015 年 10 月,文莱苏丹改组内阁,随后对投资管理部门进行重大调整，新设“利用外资及下游产业投资指导委员会”(FDI and Downstream Industry Investment Steering Committee)及其常设办事机构“外资行动与支持中心”(FDI Action and Support Center，简称FAST，负责外资项目审批及协调落实工作；新设法定机构“达鲁萨兰企业”(Darussalam Enterprise，简称DARe)，负责提供外资项目用地及落地后的管理服务工作；文莱经济发展局(Brunei Economic Development Board，简称BEDB)职能简化，仅负责对外招商引资。

(二)投资行业的规定

1. 禁止的行业：包括武器、毒品及与伊斯兰教义相悖的行业等。

2. 限制的行业：林业不对外资开放。

3. 鼓励的行业：包括化工、制药、制铝、建筑材料及金融业等行业。2001年投资促进法将部分产业纳入先锋行业，投资享受税收优惠，以吸引外来投资。具体清单见3.4.2行业鼓励政策。

(三)投资方式的规定

文莱对大部分行业外资企业投资没有明确的本地股份占比规定，对外国自然人投资亦无特殊限制，仅要求公司董事至少1人为当地居民。外资在文莱投资可成立私人有限公司、公众公司或办事处，但文莱本地小型工程一般仅向本地私人有限公司开放。

文莱经济以油气资源产业为支柱，其他产业尚不发达。因此，外国直接投资以绿地投资为主，外资并购案例极少，政府没有出台专门针对外资并购的法律法规，具体操作时应向有关主管部门充分咨询过户手续及审批期限，必要时可寻求中国驻文莱大使馆经商处协助。

(四)安全审查的规定

文莱经济以油气资源产业为支柱，其他产业尚不发达。因此，外国直接投资以绿地投资为主，外资并购案例极少，政府没有出台专门针对外资并购的法律法规，具体操作时应向有关主管部门充分咨询过户手续及审批期限，必要时可寻求中国驻文莱大使馆经商处协助。

(五)基础设施PPP模式的规定

文莱供水、供电、废物回收处理等公用事业统一由政府经营管理，并给予大量补贴，道路交通设施完全由政府出资修建且不收取任何过路费，收费停车场亦屈指可数，文莱尚无BOT项目。不过，受原油价格暴跌的冲击，文莱财政收入减少，政府开始考虑对公用事业、交通设施等进行企业化改制和私有化改革，通过公私合营模式(PPP)引入私人投资。2016年3月召开的文莱立法会议上传递出的公私合营领域包括国民住房、供水、机场、港口、公交和旅游设施等。其中，文莱国际机场商业服务设施，包括零售商店、餐厅、机场宾馆、商务中心、休闲娱乐设施以及连接机场与市中心的公交系统等，将采用PPP方式建设运营。

(六)特殊经济区域的规定

文莱政府在国内共划出8个工业区以吸引外国投资。其中双溪岭工业区(Sungai Liang Industrial Site)是最主要的工业区，规划面积283公顷，主要用于油、气下游和高科技产业。在该区最大的外来投资项目是日本投资的甲醇厂项目，总投资6亿美元，设计产能85万吨，2010年5月第一批产品出口中国。

文莱8个工业区

工业区名称	规划面积(公顷)	主要用途
PMBIS/and(大摩拉岛)	955	化工产业园区、大型造船维修厂、综合海洋供给基地
Salam bigar(萨兰碧加)	137.2	轻工业、水产养殖加工
Rimba(林巴)	15	高新电子产业
Bukit Panagal(蓬加山)	50	高能耗产业
Telisai(特里塞)	3000	种养殖业
BIC(生物创新走廊)	500	清真食品药品加工
Sungai Liang(双溪岭工业区)	283	石化产业中心
Anggerek Desa(安格列克)	50	科技园，计算机产业

资料来源：文莱经济发展局

三、数字经济相关政策和法规

2020年文莱交通部推出《数字经济总体规划2025》，其愿景是通过数字化转型，在2025年将文莱建成一个智慧国家。按照数字经济五年发展规划愿景，2025年将建成一个有活力且具备可持续性的经济发展体系，GDP增长将主要来源于数字行业以及因数字化转型而带动的其他经济部门的发展；数字通讯技术在主要行业的广泛应用，将使得文莱人使用宽带和社会公共服务的比重增加、对数字化认知大幅提高；构建起数字化的生态系统，文莱将跻身国际电信联盟40强。

数字经济总体规划的首要目标有以下四个方面，一是推进行业数字化进程，目前人们对IR4.0技术的实施并不熟悉，导致对数字化进程缺乏了解，后续需重点评估工商各界参与者采用IR4.0技术的能力和准备情况，对所有参与者推广并尤其关注中小微企业数字化进程，同时通过试点项目推进IR4.0技术和应用；二是协调政府政策资源，实施数字化身份认证生态系统、通过系统性开发服务创新公共体验、拓展云计算的使用范围；三是扩大数字产业体系，落实网络安全监管、认可并实现数据数字化、为数据保护和共享提供治理框架及政策；四是配套建立人力资源体系，研究所有行业对数字工作的需求、更新教育计划并培养本地人才、通过重新培训和部署人力资本来提高现有劳动力效率、构建数字化终身学习机制。主要成果体现在三个方面：适应未来的数字化社会、充满活力和可持续发展的经济、数字化生态系统。在整个数字经济生态系统中，政府、行业和社会密切关联，其中，数字身份、数字支付和人民服务中心三个旗舰项目是整个生态系统的支柱。

同样，达成数字经济目标还需要开展以下工作：一是构建一个强大的智慧国家平台，这对于支持政府机构、企业和公民之间服务的对接与交付至关重要；二是成立国家数据办公室，制定数字数据政策和治理框架，监督用于个人、商业和官方的数据治理；三是建立政策监管框架，以符合创新和技术趋势的政策和法规指导数字经济发展；四是保护网络安全，数字化程度的增加使数据保护、网络基础设施和网络威胁等面临严峻考验。随着文莱网络安全机构的建立，网络安全保障将进一步机制化;数字技术的研发和创新,对于推动可持续数字化转型计划至关重要。

数字经济总体规划将作为路线图,绘制并指导数字化转型计划的实施。该总体规划代表了在制定国家数字议程方面向前迈出的重要一步,符合当前技术趋势、行业发展以及消费者的需求。政府与私营部门机构、高等教育机构、非政府组织以及消费者之间的持续合作将成为可能,有助于共同实现文莱2035发展宏愿与愿景的目标。

为推动实施数字经济五年发展规划,下设数字经济委员会,由财政经济部主管部长、交通和信息通信部长、初级资源和旅游部长、教育部长、财政经济部副部长、能源部副部长、立法委员、文莱信息通信联合会主席等成员组成。五年规划项目管理办公室与文莱交通和信息通信部负责监控数字经济各项目推进成效。

四、绿色经济相关政策和法规

文莱是《联合国气候变化框架公约》和《巴黎气候协定》的签约方,已于2020年12月30日按《巴黎气候协定》提呈国家自主贡献预案(下称预案),该预案执行时间为2021年1月1日至2030年12月31日(10年期)。文莱在预案中的承诺以2015年为基准年(当年排放水平为11.6二氧化碳当量),致力于在2030年将温室气体排放量在正常排放水平29.5二氧化碳当量的基础上减少20%。拟减排的温室气体含包括二氧化碳、甲烷和一氧化二氮;涉及的关键领域包括能源、工业、农业、林业和其他土地使用以及废物处理。

文莱作为热带赤道气候的小型沿海地区,有关脆弱性评估表明其受气候变化影响的风险为中度至高度。文莱的沿海地区地势低洼(低于海平面12米),较易受海平面上升影响,这让文莱政府认识到保护环境和保障国计民生的必要性。为适应气候变化,打造低碳生活,文莱政府制定了减少工业排放、增加森林覆盖、发展电动汽车、发展可再生能源、加强电源管理、碳定价、废物处理、提高适应气候变化能力、碳库存、加强认知教育等10项关键战略,以配合实现文莱2035国家愿景目标。

五、对外国投资的优惠

(一)优惠政策框架

文莱政府于1975年颁布投资促进法,2001年在该法基础上颁布新的投资促进法令,延长了对部分鼓励投资产业的税收优惠期。

(二)行业鼓励政策

根据投资促进法,在以下产业投资享受税收优惠:

1. 先锋产业。即有限责任公司达到以下要求:(1)符合公众利益;(2)该产业文莱未达到饱和程度;(3)具有良好发展前景,产品应具有该产业的领先性,可以获得先锋产业资格证书,并享受以下优惠:免收所得税;免30%的公司税;免公司进口机器、设备、零部件、配件及建筑构件的进口税;免原材料进口税;为生产先锋产品而进口的原材料免征进口税;可以结转亏损和津贴。先锋产品包括:航空食品、搅拌混凝土、制药、铝材板、轧钢设备、化工、造船、纸巾、纺织品、听装、瓶装和其他包装食品、家具、玻璃、陶瓷、胶合板、塑料及合成材料、肥料和杀虫剂、玩具、工业用气体、金属板材、工业电气设备、供水设备、宰杀、加工清真食品、废品处理工业、非金属矿产品制造。

先锋产业的免税期(从生产日开始计算)

注册资本金额	免税期
50万~250万文元	5年
250万文元以上	8年
高科技园区内	11年
免税期延长	每次3年,总共不超过11年
(高新区)免税期延长	每次5年,总共不超过20年

2. 先锋服务公司。即符合公众利益,并从事以下经营活动的公司:涉及实验、顾问和研发的工程技术服务、计算机信息服务和其他相关服务、工业设计的开发和生产、休闲和娱乐的服务、出版、教育产业、医疗服务、有关农业技术的服务、有关提供仓储设备的服务、组织展览和会议的服务、金融服务、商业顾问、管理和职业服务、风险资本基金业务、物流运作和管理、运作管理私人博物馆、部长指定的其他服务和业务,可享受免所得税以及可结转亏损和补贴待遇。免税期8年,可延长,但不超过11年。

3. 出口型生产企业。即从事农业、林业或渔业的企业,若产品出口不低于其销售总额的20%,且年出口额不低于两万文元,文莱工业与初级资源部可认定其为出口型生产企业并颁发证书。出口型企业申请续期每次不超过5年,最长不超过20年。

出口型生产企业中,非先锋企业可免税8年;先锋企业可免税6年;续期总共不超过11年。出口型生产企业如果满足下列条件之一,可获15年免税期:一经或者将要发生不低于5000万文元的固定资产开支;固定资产开支在50万文元以上、5000万文元以下,本地公民或持居留证许可人士占股40%以上,且该企业已经或将要促进文莱经济或科技发展。

出口型生产企业免税范围包括:所得税;机器设备、零部件、配件或建筑结构的进口税;原材料进口税。

4. 服务出口企业。企业出口下列服务,自服务提供日起最长可获得11年的免除所得税及抵扣补贴与亏损的待遇:建筑、分销、设计及工程服务;顾问、管理监督、咨询服务;机械设备装配以及原材料、零部件和设备采购;数据处理、编程、计算机软件开发、电信及其他信息通信技术服务;会计、法律、医疗、建筑等专业服务;教育、培训;文莱工业与初级资源部认可的其他服务。

5. 国际贸易企业。即从事国际贸易的行业,只要符合下列条件之一,自开始进出口业务之日起可获得8年的免税期。(1)从事合格制成品或文莱本地产品国际贸易的年出口额超过或有望超过300万文元;(2)从事合格商品转口贸易的年出口额超过或有望超过500万文元。

(三)地区鼓励政策

文莱暂无地区鼓励政策。

六、外国企业在文莱获得土地的规定

(一)文莱土地法的主要内容

按照文莱《土地法》,土地归国王所有,国民可以购买使用。但是土地使用需要经过土地规划管理部门的规划,经过规划的土地方可使用。土地规划的有效期满后,使用者是否可以继续使用该土地,须由法院裁定。

(二)外资企业获得土地的规定

文莱法律规定,外国人在文莱不能获得土地所有权和买卖权,外国人和侨民只能租用土地。外国直接投资者可以购买分层产权房产。2014 年 5 月,文莱经济发展局与中国葫芦岛市钢管工业有限公司签署土地租赁协议。2016 年年初,文莱推出网上土地交易系统,可在网上平台办理土地所有权过户、土地租赁、延长土地租期等业务。

七、环境保护的法律规定

(一)环保管理部门

文莱政府主管环境保护的部门是环境、园林及公共娱乐局(Jabatab Alam Sekitar Taman Rekreasi),又称 JASTRE,隶属发展部。主要职责是:开展环境管理和保护,以提高民众生活质量,推动国家经济发展和繁荣。主要职能包括:环境保护,风景区、公园及公共娱乐设施建设与管理,垃圾管理以及国际环境领域合作等。

网址:www. env. gov. bn

电话:00673 - 238222

传真:00673 - 2383644

电邮:info_env@ env. gov. bn

(二)主要环保法律法规名称

1.《环境保护与管理法 2016》:正在修订中,目前已进入刊登政府公报前的最后审核阶段;

2.《有害废弃物(出口与转运控制)法 2013》;

3.《文莱工业发展污染控制准则》:2002 年颁布实施,主要控制各类开发及建筑项目的废气、废水及其他废弃物的排放;

4.《文莱环境影响评估准则》:适用领域涵盖农业、机场、排水、土地回填、渔业、林业、住房、工业、基础设施、港口、采矿、石油、发电及输变电、采石、铁路、运输、休闲娱乐开发、废物处理和供水等。

涉及投资环境影响评价的规定可查询网址:www. env. gov. bn。

(三)环保法律法规基本要点

1. 投资商应在项目计划初期对环境因素予以考虑。包括项目位置、采用清洁技术、污染控制措施、废物监管等。

2. 项目发展商需提供的说明材料。(1)将在项目场地上开展的贸易及加工;(2)申请人将为控制土地、空气、水及噪音污染采取的措施;(3)废料的管理和处理等;(4)全面的环境影响评估报告。

(四)环保评估相关规定

自 2010 年起,文莱新建工程项目必须通过环境评估。企业需要聘请专门机构进行环境评估,并向文莱发展部环境与公园司提交环境评估报告,评估费用根据项目规模而定。文莱正在考虑针对能源行业实施更高的环保标准。

八、保护知识产权规定

(一)有关知识产权保护的法律规定

文莱知识产权法正在草拟中。文莱的新商标法律《1999 年紧急(商标)条规》于 2000 年 6 月 1 日生效。文莱目前是世界贸易组织(WTO)的成员,已加入世界知识产权组织(WIPO),但尚未加入《商标国际注册马德里协定》等有关商标保护的国际条约。

有关知识产权保护的具体规定可与文莱高等法院和总检察署联系。

(二)知识产权侵权的相关处罚规定

文莱法律规定,违反知识产权保护规章的行为,受法律制裁,具体可向文莱总检察长署咨询及购买相关文件。

(三)与投资合作相关的主要法律

与投资相关的法律包括《合同法》《土地法》以及《投资促进法》。各项法规可通过文莱检察总署网站查询。

九、对中国企业投资合作的保护政策

(一)中国与文莱签署双边投资保护协定

2000 年中国与文莱签订《鼓励和相互保护投资协定》,并于 2004 年签署《促进贸易、投资和经济合作谅解备忘录》。

(二)中国与文莱签署的其他协定

中、文两国签署的其他协定包括:《中华人民共和国海关总署和文莱达鲁萨兰国初级资源与旅游部关于文莱输华野生水产品检验检疫和兽医卫生要求议定书》(2019 年)、《中华人民共和国海关总署和文莱达鲁萨兰国初级资源与旅游部关于文莱鲜食甜瓜输往中国植物检疫要求的议定书》(2019 年)、《中华人民共和国政府与文莱达鲁萨兰国政府在共同推进“一带一路”倡议框架下的合作规划》(2018 年)、《中华人民共和国政府与文莱达鲁萨兰国政府关于建立政府间联合指导委员会的谅解备忘录》(2018 年)、《关于共同推进“丝绸之路经济带”和“21 世纪海上丝绸之路”建设的谅解备忘录》(2017 年)、《关于加强基础设施领域合作的谅解备忘录》(2017 年)、《中国商务部与文莱工业及初级资源部关于农业领域经贸合作的谅解备忘录》(2012 年)、《关于能源领域合作谅解备忘录》(2011 年)、《中国农业部与文莱工业及初级资源部农业合作谅解备忘录》(2009 年)、《旅游合作谅解备忘录》(2006 年)、《最高法院合作谅解备忘录》(2004 年)、《高等教育合作谅解备忘录》(2004 年)、《最高人民检察院和文莱达鲁萨兰国总检察署合作协议》(2002 年)、《中国公民自费赴文旅游实施方案的谅解备忘录》(2000 年)、《文化合作谅解备忘录》(1999 年)、《卫生合作谅解备忘录》(1996 年)、《民用航空运输协定》(1993 年)。

(三)中国与文莱签署的其他协定

包括:《民用航空运输协定》(1993 年)、《卫生合作谅解备忘录》(1996 年)、《文化合作谅解备忘录》(1999 年)、《中国公民自费赴文旅游实施方案的谅解备忘录》(2000 年)、《最高人民检察院和文莱达鲁萨兰国总检察署合作协议》(2002 年)、《高等教育合作谅解备忘录》(2004 年)、《最高法院合作谅解备忘录》(2004 年)、《旅游合作谅解备忘录》(2006 年)。

(四)其他相关保护政策

文莱是《区域全面经济关系协议(RCEP)》成员之一,《区域全面经济关系协议(RCEP)》的成员国之一,该协议完成谈判后将为成员间的投资提供更多便利和保护。

柬埔寨投资贸易指南

一、对外贸易的法规和政策规定

(一)贸易主管部门

柬埔寨商业部为柬埔寨贸易主管部门。

(二)贸易法规体系

柬埔寨与贸易相关的法律法规主要包括《进出口商品关税管理法》《关于制衣行业原产地证书、商业发票、出口许可证核发的规定》《关于商业公司贸易行为的规定》《关于实施装运前检验服务的规定》《加入世界贸易组织法》《关于风险管理的次法令》《关于成立海关与税收署风险管理办公室的规定》等。

（三）贸易管理的相关规定

柬埔寨商业部负责出口审批手续。在多数情况下，进口货物无须许可证。但部分产品需要获得相关政府部门特别出口授权或许可后方可出口。

1. 出口优惠。世界银行7月1日发布2016年最新人均国民总收入的划分标准，2015年柬埔寨人均国民总收入（GNI）已经超过1020美元，已脱离低收入国家行列，上升为中等偏下收入国家。欧盟驻柬埔寨大使乔治·艾德加表示，如果一个国家被联合国规定要退出欠发达国家（LDC）行列之后，这个国家还有3年时间享受欧盟的“除武器外全部免税”（EBA），尽管柬埔寨在未来几年内脱离最不发达国家（LDC）行列，但柬埔寨还有一定时间享受欧盟优惠关税政策。目前，柬埔寨享受了欧盟“除武器外全部免税（EBA）”和美国普惠制（GSP）等优惠关税，使符合条件的产品可以免除配额和关税进入欧盟和美国市场，这两种优惠大约占柬埔寨出口总额的超过60%。

2020年2月12日，欧盟决定撤销柬埔寨部分商品关税优惠，受影响商品占柬埔寨输往欧盟商品总额的两成。除非欧盟国会和欧盟理事会反对，这项决定将于2020年8月12日正式生效。

2. 出口商品当地含量及原产地原则。柬埔寨目前无当地含量要求，即不限制使用进口原材料、零部件（对健康、环境或社会有害的原材料、零部件除外）。

在柬埔寨，出口商应重视普惠制的原产地规则要求。普惠制下出口至美国的产品，原产地规则对当地含量的最低要求为35%（符合条件的东盟成员国，即柬埔寨、泰国、印尼和菲律宾，在原产地规则要求中视为同一国家）。在“除武器外全部免税”下，原产地规则要求出口产品至少有40%的含量出自出口国。

3. 出口优惠。根据投资法修正法，由柬埔寨投资委员会批准的出口型合格投资项目可享受免税期或特别折旧。其出口产品增值税享受退税或贷记出口产品的原材料。

4. 出口限制。禁止或严格限制出口的产品包括文物、麻醉品和有毒物质、原木、贵重金属和宝石、武器等，2013年年初，柬埔寨政府明令禁止红木的贸易与流通。半成品或成品木材制品、橡胶、生皮或熟皮、鱼类（生鲜、冷冻或切片）及动物活体需缴纳10%的出口税。服装出口需向商业部缴纳管理费。普惠制下服装出口至美国或欧盟的，需获得出口许可证。

5. 矿产品出口。为加强对矿产品出口的有效监管，柬埔寨明确了矿产品出口法律程序及手续。矿产品出口公司须完成2项出口审批：一是拥有矿产执照的出口公司，须向矿产能源部提交既定时间内（最多1年）的出口计划，以获得原则性批准的出口配额（EQAP）；二是拥有配额后，每次装运还需获得矿产能源部的出口许可及财经部下属海关总署的批准。出口公司须在装货前7天通知矿产能源部进行检查，装运离境10天内向矿产能源部提交海关支持文件报告。对于违反规定的出口公司，矿产能源部将拒绝签发新的出口许可、暂停出口配额3个月，并面临一段时间内被政府列入黑名单的处罚。

6. 免税进口。根据投资法修正法，由柬埔寨投资委员会批准的出口型合格投资项目可免税进口生产设备、建筑材料、原材料和生产投入附件。为取得生产用原材料免税进口批件，进口公司应每年向柬埔寨投资委员会申报拟进口材料的数量和价值。

（四）进出口商品检验检疫

柬埔寨财经部海关与关税署、商业部进出口检验与反欺诈局联合负责进出口商品检验。检验地点为工厂或进出口港口。柬埔寨全部进出口货物均接受检验，政府正计划逐年降低检验比率。价值5000美元或以上的进口货物，在出口国进行装运前检验。检验报告和其他装船前检验文件将被递交柬埔寨海关，货物抵达柬埔寨后，货主凭检验单据到海关交纳税款并提出货物。

（五）海关管理规章制度

1. 管理制度。柬埔寨政府近年来不断改进海关管理制度，致力于实现简洁、高效、透明和可预测的海关管理。

2006年，柬埔寨起草完成并通过《关于通过风险管理实施贸易便利化的次法令》，准备实施基于贸易商档案数据的风险管理系统，即通过利用电脑系统分析贸易商档案数据、商品和/或原产地进行海关监管。为此，柬埔寨政府还采用计算机化海关清关综合系统——自动海关数据系统。

此外，为简化海关程序，政府决定推行使用“海关一站式服务系统”，并计划在西哈努克港安装自动海关数据系统终端。柬埔寨政府希望借此减轻贸易活动的行政负担，并减少腐败滋生的机会。

2. 关税税率。除天然橡胶、宝石、半成品或成品木材、海产品、沙石等5类产品外，一般出口货物不需缴纳关税。所有货物在进入柬埔寨时均应缴纳进口税，投资法或其他特殊法规规定享受免税待遇的除外。进口关税主要由四种汇率组成：7%、15%、35%和50%。

在东盟自由贸易协定的共同有效关税体制下，从东盟其他成员国进口、满足原产地规则规定的产品可享受较低的关税税率。按照整体关税减让时间表规定，到2010年，除少数特例商品外，柬埔寨关税税率降至0~5%。

二、外国投资市场准入规定

（一）投资主管部门

柬埔寨发展理事会是负责重建、发展和投资监管事务的一站式服务机构，由柬埔寨重建和发展委员会和柬埔寨投资委员会组成。该机构负责对全部重建、发展工作和投资项目活动进行评估和决策，批准投资人注册申请的合格投资项目，并颁发最终注册证书。

但对于下列条件的投资项目，需提交内阁办公厅批准：（1）投资额超过5000万美元；（2）涉及政治敏感问题；（3）矿产及自然资源的勘探与开发；（4）可能对环境产生不利影响；（5）基础设施项目，包括BOT、BOOT、BOO和BLT项目；（6）长期开发战略。

（二）投资行业的规定

柬埔寨政府视外国直接投资为经济发展的主要动力。柬埔寨无专门的外商投资法，对外资与内资基本给予同等待遇，其政策主要体现在《投资法》（本法于1994年8月4日柬埔寨王国第一届国会特别会议通过，1997年、1999年两度修订）及其《修正法》（2003年2月3日柬埔寨王国第二届国会通过）等相关法律规定中。此外，外国投资同样可享受美、欧、日等28个国家和地区给予柬埔寨的普惠制待遇（GSP）。

1. 投资法。《投资法》制约所有柬埔寨人和外国人在柬埔寨境内的投资活动，对投资主管部门、投资程序、投资保障、鼓励政策、土地所有权及其使用、劳动力使用、纠纷解决等作出明确的规定。

《投资法修正法》是对《投资法》的补充和修正。在投资申请、投资项目购进与合并、合资经营、税收、土地所有权及其使用、劳动力、惩罚等方面给出相关定义,并作出明确规定。

《关于柬埔寨发展理事会组织与运作法令》规定了柬埔寨投资主管部门即柬埔寨发展理事会的组织结构、职权任务和运作方式。

《关于特别经济区设立和管理的第 148 号法令》(2005年 12 月颁布),规定了建立经济特区的法律程序,经济特区的管理框架与任务、对经济特区的鼓励措施、对出口加工生产区的特别措施、劳动力管理与使用、职业培训、侵权与纠纷的解决。

《商业管理与商业注册法》,对商业公司的成立、组织、运作、解散、转让和变更做出了规定,对公司的类型进行了划分。

《商业合同法》,规定了所有类型合同的成立、履行、解释和执行。它也进一步详细地描述了某些类型的合同,比如销售合同、租赁合同、借贷合同、个人财产抵押和担保。

柬埔寨发展理事会链接网站:www. cambodiainvestment. gov. kh

柬埔寨商业部链接网站:www. moc. gov. kh

2. 投资保障。柬埔寨政府对投资者提供的投资保障包括:(1)对外资与内资基本给予同等待遇,所有的投资者,不分国籍和种族,在法律面前一律平等;(2)柬埔寨政府不实行损害投资者财产的国有化政策;(3)已获批准的投资项目,柬埔寨政府不对其产品价格和服务价格进行管制;(4)不实行外汇管制,允许投资者从银行系统购买外汇转往国外,用以清算其与投资活动有关的财政债务。

3. 投资优惠。经柬埔寨发展理事会批准的合格投资项目可取得的投资优惠包括:(1)免征投资生产企业的生产设备、建筑材料、零配件和原材料等的进口关税;(2)企业投资后可享受 3—8 年的免税期(经济特区最长可达 9 年),免税期后按税法交纳税率为 9% 的利润税;(3)利润用于再投资,免征利润税;分配红利不征税;(4)产品出口,免征出口税。

4. 行业鼓励政策。柬埔寨行业鼓励政策主要体现在农业和旅游业两个方面。农业在吸引外商投资产业上,柬埔寨政府依据投资法对开发种植 1000 公顷以上的稻谷、500 公顷以上的经济作物、50 公顷以上的蔬菜种植项目;对畜牧业存栏在 1000 头以上、饲养 100 头以上的乳牛项目、饲养家禽 10000 只以上项目;以及占地 5 公顷以上的淡水养殖、占地 10 公顷以上的海水养殖项目均给予支持和优惠待遇。主要鼓励措施是:(1)项目在实施后,从第一次获得盈利的年份算起,可免征盈利税的时间最长为 8 年。如连续亏损则被准许免征税。如果投资者将其盈利用于再投资,可免征其盈利税;(2)政府只征收纯盈利税,税率为 9%;(3)分配投资盈利,不管是转移到国外,还是在柬国内分配,均不征税;(4)对投资项目需进口的建筑材料、生产资料、各种物资、半成品、原材料及所需零配件,均可获得 100% 免征其关税及他赋税,但该项目必须是产品的 80% 供出口的投资项目。旅游业目前全国大多数省市都把发展旅游业作为首要工作之一,将旅游产业定位于"优先发展领域""支柱产业"和"特色产业"来加快发展。

5. 鼓励投资的领域。《投资法》十二条规定,柬埔寨政府鼓励投资的重点领域包括:创新和高科技产业;创造就业机会;出口导向型;旅游业;农工业及加工业;基础设施及能源;各省及农村发展;环境保护;在依法设立的特别开发区投资。投资优惠包括免征全部或部分关税和赋税。

6. 限制投资的领域。《投资法修正法实施细则》(2005年 9 月 27 日颁布)列出了禁止柬埔寨和外籍实体从事的投资活动,包括:神经及麻醉物质生产及加工;使用国际规则或世界卫生组织禁止使用、影响公众健康及环境的化学物质生产有毒化学品、农药、杀虫剂及其他产品;使用外国进口废料加工发电;森林法禁止的森林开发业务;法律禁止的其他投资活动。
此外,该细则还列出了"不享受投资优惠的投资活动"和"可享受免缴关税,但不享受免缴利润税的特定投资活动"。

7. 对外国公民的限制。《投资法》对土地所有权和使用作出规定:(1)用于投资活动的土地,其所有权须由柬埔寨籍自然人、或柬埔寨籍自然人或法人直接持有 51% 以上股份的法人所有;(2)允许投资人以特许、无限期长期租赁和可续期短期租赁等方式使用土地。投资人有权拥有地上不动产和私人财产,并以之作为抵押品。

8. 矿产投资。2016 年 6 月,柬埔寨政府出台《矿产勘探和工业开采执照管理条例》。根据条例,面积小于 200 平方千米的矿产勘探与开采执照,由矿产能源部批准;大于 200 平方千米的矿区勘探开采执照,由王国政府批准。任何自然人和法人都有权在规定的条件内提出超过一个矿区的勘探申请。执照有效期为 3 年,到期之后可申请延期两次,每次为期两年。已获政府授予矿产勘探和开采权的企业须在 180 天内提出新的勘探和开采申请,否则其执照将被没收。据矿产能源部统计,目前在柬埔寨有 70 余家公司从事矿业,包括中国、澳大利亚、美国、法国、马来西亚、越南等国家。

(三)投资方式的规定

1. 外国直接投资。在柬埔寨进行投资活动比较宽松,不受国籍限制(土地法有关土地产权的规定除外)。除禁止或限制外国人介入的领域外,外国投资人可以个人、合伙、公司等商业组织形式在商业部注册并取得相关营业许可,即可自由实施投资项目。但拟享受投资优惠的项目,需向柬埔寨发展理事会申请投资注册并获得最终注册证书后方可实施。获投资许可的投资项目称为"合格投资项目"。

2. 合资企业。合格投资项目可以合资企业形式设立。合资企业可由柬埔寨实体、柬埔寨及外籍实体或外籍实体组成。柬埔寨王国政府机构亦可作为合资方。股东国籍或持股比例不受限制,但合资企业拥有或拟拥有柬埔寨王国土地或土地权益的除外。在此情况下,非柬埔寨籍实体的自然人或法人合计最高持股比例不得超过 49%。

3. 合格投资项目合并。两个或以上投资人,或投资人与其他自然人或法人约定合并组成新实体,且新实体拟实施投资人合格投资项目,并享受合格投资项目最终注册证书规定投资优惠及投资保障的,新实体需向投资委员会书面申请注册为投资人,并申请将合格投资项目最终注册证书转让新实体。

4. 收购合格投资项目。投资人或其他自然人或法人收购合格投资项目所有权,且拟享受合格投资项目最终注册证书规定投资优惠及投资保障的,应向投资委员会提出收购申请,将合格投资项目最终注册证书转让新实体。收购人为未注册自然人或法人的,需先申请注册为投资人。投资人股份转让造成受让方取得投资人控制权的,投资人须向投资委员会提出转让申请，并提供受让人名称和地址。

（四）基础设施PPP/BOT模式的规定

目前，在柬埔寨开展BOT项目的主要以中资公司为主，涉及行业包括水电站、输变电网等，特许经营期限没有特殊规定，水电站的经营期限一般是30—40年。

（五）特殊经济区域的规定

1. 经济特区法规。2005年12月，《关于特别经济区设立和管理的148号次法令》颁布，特别经济区体制在柬埔寨开始施行。柬埔寨发展理事会下设的柬埔寨特别经济区委员会是负责特别经济区开发、管理和监督的一站式服务机构，特别经济区管委会是在特别经济区现场执行一站式服务机制的国家行政管理单位，由柬埔寨特别经济区委员会设立，并在各特别经济区常驻。

特别经济区次法令规定特别经济区委员会应向全部特别经济区提供优惠政策；《投资法修正法》规定，位于特别经济区的合格投资项目有权享受与其他合格投资项目相同的法定优惠政策和待遇。经济区开发商和区内投资企业可享受的优惠投资政策见表。

受益人	优惠政策
经济区开发商	1. 利润税免税期最长可达9年；2. 经济区内基础设施建设使用设备和建材进口免征进口税和其他赋税；3. 经济区开发商可根据《土地法》取得国家土地特许，在边境地区或独立区域设立特别经济区，并将土地租赁给投资企业
区内投资企业	1. 与其他合格投资项目同等享受关税和税收优惠；2. 产品出口国外市场的，免征增值税。产品进入国内市场的，应根据数量缴纳相应增值税
全体	1. 经济区开发商、投资人或外籍雇员有权将税后投资收入和工资转账至境外银行；2. 外国人非歧视性待遇、不实行国有化政策、不设定价格

2. 经济特区介绍。截至2020年底，在柬埔寨发展理事会（CDC）注册的经济特区58个，正式批准40个，正在运营24个，主要分布在国公、西哈努克、柴桢、班迭棉芷、茶胶、干拉、贡布、磅湛和金边市等省市。其中，西哈努克省经济特区数量最多，包括中国江苏红豆集团与柬埔寨国际投资开发集团合资建立的西哈努克港经济特区。

在柬埔寨经济特区投资，可享受税收、设备和原材料进口、产品出口等方面的优惠政策。近年来，柬埔寨经济特区吸引外资呈增长趋势。在柬埔寨经济特区投资的外商主要来自日本、中国、中国台湾、马来西亚和新加坡，行业涉及服装、制鞋、电子、农产品加工等。

三、外国企业在柬埔寨获得土地的规定

（一）土地法的主要内容

柬埔寨《土地法》于1992年颁布，并于2001年8月修正。2001年土地法修正案主要目的是明确不动产所有权体制，以保障不动产所有权及相关权益。该法还旨在建立现代化土地注册体系，以保障人民拥有土地的权利。

《土地法》指定土地管理城市规划和建设部作为不动产权属证明文件的核发部门，并负责国有不动产的地籍管理工作。在所有权规定方面，严禁外籍自然人和法人拥有土地。《宪法》规定：全部自然人或法人均可单独或集体拥有所有权。仅限于柬埔寨籍自然人或法人有权拥有土地（第四十四条）。2001年《土地法》还规定仅限于柬埔寨自然人或法人可拥有土地所有权，外籍人士伪造身份证件已在柬埔寨拥有土地的，应受到惩罚（第八条）。柬埔寨籍法人是指柬埔寨公民或公司持有51%或以上股份的公司。此外，《土地法》规定：除为公共利益外，不得剥夺所有权。需剥夺所有权的，应按法律法规规定的形式和程序进行，并应提前予以公平、公正的补偿。

土地特许。柬埔寨土地特许分为三类：社会特许、经济特许及适用开发或开采特许。社会特许受益人可在国有土地上修建住宅或开垦国有土地谋生。经济特许受益人可整理土地进行工业或农业开发。使用、开发或开采特许包括矿产开采特许、港口特许、机场特许、工业开发特许、渔业特许，不受2001年《土地法》管辖（第四十九条、五十条）。

土地特许仅在特许合同规定的时间内设定权利（第五十二条）。土地特许面积不超过1万公顷，特许期限不超过99年（第五十九、六十一条）。

土地租赁。土地租赁分为两种：无限期租赁和固定期限租赁。固定期限租赁包括短期可续租租赁和15年或以上长期租赁。长期租赁构成对不动产的诉权，该权利可用于等值回报或继承转让。（第一百〇六条、一百〇八条）。

抵押。不动产所有人可以其不动产作为抵押品，通过抵押或质押方式保证支付债务（第一百九十一条）。

土地使用限制。1994年颁布的《土地使用规划、城市化与建设法》管辖柬埔寨全境范围内的土地使用。本法和很多土地使用规划均极其笼统，投资者在实施投资项目之前应认真核对实际的规划规则。2010年12月，柬埔寨内阁通过法律草案，允许外国人购买柬埔寨业主房屋一楼以上的房产。

（二）外资企业获得土地的规定

根据柬埔寨《土地法》（2001年）规定，禁止任何外国人（包括自然人和外商控制的法人）拥有土地，但合资企业可以拥有土地，其中外方合计持股比例最高不得超过49%。由于近30年的战乱，柬埔寨土地体系遭到严重破坏，许多土地所有权权属证明文件及地块登记资料丢失，造成目前仍有大量与土地所有权相关的纠纷。因此，很重要的一点是投资者在与柬埔寨公司订立土地使用、租赁或按土地所有权分配利益的合同之前，应核实土地所有人的所有权。

柬埔寨政府暂停批准经济特许地。2012年5月7日，柬埔寨首相洪森签发《提高经济特许地管理效率》的政府令，宣布自即日起暂停批准新的经济特许地。该法令要求政府各部门、各有关单位必须认真执行政府关于提供经济特许地的合同规定，不影响社区和当地居民的生活环境；对于已经获得经济特许地，但未按法律原则和合同规定进行开发，或者利用特许地经营权开拓更大土地，转售空闲土地，违背合同，侵犯社区人民土地的公司，政府将收回其经济特许地；对于之前已获政府批准的经济特许地，政府将继续依照法律原则和合同执行。2014年，柬埔寨政府开始对现有经济特许地开发情况进行清查，对不按计划开发的公司，政府将收回经济特许地。

四、环境保护法律规定

（一）柬埔寨环保部门

柬埔寨环境保护主管部门是环境保护部，其主要职责是：通过防止、减少及控制污染，保护并提升环境质量和公共卫生水平；在柬埔寨王国政府决策前，评估项目对环境造成的影响；保障合理及有序的保护、开发、管理及使用柬埔寨王

国自然资源;鼓励并为公众提供机会参与环境和自然资源保护;制止影响环境的行为。

（二）主要环保法律法规

柬埔寨国民议会于1996年11月18日通过了柬埔寨第一部《环境保护法》。环境保护部与柬埔寨其他有关部门制定了一系列环保规章，就柬埔寨领空、领水、领地内或地表上进口、生成、运输、再生、处理、储存、处置、排放的污染物、废物和有毒有害物质的来源、类型和数量;噪音、震动的来源、类型和影响范围都进行了明确规定。

（三）环保法律法规基本要点

根据柬埔寨《环境保护法》,任何私人或公共项目均需要进行环境影响评估;在项目提交柬埔寨王国政府审定前，由环境保护部予以检查评估;未经环境影响评估的现有项目及待办项目均需进行评估。环境保护部与有关部门有权要求任何工厂、污染源、工业区或自然资源开发项目所在区域的所有人或负责人安装或使用监测设备，提供样品，编制档案，并提交记录及报告供审核。环境保护部应依据公众建议，提供其相关作为信息，并鼓励公众参与环境保护和自然资源管理。企业不得拒绝或阻止检查人员进入有关场所进行检查，否则将处以罚款，有关责任人还可能被处以监禁。

（四）环保评估的相关规定

柬埔寨日益重视环境问题，并正在努力建立其环评体系。柬埔寨于1999年颁布了有关环境影响评价的法令，规定项目须在其环评报告经柬埔寨发展署（CDC）批准后方可实施。柬埔寨环境保护和资源管理法（EPNRM）中规定了环境影响评价的具体适用范围，主要集中在工业、农业、旅游业以及基础设施建设4个领域内。环境保护部是环境影响评价的主要管理部门，其他各部门如水利、能源、交通等，为其所负责领域内的项目环境影响评价提供相关意见。同时，各级环境部门须负责同级政府部门之间的协调合作，保证环评的顺利施行。

在环评初期，申请人须将项目方案递交至环境影响管理机构，并公布项目方案中的详细计划。法令还对其公示方式进行了严格规定，公众有权在公示期30天内对项目方案提出书面异议并提交环境影响管理机构，同时抄送项目申请人。收到公众的书面异议后，项目申请人须在确定环境影响评价的具体范围时进行公众咨询，并将咨询结果和相关文件连同环评职责书一并交由EIA（环境影响评价）专门委员会审查。在专委会正式确定职责范围之前，公众还可以通过在专委会中的代表对项目方案提出二次异议。

柬埔寨虽然1999年就颁布实施了环评法令，但由于条件所限，直到2004年才有部分建设项目开展环评工作。柬埔寨环评人员和法律法规尚处于起步阶段，柬埔寨国家环评法令规定，项目在获得审批和动工之前，必须完成环境影响评估工作，并向环保部送交环评报告书。

五、保护知识产权规定

（一）当地有关知识产权保护的法律法规

柬埔寨已于1995年成为世界知识产权组织成员，并于1999年加入《巴黎公约》。进入新世纪以来，柬埔寨政府已通过一系列保护知识产权的法律法规，取得长足进步。最新颁布的法律法规包括:《商标、商号与反不正当竞争法》（2002年）、《版权与相关权利法》（2003年）、《专利、实用新型与工业设计法》（2003年）、《育种者权利和植物品种保护法》（2008年）。此外，柬埔寨政府还准备颁布下列法律:《未披露信息与商业秘密保护法》《集成电路版图设计保护法》《地理标志保护法》。

1. 商标商号。2002年颁布的《商标、商号与反不正当竞争法》（下文简称《商标法》）是柬埔寨第一部知识产权保护法，该法规定应通过注册取得商标专有权。如申请人在申请材料中能够证明其已在《巴黎公约》任一成员国提交该商标全境或区域注册申请的，可取得商标注册的优先权。该法还对注册程序、失效、集体商标、商标许可、商号、侵权和赔偿、边境保护措施、所有权转让或变更等均做出规定。

柬埔寨《商标法》仅认可“一国用尽原则”,因此，权利所有人对分销和进口享有专有权，并可通过委托或分销协议方式转让给独家分销商。

2. 版权。2003年颁布的《版权与相关权利法》（简称《版权法》）旨在为作家、表演者提供与其作品相关的权利，保护文学作品、文化表演、表演者、唱片制作人、广播机构节目，以保证这些文化产品能够得到公正合法的使用。作品作者对该作品享有可针对任何人行使的专有权，包括精神权利和经济权利——作者的精神权利永久有效，不可剥夺，且不得扣押或设定追溯期限。作者的经济权利是指通过授权复制、公开发表或创作衍生作品等，实现其作品价值的专有权，经济权利保护自作品创作完成之日起开始，至作者去世后50年止。

3. 专利、实用新型和工业设计。2003年颁布的《专利、实用新型与工业设计法》,主要目的为保护在柬埔寨授予的专利、实用新型和注册的工业设计。专利是指为保护发明所授予的权利，有效期为20年。实用新型证书主要是为保护具备新颖性及可实现产业化的实用新型，有效期为7年，不可延期。具备新颖性的工业设计可申请注册，有效期为5年，注册后可连续延期两次，每次5年。

《育种者权利和植物品种保护法》,颁布于2008年，适用于所有的植物品种，包括已有的和新的植物品种，旨在监督和管理植物品种的培育、使用、生产、加工、注册、分配、进口、出口和保护植物新品种，确保植物品种的可持续发展，造福社会、经济与环境。

《地理标志保护法》,颁布于2014年，旨在保护生产者和经营者的知识产权，保护消费者，旨在管理、注册、识别和保护柬埔寨的地理标志，农产品、食品、手工艺品或任何其他在地理区域生产或改造的产品均属于柬地理标志的注册和保护范围内。

（二）知识产权侵权的相关处罚规定

柬埔寨关于知识产权的保护工作尚待进一步完善，主要是商业部负责打击假冒伪劣商品的部门对盗版光碟进行没收和销毁，尚无明确的处罚细则。

六、投资合作相关法律及对中国企业投资合作保护政策

（一）投资合作相关法律

《投资法》制约所有柬埔寨人和外国人在柬埔寨境内的投资活动，对投资主管部门、投资程序、投资保障、鼓励政策、土地所有权及其使用、劳动力使用、纠纷解决等作出明确的规定。

《投资法修正法》是对《投资法》的补充和修正。在投资申请、投资项目购进与合并、合资经营、税收、土地所有权及其使用、劳动力、惩罚等方面给出相关定义，并作出明确规定。

《关于柬埔寨发展理事会组织与运作法令》规定柬埔寨

投资主管部门——柬埔寨发展理事会的组织结构、职权任务和运作方式。

《关于特别经济区设立和管理的第148号法令》(2005年12月颁布)规定了建立经济特区的法律程序、经济特区的管理框架与任务、对经济特区的鼓励措施、对出口加工生产区的特别措施、劳动力管理与使用、职业培训、侵权与纠纷的解决。

《商业管理与商业注册法》对商业公司的成立、组织、运作、解散、转让和变更做出规定,对公司的类型进行划分。

《商业合同法》规定所有类型合同的成立、履行、解释和执行。它也进一步详细地描述了某些类型的合同,比如销售合同、租赁合同、借贷合同、个人财产抵押和担保。

(二)柬埔寨对中国企业投资合作的保护政策

1. 中国与柬埔寨签署双边投资保护协定。1996年7月,中国与柬埔寨签署《中华人民共和国政府和柬埔等政府关于促进和保护投资协定》。

2010年1月1日,中国—东盟自由贸易区的全面建成,进一步为中柬合作开辟更加宽广和畅通的渠道,提供更多的机会。2010年,中柬双方签署16项协议,涉及基础设施建设、水利资源开发通信技术、能源开发等领域。

2. 中国与柬埔寨签署避免双重征税协定。中国已于2016年与柬埔寨签署避免双重征税协定。

3. 中国与柬埔寨签署的其他协定。双边签署的其他协定包括:《中柬贸易协定》(1996年7月)、《中柬文化协定》(1999年2月)、《中柬旅游合作协定》(1999年2月)、《中柬关于成立经济贸易合作委员会协定》(2000年11月)、《中柬农业合作谅解备忘录》(2000年11月)、《中柬关于旅游规划合作的谅解备忘录》(2004年4月)、《中柬领事条约》(2010年2月)、《关于柬埔寨精米及碎米输华的植物卫生要求议定书》、《关于柬埔寨木薯干输华的植物检验检疫要求议定书》、《关于柬埔寨香蕉输华植物检疫要求的议定书》(2018年8月)、《关于给予柬97%税目输华产品零关税待遇的换文》、《中柬航空运输协定》、《中柬经济技术合作协定》、《中柬经济文化合作协定》、《中国国家知识产权局与柬埔寨工业及手工业部关于中国专利在柬埔寨登记生效的谅解备忘录》(2018年3月)等。

印度尼西亚投资贸易指南

一、对外贸易法规和政策规定

(一)贸易主管部门

印尼主管贸易的政府部门是贸易部,其职能包括制定外贸政策,参与外贸法规的制定,划分进出口产品管理类别,进口许可证的申请管理,指定进口商和分派配额等事务。

(二)贸易法规体系

主要包括《贸易法》《海关法》《建立世界贸易组织法》《产业法》等。与贸易相关的其他法律还涉及《国库法》《禁止垄断行为》和《不正当贸易竞争法》等。与贸易相关的其他法律还涉及《国库法》《禁止垄断行为法》和《不正当贸易竞争法》等。

(三)贸易管理的相关规定

除少数商品受许可证、配额等限制外,大部分商品均放开经营。2007年年底,印尼贸易部实行进出口单一窗口制度,大大简化了管理程序。

1. 进口管理。印尼政府在实施进口管理时,主要采用配额和许可证两种形式。适用配额管理的主要是酒精饮料及包含酒精的直接原材料,其进口配额只发放给经批准的国内企业。适用许可证管理的产品包括工业用盐、乙烯和丙烯、爆炸物、机动车、废物废品、危险物品,获得上述产品进口许可的企业只能将其用于自己的生产。

2. 进口许可制度。2010年,印尼开始实施新的进口许可制度,将现有的许可证分为两种,即一般进口许可证和制造商进口许可证。一般进口许可证主要是针对为第三方进口的进口商,制造商进口许可证主要是针对进口供自己使用或者在生产过程中使用的进口商。

3. 出口限制。出口货物必须持有商业企业注册号/商业企业准字或由技术部根据有关法律签发的商业许可以及企业注册证。出口货物分为四类:受管制的出口货物、受监视的出口货物、严禁出口的货物和免检出口货物。

(四)进出口商品检验检疫

1. 卫生与植物卫生措施。印尼所有进口食品必须注册,进口商必须向印尼药品食品管理局申请注册号,并由其进行检测。

植物产品进口检验检疫要求重点对以球茎形式进口的新鲜蔬菜的检验检疫和技术两方面提出要求。在检验检疫方面,除了须具备与2005年法规相同的原产国权威机构签发的证书外,经转运的产品还须被提供转运国授权的证书。在技术要求方面,该规定加严了原产国无虫害地区的调查及对植物性检疫虫害进行风险分析。

2. 国家标准。2009年以来,印尼政府开始在食品、饮料、渔业等诸多行业强制推行国家标准。印尼贸易部出台新规定,要求包括进口产品在内的所有产品必须附有印尼文说明。印尼海洋渔业部规定要求81种渔业产品必须符合印尼国家标准,甚至将捕鱼工具、渔产加工程序及微生物学测试程序等也列入印尼国家标准。印尼工业部等政府部门在2011年对电线、电子、汽车零部件、家电、五金建材、玩具等几十种产品强制推行国家标准。

印尼贸易部出台新规,要求包括进口产品在内的所有产品必须附有印尼文说明。

(五)海关管理规章制度

1. 管理制度。印尼关税制度的基本法律是1973年颁布的《海关法》。现行的进口关税税率由印尼财政部于1988年制定。自1988年起,财政部每年以部长令的方式发布一揽子“放松工业和经济管制”计划,其中包括对进口关税税率的调整。印尼进口产品的关税分为一般关税和优惠关税两种。印尼关税制度的执行机构是财政部下属的关税总局。为促进进出口贸易,改善投资环境,印尼财政部关税局2009年宣布,决定在部分港口推行和提供每周7日每日24小时的海关和港口服务。

2. 关税税率。根据《中国—东盟全面经济合作框架协议货物贸易协议》,中国和印尼逐步削减货物贸易关税水平。中国—东盟自由贸易区在2010年初建成后,中国和印尼90%以上的进出口产品实现零关税。

二、外国投资市场准入规定

(一)投资主管部门

印尼主管国内投资和外国投资的政府部门分别是:投资协调委员会、财政部、能矿部。他们的职责分工是:印尼投资协调委员会负责促进外商投资,管理工业及服务部门的投资活动，但不包括金融服务部门；财政部负责管理包括银行和保险部门在内的金融服务投资活动；能矿部负责批准能源项目，而与矿业有关的项目则由能矿部的下属机构负责。

（二）投资行业的规定

1. 鼓励、限制、禁止投资的领域。根据2007年第25号《投资法》，国内外投资者可自由投资任何营业部门，除非已为法令所限制与禁止。法令限制与禁止投资的部门包括生产武器、火药、爆炸工具与战争设备的部门。另外，根据该法规定，基于健康、道德、文化、环境、国家安全和其他国家利益的标准，政府可依据总统令对国内与国外投资者规定禁止行业。相关禁止行业或有条件开放行业的标准及必要条件，均由总统令确定。

根据《2007年关于有条件的封闭式和开放式投资行业的标准与条件的第76号总统决定》和《2007年关于有条件的封闭式和开放式行业名单的第77号总统决定》，25个行业被宣布为禁止投资行业，仅能由政府从事经营。禁止投资的行业包括：毒品种植交易业、受保护鱼类捕捞业、以珊瑚或珊瑚礁制造建筑材料，含酒精饮料工业、水银氯碱业、污染环境的化学工业、生化武器工业，机动车型号和定期检验、海运通讯或支持设施、舰载交通通信系统、空中导航服务、无线电与卫星轨道电波指挥系统、地磅站，公立博物馆、历史文化遗产和古迹、纪念碑以及赌博业。

2. 2020—2021年调整的外资政策。一是优化政策法规。出台《综合性创造就业法》，并通过修订现行法律，作为其实施配套。2021年3月推出投资“优先清单”，取代原有的投资“负面清单”，在基础设施（机场、港口）、可再生能源（小型水电、风电、太阳能、地热、生物质发电）、建筑服务、通信媒体信息技术、分销仓储、医疗医药等重点领域，取消或放宽股权比例等对外资的限制。例如，电动汽车作为“优先清单”鼓励的投资行业，投资者可享受100%独资设立企业、公司所得税100%减免（若投资额达到3500万美元以上）或公司所得税50%减免（若投资额达到700万~3500万美元）等一系列优惠政策。二是加大资金支持。印尼2020—2024年基础设施建设规划的资金需求达4500亿美元，42%的资金缺口（约1900亿美元）将通过与国内外私营资本合作进行融资。印尼政府为此专门设立了主权财富基金及其投资管理机构，负责吸引全球资本共同投资收费公路、机场、港口、数字基建等国家战略项目。三是提高行政效能。2021年4月，将投资协调委员会（BKPM）升格为投资部，任命投资协调委员会主席巴赫里尔兼任投资部长。按照《综合性创造就业法》授权，新的投资部被赋予更强监管职能，一方面通过自2021年6月起实施的在线单次提交许可申请系统（OSS），将地方政府的选址、环保、建设等许可审批职能收归中央政府，并借助数字政务简化审批流程、压缩寻租空间；另一方面，对于政府中阻碍项目落地的官僚做法，负责协调中央层面行业主管部门、垂直督办地方政府加快许可审批。

（三）投资方式的规定

1. 合资企业。根据2007年第25号《投资法》及相关规定，在规定范围内，外国投资者可与印尼的个人、公司成立合资企业。

2. 独资企业。依照印尼《投资法》的规定，外国直接投资可以设立独资企业，但须参照《非鼓励投资目录》规定，属于没有被该《目录》禁止或限制外资持股比例的行业。

3. 外资并购。外国投资者可以通过公开市场操作，购买上市公司的股票，但受到投资法律关于对外资开放行业相关规定的限制。印尼市场中多数律师所和咨询公司提供此项服务。

（四）基础设施PPP模式发展情况

印尼基础设施PPP模式是由印尼政府决定，通过相关政府承包代理以及企业实体（私营部门）之间的协议（合同）进行开发与融资的基础设施项目。在政府授予后，私营部门负责设计工作、施工、项目融资以及运营。

1. 主管机构。印尼国家发展规划部、财政部、经济统筹部、基础设施建设加速政策委员会（KPPI）四个部门负责制定PPP政策。

2. 行业主管部门。能源与矿产资源部（MEMR）、SKK Migas（印尼上游油气监管机构）、BPH Migas（印尼油气下游业务管理机构）、电信与信息技术部、公共工程与住房部、交通部、环境与林业部。

3. 基础设施PPP主要政策法规文件。2010年78号总统令——通过基础设施担保实施的政府与企业实体合作项目的基础设施保障；2015年38号总统令——政府与企业实体在基础设施供给方面的合作；2015年国家发展规划4号令——基础设施供给项目政府与企业实体合作实施程序；2015年国家公共设施采购委员会19号令——政府与企业实体合作的基础设施供给项目采购程序；2016年财政部8号令——政府与企业实体合作基础设施项目实施保障指南；2016年财政部260号令——政府与企业实体合作基础设施项目可用性付费程序。

4. 中资企业PPP模式案例。印尼雅加达—万隆高铁项目是中国境外首条采用中国标准和技术合作建设的时速350千米的高速铁路。项目线路正线全长142.3千米，全线设计4座车站，由中国国家铁路集团有限公司所属中国铁路国际有限公司牵头的中方企业联合体与印尼企业联合体采取合资、合作建设和管理方式建设和运营。2015年10月16日，印尼中国高铁有限公司（KCIC）在印尼注册成立。2017年4月4日，印尼中国高铁有限公司与高铁承包商联合体在雅加达正式签署雅万高铁项目总承包（EPC）合同。2017年5月14日，在中国和印尼两国元首见证下，中国国家开发银行与印尼中国高铁有限公司就印尼雅加达至万隆高速铁路项目正式签署贷款协议。截至2021年7月，雅万高铁工程建设已完成约75%，预计于2022年底竣工。

三、特殊经济区域规定

（一）经济特殊法规

2009年，印尼通过了经济特区新法律。在特别经济区开展业务的公司，可以享受税收（包括增值税、销售税及进口税等）、土地使用等方面的优惠政策。政府将简化投资人申请设立公司或申办其他事项的手续。

2015年11月，印尼内阁秘书部公布报告称，此前印尼政府发布的第六期经济措施配套，将对经济特区提供各项优惠政策，主要惠及9个方面。（1）所得税方面。投资额超过1万亿盾的企业可享受为期10年至25年的减税或者免税20%至100%优惠；投资额超过0.5万亿盾的企业可享受5年至15年的减税或者免税20%至100%优惠。（2）增值税和奢侈品销售税的优惠（包括免税进口）。从其他地区购买商品或原材料进入经济特区可免税；从经济特区运至其他地区也可免税；经济特区内企业之间的交易可免税，经济特区企业与另外的经济特区企业的交易也可免税。(3)海关方面的优惠。从经济特区进入国内市场的进口税按照原产地证书(SKA)的规定。(4)外籍人士拥有房地产的优惠。外国公民或外国企业可以在经济特区拥有公寓或房地产；拥有公寓或房地产的外国公民或外国企业，可以通过经济特区管理机构的保证获得居留证；所拥有的奢侈品可获得免除增值税、奢侈品销售税。(5)旅游业方面的优惠。可以获得削减50%至100%的第一期建设税；可以获得削减50%至100%的娱乐税。(6)劳动力方面的优惠。经济特区将成立工资委员会，以及成立由政府、雇主和雇员组成的合作机构；每一个企业只有一个工会或工人论坛；经济特区有权直接发出和延长使用外国员工的计划书；可在经济特区延长外国员工准字。(7)移民方面的优惠。可获得为期30天的首次访问签证，并可连续延长5次每次30天的时间；可以获得为期1年的多次访问签证；在经济特区拥有房地产的外籍人士可以获得居留证；在旅游业经济特区的外籍老年人可以获得居留证。(8)土地方面的优惠。通过经济特区私营企业的建议，可以获得有关建筑物使用权，并可持续延长；经济特区行政组织可以直接为业者提供土地方面的服务。(9)许可证方面的优惠。经济特区管理人可以直接发出原则许可证和营业证书；从开始申请直至发出许可证的时间最久为3个小时；将提供许可证方面和非许可证方面的服务列表；可以通过经济特区管理员申请处理许可证方面和非许可证方面的服务。

(二)经济特区介绍

印尼政府已批准成立并正式运营12个经济特区，分别是北苏门答腊省(Sei Mangkei)、东加里曼丹省(Maloy Batuta)、中苏拉威西省巴鲁(Palu)、北马鲁姑省(Morotai)、南苏门答腊省(Tanjung Api - Api)、万丹省(Tanjung Lesung)、西努沙登加拉省(Mandalika)、北苏拉威西省比通(Bitung)、邦加勿里洞省勿里洞县Sijuk镇丹绒格拉洋(Tanjung Kelayang)、巴布亚省的梭隆(Sorong)特殊经济区、中爪哇的肯达尔(Kendal)、亚齐的司马威阿伦(ArunLhokseumawe)。对于经济特区，印尼期望能引进更多的先行性企业，行业涵盖物流、工业、技术、旅游、能源、出口加工等。投资企业可享受5到10年不等的免税期。经济特区都将提供开放和灵活的特殊政策，拥有进入国际市场的能力(近海港或空港)，位于第一资源地区，欢迎个人和私人资本采用多样化的合作模式进行投资。

四、外国企业在印尼获得土地的规定

(一)土地征用法案

印尼的土地征用法一直被视为实施基础设施项目的主要障碍。2011年12月，印尼国会批准名为“民心工程的土地征用”第2/2012号法律的土地征用法案，该法案涉及的项目有铁路、港口、机场、道路、水坝和隧道等。该法案通过明确表示政府会将土地用于基础设施项目的建设，通过给被征地人更合理的补偿，来获取基础设施建设用地。根据印尼的法律程序，众议院通过法案后，必须再颁布一条总统法令来明确有关补偿和新法案适用的项目类别等条例实施细则，还需要财政部等其他部门出台进一步的配套条例。

在框架方面，该法案本身仅适用于政府项目，但根据公私合作伙伴计划，私营部门的投资者可通过与国有企业合作的方式参与。此外，除了设定土地征用程序的完成期限为583天以外，该方案还为项目选址设置了一个两年的最终决议期限，可延长一年。这种时间限制对于推进项目以及为项目流程提供法律确定性而言是至关重要的，因为过去按照之前的条例，监管力度薄弱，导致土地征用工作受到拖延。关于适用范围，新条例不适用于以往项目，因此实施对象只有尚未开始土地征用活动的项目。因此，之前的条例对已经开工的项目仍然有效，但如有需要，这些项目可在2014年初应用新条例。土地价格投机和补偿问题在总统条例中也得到了解决。根据该法案，国家机构所需土地可在与权利人协商后征用，而且权利人有权直接向最高法院提出上诉，法院有义务在74日内解决法律纠纷。独立评审小组将对土地进行估价，土地所有人得到的补偿将基于土地价格以及认为因放弃土地而造成的损失，也可进行上诉。

(二)外资企业获得土地的规定

印尼实行土地私有，外国人或外国公司在印尼都不能拥有土地，但外商直接投资企业可以拥有以下三种受限制的权利：建筑权，允许在土地上建筑并拥有该建筑物30年，并可再延期20年；使用权，允许为特定目的使用土地25年，可以再延期20年；开发权，允许为多种目的开发土地，如农业、渔业和畜牧业等，使用期35年，可再延长25年。

五、环境保护法律法规

印尼主管环境保护的部门是环境国务部，基础环保法律法规是1997年的《环境保护法》。《环境保护法》主要规定了环境保护目标、公民权利与义务、环境保护机构、环境功能维持、环境管理、环境纠纷、调查及惩罚违反该法的行为。

1997年的《环境保护法》是印尼环境保护的基本法，是制定和执行其他单项法律法规的依据，其他环境单项法律法规不得与本法相冲突和抵触。

本法较注重对生态和环境的保护，明确规定：“环境可持续发展是指在经济发展中充分考虑到环境的有限容量和资源，使发展既满足现代人又满足后代人生存需要的发展模式。”这表明，印尼在发展经济的同时，对自然资源的利用采取优化合理的方式，关注到环境的承载能力，力求使人民获得最大利益，形成人与环境之间的平衡和谐关系。

六、保护知识产权规定

(一)印尼当地有关知识产权保护的法律规定

印尼现行的知识产权法主要有2001年《专利法》、2001年《商标法》、2002年《著作权法》、2000年《商业秘密法》、2000年《工业设计法》、2000年《集成电路布图设计法》和2000年《植物品种保护法》。

印尼加入的国际条约包括：《保护工业产权巴黎公约》《专利合作条约》《商标法条约》《伯尔尼公约》以及《WIPO版权条约》和《WIPO表演和录音制品条约》《与贸易有关的知识产权协议》，也是世界知识产权组织的成员国。

《专利法》规定，专利保护期为20年，期满后不得续展。《商标法》规定，商标保护期为10年，保护期可以续展。《著作权法》规定，有效期分别不同情况为作者生前及其死后50年和首次发表后50年。

(二)知识产权侵权的相关处罚规定

印尼法律规定，违反知识产权保护法规的行为，将受到法律制裁，包括经济处罚和刑事处罚。

七、数字经济发展情况及相关规定

(一)数字基础设施情况

印尼5G将会遵循与4G类似的发展轨迹。尽管自2010

年开始商用并自 2014 年起流行，但 4G 尚未完全覆盖印尼农村。目前，印尼政府仍专注于扩大 4G 覆盖面。

2021 年 5 月 24 日，印尼通信部将 5G 技术运营资格证书颁发给 Telkomsel，这标志着 Telkomsel 正式成为印尼首家部署 5G 服务的移动运营商。5 月 27 日，电信运营商 Telkomsel 在印尼推出首个商用 5G 服务，在雅加达和南唐格朗部分高档住宅区率先提供运营服务。

2020 年印尼使用标准二维码（QRIS）的商户大幅增加，达到 580 万个，其中以中小微型企业为主。印尼央行拟定目标，2021 年将 QRIS 用户的商家数量翻一番，达到 1200 万。印尼中小微型企业将随着数字化的发展转型升级，扩大出口，成为印尼经济的重要支撑。

2021 年 2 月，微软公司宣布将在印尼建立一个数据中心区域以在本地提供其云服务，这将是微软公司在东南亚的第二个数据中心，仅次于新加坡。

（二）数字经济发展情况

佐科总统依据 2021 年 3 月 4 日签署的总统令组建了一个促进和扩展区域数字化（P2DD）的工作组。P2DD 工作组的成立旨在加速和扩展区域数字化，目的是鼓励实施区域政府交易（ETPD）的电子化，增加区域金融交易的透明度，支持治理以及整合财务管理系统，以优化区域收入。P2DD 工作组由经济统筹部长担任主席，指导委员会有七名成员，包括印尼央行行长、内政部长、财政部长、通信和信息技术部长、国务秘书、行政改革和官僚机构改革部长、国家发展规划部长/国家计委部长。

2020 年数字经济占印尼国内生产总值（GDP）的 4%，印尼政府预计 2030 年数字经济将占 GDP 的 18%，占到东盟数字经济的 40%，成为东盟第一大数字经济体。

2020 年，印尼数字经济交易额 632 万亿盾（约合 445 亿美元），有潜力在十年内提高 8 倍，即在 2030 年数字经济增长能够达到 4531 万亿盾（约合 3190 亿美元），其中 P2P 市场规模占 13%、在线医疗服务占 8%。

印尼央行预测 2021 年电子商务增长 39% 达 250 亿美元。而电子货币的使用量预计将激增 32% 达 180 亿美元，数字银行业务的数量预测将跃升 22% 达到 2.2 兆美元。

新冠疫情使数字经济在印尼中小城市快速发展。中小城市将占据印尼电子商务市场规模的 48%，占科技医疗的 46% 和网络教育的 45%。

（三）数字经济发展规划

佐科总统于 2020 年 8 月 3 日发布命令，要求加快国内数字化转型。印尼通信部制定了战略，包括公平分配基础设施，准备数字化转型路线图，发展国家数据中心，准备数字化人才，制定必要的计划和法规。印尼政府推出 2021—2024 年数字印尼总路线，在数字基建、数字政务、数字经济和数字社会四个领域发力。

印尼政府将继续扩大 4G 领域、发展 5G、发射 SATRIA 多功能卫星及建立国家数据中心，来推动数字经济的发展。工业部支持印尼工业加速工厂数字化转型，鼓励和协助印尼工业加速工厂数字化转型所需的自动化组件和设备。印尼央行将全力支持经济和金融系统数字化转型，已经建立了数字金融发展中心，并正在制订电子银行法规，内容包括新设立的电子银行资本金应该不少于 10 万亿印尼盾（约 7.1 亿美元），应该有能力持续健康运营并保护好客户信息安全等。

（四）数字经济相关政策和法规

2021 年，印尼拥有 1.75 亿互联网用户，全球数字竞争力排名为 56 位。印尼数据保护相关规定分散在 33 条不同法律中，数据保护法律已由印尼信息通讯部提出，列为 2021 年印尼国家 33 个优先立法之一。

八、绿色经济发展情况及相关规定

（一）印尼绿色经济发展情况

印尼将绿色投资纳入经济复苏计划中，通过绿色财政政策，在能源、垃圾管理和劳动密集型农业等方面推动绿色复苏和绿色经济发展。

1. 印尼国家电力公司碳中和路线图。印尼国家电力公司（PLN）正在编制碳中和路线图，计划到 2045 年使可再生能源电站在全国发电版图中取得主要地位，2055—2060 年实现全部清洁能源发电。第一步，PLN 将在 2025 年前将燃煤电站和燃气电站改造升级为可再生能源电站，2030 年、2035 年、2040 年、2045 年依次淘汰 1GW、9GW、10GW、24GW 的燃煤电站，2056 年淘汰全部燃煤电站，2058 年进入大规模可再生能源电站发展阶段。目前，印尼全国发电总量 63GW，其中化石燃料电站占 35GW，燃煤电站 21GW。

2. 太阳能。印尼将太阳能作为绿色环保电力的主要来源。印尼能矿部拟投入 2100 亿印尼盾（约 1450 万美元）在 70 个政府部门安装屋顶太阳能电池板，每年可节省 1500 万千瓦时（kWh）电力或 220 亿印尼盾电费，并在 25 年内减少 33.96 万吨温室气体排放。此外，印尼推出了“太阳能群岛”计划，拟在 4～5 年内为数百万贫困家庭安装屋顶太阳能电池板。印尼太阳能项目还包括：在矿场旧址、非生产性土地上兴建大规模太阳能发电厂，在水坝建造浮式太阳能发电场，屋顶太阳能板，以及将蒸汽发电厂改为太阳能发电厂等。印尼政府将东努省松巴（Sumba）岛设定为太阳能重要产区，每年潜在发电量达 1800 兆瓦。

印尼国有石油公司北塔米纳（Pertamina）已于 2020 年底启动太阳能发电厂建设，已完成 Badak 天然气码头、Dumai 炼油厂、Cilacap 炼油厂、Sei Mangkei 经济特区以及若干加油站的太阳能发电设施铺设。下一步计划在雅加达多地建造 500 兆瓦太阳能发电厂，将有助于每年减少 63 万吨二氧化碳排放，助力北塔米纳实现 2030 年温室气体排放量减少 30% 的目标。

3. 生物柴油。印尼是世界上最大的生物柴油生产国，日产量为 13.7 万桶。生物柴油被用作柴油发动机的替代燃料。作为世界第二大棕榈油生产国，印尼使用粗棕榈油作为生产生物柴油的主要原料，将 30% 的棕榈油混入柴油中制成 B30，可减少进口燃料油并减少温室气体排放。

4. 海洋垃圾。2018 年，印尼政府设定了到 2025 年将海洋垃圾减少 70% 的目标。2020 年流入海洋的塑料垃圾量减少到 52.15 万吨，比过去两年下降了 15.3%。根据印尼工业部数据，印尼至少有 60 家塑料回收公司，获得绿色工业证书的公司因为减少温室气体排放做出贡献而获得激励。

5. 新能源交通工具。印尼海投部制定了到 2025 年全国电动摩托车达到 200 万辆的目标。印尼能矿部鼓励使用新能源交通工具，设定了到 2030 年实现 200 万辆电动汽车和 130 万辆电动摩托车上路的目标。

6. 森林保护。印尼政府暂停发放森林砍伐许可，将保护 6600 万公顷森林，同时通过加强执法力度于 2020 年减少

82%森林火灾。

(二)印尼绿色经济发展规划

在《巴黎协定》框架下,印尼承诺在2030年前独立减排29%,或在国际支持下减排41%;并将零排放目标初步设定在2060年。在2021年即将在英国举行的第26届联合国气候变化大会上,英国邀请印尼一道担任“森林、农业和大宗贸易倡议”主席。

印尼致力于实现2025年可再生能源在能源生产结构中占比达到23%的目标,预计届时环保发电厂总装机容量达到24000兆瓦。印尼能源与矿业部数据显示,截至2021年4月,印尼能源生产结构中的新能源和可再生能源占比为13.55%,比2020年底的11.51%上升了2.04个百分点。其中,地热、水力和其他清洁能源在印尼能源结构中占比分别为5.6%、7.9%和0.33%。当前,印尼电力总装机容量为72888兆瓦,其中86.45%为化石能源。

(三)印尼与发展绿色经济相关的政策和法规

1. 再生能源法案。印尼拟于2021年审议可再生能源法案,该法案将从税收优惠、优化许可证受理、促进投资、优化融资结构等方面促进印尼可再生能源发展,帮助政府履行承诺。

2. 电动汽车发展路线。2020年第27号工业部长条例详列了电动车技术规格、路线图和国产化率计算方法等,为印尼电动车产业制定了发展路线图。印尼的目标是发展电动汽车主要零部件产业,即电池、电动机和逆变器。

3. 气候变化预算。根据2018年第二版两年更新报告(Second Biennial Update Report 2018),印尼需2472亿美元(3461万亿印尼盾)才能实现《巴黎协定》承诺目标,即每年需266.2万亿盾。在印尼国家财政预算中,分配用于气候变化的资金占4.1%,即86.7万亿盾(约62亿美元)。因此,印尼需要动员政府、企业及社会各界从废物管理、能源使用习惯、环保产品消费等方面参与落实气变承诺。

4. 绿色发展国际援助。亚洲开发银行承诺将全力支持印尼可持续经济增长,包括为绿色能源发电厂、地热和太阳能项目提供融资等。

2021年1月,印尼国电公司(PLN)获得世界银行多边投资担保机构(MIGA)担保的5亿美元“绿色贷款”,以确保在疫情期间维持7个可再生能源项目的建设。

2021年3月,德国政府批准了未来5年通过德国—印尼气候倡议以贷款形式向印尼提供29.8亿美元发展援助资金,用于支持印尼绿色基础设施项目,包括通勤火车系统、垃圾处理厂、清洁供水系统等,降低二氧化碳等温室气体排放。此外,德国政府向印尼提供了5940万欧元的赠款,用于资助印尼可持续发展的双边技术合作项目,包括可再生能源、绿色基础设施、林业和气候变化、可持续经济发展、教育和职业培训、治理等16个项目。

5. 碳税。2021年5月,印尼政府表示计划征收碳税。目前政府正就1983年第6号法律(税法)进行修订,草案文本显示政府将向购买含碳商品或开展存在碳排放活动的个人或公司征收碳税,税率为75印尼盾/每公斤碳排放当量(约合人民币3分/每公斤),税款将用于应对气候变化。印尼2022年财政政策宏观经济框架文件(KEM - PPKF)提出,印尼征收碳税的做法与其他国家没有区别,主要是面向碳排放量大的工厂征税,重点行业包括造纸、水泥、电力和石化行业等。

九、投资合作相关法律对中国企业投资合作保护政策

(一)印尼与投资合作相关的主要法律

主要法律有:《投资法》《公司法》《所得税法》《劳动法》《知识产权法》《破产法》《贸易法》《海关法》等。

(二)印尼对中国企业投资合作的保护政策

1. 中国与印尼签署双边投资保护协定。中华人民共和国政府和印尼共和国政府关于促进和保护投资协定(1994年11月18日)。中华人民共和国政府和印尼共和国政府关于扩大和深化双边经济贸易合作的协定(2011年4月29日)。

2. 中国与印尼签署避免双重征税协定。中华人民共和国政府和印尼共和国政府关于对所得避免双重征税和防止偷漏税的协定(2015年3月26日)。

老挝投资贸易指南

一、对外贸易法规和政策规定

(一)贸易主管部门

老挝贸易主管部门为老挝工业与贸易部(下设省市工业与贸易厅、县工业与贸易办公室),主要职责是制订、实施有关法律法规,发展与各国、地区及世界的经济贸易联系与合作,管理进出口、边贸及过境贸易,管理市场、商品及价格,对商会或经济咨询机构进行指导以及企业与产品原产地证明管理等。

(二)贸易法规体系

老挝与贸易相关的主要法律有《投资促进管理法》《关税法》《企业法》《进出口管理令》《进口关税统一与税率制度商品目录条例》等。

(三)贸易管理的相关规定

老挝所有经济实体享有经营对外经济贸易的同等权利,除少数商品受禁止和许可证限制外,其余商品均可进出口。

1. 禁止进口商品。枪支、弹药、战争用武器及车辆;鸦片、大麻;危险性杀虫剂;不良性游戏;淫秽刊物等5类商品禁止进口。

2. 禁止出口商品。枪支、弹药、战争用武器及车辆;鸦片、大麻;法律禁止出口的动物及其制品;原木、锯材、自然林出产的沉香木;自然采摘的石斛花和龙血树;藤条;硝石;古董、佛像、古代圣物等9类商品禁止出口。

3. 进口许可证管理商品。活动物、鱼、水生物;食用肉及其制品;奶制品;稻谷、大米;食用粮食、蔬菜及其制品;饮料、酒、醋;养殖饲料;水泥及其制品;燃油;天然气;损害臭氧层的化学物品及其制品;生物化学制品;药品及医疗器械;化肥;部分化妆品;杀虫剂、毒鼠药、细菌;锯材;原木及树苗;书籍、课本;未加工宝石;银块、金条;钢材;车辆及其配件(自行车及手扶犁田机除外);游戏机;爆炸物等25类商品进口需许可证。

4. 出口许可证管理商品。活动物(含鱼及水生物);稻谷、大米;虫胶、树脂、林产品;矿产品;木材及其制品;未加工宝石;金条、银块等7类商品出口需许可证。

(四)进出口商品检验检疫

老挝对各类动植物产品的进口有检疫要求,要求对进口产品的特征及进口商的相关信息进行检查。

1. 动物检疫。根据老挝动物检疫规定,活动物、鲜冻肉及肉罐头等进口商须向农林部动物检疫司申请动物检疫许可证。商品入境时由驻口岸的动物检疫员查验产地国签发的动物检疫证和老挝农林部签发的检疫许可证。

2. 植物检疫。老挝农林部负责植物检疫工作，进口植物及其产品须在老挝的边境口岸接受驻口岸检查员检查，并出示产品原产国有关机构签发的植物检疫证。

（五）海关管理规章制度

1. 管理制度。老挝政府于1994年12月颁布实施《统一制度和进口关税商品目录条令》，2005年5月颁布实施《关税法》及2001年10月颁布实施《商品进出口管理法令》等法律法规，对海关管理作了系列规定。其中《关税法》对进出口商品限制、禁止种类、报关、纳税、仓储、提货、出关、关税文件管理及报关复核等做了相关规定。

2. 关税税率。老挝关税分自主关税、协定关税、优惠关税、减让关税和零关税等5种不同的税率。详情可参看《统一制度和进口关税商品目录条令》及有关关税调整通知等文件。

3. 报关流程。货物进入仓库—过磅—做仓库临时报关单—打货物临时报关单、报海关审核、报海关领导签字、打税单上税、海关检验货物、付仓库费—海关做记录、进关。

4. 报关所需材料。老挝计划投资部批文、企业投资许可证、企业申请报告、企业营业执照（复印件）、企业税务登记（复印件）和货物老文清单（含数量、价格、重量、规格等）。

二、外国投资市场准入规定

（一）投资主管部门

工贸部、计划投资部、政府办公厅分别对老挝投资的一般投资、特许经营投资和经济特区投资负责。

（二）投资行业的规定

除危及国家稳定，严重影响环境、人民身体健康和民族文化的行业和领域外，老挝政府鼓励外国公司及个人对各行业各领域投资并出台了《老挝鼓励外国投资法》。老挝现行的外国投资法律是2009年颁布的《投资促进法》，2011年4月颁布了《投资促进法实施条例》，对投资促进法部分条款作出了进一步的规定。老挝国家主席本扬·沃拉吉在2016年11月的国民议会上颁布了新修订的《投资促进法》。修改后的法案共有12部分，109个条款。新的法规旨在为投资者扩大特许权范围，最大限度刺激老挝的投资效益。新修订的《投资促进法》具体内容可登录老挝计划投资部网站：www.investlaos.gov.la。

1. 禁止投资的行业。各种武器的生产和销售；各种毒品的种植、加工及销售；兴奋剂的生产及销售（由卫生部专门规定）；生产及销售腐蚀、破坏良好民族风俗习惯的文化用品；生产及销售对人类和环境有危害的化学品和工业废料；色情服务；为外国人提供导游。

2. 政府专控的行业。石油、能源、自来水、邮电和交通、原木及木材制品、矿藏及矿产、化学品、粮食、药品、食用酒、烟草、建材、交通工具、文化制品、贵重金属、教育。

3. 专为老挝公民保留的职业。（1）工业手工业部门：制陶；金、银、铜及其制品的打制；手工织布和编纺刺绣；工厂的织布、缝纫工作；竹篾、藤凉席的制作；佛像、木雕制作；玩具的制作；棉或木棉服装和被褥的制作；铁匠；电焊工。（2）金融部门：金、银、铜及其有价物品的销售。（3）商业部门：流动和固定零售；成品油零售。（4）财政部门：财务监督或提供财务服务工作。（5）教育部门：为外国人教授老挝语。（6）文化部门：老挝传统乐器制作；手工字母排版；各种广告牌的设计和制作；各种场所的装修。（7）旅游部门：导游和导游的分配。（8）交通、运输、邮电和建设部门：各种运输车辆的驾驶；建筑行业的各种载重车（推土机、自卸车等）的驾驶；铲土机、平地机、打夯机、挖土机的操作；各种信件、报纸、文件的发送；密码工作；汽车美容。（9）劳动和社会服务部门：普通工人、清洁工、保安；为外国人提供家政服务；美容、烫发和理发；文书和秘书工作。（10）食品部门：米线制品的生产。

老挝对国产水泥、钢筋、洗洁精、PVC管、镀锌瓦、水泥瓦实行保护政策。

（三）投资方式的规定

外国投资者可以按照“协议联合经营”、与老挝投资者成立“混合企业”和“外国独资企业”等3种方式到老挝投资。

“协议联合经营”是指老挝投资法人与外方在不成立新法人的基础上联合经营。

“混合企业”是指由外国投资者和老挝投资者依照老挝法律成立、注册并共同经营、共同拥有所有权的企业。外国投资者所持股份不得低于注册资金的30%。

“外国独资企业”是指由外国投资者独立在老挝成立的企业，形式可以是新法人或者分公司。

矿产、水电行业为老挝外资投资的主要领域。中国、越南、泰国分别是老挝前三大投资国。

（四）特殊经济区域的规定

2011年底，老挝政府颁布《2011年至2020年老挝开发经济特区和专业经济区战略规划》，规划到2015年建立14个经济特区和专业经济区。截至2016年，老挝政府批准设立12个经济开发区，即：沙湾—色诺经济特区、金三角经济特区、磨丁—磨憨跨境经济合作区、万象嫩通工业贸易园、赛色塔综合开发区、东坡西专业经济区、万象隆天专业经济区、普乔专业经济区、塔銮湖专业经济区、他曲专业经济区、占巴塞经济专区和琅勃拉邦经济专区。

老挝《投资促进法》规定，经济特区及专业经济区经营期限最长不超过99年，如对老挝经济社会发展贡献突出，在获得老挝政府同意后，可适当延长经营期限。老挝国会于2016年进行了《投资促进法》修订版的审议工作，目前该法案将特许年限由99年修改为50年，根据适当情况可以延长，原已确定的投资项目年限维持不变。

三、老挝对外国投资的政策

（一）优惠政策框架

老挝对外国投资给予税收、制度、措施、提供信息服务及便利方面的优惠政策。

（二）行业鼓励政策

老挝鼓励外国投资的行业有：（1）出口商品生产；（2）农林、农林加工和手工业；（3）加工、使用先进工艺和技术、研究科学和发展、生态环境和生物保护；（4）人力资源开发、劳动者素质提高、医疗保健；（5）基础设施建设；（6）重要工业用原料及设备生产；（7）旅游及过境服务。

（三）税收优惠政策

进口用于在老挝国内销售的原材料、半成品和成品可享受减征或免征进口关税、消费税和营业税。即：进口经有关部门证明并批准的原材料可免征进口关税和营业税；进口老挝国内有但数量不足的半成品5年内可按最高正常税率减半征收进口关税和营业税；进口经有关部门证明并批准的老挝国内有但数量不足或质量不达标的配件可按照东盟统一关税目录中的税率征收配件关税及消费税。

进口的原材料、半成品和成品在加工后销往国外的,可享受免征进口和出口的关税、消费税和营业税。

经老挝计划投资部批准进口的设备、机器配件可免征进口关税、消费税和营业税。

经老挝计划投资部或相关部门批准进口的老挝国内没有或有但不达标的固定资产可免征第一次进口关税、消费税和营业税。

经老挝计划投资部或相关部门批准进口的车辆(如载重车、推土机、货车、35 座以上客车及某些专业车辆等)可免征进口关税、消费税和营业税。

(四)地区鼓励政策

老挝政府根据不同地区的实际情况给予投资优惠政策。(1)一类地区,指没有经济基础设施的山区、高原和平原。免征 7 年利润税,7 年后按 10% 征收利润税。(2)二类地区,指有部分经济基础设施的山区、高原和平原。免征 5 年利润税,之后 3 年按 7.5% 征收利润税,再之后按 15% 征收利润税。(3)三类地区,指有经济基础设施的山区、高原和平原。免征两年利润税,之后两年按 10% 征收利润税,再之后按 20% 征收利润税。免征利润税时间按企业开始投资经营之日起算;如果是林木种植项目,从企业获得利润之日起算。

此外,企业还可以获得如下 4 项优惠:(1)在免征或减征利润税期间,企业还可以获得免征最低税的优惠。(2)利润用于拓展获批业务者,将获得免征年度利润税。(3)对直接用于生产车辆配件、设备,老挝国内没有或不足的原材料,用于加工出口的半成品等进口可免征进口关税和赋税。(4)出口产品免征关税。

对用来进口替代的加工或组装的进口原料及半成品可以获得减征关税和赋税的优惠;经济特区、工业区、边境贸易区以及某些特殊经济区等按照各区的专门法律法规执行。

四、外国企业在老挝获得土地的规定

(一)土地法的主要内容

老挝实行土地公有制,土地所有权禁止交易。地产市场的交易仅为土地使用权交易。老挝土地法根据老挝宪法的规定将土地国家所有权制度确立为国家唯一的土地所有权制度,即作为土地唯一所有者的国家对于自己所有的土地依法享有的占有、使用、收益和处分的权利。国家按照法律和规划统一管理全部土地,保证有目的和有成效地使用土地。

老挝《土地法》(1997 年颁布)规定,全国范围内的土地划分为以下八个类型:农业用地、林业用地、建筑用地、工业用地、交通用地、文化用地、国防、治安用地和水域用地。关于各类土地范围划分权和程序方面,中央一级政府在全国范围内分配和划分各类土地,然后向国会提议以便审议通过。地方政府在自己负责的范围内规定各类土地的范围,使之符合政府制定的土地类型范围的规定,然后向自己的上级政府提议以便审议通过。

老挝《土地法》规定,一旦认为有必要,可以把一种土地类型转向另一种类型,但在用作其他目标前,必须事先征得有关部门的许可并不得对自然环境和社会造成不良影响。

(二)外资企业获得土地的规定

老挝《土地法》对本国人与外国人在土地使用形式上做了区分。本国个人、家庭及组织享有土地使用权和土地租赁权,而外国人、无国籍人仅仅享有土地租赁权。两者区别在于:土地租赁是从土地使用权中分离出来的一项独立财产权利。老挝《土地法》没有对土地使用权的期限做出规定;土地使用权一般要求支付地租,但也可无偿。土地租赁为有偿形式,租金是必要条件:土地使用权具有流通性,可让与作为抵押权的标的,设定权利抵押权。而土地租赁权一般不得让与,转租也受到限制或禁止。

外国人以及其他组织没有土地的使用权,只享有土地租赁权。其如果需要从老挝公民手中租赁已开发的土地,则应由土地所在地的省、市或特区政府向财政部建议审批。至于外国人及上述个人的组织,是由土地所在地的省、市或特区政府向财政部建议决定。根据外国人投资的项目、产业、规模、特性,其租期最高不得超过 50 年,但可按政府的决定视情形续租。

(三)老挝目前实行土地特许经营的项目

1. 农业项目。老挝实行土地特许经营的农业项目有 360 个,按项目数量排序主要有:咖啡(59 个)、牲畜(58 个)、麻风树(49 个)、木薯(34 个)、水果蔬菜(31 个)、大米(12 个)、甘蔗(10 个);按占地面积排序居前者有:甘蔗(3.4969 万公顷)、畜牧(3.1494 万公顷)、麻风树(2.5179 万公顷)。咖啡种植项目 95% 位于老挝南部占巴色省,种植总面积 1.9105 万公顷。甘蔗项目几乎全是泰国投资,多位于老挝南部靠近泰国的地方。中国投资老挝的农业项目占地 1.3 万公顷,其中 5 个木薯种植项目覆盖 1 万公顷土地。

2. 林业项目。老挝实行土地特许经营的林业项目有 367 个,最常见的是橡胶种植园,共有 225 个项目,覆盖 13 万公顷土地。其次是 49 个桉树项目,覆盖 9.5 万公顷土地。中国以 86 个项目占地 8.6 万公顷名列林业项目第一位,其后是越南和印度。中国企业投资的橡胶园主要在老挝北部,便于采购商运输到云南西双版纳加工。越南主要投资的项目也是橡胶,相较中国每个项目平均只有 341 公顷土地,越南投资橡胶项目平均占地面积为 1477 公顷。

3. 采矿项目。采矿业 564 个项目占地接近 55 万公顷,即老挝土地特许经营项目总面积的一半。3 个最主要的产品类别分别是:锌矿(18.9 万公顷),铜矿(8.6 万公顷),铁矿(5.7 万公顷)。项目数量最大类别是沙和碎石开采项目,共 165 个项目,但总面积仅为 2987 公顷。就采矿业投资项目数量而言,中国有 69 个项目,越南 32 个项目,泰国 9 个项目。但是从项目面积看,越南在采矿业投资的土地面积为 23.2 万公顷,中国则仅有 9.7 万公顷。

4. 其他项目。电力、制造、加工业特许经营项目共 829 个项目占地 2.2 万公顷。通信、服务、旅游、运输、贸易特许经营项目共 520 个项目占地 7.7 万公顷。

由于老挝土地投资及特许经营项目的规模急剧扩大,无论政府还是民间都对其影响予以关注。2012 年 6 月老挝政府停止橡胶及桉树的特许经营许可,进行全国范围内的土地特许经营情况审查复核,对项目影响进行重新评估,土地特许经营权的审批程序趋于严格。

五、环境保护法律规定

(一)环保管理部门

老挝环保管理部门包括自然资源环境部、部派驻处、省/直辖市自然资源环境厅、县和村委会等 5 级机构。主要职责有:(1)制定和实施环保法律法规;(2)研究、分析和处理项目环保问题;(3)颁发或没收环保许可证;(4)指导环评工作;(5)开展环保国际合作等。

（二）主要环保法律法规

老挝主要环保法律法规有《环境保护法》（1999年4月颁布实施）、《环境保护法实施令》《水和水资源法》《水和水资源法实施令》等。2013年3月，老挝颁布新修订的《环境保护法》。

（三）环保法律法规基本要点

老挝环保法规定，个人或组织在实施项目中必须负责预防和控制水、土地、空气、垃圾、有毒化学物品、辐射性物品、振动、声音、光线、颜色和气味等污染；禁止随意向沟渠、水源等倾倒、排放超标污水和废水；禁止排放超出空气质量指标的烟雾、气体、气味、有毒性化学品和尘土；生产、进口、使用、运输、储藏和处理有毒化学物品或辐射性物品必须按照相关规定执行；禁止随意倒放垃圾，必须在扔弃、燃烧、埋藏或销毁前行划定或区分垃圾倒放区域；禁止进口、运输、移动危险物品通过老挝水源区、境内或领空。个人或组织违反环保法的，情节较轻者处以教育、罚金；情节重者可按相关民事法律和刑事法律进行处罚。

（四）环保评估的相关规定

2010年2月16日，老挝对《环境评价条例》进行修订。此次修订严格了环评程序，进一步完善公众参与制度。新修订的《环境评价条例》将所有项目分成两大类，一类包括小规模投资项目和对环境与社会影响小的项目，这类只要求IEE；一类是大规模投资的项目，包括复杂的和显著影响环境与社会的项目，要求EIA环评机构：自然资源和环境部、费用根据项目类型、规模收取，没有统一收费标准，需要双方洽谈；环评报告上交自然资源和环境部环境监察中心后在半年内给予答复，如未通过则需重新评估。

六、保护知识产权规定

（一）老挝当地有关知识产权保护的法律规定

老挝政府于1995年颁布实施《商标令》，2008年1月颁布实施《知识产权法》。

《商标令》规定，在老挝的个人或法人可以向老挝科技部提出商标注册申请。商标保护期为10年，可延长10年/次。连续5年不用或者商标注册批准证书过期，则失去效力。

《知识产权法》规定，知识产权包括工业产权、物种和专利3大类。工业产权保护期限一般为10~20年，期间支付费用；物种保护期乔木类为25年、灌木类为15年，期间支付费用；专利保护期为创作者终生及死后50年。

（二）知识产权侵权的相关处罚规定

老挝《知识产权法》规定，违反知识产权保护规章的行为，受法律制裁。

七、投资合作相关法律及对中国企业投资合作保护政策

（一）老挝与投资合作相关的主要法律

1.《投资促进法》。2010年3月，老挝国家主席签署第75号主席令，正式颁布实施老挝新版《投资促进法》。新版《投资促进法》由原来的《国内投资促进管理法》和《外国投资股促进管理法》合并而成，并对其中8处作了修订和完善，如：投资方式、投资类型、审批程序、一站式投资服务、投资指导目录、优惠政策、专门经济区开发投资以及中央与地方管理职能划分等内容。

2.《民法》。规定老挝的自然人之间、法人之间以及自然人与法人之间的财产关系，为私有财产提供保护。

3.《企业法》。规定企业成立、组织、运作、解散、转让和变更，划分企业类型，规范企业章程。

4.《矿产法》。1997年5月实施，后进行修订。对矿产资源的所有权、保护和开发、环境保护、矿山经营者权益和当地居民权益和保护等做出规定。

（二）老挝对中国企业投资合作的保护政策

1. 中国与老挝签署双边投资保护协定。中国与老挝于1988年12月签署了《中老贸易协定》和《中老边境贸易的换文》。1993年1月31日，老挝与中国签署了《中华人民共和国政府和老挝人民民主共和国政府关于鼓励和相互保护投资协定》，该协定于1993年6月1日起生效。2016年11月，中老双方签署了《关于加强两国边境地区经贸合作的协定》。

2. 中国与老挝签署避免双重征税协定。中国与老挝于1999年1月签署了《中老避免双重征税协定》。

3. 中国与老挝还签署了《中老汽车运输协定》（1993年12月）、《中老澜沧江—湄公河客货运输协定》（1994年11月）、《中老旅游合作协定》（1996年10月）、《中老关于成立两国经贸技术合作委员会协定》（1997年5月）、《中国、老挝、缅甸和泰国四国澜沧江—湄公河商船通航协定》（2000年4月）等协定，在投资、旅游、运输等方面规定了相关保护政策。

2020年1月6日，中国人民银行与老挝银行签署了双边本币合作协议，允许在两国已经放开的所有经常和资本项下交易中直接使用双方本币结算，有利于进一步深化中老货币金融合作，提升双边本币使用水平，促进贸易投资便利化。

4. 其他相关保护政策。中国与老挝签署《中老领事条约》（1989年10月）、《中老民事刑事司法协助条约》（1999年1月）、《中华人民共和国和老挝人民民主共和国引渡条约》（2002年2月）等协定，在司法方面规定相关保护政策。2002年11月，中国与东盟国家签署《中国—东盟全面经济合作框架协议》。2004年11月29日，在老挝万象召开的第8次中国—东盟领导人会议上，中老签署《货物贸易协议》和《争端解决机制协议》。

马来西亚投资贸易指南

一、对外贸易法规和政策规定

（一）贸易主管部门

马来西亚主管对外贸易的政府部门是国际贸易和工业部，主要职责是负责制订投资、工业发展及外贸等有关政策，拟定工业发展战略，促进多双边贸易合作，规划和协调中小企业发展，促进和提升私人企业界和土著的管理和经营能力。

（二）贸易法规体系

主要对外贸易法律有《海关法》《海关进口管制条例》《海关出口管制条例》《海关估价规定》《植物检疫法》《保护植物新品种法》《反补贴和反倾销法》《反补贴和反倾销实施条例》《2006年保障措施法》《外汇管理法令》等。

（三）贸易管理的相关规定

马来西亚实行自由开放的对外贸易政策，部分商品的进出口会受到许可证或其他限制。

1. 进口管理。1998年马来西亚海关禁止进口令规定了四类不同级别的限制进口。第一类是14种禁止进口品，包括含有冰片、附子成分的中成药，45种植物药以及13种动物及矿物质药。第二类是需要许可证的进口产品，主要涉及卫生、检验检疫、安全、环境保护等领域。包括禽类和牛肉（还必须符合清真认证）、蛋、大米、糖、水泥熟料、烟花、录音录像带、爆炸物、木材、安全头盔、钻石、碾米机、彩色复印机、一些电信设备、武器、军火以及糖精。目前大约有27%的税目产品需要进口许可证。第三类是临时进口限制品，包括牛奶、咖啡、谷类粉、部分电线电缆以及部分钢铁产品。第四类是符合一定特别条件后方可进口的产品，包括动物、动物产品、植物及植物产品、香烟、土壤、动物肥料、防弹背心、电子设备、安全带及仿制武器。

为了保护敏感产业或战略产业，马来西亚对部分商品实施非自动进口许可管理，主要涉及建筑设备、农业、矿业和机动车辆部门。如所有重型建筑设备进口须经国际贸易和工业部批准，且只有在马来西亚当地企业无法生产的情况下方可进口。马来西亚海关负责发放进口许可证，国际贸易及工业部及其他部门负责进口许可证的日常管理工作。

2. 出口管理。马来西亚规定，除以色列外，大部分商品可以自由出口至任何国家。但是，部分商品需获得政府部门出口许可，其中包括：短缺物品、敏感或战略性或危险性产品，以及受国家公约控制或禁止进出口的野生保护物种。此外，马来西亚《1988年海关令（禁止出口）》规定对三类商品的出口管理措施：第一类为绝对禁止出口，包括禁止出口海龟蛋和藤条；禁止向海地出口石油、石油产品和武器及相关产品。第二类为需要出口许可证方可出口；第三类为需要视情况出口。大多数第二和第三类商品为初级产品，如牲畜及其产品、谷类、矿物/有害废弃物；第三类还包括武器、军火及古董等。

国际贸易与工业部及国内贸易与消费者事务部负责大部分商品出口许可证的管理。

3. 进出口商品检验检疫。马来西亚检验检疫局成立于2011年，隶属于农业和农产品产业部，作为其下属的一个司负责所有入境口岸（包括海港、机场、陆地口岸以及邮件和快递收发中心）、检疫站、建议设施的检验检疫工作以及颁发有关植物、动物、冷冻肉制品、鱼类、农产品、土壤和微生物等产品的进出口许可证。

为防止动物传染病、寄生虫病和植物危险性病、虫、杂草以及其他有害生物传入，马来西亚政府对进口动植物实施检验检疫。如携带动植物入境，需事先向马来西亚相关主管部门申请进口许可证并在入境时遵守各项检验检疫程序。

马来西亚要求所有肉类、加工肉制品、禽肉、蛋和蛋制品必须来自经农业部兽医服务局检验和批准的工厂，所有进口产品必须获得兽医服务局颁发的进口许可证。

所有向穆斯林供应的肉类、加工肉制品、禽肉、蛋和蛋制品必须通过清真认证，牛、羊、家禽的屠宰场以及肉蛋加工设备必须获得伊斯兰发展署的检验和批准。

4. 海关管理规章制度。(1)管理机构。马来西亚皇家海关是管理商品的进出口、边境控制以及贸易便利化的政府部门。(2)管理制度。马来西亚关税有两种归类系统：一种用于东盟内部贸易，税则号为6位数字；另一种用于与其他国家贸易。国际贸易及工业部下属关税特别顾问委员会负责对关税进行评审，每年在政府预算中公布。(3)关税水平。马来西亚99.3%的关税是从价税，0.7%是从量税、混合税和选择关税。世界贸易组织公布数据显示，2016年，马来西亚最惠国关税简单平均关税税率约为5.8%，农产品最惠国平均简单关税税率为8.4%，非农产品该税率为5.4%。(4)金融管制。无论是马来西亚居民还是非居民，每次出入马来西亚所携带外币或旅行支票数额不受限制，但如超过10000美元，则需向海关申报；非居民携带外币或旅行支票出境，如数额在入境时申报的数额内，不受限制；如需携带超过数额限制的现金或旅行支票出境，需事先向马来西亚国家银行取得书面许可。(4)海关舱单。近期，马来西亚海关对关于海关舱单的规定做出了修改，规定自2018年10月1日起所有从马来西亚进出口及中转的货物，客户必须提供样单中货物描述部分正确的6位货物HS编码。缺失HS CODE或信息有误，将会影响货物在马来西亚清关放行，并可能造成海关罚款或其他责任后果。

二、外国投资市场准入规定

（一）投资主管部门

马来西亚主管工业领域投资的政府部门是贸工部下属的马来西亚投资发展局（www.mida.gov.my），主要职责是：制定工业发展规划；促进制造业和服务业领域的国内外投资；审批工业执照、外籍员工职位以及企业税务优惠；协助企业落实和执行投资项目。

马来西亚其他行业投资由马来西亚总理府经济计划署（EPU）及有关政府部门负责，EPU负责审批涉及外资与土著（Bumiputra）持股比例变化的投资申请，而政府部门则负责其他业务有关事宜的审批。

（二）投资行业规定

1. 限制的行业。外商投资下述行业会在股权方面受到严格限制：金融、保险、法律服务、电信、直销及分销等。一般外资持股比例不能超过50%或30%。

2. 新开放领域。2009年4月，马来西亚政府为了进一步吸引外资，刺激本国经济发展，开放了8个服务业领域的27个分支行业，允许外商独资，不设股权限制。(1)计算机相关服务领域。包括电脑硬件咨询服务，软件应用服务（包括软件系统咨询服务、系统分析服务、系统设计服务、电脑程序服务、系统维护服务），资料处理服务（包括资料输入服务、资料处理与制表服务、共享服务等），数据库服务，电脑维修服务，其他（包括资料准备、训练、资料修复、内容开发等服务）。(2)保健与社会服务领域。包括兽医服务，老人院及残疾中心提供的服务，孤儿院服务，育儿服务（包括残疾儿童中心提供的服务），为残疾人士提供的职业培训服务。(3)旅游服务领域。包括主题公园，旅行社（仅限国内旅游部分），酒店与餐馆（仅限四星级及五星级酒店），食品服务（仅限四星级及五星级酒店），饮品服务（仅限四星级及五星级酒店）。(4)运输服务领域。(5)体育及休闲服务领域。(6)商业服务领域。包括区域分销中心，国际采购中心，科学检验与分析服务（包括成分与纯度化验分析服务、固体物检验分析服务、机械与电子系统检验分析服务、科技监督服务等），管理咨询服务（包括常规服务、金融、人力资源、产品与公共服务等）。(7)租赁服务领域。包括船只租赁（不包括沿海及岸外贸易）、国际货轮租赁（光船租赁）。(8)运输救援服务领域。包括海事机构服务、船只救护服务。

为进一步刺激外资流入，马来西亚政府在2012年逐步开放17个服务业分支行业的外资股权限制，包括：电讯领域的服务供应商执照申请、电讯领域的网络设备供应与网络服务供应商执照申请、快递服务、私立大学、国际学校、技工及职业学校、特殊技术与职业教育、技能培训、私立医院、独立医疗门诊、独立牙医门诊、百货商场与专卖店、焚化服务、会计与税务服务、建筑业、工程服务以及法律服务。

马来西亚服务业发展理事会(MSDC)是分支领域开放的监管单位,负责审查服务业限制领域发展的有关规定,监督和协调各部门相关工作。

3. 鼓励的行业。马来西亚政府鼓励外国投资进入其出口导向型的生产企业和高科技领域。

马来西亚比较适合外国投资的产业包括:农业生产、农产品加工、林业、橡胶制品、棕油产品、石油化工、医药、木材、纸浆制品、纺织、非金属矿物制品、钢铁业、有色金属、机械设备及零部件、交通设备及部件、电子电器、专业医学、科学测量仪器制造、相机及光学产品、塑料制品、酒店与旅游业、影视制作以及一些制造业相关的服务业等。2003 年 6 月开始,外商投资制造业的新项目可以 100% 持股。

(三)投资方式的规定

1. 直接投资。外商可直接在马来西亚投资设立各类企业,开展业务。直接投资包括现金投入、设备入股、技术合作以及特许权等。

2. 跨国并购。马来西亚允许外资收购本地注册企业股份,并购当地企业。一般而言,在制造业、采矿业、超级多媒体地位公司、伊斯兰银行等领域或鼓励外商投资的五大经济发展走廊,外资可获得 100% 股份;马来西亚政府还先后撤销了 27 个服务业分支领域和上市公司 30% 的股权配额限制,进一步开放了服务业和金融业。

3. 股权收购。马来西亚股票市场向外国投资者开放,允许外国企业或投资者收购本地企业上市,2009 年,马来西亚首相纳吉布宣布取消外资公司在马来西亚上市必须分配 30% 土著股权的限制,变为规定的 25% 公众认购的股份中,要求有 50% 分配给土著,即强制分配给土著的股份实际只有 12.5%;此外,拥有多媒体超级地位、生物科技公司地位以及主要在海外运营的公司可不受土著股权需占公众股份 50% 的限制。纳吉布同时废除外资委员会(FIC)的审批权,拟在马上市的外资公司直接将申请递交给马来西亚证券委员会。

4. 科技研发合作。马政府鼓励外国投资者以最佳实践分享、技术转移、设立研发中心等形式与马企业开展科技研发合作。

(四)特色经济区域的规定

1. 自由贸易区与保税工厂。为了鼓励与欢迎外资投资发展劳动密集型和出口导向型工业,马来西亚于 1968 年制订“投资奖励法案”,1971 年制订“自由贸易区法案”,1972 年修订海关法中相关条款实施保税工厂制度,从而基本上完备了以外资企业为中心发展劳动密集型和出口导向型工业的经济体制。马来西亚政府在 1990 年制定《自由区法》,以促进旅游业、制造业等以贸易为目的的免税区经济的发展,其中自由工业区是特别为制造业者从事生产或装配主要供应外销产品而设置的区域,使区内业者享受最低的关税管制,并可免税进口生产所需的原材料、零部件和机械设备,减少其制成品出口的手续。目前,马来西亚共设立 18 个自由工业区,但自由工业区毕竟有限,且许多企业根据自身特点无法在自由工业区内设立工厂,马来西亚政府为了促进出口导向型和劳动密集型产业的布局更加合理,允许其他企业申请设立保税工厂,享有与自由工业区工厂同等优惠政策。

2. 五大经济特区。近年来,马来西亚政府鼓励外资政策力度逐步加大,为平衡区域发展,陆续推出五大经济发展走廊,基本涵盖了西马半岛大部分区域以及东马的两个州,凡投资该地区的公司,均可申请 5 ~ 10 年免缴所得税,或 5 年内合格资本支出全额补贴。根据具体区域实际情况,联邦政府制定了不同的重点发展行业。(1)伊斯干达开发区(Iskandar Malaysia)。位于马来半岛南端柔佛州,占地面积约 2200 平方千米,重点推动服务业成为经济发展的关键动力。截至 2018 年,依斯干达开发区吸引的投资额已累积达 2853 亿马币。伊斯干达的发展受到依据《伊斯干达开发区管理机构法》(2007)设立的法定机构伊斯干达开发区管理局的监管。鼓励投资行业包括:旅游服务、教育服务、医疗保健、物流运输、创意产业及金融咨询服务等。(2)北部经济走廊(Northern Corridor Economic Region, NCER)。涵盖马来半岛北部玻璃市州、吉打州、槟州及霹雳州北部区域,占地面积约 1.8 万平方千米,重点鼓励投资行业包括农业、制造业、物流业、旅游及保健、教育及人力资本和社会发展等。北部经济走廊的发展受到依据《北部经济走廊执行机构法》(2008)设立的北部经济走廊执行局的监管。(3)东海岸经济区(East Coast Economic Region, ECER)。包括东海岸吉兰丹州、登加楼州、彭亨州及柔佛州的丰盛港地区,占地面积约 6.7 万平方千米,重点鼓励投资行业包括旅游业、油气及石化产业、制造业、农业和教育等。中马两国合作开发的马中关丹产业园区,就位于东海岸经济区范围内。由东海岸经济特区发展委员会管理。(4)沙巴发展走廊(Sabah Development Corridor, SDC)。涵盖东马沙巴州大部分地区,占地面积约 7.4 万平方千米,重点鼓励投资行业包括旅游业、物流业、农业及制造业等。由沙巴经济发展投资局管理。(5)沙捞越再生能源走廊(Sarawak Corridor of Renewable Energy, SCORE)。位于东马沙捞越州西北部,占地面积约 7.1 万平方千米,砂州拥有丰富的能源资源,重点鼓励投资行业包括油气产品、铝业、玻璃、旅游业、棕油、木材、畜牧业、水产养殖、船舶工程和钢铁业等。由区域性走廊发展局负责监督和管理。

3.“大吉隆坡”计划。马来西亚“大吉隆坡”计划全线启动。大吉隆坡/巴生河谷地区(Greater KL/KalangValley):经济转型计划(ETP)中提出的国家关键经济领域(NKEAs)之一,位于吉隆坡—巴生河谷流域,涵盖了吉隆坡附近 10 个城市,占地面积约 2800 平方千米。概念参考了大伦敦(Greater London)和大多伦多地区(Greater Toronto Area),计划从基础设施、人民收入和居住环境三方面着手,将吉隆坡打造成为世界前二十大适合居住的国际大都市之一。

三、数字经济相关政策和法规

(一)数字基础设施情况

马来西亚的基础网络覆盖较好。2018 年,马来西亚 93.1% 的人口通过智能手机上网。2019 年,马来西亚 90.1% 的家庭接入了互联网,移动电话的覆盖率达到 135.4%,70.2% 的移动用户使用 4G 网络。2020 年,马来西亚的网络速度以 81.46Mbps 名列全球第 40 位。马来西亚的数据中心业务发展较快。2018 年,马来西亚数据中心市场规模估计达到 9 亿马币。根据有关机构研究,马来西亚 44% 的小微企业应用了云技术,但其中 80% 仅用于存储文件、照片和视频。一些国际知名的数据中心巨头,如谷歌、微软、阿里巴巴等,均计划或已经在马来西亚设立了大型数据中心,并开展商业运营。马来西亚的电子商务发展也较为迅速。2019 年,其电子商务市场规模达 160 亿马币,个人电商覆盖率在东南亚排名第 3 位,40% 的电商交易涉及到跨境,66% 的马来西亚网民使用移动银行服务，人均进行每年 144 次电子支付。本地较大的电商平台包括 Lazada、Shopee 等，吸引大量用户。同时，马来西亚政府鼓励移动支付的发展，曾用向民众发放电子代金券的方式推广数字钱包，目前市面上较为流行的支付平台包括 Touch n Go、Grab pay、RazerPay 等。

（二）数字经济发展情况

马来西亚政府将数字经济定义为“个人、企业和政府运用数字科技进行生产和应用的经济和社会活动”。数字科技包括人工智能、物联网、区块链、云计算、大数据、虚拟现实、增强现实等。

2020 年 11 月，马来西亚总理署宣布设立数字经济和第四次工业革命理事会（DigitalEconomy and Fourth Industrial Revolution Council），该委员会是制定政策、实施和监督国家数字经济和第四次工业革命战略和举措的最高行政机构，由马总理主持。

马来西亚通讯和多媒体部负责管理通信、媒体等业务。该部下属的马来西亚通信与多媒体委员会（MCMC）根据 1998 年《马来西亚通信与多媒体委员会法》、1998 年《通信与多媒体法》和 2010 年《战略贸易法》规定的权力对通信与多媒体行业、邮政、数字签名认证机构进行监管及颁发许可。该部另一下属机构数字经济局（MDEC），主要职能是实施马来西亚多媒体超级走廊计划（MSC），为相关企业提供政府认证、基础设施、税收减免、降低聘用外籍员工限制、一站式政府公共服务等。

马来西亚统计局曾发布文告表示，2018 年，数字经济对马来西亚经济的贡献达到 2677 亿马币，占国民生产总值的 18.5%。这其中包括 ICT 产业的附加值（12.6%）及电子商务附加值（5.9%）。ICT 服务业在 ICT 产业中占 43.2%，主要涉及电信服务；ICT 制造业占 34.1%，涉及电子电器原件、电路板、通信设备、消费电子品制造。

ICT 产业（包括 ICT 服务业与 ICT 制造业）是马来西亚的支柱产业之一。半导体行业是马来西亚制造业出口创汇的贡献者之一，业内多家跨国公司在马来西亚设有工厂。马来西亚在该行业的强项主要集中在半导体价值链的下游，包括组装（高级封装）和测试，以及系统集成。2020 年，马来西亚出口的电子电器产品金额达 921 亿美元，占其总出口金额的 39.4%。

（三）数字经济发展规划

2021 年，马来西亚推出其数字经济发展蓝图，提出要将马来西亚打造为数字经济的区域领导者，并实现包容、负责和可持续的社会经济发展目标，促进数字产业、数字人力资源、数字生态系统的发展。

马来西亚希望在 6 个方面推动数字经济的发展，分别是：在公共领域促进数字化转型、通过数字化提升经济竞争力、建设有利的数字基础设施、打造灵活而富有竞争力的数字人才体系、创造具有包容性的数字社会以及构建可信、安全和有道德的数字环境。在此之下，马政府制定了 22 项战略、48 个国家倡议以及 28 个行业倡议。

在该蓝图中，政府发挥推动者的作用，通过确定方向、促进举措以及鼓励企业和社会接受数字技术，鼓励私营部门在其活动中利用数字平台、生态系统和市场，并在新的伙伴关系模式中与公共部门和民间社会组织合作，创造既支持数字科技发展也保护公民隐私的监管环境，监管公共数据使之为公共与私营部门共享；通过自动化和数字技术促进潜在颠覆性行业的劳动力市场发展。

1. 基础网络能力建设规划。马来西亚计划在未来 5 年投资 210 亿马币，通过国家数字网络计划（National DigitalNetwork，JENDELA），使光纤网络覆盖马来西亚所有的人口，联网用户从 2022 年底的 750 万户增长到 2025 年的 900 万户。用 10 年的时间投资 150 亿马币，用于在全国范围内建设 5G 网络，并创造 10.5 万个工作岗位，从 2021 年底开始 5G 应用。由数家电讯公司投资 16.5 亿马币加强马来西亚与国际海底光缆网络的连接，到 2025 年，争取成为东南亚铺设海底网络光缆最多的国家。

2. 应用基础设施建设规划。数家云服务提供商承诺在未来 5 年投入 120 亿—150 亿马币建设并运营超大规模的大数据及云计算中心。马政府规划到 2025 年，本地数据中心产值达到 360 亿马币。到 2022 年底，80% 的公务数据要上云，所有的部门和公务机构要为办事群众提供无现金付款的选项。到 2025 年，每个学校都要介入互联网，每个在校学生拥有一台个人智能终端，所有学校采用数字教学，打造 2500 所“数字创造者”学校。

3. 商用基础设施建设规划。计划到 2022 年，人均年电子支付数达到 400 次；计划到 2025 年，80 万个小微企业实现数字化，87.5 万个小微企业采用电子商务，打造 5000 个本土初创公司。计划到 2030 年，打造 5 个在本地设总部的独角兽企业，提高所有行业的生产力 30%，创造 50 万个新的就业机会，数字经济要贡献国内生产总值的 22.6%。

（四）数字经济发展相关政策和法规

1. 支持数字经济的相关政策。1996 年，马来西亚政府推出多媒体超级走廊计划（MSC，Multimedia Super Corridor）计划，对于符合条件的本地和外国 ICT 相关企业提供了包括税务减免、员工签证等广泛的激励措施、权利和特权，以促进其持续增长。截至 2019 年 5 月，已经有 2954 家企业获得了 MSC 认证地位；截至 2018 年，这些企业产生的收入达到 4720 亿马币，创造了逾 18 万个工作岗位。马来西亚在 2010 年推出国家宽带计划，大力加强互联网连接建设。2013 年推出的国家科学、技术和创新政策旨在推动主流科学、技术和创新，将信息和通信技术确定为知识型经济的一个必要的推动因素。其他举措包括国家电子商务战略路线图（2014 年推出）和马来西亚生产力蓝图（2017 年推出），强调通过电子商务和创新技术的采用，加强中小微企业的数字化。2017 年，马来西亚也启动了数字自由贸易区计划，以促进跨境电子商务，拓宽中小微企业的全球市场准入。前文所提及的 2021 年数字经济发展蓝图则是马来西亚推出的最新相关政策，对其整个数字经济发展进行规划，有望推动该国数字经济进一步发展。

2. 相关法律法规。马来西亚在数字经济领域最重要的法令是《1998 年通讯与多媒体法》。依据该法，相关网络设施、网络服务、应用程序服务、内容应用程序服务供应商必须向马来西亚通讯与多媒体部申请执照。如果有关产品或服务涉及金融、货币、投资、机器机械、博彩、贸易分销等，还必须按照有关行业规定向行业主管部门申请执照。

电子合同在马来西亚受到法律认可，因此商品或服务的买卖合同可以通过网站或网络平台以电子形式成立，包括使用电子签名以及数字签名。有关电子合同/签名以及数字签名的主要法律法规分别为《2006 年电子商务法》以及《1997

年数字签名法》。为消费者提供商品或服务的商家必须遵守所有有关消费者权利或保护的马来西亚法律法规。例如,《2012 年消费者保护(电子贸易交易)法规》规定了任何通过网站或网络市场提供商品或服务的商家须履行相关义务。

在马来西亚,任何媒体内容,包括网络内容与广告,必须符合《1998 年通讯与多媒体法》以及《马来西亚通讯与多媒体内容法规》等的规定与限制。比如,《1998 年通讯与多媒体法》规定,任何内容应用程序服务供应商或内容应用程序服务使用者均不得提供不雅、淫秽、错误、威胁性或有攻击性的内容,以意图搅扰、辱骂、威胁或骚扰任何人。《马来西亚通讯与多媒体内容法规》也详细列出了有关媒体内容的规定与限制。

根据《2010 年个人资料保护法》,任何有关个人数据收集、记录、保存或处理的商业活动必须遵守相关原则,如收集数据须得到数据主体同意、获取的数据在无数据主体同意时不得向任何人披露等。

马来西亚目前没有统一的网络安全法令,但是马来西亚政府已宣布考虑引入更统一以及全面的网络安全法律法规。当今,有关网络安全的法律法规分别分散在马来西亚的各种立法中。例如《1997 年电脑犯罪法》、《1998 年通讯与多媒体法》、《刑事法典》和《2010 年个人资料保护法》。

此外,2021 年数字经济蓝图提出,为保障数字经济的发展与用户隐私安全的平衡,要对相关法律进行完整的梳理和修订,包括:在 2023 年前要修订知识产权法令、竞争法;到 2025 年,修订《个人数据保护法》以加强数据跨境章节的内容,制定基于国际最佳实践的数字经济征税体系。同时,所有新签订的贸易协定要包含数据跨境的内容。

3. 行业准入和优惠政策。马来西亚政府于 2009 年 4 月开放了 27 个服务业领域,电脑及相关服务是其中一项。马来西亚目前允许外资 100% 持有与安装电脑硬件相关咨询服务、软件实施服务、数据处理服务、数据库服务、电脑维护和维修服务等相关公司的股权。利用电子商务从事直接销售业务的公司没有股权限制。

多媒体超级走廊计划(MSC)是有关行业的主要优惠政策体系,通过申请获得有关地位的公司,可以享受所得税豁免或者投资税减免或研发自主资格及其他在外籍员工雇佣、进口设备税务方面的优惠。

在疫情期间,为进一步吸引有关企业来马投资,马来西亚 2021 预算案还提出,对采用工业 4.0 和数字化技术的公司,如(1)提供技术解决方案(2)为云计算提供基础设施和技术(3)研发与开发等,新公司的税率为 0% 至 10%,有效期为 10 年;拥有新服务领域的现有公司税率为 10%,有效期为 10 年。

四、绿色经济发展情况及相关规定

(一)马来西亚绿色经济发展情况

马来西亚面对的环境问题主要是由传统工业导致,包括三废污染、森林砍伐、水土流失和生物多样性问题等。对此,马来西亚政府主要采取立法的方式,通过低碳、节能和绿色技术的使用来改善环境问题。

由于地处赤道地区,被海洋包围、热带森林环绕,马来西亚具有充足的太阳能资源、生物数量和水能供应。马来西亚可再生能源储量巨大,却长期未得到充分采集。近年来,马来西亚政府积极出台相关政策,努力推动可再生能源的发展,并为绿色技术提供激励。绿色技术也一直被认为是马来西亚经济增长的新兴动力之一,除促进能源的有效利用和可持续增长外,还有助于国家在经济、社会和环境方面的可持续性。

(二)马来西亚绿色经济发展规划

马来西亚是《联合国气候变化框架公约》(UNFCCC)缔约方会议(COP)的签署国。马来西亚承诺在 2030 年前,将国内温室气体(GHG)生产总值排放量相对于 2005 年的水平减少 45%,其中 35% 为无条件减少,其余 10% 将在获得发达国家的气候融资、技术转让和科技建设方面的援助后,进一步减少。

为实现碳排放和绿色经济目标,马来西亚总理于 2009 年 7 月 24 日公布"国家绿色科技政策(NGTP)",迈出拥抱绿色科技的第一步。该政策着眼于四大支柱,即能源、环境、经济和社会。国家发展计划将综合技术确定为加快国民经济发展和促进可持续发展的关键驱动导在该国的关键经济部门使用绿色经济。

2010 年,马来西亚中央银行启动绿色科技融资计划(GTFS)。该项目在 2015 年到期后又经过多次延期,并最终在 2019 年经财政部批准正式重启(GTFS 2.0)。该计划主要用于资助与绿色科技有关的企业,以推动马来西亚绿色科技发展。同年,马来西亚能源、绿色技术和水利部发布的《国家可再生能源政策和行动计划》正式生效,该计划探讨了能源、工业增长、环境和信息传播政策融合的必要性,以加强本地可再生能源的利用,为国家电力供应安全和社会经济可持续发展作出贡献。

2017 年,马能源部出台《绿色科技大蓝图》(GTMP),概述了绿色技术发展的战略规划,以创建低碳和资源高效的经济。该总体规划致力于实现"2050 年国家转型(Transformasi-Nasional 2050,TN50)倡议",即旨在到 2050 年将马来西亚列为世界上经济发展、公民福利和创新的顶级国家之一。GTMP 以六个关键部门为框架,即能源、制造、运输、建筑、废料废水。该框架有助于将绿色科技纳入马来西亚国家计划的发展,囊括 NGTP 中的四大支柱,即能源、环境、经济和社会。GTMP 将协调各部门的政策方向,以实现可持续利用自然资源的共同目标。

(三)马来西亚与发展绿色经济相关的政策和法规

1974 年,马来西亚政府制定《环境质量法》,加强环境污染控制,这也是马来西亚第一个涉及广泛环境问题的法律。随此法案的颁布,马来西亚地方政府部门在 1975 年设立环境司,后更名为环境部(DOE)。2002 年,环境部通过《国家环境政策》,以期实现:(1)为后代提供清洁、安全、健康和生产性的环境;(2)保护国家独特和多样的文化和自然遗产,并由社会各部门有效参与;(3)可持续的生活和消费生产方等国家发展愿景。

2009 年 7 月,马来西亚能源、绿色技术和水利部(MEGTW)发布《国家绿色科技政策》,提出"绿色科技应成为加快国民经济发展、促进可持续发展的动力"。

2011 年,《可再生能源法案》和《可持续能源发展管理局法案》陆续颁布,前者规定建立和实施一项特别的税收制度,以促进可再生能源的发展,后者规定设立可持续能源发展管理局,并明确其职能、权力及有关事项。

2015 年,马来西亚能源、绿色技术和水利部发布《国家能源效率行动计划》,注重可持续发展是该计划的重要原则之一。这一文件重点通过有效管理需求来解决与能源供应相关的问题，并规定提高能源效率的途径。

2019年6月，马来西亚能源科技环境与气候变化部起草的《能源效率和节约法案（EECA）》被内阁批准，以实现全国在所有关键部门有效利用能源、电力和热能的愿望，为能源需求侧提供一个全面的法律框架。自马独立以来，其政府已采取各种措施，在主要经济部门播下可持续性的种子，以减轻对环境的负面影响。过去几年来，马来西亚采取的一些措施取得了积极成果，例如增加可再生能源发电的比例、普及具有资源效益的产品、提高公共模式的份额、改善废物和用水管理。

五、外国投资优惠政策

马来西亚投资政策以《1986年促进投资法》《1967年所得税法》《1967年关税法》《1972年销售税法》《1976年国内税法》以及《1990年自由区法》等为法律基础，这些法律涵盖了对制造业、农业、旅游业等领域投资活动的批准程序和各种鼓励与促进措施。

2010年，马来西亚联邦政府出台一系列新的举措，以促进投资增长。包括设立国家投资委员会，由马贸工部长和首相府绩效管理实施署长作为联席主席，委员由马财政部、首相府经济计划署、央行、绩效管理实施署、贸工部、投资发展局、统计局的官员组成，负责实时审批投资项目；将投资主管机构马投资发展局（原名工业发展局）企业化，授予更多权限，以提高该机构施政灵活性，吸引更多投资；修订《促进行动及产品列表》（即鼓励外商投资产业目录）；关注五大经济发展走廊吸引投资情况，强化各走廊发展局的职能。

鼓励政策和优惠措施主要是以税务减免的形式出现的，分为直接税激励和间接税激励两种。直接税激励是指对一定时期内的所得税进行部分或全部减免；间接税激励则以免除进口税、销售税或国内税的形式出现：

1. 投资税务补贴（Investment Tax Allowance，ITA）。获得新兴工业地位（Pioneer Status，PS）称号的企业可享受为期5年的所得税部分减免，仅需就其法定收入的30%征收所得税。即：获得投资税务补贴的企业，可享受为期5年合格资本支出60%的投资税务补贴。该补贴可用于冲抵其纳税年法定收入的70%，其余30%按规定纳税，未用完的补贴可转至下一年使用，直至用完为止。

享受新兴工业地位或投资税务补贴的资格是以企业具备的某方面优势为基础的，包括较高的产品附加值、先进的技术水平以及产业关联等。符合这些条件的投资被称为“促进行动”（promoted activities）或“促进产品”（promoted products）。马政府专门制订了有关制造业的《促进行动及产品列表》。除制造业外，两项鼓励政策均可适用于其他行业申请，如农业、旅游业及制造业相关的服务业等。

2. 再投资补贴（Reinvestment Allowance，RA）。再投资补贴主要适用于制造业与农业。运营12个月以上的制造类企业因扩充产能需要，进行生产设备现代化或产品多样化升级改造的开销，可申请再投资补贴。合格资本支出额60%的补贴可用于冲抵其纳税年法定收入的70%，其余30%按规定纳税。

3. 加速资本补贴（Accelerated Capital Allowance，ACA）。使用15年的再投资补贴后，再投资在“促进产品”的企业可申请加速资本补贴，为期3年，第一年享受合格资本支出40%的初期补贴，之后两年均为20%。除制造业外，加速资本补贴还适用于其他行业申请，如农业、环境管理及信息通信技术等。

4. 农业补贴。马来西亚的农业企业与合作社/社团除了农业《促进行动及产品列表》，也可申请新兴工业地位或投资税务补贴的优惠。《1967年所得税法》规定，投资者在土地开垦、农作物种植、农用道路开辟及农用建筑等项目的支出均可申请资本补贴和建筑补贴。考虑到农业投资计划开始到农产品加工的自然时间间隔，大型综合农业投资项目在农产品加工或制造过程中的资本支出还可单独享受为期5年的投资税务补贴。

5. 多媒体超级走廊地位。马政府于1996年推出信息通信技术计划，即多媒体超级走廊，简称MSC，目标是成为全球信息通讯产业中心。经多媒体发展机构核准的信息通讯企业可在新兴工业地位的基础上，享受免缴全额所得税或合格资本支出全额补贴（首轮有效期为5年），同时在外资股权比例及聘请外籍技术员工上不受限制。

6. 运营总部地位。国际采购中心地位和区域分销中心地位。为进一步加强马来西亚在国际上的区域地位，经核准的运营总部、区域分销中心和国际采购中心除了100%外资股权不受限制以外，还可享受为期10年的免缴全额所得税等其他优惠。

7. 新兴工业地位。获得新兴工业地位称号的企业可享受为期5年的所得税部分减税，仅需就其法定收入的30%征收所得税。

8. 多媒体超级走廊地位（MSC Status）。马来西亚政府于1996年推出了信息通信技术计划，即多媒体超级走廊（Multimedia Super Corridor，简称MSC），目标是成为全球信息通讯产业中心。经多媒体发展机构（Multimedia Development Corporation）核准的信息通讯企业可在新兴工业地位的基础上，享受免缴全额所得税或合格资本支出全额补贴（首轮有效期为5年），同时在外资股权比例及聘请外籍技术员工上不受限制。

六、外国企业在马来西亚获得土地的规定

马来西亚宪法规定土地事务属于州务管辖范畴，各州均设有土地局，各州在联邦政府监督下，可制定本州的土地政策。宪法和国家土地法均规定，马来西亚土地可以作为私有财产受法律的保护，可自由买卖。获得土地的方式主要分两种，一种是永久拥有权（Freehold），可以获得永久地契（目前此权限已很难获得），另一种是租赁性拥有权（Leasehold），可获有效期为99年的租契。日前，联邦政府公布了新的修订政策，允许业主在99年地契到期之前支付一定费用，便可再延续新的99年所有权。

（一）土地法的主要内容

1966年1月1日起生效的《1965年国家土地法》是马来西亚最主要的土地法律框架，此外，马来西亚现行的主要土地法律还包括：《1976年地方政府法》（171号法令）、《1960年土地征用法》和《1976年城镇与乡村规划法》（172号法令）及其1995年修正案（993法案）。之后各州又颁布了自己的“马来人保留地法”等法律法规。

《1965年国家土地法》确定联邦政府与州政府的权限、土地用途的分类、土地所有权转移、土地的买卖、没收、划分及抵押等内容。同时，无论何种用途的土地，必须在地契注明的规定时间内开发，如果违反，将无条件收回土地。《1976年城镇与乡村规划法》及其1995年修正案规定，申请取得土地以及更改土地用途的方案必须呈报审批，只有在不违反地方政府规划原则与目标的情况下，方可获得批准。《1960年土地征用法》规定政府部门、企业或个人不得随意征用土地，只有州政府有权征用州内土地及改变土地使用性质，联邦政府征用土地也要通过州政府进行，并向后者支付费用。凡征用土地，必须公布征用理由和确定补偿标准。“马来人保留地法”将土地总面积约1/4划为“马来人保留地”，并规定除非获得州政府批准，否则不能出售、出租或抵押给非马来人。

（二）外资企业获得土地的规定

马来西亚总理府经济计划署（EPU）公布的2010年1月1日生效的《产业购置指南》是马来西亚对外资最主要的产业规定，明确了各机构在外资购置产业申请事宜的审批权限。

需要报EPU审批的产业购置包括：（1）直接购置价值超过2000万马币的非住宅产业，降低当地土著企业或政府机构的股份比例；（2）通过并购控股方式，间接购置土著企业或政府机构的价值超过2000万马币的非住宅产业。这两种购置申请，均有强制的30%土著股权限制，且外资企业缴纳的资本不得低于25万马币。

无须EPU批准，但要报相关部门审核的产业购置包括：（1）购置价值超过50万马币的商业房屋，2014年财政预算案将此金额提高至100万马币；（2）价值超过50万马币或购置面积为5英亩以上的农业用地，用于农业投资、高新技术的商业投资、农业旅游项目开发或开展出口型农产品加工；（3）购置价值超过50万马币的工业用地；（4）购置价值超过50万马币住宅。

禁止外资购置的产业有：（1）价值50万马币以下的产业；（2）州政府划分的中/低成本住宅；（3）“马来人保留地”上的产业；（4）州政府分给土著企业开发项目的产业。

无须EPU批准的产业购置包括：购置马来西亚“第二家园计划”的住宅；多媒体超级走廊（MSC）区域内具MSC地位的公司，为了企业运营或员工住宿所购置的产业、在马来西亚任一发展走廊由政府相关机构批准的公司购置的产业；获得马来西亚国际伊斯兰金融中心（MIFC）秘书处颁发执照的公司购置的产业；公司的员工宿舍（外资控股的公司需购置10万马币以上的住宅），该业务由州政府批准；遗嘱或法院判决书要求转移给外资的产权；制造业公司购置的产业；联邦州政府、州务大臣/首席部长公司及其他政府关联公司（GLCS）购置的产业；私有化转型机制下的产业；获得财政部、贸工部等相关部门颁发的国际采购中心、运营总部、代表处、区域办事处、纳闽离岸公司以及生物科技公司等特殊地位公司所购置的产业。

七、环境保护法律规定

（一）环保管理部门

马来西亚政府环保主管部门是天然资源和环境部下属的环境局，主要负责环境政策的制定及环境保护措施的监督和执行。环境局下设负责处理空气、河流、水利以及工业废物的部门。

（二）主要环保法律法规名称

马来西亚基础环保法律法规包括《1974年环境素质法》和《1987年环境素质法令》（指定活动的环境影响评估）。涉及投资环境影响评估的法规包括《1990年马来西亚环境影响评估程序》《1994年环境影响评估指南》（海边酒店、石化工业、地产发展、高尔夫球项目发展）。

（三）环保法律法规基本要点

根据《马来西亚环境素质法》，投资者必须在提交投资方案时关注到环境因素，进行投资环境评估，在生产过程中控制污染，尽量减少废物的排放，把预防污染作为生产的一部分。根据《1987年环境素质法令》（指定活动环境影响评估），以下投资须进行环境影响评估：将森林地改为农业生产地，土地面积达500公顷或以上；水库、人工造湖的建造，水面面积达200公顷或以上；涉及面积50公顷以上住宅地开发；石化及钢铁项目；电站项目等。

根据《1974年环境素质法》，马来西亚污染事故处理或赔偿的标准主要根据污染事故的性质、影响以及造成的后果来加以判定。空气污染、噪音污染、土壤污染、内陆水污染，视情况处以不超过10万马币的罚款或5年以下的监禁，或二者兼施；污水排放、油污排放、公开焚烧、使用有毒物质或特定设备进行生产，处以不超过50万马币的罚款或5年以下的监禁，或二者兼施。

（四）环保评估的相关规定

马来西亚环境评估主管机构为环境局。

马来西亚环境评估程序分两种：

1. 初步环境评估。要求初步环境评估的项目主要包括农业、机场、水库及灌溉、土地开垦、渔业、林业、住宅开发、石化、钢铁、纸浆，基础设施、港口、矿产、油气行业、电站、铁路、交通、垃圾废物处理、供水等。

具体申请程序：将符合政府整体规划的初步环评报告提交给环境局（12份报告提交州环境局，3份报告和电子版的摘要提交国家环境局总部）→州环境局召开初期环境评估技术委员会审核、若要求另行提供有关材料，需在两周内提交→若符合《1974年环境素质法》，则批准该项目。

初步环境评估由州环境局牵头审核，审批时间为5周。

2. 详细环境评估。要求详细环境评估的项目主要包括钢铁厂、纸浆厂、水泥厂、煤电站、水坝、土地开垦、垃圾废物处理、伐木、化工产业、炼油、辐射危害行业等。

具体申请程序：将详细环评报告提交给环境局（50份报告和电子版的摘要提交国家环境局总部）→国家环境局将报告公示，征求公众意见→国家环境局召开临时委员会审核→若要求另行提供有关材料，需在两周内提交、若符合《1974年环境素质法》，则批准该项目。

详细环境评估由国家环境局总部牵头审核，审批时间为12周。

八、保护知识产权规定

（一）当地有关知识产权保护的法律法规

马来西亚涉及保护知识产权和工业产权的法律法规包括《专利法》《商标法》《工业设计法》《版权法》和《集成电路设计布局法》。

《专利法》规定，专利保护期限为20年，工业创新证书保护期限为10年。保护期间应按规定缴纳年费，否则将导致专利失效。

《商标法》规定，商标保护期限为10年，之后每次申请可再延长10年。

《工业设计法》规定，工业设计最初保护期限为5年，之后可申请延长两次，每次5年，总保护期限为15年。

《版权法》规定，文学、音乐或艺术著作保护期是作者有生之年，加上逝世后的50年；录音、广播及电影保护期为作品出版或制作后的50年。

《集成电路设计布局法》规定，商业开发的保护期是开发之日起10年，未进行商业开发的保护期是从创作完成之日算起15年。

（二）知识产权侵权的相关处罚规定

马来西亚法律规定，违反知识产权保护法律法规，将受到法律制裁。除了以上法令，2011年11月1日《商品说明法》生效，提供了一种独特的知识产权强制执行工具——商品说明命令（TDO），对侵犯注册商标者，马来西亚国内贸易、合作社及消费者事务部有权对侵权人提起刑事诉讼。

九、投资合作相关法律及对中国企业投资合作保护政策

（一）马来西亚与投资合作相关的主要法律

《合同法》规定了合同的订立、撤销、履行、代理等内容，是马来西亚民商法律的基础。

《公司法》对公司登记成立、股份债券、抵押登记、公司管理、股份公司、公司账目与审计以及公司清盘做出了详细规定，还明确了投资公司、外国公司的概念。

《工业协调法》规定了从事制造业的公司，如果投资超过250万马币，或其全职雇员超过75人，必须向贸工部（MITT）申请工业执照；工业执照需每年申请更新。

《投资促进法》是马来西亚工业投资促进方面最重要的法律，投资优惠措施以直接或间接税赋减免形式出现，直接税激励指对一定时期内所得税进行部分或全部减免，间接税激励则以免除进口税、销售税或消费税的形式出现。

《劳资关系法》调整资方、劳工和工会之间的关系，预防与解决劳资争端。

（二）马来西亚对中国企业投资合作保护政策

1. 中国与马来西亚签署双边投资保护协定。1988年11月21日，中国和马来西亚签署《中华人民共和国政府和马来西亚政府关于相互鼓励和保护投资的协定》。

2. 中国与马来西亚签署避免双重征税协定。1985年11月23日，中马双方签署《中华人民共和国政府和马来西亚政府关于对所得避免双重征税和防止偷漏税的协定》，协定于1987年1月1日起正式生效。

3. 中国与马来西亚签署的其他协定。中马两国经贸关系由来已久。除上述投资保护和避免双重征税协定外，近年来，两国政府先后签署《海运协定》《贸易协定》《民用航空运输协定》《资讯谅解备忘录》《科学工艺合作协定》《体育协定》和《教育谅解备忘录》等10余项合作协议。1999年5月31日，中马双方签署《中华人民共和国政府和马来西亚政府关于迈向21世纪全方位合作的框架文件》。2000年4月12日，中马双方签署《中华人民共和国政府和马来西亚政府就中国加入WTO的双边协议》。2009年2月8日，中马双方签署《中马双边本币互换协议》。2012年2月8日，中国人民银行与马来西亚国家银行续签该协议，有效期三年。2009年6月3日，中马双方签署《中华人民共和国政府和马来西亚政府关于部分互免持外交、公务（官员）护照人员签证的协定》。2011年4月28日，中马双方签署《中华人民共和国政府和马来西亚政府关于扩大和深化经济贸易合作的协定》。2012年6月15日，中马双方签署《中华人民共和国政府和马来西亚政府关于马中关丹产业园合作的协定》。2013年10月4日，中马双方签署《中华人民共和国政府与马来西亚政府经贸合作五年规划（2013—2017年）》。2015年11月23日，中马双方签署《关于进一步推进中马经贸投资发展的合作计划》。2015年11月23日，中马双方签署《关于加强产能与投资合作的协定》。2015年11月23日，中马双方签署《关于政府市场主体准入和商标领域合作谅解备忘录》。2015年11月23日，中马双方签署《马来西亚输华棕榈油质量安全的谅解备忘录》。2016年11月1日，中马双方通过联合进展报告确认《经贸合作五年规划（2013—2017）》取得的成果。2017年5月，在第一届“一带一路”国际合作高峰论坛期间，中马双方签署《中马“一带一路”合作谅解备忘录》《“一带一路”融资指导原则》《中马交通基础设施合作备忘录》《中马水资源领域谅解备忘录》和《关于马来西亚菠萝输华植物检疫要求的议定书》。2018年8月，中马双方签署《中华人民共和国海关总署与马来西亚农业与农基产业部关于马来西亚冷冻榴莲输华检验检疫要求的议定书》，并续签《中国人民银行与马来西亚国家银行双边本币互换协议》。

4. 其他相关保护政策。2005年7月《中国—东盟全面经济合作框架协议货物贸易协议》正式实行，至2007年1月，中国和东盟6个成员国（泰国、马来西亚、印度尼西亚、菲律宾、新加坡、文莱）的60%的商品关税降至5%以下；2010年中国—东盟自由贸易区全面建成，绝大多数产品正常关税降为零。为进一步提高本地区贸易投资自由化和便利化水平，2013年10月，中国国务院总理李克强在中国—东盟领导人会议上倡议启动中国—东盟自贸区升级谈判。2014年8月，中国—东盟经贸部长会议正式宣布启动升级谈判。经过4轮谈判，2015年11月22日，在李克强总理和东盟十国领导人的共同见证下，中国商务部部长与东盟十国部长分别代表中国政府与东盟十国政府，在马来西亚吉隆坡正式签署中国—东盟自贸区升级谈判成果文件——《中华人民共和国与东南亚国家联盟关于修订<中国—东盟全面经济合作框架协议>及项下部分协议的议定书》。议定书于2016年7月1日正式生效。

缅甸投资贸易指南

一、对外贸易法规和政策规定

（一）贸易主管部门

缅甸贸易主管部门为缅甸商务部，负责办理批准颁发进出口营业执照、签发进出口许可证，管理举办国内外展览会、办理边境贸易许可、研究缅甸对外经济贸易问题、制订和颁布各种法令法规等。下设贸易司和边贸司，边贸司在各边境口岸设有边境贸易办公室负责办理边境贸易各种事务。缅甸私商从事对外贸易须向进出口贸易注册办公室领取营业执照，申领进出口许可证，在国家政策许可范围内自由从事对外贸易活动。

2014年5月，投资委员会进行改组，由能源部长泽亚昂任投资委主席，饭店与旅游部长特昂任副主席，投资与公司局局长昂乃乌和国家计划与经济发展部部长，甘佐博士任秘书长，环保林业部长、计划发展部副部长等为投资委员会成员。

为提高外商在缅投资注册效率，缅甸2013年在仰光、2014年在曼德勒开设国内外投资注册等业务的一站式窗口，窗口单位有计划发展部、商务部、税收部门、缅甸央行、海关、移民局、劳工部、工业部、投资与公司管理局、投资委等，为获准的国内外企业提供注册、延期及其他服务。

（二）贸易法规体系

现行与贸易管理相关的法律和规定有：《缅甸联邦进出口贸易法》（2012 年）；《缅甸联邦贸易部关于进出口商必须遵守和了解的有关规定》（1989 年）；《缅甸联邦关于边境贸易的规定》（1991 年）；《缅甸联邦进出口贸易实施细则》（1992 年）；《缅甸联邦进出口贸易修正法》（1992 年）；《重要商品服务法》（2012 年）；《竞争法》（2015 年）；《竞争法》实施细则（2017 年）；《消费者保护法》（2019 年）；《进口保护法》《破产法》（2020）。

（三）贸易管理的相关规定

1988 年以来，缅甸政府实行市场经济，允许私人从事对外贸易，对外贸易实行许可证管理制度。1989 年 3 月 31 日，政府颁布《国营企业法》，宣布实行市场经济，并逐步对外开放，军政府放宽了对外贸的限制，允许外商投资，农民可自由经营农产品，私人可经营进出口贸易，并开放了同邻国的边境贸易。

自 2006 年以来，在中缅边境地区出口的木材及矿产品贸易，需获得缅甸商务部、林业部木材公司出具的证明及中国驻缅甸使馆经商处的证明。

缅甸已于 2014 年 4 月 1 日起停止原木出口，木材必须经加工后方可出口。2012—2016 年，缅甸逐年递减 15% 的柚木和 20% 的硬木采伐量，并分别减少 75% 和 22% 勃固山脉的柚木和硬木采伐量。

2014 年 4 月，缅甸商务部宣布废除出口许可证取消罚金。缅甸商务部之前规定，产品出口要事先申请出口许可证，若此笔出口交易最终未达成或出口金额不足许可证申请金额，出口企业需要缴纳一笔出口许可证取消罚金，罚金约为不足差额的 5%。此笔费用的取消受到缅甸出口企业的欢迎。

缅甸商务部表示，自 2015 年 1 月 1 日起，所有汽车进口商须在车辆发运前申请进口许可。

2015 年 3 月 23 日，缅甸商务部通知缅甸工商联，随着越来越多的外国人进入缅甸以及根据市场需要，各经营商可以从国外合法进口各类红酒。经营商在申请进口许可证时，需事先与国外供货商签订合同，并从相关部门申办酒类销售执照，红酒销售时需每瓶粘贴完税标志。缅甸商务部于 2015 年 7 月宣布，鲜花、豆类、水果、咖啡豆、胡椒、玉米、药品、畜牧水产，以及农村发展部允许出口的鱼类、服装、高价值水产品和传统食品的出口将无需再申请出口许可证；取消化工产业及其相关物资、医用手术器械（需持卫生部证明）教学用具、油墨、相关化妆品的物资、轮胎配件、丝绸等商品的进口许可申请。2016 年底，缅甸商务部宣布，咖啡、茶叶、橡胶和橡胶制品、铝和相关材料、金属和相关材料、铁路机车和相关发动机及汽车配件等进口免于申请进口许可手续。

2017 年 6 月 12 日，缅甸商务部发布公告，允许外资企业从事化肥、种子、农药、医疗设备和建材等五类商品的贸易。2017 年，缅甸商务部发布通告，从 10 月 9 日开始，缅甸政府重新批准活牛出口，标志着缅甸长达 15 年的活牛出口禁令被取消。

2018 年 5 月，缅甸商务部发布通告，允许外资企业在缅甸从事批发和零售业务（小型市场及便利店除外），但拟从事相关业务的外资企业需要向商务部申请相关执照。2019 年 3 月缅甸颁布消费者保护法，规定自 2020 年 3 月开始，在缅甸销售的商品必须标有缅文说明，包括使用方法、储存方式、过敏警告及可能产生的副作用等。2019 年 11 月，缅甸联邦政府汽车进口管理委员会发布公告，对 2020 年从国外进口不同类型汽车的生产年份作出规定。

2020 年 2 月，缅甸发布 2020—2025 年第二个五年国家出口战略（NES），将宝石和珠宝、基础农产品、纺织服装、机械电器设备、林渔业以及数字产品等 6 个行业列为优先行业。五个服务行业——数字产品、物流、质量控制、贸易信息以及创新创业也将获得支持。2020 年 3 月 6 日，缅甸正式加入东盟单一窗口系统。缅甸可在东盟区域内以电子化方式交换原产地证书，以减少纸面文书工作。缅甸进出口商可以更轻松地获取和填报原产地证书。2020 年 3 月 16 日，为减少新冠疫情对经济影响、保持就业率和维持工厂正常运营，缅甸政府宣布免除本年度 2% 的出口预提税、减免其他税收和降低银行贷款利率。2020 年 4 月 1 日，缅甸商务部宣布即日起，进出口商可通过网站申请进出口许可证。91 种进口商品和 73 种出口商品在网上办理申请手续。允许网上办理进口手续的商品包括：药品、医用设备、食品、化肥、食用棕榈油和油料作物、奶和奶制品、电子产品、能源产品、成品油、摩托车、自行车等。允许网上办理出口手续的商品包括：农产品、铅矿、白糖、天然气等。另外在抗击新冠肺炎疫情期间，减免所有药品的进口许可证费用，并减少其他一些进口商品的进口许可证费用。同时放宽对 2000 多种出口商品的限制。2020 年 4 月 1 日，缅甸计划、财政与工业部宣布从国外进口的酒类进口税增加 10%。税务局称，根据 1992 年税务法第 3（d）条对 2017 年缅甸税务清单中的 18 种酒类 40% 的进口税调高至 50%。酒精含量在 80% 以下的 18 种酒类包括红酒、威士忌、伏特加酒等。

（四）进出口商品检验检疫

缅甸进出口检验检疫工作由农业、畜牧与灌溉部主管。

《缅甸植物检疫法》（1993 年）规定禁止有害生物通过各种方法进入缅甸；切实有效抵制有害生物；对准备运往国外的植物、植物产品，必要时给予消毒、灭菌处理，并发给植物检疫证书。无论是从国外进口的货物，还是旅客自己携带的物品入境时，都必须接受缅甸农业服务公司的检查、检疫。

《缅甸植物细菌防疫法》（1993 年）规定，任何人未取得进口许可证，不准从国外进口植物、植物产品、细菌、有益生物和土壤。必要时对即将运往国外的植物或植物产品进行杀虫和灭菌工作，发给无菌证书。根据接收国的需要，规定进行检验的方法。

《缅甸联邦对从事进出口贸易的最新规定》对进出口需要申报进行植物检疫的商品做详细规定。

2020 年 1 月 18 日，中国国家主席习近平对缅甸进行国事访问期间，中缅双方签署《中华人民共和国海关总署与缅甸联邦共和国农业、畜牧业和灌溉部关于缅甸大米输华植物检验检疫要求议定书》、《中华人民共和国海关总署和缅甸联邦共和国农牧灌溉部关于中国从缅甸输入屠宰用肉牛的检疫和卫生要求议定书》、《中华人民共和国海关总署与缅甸联邦共和国农业、畜牧灌溉部关于中国从缅甸输入热加工蚕茧检疫和卫生要求议定书》，缅甸碎米、屠宰用肉牛、热处理蚕茧可在检验检疫后正式对华出口。

（五）海关管理规章制度

《缅甸海关进出口程序》（1991 年）对禁止进出口的物品做了详细规定，《缅甸海关计征制度及通关程序》对进出口关税、通关程序做了详细规定。

与海关管理相关的法规还有:《海洋关税法》(1978 年)、《陆地海关法》(1924 年)、《关税法》(1953 年)、《国家治安建设委员会 1989 年第 4 号令》、《商业税法》(1990 年)、《进出口管制暂行条例》(1947 年)和《外汇管制法》(1974 年)。

目前,中方与缅方正在推动输华产品零关税税目扩大事宜。目前,缅甸 95% 的输华产品享受零关税待遇,若此项协议达成,缅甸 97% 的输华产品将享受零关税待遇。

2017 年缅甸根据世界海关组织 H. S2017 及 2017 年东盟统一关税命名法(AHTN)编制新版关税表。世界海关组织所有成员国关税代码都是 6 位数字,东盟所有成员国关税代码都是 8 位数字。2017 年缅甸海关税则为 10 位数字,在 AHTN8 位数字的基础上增加 2 位数字进行统计。

二、对外国投资的市场准入规定

(一)投资主管部门

缅甸投资委员会(Myanmar Investment Commission)是主管投资的部门。其主要职能:根据《缅甸投资法》的规定,投资委对申报项目的资信情况、项目核算、工业技术等进行审批、核准并颁发项目许可证,在项目实施过程中提供必要帮助、监督和指导,同时也受理许可证协定时限的延长、缩短或变更的申请等。

缅甸投资委员会由相关经济部门领导组成,国家投资与对外经济关系部下属的投资与公司管理局主管公司设立及变更登记、投资建议分析及报批、对投资项目的监督等日常事务。

为提高外商在缅投资注册效率,于 2013 年在仰光、2014 年在曼德勒、内比都开设国内外投资注册等业务的一站式窗口。窗口单位有计划与财政部、商务部、税收部门、缅甸央行、海关、移民局、劳工部、工业部、投资与公司管理局、投资委等,为获准的国内外企业提供注册、延期及其他服务。

(二)投资行业的规定

2016 年 10 月颁布的《缅甸投资法》及 2017 年 3 月发布的《缅甸投资法实施细则》对在缅投资有关事宜作出了规定。

1.《缅甸投资法》禁止对以下项目进行投资:(1)可能带入或导致危险或有毒废弃物进入联邦的投资项目;(2)除以研发为目的的投资外,可能带入境外处于试验阶段或未取得使用、种植和培育批准的技术、药物和动植物的投资项目;(3)可能影响国内民族地方传统文化和习俗的投资项目;(4)可能危及公众的投资项目;(5)可能对自然环境和生态系统带来重大影响的投资项目;(6)现行法律禁止的产品制造或服务相关项目。根据《缅甸投资法》有关规定,缅甸投资委将制定并及时修订限制投资的行业。2017 年 4 月发布的限制投资行业分为 4 类:只允许国营的行业、禁止外商经营的行业、外商只能与本地企业合资经营的行业、必须经相关部门批准才能经营的行业。

2. 只允许国营的行业包括:根据政府指令进行的安全及国防相关产品制造业、武器弹药制造及服务、仅限政府制定邮政运营主体运营的邮政服务及邮票发行、航空交通服务(包括航班信息服务、警告、航空咨询服务、航空管理)、导航、自然林管理、放射性物质(如铀、钍等)可行性研究及生产、电力系统管理、电力项目监管等 9 项。

3. 禁止外商投资的行业:使用缅语或缅甸少数民族语言的新闻出版业、淡水渔业及相关服务、动物产品进出口检验检疫、宠物护理、林产品加工制造、依据矿业法开展的中小型矿产勘探开采及可行性研究、中小型矿产加工冶炼、浅层油井钻探、签证及外国人居留证件印制发行、玉石和珠宝勘探开采、导游、小型市场及便利店等 12 项。

4. 外商只能与本地企业合资经营的行业:渔业码头及渔业市场建设、渔业研究、兽医、农业种植及销售和出口、塑料产品制造及国内销售、使用自然原料的化学品制造及国内销售、易燃品制造及国内销售、氧化剂和压缩气体制造及国内销售、腐蚀性化学品制造及国内销售、工业化学气体制造及国内销售、谷物加工产品制造及国内销售、糕点生产及国内销售、食品(牛奶及奶制品除外)加工及销售、麦芽酒生产及国内销售、酒精及非酒精饮料生产加工及国内销售、饮用纯净水生产及国内销售、冰块生产及国内销售、肥皂生产及国内销售、化妆品生产及国内批发、住房开发销售及租赁、本地旅游服务、海外医疗交通服务等共 22 项。

5. 必须经相关部门批准的行业:需经内政部批准的使用麻醉品和精神药物成分生产及销售药品行业,需经信息部批准的使用外语出版刊物、广播节目等 6 个行业,需经农业畜牧与灌溉部批准的海洋捕捞、畜牧养殖等 18 个行业,需经交通与通讯部批准的机动车检验、铁路建设及运营等 55 个行业等等,共有 10 个部委辖下的 126 个行业。

(三)投资方式的规定

1. 自然人合作。缅甸法律法规并不禁止自然人在当地开展投资合作。但是,出于项目风险隔离以及规范操作的考量,通常投资者会设立项目公司进行项目的落地操作。项目公司的股东可以是法人也可以是自然人。

2. 外商投资方式。外商在缅投资可以根据缅甸公司法设立子公司(私人有限公司或公众有限公司)、海外法人(Overseas Corporation,相当于分公司或代表处,缅甸公司法不再区分前两者的注册形式)。在不违反限制投资行业有关规定(参见 3.2.2 所述)的前提下,外商可以自由选择采取独资、合资、合作或者并购等方式进入缅甸。缅甸公司法对于公司股东出资形式没有限制,现金、设备或技术投资等都可以作为股东出资方式。缅甸并不禁止外国投资者以二手设备出资,但在向缅甸投资委员会申报投资许可以及设备进口清单时应当列明设备有关情况。

3. 工业园区。缅甸鼓励外国投资者建立工业园区,2017 年 4 月 1 日颁布的《鼓励投资行业分类》里面包括了工业区或工业园区建设。

4. 安全审查。缅甸目前缺少外资并购安全审查的明确机制,但是达到法律要求(如投资金额较大等)所有外商投资都应当根据《缅甸投资法》获得缅甸投资委员会的许可,缅甸投资委员会在审核相关投资时可能就相关安全问题进行审查。2015 年颁布的《竞争法》禁止从事限制市场竞争行为,包括通过并购、业务整合、购买和兼并其他企业、设立 JV 或其他缅甸竞争委员会指明的行为等,意图在特定时间内极端提升市场支配地位,或意图降低只有少数企业的相关市场的竞争程度。但由于相关部委以及缅甸竞争委员会尚未明确相关规定的有关细节,目前没有正在实施的经营者集中审查制度。

5. 投资咨询。为更好地吸引外资,便利投资流程,缅甸投资委员会设立了一站式服务中心,其中包括不同行业主管部门派驻的相关人员,可以对于投资者感兴趣的问题提供法律政策方面的指引。除此以外,建议投资者在进行并购之前充分了解并购对象,通过专业中介机构对并购对象进行法务、财务和税务尽职调查。考虑到缅甸市场的特殊性,建议投资者亲自前往缅甸深入并购对象业务和市场一线，实地考察了解并购对象公司内部治理、客户和市场相关情况。必要时可以与在缅的相关商协会进行沟通，侧面了解并购对象的经营情况和商誉。由于缅甸缺少相关的投资审查机制，缅甸政府也鲜有公开相关信息，因此近年缺少在当地开展并购受到阻碍（特别是投资审查受阻）的案例。

（四）特殊经济区域的规定

1. 经济特区介绍。缅甸正同期推进“土瓦经济特区”、“迪洛瓦经济特区”及“皎漂经济特区”等3个特区的建设。

2. 经济特区法规。为吸引外来投资，缅甸于2014年1月23日修订出台了新的《缅甸经济特区法》，2015年8月27日发布了《缅甸经济特区细则》，第29条对投资人应享有的特殊待遇作了明确表述：如投资人在该特区内可从事的行业有：①原料加工、机械化深加工、仓储、运输、服务；②投资项目所需的原材料、包装材料、机器零配件、机械用油可以从国内外进口；③向缅甸国内或出口生产的产品；④经特区管委会批准，投资人和国外服务商可以在特区内设办事处；⑤经特区管委会同意，从事其他法律不禁止的经济业务。

此外，在特区可以开展的行业还有：建深水港、钢铁厂、化肥厂、原油炼油厂、油气厂、火电厂、天然气发电厂等工业项目；在特区还可以开展服务业、修建从项目所在地通往边境地区的公路、铁路，修建输变电线路、铺设油气管道，建立包括住宅、旅游景点和度假设施在内的基础设施，经管委会批准的不违反现行法律的其他经济项目。

3. 特区优惠政策。《经济特区法》还规定了对投资者和投资建设者的优惠政策。投资者在免税区开始商业性运营之日起的第一个7年期间，免除所得税；在业务提升区开始商业性运营之日起的第一个5年期间，免除所得税；在免税区和业务提升区投资的第二个5年期间，减收50%所得税；在免税区和业务提升区投资的第三个5年期间，如在一年内将企业所得的利润重新投资，对投资的利润减收50%所得税。投资建设者在经济特区开始商业性运营之日起的第一个8年期间，免除所得税；在第二个5年期间，减收50%所得税；在第三个5年，如在一年内将企业所得的利润重新投资，对投资的利润减50%所得税。除此之外，该法还对土地使用、保险业务等做了相关规定。目前，缅甸尚未就经济技术开发区、出口加工区和保税区出台专门的法律法规。

（五）外国公司承包当地工程有的规定

1. 许可制度。缅甸政府欢迎有实力、讲信誉的外国企业赴缅甸承揽工程项目。目前，缅甸尚无涉及外国自然人在当地承揽工程承包项目的明文规定，对资质亦无明文限制。2019年11月，中国科协与缅甸工程理事会在仰光签署中缅工程师资格互认协议。2013年5月，缅甸总统府发布政府部门招标准则，主要内容如下：(1)总则。政府部门须为招标成立招标工作委员会、计算底价委员会，投标审核委员会、质量检查委员会等，各委员会须制定相关规则，在官方报纸连续一周公布项目类型，在规定日期公开开标，并按照投标规则选择最低价投标者。(2)采购方面。政府部门须公布采购货物的种类和标准；优先采购政府工厂产品。(3)建筑方面。任何公司均需公开参与竞标；对劳工费、业务服务费提出最低百分率者给予优先，对低价进行破坏性竞争的公司予以通报，不予选择。(4)服务方面。中标公司可按规定价格收取服务费（公路和桥梁通行费等）；投标条件相同的情况下，对提供就业机会较多的公司给予优先。(5)租赁方面。国有企业转让给私营企业，须由私营化委员会通令办理；如有相同的最高价者，可由两者继续竞价，从中进一步挑选；竞标业务须在付清标费后移交；租赁的国有建筑，租赁期满后须原样交还。

2. 禁止领域。虽无明文规定，但一般来讲，涉及缅甸国防的敏感项目、贵重矿产资源（如金矿、玉矿）的开发、少数民族地区政府的项目一般不允许外国公司介入。

3. 招标方式。工程建设项目一般实行公开招标制度，对于部分工期紧张、前期项目的延续性项目、国家高层领导有明确指示的项目，也可能会采取有限邀标或者议标的方式。由企业带资参与的卖方信贷项目，则一般只采取议标方式。

三、外国投资优惠政策

（一）优惠政策框架

《缅甸投资法》规定了按照投资地域区分的免税政策，共分三类地区：第一类为最不发达地区（简称一类地区），第二类为一般发达地区（简称二类地区），第三类为发达地区（简称三类地区）。在一类地区投资的企业至多连续7年免征所得税，二类地区至多免征5年，三类地区至多免征3年。在联邦政府批准后，投资委将根据情况调整该地区分类。所得税豁免仅适用于依委员会通知所指定的鼓励投资行业。土地保障政策：根据《缅甸投资法》，取得MIC许可或认可的企业，可以长期租赁土地，租赁期限最长可以达70年(50+10+10)。

税收优惠政策：根据《缅甸投资法》，取得MIC许可或认可的企业，可以向缅甸投资委员会申请税收优惠政策，如所得税、进口设备关税等减免。此外，投资委将视情审批以下税务减免情形：(1)在投资项目建设期或筹备期间对确需进口的机械、设备、器材、零部件及无法在本地取得的建筑材料和业务所需材料，豁免和（或）减少关税或其他境内税种；(2)对出口导向的投资项目为生产出口产品，而进口的原材料和半成品，豁免和（或）减少进口关税或其他境内税种；(3)对为生产出口产品而进口的原材料和半成品，退还进口关税和（或）其他境内税种；(4)若经委员会批准增加投资致使投资期限内原投资项目规模扩大，在投资项目建设期或筹备期间对确需进口的机械、设备、器材、零部件、无法在本地取得的建筑材料和业务所需材料的关税或其他境内税种的豁免和（或）减轻，亦相应调整扩大。

经投资者申请，委员会审核后，可以授予下列税收减免优惠：(1)若将已获投资许可或投资认可的投资项目所得利润，在1年内再投资于同一类项目或相似类型项目，则其所得税可以获得减免；(2)为所得税纳税评估目的，自投资项目开始运营的年度起，以一个低于投资中所使用的机械、设备、建筑物或资产规定寿命的期限进行加速折旧的权利；(3)自应纳税所得额中扣除与投资项目有关并为联邦经济发展实际需要的研发费用的权利。

（二）行业鼓励政策

行业鼓励政策：2017年4月1日，缅甸投资委员会发布2017第13号通知《鼓励投资行业分类》，根据清单共计20类行业被列为缅甸鼓励行业，工业区或工业园区，新的市区，公路、桥梁、铁路线，海港、河港、无水港的建设，发电、输电和配电等属于鼓励行业。符合鼓励清单范围的行业，可以享受所得税的减免优惠。

2017年6月，缅甸投资委员会再次发布通知鼓励投资者投资10个行业，并且缅甸投资委及地方政府部门将对投资者提供必要协助。这10个行业包括:(1)农业及相关服务行业,包括农产品加工业;(2)畜牧业及渔业养殖;(3)有助于增加出口的行业;(4)进口替代行业;(5)电力行业;(6)物流行业;(7)教育服务;(8)健康产业;(9)廉价房建设;(10)工业园区建设。

(三)地区鼓励政策

地区发展鼓励政策:《缅甸投资法》第75条,将欠发达地区指定为"一类区域",位于一类区域的投资至多连续7年的企业所得税豁免待遇;一般发达地区指定为"二类区域",位于二类区域的投资至多连续5年的企业所得税豁免待遇;发达地区指定为"三类区域",位于三类区域的投资至多连续3年的企业所得税豁免待遇。

《缅甸投资法》规定在一类地区投资可最多享有7年免所得税待遇,包括13个省邦的160余个镇区;在二类地区投资可最多享有5年免所得税待遇,包括11个省邦的122个镇区;在三类地区投资可最多享有3年免所得税待遇,包括曼德勒省的14个镇区和仰光省的32个镇区。投资于符合《鼓励投资行业分类》所规定行业的项目可享受以上免税待遇。

四、外国企业在缅甸获得土地的规定

(一)土地法的主要内容

缅甸土地为国家所有,1991年11月13日缅甸政府颁布《缅甸关于中央空地、闲地、荒地管理委员会的职责与权力的命令》,同年12月12日,颁布《缅甸空地、闲地、荒地管理实施细则》。细则规定:

1. 土地使用权申请。空地、闲地、荒地中央管理委员会有权为拟从事种植、养殖业的公民审批种植业、养殖业的土地使用权。使用空地、闲地和荒地从事种植业和养殖业投资的申请者必须是缅甸联邦公民,申请的组织,其成员必须全是缅甸联邦公民,该组织必须是依现行法律成立的组织;提出申请的个人或组织,必须出具为拟申请从事的种植/养殖业拥有足够资金的证明;提出申请的个人或组织,必须出具拟申请从事的种植养殖业实施细则。

2. 地税和利润的减免。对投资使用的土地按以下规定免收地税。(1)种植业。①种植长年果树地,从开始种植之年起,8年内免收地税。②种植园林作物,从开始使用之年起,6年内免收地税。(2)养殖业。①用于养鱼业的土地,从开始使用之年起,3年内免收地税。②用于家禽牲畜饲养业的土地。如用于饲养水牛、黄牛和马,从开始使用之年起,8年内免收地税。饲养绵羊和山羊,从开始使用之年起,4年内免收地税。饲养猪,从开始使用之年起,3年内免收地税。饲养鸡、鸭,从开始使用之年起,4年内免收地税。已投资用于种植业和养殖的土地,其生产或服务性行业的利润税,自生产或服务业创造利润之年起至少3年内免征利润税。

3. 土地使用期限规定。已投资使用土地期限规定:(1)用于长年果树种植和园林作物种植的土地,主要不违犯规定,从批准使用之年起,30年内有效;(2)季节性作物,只要不违犯规定,使用期无限;(3)用于饲养鱼的土地,只要不违犯规定,从批准使用之年起,30年内有效;(4)用于饲养家禽及牲畜的土地,只要不违犯规定,从批准使用之年起,30年内有效。

(二)外资企业获得土地的规定

根据1987年《限制不动产转让法》,缅甸禁止外国人及外资企业获得土地的所有权或者长期租赁土地(时长超过1年),但获得缅甸投资委员会许可的外国人或者外资企业可以长期租赁土地(最长不超过70年)。

五、缅甸环境保护法律规定

(一)环保管理部门

缅甸环境保护部隶属于缅甸林业部。根据职能分工,涉及保护环境的相关政府部门还有家畜饲养和渔业部、野生动物保护委员会、林业部、农业服务局等。

(二)主要环保法律法规名称

缅甸关于环境保护方面的法律主要有:《缅甸植物检验检疫法》《缅甸肥料法》《缅甸动物健康和发展法》《缅甸空地、闲地、荒地管理实施细则》《缅甸森林法》和《缅甸野生动植物和自然区域保护法》和《环境保护法》。

缅甸《环境保护法》由联邦议会通过并于2012年3月30日正式颁布。

(三)环保法律法规基本要点

1.《缅甸环境保护法》。该法规定环保部职责,并要求对涉及自然资源开发、工业等领域的项目需提前办理项目许可,在工业区、经济特区企业或环保部指定的企业需履行相应的责任。环保部具体职责如下:(1)落实环保政策;(2)制定全国及地方环境管理工作计划;(3)制定、实施和监管环境保护及改善,防止、控制和减少污染的相关工作措施;(4)为维护和提高环境质量,规定烟雾排放、污水排放、废弃固体、生产环节及产品等环境质量标准;(5)向委员会提出与环境相关的法律法规建议,为实现可持续发展,提出最佳的经济活动环保方案及制约方案等意见;(6)协助调解环境纠纷,并视情成立工作组;(7)负责规定工业、农业、矿业、排污等领域的化学废弃危险品的分级分类;(8)规定对环境具有现实及中长期影响的物品种类;(9)进一步加强包括有毒物质在内的废弃固体、污水、烟雾等处理设施建设;(10)规定工业区、建筑物等地的污水处理工作要求及机器、车辆等排放指标;(11)开展与环境事务相关的国际、地区及国家间协议方案的讨论、合作和落实工作;(12)按照联邦政府及委员会的工作意见,落实被缅甸认可的国际、地区及国家间协议;(13)针对政府部门、组织或个体从事的生产经营活动,制定环境监测制度和社会影响评估规范;(14)为保护臭氧层、生物多样性、海滩环境,减缓全球变暖、气候异常,治理沙漠化及管理持续污染物,制定环境管理、维护工作要求;(15)管理处理环境污染赔付,环境服务机构赢利缴纳及自然资源开采经营企业的部分利润的归口缴纳工作;(16)完成联邦政府交办的其他环保工作。

2.《缅甸动物健康和发展法》。该法规定在单独规范动物健康和发展工作的同时,就促进家畜发展、防止和控制动物传染性疾病、规范兽医行医资格、规范动物及动物产品和饲料的国际贸易、对动物及动物产品和饲料进行进出境检验检疫,以及防止虐待动物等作了综合性规定。

3.《缅甸植物检验检疫法》。该法规定进出境植物检验检疫主要针对植物及植物产品等货物进出口进行检验检疫,同时对进出境旅客携带的物品如水果、花卉等植物进行检验检疫。该法规定,植物及植物产品进口需要获得缅甸农业服务局批准发放的进口许可证和检疫证书,并规定申领许可和申请检疫的程序。

4.《缅甸空地、闲地、荒地管理实施细则》。该法规定任何组织和个人只要符合条件并履行必要的程序,均可申请投资空地、闲地和荒地,从事种植业和养殖业,并根据相关规定享受一定的地税和利润税减免。

5.《缅甸森林法》。该法规定为了环境保护的需要，保证林产品的产量，经政府批准，林业部可以建立以下类型的储备林：(1)商业采伐储备林；(2)供应当地储备林；(3)分水或集水储备林；(4)保护环境和生物差异储备林；(5)其他类型储备林。同时，为保护水资源和森林资源，保护旱地森林和红树森林，运输林产品应当持有有效的运输通行证，并接受林业局设立的税务站的检查和收费。违反森林法相关规定者，将会受到一定金额的罚款和6~36个月的监禁。

6.《缅甸野生动植物和自然区域保护法》。该法规定，自然区域是指为保护野生动植物、生态系统或者重要的自然风景区以及有代表性的地理、地貌特征而划定并加以保护的专门区域。分为科学研究保护区、自然保护区、国家森林公园、国家海洋公园、鸟兽禁猎区、意义重大的地球物理保护区等。该法律规定：(1)除了科学研究、环境调查和环境改造外，禁止在自然区域开展其他活动；(2)科学研究在自然区得到保护；(3)在不对自然生态造成损害的前提下，允许公众以休闲娱乐为目的参观国家公园；(4)保护区内野生动植物资源及其可持续发展；(5)与国际组织开展交流合作，保障禁猎区内野生动植物的生存和繁衍，保护候鸟栖息地和湿地；(6)在地球物理保护区内，保护并保存独特地理地貌特征和传统风俗习惯；(7)受保护的濒危野生动物分为三类：即完全受保护的野生动物物种、正常受保护的野生动物物种、季节性受保护的野生动物物种，未经林业部长批准和相关部门核准，捕猎、杀死、饲养、保管、销售、运输、转让、出口野生动物，将处以一定金额的罚款和相应时间的监禁。

(四)环境评估的相关规定

2015年12月，缅甸自然资源与环境保护部发布了《环境影响评估程序》。该文件规定，经缅甸自然资源与环境保护部认定，对环境有潜在负面影响的投资项目，须事先提交环境评估报告(EIA)；规模较小、对环境潜在影响较小的项目，只需提交初步检验报告(IEE)。共有包括能源、农业、制造业、垃圾处理、供水、基础设施、交通、矿业等领域在内的141类投资项目须提交EIA或IEE。EIA必须委托有相关资质的第三方机构开展，负责审议EIA报告的责任方由自然资源与环境保护部组建，由相关部门的专家、政府机构、专业机构和公民社会团体组成。环评费用、时间没有明确规定，但总体上环评周期较长，需要半年或更长时间。企业需与环保部门加强联系，根据环保部要求提供相关材料，完成具体审批手续。

缅甸环保部门联系方式：0095-67-431343、433019

六、保护知识产权规定

(一)当地关于知识产权保护的法律法规

自2019年1月起，缅甸先后密集出台了一系列的知识产权有关法律，包括2019年1月30日颁布的《商标法》和《工业设计法》，2019年3月11日颁布的《专利法》，2019年5月24日缅甸颁布新《著作权法》。根据以上三部知识产权相关法律的规定，缅甸政府将设立缅甸知识产权办公室(Myanmar Intellectual Property Office)来监管商标、工业设计和专利相关事宜。

1. 商标。根据新《商标法》，缅甸的商标注册将采用申请在先原则(First to File)，即两个以上的申请人分别申请同样的商标的，商标权授予最先申请的人。这一原则也与东盟大多数国家的通行原则相一致。商标注册有效期为10年，到期可以续展。此外，在新法生效前注册的商标需在新法生效后重新进行登记。

2. 专利。《专利法》采纳的也是申请在先原则(First to File)。缅甸《专利法》将专利分为发明专利(Invention Patent)和小型专利(Petty Patent，类似我国的实用新型专利)。发明专利应当具有新颖性、创造性和实用性，而小型专利仅需要具有新颖性和实用性。发明专利的有效期为20年，而小型专利的有效期为10年。

3. 工业设计。《工业设计法》也采取了申请在先原则(First to File)。可以注册的工业设计必须具有新颖性和原创性。工业设计有效期为5年，可以续期2次，每次5年，因此其总共有效期最多不超过15年。

4. 著作权。根据新颁布的《著作权法》，文学作品的著作权的保护期限为作者的生前加死后50年，声音和影像作品的保护期限为发表之日起50年，实用艺术品(works of applied art)的保护期限为25年。需要注意的是，缅甸并非《伯尔尼公约》的缔约国，根据《著作权法》外国人创作的作品只有在缅甸首先发表或在其他国家发表后30日内在缅甸发表的，才可以受到《著作权法》保护。

(二)知识产权侵权的相关处罚规定

2019年颁布的《商标法》、《工业设计法》、《专利法》和《著作权法》就相关知识产权保护提供了更加细致的规定。对于不同情形的侵权行为可以处以不同年限的有期徒刑以及罚金等。

著作权保护方面，新颁布的《著作权法》显著提高了原有法律的处罚标准。根据1914年颁布的《缅甸著作权法》，制作侵犯他人著作权的复制品的，依据法律规定应当被处以每件20缅币的罚款，但总额不超过500缅币。新《著作权法》对于侵权行为的处罚标准提高到了100万缅币和1年有期徒刑，反复侵权的最高可以处以10年有期徒刑和1000万缅币罚款。

七、投资合作相关法律及对中国企业投资合作保护政策

(一)缅甸与投资合作相关的主要法律

缅甸与投资合作相关的主要法律有：《缅甸联邦外国投资法》《缅甸联邦外国投资法实施细则》《缅甸联邦外国投资委员会1989年第一号令》《缅甸联邦贸易部关于国内外合资企业的规定》《外国对缅甸联邦投资程序及优惠政策》《缅甸联邦公民投资法》《缅甸联邦公民投资法实施细则》《缅甸允许私人投资的经济项目》等。

2012年11月2日缅甸联邦共和国总统登盛签署新的《缅甸外国投资法》。

2013年1月31日，缅甸国家计划和经济发展部颁布《缅甸外国投资法实施细则》。

(二)中国与缅甸签署双边投资保护协定

2001年12月12日，中国和缅甸签订中华人民共和国政府和缅甸联邦政府关于鼓励促进和保护投资协定》，协定对给予彼此国家投资者最惠国待遇、国民待遇及例外、征收、损害及损失补偿等内容作出了明确规定。

(三)中国与缅甸签署避免双重征税协定

中国与缅甸尚未签署避免双重征税协定。

(四)中国与缅甸签署的其他协定

1971年，中缅政府签署贸易协定，双方给予最惠国待遇；

1994年,《中华人民共和国政府和缅甸联邦政府关于边境贸易的谅解备忘录》;1995年6月29日,《中华人民共和国政府和缅甸联邦政府关于农业合作的协定》;1997年5月28日《中华人民共和国政府和缅甸联邦政府关于成立经济贸易和技术合作联合工作委员会的协定》;2000年2月3日,《中华人民共和国政府和缅甸联邦政府农业合作谅解备忘录》;2001年12月12日,《中华人民共和国政府和缅甸联邦政府渔业合作协定》;2001年7月,《中缅两国关于开展地质矿产合作的谅解备忘录》;2004年3月24日,《中华人民共和国政府和缅甸联邦政府关于促进贸易、投资和经济合作的谅解备忘录》;2004年7月12日,《中华人民共和国政府和缅甸联邦政府关于信息通讯领域合作的谅解备忘录》;2006年2月,《中缅航空运输协议》等。

菲律宾投资贸易指南

一、对外贸易的法规和政策规定

(一)菲律宾贸易主管部门

贸工部(DTI)是菲律宾外贸政策的制定及管理部门,成立于1898年6月,其前身为菲律宾商务部。其主要职责为制定综合的工业发展战略和进出口政策,创造有利于产业发展和投资的环境,负责双边和多重、投资贸易合作谈判,支持中小企业发展,审批外资企业在菲律宾设厂,颁发进出口许可证等。贸工部下设的进口服务署主要负责特定产品进口法规的实施以及发起和指导反倾销、反补贴及保障措施的初步调查。下设的产品标准化局主要负责产品技术标准的法规的管理和实施。

贸易管理机关还有:海关总署、国家经济发展署、中央银行、环境管理署、卫生部、技术转让署、食品和医药品局、危险药品局、渔业和水产资源局、国家肉类检疫委员会、计划工业局、能源管理署和服装纺织品出口局等。

(二)贸易法规体系

菲律宾是世界贸易组织(WTO)和亚太经合组织(APEC)成员,也是东南亚国家联盟(ASEAN)的成员国,实行多边的、自由的、外向型的贸易政策,同时对国内幼稚产业进行适当保护。菲律宾政府对其贸易政策不断进行调整,并出台了一系列出口鼓励措施。

菲律宾管理进出口贸易的相关法律主要包括:《海关法》《出口发展法》《反倾销法》《反补贴法》和《保障措施法》等。

(三)贸易管理的相关规定

1. 进口商品管理。《菲律宾海关现代化和关税法》(CMTA)将进口商品分为四类:自由进口商品;管制进口商品;限制进口商品;禁止进口商品。(1)禁止进口商品(《CMTA》第3章第118节)。包含颠覆国家政权内容或违反菲律宾法律的印刷制品;用于非法堕胎的商品、工具、药物、广告印刷品等;包含不道德内容的印刷品或媒体制品;包含金、银等贵金属且未标明质量纯度的商品;违反本地法规的食品、药品;侵犯知识产权的商品;其他主管部门发布法律法规禁止进口的商品。(2)限制进口商品(《CMTA》第3章第119节)。除非法律或法规授权允许,否则禁止进口以下商品:枪支弹药、爆炸物等武器;赌博用具;彩票和奖券;菲律宾总统宣布禁止的毒品、成瘾性药物及其衍生物;有毒有害危险品;其他受到限制的商品。(3)管制进口商品(《CMTA》第3章第117节)。管制进口商品必须获得相应主管部门的许可证或授权才可进口,受管制的进口商品清单可以在菲律宾国家贸易资料库中查看。(4)自由进口商品(《CMTA》第3章第116节)。除禁止进口商品、限制进口商品、管制进口商品外的商品,除非法律法规另有规定,否则可自由进出菲律宾。

2. 出口商品管理。出口商品同样按照《菲律宾海关现代化和关税法》,菲律宾政府一般对出口贸易采取鼓励政策,主要包括简化出口手续并免征出口附加税,进口商品再出口可享受增值税退税、外汇资助和使用出口加工区的低成本设施等。矿产品分为禁止出口商品、限制出口商品、管制出口商品、自由出口商品。

(四)进出口商品检验检疫

1. 涉及民生、健康、安全和财产的商品。菲律宾贸工部要求出具产品标准许可和产品标准局的证明。这些产品包括:医用氧气、消费品、电器和防火设备、建筑材料等。非公制的度量衡用品、仪器、仪表的进口由产品标准局事先发放许可。

2. 食品、药品和化妆品。相关规定包括《食品和药品监管法》(第9711号共和国法案)和《食品、药品和化妆品法》(第3720号共和国法案)等。(1)所有进口食品都必须符合菲律宾的食品卫生。任何直接或间接威胁公民健康和环境安全的食品不能进口。进入菲律宾的所有食品和农产品都必须通过检疫,确保这些商品没有被任何害虫污染并且符合安全标准。菲律宾食品需要遵循食品法典委员会(Codex Alimentarius Commission)的指南以及菲食品药品监督管理局(FDA)制定的法规。进口商必须确保任何进入该国关税区的产品完全符合菲律宾的卫生和植物检疫法规,在不符合规定的情况下,货物可能被拒绝并下令在菲律宾境外销毁或处置。食品添加剂、包装以及商标也必须符合菲律宾的质量要求。目前,菲律宾尚未制定有关食品的微生物国家标准。(2)药品和化妆品。在生产时必须取得生产许可证,并提供国际认证机构的临床试验报告。

3. 动植物产品。肉类和肉制品进口需要检疫许可,进口肉类、鱼类或农产品都要求注册进口商是货物的接收者。

进口活体动物的进口商必须在进口前从菲政府部门获得兽医检疫通关(VQC)证书、所在国出口动物检验证书和原产地健康证明。

新鲜/冷藏/冷冻鱼和渔业/水产品只有在获得相关部门认证的情况下才允许进口。只有进口用于罐头和加工目的的新鲜/冷藏/冷冻鱼和渔业/水产品且由机构买家进口的才可以免除此类认证。用于分销和进一步加工的鱼和渔业/水产品必须附有菲律宾认可的主管监管机构颁发的国际卫生证书。

为应对国内蔬菜生产商限制进口的压力,菲律宾进一步收紧了有关产品进口许可证申请程序。

相关规定包括《家肉类检验法》(第9296号共和国法案)和《农业和渔业现代化法》(第8435号共和国法案)等。

4. 危险品。危险品的进口,必须依照菲律宾卫生部标准张贴标签、销售。相关危险品包括刺激物和腐蚀性、易燃和放射性物质。

5. 其他普通商品。有28种产品要在当地进行产品标准检验,包括:照明用品、电线电缆、卫生洁具、家用电器、轮胎和水泥等。

（五）海关管理规章制度

1. 进口关税。菲律宾进口关税税率一般为0% ~30%。具体商品的税率可从关税委员会的网页查阅。

2. 进口配额。菲律宾对大米等部分农产品实行关税配额管理措施，对配额内的产品征收正常关税，对配额外的商品则征收高关税。

3. 东盟内部零关税。根据东盟内部协议规定，菲律宾对东盟成员国全部产品进口实行零关税。

4. 出口关税。菲律宾仅对原木征收20%的出口关税。

5. 出口退税出口优惠。根据菲律宾出口发展计划，在菲律宾投资署（BOI）或经济区管理署（PEZA）注册且符合规定的出口企业可享受相应的税收优惠，包括企业所得税减免、进口关税及费用减免等，相关政策可在投资署网站或经济区管理署网站查询。

二、外国投资的市场准入规定

（一）投资规定

菲律宾外国投资法律是《外国投资法》。在其他专业领域，菲律宾也颁布了相应的法律法规。如在能矿资源领域，主要为《菲律宾矿业法》；在林业领域，主要为《林业发展总计划》和《原始林采伐禁令》；在金融领域，主要为《新外资银行法修正案》（第10641号共和国法案）。

（二）行业限制

菲律宾对外资最具吸引力的一些行业，如矿业、能源、公用事业、建筑业、零售业、广告业和拥有私人土地等，对外资准入都设置了较高的门槛，具体如下。

行业	规定
银行业	外资银行在菲境内设立分行不得超过6家，并且在分行内不得提供全套服务，仅1948年以前成立的外资银行不受此限制
保险业	外国保险公司可以在菲国内成立全资保险机构，但只允许菲律宾国有控股的国家退休基金承担政府投资项目的保险业务
证券及其他金融服务业	允许外资参与共同基金，但公司董事必须为菲公民。金融公司外资比例不能超过60%
公用事业	投资公用事业必须由菲公民控股60%以上，包括水、电、通讯、运输等，公用事业企业的经营管理者必须是菲公民
媒体行业	在私营广播公司中外资占股不得超过20%，有线电视及其他形式的广播和媒体只能由菲本国公民经营
专业服务业	法律、医药、护理、会计、工程、建筑设计、海关代理等专业服务只能由菲本国公民从事
快递业	外资公司需满足以下条件才能在菲境内从业，外资公司可以选择与100%菲律宾控股的企业签约，或者成立一个由菲律宾控股60%以上的合资企业
零售业	外资不得参与实缴资本少于250万美元的零售业企业，且设立的每个零售店资产不低于83万美元。投资零售店的外资母公司净资产值不得低于20亿美元。此外，对预期投资菲零售业的外国企业还有互惠要求，只有该外国企业所属国也允许菲律宾企业投资该国零售业，该外国企业才可投资菲律宾零售业

（三）投资方式的规定

1. 股权限制。对于绝大多数公司，菲律宾公民须拥有至少60%的股份以及表决权，不少于60%的董事会成员是菲律宾公民。如果公司不能满足上述关于菲律宾公民所占比例的要求，则必须满足以下条件：(1)经投资署批准，属于先进项目，菲律宾公民无法承担，且至少70%的产品用于出口；(2)从注册之日起30年内，必须成为菲律宾本国企业。但是产品100%出口的公司无须满足该要求；(3)公司涉及的先进项目领域不属于宪法或其他法律规定应由菲律宾公民所有或控制的领域。

2. 跨国并购。外资企业可按菲律宾国内规定流程并购当地企业。

（四）安全审查的规定

菲律宾关于并购等商业行为有一系列法律法规，其中《公司法》对并购的手续和流程进行了相关规定，《竞争法》（第10667号共和国法案）对垄断行为的定义、处罚等进行了规范。

（五）基础设施模式的规定

菲律宾于1993年颁布《BOT法》，该法第一部分详细介绍了BOT模式的各项规定，第二部分对制度执行作出了具体规定。2009年，菲律宾成立PPP中心，取代BOT中心，负责PPP项目的推进，PPP项目亦由《BOT法》（参见 https://ppp.gov.ph/wpcontent/uploads/2013/02/BOT - IRR - 2012_FINAL.pdf）规范。

三、特殊经济区域的规定

（一）经济特区法规

根据1995年《特殊经济区法》（第7916号共和国法案），菲律宾建设了一系列单独关税区——特殊经济区（Special Economic Zone，SEZ），以改善投资环境、提供优惠政策，从而吸引本地和外国投资并创造就业机会。经济区管理署（PEZA）为特殊经济区监管机构。

（二）特殊经济区介绍

根据PEZA最新数据，菲目前共有379个各类经济区，分为以下几类：(1)工业园区，指为工业发展所设立的专门区域，拥有一定的基础设施，如道路、供水、排水系统、厂房和住宅。(2)出口加工区，是区域内企业主要为出口导向型的工业园区。出口加工区的优惠政策包括进口设备、原材料和零部件的关税减免等；(3)自由贸易区，设在交通枢纽附近，如海港或空港周边，进口的货物可以免交进口关税，并在此进行卸货、分类、重新包装等，但如果这些货物进入非自由贸易区，仍需缴纳关税；(4)旅游经济区，指专门为旅游业发展而设立的经济特区，区域适合建立旅游休闲设施，比如体育休闲中心、宾馆、文化和会议设施、餐饮中心等以及相应的基础设施；(5)IT园区或中心，指专门为IT项目或服务设立的区域，可以是一片区域或一栋建筑，其整体或部分将具备为IT企业提供相应设施和服务的条件。

（三）经济区优惠政策

根据各经济区内的企业从事不同性质的活动，可享受的优惠政策包括：(1)进口固定设备、原材料、零部件、良种牲畜和基因材料等免除关税；(2)传统项目4年免所得税，先锋项目6年免所得税；(3)免所得税后的收入，仅需根据5%的税率纳税，以此替代其他各项国家和地方税收；(4)扣除进口替代品课税；(5)免除码头费用、出口税和进口费；(6)减免国内固定设备、良种牲畜和基因材料的课税；(7)可征税收入中额外减去人工费用；(8)托运设备的非限制使用；(9)外国投资者和家庭的永久居留权；(10)雇用外国公民；(11)可不经菲律宾中央银行审批汇出收入；(12)免除地方营业税；(13)如果已交纳5%综合所得税，外企在菲律宾分支机构免纳利润汇回税。

需要注意的是，菲律宾央行规定外国直接投资者(FDI)从2015年4月19日起，必须在向菲境内实际汇入资金后一年内在菲央行登记注册。

四、外国企业在菲律宾获得土地的规定

(一)土地法的主要内容

菲律宾土地归私人所有。菲律宾禁止外国人拥有土地，但可以购买高层住宅，不能购买别墅。具有双重国籍的菲律宾人可以100%拥有地产权，但必须在菲律宾出生后移民到其他国家并取得他国身份的。

土地管理部门除环境与自然资源部、土地管理局外，还有其他部门如房产与城市发展协调委员会和国家经济发展署等直接或间接地控制土地的使用、甚至法院都有权利颁发土地所有权证明。

土地交易法律程序：(1)买卖双方通过律师签订并得到公证的合同；(2)向城市资产评估办公室递交国内收入局出具的土地税申报；(3)买方向市财政局交付地产税；(4)市资产评估员对资产进行评估；(5)买方向市资产评估办公室支付交易税；(6)向国内收入局缴纳资产收益税及印花税；(7)交易资产注册：更换产权所有者名称；(8)新产权所有人获得新产权证的影印件以及向资产评估办公室索取税收申报表。

(二)外资企业获得土地的规定

菲律宾宪法规定，外国人不得在菲律宾购买土地，但外国公民或公司可以先成立一家菲律宾公司。公司的股权外方占40%以下(含40%)，菲方占60%以上(含60%)，并且公司至少有5人，公司成立后，必须在菲开立主要的公司银行账户。账户的户头可以单独为外国公民，可以由外国公民控制房产收入所获得的资金。该公司在购买菲律宾土地前，须得到菲律宾投资委员会(BOI)的许可，才可进行土地买卖的交易。

投资者租赁法案(第7652号共和国法案)允许外国投资者在菲律宾租用商业用地最长不超过75年(过去规定为50年)。根据该法，任何到菲律宾投资的外国投资者在遵守菲律宾法律和下列条件的情况下，可租赁私人土地：(1)土地租赁合同期限为50年，仅可一次性延长25年；(2)租赁的土地仅做投资用途；(3)租赁合同应符合《综合土地改革法》和《地方政府法案》。

五、外资公司参与当地证券交易的规定

菲律宾允许外国公司参与菲律宾证券交易所的证券投资交易，但所持公司股份会有上限，通常为40%。菲律宾证券交易所每月都会发布外国持有股票情况报告。

六、环境保护法律规定

(一)环保管理部门

菲律宾的环保管理部门是环境管理局(EMB)，负责污染防治以及环境影响评估，在中央、区域、省和社区各级均有分支机构。

(二)主要环保法律法规名称

主要相关法律法规包括《宪法》、1976年《污染控制法》、1978年关于建立环境影响报告书制度的总统令、1988年《环境法典》、1990年《有毒物质、有害物质和核废料控制法》、1999年《洁净空气法》、2000年《生态固体废物管理法》、2004年《洁净水法》等。

(三)环保法律法规基本要点

(1)菲律宾宪法中有保护环境的相关条款。(2)《污染控制法》(第984号总统令)，旨在预防、减轻和控制水、空气和土地的污染，更有效地利用资源。(3)第1586号总统令，旨在建立环境影响报告系统(EIS)制度，包括其他与环境管理有关的措施。(4)《环境法典》(第1152号总统令)，为菲律宾自然环境的所有处理措施提供了基础，包括空气质量、水、土地使用、自然资源和废物。(5)《有毒物质、有害物质和核废料控制法》(第6969号共和国法案)，旨在规范限制或禁止对人类健康构成不合理风险的化学物质和混合物的进口、制造、加工、销售、分销、使用和处置；禁止有害物和核废料进入(哪怕只是转运)或以任何目的在菲律宾领土范围内处置；促进对有毒化学物质的研究。(6)《洁净空气法》(第8749号共和国法案)，旨在保持空气符合国家空气质量标准，同时将对经济的潜在影响降至最低。(7)《生态固体废物管理法》(第9003号共和国法案)，旨在与利益相关者合作，通过建立系统、全面和生态的固体废物管理项目，保障保护公众健康和环境生态。(8)《洁净水法》(第9275号共和国法案)，旨在保护水源免受陆源(工业和商业机构、农业和社区或家庭活动)的污染，通过利益相关者多方参与的方法，制定了预防和减少污染的全面综合战略。

(四)环境影响评估

菲律宾环境影响评估主要依据菲律宾环境影响报告系统(EIS)，该系统要求所有影响环境质量的政府和私人项目发起人都必须提交该项目的环境影响评估(EIA)。

七、外国公司承包当地工程的规定

菲律宾没有专门适用于国际工程承包的法律规则，其对国际工程承包法律关系的调整，主要是由国内一些相关法律来进行，而且对国际工程承包中的执照、承包商的登记、监督和管理都有专门的部门负责。

(一)许可制度

1. 国际工程承包法律法规。主要有：《合同法》《外国投资法》(共和国第7042号法令)、《承包执照法》(共和国第4566号法令)、《BOT法》(共和国第6957号法令，后经修改为第7718号法令)、《政府采购法》(共和国第9184号法令)、《建筑行业仲裁法》(第1008号行政命令)、《建筑业职业安全与卫生指导方针》(菲律宾劳工部1998年第13号令)以及菲律宾承包商认证协会的相关规定。

2. 承包商执照。菲律宾承包商执照是由菲律宾承包商资格评审委员会(PCAB)为菲律宾当地和外国实体或联营体颁发的承包商执照，即通常所说的PCAB执照。PCAB负责审查外国承包商的资格，外国承包商在菲律宾承包建筑工程和从事建筑业活动，必须持有PCAB颁发的特别执照，否则不能开展业务。PCAB执照按类别可分常规承包执照和特别承包执照。常规承包执照是向菲律宾当地工程承包公司颁发的执照，特别承包执照是向合资企业、联营体、外国承包商或项目业主颁发的执照。PCAB执照按专业性可分为一般工程承包、一般建筑承包、专业承包及贸易四类，按等级可分为AAAA、AAA、AA、A、B、C、D、E(贸易)八个等级。

3. 承包商外资比例。根据菲律宾《政府采购法》(第

9184 号共和国法案）及菲政府采购政策委员会（GPPB）2019 年第 6 号决议，政府项目的承包商外资比例不能超过 40%（此前为 25%），或联营体中外国承包商承担的合同额不能超过 40%。

4. 承揽工程承包项目规定。按照规定，对于 AAAA 级的承包执照，承包商须为外资在菲律宾成立的公司；对于特别承包执照，要求申请材料中包括在证券交易委员会（SEC）的注册证书、公司或合伙企业的章程。因此，外国自然人无法在菲律宾承揽工程承包项目。

（二）招标程序

以政府项目为例，根据修订后的第 9184 号共和国法案实施条例，除特殊情况外，菲律宾政府采购项目均应通过竞争性招投标进行。招标和评标委员会（BAC）开展竞争性招投标包括如下程序：投标邀请、受标和开标、评标、资格后审、合同的授予、执行和终止等。详见 https://www.philgeps.gov.ph。

八、知识产权保护法律法规

菲律宾全面保护外国投资者的知识产权。在亚太地区的其他国家，对于知识产权的保护，有的国家缺少相应法律，有的国家刚刚起步，而菲律宾在未独立的 1946 年前就有知识产权保护方面的法律措施，这些措施与美国的法律法规相一致。1997 年，菲律宾颁布了《知识产权法典》（RA8293），并成立了知识产权办公室。菲律宾是下列国家知识产权条约的签字国：《伯尔尼保护文学和艺术作品公约》（1948 年布鲁塞尔版本）、《保护工业产权巴黎公约（里斯本修正案）》《保护表演者、录音制品制作者和广播组织罗马公约》。

菲律宾知识产权的核心法规是《菲律宾知识产权法典》（RA8293），其主要内容包括：第一章知识产权办公室，第二章专利法，第三章商标、商品名、服务商标法，第四章版权法，第五章总则。知识产权的执法单位有菲律宾贸工部、知识产权办公室和音像法规委员会。

在菲律宾侵权处罚规定分两种情况：情节较轻时，可由上述执法单位责令停止侵权行为、罚款（6000～10 万比索）、吊销执照等。情节较重时（指损失超过 20 万比索，约合 4166 美元），可由当事人提起司法诉讼，由上诉法院或高级法院裁决，给予刑事处罚。菲律宾贸工部负责受理侵权投诉，知识产权办公室负责纠纷调解。

九、数字经济发展情况及相关规定

（一）数字经济管理部门

1. 信息和通讯技术部。2016 年，菲律宾设有信息和通讯技术部（DICT）。该部门由原信息通讯技术委员会、国家电脑中心、国家电脑中心协会、电信署和国家电信培训协会合并而成，并吸收了原辖于交通部的各通讯相关单位。DICT 下设国家电信委员会、国家隐私委员会和网络犯罪调查协调中心三个附属机构。DICT 作为通讯领域政策、规划、协调、实施和管理主体，主要职责是规划、推动和促进国家信息通讯技术发展。

2. 国家电信委员会。菲律宾国家电信委员会（NTC）是菲律宾电信行业的独立监管机构，属于信息和通讯技术部下属单位，对于涉及具体的电信事务有独立的监管权力，主要负责规范私人和公用广播电台的安装、操作和维护，监管和监督公共电信服务的提供。

（二）数字基础设施情况

1. 基础网络能力。截至 2021 年 3 月，菲律宾移动互联网平均下载速度为 25.43Mbps，固定宽带平均下载速度为 46.25Mbps。据《2020 年联合国电子政务调查》报告显示，菲律宾电子政务水平在全球 193 个国家中排名第 77 位，处于中等偏上的位置。

2. 应用基础设施建设。（1）云计算。根据亚洲云计算协会发布的 2020 年云就绪指数（Cloud Readiness Index），菲律宾在 14 个亚太经济体中排名第 11 位。据国际商业机器公司（IBM）估计，2020 年云计算占菲律宾信息科技服务市场 13% 的份额。（2）大数据。在政府机构及中小企业数字化驱动下，菲律宾大数据近年来取得一定发展。菲律宾长途电话公司（PLDT）和环球电信（Globe）这两家电信巨头在菲国内占主导地位，数据中心运营商必须要与它们合作来确保网络连接。据 Cloudscene 数据显示，菲律宾现有 28 个主机托管数据中心、31 家云服务提供商，主要分布在马尼拉和宿务。

3. 商用基础设施建设。（1）电子商务。2020 年菲律宾电商商品交易总额为 75 亿美元，预计 2025 年将达到 280 亿美元。新兴的电商市场空间吸引了新的商家不断加入。菲律宾贸工部数据显示，2020 年 3 月菲律宾有 1848 家线上零售企业，新冠肺炎疫情发生后这一数字激增，截至 2021 年 3 月底，菲律宾有 97472 家线上零售企业入驻 Lazada、Shopee、Shopinas 等电商平台。2020 年 1 月，菲律宾有 5030 万网购消费者，据估计 2024 年这一数字会涨至 5470 万。（2）电子支付。电子支付手段在菲律宾的普及程度不高。根据世行数据显示，超过 65% 的菲律宾成年人没有银行或电子支付账户。新冠肺炎疫情之前，几乎所有国民都使用现金来支付水电费账单，只有 5% 的国民拥有银行账户或电子支付账户，电子支付渗透率极低，近 60% 的汇款交易通过柜台完成，70% 国民的工资以现金形式发放。

（三）数字经济相关政策法规

1. 2018 年 7 月，菲律宾政府宣布《2022 年国家 ICT 生态环境框架》（theNational ICT Ecosystem Framework 2022），规划了国家数据管理和发展路线图。

2. 2018 年 8 月，菲律宾总统签署《国民身份识别系统法》（the PhilippineIdentification System Act），计划为所有菲律宾人和居民提供有效的身份证明，使政府为人民服务更加简单快捷。

3. 2019 年 2 月，菲律宾发布 2022 年《数字化转型战略》（the Philippine DigitalTransformation Strategy 2022），计划在 2022 年完成电子政务系统的全覆盖。

4. 2019 年 6 月，菲律宾发布 2022 年《数字政府规划》（the E－GovernmentMasterplan 2022），致力于打造互联互通的政府 ICT 网络和系统。

5. 2019 年 7 月，菲律宾通过了《菲律宾创新法》（the Philippines InnovationAct），旨在帮助中小微企业在数字时代保持创新和竞争力。

6. 2020 年 5 月，菲律宾众议院提交了《数字经济税收法》（Digital Tax Bill），拟对数字服务征税以填补数字服务税收漏洞。

十、绿色经济发展情况及相关规定

（一）绿色经济发展情况

1. 菲律宾对绿色经济的定义。绿色经济旨在实现低碳和资源的高效利用，创造绿色就业，提升人类福祉和社会公平，并显著减少环境危害和生态破坏。绿色经济遵循生态可持续性原则，注重提高经济盈利能力和社会包容性。

（二）主管政府部门及机构

1. 环境和自然资源部。负责国家环境和自然资源的保护、管理和开发，确保在可持续发展的框架内正确使用资源并保护环境。

2. 能源部。致力于提供可负担、可靠、现代和可持续的能源，并采用激励、投资和创新驱动等手段，实现能源安全和可持续性。

3. 气候变化委员会。负责协调、监督和评估政府项目以确保其将气候变化因素纳入国家、地方和部门发展计划。其他部门和机构根据各自职责分工，共同推进国家绿色经济发展。比如，财政部为绿色经济提供各类刺激措施和资金支持；贸工部从气候智能、环境友好、包容性等战略角度增强企业竞争力；科技部致力于发展绿色科技等。

（三）绿色发展情况

1. 能源。菲律宾能源部数据显示，2020 年，菲律宾全国发电总装机容量为 26250 兆瓦，其中，地热、水能、生物质、太阳能、风能等可再生能源发电装机容量 7617 兆瓦，占总装机容量的 29%，低于煤电装机容量（10944 兆瓦）所占的比重（41.7%）。截至 2021 年 5 月，2008 年《可再生能源法》项下申请的可再生能源项目共计 30 个，潜在发电量为 2365 兆瓦，其中，水电项目 14 个，地热项目 1 个，风能项目 2 个，太阳能项目 13 个。

2. 交通。建设铁路网络、推行快速公交、电动汽车和自行车运输系统等优化交通运输的方式被视为绿色基建的重要组成部分。2017 年，菲律宾政府发起“公共交通现代化项目”，要求在 2020 年 7 月前用电动吉普尼取代所有柴油吉普尼。该计划受资金不足等因素影响，推行情况不及预期。

3. 废物处理。据亚洲开发银行统计，菲律宾每天约产生 4 万吨固体废物，首都大马尼拉地区废物排放量最高，塑料废物占比达 50%。2000 年《生态固体废物管理法》颁布后，政府推行了两项措施，一是优化处理场所，关闭露天垃圾场，转向卫生填埋等处理方法；二是要求地方政府提交 10 年期可持续废物管理办法。受制于技术和资金等因素，目前 1634 个地方政府中只有 308 个采用了卫生填埋方式。此外，政府不断创新技术方法，争取更高效地利用有机和可循环废物，并加大对塑料循环再利用的探索。

4. 建筑。菲律宾能源部数据显示，建筑能耗约占全国能耗的 15～20%，提高建筑能源使用效率对促进绿色经济发展至关重要。2015 年，菲律宾政府推出“绿色建筑准则”，要求建筑设计、建造和维护过程中提高能源使用效率，并对能耗、水处理、废物处理、内部环保等方面设置标准。根据 2019 年《能源效率及节约法》（Energy Efficency and Conservation Act），到 2040 年，商用建筑能耗较 2014 年水平应降低 25%，住宅能耗降低 20%。

（四）绿色金融

菲律宾已推出绿色债券、绿色贷款、绿色信用担保、绿色基金，以及适用于绿色基建和可再生能源的特殊基金等多种金融服务。

1. 绿色债券。菲律宾遵循东盟绿色债券标准、东盟社会债券标准和东盟可持续债券标准，面向可再生能源、节能、污染防治、生活自然资源、土地使用环保、清洁运输等绿色项目发行债券。政府、私营部门以及菲岛银行（BPI）、中华银行（RCBC）、中兴银行（China Bank）、菲律宾金融银行（BDO）等四家银行均发行过绿色债券。

2. 绿色基金。菲律宾为推动绿色基建和可再生能源项目设立了绿色基金。例如，气候变化委员会为地方政府和具备资质的地方和社区组织设立了“人民生存基金”，用以执行应对气候变化的项目。

（五）加入绿色相关国际协定、国际组织的情况

菲律宾是联合国环境规划署（UNEP）成员国，也是联合国气候变化框架公约（UNFCCC）缔约国，2003 年加入《京都议定书》，2017 年加入《巴黎协定》。此外，在联合国可持续发展合作框架（PFSD）下，联合国积极致力于帮助菲律宾实现包括脱贫、水安全、清洁能源等在内的 17 项可持续发展目标。

（六）绿色经济发展规划

1. 总体节能减排路线图。2017 年，菲律宾加入《巴黎协定》，根据协定作出有条件的承诺，致力于至 2030 年减少 70% 的碳排放。2021 年 4 月，菲律宾政府首次向联合国气候变化框架公约提交《国家自主贡献》，表示菲律宾根据其国家安全政策及其可持续发展愿景，将与东盟成员国一道努力，在 2030 年之前达到碳峰值，加速各领域向绿色经济转型，创造绿色就业，为民众带来低碳发展的福利。

2020 年，菲律宾人均二氧化碳排放量为 1.98 公吨，远低于全球 4 公吨的平均水平。菲律宾政府致力于 2020 年至 2030 年将碳排放减少 75%，其中，2.71% 是利用国家内部资源的无条件承诺；72.29% 是有条件承诺，依托于《巴黎协定》项下金融、科技、能力发展等领域的支持。

菲律宾减缓气候变化行动将增强该国的适应力和抵御力，包括获得更多气候领域资金支持、技术发展和技术转让、能力提升等，加强对循环经济、可持续消费和生产实践等领域的政策执行和理解能力。

2. 发展绿色经济战略规划。《2010—2022 年国家气候变化框架战略》指出，当前目标为“建立一个拥有健康、安全、繁荣、自足社区和繁荣生态环境，并能抵御气候风险的菲律宾”，不断提高自然生态环境和社区应对气候变化的能力。《2011—2028 年国家气候变化行动计划》确定了政府为应对气候变化而采取的行动计划，覆盖粮食安全、水充足、生态和环境稳定、人类安全、气候智能型产业和服务、可持续能源、知识和能力发展等领域。《2017—2022 年菲律宾发展规划》表示，要优化社会结构，建设高度信任社会；缩小贫富差距，拓展经济增长机会；开发经济增长潜力；保障可持续增长的经济环境；促进包容性可持续增长等。《2018—2040 年菲律宾能源规划》制定了以下目标：增加清洁和本地能源的生产，以满足该国日益增长的经济发展；通过使用高效的手段和战略减少能源的浪费；确保提供可靠和价格合理的能源服务，在支持经济增长和环境保护之间取得平衡。

（七）支持绿色经济政策和法规

1. 支持绿色经济相关政策。（1）税收。根据菲律宾 2016 年《绿色就业法》，符合相关资质的企业可以：①从应税收入中抵扣特殊款项，相当于技能培训和研究开发费用总支出的 50%；②享受资本设备的免税进口，前提是该设备实际直接用于且仅用于创造绿色就业。（2）燃煤电站。2020 年 6 月 5 日，菲律宾众议院气候变化委员会通过第 761 号决议，该

决议要求不允许新建任何燃煤电站。10 月 27 日，菲律宾能源部长库西在可再生能源系统整合全球部长级会议上，正式宣布暂停批准新建燃煤电站申请，此前已批准的燃煤电站项目不受影响。(3) 金融。2020 年 3 月，菲律宾央行发布《可持续金融框架》，要求所有银行将环境和社会因素纳入企业管理框架，包括支持经济可持续增长、缓解环境压力的各类绿色金融产品和服务。

2. 绿色经济相关法律法规。2008 年《可再生能源法》旨在通过财政和非财政激励措施，加速可再生能源的勘探和开发，使国家和地方使用可再生能源的能力制度化，并促进其实现高效且盈利的商业应用。2009 年《气候变化法》创设了气候变化委员会，定义其构成、职责、权限等要素，要求该委员会制定应对气候变化的框架战略和项目。2016 年《绿色就业法》旨在通过政府整合资源，向企业提供刺激措施以创造绿色就业，包括可再生能源专家、卫生垃圾填埋人员、风力涡轮技术人员等。2019 年《能源效率及节约法》设定到 2040 年之前温室气体排放需求减少 24%，要求所有地方政府 2022 年之前各自执行能源提效计划。

3. 外商投资绿色产业有关政策。根据菲律宾能源部 2020 年 10 月 20 日关于可再生能源服务合同中的第三次公开竞争性选拔程序相关准则的部门通告，允许外国投资者在大型地热勘探、开发和利用项目(投资额大于 5000 万美元的项目)中拥有全部所有权。外国投资者可以通过与菲律宾政府订立财务和技术援助协议(FTAA)，并经总统签署批准后，开展大规模的自然资源勘探、开发和利用。菲律宾能源部将加快当地资源开发，推动菲从基于化石燃料的资源利用技术向清洁能源过渡。

4. 碳排放相关的法规。菲律宾现行法律尚未对企业碳排放量设置标准和要求，未设立碳排放税，也未建立碳排放交易体系。2020 年初，菲律宾众议院气候变化委员会有条件地批准了《低碳经济法》(第 2184 号共和国法案)，就菲国内碳排放上限和交易体系作出规定。

十一、投资合作相关法律及菲律宾对中国企业投资合作的保护政策

(一) 菲律宾与投资合作相关的主要法律

菲律宾有数个涉及投资的重要法律，目前有关方面正在推动将所有促进投资的法律合并成一部法律，进一步规范各部门出台财政或非财政激励政策。

1.《1987 年综合投资法典》共和国第 226 号法令，共和国第 7918 号法令进行修正。该法典为国内外企业提供一系列国家优先发展领域的综合激励措施。企业需参与“投资优先计划”所列的领域以享受这些优惠措施。如果企业未参与列入“投资优先计划”的领域，在满足以下任一条件后也能享受这些优惠措施：(1)50% 以上的产品出口(菲律宾公民所有的企业)；(2)70% 以上的产品出口(外商持股 40% 以上的企业)。

2.《1991 年外国投资法》共和国第 7042 号法令，共和国第 8179 号法令进行了修正。外国公司被允许在菲律宾从事未列入《外国投资限制清单》的行业。在《外国投资限制清单》中列举了禁止和限制外国投资的领域，主要包括两部分：(1) 清单 A 为宪法或其他法律规定禁止和限制外国投资的领域；(2) 清单 B 为外商所有权受法律限制的领域，包括与国防、执法、公众卫生、道德、保护中小企业等相关的领域。

3.《1995 年经济特区法案》共和国第 7916 号法令，共和国第 8748 号法令进行了修正。该法案于 1995 年通过，旨在通过发展经济特区促进经济增长菲律宾经济特区署(PEZA)负责该法的实施和给予经济特区内的合格企业优惠政策。经济特区分为工业园区，出口加工区、自由贸易区、旅游经济区、IT 园区、农业经济区等各类经济园区。

每个经济特区都朝着政府干预最小化、独立自由区域的目标发展。经济特区不需政府提供特别帮助，自我管理经济、金融、工业及旅游发展，同时与周边区域建立起相应的联系。

4.《1992 年基地转型及发展法案》共和国第 7227 号法令。根据该法案成立了基地转型发展委员会、苏比克湾管理署(SBMA)以及苏比克经济特区和自由港区(SSEFZ)。在苏比克经济特区和自由港区注册的企业将享受各种投资优惠，包括一流的商业、居住和旅游设施。

5.《地区总部、地区生产总部和地区仓储中心相关法案》共和国第 8756 号法令。该法案明确了关于在菲律宾设立跨国公司地区总部(RHQS)、地区生产总部(ROHQS)和地区仓储中心(RWS)的规定和指南。地区总部是指跨国公司在菲律宾设立、但并不从菲律宾获取收入的分支机构。地区生产总部指跨国公司在菲律宾设立、可以通过提供服务而获取收入的分支机构。

6.《投资者租赁法案》共和国第 7652 号法令。该法案允许外国投资者在菲律宾租用商业用地最长不超过 75 年(过去规定为 50 年)。根据该法，任何到菲律宾投资的外国投资者在遵守菲律宾法律和下列条件的情况下，可租赁私人土地：(1) 土地租赁合同期限为 50 年，仅可一次性延长 25 年；(2) 租赁的土地仅做投资用途；(3) 租赁合同应符合《综合土地改革法》和《地方政府法案》。

7.《1994 年出口发展法案》共和第 7844 号法令。该法案向出口商提供优惠政策，鼓励增加在出口方面的投入，包括：(1) 设立出口发展委员会；(2) 鼓励私营部门参与出口推介活动，包括建立世界水准的菲律宾贸易中心；(3) 设立私营部门为主导的融资中心，直接为促进出口服务；(4) 为出口商提供财政激励政策。

8.《BOT 法》共和国第 7718 号法令。明确私营企业参与一般由政府负责的基础设施建设和有关服务的政策和规定。

(二) 中国与菲律宾签署双边投资保护协定

1992 年 7 月，中菲两国签署《中华人民共和国政府和菲律宾共和国政府关于鼓励和相互保护投资协定》。

1999 年 11 月，中菲两国签署《中华人民共和国政府和菲律宾共和国政府关于对所得避免双重征税和防止偷漏税的协定》，该协议自 2002 年 1 月 1 日生效。

2007 年 1 月，中菲两国签署《中华人民共和国政府和菲律宾共和国政府关于扩大和深化双边经济贸易合作的框架协定》。

2011 年 8 月，中菲两国签署《中菲经贸合作五年发展规划》。

(三) 中国与菲律宾签署避免双重征税协定

1999 年 11 月，中菲两国签署《中华人民共和国政府和菲律宾共和国政府关于对所得避免双重征税和防止偷漏税的协议》，该协议自 2002 年 1 月 1 日起生效。

（四）中国与菲律宾签署的其他协议

中菲两国政府1993年签署《经济技术合作协议》，同年两国农业部长签署两国政府间《关于加强农业及有关领域合作协议》。2004年，两国签署《渔业合作谅解备忘录》。2005年，中菲两国政府在马尼拉签署《关于促进贸易和投资合作的谅解备忘录》。2006年，中菲签署《关于建立中菲经济合作伙伴关系的谅解备忘录》。2007年，中菲签署《关于扩大和深化双边经济贸易合作的框架协议》。2009年，中菲签署《中华人民共和国和菲律宾共和国领事协定》。2017年，中菲签署《中菲经贸合作六年发展规划》（2017—2022）。2018年11月，中菲签署《中华人民共和国政府与菲律宾共和国政府关于共同推进"一带一路"建设的谅解备忘录》。

新加坡投资贸易指南

一、对外贸易法规和政策规定

（一）贸易主管部门

新加坡贸易工业部是制定该国整体贸易政策的部门。新加坡国际企业发展局（International Enterprise Singapore，简称企发局或IE Singapore），是隶属于新加坡贸易工业部的法定机构，是新加坡对外贸易主管部门，其前身是成立于1983年的新加坡贸易发展局（贸发局）。企发局下设贸易促进部，并分设商务合作伙伴策划署和出口促进署，主要职责是宣传新加坡作为国际企业都会的形象以及提升以新加坡为基地公司的出口能力。

（二）贸易法规体系

新加坡与贸易相关的主要法律有《商品对外贸易法》《进出口管理办法》《商品服务税法》《竞争法》《海关法》《商务争端法》《自由贸易区法》《商船运输法》《禁止化学武器法》《战略物资管制法》等。

（三）贸易管理的相关规定

1. 开展进出口和转运业务的基本条件。(1)必须在新加坡组建一家公司并向会计与企业管理局注册。(2)注册公司后，需向新加坡关税局免费申请中央注册号码。中央注册号码将允许您通过贸易网系统提交进出口和转运准证申请。

贸易交换网系统是新加坡全国范围内的贸易电子信息交换系统，能让公共和私营部门在此平台上交换电子贸易数据和信息。一般情况下，在新加坡开展进出口或转运业务必须在贸易交换网上获得相关业务准证。

2. 货物进口。货物进口到新加坡前，进口商需通过贸易交换网向新加坡关税局提交准证申请。如符合有关规定，新加坡关税局将签发新加坡进口证书和交货确认书给进口商，以保证货物真正进口到新加坡，没有被转移或出口到被禁止的目的地。一般情况下，所有进口货物都要缴纳消费税。如果进口货物是受管制的货物，必须向相关主管部门提交准证申请并获得批准。

3. 货物出口。非受管制货物通过海运或空运出口，必须在出口之后3天内，通过贸易交换网提交准证申请。受管制货物，或非受管制货物通过公路和铁路出口的，需要在出口之前通过贸易交换网提交准证申请。出口受管制货物还必须事先取得相关主管机构的批准或许可。

4. 货物转运。所有从一个自由贸易区转运至另一个自由贸易区的货物，或在同一个自由贸易区内转运受主管部门管制的货物，必须事先通过贸易交换网取得有效的转运准证才能将货物装载到运输工具上。

（四）进出口商品检验检疫

新加坡对进口商品检验检疫的标准和程序十分严格。针对不同类型商品设立了对应的机构负责检验检疫。

1. 农产品和食品检验。负责进口食品检验的是新加坡食品局Singapore Food Agency，简称SFA）。农产品和食品的进口商须向SFA申请，获得进口执照后才能在新加坡从事农产品和食品进口业务。SFA定期检验所有进口食品。具体细则参见www.sfa.gov.sg/food-import-export。

2. 动物检疫。负责动物检验检疫的部门是新加坡动物和兽医服务局（Animal & Veterinary Service，简称AVS）。所有进入新加坡的动物都必须接受AVS的检查。具体流程参见www.nparks.gov.sg/avs/pets/bringing-animals-into-singapore-and-exporting/bringing-in-and-transshipping-dogs-and-cats/general-information。

3. 植物检疫。负责植物检验检疫的部门是国家公园局（NationalParks，简称NParks）。携带植物入境需提供输出国出具的植物检疫证书，得到国家公园局许可，并接受入境后的检查、隔离或采样。受《华盛顿公约》（CITES）保护的濒临绝种植物，必须备有CITES的许可证方可进口。详情参见www.nparks.gov.sg/services/plant-health-services/bringing-plants-and-plant-products-into-singapore

4. 药品、化妆品检验。负责进口药品、化妆品等商品检验的部门是卫生科学局（Health Science Authority，简称HSA）。根据《药品法》《有毒物质法》和《滥用药物法令》，新加坡所有从事药品进口、批发、零售以及出口的经营者需向HSA取得相关许可方可开展业务。进口药品和化妆品前，需向HSA如实申报其成分、疗效等相关信息，获得批准后方可进口。HSA对进口相关产品进行抽检，一旦与申报不符，即取消其经营相关产品的资格。

（五）海关管理规章制度

新加坡海关管理的主要法律法规有：《海关法》《货物和服务税的条例》《进出口管理条例》《自由贸易区条例》《战略物品管制法》《禁止化学物品》等。新加坡《海关法》规定，进口商品分为应税货物和非应税货物，应税货物包括石油、酒类、烟类和机动车辆等4大类商品，非应税货物为上述4大类商品之外的所有商品。应税货物和非应税货物进口到新加坡都要征收7%消费税，应税货物除征收消费税外，还需征收国内货物税和关税。

2008年10月中新签署自由贸易协议。根据协议，2009年1月1日起新加坡取消全部自中国进口商品的关税；中国于2010年1月1日对97.1%的自新加坡进口产品实施零关税。

新加坡应纳税商品及关税和国内货物税

商品名称	国内货物税
酒类商品	S$48~70/公升
烟草类商品	S$181~352/千克
石油类商品	S$3.7~7.1/十升
机动车	20%
带引擎的摩托车、自行车	12%

资料来源：新加坡海关

二、外国投资市场准入规定

（一）投资主管部门

新加坡负责投资的主管部门是经济发展局（EDB简称经发局），成立于1961年，是隶属新加坡贸工部的法定机构，也是专门负责吸引外资的机构，具体制订和实施各种吸引外资的优惠政策并提供高效的行政服务。其远景目标是将新加坡打造成为具有强烈吸引力的全球商业与投资枢纽。

（二）投资行业的规定

1. 法律法规。新加坡与在投资合作相关的法律主要有《企业注册法》《公司法》《合伙企业法》《合同法》《国内货物买卖法》《进出口管理法》和《竞争法》等。

2. 引资体系。新加坡引进外资优惠政策的主要依据是《公司所得税法案》和《经济扩展法案》以及每年政府财政预算案中涉及的一些优惠政策。新加坡采取的优惠政策主要是为了鼓励投资、出口、增加就业机会、鼓励研发和高新技术产品的生产以及使整个经济更具有活力的生产经营活动。政府推出的各项优惠政策，外资企业基本上可以和本土企业一样享受。（1）全球贸易商计划。新加坡国际企业发展局于2001年6月启动全球贸易商计划。该计划为符合要求的贸易收入提供5%或10%的优惠公司税率，为期3~5年。该计划适用于以新加坡为基地从事国际贸易的任何公司。（2）中小企业优惠。新加坡标新局为扶持中小企业发展、鼓励创新，推出了天使投资者税收减免计划、天使基金、孵化器开发计划、标新局起步公司发展计划、技术企业商业化计划、企业家创业行动计划、企业实习计划、管理人才奖学金、高级管理计划、业务咨询计划、人力资源套餐、知识产权管理计划、创意代金券计划、技术创新计划、品牌套餐、企业标准化计划、生产力综合管理计划、本地企业融资计划、微型贷款计划等财税优惠措施。（3）创新优惠计划。新加坡政府出台了生产力及创新优惠计划、培训资助计划和特别红利计划，设立国家生产力基金，强化就业入息补助计划，通过税收减免鼓励企业并购重组和土地集约化经营，并组建项目融资机构支持企业国际化经营。（4）先锋企业奖励。享有先锋企业（包括制造业和服务业）称号的公司，自投产之日起，其从事先锋活动取得的所得可享受不超过15年免征所得税的优惠待遇。先锋企业由新加坡政府部门界定。通常情况下，从事新加坡目前还未大规模开展而且经济发展需要的生产或服务的企业，或从事良好发展前景的生产或服务的企业可以申请“先锋企业”资格。（5）发展和扩展奖励。从政府规定之日起，一定基数以上的公司所得可享受5%~15%的公司所得税率，为期10年，最长可延长到20年。此项政策主要是为鼓励企业不断增加在高新技术和高附加值领域的投资，并提升设备和营运水平。（6）服务出口企业奖励。从政府规定之日起，向非新加坡居民或在新加坡没有常设机构的公司或个人提供与海外项目有关的符合条件的服务的公司，其符合条件的服务收入的90%可享受10年的免征所得税待遇，最长可延长到20年。（7）区域/国际总部计划。将区域总部（RHQ）或国际总部（IHQ）设在新加坡的跨国公司，可适用较低的企业所得税税率。区域总部为15%，期限为3~5年；国际总部为10%或更低，期限为5~20年。企业发展局可根据公司规模和对新加坡贡献为企业量身定做优惠配套。（8）国际船运企业优惠。拥有或运营新加坡船只或外国船只的国际航运公司，可以申请10年免征企业所得税的优惠，最长期限可延长到30年。此类优惠项目由新加坡海运管理局（MPA）负责评估。（9）金融和财务中心奖励。由新加坡经济发展局审批，此计划是为鼓励企业在新加坡设立金融与资金管理中心（FTC），并鼓励企业提高资金管理能力，立足新加坡开展战略金融和资金管理业务。符合条件企业的资金管理所产生的收费、利息、股息等收益享受5~10年减至8%的优惠税率。偿还给银行及受承认网络公司（供FTC活动用途）贷款的利息付款可豁免预扣税。（10）研发业务优惠。为鼓励企业加大研发力度，新加坡政府规定，自2009估税年度起，企业在新加坡发生的研发费用可享受最多150%的扣除，并对从事研发业务的企业每年给予一定金额的研发资金补助。（11）金融部门激励计划。由新加坡金融管理局审批，该项计划旨在鼓励新加坡境内高增长和高附加值的金融业务的发展。来自债券市场，衍生品市场，股票市场和信贷联合企业等服务和交易等高增长、高附加值业务的收入可以按5%征税，财务活动的范围将有资格享受12%的税率。税收激励期可能持续5年、7年或10年，但须符合某些条件。（12）起步公司税收优惠。新加坡企业发展局推出了起步公司税收优惠计划。新成立的公司享有减免税，在成立后的首3个纳税年度，新公司最先赚取的应纳税的30万新元可免税。此外，新加坡还对部分金融业务、海外保险业务、风险投资、海事企业等行业给予一定的所得税优惠或资金扶持。

3. 限制领域。从监管的角度看，在新加坡进行商业活动总体上是十分自由的，对外资无一般性要求或义务，绝大多数产业领域对外资的股权比例等无限制性措施。但仍存在一些受管制的行业，包括银行和金融服务、保险、电信、广播、报纸、印刷、房地产、游戏等，对这些行业的投资需取得政府批准。在这些行业中，特定法律也可能对其设置外国股权限制、特殊许可或其他要求的规定。（1）广播。根据《广播法令》，未经新加坡媒体发展管理局（简称“媒体局”）授予广播执照，任何人不得在或向新加坡提供任何受许可的广播服务。下列情形不得被授予或持有广播执照：如果公司中任何外方持有或控制不少于公司或其控股公司49%的股权或表决权；或对公司或其控股公司进项督导、控制或管理的所有或多数人由任何外方任命或习惯于按照任何外方的指示行事。除非媒体局另行批准，则当另论。（2）印刷媒体。在《报业和印刷法令》下，仅有报业公司可在新加坡出版报刊。在每个报业公司中，所有董事均为新加坡人，且有2个类别的股份，分别为管理股和普通股。管理股仅可向由媒体局授予书面批准的新加坡公民或公司发行或转让。（3）法律服务。外国律师事务所允许在或从新加坡提供他们有能力提供的所有法律执业领域中与外国法律相关的法律服务，但是不允许雇用有新加坡执业资格的律师或通过某些类别的注册律师提供与新加坡法律相关、超出国际商业仲裁范围或有关新加坡国际商业法庭的法律服务。但是，一家合格外国律师事务所，作为获得合格法律执业执照的外国律师事务所，允许在或从新加坡提供合格外国律师事务所有能力提供的所有法律执业领域中与外国法律相关的法律服务，及在所有法律领域与新加坡法律相关的法律服务，但是当地的诉讼和一般性执业除外，例如通过有新加坡执业资格的律师或拥有外国执业证书的外国律师提供零售转让、家事法及行政法的服务。（4）住宅房地产。在《住宅房地产法令》下，未经新加坡土地管理局土地交易审批部门批准，外国人不能购买某些受限制的住宅房地产；这类受限制的住宅房地产包括空置住宅用地、有地住宅房地产、不是规划法令下经批准的公寓开发的分层有地住宅、店屋(非商业用途)、协会场所、礼拜场所及未在酒店业法令规定下登记的工人宿舍或服务公寓或寄宿公寓。

尽管如此，《住宅房地产法令》第31条允许住房开发商向住房管理署申请收购住宅房地产进行住房开发的资格证书。但是，住房管理署签发的资格证书将要求住房开发商在该住房开发项目内的单位竣工之日起2年内售出全部单位。

4. 农业投资合作。农业类用地，如农业技术园区(agro-technology park)、水产养殖场、苗圃、水培农场、农业研究应通过新加坡土地管理局进行投标。新加坡土地管理局是管理农业用地分配的国家机关。当其提供该等用地时，通过公开投标予以出售或短期租赁。

外资取得农业耕地所有权和承包经营权需要经新加坡土地管理局批准。一般来说，外资参与农业投资合作时仅可依新加坡土地管理局或城市发展局批准的用途使用土地。而且，在其处置、租赁或抵押该土地前需要取得新加坡土地管理局的批准。

一般来说，新加坡土地管理局会现场查看土地的状态和条件并查看该土地的租赁期是否存在任何违约。同时，投资方需要为该土地上所有建筑物和设施因火灾造成的损失或损害投保并维持该保险，其保额通常应覆盖该土地的全部价值。

(三)投资方式的规定

1. 投资方式。外国投资者可以通过以下形式在新加坡开展业务活动：公司、分公司、代表处、合伙、有限合伙、有限责任合伙以及独资经营。

2. 外资并购。根据当前新加坡法律，收购新加坡境内的非上市公司一般有两种方式：收购新加坡公司股权(“股份收购”)和收购新加坡公司业务。其中，业务收购模式下，法律要求收购方必须是新加坡境内注册的公司，即外国投资者不能以境外公司的身份直接对新加坡境内某公司进行业务收购，必须先在新加坡设立新的公司，然后再以新公司发起对目标企业的业务收购。关于收购兼并的主要手续及操作流程，并没有固定的格式与要求。建议企业在进行收购兼并之前，委托当地具有一定影响力和公信度的会计师事务所、律师事务所及相关的行业机构，就收购兼并目标的财务、法律、行业合规性等进行尽职调查，然后通过谈判双方初步确定该项目交易价格、支付方式及交割条件等关键内容，最后签署收购协议。完成收购后，14天内通知新加坡会计与企业管理局相关企业信息变化。收购行为需遵守新加坡《公司法》《竞争法》《证券法》和《收购守则》等法律法规。

3. 科技研发合作。新加坡科技研究局负责科研机构和其他部门、企业间开展合作。目前，超过2000家企业从科技研究局的各种计划中受惠。

4. 案例。某中资企业成功并购一家新加坡企业后，不久便出现了严重的财务危机。该公司积极吸取其第二大股东(某石油公司)优良的风险管理经验，最终在破产前及时止损。

(四)安全审查的规定

新加坡对限制外资进入的领域，如广播、印刷媒体等，以及涉及国家安全的领域，如金融、电信等，采取立法限制和许可证制度进行监管和审查。

(五)基础设施PPP模式的规定

新加坡尚未制定专门的PPP法律，也未编制标准化合同，新加坡财政部于2004年颁布了《PPP手册》(PPP handbook)，后于2012年进行修改，该手册规定了PPP模式交易结构、采购流程和管理有关的原则和指导方针。一般固定资产总投资5000万新元以上的项目，新加坡会考虑是否采取PPP方式进行建设。PPP模式在新加坡大型基建项目之中有增长的趋势。

新加坡采用PPP模式的基建项目

项目	PPP企业
工艺教育西区学院(ITE College West)	金门资金(Gammon Capital)总部：香港
新加坡体育城(Singapore Sports Hub)	新加坡宝嘉(Dragages Singapore Pte Ltd)
大士海水淡化厂(Tuas Desalination Plant)	新泉(Sing Spring)
第二大士海水淡化厂	大泉(Tuas Spring)
樟宜新生水厂(Changi NEWater Plant)	胜科公用事业(Sembcorp Utilities)
乌鲁班丹新生水厂(Ulu Pandan NEWater Plant)	吉宝工程(Keppel Engineering)
商贸讯通平台(TradeXchange)	劲升逻辑(Crimson Logic)

资料来源：中国驻新加坡大使馆经济商务处整理

工艺教育西区学院是采用PPP模式建设的一个案例。已于2010年7月开学，金门资金将在PPP运作方式下继续经营学院，此PPP合约长达27年。

三、特殊经济区域的规定

1. 商业园和特殊工业园。(1)商业园。包括国际商业园、樟宜商业园、洁净科技园、纬壹科技城内的启奥城、媒体工业园和启汇城。(2)特殊工业园。包括裕廊岛的石油化学工业园，淡滨尼、巴西立、兀兰的晶圆厂房，淡滨尼的先进显示器工业园，大士生物医药园、生物科技园的生物产业园，樟宜机场物流园、裕廊岛的化工物流园和物流产业园，麦波申、大士的食品产业园、岸外海事中心、实里达航空园等。(3)科技企业家园。包括裕廊东的企业家园、新加坡科学园的iAxil、红山—新达城科技企业家中心、莱市科技园。

新加坡是城市国家，实行全国统一的税收制度，对外资也实行国民待遇，上述园区内无特殊税收优惠政策，各个园区主要根据区内产业发展的特点而建，区内相关产业的配套基础设施比较完备，可发挥产业集群效应。

2. 自由贸易区。自由贸易区是新加坡境内的指定区域，进口及出售或出口的货物在此无须缴纳关税或货物税或消费税。自由贸易区旨在鼓励转口交易。自由贸易区的主要功能是促进海外货物通过新加坡转运，即将货物通过海运或空运出口前将货物临时停放自由贸易区，无需报关手续。目前新加坡有9个自由贸易区：(1)丹戎巴葛码头和吉宝码头；

(2)三巴旺货运码头;(3)布拉尼码头;(4)吉宝物流园;(5)樟宜机场集团;(6)巴西班让码头;(7)裕廊港;(8)新加坡机场物流园。(9)樟宜机场航站楼综合设施。

3. 经济特区。新加坡没有经济特区。

4. 新加坡临近的主要海外工业区。(1)印度尼西亚巴淡岛、民丹岛工业区,该园区距新加坡 20 千米,仅 1 小时船程。园区占地面积 320 公顷,现有外资企业 894 家。民丹岛工业区,该园区距新加坡 50 千米,70 分钟船程。园区占地面积 500 公顷,现有外资企业 23 家。巴淡岛和民丹岛工业园区都具有完备的基础设施和较低的制造成本,工人最低月工资约 118 美元。主要适合电子加工业、服装鞋帽、玩具等轻工业以及钢铁、钻油等重工业,还可发展贸易、旅游和转运。属于自由贸易区,无进口税,无销售税与奢侈品税,免增值税;可享有东盟特惠关税,享有与 52 个国家和地区签署的避免双重征税协议优惠,与 33 个国家和地区达成普惠制协议,允许 100% 海外控股,无外汇管制。(2)马来西亚伊斯干达开发区。马来西亚政府于 2006 年 11 月推出伊斯干达开发区(Iskandar Development Region,简称 IDR),它是马来西亚目前着力打造的境内最庞大的发展计划。马来西亚政府计划将 IDR 打造成马来西亚半岛南部最发达的地区,以及居住、娱乐、环境和商业完美融合的国际化大都市。IDR 位于马来半岛南部的柔佛州,包括南柔佛的新山、哥打丁宜和笨珍等数个地区,占地 2217 平方千米。IDR 陆海空交通方便,与新加坡隔柔佛海峡相望,距离亚洲的主要大城市(如班加罗尔、迪拜、香港、首尔、上海、台北、东京)仅 6~8 小时飞行航程。从 IDR 通过公路到吉隆坡仅 3 个小时车程,距新加坡樟宜国际机场仅 55 分钟车程。IDR 人口约 135 万,人均 GDP 约 1.48 万美元。目前新加坡是该地区最大的外资来源地,一些经济学家将 IDR 与新加坡的关系喻为深圳之于香港。

目前依斯干达开发区的经济支柱为制造业和服务业。根据马来西亚国库有限公司拟订的全面发展计划,除继续加强电子电器、石油化工与油脂化工、食品与农业加工、物流及相关服务业和旅游业 5 大领域外,依斯干达开发区还将把医疗保健、教育、金融以及信息产业定为新的增长领域。依斯干达开发区的重点规划项目包括物流枢纽、国际教育中心、医疗中心、金融中心等。马来西亚鼓励投资的优惠措施主要包括公司所得税和投资税赋减免、进口税及销售税减免等。

中国苏州工业园。中国—新加坡苏州工业园区(简称苏州工业园区)位于中国江苏省苏州市东部,于 1994 年 2 月经中国国务院批准设立,同年 5 月实施启动,区内面积约 80 平方千米,是中、新两国政府间重要的国际合作项目。中新双方建立了由两国副总理担任主席的中新联合协调理事会,开创了中外经济技术互利合作的新形式。从 2001 年 1 月 1 日起,中、新双方在合资公司的股份从原来的 35% 和 65% 调整为 65% 和 35%,中方成为大股东并承担管理权。2019 年苏州工业园实现地区生产总值 2743 亿元,同比增长 6.7%。由于新加坡土地资源有限,生产成本较高,新加坡政府鼓励企业赴上述邻近的海外工业区投资。企业如在上述园区投资设厂,可将区域总部、管理中心、研发中心、营销中心等设立在新加坡,既可降低生产成本,也可充分利用新加坡在物流、金融、税收、知识产权保护等各方面的优势条件。

四、外国企业在新加坡获得土地的政策

(一)新加坡土地法的主要内容

新加坡所有土地都归国有。通过对土地持有权益的区分,由国家实施对土地权益的分配或租赁。土地分免费持有地产(即永久业权)、租赁持有地产和永久地产。根据《土地征用法》规定,凡为公共目的所需的土地,政府都可强制性征用。为防止该权力被滥用,政府规定了详细的征地程序、操作流程和土地补偿标准。

土地的交易采用拍卖、招标、有价划拨和临时出租等方式,将一定年限的土地使用权出售给使用者。出让后的土地可以自由转让、买卖和租赁,但年限不变。使用期结束后,政府无偿收回土地及其地上附着物;若要继续使用,须经政府批准,再获得一个规定年限的使用期,但须按当时的市价重估地价,第二次买地。

(二)外资企业获得土地的规定

1. 住宅房地产。新加坡第 274 号法案《住宅房地产法》(RPA)中规定了对于向《住宅房地产法》中描述的外国个人或公司出售或转让某些"住宅房地产"(如《住宅房地产法》中定义)的限制。《住宅房地产法》项下的住宅房地产仅限于出售和转让给新加坡公民和"批准购买者"(如《住宅房地产法》中定义的)。在购买任何住宅房地产之前,外国房屋开发商必须根据《住宅房地产法》的规定(该法规定了诸如完成建筑工程的时间计划和所提供的押金等某些特定条件)申请资格证书。任何违反《住宅房地产法》的交易均将被视为无效。

以下是上述一般规则的例外。(1)外国人可以购买特定种类的非限制性财产,例如公寓,无论该公寓是否具有独立产权。但是,外国人不得在未经批准的情况下购买任何组屋。(2)外国人可以作为承租人占有住宅房地产,但租约期限不得超过 7 年(包括任何续期)。

2. 非住宅房地产。外国人可以自由取得、占有和处置非住宅房地产,例如:(1)商业房地产如写字楼和零售商场;(2)根据新加坡第 127 号法案《酒店法》规定注册的酒店;(3)工业房地产。

五、环境保护法律规定

(一)环保管理部门

新加坡永续发展和环境部(MSE)是新加坡的政府部门之一,负责保障新加坡维持干净、可持续发展环境,以及水和安全食物供应。该部门成立于 1972 年。下设三个法定管理部门:国家环境局(NEA)、公用事业局(PUB)和新加坡食品局(SFA)。网址:https://www.mse.gov.sg/。联系电话:0065-67319000。

国家环境局负责改善与维持新加坡清洁和绿色环境。国家环境局策划并牵头开展各种环保措施和计划。通过保护新加坡的环境免受污染,保持高水平的公共卫生,并及时提供气象信息,国家环境局努力确保当代和后代的可持续发展和优质的生活环境。网址:https://www.nea.gov.sg/。联系电话:0065-62255632。

公用事业局是新加坡的国家水务机关,负责综合管理新加坡的供水、集水和废水,并保护新加坡海岸线免受海平面上升影响。网址:https://www.pub.gov.sg/。联系电话:0065-62255782。

新加坡食品局负责保障新加坡的安全食品供应,它整合了由新加坡前农业食品和兽医局、国家环境局和卫生科学局等单位与食品相关的职能。网址:https://www.sfa.gov.sg/。联系电话:0065-68052871。

（二）主要环保法律法规名称

新加坡环保法律法规包括:《环境保护和管理法》《能源节约法案2012》《跨境烟霾污染法案2014》《公共环境卫生法》《水源污化管理及排水法令》《制造业排放污染水条例》《公共事业条例》《污染物控制条例》《媒介和农药防治法》《危险废物(控制出口、进口和传播)法》《辐射防护法》《禁烟法案》等。

（三）环保法律法规基本要点

工业和机动车气体排放是新加坡国内空气污染的两个主要来源。周边土地和森林焚烧产生的跨境烟霾也是在8月至10月西南季风期间间歇性影响新加坡空气质量的问题之一。城市和工业的综合规划和开发控制已使政府在规划阶段可以采取保护性的空气污染控制措施。此外,立法、严格的实施措施和空气质量监测已有助于新加坡政府在密集的城市开发和存在大规模工业区的情况下保证优良的空气质量。因此,新加坡的空气质量比亚洲很多国家好,而且比得上美国和欧洲一些城市的空气质量。新加坡的空气污染指标在2014年97%的时间里是"良"和"中"。

鉴于国际空气质量标准如《世界卫生组织空气质量指引》〔World Health Organisation Air Quality Guidelines(WHO AQGs)〕在被持续审阅,新加坡国家环境局于2010年7月成立了环境空气质量咨询委员会,为新加坡确保公共卫生所需的一系列空气质量指标提供建议。该委员会于2011年7月完成工作且其建议是基于对《世界卫生组织空气质量指引》为国际认可且严格的评价。

因此,在空气中散布污染物的工业必须安装特别设备以确保散发出来的气体符合国家标准。在工业污水处置方面,规定对工业废水的排放进行污染控制的方法有两种:(1)制定工业废水排放标准,允许自行处理后达标排放;(2)监测排水口,防止污染。在生产废水排放口安装自动监测装置,超标排放时,闸门自动关闭,非新加坡国家环境局人员无法启动闸门。

水污染和水质关乎新加坡污水系统、内陆水体和沿海区域。由于新加坡水资源有限,水污染和水质的严格监控和规制至关重要。由于土壤污染物可能流入或通过地下水进入水系统,因此土壤污染控制也很重要。新加坡的土壤污染控制主要关注对抗土壤中昆虫的已批准杀虫剂的正确使用。

新加坡有毒工业废物的处理、运输和处置依据1988年的《公共环境卫生(有毒工业废物)法令》进行。根据该法令,所有有毒工业废物的收集方需要取得许可。运输超过该法令规定量的有毒工业废物需要取得运输许可。新加坡国家环境局控制的危险物质一般是指可能引发大规模灾难的,具有高度毒性和污染性和/或产生需要通过很大困难才可以处理的毒性废物的物质。此外,新加坡国家环境局依据《环境保护和管理法》、《环境保护和管理(危险物质)法令》和《环境保护和管理(破坏臭氧层物质)法令》〔Environmental Protection and Management (Ozone Depleting Substances) Regulations〕对有害环境的化学品进行管控。任何企业和个人违反《环境保护和管理法》等法规和规定,都视为犯罪。环保部门有权根据违法的严重程度对责任人处以2万新元至10万新元的罚款,逮捕责任人并处以1年以内监禁,或逮捕责任人并提起诉讼。

此外,新加坡标准、生产力与创新局(简称"标新局")作为国家标准认证机构,推出SS 530建筑服务与设备能源效率标准。采用该标准,电费可节省1/3。在SS 530标准里,对冷气空调设备的要求更严格,符合国际标准和最新科技。和以往标准相比,达到SS 530标准的冷气空调设备能节省30%能源。近年来,由于化工产业和柴油车辆导致二氧化硫和PM2.5浓度超标,新加坡政府决定逐步收紧车辆和燃油的排放标准,国家环境局从2012年8月24日起,每天3次公布PM2.5浓度。新加坡也是东南亚首个每天公布PM2.5的国家。

（四）环保评估的相关规定

根据新加坡政府的要求,企业在新加坡开展投资项目,业主须委托有资质的第三方咨询公司进行污染控制研究分析(Polution Control Studies,PCS),相当于国内的环评。

PCS主要是对工厂产生的三废、噪声、危险化学品等情况,识别可能存在的风险,以及采取的控制措施。开展PCS前期,业主需向咨询公司提供相关资料;咨询公司完成分析报告后,由业主提交新加坡国家环境局(NEA)审批,审批周期约为2~3个月,审批过程中,NEA可能提出问题要求进行解释和澄清;评估费用通常为2万新币。

六、保护知识产权规定

（一）新加坡当地有关知识产权保护的法律法规

新加坡政府一直致力于把新加坡建成重要的区域知识产权中枢,因此十分重视知识产权的保护和鼓励,制定了一系列保护知识产权的法律法规,同时通过资金支持等手段积极营造鼓励创新、方便智力成果产业化的科研、政策和商业环境。

新加坡知识产权办公室(IPOS)是新加坡法律部的法定委员会,根据新加坡第140号法案《知识产权办公室法》成立,旨在管理新加坡的知识产权保护系统;强化公众的知识产权意识和有效利用知识产权意识;就知识产权有关管理,向新加坡政府提出意见并作出建议;以及促进或协助新加坡知识产权代理和知识产权顾问的发展。

新加坡还是众多与知识产权有关的公约和国际组织的成员,包括《巴黎公约》(Paris Convention)、《伯尔尼公约》(Berne Convention)、《马德里协议》(Madrid Protocol)、《专利合作条约》(Patent CooperationTreaty)、《布达佩斯条约》(Budapest Treaty)、《与贸易有关的知识产权协议》(Agreement on Trade-related aspects of IP right)和世界知识产权组织(World Intellectual Property Organization)等。

在新加坡国内受到保护的知识产权有专利、商标、注册外观设计、版权(著作权)、集成电路设计、地理标识、商业秘密和机密信息以及植物品种。新加坡分别制定了单项法规对这些知识产权进行保护。

1. 专利。在新加坡规范专利权保护的法律是《专利法》(Patents Act)。要获得专利法保护必须向新加坡知识产权局提交专利申请,申请中要包含专利的相关信息,包括发明以及操作说明和相关披露。专利法没有明确列出哪些发明是受法律保护的,但规定了不能取得专利的发明,如具有攻击性、不道德以及反社会的行为。而可以获得专利的发明要具有新颖性、创造性和工业应用性。专利有效期是自申请之日起20年,但须申请之日的第4年起每年付费延期。

2. 商标。新加坡保护商标的主要法律是《商标法》(Trade Marks Act)。商标注册可以通过新加坡知识产权局的网站或到该局注册。知识产权局会对商标特性进行审查,整个注册过程通常需要8到10个月。商标注册以后长期有效,但须每10年更新一次。

3. 版权。新加坡规范版权的主要法律是《版权法》(Copyright Act),它的保护范围包括小说、软件程序、剧本、活页乐谱、绘画作品等。在新加坡取得版权需要满足的条件是作品的作者或创作人是新加坡公民或居民,该作品首次在新加坡出版。在新加坡以外的地方取得版权的作品也可以在新加坡得到保护,条件是作品的作者或创作人是加入WTO或《伯尔尼公约》的成员国的国民或居民,该作品首次在WTO或《伯尔尼公约》的成员国出版。版权期限根据受保护对象不同而有所区别,如文学、戏剧、音乐及艺术作品版权期限为作者终生及其去世当年年底以后70年;出版的文学、戏剧、音乐及艺术作品,该版本的版权期限为出版日至出版年年底以后25年;录音及影视作品版权期限为作品出版日至出版年年底以后70年;广播电视节目版权期限为作品制作日至当年年底以后50年;表演的版权期限为演出日期至当年年底以后70年。

4. 知识产权侵权的相关处罚规定。新加坡法律将知识产权侵权行为区分不同情形,可提起民事诉讼,构成犯罪的须承担刑事责任。刑事责任包括罚款和监禁,也可两者并罚。罚款从1万新元到10万新元不等,监禁根据情形不超过5年。

(二)知识产权侵权的相关处罚规定

新加坡法律将知识产权侵权行为区分不同情形,可提起民事诉讼,构成犯罪的须承担刑事责任。刑事责任包括罚款和监禁,也可两者并罚。罚款从1000~10万新元不等,监禁根据情形从12个月到5年不等。

七、数字经济发展情况及相关规定

(一)数字基础设施情况

新加坡是世界上数字基础设施最发达的经济体之一。政府致力于提供1Gb/s的光纤接入服务,其宽带普及率达到200%。移动电话普及率为160.6%。其中,4G用户765.8万户,已达到饱和状态。新加坡资讯通信媒体发展局(IMDA)于2020年4月发放5G频段临时牌照,于2020年8月和9月在中部非核心地带展开5G技术试验。新加坡从2021年1月起推出5G独立网络,并在2022年底为至少半个新加坡提供5G网络覆盖率,2025年底则覆盖全国。

新加坡是多个行业大型企业的区域数据中心枢纽,部分得益于与亚太主要市场接入了大量海底电缆。进入新加坡数据中心市场的本地和国际托管及云服务提供商、多媒体内容提供商和云计算公司在过去的3至5年中显著增加。脸书、谷歌、字节跳动和中国移动等大型跨国科技企业均在新加坡投资建设数据中心,微软Azure、亚马逊AWS、谷歌云、阿里云、腾讯云、金山云等云计算公司将新加坡作为区域运营中心。新加坡在2019年贡献了东盟地区数据中心领域总收入的45%,预计到2025年,新加坡的公有云市场规模将达到25亿美元。特别地,随着5G和物联网的快速增长,新加坡对边缘计算数据中心的需求将持续扩张。受土地和电力限制,2021年5月新加坡宣布暂停批准新的数据中心建设。

东南亚大型电商Shopee、Lazada、Carousell是新加坡本土电商,在本区域拥有较大市场份额。本土物流企业有Speed-post、Grab、FetchMe等。新加坡2017年在重庆建设智慧物流平台。本土移动支付则有NETSPay、Paynow、Grabpay等。其中PayNow是由新加坡银行协会(ABS)于2017年7月10日推出的一项银行转账服务,该系统允许9家参与银行的用户使用移动支付。

(二)数字经济发展情况

1. 数字经济定义。在新加坡政府发布的《数字经济行动框架》中,数字经济被定义为由科技手段定义、组织、赋能并促进的市场。新加坡专家学者将此定义扩展为通过数字化知识与信息的使用,引导和实现资源的优化配置,提升生产力、实现经济高质量发展的经济形态。在技术层面,它包括了大数据、云计算、物联网、区块链、人工智能、5G通信等新兴技术的应用。

2. 负责数字经济的政府部门。新加坡发展数字经济有关的政府部门是通讯与新闻部,其下设法定机构资讯通信媒体发展局(IMDA)负责具体执行。2019年6月,经济发展局、企业发展局和IMDA联合成立专门的新加坡数字产业办公室(Digital Industry Singapore,简称DISG),作为单一窗口,协助新加坡电子商务、金融科技等领域企业进入亚洲市场,推广新加坡在网络安全、人工智能、云端科技等领域解决方案。目前,DISG旗下已有数个合作项目,包括协助科技公司Grab在新加坡设立总部大厦,与阿里云合作协助中小企业进入中国市场等。

3. 数字经济规模。据微软预估,数字经济将为新加坡2021年GDP带来100亿美元增值。根据淡马锡、谷歌和贝恩咨询2020年10月发布的报告,预计到2025年新加坡数字经济规模将达到220亿美元。新加坡2020年ICT产业产值为228.6亿新元,占比4.9%。2020年该行业雇员达21万人。新加坡致力于打造充满生机的ICT产业生态,许多全球性科技公司来新加坡发展业务,利用新加坡ICT基础设施和互联互通,更好地为客户提供数字服务。其中包括阿里巴巴、脸书、冬海、谷歌、Grab、Lazada和雷蛇这些区域顶尖企业。IBM和华为等科技公司与新加坡的金融服务、制造业和服务业开展合作。领英在新加坡设立了第一个国际数据中心,负责处理亚太地区的所有业务。IBM的区块链创新中心与新加坡国立大学计算机学院合作开发了金融科技课程。

新加坡数字化发展全面渗透生产、流通、消费、进出口各个环节,如网络零售、跨境电商、线上教育、在线诊疗、远程办公,还有各种共享资源平台,都在数字服务消费和稳定就业等方面发挥了积极作用。数字技术从根本上改变了传统经济的生产方式和商业模式,推动了工业互联网平台,助力制造业企业精准规划与生产,还推动了产业供应链平台更好地实现对商流、物流、资金流、信息流的全体系优质管理。同时,新加坡积极探索数字技术与金融结合,一系列前沿金融科技领域的创新,更是创造了金融生态系统平台、包容性金融等机会。

(三)数字经济发展规划

1.“智慧国2025”。2014年12月,新加坡政府发布了“智慧国家2025”(Smart Nation)计划,该战略计划为前一个计划的升级版,其目的在于实现新加坡的数字化转型,包括卫生、交通、教育、城市发展、金融等领域的变革，以适应数字化时代。在具体建设方面，该计划提出三大框架，分别为数字经济、数字政府、数字社会。

2. 数字经济框架行动计划。2018 年，新加坡推出了《数字经济框架行动计划》，该计划希望通过三大战略及四项推动力，将新加坡打造成为数字经济领头羊。三大战略分别是：加快现有产业部门的数字化转型；通过数字技术整合新的生态系统；将下一代数字化产业发展成为新加坡经济增长的引擎。四个重要推动力分别是：人才，研发与创新，政策、规则与标准和实体数字基础设施。新加坡政府明确重点发展人工智能和数据科学、虚拟现实、物联网以及网络安全等四项前沿技术，重塑企业在数字经济时代的核心竞争力。

3. 数字政府蓝图。2018 年 6 月，新加坡发布了《数字政府蓝图》，进一步推进"智能国家计划"。新加坡政府的愿景是成为"以数字为核心，尽心服务"的政府。

4. 数字就绪蓝图。2018 年 6 月，新加坡发布了《数字就绪蓝图》，提出四点战略目标：一是全民拥有实现数字化交易的工具和途径；二是全民具备使用数字技术的技能、信心和动力；三是全民能够利用数字技术提升生活质量；四是每一种数字产品或服务的设计面向所有用户，并以使用的便利性与直观性为目的。

5. 服务与数字经济蓝图。2018 年 11 月，为保持服务业的发展后劲，抓住数字时代的机遇，新加坡推出"服务与数字经济蓝图"，辅助本地企业进行数字转型，以期在未来 3 至 5 年初见成效。主要措施包括推出 GoCloud 平台、扩大该部门于 2016 年设立的 PIXEL 工作室的范围以及建立新的数字服务实验室。

（四）数字经济相关政策和法规

为推动新加坡全面数字化转型，新加坡资讯通信媒体发展局制定了一系列政策措施，主要分公司数字化转型、数字化人才培养和社区数字化三个层面，具体包括数字化启动计划（Start Digital）、数字服务实验室（DigitalServices Lab）、"首席科技官"数字咨询服务（CTO - as - a - Service）、数字领袖培训计划（Digital Leaders Programme）、牛车水数字化计划、邻里企业数字化计划（HeartLands）、设立 50 个数字转型社区援助站等。

1. 电子交易法。1998 年 7 月，新加坡首次颁布《电子交易法》（ETA），旨在为电子交易提供法律基础，并为以电子方式形成的合同提供可预测性和确定性。该法不强制使用电子签名或交易，并在各方选择以电子方式进行交易的情况下促进其使用。2021 年 3 月，新加坡对 ETA 进行了修订，以确保新加坡的法律和监管基础设施与国际贸易法和最新技术发展保持同步，从而使新加坡保持全球竞争力。

2. 个人数据保护法。2012 年，新加坡政府为保护个人数据不被滥用出台了《个人数据保护法》（PDPA），该法详细规范了个人的数据保护权利以及企业对于个人数据收集、利用和披露的规范，并发布了一系列条例与指引以推动该法令的执行。为了加强新加坡的数据隐私制度，新加坡 2020 年 11 月 2 日通过了对《个人数据保护法》的重大修改。此次修改将使该法更接近当前的国际标准，允许本地企业在未经事先同意的情况下就出于某些目的（例如业务改进和研究）使用消费者数据。同时，修正案还规定对数据泄露处以更严厉的罚款，最高罚款可以高于先前的 100 万新元。

八、绿色经济发展情况及相关规定

（一）绿色经济发展情况及相关规定

在新加坡发布的《2030 年新加坡绿色发展蓝图》中，将绿色经济作为蓝图的五大支柱之一，绿色经济发展将成为新加坡经济新的增长点，创造新的就业机会，对产业进行绿色改造，提升可持续发展能力，形成新的竞争优势。绿色发展蓝图由教育部、国家发展部、永续发展与环境部、贸工部和交通部五个政府部门联合主导，各自负责经济、环境、能源、地理等方面有关工作。

1. 绿色能源。太阳能在新加坡的使用在最近几年取得长足的进展，尤其是公共项目。目前，超过一半的组屋顶层已装置或正在装置太阳能板。到 2030 年，这一比例将提高至 70%。此外，公用事业局正在登格蓄水池铺设大型浮动太阳能光伏系统，为其污水处理厂提供电力。这个系统在 2021 年投入运作。为了克服土地的限制，新加坡在蓄水池上铺设浮动太阳能系统。截至 2020 年第一季度末，新加坡的并网太阳能光伏装机容量已显著增长至 384.1 兆瓦，来自在新加坡各地安装的 4116 个太阳能装置。

2. 绿色建筑。新加坡处于绿色建筑发展的前沿，2005 年推出的"绿色建筑标准认证计划"（Green Mark Scheme）是第一个专门为热带气候而设的绿色建筑评级系统，其他东盟国家也广泛采用。新加坡也是制定强制性建筑环境标准的先驱。截至 2020 年底，新加坡有 4000 多个建筑项目符合该标准，占地约 1.23 亿平方米，占新加坡现存总建筑面积的 43% 以上。

3. 绿色交通。2020 年第一季度起，新加坡有 60 辆电动巴士开始逐步投入服务，预计每年将能减少约 7800 吨的二氧化碳排放，相当于约 1700 辆汽车年均排放量。

4. 绿色金融。2020 年 10 月 13 日，新加坡金融管理局宣布将联手中国银行、法国巴黎银行、汇丰银行等 9 个创始合作伙伴建立新加坡绿色金融中心（SGFC）。据估计，新加坡至今已经发行与绿色和可持续发展挂钩的贷款近 180 亿新元，债券约 109 亿新元。2020 年，新加坡的绿色贷款发行量增长了 65%，绿色债券发行量约 35 亿新元。这些贷款和债券支持可再生能源、绿色建筑、可持续水和废水处理等项目。例如，星展银行推出绿色汽车和绿色装修优惠利率贷款，华侨银行和大华银行为绿色建筑项目和环保项目提供贷款。2021 年 4 月，中国银行新加坡分行发行 5 亿美元绿色债券，大华银行发行 15 亿美元的可持续发展债券。

5. 应对气候变化。新加坡一直是国际气候变化谈判的积极参与者。1997 年批准《联合国气候变化框架公约》，2006 年加入《京都议定书》，2014 年进一步批准《京都议定书多哈修正案》，2016 年 4 月 22 日签署《巴黎协定》，2016 年 9 月 21 日正式批准。2012 年 3 月，新加坡作为观察员城市加入 C40 城市气候领导小组（C40），与世界银行、经济合作与发展组织、克林顿气候倡议和世界资源研究所等多个国际组织合作，开展推动城市应对气候变化相关行动倡议。

（二）绿色经济发展规划

新加坡是前 20 个向《联合国气候变化框架公约》提呈长期减排发展策略的国家之一。政府承诺新加坡温室气体排放量会在 2030 年左右达到每年 6500 万吨的顶峰水平，目标是到 2050 年从顶峰水平减半，并争取在本世纪下半叶实现零排放。

2021 年 2 月 10 日，新加坡政府公布《2030 年新加坡绿色发展蓝图》，为城市绿化、可持续生活和绿色经济各方面制定明确目标，希望推动公共领域、企业和个人在未来 10 年朝永续发展的目标迈进。发展蓝图由 5 大支柱构成。(1)自然之城。到 2030 年，新加坡将增加 50%（约 200 公顷）的土地用于自然公园，每户家庭步行 10 分钟以内即可抵达。种植 100 万棵树木，可吸收 78000 吨二氧化碳。(2)能源更替。到 2025 年，太阳能装机量将增加四倍，到 2030 年，达到至少 2 吉瓦峰值，可为超过 35 万个家庭提供一年电力。通过电力进口和氢能源发展绿色能源。到 2021 年，所有水厂都将使用太阳能供电。到 2030 年，将组屋城镇的能源消耗减少 15%。把绿色建筑比例提高到 80%。逐步淘汰内燃机汽车，到 2030 年所有新注册的汽车都采用清洁能源车型。增加充电站的数目，最迟在 2030 年，将原本建设 2.8 万个充电站的目标增至 6 万个。(3)可持续生活。到 2026 年，将送往垃圾填埋场的废物垃圾量减少 2 成，到 2030 年减少 3 成。2030 年，将自行车道路网络从 460 千米扩大到约 1320 千米，出行使用公共交通比率从 64% 提升到 75%，将学校的净碳排放减少三分之二，部分学校率先实现碳中和。(4)绿色经济。推出新的"企业可持续发展计划"（EnterpriseSustainability Programme），帮助企业尤其是中小企业，拥抱可持续发展。建成领先的碳交易和服务中心。持续发展绿色金融，成为亚洲和全球领先的绿色金融中心。利用《2025 年研究、创新和企业计划》(RIE2025)促进本土创新等。(5)坚韧未来。为应对海平面上升，通过建设物理防御设施，保护市区、东海岸、林厝岗、双溪加都和裕廊岛周围的海岸线。继续实施"食品 30·30 愿景"，即到 2030 年，通过本地生产食物满足居民 30% 的营养需求。

（三）与发展绿色经济相关的政策和法规

2019 年，新加坡推出了《绿色金融行动计划》，由 4 个核心支柱构成：第一是要建立金融业抵御环境风险的能力，第二是要发展绿色的金融产品和解决方案，第三是要利用技术来支持绿色金融的发展，第四是要构建绿色金融人才体系和基础设施。具体包含 6 个领域的行动：(1)银行、保险和资产管理部门的环境风险管理指南；(2)支持绿色和可持续发展的债券和贷款计划；(3)一项 20 亿美元的绿色投资计划；(4)175 万新元全球金融科技创新挑战；(5)以亚洲为重点的气候研究和培训计划；(6)可持续金融的鉴定、审核和评级服务。

2021 年 1 月 1 日，新加坡金融管理局宣布推出《绿色和可持续挂钩贷款津贴计划》（Green and Sustainability – Linked Loan Grant Scheme），这是全球首个绿色和可持续贷款津贴。该计划可抵消企业以下的开支：(1)聘请独立可持续评估和顾问公司发展绿色和可持续框架及目标；(2)获取外部评估（如第二方意见、认证或评级）；(3)贷款可持续影响报告。可抵消的额度最高为 10 万新元。该计划也鼓励银行发展绿色和可持续挂钩贷款框架，该津贴可抵消银行聘用独立可持续评估和顾问公司发展框架等的成本，最多抵消 60% 的开支，不超过 12 万新元。如果上述框架是专门面向中小企业和个人，金管局则会抵消 90% 的开支，总额不超过 18 万新元，从而鼓励银行为中小企业提供更多支持，也鼓励个人在融资时候包括更多可持续考量。金管局同时扩展《绿色债券津贴计划》（Green Bond GrantScheme）的范围，纳入可持续挂钩债券。

2021 年 5 月，新加坡金融管理局发起的绿色金融业工作小组（GreenFinance Industry Taskforce，简称 GFIT）推出一套关于金融机构披露气候环保信息的指南以及绿色贸易融资与营运资金框架指南。指南为个别银行、保险和资产管理领域列出特定信息披露做法。框架列明银行在审核绿色贸易金融交易时该采用的基本原则，同时也建议绿色贸易金融活动应获取的业界标准认证。汇丰银行和大华银行按照这个框架率先推出再生能源、再循环、农业和农业生产活动的绿色贸易金融交易。

新加坡自 2005 年开启了《绿色建筑计划》，建设局（BCA）推出了绿色建筑标准认证（Green Mark），这一认证涵盖绿色建筑的 5 大指标：节能、节水、环保、室内环境质量，以及其他绿色特征与创新。依据指标认证评价的高低程度，Green Mark 将建筑评级划分为：认证级、黄金级、超金级和白金级。为了推广这一绿色标准，新加坡政府要求政府部门带头，确保超过 5000 平方米的新建公共部门建筑物必须达到绿色标志白金评级；在出售土地时，要求新建工程项目必须达到白金级和超金级。2018 年，建设局在绿色建筑标准上又增加了超低能耗计划，推广超低能耗（Supre LowEnergy）、零能耗（Zero Energy）和正能源（Positive Energy）建筑。

新加坡与绿色经济有关的法律有《资源可持续性法案》（ResourceSustainability Act）、《节能法案》（Energy Conservation Act）、《环境保护和管理法》（Environmental Protection and Management Act）和《公园和树木法案》（Parks and Trees Act）等。建设局在《建筑管控法》《建筑管控（环境可持续）条例》和《现有建筑环境可持续发展守则》中，对新建建筑、建筑翻新工程的绿色标准进行了规定。

2018 年 3 月，新加坡通过《碳定价法》（Carbon Pricing Act），2019 年 1 月 1 日生效，成为东南亚第一个引入碳定价的国家。2019 年至 2023 年，新加坡碳排放税税率为每吨温室气体 5 新元，到 2030 年将提高至 10 ~ 15 新元。任何每年排放等于或超过 2000 吨二氧化碳当量温室气体的工业设施必须注册为报告单位，在次年 6 月 30 日前向国家环境局提交排放报告；每年排放超过 2.5 万吨的工业设施都必须注册为应税单位，并每年提交一份监测计划和一份排放报告。新加坡预计在 2021 年底前，由新加坡交易所、星展集团、淡马锡控股和渣打集团联合推出一个全球碳交易平台和市场，名为 Climate Impact X（CIX）。CIX 的交易平台主要通过标准合同，把大规模和高质量的碳信用额度销售给跨国公司和机构投资者等市场参与者。项目市场则让广泛的企业界自愿参与碳排放交易，并为他们提供精选的自然气候解决方案项目，以协助他们实现可持续目标。

泰国投资贸易指南

一、对外贸易法规和政策

（一）贸易主管部门

泰国主管贸易的政府部门是商业部，其主要职责分为两部分，对内负责促进企业发展、推动国内商品贸易和服务贸易发展、监管商品价格、维护消费者权益和保护知识产权等；对外负责参与 WTO 和各类多双边贸易谈判、推动国际贸易良性发展等。泰国商业部主管对外业务的部门有贸易谈判厅、国际贸易促进厅和对外贸易厅等,主管国内业务的部门有商业发展厅、国内贸易厅、知识产权厅等。

(二)贸易法规体系

主要法律有1960年《出口商品促进法》、1979年《出口和进口商品法》、1973年《部分商品出口管理条例》、1979年《出口商品标准法》、1999年《反倾销和反补贴法》、2000年《海关法》和2007年《进口激增保障措施法》等。

(三)贸易管理的相关规定

1. 进口管理。泰国对多数商品实行自由进口政策,任何开具信用证的进口商均可从事进口业务。泰国仅对部分产品实施禁止进口、关税配额和进口许可证等管理措施。

2. 出口管理。泰国除通过出口登记、许可证、配额、出口税、出口禁令或其他限制措施加以控制的产品外,大部分产品可以自由出口。

3. 政府采购。泰国未加入WTO《政府采购协定》,政府采购活动主要依据2017年《公共采购和供货监督法》,财政部总审计厅(CGD)负责监督法律实施。泰国政府采购是分散体制,各部门均依职权进行采购。外国供应商不能直接参与政府采购,必须向CGD申请注册。注册企业必须是泰国法人,必须在泰国具有办公室,半数董事必须是泰国籍。政府采购必须给予政府扶持领域的泰国供应商优惠待遇,如农业生产、农民合作社、中小企业、弱势群体、教育机构,等等。优惠待遇通常通过特定采购方式实现。2017年新法取消了价格优惠规定。

(四)进出口商品检验检疫

泰国商品检验相关法律主要为《国家标准化法》(2008)、《工业产品标准法》(1968)及其修订(2019)。泰国工业部下属"泰国工业标准研究院"(TISI)负责标准和技术法规,其他相关部门还包括"国家农产品和食品标准局"(ACFS)、商业部、国家计量局和国家标准化委员会办公室。泰国对10个领域产品实行强制性标准,包括民用建筑原料、消费品、电子工程、液压工程、食品、热交换工程、医学、涂料油漆挥发物、机械工程和车辆以及化学品。

泰国动植物及食品检验检疫相关法律包括《食品法》(1979)、《农业标准法》(2018)、《动物疫病法》(2015)、《动物饲料质量控制法》(2015)、《植物检疫法》(2008)、《植物法》(2007)、《植物进口检疫规章》和《野生动物养护和保护法》(1992)。食品按风险程度分为四类,需要满足各自不同的注册、标签和保准要求。相关监管机构包括农合部下属的"国家农产品和食品标准局"(ACFS)、农业厅、畜牧厅、渔业厅和卫生部下属的食药监局。

(五)海关管理规章制度

《海关法》(Customs Act)是泰国实施海关管理的根本法律制度,最新一次修订是在2017年。泰国海关法及相关法规可在泰国海关网站查询,网址为:www.customs.go.th。

进口商品通常需要缴纳关税和增值税(VAT)。关税计税方法一般为按价计税,也有部分商品按照特定单位税率的方式征税。一般情况下,进口商品关税额计算公式为商品到岸价(CIF)乘以该项商品的进口税率,绝大部分商品的进口关税税率在0%~80%之间;增值税的计算公式为进口商品缴纳关税和消费税(部分商品需缴纳)后的总价值乘以7%。

泰国主要进口商品的普通关税税率

商品名称	HS编码	普通关税税率
原油	2709	25%
集成电路	8542	35%
打字机等办公机器的零部件	8473	40%
摩托车零部件	8708	60%
光盘、磁带、记忆卡等未录制内容的固体媒体存储介质(胶卷除外)	8523	60%
成品油	2710	税号27101211~20税率为2.91泰铢/升,其余部分以30%的税率按价计税
天然气和其他气体燃料	2711	采用特定单位税率0.001泰铢/千克
未加工的精铜和铜合金	7403	6%
自动数据处理设备	8471	40%
未加工的金、金粉	7108	35%

资料来源:泰国海关厅

除普通税率外,大部分进口产品可根据自贸协定、特定产业等不同情况享受不同的优惠税率,具体商品的关税税率和减让情况可在海关网站上查询。网站链接:http://itd.customs.go.th。

二、外国投资市场准入的规定

(一)投资主管部门

泰国主管投资促进的部门是泰国投资促进委员会(简称BOI),负责根据1977年颁布的《投资促进法》及1991年第二次修正和2001年第三次修正的版本制定投资政策。投资促进委员会办公室负责审核和批准享受泰国投资优惠政策的项目、提供投资咨询和服务等。

(二)投资行业的规定

根据《外籍人经商法》,(Alien Business Act,1999年)有关规定,泰国限制外国人投资的行业有以下三类:

1. 因特殊理由禁止外国人投资的业务。包括:(1)报业、广播电台、电视台;(2)水稻种植、旱地种植、果园种植、牧业、林业、原木加工;(3)在泰国领海、经济特区的捕鱼;(4)泰药材炮制;(5)涉及泰国古董或具有历史价值之文物的经营和拍卖;(6)佛像、钵盂制作或铸造;(7)土地交易等。

2. 须经商业部长批准的项目。包括:涉及国家安全稳定或对艺术文化、风俗习惯、民间手工业、自然资源、生态环境造成不良影响的投资业务,须经商业部长根据内阁的决定批准后外国投资者方可从事的行业:(1)涉及国家安全稳定的投资业务,包括生产、销售、修理枪械、子弹、火药、爆炸物及其有关配件,武器、军用船、飞机、车辆,一切战用设备的机件设备或有关配件;国内陆上、水上、空中等运输业,包括国内航空业;(2)对艺术文化、风俗习惯、民间手工业、自然资料、生态环境造成不良影响的投资业务,包括泰国传统工艺品的古董、艺术品买卖,木雕制造,养蚕、泰丝生产、泰绸织造、泰绸花纹印制,泰国民族乐器制造,金器、银器、乌银镶嵌器、镶石金器、漆器制造,涉及泰国传统工艺的盘器、碗器、陶器制造;(3)对自然资源、生态环境造成不良影响的投资业务,包括蔗糖生产,海盐、矿盐生产,石盐生产,采矿业、石头爆破或碎石加工,家具、木材加工等。

3. 本国人对外国人未具竞争能力的投资业务,须经商业部商业注册厅厅长根据外籍人经商营业委员会决定批准后可以从事的行业。包括(1)碾米业、米粉和其他植物粉加工。(2)水产养殖业。(3)营造林木的开发与经营。(4)胶合板、饰面板、刨木板、硬木板制造。(5)石灰生产。(6)会计、法律、建筑、工程服务业。(7)工程建设,但不包含:①外国人投入的最低资本在5亿铢以上的公共基本设施建设、运用新型机械设备、特种技术和专业管理的公共设施、交通设施建设;②部级法规规定的其他工程建设。(8)中介或代理业务,但不包含:①证券交易中介或代理、农产品期货交易、有价证券买卖业务;②为联营企业的生产、服务需要提供买卖、采购、寻求服务的中介或代理业务;③为外国人投入最低资本1亿铢以上的、行销国内产品或进口产品的国际贸易企业提供买卖、采购、推销、寻求国内外市场的中介或代理业务。(9)拍卖业,但不包含:①国际性拍卖业,其拍卖标的物不涉及具有泰国传统工艺、考古或历史价值的古董、古物、艺术品之拍卖;②部级法规规定的其他拍卖。(10)法律未有明文禁止涉及地方特产或农产品的国际贸易。(11)最低资本总额低于1亿铢的百货零售业、最低资本少于2500万铢的商店。(12)最低资本少于100万的商品批发业。(13)宣传广告业。(14)旅店业,不含旅店管理、旅游业、餐饮业。(15)植物新品种开发和品种改良。(16)除部级法规规定的服务业以外的其他服务业等。

外国人除需经商业部长根据内阁决议批准外,还需满足以下两个条件方可从事上述第二类规定的行业:一是泰籍人或按照本法规定的非外国法人所持的股份不少于外国法人公司资本的40%(除非有适当原因,商业部长根据内阁的批准可以放宽上述持股比例,但最低不得低于25%)。二是泰国人所占的董事职位不少于2/5。

对上述属于外商经营企业法所规定的需得到允许方可进行投资的二、三类行业,外国人在泰国开始商业经营的最低投资额不得少于300万泰铢,其他行业最低不少于200万泰铢。最低投资额对在泰国注册的法人来说是指注册资本,对未在泰国注册的外国投资者或法人来说是指来泰经商所汇入的外汇。如果外国人属于《投资促进法》《工业园管理条例》或其他有关法律规定可享受投资优惠或得到经营许可的投资者,则可以从事第二、三类中规定的某些行业。

4. 资格管理。根据泰国投资促进法的有关规定,在泰国获得投资优惠的企业,投资额在1000泰铢以上(不包括土地费和流动资金),须获得ISO9000国际质量标准或其他相等的国际标准的认证。具体审批标准:(1)投资额不超过5亿铢(不包括土地费和流动资金)的项目,产品增加值必须不低于销售收入的20%,但电子产品及其配件、农产品加工和投资促进委员会特别批准的项目除外;新投资项目的负债与注册资本之比不得超过3:1;投资项目必须使用先进生产技术和新机械设备,若需使用旧机器,其效率必须获得权威机构的验证,并获得投资促进委员会的准许;必须有足够的环境保护措施,对环境有不良影响的项目,投资促进委员会将着重审核其工厂设立地点及其污染处理方法。(2)投资额在5亿铢以上(不包括土地费和流动资金)的项目,除按上述规定执行,尚需按投资促进委员会的规定提交项目可行性报告。

以下行业的泰国籍投资者的持股比例不得低于21%:农业、畜牧业、渔业、勘探与采矿业和1999年颁布的《外籍人经商法》附录第一类行业中的服务行业。

5. 股权限制。对以下行业的投资,泰国籍投资者的持股比例不得低于51%:农业、畜牧业、渔业、勘探与采矿业和1999年颁布的《外籍人经商法》附录第一类行业中的服务行业。2006年1月9日,泰国政府内阁会议原则通过了泰国商业部提交的《外籍人经商法》修正草案,决定送交法制委员会对某些条款作进一步修改。该修正草案共有3项要点:(1)对于"外国法人"的定义,在原先规定外国人持股比例超过50%即被视为外国法人外,还规定即使外国人持股比例没有超过50%,但外国人投票权比例超过50%,也被视为"外国法人";(2)修改处罚规定,增加对未获批准擅自经营限制外商经营的业务的外资企业或由泰国人代理持股的外资企业的处罚金额;(3)调整《外籍人经商法》附件中的第三类行业目录(即泰资企业尚缺乏能力与外资企业竞争的行业,外资企业须获得外国人经商委员会的批准并由商业部商业发展厅签发许可证后方可经营该类行业),已有其他专门法律规范的行业(如旅游业、金融业、证券业等)将不再被列入第三类行业。

对于不符合上述新规定的现有外资企业,《外籍人经商法》修正草案给予修正的宽限期。对于未获批准或使用泰国人代理持股经营第一类行业(因特殊理由禁止外国人经营的行业,如报纸、广播电台、电视台、土地交易等)和第二类行业(涉及与国家安全和文化艺术有关的行业,如武器、文物和艺术品等)的外商投资企业,必须在90天内向商业部报告,并在一年内修正;对于外国人持股不超过50%但拥有超过一半投票权的外商投资企业,必须在1年内通知商业部并在两年内将投票权降低在50%以下。对于属于第三类行业的外商投资企业,必须分别在90天及1年之内向商业部报告其外国人持股地位及其拥有投票权的比例,然后便可继续经营,而不需减少外国人持股和拥有投票权的比例,因为这类行业与国家安全无关,而且不属于禁止外国人经营的行业。对于在《外籍人经商法》修正案通过后成立的企业,必须按照新的法律规定执行。(1)外资参与当地农业投资合作的规定。泰国严格禁止外资进入农业投资领域,不允许外资获得农业耕地所有权和承包经营权。(2)外资参与当地林业投资合作的规定。泰国严格禁止外资进入林业投资领域,不允许外资获得林业耕地所有权和承包经营权。(3)外资公司参与当地证券交易规定。泰国没有关于外资公司参与当地证券交易的特殊规定。在泰国注册成立的外资公司参与证券交易与本土公司享有同等待遇。(4)当地有关知识产权保护的法律法规。泰国有关知识产权保护的法律主要涉及三部:《专利法》(1979年)、《商标法》(1991年)和《著作权法》(1994年)。三部法律分别针对专利、商标和著作权的定义、类型、申请、使用和保护等有关内容作出了明确规定。(5)知识产权侵权的相关处罚规定。根据泰国《专利法》(1979年)有关规定,未具备本法规定的权利者,不得在产品容器、产品包装上或在发明、外观设计的宣传上使用"泰国专利权""泰国实用新型专利权",或其他意思相同的外国文字,或其他意思相同的词语,任何人不得在产品容器、产品包装或发明、外观设计的宣传上使用"正在办理专利"或"正在办理实用新型专利"或其他意思相同的词语(但正在审批中的专利申请或实用新型专利申请不在此限),如有违犯可处一年以下监禁或罚以20万泰铢以下罚金,或两罪并罚;未经专利权人许可擅自使用属于专利权人所有的产品、技术或外观设计(但为教学和研究需要使用该外观设计专利的不在此限)专利的,可处2年以下监禁,或罚以40万泰铢以下罚金,或两者并罚;任何人未经实用新型专利权人许可,侵犯使用实用新型专利权人各项权利的,可处1年以下监禁,或罚以20万泰铢罚金,或两罪并罚;任何人在申请发明专利、外观设计专利或实用新型专利时向执行工作人员提供虚假材料,以期获得专利证书或实用新型证书的,可处6个月以下监禁,或罚以5000泰铢以下罚金,或两者并罚;因触犯本法受罚者为法人的,其法人执行人或法人代表须受到法律相应规定的处罚,除非该法人行为能被证实与本人无关,或并未得到本人认可。泰国《商标法》(1991年)和《著作权法》(1994年)未规定有关违法处罚的内容。

(三)投资方式的规定

1. 股权投资。外籍人对泰国开展投资经营活动的方式可分为以下两类:一是按照泰国法律在泰国注册为某种法人实体,具体形式有独资企业、合伙企业、私人有限公司和大众有限公司等;二是成立合资公司(Joint Venture),通常指一些自然人或法人根据协议为从事某项商业活动而组建的实体。根据泰国《民商法典》,合资公司不是法人实体,但是根据《税法典》,合资公司在缴纳企业所得税时被视为单一实体。

2. 上市。泰国法律规定,只有大众有限公司才有资格申请登记加入证券交易市场。根据1992年颁布的《大众有限公司法》(Public Limited Company Act)的有关规定,有限公司可以转为大众有限公司。泰国没有关于外资公司在泰国上市的特殊限制,在泰国注册成立的大众有限公司,符合泰国证券交易委员会(SEC)和股票交易所(SET)的有关规定,即可申请上市。

3. 收购。泰国没有关于跨国并购的专门法律法规,规范收购行为的法律法规包括《民商法典》、《大众有限公司法》和1992年颁布的《证券交易法》(Securities and Exchange Act)。收购行为通常有全资并购、股票收购和资产收购等三种方式。收购私人有限公司,须符合《民商法典》有关规定。而收购上市公司,必须符合《证券交易法》和泰国证券交易委员会的有关规定。

4. 并购流程。根据泰国法律,关于外资在泰国开展收购、并购的主要程序如下:(1)掌握初步信息(前期了解企业股权结构和资产负债状况,评估拟并购股票或资产的价格及企业用工情况、各类许可证所有情况等);(2)发出求购意向书(内容要点包括说明拟并购股票或资产的价格,要求进行法律、财务、税务、生产等方面尽职调查等);(3)法律尽职调查(包括企业基本情况、雇员情况、资产负债状况、各类许可取得情况、环保状况、知识产权状况、争端诉讼情况等);(4)掌握股权或者资产并购的要点(如收购后股权及股东的安排、股票过户细节等,资产并购中关于外籍人拥有土地的限制性规定等);(5)签署股权或资产收购协议。在泰国开展外资并购的咨询机构包括泰国投资促进委员会(BOI)、泰国证券交易委员会(SEC)及各专业律师事务所和会计师事务所。

5. 安全审查。泰国没有专门针对外资并购安全审查及国有企业投资并购方面的法律规定,外来投资者只要不违反泰国《外籍人经商法》对于外籍人禁止或限制投资的有关规定,即可按《民商法典》《大众有限公司法》和《证券交易法》有关规定在泰国开展投资并购。

6. 反垄断调查。泰国关于反垄断和经营者集中方面的法律是《贸易竞争法》(Trade Competition Act,TCA)。该法于1999年正式颁布实施,取代1979年制定的《价格制定和反垄断法》(Price Fixing and Anti – Monopoly Act)。该法共7章57条,主要就限制市场垄断、鼓励自由竞争等诸多方面作出了法律规定。根据该法,泰国设立贸易竞争委员会(TCC),负责制定构成市场垄断的标准及反垄断法实施细则、处理各项反垄断投诉并进行反垄断调查等。该委员会须经内阁批准,由商业部长担任主席,商业部常务次长担任副主席,财政部常务次长担任秘书长,成员不少于8位但不多于12位。根据该法规定,受法律限制的垄断行为主要包括以下几类:(1)滥用市场支配地位;(2)经营者集中;(3)建立私下协议或集体统一行动以限制市场自由竞争;(4)垄断商品进口渠道损害消费者直接进口权;(5)通过不公平竞争排除或限制竞争对手。

该法同时规定,TCC有权要求市场份额超过75%的企业停止增加或减少市场份额。根据实践,如果一个企业被判定为具有市场支配权应被进行反垄断调查,TCC进一步明确规定,构成市场支配地位的企业判断标准为:(1)占有市场份额33%以上;(2)年销售额超过10亿泰铢。当然这一标准可根据不同行业做出相应调整。

2003年,TCC向内阁提交了新的建议方案,其中之一是建议将“市场支配地位企业”由单一企业扩展至有内部关联的多家企业构成的共同体,二是针对不同行业制定出的判断市场支配地位的具体标准。该法对于个别组织的垄断行为免于调查:(1)公共管理部门;(2)纳入财政预算的国有企业;(3)农民团体或者依法成立的合作社;(4)根据有关部门规章规定免于调查的其他企业。

该法规定对于垄断行为的惩治措施包括:刑事诉讼;行政处罚;损失补偿。

目前,中资企业在泰国开展并购投资的案例并不多,尚未发生遭遇阻碍的案例。2007年海尔并购日本三洋(SANYO)泰国有限公司、2010年中国工商银行并购泰国亚洲商业银行(ACL)均在当地引起较大轰动,并取得较大成功。

(四)安全审查的规定

泰国没有专门针对外资并购安全审查及国有企业投资并购方面的法律规定,外来投资者只要不违反泰国《外籍人经商法》对于外籍人禁止或限制投资的有关规定,即可按《民商法典》《公众有限公司法》和《证券交易法》有关规定在泰国开展投资并购。

(五)基础设施PPP模式的规定

近年来,泰国经济和社会基础设施建设的投资需求很大。在2014年内阁审批出台的泰国8年基础设计建设规划中,PPP项目占比20%。目前,泰国政府重点打造的东部经济走廊(EEC)五大基础设施项目也均属于PPP项目。交通、供水及污水处理、垃圾处理、医疗及护理、教育、科学及行政等领域的公共基础设施,是泰国基础设施PPP项目涉及的主要领域。

泰国的PPP模式主要为特许经营类。对于特许经营的具体年限无统一标准,一般根据项目本身需要确定,但一般不超过30年。隶属于泰国财政部的司局级部门—国企政策办公室(SEPO)是泰国PPP项目的规划和发布部门,根据国家宪法和国家社会经济发展规划制定发布 PPP 项目战略规划。

2017 年 12 月 17 日,为鼓励私营部门投资公共服务领域,泰国发布了《2017—2021 五年 PPP 战略规划》(PPP Strategic Plan B. E. 2560—2564〔2017—2021〕),计划开发 55 个潜在 PPP 项目,共计总投资额约 1.62 万亿泰铢(约合人民币 3209 亿元)。泰国欢迎中国企业参与其 PPP 项目的设计、投资、建设和运营。

中国在泰国参与 PPP 项目投资起步较晚,目前主要以与泰国本土企业组成联合体形式参与泰国 PPP 项目,如:中国铁建股份有限公司(CRCC)与泰国正大(CP)集团及其他企业成立联营体共同竞标连接三大机场高速铁路项目,正大集团占股 70%,中国铁建股份有限公司占股 10%。

在考虑投资泰国 PPP 项目时需要重点考虑以下因素:经济增长率、公共债务水平、现有税收体系、边际贡献率等。

目前,在泰国开展基础设施 PPP 合作模式的外商投资企业主要来自法国和日本。中资企业在泰国开展基础设施 PPP 模式典型案例是中国铁建与正大集团等四个公司合作的曼谷连接三机场高铁,其中中国铁建总投资 56.6 亿美元(不包括后期运营费),占股 10%,正大集团 70%。

三、特殊经济区域的规定

(一)经济特区相关法规

当前,泰国正积极推进东部经济走廊(EEC)建设。东部经济走廊是泰国国家级经济特区,是当前泰国执政政府的旗舰项目,被视为经济增长的新引擎,被泰国上下寄予厚望。旨在帮助泰国应对世界科技的高速发展,服务泰国目标产业,使 EEC 成为连接东盟新成员国柬埔寨、老挝、缅甸和越南(CLMV)和对接"一带一路"的新工业基地,提升泰国未来的综合竞争力。

泰国政府还专门制订了《东部特别经济开发区法案》,在税收、劳工、土地政策等方面制定了一系列新的措施和优惠政策,包括调整优化 PPP 模式,增加 BOI 优惠政策等,此类优惠政策均为东部经济走廊量身定做,在泰国其他地区投资不能享受。

(二)经济特区介绍

1. 首批边境经济开发区简介。2014 年,泰国特别经济开发区政策委员会会议上确定了首批 5 个地处边境地区的特别经济开发区,包括:泰国西部来兴府夜束特别经济开发区、东北部莫拉限府边境特别经济开发区、东部沙缴府亚兰特别经济开发区和桐艾府边境特别经济开发区,以及南部宋卡府昔罗特别经济开发区。

西部来兴府夜束特别经济开发区。与缅甸接壤,范围涵盖夜束等三个县,辖下共 14 个乡,总面积 886872 莱(1419 平方千米)。开发区位于东南亚东西经济走廊(East - West-Economy Corridor: EWEC),为泰国西部门户位置。开发区与缅甸美瓦迪(Myawaddy)特别经济区相对,交通运输可延伸至毛淡棉(Mawlamyine)海港和仰光。该地区拥有较好的投资基础,纺织业等产业雇用了大量劳动力,主要产业还包括农业加工产品、家具等。可凭借上述有利条件继续发展工业生产,打造仓储基地和物流中心。来兴府夜束特别经济开发区的基础建设项目包括扩大来兴 - 夜束公路为四车道公路,修建第二座泰缅湄河大桥,以及发展夜束机场。

东北部莫拉限府边境特别经济开发区。所处边境与老挝相连,区域覆盖莫拉限等 3 个县,共 11 个乡,总面积 361542 莱(578.5 平方千米)。开发区位于东南亚东西经济走廊,地处泰国东部门户位置。开发区与老挝沙湾 - 色诺经济特(Savan Seno Special EconomicZone)相邻,交通运输线向东可延伸至越南岘港(Da Nang Port),最远还可以延伸到中国广西南宁。该地区为电子工业生产基地,产品批发中心,可以深化发展工业生产,建立产品集散中心、仓储基地和物流中心。莫拉限府边境特别经济开发区基础建设项目包括拓展 12 号公路,修建、发展通过该地区的双轨铁路。东部沙缴府亚兰特别经济开发区。该地段与柬埔寨比邻,区域涵盖亚兰等两个县,共 4 个乡,总面积 207500 莱(332 平方千米)。开发区位于南部经济走廊,地处泰国东部门户位置。开发区与柬埔寨 Sanco - Poipet 经济特区、吴哥窟和诗梳风(Sisophon)邻近,交通运输线可延伸至越南海港。2013 年边境贸易额约高达 596.52 亿铢,2009 年至 2013 年平均年增幅为 28.2%。该地区是泰国著名批发零售市场、农产品加工基地,未来可发展成国际仓储中心。现有泰、柬双边委员会准备成立经济特区。沙缴府亚兰特别经济开发区的基础建设项目包括拓展 304 号、33 号和 3511 号公路,以及呀兰—边境公路路面为 4 个车道。

东部桐艾府边境特别经济开发区。与柬埔寨接壤,范围涵盖空艾县,辖下 3 个乡,总面积 31375 莱(50.2 平方千米)。开发区位于南部海岸经济走廊(Southern - Coast EconomicCorridor),为泰国东部门户位置。开发区与柬埔寨戈公省经济特区(Koh Kong SpecialEconomic Zone)邻近,交通运输线向柬埔寨可延伸至西哈努克港(Sihanoukville Port),对内可延伸至林查班港(Port of Laem Chabang)。该地区是泰国知名旅游区,可以加强发展自然旅游,未来可能设立边境免税区,建立产品集散中心和物流中心。现有泰、柬双边委员会准备成立经济特区。桐艾府边境特别经济开发区的基础建设项目包括拓展 3 号公路为 4 个车道,发展铁路运输,以及空艾港口。

南部宋卡府昔罗特别经济开发区。所处边境与马来西亚相连,区域覆盖昔罗县,共4 个乡,总面积 345187 莱(552.3 平方千米)。开发区位于南北经济走廊(the North - SouthEconomic Corridor, NSEC),为泰国南部门户位置,该府是泰国连接马来西亚和新加坡的陆路及铁路运输干道,开发区与马来西亚槟城港和中央港,以及主要橡胶工业、清真食品工业及多种重工业地区相邻。该地区临近工业地区,便利的跨国陆路及铁路运输有助于出口贸易,主要货运产品包括橡胶、清真食品、海鲜产品等。宋卡府昔罗特别经济开发区的基础建设项目包括发展合艾 - 边境高速公路,修建、发展通过该地区的合艾—巴丹勿刹双轨铁路,以及宋卡港的建设。

(三)重点行政区域及相关法律法规

在泰国特别经济开发区进行投资的投资者,可获得泰国投资促进委员会的优惠政策支持。

1. 一般企业。免除企业所得税,可额外再增加 3 年期;已获得 8 年免税优惠的企业(A1 和 A2 类企业),还可获得为期 5 年的减税 50% 的优惠。其他还包括计税基价扣除两倍运输、水电费用,为期 10 年;扣除 25% 安装生活设备、设施费用;免除机械设备进口关税;免除以出口为目的的生产原料进口关税;其它非税务优惠(Non - Tax Incentives);允许合法雇佣外籍非技术劳工。

2. 特别经济开发区政策委员会规定的特惠工业。免除企业所得税，最高为期8年；还可获得为期5年的减税50%的优惠。其他计税基价扣除运输、水电费用、扣除安装生活设施、设备费用等与一般企业一致。没有获得泰国投促委员会支持的企业也可获得减免企业所得税，从20%减至10%的待遇，为期10年（仅限2017年内注册成立的企业）。

在资金方面，国家储蓄银行提供额度在100万～2000万铢的低息贷款；小型工业信贷保证公司为企业免除首期2年的信贷担保手续费，且后2年手续费按贷款额度，以年息1.75%计。

在外籍人士租用土地方面，允许外籍人士以商业和工业为目的租用房地产，期限超过30年，但不超过50年，且租期届满可续约，期限不超过50年；符合1977年版「投资促进条例」者有权拥有一定面积土地的所有权，用于经营投促委员会规定的业务类别，在出现结束经营或转让企业的情况下，投资者须于1年内出售拥有所有权的土地。

四、数字经济相关政策和法规

（一）泰国政府出台支持数字经济的相关政策

泰国政府一贯高度重视数字经济发展。2016年，泰国政府分别成立了数字经济与社会部和国家数字经济和社会委员会办公室，并由泰国总理亲自担任国家数字经济和社会委员会主席。为寻求经济发展新动力，泰国先后推出“工业4.0”战略和“东部经济走廊”（EEC）计划，数字经济是其中重点发展的目标产业之一。根据相关规划，泰国将率先在EEC特区推行5G商用，以发展科技产业、吸引外资。其他首批推行的地区还包括曼谷、清迈、普吉以及部分获准覆盖5G的国内机场等。

近期，泰国持续遭遇新冠肺炎疫情的冲击，与其他很多国家一样，泰国诸多传统经济产业也遭受重创：工厂停工，商场、娱乐场所和酒店关门，国际航空运输暂时中断，航空业和旅游业遭受重创，农产品尤其是热带水果出口遇阻等等。然而，疫情却让泰国数字经济逆势发展，提质升级。

数据中心是数字经济的支柱，而数字经济的发展也会增加对数据中心的需求，二者的发展存在着密切的联系。展望未来，泰国的大型政府数据中心、私有领域的中小数据中心均将继续发展，诸多大中小数据中心也会增强互联互通，促进诸多混合数据中心的发展。泰国诸多数据中心的容量和安全性也将提升，这有助于企业最大限度地提高灵活性，同时将数字化成本降至最低并保持竞争力。而银行、电信、保险和电商行业的数字化转型也将在整个数据中心供应链中创造新的价值和机会，诸多企业的利润率将提高。因此，泰国数字经济将持续发展、加速发展。

泰国是东南亚第二大经济体，是连接东南亚海岛国家和陆地国家的重要国家，泰国自身的数据中心发展会持续向邻国扩散，有望继新加坡这个东南亚一流的数据中心之后，成为东南亚另一个数据中心之一。而且，泰国数字经济发展也会带动泰国经济的转型升级与持续发展，巩固和提升泰国在东南亚的经济重镇地位。而泰国数字经济也会加速与东南亚其他国家的融合，也有利于东南亚其他国家的数字经济发展和区域经济发展。

（二）泰国发展数字经济相关的法律法规

1.《数字经济与社会发展法案》。2017年泰国颁布《数字经济与社会发展法案》，并于同年成立数字经济促进局，主要职能是贯彻落实泰国的数字经济和社会发展法案，负责促进和支持数字创新产业发展，推动数字技术的普及。《数字经济与社会发展法案》规定了泰国有关数字经济发展的政策和相关规划，成立国家数字经济和社会发展委员会，确定了国家数字经济和社会发展委员会的权力和职责以及成立数字经济与社会发展专项基金，以促进数字经济的发展。

2.《个人数据保护法案》和《网络安全法案》。2019年2月28日，泰国国家立法议会通过《个人数据保护法案》和《网络安全法案》。制订这些法案的目的是直接管理个人数据的收集、储存、使用或处理。这些法案有助于加强网络空间的法律保障，确保国家安全，并保护个人数据私隐。同时，《个人数据保护法》具有域外适用性，将对泰国境内、外旨在收集和使用个人数据或监测泰国自然人行为的企业产生重大影响。

3.《计算机犯罪法》和《电子交易法》。《计算机犯罪法》解决计算机相关问题，如非法访问和干扰计算机系统及数据、非法披露安全措施和非法拦截计算。

《电子交易法》适用于使用数据信息包括信息生成、发送、接收、存储或通过电子手段如电子数据交换（EDI）、电子邮件、电报、电传或传真等处理的所有民事和商业交易。

4. 泰国对外商投资数字经济相关行业的准入政策及优惠政策。泰国投资委员会（BOI）通过一系列措施鼓励企业采用数字技术，促进在新冠肺炎疫情期间企业加大对数字经济方面的投资。针对第八类发展科技与创新的相关产业，包括发展目标技术产业，例如：生物技术、纳米技术、先进材料技术和数字技术，给予11～13年的免征企业所得税（无上限）的税收优惠。若在以下20个人均收入较低的府设厂，包括加拉信、猜也奔、那空帕农、楠、汶甘、武里喃、帕、马哈沙拉堪、莫拉限、夜丰颂、益梭通、黎逸、四色菊、沙功那空、沙缴、素可泰、素辇、廊磨南蒲、乌汶以及安纳乍能（上述规定不适用于已另有特别规定的南部边境地区和经济特区）可享受额外优惠权益如下：运输费、水电费按照成本的两倍扣除，期限10年；公共便利设施的安装或建设费按照投资金额的25%在成本中扣除并享受13年的免征企业所得税（无上限）的税收优惠。

五、绿色经济相关政策和法规

（一）泰国政府出台的支持绿色经济的相关政策

2010年，泰国工业部启动了“绿色产业项目”。该项目旨在为绿色工厂提供指导，让泰国各地的企业了解“发展绿色产业”的基本要素。该项目分为一系列版块，涵盖了从制定公司环境政策（第一级）到严格落实第五级环境管理系统的各种主题。超过2.3万家公司已经通过绿色工业项目认证，其中大多数公司被认证为一级至三级。鼓励企业利用先进绿色技术和其他生物技术工艺对防止工业活动造成的环境破坏至关重要。

十多年来，泰国已将大量政府资源用于创建和参与可持续发展经济。这包括朝着生物燃料、生化和生物技术领域的方向前行。2004年，泰国制定了《国家生物技术框架》，该框架有助于为国家创造条件以及提升能力，来实现其生物技术的发展目标。紧随其后的是2012—2021年《国家生物技术政策框架》，该框架旨在鼓励创新、增强整体竞争力和在整个生物经济中提高生产力。其他后续政策包括2012年《可替代能源发展计划》，以及自2015以来关于泰国4.0经济的增长计划。

（二）泰国与发展绿色经济相关的法律法规

1. 环境保护。泰国环保方面的政策法规多依循 2017—2021《国家经济社会发展计划》（NationalEconomic and Social Development Plan）而制定。（1）在空气污染方面，泰国对于产业、交通、农业与都市废弃物的露天焚烧所造成的废气与污染物排放等皆有相关规定与改善措施。（2）在水管理方面，例如产业部在《工厂法》（Factories Act）中规范工厂废水的排放，并限制化学和金属污染物的浓度水平、公共卫生部在《公共卫生法》（Public Health Act）中规范建筑物、工厂、畜牧场等排放对人体健康有害的水污染活动。（3）在废弃物管理方面，泰国近年来积极推动 3R（Reduce，Reuse，Recycle）政策及零废弃（Zero Wastes）运动，相关法规仍在草拟阶段；另外，泰国目前实施废弃物管理总计划（Master Plan on Waste Management），通过源头减量、加强处理能量、强化回收处理知识与技术等来管理废弃物。

2. 循环经济。泰国政府近来相当支持发展循环经济，并聚焦于生物科技、产业制程、废弃物管理等方面，例如实施《塑料废弃物管理进程》〔Roadmap on Plastic Waste Management（2018—2030）〕，并设定到 2027 年要回收所有的塑料废弃物。

3. 创储能。为了推动可再生能源发展，达到 2036 年可再生能源占最终能源消费 30% 的目标，泰国于 2015 年颁布综合能源蓝图（Thailand Integrated Energy Blueprint），包括：泰国电力发展计划、替代能源发展计划、能源效率计划、天然气计划及石油计划，并每 5 年针对计划目标进行对照检查。除政策目标型计划外，泰国政府也提出各项配套措施来发展再生能源。经济刺激政策如：向企业提供 5～8 年的税赋减免优惠、免除相关产业的机器和材料进口税等，以及非经济刺激政策如：供外国专家及工作人员签证申请优惠、允许外国法人拥有土地与允许货币的国际汇入或汇出等方式。

另外，泰国政府亦允许开发商参与泰国地方小区的再生能源投资。以点对点（Peer toPeer，P2P）电力交易模式，使外国公司能在泰国地方小区建置太阳能、生质能、沼气等分布式发电系统。

4. 节能。交通运输、工业制造、商业和住宅应用是泰国主要的能源消耗部门，为此，泰国政府制定《2015—2036 年能源效率发展计划》（Energy Efficiency Development Plan，EEDP），并将节约用电、节能设备、LED 照明、能源管理视为达成目标的重要方向，例如，将全国路灯换为 LED 照明、鼓励民众与企业换用 LED 灯泡取代荧光灯管等。另外，为达到 EEDP 目标，泰国制定能源效率循环基金、ESCO 基金及需求面管理招标计划等财务激励计划，以促进能源效率的投资。

5. 泰国对外商投资绿色产业、投资污染行业绿色改造的优惠政策。（1）投资于节能、替代能源和环保方面所享受额外优惠权益措施投资于节能或者使用替代能源或者减少对环境影响的机器更新，申请者必须递交计划书并执行以下规定中的任何一项：①投资更新先进的机器设备，使之达到规定的节能比例要求；②投资更新可以使用替代能源的机器设备，并且替代能源在总体能源使用的比例达到规定要求；③投资更新机器，以减少对环境的影响，无论是废弃物排放，还是污水、废气排放等，以达到规定的标准。优惠权益：①免机器进口税；②从原先经营项目中免征企业所得税 3 年，免税额度为更新机器所投入的投资资金的 50%（不包括土地和流动资金）；③免企业所得税的期限从投资促进证颁发后的产生收入之日起计算。（2）温室气体减排项目经营所产生的全部净利润，且满足以下条件的，连续 3 个会计期间免征企业所得税：①适用的温室气体减排项目必须是自本法生效之日起至 2020 年 12 月 31 日止在泰国温室气体管理组织（公共组织）注册“自愿减排（VERs）”类型的碳排放信用销售证书的减排项目；②可以申请豁免的第一个会计年度是由泰国温室气体管理组织（公共组织）向参与者发放碳排放信用销售证书的会计年度；③参与的企业和法律合伙企业的正常营业收入和自愿注册温室气体减排项目的收入应当分别申报纳税，申报时使用相同的纳税人识别号。

6. 泰国与碳排放相关的法规。2015 年，泰国向《联合国气候变化框架公约》（UNECCC）承诺到 2030 年温室气体排放量将减少 20%。为了遏制泰国的温室气体排放，泰国政府于 2016 年开始实施能源 4.0 政策。能源 4.0 政策包括三个特定的部门政策，例如电力 4.0，运输燃料 4.0 和供热 4.0。这三个部门的政策将帮助泰国过渡到低碳经济并提高可再生能源的产量。目前，尚无可用的数据来确定能源 4.0 政策对泰国降低碳排放量的直接影响。

2021 年 5 月，泰国内阁会议批准泰国能源部牵头制定国家能源规划，副总理兼能源部长素帕指示各部门通力合作，高度重视减少温室气体排放，向零碳目标迈进。泰国能源部已牵头组织国家发电局、PTT 集团、泰国工业联合会共同召开了研讨会，讨论为实现减排目标的具体举措和时间表。素帕表示，尽管当前泰国已制定了减少 20% 二氧化碳排放量的目标，但该目标仍不够，很多国家已制定明确的零排放目标。如果泰国按照趋势减排，将可能成为未来被采取贸易保护措施的理由。据悉，泰国国家能源规划拟于 2021 年年底上呈内阁会议讨论，并在 2022 年生效实施。

六、外国企业在泰国获得土地的规定

（一）土地法的主要内容

泰国关于土地和房产法律主要基于大陆法系的法律体系而制订，主要内容都参照大陆法系国家的相关法律。《泰国土地法》由泰国内务部颁布，自 1954 年 12 月 10 日起实施。土地法包括土地分配、土地所有权的授予和界定、相关文件的发布等内容，明确对于宗教用地、外国人用地、部分行业法人用地的限制条件、并对土地调查、土地交易和费用及处罚条例都作出明确规定。

内务部又于 1999 年和 2008 年颁布对《土地法》的 3 条的修订案，分别对外国人用地、土地相关费用及处罚条款进行调整。除 1954 年《土地法》之外，《泰国工商不动产租赁法》《泰国工业区法》等法律都有涉及外国人在泰用地的规定。

（二）外资企业获得土地的规定

1954 年《土地法》对外国人拥有土地做出规定：“外国人可根据双边条约关于允许拥有房地产权的规定，并在本土地法管辖下拥有土地。”根据该法，外国人及外籍法人根据内务部法规，经内务部部长批准可拥有土地，以作为居住和从事商业、工业、农业、坟场、慈善、宗教等活动需要之用。并针对不同用途对外国人最多可持有的土地面积做出规定。

为适应经济与社会发展的需要，内务部于 1999 年 5 月 19 日又颁布《土地法》修订案《Land Code Amendment Act No. 8》，对《土地法》中有关外国人及外籍法人产业问题做了修改，允许外国人及外籍法人在符合某种规定条件下可以拥有土地产业。其规定主要内容包括:"凡需在泰持有土地的外国人,必须按内务部规定从国外携人不少于 4000 万株,并经内务部长批准,可以拥有不超过 1 莱(泰面积单位,1 莱 = 1600 平方米)的土地,作为其居住用地。""上述外国人还必须满足以下条件:(1)其在泰投资必须是有益于泰本国经济社会发展或满足泰投资促进委员会(BOI)规定可予以投资促进的项目;(2)投资持续时间不少于 3 年;(3)持有的土地应在曼谷市区、芭提雅或其他《城市规划法》规定的居住用地范围内。"

对于在泰投资可观并使泰经济受益的外国企业,其在泰经营期间若适用《泰国投资促进法》第 27 条、《泰国工业园管理局法》第 44 条或《泰国石油法》第 65 条规定,在持有泰国土地方面可享受一定特权和豁免。(1)《泰国投资促进法》第 27 条:在获得董事会批准的情况下,投资人可拥有超出其他法律规定范围的土地用于进行投资活动;在投资人是外籍人的情况,若其在泰投资活动停止或将土地转让给他人,土地局有权收回土地。(2)《泰国工业园管理局法》第 44 条:在获得董事会批准的情况,工业经营者可在工业园区内拥有超出其他法律规定范围的土地用于工业活动。在投资人是外籍人的情况,若其在泰商业活动停止或转让给他人,须将所有用土地退还给泰工业园管理局或转让给其企业受让者。(3)《泰国石油法》第 65 条:委员会有权批准特许权获得者拥有超出其他法律规定范围的土地用于石油经营。

按照泰国法律规定,只允许外国人在符合上述条件情况下拥有用于居住的土地,或满足条件的外国企业有限制的拥有用于企业经营之用的土地。外国企业不得自由开展对泰土地的投资业务。此外,即便泰国人占多数(按股权人和股权计算)的合资企业,泰国政府也出台有关条例防范以此为名义从事土地经营的行为。

七、环境保护法律规定

(一)环保管理部门

泰国负责环境保护的政府部门是自然资源和环境部(简称 MNRE),其主要职责是制定政策和规划,提出自然资源和环境管理的措施并协调实施,下设有自然资源和环境政策规划办公室、污染控制厅、环境质量促进厅等部门。

(二)主要环保法律法规名称

泰国关于环保的基本法律是 1992 年颁布的《国家环境质量促进和保护法》,该法案规定了商业运作时必须考虑的环保因素。其他环保法律法规主要有:1961 年颁布的《国家公园法》、1964 年颁布的《国家森林保护法》、1979 年颁布的《城市规划法》、1978 年颁发的《泰国工业区管理局法》、1979 年颁布的《建筑控制法》、1992 年颁布的《公共卫生法》、1992 年颁布的《清洁和秩序管理法》、1992 年颁布的《工厂法》、1992 年颁布的《国家环境治疗促进和保护法案》、1992 年颁布的《有害物质法》、2000 年颁布的《土地挖掘和填埋法》、1995 年颁布的《总理办公室关于防止和消除石油污染法规》、2000 年颁布的《总理办公室关于保护和利用生物多样性的条例》、2004 年颁布的《总理办公室关于防止和消除石油污染法规》、2008 年颁布的《国家旅游政策法》等。

(三)环保法律法规基本要点

泰国有关环保法律法规对于空气和噪音污染、水污染、土壤污染、废弃物和危险物质排放等标准都有明确的规定,对于违法违规行为有相应的处罚。此外,泰国 1975 年第一次提出关于环境影响评估(简称 EIA)的强制要求,目前,相关规定详见 1992 年国家环境质量促进和保护法第 46 条。在泰国自然环境委员会的批准下,泰国自然资源和环境部有权规定必须进行 EIA 的项目规模和类型。可能对自然环境造成影响的大型项目,必须向自然资源和环境政策规划办公室提交 EIAS 报告,接受审核和修改。EIAS 报告必须由在自然资源和环境政策规划办公室注册认可的咨询公司出具。

1. 泰国碳排放适用的相关法律法规。泰国关于环保的基本法律是 1992 年颁布的《国家环境质量促进和保护法》。此外,泰国自然资源和环境部还发布了一系列关于大气、噪音、水、土壤等方面污染控制和保护的公告。泰国有关环保法律法规对于空气和噪音污染、水污染. 土壤污染、废弃物和危险物质排放等标准都有明确的规定,对于违法违规行为有相应的处罚,有关各项标准的详细规定请照泰国自然资源和环境部环境质量促进厅网站有关公告。在具体操作上主要分为 3 个部分,即对废水、废气和固体废弃物的管理。

《国家环境促进及保护条例》是泰国空气污染管控的主要法律,该项法律规定了空气污染物标准,规定了各工业废气排放标准。《工厂条例》规定了工厂运营中产生的对环境有影响的有毒及其他废弃物的标准和管控方法。《陆路交通条例》规定了汽车尾气排放标准和检测方法。

2. 其他相关法律。泰国自然资源和环境部发布的《关于各工业排放废气控制标准的规定》,工业部根据《工厂法》发布的《工业部关于工厂有毒物质标准的公告》,陆路运输厅根据《陆路运输法》发布的《关于车辆废排放废气检测方法和标准的规定》。

(四)环保评估的相关规定

根据泰国《国家环境质量促进和保护法》(1992 年)有关规定,为保护和提高环境质量,经自然环境委员会批准,自然资源和环境保护部应对自然环境可能产生影响并需提交环评报告的由政府部门、国有企业和个人进行的投资或工程项目的类型和规模进行分类,并由部长签发后在政府报刊上进行公布。公布的内容还应包括所需提交的其他相关材料。针对特定投资或工程项目的环评报告如具有普遍性,经自然环境委员会批准,自然资源和环境保护部部长可将之作为范本在政府报刊上予以公示,其他类似的投资或工程项目在同意此范本内容基础上,可免除提交环评报告。

根据上述法律规定,需提交环评报告的投资或工程项目,如由政府部门、国有企业实施或者前两者与民营企业联合实施并需报内阁最终批准的,政府部门或国有企业需在项目可研阶段准备环评报告,并征得国家环境委员会同意后报内阁审批。如有必要,内阁可请有关专家或专业机构参与项目评审。

如投资或工程项目根据有关法律规定需于建设或实施前准备环评报告的,负责人需将该报告同时提交给相关的项目审批机构和环境政策和计划办公室。提交的报告可以采用标准范本的形式,项目审批机构需待环境政策和计划办公室审批同意后方可发放投资或项目实施许可。如环境政策和计划办公室发现提交的环评报告不符合相关要求或材料有缺失,需于收到报告 15 日内反馈提交人。如各方面材料齐备并符合有关要求,应于收到报告 30 日内出具初步意见并转专家委员会进行进一步审核。专家委员会应自收到报告起45日内出具审核结果，如规定时间内未能出具审核意见，则视为审核通过。

经国家环境委员会批准，自然资源和环境保护部部长可就环评报告编制人的资格条件提出具体要求，根据此项要求，编制人应为该项领域的专家并获得相关的资质认证。资质证书的申请及发放、成为专家的资格条件和证书换发、暂停、吊销以及有关费用标准等，均需按自然资源和环境保护部制定的有关规章执行。

目前，泰国设有很多从事环评咨询和服务工作的专业事务所，可为企业提供有关服务。

八、保护知识产权的规定

（一）泰国有关知识产权保护的法律法规

泰国有关知识产权保护的法律主要涉及三部：《专利法》（1979年）、《商标法》（1991年）和《著作权法》（1994年），三部法律分别针对专利、商标和著作权的定义、类型、申请、使用和保护等有关内容做出明确规定。

（二）知识产权侵权的相关处罚规定

根据泰国《专利法》（1979年）有关规定，未具备本法规定的权利者，不得在产品容器、产品包装上或在发明、外观设计的宣传上使用“泰国专利权”“泰国实用新型专利权”，或其他意思、相同的外国文字，或其他意思相同的词语，任何人不得在产品容器、产品包装或发明、外观设计的宣传上使用“正在办理专利”或“正在办理实用新型专利”或其他意思相同的词语（但正在审批中的专利申请或实用新型专利申请不在此限），如有违犯可处1年以下监禁或罚以20万泰铢以下罚金，或两罪并罚；未经专利权人许可擅自使用属于专利权人所有的产品、技术或外观设计（但为教学和研究需要使用该外观设计专利的不在此限）专利的，可处两年以下监禁，或罚以40万泰铢以下罚金，或两者并罚；任何人未经实用新型专利权人许可，侵犯使用实用新型专利权人各项权利的，可处1年以下监禁，或罚以20万泰铢罚金，或两罪并罚；任何人在申请发明专利、外观设计专利或实用新型专利时向执行工作人员提供虚假材料，以期获得专利证书或实用新型证书的，可处6个月以下监禁，或罚以5000泰铢以下罚金，或两者并罚；因触犯本法受罚者为法人的，其法人执行人或法人代表须受到法律相应规定的处罚，除非该法人行为能被证实与本人无关，或并未得到本人认可。

泰国《商标法》（1991年）和《著作权法》（1994年）未规定有关违法处罚的内容。

九、投资合作相关法律及对中国企业投资合作保护政策

（一）泰国与投资合作相关的主要法律

《民商法典（Civil and Commercial Code）》，明确自然人、团体和法人之间的民事关系，对法人的设立、组织、经营、变更等行为做出规定。

《外籍人经商法（Alien Business Act）》，规定外籍人在泰经商行为的根本法律。

《税法典（Revenue Code）》，规定泰国税种、税率和计算方式等税务相关问题的根本法律。

《投资促进法门（nvestment Promotion Act）》（以及历次修改公告），明确外商在泰投资可以享受的各项优惠权益。

《劳动保护法（Labour Protection Act）》，明确雇主和雇员的权利及义务。

《外籍人工作法（Alien Employment Act）》，规定外籍人在泰工作的根本法律。

《海关法（Customs Acts）》，规定了商品进出泰国关境的原则和方式，明确进出口经营者和海关管理机构的权益义务等。

（二）泰国对中国企业投资合作的保护政策

1. 中国与泰国签署双边投资保护协定。1985年3月12日，中泰两国政府在曼谷签署《中华人民共和国政府和泰王国关于促进和保护投资的协定》。

2. 中国与泰国签署避免双重征税协定。1986年10月27日，中泰两国政府签署《关于避免双重征税和防止偷漏税的协定》。

3. 中国与泰国签署的其他协定。1994年3月16日，中泰两国政府签署《关于民商事司法协助和仲裁合作的协定》。2000年3月10日，中泰两国政府在北京签署《中华人民共和国政府和泰王国关于中国加入世界贸易组织的双边协议》，协议附件中列出中国给予泰国的货物贸易和服务贸易减让表。

2012年4月，中泰两国政府在北京签署《中华人民共和国和泰国经贸合作五年发展规划》。

2013年10月，中泰两国政府签署《中泰关系发展远景规划》，涉及政治、经贸和投资、防务和安全、交通和互联互通等多个领域的合作。其中涉及经贸和投资合作的内容包括：双方同意加强交流与合作，通过中泰贸易、投资与经济合作联委会等机制，推动双边贸易便利化，促进双边贸易与投资的增长；双方同意继续以中泰贸易合作五年发展规划指导两国经贸关系发展，加强经贸联系，实现两国经济可持续发展；双方同意通过加强投资信息交流，创造便利条件，改善双边投资环境；双方同意密切在橡胶产业、生物塑料业和绿色产业的投资合作；双方同意通过在相关机制框架内加强合作社发展、农产品加工与贸易、农业企业投资和粮农政策协调方面的合作，提升两国农业合作水平；双方同意深化金融和银行业合作，推动更多使用两国本币作为两国贸易和投资结算货币，完善相关合作机制，为双方贸易、投资和经济合作提供便利。双方将共同探讨提供更便利的人民币清算服务。

越南投资贸易指南

一、对外贸易法规和政策

（一）贸易主管部门

越南主管贸易的部门是工贸部，设有36个司局和研究院，负责全国工业生产（包括机械、冶金、电力、能源、油气、矿产及食品、日用消费品等行业生产）、国内贸易、对外贸易、WTO事务、自由贸易区谈判等。各省和直辖市设有工贸厅，主管辖区内的工业和贸易工作。此外，工贸部在各驻外使领馆和多边经贸组织派驻代表。

（二）贸易法规体系

越南主要贸易法律法规包括：《投资法》（2014）、《海关法》（2014）、《民法》（2005年）、《贸易法》、《电子交易法》（2005年）、《进出口税法》、《知识产权法》（2005年）、《信息技术法》、《反倾销法》（2004年）、《反补贴法》（2005年）、《企业法》（2005年）、《会计法》、《统计法》等。外商在越南投资建立独资、合资和合作经营企业，建立贸易公司和分销机构等都有明确法律规定。

（三）贸易管理的相关规定

1. 进口管理。根据加入 WTO 的承诺，越南逐步取消进口配额限制，基本按照市场原则管理。禁止进口的商品主要包括：武器、弹药、除工业用以外的易燃易爆物、毒品、有毒化学品、军事技术设备、麻醉剂、部分儿童玩具、规定禁止发行和散布的文化品、各类爆竹（交通运输部批准用于安全航海用途的除外）、烟草制品、二手消费品（纺织品、鞋类、衣物、电子产品、制冷设备、家用电器、医疗设备、室内装饰）、二手通讯设备、右舵驾驶机动车、二手物资、低于 30 马力的二手内燃机、含有石棉的产品和材料、各类专用密码及各种密码软件等。自 2016 年 7 月起，越南允许进口使用年限不超过 10 年的二手设备。该通知将取代 2014 年 7 月出台的第 20/2014/TT—BKHCN 号通知。根据第 23 号通知，进口的二手设备在安全、节能和环保方面，需符合越南国家技术标准或 G7 标准。此外，越南还禁止进口被权威机构认定为落后、质量差、污染环境的二手设备。生产企业需要维修、更换正在运行的设备，可允许进口二手零部件，可以自主进口或委托其他企业进口。此外，对于使用年限超过 10 年的二手设备，如生产企业仍需进口，也可向越南科技部提出申请。

2. 出口管理。关于出口，越南主要采取出口禁令、出口关税、数量限制等措施进行管理。禁止出口的商品主要包括：武器、弹药、爆炸物和军事装备器材、毒品、有毒化学品、古玩、伐自国内天然林的圆木、锯材、来源为国内天然林的木材、木炭、野生动物和珍稀动物、用于保护国家秘密的专用密码和密码软件等。2012 年 9 月 15 日起，越南海关总局只允许经由科学技术部确认不属于暂停进口范围的中国生产的二手设备通关。

3. 关于原产地规则。商品的本地增加值需超过 30% 方可认定原产地为越南。2019 年，越南工贸部公布《关于确定越南产品或越南生产商品办法规定》草案，要求本地增加值超过 30% 方可使用“made in Vietnam”标识。

（四）进出口商品检验检疫

1. 一般货物。越南对于一般货物进出口主要根据越南《海关法》的相关规定进行清关和监管。货主或其委托代理人需进行申报、呈缴海关登记书；根据法律规定上缴或出示许可证和其它必要的证件；把海关查验对象送到规定查验地点；实现缴纳出口税、进口税的义务，以及法律规定的其它义务和缴纳海关手续费。在办完海关手续以后，海关人员要在海关登记书中标明该批货物已完成海关手续。完成海关的手续的货物可以得到出口许可证或进口许可证。在办理海关手续时，进出境的运输工具驾驶人、进出口的货物、行李、外汇、越币、包裹、邮件要接受海关查验。已入境但未办理完海关手续或已办完海关手续但未出境的货物、行李、外汇、越币、包裹、邮件、运输工具都要接受海关监管。接受海关查验、监管的时限为从海关开始查验、监管到完成出口时结束；海关查验时应与被查验对象的所有者或合法代表在口岸或得到海关认可的区域当面进行。在涉及安全、卫生问题等必要情况下，海关有权在还未找到货主时查验货物、行李。在查验、监管时，如有根据认定进出口货物、外汇、越币、物品涉嫌违法，由出入境人员携带或藏匿在出入境货物、行李、包裹、邮件、交通运输工具中，则口岸海关关长有权决定限制嫌疑人或要求配合开展搜查。当发现进出口货物、外汇、越币、物品违法时，口岸海关关长以上有权暂时扣留以便处理。搜查、暂时扣留要按法律的规定进行。作出决定的海关人员要对作出的决定承担法律责任。进出口货物、行李接受海关查验、监管的过程中，如需进行仓储，仓储区域要施加海关关封。越南海关按国家进出口的规定查验进出口货物，查验进出口许可证，查验法律规定的其它必要证件，并与海关申报单对照查验实际货物。

2. 食品类货物。越南对于进出口食品类货物的监管主要依据越南第 55/2010/QH12 号法律《食品安全法》开展，该法第六章“进口和出口食品”第一节“进口食品安全保障条件”中的第 38 条规定进口食品安全保障条件、第 39 条规定对于进口食品的食品安全国家检查、第 40 条规定对于进口食品的食品安全检查程序、手续及方式。第二节“出口食品安全保障条件”中的第 41 条规定出口食品安全保障条件、第 42 条规定出口食品认证部门。第 7 章“食品标签、广告”中的第 44 条规定进口食品需根据越南法律的要求在标签上标明。第 8 章“食品安全中的食品检验、风险评估，预防、阻止、防止食品安全事故”中第四节“对于不能确保安全的食品溯源、召回、处置”中第 55 条 e 款规定进口食品如被出口国、第三国或国际组织通报包含危害人类生命和健康的成分或污染物时，必须进行召回和处置。第 10 章“食品安全国家管理”第一节“食品安全国家管理责任”中的第 62 条第 1 – e 款规定在必要时卫生部将对违反其他部委管理的进口食品开展突击检查、稽查。

3. 药品类货物。越南对于进出口药品类货物的监管主要依据越南第 105/2016/QH13 号法律《药品法》开展。该法第一章“一般定义”第 6 条 5 – c 款规定禁止进口、生产属于负面清单中的药品和制药原料。第二章“国家药品和药业发展政策”第 7 条第 4 – a 款规定不得对卫生部颁布的在国内已具备符合治疗、价格和供应能力的药品目录中同类进口药品进行招标、第 5 款规定对于稀有药品的审批应优先办理。第 10 条第 6 – a 款规定财政部应履行牵头并配合工贸部、国防部、卫生部、具有口岸和边境的各省人民委员会，对尚未获批流通的药品及制药原料进行管控，对尚未获批流通但属于稀有、特效药品进行管控并予以进口。第三章“药品行业”第 17 条规定从事药品进口专业负责人的条件。第 33 条第1 – b 款规定药品进口单位需要具备经营场所、药品储藏仓库、储藏用相关设备、运输工具、品控系统、专业技术材料和人力资源以更好地履行对药品及制药原料的储藏，并定期向相关职能部门报告进出口情况或根据相关职能部门要求报告情况。第 60 条规定药品和制药原料进出口的具体要求，其中第 1 款要求药品和药用成分必须是在越南已获得流通销售证书，或根据取得越南药品注册证书的药品注册材料中注明的用于药品生产的制药原料。以上所涉必须申请进口许可证，但本条第 4 款规定的情况除外。第二款要求未取得越南药品流通登记证书的药品，可凭进口许可证进口的一些情况：（1）含有的活性成分未取得药品注册证书或虽取得药品注册证书但不符合治疗需要的；（2）含有在越南首次入药或已在越南入药但尚未达到治疗需要的草药成分；（3）用于满足国防安全、疫情防控、应对自然灾害和灾后重建、紧急特殊救治需要；（4）稀有药物；该药物与原品牌药具有相同的商品名、有效成分、含量或浓度以及剂型，并具有在越南流通销售的证书，由原品牌药的制造商制造或授权制造商制造，价格低于在越南流通的原品牌药；（5）为国家的健康计划服务；（6）援助、人道主义援助;(7)临床药物试验、生物等效性试验、生物利用度评价、登记表、试验样品、科学研究、参加展览和交易会;(8)其他非商业用途的情况。同时规定了药用成分是尚未在越南获得流通证书的但允许进口的一些情况包括:(1)制作登记、检测用样品、药物研究、参加展览或交易会;(2)生产用于出口的药品、用于国防和安全需要、疾病预防和控制以及抗灾用的药品。

(五)海关管理规章制度

越南对于其他类型的货物主要根据越南《海关法》的相关规定进行清关和监管。货主或其委托代理人需进行申报、呈缴海关登记书;根据法律规定上缴或出示许可证和其他必要的证件;把海关查验对象送到规定查验地点;实现缴纳出口税、进口税的义务,以及法律规定的其他义务和缴纳海关手续费。在办完海关手续以后,海关人员要在海关登记书中标明该批货物已完成海关手续。完成海关手续的货物可以得到出口许可证或进口许可证。在办理海关手续时,进出境的运输工具驾驶人、进出口货物、行李、外汇、越币、包裹、邮件要接受海关查验。已入境但未办理完海关手续或已办完海关手续但未出境的货物、行李、外汇、越币、包裹、邮件、运输工具都要接受海关监管。接受海关查验、监管的时限为从海关开始查验、监管到完成出口时结束;海关查验时应与被查验对象的所有者或合法代表在口岸或得到海关认可的区域当面进行。在涉及安全、卫生问题等必要情况下,海关有权在还未找到货主时查验货物、行李。在查验、监管时,如有根据认定进出口货物、外汇、越币、物品涉嫌违法,由出入境人员携带或藏匿在出入境货物、行李、包裹、邮件、交通运输工具中,则口岸海关关长有权决定限制嫌疑人或要求配合开展搜查。当发现进出口货物、外汇、越币、物品违法时,口岸海关关长以上有权暂时扣留以便处理。搜查、暂时扣留要按法律的规定进行。作出决定的海关人员要对所作出的决定承担法律责任。进出口货物、行李接受海关查验、监管的过程中,如需进行仓储,仓储区域要施加海关关封。越南海关按国家进出口的规定查验进出口货物,查验进出口许可证,查验法律规定的其他必要证件,并与海关申报单对照查验实际货物。

二、外国投资市场准入规定

(一)投资主管部门

越南主管投资的政府部门是计划投资部,设31个司局和研究院,主要负责全国“计划和投资”管理,为制定全国经济社会发展规划和经济管理政策提供综合参考,负责管理国内外投资,负责管理工业区和出口加工区建设,牵头管理对官方发展援助(ODA)的使用,负责管理部分项目的招投标等。

(二)投资行业规定

越南对投资项目实行负面清单制度。2021年1月1日生效的新版《投资法》明确规定25个禁止外商投资的行业、59个有市场准入限制条件的行业。

1. 不允许外商投资的行业(25个)。(1)经营商业领域内由国家垄断经营的商品和服务;(2)各种形式的新闻及信息采集活动;(3)水产捕捞或开发;(4)安全调查服务;(5)司法行政服务,包括司法鉴定服务、诉讼文书送达服务、财产拍卖服务、公证服务、资产清理服务;(6)根据合同将劳务人员送往国外工作的服务;(7)投资建设陵园、墓地设施,以便转让与设施关联的土地使用权;(8)直接从居民家中回收垃圾服务;(9)向公众征询意见(民意调查)服务;(10)爆破服务;(11)生产经营武器、爆破材料及辅助工具;(12)进口、拆解二手海船;(13)邮政公益服务;(14)商品转口;(15)商品暂进再出;(16)出口、进口和分销外国投资者、外资经济组织不能出口、进口和分销的商品目录内的商品;(17)在武装力量所属单位收集、购买和处理公共财产;(18)生产军事物资或设备;经营武装力量的军装、军用物资、军用武器;经营军队和警察专用的设备、技术、器材、车辆及零件、部件、配件、物资、特种设备;经营上述物资生产专用技术;(19)工业产权代理服务、知识产权鉴定服务;(20)建立、运行、维护、保养用于航海、水区、水域、公共海运水道和航线的警报系统;为公布《航海通告》而进行的水区、水域、公共海运水道和航线考察服务;考察、制作和发行水域、海港、海运水道和航线的航海图;制作和发行航海安全资料、印刷品;(21)为保障水区、水域、公共海运水道航行安全而进行的调度服务;航海电子信息服务;(22)对交通运输工具(包括系统、总成、设备、零件)进行检测(检查、测试)并颁发证书;对用于交通运输的工具、专用设备、集装箱、危险物品包装设备进行检测并颁发技术安全和环保证书;对海上油气勘探、开采和运输工具及设备进行检测并颁发技术安全和环保证书;对安装在交通运输工具和海上油气勘探、开采、运输工具及设备上的对劳动安全有严格要求的机械设备,进行劳动安全技术检测;对渔船开展登检服务;(23)天然林调查、评估和开发(包括木材采伐,捕猎、捕捉稀有野生动物,管理植物、生物及用于农业的微生物基因库);(24)在农业与农村发展部审定和评价之前,对新的生物物种基因进行研究或使用;(25)提供旅行服务,不包括为国际游客到越南提供国际旅行服务。

2. 允许外商附条件投资的行业(59个)。(1)生产和分销包括影像制品在内的文化产品;(2)制作、分销、播放电视节目及歌舞、舞台、电影作品;(3)提供广播电视服务;(4)保险;银行;证券交易以及与保险、银行、证券交易相关的其他服务;(5)邮政通讯服务;(6)广告服务;(7)印刷服务,出版物发行服务;(8)测量和地图绘制服务;(9)高空拍摄服务;(10)教育服务;(11)自然资源、矿产、石油、天然气勘探、开发和加工;(12)水电、海上风电和核能;(13)使用铁路、航空、公路、水路、海运、管道等方式运输货物和运送旅客;(14)水产养殖;(15)林业和捕猎;(16)经营博彩业、赌场;(17)保安服务;(18)河港、海港、机场的建设、运营和管理;(19)经营房地产;(20)法律服务;(21)兽医服务;(22)与外国在越服务供应商的商品销售有直接关系的商品销售活动及其他活动;(23)技术检查和分析服务;(24)旅游服务;(25)健康服务、社会服务;(26)体育和休闲娱乐服务;(27)造纸;(28)生产29座以上的交通工具;(29)发展和运营传统集市;(30)商品交易所活动;(31)国内零散商品回收服务;(32)审计、会计、会计帐本和税务服务;(33)价格审定服务;为进行股份化而提供的企业价值评估咨询服务;(34)与农林渔业相关的服务;(35)生产、制造飞机;(36)生产、制造火车车头和车厢;(37)生产、经营香烟、香烟原材料、香烟专用生产设备;(38)开展出版商活动;(39)新造、维修轮船;(40)废物回收服务,环境观测服务;(41)贸易仲裁、仲裁和解服务;(42)经营物流;(43)沿海海运;(44)耕种、生产或加工各种稀有植物,养殖育种稀有野生动物以及加工、处理这些植物和动物,包括鲜活动物及其制品;(45)生产建筑材料;(46)建筑及相关技术服务;(47)组装摩托车;(48)与体育、美术、表演艺术、时装展示、选美、模特表演以及其他休闲娱乐活动有关的服务;(49)航空运输辅助服务;航空港、机场地面技术服务;航空餐食供应服务;引路信息监督服务,航空气象服务;(50)船舶代理服务;拖驳服务;(51)与文化遗产、著作权及相关权利、摄影、录像、录音、艺术展览、节庆集会、图书馆、博物馆有关的服务;(52)与旅游推广、宣传有关的服务;(53)与艺人和运动员选拔、签约和管理有关的代表及代理服务;(54)与家庭有关的服务;(55)电子商务活动;(56)陵园经营、陵园服务和殡葬服务;(57)飞机播种和农药喷洒服务;(58)航海领航服务;(59)根据国会、国会常委会、政府、政府总理试点管理机制进行投资的行业。

(三)投资方式的规定

根据越南《投资法》,外国投资者可选择投资领域、投资形式、融资渠道、投资地点和规模、投资伙伴及投资项目活动期限。外国投资者可登记注册经营一个或多个行业,根据法律规定成立企业,自主决定已登记注册的投资经营活动。

1. 直接投资。包括外商独资企业,成立与当地投资商合资的企业,按 BOO、BOT、BTO 和 BT 合同方式进行投资,通过购买股份或融资方式参与投资活动管理,通过合并、并购当地企业的方式投资,其他直接投资方式。

2. 间接投资。包括购买股份、股票、债券和其他有价证券,通过证券投资基金进行投资,通过其他中介金融机构进行投资,通过对当地企业和个人的股份、股票、债券和其他有价证券进行买卖的方式投资。间接投资的手续根据证券法和其他相关法律的规定办理。2015 年 9 月开始,外资可在越南持股 100%,但银行业除外。

3. 外资并购。根据越南总理 2016 年 12 月 28 日批准的第 58/2016 号决定,越南政府计划在 2016—2020 年间完成 137 家国有企业的股份制改革,包括银行、航空、通信、造船、汽车、电力、水泥、交通等重要行业,鼓励外商参与,允许外商购买股份和参与管理,仅保留 103 家国有全资企业(未包括农林业、国防、安全等领域企业)。外商可通过购买上市企业的股票,或购买股份制企业的股权等方式进行并购。外资并购登记材料包括:企业并购书面申请(含并购及被并企业的名称、地址及法人代表信息、企业并购活动简况)、被并购企业董事会及企业所有者关于出售企业的决定、并购合同、合并后企业的规章草案、外资法律资格的确认书。提交上述材料一式两份,办理手续者需提供介绍信或居民身份证、护照,越南主管职能部门确认材料合规后,将在 15 个工作日内予以反馈。

4. 有关外资并购的法律条文。越南尚未出台专门针对国外并购及合并程序和原则的单独法律,对有关并购及合并行为的规定笼统分布在以下领域法律及规定中。(1)《越南民法典》第 88、89 条规定:各企业可以合并或兼并,其权利和义务随之转移至合并或兼并后的企业。(2)《越南企业法》第 194、195 条对企业兼并规定:一家或多家企业可按相关程序兼并或合并至第三家企业,其合法权益随之转移至兼并或合并后企业;如兼并或合并后的市场占有份额达到 30% ~50%,事先需书面报告竞争管理局;禁止市场占有份额超过 50% 的兼并和合并行为;第 187 条对私人企业出售规定:私人企业可以出售,买方企业需履行变更登记义务;卖方企业需履行所有出售前的责任和义务;出售和购买行为都不能损害劳动者权益。(3)《越南投资法》第 22、23、24 条规定,外国投资者可通过投资项目、并购等方式进行直接投资。(4)《越南竞争法》第 29 条规定并购企业是经济集中形式,第 30 条规定禁止对越南市场造成或可能造成重大限制竞争的作用的经济集中形式。(5)《越南证券法》规定,证券公司并购须获得国家证券委员会的批准。(6)越南中央银行规定,金融机构和组织间并购需在保护客户利益、保守相互秘密、彼此信息透明前提下,通过各方协商完成,并向中央银行提交相关资料进行审批。(7)外国投资者可通过证券交易市场购买股票(上限为 49%)或参与招投标、竞价等方式注资或购买越南企业股权,比例由出售方根据国家行业相关规定决定;商业、服务行业注资或购买股权比例按照越南所参与的国际公约的相关约定;购买越南国有企业股权比例不能超出具体行业所设置的外国持股比例上限。(8)外国投资者在证券交易市场限制持股比例最高为 49%,除具体行业另有规定外。

5. 建设开发区、出口加工区或工业园区的规定。建设工业区必须与业经批准的工业区发展总体规划相符合。成立工业园时,投资者向越南政府主管部门提供书面申请、各省级人委会关于批准工业区建设细节规划的决定、工业区基础设施投资发展项目的投资许可证。申请成立材料包括书面提案、建设经济区的必要性和法律依据、经济区投资总额、成立时间及融资方案、环评报告等,一式四份,其中原件交与工业区、加工区、经济区管理委员会(管委会)或者计划投资厅(如该地区成立管委会)。管委会或计划投资厅在收到上述材料并确认合规后,须在 5 个工作日内上报省级人委会,省级人委会确认材料合规后在 10 个工作日以内根据规定予以批复。

三、特殊经济区域的规定

1. 经济特区法规。1986 年以来,越南历届党代会的决议形成了发展经济园区(含工业区、加工出口区、沿海和口岸经济区)体系的一贯主张,经济园区机制、政策和管理模式的建立和完善,大致经历 4 个阶段,每个阶段的政策法规均不相同。2015 年 7 月 1 日《投资法》修订案出台,标志着经济园区的发展从第 3 阶段过渡到第 4 阶段。国家对工业区、加工出口区和经济区实行分级、授权管理机制。具体是:政府授权中央部委、部门、省级人民委员会、园区管理委员会,根据各自的权限和任务分工,对全国工业区、加工出口区和经济区进行统一管理,对工业区、加工出口区和经济区制订发展规划、颁布政策法规,并进行指导。

政府总理的权限和责任如下:(1)指导各部委、部门、地方政府制定落实工业区、加工出口区和经济区的法律法规和政策;(2)批准和调整工业区、加工出口区和经济区总体规划;(3)决定设立和扩大口岸经济区,批准口岸经济区综合发展规划;(4)允许扩大或压缩已批准的工业区、经济区功能区内的土地面积,改变土地用途;(5)指导处理和解决各种超越权限的问题。

各部委、部门、省人委会在各自职能、任务、权限范围内对工业区、加工出口区和经济区履行职责,根据法律规定指导或授权各园区管委会按权限实现国家管理职能。工业区、经济区管委会对园区履行直接管理的职能,向投资者提供公共行政服务和其他相关辅助服务。管委会按照工贸、建设、劳动、环境等部委和机关的指导和授权,在一些领域直接管理投资和园区事物。此外，经济区管委会还根据省人委会授权，决定是否使用国家财政预算资金对 B、C 类项目进行投资，以及依照土地法规定交付土地。

2. 特别经济行政区。2016 年 12 月，越南政府批准建设三个特别经济行政区的计划，拟位于北部广宁省云屯、中部庆和省北文丰和南部坚江省富国建设特别经济行政区，先行试点更为开放的重点经济和行政政策。2018 年 6 月越南政府将《特别经济—行政区法》（草案）提交国会讨论通过时，遭到部分国会代表强烈反对并引发社会骚动。迫于反对意见压力，国会已暂缓通过该法。

3. 工业区。工业区内的外资企业按以下规定缴税。(1)进出口税。①生产性企业和服务性企业均免征出口税。②鼓励投资的生产性企业进口构成企业固定资产的各种机械设备、专用运输车免征进口税；对用于生产出口商品的物资、原料、零配件和其他原料可暂不缴进口税，企业出口成品时，再按进出口税法补缴进口税。③服务性企业按进口税法缴税。(2)企业所得税。从 2009 年起，企业所得税优惠政策按工业区所属区域划分。(3)土地优惠。根据 2014 年 5 月 15 日颁布的第 46/2014/NĐ – CP 号政府令，工业区基础设施建设项目免土地租金 15 年，公共设施土地面积全免土地租金。(4)信贷优惠。工业区和加工出口区基础设施建设项目，按 2011 年 8 月 30 日颁布的第 75/2011/NĐ – CP 号政府令，可获得国家投资信贷和出口信贷支持。(5)基础设施建设扶持政策。根据 2009 年 3 月 19 日颁布的第 43/2009/QĐ – TTg 号政府令，国家预算内资金可对以下情况予以扶持：向工业区内被征地的人提供征地和异地安置补偿；对于社会经济困难地区的工业区，政府支持污水和垃圾处理工程建设，以及工业区内配套基础设施和公共服务设施建设。

4. 出口加工区。出口加工区内的外资企业按以下规定缴税。(1)进出口税。①生产性企业和服务性企业均免征出口税；②生产性企业和服务性企业进口构成企业固定资产的各种机械设备、专用运输车辆和各类物资，原料免征进口税。(2)企业所得税与工业区享受同等优惠待遇。

5. 经济开发区介绍。为实现工业、商业规模化集聚发展，越南设立若干经济开发区，包括工业区（含出口加工区）和沿海经济区，实行各种不同的鼓励发展政策。截至 2021 年 5 月，全国已建成工业园区 394 个，其中 351 个位于经济区外，35 个位于沿海经济区内，8 个位于口岸经济区内，占地总面积约 12.19 万公顷。

截至 2019 年底，全国工业区和沿海经济区累计设立外商直接投资项目 9381 个，合同金额 1916 亿美元，60% 合同金额已经到位。

6. 口岸经济区。越南鼓励在边境地区建设口岸经济区，目的是促进地方经济社会发展，维护边疆稳定和安全。中央和地方政府在口岸经济区建设过程中提供土地、税收和资金方面的支持。1996 年，越南试点在广宁省芒街市建立口岸经济区，随后分别在谅山省同登市和老街省老街市建立口岸经济区。迄今为止，越南 25 个边境省份（分别与中国、老挝和柬埔寨接壤）中已有 21 个省份建立口岸经济区。口岸经济区享受以下优惠政策：政府优先考虑利用外国政府和国际组织提供的官方发展援助促进口岸经济区基础设施建设，同时鼓励外商以 BOT、BT 和 BTO 等方式参与基础设施建设；在口岸经济区投资的项目，可享受所得税 4 免 9 减半、之后连续 10 年减 10% 的优惠；在口岸经济区工作的外国人，可免 50% 的个人所得税；接壤国家公民持因私护照（按规定应办理签证）可免签进入口岸经济区并停留 15 天；接壤国家的货车可进入口岸经济区，在区内交接货物。相关法规和优惠政策。(1)进口关税。根据第 72/2013/QĐ – TTg 号政府令，在口岸经济区投资的项目，免征固定资产进口税，对于国内未能生产、服务于项目的生产原料、物资、零配件，前 5 年免征进口税。(2)企业所得税优惠。根据第 218/2013/NĐ – CP 号政府令，企业投资于沿海和口岸经济区内的项目，适用 10% 的所得税率，优惠期限 15 年，前 4 年免税，其后 9 年减半征收。(3)个人所得税优惠。根据第 29/2008/NĐ – CP 号政府决定，对于在沿海和口岸经济区工作的越南人和外国人，减半征缴个人所得税。(4)经济区基础设施建设扶持。根据第 126/2009/QĐ – TTg 号政府令，国家预算内资金对以下情况予以扶持：向经济区内被征地居民提供征地和异地安置补偿；支持各功能区内污水和垃圾集中处理工程建设；投资建设配套基础设施和公共服务设施。此外，经济区还允许通过发行工程债券、使用官方发展援助（ODA）和优惠贷款、采用 PPP 模式、利用土地基金、由投资者垫付等方式，筹集重要基础设施的建设资金。

7. 生物高科技区。越南全国目前有两个生物高科技区，分别位于同奈省锦美县和河内市慈廉区，总面积超过 400 公顷，具有研究、培育、发展、转交、应用生物高科技的职能，同时进行生物高科技领域的人力资源培训、生物高科技企业的培育、生物高科技产品的生产和经营，并可提供生物高科技服务等。

8. 高新技术区。越南设有四个高新技术区，主要以吸收外来高科技投资项目。

9. 保税区。设立于各口岸经济区内并单独建立海关监管站，实行封闭管理。在保税区可以进行以下类型的业务活动：进出口、临时进口再出口、过境货物运输中转、保税仓库、免税店、展览交易会、产品展示、进出口货物的生产和加工、国内外公司设立代表处、口岸市场。

四、外国企业在越南获得土地的政策规定

（一）土地法的主要内容

越南现行《土地法》是 2013 年 11 月 29 日颁布的。该法规定，土地所有权属于国家，不承认私人拥有土地所有权，但集体和个人可对国有的土地享有使用权。国家统一管理土地，制定土地使用规章制度，规定土地使用者的权利和义务。土地使用期限分为长期稳定使用和有期限使用两种情况。对于有期限使用的土地，其使用期限分为 5 年、20 年、50 年、70 年、90 年不等。

土地使用者的基本权利是：获得土地使用权证明；享有土地上的劳动成果、投资成果；享有国家对农用地采取保护、改造措施带来的利益；国家指导帮助改造农用地，增加地力；当自己合法的土地使用权受到侵犯时，国家予以保护；对于侵犯自己合法使用权的行为可进行起诉、控告；在土地出让、转让、出租、再出租、继承、赠送、抵押、担保、投资以及国家收回土地时，享有获得补偿的权利；享有土地分配、租用形式上的选择权。公民、家庭户的土地使用权是一项重要财产权利，可以和其他财产权利一样进行交换、转让、抵押、租赁和继承等转移。土地使用权的转移必须在国家主管部门办理相关手续。土地使用权的转让主要通过交换、买卖、租赁或抵押等方式进行，按规定须交纳土地使用权转让税。

（二）外资企业获得土地的规定

越南《土地法》规定，外国投资者不能在越南购买土地，可租赁土地并获得土地使用权，使用期限一般为50年，特殊情况可申请延期，但最长不超过70年。外国投资者需要租赁土地进行投资时，可与项目所在地的土地管理部门联系，办理土地交接和租用手续。土地交接和租用手续根据土地法的相关规定办理。投资者租用土地，当地政府部门可协助进行征地拆迁，但补偿费用由投资者负责。投资者获得土地使用权后，如在规定期限内未实施项目，或土地使用情况与批准内容不符，国家有权收回土地，并撤销其投资许可证。

五、环境保护法律规定

（一）环保管理部门

越南政府环境保护主管部门从中央到地方共分四级，包括资源环境部、各省和中央直辖市资源环境厅、县资源环境处，乡级设环保专职干部。越南资源环境部主要负责管理全国土地、水资源、地质矿产资源、环境、水文气象、气候变化、地图测绘以及海洋和海岛资源环境保护和综合管理等工作。下设土地管理总局、越南地质和矿产总局、越南海洋和海岛总局、环境总局、水文气象总局等21个司局和国家水资源规划和调查中心、地质矿产科学院、测量和地图科学院、水文气象和气候变化科学院等10个事业单位以及资源环境总公司、南方资源环境公司等3家直属企业。

（二）主要环保法律法规名称

越南的基础环保法规为2014年6月23日经越南国会批准、自2015年1月1日生效的新《环境保护法》。此外，相关法律文件还包括关于上述环保法详细规定、实施细则的10个政府议定；14个政府总理决定，80个部长和部级领导签发的决定、通知和联席通知等，如2015年4月1日起实施的《关于环境保护规划、战略环境评估、环境影响评估和环境保护计划的规定的议定》（18/2015/NĐ－CP）和《环境保护法部分条款实施细则的规定的议定》（19/2015/NĐ－CP），2017年2月1日起实施的《关于环保领域行政违法处罚的规定的议定》（155/2016/NĐ－CP），2018年10月5日颁布实施的《关于修改资源环境领域投资经营条件有关议定部分条款的议定》（136/2018/NĐ－CP），以及于2019年7月1日起实施的《补充修改环境保护法相关实施指导意见、细则部分条款的议定》（40/2019/NĐ－CP）等。2021年5月24日，越南政府颁布55号议定（55/2021/NĐ－CP），对《关于环保领域行政违法处罚的规定的议定》部分条款进行修改，新规定自2021年7月10日起实施。

（三）环保法律法规基本要点

越南现行《环境保护法》鼓励保护、合理使用和节约自然资源，严禁破坏和非法开发自然资源；严禁采用毁灭性的工具和方式开发生物资源；严禁不按环保技术规程运输、掩埋有毒物质、放射性物质、垃圾和其他有害物质；严禁排放未处理达标的垃圾、有毒物质、放射性物质和其他有害物质；严禁将有毒的烟、尘、气体排放到空气中；严禁进口或过境运输垃圾；严禁进口未经检疫的动植物；严禁进口不符合环保标准的机械设备。

2020年11月17日，越南国会审议通过新的《环境保护法》并将于2022年1月1日起实施。新环保法补充了许多新内容，如：扩大适用范围，将居民社区首次列为环境保护工作的主体，提出充分发挥民众的监督作用；增加对投资项目进行分类的环保指标，包括项目的规模、能力、生产、经营和服务类型、土地和水面、海域使用面积、自然资源开发规模、环境敏感因素等。并据此把投资项目分为4类：环境影响高风险项目（一类）、可能影响环境的项目（二类）、环境影响低风险项目（三类）和无环境影响项目（四类）。政府对不同类型的投资项目采取相应的管理措施，如一类项目需进行初步环境影响评估；首次规范环保许可的规定，要求前三类投资项目必须获得环保许可等。

越南政府对环境保护日益重视，其国内工程开工前，都必须经过严格的环保核查，环保部门定期对企业的环保情况进行检查，不达标的企业须马上进行停工整顿并接受处罚。所有生产企业须安装污染控制和处理设备，以确保符合相关的环境标准。根据越南政府关于环保行政处罚的有关规定（第155/2016/ND－CP号议定），个人环保违规行为最高将被罚以10亿越南盾（约合4.4万美元），机构组织罚金最高为20亿越南盾（约合8.8万美元）。个人违反工业区、出口加工区、贸易区和贸易镇的环保法规，将被处以500万至5亿越南盾（约合220～2220美元）的罚款。个人违规排污，特别是排放有毒污染物的，将被处以30万到10亿越南盾的罚款；个人违法海洋环境保护法规的，将被处以2.5亿至10亿越南盾（约合1.1～4.4万美元）。如果是机构或组织实施上述行为，则罚款为个人罚款的2倍。2021年7月10日起实施的对上述文件部分条款进行修改补充的55号议定（55/2021/NĐ－CP），扩大了处罚对象和属于环保违规行为的范围，加大了对环保违规行为的处罚力度。

2021年5月24日，越南政府颁布55号议定（55/2021/NĐ－CP），对上述文件部分条款进行修改并自2021年7月10日起实施。新文件扩大了处罚对象和属于环保违规行为的范围，加大了对环保违规行为的处罚力度。越南对部分行业征收环保费。根据2016年2月越南政府颁布的关于矿产资源开发环境保护费的第12号决定（12/2016/ND－CP），原油环境保护费收取的幅度为10万越盾/吨；天然气、煤气收费幅度为50越盾/立方米，开发原油（天然气）过程中的天然气收费为35越盾/立方米。石油和天然气、煤气开发环境保护费归国家财政所有，100%上缴中央；矿产资源开发环境保护费（原油、天然气和煤气除外）100%归地方财政所有，以扶持对环境的保护和投资。

越南法律规定，所有在越南境内从事经营活动的企业，都必须遵守越南关于环境保护的国家标准（TCVN）和相关技术规范（QCVN）。标准由相关组织以文件形式公布，自愿采用，而技术规范由国家职能部门以文件形式发布，是强制实施的。

越南关于环境保护的国家标准体系主要包括周边环境质量和废弃物质排放环保标准。周边环境质量标准包括：各种用途的土地环保标准；各种用途的地表水和地下水环保标准；服务于水产养殖和娱乐项目的沿海水域环保标准；城市和农村居民区空气标准；居民区噪音环保标准。废弃物质排放环保标准包括：工农业生产废水排放、工业气体和固定排放及有毒物质排放环保标准。

越南关于环境保护的技术规范体系主要包括废水排放技术规范（21项）、废气和噪音技术规范（8项）、危害性污泥

（土）污染度技术规范（6项）、水源和生活用水技术规范（6项）等。

（四）环保评估的相关规定

越南负责环境评估的机构：对于国家级或跨省的投资和工程项目，环境评估委员会成员由项目审批部门、政府相关部委、有关省政府的代表以及相关行业的专家组成；对于省级投资和工程项目，环境评估委员会成员由所在省或直辖市政府和环保部门代表及相关行业专家组成。环境评估结果将作为项目审批的依据之一。

越南资源环境部负责组织对国会、政府和政府总理审批的项目进行环境评估；政府相关部委负责组织对本部门审批的项目进行环境评估；省政府负责对本省审批的项目进行环境评估。需要提供环境报告的投资或工程项目：由国会、政府、政府总理审批的项目；使用自然保护区、国家公园、历史文化遗迹和旅游胜地部分土地的项目；建筑，建材生产，交通，电子、能源和放射性，水利和森林种植开发，矿产勘探开发和加工，油气，垃圾处理，机械冶金，食品生产加工等项目；有可能对内河流域、沿海地区和生态保护区造成不良影响的项目；工业区、经济区、高新技术区和出口加工区建设项目；新都市和居民聚集区建设项目；地下水和自然资源大规模开发和利用项目；对环境有较大潜在不良影响的项目。

环境报告主要内容包括：列明项目具体建设细节、对项目所在地环境状况总体评价、项目建成后可能对环境造成的影响及具体应对方案，承诺在项目建设和运营过程中采取环保措施，当地乡一级人民委员会和居民代表的意见等。根据越南政府2019年第40号议定（40/2019/NĐ－CP），对于现有工厂、工业园区扩容、扩能或变更工艺的项目，环境影响评估报告中必须增加当前环境保护措施情况以及扩容、扩能或变更工艺的项目对环境影响的总体评估；对于投资建设工业园区项目和可能造成环境污染的工业生产项目，环评报告必须包含预防及发生废气、废水泄露事故的应急处置预案；带有垃圾处理设施的投资建设项目须包含该垃圾处理设施的基本设计方案、环保事故的预防和应对方案、项目施工过程的环境管理和监测计划等。

环境影响评估报告审批时间：由资源环境部审批的项目，环评报告审批时间不超过45天；其他项目的环评报告审批时间不超过30天。

六、知识产权保护规定

（一）当地有关知识产权保护的法律法规

越南主管知识产权的行政部门为隶属于越南科学技术部的知识产权局负责工业产权保护（包括专利及商标），隶属文化、体育及旅游部的版权局负责著作权相关保护，农业农村发展部负责植物多样性方面保护。目前，越南知识产权立法主要是2005年11月颁布的《知识产权法》（已于2019年6月14日补充、修订）、同年颁布《贸易法》和2015年颁发的《民法典》中关于知识产权的条款。另外，越南《竞争法》《民事诉讼法》和《刑事诉讼法》等多部法律也涉及知识产权保护内容。越南是多项知识产权条约和公约的成员国，目前正在完善其国内知识产权保护体系。越南积极参加多边和双边自贸协定谈判，2019年生效的CPTPP（《全面与进步跨太平洋伙伴关系协定》）以及即将生效的《越南—欧盟自由贸易协定》都对知识产权保护做出了高水平承诺，越南目前正在修改国内有关知识产权立法，为履行协定承诺完善法律体系。关于专利保护，越南共有3种专利保护类型，即发明专利、实用专利和外观设计专利。2017年生效的越南《民法典》修订版明确规定知识产权为民事权利确立受民法保护，职工或其他人员对在其生产经营活动以及创造活动中获取的知识财产享有所有权，受法律保护。

（二）知识产权侵权的相关处罚规定

对于知识产权侵权行为，权利人可选择司法救济或行政救济。权利人可以提起民事诉讼保护知识产权，要求终止侵权行为、公开道歉或更正、赔偿损失、销毁侵权产品或要求仅在非商业用途目的下使用。为防止损害扩大，权利人可向法庭申请诉前禁令，并要求赔偿相应损失等。权利人可向知识产权局提出申告，确认侵权行为。越南海关、市场监管机构等有权管理侵权商品，采取搜索、查封场地、暂时拘留相关人员、临时扣押产品、暂停产品生产销售等措施，制止侵权行为。知识产权侵权行为将面临警告、罚款、吊销营业执照、没收侵权产品及制造侵权产品的设备等行政处罚。越南2016年修订的《刑法》明确了如进口或转运侵犯知识产权的货品以及假冒伪劣商品构成犯罪的，司法机关有权采取司法措施，违法犯罪人员应承担刑事责任。对于特定的进境侵权产品，司法机关有权要求侵权人复出境或者直接销毁该侵权产品。

在专利侵权诉讼中，专利权人可申请执行初步禁令，立即制止专利侵权行为。一旦侵权行为被认定成立，专利权人可获得下列任一救济措施：永久性禁令、损害赔偿、侵权所得利益。目前，越南尚未设立不侵权宣告诉讼和针对无理威胁诉讼的救济措施。此外，如新设企业的公司名称或商标侵犯了现有的工业产权，有权机关将要求公司更名，或者移除侵权部分表述甚至撤销公司注册证书。

七、数字经济发展情况及相关规定

（一）数字基础设施情况

越南数字基础设施建设较为完备，国家通信基础设施已覆盖全境，2020年光缆和收发基站覆盖里程100多万千米，并与6条国际海底光缆线路（AAG、APG、SMW－3、IA、AAE－1、TVH线路）相连接。移动网络覆盖率达99.7%，已广泛覆盖3G和4G移动网络。截至2021年5月，越南有7家企业提供移动通信业务，其中5家提供4G业务。63家企业提供互联网业务。全国移动用户达1.34亿多户，平均每人拥有1个以上移动电话。移动宽带用户达6820万，固定宽带互联网用户为1795万。国际互联网接入总带宽11.6Tbps，国内互联网接入总带宽8.1Tbps。越南5G网络已于2019年由越南Viettel公司试运行，未来1～2年内可大规模投入使用。

（二）数字经济发展情况

根据谷歌、淡马锡和贝恩的《2019年和2020年东南亚数字经济报告》，2019年越南电子商务收入达50亿美元，比2015年（4亿美元）增长12.5倍。2019年越南数字经济超过120亿美元（其中电子商务50亿美元，在线旅游约40亿美元，网络媒体约30亿美元，在线打车约10亿美元）。网购人数从3040万人（2015年）增加到3990万人（2019年）。在此期间，人均网购支出也从160美元增加到202美元。2020年，由于新冠肺炎疫情影响，东南亚国家使用在线服务的新用户数量增加了三分之一，其中越南的新用户率最高，电子商务收入达118亿美元，占越南销售服务零售总额的

5.5%。据谷歌、淡马锡和贝恩公司估计,到2025年,越南数字经济产值可达520亿美元,约占东南亚数字经济产值的1/6。

截至2020年,越南国家银行已授权37家中介支付机构,其中电子钱包34家;截至2020年一季度末已激活的电子钱包账户超过1300万个,余额约1.36万亿越南盾(约合6000万美元),电子支付交易量达225.6万笔,总交易额超过77.7万亿越南盾(约合35亿美元)。

2020年,越南许多经济部门因新冠肺炎疫情面临困难,但信息和通信技术(ICT)产业高速发展。ICT产业总营收达1200亿美元,其中,硬件和电子产业产值1070亿美元(出口额超过930亿美元);软件50亿美元,同比增长14.7%,是全国GDP增长率(2.91%)的5倍。

2020年,越南有6870万人口(占总人口的70%)使用社交网络,移动电话用户超过1.34亿。国家域名".vn"达到51.6万个,域名数量继续位居东盟第一位。

根据俄罗斯信息技术安全公司卡巴斯基的数据,2019年越南在线攻击次数比2018年下降30%,并且是东南亚地区恶意移动软件数量第二少的国家,仅次于新加坡。据国际电信联盟(ITU)2021年6月发布的第4版《全球网络安全指数》调查报告(GCI 2020),越南在194个国家(地区)中升至第25位,在亚太地区排名第7位,在东南亚排名第4位。与2019年公布的《全球网络安全指数》调查报告相比,在全球范围内,越南上升25位,超过泰国;在11个东南亚国家中仅次于新加坡、马来西亚和印度尼西亚。

(三)数字经济发展规划

2020年6月3日,越南政府总理颁布第749号决定,批准到2025年面向2030年国家数字转型计划。该计划提出,到2030年建成稳定繁荣的数字化国家,对政府管理方式、企业生产经营、生活方式和就业进行根本性革新,建设安全、人文和广泛的数字化环境。

越南政府认为,转变思想认识在推进数字化转型中发挥决定性作用,各级机关、组织必须充分把握机遇,全力推进数字政府、经济和社会建设,优先对人们生活密切相关的医疗卫生、教育、金融财政、农业、交通运输与物流、能源、资源环境、工业生产进行数字化转型。

数字化企业是发展数字基础设施和数字平台、咨询服务和提供转型解决方案的主力。数字平台开发是推进数字化转型提质增效的突破口,开展国际合作是实现转型特别是推动社会转型的重要途径,保障网络安全是转型取得成功的关键,也是数字化转型必要的组成部分。各级党政机关协调推进和全民参与是保障转型成功的重要因素。

越南政府提出要实现双重目标,即既发展数字政府、数字经济和数字社会,又要建立具有全球竞争力的数字技术企业。一是发展数字政府。到2025年,通过各种方式接入的四级在线公共服务占比要达到80%,除涉密文件外,省部级、县级、乡镇无纸化办公比例要达到90%、80%和60%。服务于电子政府发展的所有国家基础数据库包括居民、土地、企业注册、财政、保险等在全国范围实现联网共享,国家管理机构50%的检查工作通过数字平台完成,进入全球排名前70位的电子政务国家行列。到2030年,通过各种方式接入的四级在线公共服务占比要达到100%,除涉密文件外,省部级、县级、乡镇无纸化办公比例要达到100%、90%和70%,依托国家机关数据库和物联网(IoT)建成重点经济行业数据平台,减少30%的行政手续,并向各经济组织和企业开放数据,增加30%的创新服务,国家管理机构750%的检查工作通过数字平台完成,进入全球排名前50位的电子政务国家行列。二是发展数字经济。到2025年,数字经济占GDP比重要达到20%,在各领域、行业占比至少10%,劳动生产效率至少平均提升7%,信息和通信技术发展指数(IDI)、全球竞争力指数(GCI)进入全球前50位,创新指数(GII)进入前35位。到2030年,数字经济占GDP的比重要达到30%,在各领域、行业占比至少20%,劳动生产效率至少平均提升8%,信息和通信技术发展指数(IDI)、全球竞争力指数(GCI)进入全球前30位,创新指数(GII)进入前30位。三是发展数字社会。到2025年,光纤宽带要覆盖80%的家庭和100%的乡镇,普及4G/5G移动网络和智能手机,50%以上个人开设电子结算账户,网络安全指数(GCI)进入全球前40位。到2030年,普及光纤互联网,普及5G,80%以上个人开设电子结算账户,网络安全指数(GCI)进入全球前30位。

(四)数字经济相关政策和法规

越南政府重视信息技术和数字经济发展,早在2006年6月29日就颁布了《信息技术法》,对信息技术领域制定总体法律框架。

越共中央政治局2014年7月1日颁布《关于促进信息技术应用和发展以满足可持续发展和国际一体化要求的决议》(第36号决议)。越南政府2015年4月15日颁布了《促进信息技术应用和发展、可持续发展和国际一体化的决议》(第26/NQ-CP号决议)。

2015年10月14日政府颁布《关于电子政务的决议》(第36a号决议)。越南政府总理2015年3月27日签发第392号决定,批准"到2020年信息技术产业发展目标计划及到2025年的目标"。

越南政府总理2017年5月4日签发《关于加强第四次工业革命能力建设的指令》(第16号指令)。越共中央政治局于2019年9月27日发布《关于积极参加第四次工业革命的决议》(第52-NQ/TW号决议)。

越南政府2020年6月3日颁布第749号决定,批准《到2025年面向2030年国家数字转型计划》。

八、绿色经济发展情况及相关规定

(一)绿色经济发展情况

越南是受气候变化影响最严重的国家之一。近15年来,自然灾害每年造成的损失约占越南GDP的1.5%。越南政府对绿色经济的重视程度逐步提升,出台一系列清洁能源行业鼓励政策,加大对太阳能、风能的投资与应用。目前,越南可再生能源发电规模已超过5500兆瓦,占越南全国总发电量的10%,其中太阳能发电已并网约4500MW。据越南环资部统计,2016—2020年,自然资源和环境行业贡献了超过95000亿越南盾的财政收入。2020年,土地收入比2015年增长一倍。约有23万公顷土地已转化为经济发展服务,近100万公顷未开发的土地已用于森林种植。开发进度停滞的数十万公顷项目用地已重新投入有效的资源开发。土地盐碱化问题进一步加剧。2020年,越南土地盐碱化程度是2016年的2~2.5倍,但政府主动应对,经济损失降低了9.6%。越南加入的绿色经济有关国际组织有:联合国环境规划署(UNEP)、联合国工业发展组织(UNIDO)、联合国开发计划署

(UNDP)、德国国际合作机构(GIZ)、国际自然保护联盟(IUCN)、世界自然基金会(WWF)等。

越南参与的环保领域国际公约包括:《联合国气候变化框架公约》《京都议定书》《巴黎协定》《蒙特利尔议定书》《关于持久性有机污染物的斯德哥尔摩公约》《控制危险废物越境转移及其处置巴塞尔公约》《生物多样性公约》《关于特别是作为水禽栖息地的国际重要湿地公约》《关于获取遗传资源和公正和公平分享其利用所产生惠益的名古屋议定书》《卡塔赫纳生物安全议定书》《关于卡塔赫纳生物安全议定书》下法律义务的补充议定书,以及《东盟生物多样性中心建立协议》等。

(二)绿色经济发展规划

2021 年 10 月,越南政府总理颁布第 1856 号决定,批准《2021 至 2030 年面向 2050 年绿色增长国家战略》,提出推动绿色增长的立场、目标和任务举措,同时成立绿色增长国家指导委员会,常设机构设在计划投资部。

根据该战略规划,越南绿色增长的总体目标是结合转变增长方式推动经济结构调整,实现经济繁荣、环境可持续、社会公平正义,达到绿色经济、碳中和、限制全球温度升高的目标。该战略规划的具体目标包括:一是减少 GDP 碳排放强度。至 2030 年 GDP 碳排放强度比 2014 年下降至少 15%,至 2050 年下降至少 30%。二是推动建设绿色经济。在 2021—2025 年阶段,单位 GDP 触及能源消耗量年均下降 1~1.5%,可再生能源占初级能源总供应量比重为 15~20%,数字经济产值占 GDP 的 30%,森林覆盖率达 42%;到 2050 年,每 10 年各阶段单位 GDP 触及能源消耗量平均下降 1.6%,可再生能源占初级能源总供应量比重提高至 25~30%,数字经济产值 GDP 占比达 50%,森林覆盖率达到 42~43%。三是推进绿色生活方式。到 2030 年,城市固体生活垃圾回收并按标准化处理占比达 95%,直接填埋占比 10%;城市污水回收并按标准化处理比例在二类以上城市达到 50%,其他城市达到 20%;公共交通承运比率在特别类城市和一类城市分别达到 20%和 5%,使用清洁能源公交在特别类城市和一类城市分别达到 15%和 10%;政府绿色采购占总量的 35%,至少 10 个城市沿智慧城市方向批准建成绿色都市。到 2050 年,城市固体生活垃圾回收并按标准化处理占比达 100%,直接填埋占比 10%;城市污水回收并按标准化处理比例达到 100%;公共交通承运比率在特别类城市和一类城市分别达到 40%和 15%,使用清洁能源公交的比率在特别类城市和一类城市分别达到 100%和 40%;政府绿色采购占总量的 50%,至少 45 个城市沿智慧城市方向批准建成绿色都市。四是实现绿色转变过程。到 2030 年人类发展指数(HDI)达到 0.75 以上,100%省市实行升级空气环境质量管理,至少 70%的人口使用达到国家标准的洁净用水;到 2050 年,人类发展指数(HDI)达到 0.8 以上,至少 70%的人口使用达到国家标准的洁净用水。

(三)与发展绿色经济相关的政策和法规

越南政府 2004 年第 153/2004/QD-TTg 号决定中颁布了《关于"越南可持续发展的战略方向"的议定》,其中提出了与绿色经济和环境保护有关的问题。近年来,在全球努力减少碳排放以适应气候变化、加强自然资源管理和环境保护的大背景下,2013 年 6 月 3 日,越南共产党中央委员会在第十一届会议上发布了第 24-NQ/TW 号主题为"积极应对气候变化,加强自然资源管理和环境保护"的决议,决议的关键任务是明确"促进经济增长模式转变与经济增长模式的转变"。该决议还肯定了"绿色增长与可持续发展"的内容,"在环境产业、环境保护服务和废物回收的基础上发展环境经济。促进环境保护的社会化,促进新能源和可再生能源的开发利用,可持续生产和消费"。

截至目前,越南已制定《2001—2010 年国家环境保护战略》,2021 年 9 月 5 日又制定《关于 2020 年国家环境保护战略和 2030 年愿景的决定》(第 1216/QD-TTg 号决定)。这些战略与越南各时期制定的社会经济发展战略相一致。

关于"绿色经济"发展政策,越南尚未出台专门文件。但与绿色经济密切相关的,例如"低碳经济""减少排放和适应气候变化""绿色增长""绿色技术"和"绿色工作"等,越南已经逐步实施和完善中。越南已经认识到新的发展趋势,不能以高能耗、破坏生态环境为代价发展经济,正积极从棕色经济向绿色经济转型。

值得注意的是,除了第 24/NQ/TW 号决议中关于经济向绿色增长转型的政策外,越南政府还根据第 1393/QD-TTg 号决定于 2012 年 9 月 25 日实施了《绿色增长战略》。此前,越南政府于 2012 年 4 月 12 日发布了第 432/QD-TTg 号决定,其中涉及与绿色增长有关的"批准 2011—2020 年越南可持续发展战略"。从相关政策可以看出,越南正在探索和逐步完善"绿色经济"和"环境保护"的协调统一,努力实现可持续发展目标。

九、越南对中国企业投资合作的保护政策

(一)中国与越南签署双边投资保护协定

1992 年 12 月,中国与越南签署了《关于鼓励和相互保护投资协定》。2009 年 8 月 15 日,中国与东盟 10 国经贸部长在泰国曼谷共同签署《中国—东盟自贸区投资协议》。

(二)中国与越南签署避免双重征税协定

1995 年 5 月,中国与越南签署了《关于对所得避免双重征税和防止偷漏税的协定》。

(三)中国与越南签署的其他经贸协定

1991 年中越关系正常化以来,两国政府签署的其他经贸合作协定包括:《贸易协定》(1991 年 11 月)、《经济合作协定》(1992 年 2 月)、《中国人民银行与越南国家银行关于结算与合作协定》(1993 年 5 月)、《关于货物过境的协定》(1994 年 4 月)、《关于保证进出口商品质量和相互认证的合作协定》(1994 年 11 月)、《关于成立经济贸易合作委员会的协定》(1995 年 11 月)、《边贸协定》(1998 年 10 月)、《北部湾渔业合作协定》(2000 年 12 月)、《关于扩大和深化双边经贸合作的协定》(2006 年 11 月)、《2012—2016 年阶段中越经贸合作五年发展规划》(2011 年 10 月)、《中越经贸合作五年发展规划重点合作项目清单》(2013 年 5 月)、《边贸协定》(修订版)(2016 年 9 月)、《2012—2016 年阶段中越经贸合作五年发展规划延期和补充协议》(2016 年 9 月)、《关于确定 2017—2021 年中越经贸合作五年发展规划重点合作项目清单的谅解备忘录》(2017 年 11 月)、《关于推动"两廊一圈"框架和"一带一路"倡议对接的谅解备忘录》(2017 年 11 月)等。

〔资料来源:中国商务部、中国海关、外交部、中国驻东盟各国大使馆经济参赞处等网站以及东盟各国对外投资合作国别(地区)指南(2021 年版)〕 (黄李莉 搜集整理)

统 计 资 料

中国国民经济主要指标

指　　标	单　位	2019 年	2020 年	2020 年比 2019 年增减(%)
一、年末总人口	万人	140005	140005	
二、国内生产总值	亿元	990865	1015986	2.3
第一产业增加值	亿元	70467	77754	3
第二产业增加值	亿元	386165	384255	2.6
工业增加值	亿元	311859	313071	2.4
第三产业增加值	亿元	534233	553977	2.1
三、人民币对美元汇价	元人民币/1 美元%	6.8985	6.8974	0.02
四、城镇登记失业率	%		4.2	
五、工业				
原煤产量	亿吨	38.5	39	1.4
原油产量	亿吨	1.91	19476.9	1.6
发电量	亿千瓦时	75034.3	77790.6	3.7
钢材产量	万吨	120477.4	132489.2	10.0
十种有色金属产量	万吨	5866	6188.4	5.5
六、农业				
粮食产量	万吨	66384	66949	0.9
油料产量	万吨	3495	3585	2.6
糖料产量	万吨	12204	12028	1.2
茶叶产量	万吨	280	297	7.1
棉花产量	万吨	589	591	0.4
七、交通运输业				
货物周转量	万吨千米	199289.5	196618.3	-1.0
旅客周转量	亿人千米	35349.1	19251.4	-45.5
港口完成货物吞吐量	亿吨	140	145	4.3
八、旅游业				
国内旅游总收入	亿元	57251	22286	-61.1
国际旅游外汇收入	亿美元	1313		
入境人数	万人次	14531		
入境过夜人数	万人次	6573		
出镜人数	万人次	16921		
因私出镜人数	万人次	16211		
十、财政、金融				
财政收入	亿元	190382	182895	-3.9
年末各项存款余额	亿元	1981643	2183744	10.2
年末各项贷款余额	亿元	1586000	1784034	12.5
十一、对外贸易				
年末国家外汇储备	亿美元	31079	32165	
进出口总额	亿元	315505	321557	1.9
出口额	亿元	172342	179326	4.0
进口额	亿元	143162	142231	-0.7
十二、外资直接投资				
实际利用金额	亿美元	1381	1444	4.5
十三、全社会固定资产投资	亿元	560874	527270	2.7

资料来源：中国国家统计局《中华人民共和国 2020 年国民经济和社会发展统计公报》

文莱国民经济主要指标

指　　标	单　位	2019 年	2020 年	2020 年比 2019 年增减(%)
一、年末总人口	万人	45.95	45.36	
二、国内生产总值	亿美元	140.43	140	1.2
人均国内生产总值	美元	29334	31622.2	
三、文莱元对美元汇价	文莱元/1 美元	1.42		
四、通货膨胀率	%		1.9	
五、失业率	%	6.8	7.4	
六、工业				
石油储量	亿桶	11	11	
石油日产量	万桶	11.2	11	
天然气储量	亿立方米		2000	
液化天然气日产量	桶		9600	18.5
原油出口	亿文莱元			
天然气出口	亿文莱元			
七、农业				
农业总产值	百万美元			
木材产量	万立方米			
肉类产量	万吨			
谷物产量	万吨			
八、旅游业				
旅游入境人数	万人次			
旅游收入	亿美元			
九、财政、金融				
财政收入	亿文莱元	43.6	40.5 (2020.4—2021.3)	
财政支出	亿文莱元	58.6	58.6 (2020.4—2021.3)	
外汇储备	亿美元		300	
十、对外贸易				
进出口总额	亿美元	125.16	164.6 亿文元	
出口总额	亿美元	73.46	91.22 亿文元	
进口总额	亿美元	51.7	73.39 亿文元	
十一、外资直接投资总额	亿美元	2.75		

资料来源:《对外投资合作国别(地区)指南—文莱(2020 年版)》,《对外投资合作国别(地区)指南—文莱(2021 年版)》,文莱统计公报,中国驻文莱经济商务参赞处网站,中国商务部网站,世界贸易组织数据库

柬埔寨国民经济主要指标

指　　标	单　位	2019 年	2020 年	2020 年比 2019 年增减(%)
一、年末总人口	万人	1528	1557.5	
二、国内生产总值	亿美元	272.22	262.12	-3.7
人均国内生产总值	美元	1706	1683	
三、柬埔寨瑞尔对美元汇价	瑞尔/1 美元		4045	0.7
四、通货膨胀率	%	1.98	2.9	
五、失业率	%			
六、工业				
工业总产值	亿美元			
服装业出口额	亿美元			
批准建筑项目量	个			
七、农业				
农业总产值	百万美元	5478		
稻谷产量	万吨		1093.6	0.8
天然橡胶产量	万吨		34.93	21.4
渔业产量	万吨		93.63	3.1
大米出口	万只		69.08	11.4
八、旅游业				
旅游入境人数	万人	661	130.61	-80.2
旅游收入	亿美元			
九、财政、金融				
财政收入	亿美元	52.31	57.18	-10.8
财政支出	亿美元	67.07	55.81	19.1
外汇储备	亿美元	187.63	213.34	13.7
外债	亿美元			
十、对外贸易				
进出口总额	亿美元	367.2	368.19	4.98
出口总额	亿美元	145.3	176.33	16.6
进口总额	亿美元	221.9	191.86	-3.83
十一、外资直接投资总额	亿美元	47.48		

资料来源:《对外投资合作国别(地区)指南—柬埔寨(2020 年版)》,《对外投资合作国别(地区)指南—柬埔寨(2021 年版)》,中国驻柬埔寨王国大使馆经济商务参赞处网站,柬华时报,中国商务部网站,世界贸易组织数据库

印度尼西亚国民经济主要指标

指　　标	单　位	2019 年	2020 年	2020 年比 2019 年增减(%)
一、年末总人口	万人	26800	27100	
二、国内生产总值	亿美元	11200	10596	-2.07
人均国内生产总值	美元	4200	3,911.70	-6.3
三、印尼盾对美元汇价	盾/1 美元	13883	14400	
四、通货膨胀率	%	2.72	1.68	
五、失业率	%	5.3		
六、工业				
石油储量	亿桶		97	
七、农业				
稻谷产量	万吨	5460		
全国耕地面积	万公顷		8000	
八、旅游业				
旅游入境人数	万人次		402	-75.03
旅游收入	亿美元			
九、财政、金融				
财政收入	万亿盾			
财政支出	万亿盾			
外汇储备	亿美元	1279		
十、对外贸易				
进出口总额	亿美元	3373.9	3049.3	-9.62
出口总额	亿美元	1670	1633.1	-2.21
进口总额	亿美元	1703.9	1416.2	-16.88
十一、外资直接投资总额	亿美元	282	286.7	-2.4

资料来源:《对外投资合作国别(地区)指南—印度尼西亚(2020 年版)》,《对外投资合作国别(地区)指南—印度尼西亚(2021 年版)》,印尼中央统计局,印尼中央银行,印尼财政部,印尼《雅加达日报》,中国商务部网站,世界贸易组织数据库

老挝国民经济主要指标

指　　标	单　位	2019 年	2020 年	2020 年比 2019 年增减(%)
一、年末总人口	万人	690	723.1	1.42
二、国内生产总值	亿美元	191.71	197	3.28
人均国内生产总值	美元	2654	2642	
三、文莱元对美元汇价	基普/1 美元	9055		
四、通货膨胀率	%	3.32	5.07	
五、工业				
工业总产值	亿美元	60.2		
纺织成衣出口额	亿美元			
六、农业				
农林业总产值	百万美元	2913		
耕地面积	万公顷			
茶叶产量	万吨			
水稻产量	万吨	353.74		
甜玉米产量	万吨	61.06		
薯类产量	万吨	565.84		
蔬菜产量	万吨			
水果产量	万吨			
七、服务业产值	亿美元	81		
八、旅游业				
旅游入境人数	万人次	470	886447	-77.1
旅游收入	亿美元			
九、财政、金融				
财政收入	万亿基普	28.265	15.76	
财政支出	万亿基普	31.338	10.97	
外汇储备	亿美元	8.3	13.19	
外债	亿美元			
十、对外贸易				
进出口总额	亿美元	116.04	105.87	-8.79
出口总额	亿美元	58.64	55.64	
进口总额	亿美元	57.4	50.23	
十一、外资直接投资总额	亿美元	5.57		

资料来源:《对外投资合作国别(地区)指南—老挝(2020 年版)》,中国商务部网站,世界贸易组织数据库,世界银行

马来西亚国民经济主要指标

指　　标	单　位	2019年	2020年	2020年比2019年增减(%)
一、年末总人口	万人	3258	3273	
二、国内生产总值	亿美元	3647	3362	-5.6
人均国内生产总值	美元	10871	10118	
三、马来西亚林吉特对美元汇价	林吉特/1美元		4.19	
四、通货膨胀率	%	0.7	-1.2	
五、失业率	%	3.3	4.5	
六、工业				
建筑业产值	亿林吉特	662.5	536	-19.4
制造业产值	亿林吉特	3163.6	3079	-2.6
采矿业产值	亿林吉特	1015.7	920	-10.6
七、农业				
农林业总产值	亿林吉特	1012.9	994	-2
水稻产量	万吨			
橡胶产量	万吨	80.15		
棕榈油产量	万吨	1985.5		
渔业产量	万吨			
八、服务业产值	亿林吉特	8192.2	7757	-5.5
九、旅游业				
旅游入境人数	万人次	2610	433.27	-83.4
旅游收入	亿美元		126.9亿林吉特	
十、财政、金融				
财政收入	亿林吉特	2644	2272	
财政支出	亿美元	3159亿马币	2267	
外汇储备	亿美元	1036	1076	
外债	亿林吉特	9463	9584	
十一、对外贸易				
进出口总额	亿美元	4432	1.78万亿马币	-3.6
出口总额	亿美元	2381.89	9810亿马币	-1.4
进口总额	亿美元	2050.1	7962亿马币	-6.3
十二、外资直接投资总额	亿美元	76.5	642亿马币	

资料来源:《对外投资合作国别(地区)指南—马来西亚(2020年版)》,《对外投资合作国别(地区)指南—马来西亚(2021年版)》,马来西亚统计局,中国商务部网站,世界贸易组织数据库

缅甸国民经济主要指标

指　　标	单　位	2018/2019 过渡财年	2019/2020 财年	2019/2020 财年比上一财年增减(%)
一、年末总人口	万人	5458	5458	
二、国内生产总值	亿美元	237	761.86(2020 年)	-9.99
人均国内生产总值	美元	1254	1400.22(2020 年)	-10.59
三、缅甸元对美元汇价				
市场汇价	缅元/1 美元		1442	
四、通货膨胀率	%	7.09 (2020 年 1 月)		
五、工业				
工业总产值	亿美元			
从业人数	万人			
六、农业				
农林牧渔业总产值	百万缅元			
从业人数	万人			
茶叶产量	万吨			
稻谷产量	万吨			
木材产量	千平方英尺			
肉类产量	万吨			
七、交通运输业				
公路总长	千米	41900 (2018 过渡财年末)		
铁路总长	千米	6112.29 (2018 过渡财年末)		
内河航道	千米	14842.6 公里		
空运货物周转量	万吨千米			
八、旅游业				
旅游入境人数	万人次	436		
旅游收入	亿美元			
九、财政、金融				
财政收入	万亿缅元	25.2		
财政支出	万亿缅元			
外汇储备	亿美元			
十、对外贸易				
进出口总额	亿美元	351.47	366.65	
出口总额	亿美元	170.6	176.43	
进口总额	亿美元	180.87	190.22	
十一、外资直接投资总额	亿美元	27.7	44	

资料来源:《对外投资合作国别(地区)指南—缅甸(2020 年版)》,《对外投资合作国别(地区)指南—缅甸(2021 年版)》,缅甸政府统计网站,中国商务部网站

菲律宾国民经济主要指标

指　　标	单　位	2019 年	2020 年	2020 年比 2019 年增减(%)
一、年末总人口	万人	10900	10900	
二、国内生产总值	亿美元	3593.54	3615	-9.6
人均国内生产总值	美元	3319	3299	-10.78
三、菲律宾比索对美元汇价	比索/1 美元	51.796	48.036	
四、通货膨胀率	%	2.5		
五、失业率	%	5.3	10.3	5.2
六、工业				
工业总产值	亿美元	5.63 万亿比索		
采矿业产值	亿美元	0.14 万亿比索		
制造业产值	亿美元	3.40 万亿比索		
建筑业产值	亿美元	1.50 万亿比索		
七、农业				
农林渔猎业产业增加值	万亿比索	1.55	1.8	
八、服务业产值				
服务业总产值	亿美元			
九、旅游业				
旅游入境人数	万人次	826		
旅游收入	亿美元			
十、财政、金融				
财政收入	万亿比索	3.137	2.86	-9.5
财政支出	万亿比索	3.798	4.23	11
外债总额	亿美元	2.6 万亿比索		
外汇储备	亿美元		1048.2	
外债	万亿比索		3.1	
十一、对外贸易				
进出口总额	亿美元	1825.2	1550.26	-15.1
出口总额	亿美元	709.3	652.15	-8.1
进口总额	亿美元	1115.9	898.12	-19.5
十二、外资直接投资总额	亿美元	76.47		

资料来源:《对外投资合作国别(地区)指南—菲律宾(2020 年版)》,《对外投资合作国别(地区)指南—菲律宾(2021 年版)》,中国商务部网站,中国驻菲律宾经济商务参赞处网站

新加坡国民经济主要指标

指　　标	单　位	2019 年	2020 年	2020 年比 2019 年增减(%)
一、年末总人口	万人	570.36	568.58(20.06)	-0.3
非(本地)居民	万人	167.74	164.16	
永久居民	万人	52.53	52.1	
二、国内生产总值	亿美元	3721	3401	-5.4
人均国内生产总值	美元	65166	59800	
三、新加坡元对美元汇价	新元/1 美元	1.36	1.37	
四、通货膨胀率	%	0.6	-0.2	
五、失业率	%	2.3	2.8	
六、工业总产值	亿新元			
电子工业产值	亿新元		1418.6	
化工行业产值	亿新元		409.7	
精炼石油行业产值	亿新元		218	
七、农业总产值	亿新元			
八、服务业总产值	亿新元		599.7	
九、旅游业				
旅客入境人数(不含从陆地入境的马来公民)	万人次	1911		
旅游收入	亿新元	276.89	48	-82.6
十、交通运输业				
港口集装箱吞吐量	万标准集装箱	3720	3687	
空运客运量	万人次	6830		
空运货物量	万吨千米	200		
十一、财政、金融				
财政收入	亿新元	885.3	946.4	
财政支出	亿新元	891.3	1055.9	
外汇储备	亿美元	2853.5	3623	
外债	万亿新元		2.21	
十二、对外贸易				
进出口总额	亿美元	7494.8	9691.1 亿新元	-5.2
出口总额	亿美元	3904.2	5156.4 亿新元	-3.2
进口总额	亿美元	3590.6	4534.7 亿新元	-7.4
十三、外资直接投资总额	亿美元	920.8		

资料来源:《对外投资合作国别(地区)指南—新加坡(2020 年版)》,《对外投资合作国别(地区)指南—新加坡(2021 年版)》,中新经贸合作网,中国商务部网站

泰国国民经济主要指标

指　　标	单　位	2019 年	2020 年	2020 年比 2019 年增减(%)
一、年末总人口	万人	6962.6	6522.8	
二、国内生产总值	亿美元	5590	5064	-6.1
人均国内生产总值	美元	8169	7328	
三、泰铢对美元汇价	铢/1 美元	32.62	31	
四、通货膨胀率	%	0.71		
五、失业率	%	1	1.7	
六、工业总产值	亿美元			
七、农业				
农业总产值	亿美元			
出口木薯	万吨		694	
出口大米	万吨		572	
橡胶产量	万吨	450		
八、交通运输业				
公路总里程	万公里		70.22	
铁路网里程	公里	4645	4952	
九、旅游业				
旅客入境人数	万人次	3900		
旅游收入	万美元	622.89		
十、财政、金融				
财政收入	亿铢	25145	25600	-4.18
财政支出	亿铢	30072	35000	15.94
外汇储备	亿美元	2099.11	2581	
十一、对外贸易				
进出口总额	亿美元	4828.8	4458.6	-8.1
出口总额	亿美元	2462.4	2339.5	-5.9
进口总额	亿美元	2366.4	2119.1	-12.4
十二、外资直接投资总额	亿美元	41.46		

资料来源:《对外投资合作国别(地区)指南—泰国(2020 年版)》,《对外投资合作国别(地区)指南—泰国(2021 年版)》,泰国央行,中国商务处网站

越南国民经济主要指标

指　　标	单　位	2019 年	2020 年	2020 年比 2019 年增减(%)
一、年末总人口	万人	9620	9734	1.4
二、国内生产总值	亿美元	2620	2712	2.91
人均国内生产总值	美元	2786	2779	
三、越南盾对美元汇价	越盾/1 美元			
四、通货膨胀率	%			
五、失业率	%	1.98	2.26	
六、工业				
工业总产值	万亿越盾			
原油产量	万吨	1308	1147	
天然气产量	亿立方米		91.6	
七、农业				
农林牧渔业总产值	万亿越盾			
木材总量	千立方米	16100		
水产总量	万吨		842.3	1.8
稻谷产量	万吨	4345	4269	
玉米产量	万吨	476	459	
甜薯产量	万吨		137	
甘蔗产量	万吨	1527	1188	
木薯产量	万吨		1049	
花生产量	万吨		42.55	
大豆产量	万吨		6.57	
出口大米	万吨		615	
八、商业和服务业总收入	万亿越盾	2101		
九、交通运输业				
公路客运量	亿人次	51.4		
铁路总里程	千米	3160		
航空客运量	万人次	3160		
十、旅游业				
旅客入境人数	万人次			
旅游收入	亿美元	19.5		
十一、财政、金融				
财政收入	亿美元	603.4	574	
财政支出	亿美元	561.7	629	
外汇储备	亿美元	790	1000	
十二、对外贸易				
进出口总额	亿美元	5169.6	5453.6	5.4
出口总额	亿美元	2634.5	2826.5	7
进口总额	亿美元	2535.1	2627	3.7
十三、吸收外资流量	亿美元	203.8	158	

资料来源:《对外投资合作国别(地区)指南—越南(2020 年版)》,《对外投资合作国别(地区)指南—越南(2021 年版)》,越南国家统计局,越南海关总局,中国商务部网站,世界贸易组织数据库

文莱部分经济指标（2016—2020 年）

指　标	单　位	2016 年	2017 年	2018 年	2019 年	2020 年
GDP(不变价格)	亿美元	1140	121.3	135.1	130.5	140.43
GDP(增长率)	%	-2.5	1.3	0.1	3.9	1.2
对美元汇率	1 美元/文莱元	1.4	1.4	1.36		1.32
人均 GDP(不变价格)	文莱元	26939.4 美元	28290.6 美元	31627.7	39800	42600
农业总产值	百万美元	101.62				
通货膨胀率(平均消费价格)	%	0.1	0.0			
失业率	%	6.9	7.68	7.11	6.8	7.4
人口	百万	0.426	0.436	0.44	0.459	
财政收入	亿文莱元		36.8		43.6 (2019/2020)	40.5 (2020/2021)
财政支出	10 亿文莱元		56.62		38.6 (2019/2020)	58.6 (2020/2021)
外商直接投资	亿美元	-1.1	4.6	5.0	7.1 (2019/2020)	5.93
外汇储备	亿美元	29.8	33.0	32.21		

资料来源：新加坡东南亚研究所《东南亚 2017—2018》,《经济学家国别报告——文莱》,东盟秘书处网站,《对外投资合作国别(地区)指南—文莱(2020 年版)》,《对外投资合作国别(地区)指南—文莱(2021 年版)》

注：E 表示估计数据，F 表示预测数据(下同)

柬埔寨部分经济指标（2016—2020 年）

指　标	单　位	2016 年	2017 年	2018 年	2019 年	2020 年
GDP 增长率(IMF)	%	7	7.0	7.5	7.1	-3.7
农业部门增长率	%	0.5	1.6	6.55		
工业部门增长率	%	11.4				
服务部门增长率	%					
出口额	百万美元	10000	11950	12700	14530	17720
进口额	百万美元	12300	13980	17500	22190	19300
贸易差额	百万美元	-2300	-2030	-4800	-7660	-1620
财政收支差额占 GDP 比重	%					
通货膨胀率(IMF)	%	2	2.7	2.5	1.98	2.9
债务总额	百万美元	8310			12640	
外汇储备	亿美元	82.50	111	132.2	187.63	213
汇率	瑞尔/美元	4058.7	4050	4050	4060	4045

资料来源：新加坡东南亚研究所《东南亚 2017—2018》,《经济学家国别报告——柬埔寨》,东盟秘书处网站,《对外投资合作国别(地区)指南—柬埔寨(2020 年版)》,《对外投资合作国别(地区)指南—柬埔寨(2021 年版)》

印度尼西亚部分经济指标（2016—2020 年）

指　标	单　位	2016 年	2017 年	2018 年	2019 年	2020 年
GDP(现价)	亿美元	9324	10152	10400	11200	10596
出口额	10 亿美元	144.43	168.73	180.2	167	163.31
进口额	10 亿美元	135.65	156.90	188.7	170	141.62
总人口	万人	25870.5	26197	26414	26800	27000
家庭消费年增长率	%	5.7	4.95			
通货膨胀率	%	3.53	3.61	3.2	2.72	1.68
财政收支差额占 GDP 比重	%					
人均 GDP 增长率	%	3.83	3.8	4.0	5.02	-3.11
外汇储备	亿美元	1109.3	1241.4	1147.8	282	1371(21.6)
汇率	印尼盾/1 美元	13308.3	13380.9	14236.9		14400
国内总储蓄	亿美元	3269.2	3135.2			

资料来源：新加坡东南亚研究所《东南亚 2017—2018》，《经济学家国别报告——印度尼西亚》，东盟秘书处网站，世界银行，《对外投资合作国别（地区）指南—印度尼西亚(2020 年版)》，《对外投资合作国别（地区）指南—印度尼西亚(2021 年版)》

老挝部分经济指标（2016—2020 年）

指　标	单　位	2016 年	2017 年	2018 年	2019 年	2020 年
年末总人口	万人	649.2	690.1	701.30	691.4	
GDP 增长率	%	7.02	6.9	6.5	5.5	0.44
人均国内生产总值	美元	2408	2542.45	2585	2654	2630.2
对美元汇价	基普/1 美元	8129.1	8351.4	8489.2		
通货膨胀率	%	1.6	3.82		3.32	
工业总产值	万亿基普	37.82				
农业总产值	万亿基普	27.945				
旅游入境人数	万人次	423	325.7			
旅游收入	亿美元	7.2	7.7			
外汇储备	亿美元	7.8	11.6	8.7	8.3	
进出口总额	亿美元	78	87	116	116.04	
出口总额	亿美元	31	36	53	58.64	
进口总额	亿美元	47	51	63	57.40	
引进外资总额	亿美元	10.0	16.0	13.2	5.57	

资料来源：新加坡东南亚研究所《东南亚 2017—2018》，《经济学家国别报告——老挝》，东盟秘书处网站，《对外投资合作国别（地区）指南—老挝(2020 年版)》

马来西亚部分经济指标（2016—2020 年）

指　标	单　位	2016 年	2017 年	2018 年	2019 年	2020 年
年末总人口	万人	3118.73	3205.0	3238	3258	3273
国内生产总值	亿美元	2965.4	3145	3543	3647	3362
人均国内生产总值	美元	9850	9944.9	11239	11414.8	10118
对美元汇价	林吉特	4.1	4.3	4.0		
通货膨胀率	%	2.13	3.82	1.0	0.7	-1.2
失业率	%	3.5	3.4	3.4	3.3	4.5
工业总产值	亿林吉特					
农业总产值	亿林吉特			955.8	1012.9	
旅游入境人数	万人次	2675.7	2594.8	2583	2610	
旅游收入	亿林吉特	180.9 亿美元	183.5 亿美元	203.3 亿美元	208 亿美元	
财政收入	亿林吉特	2124	2204		2644	
外汇储备	亿美元	911.9	989.4	977.9	1036	1076
进出口总额	亿美元	3578	4138	4648	4432	1.78 万亿林吉特
出口总额	亿美元	1894.0	1955.1	2175	2381.9	9810 亿林吉特
进口总额	亿美元	1684.0	2182.89	2474	2050.1	7962 亿林吉特
引进外资总额	亿林吉特	113.4	95.4	80.9	76.5	34.8 亿美元

资料来源：新加坡东南亚研究所《东南亚 2017—2018》，《经济学家国别报告——马来西亚》，东盟秘书处网站，《2021 世界投资报告》，《对外投资合作国别（地区）指南—马来西亚（2020 年版）》，《对外投资合作国别（地区）指南—马来西亚（2021 年版）》

缅甸部分经济指标（2015—2020 年）

指　标	单　位	2015/2016 财年	2016/2017 财年	2017/2018 财年	2018/2019 财年	2019/2020 财年
国土总面积	万平方千米	67.659	67.659	67.659	67.659	
年末总人口	万人	52450	53388	53625	5458	
GDP 增长率	%	6.5	6.4	6.2	6.5	
人均国内生产总值	美元	1196.1	1256.7	1326.0	1254	
对美元汇价	缅元	1234.9	1360.4	1429.8		
通货膨胀率	%	6.92	6.5		7.09	
失业率	%				1	
农牧林渔业总产值	百万缅元	19466837	20313708	21106493		
旅游入境人数	万人次	290	344.3		436（2019）	
财政赤字占 GDP 比重	%					
外汇储备	亿美元	46.2	49.1	53.5	56.67	
进出口总额	亿美元	276	335.1	363	351.47	366.65
出口总额	亿美元	110	148.36	168	170.6	176.43
进口总额	亿美元	166	156.73	195	180.87	190.22
引进外资总额	亿美元	28.7	29.9	43.3	27.7	44

资料来源：新加坡东南亚研究所《东南亚 2017—2018》，《经济学家国别报告——缅甸》，东盟秘书处网站，《对外投资合作国别（地区）指南—缅甸（2020 年版）》

菲律宾部分经济指标（2016—2020 年）

指　标	单　位	2016 年	2017 年	2018 年	2019 年	2020 年
GDP 增长率	%	6.8	6.68	6.2	5.9	-9.6
人均 GDP	美元	2951.1	2989.05	3102.7	3319	3299
汇率	比索/1 美元	47.5	50.4	52.7		49.62
通货膨胀率	%	1.77	3.2	5.2	2.5	2.6
失业率	%	5.5	2.6	2.5	5.3	10.3
工业总产值	亿比索		954.97 亿美元		56300	
农业总产值	亿美元	295.47			1.55 万亿比索	
旅游入境人数	万人次	596.7	662.1	712	826	132
旅游收入	亿比索	2301.3	83.5 亿美元			
财政收支差额占 GDP 比重	%				3.55	
外汇储备	亿美元	718.5	716.0	693.8		
进出口总额	亿美元	1373.91	1551.33	1822	1825.2	1550.26
出口总额	亿美元	562.32	928	675	709.3	652.15
进口总额	亿美元	811.59	632.33	1174	1115.9	898.12
引进外资总额	亿美元	79.33	95.2	65	76.47	65

资料来源：新加坡东南亚研究所《东南亚 2017—2018》，《经济学家国别报告——菲律宾》，东盟秘书处网站，《对外投资合作国别（地区）指南—菲律宾（2020 年版）》，《对外投资合作国别（地区）指南—菲律宾（2021 年版）》

新加坡部分经济指标（2016—2020 年）

指　标	单　位	2016 年	2017 年	2018 年	2019 年	2020 年
GDP 增长率	%	2	3.62	3.1	0.7	-5.4
人均国内生产总值	美元	52962	57714.3	64581.9	65166	59819
汇率	新元/美元	1.4	1.4	1.3	1.36	1.37
通货膨胀率	%	0.9	1.5	1.7	0.6	-0.2
失业率	%	3	4.3	4.2	2.3	2.8
工业总产值	亿新元					
服务业增长率	%	1		2.8		
旅游入境人数	万人次	1604.4			1911	270
旅游收入	亿美元	189.5	197.1	199.4	276.89 亿新元	48 亿新元
财政收入	亿新元		885.3			946.4
外汇储备	亿美元	2443.7	2778.1	2853.5	2785	3623
进出口总额	亿新元	6300 亿美元	7009	7833	10222.26	9691.1
出口总额	亿新元	3381 亿美元	3732	4126	5325.14	5156.4
进口总额	亿新元	2919 亿美元	3277	3706	4897.12	4534.7
外资净流入	亿美元	774.5	620.1	776.5	920.8	905.6

资料来源：新加坡东南亚研究所《东南亚 2017—2018》，《经济学家国别报告——新加坡》，新加坡统计局网站、东盟秘书处网站，《对外投资合作国别（地区）指南—新加坡（2020 年版）》，《对外投资合作国别（地区）指南—新加坡（2021 年版）》

泰国部分经济指标（2016—2020 年）

指　标	单　位	2016 年	2017 年	2018 年	2019 年	2020 年
GDP 增长率	%	3.23	3.9	4.1	2.4	-6.1
人均国内生产总值	美元	5907.9	6336	7273	8169	7328
对美元汇价	铢	35.3	32.66	32.3		31
通货膨胀率	%	0.2	1.2	0.36		0.08
失业率	%	1.0	1.2	1.1	1	1.7
旅游入境人数	万人次	3257	3500	3800	3900	
旅游收入	亿美元	524.7	621.6	572	622.89	
财政收入	亿铢				25145	25600
外汇储备	亿美元	1641.5	1940.5	1970.3	2099.11	2581
进出口总额	亿美元	4094.4	4605.1	5018	4828.8	4384.6
出口总额	亿美元	2136.6	2359.3	2521	2462.4	2314.68
进口总额	亿美元	1957.8	2248.8	2497	2366.4	2069.92

资料来源：新加坡东南亚研究所《东南亚 2017—2018》，《经济学家国别报告——泰国》，东盟秘书处网站，《对外投资合作国别（地区）指南—泰国（2020 年版）》，《对外投资合作国别（地区）指南—泰国（2021 年版）》

越南部分经济指标（2016—2020 年）

指　标	单　位	2016 年	2017 年	2018 年	2019 年	2020 年
国内生产总值	亿美元	2052.88	2238.6	2449.5	2620	2710
GDP 增长率	%	6.21	6.8	7.1	7.02	2.91
人均国内生产总值	美元	2215	2385	2563.8	2786	2779
对美元汇价	越盾	21935	22370.1	22602.1	23155	23155
通货膨胀率	%	0.63	4.37			
失业率	%	2.3	1.9	1.8	1.98	2.26
工业总产值	万亿越盾	826.94				
农业总产值	万亿越盾	870.7				
旅游入境人数	万人次	1001	1292.2	1550	1800	
旅游收入	亿美元	85.0	88.9			
财政收入	万亿越盾	943.3			1414.3	1307.4
外汇储备	亿美元	361.7	486.9	505.7	790	1000
进出口总额	亿美元	3491	4248	4898	5169.6	5439
出口总额	亿美元	1759	2137.7	3456	2634.5	2815
进口总额	亿美元	1732	2111	2442	2535.1	2624
引进外资总额	亿美元	126.0	141.0	155	161	158

资料来源：新加坡东南亚研究所《东南亚 2017—2018》，《经济学家国别报告——越南》，东盟秘书处网站，《对外投资合作国别（地区）指南—越南（2020 年版）》，《对外投资合作国别（地区）指南—越南（2021 年版）》

（黄李莉）

印度尼西亚与主要贸易伙伴进出口情况（2019 年）

出口				进口			
国家和地区	金额（百万美元）	比上年增减（%）	占比重（%）	国家和地区	金额（百万美元）	比上年增减（%）	占比重（%）
总值	167003	-7.3	100.0	总值	170388	-9.3	100.0
中国	27877	2.8	16.7	中国	44895	-1.0	26.4
美国	17647	-4.2	10.6	新加坡	17096	-20.1	10.0
日本	15928	-18.2	9.5	日本	15609	-12.7	9.2
新加坡	12929	-0.5	7.7	泰国	9462	-13.0	5.6
印度	11774	-14.2	7.1	美国	9249	-8.9	5.4
马来西亚	8942	-5.3	5.4	韩国	8416	-6.9	4.9
韩国	7210	-24.4	4.3	马来西亚	7725	-9.8	4.5
菲律宾	6758	-1.0	4.1	澳大利亚	5515	-5.2	3.2
泰国	6213	-8.9	3.7	印度	4295	-14.2	2.5
越南	5150	12.4	3.1	越南	3839	1.4	2.3
台湾省	4016	-14.6	2.4	台湾省	3650	3.0	2.1
荷兰	3188	-18.2	1.9	沙特阿拉伯	3568	-27.3	2.1
香港	2495	-2.5	1.5	德国	3451	-12.9	2.0
德国	2351	-13.3	1.4	香港	3198	22.0	1.9
澳大利亚	2323	-17.1	1.4	阿联酋	2183	19.4	1.3

马来西亚与主要贸易伙伴进出口情况（2019 年）

出口				进口			
国家和地区	金额（百万美元）	比上年增减（%）	占比重（%）	国家和地区	金额（百万美元）	比上年增减（%）	占比重（%）
总值	238189	-4.3	100.0	总值	205012	-6.0	100.0
中国	33705	-2.2	14.2	中国	42390	-2.5	20.7
新加坡	33049	-4.9	13.9	新加坡	21618	-15.4	10.5
美国	23122	2.7	9.7	美国	16579	3.0	8.1
中国香港	16070	-13.4	6.8	日本	15353	-3.1	7.5
日本	15762	-9.8	6.6	台湾省	13772	-12.5	6.7
泰国	13485	-4.7	5.7	泰国	10682	-11.4	5.2
印度	9068	0.5	3.8	韩国	9368	-3.8	4.6
台湾省	8918	9.9	3.7	印度尼西亚	9367	-6.6	4.6
越南	8386	-1.5	3.5	德国	6458	-1.3	3.2
韩国	8151	-3.8	3.4	印度	5859	-10.7	2.9
印度尼西亚	7445	-6.0	3.1	澳大利亚	5623	5.2	2.7
澳大利亚	6861	-17.3	2.9	越南	4728	-2.0	2.3
德国	6274	-10.5	2.6	沙特阿拉伯	4544	2.7	2.2
荷兰	6114	-4.6	2.6	阿联酋	3727	28.6	1.8
菲律宾	4389	4.5	1.8	中国香港	3392	-9.6	1.7

新加坡与主要贸易伙伴进出口情况(2019年)

出口				进口			
国家和地区	金额(百万美元)	比上年增减(%)	占比重(%)	国家和地区	金额(百万美元)	比上年增减(%)	占比重(%)
总值	390421	-5.2	100.0	总值	359057	-3.1	100.0
中国	51625	2.4	13.2	中国	49047	-1.2	13.7
香港	44384	-8.7	11.4	美国	43779	4.5	12.2
马来西亚	41165	-8.3	10.5	马来西亚	41697	-2.6	11.6
美国	33229	8.4	8.5	台湾省	32372	3.1	9.0
印度尼西亚	27365	-17.0	7.0	日本	19382	-12.6	5.4
日本	17638	-11.8	4.5	印度尼西亚	15604	2.5	4.4
台湾省	16391	-3.3	4.2	韩国	13710	-3.4	3.8
泰国	15357	-1.3	3.9	法国	12160	6.7	3.4
韩国	15216	-2.9	3.9	阿联酋	11521	18.8	3.2
越南	12963	7.8	3.3	德国	9911	-2.1	2.8
印度	11446	-7.2	2.9	英国	8854	15.0	2.5
澳大利亚	11298	-10.9	2.9	沙特阿拉伯	8408	-33.4	2.3
荷兰	8598	-3.6	2.2	泰国	7657	-7.7	2.1
菲律宾	8531	7.3	2.2	菲律宾	7100	-9.1	2.0
德国	5847	-8.8	1.5	瑞士	6665	-34.1	1.9

泰国与主要贸易伙伴进出口情况(2019年)

出口				进口			
国家和地区	金额(百万美元)	比上年增减(%)	占比重(%)	国家和地区	金额(百万美元)	比上年增减(%)	占比重(%)
总值	245344	-2.2	100.0	总值	239980	-3.8	100.0
美国	31290	12.5	12.8	中国	50980	1.6	21.2
中国	29021	-3.4	11.8	日本	33641	-5.1	14.0
日本	24468	-1.0	10.0	美国	17596	16.9	7.3
越南	12060	-6.1	4.9	马来西亚	13081	-1.7	5.5
香港	11693	-5.8	4.8	韩国	8740	-2.1	3.6
马来西亚	10415	-9.7	4.3	台湾省	8129	-6.4	3.4
澳大利亚	10151	-5.0	4.1	新加坡	7756	0.4	3.2
印度尼西亚	9046	-11.0	3.7	阿联酋	7538	-28.0	3.1
新加坡	8763	-4.7	3.6	印度尼西亚	7341	-8.2	3.1
印度	7306	-3.4	3.0	德国	6358	-6.5	2.7
柬埔寨	7122	-5.7	2.9	沙特阿拉伯	5830	-19.9	2.4
菲律宾	6916	-11.8	2.8	越南	5529	-3.5	2.3
瑞士	5301	121.8	2.2	印度	4879	-0.3	2.0
荷兰	4723	-8.5	1.9	澳大利亚	4030	-31.8	1.7
韩国	4704	-3.9	1.9	泰国	3723	11.3	1.6

印度尼西亚对中国出口主要商品构成（2018—2019 年）

商品类别	2019 年（百万美元）	2018 年（百万美元）	2019 年比上年增减（%）	2019 年占比重（%）
总值	27877	27127	2.8	100.0
矿物燃料、矿物油及其产品；沥青等	8285	8793	-5.8	29.7
动、植物油、脂、蜡；精制食用油脂	3621	3254	11.3	13.0
钢铁	3115	2609	19.4	11.2
矿砂、矿渣及矿灰	2335	1969	18.6	8.4
木浆等纤维状纤维素浆；废纸及纸板	2021	1888	7.1	7.3
杂项化学产品	1030	1219	-15.5	3.7
有机化学品	814	805	1.1	2.9
鱼及其他水生无脊椎动物	591	468	26.3	2.1
铜及其制品	579	539	7.3	2.1
木及木制品；木炭	535	672	-20.4	1.9
鞋靴、护腿和类似品及其零件	527	534	-1.3	1.9
橡胶及其制品	451	582	-22.4	1.6
纸及纸板；纸浆、纸或纸板制品	447	607	-26.4	1.6
塑料及其制品	372	265	40.3	1.3
棉花	347	359	-3.4	1.2
核反应堆、锅炉、机械器具及零件	256	219	16.9	0.9
电机、电气、音像设备及其零附件	256	295	-13.3	0.9
乳；蛋；蜂蜜；其他食用动物产品	219	141	55.7	0.8
谷物粉、淀粉等或乳的制品；糕饼	199	195	2.1	0.7
油籽；子仁；工业或药用植物；饲料	191	171	11.4	0.7
无机化学品；贵金属等的化合物	165	138	19.4	0.6
非针织或非钩编的服装及衣着附件	134	153	-12.1	0.5
化学纤维短纤	124	99	26.2	0.5
针织或钩编的服装及衣着附件	108	138	-21.6	0.4
乐器及其零件、附件	106	101	5.6	0.4
食品工业的残渣及废料；配制的饲料	87	75	15.8	0.3
可可及可可制品	76	81	-6.8	0.3
洗涤剂、润滑剂、人造蜡、塑型膏等	71	99	-28.6	0.3
车辆及其零附件，但铁道车辆除外	66	90	-26.7	0.2
虫胶；树胶、树脂及其他植物液、汁	64	39	63.1	0.2
以上合计	27192	26597	2.2	97.5

印度尼西亚自中国进口主要商品构成（2018—2019 年）

商品类别	2019 年（百万美元）	2018 年（百万美元）	2019 年比上年增减（%）	2019 年占比重（%）
总值	44895	45349	-1.0	100.0
核反应堆、锅炉、机械器具及零件	10671	9817	8.7	23.8
电机、电气、音像设备及其零附件	9206	9992	-7.9	20.5
钢铁	2101	2162	-2.9	4.7
塑料及其制品	1810	1747	3.6	4.0
钢铁制品	1480	1496	-1.1	3.3
有机化学品	1404	1533	-8.4	3.1
车辆及其零附件，但铁道车辆除外	1072	1010	6.2	2.4
化学纤维长丝	998	963	3.6	2.2

续表

商品类别	2019年（百万美元）	2018年（百万美元）	2019年比上年增减（%）	2019年占比重（%）
家具；寝具等；灯具；活动房	895	706	26.8	2.0
食用水果及坚果；甜瓜等水果的果皮	814	740	10.1	1.8
杂项化学产品	681	630	8.3	1.5
无机化学品；贵金属等的化合物	668	833	-19.7	1.5
光学、照相、医疗等设备及零附件	661	594	11.4	1.5
铝及其制品	651	878	-25.8	1.5
针织物及钩编织物	602	591	1.9	1.3
食用蔬菜、根及块茎	588	527	11.7	1.3
棉花	517	544	-5.0	1.2
矿物燃料、矿物油及其产品；沥青等	511	521	-1.9	1.1
化学纤维短纤	507	667	23.9	1.1
贱金属杂项制品	466	480	-3.0	1.0
鞣料；着色料；涂料；油灰；墨水等	462	504	-8.4	1.0
鞋靴、护腿和类似品及其零件	456	407	11.9	1.0
肥料	412	525	-21.6	0.9
纸及纸板；纸浆、纸或纸板制品	382	361	5.8	0.9
铜及其制品	356	377	-5.5	0.8
杂项制品	343	333	2.9	0.8
陶瓷产品	343	464	-26.1	0.8
橡胶及其制品	341	374	-8.6	0.8
玩具、游戏或运动用品及其零附件	335	321	4.4	0.8
浸、包或层压织物；工业用纺织制品	320	321	-0.3	0.7
以上合计	40053	40417	-0.9	89.2

马来西亚对中国出口主要商品构成（2018—2019年）

商品类别	2019年（百万美元）	2018年（百万美元）	2019年比上年增减（%）	2019年占比重（%）
总值	33705	34466	-2.2	100.0
电机、电气、音像设备及其零附件	11940	12519	-4.6	35.4
矿物燃料、矿物油及其产品；沥青等	4890	5153	-5.1	14.5
塑料及其制品	2753	2480	11.0	8.2
核反应堆、锅炉、机械器具及零件	1573	2440	-35.6	4.7
动、植物油、脂、蜡；精制食用油脂	1442	1238	16.5	4.3
光学、照相、医疗等设备及零附件	1324	1177	12.5	3.9
橡胶及其制品	1319	1464	-9.9	3.9
铜及其制品	1209	1155	4.7	3.6
有机化学品	1203	1514	-20.5	3.6
矿砂、矿渣及矿灰	1004	1065	-5.8	3.0
杂项化学产品	640	673	-4.9	1.9
钢铁	625	133	369.7	1.9
铝及其制品	363	184	96.8	1.1
无机化学品；贵金属等的化合物	282	257	9.8	0.8
航空器、航天器及其零件	241	199	21.5	0.7
鱼及其他水生无脊椎动物	227	109	109.2	0.7
木浆等纤维状纤维素浆；废纸及纸板	208	10	2079.1	0.6
玻璃及其制品	182	108	68.4	0.5
木及木制品；木炭	180	210	-14.4	0.5

续表

商品类别	2019年（百万美元）	2018年（百万美元）	2019年比上年增减（%）	2019年占比重（%）
棉花	174	216	-19.2	0.5
杂项食品	137	132	3.7	0.4
洗涤剂、润滑剂、人造蜡、塑型膏等	135	146	-7.3	0.4
车辆及其零附件，但铁道车辆除外	125	195	-35.7	0.4
可可及可可制品	119	106	12.8	0.4
乳；蛋；蜂蜜；其他食用动物产品	102	71	42.8	0.3
镍及其制品	93	324	-71.4	0.3
谷物粉、淀粉等或乳的制品；糕饼	90	108	-16.8	0.3
家具；寝具等；灯具；活动房	75	92	-18.4	0.2
食用水果及坚果；甜瓜等水果的果皮	72	46	57.9	0.2
鞣料；着色料；涂料；油灰；墨水等	68	62	8.7	0.2
以上合计	32796	33585	-2.3	97.3

马来西亚自中国进口主要商品构成（2018—2019年）

商品类别	2019年（百万美元）	2018年（百万美元）	2019年比上年增减（%）	2019年占比重（%）
总值	42390	43484	-2.5	100.0
电机、电气、音像设备及其零附件	13636	14245	-4.3	32.2
核反应堆、锅炉、机械器具及零件	7004	7379	-5.1	16.5
矿物燃料、矿物油及其产品；沥青等	2952	2248	31.3	7.0
塑料及其制品	1770	1621	9.2	4.2
车辆及其零附件，但铁道车辆除外	1204	819	46.9	2.8
钢铁制品	1123	1223	-8.2	2.7
钢铁	1039	1557	-33.3	2.5
杂项化学产品	965	1081	-10.7	2.3
铝及其制品	947	1044	-9.3	2.2
光学、照相、医疗等设备及零附件	939	980	-4.2	2.2
有机化学品	747	795	-6.0	1.8
家具；寝具等；灯具；活动房	714	687	4.0	1.7
纸及纸板；纸浆、纸或纸板制品	547	518	5.7	1.3
无机化学品；贵金属等的化合物	515	683	-24.6	1.2
食用蔬菜、根及块茎	464	470	-1.3	1.1
铜及其制品	408	561	-27.2	1.0
玩具、游戏或运动用品及其零附件	328	299	9.5	0.8
橡胶及其制品	314	287	9.3	0.7
玻璃及其制品	304	332	-8.5	0.7
针织或钩编的服装及衣着附件	292	426	-31.5	0.7
陶瓷产品	255	312	-18.3	0.6
鞋靴、护腿和类似品及其零件	254	329	-22.7	0.6
非针织或非钩编的服装及衣着附件	253	324	-21.8	0.6
皮革制品；旅行箱包；动物肠线制品	240	281	-14.6	0.6
鞣料；着色料；涂料；油灰；墨水等	205	197	3.9	0.5
木及木制品；木炭	203	192	5.4	0.5
贱金属杂项制品	198	222	-10.5	0.5
其他纺织制品；成套物品；旧纺织品	194	210	-7.6	0.5
化学纤维长丝	194	244	-20.7	0.5
珠宝、贵金属及制品；仿首饰；硬币	193	165	17.1	0.5
以上合计	38398	39729	-3.4	90.6

新加坡对中国出口主要商品构成(2018—2019 年)

商品类别	2019 年(百万美元)	2018 年(百万美元)	2019 年比上年增减(%)	2019 年占比重(%)
总值	51625	50413	2.4	100.0
电机、电气、音像设备及其零附件	15903	15680	1.4	30.8
核反应堆、锅炉、机械器具及零件	6543	6082	7.6	12.7
塑料及其制品	5539	5675	-2.4	10.7
珠宝、贵金属及制品;仿首饰;硬币	5247	2895	81.3	10.2
矿物燃料、矿物油及其产品;沥青等	3967	4676	-15.2	7.7
光学、照相、医疗等设备及零附件	3121	2810	11.1	6.1
有机化学品	2967	3639	-18.5	5.8
精油及香膏;香料制品及化妆盥洗品	1891	1383	36.8	3.7
杂项化学产品	1171	1191	-1.7	2.3
航空器、航天器及其零件	697	770	-9.5	1.4
饮料、酒及醋	499	408	22.4	1.0
橡胶及其制品	439	544	-19.3	0.9
木浆等纤维状纤维素浆;废纸及纸板	378	579	-34.7	0.7
药品	326	485	-32.7	0.6
洗涤剂、润滑剂、人造蜡、塑型膏等	316	374	-15.6	0.6
车辆及其零附件,但铁道车辆除外	298	374	-20.4	0.6
铜及其制品	217	598	-63.7	0.4
钢铁制品	113	77	46.2	0.2
鞣料;着色料;涂料;油灰;墨水等	107	123	-13.1	0.2
镍及其制品	103	116	-10.8	0.2
钟表及其零件	83	81	3.1	0.2
钢铁	82	175	-53.2	0.2
谷物粉、淀粉等或乳的制品;糕饼	79	113	-29.9	0.2
印刷品;手稿、打字稿及设计图纸	70	113	-38.0	0.1
杂项食品	69	49	40.6	0.1
贱金属器具、利口器、餐具及零件	67	70	-3.8	0.1
可可及可可制品	65	70	-7.1	0.1
无机化学品;贵金属等的化合物	51	45	12.7	0.1
纸及纸板;纸浆、纸或纸板制品	51	70	-27.6	0.1
化学纤维长丝	49	56	-12.2	0.1
以上合计	50508	49318	2.4	97.8

新加坡自中国进口主要商品构成(2018—2019 年)

商品类别	2019 年(百万美元)	2018 年(百万美元)	2019 年比上年增减(%)	2019 年占比重(%)
总值	49047	49662	-1.2	100.0
电机、电气、音像设备及其零附件	19443	20828	-6.7	39.6
核反应堆、锅炉、机械器具及零件	10527	10404	1.2	21.5
矿物燃料、矿物油及其产品;沥青等	7321	6356	15.2	14.9
光学、照相、医疗等设备及零附件	1151	1104	4.2	2.4
有机化学品	889	857	3.7	1.8
钢铁制品	838	845	-0.9	1.7
塑料及其制品	752	747	0.7	1.5
钢铁	536	825	-35.0	1.1

续表

商品类别	2019年（百万美元）	2018年（百万美元）	2019年比上年增减（%）	2019年占比重（%）
家具；寝具等；灯具；活动房	428	445	-3.9	0.9
航空器、航天器及其零件	418	410	2.1	0.9
杂项化学产品	384	410	-6.4	0.8
铝及其制品	363	371	-2.0	0.7
玩具、游戏或运动用品及其零附件	298	297	0.3	0.6
皮革制品；旅行箱包；动物肠线制品	295	312	-5.4	0.6
针织或钩编的服装及衣着附件	294	318	-7.5	0.6
非针织或非钩编的服装及衣着附件	293	341	-14.0	0.6
珠宝、贵金属及制品；仿首饰；硬币	272	309	-12.1	0.6
纸及纸板；纸浆、纸或纸板制品	271	272	-0.2	0.6
烟草、烟草及烟草代用品的制品	255	221	15.3	0.5
鞋靴、护腿和类似品及其零件	249	258	-3.4	0.5
铁道车辆；轨道装置；信号设备	207	157	32.3	0.4
车辆及其零附件，但铁道车辆除外	206	178	16.0	0.4
精油及香膏；香料制品及化妆盥洗品	156	220	-29.1	0.3
食用蔬菜、根及块茎	155	147	5.7	0.3
玻璃及其制品	143	134	6.6	0.3
贱金属器具、利口器、餐具及零件	143	151	-5.3	0.3
无机化学品；贵金属等的化合物	140	163	-14.1	0.3
橡胶及其制品	136	135	0.6	0.3
鞣料；着色料；涂料；油灰；墨水等	124	124	0.4	0.3
贱金属杂项制品	121	128	-5.6	0.3
以上合计	46809	47466	-1.4	95.4

泰国对中国出口主要商品构成（2018—2019年）

商品类别	2019年（百万美元）	2018年（百万美元）	2019年比上年增减（%）	2019年占比重（%）
总值	29021	30056	-3.4	100.0
橡胶及其制品	4012	4758	-15.7	13.8
塑料及其制品	3468	3355	3.4	12.0
核反应堆、锅炉、机械器具及零件	3337	3626	-8.0	11.5
电机、电气、音像设备及其零附件	2904	3199	-9.2	10.0
食用水果及坚果；甜瓜等水果的果皮	2093	1009	107.5	7.2
有机化学品	1533	2474	-38.0	5.3
车辆及其零附件，但铁道车辆除外	1351	1020	32.4	4.7
光学、照相、医疗等设备及零附件	1315	1210	8.7	4.5
木及木制品；木炭	1113	1354	-17.8	3.8
矿物燃料、矿物油及其产品；沥青等	949	1300	-27.0	3.3
制粉工业产品；麦芽；淀粉等；面筋	678	742	-8.6	2.3
食用蔬菜、根及块茎	537	906	-40.7	1.9
鱼及其他水生无脊椎动物	390	260	50.1	1.4
铜及其制品	383	209	83.2	1.3
精油及香膏；香料制品及化妆盥洗品	315	219	43.8	1.1
糖及糖食	313	156	101.5	1.1
珠宝、贵金属及制品；仿首饰；硬币	303	347	-12.7	1.0
谷物	303	549	-44.8	1.0
杂项食品	232	229	1.2	0.8

续表

商品类别	2019 年（百万美元）	2018 年（百万美元）	2019 年比上年增减（%）	2019 年占比重（%）
肉及食用杂碎	221	62	256.1	0.8
蛋白类物质；改性淀粉；胶；酶	181	162	11.7	0.6
钢铁制品	172	231	-25.7	0.6
蔬菜、水果等或植物其他部分的制品	158	112	40.6	0.5
杂项化学产品	157	130	20.7	0.5
纸及纸板；纸浆、纸或纸板制品	146	149	-1.9	0.5
家具；寝具等；灯具；活动房	136	129	6.0	0.5
毛皮、人造毛皮及其制品	130	76	71.4	0.5
化学纤维短纤	128	154	-17.4	0.4
食品工业的残渣及废料；配制的饲料	117	131	-10.8	0.4
饮料、酒及醋	115	93	23.2	0.4
以上合计	27192	28353	-4.1	93.7

泰国自中国进口主要商品构成（2018—2019 年）

商品类别	2019 年（百万美元）	2018 年（百万美元）	2019 年比上年增减（%）	2019 年占比重（%）
总值	50980	50167	1.6	100.0
电机、电气、音像设备及其零附件	14171	15114	-6.2	27.8
核反应堆、锅炉、机械器具及零件	9122	8430	8.2	17.9
塑料及其制品	2521	2522	0.0	5.0
钢铁	2495	2560	-2.5	4.9
钢铁制品	2394	2632	-9.0	4.7
车辆及其零附件，但铁道车辆除外	1492	1465	1.8	2.9
光学、照相、医疗等设备及零附件	1210	1169	3.5	2.4
有机化学品	1142	1248	-8.5	2.2
杂项化学产品	1091	1297	-15.9	2.1
铝及其制品	1078	1070	0.7	2.1
矿物燃料、矿物油及其产品；沥青等	1072	232	361.2	2.1
铜及其制品	892	735	21.3	1.8
家具；寝具等；灯具；活动房	854	734	16.3	1.7
无机化学品；贵金属等的化合物	849	954	-11.0	1.7
食用蔬菜、根及块茎	559	484	15.5	1.1
珠宝、贵金属及制品；仿首饰；硬币	446	482	-7.5	0.9
纸及纸板；纸浆、纸或纸板制品	429	399	7.6	0.8
橡胶及其制品	414	388	6.9	0.8
非针织或非钩编的服装及衣着附件	412	406	1.5	0.8
皮革制品；旅行箱包；动物肠线制品	392	342	14.9	0.8
食用水果及坚果；甜瓜等水果的果皮	382	407	-5.9	0.8
玻璃及其制品	380	348	9.0	0.8
贱金属杂项制品	349	349	0.0	0.7
鱼及其他水生无脊椎动物	321	309	4.1	0.6
化学纤维长丝	315	284	10.9	0.6
鞣料；着色料；涂料；油灰；墨水等	308	318	-2.9	0.6
陶瓷产品	301	320	-5.8	0.6
船舶及浮动结构体	291	164	78.1	0.6
浸、包或层压织物；工业用纺织制品	291	294	-1.3	0.6
玩具、游戏或运动用品及其零附件	289	292	-0.9	0.6
以上合计	46264	45745	1.1	90.8

东盟国家货物进出口情况(2019年)

国家和地区	货物贸易总额(亿美元)	占世界(东盟)比重(%)	出口额(亿美元)	比上年增长(%)	进口额(亿美元)	比上年增长(%)
东盟	28100	7.4②	14212	-1.8	13888	-2.9
文莱	109	0.4①	65	-1.3	44	4.9
柬埔寨	362	1.3①	141	10.9	221	20.2
印度尼西亚	3382	12.0①	1675	-7.1	1707	-9.5
老挝	119	0.4①	59	11.0	60	-2.8
马来西亚	4432	15.8①	2382	-3.7	2050	-5.8
缅甸	354	1.3①	174	4.6	180	-7.0
菲律宾	1832	6.5①	703	1.5	1128	-5.4
新加坡	7500	26.7①	3908	-5.4	3593	-3.1
泰国	4829	17.2①	2462	-2.7	2366	-4.7
越南	5182	18.4①	2643	8.4	2539	7.2

注:①占东盟比重。②占世界比重

资料来源:世界贸易组织数据库

中国对东盟国家货物进出口情况(2019年)

国家和地区	进出口总额(亿美元)	比上年增长(%)	出口(亿美元)	比上年增长(%)	进口(亿美元)	比上年增长(%)
东盟	6415	9.2	3594	12.7	2820	5.0
文莱	11	-40.2	7	-59.2	4	81.7
柬埔寨	94	27.7	80	32.9	14	4.9
印度尼西亚	797	3.1	456	5.7	341	-0.3
老挝	39	12.9	18	21.2	22	7.0
马来西亚	1240	14.2	521	14.9	718	13.6
缅甸	187	22.8	123	16.7	64	36.4
菲律宾	610	9.5	407	16.3	202	-2.0
新加坡	899	8.7	547	11.6	352	4.4
泰国	918	4.9	456	6.3	462	3.4
越南	1620	9.6	976	16.7	641	0.3

资料来源:中国海关总署

中国对东盟国家货物进出口情况(2020年1—8月)

国家和地区	进出口总额(亿美元)	比上年增长(%)	出口(亿美元)	比上年增长(%)	进口(亿美元)	比上年增长(%)
东盟	4165.5	3.8	2326.9	3.7	1838.6	3.9
文莱	12.6	108.5	3.1	-23.0	9.5	373.3
柬埔寨	59.1	-3.3	50.5	-1.3	8.6	-13.3
印度尼西亚	486.1	-3.7	253.4	-11.1	232.7	5.8
老挝	21.1	-16.0	9.4	-14.3	11.6	-17.3
马来西亚	800.6	2.3	332.6	1.1	468.0	3.1
缅甸	116.5	-2.9	77.7	-0.5	38.8	-7.3
菲律宾	363.9	-5.5	248.6	-2.0	115.3	-12.4
新加坡	567.3	1.0	361.6	8.9	205.6	-10.5
泰国	625.8	6.7	319.1	11.9	306.6	1.9
越南	1112.4	13.4	670.8	8.9	441.7	20.9

资料来源:中国海关总署

中国广西与东盟进出口商品总值(2018—2020 年)

主要贸易方式	2018 年			2019 年			2020 年		
	进出口	出口	进口	进出口	出口	进口	进出口	出口	进口
合计	2061.49	1259.80	801.69	2334.65	1402.98	931.68	2374.41	1533.44	840.96
边境小额贸易	1076.20	1032.47	43.73	1090.81	1060.52	30.29	1125.63	1098.18	27.46
一般贸易	281.75	146.10	135.65	418.02	246.40	171.62	387.41	209.48	177.93
其他贸易	541.52	20.02	521.50	395.37	22.05	373.32	283.31	45.08	238.24
海关特殊监管区域物流货物	—	—	—	366.64	36.62	330.02	470.07	114.93	355.14
主要贸易国别									
合计	2061.49	1259.80	801.69	2334.65	1402.98	931.68	2374.41	1533.34	840.96
越南	1749.37	1142.13	607.23	1753.92	1204.59	549.32	1762.14	1343.56	418.58
印度尼西亚	67.40	23.91	43.49	75.91	36.1	39.81	55.56	20.36	35.19
新加坡	43.99	34.27	9.72	61.39	53.06	8.87	43.29	34.95	8.34
马来西亚	70.19	25.91	44.29	83.88	55.09	28.79	84.95	61.02	23.93
泰国	91.37	18.45	72.92	318.71	31.77	286.94	380.46	46.65	333.81
菲律宾	25.66	8.18	17.48	27.48	10.89	16.59	28.77	12.69	16.07
柬埔寨	3.82	2.95	0.87	5	4.65	0.35	6.39	6.10	0.29
老挝	6.17	1.07	5.10	1.57	1.35	0.22	5.94	1.77	4.17
缅甸	3.35	2.77	0.58	5.95	5.33	0.62	6.71	6.13	0.57
文莱	0.17	0.16	0.01	0.32	0.14	0.17	0.20	0.20	0.00

资料来源:《广西统计年鉴》2021 卷

中国广西与东盟国家(地区)进出口商品情况(2020 年)

单位:万元

国　家	进出口	出口	进口	2020 年比 2019 年增减%		
				进出口	出口	进口
印度尼西亚	555566	203647	351919	-27.1	-43.6	-12.2
马来西亚	849455	610158	239297	0.4	10.8	-19.0
菲律宾	287683	126937	160746	4.9	16.6	-2.8
新加坡	432951	349529	83422	-30.3	-34.1	-7.9
泰国	3804582	466495	3338087	19.3	46.8	16.3
越南	17621417	13435648	4185769	0.5	11.5	-23.8
东南亚国家联盟	23744055	15334421	8409634	1.6	9.3	-9.9

数据来源:南宁海关

东盟国家投资情况(2019)

国家(地区)	东盟国家吸引外商直接投资情况		东盟国家对外直接投资情况	
	吸引外商直接投资(亿美元)	比上年增长(%)	对外直接投资(亿美元)	比上年增长(%)
东盟	1557	4.6	560	-10.9
文莱	3	-28.0		
柬埔寨	37	15.5	1	-17.1
印度尼西亚	234	13.9	34	-58.0
老挝	6	-57.8		
马来西亚	77	0.4	63	23.2
缅甸	28	-22.2		
菲律宾	50	-24.3	7	-14.5
新加坡	921	15.5	333	11.8
泰国	41	-60.1	118	-35.8
越南	161	4.0	5	-22.2

资料来源:联合国贸发会议外商直接投资数据库

中国对东盟各国出口总额(2014—2019年)

国家(地区)	出口额(亿美元)					
	2014年	2015年	2016年	2017年	2018年	2019年
文莱	17.5	14.1	5.1	6.5	15.9	6.5
柬埔寨	32.7	37.6	39.3	47.8	60.1	79.8
印度尼西亚	390.6	343.4	321.2	347.6	432.1	456.4
老挝	18.4	12.3	9.9	14.3	14.5	17.6
马来西亚	463.6	439.9	376.6	417.2	454.0	521.3
缅甸	93.7	96.5	81.9	90.1	105.5	123.1
菲律宾	234.7	266.7	298.3	320.4	350.6	407.5
新加坡	489.1	520.1	444.8	450.2	491.7	547.3
泰国	343.0	382.9	371.9	387.1	428.9	455.9
越南	637.4	661.2	611.0	709.9	839.0	978.7
东盟总计	2720.7	2774.9	2560.0	2791.2	3192.4	3594.2

资料来源:《中国统计年鉴》《中国海关统计月报》

中国对东盟各国进口总额（2014—2019年）

国家（地区）	进口额（亿美元）					
	2014年	2015年	2016年	2017年	2018年	2019年
文莱	1.9	1.0	2.1	3.5	2.5	4.5
柬埔寨	4.8	6.7	8.3	10.1	13.8	14.4
印度尼西亚	245.2	198.9	213.9	285.5	341.6	340.6
老挝	17.7	15.5	13.5	15.9	20.2	21.6
马来西亚	556.6	533.0	492.1	543.0	632.2	718.3
缅甸	156.0	56.2	41.0	45.3	46.9	63.9
菲律宾	209.8	189.8	173.7	192.3	206.1	202.1
新加坡	308.3	275.6	259.5	342.2	337.2	352.2
泰国	383.8	371.7	386.8	415.8	446.3	461.5
越南	199.0	298.4	371.3	503.3	639.6	641.3
东盟总计	2083.1	1946.7	1962.2	2357.0	2686.3	2820.4

资料来源：《中国统计年鉴》《中国海关统计月报》

东盟国家经济增长率（2018—2019年）

国家（地区）	2018年	2019年	2019年比2018年增减（%）
东盟	5.1	4.4	-0.7
文莱	0.1	3.9	3.8
柬埔寨	7.5	7.1	-0.4
印度尼西亚	5.2	5.0	-0.2
老挝	6.2	5.0	-1.2
马来西亚	4.8	4.3	-0.5
缅甸	6.4	6.8	0.4
菲律宾	6.3	6.0	-0.3
新加坡	3.4	0.7	-2.7
泰国	4.2	2.4	-1.8
越南	7.1	7.0	-0.1

资料来源：亚洲开发银行《2020年亚洲发展展望》及9月补充报告

（何战）

附　　录

中国驻东盟各国大使馆

（名称/大使/地址/电话/电子邮箱）

驻文莱达鲁萨兰国大使馆/于红（女）（Yu Hong）/NO. 1，3，5 Simpang 462，Kampung Sungai Hanching Baru，Jalan Muara，BC2115，Bandar Seri Begawan，Brunei Darussalam/（00673）2334163，2339609，传真：2335710，2338277/EMBPROC @ BRUNET. BN

驻柬埔寨王国大使馆/王文天（Wang Wentian）/金边毛泽东大道156号（No. 156，Blvd Mao Tsetung，Phnom Penh，Cambodia）/（00855）12901923（领事保护手机），12810928，00855－23－720922（传真）/chinaemb_kh@ mfa. gov. cn

驻印度尼西亚共和国大使馆/肖千（Xiao qian）/JL. Mega Kuningan No. 2 Jakarta Selatan 12950 Indonesia/8179838410（领事保护手机），（0062－21）5761037，5761038（传真）/chinaemb_id@ mfa. gov. cn

驻老挝人民民主共和国大使馆/姜再冬（Jiang Zaidong）/Wat Nak Road，Sisattanak，Vientiane，Lao P. D. R.／（00856－21）315100，315104（传真）/chinaemb_la@ mfa. gov. cn

驻马来西亚大使馆/白天（Bai Tian）/229，Jalan Ampang，50450 Kuala Lumpur，Malaysia/00603－21636853（领事保护电话），传真：21484495，21429368，42513233/chinaemb_my@ mfa. gov. cn

驻缅甸联邦共和国大使馆/陈海（Chen Hai）/No. 1 Pyidaungsu Yeiktha Road，Yangon，Union of Myanmar/（0095）943209657（领事保护手机），（0095－1）221280，221281，227019（传真）/chinaemb_mm@ mfa. gov. cn

驻菲律宾共和国大使馆/黄溪连（Huang Xilian）/4896 Pasay Road，Dasmarinas Village，Makati，Metro Manila，the Philippines/0063－9178972695（领事保护手机），（0063－2）8443148，8452465（传真）/chinaemb_ph@ mfa. gov. cn

驻新加坡共和国大使馆/洪小勇（Hong Xiaoyong）/东陵路150号新加坡247969邮区（Embassy of the P. R. China in Singapore 150 Tanglin Road Singapore 247969）/（0065）92971517（领事保护电话），64180252，67344737，64793250（传真）/chinaemb_sg@ mfa. gov. cn

驻泰王国大使馆/吕健（Lyu Jian）/57 Rachadapisake Road Huay Kwang，Bangkok 10310，Thailand/（0066－2）2457044，2468247（传真）/chinaemb_th@ mfa. gov. cn

驻越南社会主义共和国大使馆/熊波（Xiong Bo）/46 Hoang Dieu Road，Hanoi，Vietnam/（0084－4）38453736，38232826（传真）/chinaemb_vn@ mfa. gov. cn

东盟各国驻中国大使馆

（名称/大使/地址/电话/电子邮箱）

文莱达鲁萨兰国大使馆/拉赫·玛尼（Pehin Dato Rahmani Dato Basir）/北京市朝阳区亮马桥北街1号/（010）65329773，65329776，65324093，65324097（传真）

柬埔寨王国大使馆/凯·西索达（Khek Sysoda）/北京市朝阳区东直门外大街9号/（010）65321889，65323507（传真）/cambassy@ public2. bta. net. cn

印度尼西亚共和国大使馆/周浩黎（Djauhari Oratmangun）/北京市朝阳区东直门外大街4号/（010）65325485－88，65325368（传真）/set. indonesia. kbri@ deplu. go. id

老挝人民民主共和国大使馆/坎葆·恩塔万（Khamphao Ernthavanh）/北京市朝阳区三里屯东四街11号/（010）65321224，65326748（传真）

马来西亚大使馆/拉惹·拿督·努亚尔万（Raja Dato' Nushirwan）/北京市朝阳区亮马桥北街2号/（010）65322531，

65325032(传真)/mwbjing@ 95777. com

缅甸联邦大使馆/吴苗丹佩(U Myo Thant Pe)/北京市朝阳区东直门外大街6号/(010)65320359,65320408(传真)/info@ myanmarembassy. com

菲律宾共和国大使馆/罗马纳(Jose S. L. Sta. Romana)/北京市朝阳区建国门外秀水北街23号/(010)65321872,65323761(传真)/Philemb_beijing@ yahoo. com

新加坡共和国大使馆/吕德耀(Lui Tuck Yew)/北京市朝阳区建国门外秀水北街1号/(010)65321115, 65329405(传真)

泰王国大使馆/阿塔育·习萨日(H. E. Mr. Arthayudh Srisamoot)/北京市朝阳区光华路40号/(010)65321749,65321748(传真)/thaibej@ eastnet. com. cn

越南社会主义共和国大使馆/范星梅(Fan Xingmei)/北京市朝阳区建国门外光华路32号/(010)65321125,65321155,65326521(传真)/Banbientap@ mofa. gov. vn

中国驻东盟各国总领事馆

(名称/总领事/地址/电话/电子邮箱)

驻棉兰总领事馆(印度尼西亚)/孙昂(Sun Ang)/Jalan Walikota No.9, Medan 20152/0062-82165631079(值班电话),(0062-61)4571232,4571261(传真)/chinaconsul_mdn_id@ mfa. gov. cn

驻泗水总领事馆(印度尼西亚)/顾景奇(Gu Jingqi)/Jalan Mayjend. Sungkono Kav. B1/105, Surabaya,Jalan Paris Argosari V D-3, Surabaya(签证厅)/(0062-31)5687225,5674667(传真)/chinaconsul_sur@ mfa. gov. cn

驻登巴萨总领事馆(印度尼西亚)/苟皓东(Gou Haodong)/Jalan. Tukad Badung 8X, Renon, Denpasar Selatan, Kota Denpasar, Bali 80226 Indonesia/6281239169767(领事保护),(0062-361)239001(传真)/chinaconsul_dps_id@ mfa. gov. cn

驻琅勃拉邦总领事馆(老挝)/黎宝光(Li Baoguang)/琅勃拉邦省琅勃拉邦县邦康村(PhongKham Village, Luang Prabang District, Luang Prabang Provice, Lao PDR)/(00856-71)252437,213330(传真)/consulate_lp@ mfa. gov. cn

驻古晋总领事馆(马来西亚)/程广中(Cheng Guangzhong)/马来西亚沙捞越州古晋市王长水路10段276号/(0060-82)240344,232344(传真)/consulate_kuching@ mfa. gov. cn

驻哥拉基纳巴卢总领事馆(马来西亚)/梁才德(Liang Caide)/马来西亚沙巴州哥打基纳巴卢/Palm Court, Lot 7, No 3, VIP Lot, Lorong Pokok Palma Rajah, Jalan Lintas, 88000 Kota Kinabalu, Sabah, Malaysia/(0060)88385481,88385491(传真)/chinaconsul_kk_my@ mfa. gov. cn, chinese_consulate_kk@ yahoo. com

驻槟城总领事馆(马来西亚)/鲁世巍(Lu Shiwei)/马来西亚玻璃池滑区的东姑阿都拉曼路28号B&C(28 B&C, Jalan Tunku Abdul Rahman, 10350 George Town, Penang, Malaysia)/(0060)42189795,(0060)42189798(传真)/consulate_penang@ mfa. gov. cn

驻曼德勒总领事馆(缅甸)/陈辰(Chen Chen)/Yadanar Lnae, Yangyi Aung Road/(00952)34457,34458,35937,35944(传真)/ chinaconsul_man_mm@ mfa. gov. cn

驻达沃总领事馆(菲律宾)/黎林(Li Lin)/Acacia Street,Juna Subdivision,Matina,Davao City,china_davao@ mfa. gov. cn

驻宿务总领事馆(菲律宾)/贾力(Jia Li)/7th Floor, Mandarin Plaza Hotel, Archbishop Reyes Avenue Corner Escario Street, Cebu City, Philippines(0063-32)5051035、5051038(传真)/consulate_cebu@ mfa. gov. cn

驻拉瓦格总领事馆(菲律宾)/周游斌(Zhou Youbin)/菲律宾北伊罗戈省圣尼古拉斯县三藩镇一区国道216号(No. 216 National Highway, Brgy. 1, San Francisco San Nicolas, Ilocos Norte 2901, Republic of the Philippines)/(0063-77)6706600,6706338(传真)/Chinaconsul_lg_ph@ mfa. gov. cn

驻清迈总领事馆(泰国)/任义生(Ren Yisheng)/泰国清迈昌罗路111号(111 Changloh Road, Haiya District, Chiang Mai, Thailand 50100)/(6653) 280380,276125,274614(传真)/http://chiangmai. chineseconsulate. org/chn

驻宋卡总领事馆(泰国)/马凤春(Ma Fengchun)/No.9, Sadao Road, Ampur Muang, Songkhla/(0066-74)322034,323772(传真)/chinaconsul_skh_th@ mfa. gov. cn

驻孔敬总领事馆(泰国)/廖俊云(Liao Junyun)/孔敬府直辖县环湖路2组142/44号(142/44 Moo 2, Rob-Bueng Rd. ,Nai-Muang, Muang, Khon Kaen,Thailand 40000)/(043)226873,227037(传真)/http://khonkaen. china-consulate. org

驻胡志明市总领事馆(越南)/吴骏(Wu Jun)/胡志明市第三郡二征夫人路175号(175 Hai Ba Trung Road, District 3, Ho Chi Minh City)/(00848)38292457,38295009(传真)/chinaconsul_hcm_vn@ mfa. gov. cn

驻岘港总领事馆（越南）/董碧幽（女）（Dong Biyou）/4－8 Tran Trong Khiem Road, Ngu Hanh Son District, Da Nang city/（0084）236 3987556，（0084）236 3987522（传真）

（据中华人民共和国外交部网站）

东盟各国驻中国总领事馆

（名称/总领事/地址/电话/领区）

柬埔寨王国驻重庆总领事馆/凯达拉（Khel Dara）/重庆市渝中区筷子街2号中国人寿大厦第10层/（023）63113666（传真）/重庆、湖北、湖南

柬埔寨王国驻昆明总领事馆/淮立恒（KruyLimheng）/云南省昆明市白云路258号官房大厦14楼/（0871）63317320，63316220（传真）/云南、四川、贵州

柬埔寨王国驻广州总领事馆/兴波（HENGPoeu）/广东省广州市环市东路368号花园酒店东楼804－808室/（020）83338999－808，83879006（传真）/广东、福建、海南

柬埔寨王国驻南宁总领事馆/努西瓦塔（Nguon Syvatha）/广西壮族自治区南宁市中国—东盟商务区桂花路16－6号/（0771）5672358，5672352，5672358（传真）/广西

柬埔寨王国驻上海总领事馆/丁萨南（Tean Samnang）/上海市闸北区天目中路267号蓝宝石大厦12楼A座/（021）51015850，51015866（传真）/上海、浙江、江苏、安徽

柬埔寨王国驻西安总领事馆/辉比威/ 陕西省西安市曲江新区雁南路292号曲江文化大厦6层/（029）89667287，89667289（传真）/陕西、甘肃、宁夏

柬埔寨王国驻海口总领事馆/ 海南省海口市龙华区滨海大道77号中环国际广场8楼808室/（0898）65202777，（0898）65202777（传真）/海南

印度尼西亚共和国驻广州总领事馆/琇翡（女）（Ratu Silvy Gayatri）/广东省广州市越秀区流花路120号东方宾馆西座2楼1201－1223室/510016（邮编）/（020）86018772，86018773（传真）/广东、广西、福建、海南

印度尼西亚共和国驻上海总领事馆/古纳万（Arif Gunawan）/上海市长宁区延安西路2299号上海世贸商城1607－1608室/（021）52402321，32565627（传真）/上海、浙江、江苏、安徽、江西

老挝人民民主共和国驻上海总领事馆/西莎美·銮珍达翁（女）（Sisamay Luangchandavong ）/上海市静安区江宁路356弄，静安紫苑行政9楼/（021）58987855，62188225（传真）/上海、浙江、江苏、安徽

老挝人民民主共和国驻南宁总领事馆/万希·维丽雅彭（女）（Vansy Vilignaphone）/广西壮族自治区南宁市中国—东盟商务区桂花路16－1号/（0771）5672544，5672502，5672503（传真）/广西、广东

老挝人民民主共和国驻昆明总领事馆/康潘·翁桑迪（Khamphone Vongsanty）/云南省昆明市彩云北路6800/（0871）67334522，67334511，67335489，67334533（传真）/云南

老挝人民民主共和国驻长沙总领事馆/本·印塔巴迪（Boun Intha bandith）/湖南省长沙市芙蓉区解放东路300号华天大酒店（总店）B座10楼/（0731）88627049，（0731）88627049（传真）/湖南、湖北、河南、贵州

老挝人民民主共和国驻昆明总领事馆驻景洪办公室/鸿萨·因提腊（Hongsa INTHILATH）/云南省西双版纳州景洪市沧江新区宣慰大道江北段，告庄西双景公建区综合楼210号/（0691）2219355，2219955（传真）/西双版纳州、普洱市

老挝人民民主共和国驻广州总领事馆/本班·巩银赛亚星（Bounpan Kongnhinsayaseng）广东省广州市越秀区环市东路339号广东国际大厦主楼9楼905－906室/（020）83340710/广东、海南、江西、福建

马来西亚驻昆明总领事馆/拿督萧进平（Dato Siow Chen Pin）/云南省昆明市西山区滇池路南亚风情第一城B座写字楼4楼403/（0871）63165088，63113503（传真）/云南、广西、贵州、四川、重庆

马来西亚驻广州总领事馆/木山利（Muzambli Bin Markam）/广东省广州市天河区天河北路233号中信广场商业大楼19楼15－18室/（020）87395660，87395661，38772320（传真）/广东、江西、福建、海南、湖南

马来西亚驻上海总领事馆/陈扬泰（Tan Yang Thai）/上海市红宝石路500号东银大厦B栋9层01、04室/（021）60900360，60900371（传真）/上海、浙江、江苏、安徽

马来西亚驻南宁总领事馆/黄奕瑞（Bong Yik Jui）/广西壮族自治区南宁市青秀区民族大道131号南宁鑫伟万豪酒店2008室/（0771）5593289，5593916（传真）/广西、贵州

马来西亚驻西安总领事馆/陈立龙（Tan Li Lung）/陕西省西安市雁塔区二环南路西段64号凯德广场写字楼东塔12层2单元，（临时办公地点：陕西省西安市雁塔区二环南路西段64

号凯德广场写字楼东塔6层3、4单元)/(029)89568478,(029)89326122/陕西、甘肃、宁夏

缅甸联邦共和国驻南宁总领事馆/杜丁埃凯(Tin Aye Khine)/广西壮族自治区南宁市中国—东盟商务区桂花路16-7号/(0771)5672845,5672391,5672192(传真)/广西、广东、湖南

缅甸联邦共和国驻昆明总领事馆/梭柏(SoePaing)/云南省昆明市官渡区迎宾路99号/(0871)68162804,68162808(传真)/云南、四川、贵州、重庆

菲律宾共和国驻重庆总领事馆/莲丽(女)(Olivia V. Palala)/重庆市渝中区邹容路68号大都会商厦29楼2903-2905单位/(023)63810832,63729809(传真)/重庆、云南、贵州

菲律宾共和国驻广州总领事馆/唐芷林(女)(Marie Charlotte G. Tang)/广东省广州市越秀区环市东路339号广东国际大厦主楼706-712室/(020)83311461,83310996,83330573(传真)/广东、广西、海南、湖南

菲律宾共和国驻厦门总领事馆/付昕伟(Julius Caesar Aragon Flores)/福建省厦门市思明区莲花新村凌香里2号/(0592)5130355,5130366,5530803(传真)/福建、江西

菲律宾共和国驻上海总领事馆/库玉甘(Wilfredo Ramon Cuyugan)/上海市长宁区延安西路1168号首信银都广场301室/(021)62818020,62818023(传真)/上海、浙江、江苏、安徽、湖北

新加坡共和国驻成都总领事馆/颜呈吉(Gan Teng Kiat)/四川省成都市锦江区人民南路二段1号仁恒置地广场写字楼3001号/(028)86527222,86528005(传真)/四川,陕西,重庆

新加坡共和国驻广州总领事馆/蔡簦合(Chua Teng Hoe)/广东省广州市天河区天河北路233号中信广场办公楼2418室/(020)38912345,38912933(传真)/广东、海南、广西、湖南、贵州、云南

新加坡共和国驻上海总领事馆/罗德伟(Loh Tuck Wai)/上海市万山路89号/(021)62785566,62086544(传真)/上海、浙江、江苏、安徽

新加坡共和国驻厦门总领事馆/池兆森(Chi Chiew Sum)/福建省厦门市厦禾路189号银行中心5楼07、08单元/(0592)2684691,2684694(传真)/福建、江西

泰王国驻成都总领事馆/潘媞葩(女)(Phantipha Iamsudha Ekarohit)/四川省成都市武侯区航空路6号丰德国际广场C座12楼/(028)66897861,66897863(传真)/四川、重庆

泰王国驻昆明总领事馆/鹏普·汪披塔亚(Pornpop Uampidhaya)/云南省五华区昆明市东风西路11号顺城东塔18楼/(0871)63168916,63166891(传真)/云南、贵州、湖南

泰王国驻广州总领事馆/瓦信·兰巴替盛(Vasin Ruangprateepsaeng)/广东省广州市海珠区友和路36号/(020)83858988,83889567(传真)/广东、海南

泰王国驻上海总领事馆/巴丽彩(女)(Parichat Luepaiboolphan)/上海市长宁区万山路18号/(021)52609899,52609898(传真)/上海、浙江、江苏、安徽

泰王国驻厦门总领事馆/邱塔泰(Tajtai Tmangraksat)/福建省厦门市思明区虎园路16号厦门宾馆3号楼/(0592)2027980,2027982,2058816(传真)/福建、江西

泰王国驻南宁总领事馆/蔡乐·蓬蒂窝拉卫(Chairat Porntipwarawet)/广西壮族自治区南宁市青秀区金湖北路52-1号东方曼哈顿大厦一层/(0771)5526945-46,5526949(传真)/广西

泰王国驻西安总领事馆/苏提瓦(Methee Suthiwartnarueput)/陕西省西安市曲江新区雁南三路钻石半岛11号楼1-2层/(029)89312831,89312863,89312935(传真)/陕西,甘肃,宁夏

泰王国驻青岛总领事馆/副总领事万贺怡(女)(Waraphannee Damrongmanee)/山东省青岛市市南区香港中路9号香格里拉中心1504-1505单元/(0532)68877038,68877039,68877036(传真)/山东

越南社会主义共和国驻昆明总领事馆/阮士洪(Nguyen Si Hong)/云南省昆明市北京路155号附1号红塔大厦507室/(0871)63522669,63516667(传真)/云南

越南社会主义共和国驻广州总领事馆/阮进洪(Nguyen Tien Hong)/广东省广州市海珠区侨光路华厦大酒店A座6楼/510115(邮编)/(020)83305911,83305915(传真)/广东

越南社会主义共和国驻上海总领事馆/阮青梅(女)(Nguyen Thanh Mai)/上海市浦东新区浦东大道900号华辰金融大厦304室/(021)68555871,68555872,68555873(传真)/上海

越南社会主义共和国驻南宁总领事馆/范清平(Pham Sao Mai)/广西壮族自治区南宁市青秀区金湖路55号亚航财富中心27楼/(0771)5510560,5510562,5534738(传真)/广西

中国和东盟各国自然状况简表

国　家	陆地国土总面积（万平方千米）	气　候	年平均气温(℃)	海岸线长度(千米)	主　要　资　源
中国	960	热带、亚热带、温带季风		32000	石油、天然气、煤炭、铁矿、锰矿、铬矿、铜矿、铅锌矿、铝矿、镍矿、钨矿、锡矿、金矿、银矿、森林、水力、动植物等
文莱	0.5765	热带雨林	28	约 161	石油、天然气、金矿、煤炭、锑矿、铅矿、矾土等
柬埔寨	18.1035	热带季风	27	460	金矿、磷酸盐、宝石、石油、铁矿、煤炭、森林、渔业等
印度尼西亚	191.36	热带雨林	25～27	54716	石油、天然气、煤炭、锡矿、铝矾土、镍矿、金矿、银矿、森林等
老挝	23.6800	热带、亚热带季风	20～30		锡矿、铅矿、钾矿、铜矿、铁矿、金矿、石膏、煤炭、盐、森林等
马来西亚	33.0257	热带海洋	25～30	4192	石油、天然气、锡矿、铁矿、金矿、钨矿、铝土、锰矿、森林等
缅甸	67.6578	热带季风	27	3200	石油、天然气、锡矿、钨矿、锌矿、铝矿、锑矿、锰矿、金矿、银矿、宝石、玉石、森林、水力等
菲律宾	29.9700	热带海洋	26.6	18533	铜矿、金矿、银矿、铁矿、铬矿、镍矿、地热、石油、渔业等
新加坡	0.0728	热带海洋	24～27	约 200	植物
泰国	51.3115	热带季风	27	2616.4	钾盐、锡矿、褐煤、油页岩、天然气、锌矿、铅矿、钨矿、铁矿、铬矿、重晶石、宝石、石油、森林等
越南	32.9556	热带季风	23～25	3260	煤炭、铁矿、锰矿、铬矿、铝矿、锡矿、磷矿、水产、森林等

注：根据《中国—东盟自由贸易区与广西》（广西社会科学院编），外交部网站等有关资料编制

中国与东盟各国货币名称

国家、地区	货币名称		货币符号		辅币进位制
	中文	英文	原有旧符号	标准符号	
中国	人民币	Renminbi	RMB ¥	CNY	1CNY = 10 jiao(角)　1jiao = 10 fen(分)
文莱	文莱元	Brunei Dollar	B $	BND	1BND = 100cents(分)
柬埔寨	瑞尔	Camboddian Riel	CR. ;J Ri.	KHR	1KHR = 100 sen(仙)
印度尼西亚	印尼盾	Indonesian Rupiah	Rps.	IDR	1IDR = 100 cents(分)
老挝	基普	Laotian Kip	K.	LAK	1LAK = 100 ats(阿特)
马来西亚	林吉特	Malaysian Dollar	M. $;Mal. $	MYR	1MYR = 100 cents(分)
缅甸	缅元	Burmese Kyat	K.	BUK	1BUK = 100 pyas
菲律宾	比索	Philippine Peso	Ph. Pes. ; Phil. P.	PHP	1PHP = 100 centavos(分)
新加坡	新加坡元	Singapore Dollar	S. $	SGD	1SGD = 100 cents(分)
泰国	铢	Thai Baht (Thai Tical)	BT. ;Tc.	THP	1THP = 100 satang(萨当)
越南	越南盾	Vietnamese Dong	D.	VND	1VND = 10 角 = 100 分

中国和东盟各国首都简况

国　家	首　都	面　积（平方千米）	人口（万）（2020年）	年平均气温（°C）	行政区划	主　要　景　点
中国	北京	16412	2172.9	13	辖16个区	天安门广场、故宫、天坛、北海公园、颐和园、长城、圆明园、恭王府、什刹海、景山公园、香山公园、明十三陵、雍和宫、南锣鼓巷
文莱	斯里巴加湾	100.36	约14	28	4个区	努鲁尔·阿里·赛义夫汀清真寺、水上村落——艾尔村、丘吉尔纪念馆、腾云殿、文莱博物馆等
柬埔寨	金边	678	约213	27	辖14个区和105个分区	皇宫、银寺、国家博物馆、塔山、杀人场等
印度尼西亚	雅加达	650.4	1056.1	27	5市1区	独立广场公园、印度尼西亚缩影公园、安佐尔梦幻公园、千岛群岛、伊斯蒂赫拉尔清真寺、中央博物馆等
老挝	万象	3920	94.85	22.6～31.7	9个县	塔銮、瓦帕娇寺、瓦细剎吉寺、瓦翁第寺、凯旋门、塔当塔、尤鲁纪念碑等
马来西亚	吉隆坡	243.65	176.90	27.5	11个市辖区	王宫、国会大厦、国立博物馆、国家回教堂、黑风洞、云顶高原等
缅甸	内比都	725	92.36	26.9	3个镇区	彬马那、累韦、德光
菲律宾	大马尼拉	638.55	1500	28	辖15个城市和1个自治市	千岛缩影、黎刹公园、国立博物馆、西班牙古城、唐人街、马拉坎阑宫、柯里基多岛、美军纪念公墓等
新加坡	新加坡	728	568.58	24～27	5个社区	圣淘沙、鱼尾狮公园、知新馆、苏丹回教堂、裕廊飞禽公园等
泰国	曼谷	1569	549	24～30	24个县、150个区	大皇宫、金佛寺、云石寺、四面佛、玉佛寺、郑皇庙、水上市场等
越南	河内	3344.7	830	23.4	12个郡、17个县、1个市社	巴亭广场、胡志明陵墓、独柱寺、文庙、还剑湖、西湖等

中国与东盟国家或地区通信代码与区号

Countries and Regions	国家或地区	国际域名缩写	电话代码	与中国北京时间时差
China	中　国	CN	86	0
Brunei	文　莱	BN	673	0
Burma	缅　甸	MM	95	－1.3
Philippines	菲律宾	PH	63	0
Malaysia	马来西亚	MY	60	－0.5
Singapore	新加坡	SG	65	+0.3
Thailand	泰　国	TH	66	－1
Laos	老　挝	LA	856	－1
Vietnam	越　南	VN	84	－1
Kampuchea（Cambodia）	柬埔寨	KH	855	－1
Indonesia	印度尼西亚	ID	62	－0.3
Hongkong	中国香港	HK	852	0
Taiwan	中国台湾	TW	886	0

东盟国家独立时间及与中国建立外交关系时间

国　家	独立前的宗主国	独立时间	与中国建交时间
文莱	英国	1984 年 1 月 1 日	1991 年 9 月 30 日
柬埔寨	法国	1953 年 11 月 9 日	1958 年 7 月 19 日
印度尼西亚	荷兰	1945 年 8 月 17 日	1950 年 4 月 13 日
老挝	法国	1945 年10月 12 日	1961 年 4 月 25 日
马来西亚	英国	1957 年 8 月 31 日	1974 年 5 月 31 日
缅甸	英国	1948 年 1 月 4 日	1950 年 6 月 8 日
菲律宾	美国	1946 年 7 月 4 日	1975 年 6 月 9 日
新加坡	英国	1965 年 8 月 9 日	1990 年 10 月 3 日
泰国			1975 年 7 月 1 日
越南	法国	1945 年 9 月 2 日	1950 年 1 月 18 日

注：根据《中国—东盟自由贸易区与广西》（广西社会科学院编）有关资料编制

历次中国—东盟领导人会议简况

会议名称	时　　间	地　　点	出席会议的中国领导人
第 1 次领导人非正式会晤	1997 年 12 月 16 日	马来西亚吉隆坡	江泽民主席
第 2 次领导人非正式会晤	1998 年 12 月 16 日	越南河内	胡锦涛副主席
第 3 次领导人非正式会晤	1999 年 11 月 28 日	菲律宾马尼拉	朱镕基总理
第 4 次领导人会议	2000 年 11 月 25 日	新加坡	朱镕基总理
第 5 次领导人会议	2001 年 11 月 5 日	文莱斯里巴加湾	朱镕基总理
第 6 次领导人会议	2002 年 11 月 4 日	柬埔寨金边	朱镕基总理
第 7 次领导人会议	2003 年 10 月 8 日	印尼巴厘岛	温家宝总理
第 8 次领导人会议	2004 年 11 月 29 日	老挝万象	温家宝总理
第 9 次领导人会议	2005 年 12 月 12 日	马来西亚吉隆坡	温家宝总理
第 10 次领导人会议	2007 年 1 月 14 日	菲律宾宿务	温家宝总理
第 11 次领导人会议	2007 年 11 月 20 日	新加坡	温家宝总理
第 12 次领导人会议	2009 年 10 月 24 日	泰国华欣	温家宝总理
第 13 次领导人会议	2010 年 10 月 29 日	越南河内	温家宝总理
第 14 次领导人会议	2011 年 11 月 18 日	印尼巴厘岛	温家宝总理
第 15 次领导人会议	2012 年 11 月 19 日	柬埔寨金边	温家宝总理
第 16 次领导人会议	2013 年 10 月 9 日	文莱斯里巴加湾	李克强总理
第 17 次领导人会议	2014 年 11 月 13 日	缅甸内比都	李克强总理
第 18 次领导人会议	2015 年 11 月 21 日	马来西亚吉隆坡	李克强总理
第 19 次领导人会议	2016 年 9 月 7 日	老挝万象	李克强总理
第 20 次领导人会议	2017 年 11 月 13 日	菲律宾马尼拉	李克强总理
第 21 次领导人会议	2018 年 11 月 14 日	新加坡	李克强总理
第 22 次领导人会议	2019 年 11 月 3 日	泰国曼谷	李克强总理

中国—东盟自由贸易区部分关税削减时间表

起始时间	关　税　税　率	覆盖关税条目	参与的国家
2000 年	对所有东盟成员国 0～5%	85% 的 CEPT 条目	原东盟 6 国
2002 年 1 月 1 日	对所有东盟成员国 0～5%	全部 CEPT 条目	原东盟 6 国
2003 年 7 月 1 日	WTO 最惠国关税税率	全部	中国与东盟 10 国
2003 年 10 月 1 日	中国与泰国果蔬关税降至 0	中泰水果蔬菜	中国、泰国
2004 年 1 月 1 日	农产品关税开始下调	农产品	中国与东盟 10 国
2005 年 1 月	对所有成员开始削减关税	全部	中国与东盟 10 国
2006 年	农产品关税降至 0	农产品	中国与东盟 10 国
2010 年	对所有东盟成员国 0	全部减税产品	原东盟 6 国
2010 年	关税降至 0	全部产品（部分敏感产品除外）	中国与原东盟 6 国
2015 年	对所有东盟成员国 0	全部产品（部分敏感产品除外）	东盟新成员国
2015 年	对中国—东盟自由贸易区成员国关税降至 0	全部产品（部分敏感产品除外）	东盟新成员国
2018 年	对东盟自由贸易区和中国—东盟自由贸易区所有成员国 0	剩余的部分敏感产品	东盟新成员国

注：资料来自 2002 年 11 月签署的《中国与东盟全面经济合作框架协议》

东盟、欧盟、非盟、阿盟、北美自由贸易区简况

名称	成立时间	成立文件	成员国	人口和面积	生产总值和贸易额	宗旨和特点	组织机构
东盟(东南亚国家联盟)	1967年8月8日	《东南亚国家联盟成立宣言》(也称《曼谷宣言》)	印度尼西亚、马来西亚、菲律宾、泰国、新加坡、文莱、越南、老挝、缅甸、柬埔寨	人口6.35亿,面积450万平方千米	经济总量3万亿	宗旨是以平等协作精神,共同努力促进本地区的经济增长、社会进步和文化发展;遵循正义、国家关系准则和《联合国宪章》,促进本地区的和平与稳定;同国际和地区组织进行紧密和互利的合作。特点是以经济合作为基础的政治、经济、安全一体化合作组织	首脑会议、东盟协调理事会、东盟共同体理事会、东盟领域部长机制、东盟秘书长和东盟秘书处常驻东盟代表委员会、东盟国家秘书处、东盟人权机构、东盟基金会、与东盟相关的实体。现任东盟秘书长黎良明
欧盟(欧洲联盟)	1993年11月1日	《欧洲联盟条约》(又称《马斯特里赫特条约》)	德国、法国、意大利、荷兰、比利时、卢森堡、丹麦、爱尔兰、希腊、西班牙、葡萄牙、奥地利、芬兰、瑞典、波兰、匈牙利、捷克、斯洛伐克、斯洛文尼亚、马耳他、塞浦路斯、爱沙尼亚、拉脱维亚、立陶宛、罗马尼亚、保加利亚、克罗地亚	人口4.48亿(2019年),面积432.20多万平方千米	国民生产总值15.58万亿美元(2019年)	促进和平,追求公民富裕生活,实现社会经济可持续发展,确保基本价值观,加强国际合作	理事会、委员会、欧洲议会、欧洲法院、外围组织、欧洲统计局、欧洲审计院、欧洲中央银行、欧洲投资银行等。现任欧盟委员会主席容克
非盟(非洲联盟)	1963年5月22日	《苏尔特宣言》	阿尔及利亚民主人民共和国、利比亚国、苏丹共和国、突尼斯共和国、西撒哈拉民主共和国(西撒哈拉)、贝宁共和国、布基纳法索、乍得共和国、科特迪瓦共和国、冈比亚共和国、加纳共和国、几内亚共和国、利比里亚共和国、马里共和国、尼日尔共和国、毛里塔尼亚伊斯兰共和国、尼日利亚联邦共和国、塞内加尔共和国、塞拉利昂共和国、多哥共和国、佛得角共和国、喀麦隆共和国、中非共和国、赤道几内亚共和国、加蓬共和国、刚果共和国、刚果民主共和国(前扎伊尔)、圣多美及普林西比民主共和国、安哥拉共和国、博茨瓦纳共和国、科摩罗联盟、莱索托王国、马拉维共和国、毛里求斯共和国、莫桑比克共和国、纳米比亚共和国、斯威士兰王国、南非共和国、坦桑尼亚联合共和国、赞比亚共和国、津巴布韦共和国、布隆迪共和国、吉布提共和国、厄立特里亚国、埃塞俄比亚联邦民主共和国、肯尼亚共和国、卢旺达共和国、塞舌尔共和国、索马里共和国、乌干达共和国、南苏丹共和国、埃及[①]中非共和国[②]几内亚比绍共和国[③]马达加斯加民主共和国[④]摩洛哥[⑤]	人口11亿,面积3000万平方千米	国民生产总值2.4万亿美元(2013年)	主要任务是维护和促进非洲大陆的和平与稳定,推行改革和减贫战略,实现非洲的发展与复兴。非盟致力于建设一个团结合作的非洲,力争各成员国在重大国际事务中能够用一个声音说话。该组织还积极落实2001年发起的非洲发展新伙伴计划,推动各成员国加强基础设施建设、吸引和争取外资及援助,以促进非洲大陆经济一体化。 非盟在维护地区安全、调解地区战乱和冲突方面采取积极行动。非盟参与调解布隆迪、刚果(金)、利比里亚、索马里、科特迪瓦和苏丹等国的冲突,有效地避免这些国家安全局势进一步恶化	首脑会议是非盟最高权力机构,每年举行国家元首和政府首脑级会议。在成员国提出要求并经2/3成员国同意,可召开特别首脑会议。非盟的官方机构有9个:首脑会议,行政当局,执行理事会,泛非议会,非洲法院,和平与安全理事会,常驻代表委员会,特别技术委员会,经济、社会和文化理事会(经社文理事会)。现任非盟委员会主席为穆萨·法基·穆罕默德
阿盟(阿拉伯国家联盟)	1945年3月22日	《阿拉伯联盟宪章》	阿尔及利亚、阿联酋、阿曼、埃及、巴勒斯坦、巴林、吉布提、卡塔尔、科威特、黎巴嫩、利比亚、毛里塔尼亚、摩洛哥、沙特、苏丹、索马里、突尼斯、叙利亚、也门、伊拉克、约旦、科摩罗(2011年11月16日,阿盟中止叙利亚成员国资格。2013年3月26日阿盟决定将叙利亚在阿盟席位授予叙利亚反对派"全国联盟",但迄今未落实)	人口约4.06亿(2016年),面积1308.2多万平方千米	国民生产总值2.501万亿美元(2016年)	密切成员国间的合作关系,协调彼此间的政治活动,捍卫阿拉伯国家的独立和主权,全面考虑阿拉伯国家的事务和利益,各成员国在经济、财政、交通、文化、卫生、社会福利、国籍、护照、签证、判决的执行以及引渡等方面进行密切合作。成员国相互尊重国家的政治制度,彼此之间的争端不得诉诸武力解决,成员国与其他国家缔结的条约和协定对其他国无约束力	首脑级理事会、部长级(外长)理事会、联合防御理事会、经社理事会、秘书处。秘书长为艾哈迈德·阿布·盖特
北美自由贸易区	1994年1月1日 2020年1月29日	《北美自由贸易协定》 《美墨加协定》取代	美国、墨西哥、加拿大	人口4.21亿,面积2130多万平方千米	国民生产总值6.45万亿美元,年贸易总额1.37亿美元	宗旨是取消贸易壁垒,创造公平竞争的条件,增加投资机会,对知识产权提供适当的保护,建立执行协定和解决争端的有效程序,促进三边的、地区的以及多边的合作。特点是大国主导型、经济互补型、战略过渡型	贸易委员会(秘书处、辅助组织等)、环境合作委员会(理事会、秘书处、联合咨询委员会)、劳工委员会(理事会、秘书处、国别行政办公室)

暂停资格、退出成员国:①、②2013年被暂停成员国资格;③2012年被暂停成员国资格;④2009年被暂停成员国资格;⑤1986年退出,2017年重新加入

中国和东盟各国主要港口及国际航空港名录

国　家	主　要　港　口	国际航空港(机场)
中国	海港:大连、营口、秦皇岛、天津、烟台、青岛、日照、连云港、上海、宁波、厦门、汕头、广州、湛江、北海、钦州、防城港、海口、香港、澳门、基隆、高雄 河港:重庆、万州、武汉、芜湖、南京、扬州、常州、张家港、南通、广州、梧州、贵港	北京首都、广州白云、上海浦东、上海虹桥、深圳宝安、昆明巫家坝、成都双流、西安咸阳、厦门高崎、重庆江北、天津滨海、大连周水子、杭州萧山、福州长乐、南京禄口、沈阳桃仙、桂林两江、南宁吴圩、哈尔滨阎家岗、台北桃园、高雄、香港、澳门
文莱	海港:穆阿拉、斯里巴加湾、马来亦、卢穆	斯里巴加湾
柬埔寨	海港:西哈努克	金边、暹粒
印度尼西亚	海港:丹戎不碌、泗水(丹戎佩拉)、三宝垄、勿拉湾	巴厘岛登帕萨、雅加达苏加诺—哈达、诗都阿佐、朱安达
老挝	河港:沙湾拿吉	琅勃拉邦、万象瓦岱、巴色
马来西亚	海港:巴生港、槟城、关丹、新山、纳闽(拉布安)、哥打基纳巴卢。河港:古晋	吉隆坡、槟城、兰卡威、哥打基纳巴卢、古晋
缅甸	海港:仰光。河港:勃生	仰光敏加拉洞、曼德勒、内比都
菲律宾	海港:宿务、马尼拉、怡朗、三宝颜	马尼拉阿基诺、宿务马克丹、达沃、苏比克、克拉克、拉瓦格
新加坡	海港:新加坡	新加坡樟宜
泰国	海港:宋卡、普吉。河港:曼谷	曼谷素旺那普、清迈、普吉、合艾
越南	海港:海防、岘港、金兰湾、广宁、炉门、归仁、义安、芽庄、西贡	河内内排、岘港、胡志明市新山一

注:根据《中国—东盟自由贸易区与广西》(广西社会科学院编)、新华网、凤凰网有关资料编制

中国和东盟各国重点风景名胜区名录

国　家	景　区　名　称
中国	八达岭—十三陵、承德避暑山庄、外八庙、秦皇岛北戴河、五台山、恒山、鞍山千山、镜泊湖、五大连池、太湖、南京钟山、杭州西湖、富春江—新安江、雁荡山、普陀山、黄山、九华山、天柱山、武夷山、庐山、井冈山、泰山、青岛崂山、鸡公山、洛阳龙门、嵩山、武汉东湖、武当山、衡山、肇庆星湖、桂林漓江、灵渠、北海银滩、德天瀑布、峨眉山、长江三峡、黄龙寺、九寨沟、重庆缙云山、青城山—都江堰、剑门蜀道、黄果树瀑布、云南石林、大理、西双版纳、华山、临潼骊山、麦积山、天山天池、野三坡、苍岩山、黄河壶口瀑布、鸭绿江、金石滩、兴城海滨、大连海滨—旅顺口、松花湖、八大部—净月潭、云台山、蜀岗瘦西湖、楠溪江、琅邪山、清源山、鼓浪屿—万石山、太姥山、三清山、龙虎山、胶东半岛海滨、大洪山、武陵源、岳阳楼—洞庭湖、西樵山、丹霞山、桂平西山、花山、贡嘎山、金佛山、蜀南竹海、织金洞、红枫湖、龙宫、三江并流、昆明滇池、丽江玉龙雪山、雅隆江、西夏王陵等
文莱	水村、王室陈列馆、赛福鼎清真寺、杰鲁东公园等
柬埔寨	吴哥古迹、金边、西哈努克港、马德望、荔枝山等
印度尼西亚	巴厘岛、婆罗浮屠佛塔、普兰班南寺庙群、“美丽的印度尼西亚”缩影公园、日惹苏丹王宫、多巴湖等
老挝	琅勃拉邦古城、巴色瓦普寺、万象塔銮、玉佛寺、占巴色孔埠瀑布、琅勃拉邦光西瀑布、万荣、石缸平原、沙湾拿吉的伊准塔等
马来西亚	吉隆坡、云顶、槟城、马六甲、兰卡威岛、刁曼岛、乐浪岛、邦咯岛、国家清真寺、大汉山国家公园等
缅甸	仰光大金塔、文化古都曼德勒、万塔之城蒲甘、额不里海滩等
菲律宾	百胜滩、蓝色港湾、碧瑶市、马荣火山、伊富高省巴纳韦高山梯田等
新加坡	圣淘沙岛、植物园、夜间动物园、天福宫、虎豹别墅等
泰国	曼谷、普吉、清迈、巴堤雅、清莱、华欣、苏梅岛等
越南	还剑湖、胡志明陵墓、文庙、巴亭广场、统一宫、古芝地道、下龙湾、芽庄等

注:中国的重点风景名胜区为1982年11月8日和1988年8月1日公布的第一、第二批名单

中国和东盟国家世界文化遗产、世界自然遗产、世界文化和自然双重遗产名录

国家	世界文化遗产	世界自然遗产、世界文化和自然双重遗产
中国	北京故宫(1987),长城(1987),周口店北京猿人遗址(1987),陕西秦始皇陵及兵马俑(1987),甘肃敦煌莫高窟(1987),西藏布达拉宫(1994),河北承德避暑山庄及周围寺庙(1994),山东曲阜孔庙、孔府、孔林(1994),湖北武当山古建筑群(1994),江西庐山风景名胜区(1996),山西平遥古城(1997),江苏苏州古典园林(1997),云南丽江古城(1997),北京天坛(1998),北京颐和园(1998),重庆大足石刻(1999),皖南古村落—西递、宏村(2000),明清皇室陵寝(2000),河南龙门石窟(2000),四川青城山—都江堰(2000),山西云冈石窟(2000),中国高句丽王城、王陵及贵族墓葬(2004),沈阳故宫、盛京二陵(2004),澳门历史城区(2005),安阳殷墟(2006),广东开平碉楼与村落(2007),福建土楼(2008),登封“天地之中”历史建筑群(2010),元上都遗址(2012),云南红河哈尼梯田(2013),中国大运河(2014),丝绸之路:起始段和天山廊道的路网(2014)、中国土司遗址[湖南永顺老司城遗址、湖北唐崖土司城遗址、贵州播州海龙屯遗址](2015),厦门鼓浪屿(2017),良渚古城遗址(2019)	世界自然遗产:四川九寨沟风景名胜区(1992),四川黄龙风景名胜区(1992),湖南武陵源风景名胜区(1992),云南三江并流保护区(2003),四川大熊猫栖息地(2006),中国南方喀斯特(2007),江西三清山(2008),中国丹霞[贵州赤水、福建泰宁、湖南崀山、广东丹霞山、江西龙虎山(包含龟峰)、浙江江郎山](2010),云南澄江化石地(2012),新疆天山(2013),湖北神农架(2016),青海可可西里(2017),梵净山(2018),中国黄(渤)海候鸟栖息地(第一期)(2019) 世界文化和自然双重遗产:山东泰山风景名胜区(1987),安徽黄山风景名胜区(1990),四川峨眉山—乐山风景名胜区(1996),福建武夷山风景名胜区(1999) 文化景观遗产:江西庐山(1996),山西五台山(2009),杭州西湖文化景观(2011),广西左江花山岩画(2016)
柬埔寨	吴哥窟区(1992),柏威夏古庙(2007),古伊奢那补罗考古遗址的三波坡雷古寺庙区(2017)	
印度尼西亚	婆罗浮屠寺庙群(1991),普兰班南寺庙群(1991),桑义兰早期人类遗址(1996),巴厘文化景观:体现“幸福三要素”哲学的苏巴克灌溉系统	世界自然遗产:乌绒库伦国家公园(1991),科莫多国家公园(1991),洛伦茨国家公园(1999),苏门答腊热带雨林(2004 年,2011 年列为《世界濒危遗产名录》)
老挝	琅勃拉邦古城(1995),占巴塞文化风景区(2001)	
马来西亚	马六甲海峡历史城市:马六甲,槟城乔治市(2008),玲珑谷地考古遗址(2012)	世界自然遗产:基纳巴卢山公园(2000),穆鲁山国家公园(2000)
缅甸	骠国古城(2014),蒲甘古城(2019)	
菲律宾	菲律宾巴洛克教堂(1993),菲律宾巴纳韦高山梯田(1995),维甘历史古城(1999)	世界自然遗产:图巴塔哈礁群公园(1993),普林塞萨港地下河国家公园(1999),延伸扩充 Tubbataha Reef National Park(2009),汉密吉伊坦山野生动物保护区(2014)
新加坡	新加坡植物园(2015)	
泰国	素可泰历史城镇及相关历史城镇(1991),阿育他亚(大城)历史城镇及相关城镇(1991),班清阿考古遗址(1992)	世界自然遗产:童·艾·纳雷松野生生物保护区(1991),东巴耶延—考艾森林保护区(2005)
越南	顺化历史建筑群(1993),美山遗址(1999),会安古镇(1999),升龙皇城中心区(2010),胡朝时期的城堡(2011)	世界自然遗产:下龙湾(1994),丰芽格邦国家公园(2003) 世界文化和自然双重遗产:长安名胜群(2014)

注:括号中数字为列入《世界遗产名录》的年份

东盟10国2019年全球竞争力指数排行榜

国家	2019年全球竞争力指数排行榜	十二项竞争力因素排行榜											
		制度	基础设施	ICT采用	宏观经济稳定	健康	技术	产品市场	劳动力市场	金融系统	市场规模	商务活力	创新能力
文莱	56	50	58	26	87	62	59	37	30	98	116	62	51
印度尼西亚	50	51	72	72	54	96	65	49	85	58	7	29	74
柬埔寨	106	123	1036	71	75	105	120	113	65	88	84	127	102
老挝	113	119	93	102	113	109	104	77	87	97	102	137	119
缅甸	—	—	—	—	—	—	—	—	—	—	—	—	—
马来西亚	27	25	35	33	35	66	30	20	20	15	24	18	30
菲律宾	64	87	96	88	55	102	67	52	39	43	31	44	72
新加坡	1	2	1	5	38	1	19	2	1	2	27	14	13
泰国	40	67	71	62	43	38	73	84	46	16	18	21	50
越南	67	89	77	41	64	71	93	79	83	60	26	89	76

注：来源于WEF《2019年全球竞争力报告》（由于新冠肺炎疫情的影响，全球经济动荡，WEF自2020年暂停全球竞争力国家排名指数）

东盟各国主要报纸

国　家	本国文报纸	华文报纸	英文（其他语文）报纸
文莱	《婆罗洲公报》《文莱灯塔》	《文莱美里日报》《文莱诗华日报》	《婆罗洲公报》
柬埔寨	《柬埔寨之光报》《人民报》《和平岛报》《柬埔寨日报》《柬埔寨时报》	《华商日报》《柬华日报》《星洲日报》《大众日报》《新时代日报》	《柬埔寨日报》《金边邮报》《柬埔寨时报》
印度尼西亚	《罗盘报》《专业之声报》《印度尼西亚媒体报》《共和国日报》《革新之声报》《印度尼西亚商报》《华文邮报》	《印度尼西亚日报》《华文邮报》《国际日报》《世界日报》《商报》《新生日报》《和平日报》《龙阳日报》《广告日报》《千岛日报》	《雅加达邮报》《印度尼西亚观察家报》
老挝	《人民报》《新万象报》《人民军报》《青年报》		《VINTIANETIMES》（英文报）、《LE RENOVATEUR》（法文报）
马来西亚	《马来西亚先锋报》《每日新闻》《祖国报》	《南洋商报》《星洲日报》《东方日报》等	《新海峡时报》《星报》《马来邮报》
缅甸	《缅甸之光》《镜报》《首都报》《曼德勒报》《雅德那崩报》	《缅甸华报》	《缅甸新光》
菲律宾	《消息报》《菲律宾快报》	《世界日报》《商报》《菲华时报》《联合日报》《环球日报》	《马尼拉公报》《菲律宾星报》《菲律宾每日询问日报》《自由报》《马尼拉时报》《马尼拉纪事报》
新加坡	《每日新闻》《泰米尔日报》	《联合早报》《联合晚报》《新明日报》	《海峡时报》《商业时报》《新报》
泰国	《泰叻报》《民意报》《每日新闻》《国家报》《沙炎叻报》《经理报》等	《新中原报》《中华日报》《星暹日报》《亚洲日报》《京华中原日报》《世界日报》等	《曼谷邮报》《民族报》等
越南	《人民报》《人民军队报》《大团结报》《西贡解放日报》	《西贡解放日报》	《西贡时报》

中国和东盟各国主要通讯社、电台、电视台

国　家	通　讯　社	电　　台	电　视　台
中国	新华通讯社、中国新闻社	中央人民广播电台、中国国际广播电台	中央广播电视总台(2018 年 3 月)
文莱	文莱新闻社	文莱广播电视台(创建于 1957 年 5 月)	文莱广播电视台(从 1975 年起开设彩色电视频道)
柬埔寨	柬新社(成立于 1980 年)	FM96(国家台)	国家电视台(以柬语广播为主)、仙女 11 台(人民党资产)、第 9 台(私人台)、第 5 台(军队台)、首都第 3 台(官方台)、巴戎台(私人台)
印度尼西亚	安塔拉通讯社(官方)、印度尼西亚民族通讯社(私营)、武装部队新闻社(国防安全部)	印度尼西亚共和国广播电台(成立于 1945 年 9 月)	印度尼西亚共和国电视台、印度尼西亚鹰记电视台、太阳电视台、教育电视台、美都电视台等 11 家电视台
老挝	巴特寮通讯社(1968 年 1 月成立,国营)	老挝国家广播电台、老挝人民军广播电台	老挝国家电视台(建于 1983 年 12 月)
马来西亚	马来西亚国家新闻社(简称马新社,半官方)	马来西亚广播电台(建于 1946 年)、马来西亚之声电台(建于 1963 年)	马来西亚国家电视台(建于 1963 年)、第三电视台(TV3)、城市电视台(Metro Vision)、国民电视台(NTV)、Astro 卫星有线电视频道
缅甸	缅甸通讯社	缅甸之声(建于 1937 年)	缅甸电视台(建于 1980 年)、妙瓦底电视台(创办于 1995 年 3 月 27 日)
菲律宾	菲律宾通讯社(成立于 1973 年)	菲律宾广播台	人民电视台
新加坡		新加坡广播电台(于 1936 年开播)	新加坡电视台
泰国	泰国通讯社	泰国国家广播电台	泰国国家电视台
越南	越南通讯社(1945 年成立,1976 年越南南方解放通讯社与之合并)	越南之声广播电台(成立于 1954 年)	越南中央电视台(成立于 1971 年)

注:根据中国网、新华网有关资料编制

东盟国家孔子学院一览表

国别	孔子学院名称	中国合作院校	成立/运营时间
泰国(14 所)	勿洞市孔子学院	重庆大学	2006 年 2 月 28 日
	孔敬大学孔子学院	西南大学	2006 年 8 月 3 日
	农业大学孔子学院	华侨大学	2006 年 10 月 1 日
	皇太后大学孔子学院	厦门大学	2006 年 11 月 7 日
	清迈大学孔子学院	云南师范大学	2006 年 12 月 18 日
	曼松德昭帕亚皇家师范大学孔子学院	天津师范大学	2006 年 12 月 19 日
	玛哈沙拉坎大学孔子学院	广西民族大学	2006 年 12 月 20 日
	宋卡王子大学普吉孔子学院	上海大学	2006 年 12 月 24 日
	川登喜大学素攀孔子学院	广西大学	2006 年 12 月 27 日
	宋卡王子大学孔子学院	广西师范大学	2006 年 12 月 29 日
	朱拉隆功大学孔子学院	北京大学	2007 年 3 月 26 日
	东方大学孔子学院	温州大学、温州医学院	2009 年 9 月 15 日
	海上丝路孔子学院	天津师范大学	2015 年 6 月 24 日
	易三仓大学孔子学院	天津科技大学	2015 年 9 月 12 日

续表

国别	孔子学院名称	中国合作院校	成立/运营时间
新加坡(1所)	南洋理工大学孔子学院	山东大学	2007年7月14日
柬埔寨(2所)	柬埔寨皇家科学院孔子学院	江西九江学院	2006年12月22日
	柬埔寨国立马德旺大学孔子学院	桂林电子科技大学	2019年12月26日
老挝(1所)	老挝国立大学孔子学院	广西民族大学	2010年3月23日
印度尼西亚(6所)	雅加达汉语教学中心孔子学院	海南师范大学	2007年9月28日
	阿拉扎大学孔子学院	福建师范学院	2010年11月9日
	玛拉拿达基督教大学孔子学院※	河北师范大学	2011年1月18日
	哈山努丁大学孔子学院	南昌大学	2011年2月22日
	玛琅国立大学孔子学院	广西师范大学	2011年3月14日
	泗水国立大学孔子学院	华中师范大学	2011年5月19日
	丹戎布拉大学孔子学院	广西民族大学	2011年11月26日
菲律宾(4所)	亚典耀大学孔子学院	中山大学	2006年10月30日
	布拉卡国立大学孔子学院	西北大学	2009年2月28日
	红溪礼示大学孔子学院	福建师范大学	2009年11月10日
	菲律宾国立大学孔子学院	厦门大学	2015年10月12日
马来西亚(2所)	马来亚大学孔子汉语学院	北京外国语大学	2009年7月8日
	世纪大学孔子学院	海南师范大学	2015年11月23日
越南(1所)	河内大学孔子学院	广西师范大学	2015年5月
文莱(0所)	无		
缅甸(0所)	无		

数据来源:孔子学院总部/国家汉办2016年“第11届全球孔子学院大会交流材料”亚洲卷
※雅加达汉语教学中心孔子学院因没有得到印度尼西亚国民教育部的认可于2011年停止运营

东盟各国贸促机构与商协会通讯录

国家	机构名称	地 址	电话、传真
文莱	文莱国家工商会	No. 1 Block D, Beribi lndustrial Complex1kgBeribi BE 1119 Negara Brunei Darussalam	TEL:00673 - 2433750 FAX:00673 - 2422751
	文莱斯市中华总商会	72. JalanRobert P. O. Box281. BSBBS8670, Brunei Darussalam	TEL:00673 - 2235495 FAX:00673 - 2235492/3
柬埔寨	商业部	20A, borlevard Norodom	Tel:00855-23-210365 Fax:00855-23-217353
	柬埔寨总商会金边总商会	Building No. 7B, the corner of Road No. 81&109, Sangkat Boeung Raing, Khan Daun Penh, Phnom Penh, Kingdom of Cambodia	Tel:00855 - 23 - 212265 Fax:00855 - 23 - 212270
印度尼西亚	工贸部国家出口发展局	8, JI. Gajah Mada, P. O. Box 443/JKT	Tel:0062-21-6341082 Fax:0062-21-6338360
	中华工业委员会	20, M. H. Thamrin, Jakarta	
	印度尼西亚中国商会总会	Menara Prima Lantai 10 unit F - G Jl. DR. lde Anak Agung Gde Agung Blok 6. 2, Kawasan Mega Kuningan, Jakarta 12950	TEL:(+6221)22513548 Emall:chinacham@ gmail. com
	印度尼西亚工商会	Menara Kadinlndonesia 29th Floor - J1. H. RRasuna Said X - 5Kav2 - 3. Jakarta 12950	TEL:(64 - 41)64344869166636 FAX:(64 - 41)6434486

续表

国家	机构名称	地　　址	电话、传真
老挝	老挝商工会	Rue Ponexay Post Box 4596 Vieentiane	Tel:00856-21-414383 Fax:00856-21-414383
马来西亚	国际贸易工业部	Blick 10, Gov. Building Complex, Jalan Data 50622	Tel:0060 - 3 - 6200033 Fax:0060 - 3 - 62031303
	马来西亚中华大会堂总会	No. 1 Jalan Maharajalela, 50150 Kuala Lumpur	Tel:00603 - 22734008 Fax:00603 - 22734015 网址:www. huazong. my
	马来西亚中华总商会	6th Floor, Wisma Chinese Chamber, 258 Jalan Ampang, 50450 Kuala Lumpur	Tel:00603 - 42603090, 42603091 Fax:00603 - 42603080 网址:www. accim. org. my
	马来西亚中国总商会	No. 8 - 2, Jalan Metro Pudu, Fraser Business Park, Off Jalan Yew, 55100 Kuala Lumpur	Tel:00603 - 92231188 Fax:00603 - 92221548 网址:www. mccc. my
	马中友好协会	Lot 10&11, 13th Floor, Sun Complex, Jalan Bukit Bintang, 55100 Kuala Lumpur	Tel:00603 - 21416885 Fax:00603 - 21411406 网址:www. ppmc. com. my
	马中商务理事会	Level6 - 05&6 - 06, Menara LGB, No. 1Jalan Wan Kadir, Taman Tun Dr. lsmail, 60000 Kuala Lumpur	Tel:00603 - 77271948 Fax:00603 - 77251396 网址:www. mcbc. com. my
	马来西亚全国工商总会	Level3, West Wing, Menara MATRADE, Jalan Khidmat Usaha off Jalan Duta, 61 马来西亚 50480, Kuala Lumpur	Tel:00603 - 62049811 Fax:00603 - 62049711 网址:www. nccim. org. my
	马来西亚制造商联合会	No. 3, Persiaran Dagang, PJU 9, Bandar Sri Damansara, 52200 Kuala Lumpur	Tel:00603 - 62867200 Fax:00603 - 62741266/7288 网址:www. fmm. org. my
	马来商会	No. 33&35, Jalan Medan Setia 1, Bukit Damansara, 50490 Kuala Lumpur	Tel:00603 - 20962233 Fax:00603 - 20962533 网址:www. dpmm. org. my
	马来西亚国际工商会	C - 08 - 08, Plaza Mont'Kiara, 2 Jalan Kiara, 50480 Kuala Lumpur	Tel:00603 - 62017708 Fax:00603 - 62017705 网址:www. micci. cim
	马来西亚中国法律联合会	10 Perslaran Dagang, Bandar Sri Damansara, Kuaia Lumpur	Tel:00603 - 61794259 Fax:00603 - 62536311 电邮:mclcs. acclaim@ gmail. com
	马来西亚中资企业总商会	Level 1, Bank of China(Malaysia) Berhad, Plaza OSK 25 Jalan Ampang, 50450 Kuala Lumpur	Tel:00603 - 23878101 Fax:00603 - 21644240 电邮:cenam1449@ gmail. com 网址:www. ceccm. com. my
缅甸	缅甸工商联合会	No. 29, Min Ye Kyawswa Road, Lanmadaw Township, Yangon, Myanmar.	Tel:0095 - 1 - 214344/214345 Fax:0095 - 1 - 214484
菲律宾	菲律宾商工会	14th floor, 6805 Ayala Avenue Makati City	Tel:0063 - 2 - 8433374 Fax:0063 - 2 - 8434102
	菲华商联总会	6th Floor, Federation Center, Muelle De Binondo St. Manila, Philippines.	Tel:0063 - 2 - 2419201 Fax:0063 - 2 - 2422361
	菲律宾工业联合会	G/FPhilippine lnternational Convention Center, East Wing, Secretariat Building, CCP Complex, Roxas Blvd. Pasay City, Metro Manila, Philippines.	Tel:0063 - 2 - 8338591 Fax:0063 - 2 - 8338895
	菲律宾中华总商会	1122 Soler St. , Manila, Philippines.	Tel:0063 - 2 - 7114141 - 232、2447231 Fax:0063 - 2 - 7436366、2447635

续表

国家	机构名称	地　　址	电话、传真
新加坡	贸易工业部	Znfo Centre 100, High Street No. 04 – 01 The Treasary	Tel 0065 – 2 – 3327258 Fax:0065 – 2 – 3327634
	中小企业协会	Information and Doc. Centre 141, Market Street, Internat. Factor Buliding 04 – 03/04	Tel:0065 – 2 – 2240868 Fax:0065 – 2 – 2241507
	太平洋经济合作委员会	4, Nassim Road	Tel:0065 – 2 – 7379823 Fax:0065 – 2 – 7379824
	新加坡工业联合会	20, Orchard Rock 23883 Singapore	Tel:0065 – 3388787 Fax:0065 – 3383358
	新加坡商业工业联合会	47 Hill Street # 03 – 1, Chimese Chamber of Commerce Bulidtng 179365 Singapore	Tel:0065 – 3389761 Fax:0065 – 3395630
	新加坡中华机械进出口商协会	6001 Beach Road, No. 1101, Golden Mile Tower, Songapore 0719	
	新加坡工商联合总会	19 Tanglin Shopping Centre, Singapore 247909	Tel:(65)68276828 Fax:(65)68276807
	中资企业(新加坡)协会	China Enterprises Association(Singapore)	Tel:0065 – 68830708 Fax:0065 – 68830443 电邮:joy. yang@ cea. org. sg 网址:www. cea. org. sg
	新加坡中华总商会	47 Hill Street #09 – 00, Singapore 179365	Tel:0065 – 63378381 Fax:0065 – 63390605 电邮:corporate@ sccci. org. sg 网址:www. sccci. org. sg
	新加坡中国商会	6001 Beach Road #11 – 01, Golden Mile Tower, Singapore 199589	Tel:0065 – 62983622, 62932209 Fax:0065 – 62969492 电邮:scbal@ singnet. com. sg 网址:www. s – cba. org. sg
泰国	泰国贸易局	150, Rajorpit Road, 10200 Bang KoK Thailand	Tel:0066 – 22211827 Fax:0066 – 22219350
	泰国商会	150 Rajopit Road, BangKoK 10200	Tel:0066 – 26221860 Fax:0066 – 22253372
	国际贸易经济合作处	1. 22 Ac. Pilyuain St. ,2,2 Vnited Natians Buliding, Rajadnmnern Avenue, Bangkok 10i	
	泰国中华总商会	No. 889 Thai C. C. Tower, 9th Floor, Sathorn Road. Bangkok 10120, Thailand	Tel:0066 – 2 – 6758577 Fax:0066 – 22123917 网址:www. thaicc. org
	泰国投资促进委员会	555 Vibhavadi – Rangsit RD, Chatuchak, Bangkok, 10900, Thailand	Tel:0066 – 25378111 Fax:0066 – 25378177

续表

国家	机构名称	地址	电话、传真
越南	越南商工会	9 Dao Duy Anh Street 10000 Dong Da Hanoi	Tel:0084 -4 -5742162 Fax:0084 -4 -5742020
	越南计划投资部外国投资局	河内市(Hoang Van Thu - Ha Noi)	Tel:0084 -4 -7343759 Fax:0084 -4 -7343769
	越南计划投资部南方外国投资中心	胡志明市(178, Nguyen Dinh Trieu, Tp. Ho Chi Minh)	Tel:0084 -8 -9303287 Fax:0084 -4 -9305413
	胡志明市企业家协会	胡志明市第一郡边章阳路51号(51 Ben Chuong Duong st. ,Dist. 1, Ho Chi Minh City,Vietnam)	Tel:0084 -8 -8293389 Fax:0084 -8 -8215448
	越南中国商会	M Floor Ha Noi Hotel Business Center, No. D8 Giang Vo Stree,Ba Dinh Dist. ,Ha Noi	Tel:0084 -24 -37368950 Fax:0084 -24 -37368951 邮箱:vietchina@ qq. com
	越南中国商会胡志明市分会	12th Floor, CIENCO 4 Building, 180 Nguyen Thi Minh Khai St. , Ward 6, Dist. 3, Ho Chi Minh City, Vietnam	Tel:0084 -28 -62641027 Fax:0084 -28 -62641029 邮箱:cbahl 10@ cbah. org. vn
	越南科技联合总会	53 Nguyen Du Str. Hanoi	Tel:(84 -4)9438108 Fax:(84 -4)8227593
	越南标准及消费者协会	214 ngo 22 pho Ton Tat Tung, Hanoi	Tel&Fax:(84 -4)8527769
	越南工业财产协会	100B Ngoc Ha Street,Ba Dinh,Hanoi	Tel:(84 -4)7332266 Fax:(84 -4)7340645
	越南银行协会	193 Ba Trieu Str. , Hanoi	Tel:(84 -4)8218679 Fax:(84 -4)8218732

驻东盟国家经商机构联系方式

国家(地区)名称	驻东盟国家经商机构联系方式				
	网址	电话	传真	E - mail	联系地址
缅甸	http://mm. mofcom. gov. cn/	0095-1-222803	0095-1-220386 0095-1-215423	mm @ mofcom. gov. cn	缅甸仰光联邦林荫路53号
曼德勒	http://mandalay. mofcom. gov. cn/	0095-2-2000250 0095-2-2000251	0095-2-2000250 0095-2-2000251	mandalay @ mofcom. gov. cn	缅甸联邦共和国曼德勒省曼德勒市昌妙达西镇区73街与德新街角 Coner of 73rd Street and Thazin Street, ChanMyaTharSi Township, Mandalay City, Mandalay Region, The Republic of the Union of Myanmar
马来西亚	http://my. mofcom. gov. cn/	0060-3-42513555	0060-3-42513233	my @ mofcom. gov. cn	No. 39, Jalan Ulu Kelang, 68000 Ampang, Selangor Darul Ehsan, Malaysia
古晋	http://kuching. mofcom. gov. cn/	商务领事: 0060-82-254818 商务副领: 0060-82-239816	0060-82-414344	kuching @ mofcom. gov. cn	Address: Lot276, Block 10, Jalan Ong Tiang Swee 93200 Kuching, Sarawak, Malaysia.

续表

国家(地区)名称	驻东盟国家经商机构联系方式				
	网址	电话	传真	E-mail	联系地址
哥打基纳巴卢	http://kotakinabalu.mofcom.gov.cn/	(006)088-393259		kotakinabalu@mofcom.gov.cn	Palm Court, Lot 7, No. 3, VIP Lot Lorong Pokok Palma Rajah Jalan Lintas, 88300 Kota Kinabalu, Sabah, Malaysia
菲律宾	http://ph.mofcom.gov.cn/	0063-2-8195991	0063-2-8184553	ph.mofcom.gov.cn	No. 10, Flame Tree Road, South Forbes Park, Makati, Metro Manila, Philippines.
宿务	http://cebu.mofcom.gov.cn/	0063-32-2610500 0063-32-2668031	0063-32-5951038	cebu@mofcom.gov.cn	25th Floor, Mandarin Plaza Hotel, Archbishop Reyes Avenue, Corner Escario Street, Cebu City 6000, Philippines.
印度尼西亚	http://id.mofcom.gov.cn/	0062-21-5761050	0062-21-5761051		JI. Mega Kuningan Barat 7, Jakarta 12950, Indonesia
泗水	http://surabaya.mofcom.gov.cn/	0062-31-5677271 0062-31-5687225	0062-31-5674667	surabaya@mofcom.gov.cn	泗水市宋哥诺将军大街105号,邮编:60256 Jl. May. Jend. Sungkono, Kav B - 1/105, Surabaya 60256
棉兰	http://medan.mofcom.gov.cn/	62-61-80013149 62-61-88817171	62-61-80013159	medan@mofcom.gov.cn	Royal Condominium, Lantai 6 Tower B, Jalan Palang Merah No. 1, Sukamulia, Medan 20151, Sumatera Utara, Indonesia
泰国	http://th.mofcom.gov.cn/	0066-2-2474506(货物贸易、各类展会) 0066-2-2474506(经济合作、工程承包、工业园区) 0066-2-2457038(双向投资、中资企业) 0066-2-2474506(经济合作、工程承包、工业园区) 0066-2-2457038(双向投资、中资企业) 领事保护:电话:0066-854833327(24小时值班手机),0066-2-2457010(工作日9:00-17:00)	66-2-2472123 66-2-2457032	th@mofcom.gov.cn	Embassy of the People's Republic of China in Thailand 57 Ratchadaphisek Road, Bangkok, 10400 Thailand
宋卡	http://songkhla.mofcom.gov.cn	电话:0066-74-326794 手机:0066-93-6283956	0066-74-326240	songkhla@mofcom.gov.cn	泰国宋卡府沙岛路九号 Address: 9 Sadao Road, Songkhla 90000, Thailand
清迈	http://chiangmai.mofcom.gov.cn/	领事手机: 0066-89-8518612 座机:0066-53-280440	0066-53-276833	chiangmai@mofcom.gov.cn	111 Changloh Road, Haiya District, Chiang Mai, Thailand 50100
孔敬	http://khonkaen.mofcom.gov.cn/	手机:0066-91-0580258 座机:0066-43-001770	0066-43-227037	khonkaen@mofcom.gov.cn	142/44 Moo2, Rob Bueng Rd, Khon Kaen, Thailand 50100

续表

国家(地区)名称	驻东盟国家经商机构联系方式				
	网址	电话	传真	E-mail	联系地址
新加坡	http://sg.mofcom.gov.cn/	0065-64121900(总机) 双边贸易、展览展会业务:+65 6412 1931 双向投资、双边机制业务:+65 6412 1936 承包工程、劳务合作业务:+65 6412 1935 多边机制业务:+65 6412 1934 中资企业管理和服务、地方省市合作业务:+65 6412 1920 使馆领保紧急求助:+65 9297 1517(仅限紧急领保求助)	0065-67338590	sg@mofcom.gov.cn	150 Tanglin Road, Singapore
老挝	http://la.mofcom.gov.cn	00856-21-353572	00856-21-353463	la@mofcom.gov.cn	237Unit4, ThaphalanxayVillage, SisattanakDistrict, P.O. Box898Vientiane, LaoPDR.
柬埔寨	http://cb.mofcom.gov.cn/	承包工程、劳务合作、多边 00855-23-720598 投资贸易、商会展会 00855-23-721437 对柬援助: 00855-23-721649 对柬培训: 00855-23-720149	00855-23-210861	cb@mofcom.gov.cn	柬埔寨金边市莫尼旺大道432C号 No. 432c, Blvd. Monivong, Phnom Penh, Kingdom of Cambodia
文莱	http://bn.mofcom.gov.cn/	00673 2339558 00673 2340891	673-2335163	bn@mofcom.gov.cn	No. 1 SIMPANG 462, SUNGAI HANCHING, JALAN MUARA BC2115, NEGARA BRUNEI DARUSSALAM
越南	http://vn.mofcom.gov.cn/	0084-24-38438863 0084-24-37338125 0084-24-38438863 0084-24-37471695 0084-24-37471695	0084-24-38234286	vn@mofcom.gov.cn	河内市巴亭区陈富路39号(39 Tran Phu, Ba Dinh, Ha Noi)
胡志明市	http://hochiminh.mofcom.gov.cn/	0084-28-38292463 0084-28-38275111 0084-28-38242230	0084-28-38231142	hochiminh@mofcom.gov.cn	CONSULATE GENERAL OF THE PEOPLE'S REPUBLIC OF CHINA IN HOCHIMINH CITY
东帝汶	http://easttimor.mofcom.gov.cn/	00670-3322016	00670-3325166	tl@mofcom.gov.cn	Portugal, Praia dos Coqueiros, Dili, Timor-Leste
东盟使团	http://mdv.mofcom.gov.cn/	0062-21-2952 7092 转 243/214/240/241	+62-21-29527088	aseanchina@mofcom.gov.cn	The East Tower, 32nd Floor, Jl. Lingkar Mega Kuningan, Kav E3.2, No1, Jakarta 12950, Indonesia

(何战)

索　　引

说　明

一、本索引是《中国一东盟年鉴(2021)》的内容分析索引。正文(包括条目、文献、资料、图片和表格)中凡具有独立检索意义的完整资料,都可以通过本索引进行检索。

二、索引按汉语拼音字母升序(同音字按声调)排列。类目、分目主题词做索引款目的,用仿宋体加粗字排印,其余款目用宋体字排印。表格、图片在其款目后分别注明“表”“图”或“附图”。

三、索引款目后的数字表示内容所在页码,数字后的拉丁字母(a、b)表示栏别(即版面的1栏、2栏)。

四、索引中空两字排的款目,为上一主题的“附见”。同一主题内容“参见”,只在索引款目后标注所在页码。内容有交叉的款目,为便于读者检索,在本索引中重复出现。以字母、数字起头的款目,在本索引后空一行统一排序。

A

B

C

D

E

F

G

H

J

K

L

M

R

S

T

W

X

Y

(叶建维)

广西壮族自治区地图(2021年)

比例尺　1：3 300 000

图　例

◎	自治区行政中心		国　界
◎	设区市行政中心		自治区(省)界
⊙	县(区、市)行政中心(外国一级行政中心同)		设区市界
○	乡、镇(外国其他居民地同)		高速铁路
兴义市	自治州行政中心		普速铁路
★	外国首都		在建铁路
			高速公路
	机　场		城市快速路
	港　口		河流　水库及坝
			运　河

1、本图上中国国界线系按照中国地图出版社1989年出版的1：400万《中华人民共和国地形图》绘制。
2、图上境界不作划界依据。